1,000,000 Books

are available to read at

www.ForgottenBooks.com

Read online
Download PDF
Purchase in print

ISBN 978-0-332-58500-0
PIBN 11227477

This book is a reproduction of an important historical work. Forgotten Books uses
state-of-the-art technology to digitally reconstruct the work, preserving the original format
whilst repairing imperfections present in the aged copy. In rare cases, an imperfection in
the original, such as a blemish or missing page, may be replicated in our edition. We do,
however, repair the vast majority of imperfections successfully; any imperfections that
remain are intentionally left to preserve the state of such historical works.

Forgotten Books is a registered trademark of FB &c Ltd.
Copyright © 2018 FB &c Ltd.
FB &c Ltd, Dalton House, 60 Windsor Avenue, London, SW19 2RR.
Company number 08720141. Registered in England and Wales.

For support please visit www.forgottenbooks.com

1 MONTH OF
FREE
READING

at

www.ForgottenBooks.com

By purchasing this book you are
eligible for one month membership to
ForgottenBooks.com, giving you
unlimited access to our entire
collection of over 1,000,000 titles via
our web site and mobile apps.

To claim your free month visit:
www.forgottenbooks.com/free1227477

* Offer is valid for 45 days from date of purchase. Terms and conditions apply.

English
Français
Deutsche
Italiano
Español
Português

www.forgottenbooks.com

Mythology Photography **Fiction**
Fishing Christianity **Art** Cooking
Essays Buddhism Freemasonry
Medicine **Biology** Music **Ancient
Egypt** Evolution Carpentry Physics
Dance Geology **Mathematics** Fitness
Shakespeare **Folklore** Yoga Marketing
Confidence Immortality Biographies
Poetry **Psychology** Witchcraft
Electronics Chemistry History **Law**
Accounting **Philosophy** Anthropology
Alchemy Drama Quantum Mechanics
Atheism Sexual Health **Ancient History**
Entrepreneurship Languages Sport
Paleontology Needlework Islam
Metaphysics Investment Archaeology
Parenting Statistics Criminology
Motivational

HEIDELBERGER

JAHRBÜCHER

DER

LITERATUR.

Zwei und fünfzigster Jahrgang.

Erste Hälfte.

Januar bis Juni.

Heidelberg,

Akademische Verlagshandlung von J. C. B. Mohr,

1859.

NEW YORK
PUBLIC
LIBRARY

JAHRBÜCHER DER LITERATUR.

*De la Redaction et de la Codification rationelles des loix, ou me-
thodes et formules, suivant les quelles les loix doivent etre redigés
et codifiés par M. G. Rousset, ancien magistrat. Paris 1858.*

Wer die meisten der als vorzüglich angepriesenen neuen Gesetzbücher mit dem Ergebnisse der Rechtsprechung und der von
den Schriftstellern aufgestellten Ansichten über Auslegung der gesetzlichen Vorschriften nach einer Reihe von Jahren vergleicht,
während welchen diese Gesetzbücher in Uebung waren, bemerkt
bald die Verschiedenheit der in den Gerichten wie in den wissenschaftlichen Arbeiten vorkommenden Ansichten. Weder die Bürger,
welche die Gesetze beobachten und daher den Willen des Gesetzgebers kennen sollen, wissen häufig ihre Handlungen so einzurich-
ten, dass sie nicht Gefahr laufen, die nachtheiligen Folgen der Uebertretung des Gesetzes zu leiden, und in die sogenannten laqueos
legum zu fallen, noch sind die tüchtigsten Anwälte im Stande, wenn
sie von einer Partei gefragt werden, ob ein gewisser Prozess gewonnen werden kann, mit Sicherheit den Erfolg vorher zu sagen.
Anerkannt ist es, dass der Grund dieser Rechtsungewissheit häufig
weit weniger in der materiellen Unzweckmässigkeit eines Gesetzes
als vielmehr in der mangelhaften formellen Abfassung der Gesetze
zu suchen ist. Die Sprache des Gesetzgebers ist oft höchst ab-
weichend von der gewöhnlichen im Leben bekannten Sprachweise,
die in den Gesetzen gebrauchten Ausdrücke sind oft so vieldeutig,
so dass es schwierig ist zu errathen, welchen Sinn der Gesetzgeber
mit den gebrauchten Worten verband. Jeder, der mit Gesetzge-
bungsarbeiten sich beschäftigt hat, weiss, wie häufig die Mitglieder
einer Gesetzgebungscommission über das, was sie gesetzlich feststellen wollen, bald im Reinen sind, dass aber die Schwierigkeit da
beginnt, wenn die gesetzliche Vorschrift in Worte gebracht werden
soll; hier bemerkt man bald, dass der vorgeschlagene Ausdruck
entweder zu weit oder zu enge ist; häufig erkennt der Gesetzesre-
daktor gar nicht die Tragweite eines gebrauchten Ausdrucks. Kömmt
dazu noch eine mangelhafte Classifikation der Gesetze, und der
Versuch, die einzelnen Vorschriften unter einen gewissen doktrinellen Gesichtspunkt zu stellen, so wird die Masse der in der Rechtsübung entstehenden Streitfragen noch grösser. — Die Gesetzgebungskunst, insofern sie das Formelle der Gesetzgebung betrifft, ist
nicht genug ausgebildet. Schon Baco a Verulam, später Montesquieu erkannten die Bedeutung dieser Kunst, in neuerer Zeit haben
Bentham und Rossi viel Verdienstliches geliefert. Der Verfasser
der oben genannten vor uns liegenden Schrift hat nun umfassender

als seine Vorgänger den Gegenstand geprüft und der Versuch, leitende Grundsätze für die Redaktion der Gesetze und Codifikation aufzustellen, die gewissenhafte Durchführung dieser Grundsätze in allen Einzelnheiten, die praktische Auffassung der wichtigsten Fragen, die Fülle scharfsinniger legislativer Bemerkungen beweisen, dass der Verfasser den Gegenstand wohl durchdacht hat, und sichern seiner Schrift einen grossen Werth. Wir wollen vorerst, um unsern Lesern den Reichthum des vorliegenden Werkes und die gründliche Weise zu zeigen, mit welcher der Verf. in alle Einzelnheiten der Frage über die besten Mittel einer guten Redaktion der Gesetze eingegangen ist, den Plan des Werkes vorlegen, der aus zwei Haupttheilen besteht, I. aus dem kritischen, II. aus dem dogmatischen Theil. In dem ersten Theile (S. 12—72) handelt der Verfasser von den Unvollkommenheiten der Gesetze und der Möglichkeit, sie zu vervollkommnen, und zeigt durch Nachweisung aus dem Inhalt der Gesetze, aus den Ergebnissen der Statistik und den Aussprüchen geachteter französischer Schriftsteller, dass die Unvollkommenheit jedes einzelnen französischen Gesetzbuchs eben so wie die Nothwendigkeit der Revision anerkannt ist. Trefflich hat ein scharfsinniger Schriftsteller Thorcelin in der Zeitschrift: le droit v. 19. April 1855. dies in Bezug auf den Code Civil nachgewiesen. Die Geschichte der Abfassung des Code p. 42 zeigt die Mangelhaftigkeit zur Genüge, und Napoleon I. selbst fühlte bald (seine merkwürdige Aeusserung S. 47), dass er über die durch sein Gesetzbuch nach seiner Meinung erreichte Gewissheit des Rechts sich täuschte; die in der Rechtsprechung herrschende Ungewissheit, veranlasst durch die mangelhafte Art der Bearbeitung und Diskussion der Gesetze, die fehlerhafte Redaktion, die Schwierigkeit, den Geist des Gesetzes zu erkennen, die irreleitenden Motive sind die Ursachen der Rechtsungewissheit (S. 47—68), und die legislativen Maassregeln, um dieser Ungewissheit und den Schwankungen entgegen zu wirken, sind ungenügend. Besonderer Beachtung ist hier die Ausführung (S. 70) würdig, wie wenig das französische Gesetz von 1837 über die Anordnungen, wie es im Falle widersprechender Arrets des Cassationshofs geholfen werden soll, dem Zwecke entspricht. In dem zweiten Theile stellt der Verfasser Titel I vorerst allgemeine Grundsätze über Redaktion und Codification der Gesetze auf und handelt in cap. I—II von dem Styl der Gesetze. Eine Reihe feiner trefflicher Bemerkungen liegt hier vor. Die nothwendige Klarheit und Bestimmtheit der Gesetze wird, wie der Verfasser zeigt, durch eine sorgfältige Redaktion bewirkt; aber die Geschichte lehrt, wie der Charakter dieser Redaktion durch die in verschiedenen Zeiträumen wechselnden Zwecke, die der Gesetzgeber sich vorsetzt, durch die Sitten und politischen Zustände verändert wird. Der schöne Styl eines Schriftstellers genügt nicht, um Gesetze gut zu redigiren; das Gesetz soll von allen Klassen der Bürger leicht verstanden werden können, es bedarf daher zur Gesetzessprache des Gebrauchs einer für Alle verständlichen Sprache,

nicht blos der Ausdrücke, wie sie dem Gelehrten geläufig sind.
(Was würde der Verfasser sagen, wenn er erführt, dass in Deutschland durch den Einfluss der philosophischen Schulen, von denen
Jede ihren besonderen Sprachgebrauch hat, wir noch nicht darüber
einig sind, wie wir in unseren Strafgesetzbüchern das, was der Römer dolus, der Franzose intention criminelle heisst, ausdrücken
wollen, so dass der Gesetzgeber, den spitzfindigen Forschungen der
Theoretiker folgend, bald von Absicht, bald von Bosheit, bald von
Vorsatz spricht). Der Verf. zeigt p. 98, dass das Streben des Gesetzgebers auf die Identität des Worts mit dem Gedanken gerichtet
sein muss. Der Verf. p. 109 stellt die Regeln, welche den Gesetzgeber bei seiner Redaction leiten müssen, zusammen, und hebt gut
hervor, wie nachtheilig es ist, wenn nicht für jede einzelne Vorschrift ein bestimmter und für sich bestehender und verständlicher
Satz bestimmt wird. Im Kap. III. S. 115 über die Codification
stellt der Verf. als Aufgabe derselben auf, durch die gute Anordnung
der einzelnen Gesetze zum schnellen und sichern Verständniss beizutragen. Der Verf. kömmt nun zur Würdigung der Codifications-
frage und der Gegner der Codification, und entwickelt p. 119—121
geistreich den Einfluss der drei Schulen, nämlich der historischen,
der philosophischen, und der eklektischen. Er weist den Irrthum
der Ansicht von Rossi nach (p. 138), der einen Unterschied zwischen dem Civilrechte und dem Strafrecht in Bezug auf Codification
machen will; er findet einen Hauptgrund, der vielfach das Ankämpfen gegen Codification erklärt, darin, dass man zu häufig noch
eigentliche Gesetze, mit Clauseln in den Vorträgen, mit den Ausle-
gungsregeln, mit doktrinellen Aussprüchen zusammenwirft; nach dem
Verf. dürfen nur die Gesetze codificirt werden, während er zeigt
p. 195, dass wenn man weiter geht und auch andere Sätze codificirt, die nothwendige Freiheit leiden würde. Das Recht besteht
nach p. 150 aus zwei Elementen a) der Gesetzgebung, die ihrer
Natur nach die Freiheit der Bürger beschränkt und zwingt, etwas
festsetzt, gebietet oder verbietet. b) der Doktrin, und Rechtsprechung, deren Aufgabe ist, die Erste in der Anwendung auf
Thatsachen fortschreitend auszulegen, zu ergänzen und zu entwickeln.
(Die Erörterungen des Verf. über das Verhältniss der Doktrin zur
Gesetzgebung verdienen Beachtung). Gut bemerkt der Verf. (p. 157):
le mieux et le plus rational est de laisser au pouvoir la direction
des hommes, aux juges l'appreciation des faits, et aux docteurs la
liberté de science. Der Titel II (p. 165) ist der Erforschung der
Grundsätze der vernünftigen Redaktion und Codification der Gesetze
gewidmet. Die Erforschung der Idee des Rechts muss hier vorausgehen. Der Verf. scheidet nun in Bezug auf die Entwickelung des
Rechts drei Epochen: 1) die religiöse oder Gefühlsperiode, 2) die
heroische oder die der Freiheit, 3) die vernünftige. Die Erörterung
muss als geistreich anerkannt werden, wenn auch gegen einzelne
Ansichten des Verf. Bedenklichkeiten obwalten. Die Grundidee des

Verf. ist, das Recht aus der menschlichen Natur und aus dem Wesen der Gesellschaft abzuleiten (p. 188). Das Recht ist dem Verf.
(p. 193) le pouvoir des actions morales de la liberté. Die Beziehungen des Rechts betreffen die Bürger überhaupt, und ihre verschiedenen Lagen und Verrichtungen (fonctions). Bei dem Gesetze
müssen ähnliche Beziehungen hervorgehoben werden. Eine interessante Arbeit des Verf. p. 213—227 liefert die verschiedenen Definitionen vom Gesetze, von dem Alterthum bis zur neuesten Zeit.
Die Definition des Verf. p. 228 ist: la loi est une regle coercitive
d'action formulée et sanctionée par le pouvoir legislatif, qui defend
aux citoyens les actes contraires et ordonne aux fonctionaires les
actes utiles à l'accomplissement du but social. Die verschiedenen
Arten der Gesetze werden nun im chap. IV. p. 229 zergliedert.
Eine vielfach in anderen wissenschaftlichen Arbeiten fehlende Erörterung betrifft die Bedeutung der Sanction der Gesetze und ihre
verschiedenen Arten (p. 248). Für die Anwendung der Gesetze
hält der Verf. (p. 266) wesentlich, dass das Gesetz so redigirt
werde, dass man weder den Sinn, noch die Tragweite, noch die
Weisheit des Gesetzes verkennen kann; der letzte Punkt ist wesentlich, weil die Beobachtung der Gesetze am besten gesichert ist,
wenn man allgemein das Gesetz für gerecht und nützlich hält (in
der letzten Beziehung spricht der Verf. p. 271 von der publication
intellectuelle). Um nun eine vernünftige Redaktion zu sichern, bedarf es gewisser technischer Operationen; die Erörterung derselben
ist im Titel IV (p. 273) enthalten, und hier ist die nächste Frage:
welche Bedeutung das sogenannte exposé des motifs hat (deren
Werth bekanntlich Baco bestreitet, Bentham vertheidigt). Der Verf.
erklärt sich für den Nutzen dieser exposés, welche die Principien,
die den Gesetzgeber leiteten, angeben, und die Gerechtigkeit des
Gesetzes zeigen sollen, wo aber der Gesetzgeber bei der Abfassung
desselben nicht eigentlich als solcher thätig ist, sondern das Werk
der autorité doctrinale überlassen muss. Solche exposés müssen drei
Theile enthalten, einen geschichtlichen, dogmatischen und analytischen (p. 291). In dem Kapitel über gesetzliche Definitionen
(p. 294) erklärt der Verf., der den beliebten Satz: omnis definitio
periculosa in jure für eine in ihrer Allgemeinheit irreleitende, ge-
neralisirende Behauptung hält, dass gesetzliche Definitionen, in so
ferne sie den Sinn und Umfang eines gewissen Ausdrucks enthalten,
sehr nützlich sind, sobald man nur verständig davon Gebrauch
macht; wenn daher der Gesetzgeber sie mit grosser Vorsicht aufstellt, dabei wohl den Zustand der Sitten, der Ansichten, und den
herrschenden Sprachgebrauch beachtet und jede Zweideutigkeit vermeidet. Solche Definitionen sollen aber nie in das Gesetzbuch selbst
eingeschaltet werden, da sie nur der Doktrin angehören; sie sollen
in dem exposé de motifs vorkommen, oder in einem besondern Anhange gesammelt werden. Einen besondern Werth muss der Gesetzgeber auch auf die Formeln legen, deren er sich bedient

(Kap. III. p. 302). Sehr scharfsinnig wird hier das Wesen des eigentlichen Gesetzes zergliedert, die Nothwendigkeit, das Gesetz von anderen freilich in unsern Gesetzbüchern oft vorkommenden Sätzen zu scheiden, nachgewiesen und gezeigt (p. 309), wie die Civilgesetze anders als die Strafgesetze formulirt werden müssen und wie bei dem letztern wieder 4 Arten zu scheiden sind. Eine ausführliche Erörterung bezieht sich auf die Redaktion der Prozessgesetze (p. 325). Der Titel IV. p. 331 handelt von dem technischen Verfahren, um zu einer vernünftigen Codification zu gelangen. Die Art der bisher üblichen Codification wird für fehlerhaft erklärt, als wesentlich wird angesehen, dass aus dem Gesetzbuch so vieles, was nicht dahin gehört und doch gewöhnlich aufgenommen wird, entfernt werde (p. 334), und dass die Classifizirung und die Anordnung verständig geschehe. Die Vorschläge des Verf. beziehen sich auf die verschiedenen Arten der Gesetze. Den Schluss des Werkes (p. 350) macht die Erörterung, wie die Stätigkeit der Gesetzgebung mit der nothwendigen Fortbildung vereinigt werden kann. Unsere Leser werden sich aus der mitgetheilten Entwickelung im vorliegenden Werke überzeugen, dass der Verf. seinen Gegenstand gründlich durchgedacht, und keine wichtige Frage der Gesetzgebungskunst übergangen hat. Der Nachtheil bei der Abfassung neuer Gesetzbücher liegt darin, dass die Gesetzgeber weder die Materialien ihrer Codification gehörig sammeln, noch die Bedürfnisse der guten Redaktion ihrer Gesetze und die Mittel, wodurch der Zweck erreicht werden soll, sich klar machen, noch für eine zweckmässige Anordnung der einzelnen Gesetze und ihrer Verarbeitung zu einem Ganzen sorgen. Was die Materialien des Gesetzgebers betrifft, so muss er vor Allem das bestehende Recht, wie es sich in der Rechtsübung darstellt, sammeln und prüfen, welche Mängel das bestehende Recht hat, ob die Mängel die Folgen der Gesetze, z. B. der Lücken wegen des Schweigens der Gesetze über neu vorgekommene Fälle und Rechtsfragen sind, oder ob die Anwendung zu ungerechten Entscheidungen wegen des Widerstreits verschiedener Gesetzesvorschriften oder wegen der Unbestimmtheit des im Gesetze vorkommenden Ausdrucks geführt hat, ob nicht die neueren Fortschritte und Einrichtungen, z. B. im Civilrechte, eine Abänderung fordern, weil man jetzt erkennt, dass so viele einst vorgeschriebene Förmlichkeiten schädlich sind, oder im Strafrecht der neue Charakter der Gesetzgebung, z. B. Straflosigkeit mancher bisher bestraften Handlungen fordert, oder verlangt, dass der Gesetzgeber mehr Ausnahmen von der bisherigen schroffen Regel anerkenne oder die Richter ermächtige, mildere Strafen auszusprechen. Erst wenn dem Gesetzgeber diese Vorarbeiten vorliegen, zu denen wir die Berichte der Beamten ungenügend finden, und vielmehr solche Erhebung von Vernehmung sachverständiger oder erfahrener Männer fordern, wie sie in den reports der englischen Comitees gesammelt sind, erst dann weiss der Gesetzgeber klar, was am bestehenden Rechte zu verbessern ist, worin die Ursache des Mangels liegt, was

der Gesetzgeber zu erreichen sich vornimmt; erst dann kann erwartet werden, dass die neueren Gesetzesvorschriften materiell und
formell gut sind. Weiss dann der Gesetzgeber klar, was er gebieten, welchem Uebel er vorbeugen, was er deswegen verbieten will,
so kömmt es darauf an, die rechten Ausdrücke für die Gesetzesvorschrift zu finden. Je mehr sich der Gesetzgeber alle möglichen
Fälle und Combinationen, die unter die Gesetzesvorschrift fallen
können, klar macht, und sich frägt, wie durch die Anwendung der
Vorschrift der Fall entschieden werden müsste, desto mehr wird er
zu einer entsprechenden Redaktion gelangen; nicht selten wird er
nämlich erkennen, dass wegen der Allgemeinheit des gewählten
Ausdrucks auch Fälle unter das Gesetz gestellt werden können, die
nach dem Willen des Gesetzgebers nicht dadurch betroffen werden
sollten, während oft, wenn der Gesetzgeber versucht, einzelne Fälle
unter das Gesetz zu subsumiren, er sich überzeugen wird, dass der
von ihm gewählte Ausdruck zu enge war; er muss im ersten Fall
statt des zu allgemeinen Ausdrucks einen bestimmtern engern, und
im zweiten Falle statt der zu engen Fassung eine weitere wählen.
Bei der Wahl der einzelnen Worte aber tritt die Schwierigkeit ein,
dass die gewöhnliche dem Volke geläufige Sprachweise häufig von
der juristischen verschieden ist, und dass bei der letzten wieder der
Sprachgebrauch der Praxis von der in der Wissenschaft vorgeschlagenen getrennt werden muss. Die von dem Verf. des vorliegenden Buchs gegebenen Anweisungen sind sehr zu beachten. Es
ist gewiss am sichersten, wenn der Gesetzgeber an die allgemein
verständliche Sprachweise sich anschliesst, von juristischen Ausdrücken nur dann Gebrauch macht, wenn sie in langer Rechtsübung
so begründet sind, dass sie auch der Gesammtheit des Volks bekannt sind, und über ihren Sinn kein Streit vorkömmt. Der Gebrauch der in der Wissenschaft üblichen Ausdrücke ist bedenklich,
weil es in der Wissenschaft nur wenig allgemein anerkannte Ausdrücke gibt, vielmehr wegen der rastlosen Fortschritte der Wissenschaft einzelne Männer, oft aus Neuerungssucht, oder wie z. B. in
Deutschland ihrem System zu Liebe, ihre besondere Sprachweise
haben, die nicht selten im Widerstreit mit dem Sprachgebrauche
Anderer steht. Die deutschen neuen Strafgesetzbücher zeigen, wie
schädlich die Aufnahme wissenschaftlicher Ausdrücke in die Gesetze
wird. Noch schlimmer ist es, wenn der Gesetzgeber zur Bezeichnung des nämlichen Merkmals verschiedene Ausdrücke wählt, wie
dies z. B. in den neuen Gesetzbüchern in Bezug auf die Bezeichnung des dolus geschehen ist. Die Hauptsache ist, wie Hr. Rousset
vortrefflich zeigt, aus dem Gesetzbuche Alles zu verbannen, was
nur der Doktrin angehört (z. B. allgemeine Sätze, die häufig nur
halb wahr sind), oder was unsere Gesetzbücher oft nur aufnehmen,
um die deutliche Auffassung der Gesetze und richtige Anwendung
zu erleichtern, z. B. Folgesätze, oder Entscheidung einzelner Fälle.
Hr. Rousset erkennt sehr richtig die hohe Bedeutung einer solchen

Fassung der Gesetze, dass der Sinn, die Tragweite einer Vorschrift ebenso den Bürgern als den Richtern klar ist und auf diese Art eine richtige Anwendung der Gesetze gesichert wird. Unsere Leser werden daher in der obigen Darstellung der Ausführungen des Verf. gefunden haben, dass er einen grossen Werth auf Definitionen, auf das sogenannte exposé des motifs legt, aber gewiss mit Recht daran festhält, dass alle solche Sätze nicht in das Gesetzbuch gehören, sondern getrennt davon passend gesammelt werden sollen, und dass solche zur Erläuterung des Gesetzes bestimmten Mittel nur der Doktrin angehören, und daher nicht Theile des Gesetzbuchs sein dürfen. Für die genaue Beobachtung und richtige Anwendung der Gesetze wird es, wie Hr. Rousset zeigt, vorzüglich beitragen, wenn alle Bürger von der Gerechtigkeit und dem Nutzen der Gesetze überzeugt werden und die Richter über den Geist, in dem ein Gesetz erlassen ist, über die Motive, die den Gesetzgeber leiteten, und den wahren Willen desselben zuverlässige Aufklärung erhalten. Die Frage: wie nun dies zu erreichen ist, gehört zu den wichtigsten. Hr. Rousset hat zu ihrer Beantwortung gute Materialien geliefert. Wir bedauern, dass der Verf. nicht mit einer Gesetzesarbeit bekannt war, die unseres Wissens allein die Ideen des Verf. einigermassen zu verwirklichen sich bemühte. Wir meinen den von dem grossen englischen Historiker Macaulay bearbeiteten Entwurf eines Strafgesetzbuchs für Indien vom 3. August 1838. Diesem Code geht ein Report voraus, worin die Commissäre ihre Grundsätze über die Bearbeitung des Entwurfs entwickeln. Das indische Gesetzbuch ist nun eigenthümlich gearbeitet; voraus geht ein Kapitel unter dem Titel general explanations, worin der Sinn, in welchem das Gesetzbuch die verschiedenen Ausdrücke gebraucht, angegeben wird. Bei dem einzelnen Verbrechen ist die gesetzliche Vorschrift sehr kurz, in so ferne darin das Verbrechen klar bezeichnet wird, mit Angabe der Gründe, welche bewirken, dass ein Fall nicht unter dem Gesetze begriffen sein soll und mit Drohung der Strafe; dann aber folgt getrennt von dem Gesetze unter der Rubrik explanation die Erklärung, was unter dem im Gesetze gebrauchten Ausdruck begriffen ist, und unter der Rubrik: illustrations folgen einzelne Beispiele, in welchen nach dem Willen des Gesetzgebers das Gesetz angewendet werden soll, im Gegensatze anderer Beispiele, in welchen der Gesetzgeber nicht will, dass sie unter der Gesetzesvorschrift begriffen sein sollen. Durch solche Erklärungen sollen die Richter über den Willen des Gesetzgebers belehrt werden; es soll dadurch eine Verdeutlichung des Gesetzes und eine Anweisung für den Richter gegeben werden. Die im report p. 7 ausführlich enthaltene Rechtfertigung dieses Verfahrens verdient allgemeine Beachtung. Wir halten diese zwar sehr originelle Art der Codifikation für bedenklich, wenn nicht mit der äussersten Vorsicht die Abfassung dieser illustrations geschieht und verständige Richter davon Gebrauch machen, weil dadurch eine Casuistik in das Gesetz-

buch gebracht wird, welche leicht irrführen kann, indem kein **Fall**
genau dem anderen gleicht; allein dieser Versuch im indischen **Ge-**
setzbuch stimmt mit der Grundansicht des Hrn. Rousset in so ferne
zusammen, als immer dringender die Ansicht sich geltend **macht,**
dass der Gesetzgeber auf Mittel denken muss, wodurch er die sogenannte ratio legis den Richtern klar macht, sie über die Gründe
belehrt, die ihn leiten, den Zweck des Gesetzes hervorhebt, **den**
Sinn und die Bedeutung eines gebrauchten Ausdrucks verdeutlicht,
und den Umfang, in dem er das Gesetz angewendet haben **will,**
klar bezeichnet. Wenn Justinian in seinen Constitutionen und Novellen sich bemüht anzugeben, warum er das Gesetz erliess, wenn
die Gesetzgeber der vorigen Jahrhunderte ihren Gesetzen ein Vorwort über ihre Motive vorausschickten, wenn die Gesetzbücher z. B.
das baierische durch gesetzliche Definitionen, durch Aufnahme wissenschaftlicher Sätze zu helfen, und durch die offiziellen Anmerkungen die Rechtsanwendung zu regeln suchten, wenn andere Gesetzgeber durch Vorlage des exposé des motifs zu belehren suchten,
so sind dies Mittel, durch welche der nämliche Zweck erreicht
werden soll; bei dem Gebrauch eines jeden derselben lehrt aber
die Erfahrung, dass der Zweck nicht erreicht wird. Die wahren
Motive, die das Gesetz veranlassten, werden z. B. bei politischen
Gesetzen oft nicht bekannt gemacht; die absichtlich unbestimmt gelassene Fassung soll bewirken, dass das Gesetz angewendet werden
kann, wie man es gerade braucht; die vorgelegten Motive sind gewöhnlich die Arbeit eines einzelnen Mannes, der seine individuellen
Ansichten darin vorlegt, und die in den neuesten Gesetzbüchern
vorgelegten Motive sind so mager, und oft so allgemein abgefasst,
oder enthalten angebliche Rechtfertigungsgründe, von denen eine
genauere Prüfung keinen einzigen als haltbar gelten lassen kann.
Es muss daher auf eine bessere Weise gesorgt werden, wenn der
Zweck erreicht werden soll, und hier finden wir ein zweckmässiges
Mittel, wenn die Regierung den Kammern, welche über ein Gesetz
zu berathen haben, die Verhandlungen vorlegt, welche in der Ge-
setzesredaktionscommission Statt gefunden haben, wie dies z. B. die
belgische Regierung schon öfters gethan hat, oder wenn wenigstens
von der Gesetzgebungscommission ein umfassendes exposé des motifs vorgelegt wird, wie dies neuerlich in Belgien bei Vorlage des
projet de revision du Code pénal geschah, oder wenn wie in England alle Vorarbeiten, die dem vorgelegten Gesetzesentwurf voraus-
gingen, daher alle Aussagen vor den comités alle reports, alle Gutachten der Juristen, welche über den Entwurf sich erklärten, mitgetheilt
werden. Auf diese Art fehlt es für die spätere Rechtsanwendung
nicht an einem Reichthum von Materialien, welche die Richter über
die ratio legis belehren können, und da in den Aussprüchen, z. B.
in dem exposé des motifs nur Erklärungen liegen, die eigentlich der
Doktrin angehören, so werden die Richter dadurch zwar belehrt,
aber in ihrem freien Ermessen nicht beschränkt. Das vorliegende

Werk des Hrn. Rousset gibt über die Art, wie der Gesetzgeber sich benehmen soll, treffliche Anweisungen.

Mittermaier.

Die Wissenschaft des Geistes von Gustav Biedermann. Der Wissenschaftslehre zweiter Theil. Die Lehre des Geistes. Leipzig, Verlag von B. G. Teubner, 1858. XIII u. 531 S. gr. 8.

Der Unterzeichnete hat im Jahrgange 1857 dieser Blätter S. 91 ff. den ersten Theil der vorliegenden Wissenschaftslehre oder die Lehre vom Bewusstsein besprochen. Die „Wissenschaft des Geistes" nennt der Hr. Verf. im ersten Bande seines Werkes auch „Wissenschaftslehre". Diese Wissenschaftslehre ist ihm der erste Theil seines ganzen Systems, das er nach der bekannten Hegel'schen Trilogie abtheilt, der zweite Theil ist die Naturwissenschaft, der dritte Theil die Synthese der beiden Gegensätze, des Geistes und der Natur, die Lebensweisheit. Wir haben also im vorliegenden, breit angelegten Buche erst den z w e i t e n A b s c h n i t t d e s e r - s t e n T h e i l e s des ganzen in Hegel'scher Gestalt aufgebauten Systems des Herrn Verfassers. Im ersten, 280 Seiten starken Bande hat er nicht mehr, als das Bewusstsein, gewonnen; im zweiten, 531 Seiten umfassenden ist er endlich zum „Geiste" gekommen, und erst in einem dritten Bande wird die Seelenlehre folgen. Damit ist dann der erste Theil vollendet, und ausser diesem der Zukunft vor- behaltenen, dritten Bande des ersten Theiles sind noch zwei Theile, die Naturwissenschaft und die Lebensweisheit, in Aussicht, deren Bändezahl vor der Hand noch unbekannt ist.

Der Hr. Verf. nennt die Philosophie auch „die Wissenschaft überhaupt", während die Wissenschaft des Geistes, als der erste Theil der Philosophie, von ihm auch „Wissenschaftslehre" genannt wird. Es ist gewiss lobend anzuerkennen, dass er seine Darstellung von allen Fremdwörtern zu reinigen bemüht ist. N u r müssen dann die gewählten Ausdrücke der Muttersprache so beschaffen sein, dass sie den Begriff, den das Wort bezeichnen soll, wirklich ausdrücken. Dies ist aber hier nicht der Fall. Die Wissenschaftslehre ist von der Wissenschaft überhaupt, wenn letztere die Philosophie bezeich- net, gewiss nicht so unterschieden, dass durch jene der erste Theil der Philosophie oder die Geisteswissenschaft auch nur annähernd bestimmt wäre. Bei vorliegendem zweiten Theile muss Ref. das- selbe rügen. In diesem wird der zweite Theil der „Wissenschaft des Geistes" oder der „Wissenschaftslehre" die „Lehre des Geistes" genannt. Gewiss ist an den hier gewählten Ausdrücken in keiner Weise zu erkennen, dass die Lehre des Geistes einen ganz andern Gegenstand, als die Wissenschaft des Geistes behandeln soll; denn beide haben ja denselben Gegenstand der Untersuchung, den Geist,

und dennoch will der Hr. Verf. mit seiner „Wissenschaft des Geistes" das Ganze, die Lehre vom Bewusstsein, vom Geiste und von
der Seele, mit der Lehre des Geistes dagegen nur den zweiten
Theil der Geisteswissenschaft, die Entwickelung des Geistes selbst
darstellen. Durch eine solche unlogische Bezeichnung, welche mit
dem Begriffe in keiner Verbindung steht, wird für die Sprachreinigung nichts gewonnen, weil diese nur dann einen Werth hat,
wenn die deutschen Worte wirklich den wissenschaftlichen Begriff,
der mit ihnen verbunden ist, bezeichnen, oder mindestens der Wortbedeutung nach bezeichnen können.

Der Mangel an Bestimmtheit im Denken zeigt sich nicht nur
in dem für den zweiten Theil der Geisteswissenschaft gewählten
Ausdruck, sondern selbst in der Verknüpfung der Worte. Die „Wissenschaft des Geistes" soll nämlich eine Wissenschaft vom Geiste,
die „Lehre des Geistes" eine Lehre vom Geiste sein.

Die „Lehre vom Bewusstsein" und die „Lehre des Geistes"
(sic) machen nach dem Hrn. Verf. die „eigentliche Wissenschaftslehre" aus (S. V), und doch nennt er die „Lehre des Geistes" (?)
auch die Wissenschaftslehre. Wie kann man das Ganze und den
Theil mit demselben Namen belegen? Die „Seelenlehre" als der
dritte Theil der Geisteswissenschaft ist ihm der „praktische Theil"
dieser Wissenschaft, während die beiden ersten Theile den „theoretischen Theil" bilden. Die philosophische Sprachreinigung ist hier
nicht folgerichtig, da sie die Fremdwörter „theoretisch" und „praktisch" gebraucht (S. VI). Zudem ist nicht einzusehen, warum die
Seelenlehre an sich der praktische Theil der Geisteswissenschaft sein
soll, da sie nicht eine Anwendung der Wissenschaft vom Geiste im
Leben, sondern eine Untersuchung des letzten Grundes unseres Lebens ist. Wie der Hr. Verf. durch den dialektischen Prozess in
Fichte-Hegel'scher Weise vermöge des Satzes, Gegensatzes und
der beide vermittelnden höhern Einheit im ersten Bande seiner Geisteswissenschaft das Bewusstsein entwickeln will, so will er nun im
zweiten Bande auch den Geist nach derselben Methode aufsuchen.

Das ganze Buch behandelt 1) das Denken (S. 3—61), 2) das
Wissen (S. 61—299), 3) die Wahrheit (S. 299—531). Um
überall die Hegel'sche Dreiheit zu finden, wird im Denken das
Sein, das Wesen und das Denken selbst unterschieden, im Wissen
der Begriff, die Idee und das Ich, in der Wahrheit „die geschichtliche Bewährung des Bewusstseins als Wissenschaft des Verstandes"
(sic S. 299), „die geschichtliche Bewährung des Denkens als Wissenschaft der Vernunft" (sic S. 372) und die „geschichtliche Bewährung des Wissens als Wissenschaft des Geistes" (sic S. 460).

Vom Bewusstsein sagt der Hr. Verf. S. 81: „Das Bewusstsein ist nie irgendwo einmal fertig im Gehirne da; es ist das
Sein des Bewusstseins überhaupt, kein Dasein, wie kein sinnliches,
so auch ein übersinnliches nicht, sondern ein Werden, das durch
sinnlich-unsinnliche Wirksamkeit vermittelt und durch übersinnliche

Thätigkeit vollzogen wird. Das Sein des Bewusstseins ist: wirksam und thätig zu sein, und, da früher Wirksamkeit und Thätigkeit, überhaupt das Werden als das Wesen des Seins erkannt worden ist, so kann nunmehr auch gesagt werden, dass nicht das Sein, sondern das Wesen des Seins das eigenthümliche Sein des Bewusstseins ist".

Es ist deutlich, dass durch diese Behauptung dasjenige nicht ausgedrückt wird, was das eigentliche Wesen des Bewusstseins macht; denn das Werden, die Thätigkeit, die Kraft, die Veränderung sind Erscheinungen, die an allen Dingen wahrgenommen werden, an den bewussten, wie an den bewusstlosen. Dasjenige allein kann und muss das Wesen des Bewusstseins bilden, das dieses vom Bewusstlosen unterscheidet. Dieses ist nicht das Sein und nicht das Werden, sondern das Wissen vom Sein und Werden, das Wissen vom eigenen und fremden Sein und Werden, die Unterscheidung des Subjects und Objekts und zwar so, dass sich das Subjekt einmal selbst zum Objekt macht als Ich, und dann wieder die andern Objekte von sich als dem eigenen Objekte unterscheidet (Nichtich). Wenn das Bewusstsein kein „Dasein", sondern ein „Werden" sein soll, so ist hiegegen geltend zu machen, dass eben das Werden aus unendlich vielen Momenten des Daseins besteht, und eben der Uebergang selbst aus dem Sein zum Dasein ist, nicht, wie die Hegel'sche Schule will, aus dem Nichtsein zum Sein. Daher ist das Bewusstsein, so oft es sich geltend macht, im Augenblicke seiner Geltendmachung seines Daseins gewiss. Das Werden des Bewusstseins soll durch „sinnlich-unsinnliche Wirksamkeit vermittelt und durch übersinnliche Thätigkeit vollzogen werden". Dieses klingt, wenn man die Sprachweise des Hrn. Verf. nicht kennt, unverständlich.

Man kann die Gegenstände bewahren, wenn sie nicht mehr vorhanden sind. Der sinnliche Gegenstand vergeht in uns, und wir erinnern uns blos an ihn. Durch dieses Zergehen des Sinnlichen in uns „verliert die Sinnlichkeit allmählig Grund und Boden" (?). Der Gegenstand bleibt in uns; es ist kein Innewerden der Sinne mehr, also ein „Nichtsinnliches, Unsinnliches". Wenn wir die ganze Thätigkeit, die aus diesem „Nichtsinnlichen oder Unsinnlichen" hervorgeht, Erinnerung, Vorstellung und Erkenntniss, durch die Sprache vermittelt, zusammennehmen, haben wir nach dem Hrn. Verf. den Kreis „der Uebersinnlichkeit". Es kann nicht eingesehen werden, dass dadurch, dass wir einen von uns vorgestellten Gegenstand der Sinnenwelt nicht mehr vor uns haben, dass dieser nur noch im Hirne haftet, die sinnliche Grundlage desselben, „der Grund und Boden der Sinnlichkeit" verloren gehen könne. Auch, wenn wir uns an einen solchen sinnlichen Gegenstand nur erinnern, ihn uns nur vorstellen, ihn im Geiste erkennen, durch die Sprache bezeichnen, bleibt der Gegenstand sinnlich, und wir gelangen durch solches Erinnern, Vorstellen, Erkennen und Sprechen weder in das Gebiet

des „Nichtsinnlichen" oder „Unsinnlichen", noch des „Uebersinnli-
chen". Erst, wenn die einzelnen Vorstellungen, deren wir uns erinnern, die wir im Bewusstsein festhalten und erkennen, auf ihre Uebereinstimmung, auf ihr Wesen, auf den Begriff zurückgeführt werden, gelangen wir in ein nichtsinnliches Geistesgebiet, das aber eben
so, wie alles Menschliche, eine sinnliche Grundlage hat. Auch damit hat der Hr. Verf. S. 31 das Wesen des Bewusstseins nicht
bezeichnet, dass er von „dem Sein des Bewusstseins" sagt, es bestehe darin, „wirksam und thätig zu sein". Denn auch dieses
Merkmal ist ein allen Erscheinungen der Natur zukommendes. Nur
der Grad, die Art und Weise dieser Thätigkeit und Wirksamkeit unterscheidet die Dinge von einander, und diese Thätigkeit besteht eben im Bewusstsein, im Wissen des Thätigen von sich und
von dem, was es nicht ist.

S. 36 wird das Denken „die vom Selbstbewusstsein sich
losreissende und als dessen Selbst sich bethätigende Eigenthümlichkeit" genannt. Das Denken ist keine Thätigkeit, die sich vom
Selbstbewusstsein losreisst, im Gegentheile wird eine sich vom Selbstbewusstsein losreissende Thätigkeit niemals denken; sonst wäre die
sich vom Selbstbewusstsein losreissende und dennoch verborgen fortwirkende Thätigkeit der Seele während der Ohnmacht Denken, da
doch gerade diese im Verborgenen fortwirkende, bewusstlose Thätigkeit Nichtdenken ist. Wie kann aber die Thätigkeit sich „vom
Selbstbewusstsein losreissen", und doch als dessen Selbst sich bethätigen? Die Thätigkeit des „Selbst" ohne Selbstbewusstsein kann
gewiss nicht Denken genannt werden. Zum Wesen des Denkens
gehört, dass sich die Thätigkeit nicht vom Selbstbewusstsein los-
reisse. Hat sich die Thätigkeit vom Selbstbewusstsein losgerissen,
so hat sie sich auch vom Selbst getrennt, und das Denken ist in
das Nichtdenken übergegangen.

Der „Begriff" wird S. 68 also bestimmt: „Der durch das
Denken auseinandergesetzte Inhalt von Vorstellungen, in Namen
zusammengefasst, der gedankenvolle Name ist der Begriff". Der
Begriff geht allerdings aus den Vorstellungen hervor. Wenn man
aber, wie hier gewollt wird, blos den Inhalt der Vorstellungen auseinandersetzt, erhält man den Begriff selbst so lange nicht, bis man
durch dieses Auseinandersetzen des Inhaltes der Vostellungen zu
einem Resultate gelangt. Soll dieses Resultat „das Zusammenfassen
in Namen" sein? Nicht der Name macht den Begriff, sondern umgekehrt der Begriff den Namen. Die Frage bleibt immer die: Was
muss ich aus dem auseinandergesetzten Inhalte der Vorstellungen
zusammenfassen, damit ein Begriff werde, und ich diesem Begriffe
einen Namen gebe? Die Beantwortung dieser Frage gehört unumgänglich zur Bestimmung des Wesens eines Begriffes. Das Zusammenfassen bezieht sich nämlich auf die Uebereinstimmung gewisser Vorstellungen in bestimmten Merkmalen, wodurch die Vorstellungen verbunden und zugleich von einander unterschieden werden,

also auf die Einheit bestimmter Vorstellungen. Dann gibt die Sprache diesen aufgefundenen Einheiten der Vorstellungen Namen. Der Name erscheint dann nur als das hörbare Zeichen für die Einheit der Vorstellungen oder den Begriff.

Vom U r t h e i l e sagt der Hr. Verf. S. 73: „Der Begriff, ursprünglichen Gedankeninhalt als seinen eigenen mittheilend, ist das Urtheil". Man vermisst die logische Bestimmtheit. Die Mittheilung gehört zuerst nicht unumgänglich zum Urtheile. Denn ein Urtheil kann auch ohne Mittheilung des Gedankeninhaltes ein Urtheil sein; es unterscheidet sich dadurch vom Satze, welcher immer nur Mittheilung, ein Aussersichsetzen des Urtheiles (propositio judicii) ist. Man kann ohne Gedankenmittheilung urtheilen. Dann soll im Urtheile der „ursprüngliche Gedankeninhalt" als „eigener" mitgetheilt werden. Auch, was ursprünglich als Gedankeninhalt in uns liegt, ist unser eigener Gedankeninhalt, und man kann in unserem Gedankeninhalte das Ursprüngliche und das Eigene nicht als Gegensätze von einander trennen. Dadurch, dass der Gedankeninhalt des Begriffes zum Bewusstsein gebracht wird, entsteht immer noch nicht das Urtheil; denn der Gedankeninhalt des Begriffes ist die Einheit einer bestimmten Reihe von Vorstellungen, also immer nur der Begriff. Wenn ich einzelne Merkmale des Begriffes, welche zu diesem gehören, von ihm trenne, erhalte ich allerdings ein Urtheil, weshalb Hegel das Urtheil auch die „Selbstdiremtion des Begriffes" genannt hat. Allein durch das Trennen allein entsteht kein Begriff, und darum ist der Ausdruck „Selbstdiremtion des Begriffes" nicht passend, da er nur e i n e Funktion des Denkens im Urtheile, aber nicht die andere bezeichnet. Denn zum Urtheile gehört so wesentlich das Verbinden, als das Trennen. In dem Subjecte liegt die These, im Prädikate die Antithese, aber in der Copula die zum Urtheile wesentlich nothwendige Synthese. Diese gehört auch zum Wesen der verneinenden Urtheile, weil in denselben zwar das Subjekt vom positiven Merkmale getrennt, aber eben so auch mit dem negativen Merkmale verbunden wird. Ferner sollte man nach dieser Bestimmung des Urtheils glauben, dass nur aus Begriffen ein Urtheil gebildet wird, während ein solches auch aus Vorstellungen entsteht, wenn man eine Vorstellung durch eine andere Vorstellung oder durch einen Begriff bestimmt. So wird, indem man einen Begriff bildet, immer auch schon geurtheilt, und man kann den Begriff nicht als das Frühere und das Urtheil als das erst Hintennachkommende betrachten; denn dieselben Thätigkeiten des Denkens, welche sich im Begriffe zeigen, Vergleichen, Trennen und Verbinden, wiederholen sich immer auch im Urtheile.

S. 83 lesen wir die Definition des S c h l u s s e s : „Das Urtheil, wie einem Begriffe entsprungen, so in einem andern zu Ende geführt, ist der Schluss". Durch diese Erklärung wird das Wesen des Schlusses nicht deutlich. Bei einem einfachen Schlusse handelt es sich nicht um e i n e n , sondern um drei Grundbegriffe, von de-

nen der eine der Subjects- oder Unterbegriff (terminus minor), der
andere der Prädikats- oder Oberbegriff (terminus major) und der
dritte der Mittelbegriff (terminus medius), der Vergleichungs- und
Uebereinstimmungsbegriff für die beiden ersten ist. In dieser Auffindung einer Uebereinstimmung der ersten beiden Begriffe in dem
dritten äussert sich der Schluss, welcher die Vermittlung oder Ge-
wissmachung eines Urtheiles durch andere ist.

Manches Anziehende für die Philosophie der Sprache
bietet die Untersuchung über die Satzbildung. S. 92 ff.

Die Folgerichtigkeit wird S. 157 vermisst, da der Hr. Verf.
überall die Fremdwörter vermeidet, und dennoch daselbst und im
ganzen Verlaufe der Darstellung das Wort „Idee" als Kunstwort
gebraucht. Wer alle anderen, in der Kunstsprache unserer Wissenschaft eingebürgerten Fremdausdrücke vermeidet, darf auch diesen
nicht gebrauchen. Er bestimmt die Idee im Hegel'schen Geiste
als den Inbegriff der Begriffe; aber eben darum ist die Idee nichts
vom Begriffe Verschiedenes; sie ist eben die Summe der Begriffe,
und könnte nach einer solchen Auffassung füglich der Allbegriff
genannt werden, da sie aus allen Begriffen besteht, die sich in allen
Räumen und Zeiten verwirklichen. Wenn der Hr. Verf. darum
sagt: „Das Ziel des Wissens ist die Idee", könnte er eben so gut
sagen: „Das Ziel des Wissens sind die Begriffe"; denn wir haben
durch die Idee nichts Neues gewonnen, sondern nur den Begriff der
Begriffe.

Wie sehr die Entwickelung der Gedanken einer genaueren und
richtigeren Bestimmung bedarf, sehen wir in der „Auseinandersetzung des Bewusstseins und Denkens". S. 193 lesen
wir: „Das Selbstbewusstsein hat das Ziel, zum Denken zu gelangen,
vor sich. Aber es kann nicht über sich heraus; es kann so sein
Ziel nicht erreichen. Andererseits ist ebenso wenig das Denken im
Stande, von sich aus- und zum Bewusstsein zurückzugehen; denn
das Denken ist noch ganz und gar unwissend, und der Begriff desselben wird eben erst gesucht". Ist nicht das Bewusstsein ein
Wissen vom Sein, und das Denken die Thätigkeit, die uns allein
zum Wissen führt? Wird also nicht schon das Denken vorausgesetzt, wenn man vom Bewusstsein spricht? Wie kann etwas Ziel
für das Bewusstsein sein, was schon da sein muss, wenn Bewusstsein vorhanden ist? Kann man von dem Bewusstsein verlangen,
dass es „über sich hinaustrete"? Was entsteht, wenn das Bewusstsein aus sich heraustreten würde? Es würde aufhören, Bewusstsein
zu sein, also Bewusstlosigkeit werden. Kann man damit zum Ziele
des Denkens gelangen? Gerade dadurch kommt das Bewusstsein
zum Denken, dass es nicht aus sich heraustritt. Warum soll das
Denken „nicht im Stande sein, von sich aus und zum Bewusstsein
zurückzugehen"? Es kann von dem Bewusstsein gar nicht hinweg-
kommen; denn zum Wesen des Denkens gehört eben das Bewusstsein. „Ganz und gar unwissend" kann das Denken nicht sein,

weil sich das Denken immer zu einem Wissen gestaltet, wenn auch das Wissen ein verkehrtes ist, weil das Denken ein verkehrtes war.

Wenn der Hr. Verf. S. 221 bemerkt, dass „immer andere Namen mit Vorstellungen und andere wieder mit Begriffen verknüpft werden, dass nie aus Vorstellungen gerade zu Begriffe entstanden", ist dieses gewiss nicht begründet. Nur bei den Eigennamen zeigt sich dieses, wo der Name für bestimmte Vorstellungen ein anderer, als der für den Begriff, ist. Sonst aber haben wir weitaus bei der Mehrzahl aller Gegenstände denselben Namen für die Vorstellung und denselben für den Begriff. So dienen die Namen Rose, Veilchen, Tulpe u. s. w. für die Vorstellungen der einzelnen Rosen, Veilchen, Tulpen u. s. w., wie für den Begriff derselben. Aus den Vorstellungen aber müssen die Begriffe entstehen, weil diese aus der bewusstlosen oder bewussten Vergleichung Trennung und Zusammenfassung der Vorstellungen gebildet werden.

S. 392 und 393, wo die Hauptrepräsentanten der arabischen Philosophie im Mittelalter angeführt werden, ist weder Ibn Tophail, der berühmte Verfasser des Ibn Jokdan († 1176), noch Rabbi Mosche Ben Maimon († 1206), welcher so innig mit der arabischen Philosophie zusammenhängt, erwähnt.

In der Darstellung der scholastischen Philosophie des Mittelalters lesen wir S. 399: „Abgesehen von dem unfreien Verhältnisse der Erkenntniss zum Glauben, durch welches jener von diesem die letzten Zielpunkte festgesetzt wurden, erschien die Unabhängigkeit des Denkens bezüglich der Entwicklung der Erkenntnissbegriffe nichts weniger als beeinträchtigt. Der Streit der Realisten und Nominalisten und die Art und Weise, wie derselbe geführt wurde, gibt den besten Beweis hiefür". Ref. bezweifelt die Wahrheit dieser Behauptung; denn gerade die Art und Weise, wie dieser Streit geführt wurde, zeigt auch in den Erkenntnissbegriffen und ihrer Entwickelung die Abhängigkeit vom theologischen Stoffe. Man schloss nämlich, indem man ihn auf Dogmen, wie auf die Trinitäts- und Abendmahlslehre, auf die Menschwerdung Gottes u. s. w. anwendete, immer mit theologischen Resultaten.

Wenn S. 402 Peter Abälard († 1142) in der Philosophie mehr dem Nominalismus und in der Theologie entschieden dem Realismus ergeben sein soll, so ist eine solche Auffassung nicht scharf genug. Der Satz Abälards — res de re praedicari non potest — zeigt deutlich, dass er von dem Realismus seines Lehrers Wilhelm von Champeaux (Guilielmus de Campellis) entfernt war. Dagegen nahm aber Abälard mit seiner Behauptung: Universalia sunt in rebus — zwischen beiden extremen Ansichten die vermittelnde, richtige Stellung ein.

Ueber Wissen und Glauben wird S. 453 bemerkt: „Die Wissenschaft an und für sich wurzelt im Bewusstsein und somit auch jener Theil derselben, welcher über das Bewusstsein herauskommt (sic), nur dass dieser Wissenschaftsstufe zunächst nicht der

Erkenntniss-, sondern der Glaubensinhalt des Bewusstseins zu Grunde
liegt". Es kann überhaupt keinen Theil der Wissenschaft geben,
welcher „über das Bewusstsein herauskömmt". Denn alle Wissenschaft findet nur innerhalb des Bewusstseins statt. Selbst das Glauben ist, wie das Wissen, eine Thätigkeit, die nicht über das Bewusstsein hinausgelangt, sondern immer innerhalb desselben vorgeht.
Man wird eben so wenig ein Denken und Wissen, als ein Glauben
o h n e Bewusstsein oder ü b e r dem Bewusstsein, a u s s e r h a l b desselben, was so viel als o h n e Bewusstsein ist, finden. Glauben und
Wissen sind einander nicht absolut entgegengesetzt, oder sollen sich
wenigstens nie absolut entgegengesetzt sein; denn sie sind nur verschiedene Stufen des Erkennens, das Glauben ein Fürwahrhalten
aus subjectiven, das Wissen ein Fürwahrhalten aus objectiven Gründen. Jenes kann übrigens zu diesem erhoben werden, wenn die
ursprünglich subjectiven Gründe objective Gründe werden.

Unrichtig ist die Behauptung, dass (S. 491) „S c h e l l i n g
niemals über den F i c h t e ' schen Standpunkt der Wissenschaftslehre:
das eine, unbewegte Ich an dem Vorhandenen herumzuführen, hinausgekommen sei". Dieses ist wohl der Fall in seinen Schriften
der ersten Periode seiner schriftstellerischen Entwickelung „über die
Möglichkeit einer Form der Philosophie", „über das Ich" u. s. w.
Allein schon in der z w e i t e n Periode unterscheidet S c h e l l i n g
Natur- und Geistesphilosophie, und sucht die philosophische Aufgabe
auf beiden Wegen zu lösen. In der d r i t t e n Periode steigt er zur
Indifferenz des Realen und Idealen auf, und in diesen und den beiden folgenden mehr mystischen Perioden wird man gewiss keine
Spur des subjectiven F i c h t e ' schen Idealismus finden. Sein Idea-
lismus ist objectiv; ja er tritt zuletzt selbst in der Identitätslehre
als absoluter Idealismus auf.

Es ist S. 496 ein eigener Ausdruck, dass H e g e l die Wissenschaft in „Zucht" und „Zügel" genommen habe. Fast könnte
man durch diesen Satz zur Vermuthung kommen, die Wissenschaft
v o r H e g e l sei zucht- und zügellos gewesen. Haben K a n t,
F i c h t e, K. L. R e i n h o l d, S c h e l l i n g u. s. w. keine Zucht und
Regel gekannt?

Der Hr. Verf. schliesst seine Untersuchung S. 531 mit den
Worten: „Es ist aber das aus dem bewusstvollen Denken hervorgegangene Wissen, als in Wahrheit bethätigt, der G e i s t, welcher,
eingedenk seines Ursprunges, auf die weitere Bethätigung, auf sein
äusserliches Thun hinweist".

(*Schluss folgt.*)

Nr. 2.   HEIDELBERGER   1859.

JAHRBÜCHER DER LITERATUR.

Biedermann: Die Wissenschaft des Geistes. II.

(Schluss.)

So soll der Geist construirt werden, in dem man vom Bewusstsein zum Denken, vom Denken zum Wissen und von diesem zur Wahrheit aufsteigt, und die jedesmalige Bethätigung der Wahrheit der Geist ist. Ein solcher Geist ist aber ein von den in den einzelnen Menschen lebenden Geistern abgezogener Begriff, der nur in und mit den concreten Menschengeistern irgend eine Realität hat. In ähnlicher Weise ist es auch mit der Wahrheit, die einzig und allein von den wahren Behauptungen concreter Menschengeister durch den Verstand losgeschält wird, während sie als Menschenwahrheit an und für sich so wenig existirt, als der Menschengeist an und für sich ohne die einzelnen Menschengeister.

Diese sogenannte Heranbildung des Geistes will der Hr. Verf. von S. 299 an geschichtlich darstellen. Zuerst bewährt sich nach ihm das Bewusstsein, und erscheint als Wissenschaft des Verstandes, und zwar als das sinnliche Bewusstsein in der vorsokratischen Zeit der Griechen, als das übersinnliche in Sokrates, Plato und Aristoteles, als Selbstbewusstsein in der mit den Stoikern beginnenden Zeit. Nun trennt er vom Bewusstsein das Denken, und lässt auch dieses sich abermals als Wissenschaft der Vernunft geschichtlich bewähren und zwar am Glauben in der patristischen, arabischen und scholastischen Philosophie, innerhalb der Erkenntniss in der durch Sprachwissenschaft, Naturwissenschaft und Erfahrung vermittelten Erkenntniss, endlich am Denken selbst in Descartes, Spinoza und Leibniz. Jetzt muss das Denken sich zum Wissen erheben, und hier bewährt sich erst die Wissenschaft des Geistes im Wesen des Wissens durch Kant, in der Art und Weise des Wissens durch Hegel. So willkührlich in dieser Darstellung die Trennung des Bewusstseins, des Denkens und des Geistes, der Wahrheit des Verstandes, der Vernunft und des Geistes erscheint, so wenig begründet ist die Nachweisung dieser Trennung durch die Geschichte. So wird die ganze Griechische Philosophie mit ihren unsterblichen Denkern unter die Vorschule der geschichtlichen Bewährung des Bewusstseins als der Wissenschaft des Verstandes gesetzt, während sich alle von dem Verfasser unterschiedenen Stufen der Sinnlichkeit, des Verstandes, der Vernunft, des Geistes an sich bei den Griechen finden, und diese alle Entwicklungsperioden eben so, wie die neuern, durchlaufen haben. So werden unter die Kategorie des sinnlichen Bewusstseins, unter das Bewusstsein des Daseins die Jonier, Pythagoräer und Eleaten, unter das Bewusstsein des Werdens Heraklit, Empedokles, Leukipp und Demokrit, unter das Bewusstsein des eigenen Seins und der eigenen Thätigkeit die Sophisten gestellt. Aber gerade bei den Joniern zeigt sich das Bewusstsein des Werdens, und weder Heraklit, noch Anaxagoras, welche zu den vorzüglichsten Joniern gehören, noch Empedokles, der zwar nicht nach seinem Vaterlande, wohl aber nach seiner Anschauungsweise ein Jonier ist, können von den Joniern getrennt werden. Die Eleaten gehen schon über das Dasein hinaus, da Parmenides das Sein nicht als ein Sein $\varkappa \alpha \tau \alpha \ \tau \eta \nu \ \mathring{v} \lambda \eta \nu$, sondern als ein solches $\varkappa \alpha \tau \alpha \ \tau o \nu \ \nu o \tilde{\nu} \nu$ nahm. Die Sophisten mit ihrer die Philosophie selbst auflösenden Skepsis, Paradoxologie und Rhetorik gehören gewiss nicht unter die Kategorie des eigenen Seins und der eigenen Thätigkeit, da die Skepsis auch die Principien dieses Seins und dieser Thätigkeit angreift. Dass erst bei den Stoikern u. s. w. das Selbstbewusstsein sich bewähre, muss nicht minder bezweifelt werden, da sich dieses gerade nirgends mehr, als in Sokrates, Plato und Aristoteles in seiner höchsten philosophischen Entwicklung zeigt. Noch viel weniger wird behauptet werden können, dass die Einheit des Selbstbewusstseins in Gott sich in den Neuplatonikern darstelle, also die Philosophie der Griechen in diesen ihren Gipfelpunkt erreicht habe, in welchen sich bereits die Abnahme und der Verfall der Griechenphilosophie durch Aufnahme von theoretischer und praktischer Magie und Dämonologie und orientalisch-griechischem Eklekticismus zeigt.

Nach der geschichtlichen Entwickelung des Hrn. Verf. kommt das Bewusstsein erst im Mittelalter zur vorherrschenden Bewahrheitung durch das Denken, welches gewiss bei den Griechen in höherem Grade stattfand, als in dieser Vorbildungs- und Uebergangszeit. Nicht minder auffallend ist es, dass als die einzigen Repräsentanten der Bewährung des sich zum Wissen erhebenden Denkens, der Wissenschaft des Geistes, Kant und Hegel hingestellt werden.

Die Ausstattung des Buches durch den Hrn. Verleger ist zu loben. Dagegen hat sich eine Reihe von Druckfehlern eingeschlichen, z. B. $\vartheta o \xi \alpha$ anstatt $\delta o \xi \alpha$ S. 327 und 330, $\mu \varepsilon \tau \iota \chi \varepsilon \iota \nu$ anstatt $\mu \varepsilon \tau \varepsilon \chi \varepsilon \iota \nu$ S. 335, Temitätslehre anstatt Trinitätslehre S. 381 u. s. w. Die Form der Darstellung hat nicht überall den richtigen Ausdruck. So steht S. 208: „Noch war das Denken mit dem dargebotenen Inhalt des Bewusstseins, denselben unmittelbar zusammenfassend, begnüget" anstatt „begnügte sich oder hatte sich begnügt", S. 366: „Ohne allem Bewusstsein irgend einer Erkenntnissweise", anst. „ohne alles" etc., S. 453: „nicht ohne jenem" anst. ohne „jenes", wie denn überhaupt in solcher Construction auch im ersten Bande, jedoch dort häufiger, der Dativ anstatt des Accusativs gebraucht wird. v. Meichlin-Meldegg.

Motley, der Abfall der Niederlande und die Entstehung des hol-ländischen Freistaats. Dresden. 1858. Zweiter Theil.

Von dem zweiten hier zur Anzeige gelangenden Band lässt sich leider nur sagen, dass er den ersten an Parteilichkeit übertrifft. Man wird zu glauben versucht, der Verfasser habe einen unwiderstehlichen Drang gefühlt, seinen schwärmerischen religiösen und politischen Freiheits-Ideen auf dem Wege der Geschichtschreibung eine Befriedigung zu verschaffen und dafür bei Anderen dieselbe Begeisterung hervorzurufen. Indem er aber Verherrlichung der Revolution zum Grundgedanken seiner Arbeit machte, war er gezwungen, alles Licht, alles Recht, alle Glorie auf seine „Patrioten" (die Aufständischen) zu übertragen, und dagegen über die spanische Regierung ein unbedingtes, durch nichts gemildertes, rücksichtsloses Verdammungsurtheil auszusprechen. Seine Absicht und Richtung brachte es denn auch mit sich, dass er Philipp II. als den grössten Tyrannen und Schurken, den die Erde trug, den Prinzen von Oranien hingegen, als eine den kühnsten Begriff erschöpfende sittliche Grösse, als einen Charakter schilderte, an dessen Loyalität und Reinheit der Absichten zu zweifeln, ein Verbrechen sein würde. Im Grunde genommen ist dieser Ideengang nicht neu, wesshalb auch die ihm entsprechende geschichtliche Entwickelung nicht befremden kann. Da aber die Darstellung so grell und excentrisch ausgefallen ist, dass sie zwar allerdings dem Geschmacke des in Religionssachen und in der Politik von seinen Institutionen, Begriffen, Vorurtheilen und Leidenschaften befangenen englischen Publikums, nicht aber der deutschen Nüchternheit und unseren Geschichtsanforderungen zusagt, so handelte der Uebersetzer klug und rücksichtsvoll, in der Vorrede zum 1. Bande des Motley'schen Werkes einige der auffallendsten Gebrechen desselben unverhohlen aufzudecken. Da nun aber unter diesen das grösste Partheilichkeit ist, so führt dieser Ausspruch unmittelbar zur Frage: welchen Werth soll ein Geschichtswerk haben, welchen Rang einnehmen, welches Interesse einflössen, und welchen Eindruck zurücklassen, bei welchem die erste Bedingniss: objektive Auffassung und ruhige, wahrheitsgetreue Darstellung, nicht erfüllt ist? Der Verfasser kann gewiss sein, dass er weder mit seiner anerkennenswerthen Gelehrsamkeit und den auf seine Arbeit verwendeten Fleiss, noch mit seiner Dialektik und Gefühlswärme das Urtheil des nie mehr als jetzt vom Geiste historischer Forschung und Skepsis geleiteten deutschen Publikums besticht, und dass selbst Solche, welche seine Ansichten theilen und deren Verbreitung anstreben, nicht wagen werden, ihn von den erhobenen Beschuldigungen freizusprechen. Am wenigsten werden Jene sich dazu verstehen, welche den von ihm behandelten Stoff zu ihrem eigenen Studium gemacht haben.

Wenn es möglich wäre, bei der niederländischen Empörung die Zweifel an die Lauterkeit der Absichten zu ersticken, und wenn es

sich erweisen liesse, dass es keinen anderen Ausweg zur Erwirkung
der religiösen Freiheit gab als Ströme von Blut zu vergiessen und
ein blühendes Land in eine Wüste zu verwandeln, so würde, wenn
man nebenbei auch von der Frage absähe, ob religiöse Freiheit mit
Blut erkauft werden dürfe? eine Apologie jener Empörung sich anhören lassen. So lange aber diese beiden Fragen nicht befriedigend
und eigentlich noch gar nicht beantwortet sind, hat eine Anpreisung
wie Motley sie unternahm, keinen Anspruch auf Annahme und Beifall, es wäre denn, dass man sich zu dem Grundsatze bekennte,
die Rechtmässigkeit einer Revolution bedürfe gar keiner Deduction,
ein Satz, der die bündigste Schutzrede des Despotismus in sich
schlösse, weil diesen auch Revolutionen entwickeln.

Wir nehmen es strenge mit denselben, nicht als ob wir die Tyrannei nicht von ganzer Seele und vielleicht mehr als die so selten
sich bewährenden Freiheitsapostel hassten, sondern weil wir den
rechtlichen Titel zu jeder Erhebung klar nachgewiesen haben wollen und uns berechtigt fühlen, Rechenschaft nicht von den Strömen
geopferten Bluts, sondern von jedem Tropfen zu heischen. Wir
verargen es dem Verfasser, dass er über dieses Bedenken hinweg-
geht, und seine reiche Erfindungsgabe nicht anstrengt, um zu zeigen, dass der grausenhafte und langjährige innere Krieg der Niederlande hätte vermieden werden können.

Wie, werden wir anderswo zeigen. Hier haben wir es nur mit
Prüfung von Motleys Angaben zu thun. Mit minutiöser Genauigkeit zeigt er alle einzelnen hervorragenden Fälle von Alba's Rase-
reien und den Justizmorden des Blutrathes (besseren Namen verdient er nicht) an. Dagegen unterlässt er der Herausforderungen
der calvinistischen Schwärmer und Fanatiker, die sich die Märtyrer-
krone verdienen wollten und der an Katholiken, an ihren Kirchen,
an Mönchen und Nonnen verübten Gräuel in gleichem Masse und
mit derselben kräftigen, in die Augen springenden Schilderung zu
erwähnen. Dadurch haftet das Augenmerk und Interesse der Leser
lediglich an jenen Abscheulichkeiten, während diese, nur vorüber-
gehend und unvollständig erwähnt, nicht ins Gewicht fallen. Die
Correspondence de Philippe II. theilt vom Prinzen von Oranien mit, dass er, um jede Versöhnung des Volkes mit dem
Könige unmöglich zu machen, Befehl zur Zerstörung der katholischen Kirchen gegeben, und dass man das Volk in der nämlichen Absicht zu den unerhörtesten Gräueln verleite. Solche Beschuldigungen
dürfen nicht verschwiegen werden, so wenig als der erhebliche Umstand im ersten Bande hätte ignorirt werden sollen, dass die Conföderirten reformirte Prediger aus Frankreich und Deutschland und
aus der Schweiz verschrieben, und der Prinz von Oranien zu einer
Zeit, während welcher er noch den Katholiken spielte, Verträge mit
ihnen abschloss, und es eine Bedingung derselben war, nicht bloss
die neue Lehre, sondern auch den Aufruhr zu predigen. Die spanischen Soldaten benahmen sich wie die Türken, aber um kein

Haar besser verfuhren die Wassergeusen. Wem nun sind die wechselseitigen Gräuel der Kriegsführung beizumessen? Nicht Demjenigen, der das niederländische Volk unter die Waffen rief und die
Folgen dieses Schrittes voraussah, der wusste, welche Elemente er
entfesselte?

Soll die Geschichte dem Prinzen es zum Verdienste anrühmen,
dass er durch die Herbeiziehung und Begünstigung der Calvinisten
die Empörung planmässig schürte, und das Leben und Eigenthum
der Katholiken den grössten Gefahren blossstellte? Der Verfasser
stellt Alba's Kriegsführung als den unmenschlichen Krieg des Landesherrn gegen seine eigene Unterthanen dar, ohne darauf aufmerksam zu machen, dass, da der angreifende Theil Oranien war, dieser ihn verschuldete, und für die spanische Regierung nebst der
Pflicht einen Waffenangriff abzuwehren, auch insbesondere noch die
bestand, die ihr getreu gebliebenen katholischen Unterthanen zu
schützen. Das Geschrei: Nieder mit den Pabisten! und die Verjagung, das Aufhängen, das Nasen- und Ohrenabschneiden der
Mönche und Nonnen, der Raub am Eigenthume der Katholiken, und
ihre Verfolgung durch das ganze Land, berechtigten doch wohl zu
der Voraussicht, welches ihr Schicksal sein würde, wenn die Insur-
rektion Fortgang gewann und siegte. Der Verfasser will es nicht
sehen und noch weniger es sagen, dass der Kampf um Religionsfreiheit ein Vertilgungskrieg des Katholicismus war, und
die Auswanderungen nicht bloss wegen Alba's Strenge, sondern auch
der Gefahren wegen statt fanden, denen die Katholiken von der aufständischen Parthei blosgestellt waren. Wir ziehen von den Opfern
der Justiz des Blutraths nicht ein Individuum ab, und zweifeln nicht,
dass ihre Summe so gross war, wie der Verfasser sie angibt, nur
bemerken wir dazu, dass sicherlich ein beträchtlicher Theil aus wirklichen Verbrechern, aus Kirchenräubern, Heiligthumschändern, Auf-
ruhrpredigern u. s. w. bestand, die also, da sie gemeine, von der
ganzen civilisirten Welt für strafbar erkannte Handlungen begingen,
der Strafgerechtigkeit nirgends entgangen wären, woraus folgt, dass
die Abgestraften keineswegs durchweg Märtyrer des Glaubens und
Schuldlose waren. Hiernach hat man die Stelle S. 131: „Das Blut
der besten, der muthigsten Bürger hatte das Schaffot befleckt" zu
beurtheilen, auch sind die Zeugnisse von Meteren, Hooft u. Bor
wenn sie allein stehen und von anderen Geschichtschreibern nicht
unterstützt werden, nicht immer für ganz genau zu halten; an Uebertreibungen liessen es die Partheigänger Oraniens nicht fehlen.
Von Hooft sagt selbst Prinsterer, IV, 219: „Hooft souvent trop
peu circonspect dans les invectives, comme dans les panégy-
riques etc., was H. Motley freilich nur willkommen ist.

Das Streben des Verfassers, die spanische Regierung mit aller
erdenklichen Schuld zu belasten, verleitet ihn hinsichtlich der Confiscationen zu Andeutungen, aus welchen der ununterrichtete Leser
den Schluss ziehen wird, Philipp habe die Leute umbringen lassen,

um mit ihren Reichthümern seinen Säckel zu füllen. S. 126 sagt
er: „Das grösste Verbrechen jedoch, welches auch durch die glänzendsten Tugenden nicht gesühnt werden konnte, war der Reichthum. Alba hatte seinem Herrn ein Jahreseinkommen von einer
halben Million Dukaten aus dem Ertrag der Confiscationen versprochen. Damit der ellentiefe Geldstrom, welchen Alba dem Könige
in Aussicht gestellt hatte, Spaniens durstigen Boden befruchten könne,
musste zuerst ein Strom Blutes sich durch die Niederlande ergies-
sen". Dann S. 140: „Der leitende Gedanke der Regierung blieb
dieser, die Verfolgung der Ketzer und Rebellen zu einer goldenen
Ernte für den königlichen Schatz auszubeuten". Hiermit ist zu vergleichen Theodore Juste, B. II, S. 423, N. 2, wo es heisst: „Morillon
ecrivit à Granvelle le 9. Nov. 1567 que le duc d'Alba avait envie,
de confisquer sous une forme nouvelle les terres des Seigneurs re-
belles; on disait même, qu'il demandait permission, de les don-
ner à qui il voudroit pour récompense". Dann heisst es
ebendort S. 424 u. 125, die Herzogin von Parma habe vor ihrer
Abreise bei Alba auf eine allgemeine Amnestie gedrungen, worauf
Alba geantwortet: „Il y a encore beaucoup de choses à faire, au
commencement de l'année 1568: condamner les villes qui ont dé-
linqué, tirer des particuliers une bonne somme de deniers, après qu'-
on aura fait justice exemplaire des principaux coupables, assurer les
revenues royaux aux Pays bas. Pour tout cela, il importe de
ne pas accorder de pardon général, afin que ceux qui auraient à
racheter leurs délits offrent des sommes plus considérables, et pour
qu'aucun des états n'ose faire d'opposition à ce qui sera proposé en
vue d'assurer les revenues du roi.
    Es ist also von den Einkünften der Niederlande, nicht von de-
nen Spaniens die Rede und theilweise sogar von Geschenken aus
dem confiscirten Vermögen. Die Sicherstellung der niederländischen
Einkünfte bedeutet Deckung der Landeserfordernisse, damit Geldsendungen aus Spanien wegfallen konnten. Alba's militärische Expedition verursachte einen ungeheuern Aufwand, den er
aus den Confiscationen zu bestreiten hoffte. Darauf war sein Absehen gerichtet. An eine Bereicherung des spanischen Staatsschatzes
konnte weder Alba noch Philipp denken, weil der Ueberschlag der
Kriegskosten nicht die mindeste Aussicht dazu bot. Es ist auch bisher keinem unpartheiischen Geschichtschreiber eingefallen aus Alba's
Aeusserungen den von Motley angegebenen Schluss zu ziehen, Philipp zum Henker seiner Unterthanen aus Habsucht, die gar nicht
sein Fehler war, zu machen. Thatsache ist übrigens, dass der Krieg
in den Niederlanden Spaniens Einkünfte verschlang, nicht umgekehrt,
dass die Confiscationen sie vermehrten. Es floss kein Heller derselben in den spanischen Staatsschatz. Motley selbst gibt S. 422 an,
„Alba hatte geprahlt, er werde künftig keine Zuschüsse aus Spanien
brauchen, vielmehr noch alljährlich bedeutende Ueberschüsse dorthin
senden. Statt dessen verbrauchte er binnen fünf Jahren nicht bloss

den gesammten Ertrag seiner Confiscationen und Auflagen, sondern noch fünf und zwanzig Millionen, die Philipp von Madrid senden musste, und dennoch fand sein Nachfolger die niederländische Staatskasse leer und bankerott". Erpressungen und ungerechte Confiscationen des Blutraths fanden sicherlich statt, aber zum Theil waren jene Folge der fortdauernden Geldklemme, in der Alba, besonders beim Ausbruche des Krieges sich befand. Es ist geradezu Verleumdung, wenn man Philipp bei Alba's Sendung die Absicht unterstellt, sich mit ungerechtem Gute zu bereichern. Zu den Confiscationen unter Granvelle's Verwaltung bemerkt Raumer (Pariserbriefe I, 164, N. 4): „So eifrig manche Herren über die Gütereinziehungen klagten, die vom Könige und der Inquisition ausgingen, liessen sie sich dieselben doch sehr gerne gefallen, wenn sie auf ihren Gütern ihnen zufielen." Daraus geht hervor, dass man in Spanien an derartige Bereicherung gar nie dachte.

In seinem Hasse gegen Spanien greift der Verfasser auch zur Ausstreuung grundlosen Verdachts, indem er Berghens natürlichen Tod zweifelhaft macht, und ihn durch Gift umkommen lässt. „Ob es das Siechthum war, oder ob nicht etwa die wirksamere Kraft königlichen Giftes dem Unglücklichen die Freiheit brachte, wird wohl nie mit völliger Sicherheit entschieden werden." Dabei beruft er sich auf Strada. Dort VI, 298 ist zu lesen: „Sunt qui veneno sublatum scribant, perinde quasi nemo Principi offensus invisusque decedat, nisi accersita morte. Mihi, absque conjectura, id affirmare consilium non est. Weit entfernt die Vergiftung zuzugeben, schlägt Strada vielmehr den Verdacht nieder. Es ist aber auch Niemand zu finden als Motley, der ihn hegt und Anderen beibringen möchte. Theodor Juste erwähnt nicht einmal der Beschuldigung, sondern sagt: „Il venait de succomber sous le poids des inquiétudes et des chagrins d'un exil, auquel il ne voyait plus de terme. Il était mort à Madrid, dans les bras de Montigny". Das Absurde dieser Verdachterregung gibt übrigens der Verfasser, wie es scheint ohne es zu bemerken, gleich auf der nächsten Seite (119) selbst an, indem er den schriftlichen Befehl des Königs an Ruy Gomez wegen Berghen mittheilt, wie folgt: „Im Falle das Befinden des Marquis keinerlei Aussicht auf Genesung gebe, soll ihm R. Gomez die Erlaubniss zur Heimkehr ertheilen; falls es aber irgend möglich scheine, dass Berghen noch mit dem Leben davon komme, so soll er ihm bloss Hoffnung zur Erlaubniss in Zukunft machen". Welche widersinnige Komödie, wenn Philipp den Marquis vergiften liess !

Um einen recht tiefen Abscheu vor der spanischen Tyrannei bei seinen Lesern zu erwirken und ihre Neugierde zu stacheln, hat er einigen Abschnitten seines Buches schauerliche Ueberschriften gegeben, z. B. „Opfer und Rächer", „Drei Blutbäder", „Die Tyrannei beginnt zu ebben". „Ein Mustermeuchelmord". Die letztere Bezeichnung wählte er zur Erzählung von Montigny's heimlicher

Hinrichtung, worauf wir mit der kurzen Bemerkung eingehen, dass dieselbe kein Meuchelmord war. Der Verfasser hat mit allen anderen, diesen Rechtsfall schildernden Historikern den groben Fehler gemein, bei seiner Beurtheilung von der Rechtsverfassung unserer Zeit auszugehen, statt die damalige, die eine ganz andere war, zur Richtschnur zu nehmen. Damals besassen alle Regenten das oberste Richteramt in dem Sinne, dass sie Herren über Leben und Tod ihrer Unterthanen und an Processformalitäten bei notorisch erwiesener Schuld oder gebieterischen politischen Rücksichten, gar nicht gebunden waren. Als oberste Richter hatten sie ferner das Recht, die Todesart selbst zu wählen und vorzuschreiben. Weiss man das und ignorirt man es nicht etwa absichtlich, so kann man Montigny's heimliche Hinrichtung nicht länger als Meuchelmord auffassen, was schon desshalb absurd ist, weil ein ordentliches Prozessverfahren stattfand und Philipp die Gründe der heimlichen Hinrichtung angab*). Wir haben den besten Grund diese noch Jahrhunderte nach Philipp in Kraft bestandene Einrichtung tief zu beklagen, weil sie unvermeidlich Justizmorde herbeiführte; wir haben aber kein Recht sie den Regenten zu imputiren, sondern müssen die Zeit und ihr Begriffsdunkel vom Rechte anklagen. Dagegen lässt sich sagen, dass das Prozessverfahren bei Montigny und allen übrigen Opfern des Albaischen Blutgerichts nicht bloss ein mangelhaftes, sondern auch ein nach den Formalitäten jener Zeit ungerechtfertigtes war, dass nicht bloss eine ungesetzliche, keine Milderungsumstände berücksichtigende Strenge waltete, sondern auch Richter von schlechtem Rufe angestellt waren, und diese ihr Amt gewissenlos und partheiisch verwalteten. Wenn man aber hieraus folgern wollte, auf den angeklagten Häuptern der niederländischen Conföderation, habe gar keine Schuld gelastet, namentlich keine des Hochverraths, so würde man wieder irren oder partheiisch urtheilen. Ihre Prozessverhandlungen lassen eine eben so mangelhafte und schwankende Vertheidigung gewahren, als die Anklagestellung dunkel und ungeschickt ist. Wenn Motley (S. 152) von Horn's Process angibt: „Hinsichtlich der ihm Schuld gegebenen Drohung, sich der Ankunft des Königs mit 15,000 Mann widersetzen zu wollen, bemerkte er mit erstaunlicher Naivetät (sic), er erinnere sich nicht, so etwas gesagt zu haben, es sei aber unmöglich, allen gelegentlich geäusserten Unsinn im Gedächtnisse zu behalten", so wird man in dieser Antwort wohl schwerlich eine Entlastung, sondern schlechtweg eine leere Ausflucht erkennen, und gewiss nicht in Abrede stellen, dass das

---

*) Auf diesen Sachverhalt haben wir schon in den „Quellen zur Geschichte des Kaisers Maximilian II." aufmerksam gemacht. Dessenungeachtet hat Hr. Helfferich in seinem Aufsatze Don Carlos in Raumers Taschenbuch bei Erzählung der Hinrichtung Montigny's keine Notiz davon genommen. Von Partheigängern und ihrer Leidenschaft ist freilich Besseres nicht zu gewarten.

Vorhaben, sich der Ankunft des Königs in den Niederlanden mit Waffengewalt zu widersetzen, Hochverrath sei.

Dietrichstein bemerkt in seinem Berichte vom 26. Sept. 1567 an den Kaiser, dass den 19. Sept. des Morgens die Nachricht von Egmonts Verhaftung in Madrid einlief, und am nämlichen Tage Abends Montigny verhaftet wurde. Die Vermuthung liegt nahe, dass bei dem Verfahren gegen Egmont, Montigny's Schuld offenbar wurde. Schliesst diese auch die Verleitung des Don Carlos zur Entweichung und den Briefdiebstahl in sich, (was nicht unwahrscheinlich ist, weil nach Dietrichstein gleichzeitig mit Montigny auch der flandrische Sekretär Vandenesse verhaftet wurde) so dürfte Montigny noch wegen anderer Verbrechen als die im Urtheil angeführten hingerichtet worden sein, falls selbe nicht unter dem Titel: Hochverrath begriffen waren. Mit seiner Unschuld (wollte man sie etwa glauben machen) sind wir zuverlässig auf die erheblichsten Zweifel angewiesen*). Selbst bei der Vertheidigung der Angeklagten stösst man auf handgreifliche Unwahrheiten. Egmont und Horn gaben gleichlautend an, die Livree (spöttische Nachahmung der Kardinalstracht) habe nicht Verhöhnung Granvelle's zum Zwecke gehabt, sondern man habe dem ausschweifenden Adel damit ein Beispiel der Sparsamkeit geben wollen. Wenn man nun weiss, dass dem Egmont einst die Aeusserung entschlüpfte, nicht auf den Kardinal, sondern auf den König sei es mit der Livree abgesehen gewesen, so wird man die Vertheidigung nicht als einen unumstösslichen Beweis der Unschuld der niederländischen Grossen hinnehmen, doch auch desshalb nicht schliessen dürfen, die Todesurtheile seien gerechte Urtheile gewesen. Selbst wenn man sie rechtfertigen könnte, stände immer noch fest, dass sie im höchsten Grade unpolitisch waren.

Der Verfasser bekämpft mit allen anderen Historikern die Legalität des von Alba eingesetzten Gerichtshofes, und findet einen ungeheueren Akt der Willkür in der Bestimmung, wornach die Urtheile von seiner endgültigen Entscheidung abhängig gemacht waren. Hinsichtlich beider Fälle unterläuft ein Irrthum. In den Niederlanden war seit dem Bildersturm Anarchie eingerissen, gegen welche Philipp militärische Massregeln anordnete, indem er Alba mit dem Heere sandte.

Bei dem Beginne von Alba's Verwaltung trat demnach ein Ausnahmszustand ein, von dem, seiner Beschaffenheit gemäss, alles ordentliche Verfahren sistirt wurde. Hieraus folgt, dass kein Unrecht geschah, als Alba die Statuten des Vliessordens und das Brabanterrecht ausser Kraft gesetzt erklärte. Neben dem Kriegsrecht konnte kein anderes Recht Giltigkeit haben. Wiewohl sich das von selbst versteht, so kam man doch nicht darauf, oder richtiger, man wollte

---

*) Modesto Lafuente hält die über Montigny verhängte Todesstrafe auf Grundlage der Prozessakten für hinlänglich gerechtfertigt.

nicht darauf kommen, um nicht eine der stärksten Stützen zur Anklage Philipps auf den Bruch des Krönungseides und auf ein reines
Willkürverfahren einzubüssen. Aber was nützt das auf die Dauer?
Die endgültige Entscheidung Albas über die gefällten Urtheile beruhte auf Uebertragung der königlichen Machtvollkommenheit in
Rechtsangelegenheiten auf seine Person, war also, die Sache aus
dem damaligen Gesichtspunkte betrachtet, ebenfalls gerechtfertigt.
Hiernach ist der Werth und die Richtigkeit dessen zu beurtheilen,
was Motley in seinem üblichen declamatorischen Ton S. 144 bis
147 hierüber vorbringt. Seite 141 gibt er an, dass man denen vom
Blutrathe Verurtheilten, bevor sie auf die Richtstätte geführt wurden,
die Zunge in einen eisernen Ring schraubte und den vorderen Theil
anbrannte. Dies geschah wie er sagt, um Tumulten und Störungen vorzubeugen, welche durch die häufigen Anreden der zum Tode
geführten Opfer hätten entstehen können. Hier bemerken wir eine
kleine Auslassung. Nicht bloss der aufreizenden politischen Reden
sondern der häufigen Gotteslästerungen wegen, welche fana-
tische Calvinisten sich bei der Hinrichtung erlaubten, schritt Alba zu
dieser unter allen Umständen verdammenswerthen Massregel raffinir-
ter Grausamkeit, bei welcher man sich aber wieder erinnern muss,
dass das skandalöse Benehmen der Verurtheilten, die zur Lästerung
der katholischen Religionslehren kein Recht hatten, sie herausforderte.
Nebstdem hat man sich zu erinnern, dass Abschneiden und Heraus-
reissen der Zunge als Strafe der Gotteslästerung in allen Ländern
und namentlich in Deutschland üblich waren, folglich Alba nichts
Neues und Ungewohntes that*). Seine Grausamkeiten müssen im
Geiste und nach den Bestimmungen der zu seiner Zeit gültigen grau-

---

*) Reichspolizeiordnung von 1577. So jemand wider Gott, die
allerheiligste Menschheit des Erlösers oder die göttlichen Sacramenta reden
sollt, der soll am Leben oder mit Benehmung ettlicher glieder peinlich gestrafft werden. Carolina. So eyner Gott, sein heylige Mutter die
Jungfrau Maria schendet, soll darum an leib, leben, oder gliedern nach
gelegenheit vnd gestalt der person vnd lesterung gestraft werden. Ebendort,
§ 108, „Abschneidung der zungen" als Strafart. In den Particular-Ordnungen
ist dieselbe speziell auf die Gotteslästerung angewendet. So erläutert z. B.
die chursächsische von 1572 die Bestimmung der Reichspolizeiordnung wie
folgt: „Jedoch mit dieser Erklärung, dass die Wörter: „oder Benehmung et-
licher Glieder" auf die Zunge damit solche Lästerung vorwirket, zu verstehen." S. Carpzov, Practice nova imper. saonica rerum criminalum. In Gebrauch blieb das Abschneiden und Ausreissen der Zunge bis in die Mitte des
18. Jahrhunderts, während gerade die von Alba angewandte Zungenschraube
schon 250 Jahre vor ihm in Deutschland eingeführt war. Im Passauer Stadtrechte vom J. 1300 (Monum. B. 28 B. p. 512) ist zu lesen: „Wer God oder
die heiligen schilt oder vater vnd muter, dem sell man die zung an das häg-
kel legen", was entweder durchbohren oder einschrauben heisst.

samen Strafrechts nicht nach unserem darob sich empörenden Gefühle aufgefasst werden, vorausgesetzt, dass man nicht wie Motley
sie nur bei ihm und seinem Herrn sehen und sie allein Spanien und
dem Katholicismus aufwälzen will.

Sein Hauptverdienst (das wir bloss nennen ohne daran zu rüt-
teln) besteht in der Charakterisirung der in der niederländischen Re-
volutionstragödie hervorragenden Persönlichkeiten. Wie Motley drang
noch Keiner in die tiefsten und verborgensten Falten des menschlichen Herzens, wie er verstand Keiner die geheimen Beweggründe
auszuspüren, von welchen die Tyrannei sich leiten liess, prägte Keiner sie in grelleren Zügen aus, als er. Das ist jedoch nur die eine
Seite seiner historischen Kunst. An den Helden des grossen Frei-
heitskampfes, an den von den uneigennützigsten Antrieben beseelten
„Patrioten" der Niederlande, ermittelt sein weitreichender Scharfsinn
einen Edelsinn, eine Frömmigkeit und eine Seelengrösse, für welche
uns der richtige Maassstab bisher gänzlich mangelte. Um uns mit
diesem Lobspruche nicht dem Vorwurfe einer Uebertreibung auszusetzen, theilen wir hier von etlichen seiner gelungensten Schilderungen Proben mit. Von Philipp II. „Seine Meisterschaft der Heuchelei ward in derjenigen Richtung verwerthet, welche die Rathschläge seiner Minister ihm an die Hand gaben. Niemals erzeugte
Philipp einen eigenen Gedanken, nie entwarf er einen selbstständigen
Plan; seine Stärke bestand darin, stets der Falschheit seiner Natur
treu zu bleiben, und dabei ohne Ermüden den Einflüsterungen Anderer zu folgen*) Man kann keinen grösseren Irrthum begehen,
als diesem pedantischen, ewig fruchtlos sich abmühenden Monarchen
Talent beizulegen. Des Mannes Verstand war verächtlich; nur eine
beinahe übermenschliche Bosheit und Falschheit haben seinen Charakter über das Niveau des Gewöhnlichen emporzuheben vermocht.
Jeder verständigen Auffassung der Geschichte muss Philipp als ein
gewissenloser Usurpator erscheinen, der aus einem Grafen von Holland und Herzog von Brabant ein absoluter König zu werden versuchte. Wilhelm (von Oranien) war der Conservative, Philipp der
Revolutionär. Und der Monarch, der von Herrschsucht und Fanatismus getrieben, das Glück der Provinzen zerstörte und sein Volk
decimirte, untergrub ebendadurch für alle Zeiten seine eigene Macht.
— Kein Monarch hielt jemals einen tödtlichen Entschluss so stand-
haft fest, keiner schritt jemals so langsam und auf solchen Umwe-
gen dem Ziel entgegen. Philipp schien zu Zeiten, in seinem Werke
pausirend, seinem Rachedurst das Opfer eine Weile vorzuenthalten,
um ihn zu schärfen, und so die Wonne des Genusses
zu erhöhen". Ist dieser Philipp nicht zu schlecht für die Hölle!
Und wie kann noch Jemand die Stirne haben, seinen Handlungen

*) Wie reimt sich das? Folgte Philipp den Einflüsterungen Anderer, so
konnte er ja nicht der Falschheit seiner Natur treu bleiben.

einen mildern Anstrich zu verleihen, sie in irgend einer Beziehung
zu rechtfertigen?

Hören wir nun wie Motley den Prinzen von Oranien
schildert. „Es ist nicht leicht, des Prinzen Haltung zu betrachten,
ohne sich von einem für den Historiker vielleicht gefährlichen Enthusiasmus ergriffen zu fühlen. Es ist schwer mit unbefangener Kälte
eine Natur zu analysiren, die einen so hingebenden opferbereiten
Heroismus mit so viel Gewandtheit und geschmeidiger Feinheit in
sich vereinigte, und es ist fast unmöglich, den Empfindungen, von
denen bei Betrachtung einer genialen und schaffenden Tugend das
Herz schwillt, Ausdruck zu verleihen, ohne in den Fehler über-
mässiger Bewunderung zu verfallen. Durch den Nebel widriger Geschicke hindurch mag eine solche Gestalt für das Auge der Nachwelt zu dem täuschenden Schein riesenhafter Umrisse anschwellen.
Unser Urtheil mag so vielleicht fehl geleitet werden, aber das Gefühl wird jedenfalls ein gesünderes, erhebenderes sein, als das. welches die Siegesthaten eines blossen Kriegshelden, eines selbstischen
Eroberers uns einflössen können. Ist aber die Sache, für die ein
solcher Held kämpft, die Sache des Menschenrechts gegen Gewalt-
herrschaft, der bürgerlichen und religiösen Freiheit gegen hierarchi-
sche Bigotterie, so wird es noch schwieriger das Gefühl bewundern-
der Verehrung in die Schranken der strengen Wahrheit zu bannen.
Die Seelen und Leiber von Millionen zu befreien, einem edlen Volke
das fast sein Alles verloren hatte, die freien Institutionen seiner Ahnen zu erhalten, war für Jedermann ein ruhmwürdiges Streben.
Aber hier stand ein Fürst von altem Stamme, von gewaltigem
Reichthume*), einer der Grossen der Erde, dessen Pfad, wäre
er der gewiesenen Bahn gefolgt, leicht und glücklich hätte sein
können, und der dennoch nicht zögerte, im Dienste jener erhabenen,
aber fast hoffnungslosen Sache seinen Reichthum wie Wasser aus-
zugiessen, und sich selbst einem Leben voll von Seelenpein und
Todesgefahr zu weihen. . . . . . Es war um diese Zeit, dass eine
tiefe Veränderung über den Geist des Prinzen kam. Die schweren
Pflichten, der Ernst der Sache, der fortan seine Tage geweiht waren,
leitete ihn zu einer näheren Prüfung des Christenglaubens, und Wilhelm ward bald und für immer ein begeisterter Verfechter der Reformation. Der reformirte Glaube ward fortan sein Vaterland**),
die Sphäre seiner Pflicht und seines Eifers. Die Anhänger der Reformation wurden seine Brüder, mochten sie in Frankreich, Deutschland, den Niederlanden oder England wohnen. Aber sein Geist nahm
einen höheren Flug als der der ausgezeichnetsten Reformer. Seines
Strebens Ziel war nicht eine neue Glaubensformel, sondern religiöse
Freiheit. . . . . Ohne irgend welche Beimischung von Heuchelei und

*) Schreibfehler für Schulden, und eingezogene Güter.
**) Das riecht ja ganz jesuitisch.

Fanatismus war seine Sinnesart gleichwol eine tief religiöse geworden. Bisher war er lediglich Weltmann und Staatsmann gewesen, aber von dieser Zeit an ward es sein Grundsatz in allen Wechselfällen seines ereignissreichen Lebens mit vertrauensvoller Ruhe auf Gottes Vorsehung zu bauen*). Seine Privatbriefe geben überreiche Beweise für seine aufrichtige Frömmigkeit. Die Religion war ihm nicht ein Deckmantel geheimer Plane, sondern ein Seelentrost im Missgeschick. Die Sprache seiner Briefe gibt ein rührendes Zeugniss für die aufrichtige Frömmigkeit des Prinzen. Niemals gab es einen Mann, dessen Leben einem höheren Zwecke geweiht war, der mehr Anspruch und doch weniger Neigung hatte, sich für den Vollstrecker einer göttlichen Mission zu halten. Es lag nichts vom Charlatan im Charakter Wilhelms. Seine Natur war treu und wahr. Kein engherziger Usurpator hat jemals mit zäherer Beharrlichkeit für seine eigene Erhöhung als dieser grossherzige Mann für die Errettung der niedergetretenen Menschheit gewirkt. Und doch konnte es nicht fehlen, dass gemeine Geister ihm die Anerkennung der Reinheit seines Strebens versagten**). Während er bis zur Erschöpfung seiner Lebenskräfte an der Befreiung eines Volkes arbeitete, lag es doch nahe, alle seine Anstrengungen auf die Begierde der Gründung einer Dynastie zurückzuführen. Es war nur natürlich, wenn kleinliche Köpfe den Baum, dessen Aeste einer Nation Schatten liehen, in dem dürren Boden der Selbstsucht wurzelnd dachten".

Für Kenner der niederländischen Unruhen reicht diese Exposition vollständig aus, um zu wissen, von welchem Geiste das Motleysche Werk getragen ist, und welche Geschichtsbehandlung sie darin treffen, Uneingeweihte mögen aus der Vorrede des Uebersetzers 1. Bd. S. VI sich belehren. Dort heisst es: „Es wäre zu wünschen gewesen, der Verfasser hätte hier (in Betreff Oraniens) eine weniger apologetische Stellung eingenommen, hätte vielmehr

---

*) Ist es so, dann hatte der Prinz vor dem 23. October 1573 dem vom Verfasser S. 204 Note angegebenen Termin von seinem Uebertritt zur reformirten Confession, gar keine Religion gehabt, denn als Lutheraner und Katholik (der Prinz war vorher beides) stand ja nichts im Wege Gottesvertrauen zu besitzen.

**) Zu diesen gemeinen Geistern gehörte auch Kaiser Maximilian II. Eine alberne und hämische Beschuldigung des Kaisers lautet wie folgt: „War es gut gewesen, die Religionsfreiheit im deutschen Reiche zu schirmen, so war es doch noch besser Schwiegervater des Königs von Spanien und beider Indien zu werden". Maximilian that vor und nach der Verheirathung seiner Tochter an Philipp hinsichtlich der Beilegung der niederländischen Händel seine Schuldigkeit so vollständig, dass ihn desshalb nicht der leiseste Tadel trifft.

durchaus alle Handlungen des Prinzen einer ebenso scharfen als
rücksichtslosen Kritik wie er sie anderswo übt, unterworfen. Er
sagt z. B. nicht ein Wort über den vermuthlichen Beweggrund von
Wilhelms auffallender Bewerbung um Anna von Sachsen, und doch
liegt eine Vermuthung hierüber sehr nahe, welche zu wichtigen Folgerungen hinsichtlich der vom Prinzen schon damals gehegten Meinung über den wahrscheinlichen Ausgang der Verwickelungen und
über die von ihm selbst dabei zu beobachtende Haltung führen muss.
Ebenso hat er die Mitwissenschaft Wilhelms um die Rüstungen der
Conföderirten, welche einen analogen Schluss zu begründen scheinen (m. s. Prescott II, 19 der Leipz. A.) unerwähnt gelassen.
Auch in den apologetischen Excursen zu Gunsten des Prinzen hat
er sich nicht überall die volle Unbefangenheit gewahrt. Die gewandte Schutzrede gegen den dem Prinzen gemachten Vorwurf zwei-
deutigen Benehmens bei jener Heirathsverhandlung, kann schwerlich überzeugend genannt werden. Auch der Versuch des Verfassers in den religiösen Ansichten des Prinzen eine wirkliche und aufrichtige innere Entwickelung nachzuweisen, möchte nur zum Theil
gelungen sein. Das Zugeständniss, das er S. 509 gelegentlich macht,
i. J. 1566 hätten politische Rücksichten auf die religiöse Gesinnung
des Prinzen gewirkt, hätte er getrost noch weiter ausdehnen können *)".

Ein anderer zu unserem Leidwesen nur kleiner Glanzpunkt des
Motley'schen Werkes ist Alba's Portrait. „Der Charakter Alba's
sagt er, soweit er in seinen niederländischen Thaten zu Tage tritt,
sieht einer Caricatur ähnlich. Als ein Geschöpf der Dichtung würde
er grotesk erscheinen. Aber selbst jener hartnäckige Scepticismus,
welcher eine Freude darin sucht, das Urtheil von Jahrhunderten um-
zustossen, wird es schwer finden, dieses Mannes geschichtliche Stellung zu ändern. Wo der Wahrspruch auf unbestrittene Thatsachen
und auf das eigene Zeugniss des Schuldigen sich gründet, da ist
die Aussicht auf eine künftige Abänderung des Urtheils gering. Es

---

*) Dass der Uebersetzer kein Gegner der Motley'schen Geschichtsbehand-
lung und seiner Geistesrichtung sei, erhellt aus folgender Stelle: „Dass er die
katholische Verfolgungspolitik nicht mit kühler diplomatisch-rücksichtsvoller
„Objektivität" darstellt, wird eher ein Verdienst denn als ein Mangel zu betrachten sein. Gerade die Art, wie der Verfasser die Bestrebungen der spanischen Politik entwickelt hat, scheint dem Uebersetzer vortrefflich, und die
Portraits von Karl V., Philipp II., Granvelle, Alba, Viglius, gehören zu den
Glanzpunkten des Werkes". Damit die Leser diese Glanzpunkte gehörig würdigen können, machen wir sie auf die Schilderungen des Groen van Prinsterer von eben diesen Persönlichkeiten in der Einleitung zum 1. Bd. der 2.
Aufl. der Archives de la maison d'Orange — Nassau, Leiden 1841, aufmerksam.

ist eine falsche Philosophie, scheinbarer Unpartheilichkeit zu Liebe, Verbrechen zu beschönigen, die von dem Thäter nicht bloss eingestanden, sondern als ruhmwürdige Handlungen in Anspruch genommen werden".

Das klingt schön, ist aber doch nur eine Einbildung. Ob Alba's Handlungen Verbrechen waren oder ganz etwas anderes, ob er oder Philipp der Schuldige sei, ob das Betragen der „Patrioten" einen oder keinen Einfluss auf Beide hatte, endlich ob man auf das 16. Jahrhundert und den militärischen Charakter Albas eine oder keine Rücksicht zu nehmen habe, das sind Fragen, die ein anderes Urtheil zu Stande bringen werden als Motley sich einbildet, der, lächerlich genug, Alba mit gemeinen Verbrechern, mit Mördern oder Räubern auf gleiche Linie stellt. Wir an seiner Stelle würden weit mehr für den Prinzen von Oranien bangen, denn es ist zu besorgen, dass die Skepsis das Urtheil von Jahrhunderten sammt dem seinigen umstösst, dass sie in seinem Bilde hier oben eine „Caricatur" erkennt, und dem Prinzen eine geschichtliche Stellung anweist, die von der Motley'schen diametral verschieden ist. Seine enthusiastische Partheinahme für Wilhelm von Oranien bürgt dafür, dass er den Charakter und die Handlungsweise der Gegner des Prinzen ebenfalls partheiisch auffasst, denn indem er diesen zu einem Engel macht, müssen die Anderen nothwendigerweise zu Teufeln werden. Darum ist auch bei diesen eine Abänderung des Urtheils in Aussicht gestellt, tritt diese aber ein, so ist die ganze Glaubwürdigkeit seines Werkes umgestossen. Das ist der wahre Sinn obiger Aeusserung.

Von der Beschaffenheit seiner Urtheile über Alba hier ein Beispiel. Alba verurtheilte den Generalprofossen von Brabant wegen Missbrauches der Amtsgewalt zum Galgen. Diese Thatsache erzählt Motley wie folgt: „Wie aus Laune oder in einer phantastischen Regung von Rechtssinn verurtheilte der Herzog den unermüdlichen Diener seines Mordsystems jetzt selbst zum Galgen. Der Urtheilsspruch, der als er den Tod litt, auf seine Brust geheftet war, besagte, er habe sich schlechter Amtsführung schuldig gemacht, indem er manche Personen ohne allen Befehl zum Tode geführt, und vielen Schuldigen bestochener Weise zur Flucht verholfen hat." Hieran knüpft er die Bemerkung: „Der Leser kann urtheilen, welches von beiden Vergehen die wahre Ursache seiner Hinrichtung gewesen sein mag". Allerdings wird der Leser urtheilen, aber darüber, dass Motley so unverschämt ist, Handlungen der Gerechtigkeit nicht bloss nicht anzuerkennen, sondern sie auch zu entstellen.

Ein Seitenstück hierzu liefert eine andere Erzählung S. 270. Sie lautet: „Gegen den Schluss des Jahres 1570 trug sich ein Vorfall zu, der von dem wilden Muthe, wie ihn bürgerliche Kriege häufig erzeugen, ein Beispiel gibt. Eines Abends gegen Ende De-

zember erschienen am Thore des Schlosses Loevenstein vier Mönche
und begehrten Gastfreundschaft. Sie wurden sogleich vor den Commandanten, einen Bruder des Präsidenten Tisnacq geführt. Der vor-
derste Mönch näherte sich ihm und fragte, ob er das Schloss für
den Herzog von Alba oder für den Prinzen von Oranien halte?
Der Commandant antwortete, er wisse von keinem Prinzen als von
dem Könige Philipp von Spanien. Hierauf zog der Mönch, der
Niemand anderer als Herman de Ruyter, ein Viehhändler und fana-
tischer Anhänger Oraniens war, ein Pistol unter der Kutte hervor,
und schoss den Commandanten durch den Kopf. Die Andern, den
Schrecken benützend, bemeisterten sich des Platzes, führten noch
vier oder fünfundzwanzig Mann herein, und begannen das Schloss
in Vertheidigungszustand zu setzen. Der Gouverneur von Herzogenbusch sandte sogleich zweihundert Mann zur Wiedereroberung des
Schlosses ab. Es gelang den Spaniern in achtundvierzig Stunden
Meister des Platzes zu werden. Viele Spanier, die sich herzuwag-
ten, um de Ruyter niederzuschlagen, sanken einer nach dem anderen unter seinem Schwerte. Endlich, von der Menge überwältigt,
wich er in die Halle zurück. Hier brachte er plötzlich eine Lunte
an eine Zündlinie, die er vorher gelegt hatte. Der Thurm sprang
augenblicklich in die Luft, und de Ruyter theilte mit seinen Verfol-
gern den gleichen Untergang. Ein Theil der verstümmelten Reste
dieser heroischen aber wilden Patrioten wurden später in ohn-
mächtiger Rache an den Galgen von Herzogenbusch genagelt.

Eine Anschauung, von welcher gemeine Spitzbuben in „heroische Patrioten" umgestempelt werden und welche für den Meuchelmord keinen anderen Namen als den des „wilden Muthes"
hat, legt den Beweis auf die Hand, dass die Partheileidenschaft des
Verfassers auch mit dem Könige Philipp, mit Alba und allen historischen, ihm wie diese missliebigen Personen ungerecht verfährt.
Darum kann sein Werk weder auf Gewissenhaftigkeit des Urtheils,
noch auf Wahrhaftigkeit der Darstellung Anspruch machen. Wenn
übrigens der in den zuletzt angeführten beiden Beispielen gegebene
Verstoss gegen das sittliche Gefühl keine Rüge verdiente, dann
müsste man die Kritik der Verpflichtung entbinden, für Aufrechthaltung des Adels der Geschichtschreibung zu eifern, und sie gegen
Entsittlichung zu schirmen.

                                        M. Koch.

JAHRBÜCHER DIR LITERATUR.

Manual of the Mineralogy of Great Britain and Ireland. By Robert Philips Greg and William G. Lettsom. London, John van Voorst, Paternoster Row. 1858. p. XVI u. 483.

Das vorliegende Werk ist nicht allein für das englische, sondern für das gesammte mineralogische Publikum von grosser Bedeutung. Denn es bietet uns die erste ausführliche vollständige mineralogische Topographie Grossbritanniens, während selbst die besten unter den englischen Schriften — wie z. B. Brookes and Millers new edition of Phillips's Mineralogy (1852), Nicols Manual of Mineralogy (1849) u. a. — nur vereinzelte Angaben über die britischen Mineralschätze enthielten. England war in dieser Beziehung im Vergleich zu andern Staaten, wie Deutschland, Nordamerika im Rückstand.

Die Herren Lettsom und Greg — beide bewährte Forscher — erfreuten sich bei der Ausarbeitung ihres Werkes einer vielseitigen Unterstützung; so erhielten sie durch Hr. Brice Wright genaue Angaben über die Vorkommnisse im mineralreichen Cumberland; durch die Hrn. Talling, Garby, Mitchell und Lavin über Cornwall, durch Forster Heddle über schottische Localitäten u. s. w. Auch die bedeutendsten Sammlungen Englands wurden einer Besichtigung unterworfen: die im britischen Museum, die ehemalige Turnersche, die von Greg (früher Allan'sche), die Nevill'sche (einst in Lettsoms Besitz), jene von Brooke, von Heddle und noch manche andere. Das Zusammentreffen so glücklicher Umstände machte es den Verfassern möglich, in ihrer Schrift 240 Mineralien aufzuzählen, unter welchen etwa 40 für England neue. Besondere Aufmerksamkeit ist den krystallographischen Verhältnissen gewidmet, denn nicht weniger als gegen 800 Formen sind beschrieben und durch etwa 400 gute Holzschnitte erläutert — eine höchst schätzbare Beigabe, denn wie bekannt ist England die Heimath schöner Krystalle und gar denkwürdige Gesetze walten ob hinsichtlich des Vorkommens bestimmter Formen in gewissen Gegenden: wir erinnern nur an Kalk- und Flussspath. Was die krystallographische Bezeichnung betrifft, so bedienten sich die Verfasser der von Brooke und Miller in ihrer Ausgabe von Phillips Mineralogie adoptirten. Auch der chemische Theil ist nicht vernachlässigt und wurde einer besonderen Durchsicht des Dr. Heddle unterworfen.

Wir gestatten uns nun, aus der speciellen Aufzählung Einiges hervorzuheben. Unter den Substanzen, die in England ganz ausgezeichnet vertreten sind, verdient zunächst Flussspath, was Häufigkeit, Grösse und Pracht der Krystalle so wie merkwürdige Combinationen angeht, Erwähnung. Die Gruben von Wheal Mary Ann, Menheniot in Cornwall, jene von St. Agnes in Cornwall liefern schöne Exemplare und seltene Combinationen, wie ein vorherrschendes Tetrakishexaeder und Hexaeder. Nicht minder ist Alston Moor in Cumberland wegen schöner Krystalle berühmt, so wie Tray Cliff bei Castleton in Derbyshire; hier sind vorzugsweise dichte und körnige mehrfarbige Abänderungen zu Hause (unter dem Namen „blue-john" bekannt), die zu mannigfachen Luxus-Gegenständen verarbeitet werden. Ferner hat Beeralstone in Devonshire reiche Schätze von Flussspath aufzuweisen; hexaedrischer Typus herrscht vor, doch finden sich auch Hexaeder mit Trapezoeder, die schönen Pyramiden-Würfel, dann eine Combination des letzteren mit Hexaeder und Dodekaeder. Grosse Mengen des Minerals werden in Devonshire bei metallurgischen Processen verwendet; denn eine einzige Grube lieferte im J. 1853 für diesen Zweck 400 Tonnen.

An Kalkspath ist England gleichfalls sehr reich; doch sehen wir auch hier das Gesetz bestätigt, dass bestimmte Formen manchen Gegenden eigenthümlich sind. In Cornwall und Devonshire walten niedrige sechsseitige Prismen, überhaupt ein tafelartiger Charakter vor. Im Bergkalk von Derbyshire — welcher ausgezeichnete Krystalle beherbergt — herrschen die Skalenoeder, auf den Erzgängen von Durham sumpfe Rhomboeder (die Verf. theilen 30 Abbildungen von Kalkspath-Formen mit, darunter einige schöne Zwillinge). — Als Hauptfundort für Witherit wird Fallowfield bei Hexham in Northumberland genannt, wo bis jetzt sieben (zum Theil sehr complicirte) Combinationen nachgewiesen. Der Childrenit — welcher bekanntlich nur in England zu Hause — wurde von Levy entdeckt; es kam das Mineral vor etwa fünf Jahren auf Eisenspath und Eisenkies bei Tavistock, dann auf der Crinnis-Grube bei St. Austell, aber selten vor; neuerdings sind bessere und grössere Krystalle unfern Callington aufgefunden worden. Hinsichtlich des Killinit, der besonders am Killiney-Hügel unfern Dublin in Granit, begleitet von Turmalin, Granat und Spodumen vorkommt, bemerken die Verfasser, dass sie solchen nicht für eine Pseudomorphose des Cordierit, überhaupt für kein Umwandlungs halten können und machen namentlich darauf aufmerksam, dass die basische Fläche — bei den Pinitartigen Substanzen stets vorhanden, dem Killinit gänzlich fehlt und sich auch nicht durch Spaltung darstellen lässt.

Beachtenswerth sind die Mittheilungen über Edingtonit. Haidinger beobachtete zuerst dies Mineral auf Thomsonit sitzend; das Exemplar war von Edington im J. 1823 bei Kilpatrik in Dumbartonshire gefunden worden. In jüngster Zeit kamen bessere Krystalle in Gesellschaft von Cluthalit und Harmotom vor; aus der Anwesenheit des letzteren Minerals schloss Dr. Heddle, dass der Edingtonit wohl Baryterde enthalten dürfte, was seine Analyse bestätigte (Kieselsäure 36,98, Thonerde 22,63, Baryterde 26,54, Kalkerde 0,22, Strontianerde 0,08, Wasser 12,46; die ältere unvollständige Analyse

Turner hatte 12,7 Kalkerde nachgewiesen; Heddle hebt besonders
hervor, dass nach seinen Beobachtungen nie Edingtonit und Thomsonit zusammen sich zeigten. — Nicht minder verdienen die Angaben über Pektolith Beachtung. Die Verfasser halten dies Mineral
für isomorph mit Wollastonit, denn die Spaltungsflächen an klino-
rhombischen Prismen ergaben 84⁰ 35' nnd 95⁰ 25'. Es finden sich
namentlich deutliche Zwillings-Krystalle; Zwillings-Fläche die Basis;
häufiger sind faserige Parthien, die sehr ausgezeichnet am Knock-
dalian-Hügel bei Ballantrae in Ayrshire vorkommen, manchmal bis
zu drei Fuss Länge.

Topas ist kein seltenes Mineral in Grossbritannien, sowohl auf
den Zinnstein-Lagerstätten Cornwall's, als besonders in den Granit-
Distrikten Schottlands, wie bei Cairngorm in Aberdeenshire, wo mitunter vorzügliche Exemplare getroffen werden. Herrschende Farbe
ist ein lichtesblau, an den scharfen Prismakanten oft in röthlich-
braune Nuancen verlaufeud. Die Krystalle des Topas zeigen meist
den uralischen Typus, d. h. das Vorherrschen der Brachydomen,
was überhaupt für die in Granit einheimischen Topase charakteristisch scheint, wie für die Krystalle aus den prachtvollen Graniten
der Mourne-Berge in Irland, welche zwar selten über einen Zoll
Länge erreichen, hingegen oft an beiden Enden ausgebildet sind.

Unter den metallischen Substanzen ist, wie bekannt, Eisen hauptsächlich in England zu Hause, besonders der Siderit, der in Cornwall sehr verbreitet, und durch schöne Krystallisationen und manche
Pseudomorphosen ausgezeichnet ist, wie z. B. Skalenoeder nach Kalkspath, dann hohle, bis vier Zoll lange Hexaeder (nach Pyrit) im
Innern kleine glänzende Kupferkies Krystalle enthaltend. (Diese eigenthümlichen Krystalle sind bei den Cornwaller Bergleuten unter
dem Namen „boxes" bekannt). Der Thoneisenstein ist eines der
wichtigsten Erze für die Eisen-Produktion und es wurden im Jahr
1851 nicht weniger als 2,000,000 Tonnen Eisen aus dem Mineral gewonnen. — Von den selteneren Verbindungen des Eisens kommt
wohl Vivianit nirgends schöner vor, wie in Cornwall; bei St. Agnes
fanden sich Krystalle von zwei Zoll Länge. Ein bemerkenswerthes
Exemplar bewahrt die Sammlung des britischen Museums; wohl ausgebildete Krystalle von Vivianit in den fossilen Hörnern eines iri-
schen Elenn. — Nach dem über das Vorkommen der arseniksauren
Kupfererze Mitgetheilte — deren eigentliche Heimath Cornwall —
scheinen solche in den letzten Jahren noch seltener geworden zu
sein. Der Kupferglanz ist bis jetzt nirgends in schöneren Krystallen nachgewiesen worden, wie bei St. Just u. a. a. O. in Cornwall;
die Verf. haben acht Combinationen, worunter einige merkwürdige
Zwillinge, abgebildet. — Ebenso verdienen die zahlreichen, z. Theil
sehr complicirten Zinnerz-Krystalle auf S. 355 Beachtung; Krystalle,
durch Vollkommenheit der Ausbildung und Zahl der Flächen ausgezeichnet, brachen vor einigen Jahren auf der Wherry-Grube bei Pen-
sance, und zwar (nach Angabe der Verf.) in einem chloritischen

Conglomerat, dessen Bindemittel aus Zinnerz bestand. — Die Menge des in Cornwall und Devonshire vom Jan. bis Dezember 1855 producirten Zinnerzes beträgt 8947 Tonnen. — Das sonst ziemlich seltene Mineral, der Zinnkies — ausserhalb Cornwall nur bei Zinnwald in Böhmen nachgewiesen, ist in neuerer Zeit etwas häufiger, auf den Gruben von Carn Brae und am St. Michaels-Berg auf Granit-Gängen vorgekommen. Reichlich und in ausgezeichneten Exemplaren findet sich Uranglimmer in Cornwall, zumal bei Gunnis lake unfern Callington. Gegen die allgemeine Regel, dass Phosphate (wie auch Carbonate, Sulphate u. s. w.) vorzugsweise den oberen Teufen der Gänge angehören, traf man noch in 90 Faden Tiefe die schönsten und grössten Krystalle von Uranglimmer. — Hinsichtlich des gediegenen Bleies wird bemerkt, dass bei Alston Moor solches, mit Bleiglanz, in Kalkstein „in situ" vorgekommen, dass hingegen die Angabe von Blei bei Bristol (in Phillips Mineralogie) auf Verwechselung mit einem Hüttenprodukt beruhe. Unter den Bleisalzen ist besonders Bleivitriol häufig und bemerkenswerthe Fundorte die ehedem so reichen Parys-Gruben in Anglesey in Wales, dann in Derbyshire, zumal bei Rent Tor unfern Wirksworth, wo die besten britischen Bleivitriole (ein Krystall von 4 Zoll Länge) vorgekommen. Trotz der Häufigkeit des Minerals waltet aber eine ziemliche Einförmigkeit in den Combinationen. Auch über die in England vorzugsweise einheimischen Bleisalze: Linarit, Leadhillit, Susannit (welcher in spitzen Rhomboedern von $72^0 30'$ Polkanten Werth krystallisirt), ferner über Lanarkit, Caledonit theilen die Verf. manche, von guten Abbildungen begleitete Bemerkung mit. — Vorzügliche Krystalle von Bleiglanz hat England aufzuweisen; von seltenen Combinationen z. B. vorherrschendes Octaeder mit Trapezoeder und Rhombendodekaeder, dann ein Triakisoctaeder mit Hexaeder und Octaeder. Besonders grosse Bleiglanz-Krystalle, Hexaeder von 10 Zoll im Durchmesser sind auf den Foxdale-Gruben, Insel Man, gefunden worden. Das so überaus seltene Hornblei hatte man vor längerer Zeit auf einer Grube zwischen Cromford und Wirksworth in Derbyshire angetroffen; nachdem aber diese Grube ersoffen, liess der industriöse Mineralienhändler Brice Wright einen Schacht abteufen, und es gelang ihm, einige Exemplare, in zersetztem Bleiglanz sitzend, zu erhalten. Hinsichtlich der von den Verfassern vorgeschlagenen Nomenclatur Cromfordit bemerken dieselben: da es für diese Species fast eben so viele Namen als Exemplare derselben gibt, so müssen wir uns, einen neuen adoptirend, rechtfertigen. Kobells Benennung Kerasin war schon mehrere Jahre vorher einer andern Substanz gegeben worden, dem Mendipit, jene von Breithaupt, Phosgenit schien noch weniger geeignet, während der Name Cromfordit — an den Hauptfundort erinnernd, allen Anforderungen mineralogischer Nomenclatur entspricht.

    Durch eine bedeutende Formenmannigfaltigkeit ausgezeichnet erscheint die Zinkblende; während aber in Cornwall einfache Gestalten vorwalten: Hexaeder, Tetraeder, Pyramidentetraeder, Rhombendodekaeder, treten complicirtere Combinationen besonders in Cumberland auf. Endlich möge noch des seltenen, bisher nur in Schottland nachgewiesenen Minerals gedacht werden, des Greenockit (Schwefel-Cadmium.) Es fand sich bei Bishopton unfern Paisley in Renfrewshire in kleinen, aber wohl ausgebildeten, stark glänzenden Krystallen in einem porphyrartigen „Grünstein" [die Handstücke, welche dem Referenten zu Gesicht kamen, schienen eher für Mandelstein zu sprechen], begleitet von Prehnit, Kalkspath, Natrolith, Blende. Bereits vor 50 Jahren war durch den verstorbenen Brown ein Greenockit-Krystall aufgefunden, aber für Blende ausgegeben worden. Neuerdings hat man das Mineral — wiewohl spärlich — noch an andern Orten in den Clyde-Gegenden beobachtet. — Verschiedene Tabellen über Mineral-Production, ein Verzeichniss devonischer und Cornwaller Gruben, so wie der britischen Pseudomorphosen bilden schätzenswerthe Beilagen; von letzteren ist jedoch zu bemerken, dass die Verfasser in der Liste eine Anzahl Pseudomorphosen aufführen, deren im Texte gar nicht gedacht wird, wie z. B. Quarz nach Anglesit, Baryt nach Analcim, Kaolin nach Flussspath, Grünerde nach Baryt, Pyrit nach Blende, Baryt, Bleiglanz, Kohle (?), Bournonit nach Bleiglanz und noch manche andere. Da ein Theil dieser Pseudomorphosen neu, hätten sie — entweder hier oder im Texte — eine kurze Beschreibung nebst Angabe der Fundorte verdient.

Geological map of Scotland, from the most recent authorities and personal observations, by James Nicol, Professor of Natural History, University, Aberdeen; the topography by A. Keith Johnston. Explanatory note and index. — William Blackwood and sons, Edinburgh and London. 1858.

Die Wichtigkeit geognostischer Karten ist im Allgemeinen und besonders in Deutschland ziemlich spät erkannt worden. Die erste geognostische Karte — worauf die Felsarten nur durch Zeichen unterschieden waren — entwarf vor mehr denn hundert Jahren der Engländer Packe. Farben anstatt der Zeichen wählte im J. 1778 von Charpentier auf der zu seinem Werke über die mineralogische Geographie chursächsischer Lande gehörigen Karte. Den Impuls zur detaillirteren Aufnahme grösserer Gebiete gab zu Ende des vorigen Jahrhunderts das Oberbergamt zu Freiberg; unter Werners Leitung trat die Sache in's Leben. Dem Beispiele Sachsens — dessen schöne geognostische Karten wohlbekannt — folgten später noch mehrere deutsche Staaten; dann Frankreich, welches eine treffliche, auf Kosten der Regierung durch Beaumont und Dutrénoy ausgeführte Karte besitzt, ferner England — wir nennen hier nur Greenough's geological map of England and Wales; the ordnance geological maps

of Cornwall, Devon and West Somerset — an welche sich nun die
vorliegende, von Nicol entworfene Karte würdig anreiht.

Nicol unterscheidet folgende Formationen, in chronologischer
Ordnung. 1) Metamorphische Massen. Hierher ist ein grosser Theil
des Gneiss zu rechnen, wie er z. B. auf den Hebriden, an der Westküste von Sutherland und Ross erscheint, und als das älteste Gebilde zu betrachten, während andere Gneiss-Parthien, wie in Argy-
leshire und Aberdeenshire, die auf Glimmerschiefer ihre Stelle einnehmen, wohl jünger sind. In bedeutenderer Verbreitung zeigt sich
Glimmerschiefer, grosse zusammenhängende Gebiete bildend, in den
Grafschaften von Forfar, Perth, Argyle; eigenthümliche chloritische
Schiefer — der vorerwähnten Felsart untergeordnet treten am Cri-
nan-Canal und bei Loch Fyne auf, ferner Thonschiefer am Südrande
der Glimmerschiefer-Zone von Stonehaven bis Bute und Arran; Talk-
schiefer ist am meisten auf den Shetland-Inseln entwickelt. 2) Ver-
steinerungsführende Schichten. Silurische Gebilde, aus Grauwacke
und Thonschiefer bestehend, setzen weite Strecken zusammen zwischen Portpatrik und St. Abbs Head; auf sie folgen Graptolithen-
schiefer in Peebleshire, Moffat, Loch Ryan, sowie Kalksteine und
Conglomerate und die Trilobiten-reichen Sandsteine des Mulloch Hill;
dann die rothen (silurischen) Sandsteine der Westküste und vereinzelte Züge von Quarzit. Eine grosse Ausdehnung auf der Ostküste
Schottlands besitzt der „old red" oder devonische Sandstein, wie z.
B. auf den Shetland und Orkney-Inseln, in den Küsten-Gegenden
von Ross, Elgin, Inverness u. Nairn, dann in Banff und Aberdeen;
und besonders zwischen Stonehaven und dem Tay bis Bute, Arran
und Cantyre. Eine speciellere Gliederung dieser Sandstein-Massen
scheint dem Verfasser kaum möglich. Die Kohlen-Formation zeigt
sich auf das Thal zwischen Forth und Clyde beschränkt; zu ihr
werden die gelben Sandsteine von Fifeshire gezählt, so wie der Bergkalk, der — nach des Verf. Ansicht — in Schottland kaum als besondere Formation unterschieden werden dürfte. (Bekanntlich bedeckt
dies Gestein in Irland ungeheure Flächenräume). — Gewisse rothe
Sandsteine in Dumfriesbire, Reptilien-Fährten enthaltend, dürften zur
permischen Gruppe zu rechnen sein, ebenso die Sandsteine auf Arran; triasische Sandsteine sind mit Sicherheit nicht nachgewiesen,
vielleicht dürften jene vom Loch Greinord als solche zu betrachten
sein. — Ablagerungen von Lias und Oolith erscheinen — obschon
nie ausgedehnt — doch ziemlich häufig in Schottland: auf Mull,
Skye, Eigg. Die Kreide-Gruppe fehlt in Schottland, denn nur lose
Grünsand-Petrefacten und Feuerstein-Gerölle sind in Aberdeenshire
beobachtet. — 3) Plutonische Gebilde. Wiewohl auf die metamor-
phischen und silurischen Gebiete beschränkt, treten Granite verschiedenen Alters in Schottland auf. Während nämlich die silurischen
Conglomerate Granit-Brocken enthalten, haben (petrographisch verschiedene) granitische Massen die silurischen Schichten von Kirkcud-
brigt durchbrochen. Porphyre, meistens quarzführende, zeigen sich

in einzelnen Kuppen und Gangzügen in den silurischen und meta-
morphischen Distrikten, während endlich „Traps" (wir wissen, dass
die britischen Geologen diese Bezeichnung etwas weit ausdehnen),
hauptsächlich im mittleren Theile Schottlands in Verbindung mit der
Kohlen Formation, dann auf der Westküste, auf den Inseln Mull
und Sky vorkommen. Dass der Serpentin, welcher an mehreren
Orten, z. B. bei Portsoy, sehr ausgezeichnet getroffen wird, nach
des Verf. Ansicht „in many cases as a variety of trap and passing
into it by numerous gradations" zu betrachten sein dürfte, will dem
Ref. nicht so recht einleuchten.

Die Ausführung der Karte, deren Maasstab 10 Meilen: 1 Zoll,
welche noch Profile und eine Special-Karte der Shetlands-Inseln enthält, verdient grosses Lob.

G. Leonhard.

---

*Beiträge zur Geschichte der juristischen Literatur des Mittelalters,
insbesondere der Dekretisten-Literatur des 12. Jahrhunderts von
Dr. Friedrich Maassen, Prof. des röm. Rechts in Innsbruck. (Aus dem Junihefte des Jahrgangs 1857 der Sitzungsberichte der philosophisch-historischen Klasse der kais. Akademie
der Wissenschaften Bd. XXIV, S. 4, besonders abgedruckt).
Wien. Aus der K. K. Hof- und Staatsdruckerei. In Commission bei Karl Gerold's Sohn, Buchhändler der Kais. Akademie
der Wissenschaften. 1857. 87 Seiten Lexikon-8. Preis ½ Thl.*

Im 12. Jahrhundert erschienen zahlreiche Schriften über den
damals so wichtigen Prozessgang vor den geistlichen Gerichten. Von
diesen Schriften über den ordo judiciarius (dieselben als ordines ju-
diciarii zu bezeichnen ist nicht ganz richtig) sind in der neueren
und neuesten Zeit eine ziemliche Anzahl aus der Verborgenheit her-
vorgezogen und zum Theil herausgegeben. (Vgl. die Nachweisungen
bei Walter. Kirchenrecht §. 107, Note 8 der 12. Ausgabe, und
in der vorliegenden Schrift S. 6 Anm.) Aber abgesehen hiervon ist
Alles, was von der glossa ordinaria rückwärts liegt, sobald es sich
nicht blos um einige Notizen über die Personen der Glossatoren,
sondern auch um ihre Schriften handelt, zum grossen Theile terra
incognita. Der glückliche Umstand, dass Prof. Maassen bei der Beschäftigung mit einer grösseren Arbeit auf dem Gebiete des Civilrechts auf den äusseren wie innerlichen Zusammenhang der Schule
der Legisten zu Bologna mit der Schule der Dekretisten, und auf
die ältesten Glossen und Commentare des Dekrets zurückgeführt
wurde; diesem für die Wissenschaft glücklichen Umstande verdanken
wir es, dass derselbe sich der mühevollen Arbeit unterzog die
Hülfsmittel für jenen Zweck, so gut es anging, ein für allemal herbeizuschaffen. Wir erhielten ein Werk, welches sich den literarhi-

storischen Arbeiten eines Sarti und eines Savigny würdig zur Seite
stellt und in Betreff der vom Verf. in Aussicht gestellten und auch
bereits in den kleinen Beiträgen zur Glossatorenzeit in Bekker und
Muther's Jahrbuch des gemeinen Rechts Bd. II, Leipzig 1858, S.
220 — 240 erfolgten weiteren, die Kenntnisse. der germanischen Rechtsquellen bei den Dekretisten betreffenden Beiträge zur Geschichte der
juristischen Literatur jener Zeiten zu den grössten Erwartungen berechtigt. An Handschriften benutzte der Verf. besonders sorgfältig
die reichen Schätze der Bamberger, Münchener und Innsbrucker Bibliothek. Auf die bisherige Literatur ist mit grosser Reichhaltigkeit
und Sorgfalt Rücksicht genommen und dieselbe vielfach berichtigt worden. Die vorliegende Schrift bespricht in der ersten Abtheilung einzelne Glossatoren und Glossatorenschriften (S. 10—35). Zuerst die
Glosse des Cardinalis, einer der am wenigsten bekannten, wenngleich keineswegs untergeordneten Persönlichkeit der alten Glossatoren des Dekrets. Auf der Innsbrucker Bibliothek befindet sich eine
S. 10—15 näher beschriebene Handschrift (Cod. Oenipont. No. 90
membr. saec. XIII oder XIV, 277 Blätter, darauf auf Fol. 10 bis
Fol. 271 ein einigemal lückenhaftes Exemplar) von Gratians Dekret
mit ziemlich zahlreichen Glossen des Cardinalis. Theile der Handschrift kommen auch in Münchener und Bamberger Handschriften
vor. Das hohe Alter des Textes ergibt sich aus der geringen Zahl
von Paleae. Für das Alter der Glossen gewährt einen, wenn auch
nur negativen, so doch sehr sicheren Anhaltspunkt der Umstand,
dass ausser einem canon des concil. Turon. an. 1163 kein einziges
nachgratianisches Stück citirt wird. Ungefähr 230 Randglossen, von
denen einige die Natur eigentlicher Distinktionen haben, und 100
Interlinearglossen haben die Sigle C., dass mit der Sigle C. Glossen
des Cardinalis gemeint sind, ergibt sich aus den häufigen Anführungen dieser Glossen unter dem Namen des Cardinalis bei (dem weiter unten auch vorkommenden) Huguccio. Auf S. 15 stellt der Verf.
einige Beispiele davon zusammen. In zwei Glossen mit der Sigle
C in der Innsbruker Handschrift wird der Cardinalis selbst erwähnt,
indem die Glosse des Cardinalis hier von einem späteren Glossator
wörtlich angeführt wird und das C am Schlusse beweisen soll; dass
die Glosse bis zu Ende dem Cardinalis gehört. Aus diesen beiden
(S. 16 abgedruckten) Stellen folgt, dass die Glossen des Cardinalis
nicht die jüngsten in der Handschrift sind. S. 17 bis 20 werden
nun sehr scharfsinnig die negativen und positiven Gründe dargelegt,
welche es als sehr wahrscheinlich, wenn nicht als gewiss erscheinen
lassen, dass zum Unterschiede von demjenigen Gratian, welcher das
Decretum verfasste, unter dem Glossator Cardinalis der Cardinal Gratian gemeint war, welcher im J. 1168 schon S. R. E. subdiaconus
et notarius war, als solcher oftmals im päpstlichen Schreiben vorkommt,
im J. 1178 Cardinal wurde, und als päpstlicher Legat in den Streitigkeiten Roms mit Heinrichs II. von England berühmt geworden ist.
Von Albericus trium fontium ist er mit dem Verfasser des Dekrets

verwechselt worden. Er hat mit Stephanus Tornacensis gemeinschaftlich die Rechtsschule von Bologna besucht. Und dies, in Verbindung mit dem ebenfalls gewissen Umstande, dass er Magister gewesen, berechtigt zu der Annahme, dass er in Bologna auch das
Recht gelehrt habe. S. 20—25 werden eine Anzahl Proben zuerst
der Marginalglossen, dann der Interlinearglossen mitgetheilt. In den
Anmerkungen am Fusse der Seite gibt der Verf. bei mehreren noch
einige Erläuterungen.

   Darauf wird (S. 25) die Summa des Johannes Faventinus betrachtet, welcher durch Herrn Prof. Kunstmann in München in der dortigen k. Hof- und Staatsbibliothek mit vieler Mühe
zuerst wieder aufgefunden ist (Cod. lat. 3873 Aug. eccl. 178 membr.
saec., XIV. 136 Seiten) ebenfalls vollständig, aber auch in einer
Bamberger Handschrft (P. II. 27. membr. saec. XIV, auf 88 Blättern) vorgekommen. Dieser Commentar eines der bedeutendsten
Glossatoren erstreckt sich über alle Theile des Dekrets. Es findet sich auch eine kurze Erläuterung zum tractatus de poenitentia,
der in den summae von Stephanus Tornacensis (wovon ausser mehreren Pariser auch zwei Münchener Handschriften), Sicardus Cremonensis (der erst nach Steph. Tornac. und Joh. Favent. schrieb, und
von dem daher Sarti mit Unrecht den Beweis ableitet, der tractat.
de poenit. sei erst später beigefügt) und von Huguccio bei Seite
gesetzt wird. Joh. Faventinus wird von Johannes Andreae unter
denen, welche noch vor dem Erscheinen der von der Schule zu Bologna rezipirten Dekretalensammlungen über das Dekret geschrieben
haben, und als Verfasser einer summa des Dekrets genannt. Er
wird wie in der glossa ordinaria zum Dekret, so auch in dem Commentar des Huguccio häufig angeführt. Wir finden, wo Huguccio
die Ansicht des Johannes referirt, dieselbe regelmässig in unserer
Summa wieder, zuweilen mit denselben Worten. Auf S. 28 sind
einige Beispiele zusammengestellt. Dadurch wird es möglich, den
Beweis der Autorschaft für die Summa von Joh. Faventinus nicht
blos auf das Zeugniss des Johannes Andreae, eines um fast 150 J.
späteren Schriftstellers zu gründen, sondern zugleich auf das eines
Zeitgenossen, des Huguccio. In dem Ausnahmsfalle, wo ein Citat
von Huguccio nicht mit der Summa des Joh. Fav. übereinstimmt,
müssen wir entweder annehmen, dass der ebenfalls vor Huguccio
fallende Johannes Hispanus gemeint ist, oder dass Huguccio sich
auf Glossen des Joh. Faventinus bezieht, für welches letztere (S.27)
aus einer Münchener Handschrift von Gratians Dekret ein Beleg angeführt wird. S. 29 f macht der Verf. darauf aufmerksam, dass
sich in den späteren gedruckten Ausgaben des Dekrets mit der Glossa ordinaria zum Eingang der einzelnen Distinktionen und Quästio-
nen regelmässig in der Form einer Glosse mit der Sigle Jo. de fan.
eine Anmerkung finde, welche die Distinctio oder Quaestio in meh-
tere Abschnitte eintheile. Jeder dieser Abschnitte werde dann in
der betreffenden Stelle durch eine Glosse mit der gleichen Sigle her-

vorgehoben. Die Eintheilungen selbst seien auch in die unglossirten Ausgaben übergegangen. Die älteste Ausgabe des Dekrets, in welcher er diese Eintheilungen gefunden habe (Lugdun. per Magist. Nicol. de Benedictis. 1506. 2 Mart.) erwähne sie unter den Zusätzen, durch welche sie sich auszeichne, als Divisiones D. Archidiaconi und in dem Commentar des Guido a Baysio zum Dekret finden sich denn auch in der That diese Eintheilungen. Aber in zwei Ausgaben des Archidiaconus kämen die Eintheilungen ebenso häufig mit der Sigle Jo. de als mit Jo. de fan. vor, und zwar keineswegs übereinstimmend, sondern in der einen bald die Sigle Jo. de, wo in den anderen Jo. de fan. stehe, bald umgekehrt. In einer dritten Ausgabe hätten sie nur ausnahmsweise die Sigle Jo. de fan., regelmässig Jo. de. Zur C. IX finde sich in allen drei Ausgaben, die der Verf. (Maassen) verglichen habe, Jo. de Deo. Beim Archidiaconus sei Jo. de die Sigle des Johannes de Deo, und aus der Uebereinstimmung der unter Jo. de fan. in dem Commentare des Archidiaconus häufig vorkommenden Sätze mit unserer Summa ergebe sich, dass das die Sigle des Johannes Faventinus sei. Entweder hätten nun beide Schriftsteller ganz ähnliche Eintheilungen des Dekrets gemacht und der Archidiaconus Guido a Baysio habe die Eintheilung einer Distinctio oder Quaestio bald dem einen bald dem andern entlehnt, was aber von diesem offenbar eine grosse Abgeschmacktheit voraussetzte, oder der eine dieser Siglen sei stets für unrichtig zu halten, was anzunehmen der Verf. kein Bedenken trägt, weil wir ohnedies in den vielen Fällen, in welchen die Ausgaben unter einander abweichen, unter jeder Voraussetzung annehmen müssten, dass die Siglen verwechselt seien. Wenn Johannes de Deo der Urheber der Eintheilungen wäre, so müsste er sie in seinen Glossen gemacht haben, denn in seiner Summa fände sie sich nicht. Weil die Eintheilungen aber auf eine Zeit deuteten, in der eine mehr mechanische Behandlung der Quellen vorwiegend geworden sei, so sei es wahrscheinlicher, dass Joh. de Deo sie verfasst habe, und es könnte dies von ihm in seinem Apparat, dessen er in den Zusätzen zum Huguccio und anderswo gedenke, von dem aber bis jetzt kein Exemplar bekannt sei, geschehen sein. Der Verf. bemerkt darauf, (S. 80 f.), dass sich in zwei der Summa vorkommenden Formularen, in einem nach der Münchener Handschrift die Jahreszahl 1163, nach der Bamberger das J. 1164, bei dem anderen Formulare in beiden Handschriften die Jahreszahl 1171 findet. Hieraus schliesst der Verf. (S. 81), dass die Summa nicht vor dem J. 1171 vollendet sein könne. Und dass die Summa, wenn überhaupt, so doch nur wenig später vollendet sei, wird dadurch wahrscheinlich, dass von Glossatoren des römischen Rechts ausser Irnerius nur Bulgarus, Martinus und vielleicht Rogerius genannt werden, während Huguccio bereits ebenso häufig als diese den Placentinus und Joh. Bassianus aufführt. Von Glossatoren des Dekrets führt Joh. Favent. in seiner Summa bereits an den Rufinus, Gandulfus, Stephanus. Diese haben mithin bereits vor dem J. 1171 geschrieben (S. 31 f.) Darnach verneint sich auch die von Sarti und Philipps unentschieden gelassene Frage, ob jener Magister Rufinus identisch sei mit dem in den zwanziger Jahren des 13. Jahrhunderts in Bologna vorkommenden Decretorum Doctor Rufinus, der in den Streitigkeiten der Universität mit der Stadt über das Rektorat als Deputirter der Scholaren an den Pabst Honorius III. gesandt wurde. Denn sonst müssten wir annehmen, dass Rufinus als achtzig bis neunzigjähriger Mann noch die geeignete Person gewesen wäre für den Auftrag, die Privilegien der Scholaren von Bologna zu vertreten. S. 33 f. wird gezeigt, dass die Summa canonum des Sicardus Cremonensis jünger sei als das Werk des Joh. Faventinus und dabei berichtigt der Verf. einen Irrthum von Sarti. Endlich zeigt der Verf. (S. 34) durch drei Beispiele des Gegentheils, dass die Angabe des Joh. Andreae, Joh. Faventinus citire keine Dekretalen, nicht wörtlich zu nehmen sei. Die vom Verf. gewählten Beispiele charakterisiren zugleich die Citationsweise im Vergleich zu der nach dem Erscheinen der Dekretalensammlungen üblichen (z. B. I princ. C. XII. q. 1).

Jetzt kommt III. die Summa des Huguccio (S. 35—46) ohne Zweifel von allen der bedeutendste Commentar über das Dekret. Die älteren Glossen und Summen sind anziehend durch den Hauch der Ursprünglichkeit, der in ihnen weht, weisen einzelne Spuren eines später ganz verschwindenden historisch-kritischen Bestrebens auf, aber sind doch nur Aggregate einzelner, häufig noch dürftigen, durch äusseren Zufall mit einander verbundenen Bemerkungen. Bei Huguccio finden wir neben einer grossartigen Fülle des Stoffes in viel höherem Grade, als bei seinen Vorgängern eine die einzelnen Theile in ihrer organischen Verbindung erfassenden Behandlung. Er benutzt die Arbeiten der früheren Glossatoren, zuweilen in einer Weise, die wir heutzutage als Plagiat bezeichnen würden, die jedoch in den wissenschaftlichen Arbeiten jener Zeit nicht gegen den gelehrten Brauch zu verstossen scheint. Dennoch aber leidet seine Selbstständigkeit noch nicht unter dem Einflusse Anderer; sondern seine Persönlichkeit tritt überall und mitunter in sehr verschiedener Weise hervor. Von nun ab jedoch sinkt die Bearbeitung des Dekrets und die bedeutenderen Kräfte wenden sich jetzt dem in den Dekretalen Alexander's III. und seiner Nachfolger massenhaft sich häufenden Stoffe zu. Wie die älteren Glossatoren bedauern, dass gegenüber der neuern kirchlichen Gesetzgebung, welche durch den wissenschaftlichen Geist der jungen Schule zu Bologna angeregt, eine bisher nicht dagewesene Fruchtbarkeit entfaltet, das ältere kanonische Recht sehr in den Hintergrund tritt; darüber wird (S. 35 Note 2) eine interessante Stelle aus einem Schreiben des Stephanus Tornacensis an den Pabst mitgetheilt. Das in diesem Briefe in Rede stehende novum volumen hält der Verf. mit Riegger für die Compilatio und nicht wie Richter (Kirchenrecht §. 79. Note 3 der 4. Aufl., aber nun nicht mehr in der 5. Aufl. §. 88. Note 3 thut)

für eine der früheren Dekretalensammlungen, da die Bemerkung, dass
sie in den Schulen erklärt werde, wohl auf die erstere, aber nicht
auf die letzteren passt. Nun wird S. 36 noch kurz der Rückschritt
zur Unselbstständigkeit hervorgehoben, die schon in der glossa ordinaria, noch mehr in dem ein Jahrhundert nach Huguccio geschriebenen Commentar des Archidiaconus von Bologna Guido a Baysio,
noch viel mehr in dem scholastisch weitläufigen Commentar des
Dominicus de S. Geminiano aus dem Ende des 14. Jahrhunderts
und dem ein Jahrhundert späteren noch weitläufigeren des Cardinals
Johannes Antonius de S. Georgio hervortritt. Darauf wird (S. 37
bis 40), entgegen der Annahme, dass Huguccio seinen Commentar
über das Dekret nicht vollendet habe und später Joh. de Deo eine
Fortsetzung unternommen, aber auch nicht zu Ende gebracht habe,
sondern das ganze Werk unvollendet geblieben sei, entgegen dieser
gewöhnlichen Annahme wird aus zwei von Sarti mitgetheilten Stellen des Johannes de Deo nachgewiesen, dass sich die Zusätze des
Joh. de Deo auf einem Commentar zu C. XXIII—XXVI beschränken, und dass Huguccio ausser jenen vier Causae nichts unvollendet
gelassen hat. Die Richtigkeit dieser Aussage des Joh. de Deo
wird sodann noch (S. 38—40) durch eine Münchener und Bamberger Handschrift der Summa des Huguccio bestätigt, in denen beiden
nur der Commentar zu C. XXIII—XXVI fehlt. Wenn aber nichts desto
weniger (S. 40 f.) einige Bemerkungen von Huguccio zu verschiedenen Theilen der C. XXIII—XXVI in mehreren Werken vorkommen, so wäre es möglich, dass Huguccio diese vier Causae später
mit einem Commentar versehen, und diesen etwa abgesondert herausgegeben hätte. Eine fernere zweite Bamberger Handschrift kannte
der Verf. nur aus Jäck's Beschreibung der Bibliothek von Bamberg. Maassen hat dieselbe (vergleiche dessen kleine Beiträge
zur Glossatorenzeit, im Jahrb. des gem. d. R. Bd. II. S. 223 f.
Note 13) bald darauf kennen gelernt. Diese Bamberger Handschrift
enthält auch zu C. XXII—XXVI einen Commentar und zwar nicht
den von Joannes de Deo zur Ergänzung des Huguccio geschriebenen, sondern den Commentar eines Verfassers, den mindestens Guido
a Baysio für Huguccio selbst hielt (vgl. Beiträge S. 41. Note 2)
und der es auch wohl in der That ist. Auch der Commentar zum
tractatus de poenitentia, dessen Ausführung Huguccio in der grossen
Summa sich vorbehalten hatte (Beiträge S. 38) findet sich hier. Er
ist in der Handschrift zwischen C. XXXVI und die P. III de con-
secr. eingeschoben.

    S. 42—46 der Beiträge wird dargethan, dass es ungenau ist,
mit Diplovataccius und Sarti das Jahr 1178 als Zeit der Abfassung
unserer Summa anzunehmen. Sie fanden diese Jahreszahl in einer
Accusationsformel, aber an derselben Stelle hat die eine vom Verf.
benutzte Bamberger Handschrift die Jahreszahl 1183, die Münchener 1187. Wenn nun auch Huguccio etwa im J. 1178 bereits an
seinem umfangreichen Werke gearbeitet haben mag, so ergibt sich

doch aus den von ihm in Bezug genommenen Dekretalen aus späterer Zeit, auch noch Urbans III. (1185—87) und Gregors VIII. (1187), aus der Menge in Bezug genommener Dekretalen, aus der Citirweise im Allgemeinen und aus der besondern Natur einzelner Citate, dass die Vollendung des Werkes jedenfalls in die Zeit nach dem Erscheinen der Compilatio prima fällt. Huguccio ist im J. 1190 Bischof von Ferrara geworden und da das Erscheinen der Comp. I. in dieselbe Zeit fällt, so muss er noch als Bischof an seiner Summa geschrieben haben.

Die zweite Abtheilung handelt von den Rechtsquellen, und zwar zuerst von den Quellen des kanonischen Rechts (S. 47—67). Die Glossatoren des 12. Jahrhunderts gehen noch auf die älteren chronologischen Sammlungen zurück, und zwar benutzten sie unmittelbar: a) wie sich aus Joh. Faventinus ergibt, unter dem Namen liber conciliorum (vgl. S. 60 ff.) die Sammlung des Dionysius Exiguus, in der Gestalt, in welcher sie von Pabst Hadrian I. Karl dem Grossen überreicht worden ist. Dies wird aus 5 anonymen Glossen der öfter erwähnten Innsbrucker Handschrift von Gratians Dekret bewiesen (S. 47—53). Die Glossatoren benutzten b) eine andere, ebenfalls die historische Ordnung befolgende Sammlung, welche das magnum corpus canonum genannt wurde. Der Verf. weist nach (S. 53—60), dass dieses in zwei Glossen des Cardinalis in der Innsbrucker Handschrift vorkommende magnum corpus canonum die ächte dem h. Isidor zugeschriebene Hispana sei, wie sie uns in der Madrider Ausgabe vorliege, und die in den Handschriften dieser Ausgabe der liber canonum heisst. Es sei nicht die collectio Anselmo dedicata, für welche zu derselben Zeit der Name corpus canonum vorkomme, gemeint. In einem Schreiben von Innocenz III. ad Petrum Compostell. heisse es: „Emeritense vero consilium authenticum multis rationibus astruebas, tum quia cum aliis conciliis continetur in libro, qui corpus canonum appellatur, quem Alexander papa per interlocutionem authenticum approbavit". Nur in der achten Isidorischen, nicht bei Pseudoisidor finde sich das genannte Concil. Es wird dann aus einigen Stellen einer anonymen Summa eines Bamberger Codex, wie aus einer Aeusserung in der Summa des Faventinus gezeigt, dass einzelnen Glossatoren auch die verfälschte pseudoisidorische Sammlung bekannt war, und es wird durch eine Stelle aus der Summa des Huguccio der Beweis geliefert, dass man die dem h. Isidor zugeschriebene Sammlung als das magnum corpus canonum bezeichnete. Darauf werden noch ein paar Glossen der Innsbrucker Handschrift, worin die Glossen des Cardinalis vorkommen, angeführt, die ebenfalls auf eine chronologische Sammlung bezogen werden müssen, ohne dass sich bestimmen liesse, auf welche. Die Glossatoren benutzten c) von den vielen systematischen Sammlungen des Kirchenrechts (S. 62 f.) insbesondere Ivo's Panormica, wie sich aus der anonymen Summa zu Bamberg ergibt, und Burchard's Dekret, wie sich aus der erwähnten

Innsbrucker Handschrift und mehreren Münchener Handschriften, so wie aus der öfteren Erwähnung des „Brocardus" bei Johannes Faventinus und Huguccio ergibt. .Ein Jahrhundert später benutzten die Canonisten dagegen nur noch die in kritischer Beziehung am allerniedrigsten stehende Sammlung des Burchard von Worms. Dies wird (S. 63) in Bezug auf den schon vorgekommenen Commentar oder das Rosarium des Guido a Baysio nachgewiesen, der seine Kenntnisse über andere Sammlungen aus dem Speculum historiale des Vincentius Bellovacensis entlehnte. Selbst von Burchard bemerkt derselbe zwar wohl, dass die Benutzung desselben durch die antiqui decretorum magistri aus ihren Glossen erhelle, dass er ihn selbst kenne und gebrauche, davon sagt er aber nichts.

S. 64—67 weist der Verf. die einzelnen Stücke eines Anhanges zu Gratians Dekret in dem erwähnten Innsbrucker Codex nach, als einen Beleg, wie man sich vor dem Erscheinen der grossen Dekretalensammlungen durch Ergänzung des Dekrets zu helfen suchte. Man habe von vorgratianischen Stücken nur solche aufgenommen, die nicht schon im Dekrete vorkommen, und öfter komme eine ausdrückliche Hinweisung auf das Dekret vor, wenn der Theil eines Canons im Dekrete stehe.

Der zweite Theil der zweiten Abtheilung handelt von den Quellen des weltlichen Rechts. Zuerst von dem Verhältniss der kirchlichen Gesetzgebung zum weltlichen Rechtsgebiet (S. 67—71). Die Glossatoren sagten, beide Gewalten, die apostolische und die kaiserliche seien von Gott eingesetzt; beide Gewalten seien unabhängig von einander, der Pabst in geistlichen, der Kaiser in weltlichen Dingen. Nur darin liege der Unterschied der Stellung beider, dass der Pabst die geistliche Jurisdiktion über den Kaiser habe, aber nicht der Kaiser die weltliche Jurisdiktion über den Pabst habe. Es wird darüber nach der Bamberger und der Münchener Handschrift eine längere Stelle des Huguccio abgedruckt (S. 68). Demgemäss sollten die weltlichen Gesetze für den kirchlichen Richter nur dann verbindende Kraft haben, wenn sie von der Kirche gutgeheissen seien. Umgekehrt aber sollten auch die von der Kirche ausgehenden Bestimmungen civilrechtlichen Inhalts keine Rechtsverbindlichkeit für den Richter haben, wenngleich es gut sei, dass die weltliche Gesetzgebung diejenigen Modifikationen, welche die Kirche um des Heils der Seelen willen für nöthig halte, stets sich zu eigen mache. In Bezug auf das von der Kirche ausgegangene Zinsenverbot erfahren wir aus drei (S. 69 angeführten) Glossen der Innsbrucker Handschrift, dass dasselbe auch von den weltlichen Gerichten gehandhabt, namentlich Klagen auf Erfüllung eingegangener Zinsverbindlichkeit nicht zugelassen wurden; dass aber die Befolgung des kirchlichen Verbots durchaus als ein freiwilliger Akt der weltlichen Gewalt betrachtet wurde. Umgekehrt hielt man es noch damals mit der bona fides continua, welche von den alten Glossatoren des Dekrets bereits als unzweifelhaft kanonischer Rechtssatz angesehen wurde (vgl. S. 70 f.). Aber auch Huguccio, der entschieden auch an der kanon. Bestimmung festhält, hält sie den Legisten doch nur als ein moralisches Postulat vor, die, wie er ausdrücklich angibt, das Gesetz nicht aufzuheben im Stande sei. Selbst noch unter den Glossatoren des 13. Jahrhunderts war es, wie wir aus der Glosse zu der in c. 20. de praescriptt. 2. 26. enthaltenen Verfügung von Innocenz III. (c. 41. Concil. Lateran. IV. an. 1215) erkannen, bestritten, ob weltlichen Rechten damit unmittelbar präjudicirt sei.

Darauf wird (S. 71—77) auf die gründlichen römischrechtlichen Kenntnisse der Dekretisten hingewiesen. Stephanus Tornacensis und Joh. Faventinus bezeugen selbst, dass sie ihren civilist. Cursus durchgemacht hätten. Wir finden in den Glossen der Dekretisten zahllose Parallelstellen aus allen Theilen der justinianischen Sammlung. Auch selbstständige civilistische Excurse kommen vor, wie durch mehrfache Beispiele aus der Innsbrucker Handschrift erläutert wird. Wo Controversen des Civilrechts vorkommen, werden gewöhnlich nur die verschiedenen Ansichten der Legisten referirt. Nur wenn das kirchenrechtliche Gebiet unmittelbar berührt ist, spricht der Canonist selbst seine Meinung aus. Zur Erläuterung dient dafür eine Stelle aus Huguccio, durch die schon Savigny. die Autorschaft des Irnerius für die Auth. Qui res bezeugte, ein Zeugniss, dass auch durch eine noch ältere Interlinearglosse der Innsbrucker Handschrift bestätigt wird. Schliesslich wird auf eine ungedruckte Glosse zur Comp. I. und ein Werk der Turiner Handschrift Nr. 19 de verbis quidem legalibus aufmerksam gemacht, worin nach Savigny's Angabe eine der seltenen Spuren der Kenntniss der vorjustinianischen Quellen vorkommt. Der dort vorkommende § 3 aus dem Anfange von Ulpian's Fragmenten, der, wie es scheint, interpolaticisch gewesen ist, kommt auch in einer Stelle bei Joh. Faventinus und Huguccio vor, die beide abgedruckt sind.

Zuletzt wird (S. 78 — 84) über den Rechtsgrund und Umfang der Geltung des römischen Rechts, des jus civile commune bei den Dekretisten bemerkt, dass Legisten und Canonisten darin vollkommen übereinstimmten, dass es sich hier um eine in den Verhältnissen gegründete Nothwendigkeit gehandelt habe. Als eines der ältesten Dokumente, in welchen die Geltung des römischen Rechts auf ein staatsrechtliches Princip zurückgeführt wird, druckt der Verf. (S. 80 f.) eine höchst bedeutende Stelle aus dem Commentar des Huguccio zum Dekrete ab: „Das römische Recht ist ein kaiserliches Recht"; das ist der darin in den Vordergrund gestellte Gesichtspunkt. Als solches sei es das gemeine Recht der Christenheit. Nicht in Bezug auf den Grund, wohl aber in Bezug auf den Umfang der Geltung des römischen Rechts weicht eine von Guido a Baysio aufgenommene Glosse des Laurentius, eines jüngeren Zeitgenossen des Huguccio ab (S. 81). Den Rechtsgrund der Geltung findet Laurentius wie Huguccio in dem römischen Reiche, aber er gibt nicht zu, dass die Franken und Spanier zum römischen Reiche gehörten; desshalb bestreitet er — vielleicht war seine Abstammung aus Spanien dabei von Einfluss — die Geltung desselben für diese. Im 13. Jahrh. verändert sich in etwas die Stellung der Kirche dem römischen Rechte gegenüber, und diese modifizirte kirchliche Anschauung findet ihren gesetzlichen Ausspruch zuerst in der bekannten Dekretale Honorius III. super specula, dann noch entschiedener in einer Dekretale Innocenz IV. Die Ansicht des Huguccio wird noch festgehalten in folgenden Glossen zu Gregors IX. Dekretalen: c. 34 de elect. 1. 34. verb. transtulit. in Germanos, c. 13, qui filii. 4. 17. verb. minime recognoscat, c. 28 de privil. 5. 33. verb. non utuntur, wenn auch hier schon der Unterschied zwischen dem de jure und de facto gemacht wird.

Der Verf. hält am Schlusse (S. 82—84) die heute übliche Lehre für richtig, die Rezeption des röm. Rechtes sei durch ein gemeines Gewohnheitsrecht geschehen. Und als unmittelbaren Gegenstand der durch Gewohnheitsrecht geschehenen Rezeption sieht er die Geltung der justinianischen Sammlung als eines Gesetzbuches an. Es lasse sich historisch nachweisen, dass der formell vermittelnde Grund der Rezeption das staatsrechtliche Axiom des Mittelalters von der Rechtseinheit des alten und neuen römischen Reiches gewesen sei. Aus ihm sei die Ueberzeugung von der Verbindlichkeit des röm. Rechts als eines noch fortdauernd geltenden gemeinen Rechtes entsprungen.

Damit hätten wir im Allgemeinen den Inhalt des mit ebenso grosser Gelehrsamkeit wie Eleganz geschriebenen Werkes dargelegt. Auf viele der in den Anmerkungen noch niedergelegten einzelnen Bemerkungen einzugehen erlaubt uns der Raum dieser Bl. nicht.

Auf Seite 58 finden wir ein Inhaltsverzeichniss, auf Seite 87 Verbesserungen und Zusätze. Folgende wohl durch die Entfernung des Verfassers vom Druckorte zu entschuldigende Druckfehler sind jedoch noch zu berichtigen: auf S. 55. Z. 10 von unten lese man „promiserunt" statt „simulaverunt", S. 62 Zeile 14 von oben „c. 7. C. XIII" statt „c. 8. C. XII"; S. 62 Zeile 19 von oben „c. 7" statt „c. 8", auf S. 63 Z. 7 von unten „lib. XXVI = XXV" statt „lib. XXV = XXVI", S. 63. Z. 9 v. u. „lib. XXIV. c. 31. und" lese man statt „lib. XXVI. c. 31 bis"; S. 63 Zeile 10 v. u. „Vincentius Bellovacensis gemeint" statt „Vicentius Bellovacensis genannt". Uebrigens entspricht die Ausstattung des Buches und der schöne lateinische Druck dem verdienten Ruhme der kais. Hof- und Staatsdruckerei.

Friedrich H. Vering.

JAHRBÜCHER DER LITERATUR.

Das alte und das neue Russland.

Auf diese Weise hat ein sehr achtbarer russischer Schriftsteller die beiden Bände seiner Geschichte der Civilisation in Russland abgetheilt, die unter folgendem Titel zu Paris erschienen ist:

Essai sur l'histoire de la Civilisation en Russie par Nicolas de Gerebtzoff. II. Tom. p. 544 et p. 638. Paris chez Amyot. 1858.

Der Verfasser schickt voraus, was er unter Civilisation versteht, und findet bei den Engländern zwar bei weniger allgemein vertheiltem Unterricht, viel praktischen Verstand, als Nation aber zu viel Egoismus; bei den Franzosen grosse Unwissenheit im Allgemeinen, selbst Aberglauben, die Bildung in den höheren Schichten aber angeordnet, daher stets unruhig, nur einig, wo es auf National-Eitelkeit ankommt. Bei den Deutschen findet er die meiste Bildung und dieselbe im besten Einklange mit wahrer Humanität. Beachtenswerth ist es, wie dieser russische Gelehrte nach vaterländischen Quellen die Vorzeit seines Volkes darstellt. Nach ihm hat ein ackerbauendes und handeltreibendes friedliches Volk, das er Slovenen nennt, an der Wolga, südlich bis Kiew, und nördlich bis an die finnischen Völkerschaften an der Ostsee in Gemeinden vereinigt gelebt; nicht wie die Deutschen nach Tacitus vereinzelt, uti nemus, uti fons placuit, weshalb die Russen von mehr friedlicherem Wesen waren. Von der Völkerwanderung waren sie weniger berührt, da diese mehr die südlich von Moscau und Kiew liegenden Länder betraf, wo das grosse Gothenreich des Hermanrich von dem schwarzen Meere bis zur Ostsee sich erstreckte, welches Volk unter dem Namen der Gethen und Dacen nach Tacitus von den Germanen nur montibus et mutuo metu geschieden war. Durch die Völkerwanderung getrennt zogen die christlichen Gothen als Ost- und West-Gothen nach Italien und Spanien, die heidnisch gebliebenen wurden nach dem Norden getrieben, wo sie ein neues West- und Ostgothland und ein neues Dacien stifteten, denn Dänemark behielt noch bis zum 15. Jahrhundert den Namen Dacia, bis Dania gewöhnlicher wurde. In welchem Verhältnisse die Slovenen sich befanden, welche in dem Freistaate Novogrod ihren Vereinigungspunkt hatten, wird hier zwar nicht erwähnt, bis Gostomysl, das Haupt dieses Freistaates, vor seinem Tode den Rath gab, einen Fremden, einen Weisen von unserm Stamm an die Spitze der Verwaltung zu berufen, mit Beibehaltung der eigenen Gesetze.

Der Verfasser beweist, dass damals, in der Mitte des 9. Jahrhunderts, sein Volk bereits einen nicht unbedeutenden Grad der

Civilisation erreicht hatte, ohne mit andern Völkern in andere als
freundschaftliche Beziehung gekommen zu sein; dass aber die Gothe-
Normannen auf ihren Streifzügen mit den Germanen und Franken
in vielfachen Verbindungen gestanden; daher auch die zu ihnen
gehörigen Waräger-Russen, am Osten des Baltischen Meeres wohnend, von woher Rurik berufen wurde, das bisher unbekannte Lehnwesen mit nach Novogrod brachten, indem Rurik das Land sofort unter
seine Waffengenossen vertheilte, von denen schon 866 eine Unternehmung gegen Constantinopel zur Ausführung kam. Schon unter
seinem Nachfolger wurde der Sitz der Regierung nach Kiew verlegt; sein Sohn Igor hatte die Olga geheirathet, welche von dem
obengenannten Gostomysl abstammen soll, welche als Vormünderin
ihres Sohnes Sviatoslaw regierte, und sich taufen liess, wodurch seit
957 die Verbindung mit Byzanz lebendiger wurde. Obwohl ihr
Sohn das Christenthum nicht annehmen wollte, konnte sie doch ihren
Enkel, Wladimir 988 dazu bewegen, welcher die Byzantinische
Prinzessin Anna heirathete.

Ueberall beweist der Verfasser, dass damals schon eine grosse
Bildung bei den Slovenen, die sich bald Russen nannten, stattge-
funden habe, auch scheint man schon vor Cyrill und Methodius des
Schreibens kundig gewesen sei, wenigstens ist dies bald nach ihm
der Fall gewesen. So wie dieses Volk sich mit Rurik einen fremden
Herrscher herbeigeholt hatte, so wurden jetzt auch fremde grie-
chische Priester herbeigezogen und Volkslehrer; auch die geistliche
Gesetzgebung unter dem Titel Nomocanon, die von dem Patriarchen
Johann Scholasticus um das Jahr 565 zusammengetragen, und von
dem Patriarchen Photius 883 vervollständigt worden war.

Wladimir wurde der wahre Begründer des Russischen Reichs,
und unterhielt Verbindungen mit den Europäischen Fürsten; er erhielt Abgesandte von Stephan I. von Ungarn, von Boleslaw I. von
Polen, selbst von dem Papste; Olaff der nachherige König von Norwegen war an seinem Hofe, und besang die Taufe Wladimirs, bei
der sich auch Sigurd, Oheim von Olaff, befand. Ueberall sieht man
noch den Zusammenhang mit den benachbarten Gotho-Normannen,
die in Deutschland, Frankreich, England, Irland, selbst in Sicilien
und Neapel nicht nur als Eroberer auftraten, sondern auch grosses
Regierungstalent entwickelten. Auch Jaroslaw, Sohn von Wladimir,
wirkte für die Civilisation von Russland; er baute in der Mitte der
finnischen Stämme Dorpat und verheirathete seine Tochter Anna
mit Heinrich I. von Frankreich. Die andere, Anastasia, heirathete
den König Andreas I. von Ungarn, und Elisabeth, Harold IV. von
Norwegen. Jaroslaw gab das erste russische Gesetzbuch in der
Mitte des eilften Jahrhunderts, wo im Westen von Europa noch das
Faustrecht herrschte. In Russland wählten sich die Gemeinden ihre
Richter, während im Westen die Reichsherren allein staatsbürger-
liche Rechte hatten, das Volk aber ihnen unterthänig war. In Russland war damals ein vollständiges Gemeindewesen entwickelt, welches

sich, besonders nach vielfachen Bürgerkriegen, veranlasst durch
Theilungen des Reichs, und dem Einfalle der Polowzer bei der
durch die Germanen erfolgten Wahl des Wladimir II. Monomachus
1113 äusserte. Dieser berief eine Versammlung zur Vervollständigung des Gesetzbuches, welches zeigt, dass hier Ordnung war,
während im Westen Europas nur die Geistlichen an den Festtagen
den Gottesfrieden erhalten konnten. Der Verfasser theilt das Testament dieses Wladimir von 1125 mit, das im Westen von Europa an
Menschlichkeit damals seines Gleichen sucht.

Leider stand das Erstgeburtsrecht damals nicht fest, sondern
fortwährende Theilungen waren gewöhnlich unter einem Gross-
Fürsten, der unter den anderen Fürsten nach dem Alter des
Stammes berufen war; daher beständige Kriege, in welche die Polen, die Ungarn und Polowzer mit hineingezogen wurden, bis
Georg Dolgoruki 1154 die Oberhand behielt, dessen Sohn den Sitz
nach Wladimir verlegte. Sehr oft hatten die Abgeordneten der
Städte die Entscheidung über die Erbfolge. Von der damaligen Bildung kann man sich einen Begriff machen, wenn man hier liest,
dass der Grossfürst Constantin, welcher 1218 starb, eine hohe
Schule errichtete, auf welche er fremde Gelehrte berief, selbst Uebersetzungen aus dem Lateinischen und Griechischen und eine Geschichte seiner Zeit bearbeitete. Seine Bibliothek enthielt mehr als
1000 griechische und lateinische Handschriften. Dergleichen waren
unter den Gräueln des Lehenwesens im übrigen Europa damals
noch sehr selten. Dieser Fürst stand aber nicht allein als Gelehrter
da: der Verfasser erzählt: der Grossfürst Vsevald sprach und schrieb
fünf Sprachen, der Grossfürst Michael I. sprach lateinisch und griechisch wie das Russische, suchte die Unterhaltung mit Gelehrten,
besonders über Naturwissenschaften; Rostislavitch, Fürst von Smolensk wandte so viel auf Lehrer im Griechischen und Lateinischen,
dass sein Begräbniss durch Beiträge der dortigen Bürger bestritten
werden musste. Besonders war es das Kloster zu Kiew, welches
die Pflanzschule der Gelehrsamkeit war; hier schrieb Nestor seine
Chronik; aus dem Ende des 12. Jahrhunderts hat sich das erste
russische Gedicht erhalten „der Zug Igors"; auch ist bekannt der
Brief des gefangenen Daniel; die Reise nach Jerusalem von Daniel
aus Tschernigoff; die Werke des 1067 verstorbenen Hilarion sind
frommen Inhalts, so wie noch andere theologische Werke sich aus
jener Zeit erhalten haben.

Der Verfasser beweist scharfsinnig und mit tiefer Ge-
schichtskenntniss, dass diese grossen Fortschritte in Russland besonders dem Handel zu danken sind. Er erläutert die Handelswege
auf den grossen Russland durchschneidenden Flüssen aus dem Osten
nach Westen, bei der Friedensliebe der Slovenen während der Un-
währung der Völkerwanderung. Der Handel auf dem schwarzen
Meere war ganz in den Händen der Russen und die Handelsherrn
dieser Nation waren nicht nur im Lande, sondern auch in Constan-

tinopel hochgeachtet. Sehr erfahren waren sie zugleich im Schiff-
bau und die Industrie hob sich. Der Verfasser weist die Kunst-
gegenstände aus jener Zeit nach, bis die Schiffe der italienischen
Freistaaten sich in Constantinopel und im schwarzen Meere einfan-
den und der Handel auf dem Don nach dem Asowschen Meere
durch asiatische Völkerzüge unterging. Dagegen dehnte sich der
Handel in der Ostsee aus, als Nowogrod dem Hanse-Bunde beitrat.
Auf diese Weise zeigt der Verfasser durch Vergleichung mit den
andern Staaten Europas, dass Russland bis zur Mitte des 13. Jahrhunderts das glücklichste, reichste und freiste Land war, wobei
besonders Deutschland mit seiner gerühmten Rittertreue eben keine
günstige Stelle einnimmt, sondern uns die Demüthigung Heinrichs IV.
und Friedrichs des Rothbarts vorgeführt wird.

Doch dieser glückliche Zustand Russlands wurde plötzlich durch
den Einfall der Tataren unterbrochen, welche 1224 an der Kalka
Sieger blieben; doch Tschingis Khan rief diesmals noch seine Horden zurück, ehe er 1227 starb. Allein sein Sohn liess 1237 diesen
Angriff fortsetzen; Batu drang bis in die Nähe von Novogrod vor
und baute 1238 ohnfern Kaluga die Tatarische Hauptstadt Sarai,
nachdem er Vladimir, Kieff und Moskau genommen hatte, während
seine Horden bis nach Wahlstadt in Schlesien zogen, wo der Herzog von Liegnitz blieb.

Der Grossfürst Jaroslaw musste die Investitur bei dem Gross-
Khan nachsuchen; die Eroberer liessen nämlich die innere Verwaltung fortbestehen, und begnügten sich mit einem blossen Tribut.
Nowogrod erhielt seine Unabhängigkeit, dessen Fürst Alexander
Newski 1252 Titular-Grossfürst von Russland wurde. Sein Nachfolger, statt sich mit den andern Mächten gegen diese Asiatischen
Horden zu verbinden, führte Krieg gegen die Liefländer und die
deutschen Ritter. Novogrod, obwohl der deutschen Hansa angehörig, verlor seinen Handel an Moscau, welchen die Tataren unterstützten. Die Genuesen verstanden es, den Handel in der Krim
und im Azowschen Meere an sich zu ziehen, bis die Umschiffung
des Vorgebirgs der guten Hoffnung heran kam, welche den Welthandel nicht mehr durch Russland gehen liess. Der Verfasser geht
schnell über diese Zeit des Verfalls hinweg und zeigt nur, dass dieselbe für ganz Europa höchst unglücklich war.

Endlich kam nach mehr als 200 Jahren die Zeit der Erlösung.
Die verschiedenen tatarischen Horden machten sich von der neuen
Hauptstadt Sarai unabhängig, welche der herrschenden Horde von
Kaptchak angehörte; die Khane von Kasan und der Krim bekriegten
dieselbe, wogegen die Moskauschen Grossfürsten nach und nach das
Recht der Erstgeburt eingeführt hatten. Iwan III. wurde sonach
Grossfürst von Moscau 1462, und da Novogrod eben nicht von den
Grossfürsten grossen Schutz genossen hatte, wandte sich diese Stadt
an den König von Polen, bei welcher Bewegung die Bürgermeisterin

Morâ Possadnitza an der Spitze stand; doch Iwan unterdrückte diesen Aufstand 1471, während die Tataren der Krim die Russisch-Tatarische Hauptstadt Sarai so gründlich zerstörten, dass ihre Spuren erst 1840 durch Zufall aufgefunden wurden. Nun war es Iwan leicht, die Tataren von Kasan zu besiegen, und sein Reich gegen Polen und Lithauen auszudehnen, dem er Smolensk wieder abnahm. Von jetzt an wuchs bekanntlich die Macht von Russland fortwährend, besonders unter Iwan IV. dem Schrecklichen, der sich Tatarischer Hülfstruppen bediente, um 1569 die ganz heruntergekommenen Schwertritter in Liefland und Estland zu besiegen, so wie er auch bis Finland vorgedrungen war; durch den Kaufmann Strogonoff und den Kosaken Jermack erwarb er Sibirien. So bereitete die Zeit der Czaren das Kaiserreich vor, welches mit 1689 anfängt.

Besonders wichtig ist dieser Abschnitt für die Standesverschiedenheit in Russland. Der Verfasser zeigt, dass hier von einem Kastenwesen, wie es sich anderwärts ausgebildet hatte, nicht die Rede ist. S. die aristokratischen Umtriebe zur Verständigung über die historisch begründete Gliederung der Gesellschaft, Leipzig bei Tauchnitz 1843. Hier in Russland entschied lediglich das Verdienst und nicht die im westlichen Europa aufgekommene Verschiedenheit des Blutes. Selbst die Klasse der sogenannten Bojaren-Söhne war nicht für die Geburt bestimmt, sondern es wurden da immer die ersten Beamten so genannt, welche für ihre Kriegsdienste besondere Ländereien angewiesen erhielten. Einen Erbadel gab es nur für die Nachkommen der apanagirten Fürsten aus dem Geschlechte der Ruriks, so wie der Russland unterworfenen fremden Fürsten. Danach gab dies im Staatsdienste keinen Vorzug. Die Klasse der Kaufleute hatte viele Vorrechte, da hier von jeher die Wichtigkeit des Handels und der Industrie anerkannt wurde. Die Bauern waren freie Leute, meist Pächter. Sklaven waren nur die Kriegsgefangenen, welche als Sache behandelt wurden; diese, genannt Rob, waren ganz verschieden von den Knechten, Kholope, welche einen zeitweiligen Dienstvertrag eingingen; doch hatten sie, so wenig wie die wirklichen Sklaven, das Recht, Soldaten zu werden, konnten aber Grundeigenthum erwerben. Dabei entstand aber ein sehr zahlreicher geistlicher Stand, getheilt in die weisse Geistlichkeit, die heirathete und die schwarze, die Klostergeistlichkeit, welche sehr reich war, zu welcher aber der Zutritt sehr leicht war, da jeder verwittwete weltliche Geistliche gewöhnlich sich dem Klosterleben widmete. Geschlossene Kapitel, wie in Deutschland, wo 16 Jahre dazu gehörten, um in dem oder jenem Kloster oder geistlichen Stifte aufgenommen zu werden, gab es in Russland nicht, wo man sich frei von allem Kastenwesen erhalten hatte.

Der Verfasser zeigt, wie ganz verschieden von dem westlichen Europa Russland sich stets von dem Einflusse des Lehnwesens frei gehalten. Die Städte, die Dörfer entstanden nicht um eine Burg, von welcher herab der Edelmann seine Umgebungen unterdrückte; sondern Alles ging aus dem Gemeindewesen hervor, aus dem Be- schlusse der Gemeinde, wie die Berufung Ruriks, wie die Annahme des Christenthums. Dabei macht der Verfasser darauf aufmerksam, dass es gewöhnlich nicht auf die Stimmenmehrheit, sondern Ein- stimmigkeit ankam; so wie bei den Ungarn, wo es hiess: vota non numerantur sed ponderantur. Doch gesteht der Verfasser, dass bei solchen Gemeindeversammlungen in Nowogrod und Pskoff mitunter die Widersprechenden dadurch zum Schweigen gebracht wurden, dass man sie in den Fluss warf. In Polen konnte ein einziger wider- sprechender Slagtcryz den Reichstagsbeschluss aufhalten, oder ein Radziwill kam mit 8000 stimmfähigen Mannen an, die er fütterte, bis sie für ihn gestimmt hatten. Uebrigens erscheint hier das Ge- meindeeigenthum ganz anders, als es von Haxthausen in seinem bekannten Buche über Russland dargestellt ist; denn I. S. 365 heisst es ausdrücklich, dass ausser den Gemeinde-Gründen jeder Einwohner noch abgesondertes Gut besitzen kann, so dass also keine Art von Socialismus stattfindet, obwohl in Russland grosser Korporations- Geist herracht.

Der Verfasser hat sich ein besonderes Verdienst dadurch er- worben, dass er uns mit dem Familienleben, dem Zustande der Wissenschaft und Künste in dem alten Russland und seinem Handel bekannt gemacht hat. Besonders wichtig sind seine Vergleichungen mit dem Zustande der andern europäischen Länder.

In dem zweiten noch stärkern Bande behandelt der Verfasser das neue Russland seit Peter dem Grossen, indem er eine treffliche Uebersicht der Geschichte bis zum letzten Türkenkriege voraus- schickt, worin zu bemerken ist, dass er die Unzufriedenheit der Russen mit Alexander I. seit dem Wiener Congress stark hervor- hebt, welche noch dadurch vergrössert wurde, dass er 1817 den Polen eine Constitution gab und die Fremden vorzog. Dass übrigens der Verfasser vorgibt, nichts sei von der Thronentsagung Constan- tins bekannt gewesen, muss um so mehr auffallen, da der Einsender den Grossherzog von Weimar an der Tafel des Generalgouverneurs Sack in Aachen folgende Worte im Jahr 1815 aussprechen hörte: die Preussische Prinzessin Charlotte wird den Grossfürst heirathen und Kaiserin von Russland werden, da Constantin verzichtet hat.

Dagegen weist der Verfasser mit vieler Gründlichkeit nach, wie sich seit der Bekanntschaft und der Verbindung mit Deutschland und dem Einflusse der Fremden seit Peter dem Grossen die ur- sprünglichen Verhältnisse geändert haben. Russland hat die Vor- urtheile der Standesverschiedenheit durch den blossen Zufall der Geburt angenommen. Seit jener Zeit ward die Knechtschaft in Russland eingeführt, welche abzuschaffen Kaiser Alexander I. und Nicolaus vergeblich versucht haben. Aus einem Volke sind nach dem Verfasser seit dem Kaiserthum 3 verschiedene Stände gewor- den, Adel, Bürger und Bauern. Besonders hat die philosophische

Kaiserin Catharina II. mit dazu beigetragen, die Last der Bauern
noch drückender zu machen; dies vollendete Paul I. Der Verfasser
hat sich ein wahres Verdienst erworben, die bisher in dieser Beziehung bestandenen Vorurtheile zu beseitigen.

Möchte es dem edlen Willen des jetzigen Kaisers gelingen, die
Menschenrechte wiederherzustellen!

Neigebaur.

Braun, Pr. Achilles auf Skyros oder die antike Bronzestatue
    von Lüttingen. Bonn, 1858 mit 2 lith. Tafeln; VI u. 23. 8.
Rossel, K. Ein Militair-Diplom Kaiser Trajans aus dem Römer-
    kastell in Wiesbaden und die Besatzung dieses Kastells. Wies-
    baden, 1858 mit 3 lith. Tafeln und einer Karte, XIV u. 72. 8.

Wir stellen diese zwei Schriftchen zusammen, weil sie die merkwürdigsten Funde, die seit geraumer Zeit am Rheine statt hatten,
besprechen; seitdem nämlich das Tiberiusschwert 1848 in Mainz
aufgefunden wurde hat — etwa abgesehen von den römischen Schu-
hen und dem Lederzeug, welches voriges Jahr ebenfalls in Mainz
entdeckt wurde, aber bis jetzt keine öffentliche Beschreibung oder
Erklärung gefunden hat — seitdem hat kein anderer Fund kaum
ausserhalb Deutschlands eine solche Aufmerksamkeit erregt, als die
Statue in Lüttingen, kein Fund eine solche Bedeutung für die Rheinische Geschichte zur Römerzeit gehabt als das Wiesbadener Diplom.
    Am 16. Febr. d. J. stiessen bei Lüttingen, einem Dorfe unter-
halb Xanten sechs Fischer beim Ausgraben von Steinen im Bette
des Rheines an einer jetzt trockenen Stelle nahe am jenseitigen Ufer
auf den emporragenden Stumpf eines Armes von Bronze, der zur
Entdeckung einer mit dem Kopfe stromabwärts in der Erde liegenden Statue führte. Die Statue ist 4′ 10″ hoch, stellt einen zum
Jüngling heranreifenden Knaben dar, ohne alle Bekleidung; nur das
stark lockige Haupt umgibt ein Kranz von Weintrauben, Feigen,
Eicheln, Aepfeln, Aehren, Blumen und Blättern (wie an Dionysos
im Louvre, Müllers Denkmäler, II. Taf. LXXV, N. 970). Der Knabe
streckt die beiden Arme vorwärts — vom rechten ist wie schon erwähnt nur der obere Theil erhalten — in der linken Hand oder in
beiden scheint er etwas gehalten zu haben, was auch zwei Stellen
am linken Arme, wo angesetzte Metallstücke sich finden, andeuten
mögen; in voraneilender Bewegung, so dass der linke Fuss 15″
voransteht; dieser ruht daher auf dem Boden, während der rechte
sich etwas erhebt oder vielmehr nur mit den Zehen aufsteht; die
Augenhöhlen sind leer, indem die künstlich eingesetzten Perlen oder
Aehnl. fehlen; die Lippen sind voll, der Mund etwas geöffnet, doch
nicht so, dass man an einen Gesang denken kann, wiewohl der etwas muskulös angestrengte Hals hierauf hindeuten könnte. Die Fi-

gur ist augenscheinlich ganz aus einem Stücke, nur die ausgebreiteten Arme sind besonders angefügt. Das Gewicht wird auf 200 bis
300 Pfund geschätzt. Anfangs hielt man sie nicht für antik; doch
seitdem die erdigen Theile abgerieben und abgewaschen sind, trat
die gelb glänzende Bronzefarbe überall hervor, so dass es ohne Zweifel als ein antikes Kunstwerk angesehen werden muss. Zugleich ist
es ein Werk erster oder doch zweiter Klasse: eine bewunderungs-
würdige Anmuth und ein hoher Adel ist über die ganze Statue ge-
gossen: die einzelnen Glieder sind unübertrefflich schön, im richtigsten Ebenmaasse ganz mit anatomischer Richtigkeit. Das Haar ist
unter dem Kranze zierlich geordnet, hinten in herabwallenden Locken
sich verlierend. Die Stirne kurz, was die Alten bekanntlich für
Schönheit hielten; das Antlitz heiter, lächelnd, ächt griechischen Pro-
fils, mit weiblicher Weichheit und Schönheit; die einzelnen Theile
des Gesichtes gleich schön, gleich vollendet, nur die Lippen sind
etwas voll, namentlich tritt die obere zu stark hervor. Auch die
andern Theile des Körpers sind edel und schön: so ist die Brust
breit gebaut und voll anschwellend, der Leib ebenmässig, die Schenkel lang und schöngeformt wie die Füsse, die Zehen senken sich
ziemlich zur Erde. Kurz die Statue ist eine vollendete Schönheit
würdig des ersten Künstlers, den besten Werken der Alten gleichzustellen, die schönste, welche je diesseits der Alpen gefunden
wurde.

Wen aber stellt die Statue vor? Zunächst dachte man an einen
jugendlichen Bacchus, andere an einen jugendlichen Bachanten, an
den Faunus, an das Portrait eines Knaben u. a. m. Da Prof. Fiedler in Xanten erstere Ansicht so eben im neusten Bonn. Jahrbuch
XXVI, S. 139 ff. ausführlich besprochen hat: so fand sich Profess.
Braun, der Präsident des Alterth.-Vereins in Bonn, welcher während des Abdrucks jenes Aufsatzes längere Zeit abwesend war, bewogen, sogleich mit jenem Hefte oben erwähnte Abhandlung erscheinen zu lassen, um seine abweichende Erklärung um so mehr darzulegen, als er überzeugt ist, dass „kein irgendwie erheblicher Widerspruch" sich dagegen erheben kann. Und allerdings die Deutung,
die der gelehrte Verfasser vorlegt, übertrifft bei weitem alle andern,
die bisher laut wurden, und ist von der Art, dass sie jedweden einnehmen, ja sogar befriedigen kann: denn sie ist der Statue wenigstens so wie sie in der Abbildung vorliegt, so angepasst, dass hier
kein noch so kleiner Theil derselben unberücksichtigt bleibt; die
Statue stellt nämlich nach Braun's Deutung den jungen Achilles vor,
wie er unter dem Namen Pyrrha am Hofe des Königs Lycomedes
auf Scyros unter den Töchtern desselben erzogen, durch den Odysseus erkannt wird. Statius schildert dies in dem unvollendeten Epus
Achillei II. 200 ff. auf folgende Weise: Da den Griechen, welche
den Krieg gegen Troja rüsteten, vom Orakel verkündet war, dass
Troja nicht erobert würde, wenn nicht Achilles mitzöge: so erhielt
Odysseus den Auftrag, denselben aufzusuchen, da man wusste, dass

dessen Mutter Thetis wegen eines ähnlichen Orakels ihren Sohn verborgen halte. Den listigen Ithaker führte die Spur bald nach Scyros. So wie aber Deidamia Lycomedes Tochter längst das Geheimniss, dass über Pyrrha schwebte, enthüllt und sich heimlich mit Achilles vermählt hatte: so entging dem scharfen Auge des Odysseus,
als L. der König ihn und den Diomedes im Kreise seiner Familie
bewirthete, die Unweiblichkeit der Pyrrha nicht, obwohl Deidamia
sich alle Mühe gab, dass sich Pyrrha dem spähenden Blicke des
Fremden nicht verrathe. Tags darauf wurde eine Nachahmung bac-
chischer Orgien den Fremden gegeben, wobei die Mädchen des Hofes, unter ihnen Pyrrha mit Blumen und Früchten bekränzt, einen
Tanz aufführten: gleichzeitig hatte für dieselben Odysseus seine Geschenke, darunter auch einen Schild und einen Speer aufgelegt;
mit Freuden bemerkte er, wie auf diese die Augen der Pyrrha gerichtet seien. Als nun während des Tanzes auf der Fremden Veranlassung plötzlich an den Thoren des Palastes die Kriegstrompete
ertönte, wie wenn hier der Krieg entbrenne, da ergriff, während die
andern Damen mit ihren Geschenken davon eilten, Pyrrha Schild
und Speer und indem wie von höherer Macht gelöst, die Frauen-
kleidung zu Boden fällt, tritt sie mit Schild und Speer in den aus-
gestreckten Händen bewaffnet als Achilles, der schönste Jüngling unter den Griechen wie zum Angriffe schreitend vor die erstaunte
Menge.

Und diesen Moment stellt die Statue dar. Und der Verfasser
ist nun bemüht, sämmtliche Eigenschaften, welche irgend ein alter
Schriftsteller an Achilles fand, an der Statue nachzuweisen: der Held
der Ilias war im ganzen Alterthum ein Typus vollendeter männ-
licher Schönheit, in der Jugend noch mit weiblicher Anmuth und
Weichheit vereint: so heisst er πολύθριξ, decora facie, dulcis visu,
εὐειδής, γυναικοπρόσωπος, εὔστηθος, μακρόσκελος, πόδας ὠκύς,
ganz wie ihn die Statue in primis adolescentiae annis darstellt, d.
h. etwa im 19. Jahre, indem Achilles im 9. Jahre nach Scyros kam
und die Vorbereitungen zum Kriege wohl 10 Jahre dauern mochten; sogar die aufgeworfenen Lippen erinnern an Achilles, indem
erzählt wird, dass, da er als neugebornes Kind ins Feuer geworfen
wurde, die Lippen Spuren davon zurückbehalten hätten. Auch äussere Zeichen werden beigebracht, um jene Erklärung noch glaub-
licher zu machen. Nicht nur die Alten haben oft den Moment, wo
Achilles von Odysseus entdeckt wird, als Gegenstand ihrer bildlichen
Darstellung gewählt, sondern nicht weit von Lüttingen bei Xanten
wurde schon vor längerer Zeit ein Relief in Elfenbein aus alter vielleicht römischer Zeit gefunden, welches ebenfalls den Achilles darstellt, wie er von Odysseus entdeckt mit Schild und Speer bewaffnet Scyros zu verlassen im Begriffe steht.

Indem wir bei dieser Deutung wiederholt den Scharfsinn und
die Gelehrsamkeit des Verf. bewunderten, vermögen wir allerdings
nicht eine andere uns mehr zusagende Erklärung vorzulegen: doch

scheint uns die Statue zu jung für den eben in Krieg ziehenden
Achilles; auch ist die Berechnung von 19 Jahren zu hoch, besonders da, wie Fiedler a. a. O. S. 149 bemerkt, keine Andeutung der
Pubertät sich findet. Der Künstler hat, da allerdings des Statius
Stelle sehr gut passt, den Achilles fast knabenartig dargestellt, oder
sie stellt einen Knaben dar, der pantomimisch den Achilles auf Scyros spielte: und der Künstler hat diesem Knaben die körperlichen
Eigenschaften des Achilles im schönsten Ebenmaasse beizulegen verstanden.

Noch bemerken wir endlich, dass die Statue für 8000 Thaler
vom Museum in Berlin angekauft worden ist.

_____

2) In dem Römerkastell in Wiesbaden, welches 1839 entdeckt
wurde, später aber zugeschüttet werden musste, nachdem vorher ein
schönes Modell in Gyps davon genommen war, welches im Wiesbadener Museum aufgestellt ist, wurde am 8. März d. J. in einer
Tiefe von 6 Fuss das Fragment eines Militairdiploms entdeckt, welches nicht nur desshalb von Bedeutung ist, weil keines der bis jetzt
bekannten Militairdiplome am Rheine entdeckt wurde, sondern vorzüglich noch desshalb, weil sein Inhalt für die Geschichte der militärischen Verhältnisse in Ober-Germanien von Wichtigkeit ist, daher bleibt zu bedauern, dass nur die Hälfte des einen Blättchens
erhalten ist, und es dem eifrigen Nachforscher des Wiesbadener Vereins und seines thätigen Conservator's Dr. Rossel nicht gelang,
weitere Theile desselben aufzufinden. Ohne hier mit der Beschreibung des Aeusseren uns aufzuhalten, welches im Wesentlichen von
der bekannten Form der Diplome nicht abweicht, geben wir sogleich
den Inhalt, wie er auf dem Fragment steht, welches die Hälfte des
ersten Täfelchens bildet: auf der Aussenseite steht:

```
        IMP CAESAR. DIVI NERV
        OPTIMVS AVGVSTVS G
        THICVS PONTIFEX M
        XX IMP. XIII PR
   5    EQVITIBVS ET PEDITIBV
        DVABVS ET COHORTIBVS
        LANTVR I FLAVIA GEM
        NOR. C. R. ET. I. FLAVIA DA
        HISPANOR C. R ET I CIVIV
  10    ET I AQVITANOR. VETER
        THRACVM. C. R. ET II AVG
        NOR. PE. ET. II. RAETOR, C
        DELMATAR. PE. ET. IIII AQV
        ET. V DELMATAR. ET VII RA
```

15 NIA SVPERIORE SVB. KAN

O

VICENIS STIPENDIS EMER
MISSIONE QVORVM NOMI
SIS LIBERIS POSTERISQVE E
DIT ET CONVBIVM CVM VXO
20 HABVISSENT CVM E
QVI CAELIBES ESSENT C
XISSENT DVMTAXAT SIN
A. D. VI. IDVS SEP
CN. MINICIO FAV
25 COH II̅ RAETORV
C. LICINIVS. C
CN CORNELIO
ET. PRI
30 DESCRIPTVM E
XA ES

Da bekanntlich dieselbe Inschrift auf den innern Seiten der beiden Plättchen stehen: so werden die ersten 10—12 Zeilen vollständig ergänzt aus der Innenseite desselben ersten Plättchens, worauf folgendes steht:

IMP. CAESAR DIVI NERVAEF NERVA TRAIANVS OPTIM
AVG. GERM. DACIC PARTHIC PONTIF. MAX. TRIB PO
TESTAT XX̅. IMP. XIII. PROCOS. COS V̅I P P
EQVITIBVS ET PEDITIBVS QVI MILITAVERVNT
SIN ALIS DVABVS ET COH. DECEM ET SEPTEM

O

QVAE APELLANTVR I FLAV. GEMINA ET I SCVBV
ET I GERMANOR. C. R. ET I FLAV DAMASCI
ET I̅ LIGVR. ET HISPANOR. C. R. ET C
I̅   OR VETERANA E
10   AVG CYR

Eben so lassen sich auf der Vorderseite Zeile 16—22 und die zwei letzten ganz leicht ergänzen, weil sie fast nur die gewöhnliche, Formeln enthalten. Daher hat der Herausgeber das Diplom Vespasian vom J. 74 (Arneth 29) neben angestellt, weil namentlich die Worte des Fragmentes in V. 16—22 ebenso in demselben enthalten sind; das Ende ist nach den Trajanischen Diplomen aufgenommen. Der Lücken also sind nicht viele zu ergänzen, eigentlich nur die Namen von 5 Cohorten in Zeile 9—13, der Namen des Lega-

ten V. 15, der Consuln V. 24 und etwa die cognomina des Prae-
fecten V. 26 und des ausgedienten Soldaten V. 29. 30.

In Zeile 9 — 11 ergänzt der Verfasser folgende Cohorten: 1
Ituraeo, 1 Aquitan. Bitur, II Hispa, III Aquitanor u. IIII Vindelic.:
hier wünschten wir vorerst das Wort Bitur. weggelassen, da die wenigen Spuren der Aquit. Cohorte am Rhein diesen Zusatz nicht haben: schon das einfache AQVITANORVM füllt die Lücke. Ob nicht
sodann statt III Aquitanorum eine andere besser stände, zweifelt der
Verf. selbst; wir dachten vielmehr an III Civ. Rom. (nicht II Civ.
Rom wie der Verf. S. 47 auch vermuthet), welche z. B. bei Selig-
genstadt Spuren ihres hiesigen Aufenthaltes hinterlassen hat. Wenn
es eben nicht schwer war, hier richtige Cohorten einzufügen: so ist
es doch schier unmöglich, in Zeile 15 den Namen des Legaten oder
Z. 24 der Consuln mit Gewissheit zu ermitteln. Ersteren nennt der
Verf. KANuleius, ich möchte eher K als Vornamen nehmen, wiewohl kein Punkt hinter K zu sein scheint. Unter den Legaten von
Germ. sup., die wir demnächst anderswo zusammenzustellen gedenken, finden sich nun keine mit diesen Anfangsbuchstaben; denn
nicht einmal Avidius Cassius, dessen Vornamen wir nicht kennen,
könnte angenommen werden, indem im letzten Buchstaben N wohl
nicht ein V liegt, wenn auch der Legat selbst aus andern Gründen
sicher stände, was nicht der Fall ist. Auch Zeile 24 ist nicht zu
ergänzen: der Name des einen Consuls Cn. Minicius Faustinus, wie
Rossel nach Henzen's brieflicher Mittheilung schreibt, steht bisher
nicht in der Fasten, welche für dieses Jahr Aemilius Aelianus und
L. Antistius Vitus geben; also könnte einer von diesen wohl eingefügt werden. Endlich der vollständige Name des Anführers der coh.
II Raet. in Z. 27 sowie des entlassenen Soldaten und seines Sohnes
in Z. 29 u. 30 ist nicht zu ermitteln, was auch unbedeutend ist.
Das Hauptgewicht dieses Diploms liegt in der Angabe, dass in diesem J. 116 die erwähnten alae u. cohortes in Germ. sup. standen,
wodurch viele Grabsteine, die bisher gar nicht zu bestimmen waren,
einer gewissen Zeit wenigstens vindizirt werden können. Daher haben wir auch das Diplom ausführlich mitgetheilt, weil keine andere
alte Urkunde von gleicher Wichtigkeit für den Oberrhein ist.

Es würde uns jedoch zu weit führen, wenn wir in die gelehrten Erörterungen des Verf. über die einzelnen Truppentheile genauer
eingehen wollten: sie beruhten hie und da, wie es nicht anders sein
kann, nur auf Muthmaassungen; ebenso machen wir nur aufmerksam
auf die II. Abhandlung in dem Heftchen: „zur Besatzungs-Geschichte
des röm. Wiesbadens", wo er zuletzt noch das neulich aufgefundene
Diplom Hadrians vom J. 134 anfügt, weil hier der II coh. Mattia-
corum in Mosia infer. erwähnt wird. Endlich ist in dem Heft ein
Facsimile des Diploms, mehrere Abbildungen von römischen Monumenten in Wiesbaden, ein Plan des römischen Wiesbadens u. a. m.
angefügt.

　Mainz,　　　　　　　　　　　　　　　　　　　　Klein.

*Homer's Odyssee, für den Schulgebrauch erklärt von Dr. Karl
Friedrich Ameis, Professor und Prorector am Gymnasium
zu Mühlhausen in Thüringen. Zweiter Band. Erstes Heft.
Gesang XIII—XVIII. Leipzig, Druck und Verlag von G. B.
Teubner. 1858. 198 S. in gr. 8.*

Ueber den ersten Band dieser Bearbeitung der Homerischen
Odyssee, über Anlage und Charakter derselben ist bereits früher in
diesen Blättern berichtet worden (s. Jahrgg. 1856, S. 792 ff., 1857
S. 880); die weitere Fortsetzung, die wir hier anzuzeigen haben,
schliesst sich in der ganzen Fassung und Behandlung an die früheren Theile an, ohne von dem bisher eingeschlagenen Verfahren sich
zu entfernen. Die Rücksicht auf Lernende wie Lehrer ist auch in
diesem Hefte durchweg bei den Anmerkungen eingehalten; es sind
auch hier theilweise, wo es durch eine bestimmte Veranlassung gebeten war, eigene sprachliche Erörterungen des Verfassers niedergelegt, wie, um nur Einiges davon anzuführen, zu XIII, 883
über $\ddot{\omega}$ πόποι mit $\mathring{\eta}$μάλα δή und ähnliche Verbindungen oder zu
XVIII, 382 über die Bedeutung des τις in der Verbindung mit ei-
nem Substantiv oder Adjectiv und demdamit verbundenen Nachdruck
u. a. m. Eine gute Rechtfertigung ist dem Dichter der Odyssee XIV
199 zu Theil geworden; insofern hier die Gründe aufgeführt werden,
aus denen es sich erklären lässt, warum der Dichter viermal den
Odysseus seine Lebensschicksale erzählen lässt und in einer theilweise nicht ganz übereinstimmenden Weise; eben so wird, um einen
andern Fall anzuführen, die Schreibung ἀλλοιδέα zu XIII, 194 gut
gerechtfertigt. Ob aber der zu XIII, 282 angegebene Unterschied
zwischen der Structur von ἐκήλυθε mit dem persönlichen Accusativ
oder mit dem Dativ in der hier bezeichneten Weise haltbar ist, mag
wohl bezweifelt werden, ebenso wie sich auch bezweifeln lässt, ob
XVIII, 97 in den Worten: αὐτίκα δ᾽ ἦλθε κατὰ στόμα φοίνιον
αἷμα, die Verbindung κατὰ στόμα bedeuten kann: „mundabwärts,
um die Fülle des Blutes plastisch zu bezeichnen", wornach man fast
eher κατὰ στόματος erwarten möchte, während κατὰ στόμα in dieser Verbindung wohl nur die lokale Nähe und das Beisein bezeichnet — bei dem Munde, an dem Munde — etwa wie bei der
Verbindung βάλλειν κατὰ γαστέρα Il. XVI, 465 und anderen Verbindungen dieser Art. Die Lesart ἀνὰ στόμα, die der Verfasser mit
gutem Grunde verworfen hat, scheint aus dem Mangel eines richtigen Verständnisses der wahren Lesart κατὰ στόμα hervorgegangen
zu sein; nicht ganz richtig oder vielmehr ungenau wird man daher
die von dem neuesten Uebersetzer der Odyssee angewendete Uebertragung finden: „und alsbald strömte das purpurne Blut aus
dem Munde." — Wenn man die Erklärung (zu XIV, 443) von
δαιμόνιος in der Anrede, in der es auch so oft bei Plato und Andern vorkommt, als einem herzlichen Schmeichelworte oder als einem
Ausdruck des mit Erschrecken verbundenen Erstaunens, nicht bean-

standen will, so wird man sich doch schwerlich damit befreunden, wenn hier bemerkt wird, dass, bei dem Mangel eines vollkommen entsprechenden deutschen Ausdruckes, dieses Wort „erst ins christliche übersetzt, Gotteskind oder Teufelskerl heissen könne, bald stärker, bald milder gesagt." Wir halten keinen der beiden Ausdrücke für passend, und würden beide lieber weggelassen haben, eben so wie in der Note zu XVIII, 29, die ohne Noth herbeigezogene Erwähnung des Sprüchwortes: „die Nürnberger hängen keinen, sie müssten ihn denn hab"; dagegen würden wir in der Note über Δωδώνη zu XIV, 327, wo richtig das Dodona am Berge Tómaros verstanden wird, statt der Citate neuerer Gelehrte, oder in Verbindung mit diesen eine oder die andere Hauptstelle griechischer Schriftsteller (Herodotus, Strabo u. A.) angeführt, dann auch die jetzige Bezeichnung der Lokalität angegeben haben. Wir wollen diese Bemerkungen nicht weiter fortsetzen, die nur ein Zeichen der Aufmerksamkeit sein sollen, die wir dem Verf. und seinen Bemühungen damit zu zollen beabsichtigen: wir können eine baldige Vollendung des in raschem Fortgang begriffenen Unternehmens wünschen.

In ähnlicher Weise gehalten ist die nachfolgende Bearbeitung des Sophokles, von welcher ein erstes Bändchen unter folgendem Titel erschienen ist:

Sophokles, für den Schulgebrauch erklärt von Gustav Wolff. Erster Theil. Ajax. (Auch mit dem besondern Titel: Sophokles Ajax, für den Schulgebrauch erklärt von Gustav Wolff.) Leipzig, Druck und Verlag von B. G. Teubner 1858. VIII und 152 S. in gr. 8.

Hiernach ist diese Bearbeitung zunächst für die Schüle berechnet, sie sucht, wie es scheint, einem ähnlichen Bedürfniss abzuhelfen, welches die zu gleichem Zwecke berechneten Ausgaben von Wunder und Schneidewin hervorgerufen hat, weshalb das Augenmerk des Herausgebers insbesondere auf die Erklärung gerichtet ist, welche dem Schüler das Verständniss erleichtern und ihn in der richtigen Auffassung des Ganzen, wie überhaupt in einem gründlichen Studium der griechischen Sprache und ihrer Meisterwerke weiter fördern soll. Demgemäss ist die Kritik beschränkt worden; es sind nach des Herausgebers Versicherung nur wenig Conjecturen in den Text aufgenommen und diese kenntlich gemacht, während gänzlich verdorbene Stellen mit einem Kreuz versehen wurden: die kritischen Bemerkungen sind in einen Anhang geworfen, den man zugleich als eine kritische Rechenschaftsablage des Herausgebers betrachten kann (S. 140—147), über das von ihm in einer Reihe von schwierigen oder verdorbenen Stellen eingehaltene Verfahren, das sonst übrigens bei der Constituirung des Textes sich an den Laurentianus A, der zu diesem Zwecke aufs neue verglichen wird, möglichst anschliesst. Auch in der angeführten Schätzung des a in der zweiten Person Sing. Pass. und Medii für η, $\tilde{\eta}\varsigma$ für $\varepsilon\iota\varsigma$ im Nominativ Pluralis der Wörter, die auf $\varepsilon\upsilon\varsigma$ ausgeben; und dergl. wird man dem Herausgeber eher beistimmen; weniger in der Schreibung $\delta\delta o\acute{\upsilon}\nu\varepsilon\varkappa\alpha$ für $\ddot{o}\delta$' $o\acute{\upsilon}\nu\varepsilon\varkappa\alpha$, oder $\eta\mu\acute{\iota}\nu$ und $\upsilon\mu\acute{\iota}\nu$ für $\dot{\eta}\mu\iota\nu$ und $\upsilon\mu\iota\nu$ nach Dindorf's Vorgang; der übrigens zwischen Beiden unterscheidet und das erstere festhält, wo metrische Rücksichten einen Spondeus erheischen oder zulassen, jene Schreibung ($\dot{\eta}\mu\iota\nu$) aber vorzieht, wo eine trochäische Mensur eintritt: ein Unterschied, von dessen völliger Richtigkeit wir uns noch nicht haben überzeugen können, zumal sie im Widerspruch mit der (von Dindorf freilich verworfenen) Lehre der Grammatiker steht, die zwischen $\dot{\eta}\mu\iota\nu$, $\upsilon\mu\iota\nu$ und $\ddot{\eta}\mu\iota\nu$, $\ddot{o}\mu\iota\nu$ oder $\dot{\eta}\mu\iota\nu$, $\ddot{o}\mu\iota\nu$ unterscheiden wollen, was freilich wenig noch haltbar erscheint.

Auf die Erklärung des Stückes hat der Verfasser, wie bemerkt, hauptsächlich sein Augenmerk gerichtet, und darauf vorzugsweise seine Bemühungen gewendet; er hat zuvörderst die griechische $\Upsilon\pi\acute{o}\vartheta\varepsilon\sigma\iota\varsigma$ mit untergesetzten erklärenden und nachweisenden Bemerkungen abdrucken lassen und gibt darauf unter der Aufschrift: „Vorausliegende Sage" eine zweckmässige Einleitung über die Hauptperson des Stücks, und die diesen betreffende Sage in ihrem Zusammenhang mit Athen, um auf diese Weise die Bedeutung des Stückes für Athen und das vaterländische Interesse, welches die Athener an Ajax und dessen Namen knüpfte, erkennen zu lassen. Auch wird die Vertheilung der Rollen unter die (drei) Schauspieler angegeben, im Wesentlichen nach Schneidewin, und daher auch die Rolle des Menelaos dem Tritagonisten beigelegt, wo Andere, wir glauben mit gutem Grunde, den Deuteragonisten setzen. Anderes, was man in der Einleitung erwarten konnte, ist in dem am Schlusse des Ganzen befindlichen „Rückblick" S. 132 ff. enthalten, wo eine Würdigung des Stückes hier gegeben ist nach seiner Anlage wie nach der Durchführung in ästhetischer Hinsicht, verbunden mit einigen weiteren Bemerkungen über die Aufführung des Stückes wie über die Zeit der Abfassung, welche in die frühere Lebensperiode des Dichters gesetzt wird.

In der dem Texte untergesetzten Erklärung ist zuerst Rücksicht genommen auf alles Das, was die scenischen Verhältnisse betrifft, die Einrichtung der Bühne, der Vortrag der Schauspieler, und die Vertheilung der Rollen unter dieselben, so wie die Abtheilung der Chöre: man vgl. z. B. die umfassenden, dahin zielenden Anmerkungen gleich am Anfange des Stückes, oder, um ein anderes Beispiel anzuführen, zu Vs. 866, zu Vs. 346 oder zu 815: es hängt dies zusammen mit der genauen metrischen Erörterung der einzelnen Abschnitte, deren Ueberblick durch die am Schlusse Seite 148 ff. gegebene Zusammenstellung der in den einzelnen Abschnitten angewendeten Versmaasse erleichtert wird. Es werden dann weiter in diesen Anmerkungen alle sachlichen Punkte historisch-antiquarischer und mythologischer Art, befriedigend erläutert, (so z. B. die Erörterung über die Artemis Tauropolos zu Vs. 172, um eine Probe der Art anzuführen), der Zusammenhang des Ganzen wie der Gang des Stückes ebenso nachgewiesen, insbesondere dann auch alles Sprachliche und Grammatische sorgfältig erläutert: wenn in Bezug auf das Letztere mehrfach Krüger's griechische Grammatik citirt ist, so ist dabei nicht zu übersehen, dass diese Grammatik in Süddeutschland nur eine geringe Verbreitung besitzt und auf den verschiedenen gelehrten Anstalten nicht eingeführt ist. In der sprachlichen Erklärung wird jedenfalls ein Hauptbemühen des Verf. zu suchen sein: er gibt eine gründliche Erklärung, die theilweise schon vorgerückte Schüler oder angehende Philologen erheischt, wie wir denn überhaupt den letztern für das Privatstudium vorzugsweise den Gebrauch dieser Ausgabe empfehlen möchten, weil wir überzeugt sind, dass sie daraus Vieles lernen können, ja wir versprechen uns davon grösseren Nutzen, als von dem Gebrauch in der Schule selbst, wo das lebendige Wort des Lehrers für Manches, was hier erörtert wird, einzutreten hat. Keine Seite der sprachlich-grammatischen Erklärung ist ausser Acht gelassen, die (meist der Sprache der Dichter entnommenen) Belegstellen zur Erörterung und Verständigung eines hier erörterten Sprachgebrauches sind vollständig aufgeführt, selbst die aus andern Stücken des Sophokles; nur bei Homer ist eine Ausnahme gemacht, insofern sich der Verf. bei einem Dichter, der in den Händen aller Schüler ist, auf ein blosses Citat beschränken zu können glaubte; auch hat er bei wörtlicher Anführung der Belegstellen sich auf das Nöthigste, schon um der wünschenswerthen Raumersparniss halber, beschränkt; es wird daraus selbst eine kleine Ungenauigkeit in Anführung einer Herodoteischen Stelle VII, 102 (zu Vs. 639) zu erklären sein, da dieselbe Stelle zu V. 319 ganz richtig angeführt ist. Wenn aber zu den Worten V. 240 κίονι δήσας Herodot V, 77 angeführt wird, wo statt dieses angeblichen Dativs der Richtung die Präposition ἐς stehe (ἐς πέδας δήσαντας), so muss erinnert werden, dass hier aus Handschriften die jedenfalls richtigere Lesart ἐν πέδαις aufgenommen ist, überhaupt sich fragen lässt, ob nicht vielmehr an solche Stellen zu denken ist, wo ἐνδέω mit dem Dativ verbunden vorkommt, wie ἐνέδησεν ἄτᾳ im Oedip. Col. 526, oder ἔνδησον τῷ ξένῳ bei Aristophan. Acharn 929 u. s. w.

Neben diesen Belegstellen griechischer Dichter und anderer Schriftsteller sind die Nachbildungen lateinischer Dichter, zumal der älteren, eines Ennius, Pacuvius, Attius u. a. aus den verlorenen Dramen derselben angeführt, endlich auch Manches Andere herangezogen, was zur richtigen Auffassung des Einzelnen dienen kann. In dieses weiter einzugehen. oder einzelne Bedenken, wie sie hier und dort aufgestossen sind, weiter zu entwickeln, liegt dem Zweck und der Bestimmung dieser Anzeige fern, die auf diese neue Bearbeitung Sophocleischer Dramen aufmerksam machen und ihre Verbreitung in den Kreisen, für welche sie nützlich sein kann, fördern soll.

　　　　　　　　　　　　　　　　　Chr. Bähr.

JAHRBÜCHER DER LITERATUR.

*Zu Sophokles Antigone. Von G. Thudichum. Darmstadt 1858. Gedruckt bei
Leopold Dietzsch. 43 S. in 4.*

Bei dem grösseren Interesse, welches, in Folge der Verpflanzung der Antigone auf die Bühne der neueren Zeit, sich unter den verschiedenen noch
erhaltenen Stücken des Sophocles, gerade an dieses Drama sich knüpft und
selbst eine grössere Beachtung desselben bei der Lectüre auf unseren Schulen
hervorgerufen hat, wie diess die von diesem Stücke zahlreicher ausgegangenen
Bearbeitungen zeigen können, wird die richtige Auffassung des Ganzen wie
das richtige Verständniss des Einzelnen von um so grösserem Gewicht sein
müssen, als in Beidem die Ansichten der neueren Bearbeiter und Uebersetzer dieses Stücks noch vielfach auseinandergehen und es noch keineswegs zu einem allseitigen Verständniss, wenigstens über die Hauptpunkte,
die hier in Betracht zu ziehen sind, gekommen ist.   Unter diesen Umständen
wird die vorliegende Abhandlung um so mehr eine Beachtung verdienen, als
sie von einem Manne ausgegangen ist, dem die genaueste Bekanntschaft mit
dem Dichter selbst nicht abzusprechen ist, der sich als einen gründlichen Kenner der Sprache desselben wie geschmackvollen Bearbeiter und
taktvollen Kritiker bewährt hat.   Seine Aufgabe hat er aber selbst als eine
solche bezeichnet, die zunächst die Würdigung der Charaktere und Antriebe
in dieser Tragödie feststellen, dann aber auch den Text gegen Aenderungen
und das Ausstossen vermeintlicher Interpolationen schützen soll.   Hiernach
zerfällt das Ganze in zwei Theile, deren erster von der Entstehung und Bedeutung des Gedichtes handelt, der zweite mit der Kritik und Erklärung des
Textes einer Reihe von einzelnen Stellen sich beschäftigt.   Wenn in dem ersten Theile insbesondere die Ansichten von Böckh und Schwenk besprochen
werden, so sind es im zweiten insbesondere die maasslosen Verdächtigungen,
wie sie in neuester Zeit gegen eine grosse Anzahl von Versen erhoben worden sind, welche den Gegenstand der Erörterung bilden.   Die von dem neuesten Uebersetzer des Stücks geltend gemachten politischen Beziehungen, aus
welchen die Fassung des Ganzen hervorgegangen sein soll, erscheinen dem
gesunden Blicke des Verfassers als solche, die eine poetische und eine moralische Unmöglichkeit in sich schliessen.   Es streitet (wird hinzugesetzt)
gegen das Wesen des dichterischen Schaffens in der Tragödie, die Anlage
eines Gedichtes für einen politischen, also einen Nebenzweck zu machen, oder
auch nur an einzelnen Stellen Seitenblicke nach Personen und Zeitumständen
zu thun und Partheiabsichten zu verfolgen.   Sittlich unmöglich aber ist es,
dass Sophokles, welcher des Perikles Politik missbilligt, und sein Beharren
dabei für eine Versündigung gehalten haben soll, als der erhabene Mann an
der Leiche seines Sohnes geweint hatte, als seine Kraft und Gesundheit gebrochen war, in dem schuldigen und trostlosen Kreon der Antigone den Athe-
nern ein Spiegelbild ihres edlen und hochherzigen Führers habe vorhalten

wollen. So urtheilt der Verfasser, und mit allem Recht: denn nur ein gäng-
liches Verkennen des Wesens der älteren attischen Tragödie und des in ihr
herrschenden Geistes konnte eine solche Ansicht hervorrufen, die nur aus dem
Bestreben, Etwas Neues sagen zu wollen, da wo Nichts Neues vorzubringen
war, sich einigermaassen erklären lässt. Dasselbe mag auch von der trilogischen
Verbindung der Antigone mit den beiden Oedipus gelten, worauf sich der
Verfasser, wie billig, gar nicht weiter eingelassen hat; wohl aber hat er das
Verhältniss dieser Stücke zu einander, und die durchaus gleichmässige Haltung
der Charaktere, die keine Widersprüche erkennen lässt, in geeigneter Weise
da, wo er die Frage nach der Entstehung des Gedichts behandelt, hervorgehoben. Was die metrischen Uebersetzungen betrifft, welche zum Behuf und
bei Gelegenheit der Erklärung eines Dichters gemacht werden, so hat der
Verfasser sich für eine prosaische Abfassung derselben ausgesprochen, und
diess dann auch angewendet auf die neueste Uebersetzung von Schöll und
deren auch an andern Orten anerkannte Mängel, die bei einer prosaischen
Fassung wohl verschwunden wären. „Schöll indessen scheint in seinen Tri-
„metern die Regeln der Prosodie und der Metrik mit Absicht hintangesetzt zu
„haben, da in hundert Fällen die Länge am unrechten Orte steht und von
„Cäsur und Gliederung wenig bemerkt wird."

Es kann hier nicht unsere Absicht sein, noch weiter in das Detail dieser
Untersuchungen einzugehen, die für die richtige Auffassung und Würdigung
dieses sophokleischen Stückes so Manches bieten, was Jeder, der mit diesem
Stück sich näher beschäftigt, wohl zu beachten hat, weshalb wir allen Freunden und Lesern des Sophokles diese Untersuchungen empfehlen. Die in
dem andern Theile der Schrift enthaltene kritische Besprechung einer namhaften Anzahl von Stellen erleidet ihrer Natur nach keinen Auszug, so vieles
Treffende und Richtige darin auch vorkommt, namentlich was die schon oben
erwähnten ganz willkührlichen Verdächtigungen einzelner Verse betrifft, die
als unächt aus dem Texte hinausgeworfen werden sollen. In dieser Beziehung
mag es erlaubt sein, wenigstens nur Einer Stelle zu gedenken, freilich einer
der viel besprochensten und bestrittensten, wir meinen die Stelle 894 ff. (864
ed. Boeckh, 904 ff. al.), die als ein nach Herodotus III, 119 gemachtes Einschiebsel in neueren Zeiten mehrfach verdächtigt worden ist, so sehr auch,
nicht blos die handschriftliche Ueberlieferung, sondern was noch mehr ist, das
Zeugniss des Aristoteles und des Clemens von Alexandrien für die Aechtheit
dieser Verse spricht. Der Verf. zeigt in einer längeren Ausführung das Ungenügende der wider die Aechtheit vorgebrachten, zum Theil aus der Luft
gegriffenen Gründe und kann daher nur seine Verwunderung aussprechen, „wie
man dem Dichter so leichtes Entschlusses neun oder zehn Zeilen entziehen
möge" (S. 35). Wir theilen vollkommen diese Ansicht und können uns nur
freuen über die hier gegebene Ausführung, da sie in völliger Uebereinstimmung steht mit dem, was wir selbst in der Note zu der a. St. des Herodotus
(T. II. p. 231 der neuen Ausgabe) behauptet haben oder vielmehr behaupten
mussten; denn, fragen wir billig, wo tritt denn die Nothwendigkeit der Annahme hervor, die den Sophokles dem Herodotus, oder diesen jenem nach-
schreiben lässt? Kann nicht der Eine so gut wie der Andere auf den Gedanken gekommen sein, der in dem einen Fall der (in Griechischer Sinn-

und Denkweise redenden) Perserin, in dem andern der Antigone in den Mund
gelegt ist, wenn sie statt Mann und Kind lieber den Bruder von dem Tode
errettet wünscht, weil Mann und Kind ihr wohl wieder zu Theil werden können, ein Bruder aber, da die Eltern gestorben, nimmermehr? Haben wir hier
nicht eine von den Sentenzen vor uns, die eben so gut auch bei andern Dichtern und Schriftstellern, namentlich solchen, die das gnomologische Element
lieben, vorkommen konnten, ohne dass es nöthig ist, an eine Uebertragung
von dem einen zum andern, oder gar an ein absichtlich gemachtes Einschiebsel
zu denken? Aber leider wird so oft bei der Erklärung das, was das nächste
und natürlichste ist, übersehen, und statt dessen eine Deutung hervorgesucht,
die, auch bei allem äusseren Schein, mit dem man sie zu umgeben bemüht ist,
doch den Boden der Willkür nicht verläugnen kann, auf dem sie erwachsen ist.

Chr. Bähr.

---

*Die nordfriesischen Inseln vormals und jetzt. Eine Skizze des Landes und
seiner Bewohner. Zunächst bestimmt für Badegäste in Wyk auf Föhr.
Mit einer Karte der Insel Föhr und der nordfriesischen Inseln vormals und
jetzt. Von G. Weigelt. Hamburg, Otto Meissner. 1858. 180 S. in 8.*

Diese kleine Schrift verdient auch ausserhalb des nächsten und engeren
Kreises, für welchen sie bestimmt ist, Beachtung und Verbreitung. In anspre-
chender Weise wird uns ein deutscher Landstrich des äussersten Nordens geschildert, der jetzt nur noch als der schwache Ueberrest eines grösseren, nach
und nach vom Meer verschlungenen Ganzen erscheint, das ein mächtiger Volksstamm einst bewohnte, dessen Nachkommen noch jetzt alte germanische Sitte,
Kraft und Einfalt bewahrt haben und schon darum unsere Aufmerksamkeit
verdienen. In stetem Kampfe mit der Natur, abgeschlossen von der übrigen
Welt, aber doch als Seeleute bis in die fernsten Gegenden unseres Erdballes
verschlagen, haben diese Friesen einen gewissen Wohlstand errungen, der sie
ein wohlbehäbiges, zufriedenes Leben führen lässt; „Erfahrung und eine gewisse ungeschminkte Bildung zeigt sich sowohl in dem Urtheil als in der
Redeweise dieser Leute; eine linkische Verlegenheit, die man so oft bei
Dorfbewohnern des festen Landes trifft, ist dem Wesen der Halligleute fremd;
sie behaupten im Gegentheil, dem Fremden gegenüber, eine bescheidene,
freundliche Sicherheit. Dazu steht ihnen ein gewisser Ernst sehr wohl; sie
sind, wie alle Friesen, nicht verschnell, aber klar in ihrem Urtheil, und überhaupt gilt von ihnen, was ich über den friesischen Charakter später noch zu
erwähnen Gelegenheit haben werde. Die Halligbewohner lieben ein gutes
Buch wie den geselligen Verkehr, sie statten sich fleissige Besuche auf ihren
Wurthügeln ab; die Kirche versäumen sie nicht, denn eine ungeheuchelte, von
pedantischem Pietismus freie Frömmigkeit charakterisirt fast Alle. Wenn der
Prediger hier auch nur ein sehr bescheidenes Auskommen findet, so hat er
für die Entbehrungen einen reichen Ersatz in dem leicht zu erwerbenden Zu-
trauen, der Anhänglichkeit und Liebe seiner Pfarrkinder. In minder kritischen
Fällen ist hier der Seelenarzt auch Arzt für den Leib, wie zuweilen auch
Rechtswalter und Notar. Nur auf Hooge ist der Unterricht der Jugend vom

Pfarramte getrennt; eine einzige Hallig hat einen Schullehrer, aber keinen
Prediger; auf Langeneß, Oland und Gröde vereinen die Prediger die Pflichten
und Freuden des Geistlichen, des Küsters und Jugendlehrers." (S. 25.)

Neben derartigen Schilderungen des Volkslebens ist es aber auch die hier
geschilderte Natur, bei der wir gerne verweilen. Namentlich sind es die sogenannten Watten, welche unwillkührlich unsere Blicke auf sich ziehen: wir
stehen nicht an, die Beschreibung, die der Verf. S. 78 ff. davon giebt, als eine
weitere Probe seiner Darstellung hier mitzutheilen:

Der grösste Theil der noch übrigen Ländertrümmer Nordfrieslands ist in
je vier und zwanzig Stunden nur zwei Mal dem Auge sichtbar, nämlich eine
kurze Zeit vor und nach dem niedrigsten Wasserstande. Wo der Reisende
auf der Fahrt von Husum nach Wyk eine weite Wasserfläche sah, aus der die
Inseln und Halligen nur so eben hervortauchen, da dehnen sich einige Stunden später meilenweit feuchte graue Landstrecken aus. Das sind die Watten.
Das Meer hat sich in die tiefern Rinnen zurückgezogen, von denen die grö-
sern zur Ebbezeit schiffbar sind. Auch wenn die Fluth Alles überdeckt, ist
der Steuermann genöthigt, in diesen Seestrassen sein Fahrzeug zu halten; er
erkennt dieselben bald an der Richtung, die ein paar Thürme, Mühlen oder
die Worften der Halligen zu einander einnehmen, bald an den durch Anker
festgelegten Seetonnen, oder den langen Baumreisern, die, tief in den Sand
gesteckt, über die Fluth hervorragen und biegsam von den Wellen hin und
her geschaukelt werden. Steht das Wasser recht hoch über den Watten und
hat das Schiff keinen grossen Tiefgang, so werden wohl die gewöhnlichen
Fahrstrassen verlassen und Richtwege eingeschlagen; nur muss der Schiffer
genau berechnen können, ob er bei der grade herrschenden Richtung des
Windes über die seichten Gegenden hinüberkommen kann, ehe unter dem Kiel
seines Fahrzeuges das Wasser sich verläuft. Dies Labyrinth schwer zu erken-
nender Seestrassen mit Sicherheit zu durchkreuzen, erfordert somit eine genaue Kenntniss ihrer Windungen, ihrer Tiefen, wie der Wassermenge, die sie
sowohl je nach der Fluthzeit, als nach dem östlich oder westlich wehenden
Winde enthalten. Auch ist solche Fahrt eine gute Uebung der Geduld. Denn
während die sechs Meilen von Wyk nach Husum mit einem Segelschiff oft in
vier bis sechs Stunden zurückgelegt werden, sind dazu nicht selten drei Tage
und Nächte erforderlich, in welcher Zeit das Fahrzeug sechs Mal trocken gelegt und eben so oft wieder vom Wasser emporgehoben und weiter getragen
wird. Bei schönem warmen Wetter und wenn die Zeit nicht grade drängt
ist es für den Reisenden interessant, diese Verwandlung des Wassers in Land
und umgekehrt mit anzusehen. Es war eine schwache Hoffnung, noch zu
rechten Zeit aus einer seichten Fahrstrasse in eine tiefere zu gelangen; aber
wie das Wasser abfliesst, besänftigt sich auch der Wind, der Kiel des Schiffes
berührt dann und wann einmal den Grund, die Berührung wird anhaltend
und während der Unkundige glaubt, es gehe noch immer vorwärts, liegt das
Schiff schon stille; es war der vorüberziehende Ebbestrom, der sich vorn am
Kiele theilt, was diese Täuschung hervorrief. Allmählig legt sich das Schiff
ein wenig auf die Seite; hier und da wird der Grund des Meeres sichtbar,
die grauen Stellen erweitern sich nach allen Seiten, und bald ist alles Wasser
umher verschwunden; nur die feinen Rillen im Sande zeigen noch das Spiel

das auf ihm die seichten Wellen getrieben haben. Mit ihnen sind die Fische weggezogen, nur hier und da zappelt einer saumselig auf dem feuchten Sand; ihres belebenden Elementes beraubt liegen die Muscheln geschlossen; die zahllosen Seeeicheln, die sich auf diesen und den Steinen angebaut haben, halten ihre zarten Füsse eingezogen; die Seesterne und Seeigel liegen bewegungslos; wie gallertartige Klumpen hängen die halb durchsichtigen Seerosen schlaff und formlos an den Steinen herab; auf den Sand hin lagern sich die grünen und röthlich gelben Algen und zeigen, vom Wasser nicht emporgehoben und ausgebreitet, ihre zierlich schönen Formen nicht mehr. Auf solchen Watten schmachtet Alles, die Muschel wie der Schiffer, nach der Wiederkehr der Fluth; nur die Wasservögel lassen sich in Schwärmen nieder, den günstigen Moment benutzend, um sich ihr Futter zu suchen, das bis dahin die Wellen bewahrt hatten; ihnen hat die Ebbe einen reichen Tisch aufgedeckt. Aber die Fluth steigt die Wasserstrassen hinan und fliesst von da nach allen Seiten über; in der Ferne gewahrt man schon einen schimmernden Streifen mit leichtem Schaum eingefasst; derselbe nähert sich dem Schiff in merkwürdigen Windungen; die im Sande zurückgebliebenen Rillen füllen sich, und nun ist in kurzer Zeit die abermalige Metamorphose vollendet. Das Schiff legt sich grade, es hebt sich, und es wird Zeit, die Anker aufzuwinden und die Segel einzusetzen.

Bedenkt man, dass auf Nordfriesland allein mehr als vierzig Quadratmeilen solchen zweifelhaften Gebietes kommen, das sich bei einer Breite von 3—6 Meilen etwa 14 Meilen in die Länge nordwärts erstreckt, so mag man von der Ausdehnung dieses Wattenreiches sich einen Begriff bilden, und hiernach ermessen, welche ausgedehnte Landstrecken hier nach und nach von den Fluthen des Meeres überdeckt worden sind, die selbst jetzt noch ihr Werk fortsetzen und Wohnungen und Erde in die Tiefe des Meeres versenken. Konnte noch in der Mitte des vierzehnten Jahrhunderts ein Bischof von Schleswig an hundert Kirchen und Kirchensprengel dieses Landes in sein Verzeichniss aufnehmen, so war am Anfang des sechzehnten diese Zahl auf siebenzig gesunken, „und jetzt zählt man auf den Inseln der Westküste fünfzehn, während Nordstrand allein vor der grossen Fluth von 1634 her einundzwanzig Kirchspiele hatte; von diesen letztern haben sich bis jetzt sechs auf den Trümmern des Nordstrandes, den bedrohten Inseln Pellworm und Nordstrand und den dazu gehörigen Halligen erhalten. Aber die Zahl allein zeigt nicht, was gerettet ist; denn die noch übrigen Kirchspiele selber sind zum Theil nur noch Schatten der frühern". Der Verfasser hat dies recht anschaulich gemacht durch die eine der seinem Buche beigefügten Karten, welche diesen ganzen Landstrich, wie er sonst war, und wie er jetzt ist (wir staunen nicht ohne Grund), darstellt, und die zahlreich untergegangenen Inseln mit ihren zahlreichen Ortschaften neben den spärlichen Resten Landes in den noch heute aus dem Meere hervorragenden Inseln (Sylt, Föhr, Amrum, Pellworm, Nordstrand und einigen kleinen Eilanden) erkennen lässt; wir begreifen dann auch die Schwierigkeiten der Schiffahrt, wie sie in dem Büchlein so anziehend geschildert werden. Die andere Karte stellt die Insel Föhr, wo das auf dem Titelblatt genannte Seebad sich befindet, vor, welches in dieser für die Gäste des Bades zunächst bestimmten Schrift näher beschrieben wird.

Samuel Sharpe's Geschichte Egyptens von der ältesten Zeit bis zur Eroberung durch die Araber 640 (641) n. Chr. Nach der dritten verbesserten Originalauflage deutsch bearbeitet von Dr. H. Jalowicz, ordentl. Mitglied d. deutsch. Morgenland. Gesellschaft u. s. w. Zweiter Band. Leipzig. Druck und Verlag von B. G. Teubner. 1858. XIII und 342 S. in gr. 8.

Ueber den ersten Band dieses Werkes wurde bereits in diesen Jahrbüchern (Jahrg. 1857. S. 74 ff.) berichtet; mit dem zweiten hier anzuzeigenden hat das Werk seinen Abschluss erreicht innerhalb der auf dem Titel angegebenen Gränzen, indem dieser Band von dem neunten Kapitel an, das mit der Regierung des Ptolemäos Soter II. beginnt, die weiter folgende Zeit bis zur gänzlichen Eroberung Aegyptens durch die Araber (im neunzehnten Kapitel) behandelt und damit das Ganze schliesst. Die Anlage und der Charakter des Werkes ist bereits in der früheren Anzeige des ersten Bandes angegeben worden, wir haben daher hier nur etwas näher noch den Inhalt dieses zweiten Bandes, so wie die Leistungen des Uebersetzers und des Gelehrten (Dr. Gutschmid), der auch diesen Band mit seinen gelehrten, bald berichtigenden, bald ergänzenden Anmerkungen ausgestattet hat, anzugeben. Das neunte Kapitel, mit Ptolemäos Soter II beginnend, wie eben bemerkt worden, führt die Geschichte Aegyptens von diesem Zeitpunkte (116 vor Chr.), bis zu dem überwiegenden Einfluss der Römer durch Gabinius, der den vertriebenen Ptolemäos Auletes wieder auf den Thron setzt (51 vor Chr.), das zehnte hat die Herrschaft der Kleopatra, dann die Verhältnisse mit Cäsar und Antonius zum Gegenstande bis 30 vor Christus und schliesst mit einer genealogischen Tabelle der Ptolemäer; das eilfte stellt Aegypten als römische Provinz unter den römischen Kaisern der Julischen und Claudischen Familie dar (bis 68 nach Chr.), das zwölfte unter den folgenden Kaisern bis Domitianus (97 nach Chr.), das dreizehnte unter Nerva, Trajan, Hadrian und den beiden Antoninen (bis 181 nach Chr.), das vierzehnte und fünfzehnte unter den weiter folgenden Kaisern bis Galerius und Licinius (bis 322 nach Chr.), das sechzehnte unter Constantinus und seinen Nachfolgern bis 378 nach Chr., die beiden folgenden setzen die Geschichte unter der Herrschaft der byzantinischen Kaiser fort bis zu dem Jahre 518 nach Chr. und dem Eindringen der Perser in Unterägypten, das neunzehnte macht den Schluss, indem es die Geschichte Aegyptens von dem Jahre 518 bis zu dem Jahre 640 nach Chr. führt, wo ganz Aegypten unter die Herrschaft der Araber fiel. Angefügt dem Ganzen sind noch zwei chronologische Zugaben, eine Tabelle der römischen Vorsteher Aegyptens (von A. von Gutschmid) und eine Zeittafel für die christliche Periode (von dem deutschen Uebersetzer); daran schliessen sich vier Register, ein alphabetisches Verzeichniss über die in beiden Bänden vorkommenden Personennamen, ein Register über die angeführten Bibelstellen, ein Sachregister und ein Register über die Anmerkungen von A. von Gutschmid. Wir haben schon in der Anzeige des ersten Bandes bemerkt, wie nicht blos der Uebersetzer hier und dort einzelne Bemerkungen zu dem Inhalt des übersetzten Werkes beigefügt hat, sondern überdem ein anderer Gelehrter (A. vom Gutschmid), das Ganze einer sorgfältigen Durchsicht unterstellt und demge-

män in Anmerkungen unter dem Texte eine Reihe von Berichtigungen mancher im Texte aufgestellten Behauptungen und Aeusserungen geliefert hat. In
dem vorliegenden zweiten Bande ist dies in einer noch umfassenderen Weise
geschehen, namentlich was die Periode der ägyptischen Geschichte unter den
Römern bis auf Constantius' Zeit betrifft. Hier ist kaum eine Seite anzutreffen, auf welcher nicht irgend eine oder mehrere Bemerkungen der Art
sich finden, durch welche gewagte oder irrthümliche Behauptungen des englischen Verfassers, bei dem wir allerdings die bei solchen Werken nöthige
philologische Akribie nicht selten vermissen, berichtigt oder auf ihr gehöriges
Maass zurückgeführt werden, bisweilen auch weitere erklärende Zusätze (wie
z. B. S. 254ff. über die Perser, S. 164 über Apollonius Horapis u. s. w.)
zum besseren und richtigeren Verständniss beigefügt werden, so dass allerdings ein so umfassendes Register, wie das hier S. 334—342 auf doppelten
Columnen gefertigte zu diesen Anmerkungen nöthig geworden ist; Einzelnes
darunter ist freilich von der Art, dass es selbst wieder Veranlassung zu Bemerkungen oder Einwürfen geben kann: dahin rechnen wir z. B. das an
mehreren Stellen (S. 68. 126. 130) über den jüdischen Geschichtschreiber Josephus gefällte, nach unserem Ermessen zu harte Urtheil, welches nach dem,
was noch unlängst von einem gründlichen Kenner des Josephus über dessen
Charakter und über die Glaubwürdigkeit seiner Nachrichten beigebracht worden ist (wir meinen Paret im ersten Bändchen seiner 1855 zu Stuttgart erschienenen Uebersetzung, s. die Einleitung), doch etwas modificirt werden
dürfte, eben so auch die hier und dort geäusserten Urtheile über Philo (s. z. B.
S. 105); bei dem, was über die Phönixmythe und Periode S. 116 bemerkt
wird, war vor Allem, wie wir glauben, die Darstellung von Lepsius, Chronologie d. Aegypt. I. S. 180ff. zu Grunde zu legen und hiernach die Deutung
des Ganzen zu geben; der englische Verfasser scheint in dem, was hier von
ihm in der Note mitgetheilt wird, der auch sonst vorkommenden Verwechslung der Phönixperiode mit der Sothisperiode unterlegen zu sein. Einige
weiter gehende Berichtigungen hätten wir auch S. 133 zu Juvenalis erwartet,
den der englische Verfasser, der gewöhnlichen Annahme zufolge, nach Aegypten, an die Gränze der Wüste, zum Oberbefehl einer Cohorte entsendet
werden, und daselbst sogar im Lager sterben lässt, als er eben in seine Heimath habe zurückkehren wollen, welches Letztere ganz falsch ist, da, wie
jetzt erwiesen, Juvenal erst nach seiner Rückkehr vom Exil die noch verhan-
denen Satiren geschrieben hat, dieses Exil selbst aber nicht in Aegypten (das
darum auf anderem Wege von dem Dichter schon früher besucht worden sein
kann), sondern vielmehr in Britannien zu suchen ist, wie von C. Hermann mit
ziemlicher Sicherheit nachgewiesen worden ist. Und wenn S. 135 in der
Note die von Cäsar Germanicus urkundlich beigelegten Aratos als ein Werk
des Kaiser Domitianus mit aller Bestimmtheit bezeichnet werden, so ist hier
eine blosse Vermuthung, die vielfachem Widerspruch nicht ohne Grund begegnet ist, zu einer Thatsache erhoben, die höchst zweifelhaft bleibt. Eben
so bezweifeln wir die Richtigkeit der S. 231 ausgesprochenen Behauptung,
welche die Beschneidung als ein ursprüngliches Surrogat für das Menschenopfer ansehen will. Anderes übergehen wir, was vielleicht Manchem be-
fremdlich, uns aber richtig bemerkt zu sein scheint, wie z. B. was S. 94

über die Verdienste der Lateinischen Grammatiker, oder S. 95 über die Regierung des Tiberius, die als eine im Ganzen tüchtige Verwaltung anerkannt wird, sich bemerkt findet. Was S. 158f. über die Sibyllinischen Bücher in der Note bemerkt ist, wird nach den neuesten Untersuchungen Ewald's, die freilich noch nicht von dem Uebersetzer benutzt werden konnten, in Manchem umzugestalten sein. So liesse sich noch Manches anführen, was wir hier übergeben, da es sich hier blos darum handelt, unsern Lesern den Charakter des Buches darzulegen, und die Vorzüge namhaft zu machen, welche durch die Bemühungen von zwei deutschen Gelehrten dem Werke zu Gute gekommen sind, welches in dieser deutschen Bearbeitung Vieles vor dem englischen Original gewonnen hat, das bei einer neuen etwaigen Auflage einer Umarbeitung in gar Vielem bedarf. Dies gilt nicht blos von den Abschnitten des Werkes, welche die Geschichte Aegyptens unter der römischen und byzantinischen Herrschaft behandeln, sondern in gleichem Grade tritt dies auch bei dem letzten Abschnitte des Buches ein, welcher von der Eroberung Aegyptens durch die Araber handelt; hier sind gleichfalls vielfache Berichtigungen und Ergänzungen aus der streng quellenmässigen, ja grösstentheils nach bisher unbekannten handschriftlichen Quellen bearbeiteten Geschichte der Chalifen von G. Weil wörtlich in die Noten aufgenommen. Dass die Uebersetzung sich gut liest und dem deutschen Uebersetzer alle Anerkennung gebührt, haben wir schon früher ausgesprochen.

Die falschen und fingirten Druckorte. Repertorium der seit Erfindung der Buchdruckerkunst unter falscher Firma erschienenen Schriften. Deutscher und lateinischer Theil. Von Emil Weller. Zugleich als der „Maskirten Literatur" zweiter Theil. Leipzig. Verlag von Falcke und Rössler 1858. VII. 200 S. in gr. S.

Der erste Theil dieser „maskirten Literatur", welcher das Verzeichniss der Schriftsteller enthält, die ihre Produkte unter falschen Namen der Oeffentlichkeit übergeben haben, der sogenannten Pseudonymen, ist in diesen Jahrbüchern Jhrg. 1857 S. 230 ff. schon besprochen worden; ihm schliesst sich in diesem andern Theile ein ähnliches Verzeichniss aller derjenigen Schriften an, die unter falschen Firm n, d. h. mit einer falschen Angabe des Druckortes wie des Druckers versehen, seit der Erfindung der Druckerpresse bis auf unsere Zeit, d. h. bis zu dem Jahre 1857 erschienen sind. Wenn aus dem fünfzehnten Jahrhundert nur zwei solcher Se riften hier aufgeführt werden, und wenn auch die erste Hälfte des sechzehnten Jahrhunderts noch wenige derartige Schriften aufzuweisen hat, so steigt die Zahl derselben mit der Reformationsperiode; auch in den darauf folgenden Zeiten religiös-philosophischer Streit'gkeiten begegnen wir einer namhaften Zahl solcher Schriften, eben so wie in der Zeit der politischen Kämpfe und Kriege des achtzehnten und neunzehnten Jahrhunderts, wo diese Art von Literatur (unter Napoleon) noch einmal einen gewaltigen Anlauf nimmt: ungleich geringer ist das, was die letzten Decennien aufzuweisen haben: es ist zu einem grossen Theil schweizerischer Herkunft. Der Verfasser hat das hier gegebene Verzeichniss solcher Schriften in zwei Theile abgetheilt, in dem ersten sind die deutsch abgefasseten, in dem andern die lateinisch abgefassten enthalten, in beiden Theilen aber sind sie nach der Zeitfolge des Erscheinens geordnet, und da, wo der eigentliche Druckort und der wahre Drucker sich ermitteln liess, ist die Angabe desselben in Klammern beigefügt. Es bedarf kaum einer Bemerkung, wie schwierig derartige Zusammenstellungen zu machen sind, welche Mühe und Sorge es in den meisten Fällen kostet, das Wahre und Richtige zu ermitteln: und hat man darum alle Ursache, das hier geleistete dankbar anzunehmen, selbst wenn in einzelnen Fällen das Ergebniss nicht ausser allem Zweifel gestellt ist oder auch noch ungewiss bleibt: denn beides liegt in der Natur derartiger Forschungen. Wir unterlassen es auf Einzelnes derart aufmerksam zu machen; hat doch der Verf. selbst es für nöthig befunden, einzelne Nachträge am Schlusse beizufügen, eben so auch einige andere Nachträge zu den im ersten Theile behandelten Pseudonymen zu geben; der Werth des Ganzen wird dadurch nicht geschmälert und der mühevollen Leistung ihr Verdienst nicht verkümmert werden. Den Druckfehler 1919 statt 1619 auf S. 12 bitten wir zu berichtigen.

Ueber die Aussprache des Lateinischen im älteren Drama von Carl Eduard Geppert. Leipzig. Verlag von Wilhelm Violet. 1858. IV u. 131 S. in gr. 8.

Diese Schrift enthält eine Reihe von Untersuchungen, welche für die kritische und metrische Behandlung der älteren lateinischen Dichter, zunächst der Komiker, von Wichtigkeit sind, und darum nach ihren Hauptpunkten hier in der Kürze, soweit es der Umfang und die Bestimmung dieser Blätter gestatten kann, angeführt werden sollen. Es sind nämlich die Abschnitte von der Synizese und Syncope, die hier in ihrer Geltung bei den bemerkten Dichtern näher besprochen werden: vorausgeschickt gewissermassen als Einleitung ist eine kürzere Besprechung über die Aussprache der altrömischen Vokale und Dichtungen. Im ersten Capitel wird die Synizese innerhalb der Worte behandelt, im zweiten die Syncope der Endsylben, die Syncope im Innern des Wortes und die Aphärese zu Anfang des Wortes. Es geht aus diesen detaillirten Untersuchungen mit Sicherheit der allgemeine, bisher kaum in dieser Ausdehnung festgehaltene Satz hervor, dass die komischen Dichter der comoedia palliata von der Syncope wie Apocope einen sehr beschränkten Gebrauch gemacht haben, dass sie keineswegs Alles und Jedes, was etwa im Munde des Volkes vorkam, aufgenommen, dass eben so wenig von einem Einfluss anderer Dialekte Italiens die Rede sein kann, dass die Sprache dieser Komiker vielmehr über der des gewöhnlichen Lebens stand und zu der Sprache der Rednerbühne sich erhob (S. 42 ff. 73), mithin Etwas Unlateinisches diesen Dichtern auch nicht zugeschrieben werden darf. Allerdings mag darin auch ein Hauptunterschied der Comoedia palliata von der Comoedia togata liegen, die sich mehr an die Sprache des niederen Volkes hielt, aus dessen Leben ja ihre

Gegenstände zum Theil entnommen waren: hier giebt sich allerdings auch eine
grössere Neigung zur Synoope wie zur Apocope kund: wie diess die geringen
Reste, welche von dieser Art der Komödie sich erhalten haben, beurkunden.
 Das dritte Kapitel: „die Verkürzung langer Sylben" S. 76 ff. bespricht
einen nicht minder wichtigen Gegenstand, die Frage nach der wechselnden
Quantität der Sylben bei diesen römischen Dichtern, und die bisher gemachten
Versuche, die hier hervortretenden Erscheinungen zu erklären und auf be-
stimmte Normen zurückzuführen. Die vielfachen Abweichungen, welche bei
den römischen Dichtern der älteren Schule, den Komikern wie selbst den
Tragikern, vorkommen, werden namhaft gemacht, und auf das Ungenügende
der bisher zur Erklärung dieser Thatsachen gemachten Versuche hingewiesen.
„Die Verleugnung der Gesetze für die Prosodie, heisst es S. 103, ist schran-
kenlos: weder Positions- noch Naturlängen, weder die Beschaffenheit der
Consonanten, noch ihre Anzahl, ja nicht einmal die Anhäufung von vier Consonanten hinter einer Naturlänge ist von den Komikern respectirt worden.
Sie verkürzen schlechthin eine jede Länge, sie mag einen Ursprung haben,
welchen sie will und sind in so fern durchaus nicht mit den Dichtern der
sinkenden Latinität zu vergleichen, bei denen man wohl in einzelnen Fällen
eine Abweichung von der Regel bemerkt, im Ganzen aber ein entschiedenes
Festhalten an den Gesetzen der Prosodie wahrnimmt. Die bisherigen Ansichten, wonach diese grosse, fast unglaubliche Unbestimmtheit in dem Maass der
Sylben, bald als Folge der Nachbildung der Sprache des gewöhnlichen Lebens
anzusehen oder aus dem Entwickelungsgang der römischen Sprache zu erklären, oder auf den Accent am Ende Alles zurückzubeziehen ist, befriedigen
den Verfasser nicht: er gelangt vielmehr zu der Alternative, dass diese Dichter entweder fehlerhafte Verse gemacht oder das Schema nicht gehabt haben
können, das man ihnen gewöhnlich beilegt. Der Verf. ist geneigt, für das
Letztere sich auszusprechen, und demnach das Schema des Priscian, nach welchem gewöhnlich diese Verse bemessen werden, nicht für das richtige anzusehen: er sucht diess weiter in dem vierten Capitel: „die Ueberlieferung in
ihrem Verhältniss zur Verskunst der fabula palliata" S. 107 ff. nachzuweisen,
wobei er von dem Satze ausgeht, dass die Comödien des Plautus und Terentius im Alterthum zwar vielfach gelesen und commentirt worden, aber nichts
früher verloren gegangen zu sein scheine, als das Verständniss ihrer Verse;
er sucht daher zu zeigen, wie die Autorität des Priscian, des einzigen Schriftstellers, der über die Verskunst der älteren Dichter Nachrichten ertheilt habe,
durchaus unhaltbar sei und in Bezug auf die Quantität der Worte so manche
irrige Annahme und in Folge dessen, selbst manche unnöthige Aenderung des
Textes veranlasst habe; „ich glaube, sagt er S. 109, dass es nicht zu viel gewagt ist, wenn wir uns über eine solche Autorität hinwegsetzen und aus den
Versen der Dichter selbst abzunehmen suchen, welches Metrum denselben zu
Grunde lag, wobei wir natürlich jede lange Sylbe als lang, jede kurze Sylbe
als kurz gelten lassen und von allen unerweislichen Annahmen einer ungewöhnlichen Aussprache der Worte gänzlich absehen." Wir verbinden damit
die Schlussworte (S. 131) des fünften Kapitels, das „die Ergebnisse der Kritik
in Bezug auf den Versbau der Komiker" überschrieben ist, wo es heisst: „Ich
bin überzeugt, dass unsere Kritik nur dann von Erfolg sein wird, wenn sie,

ohne Rücksicht auf die Bestimmungen des Grammatikers, allein auf die ursprüngliche Quantität der Sylbe gestützt, aus den Versen der Dichter selbst
das Schema zu entwickeln strebt, welches sie denselben zu Grunde gelegt
haben." Mit dieser Erklärung hat der Verf. den Zweck und die Absicht seiner Schrift auf das bestimmteste ausgesprochen. Ob es nun aber den Bemühungen unserer Zeit gelingen werde, die von dem Verf in dieser Weise
präcisirte Aufgabe zu lösen, und in völliger Unabhängigkeit von den Traditionen der römischen Zeit selbst, wie sie uns in den (von dem Verf. freilich
gänzlich verworfenen und als unhaltbar bezeichneten) Angaben Priscian's noch
erhalten sind, wenn auch vielleicht nicht in ihrer ursprünglichen Gestalt, und
selbst mit Einzelnem, Fremdartigen vermischt, ein neues System der Ver-
kunst jener älteren Dichter, und zwar aus ihnen selbst ermittelt, aufzustellen,
ist freilich eine andere Frage, deren Beantwortung wir uns hier weder unterziehen können, noch wollen, da wir, wie schon oben angedeutet worden,
uns auf ein einfaches Referat des Inhalts der Schrift und ihrer Tendenz beschränken, um damit die Aufmerksamkeit auf die hier verhandelte Frage zu
richten, die für die Prosodie und Rhythmik der älteren römischen Dichter
nicht minder wichtig ist, wie für die Textesgestaltung derselben. Wir glaubten diess um so mehr thun zu müssen, als der von dem Verfasser gewählte
Titel seiner Schrift kaum den Inhalt der in derselben behandelten Gegenstände
erkennen lässt.

1. *Euripidis Tragoediae. Recensuit et commentariis in usum scholarum
instruxit Aug. Jul. Edm. Pflugk, gymnasii Gedanensis Professor.
Editio altera, quam curavit Reinholdus Klotz. Gothae et Erfordiae
MDCCCLVIII. sumptibus Hennings. Vol. I. Sect. III. continens Andro-
macham. XVI u. 148 S. Vol. I. Sect. IV. continens Heraclidas.
135 S. Vol. II. Sect. II. continens Alcestin. 141 S. in 8. (Auch mit
dem Titel: Bibliotheca Graeca virorum doctorum opera recognita et
commentariis in usum scholarum instructa curantibus Friderico Jacobs et Val. Chr. Fr. Ross. Poetarum Vol. XI. continens Euripidis
Tragoedias.)*

2. *Platonis Opera. Recensuit et commentariis instruxit Godofredus Stallbaum. Vol. I. Sect. I. continens Apologiam et Critonem. Editio quarta,
aliquanto auctior et emendatior. Gothae et Erfordiae MDCCCLVIII. sumptibus Hennings. LXXII und 252 S. Vol. III. Sect. I. mit dem besondern
Titel: Platonis Politia sive de Republica libri decem. Recensuit, prolegomenis et commentariis illustravit Godofredus Stallbaum. Volumen
primum libros quinque priores continens. Editio secunda plurimis locis
aucta et emendata. (Bibliotheca Graeca etc. Scriptorum orationis pedestris
Vol. XI. Sect. I. und Vol. XIII. Sect. I.)*

Die neuen Auflagen, welche hier anzuzeigen sind, mögen als ein erfreuliches Zeichen der Theilnahme gelten, die sich diesen, nach unserer Ueberzeugung nützlichen und empfehlenswerthen Bearbeitungen solcher Griechischen

Schriftsteller zugewendet hat, welche entweder in den obern Klassen der
Gymnasien oder von angehenden Philologen, während ihrer akademischen
Studien gelesen zu werden pflegen: auf solche ist in der ganzen Bearbeitung
Rücksicht genommen, insbesondere was die Fassung der Anmerkungen betrifft,
die nachhelfend dem Verständniss und zugleich anregend die eigene Thätigkeit
des Lesers weiter fördern sollen. Es wird aber hier um so weniger nöthig
sein, weiter darauf einzugehen, als die verschiedenen, in dieser Bibliotheca
Graeca bisher gelieferten Ausgaben, einige sogar in mehrfachen Auflagen,
hinreichend bekannt und verbreitet sind, so dass wir uns hier nur auf die
Angabe dessen zu beschränken haben, was in diesen erneuerten Auflagen einiger Stücke des Euripides, sowie einiger Schriften Plato's, geleistet worden ist.
   Die frühere Bearbeitung einer Auswahl Euripideischer Stücke durch den
verstorbenen Professor Pflugk war ganz in der Art und Weise gehalten, in der
auch andere Dichter (wie z. B. Sophocles) in dieser Bibliotheca bearbeitet
worden waren: sie ist es auch geblieben bei der erneuerten Ausgabe, deren
Besorgung in die Hände eines Mannes gelegt ward, der es sich in der That
angelegen sein liess, das Werk seines Vorgängers nicht blos in dem, was es
Gutes und Nützliches enthält, unverkürzt vorzulegen, sondern auch dasselbe zu
berichtigen, zu ergänzen, zu vervollständigen: kurz dasselbe in einer weit
vollkommneren Gestalt der Benutzung und dem Gebrauch zu übergeben. Die
von Pflugk in zweckmässiger Weise bearbeiteten Einleitungen zu jedem einzelnen Drama haben neben theilweiser Berichtigung einiger irrthümlichen Angaben, mehrfache Zusätze und Erweiterungen erhalten, in welchen auf die
neuesten Forschungen Rücksicht genommen worden ist; was den Text betrifft, für dessen Gestaltung allerdings die durch Kirchhoff's Ausgabe hinsichtlich des Werthes und der Bedeutung der einzelnen Handschriften gewonnenen Ergebnisse von Einfluss sind, wird man nirgends die gebührende Benutzung dieser Ergebnisse vermissen, aber auch die Umsicht des neuen Herausgebers, wie sie in gleicher Weise auch bei andern von ihm besorgten Ausgaben hervortritt, dankbar anzuerkennen haben. Dasselbe gilt von den unter
dem Text befindlichen Anmerkungen, welche einer sorgfältigen Durchsicht
unterworfen wurden, manche Zusätze von dem neuen Herausgeber, aber auch
einzelne Berichtigungen erhalten haben, da wo der erste Herausgeber, auch
nach unserm Ermessen, in einen Irrthum gefallen war. Das Gleiche ist in
Bezug auf die metrische Gestaltung des Textes und die Angaben über die in
den einzelnen Chorliedern angewendeten Rhythmen geschehen.
   Was die neuen Ausgaben Plato's betrifft, die vierte der Apologie und
des Krito, wie die (noch nicht vollendete) zweite der Politeia, so wird es
bei der grossen Verbreitung, welche diese Bearbeitungen Platonischer Dialoge
mit gutem Grunde allerwärts gefunden haben, in der That überflüssig sein,
über die Anlage und den Charakter derselben noch Etwas sagen zu wollen:
im Interesse eines gründlichen Studiums des Plato wird man an diesen Bearbeitungen um so mehr festzuhalten haben, als die jetzt verschiedentlich in
Umlauf gesetzten Texte des Plato mit der gegenüberstehenden deutschen Uebersetzung oder deutschen Anmerkungen ad modum Minellii, nur zur Oberflächlichkeit führen und der Bequemlichkeit des Schülers in einer Weise nachhel-
fen, die wir als eine wenig erspriessliche betrachten. Denn auf diesem Wege

wird nur der Halbwisserei gedient, eine gründliche Kenntniss Plato's und seiner Philosophie aber nimmermehr erzielt, diese wird nur durch eine streng philologische Lectüre der Werke Plato's gewonnen werden können, dazu aber werden diese Bearbeitungen dienen, insofern sie die Sprache Plato's gründlich erläutern, ihre Eigenthümlichkeiten erklären, eben so aber auch die sachlichen Beziehungen erörtern und in den jedem Dialog vorgesetzten Einleitungen den Leser auf den richtigen Standpunkt führen, von welchem aus er diesen Dialog aufzufassen hat. Doch alle diese Vorzüge sind hinreichend bekannt und auch eben so anerkannt, als dass wir länger dabei zu verweilen nöthig hätten. Bei allen den erneuerten Auflagen einzelner Schriften Plato's ist der Herausgeber allerdings auf der früheren Grundlage stehen geblieben, sein Standpunkt in Bezug auf die Eintheilung der Platonischen Schriften, ihr Verhältniss und ihre Stellung zu einander, sowohl hinsichtlich der Zeit ihrer Abfassung, wie nach ihrem Inhalt und den Beziehungen desselben zu dem Ganzen Platonischer Philosophie oder zu dem, was man Plato's System nennt, ist unverändert derselbe geblieben: aber das Einzelne ist von ihm nie ausser Acht gelassen worden, hier die nachbessernde und ergänzende Hand überall angelegt, überhaupt Nichts versäumt worden, was von einem Herausgeber erwartet werden kann, der seinem Gegenstande fortwährend und unverdrossen alle Aufmerksamkeit zuwendet. Die Belege dafür finden sich auch in den hier vorliegenden neuen Auflagen. In der dem ersten Bändchen mitgegebenen Disputatio de Platonis vita, ingenio et scriptis, die wir Jedem empfehlen, der mit Plato und seinen Schriften sich näher bekannt machen will, ist der frühere Standpunkt, namentlich was die Eintheilung und Anordnung der einzelnen Schriften Plato's betrifft, nicht verlassen — er ist auch nach unserer Ansicht, die wir jederzeit ausgesprochen haben, der einzig sichere und haltbare — aber es ist darum doch auch Notiz genommen worden von einigen dahin einschlägigen Versuchen der neuesten Zeit (von G. F. Succow und Ed. Munk), die freilich keinen Beifall finden konnten, da sie in der That eher geeignet sind, vom richtigen Ziele abzuführen, als eine solche Anleitung zu geben, die in den Kern und das Wesen der Platonischen Lehre uns wahrhaft einführt. Was den Text der hier neu aufgelegten Dialoge betrifft, so haben darin allerdings weniger Aenderungen stattgefunden: die dem Texte untergesetzte Varietas Lectionis hat einige Erweiterung und Ausdehnung in nicht unzweckmässiger Weise erhalten: eben so lassen die sprachlichen und erklärenden Anmerkungen die nachbessernde und selbst das Neueste berücksichtigende Forschung erkennen, und wird fast jede Seite der erneuerten Ausgabe davon Zeugniss ablegen können: man hat daher alle Ursache, diesen erneuerten Ausgaben eine gleiche Anerkennung und Verbreitung zur Förderung eines gründlichen Studiums der Platonischen Schriften zu wünschen, welche allerdings die Grundlage für alle weitere Studien auf dem Gebiete hellenischer Philosophie bilden, und dem Theologen, der seine Kirchenväter verstehen lernen will, eben so unentbehrlich sind, wie dem Philologen und Philosophen; mit diesem Wunsche, der auch der Wunsch des verdienten Herausgebers ist, — nova haec editio ut a viris doctis eodem favore excipiatur, qui obtigit superiori, hoc illud est, quod non tam nostra quam bonarum literarum causa ex animo optamus (p. CXXXVI des Vorwortes zur Politeia) — schliessen wir unsern Bericht, und bemerken nur noch, dass in dem Aeusseren dieser Ausgaben, was Druck und Papier betrifft, keine Aenderung eingetreten ist.

———————

1. *Lateinische Vorschule oder kurzgefasste lateinische Grammatik nebst eingereihten lateinischen und deutschen Uebersetzungsaufgaben und den dazu gehörigen Wörterbüchern von Dr. Raphael Kühner. Für Progymnasien, höhere Bürger- und Realschulen. Neunte verbesserte Auflage. Hannover. Hahn'sche Hofbuchhandlung 1858. VIII u. 167 S. in gr. 8.*

2. *Elementargrammatik der lateinischen Sprache mit eingereihten lateinischen und deutschen Uebersetzungsaufgaben und einer Sammlung lateinischer Lesestücke nebst den dazu gehörigen Wörterbüchern von Dr. Raphael Kühner. Für die untern Gymnasialklassen. Achtzehnte Auflage. Hannover. Im Verlage der Hahn'schen Hofbuchhandlung 1858. X u. 381 S. in gr. 8.*

3. *Elementargrammatik der griechischen Sprache nebst eingereihten griechischen und deutschen Uebersetzungsaufgaben und den dazu gehörigen Wörterbüchern, so wie einem Anhange von dem Homer'schen Verse und Dialekte von Dr. Raphael Kühner. Achtzehnte Auflage. Hannover. Im Verlage der Hahn'schen Hofbuchhandlung. 1858. XIV u. 337 S. in gr. 8.*

Mit wahrer Befriedigung bringen wir diese neuen Auflagen zur Kunde unserer Leser, denen diese Schulschriften bei der grossen Verbreitung, die sie mit allem Recht auf so vielen Anstalten in und ausserhalb Deutschlands gefunden haben, aus den früheren Auflagen, die ja auch in diesen Blättern mehrfach erwähnt worden sind, hinreichend bekannt sein dürften; sind sie doch selbst bis nach Nordamerika gedrungen, ins Englische, Französische und Italienische übersetzt worden: sie sind aller Orten mit sichtbarem Erfolg und grossem Nutzen bei dem Unterrichte gebraucht worden, während der unermüdet thätige Verfasser keine Gelegenheit verabsäumt hat, welche ihm durch die erneuerten Auflagen geboten ward, überall, wo es nöthig oder ersprießlich erschien, die nachbessernde Hand anzulegen, um so, zum Nutz und Frommen des Unterrichts, sein Werk immer nützlicher zu machen. Unter solchen Verhältnissen mag es überflüssig erscheinen, näher in den Inhalt dieser Schulbücher einzugehen oder ihre Anlage, Einrichtung und Ausführung weiter auseinanderzusetzen, zumal da diess in den früheren Anzeigen dieser Blätter geschehen ist. Es ist aber die Grundanlage dieser Schriften auch bei den erneuerten Auflagen, wie billig, sich gleich geblieben; nur Einzelnes, was minder passend dargestellt erschien, erhielt eine zweckmässigere Fassung, wie sie den Bedürfnissen der Schule entspricht. So zeigt die neunte Auflage der Lateinischen Vorschule nicht wenige Regeln, deren Fassung eine präcisere und deutlichere geworden ist, andere haben entsprechende Zusätze erhalten, ohne dass die Anlage nach vier Kursus irgendwie verändert oder der Umfang des Ganzen dadurch wesentlich erweitert worden wäre, was mit der

Bestimmung des Buches nicht gut zu vereinigen gewesen wäre; an manchen
Orten sind die Unterschiede genauer angegeben, und was dergleichen Veränderungen oder vielmehr Verbesserungen sind, auf welche die praktische Erfahrung, die mit den sorgfältigsten Studien hier Hand in Hand geht, unwillkührlich hinwies. Und dasselbe mag auch von der achtzehnten Auflage
der Lateinischen wie der Griechischen Elementargrammatik gelten: beide
weichen von ihrer nächsten Vorgängerin — der siebenzehnten Auflage —
nicht ab, insofern eben diese Auflage einer Anzahl wesentlicher Verbesserungen, so wie einer in Manchem verbesserten Anordnung sich erfreut, was damit auch in die achtzehnte übergegangen ist, die neben der älteren Schwester
eben so gut gebraucht werden kann. — Die äussere Ausstattung dieser Lehrbücher in Druck und Papier ist eine durchaus befriedigende zu nennen.

———————

*Welfischer Katechismus oder christliche Unterweisung an die Braunschweig-
Lüneburgischen Prinzen, Söhne Herzogs Ernst des Bekenners, geschrieben
von Dr. Urbanus Rhegius. Auf Allergnädigste Veranlassung Sr. Majestät
des Königs Georg V. in berichtigter Uebersetzung neu herausgegeben von
A. Wollhausen, Pastor in Hameln. Hannover. Hahn'sche Hofbuchhandlung 1858. V. 232 S. in 8.*

Das Büchlein, das uns hier als Welfischer Katechismus in einem erneuerten Abdrucke geboten wird, ist das Werk eines der Reformatoren des Welfischen Landes, des gelehrten Urbanus Rhegius, welcher für die beiden Söhne
des Herzogs Ernst des Bekenners diese Darstellung der christlichen Lehre und
des christlichen Glaubens in lateinischer Sprache abfasste und das Ganze in
die Form eines Gespräches einkleidete, welches die beiden Prinzen mit einander führen, indem der jüngere (Friedrich) die Fragen stellt, die ihm dann
der ältere Bruder (Franz Otto) des Näheren beantwortet. Von dieser Schrift,
die der Verfasser dem älteren Prinzen als Weihnachtsgabe im Jahr 1540 überreichte, erschien zwar schon im Jahre 1545 eine deutsche Uebersetzung: es
ist dieselbe auch dem vorliegenden Abdrucke zu Grunde gelegt, bei welchem
jedoch Manches in Folge der vorgenommenen Vergleichung mit dem deutschen
Original berichtigt oder in eine bessere lesbare Form gebracht ward, wodurch
die in einzelnen Stellen hervortretende Dunkelheit beseitigt worden ist. Schon
die Bestimmung der Schrift, wie die vom Verfasser gewählte Form der Einkleidung zeigt, dass diese Unterweisung für Erwachsene und Gebildete bestimmt ist, auch in Fassung und Inhalt so gehalten ist, dass sie selbst in
unseren Zeiten noch eine Beachtung ansprechen kann, wie sie durch diesen
erneuerten Abdruck, dem wir eine freundliche Aufnahme wünschen, ihr zu
Theil geworden ist.

———————

Lehrbuch der allgemeinen Geschichte, vom Standpunkte der Cultur für die oberen Classen der Gymnasien von Dr. Gustav Zeiss, Professor am Grossh. Gymnasium zu Weimar. Zweiter Theil. Geschichte des Mittelalters. (Auch mit dem besonderen Titel: Lehrbuch der Geschichte des Mittelalters vom Standpunkte der Kultur u. s. w.) 1854. 571 S. Dritter Theil in zwei Abtheilungen. Geschichte der neueren und neuesten Zeit. (Auch mit dem besondern Titel: Lehrbuch der Geschichte u. s. w.) 1856 u. 1858. 824 S. in gr. 8. Weimar. Druck u. Verlag von Hermann Böhlau.

Von dem ersten Theile ist in diesen Blättern bereits Jahrg. 1852. S. 153 f. und 1853. Seite 471 näher gesprochen worden. Der zuletzt geäusserte Wunsch, das nützliche und brauchbare Werk weiter fortgesetzt und bis auf unsere Zeit herabgeführt zu sehen, ist in erfreulicher Weise in Erfüllung gegangen, und damit ein Werk zu Stande gebracht, das für den Gebrauch gereifter Schüler, wie sie der Verfasser sich wünscht, und wie er sie durchweg im Auge hat, mit allem Grunde empfohlen werden kann. Wir haben die Gründe, die zu einer solchen Empfehlung berechtigen, in der Anlage des Ganzen gefunden, namentlich in dem kulturgeschichtlichen Standpunkt, der mit dem, was man gewöhnlich politische Geschichte zu nennen beliebt, hier sich verbunden und das Ganze zu einem eben so anziehenden, als wahrhaft belehrenden Bilde gestaltet hat; wir finden uns aber auch durch die Ausführung n'cht minder befriedigt, durch die durchaus würdig gehaltene und lebendige Darstellung, die den jungen Leser ergreift und einnimmt. In Folge dessen ist auch in diesen beiden, Mittelalter und Neuzeit (diese von 1492, oder von der Entdeckung Amerika's an bis auf die neueste Zeit) befassenden Bänden neben dem Thatsächlichen und Aeusseren auch stets die innere Seite der Entwickelung, wie sie in Kunst und Literatur sich kund gibt, ferner das, was wir Gewerbthätigkeit, Handel und Industrie nennen, mehr berücksichtigt, als dies gewöhnlich in andern derartigen Werken zu geschehen pflegt; alle Urtheile, namentlich in den die Literatur befassenden Abschnitten, sind mit Umsicht und Unparteilichkeit, ohne eine zu subjective Färbung, gegeben, worin wir mit einen grossen Vorzug dieses Lehrbuches erkennen, da die entgegengesetzten Eigenschaften nur einen sehr nachtheiligen Einfluss auf jugendliche Gemüther hervorzubringen vermögen. Jedem der beiden Bände ist eine passende Einleitung vorausgeschickt, die den Uebergang von der einen Periode zur andern passend vermittelt; das Mittelalter selbst ist nach vier Zeiträumen in eben so vielen Hauptabschnitten, jeder natürlich mit den entsprechenden Unterabtheilungen behandelt, die Geschichte der neueren Zeit befasst zwei Zeiträume (von 1492 bis 1648 oder dem westphälischen Frieden, und von da bis zu dem Ausbruch der französischen Revolution 1789); ein dritter enthält die neueste Zeit. Wir können das Ganze nun, da es vollendet ist, nur wiederholt empfehlen.

JAHRBÜCHER DER LITERATUR.

The History of Herodotus. A new English version, edited with copious notes and appendices, illustrating the history and geography of Herodotus, from the most recent sources of information; and embodying the chief results, historical and ethnographical, which have been obtained in the progress of cuneiform and hieroglyphical discovery. By George Rawlinson, M. A., late fellow and tutor of Exeter College, Oxford. Assisted by Col. Sir Henry Rawlinson, K. C. B., and Sir J. G. Wilkinson, F. R. S. In four Volumes. Vol. I with Maps and Illustrations. London: John Murray, Albemarle Street. 1858. XV und 690 S. Vol. II. XVII und 616 S. Vol. III. VIII und 563 S. in gr. 8vo.

Der Titel, unter welchem diese neue Englische Bearbeitung des Herodotus schon längst angekündigt worden, war durch die auf demselben enthaltenen Versprechungen allerdings geeignet, die Aufmerksamkeit aller Freunde des Vaters der Geschichte auf dieses neue Unternehmen zu richten, das jetzt erst, nachdem seit der ersten Ankündigung an sieben Jahre verflossen sind, vor uns tritt: ein Verzug, der jedoch, nach der Versicherung des Herausgebers, seinen Grund nur in den Bemühungen hat, die Ergebnisse der neuesten, den Orient betreffenden Forschungen für das neue Unternehmen zu benützen, das sonst in kürzerer Zeit hätte ausgeführt werden können.

Die erste Frage, die sich hier uns aufdrängt, die Frage nach einem Bedürfniss einer neuen englischen Uebersetzung, nachdem in dem verflossenen Jahrhundert zwei (hier freilich als ungenügend und mangelhaft bezeichnete) Uebersetzungen ins Englische erschienen waren, und dazu in diesem Jahrhundert, in dem Jahre 1829 eine dritte, angeblich auf einer höheren Stufe stehende von Isaac Taylor gekommen war, wollen und können wir hier nicht besprechen, da wir mit den Verhältnissen in England nicht näher bekannt sind, auch die genannten Uebersetzungen aus eigener Ansicht nicht kennen, überdem dies auch für deutsche Leser von geringerem Interesse sein dürfte, so sehr sich sonst gewiss Jedermann bei uns

---

*) Die Dedication des Werkes ist an den durch sein Werk über Homer und durch seine Sendung zu den heutigen Jonischen Griechen bekannten Staatsmann Gladstone gerichtet in folgenden Worten: „to the right honorable William Ewart Gladstone, M. P. etc. who, amid the cares of public life, has continued to feel and show an interest in classical studies, this work is inscribed, as a token of warm regard by the autor".

freuen wird, wenn dem Vater der Geschichte in England eine
weitere Verbreitung auch in den des Griechischen nicht kundigen
Kreisen des gebildeten Publikums zu Theil wird, und darum jedes
dahin zielende Mittel freudig zu begrüssen ist. Diesen Zweck aber
scheint die hier vorliegende Uebersetzung insbesondere sich gestellt
zu haben, sie ist, so weit wir sie verglichen haben und darüber zu
urtheilen im Stande sind, auch darnach eingerichtet, darum etwas
freier gehalten, ohne diejenigen Ansprüche auf Treue, die man bei
uns zu machen pflegt, in gleichem Grade zu befriedigen; sie sucht
vielmehr im Allgemeinen den Sinn des Originals in einem guten
Englisch wiederzugeben und wird daher dem deutschen Leser, der
über den genauen Sinn und die richtige Auffassung irgend einer
schwierigen oder im Text verdorbenen Stelle sichere Auskunft zu
gewinnen sucht, diese kaum bieten, da in den meisten Fällen der
Art mehr eine Umschreibung wie eine wortgetreue Uebersetzung
geboten wird. So knüpft sich das Interesse, das man bei uns an
dieser neuen Bearbeitung nehmen kann, zunächst an das, was zu
dieser Uebersetzung von dem Uebersetzer so wie von den beiden
auf dem Titel genannten Gelehrten beigefügt worden ist und allerdings ein weiteres Interesse für deutsche Leser und Gelehrte,
für Freunde des Herodotus wie für die Freunde der Alterthumskunde überhaupt, in Anspruch nimmt, darum auch von uns näher
berücksichtigt werden soll: wir meinen die umfassende, im ersten
Bande vorangestellte Einleitung über Leben und Schriften des Herodotus, dann die der Uebersetzung unter dem Texte beigefügten
Bemerkungen, und endlich die umfassenden Essays, welche hinter
jedem Buche folgen, und allgemeine Erörterungen, ausführliche Excurse über einzelne geschichtliche und antiquarische Materien enthalten, zu welchen einzelne Stellen oder Abschnitte des Herodoteischen Werkes die Veranlassung gegeben haben.

Wir wenden uns daher zuvörderst zu der bemerkten Einleitung,
die an anderthalbhundert Seiten des ersten Bandes füllt, und in
dieser Ausführlichkeit, oder wenn man lieber will, Breite der Darstellung wohl erkennen lässt, dass das Ganze nicht sowohl für den
Mann des Fachs, für den Gelehrten oder doch den angehenden
Philologen bestimmt ist, dem eine weniger in die Breite gehende,
kurze und gedrängte Zusammenstellung Dessen, was die Nachrichten
alter Schriftsteller in Verbindung mit dem Werke selbst, über Leben
und Schriften des Herodotus bieten, jedenfalls erwünschter sein
würde, sondern dass dar Verfasser ein grösseres Publikum und
solche Kreise vor Augen hatte, für welche, wenn wir aus andern
ähnlichen Erscheinungen einen Schluss machen dürfen, in England
eine solche Breite fast nothwendig erscheint. Das erste Capitel soll
einen Umriss („outline") des Lebens enthalten (S. 1—36), welchem auch das Brustbild des Herodotus beigegeben ist, jedoch ohne
Angabe des alten Originals, von welchem dieses Bild genommen ist.
Es ist dies aber, wie wir aus einer Vergleichung ersehen, kein anderes,

als die aus der Sammlung des Fulvius Ursinus in die farnesische
Sammlung gekommene Büste, von welcher bei Visconti Iconogra-
phie Grecque I. pl. XXVII. b., vgl. S. 315 des Textes eine Abbildung gegeben ist. Was über Leben und Schriften des Herodotus
in Deutschland bis zu dem Erscheinen der „Commentatio de vita et
scriptis Herodoti" des Unterzeichneten im vierten Bande seiner Ausgabe (1. Aufl.), auseinandergesetzt worden und in dieser Abhandlung angeführt ist, hat auch in dieser Englischen Darstellung Berücksichtigung gefunden, ebenso Dasjenige, was in England, von
Grote an verschiedenen Orten seiner griechischen Geschichte oder
von Mure im vierten Bande seiner Geschichte der Griechischen Literatur (der fast ganz von S. 241 bis zu Ende S. 552 mit Herodotus sich beschäftigt) über Herodotus gesagt worden ist: was aber
verschiedentlich in Deutschland seit der oben erwähnten Commentatio, also seit 1835 darüber erörtert worden, ist dem Verfasser unbekannt geblieben, obwohl manche, in der That nicht unwesentliche
Punkte davon berührt werden. Die Geburt des Herodotus wird um
das Jahr 484 vor Christ. verlegt: eine Angabe, die wir noch immer
für die begründetste ansehen, ungeachtet man neuerdings um einige
Jahre weiter zurückgegangen und das Jahr 489 hat geltend machen
wollen. Was die Familienverhältnisse des Herodotus betrifft, so sind
dem Verf. die Untersuchungen von Tzschirner (Panyasidis Fragmn.
p. 9—15), von Francke (in den Jahrbb. d. Phil. u. Pädag. Bd. XXXIX
p. 135 ff.) und Andern über diese etwas dunkle und verwickelte
Frage fremd geblieben, und wenn der Name Ῥοιώ für die Mutter
des Herodotus, als ein der mythischen Geschichte der Nachbarschaft
angehöriger Name, mit Bezug auf Parthen. Erot. 1. (wir setzen
noch hinzu Appalejus De Orthogr. §. 4) vorgezogen wird der anderen bei Suidas gleichfalls vorkommenden Form Δρυώ, so werden
die von Tzschirner angegebenen Gründe doch kaum Zweifel lassen,
dass die letztere Form die richtige ist. Es wird dann weiter über
Erziehung und Bildung des Herodotus gesprochen, worüber wir
eigentlich Nichts wissen, die allgemeinen Folgerungen etwa abge-
rechnet, die aus der Beschaffenheit seines Werkes hervorgehen und
uns namentlich auf eine gewisse Bildung in den Schulen der Sophisten und Bekanntschaft mit ihren Lehren hinweisen. Von solchen Dingen, die allerdings tiefer liegen und eine schärfere Beobachtung erfordern, ist hier keine Spur anzutreffen: es ist auch da
Nichts bemerkt, wo die offenbaren Spuren dieser Bildung hervortreten, wie z. B. in den Reden, die dem Solon in den Mund gelegt
sind, oder in den Besprechungen der Persischen Verschworenen,
welchen die durch die Schulen der Griechischen Sophisten in Umlauf
gesetzten politischen Anschauungen der Griechischen Welt in den
Mund gelegt werden (III, 80 ff.) u. dergl. m. Weiter folgen nun
Bemerkungen über die Reisen des Herodotus, die allerdings in sein
Jugendleben verlegt werden müssen, und nach den vielen darüber
gepflasterten Untersuchungen, wenn man sich an das halten will, was

sicher und beglaubigt aus dem Werke fest steht, und nicht in schwer
zu begründende Vermuthungen sich einlassen will, keine besondere
Schwierigkeit dem Bearbeiter einer Lebensgeschichte des Herodotus
darbieten; die Zeit des Besuches in Aegypten wird zwischen 460
bis 455 vor Chr. verlegt, was auf Larcher's Ansicht hinausläuft,
während mit ungleich grösserem Rechte eine etwas spätere Zeit
dafür anzunehmen ist, etwa nach 454 (s. unsere Note zu II, 1 in
der zweiten Ausgabe). Nach vollbrachten Wanderungen soll Herodot auch ferner, bis 447 vor Chr. zu Halicarnass verweilt, von dort
auch nicht durch die drückende Tyrannei des Lygdamis vertrieben
worden sein, sondern nachdem er dort sein Werk bis zu einem
.gewissen Grade vollendet, nach Athen sich gewendet haben; was
Alles auf blosser, und nicht einmal wahrscheinlicher Vermuthung
beruht, und darum ebenso wenig genügen kann, wie das, was über
die angeblichen Vorlesungen des Herodotus zu Athen, zu Theben
und Korinth vorgebracht wird; wenn die vielbesprochene Vorlesung
zu Olympia verworfen wird, so wird auf der andern Seite die Anec-
dote, welche den Thucydides als jungen Menschen, als Zuhörer der
Vorlesung mit der Geschichte des Herodotus bekannt werden und
daraus den Antrieb zur Abfassung eines ähnlichen geschichtlichen
Werkes gewinnen lässt, nicht verworfen, wohl aber die Vorlesung
selbst nach Athen verlegt, in die Zeit, wo Herodotus dort durch
Vorlesungen sein Werk bekannt gemacht habe. Die Vorlesungen
des Herodotus werden sich, wie wir an einem andern Orte schon
bemerkt haben (s. in Pauly Realencyclopädie d. class. Alterth. III.
p. 1245), nicht wegläugnen lassen, wenn man nicht alle historische
Tradition ohne Grund verwerfen will, sie widersprechen auch gar
nicht dem Geiste und der Sitte jener Zeit, nur wird man sie nicht
auf das ganze Werk des Herodotus, wie es uns jetzt vorliegt, ausdehnen dürfen, sondern auf einzelne, damals schon, d. h. vor der
Wanderung nach Thurium bearbeitete Parthien (λόγοι) des Werkes.
Aber eine Bekanntschaft des Herodotus mit Thucydides, sei sie
persönlicher Art oder eine solche, die blos in der Bekanntschaft der
beiderseitigen Werke ihren Grund hat, haben wir jeder Zeit bestreiten zu müssen geglaubt, weil jeder sichere Anhaltspunkt zu
einer solchen Annahme fehlt, die am wenigsten aus den Stellen, die
man dafür aufgeboten hat, erwiesen werden kann, ja selbst bei der
durchaus verschiedenen, ja entgegengesetzten geistigen Richtung
beider Männer, wenig glaublich sein kann.

    Mit Ausführlichkeit verbreitet sich die Darstellung über Thu-
rium, wohin Herodotus bekanntlich im Jahre 444 vor Chr. mit der
Attischen Kolonie übersiedelte, die, wie es hier heisst, in alter und
neuer Zeit aufgestellte Behauptung, dass Herodotus zu Thurium
zuerst sein Werk geschrieben („composed") und veröffentlicht habe,
wird als „absurd" bezeichnet und in der Note Dahlmann Herodot
III. §. 9 (nicht §. 2, wie hier S. 26 steht) citirt. Allein Dahlmann
·hat in dieser Weise sich gar nicht ausgesprochen, er hat nur nach-

nweisen gesucht, wie wir in Herodots Werk „vielmehr ein augenscheinlich in frischer Arbeit durch äussere Umstände unterbrochenes
Werk vor uns sehen" und daraus weiter die Folgerung gezogen,
dass Herodotus seine Sammlung erst während des Aufenthalts zu
Thurium zu dem Werke, wie es noch vorliegt, verarbeitet, und dass
er bis an sein Ende daran fortgearbeitet. Und diese Ansicht, mit
der sich eine frühere Aufzeichnung und selbst Vorlesung einzelner
Theile in dem Hellenischen Mutterlande ganz gut vereinigen lässt,
wird durch einzelne, offenbar erst in der späteren Zeit des Lebens
gemachte, auf spätere Ereignisse oder auf Italische Gegenstände
bezügliche Angaben, die dem übrigen Theil des Werkes als später
eingeschaltet erscheinen, durch einzelne Verweisungen auf künftig
zu gebende Darstellungen, die aber nicht mehr kommen, in einer
Weise bestätigt, dass wir kaum darüber einen Zweifel hegen können,
dass die eigentliche Verarbeitung und Zusammensetzung, die ganze
Bildung des Werkes erst in die spätere Lebenszeit des ruhigen
Aufenthaltes zu Thurium fällt, dass aber auch hier der rüstige Greis
bis zu den letzten Tagen seines Lebens das Werk nicht ausser
Augen gelassen, nachbessernd, ergänzend und vervollständigend, und
dass ihn selbst der Tod erreicht, ehe er die letzte Hand der Vollendung an sein Werk legen konnte, das bei näherer Einsicht in
den letzteren Büchern, namentlich in dem achten und neunten eine
minder vollkommene und in der Ausführung minder vollendete Form
erkennen lässt, als die vorausgehenden Theile desselben.

Halten wir an dieser in der Beschaffenheit des hinterlassenen
Werkes selbst begründeten Ansicht fest, so erklärt sich dann auch
leicht und ungezwungen die Verweisung auf die λόγοι Ἀσσύριοι
(I, 184. vgl. 106), zumal wenn man weiss, was Herodotus mit
dem auf diese Weise von ihm öfters angewendeten Ausdruck λόγοι
bezeichnen will und was er darunter versteht (s. die Stellen in unserer Commentatio de vita et scriptis Herodoti §. 18 zu Anfang);
es wird schon daraus hervorgehen, dass hier am wenigsten an ein
besonderes Werk gedacht werden kann, welches die Geschichte
Amyriens zum Gegenstande gehabt, und von Herodotus während
seines Aufenthalts zu Thurium abgefasst worden, wie wir aufs neue
zu unserer Verwunderung S. 29 ff. hier lesen, und S. 249 in der
Note zu I, 106 sogar in der Weise begründet finden, dass die
längst, und mit gutem Grunde auf die Autorität der besseren Handschriften verlassene Lesart Ἡρόδοτος (statt Ἡσίοδος) in der Thier-
geschichte des Aristoteles (VIII, 18 d. Schneid. Ausg., oder 20)
wieder aufgenommen werden soll, um einen Beweis für die Existenz
eines Werkes zu gewinnen, das nie existirt hat, und darum auch
von keinem alten Schriftsteller gekannt oder citirt wird. Wir hätten
in der That nicht geglaubt, dass ein schon von Wesseling vor hundert Jahren (in der 1758 erschienenen Dissertatio Herodotea) wi-
derlegter Irrthum aufs neue aufgewärmt würde; wir denken über die
λόγοι Ἀσσύριοι nicht anders als über die λόγοι Λιβυκοί (II, 161),

und finden den Unterschied nur darin, dass das Letztere von Herodot ausgeführt wurde (IV, 159), während das Erstere eben so
unausgeführt blieb, wie das, was VII, 213 über Ephialtes zu liefern
versprochen wird. Was endlich die Frage nach dem Tode des Herodotus und die Zeit dieses Todes betrifft, so sind dem Verf. die Untersuchungen von Ley und Rubino, die in den Jahrbb. f. Phil. u. Pädag.
Bd. XLVI zu Anfang besprochen worden sind, eben so unbekannt
geblieben, wie die neueste Besprechung dieses Gegenstandes von
Schöll im Philologus; der Verfasser hält es jedoch für wahrscheinlich, dass Herodotus zu Thurium gestorben, und zwar nach der
Rückkehr von einer nach Athen um 430 oder 429 gemachten Reise,
in einem Alter von etwa sechzig Jahren. Wenn wir auch nicht
der Ansicht sind, dass die Lebenszeit des Herodotus bis zu dem
Jahre 408 vor Chr. hinabgeführt werden könne, da keine der dafür
geltend gemachten Stellen dies erweisen kann (s. unsere Note in
der neuen Ausgabe zu I, 130. III, 15. vgl. IX, 43), wenn wir sogar glauben, dass um 413 Herodot nicht mehr unter den Lebenden
war, da er sonst VII, 170 nicht so hätte schreiben können, wie er
geschrieben hat, eben weil er den unglücklichen Ausgang der Athenischen Expedition nach Sicilien nicht mehr erlebte (s. unsere Note
in der neuen Ausgabe zu dieser Stelle), so wird man darum doch
nicht bis zu dem Jahre 435 oder 429 zurückgehen dürfen, wo erst
der Peloponnesische Krieg angefangen hatte, dessen Leidensfälle, so
wie das Unglück, das er über Hellas gebracht, Herodot beklagt;
s. VI, 98. V, 75 mit unsern Noten zu diesen Stellen. Man wird
darum jedenfalls besser thun und sicherer gehen, wenn man die
Lebenszeit des Herodotus um einige Jahre wenigstens verlängert,
und ihn, mindestens um 424—425 vor Chr. sterben lässt; ja man
wird eher noch weiter herabgehen als weiter zurückgehen können,
namentlich wenn man die Stelle VII, 151 und die dort erwähnte
Gesandtschaft des Callias in Betracht zieht.

Das nächste zweite Kapitel (S. 37—78) verbreitet sich über
die Quellen, aus welchen Herodotus den Stoff seiner Geschichte
entnahm: namentlich kommt hier die Frage zur Sprache, was Herodotus aus andern Schriftstellern, die also doch vor ihm geschrieben haben müssen, geschöpft habe: hier wird, wie dies der Unterzeichnete schon vor mehr als zwanzig Jahren behauptete, Hecat-
täus als der einzige prosaische Schriftsteller angenommen, dessen
Schriften Herodotus kennt und auch anführt: in Bezug auf Dionysius von Milet, Charon von Lampsacus und den Lydier Xanthus
wird dies mit gutem Grunde verneint, obwohl noch unlängst Mure
in verschiedenen Stellen des Herodotus eine Beziehung auf Charon,
von der aber näher bei Licht besehen, auch keine Spur anzutreffen
ist, finden wollte: als Hauptquelle wird für Herodot's Werk die
eigene Forschung und Beobachtung angenommen, so wie die Benutzung officieller Dokumente, öffentlicher Denkmale, es wird aber
auch hier die grosse Umsicht des Schriftstellers und sein kritisches

Urtheil, das in der Unterscheidung des Wahrscheinlichen von dem Unwahrscheinlichen bei allen ihm gemachten Mittheilungen sich bewährt, hervorgehoben, vgl. S. 73. Das dritte Kapitel (S. 74—149) bespricht die Verdienste wie die Mängel des Herodoteischen Werkes in ziemlich umfangreicher Weise. Zuerst werden die Verdienste, welche Herodot als Geschichtsforscher (as a historian) ansprechen kann, bezeichnet und ihnen eben so die ihn in gleicher Eigenschaft treffenden Mängel an die Seite gestellt: darauf dann noch die Verdienste, die er als a writer besitzt, besprochen. Wenn hier der Fleiss, die Ehrenhaftigkeit und Wahrheitsliebe des Geschichtschreibers, seine Unparteilichkeit und seine politische Leidenschaftslosigkeit (?), sein Freisein von aller Nationaleitelkeit hervorgehoben werden, so wird diesen Vorzügen die Leichtgläubigkeit, der Glaube an Träume, Orakel und sonstige Wunderzeichen, dann Uebertreibung, Mangel an Genauigkeit, fehlerhafte Chronologie und Geographie und was dergleichen noch weiter Fehlerhaftes in seinem Werke vorkommen soll, an die Seite gestellt, und damit auch seine Theorie von der göttlichen Nemesis in Verbindung gebracht, von welcher jedoch der Verfasser sich keinen rechten Begriff gebildet hat, obwohl in ihr der Mittelpunkt des ganzen Herodoteischen Werkes zu suchen ist, das im Ganzen dieselbe Lehre, dieselbe göttliche Weltordnung im Laufe der Welt- und Menschenereignisse, zunächst der Griechen und Perser, darlegen sollte, die Aeschylus in seinen Persern dem Athenischen Volke vorgeführt und veranschaulicht hatte. Nur, wenn man von diesem Einheitspunkte des Herodoteischen Werkes ausgeht, wird man das Einzelne richtig auffassen und würdigen, so wie in seinem Zusammenhang mit dem Ganzen richtig erkennen lernen; man wird auch dann von dem religiösen Glauben des Schriftstellers, der hier mit Aeschylus und Sophocles, wie mit der Mehrzahl der Gebildeten seiner Zeit auf gleicher Stufe steht, eine richtige Ansicht gewinnen. Dieser Glaube an eine höhere und ewige, über der Welt und Menschheit liegende, also übersinnliche Ordnung der Dinge ist der Mittelpunkt, aus welchem alles Einzelne abzuleiten und zu verstehen ist, sie ist das ewig waltende Gesetz in der physischen wie in der moralischen Welt, und hält eben dadurch das Ganze zusammen, sie ist damit eben so gut die Alles ausgleichende Macht der Gerechtigkeit, wie die die gesammte Welt erhaltende Macht: der Begriff der göttlichen Vorsehung und Welterhaltung fällt hier mit dem Begriff der göttlichen Gerechtigkeit zusammen. Ref. hat sich über diesen Gegenstand an einem andern Orte des Näheren ausgesprochen (Pauly, Realencyclopädie III. S. 1248), und den Zusammenhang nachgewiesen, in welchem diese Ansicht mit der Lehre von dem Neide der Gottheit, mit den Wunder- und Weissageerzählungen und so Manchem Andern steht, was sonst unbegreiflich erscheint: in dieser Ansicht wurzelt das Ganze der Herodoteischen Geschichtschreibung wie das Einzelne, bis auf die mehrfach dem Werke eingestreuten

Episoden, die mehr oder minder daraus hervorgegangen sind und als Nachweise und Belege dieser sein Werk beherrschenden Ansicht erscheinen. So lange man nicht diesen Standpunkt festhält und von ihm ausgehend das Einzelne aufzufassen sucht, werden alle diese Ausführungen über Vorzüge und Mängel der Herodoteischen Geschichtschreibung, über Glaubwürdigkeit und Leichtgläubigkeit, über Orakel und Wunderzeichen und was dergleichen Dinge mehr sind, als ein Hin- und Hergerede erscheinen, welches einer festen und sicheren Grundlage entbehrt; man wird dann aber auch sehen, wie Herodot, so sehr er an dieser religiösen Grundlage festhält, und sie in der Darstellung des Einzelnen durchzuführen sucht, doch darum der eigenen Forschung und Prüfung sich nirgends entschlägt, hier vielmehr eine gewisse Selbständigkeit erkennen lässt, die man, als die Grundlage einer wahrhaft historischen Forschung, bewundernd anzuerkennen genöthigt ist.

Wenden wir uns nun zu dem andern Theile dieses neuen Unternehmens, zu den unter dem Text befindlichen erklärenden Anmerkungen, so beziehen sich diese ausschliesslich auf sachliche Punkte, und zeigen bei dem ersten Buche, und theilweise noch bei dem zweiten eine grössere Ausdehnung als bei dem dritten Buch; es sollen hier, wie wir auf dem Titel lesen, die Geschichte und die Geographie des Herodotus nach den neuesten Quellen der Belehrung in das gehörige Licht gesetzt und die Hauptergebnisse der Keilschriften- und Hieroglyphen-Entzifferung in historischer wie ethnographischer Hinsicht aufgenommen werden: die auf dem Titel wie in der Vorrede als Förderer und Unterstützer des ganzen Unternehmens genannten Männer, Henry Rawlinson und Wilkinson, berechtigen allerdings zu Erwartungen, die man jedoch in dem Fortgange des Werkes nicht befriedigt finden wird, wenn man von demjenigen absieht, was aus den früheren, bereits gedruckt vorliegenden, in diese Gebiete einschlägigen Schriften beider Gelehrten, hier aufgenommen ist, und auf einzelne hier vorgebrachte Etymologien oder Deutungen, weil sie noch sehr unsicher, und keineswegs fest begründet erscheinen, nicht den Werth legen kann, den man vielleicht in England darauf zu legen geneigt ist. Es mag dies namentlich von manchen Götternamen u. dgl. gelten, über deren Deutung wie über den Begriff der Gottheiten selbst wir uns bei dem dermaligen Stande der Entzifferung der Keilschriften, namentlich der Assyrischen, wie selbst auch der Hieroglyphen noch kein sicheres Urtheil absgeben erlauben, weil uns der Grund und Boden noch keineswegs so fest und gesichert zu sein scheint, um darauf weitere Schlüsse zu bauen. So wird z. B. gleich am Anfang des ersten Buches, die im ersten Kapitel befindliche Erzählung von der Jo in Verbindung gebracht mit dem Namen Yaha, mit welchem Sargon in einer Assyrischen Keilschrift die auf der Insel Cypern sesshaften, Seeräuberei treibenden Griechen bezeichnen soll und daraus Herodot's Erzählung abgeleitet, und da die Jo der Griechen

mit dem Monde, und ihre Wanderungen mit dem Laufe des Mondes
am Himmel zusammengestellt werden, so wird die Aegyptische Bezeichnung Yab für Mond damit in Verbindung gebracht und eine
(vermeintliche) Identität festgestellt. Eine solche Behandlung der
mythologischen Angaben dürfte bei uns eben so wenig Eingang finden, als die ethnographische Erklärung, die von demselben Gelehrten (Henry Rawlinson) zu den im folgenden Kapitel genannten
Kolchiern gegeben wird: hier sollen wir an eine enge ethnische
Beziehung zwischen zwei Nationen denken, indem Kolchis zur Zeit
der Argonauten bevölkert gewesen mit denselben Kuschiten oder
Aethiopiern, welche in dem entfernten Zeitalter des Inachus und vor
der Ankunft der Semiten in Syrien, die Phönicische Seeküste be-
wohnten! Die ursprünglichen Meder waren (so heisst es hier)
eine von den Hauptzweigen der grossen Kuschiten- oder Scythen-
Rasse und ihre Verbindung mit Kolchis und Phönicien ist bezeichnet durch den Mythus der Medea von der einen, und der Andro-
meda von der andern Seite! Bei einer solchen Behandlungsweise
hat alle besonnene Forschung ihr Ende erreicht. Und wenn die
Schlussworte des dritten Kapitels von Aristophanes sehr witzig
(„wittily") parodirt sein sollen in den Versen der Acharner (488 ff.),
wo als Ursache des Peloponnesischen Krieges der Raub von zwei
im Hause der Aspasia befindlichen Dirnen durch Megarische Jünglinge, als Repressalie, angegeben wird, so wird Niemand, der die
Texte beider Schriftsteller neben einander zu stellen sich die Mühe
nehmen will, an Etwas der Art denken können. Statt zu I, 6, bei
Erwähnung des Flusses Halys über den jetzigen Namen (der nur
gelegentlich in einer andern Note genannt, aber später in einem der
angehängten Excurse oder Essays S. 390 näher erwähnt wird) und
die Beschaffenheit des Flusses anzugeben, was doch nicht schwer
war, und auch füglich erwartet werden konnte (s. unsere Note zu
I, 6 und I, 72), wird über den Namen des Flusses gesprochen und
derselbe, wenn von Semitischer Wurzel, bezogen auf die Wurzel
חול im Hebräischen, d. i. verwickelt sein, und dies auf den
gekrümmten Lauf des Flusses bezogen, dabei an die in den Keilschriften vorkommenden Namen Khula und Khuliya erinnert,
die entweder diesen Fluss oder den oberen Lauf des Euphrat bezeichnen sollen, es wird damit weiter in Verbindung gebracht
Χολοβητήνη und Hul in der Genesis X, 23, so wie der in Keilschriften (angeblich) vorkommende Namen Khali für den oberen
Lauf des Tigris! Wir hätten also hier einen Ausdruck der Keilschriften, der zur Bezeichnung von den verschiedenen Strömen dienen soll; was damit für die Erklärung des Herodot gewonnen wird,
ist leicht einzusehen: wohl aber wird man allen Grund haben, in
eine solche Lesung und Deutung der Keilschriften ein volles und
gerechtes Misstrauen zu setzen. Aehnlicher Art ist eine längere
Note zu I, 74 über Cilicien und über die aus Keilschriften angeblich
hervortretenden Beziehungen des Assyrischen Königs Sargon zu

diesem Lande, das den Namen Khilak führen soll, um 711 ver
Chr., ohne dass jedoch für die sichere Geschichte Etwas daraus gewonnen wird; die alten Bewohner des Landes werden derselben
Scythischen Familie zugetheilt, der die benachbarten Stämme der
Meshech (d. i. Moschi) und Tubal (womit die südlichen Abhänge des Taurus bezeichnet sein sollen) angehören sollen: wovon
eines so ungewiss und unwahrscheinlich ist, wie das Andere, beides
aber in keinem Fall erwiesen ist.

     Zu den Schlussworten (I, 32) der Ansprache des Solon an
Krösus (σκοπέειν γε χρὴ παντὸς χρήματος τὴν τελευτὴν, κῇ ἀποβή-
σεται· πολλοῖσι γὰρ δὴ ὑποδέξας ὄλβον ὁ θεὸς προρρίζους ἀνέτρεψε)
wird die Bemerkung von Larcher angeführt, der in den Schlussver-
sen des Sophocleischen Oedipus Rex eine Paraphrase dieser Stelle
erkannt habe, während diese Verse vielmehr, wie Jeder aus der
Vergleichung beider Stellen ersehen kann, auf die vorausgegangenen
Worte des Herodotus (πρὶν δ᾽ ἂν τελευτήσῃ, ἐπισχεῖν μηδὲ καλέειν
κω ὄλβιον, ἀλλ᾽ εὐτυχέα) sich beziehen und durchaus nichts von
dem Herodoteischen Gedanken: πολλοῖσι γὰρ δὴ ὑποδέξας ὄλβον
ὁ θεὸς προρρίζους ἀνέτρεψε, auf welchen sie hier bezogen werden,
enthalten, so dass man wohl zu glauben versucht wird, dass die
Stelle des Sophocles entweder gar nicht oder nicht genau eingesehen
worden ist. Noch mehr aber mag man sich wundern über das, was
weiter hinzugefügt wird, es habe nemlich, aller Wahrscheinlichkeit
nach, Herodotus diese Stelle dem Sophocles entnommen, der mit
diesem Stück frühestens 468 ante Chr. zu Athen aufgetreten! (Von
einer so frühen Aufführung des Stückes weiss Niemand Etwas; es
fällt dieselbe vielmehr in die der Antigone unmittelbar vorausgehende
Zeit, also um 442 ante Chr., wie Schneidewin S. 28 u. 28 seiner
Einleitung wahrscheinlich gemacht hat, aber auch nicht später, um
429, wie Einige angenommen haben). Weil jedoch, führt der englische Erklärer fort, eben das Datum der Veröffentlichung jenes
Sophocleischen Stückes nicht sicher sei, und es auf der andern
Seite eben so wenig sich mit Sicherheit angeben lasse, ob die Stelle
in dem Werke des Herodotus schon in der ersten Aufzeichnung
desselben enthalten gewesen, oder erst später während des Aufenthaltes zu Thurium hinzugekommen sei, so bleibt es am Ende ungewiss (so wird geschlossen), wer der Plagiarius gewesen! Bei
diesem so kläglichen Endergebniss tritt nun der Verfasser in einen
völligen Widerspruch mit dem, was S. 21, so wie im 2. Bande in
der Note zu III, 119 von ihm selbst bemerkt wird, wornach Sophocles in der Antigone den Herodot benützt und dessen Aeusserung in der bekannten Stelle der Antigone (909 ff.) nachgebildet
habe: „the internal evidence would show Sophocles rather than
Herodotus to have been the plagiarist", heisst es in der Note zu
III, 119. Weiter geht der Verfasser in diese ganze, das Verhältniss des Sophocles zu Herodot betreffende Frage gar nicht ein: die
darüber im Allgemeinen, wie im Besonderen über die Stelle der

Antigone in ihrem Verhältniss zu der Aeuaserung des Herodotus in Deutschland geführten Untersuchungen sind dem Verfasser so fremd geblieben, dass er die ehedem von Valckenar ausgesprochene Ansicht, welche den Herodotus aus Sophocles schöpfen lasst, hier noch einmal vorzubringen wagt. In der Note zu I, 44 über den Zeus Καθάρσιος wird es getadelt, wenn von dem Unterzeichneten dieser Gott der Reinigung mit dem Zeus Μειλίχιος in Verbindung gebracht werde, da hier vielmehr die Beziehung zu dem Zeus Ἐφίστιος und Ἑταιρεῖος hervortrete. Gerade diese Beziehung und Verbindung aber ist es, die der Unterzeichnete in seiner zur Erklärung des ganzen Verhältnisses beigefügten Note (s. p. 90. T. I der zweiten Ausg.) hervorgehoben hat. In keinem Fall scheint der Englische Verfasser die Note des Unterzeichneten gelesen oder verstanden zu haben. Die Stelle des Herodotus I, 47: ἐν δὲ Δελφοῖσι ὡς ἐσῆλθον τάχιστα ἐς τὸ μέγαρον οἱ Λυδοὶ χρησόμενοι τῷ θεῷ καὶ ἐπειρώτεον τὸ ἐντεταλμένον, ἡ Πυθίη ἐν ἑξαμέτρῳ τόνῳ λέγει τάδε wird übersetzt: „There, the moment that the Lydians entered the sanctuary and before they put their questions, the Pythoness thus answered them in hexameter verse" und in der Note Schweighäuser mit Andern getadelt, weil er ἐπειρώτεον übersetze mit „had asked", welches vielmehr ἐπειτώτησαν hätte heissen müssen, während ἐπειρώτεον bedeute: „were in the act of asking" oder „were for asking". Allerdings tritt in dieser Stelle ein Unterschied in dem Gebrauch des Imperfects, dem ein Aoristus vorhergeht, ein, aber das erstere kann darum nicht bedeuten: bevor, ehe sie gefragt hatten, sondern der Sinn der Stelle ist vielmehr der: „als die Gesandten eingetreten waren und eben sich ihres Auftrages entledigten, eben ihre Frage vorlegten, ertheilte die Pythia den folgenden Ausspruch".

Die im Alterthum so berühmte, durch eine Reihe von gewichtigen Zeugnissen bestätigte Vorhersagung einer Sonnenfinsterniss durch Thales, wovon Herodotus I, 74 erzählt, wird von H. Rawlinson in folgender Weise bezweifelt oder vielmehr bestritten. Es gehöre, meint er, diese Vorhersagung in dieselbe Kategorie, wie die (dem Thales gleichfalls beigelegte) Vorhersagung einer reichen Olivenärndte oder eines Meteorsteines. Thales könnte hiernach wohl von den Chaldäern die Berechnung der Mondsfinsternisse erfahren oder gelernt haben, aber er war damit (so meint der Verfasser) noch nicht im Stande, die Sonnenfinsterniss zu berechnen oder vorherzubestimmen. Mit derartigen Gründen oder Behauptungen wird sich jede aus dem Alterthum berichtete, wenn auch noch so beglaubigte Thatsache bezweifeln oder bestreiten lassen. Nun hat aber Thales gar nicht bei den Chaldäern seine astronomischen Kenntnisse, die ihn allerdings zu einer solchen Vorhersagung befähigten, erworben, sondern in Aegypten, wie dies von Röth im zweiten Bande seiner Geschichte d. Abendländ. Philosoph. S. 96 ff. klar nachgewiesen worden ist. Dass I, 98 in der Bestimmung des

alten Ekbatana die Ansicht von Henry Rawlinson beibehalten
wird, welcher ein doppeltes Ekbatana annimmt und das von Dejoces
erbaute, von Herodot beschriebene nach Takhti-Soleiman verlegt,
war zu erwarten, obwohl das Irrthümliche dieser ganzen Ansicht
von Quatremère und Andern hinreichend nachgewiesen, und eben
so gezeigt worden, dass kein Grund vorhanden ist, von der herkömmlichen Ansicht abzugehen, welche eben dieses Ekbatana in
die Nähe des jetzigen Hamadan verlegt; ein doppeltes Ekbatana
wird sich nie nachweisen lassen. Ueber die Achämeniden und deren Namen verbreitet sich eine längere Note von H. Rawlinson zu
I, 126, ohne dass wir jedoch daraus irgend einen sichern Aufschluss
gewinnen, den uns in ganz anderer Weise die Abhandlung von
Rubino, die dem Englischen Verfasser natürlich fremd geblieben ist,
bietet. Die über die Göttin Mylitta (zu I, 131) gegebenen Aufschlüsse, zunächst über den Namen derselben, sind so eigenthümlicher Art, dass wir das Wesentliche davon unsern Lesern mittheil-
len wollen, die dann selber urtheilen mögen, was von einer derartigen Erklärungsweise zu halten ist. Der Name Molis, wie Nicolaus von Damascus den Namen der Göttin angebe, heisst es hier
S. 271 in der Note, stehe für Volis, und dieses sei, bei der beständigen Verwechslung der Buchstaben g und v identisch mit dem
Chaldäischen Namen Gula, welcher Name in Mylitta mit einer
Femininendung hervortrete; Gula in der ursprünglichen Sprache
Babylon's, welche jetzt als Hamitisch, und nicht als Semitisch anerkannt sei, bedeute gross, und sei entweder identisch mit Gal
(die gewöhnliche Form für gross, wie in Ner-gal, Gallus u. s. w.)
oder eine weibliche Form dieses Wortes, entsprechend dem Guda
der Galla Mundart in Africa; Gula sei der Hauptname der grossen Göttin in den Inschriften. Wir glauben nach einer solchen
Probe der Erklärung und der sprachlichen Auslegung aller weiteren
Besprechung solcher Gegenstände überhoben zu sein. Wenn Herodotus I, 170 den Bias von Priene seine jonischen Landsleute auffordern lässt, sich einzuschiffen und sich ein neues Vaterland im
fernen Westen auf der Insel Sardinien, der grössesten von allen
(νήσων ἁπασέων μεγίστην), zu gründen, und wenn man eben so an
zwei anderen Stellen Herodotus oder vielmehr der von ihm redend
eingeführte Histiäus sich in ähnlicher Weise über die Grösse dieser
Insel ausspricht (V, 106. VI, 2. vgl. V, 124), so wird Herodot
getadelt, weil er, der doch so lange in Italien gelebt, habe wissen
müssen, dass Sicilien grösser sei als Sardinien. Allein Herodotus,
der schwerlich die Insel Sardinien aus eigener Anschauung kannte,
und bei den Italischen Griechen, bei welchen er verweilte, auch
nichts Näheres über diese von Phöniciern und Carthagern besuchte
Insel gehört hatte, theilt nur die unter den Griechen verbreitete, von den Carthagern selbst, wie es scheint, ausgegangene Angabe mit, die wir eben so noch bei Pausanias (IV, 23. X, 17)
und Diodorus von Sicilien V, 15 wieder finden. Die ungenauen und

dunklen Nachrichten über diese Insel, welche Phönicier und Carthager für ihre Zwecke wohl auszubeuten verstanden, mögen unwillkührlich auf Seewegen zu den Handel treibenden Joniern gelangt
und von Bias zu dem bemerkten Zwecke in seiner Ansprache angewendet worden sein.

Ueber die vielbesprochenen Chaldäer Babylon's verbreitet sich
H. Rawlinson zu I, 181 in einer längeren Note, der wir Folgendes
entnehmen. Die Chaldäer erscheinen hiernach als ein Zweig der
grossen Hamitischen Rasse, als Akkad, welche von den frühesten
Zeiten her Babylon bewohnt; in ihnen wurzelt die ganze Cultur Ba-
bylon's, die Erfindung der Schreibekunst, der Bau von Städten, die
Gründung eines religiösen Systems, die Pflege aller Wissenschaften,
insbesondere der Astronomie. Die Sprache dieser Akkad bietet
Verwandtschaft einerseits mit den Afrikanischen Dialekten, anderer-
seits mit dem Turanischen des höheren Asiens, tritt also zu diesen
Sprachen in ein ähnliches Verhältniss, wie das Aegyptische zum
Semitischen. In dieser ursprünglichen Akkadischen Sprache, welche
Rawlinson als Scythische zu bezeichnen pflegt, wegen ihrer nähern
Verbindung mit dem Scythischen Dialekt von Persien, waren niedergelegt alle wissenschaftlichen Abhandlungen, selbst nachdem das
Semitische Element ein Uebergewicht gewonnen hatte, es war in
der That die Sprache der Wissenschaft im Osten, wie das Lateinische in Europa während des Mittelalters. Als die Semitischen
Stämme in Assyrien ein Reich gründeten, in dem dreizehnten Jahrhundert vor Chr., adoptirten sie das Alphabet der Akkad und wendeten es unter gewissen Modificationen auf ihre eigene Sprache an,
aber während der sieben folgenden Jahrhunderte der Semitischen
Herrschaft zu Ninive und Babylon, ward diese Assyrische Sprache
blos zu geschichtlichen Aufzeichnungen und officiellen Documenten
angewendet. Die zu Ninive aufgefundenen Tafeln mythologischen,
astronomischen und andern (wissenschaftlichen) Inhalts sind ausschliesslich in der Akkadischen Sprache abgefasst und zeigen, dass
sie einer Priestercaste angehören, welche genau den Chaldäern der
Profangeschichte wie des Buches Daniel entspricht. So kommt es
denn, dass die Chaldäer oder Akkad in den Schriften der Propheten
als die Krieger in den Heeren der Semitischen Könige von Babylon
und als die allgemeinen Bewohner des Landes erscheinen, während
sie anderwärts als Philosophen, Astronomen und Magier, als die
Depositäre der Wissenschaft vorzugsweise vor uns treten. Als bemerkenswerth wird der Umstand angeführt, dass Theile dieser Chaldäer oder Akkad im achten und siebenten Jahrhundert vor Chr.
durch die Assyrischen Könige aus den Ebenen Babylons in die Armenischen Gebirge versetzt wurden, und zwar in solcher Ausdehnung, dass in den Inschriften Sargons der Name Akkad einigemal
angewendet erscheint auf das Gebirge Ararat; es wird daher selbst
als wahrscheinlich erachtet, dass in den Georgischen und Armenischen Sprachen bis auf den heutigen Tag noch manche Spuren der

alten Chaldäersprache, die in diesem Land vor 2500 Jahren eingeführt worden, erhalten sind.

Wir haben wörtlich die ganze Erörterung über die Chaldäer
mitgetheilt; was an diesem Phantasiegebilde, das hier mit aller Sicherheit als historische Wahrheit aufgestellt wird, Wahres ist, wird
jeder Kundige von selbst ermessen können, ohne dass es für uns
eines weiteren Nachweises bedürfte: wohl aber wird daraus Jedermann entnehmen, und wir glauben daran nicht oft genug erinnern
zu können, mit welcher Vorsicht alle diese geographischen und eth-
nographischen, mythologischen und antiquarischen wie historischen
Erörterungen aufzunehmen sind, die uns in Englischen Werken der
Art geboten werden, da nemlich, wo diese Erörterungen über den
Kreis der unmittelbaren, sinnlichen Wahrnehmung und Beobachtung
eines wirklichen Gegenstandes hinausgehen. Von einer kritischen
und dadurch allein wissenschaftlichen Behandlung des Gegenstandes
ist hier nicht die Rede und kann auch meistens die Rede nicht sein,
da aller Grund und Boden fehlt, statt dessen aber eine Willkühr
sich überall kund gibt, an die wir in Deutschland, in diesem Grade
wenigstens, noch nicht gewöhnt sind.

Aus diesem Grunde mag es auch erlaubt sein, über die dem
ersten Bande in grosser Ausdehnung (denn es ist über die Hälfte
des ganzen Bandes dafür in Anspruch genommen) angehängten E s -
s a y s (S. 353—690) sich kürzer auszusprechen, zumal da dieselben
ganz freie, mit Herodot oft nur zum Theil und in entfernter Weise
zusammenhängende Ausführungen aus dem Gebiete der Geschichte
und Mythologie wie Geographie enthalten, die Ergebnisse dieser Untersuchungen aber nur mit der grössesten Vorsicht aufgenommen
werden können, abgesehen von der endlosen, mit diesen Ergebnissen,
wenn es anders solche wahrhaft wären, in keinem Verhältniss stehenden Breite der Darstellung.

Essay I verbreitet sich über die frühere Chronologie und Geschichte Lydiens, wobei als Ausgangspunkt die Eroberung von Sardes durch Cyrus angenommen wird, die aber hier nicht, wie gewöhnlich, und wie auch Clinton und Grote angenommen und Gumpach noch
zuletzt nachgewiesen hat, auf 546 v. Chr. fixirt wird, sondern auf
das Jahr 554 vor Chr. verlegt wird, was beiläufig bemerkt, bei all'
der in der Bestimmung dieses Jahres, in welchem Sardes in die
Hände der Perser fiel, eintretenden Verschiedenheit (s. uns. Note zu Herod.
I, 86. p. 167 der neuen Ausg.) noch Niemand eingefallen war; die
Thronbesteigung des Crösus wird um 568 angesetzt, während nach
der gewöhnlichen Annahme, dies erst um 560, wo Alyattes stirbt,
erfolgt, wobei jedoch angenommen wird, dass Crösus von Alyattes
noch bei Lebzeiten als Mitregent in irgend einer Weise angenommen
worden, eine Annahme, die, wie wir in der Note zu I, 30. vgl. 46.
92. p. 64. 92. 208 d. neuen Ausg. gezeigt, durchaus nicht ohne
guten Grund ist und allein die grossen chronologischen Schwierigkeiten zu lösen vermag, welche in Bezug auf das Zwiegespräch

Solon's und Crösus, dessen Wirklichkeit man bezweifelt hat, entgegentreten, sobald es sich um genauere Bestimmung der Zeit handelt, in welche dieses Gespräch zu verlegen ist. Die Regierung des Alyattes wird dann auf 625 (statt 617) festgesetzt, Sadyattes von 637—625, Ardys von 586—637, und Gyges von 724—686: lauter willkührliche Annahmen, welche durch die obige falsche Annahme herbeigeführt sind.

Essay II (S. 388—400) verbreitet sich über die physische und politische Geographie Kleinasiens. Etwas Neues hat man hier nicht zu erwarten. Ueber die physische Geographie Kleinasiens und was darauf sich bezieht, sind wir jetzt durch das Werk von Tchihatcheff Asie mineure (Paris 1853), namentlich was die Flüsse und Gebirge betrifft, in einer Weise unterrichtet, welche die Grundlage aller weiteren Forschungen über derartige Gegenstände bilden muss; dieses Werk aber ist dem Englischen Verfasser ganz unbekannt, eben so wie ihm auch Ritter's Erdkunde, die doch, zumal in den antiquarischen Zusammenstellungen, welche sie bietet, so Manches enthält, was hier hätte benutzt werden können und sollen, unbekannt geblieben zu sein scheint, während die hier angeführten Quellen, die Werke von Leake, Hamilton, Fellow längst von Ritter ausgebeutet worden sind.

Essay III (S. 401—423) bespricht die Chronologie und Geschichte des grossen Medischen Reiches. Wir wollen auch hier als Probe der Behandlung und Darstellung Einiges mittheilen. Die Meder, als Arier, nachdem sie vom Indus westwärts in die Gegenden südlich vom kaspischen Meer, zwischen den von Scythen besetzten Kurdischen Gebirgen und dem Lande Bikni oder Bikrat, wahrscheinlich dem heutigen Khorassan, gezogen waren, und unabhängig dort lebten, wendeten sich dann erst nach dem eigentlichen Medien, wo sie ebenfalls frei und unabhängig lebten, aber schon im neunten Jahrhundert (um 880 vor Chr.) den Einfällen der Assyrer ausgesetzt waren: ob die Invasion des Assyrischen Königs nur ein blosser Raubeinfall gewesen, oder von dauerndem Erfolg, wird nicht entschieden, doch bemerkt, dass ein feindseliges Verhältniss zwischen beiden Völkern fortgedauert bis zur Regierung des Assyrischen Sargon, welcher zwei grosse Züge nach Medien unternommen, und, um die Eroberung zu vollenden und zu sichern, im siebenten Jahre seiner Regierung, um 710 vor Chr., eine Anzahl Städte in Medien gegründet, und mit Colonisten besetzt, unter denen sich auch eine Anzahl Israeliten befanden, welche er sechs Jahre zuvor von Samaria gefangen weggeführt. Vereinigung, oder wie sich der Verfasser ausdrückt, Incorporation Mediens mit Assyrien scheine aber nicht stattgefunden zu haben, da Sennacherib und Esarhaddon dieses Land als ein solches bezeichneten, das nie durch die Könige, ihre Väter, in Unterwürfigkeit gebracht worden: die Lage Mediens während dieser Periode wird daher als ein Mittelding zwischen Unterwerfung (subjection) und Unabhängigkeit (independence) dargestellt. Die Assyrischen

Monarchen, heisst es weiter, sprachen eine Art von Souveränetät
über Medien und selbst einen ihnen gebührenden Tribut an, den die
Meder meist nur dann entrichteten, wenn die Einforderung desselben
durch Waffengewalt unterstützt war; die einzelnen Medischen Stämme
wurden durch ihre eigenen Häuptlinge regiert. Wie lange dieser
Zustand einer solchen Unabhängigkeit fortgedauert, zu bestimmen,
wagt jedoch der Verfasser nicht: nur das erscheint ihm sicher, dass
die Meder nach einiger Zeit das Assyrische Joch gänzlich abschüt-
telten und eine Zeit lang die herrschende Macht in dem westlichen
Asien wurden. Da nun die Monumentalannalen der Assyrischen
Könige, welche ziemlich vollständig bis zur Zeit des Sohnes von
Esarhaddon vorhanden sein sollen, keine Spur von einer solchen
grossen Empörung der Meder so wie von irgend einer ernstlichen
Verringerung des Assyrischen Einflusses enthalten, so könne, meint
der Verfasser, die Gründung einer Medischen Monarchie kaum früher
stattgefunden haben, als in der letzten Hälfte des siebenten Jahrhunderts vor Chr., welches gerade die durch die Thronbesteigung
des Cyaxares bestimmte Zeit sei, d. i. 633 vor Chr., Dejoces und
Phraortes fallen daher eben so gut in das Reich der Erdichtung, wie
die bei Ctesias erwähnten medischen Könige: sie sind alle rein er-
dichtete Personen, die vielleicht gewisse Fakta oder gewisse Perioden
anzeigen, aber uneigentlich in eine Reihe von historischen Königen
eingeführt sind. Man sieht daraus, wie leicht es dem Verfasser
wird, die schwierigsten Probleme der alten Geschichte des Orients
zu erklären oder vielmehr zu beseitigen, unter Berufung auf die
vollständig erhaltenen (uns Allen übrigens noch unbekannten) Denkmale der Assyrischen Monarchen: wollen wir auch annehmen (was
noch nicht so ausgemacht erscheint), dass diese Annalen wirklich
vorhanden seien, so ist die Lesung dieser in einer eigenen Art von
Keilschrift abgefassten Denkmale noch keineswegs so weit fortgeschritten, um darauf auch nur mit einigem Verlass und mit einiger
Sicherheit Folgerungen von solcher Tragweite zu bauen: wir fürchten fast, dass die hier gegebene Geschichte Mediens weit eher als
eine Erdichtung erscheine, wie die jedenfalls weit mehr beglaubigten
Nachrichten des Vaters der Geschichte, der selbst in Medien war,
und dort, also an Ort und Stelle selbst, seine Erkundigungen eingezogen hat. Wird doch selbst der Widerspruch, in welchen Herodot,
was die Zeit der Dauer dieser Medischen Herrschaft betrifft, mit dem
andern Hauptzeugen des Alterthums, mit Ctesias tritt, wesentlich gemildert, wenn wir der von mehreren Gelehrten aufgestellten Annahme
folgen, welche bei Ctesias eine doppelte Reihe von Königen annimmt,
in welche die acht Könige desselben mit ihren 280 Jahren sich theilen,
so dass auf jede Reihe etwa 140 Jahre kommen, was den 150 des Herodotus nicht sehr ferne liegt (s. unsern Excurs IV. zu Herodot I, 130. p.
845 ff. der neuen Ausg.): wobei wir auf die Unsicherheit, mit welcher die
Angaben des Ctesias uns überliefert sind, immerhin auch einige Rücksicht
nehmen müssen.   (*Schluss folgt.*)

JAHRBÜCHER DER LITERATUR.

Rawlinson: The History of Heródotus.

(Schluss.)

Essay IV (S. 424 und 425) bringt eine kürzer gefasste Erläuterung von H. Rawlinson über die zehn bei Herodotus I, 125
genannten Stämme der Perser. Neue Aufschlüsse werden uns nicht
geboten. Die Pasargarden werden als die direkten Abkömmlinge
der ursprünglichen Perser betrachtet, welche unter den Persischen
Stämmen den ersten Rang einnahmen, wie die „Durranees" unter
den Afghanen, ihre Sitze vierzig (englische) Meilen nördlich von
Persepolis verlegt; die Maraphier und Maspier werden als die ihnen
zunächst stehenden und mit ihnen eingewanderten Stämme bezeichnet, der Name der ersteren auch in Verbindung gebracht mit dem
Namen Mafee, unter welchem noch jetzt ein Persischer Stamm
vorhanden sein soll, der für einen der ältesten in dem Lande angesehen werde; bei den Maspiern wird an den Persischen Ausdruck
aspa für Pferd erinnert; über die Panthialäer (deren Name allerdings etwas griechisch lautet) weiss der Verfasser eben so wenig,
wie über die Derusiäer anzugeben, die Germanen werden als Colonisten von Caremanien oder Kerman bezeichnet. Eben so wenig
erhalten wir nähere Aufschlüsse über die andern Stämme, welche
Herodotus als Nomaden bezeichnet; denn damit, dass die Daer
(Δάοι) auch die im Buche Esdra IV, 9 unter den Colonisten Samaria's genannten Männer von Dehava sein sollen, und dass die
(sonst nicht bekannten) Dropiker dieselben sein sollen, wie die Der-
biker, in deren Nachbarschaft die Sagartier wohnen sollen, ist nicht
Viel in der That gewonnen, da das Eine so ungewiss ist, wie das
Andere.

Essay V (S. 426—431) über die Religion der alten Perser,
geht von der Annahme aus, dass die Verehrung der Elemente, wie
sie aus Herodot sich ergebe, nicht die ursprüngliche Religion der
Perser gewesen, dass ihr ältester Glaube vielmehr ein Dualismus
gewesen, im Laufe der Zeit aber eine stufenweise Verschmelzung
beider Religionen stattgefunden. Das Ganze ist ziemlich oberflächlich gehalten, ohne ein tieferes Eindringen in den Gegenstand, und
ohne Kenntniss Dessen, was in Deutschland in einer weit gründli-
cheren Weise über diese Gegenstände verhandelt worden ist.

In Essay VI (S. 432—450) behandelt H. Rawlinson die ältere
Geschichte Babylon's, und zwar nach dem Erfund der Keilschriften,
die, wie hier versichert wird, immer mehr die Chronologie des Be-

rosus bestätigen und dagegen den Angaben des Ctesias und seiner Nachfolger alle Glaubwürdigkeit entziehen, die namentlich die Angabe des Berosus von einem ersten Chaldäer-Reiche zwischen der Mitte des dreiundzwanzigsten und dem Ende des sechzehnten Jahrhunderts vor Chr. im Ganzen bewahrheiten. Mit dem Jahre 2234 vor Chr. wird dieses Reich mit den Königen Uruk und Ilgi begonnen, dann mit Sinti-shil-khah und dessen Sohn Kudur-mapula (um 1976) geführt auf Ismi-Dagon (im Jahr 1861) und von ihm aus durch dessen Söhne und Nachfolger bis zu dem Könige Samshu-iluna um 1550 fortgeführt in einer sechszehn Königsnamen aus den Keilschriften bringenden, aber keineswegs für vollständig erachteten Reihenfolge. Wie ungewiss dieses und sonst Alles das ist, was uns hier über die erste Dynastie der babylonischen Herrscher vorgeführt wird, mag bei dem noch so wenig gesicherten Stande dieser Keilschriftendeutung leicht Jeder selbst zur Genüge entnehmen. Wir sind wahrhaftig noch nicht soweit mit der Lesung dieser Texte, die noch so Vieles Ungewisse bieten, gekommen, um daraus eine babylonische Königsgeschichte in so früher Zeit zu construiren. Aehnlicher Art ist Essay VII, S. 451—499, also ein halbes hundert Seiten stark, über die Chronologie und Geschichte des grossen Assyrischen Reiches, das mit 1273 vor Chr. begonnen und bis 747 vor Chr. fortgedauert haben soll; eine (jedoch nicht vollständige) Reihe von achtzehn Herrschern wird uns hier aus den Keilschriften des Tiglath-Pilesar Cylinder's mit ihren sonst völlig unbekannten Namen vorgeführt, von Bel-lush an, dem ersten in dieser Reihe, bis auf Iva-lush III., welcher muthmasslich mit dem Phul der Bibel und dem Belochus des Eusebius u. A. identificirt wird; die Regierungszeit eines Jeden, so wie einzelne Ereignisse der Regierung eines Jeden werden nach dem angeblichen Inhalt der Keilschriften angegeben: uns scheint Alles dieses noch sehr der Bestätigung zu bedürfen, da wir nicht alles blindlings glauben können, was in diesen Keilschriften stehen soll, die wir selbst nicht lesen können, deren Lesung aber jedenfalls noch sehr der Controle bedarf, wenn der Inhalt fest und sicher gestellt und dadurch glaubwürdig sein soll. Mit Tiglath-Pilesar II (so wird hier angenommen) kam eine neue Dynastie auf den Thron Assyriens, den sie bis 625 vor Chr. behauptete. Wie Tiglath-Pilesar des Throns sich bemächtigt, bleibt ungewiss, da seine Annalen, obwohl sie über einen Zeitraum von siebenzehn Jahren sich erstrecken, nichts davon melden, wohl aber von kriegerischen Einfällen in das Land der Babylonier, nach Syrien und selbst gegen Israel sprechen (?). Nun folgt Salmanassar (730), welcher gegen Samaria zog, dann der durch die Erbauung des Palastes zu Khorsabad bekannte Sargon (721), der Samaria nimmt, Babylon und Aegypten bekriegt, Asdod erobert, darauf sein Sohn Sanherib (702), der in den Kriegen mit Aegypten sein Heer verliert, als Erbauer des Palastes zu Koyunjik, dann Esarhaddon (680), sein Sohn, zu weldem Manasse gefangen nach Babylon gebracht wird, dann Assur-bant-pal, sein Sohn (660), und darauf dessen Sohn Assur-emit-ili (640); unter ihm im Jahre 625 erfolgt die Zerstörung von Ninive, die nach Berosus unter Saracus, dem Sardanopel der Griechen, erfolgt. Da diese Namen nicht recht passen, um mit einander identificirt zu werden, so wird vermuthet, dass dieser Sa-racus vielleicht auch ein Bruder dieses Assur-emit-ili gewesen sein könne, welcher diesem succedirt. Ueber jeden dieser Könige wer-den aus dem, was die Keilschriften bieten sollen, Nachrichten mit-getheilt, die aber der Zuverlässigkeit gleichfalls noch sehr bedürfen. Es schliessen sich daran noch eine Reihe von allgemeinen Betrach-tungen über den Charakter dieses Assyrischen Reiches, so wie über den Grad von Civilisation, der in ihm herrschte, und in Kunst und Wissenschaft, wie in der Industrie sich kund gegeben: wofür aller-dings die neuen Funde und Entdeckungen aus der Capitale dieses Assyrischen Reiches ein sichereres Material bieten, als jene angeb-lichen Annalen, aus welchen jetzt schon eine genaue, auch chrono-logisch begründete Geschichte dieses Reiches und seiner einzelnen Herrscher, wie sie hier uns geboten wird, hervorgehen soll.

Essay VIII (S. 500—530) wendet sich wieder zu der Baby-lonischen Geschichte, und zwar der späteren, welche in ähnlicher Weise wie die Assyrische dargestellt und behandelt wird. Die Lage Babylons während der oben behandelten Periode der ersten Assyri-schen Dynastie (1273—747 vor Chr.) wird als eine im Ganzen untergeordnete betrachtet, es besass, so wird hier behauptet, seine Unabhängigkeit und ward durch eigene Fürsten regiert, nur zeit-weise der überlegenen Macht Assyriens unterthan: mit der Aera des Nabonassar (747) soll nach der hier gestellten Annahme irgend eine namhafte Veränderung oder Revolution statt gefunden haben, wie denn auch Semiramis in irgend einer Verbindung mit diesem Nabo-nassar gebracht wird, dessen (wenig sichere) Nachfolger der Reihe nach aufgeführt werden bis zu Nabopolassar, dem eigentlichen Gründer des Reichs, der durch seine Verbindung mit Cyaxares den Fall von Ninive und den Sturz des Assyrischen Reiches (625) her-beigeführt. Die Hauptbegebnisse während seiner Regierung wie die Züge Nebucadnezars, seines Nachfolgers (604), so wie der weiter folgenden Monarchen werden hier geschildert, bis auf Nabonadius (555), der sich mit Crösus verbindet, aber bei der Belagerung Ba-bylon's durch Cyrus sich nach Borsippa zurückzieht, während er zu Babylon seinen jugendlichen Sohn Bil-sbar-uzur (der mit dem Bels-hazzar des Buches Daniel identificirt wird) zurückgelassen, der die Stadt vertheidigt, bis zu der Eroberung durch Cyrus (538), bei welcher Gelegenheit er selbst erschlagen wird. So stellt der Ver-fasser die Sache dar: mit der Herodoteischen Nitokris weiss er (vgl. S. 520) gar nicht fertig zu werden, während es doch am na-türlichsten und einfachsten ist, sie als die Gattin des Nebucadnezar anzulassen, wie nach Niebuhr, auch Hupfeld, Grotefend und Andere

(s. unsere Note zu I, 185) angenommen haben, und der Verfasser
selbst kurz zuvor S. 518 in der Note annehmbar findet; dann ist
Labynetos (wie ihn Herodot nennt) oder Nabonadius ihr Sohn, den
man mit den Balthasar des Buches Daniel wohl wird identificiren
können, wenn man die beiden ersten Namen als blosse Titulaturen
auffasst (vgl. unsere Note zu I, 188. S. 375 d. neuen Ausg.).

   Essay IX (S. 531—583), also fast fünfzig Seiten gibt eine
Art von Geographie Mesopotamiens und der anliegenden Gegenden,
und soll sich dem anschliessen, was in Essay II, als physische und
politische Geographie Kleinasiens dargestellt war. Essay X (Seite
584—642) verbreitet sich in noch grösserer Ausdehnung über die
Religion der Babylonier und Assyrier; er ist aus der Feder H.
Rawlinson's geflossen und wird schon darum auf eine grössere Beachtung Anspruch machen. Dass die bisherige Darstellung dieser
Religionen, wie sie z. B. von Münter (dem die Meisten der Neueren gefolgt sind) über die Religion der Babylonier auf Grundlage
dessen, was in römischen und griechischen Schriftstellern, so wie
gelegentlich und theilweise selbst in der Bibel darüber vorkommt,
sowie mit Zuziehung einiger, wenn auch spärlicher Denkmale des
Landes und Volkes selbst, gegeben worden ist, jetzt, nachdem ein
so grosser Zuwachs an Denkmalen dieser Länder selbst durch die
neuen Entdeckungen hinzugekommen, nicht mehr ausreichen kann,
liegt zu Tage: ob aber jetzt schon, nachdem diese Denkmäler selbst
noch nicht in allen Details näher bekannt und zugänglich geworden,
und die Entzifferung der betreffenden Keilschriften noch nicht so
festgestellt und so weit vorgerückt ist, um auch für die Kenntniss
der babylonisch-assyrischen Götterwelt eine sichere Basis zu bieten,
es an der Zeit ist, eine solche Darstellung zu geben, bezweifeln
wir in der That: wir werden darin bestärkt durch die eigene Erklärung des Verfassers, wornach die zu Ninive zahlreich gefundenen
und im Londoner Museum niedergelegten mythologischen Thontafeln
(clay-tablets), aus welchen der ganze Bestand und Zusammenhang
der Babylonischen Götterwelt ersichtlich werden kann, in einer nicht
bekannten Sprache, die hier als heilige Sprache Babylon's (?) bezeichnet wird, abgefasst sein sollen, und, wie hier versichert wird,
nur in einzelnen Fällen mit einer Glosse oder Erklärung in Assyri-
scher Sprache versehen sind, so dass daraus nur ein Hilfsmittel für
die Erklärung einzelner Namen, sonst aber Nichts weiter gewonnen
werden kann. Die Assyrischen Quellen dagegen, die meist aus Anrufungen an das ganze Pantheon oder an einzelne Gottheiten bestehen, enthalten, wie uns versichert wird, meist nur lange Listen
von Beinamen, die völlig dunkel und unverständlich sind, so dass
auch daraus keine besonderen Aufschlüsse zu erwarten sind. Endlich wird unter allen Arten der Keilschrift diejenige, in welcher die
auf die Babylonische Götterwelt bezüglichen Nachrichten, Gebete,
Anrufungen u. dergl. niedergelegt sind, für die schwierigste zur
Entzifferung aus mehr als einem Grunde erklärt: was wir gerne

glauben, aber eben darin nur einen weitern Beleg für unsere eben
ausgesprochene Behauptung finden können, dass es noch nicht an
der Zeit, ja überhaupt kaum möglich sei, aus Babylonischen oder
Assyrischen Quellen ein System der Religion beider Völker auch nur
mit einiger Sicherheit zu entwickeln. Erst muss die Lesung der
Keilschriften sicher gestellt und auch damit ein sicheres Material
gewonnen sein, als Grundlage jeder weiteren Darstellung. Dann
wird es auch möglich sein, eine richtige Grundanschauung des Ganzen zu finden und damit den leitenden Faden, mit dem wir uns
zurecht finden können in diesem Labyrinth Assyrisch Babylonischer
Gottheiten in ihrer angeblich so grossen Anzahl und mit ihren zahlreichen Beinamen und Titel; was der Verfasser hier zu geben beabsichtigt, ist übrigens nicht eine Betrachtung des Gegenstandes in
seinem vollen Umfang, sondern nur eine Skizze dieses Pantheon
will er geben, nur die Hauptgottheiten uns vorführen und mit den
nöthigen Bemerkungen über ihre Namen und Titel wie über ihre
Funktionen und Attribute, über ihren Cult oder vielmehr die Stätten desselben, so wie über ihr Verhältniss zu den entsprechenden
Göttern der griechisch-römischen Welt, begleiten. Eine scharfe
Trennung zwischen den zu Babylon und den zu Ninive verehrten
Gottheiten zu machen, hält er, ungeachtet eine völlige Gleichheit
unter diesen Gottheiten keineswegs stattfinde, doch bei dem jetzigen
Stande unserer Kenntnisse nicht für möglich, man müsse sich begnügen mit einer kurzen Aufzählung der Gottheiten und einer Angabe der Stellung, die sie in ihren betreffenden Systemen einnehmen. Wäre dieser Zweck erreicht, so hätte man nach unserem
Ermessen alle Ursache zufrieden zu sein: ob dies aber der Fall ist,
mag die folgende Darstellung zeigen.

Zuerst durchgeht der Verfasser die dreizehn Assyrischen
Gottheiten, welche in verschiedene Gruppen zertheilt vorkommen
sollen: an der Spitze steht Asshur, der höchste Gott, an dessen
Stelle in Babylon eine Gottheit mit Namen Il oder Ra, wahrscheinlich Aegyptischen Ursprungs (?) treten soll; dann kommt eine
Trias, welche dem Pluto, Zeus und Neptun (?) der Griechen entspricht und damit werde oftmals verbunden eine weibliche Gottheit,
die als Weib des Zeus und Mutter der Götter erscheine: die
nächste Gruppe sollen bilden die von Berosus als Gestirne ($\mathring{\alpha}\sigma\tau\varrho\alpha$)
richtiger wohl als Aether, Sonne und Mond bezeichneten Gottheiten
nebst den fünf Planeten. Wenn über Asshur und die Stellung dieses Gottes nach dem, was hier beigebracht wird, weniger Zweifel
obwalten kann, so wird dies bei den übrigen Gottheiten nicht in
gleicher Weise behauptet werden können. In der bemerkten, zunächst auf Assur folgenden Trias soll Anu die erste Stelle einnehmen, entsprechend dem Hades oder Pluton der Griechen; die zweite
ein Gott, dessen Name Bil d. i. der Herr gelesen wird, der jedoch
von dem Babylonischen Belus wohl zu unterscheiden sei, indem
dieser letztere Merodach sei, dessen berühmten Tempel, den Tem-

pel des Belus, Hérodot beschreibe; dieser Bil soll dem Jupiter entsprechen: seine Identität mit dem Biblischen Nimrod wagt der Verfasser noch nicht so bestimmt auszusprechen, der dritte Gott dieser
Trias soll Héa oder Hoa heissen, entsprechend dem Poseidon,
obwohl man nicht recht begreifen kann, wie die Assyrer einen Gott
des Meeres auf diese Weise verehrt haben sollen, wie denn auch
von dem Verfasser bemerkt wird, dass dieser Gott nie als Gott des
Meeres bezeichnet werde, wohl aber als der Herr der Tiefe oder
als König der Flüsse; er werde weiter bezeichnet als die Quelle
alles Wissens und aller Erkenntniss, und entspreche insofern dem
Fischgott Oannes; von seiner ausgedehnten Verehrung soll eine
Liste von 36 Synonymen dieses Gottes Zeugniss geben, die sich
auf einem der Tablets im Britischen Museum finde. Die weibliche
mit dieser Trias verbundene Gottheit werde als Mulita (Μύλιττα)
zu Babylon, und als Bilta (Βῆλτις) in Assyrien verehrt: beide
Ausdrücke sollen nichts weiter bedeuten, als eine Jungfrau, ein
Mädchen, „a lady", wie der Verfasser übersetzt.

Die nächste Gruppe umfasst, wie bereits bemerkt worden, den
Aether, die Sonne und den Mond. Der Name des Aether Iva oder
Phal erscheint dem Verfasser noch nicht ganz sicher; der Sonnen-
gott heisst San oder Shamas, und kommt vor in Verbindung mit
einer weiblichen Sonnengottheit Gula; der Mondgott, der in dieser
Trias die erste Stelle einnehmen soll, heisst Sin; er hatte seinen
Haupttempel zu Ur. Die fünf planetarischen Gottheiten sollen sein:
Ninip oder Nin, (der Assyrische Hercules oder Σάνθης), Bel-
Merodach, dem der grosse Tempel zu Babylon geweiht war, der
Zeus Belos der Griechen, Nergal, der Mars, Ishtar oder Astarte,
zu Babylon Nana genannt, Nebo oder Nabu, der Mercurius.
Auch über diese Gottheiten, ihre Namen und Titel, wie ihre Verehrung wird aus den Keilschriften dasjenige beigebracht, was nach
der Deutung des Verfassers auf dieselben sich bezieht; es wird aber
auch am Schlusse noch ein weiteres Verzeichniss von Götternamen
beigefügt, welche in den bemerkten Quellen vorkommen sollen,
nach unserer Ansicht nicht sowohl selbständige Gottheiten, als vielmehr nur Titel und Beinamen, unter welchen die Hauptgottheiten
hier und dort verehrt wurden. Wir haben hier die Hauptpunkte
dieses dreizehn Hauptgottheiten und überdem noch eine Anzahl anderer, nicht näher, oder doch nur dem Namen nach bekannten Gottheiten enthaltenden Pantheons der Assyrisch-Babylonischen Welt
angeführt, wie es sich nach der hier gegebenen Ausführung darstellt:
wir vermissen vor Allem eine genaue Scheidung des Assyrischen
und Babylonischen, da Beides ursprünglich gewiss von einander
getrennt und verschieden war, wenn auch späterhin Vermischungen
und Uebergänge des Einen in das Andere mögen stattgefunden haben; und wenn wir auch annehmen, dass, wie bei der Aegyptischen
Götterwelt, so auch hier verschiedene Ordnungen oder Gruppen der
Götter stattgefunden, so ist doch in der Art und Weise der Grup-

pirung, wie sie hier uns vorgeführt wird, gar kein rechter Zusammenhang oder eine innere Gliederung zu entdecken, abgesehen von zahlreichen Bedenken, welche im Einzelnen unwillkührlich hervortreten, namentlich auch in der Beziehung, in welcher dieses angeblich Assyrisch-Babylonische Pantheon zu der hellenischen Götterwelt gebracht ist: wir unterlassen es hier, diese Bedenken weiter auszuführen: der ganze Boden, auf welchem dieses Pantheon uns entgegentritt, ist noch so locker, so wenig gesichtet, als dass daraus ein System, eine zusammenhängende, gegliederte Darstellung der Assyrischen und Babylonischen Götterwelt, die wir vor Allem von einander trennen müssen, gebildet werden könnte. Auch möchte selbst über die Lesung mancher dieser Götternamen wie über ihre Deutung und Auffassung noch mancher Zweifel erlaubt sein; sind diese Zweifel gehoben, ist die Lesung und Deutung der einzelnen Götternamen sammt den dazu gehörigen Epithetis und den einzelnen Anrufungen sicher gestellt, so wird sich dann auch weit eher der innere Zusammenhang erkennen lassen und die einzelnen Gottheiten werden dann auch nach ihrem Wesen richtig erfasst werden können, wozu die bisher gegebenen Data nicht ausreichend sind, wie die ganze hier gegebene Darstellung zeigt.

Essay XI behandelt eines der in England mehr als bei uns beliebten Thema's, die Frage nach den ethnischen Verwandtschaften der Bewohner des westlichen Asiens (S. 648—676). Wir beschränken uns, bei einem so ausgedehnten und eben so schwierigen Gegenstande, dessen Behandlung, wenn sie anders gründlich sein und zu sichern Resultaten führen soll, freilich in ganz anderer Weise einzuleiten ist, als dies hier geschieht, auf Angabe der Hauptsätze, so wie sie hier angenommen, und auf einer Tafel am Schlusse übersichtlich zusammengestellt sind. Als Völker taranischen Stammes werden Chamiten oder Kuschiten (die früheren Cananäer, Chaldäer u. s. w.) und scythische oder tatarische Völker bezeichnet: dem semitischen Stamme werden zugezählt die Assyrisch-Babylonisch-Syrische Bevölkerung, die Hebräer und Phönicier, so wie die Araber; dem indo-europäischen der lydo-phrygische, lycische und thracische Stamm, der medopersische, dem auch die Baktrianer, Sogdianer und andere zugehören, der arisch-indische, der die Inder, Gandarier u. s. w. begreift. Als Beigabe folgen zwei lycische bilingue Inschriften, dann (was gar nicht hieher gehört) eine übrigens gute Zusammenstellung aller der Beinamen des Zeus, welche in den griechischen Schriftstellern vorkommen, mit Angabe der betreffenden Stellen; den Beschluss macht eine Ausführung über die Erfindung des Geprägs und über die frühesten Proben gemünzten Geldes, die im Ganzen nichts Neues bringt, wohl aber die Herodoteische Nachricht, welche den Lydern diese Erfindung beilegt, in Schutz nimmt, gegenüber derjenigen Ansicht, welche diese Erfindung nach Griechenland verlegt.

Der zweite Theil, welcher das zweite und dritte Buch
enthält, zeigt eine nicht ganz gleiche Einrichtung. Die englische
Uebersetzung ist zwar so ziemlich in derselben Weise gehalten;
auch die Anmerkungen, die unter dem Texte stehen, verbreiten sich
theilweise in ähnlicher Ausführlichkeit, wie dies bei dem ersten
Buche der Fall ist, obwohl wir auch hier die Wahrnehmung gemacht
haben, dass in diesen Anmerkungen, die auch hier zunächst das
Sachliche betreffen, durchaus keine Gleichförmigkeit der Behandlung
zu finden ist, indem Einzelnes mit einer grösseren, zum unmittelbaren Verständniss in dieser Weise nicht nothwendigen Ausführlichkeit behandelt ist, während Anderes, was einer Erörterung wenigstens eben so bedürftig erscheint, unberührt geblieben ist. Zu
dem zweiten Buch hat Wilkinson viele Beiträge in den Noten geliefert, die zum Theil auf eigener Wahrnehmung und Beobachtung
beruhen, in anderer Beziehung aber doch auch wieder mit derjenigen Vorsicht aufzunehmen sind, die wir schon oben bei den ähnlichen Bemerkungen Rawlinson's anzuempfehlen genöthigt waren;
dass dies namentlich von etymologischen Erklärungen und Deutungen, wie von historischen Punkten gilt, wird man auch ohne unsere
ausdrückliche Bemerkung leicht begreifen, wie z. B. wenn die Na-
samonen (II, 32) Nahsi Amun d. i. Neger von Ammoni-
tis oder Nordlybien erklärt werden; eben so würde Manches weggefallen oder kürzer dargestellt worden sein, wenn von der deutschen Forschung ein näherer Gebrauch gemacht worden wäre; in
den meisten Fällen ist sie freilich ganz unbeachtet geblieben. Dass
ein Mann, wie Wilkinson, für die Kunde der altägyptischen Welt
nach ihren verschiedenen Beziehungen, Manches Nützliche beibringen
kann, was auch nicht speciell zur Erklärung des Herodotus gehört
(wie dies hier wirklich der Fall ist), wird Niemand bezweifeln, ob
dies aber Alles, was oft nur in entfernterer Beziehung zu Herodot
steht, in diese Anmerkungen gehört, ist eine andere Sache, worüber
wir mit dem Uebersetzer schon darum nicht rechten können, weil
er in der Vorrede sich beschwert über den Missgriff, in welchen
Andere gefallen, den Text mit Commentaren zu überladen. Kein
deutscher Erklärer oder Uebersetzer würde es sich erlauben dürfen,
in der Weise, wie es hier der Fall ist, Anmerkungen dem Texte
beizufügen. Am Schlusse des zweiten Buches folgen keine Essay's,
wie sie dem ersten Buche beigegeben und von uns oben erwähnt worden sind, sondern eine Appendix, von der Hand Wilkinson's abgefasst, und in acht Kapiteln eine Art von Aegyptischer
Alterthumskunde enthaltend (S. 279—394, also über hundert Seiten
stark. Jedem dieser acht Abschnitte ist eine Herodoteische Stelle,
gleichsam als Grundtext vorgesetzt, welcher dann weiter behandelt
wird. Demgemäss erhalten wir im ersten Kapitel eine Ausführung
zu der Herodoteischen Stelle II, 2, welche von dem Glauben der
Aegypter spricht, die sich für die ersten Menschen halten; die Erzählung von dem Versuche des Psammetichus wird als ein im

Munde der Aegyptischen Cicerone in alter Zeit umlaufendes Mährchen betrachtet, da die Aegypter, ihrer Abkunft nach, sich vielmehr von den ältesten Rassen Central-Asiens ableiten. Chap. II. verbreitet sich über die Zeiteintheilung der alten Aegypter, die zwölf Monate des Jahrs und die Zahl der Tage u. s. w., ausgehend von der Stelle II, 4, welche den Aegyptern die Entdeckung des Sonnenjahres beilegt.

Das dritte Kapitel behandelt einen sehr wichtigen Gegenstand: die Aegyptische Götterwelt. Wilkinson nimmt von den drei Götterordnungen Herodot's seinen Ausgangspunkt, er unternimmt es auch weiter, die einzelnen Gottheiten anzugeben, welche der ersten und zweiten Ordnung angehören sollen; allein über das Verhältniss der Götter erster und zweiter Ordnung zu einander, wie zur dritten Ordnung ist er sich so wenig klar geworden, dass er selbst die Annahme einer vierten Ordnung für möglich hält, und dabei doch immer noch eine namhafte Zahl von Gottheiten findet, welche gar nicht unter diese Ordnungen sich unterbringen lassen, und wenn die acht Götter der ersten Ordnung mit den Phönicischen Kabiren, die zwölf Götter der zweiten Ordnung aber mit den zwölf Göttern des Olympus und den Dii Consentes der Römer übereinstimmen sollen, so wird darin schwerlich Jemand eine Lösung der schwierigen Frage erkennen wollen. Und dass diese acht und diese zwölf Götter im Einzelnen hier anders aufgeführt werden, als dies bei Bunsen, Lepsius und Röth (um nur diese zu nennen) der Fall ist, mag wohl als ein neuer Beweis angesehen werden, wie unsicher hier noch Alles ist, wie wenig gesichert der Boden, auf welchem ein alt-ägyptisches Pantheon, trotz aller Fülle der Denkmale, uns erwachsen soll. Von einem gewissen inneren Zusammenhang, wie ihn selbst die drei Götterordnungen, die doch in einer gewissen Beziehung zu einander gestanden haben müssen, andeuten, kann daher auch hier nicht die Rede sein; der Verfasser hat einen solchen weder gewinnen noch nachweisen können. Die Nilmesser hauptsächlich bilden den Inhalt des vierten Kapitels, das fünfte hat die Schrift der Aegypter zum Gegenstande, wobei auch die Frage nach der Erfindung der Schrift herzugezogen und den Phöniciern, was die wirkliche alphabetische Schrift betrifft, der Vorzug zuerkannt wird; aus der phönicischen Schrift wird die griechische abgeleitet, und durch eine Tafel versinnbildlicht, auf welcher die verschiedenen Zeichen des Hebräischen, Phönicischen, des älteren wie des späteren Griechischen, nebst denen des englischen Alphabets neben einander gestellt erscheinen. Der sechste Abschnitt behandelt die gymnastischen Spiele der Aegyter; der siebente, mit Bezug auf II, 109, die Leistungen der Aegypter in der Geometrie und andern Zweigen der Wissenschaft, das achte Kapitel, das umfangreichste gibt eine gedrängte Uebersicht der Geschichte Aegyptens, von Menes an, die dreissig Dynastien herab bis zur Persischen Invasion. Es mag ge-

nügen, kurz den Inhalt angegeben zu haben: Neues von einigem
Belang haben wir darin nicht gefunden.

Mit dem Anfange des dritten Buches werden die Anmerkungen
unter dem Texte ungleich schwächer, wahrscheinlich der Raummer-
sparniss wegen, die eine grössere Ausführlichkeit hier durchaus vermieden hat; als Appendix erscheinen zu diesem Buche vier Essays
mit einigen Noten (S. 537—616). Essay I, von der Hand Wilkinson's verbreitet sich über den Cult der Venus Urania im Orient,
ausgehend von der Alitta oder Mylitta; Essay II über die Empörung
der Magier und die Herrschaft des falschen Smerdis. Die gewöhnliche Ansicht, welche darin einen Versuch der Meder, und der bei
den Medern an der Spitze stehenden Kaste der Magier erkennt,
wieder zur Reichsherrschaft zu gelangen, zum Nachtheil der Perser,
die unter und durch Cyrus dazu gelangt waren, wird für irrthümlich ausgegeben und im Widerspruch stehend mit dem, was die Inschrift von Behistun berichte, in der doch jeder Unbefangene nur
eine Bestätigung der von Herodotus gegebenen Erzählung, auf welcher die gewöhnliche Ansicht begründet ist, finden wird. Da die
Magier nemlich nach der Ansicht des Verfassers Scythen waren,
und die Religion der Magier demnach die alt-Scythische war, so soll
das Ganze nur als ein Versuch erscheinen, den alten Glauben der
Magier, also der Scythen, wieder geltend zu machen gegen die
Religion des zur Herrschaft gelangten Arisch-Persischen Stammes
mit seinem Dualismus. Es mag diese Andeutung genügen, da wir
hier nicht den Raum allzu sehr ansprechen können, um das ganze
Phantasiegebilde, das uns hier vorgetragen wird, wiederzugeben.
Dass von einer eigentlichen Kritik, wie wir sie auch auf diesem
Gebiete verlangen, hier völlig abgesehen werden muss, wird kaum
noch einer besondern Bemerkung bedürfen. Essay III verbreitet
sich über das Persische System der Verwaltung und Regierung des
Reichs, ohne irgend etwas Neues zu bieten; Essay IV wird, schon
um der beigefügten Pläne willen, eine grössere Beachtung ansprechen: es ist die Topographie des alten Babylon, die hier mit Rücksicht auf die neueren diesem Gegenstand gewidmeten Forschungen
besprochen wird, mit möglichst genauer Bestimmung der Lage der
Hauptpunkte. Unter den Beigaben dieses Essay finden wir auch
S. 590 ff. (am Schlusse dieses Bandes) einen Wiederabdruck der bekannten Inschrift des Darius zu Behistun, sowohl des Textes selbst
mit lateinischen Lettern, wie der englischen Uebersetzung: bei allem
Interesse, das gewiss ein solches Document in Anspruch nimmt, würden
wir es lieber gesehen haben, wenn davon ein Gebrauch für die Erklärung des Herodotus selbst gemacht worden wäre, was gar nicht der
Fall ist, so dass z. B. bei der Satrapieneintheilung des Reichs im
dritten Buch gar keine Notiz genommen wird von dieser Inschrift, die
bekanntlich, eben so wie die Grabschrift des Darius, diese einzelnen
Satrapien angibt. Eine solche Vergleichung, die zugleich eine kritische

Behandlung des Gegenstandes selbst voraussetzt oder doch herbei-
führen muss, darf man hier wie anderwärts nicht erwarten.

Endlich haben wir noch der allerdings vorzüglichen artistischen
Ausführung zu gedenken, die freilich in der oft überflüssigen Ausdehnung, die sie namentlich in dem zweiten Bande gefunden hat,
auch unnöthig den Preis des Werkes vertheuert hat, dessen einzelne
Bände auf beinahe eilf Gulden zu stehen kommen. Dem ersten
Bande ist ein Kärtchen des westlichen Asien's während der Assyrischen Periode von 900—625 vor Chr. beigegeben, auf welchem die
in Keilschriften vorkommenden Namen von Orten angebracht sind;
dem andern Bande eine Karte der Herodoteischen Welt; die übrigen artistischen Beigaben bestehen theils in Abbildungen einzelner
Gegenstände oder Scenen, theils in Plänen und Umrissen: beides
eingedruckt in den Text als Holzschnitt, und, wie bemerkt, in vorzüglicher Ausführung. Zu den letztern rechnen wir im ersten Bande
die beiden, Milet und seine Umgebung in alter und neuer Zeit, gewidmeten Kärtchen zu I, 143; man kann hier leicht die grossen
Veränderungen erkennen, die in der Gestaltung des Bodens sich zu-
getragen haben, wodurch eine grosse Meeresbucht in einen Landsee
verwandelt worden, der nur durch einen in den Mäander mündenden
Abfluss mit dem Meere durch eben diesen, jetzt um einige Meilen
weiter gehenden Fluss zusammenhängt; Tchihatcheff hat übrigens in
dem oben schon angeführten, dem Verfasser unbekannt gebliebenen
Werke I. p. 101 ff. diese ganze Sache näher untersucht; wir rechnen weiter dahin den Umriss des Tempels der Branchiden zu I, 157,
den Plan von Cnidus und der nahen Küste (ebenfalls zu I, 143, 144),
bezweifeln aber, ob auf diesem Plane die Lage des Vorgebirges
Triopium richtig angegeben ist, das man gewöhnlich in dem Cap
Crio findet, der Verfasser aber, weil auf diesem Vorgebirge ein
Theil der Stadt Cnidus selbst gestanden habe, weiter nordwärts von
der Stadt verlegen will, wo freilich bisher keine Ueberreste der alten Zeit gefunden worden seien, und zwar vielleicht darum, weil
die ganze Küste noch nicht näher untersucht worden. Die Berufung, die auf Scylax Periplus p. 91 (§. 99) gemacht wird, so wie
auf Thucydides VIII, 35, aus welchen hervorgehen soll, dass das
heutige Kap Krio unmöglich das alte Vorgebirge Triopium sein
könne, gibt durchaus keinen Beweis: liest man die Stelle des Thucydides nur mit einiger Aufmerksamkeit, so wird man daraus bald
sehen, dass das alte Triopium ziemlich in der Nähe der alten
Stadt Cnidus gelegen haben muss, daher am wenigsten in der Entfernung nordwärts gelegen haben kann, wohin der Verfasser dasselbe verlegt. Weder Clarke (Travels II, 1. p. 214), der sogar
eine Abbildung des Triopium gibt, noch L. Ross (Inselreisen II.
p. 82 f.), der aufs genaueste nachweist, wie das alte Triopium nur
in dem heutigen Cap Crio wieder gefunden werden kann, ist dem
Verf. bekannt, oder von ihm berücksichtigt worden: so dass der
ganze Plan auf volle Richtigkeit keinen Anspruch machen kann;

was wir oben von manchen gewagten oder höchst ungewissen Behauptungen gesagt haben, das gilt ebenso in Bezug auf derartige Pläne und Umrisse, die mit gleicher Sicherheit selbst in solchen Punkten ausgeführt werden, die noch ganz unsicher sind und auf einer blossen Vermuthung oder Annahme beruhen. So wird zu I, 98 ein Plan des alten Ekbatana gegeben, d. h. des neueren Takhti-Soleiman, zu welchem die Lage des alten Ekbatana, wie oben bereits bemerkt worden, gar nicht passt, da das Ganze nur in einer Vermuthung oder Grille von Rawlinson seinen Grund hat. So wird zu I, 214 eine Abbildung von dem angeblichen Grabmale des älteren Cyrus bei Murgab, was jetzt unter dem Namen Mesched i Mader i Suleiman (d. i. Grab der Mutter Salomon's) bekannt ist, gegeben, und zwar ohne alles Bedenken als das wirkliche Grabdenkmal des Cyrus. Indessen schon der blosse Anblick des Denkmales mag erkennen lassen, dass wir hier kein Denkmal der Achämenidenzeit vor uns haben, die bis zu dem Gründer der persischen Dynastie, dem älteren Cyrus hinaufreicht: was wir jetzt sehen, gehört jedenfalls einer späteren Zeit an; ob es, wie in neuester Zeit darzuthun gesucht worden, für das Grabmal des jüngeren Cyrus zu halten ist, das ihm seine Mutter Parysatis errichtet, wagen wir nicht zu entscheiden; wir möchten lieber an eine noch weit spätere Zeit denken. Unter den übrigen, minder bedeutenden Abbildungen, welche an mehreren Orten eingedruckt sind, nennen wir noch die etwas verschönerte und manirirte Abbildung der Birs Nimrud, oder des alten Belustempel zu Babylon zu I, 98 (wir hätten eher erwartet zu I, 181 ff., namentlich zu der Note S. 321 zu I, 183). Weit zahlreicher sind die dem zweiten Buche und der dazu gehörigen Appendix, von der wir oben gesprochen, eingedruckten Abbildungen, die freilich zum grössesten Theil aus Wilkinson's Werke: Manners and Customs of the ancient Egyptians entnommen, hier wiederholt werden und namentlich alle Scenen des Aegyptischen Lebens uns vorführen, so wie die verschiedenen Werkzeuge, musikalische und kriegerische Instrumente, Fabrikate der Aegyptischen Industrie, Scenen des Cultus, wie Processionen u. dergl., Bilder der Thierwelt, sowohl der wirklichen wie der symbolischen (z. B. der Sphinxe zu I, 175), vielfache Aegyptische Götter- und Königsnamen in hieroglyphischer Schrift u. dgl. m. Ob dies Alles nöthig war bei einer Uebersetzung des Herodotus, die doch nicht zugleich ein Abriss der Aegyptischen Alterthumskunde sein soll und kann, wohl aber die Angaben des Schriftstellers durch die aus den noch vorhandenen Denkmalen zu gewinnende Aufklärung erläutern und in das gehörige Licht setzen soll, ist eine andere Frage, die wir unbedingt verneinen, ohne jedoch damit dem Verfassern zu nahe treten zu wollen, die hier, wie es scheint, auf den Geschmack des englischen Publikums Rücksicht genommen haben, das an derartigen Illustrationen mehr Gefallen hat, als eine deutsche, mehr auf die Sache selbst, als den äussern Schein ein-

gehende Lesewelt. Weit über hundert solcher Abbildungen sind
eingedruckt, kleinere wie grössere, einige sogar auf besondern Tafeln beigefügt, wie S. 176—177 zu Herodot II, 107, 108, wo von
Sesostris die Rede ist, welcher die aus den eroberten Ländern von
ihm weg nach Aegypten gefangen entführten Massen zu seinen
Bauten und Canalanlagen verwendet, das grosse aus Wilkinson's
Werk und nach ihm auch aus andern Werken sattsam bekannte
Bild der Abführung eines der Göttercolosse wiederholt ist. So wird
zu II, 30, wo von den nach Aethiopien ziehenden, von Psammetich abgefallenen Aegyptischen Kriegern die Rede ist, welche von
diesem König verfolgt und auch getroffen wurden, die Inschrift eines
griechischen Söldners, der zu des Psammetichus Heer gehörte, wie
sie in der Nähe von Ipsambul in Nubien eingegraben ist, in einem
Leake's erster Bekanntmachung entnommenen Nachstich S. 45 eingefügt, was vielleicht besser zu II, 152 geschehen wäre, wenn
überhaupt ein solcher Nachstich nöthig erscheinen konnte, da die
Inschrift nur das Vorhandensein griechischer Söldner im Dienste
des Psammetichus, und weiter Nichts bezeugen kann; die Bemerkungen Wilkinson's über diese Inschrift, die Fassung der Buchstaben u. s. w. würden auch wohl anders ausgefallen sein, wenn demselben das bekannt gewesen wäre, was C. Franz (Corp. Inscr. Graec.
Vol. III. Nr. 5126), L. Ross (in den Jahrbb. f. Philol. u. Pädag. Bd. XLIX
p. 528 ff.), und Bergk noch unlängst im Philologus (Bd. XIII. p. 479)
über diese Inschrift bemerkt haben, die nach dem zuletzt genannten
Gelehrten nicht einmal in das Reich des älteren Psammetich, der
die von ihm abgefallenen Krieger nach Aethiopien verfolgte, gehört,
sondern in eine spätere Zeit des Psammetich II, zwischen 595 und
589 vor Chr. fällt. So wird zu II, 22. S. 48 eine Ansicht der
kleinen Oase, nahe bei Zubbo gegeben, die bei Herodotus gar nicht
vorkommt, der an der bemerkten Stelle vielmehr an die Oase Siwah,
mit dem Tempel und Orakel des Amun denkt. Nützlicher als solche
Bildchen mag man die Pläne von Heliopolis und Sais, so wie von
Bubastis finden, wiewohl sie zur näheren Erkenntniss oder zum besseren Verständniss des Herodotus wenig beitragen; nützlicher erscheint der zu II, 124 gegebene Plan über die Pyramiden, während
wir etwas der Art zu den Angaben über das Labyrinth II, 149 ff.
ganz vermissen, dafür erhalten wir zu II, 154—155 eine Abbildung oder vielmehr eine Art von Restauration eines isolirten Aegyptischen Tempels in seiner ganzen Anlage, mit seinen eingeschlossenen heiligen Räumen und seinen nächsten Umgebungen, was
allerdings eine anschauliche Vorstellung zu geben im Stande ist.

Ungleich geringer an Zahl sind die zu dem dritten Buche eingedruckten Abbildungen und Pläne, dabei auch meist von geringerer
Bedeutung. Dies gilt selbst von der Ansicht des Hügels, der die
Reste von Susa (d. h. wohl der königlichen Burg) enthalten soll,
zu III, 68. S. 463. Der zu III, 54 gegebene Plan von Samos
kommt auf denjenigen hinaus, der sich auch bei Ross, Inselreisen

II, p. 141 findet; was als Aquaduct darauf bezeichnet wird, ist
die römische Wasserleitung, die von dem Dorfe Khora nach der
Stadt einst führte und dem Herodotus natürlich unbekannt ist;
die berühmte, durch Polykrates angelegte unterirdische Wasserleitung, die Herodotus beschreibt, ist gar nicht verzeichnet, nicht einmal der Ort, von welchem sie auslief, — die Quelle bei der Ka-
pelle St. Johannes — um dann durch den Berg, auf welchem die
Burg von Samos stand, das Gebiet der Stadt zu erreichen: so fehlt
also auf dem Plane von Samos das, was für den Leser des Herodotus einen der wichtigsten Punkte ausmacht; auf dem von Guerin
seiner Beschreibung von Samos (Description de l'île de Patmos et
de l'île de Samos. Paris 1856) beigegebenen Plane, der nach der
Englischen Karte von Brock mit einigen Modificationen ausgeführt ist,
findet sich diese Wasserleitung, die von dem römischen Aquaduct, der
in ganz anderer Richtung lief, verschieden ist, richtig angegeben. —
Mehr Beachtung dürften die verschiedenen Umrisse, welche S. 571 ff.
über das alte Babylon gegeben werden, verdienen, obwohl auch
hier wieder bei den dazu gelieferten Erörterungen grosse Vorsicht
nothwendig ist. So wird die Hügelmasse, die sich nordwärts auf
dem östlichen Ufer des Euphrat an die unter dem Namen Kasr
bekannte Hügelruine (von der hier eine gute Abbildung gegeben
ist) anreiht und mit dem Namen Babil oder Mudjelliba jetzt
bezeichnet wird, und gewöhnlich für eine Art von Citadelle oder
Burg gehalten wird, hier zu dem Tempel des Belus gemacht, der
nach Herodots Versicherung I, 181, auf dem andern, westlichen
Ufer des Euphrat lag, und nach der gewöhnlichen Annahme in dem
jetzt als Birs Nimrud bekannten Hügel zu finden ist; letzterer soll
dafür die Stätte des alten Borsippa andeuten, wo ein Tempel des
Nebo oder Mercurius gewesen, den Nebucadnezar restaurirt habe,
so dass auf diesen Tempel die noch vorhandenen Reste zu beziehen
seien. Wer auch nur ein wenig mit der Topographie des alten
Babylon's sich beschäftigt hat, wird das Gewagte und Willkührliche
einer solchen Behauptung bald erkennen, die den Vater der Geschichte, der doch selbst in Babylon war und das, was er beschreibt,
mit eigenen Augen gesehen, eines in der That unglaublichen Miss-
griffes oder Irrthums bezichtigt, insofern er ausdrücklich versichert,
dass die Königsburg in dem einen der beiden durch den Euphrat
getrennten Theile der Stadt gelegen, in dem andern der Tempel des
Belus. Doch, wir haben schon genug Proben dieser ganzen Art
und Weise der Behandlung gegeben, welche die Berichte der Alten
mit dem, was die Gegenwart noch bietet, in Verbindung zu bringen
sucht, als dass es nöthig erscheinen könnte, darüber noch ein Weiteres zu bemerken: wir können nur noch einmal die ernstliche Mahnung beifügen, mit der grössesten Vorsicht alle derartigen Angaben
Englischer Berichterstatter anzunehmen. Eben so wenig wird es
nöthig erscheinen, über das, was in dieser englischen Uebersetzung
und Erklärung des Herodotus überhaupt geleistet worden ist, noch

ein Wort zu verlieren; wenn wir auch hier nur einen verhältnissmässig ganz geringen Theil der Missgriffe und Irrthümer berühren
konnten, so wird dieses doch einen Jeden hinreichend in den Stand
setzen, ein eigenes Urtheil sich zu bilden.

Wir hatten diesen Bericht über die beiden ersten Bände bereits
beendigt, als uns der d r i t t e Band zukam, welcher die drei folgenden Bücher des Herodotus, also IV, V, VI enthält in einem
Umfang von 568 Seiten. Die Einrichtung des Ganzen ist natürlich
auch dieselbe bei diesem Bande geblieben; doch haben die unter
der englischen Uebersetzung angebrachten Noten nicht den Umfang
und die Ausdehnung, die im ersten und einem Theile des zweiten
Bandes hervortritt, und ebenso sind die jedem Buche beigefügten
Essays auf einen engern Raum eingeschränkt; sonst hätten auch
nicht die drei Bücher in diesem Einen Bande vereinigt sein können, indem das Ganze in v i e r Bänden abgeschlossen sein soll, der
also noch im Ausstand stehende v i e r t e Band die drei noch fehlenden Bücher (VII. VIII. IX) enthalten wird. Auch die Essays
dieses Bandes haben denselben allgemeinen Charakter, den wir bereits bei den Essays des ersten und zweiten Bandes wahrgenommen
haben, es sind auch hier mehr ethnographisch-historische Untersuchungen über Gegenstände, die wie es scheint, jetzt ein Lieblings-
thema der englischen gebildeten Welt bilden, in Deutschland aber,
wo man in allen solchen Dingen doch tiefer auf den Grund geht
und der Kritik vor Allem hier die gebührende Stelle einräumen zu
müssen glaubt, nicht in dem Grade beliebt sind. So gilt der erste
Essay zu dem vierten Buche des Herodot einer Besprechung über
die C i m m e r i e r, die mit den Cimbern und Kelten (Cymry) für
identisch erklärt werden; müssen doch selbst die so viel besprochenen B u d i n e n (IV, 108) es sich gefallen lassen, für einen Ueberrest dieser Cimmerier zu gelten, und eben so die G e l o n e n,
um ihres Namens willen, für Gaelen oder Kelten angesehen zu
werden. Mit solchen Beweisführungen mag allerdings englischen
Lesern gedient sein, deutschen Forschern, die sich durch allen diesen Wust hindurcharbeiten sollen, schwerlich. Aehnlicher Weise ist
der zweite Essay, welcher über die Ethnographie der Europäischen
S c y t h e n sich verbreitet, in Verbindung mit dem dritten Essay,
welcher über die Geographie S c y t h i e n s sich verbreitet und zum
Theil gegen Niebuhr's Ansichten gerichtet ist über die Gestaltung
des Herodoteischen Scythiens, während in dem andern Essay die
Ansicht, welche den Scythischen Völkern eine Mongolische Abkunft
zuweist, bestritten wird, indem die Scythen Herodots geradezu für
einen Indo-Europäischen Stamm, selbst unter Berufung auf Jacob
Grimm und auf Grund der Sprachforschung, erklärt werden. Es
mag dies vielleicht weniger auffallen, da unlängst ein französischer
Gelehrter in einer eigenen Schrift auf ähnliche Weise darthun
wollte, dass diese Scythen als die Voreltern der Germanen und
Slaven, die Geten, Gothen, Sarmaten aber als die Mittelglieder

zwischen beiden anzusehen seien *). Den besonnenen Forscher muss
bei allen derartigen Behauptungen unwillkührlich ein gewisser
Schwindel befallen; wer unbefangen die Angaben des Herodotus im
vierten Buch über die sogenannten Scythen und die einzelnen hier
genannten Völkerschaften durchgeht, wird sich bald überzeugen
müssen, wie alle diese sogenannt Scythischen Stämme und Völker
sich gar nicht über einen Kamm scheeren oder als Bestandtheile
und Verzweigungen eines und desselben Völkerstammes betrachten
lassen, wie vielmehr vor Allem hier eine strenge Scheidung zu
machen ist und die Aufgabe der Kritik zunächst dahin gerichtet
sein muss, nach den von Herodot angegebenen Kennzeichen diese
Ausscheidung unter den einzelnen mit dem allgemeinen Namen der
Scythen belegten Völkerschaften vorzunehmen, und hiernach zu bestimmen, welche dem fennischen, welche dem slavischen oder dem
arischen Stamme zuzuweisen sind.   Diese Aufgabe ist allerdings
keine leichte, eben weil sie auf eine sorgfältige Prüfung des Einzelnen sich einlassen muss, und mit allgemeinen Phrasen nicht auskommen, auch nicht auf eine Worterklärung sich einlassen kann,
welche Wörter einer Sprache zu erklären unternimmt, die wir gar
nicht kennen, und damit jeder Willkühr Raum lässt; wer sich davon überzeugen will, braucht nur die S. 214 abgedruckte Note H.
Rawlinson's, welche mit der Erklärung der Völkernamen Thys-
sagetae und Massagetae sich beschäftigt, nachzulesen, anderer
derartiger Belege zu geschweigen, die nicht schwer auch in diesem
dritten Bande aufzufinden sind.

Dem fünften Buche sind zwei längere Essays angehängt, von
welchen der eine die frühere Geschichte Sparta's, von der ersten
Einwanderung der Dorer in den Peloponnes an behandelt, die Gesetzgebung des Lycurgus und ihre Wirkungen, die Kriege mit Mes-
senien, so wie mit Arkadien darstellt, und darauf Betrachtungen
über die Abnahme der königlichen Gewalt mit dem Erheben der
Ephoren folgen lässt (S. 323—369); in ähnlicher Weise wird in
dem andern Essay die frühere Geschichte Athens und die Solonische
Gesetzgebung dargestellt; mit dem Ende Solon's und der Erhebung
der Tyrannis des Pisistratus schliesst die Darstellung, insofern hier
ein Wendepunkt in der Geschichte Athens eingetreten, die im Gegensatz zu der vorausgegangenen Periode sich als die neuere dieses
Staates darstelle.

---

*) Les Scythes, les ancêtres des peuples Germaniques et Slaves, leur état
social, moral, intellectuel et religieux. Esquisse ethnogénéalogique et historique
par F. G. Bergmann. Colmar 1858. 8. (Ein besonderer Abdruck aus der
Revue d'Alsace).

(Schluss folgt.)

JAHRBÜCHER DER LITERATUR.

Rawlinson: The History of Heródotus.

(Schluss.)

Für diese spätere Periode, so weit sie in den Kreis des Herodoteischen Werkes falle, glaubt der Verfasser in den unter dem
Text stehenden Anmerkungen das Nöthige erörtert zu haben; wer
ein Mehreres verlange, wird auf Grote's Griechische Geschichte verwiesen, „which contain the most accurate digest of the ancient authorities and the most philosophical comment upon them, to be
found in the whole range of modern literature" (S. 412). Wir
haben hier absichtlich die Worte des Verfassers angeführt: bei aller
Anerkennung, die man in Deutschland dem verdienstlichen Werke
Grote's bereitwillig ertheilen wird, das in der ganzen Art und Weise
der Behandlung sich zu seinem Vortheile vor andern ähnlichen
Werken Englands, namentlich auch vor dem vorliegenden bemerklich
macht und selbst auszeichnet, wird doch Niemand, der mit dem,
was in Deutschland auf diesem Gebiete geleistet worden, einigermassen bekannt ist, ein solches Lob begründet finden können;
wer aber das, was über die frühere Geschichte und Verfassung
Sparta's wie Athen's auf dem Gebiete der deutschen Literatur geleistet worden ist, kennt, wird die in diesen beiden Essay's gegebenen Darstellungen füglich ungelesen lassen können. Eben so
wenig neue Aufschlüsse wird man aus den beiden dem sechsten
Buche beigegebenen kürzeren Essays gewinnen können, von welchen sich der erste auf die Schlacht bei Marathon bezieht (On the
circumstances of the battle of Marathon S. 528—540) und die
Lage des Schlachtfeldes, die von beiden Seiten in den Kampf gebrachte Zahl der Streiter u. dgl. m. bespricht. Dass die Beschreibung, die Herodot gibt, nicht ohne manche Schwierigkeiten ist,
weiss Jeder, der dieser Beschreibung genauer gefolgt ist und die
einzelnen darin erwähnten Lokalitäten in der Wirklichkeit, wie sie
jetzt sich gestaltet hat, nachzuweisen versucht hat. Wenn aber,
wie dies hier geschieht, das alte Marathon nicht da, wo noch jetzt
der alte Name sich erhalten hat, gesucht wird, sondern das verlassene Kloster Vrana mit seinen öden, nicht einmal Wasser bietenden
Umgebungen, in denen auch keine Spur irgend eines alterthümlichen
Restes angetroffen wird, die auch, wie ein wohlkundiger und gelehrter Grieche, der bekannte Rangabé versichert, gar keines An-
baues fähig sind, für die Stätte des alten Marathon gelten soll (vgl.
S. 534), so wird sich Niemand das rein Willkührliche einer solchen

Annahme verhehlen können, zumal da, wie derselbe Rangabé und
Andere versichern, vielfache alte Ueberreste noch heute die Stätte
des alten Marathon, unfern des jetzigen gleichnamigen Dorfes an
dem Eingang in das Thal beurkunden, das alte Marathon also nicht
in die Nähe des öden und verlassenen Vrana gesetzt werden kann.
Essay II (S. 541—549) tischt uns noch einmal die Pelasger auf
("On the traditions respecting the Pelasgians"), ohne jedoch irgend
etwas Erhebliches über diesen viel und oft besprochenen Gegenstand
beizubringen. Ein alphabetisch geordnetes Verzeichniss von Persischen und Medischen Eigennamen, zunächst Personennamen, die bei
Herodotus und andern Griechischen und Lateinischen Autoren, wie
Aeschylus, Polybius, Diodorus, Curtius u. s. w. vorkommen, mit den
entsprechenden Erklärungen der Bedeutung eines jeden Namens
macht den Beschluss: dass auch hier Manches nur mit grosser Vorsicht anzunehmen ist, bedarf wohl kaum einer besonderen Versicherung. Zwei Karten sind diesem Bande beigegeben: die eine
enthält das Herodoteische System, die andere das Persische Reich
nach der Satrapieneintheilung des Darius.

Chr. Bähr.

---

1. *Pauperisme et bienfaisance dans le Bas-Rhin par L. J. Reboul,*
   secretaire general de la Prefecture, docteur en droit etc. Strass-
   bourg 1858.
2. *Das A. B. C der Armenpflege, zugleich dritter Jahresbericht des*
   St. Johannisvereins im Kanton Dürkheim von Pfarrer Hofer
   in Weisenheim. Dürkheim 1858.

Die grosse Frage über Armenwesen und Wohlthätigkeitsanstalten hat in neuerer Zeit eine mehr praktische Richtung erhalten,
indem man erkennt, dass damit das Armenwesen noch nicht gut
geordnet ist, wenn man nur für Anstalten sorgt, wodurch es möglich gemacht wird, Jedem, der als Armer sich darstellt, indem er
sich auf den Mangel von Hülfsquellen beruft, ohne weitere Prüfung
Almosen zu geben. Man sieht ein, dass durch eine unverständige
Mildthätigkeit die Zahl der Armen vermehrt und weder das öffentliche Interesse gefördert noch der wahre Geist der christlichen Liebe
entfaltet wird. Man erkennt, dass dem Uebel nur abgeholfen werden kann, wenn das Armenwesen im Zusammenhang mit den Mitteln die Sittlichkeit zu erwecken, den Sinn für Arbeitsamkeit zu
fördern, und der Armuth vorzubeugen, so wie mit einem kräftigen
und praktisch-wirksamen Associationsgeiste aufgefasst wird. Erst
wenn man sich darüber verständigt hat, wie die öffentliche (und
zwar wieder mit Unterscheidung der Thätigkeit des Staats und der
Wirksamkeit der Gemeinde) Wohlthätigkeit und die Privatwohlthätigkeit in einander greifen soll, wird man hoffen können, eine

Grundlage für die zweckmässigste Organisation des Armenwesens
zu gewinnen. Niemand wird verkennen, dass durch die Arbeiten
auf den in den letzten Jahren in Brüssel und Frankfurt wirkenden
Wohlthätigkeitscongressen viele gute Erörterungen veranlasst worden
sind; allein prüft man genau das Ergebniss der Leistungen, so bemerkt man bald, dass schon nach der Art, wie diese Congresse
gehalten werden, nach der Eilfertigkeit, mit der man in die Verhandlungen von ein paar Tagen die Berathung einer grossen Masse
der verschiedenartigsten und wichtigsten Fragen zusammenzudrängen
sucht, und nach der Heterogenität der Elemente, aus denen diese
Congresse zusammengesetzt sind, eine bedeutende Grundlage für die
richtige Organisation der öffentlichen und Privatwohlthätigkeit nicht
erwartet werden kann. Wie wenig auf Verständigung sobald gerechnet werden darf, ergibt sich, wenn man den Einfluss des seit
Jahrhunderten geführten Kampfes zwischen Kirche und Staat auf
die Wohlthätigkeit betrachtet.

Der Gang der Gesetzgebung in Belgien in Bezug auf die Organisation der Wohlthätigkeit und insbesondere über die Beschränkungen, welche der Staat der Freiheit der Privatwohlthätigkeit auf-
legen darf, lehrt zur Genüge, wie leicht in die Verhandlungen über
die Wohlthätigkeitsfrage auch mehr oder minder sich Rücksichten
einmischen, die auf das Verhältniss von Kirche und Staat sich beziehen. So lange noch Unklarheit über die leitenden Grundsätze
die Verständigung hindert, bleibt nur ein sicher zum Ziele führen-
des, wenigstens das Gute vorbereitendes Mittel, das der gewissenhaften mit praktischem Geiste geführten Sammlung von Materialien,
wie in einzelnen Gegenden die Wohlthätigkeit organisirt ist. Jemehr
eine solche Sammlung in alle Einzelheiten eingeht, und auf alle
Punkte gerichtet ist, durch deren Kenntniss es möglich wird, die
Ursachen und den Umfang des Uebels, dem abgeholfen werden soll,
und die Mittel der Abhülfe und ihre Wirksamkeit zu erkennen, desto
grösser wird der Gewinn aus einer solchen Arbeit sein. Einen
höchst belehrenden Beitrag hiezu verdanken wir nun dem Verfasser
der oben angeführten Schrift, die sich auf das Departement des
Niederrheins (einen Theil von Elsass) bezieht, also auf eine Gegend,
die vorzüglich geeignet ist, wichtige Aufschlüsse über Wohlthätigkeitsanstalten und Armenwesen zu liefern. Wir finden hier eine
arbeitsame, verständige, zwar für heitern Lebensgenuss und Ver-
gnügungen sehr gestimmte Bevölkerung, die von früher Zeit an
einen grossen Wohlthätigkeitssinn bewährte. Wir finden in dem
Bezirke eine grosse Stadt, Strassburg, in welcher zwar die grossen
Städten eigenthümlichen Elemente sittlicher Verdorbenheit, aber auch
viele bürgerliche Tugenden, eine liebenswürdige Gemüthlichkeit und
ein Wohlthätigkeitssinn in einem Grade sich äussern, der fortdauernd
Wohlthätigkeitsanstalten in seltenem Umfang in das Leben gerufen
hat, während in der ländlichen Bevölkerung die grössten Verschiedenheiten vorkommen, welche auf das Armenwesen einwirken, z. B.

Beschaffenheit des Bodens, verschiedene Beschäftigung, jenachdem
in einer Gemeinde mehr Landwirthschaft oder Fabriken betrieben werden. Soll eine statistische nicht blos auf eine Sammlung
von Zahlen beschränkte Arbeit über den Zustand der Wohlthätigkeitsanstalten in einem solchen Bezirk geliefert werden, so ist hiezu
die Thätigkeit eines Mannes nothwendig, der grosse Eigenschaften
besitzt. Er muss mit völliger Klarheit die Gesichtspunkte erkennen,
von welchen aus eine richtige Auffassung des Armenwesens gewonnen werden kann; er muss in einer Stellung sein, in welcher er
hoffen kann, von den Personen, welche durch ihren Beruf in der
Lage sind, die besten Erfahrungen zu sammeln; er muss die verschiedenen Arten der Armen richtig unterscheiden und die örtlichen
einwirkenden Verhältnisse, die Ursachen des Uebels sich klar machen, um durch die Anweisungen, die er in Bezug auf die Abfassung der statistischen Tabellen und Berichte erlässt, den Arbeiten
ebenso die nöthige Vollständigkeit als Gleichförmigkeit zu geben, um
damit aus dem reichen Material richtige Schlussfolgerungen ableiten
zu können. Alle diese Eigenschaften vereinigt der Verfasser der
vorliegenden Schrift, welche dadurch eine sehr werthvolle geworden
ist. Die Stellung des Verf. als Generalsekretär der Präfektur macht
es ihm möglich, die tüchtigsten Männer kennen zu lernen, von denen zuverlässige Berichte über das Armenwesen in ihren Gemeinden
erwartet werden konnten, daher von Geistlichen, Bürgermeistern u. A.
Das Werk zerfällt in zwei Theile, von welchen der erste von dem
Armenwesen am Niederrhein, der andere von den Wohlthätigkeitsanstalten in diesem Departemente handelt. In dem ersten Theil
erörtert das Kap. I. die Uebersicht der Armen nach den verschiedenen Gemeinden und Confessionen; das zweite Kapitel handelt
ausführlich von den Sitten der Armen. In einem Anhangartikel
wird besonders von den Armen in Strassburg, in einem zweiten von
den Wohnungen der Armen, und im dritten von der Bettelei am
Niederrhein gehandelt. Das dritte höchst bedeutende Kapitel untersucht die Ursachen der Armuth. Im zweiten Theile beschäftigt sich
das Kap. I mit der öffentlichen Wohlthätigkeit und zwar A) mit
der auf einer Zwangspflicht beruhenden, B) mit der freiwilligen
Wohlthätigkeit. a) Unterabtheilung von den Hospitälern, b) von
den bureaux de bienfaisance. Das zweite Kapitel ist der Schilderung
der Privatwohlthätigkeit gewidmet mit Unterabtheilung 1) katholische, 2) protestantische, 3) israelitische, 4) gemischte Anstalten.
An der Spitze des Werkes steht eine von der gewissenhaften und
verständigen Prüfung des Verf. zeugende Einleitung mit dem
Zwecke, den Ausgangspunkt der Forschungen und den Boden, auf
welchem sich diese bewegen, zu schildern, indem das innige Band,
welches das Armenwesen mit der Frage über die Arbeit verbindet,
und die Folgerungen näher geprüft werden. Der Verf. erkennt
richtig, dass die unklare, oft sentimentale Auffassung des Armenwesens nicht mehr zu rechtfertigen ist, sobald man sich überzeugt,

dass durch den Umschwung, welchen die Produktion und die Mittel
der Vermehrung des Erwerbs mit der erhöhten Bedeutung der Arbeit genommen haben, auch die Stellung der bürgerlichen Gesellschaft
zu den Armen und ihre Unterstützung sich ändern muss. In der
Arbeitsfrage kommen aber so viele bedeutende Gesichtspunkte vor,
deren richtige Würdigung dem Menschenfreund wie dem Staatsmanne
obliegt, z. B. in Bezug auf die Freiheit der Arbeit und Concurrenz,
in Ansehung des Einflusses gewisser Arbeiten auf die körperliche
Gesundheit der Arbeiter, auf bedenkliche Verhältnisse in Ansehung
der Wohnungen und des Lohnes. Trefflich zeigt hier der Verf.
(p. 19) die Verschiedenheit des Einflusses auf Armenwesen, jenachdem industrielle oder landwirthschaftliche Arbeit vorzugsweise betrieben wird. Sehr beachtungswerth ist, was der Verf. p. 18 in
Bezug auf den Einfluss landwirthschaftlicher Zustände, z. B. grosser
Theilung des Bodens und Anhäufung der Zahl kleiner Grundeigenthümer und über das Verhältniss der Taglöhner sagt. Die Aufgabe,
welche die Wohlthätigkeit sich jetzt zu stellen hat, ist eine ganz
andere als die frühere: man fühlt, dass es darauf ankömmt, der
Armuth vorzubeugen, vorzüglich den Associationsgeist zu beleben,
und die Kräfte mit einem Grundgedanken und zu einem Zwecke
zu concentriren (p. 25). Gar Vieles wäre über die beiden letztern
Punkte zu bemerken. Nach den in Deutschland gemachten Erfahrungen ist da, wo der politische Zustand des Volkes kein freier,
wo freie Bewegung z. B. in Bezug auf Vereine gehindert ist, auch
der Geist der Association für Wohlthätigkeit gelähmt, und solche
Associationen kommen entweder nicht zu Stande oder leiden von
vornherein an den Folgen der allgemeinen Gleichgültigkeit der Bürger. Auch die Concentration der Kräfte hat mit zwei Gefahren zu
kämpfen, nämlich theils mit der bureaukratischen Behandlung der
Geschäfte, theils mit den Einflüssen der Einseitigkeit, in welcher zu
den wenn auch gut gemeinten aber doch schädlichen pietistischen
Zwecken die Anstalten benützt werden. Sehr gut bemerkt der Verf.
p. 27 die vier Richtungen der modernen Wohlthätigkeitsanstalten
und zwar 1) Unterricht und Erziehung, 2) Wechselseitigkeit der Unterstützung durch die Association. Es ist Schade, dass der Verf. die
treffliche Schrift von Schultze-Delitzsch: Die arbeitenden Klassen und
das Associationswesen in Deutschland. Leipzig 1858. nicht gekannt hat.
3) Prévoyance durch Anstalten, Ersparung von Kräften, Zeit und
Geld zu bewirken, 4) Patronage als eine zweckmässig geübte Vormundschaft von Seite der Unterstützer über die Unterstützten. Von
diesen Grundsätzen geleitet waren die Bemühungen des Verf., die
nothwendigen statistischen Notizen zu erheben. — Die Einleitung
charakterisirt am besten die praktische Richtung und die Umsicht,
mit welcher diese Erhebungen geschahen, deren Ausbeute der Verf.
trefflich benützt hat. Um die Uebersicht sämmtlicher Armen im
Niederrhein (es kommen auf eine Bevölkerung von 563855 Einwohner 46317 Arme also 1 auf 12 Einwohner) zu gewinnen, zog

der Verf. vor, nicht nach Gemeinden, sondern nach Kirchspielen die
Erhebungen zu veranstalten, und hier wieder die Armen nach drei
Gruppen aufzustellen und zwar 1) nach dem Alter (wieder mit
4 Unterabtheilungen, z. B. Kinder unter 15, alte Leute über 60
Jahre), 2) nach den Krankheitszuständen, die sie arbeitsunfähig
machen, 3) nach der Dauer der Unterstützung, die sie erhalten.
Darnach sind die Tabellen (p. 33—80) bearbeitet. Bei den Katholiken kommen 9 Arme auf 100, bei den lutherischen Gemeinden 5.
Auffallend ist, dass unter den Israeliten die Armuth so gross ist, nämlich 13 Arme auf 100 Einwohner kommen. Eine der kostbarsten Mittheilungen ist die p. 86 auf die Sitten der Armen sich beziehende.
Man findet hier reichen Stoff zu Betrachtungen, z. B. wie sehr auf
die Moralität in einer Gemeinde das Zusammenwirken der Aeltesten
der Gemeinde, die zur Ausübung von zwar strenger, aber mit Wohl-
wollen und Verstand gehandhabter Aufsicht und Zucht über die jungen
Leute sich verbinden, Einfluss haben kann (der Verf. des gegenwärtigen
Aufsatzes kennt eine baierische Gemeinde, worin alle Familienväter sich
verpflichten, keinen jungen Burschen in Dienst zu nehmen oder zu behalten, der fortdauernd schwelgerisch oder händelsüchtig ist. Diese
Verabredung wirkt trefflich auf die Moralität). Aus den Berichten
der Geistlichen erfährt man (p. 89), dass nach den auch in andern Ländern gemachten Erfahrungen, nach welchen die Arbeiter in Stein-
brüchen früh sterben und die Familien verarmen, im Elsass dasselbe
vorkommt. Bei der Prüfung der Sitten der Armen muss man
wohl die Verhältnisse in Städten von denen in den Landgemeinden
trennen. In Strassburg findet sich eine permanente mit jedem Jahre
zunehmende Klasse von Armen, im Gegensatze einer wechselnden;
die erste Klasse ist die schlimmste, mit einem Antagonismus gegen
die bürgerliche Gesellschaft; hier ist das Concubinat und die schlech-
teste Erziehung der Kinder bemerkbar, welche die Eltern früh verderben und zu demoralisirenden Diensten gebrauchen. Die Prostitution
ist hier zu Hause; übrigens erhält diese erste Klasse beständig Zuwachs durch Einwanderungen; man rechnet, dass sich durchschnittlich 80 fremde Familien in Strassburg jährlich ansiedeln, unter Umständen, in denen ihr moralischer Untergang vorherzusehen ist. Der
Verf. bespricht p. 103 das wichtige Kapitel des Einflusses der unge-
sunden Wohnungen. Nicht blos der physische Verfall ganzer Familien, sondern auch die moralische Verdorbenheit knüpft sich daran;
die engen Räume in der Wohnung, wo Eltern und Kinder in einem
Zimmer, sogar oft in einem Bette schlafen, die durch das nahe
Zusammenleben der verschiedenen Geschlechter bewirkte Gefährdung
des Gefühls der Schamhaftigkeit sind die Veranlassungsgründe mancher Verbrechen. Ueber den Bettel am Niederrhein erfährt man
(p. 107), dass noch zu häufig die an den alten Gewohnheiten fest-
haltenden Bewohner die Bettelei unterstützen. Nach unsern Erfahrungen muss man von den gutmüthigen oder falschen liberalen Vorstellungen sich losmachen, dass man gegen den Bettel nicht zu

streng sein darf, um die Freiheit der Privatwohlthätigkeit nicht zu
stören. Wichtige Mittheilungen gibt der Verf. p. 109 über das
Treiben und den Einfluss der im Elsass noch vielfach vorkommenden
Zigeuner. Die Verhältnisse der Bettelei sind übrigens in den einzelnen Gemeinden höchst verschieden (worüber p. 121—145 gut
bearbeitete Tabellen geliefert werden). Einen besonderen Werth
legt mit Recht der Verf. auf genaue Erhebung der Ursachen der
Armuth, die zweckmässig im vorliegenden Werke unter zwei Gruppen dargestellt werden, von denen die Eine die Ursachen begreift,
welche unabhängig von dem Willen der Armen als Folgen einer
gewissen Beschaffenheit des Bodens, Arbeitsverhältnisse, Zustände
der Familien in Bezug auf äussere Lage, Alter, Gesundheit wirken
(in diese Klasse gehören auch allgemeine oder besondere nicht vor-
herzusehende und unvermeidliche Ereignisse) im Gegensatz von Ursachen, die von dem Willen der Armen abhängig sind und durch
Benützung der Quellen der Moralität und der Klugheit hätten vermieden werden können. In die erste Gruppe der Ursachen rechnet
der Verf. p. 148 1) schlechte Jahre und grosse Theuerung der Le-
bensmittel, 2) Unfruchtbarkeit oder überhaupt schlechte Beschaffenheit des Bodens (wir erinnern an den Einfluss von sumpfigen Gegenden und häufigen Ueberschwemmungen; hier muss die bürgerliche Gesellschaft durch Opfer durchhelfen, welche sie zur Verbesserung der Zustände bringt), 3) ungenügender Lohn, 4) fortdauern-
der Mangel der Industrie an einem Orte, 5) zufälliger Mangel an
Arbeit, 6) Isolirung der Arbeiten und Mangel der Mittel durch die
wohlthätige Association zu helfen, 7) mangelhafte Beschaffenheit der
Fabrikwesens (Gleichgültigkeit der Fabrikherrn in Bezug auf die
Moralität ihrer Arbeiter, übermässige Anstrengung, Mangel der Sorge
für Unterricht und Erziehung der Kinder), 8) Unglücksfälle, die
in die Familie einbrechen, 9) grosses Anwachsen der Zahl der Fa-
milienglieder, 10) Gebrechlichkeit und Alter, 11) Wucher; nach den
Zeugnissen erfahrener Personen p. 182 scheinen im Elsass die seit
vielen Jahren laut gewordenen Klagen über die schändlichen Mittel,
wodurch Wucherer die Familien, die ihnen trauen, immer tiefer in
das Elend bringen, nicht gemindert zu sein; leider trifft dieser Vorwurf vielfach die Israeliten. Man erfährt p. 186, dass manche Gegenden dem Uebel kräftig durch Anstalten entgegenwirken, welche
die der Hülfe Bedürftigen gegen die Zudringlichkeit der Wucherer
schützen. Die sociétés de prévoyance können hier viel thun (gut
p. 189). 12) Zu den Ursachen der Armuth kann man auch die
Erblichkeit derselben rechnen. Nach der Erfahrung liegt das Uebel
darin, dass die Immoralität, die Trägheit und eine Art Unverschämt-
heit, mit der mancher Arme die Unterstützung als ein Recht fordert, in Familien sich forterben. Zur zweiten oben genannten
Gruppe der Ursachen p. 193 rechnet der Verf. 1) zu vorschnell
eingegangene Ehen, 2) Mangel an Voraussicht, Unmässigkeit (das
Spiel ist in einigen Gemeinden in bedenklicher Weise verbreitet);

3) Liederlichkeit. Die Zahl der unehelichen Kinder ist ziemlich
gross; man rechnet 1 uneheliches Kind auf 11 Geburten; am
schlimmsten sieht es aus, wo Garnisonen sind (p. 198 eine interessante Tabelle), 4) Besuch der Wirthshäuser, der Tanzplätze, Kirch-
weihen, 5) Luxus, 6) Trägheit und Müssiggang, 7) Unwissenheit
(schlechter Schulunterricht und mangelhafter Besuch der Schulen),
8) Irreligiosität. — Unter der Rubrik: verschiedene Ursachen erwähnt der Verf. p. 215 einige, die weder in die erste noch in die
zweite Gruppe gehören und zwar 1) die Leichtigkeit, mit welcher
nach dem Civilgesetze Jemand seinen Wohnsitz ändern kann; und
der häufige Wechsel der Arbeiter, die aus einer fremden Gemeinde
in eine andere gehen.   Solche Eingewanderte verarmen nicht selten
mit ihren Familien, welche sich dann, getrennt von ihren Angehörigen, nicht zu helfen wissen.   Als weitere Ursachen werden
angeführt 2) der Umstand, dass in manchen Gemeinden so viele
Wohlthätigkeitsanstalten sind, dass sich Manche darauf verlassen
statt zu arbeiten, 3) die üble Sitte mancher Dienstherrn und Maires,
von den Fremden, die in die Gemeinden kommen, keine Zeugnisse
zu fordern, 4) die ungeheure Höhe der Pachtzinsen an manchen
Orten, 5) die Begierde vermöglicher Menschen, ihr Vermögen möglichst schnell durch Theilnahme an Speculationen zu vermehren.
Wir hätten gewünscht, dass der Verf. diesen Punkt noch tiefer verfolgt hätte.   Nach unsern Erfahrungen ist es ein Unglück, dass so
viele Leute auch auf dem Lande an den schwindelhaften Actienun-
ternehmungen, bei denen die Leichtgläubigkeit ausgebeutet wird,
sich betheiligen und dann oft plötzlich einen grossen Theil ihres
Vermögens verlieren. — Tabellen mit guter Anordnung liefern die
Uebersicht p. 219—250 der Ursachen der Verarmung. — Der zweite
Theil entfaltet den Reichthum, welchen der Niederrhein an Wohlthätigkeitsanstalten besitzt.   Sehr dankbar muss man hier die aus
den besten Quellen geschöpften Mittheilungen des Verf. über die
Verwaltung, den Zustand, statistische Notizen der einzelnen Wohlthätigkeitsanstalten anerkennen, z. B. über das Findelhaus p. 251,
über die Irrenanstalt in Stephansfeld p. 260, die wir gestützt auf
eigene genaue Beobachtung und auf die sehr belehrenden Jahres-
berichte als eine der herrlichsten Irrenanstalten betrachten, in welcher der Verf. p. 280 mit Recht die hohe Bedeutung der seit mehreren Jahren eingeführten Anstalten geistiger Ausbildung hervorhebt.
Mit Interesse liest man p. 296 im vorliegenden Werke die Nachrichten über die Colonie von Ostwald, die freilich jetzt einen ganz
anderen Charakter als ursprünglich hat.   Unter den Anstalten der
bienfaisance publique non obligatoire finden wir in dem Werke viele
wichtige Nachrichten, z. B. p. 308 über die Hospitäler, p. 321 das
Waisenhaus. Von p. 357 an schildert der Verf. das Wesen der
bureaux de bienfaisance, bei denen die Gesetzgebung im Laufe der
Zeit sehr verschieden eingewirkt hat.   Es liegt eigentlich nur ein
Verwaltungsmechanismus mit einem zwar gut gemeinten aber prak-

tisch nicht eingreifenden Centralisationsgeist zu Grunde, wobei man die in jedem Canton errichtete Commission d'assistance publique mit den bureaux de bienfaisance in das Verhältniss eines ineinandergreifenden Wirkens bringen wollte. Ein Gegenstand besonderer Sorge der Wohlthätigkeit sind die Anstalten, durch welche die armen Kranken unentgeldlich Arznei erhalten p. 360, die Leihhäuser p. 373 und Sparkassen p. 379 und Kassen, durch welche alten Leuten Pensionen gesichert werden p. 398. Unter der Rubrik: Privatwohlthätigkeit führt der Verf. p. 403 eine grosse Zahl von Anstalten auf, die nur der Wohlthätigkeitssinn der Bürger in das Leben rief. Der Verf. scheidet die Anstalten der Katholiken (Anstalt der soeurs de charité, die Congregation des filles du divin Redempteur de Niederbron (die Mädchen widmen sich dem Krankendienste in den Häusern, wohin sie gerufen werden, oder auch ungerufen in armen Familien), die dames du Bon Pasteur wohlthätig wirkend theils in der Anstalt in Strassburg (zur Erziehung armer Mädchen) theils auf dem Neuhof (nur für weibliche jugendliche Sträflinge), die Anstalt der petites soeurs des pauvres und die Congregation de Vincent de Paul. Nicht weniger reich an Wohlthätigkeitsanstalten sind die Protestanten p. 441, z. B. die Rettungsanstalt auf dem Neuhof, die Stiftung Blessig, die Anstalt für junge Mägde, die Rettungsanstalt für gefallene Mädchen, der Verein der Sorge für verschämte Arme, Armendienerverein, die société de patronage pour l'amelioration des detenues protestantes. Der Verf. p. 471 führt dann noch die israelitischen Anstalten an. Dankbar verweilt man bei den p. 483 unter dem Titel: Oeuvres mixtes mitgetheilten Nachrichten über die société des inspecteurs des pauvres. Der Verf. bemerkt sehr richtig, dass die Thätigkeit eines aus einigen wenigen Gemeindegliedern bestehenden bureau de bienfaisance nur ungenügend ist und das wahre Mittel der Abhülfe, wenn der Bettelei gesteuert werden soll, nur in einem freien aus vielen wohlgesinnten eifrigen Mitgliedern bestehenden Armenvereins liegen kann. Auf diese Art besteht in Strassburg ein Verein, der die Stadt in 40 Bezirke theilt, so dass in jedem Bezirke die nöthigen Erhebungen gemacht werden und zweckmässig theils durch salles d'asile für die Kinder Arbeitsschulen, theils durch ein Rettungshaus, theils durch geeignete Vertheilungen für Arme gesorgt wird. Der Verf. der gegenwärtigen Anzeige gehört selbst als Kommissär eines Bezirks einem in Heidelberg seit mehreren Jahren durch freiwillige Beiträge gegründeten Armenverein an und kennt die wohlthätigen Leistungen einer solchen Association. Wir haben die Stadt in gewisse Bezirke getheilt, so dass für jeden Bezirk zwei Damen und ein Mann als Commissäre gewählt sind. Ihnen liegt ob die in ihrem Bezirke wohnenden armen Familien genau kennen zu lernen, alle nöthigen Erhebungen zu machen, die Unterstützten zu beaufsichtigen, den Armen nach Bedürfniss Anweisungen auf Suppe, Brod, Fleisch, Holz zu geben und Kranke nachhaltiger zu unterstützen. In regelmässigen Versammlungen werden die Erfah-

Handschriften, z. B. zwei Heidelbergern enthalten ist, und der noch
fast ganz unbekannt ist, obgleich Simrock in seiner Uebersetzung
einiges, aber wunderlicher Weise nicht das beste daraus genommen
hat. Müllenhoff wollte nicht diesen, sondern einen kürzern Wolf-
dietrich herausgeben, der aber unterdessen in von der Hagens neuem
Heldenbuch erschienen ist. Ein Irrthum ist es, wenn Scheffel glaubt,
das alte öfters gedruckte Heldenbuch sei das Kaspars von der Roen.
Kaspars Heldenbuch ist nur einmal, und zwar erst bei von der Hagen gedruckt.

Unter den übrigen Handschriften sind die wichtigsten Nr. 3,
die einzige Pergamenthandschrift von Eckes Ausfahrt und Riese
Sigenot. Conrad von Fussesbrunn ist schwerlich, wie Scheffel nach
Lassberg angibt, ein Schweizer, sondern nach Diemers Entdeckung
ein Oestreicher. Nr. 8 eine bisher ganz unbekannte Handschrift
des Lebens der heiligen Elisabeth, von welchem Graff in der Diu-
tiska nach einer andern Handschrift Auszüge gegeben hat. 9 Par-
zival mit der Fortsetzung nach dem Französischen des Manessier.
12 des Plaiers Meleranz, einzige Handschrift. 13 Conrad von Stoffel
Gauriel von Montabel, ebenfalls einzig. Auch von den übrigen
Nummern können manche von Werth sein. Die 37 Lieder von
Nr. 38 verdienen jedenfalls durchgesehen zu werden.

Zum Schluss dieser kurzen Anzeige wünschen wir, dass auch
die übrigen Handschriften von Donaueschingen, deutsche und andere,
ebenso in gedrucktem Catalog beschrieben werden, und dass andere
Bibliotheken, vor allem Carlsruhe, dem guten Beispiel folgen.

Holtzmann.

Geschichte der württembergischen Veste Hohenasperg und ihrer merk-
würdigsten Gefangenen von M. Biffart, Oberlieutnant. Mit
fünf Holzschnitten. 1858. Verlag von Karl Aue in Stuttgart.
181 S. in 8.

Die Geschichte der Festung Asperg hat ein doppeltes Interesse, einmal wegen ihrer mannigfaltigen, in die Landesgeschichte
tief eingreifenden Schicksale, so lang sie noch als strategischer Punkt
benützt wurde, und dann wegen ihrer späteren Bestimmung als
Staatsgefängniss, von dem Volkswitz „der Herrenberg" genannt.
Wir freuen uns daher, da bis jetzt nur die ungenügende Monographie von Immanuel Hoch vorhanden war, dass dieselbe einen
Bearbeiter an Herrn Biffart gefunden hat. Er benützte hiebei
die einschlägigen Urkunden aus dem k. Staatsarchiv in Stuttgart
nebst verschiedenen andern Acten und gedruckten Geschichtswerken.
Der erste Theil enthält die Geschichte der Festung von 902
bis 1535. Im ersten Abschnitt ist die Beschreibung der geographischen Lage vorausgeschickt, wobei auch die geognostische

Bemerkung am Ort gewesen wäre., dass dieser frei gelegene, steil ansteigende, mit Reben bekränzte Bergkegel aus Keupersandstein gebildet ist, während das Plateau rings umher aus Muschelkalk besteht. In Betreff des Namens Asperg ist angeführt, dass die Einen ihn von den alten Gottheiten Asen ableiten, während Andere an Aspenwaldung denken. Die früheste Schreibart desselben ist Assesberc. Im Jahr 902 nämlich verschenkte Graf Gozbert, Herr des Glemsgaus, laut einer in der Villa Assesberc ausgefertigten Urkunde diese Besitzung an das Kloster Weissenburg im Elsass. Im Jahr 1181 hatten die Pfalzgrafen von Tübingen dieselbe inne und im Jahr 1228 gründete Graf Wilhelm von Tübingen die Linie der Grafen von Asperg, welche aber schon im 14. Jahrhundert ohne merkwürdige Thaten und Schicksale wieder erlosch. In keinem nachweisbaren Zusammenhang mit derselben steht Johann von Asperg, welcher im Jahr 1369 bei der Vermählung Karls IV. in Lucca als Zeuge aufgeführt wird, und Guilelmus comes de Asperg theotonicus de Alammannia, der im Jahr 1534 in Italien bei der Vermählung des Königs Ludwig von Tarent und der Johanna von Sicilien als Zeuge gegenwärtig war. Im Jahr 1308 verkaufte Graf Ulrich III. von Asperg an Graf Eberhard den Erlauchten von Württemberg Stadt und Burg Asperg mit dem auf demselben Berge liegenden Schloss Richtenberg, den Glemsgau u. s. f., und dieser flüchtete sich im Jahr 1312 dahin, als ihn Kaiser Heinrich verfolgte, blieb aber der schwachen Mauern wegen nicht lange daselbst und in eben diesem Jahre noch eroberte der kaiserliche Burgvogt Konrad von Weinsberg die Festung und zerstörte sie gänzlich, am 1360 aber wurde sie wieder aufgebaut und später immer besser in Vertheidigungsstand gesetzt. Im Jahr 1519 eroberte sie Georg von Frundsberg an der Spitze des bündischen Heeres, und der tapfere Kommandant Hans Leonhard von Reischach konnte nur das erlangen, dass sie dem Herzog Christoph vorbehalten blieb. Zuerst bekam sie nun bündische, dann unter dem Burgvogt Bastian Ernhart kaiserliche Besatzung. Derselbe schickte von Herzog Ulrich bestochen, diesem einen Wachsabdruck der Schlüssel der Festung, die Sache wurde entdeckt und er lebendig auf Asperg eingemauert, so wie der Ueberbringer der Schlüssel, Hans Fritz, lebendig geviertheilt. Nach der Schlacht bei Laufen 12.—13. Mai 1534 floh der verwundete Pfalzgraf Philipp (nicht Friedrich) auf die Festung Asperg, welche aber schon am 2. Juni dieses Jahres dem Herzog Ulrich übergeben wurde. Der zweite Abschnitt behandelt die Geschichte der Festung von ihrem Neubau (nicht Gründung) durch Ulrich bis zu ihrer Belagerung im dreissigjährigen Krieg. Im Jahr 1535 liess dieser Herzog die Schlösser Asperg und Richtenberg nebst dem Städtchen Asperg abbrechen und eine regelmässige Festung daselbst anlegen, welche nun den Namen Hohenasperg führte. Die Bewohner des alten Städtchens aber siedelten sich am Fuss des Berges an und vereinigten sich mit denen des Dörfchens Wei-

chenberg, welches von da an Unterasperg hiess. Im Jahr 1547
zog die württembergische Besatzung in Folge des Heilbronner Ver-
trags unter dem Kommandanten Wilhelm von Massenbach ab, und
es rückten spanische Truppen unter Oberst von Madrutsch ein. Im
Jahr 1558 kam die Festung wieder an Württemberg, und Herzog
Christoph, sowie seine nächsten Nachfolger liessen sich ihre Wiederherstellung und Erhaltung angelegen sein. Der dritte Abschnitt umfasst die Geschichte der Festung während ihrer 11mo-
natlichen Belagerung im 30jährigen Kriege. Nach der Schlacht bei
Nördlingen kam Herzog Bernhard von Weimar selbst dahin und
fand sie in sehr gutem Zustande, auch ernannte er den Oberstlieu-
tenant der schwedischen Artillerie Rüdiger von Waldo zum Kom-
mandanton. Dieser hielt sich tapfer, musste sie aber doch zuletzt
wegen Mangel an Lebensmitteln im Jahr 1635 mit Gutheissen des
Herzogs Eberhard den kaiserlichen Truppen übergeben, wobei der
Besatzung ein ehrenvoller Abzug bewilligt wurde. Im vierten
Abschnitt ist die Geschichte der Festung vom Ende der Belagerung im 30jährigen Krieg an bis zur letzten Einnahme und Räu-
mung derselben durch die Franzosen erzählt. Im Jahr 1649 wurde
in Folge des westphälischen Friedens wieder die württembergische
Fahne auf ihr aufgepflanzt. 15. Dez. 1688 zogen die Franzosen
ein, da die Herzogin Sibylle von Württemberg als Vormünderin die
alsbaldige Uebergabe derselben von dem Kommandanten verlangte,
um das Land vor Brand und Verheerung zu schützen. Aber schon
22. 23. Dezember dieses Jahres verliessen sie die Festung wieder,
nachdem sie dieselbe zerstört und namentlich das Zeughaus in
Brand gesteckt hatten. Im Jahr 1693 wurde sie von eben diesen
Feinden zum letztenmal und wiederum nur kurz besetzt. Es wurden zwar sofort die Festungswerke wieder gehörig hergestellt, von
jener Zeit an aber war sie für den Krieg ohne Bedeutung.

Im zweiten Theil, der die Geschichte des Aspergs als
Staatsgefängniss zum Gegenstand hat, werden uns vorgeführt: Jud
Süss Oppenheimer, Oberamtmann Huber, Exkommandant Wolf von
Hohentwiel, General Rieger, der allbekannte Dichter Schubart, die
beiden schlau entflohenen Exlieutenante François und Rösler von
Oels, die in die Zeppelin'sche und Koseritz'sche Meuterei verwickel-
ten Militärs und Civilisten, die württembergischen Separatisten, die
Mergentheimer Aufrührer und Andere. Auch wird ein Besuch er-
wähnt, welchen Kaiser Napoleon I. mit König Friedrich im Jahr
1809 daselbst gab.

Den Schluss macht eine Beschreibung des jetzigen Zustandes
der Festung und ein Verzeichniss der Kommandanten und Bedien-
steten derselben nebst 9 Originalurkunden. Gewiss ist der Herr
Verfasser der von ihm selbst gestellten Aufgabe der möglichsten
Vollständigkeit seiner Darstellung gerecht geworden. Was aber die
von ihm ebenfalls beanspruchte gedrängteste Kürze betrifft, so hat
er diese von ihm selbst gesteckten Grenzen schon im ersten Theil

durch die Hereinziehung der Geschichte des Glemsgaus, des Ein-
marsches der Bündischen in Württemberg, der Belagerung des Städtchens Bietigheim, welche Franz von Sickingen bewerkstelligte, der
Verheerung der einzelnen umliegenden Ortschaften und noch mehr
im zweiten Theil überschritten, wo wir den ganzen Process des Jud
Süss, die letzten Schicksale von Hohentwiel, welche ohnedies durch
Herrn von Martens hinreichend bekannt sind, den Aufruhr der Mergentheimer u. s. w. umständlich zu lesen bekommen. Abgesehen
hievon ist jedoch unser Urtheil über die Schrift ein sehr günstiges,
indem sie mit Liebe zur Sache, Fleiss und Gründlichkeit verfasst,
auch von der Verlagshandlung hübsch ausgestattet ist.

Karl Klunzinger. *)

*Die Lebensbeschreibung der Bischöfe Bernward und
Godehard von Hildesheim. Nach der Ausgabe der Mo-
numenta Germaniae übersetzt von Dr. Herm. Hüffer.*
Auch unter dem Titel:
*Die Geschichtschreiber der deutschen Vorzeit in deut-
scher Bearbeitung unter dem Schutze Sr. Majestät des Königs
Friedrich Wilhelm IV. von Preussen herausgegeben von G. H.
Pertz, J. Grimm, K. Lachmann, L. Ranke, K. Ritter, Mitglie-
dern der Kön. Akademie der Wissenschaften. XI. Jahrg. 2. u.
3. Band. Berlin 1858. Wilhelm Besser's Verlagsbuchhandlung
(Franz Duncker). XXIII und 161 S. 8.*

Unter den deutschen Bearbeitungen der Geschichtschreiber der
deutscher Vorzeit, welche in der letzten Zeit erschienen, zeichnen sich
insbesondere die Fortsetzung des Regino übersetzt von Dr. Max.
Büdinger (Lieferung 32. 1857), das Leben der Königin Mathilde
übersetzt von Dr. Philipp Jaffé (Lieferung 35. 1858), das Leben des Bischofs Adalbert von Prag übersetzt von Dr. Hermann
Hüffer (Lief. 33. 1857), und die Lebensbeschreibung der Bischöfe
Bernward und Godehard von Hildesheim übersetzt von demselben
(Lief. 36. 1858) durch ihren wichtigen historischen Inhalt und
manche Berichtigungen aus. Wir wollen auf die zuletzt genannte
Schrift hier etwas näher eingehen. Sie enthält neben ihrem allgemein historischen Inhalte auch manche nähere Kunde über interessante kanonisch-rechtliche Verhältnisse, und legt so Zeugniss ab,
wie nützlich und nothwendig Geschichte und kanonisches Recht sich
zu ihrem gegenseitigen Verständniss werden können. Der Heraus-

---

*) In der Recension des Verfassers 1858 Nr. 44 bittet man zu berichti-
gen: S. 698 Zeile 10 von unten lies: bis zu Ende des 15. und Anfang des 16.
Jahrhunderts statt: bis zu Ende des 14. und Anfang des 15. Jahrhunderts.

chenberg, welch·
zog die württ
trags unter (
es rückten
Jahr 155?
Christoph
derherst·
schni
natlic)
Nörd
fanc'
ten
m·
v

Waller: Die Lebensbeschreibung der Bischöfe und Gewandtheit in einer
geber hat mit grosser Gelehrsamkeit und in zahlreichen längeren und
längeren Verrede (S. V—XXIII) und am Fusse der Seiten die des-
längeren Anmerkungen zum Texte nähere Orientirung über die Ab-
klärere Erläuterungen und eine beiden Lebensbeschreibungen beigegeben.
sammt und den Inhalt der ist getreu und fliessend.
Seine Uebersetzung selbst und im Anfange des eilften Jahrhunderts
Zu Ende des zehnten h. Bernward und der h. Godehard den
bestiegen nacheinander der Hildesheim. „Aus Bernward's Leben lernt
bischöflichen Stuhl von wie vielseitig damals ein Bischof wirken konnte.
man recht erkennen, kirchlicher oder bürgerlicher Zustände ist seinem
Nichts im Bereiche Er ist der Erzieher, Freund und Rathgeber
Einflusse entzogen. unterhandelt für ihn und folgt ihm in die Schlacht.
seines Kaisers; er leitet er das kirchliche Leben; er gründet Kir-
In seinem Bisthum aber auch feste Burgen zum Schutze gegen
chen und Klöster, und zieht Mauern um seine bischöfliche Stadt.
fremde Raubvölker Armen und Kranken, entscheidet die Rechtshändel;
Er sorgt für die verdanken ihm ihre Pflege, ja er ist selbst
Kunst und Wissenschaft der erste Erzgiesser seiner Zeit, und die
Gelehrter und Künstler, weiss fast noch mehr von ihm zu erzählen, als
Kunstgeschichte die Legende". (S. Vf.) Der Sachse Thangmar,
die politische oder stete vertraute Freund Bernward's hat uns dessen
der Lehrer und Er berichtet nicht blos als Augenzeuge, son-
Leben beschrieben. auch in die erzählten Ereignisse selbstthätig ein, be-
dern er greift dem langen und heftigen Streite zwischen der Mainzer
sonders in Kirche um das Gandesheimer Stift. Im Ganzen
und Hildesheimer seine Darstellung leidlich genug. Er zeigt nicht gerade ein
ist eigenthümliches, bedeutendes Talent, aber doch eine für die damalige Zeit nicht gewöhnliche Sprachgewandtheit, und weiss von seinem Bischofe so viel Löbliches mit solcher Wärme zu erzählen,
dass man nur allen trefflichen Männern jener Zeit einen solchen
Biographen wünschen möchte. Thangmar bereichert aber auch unsere Kenntniss der allgemeinen Geschichte Deutschlands durch höchst
schätzbare Nachrichten. Schon eine so ausgezeichnete Persönlichkeit
wie Bernward selbst ist von allgemeiner Bedeutung. Es wird ausdrücklich erzählt, dass er gerade durch seinen Einfluss auf die
Staatsgeschäfte die Eifersucht des Willegis von Mainz erregte; ja,
dem Anscheine nach hat er nur zu willig jener haltlosen, Deutschland so verderblichen Politik Otto's III. nachgegeben, die dem klaren, verständigen Sinne des trefflichen Erzbischofs von Mainz so
wenig gefallen konnte.

(Schluss folgt.)

JAHRBÜCHER DER LITERATUR.

Hüffer: Die Lebensbeschreibung der Bischöfe Bernward
und Godehard.

(Schluss.)

Durch den Gandersheimer Streit wird aber Thangmar auch zu
Otto III. nach Italien geführt und kann so als Augenzeuge über
die letzten Lebensjahre des Kaisers Nachricht geben, die gerade für
jene verworrene, noch so wenig aufgehellte Zeit doppelt werthvoll
sind. Nichts lässt so sehr als Thangmar's Erzählung die ganze
Macht- und Haltlosigkeit Otto's III. erkennen, jenes unglücklichen,
undeutschen oder — muss man es sagen? — gerade in den Natio-
nalfehlern echt deutschen Kaisers. Wir sehen ihn aus seiner Hauptstadt Rom vertrieben, auf ein einsames Schloss beschränkt, umringt
von einer feindseligen Bevölkerung, gegen die seine treuen Beglei-
ter bald kaum seinen Leichnam schützen können. Und wie sind
auch in Deutschland Ehrfurcht und Gehorsam geschwunden! Kaiser
und Papst vermögen nicht einen Streit zwischen zwei Bischöfen zu
beendigen; ihre Entscheidungen, die strengsten Befehle bleiben ohne
Wirkung; ihr Gesandter findet Trotz und Verachtung, und die Bischöfe, die sie zur Synode berufen, lassen sich vergeblich erwarten.
Dieser Gandersheimer Streit ist nun der eigentliche Kern von Thang-
mars Werk. Auch ist er von Thangmar nicht ungeschickt, nicht
ohne Kenntniss des kirchlichen Rechtes erzählt, und zu manchen
Abschnitten in dem fast gleichzeitigen grossen Rechtsbuche des
Bischofs Burkhard von Worms liefern die Ereignisse den anschau-
lichsten Commentar (S. VIII f.). Thangmar redet hier übrigens als
Mitbetheiligter, als Mithandelnder, und so ist denn diese ganze Darstellung eine Parteischrift, oft eine Schmähschrift gegen Willegis
und die Aebtissin Sophia. Es ist ein Verdienst des Uebersetzers,
in der Vorrede (S. X ff.), die eigentlichen Streitpunkte angedeutet
zu haben, die Thangmar weder gesondert noch vollkommen deutlich hervortreten lässt. Es handelte sich um ein Doppeltes. Zunächst
stritten Willegis und Bernward über die von Alters her nicht fest
bestimmte Grenze zwischen der Mainzer und Hildesheimer Diözese,
und ob das Gandersheimer Stift innerhalb der einen oder der andern
gelegen sei. Hier scheint allerdings das Recht auf Seiten Bernward's; nur ist zu bedauern, dass wir Thangmar's einseitigem Bericht nicht auch die verlorenen Beweisstücke des Erzbischofs entgegen stellen können. Noch zweifelhafter wird die Entscheidung
in dem zweiten von diesem ganz verschiedenen Streite über die

Exemtion des Gandersheimer Stiftes, welche der Bischof entweder
gar nicht, oder doch nicht in dem Umfange, wie die Aebtissin verlangte, anerkennen wollte. Dass das Kloster wirklich dem päpstlichen Stuhle unmittelbar untergeben war, ist doch sehr wahrscheinlich. Dafür spricht die schon lange vor Ausbruch des Streites (etwa
gegen 968) geschriebene Erzählung in dem berühmten Gedichte der
Nonne Roswitha, und noch bestimmter die beiden Privilegien der
Päpste Agapet II. vom 2. Januar 948 und Johann XIII. vom
1. Januar 968, deren Echtheit von Innozenz III. nach sorgfältiger
Untersuchung, und ebenso auch bis jetzt von den bewährtesten Kennern anerkannt worden ist. Hier wird nun in den gebräuchlichen
Ausdrücken das Kloster unmittelbar unter päpstlichen Schutz genommen, den Nonnen die freie Wahl der Aebtissin, der Besitz und
die Verwaltung ihrer Güter zugesprochen; letztere auch durch königliche Urkunden gesicherte Vergünstigungen scheinen sogar die
Hildesheimer Bischöfe anerkannt zu haben. Gerade im 10. Jahrhundert waren aber die Exemtionen die Quelle zahlreicher Streitigkeiten zwischen den Bischöfen und den Klöstern. Häufig wollten
die Bischöfe sie gar nicht anerkennen, wenn sie nicht mit ihrer
Einwilligung ertheilt waren. Ferner stritt man über ihren Umfang,
und im Einzelnen insbesondere darüber, ob die Klöster wegen der
nöthigen Weihen sich nur an den Diöcesan-Bischof, oder an einen
beliebigen wenden dürften, ob es dem Bischofe erlaubt sei, ungerufen in das Kloster zu kommen und sein Aufsichtsrecht zu üben,
ob er den Nonnen den Ausgang aus der Diöcese untersagen, und
endlich, ob er nach Willkühr dem Kloster Nonnen entziehen dürfe.
Gerade diese Streitfragen wurden nun auch in Gandersheim mit
grösster Erbitterung durchgefochten. Wer dabei im einzelnen Falle
das Recht auf seiner Seite hatte, lässt sich schwer bestimmen; das
Recht selbst war noch nicht festgestellt, sondern erst in der Entwickelung begriffen, bis in den folgenden Jahrhunderten die Klöster
gemeiniglich ihre Ansprüche durchsetzten.

Der Gandersheimer Streit setzt sich unter Godehard, dem Nachfolger Bernward's fort. Bernward war vom edelsten Geschlecht
entsprossen und viel in Staatsgeschäften thätig. Godehard, eines
niederen Dienstmannes Sohn, floh den Hof, wo er den Fürsten oft
bittere Wahrheiten sagte. Es ist etwas Derbes, Natürliches, Süd-
deutsches ihm eigen; wenn er bauen und reuten lässt, legt er wohl
selbst Hand mit an; im Umgange ist er lebhaft, leicht erregbar,
aber wieder heiter und zum Scherze geneigt, so dass manches
witzige, treffende Wort von ihm erzählt wird. Den Staatsangele-
genheiten hielt er sich fern, um seine kräftigste Thätigkeit ganz
der Begründung und Erneuerung eines strengen eifrigen Kloster-
lebens zuzuwenden. Dafür hat er ein ausserordentliches Geschick
gezeigt; er war ganz der Mann, den Heinrich der Heilige brauchte.
So hat er denn auch der Wissenschaft und den Künsten — den
nützlichen wohl mehr als den schönen — sich förderlich erwiesen,

dass wo hätten sie Schutz und Pflege sicherer gefunden als in den
Klöstern? Ja selbst für die nationale Einigung Deutschlands ist
jene enge, religiöse und wissenschaftliche Verbindung von grosser
Bedeutung, die zwischen Sachsen und Baiern durch ihn angebahnt,
bis in späte Zeiten sich verfolgen lässt.

Das Leben Godehards hat uns Wolfher, ein Zeitgenosse desselben, der theils als Kleriker am Dom zu Hildesheim, theils im
Kloster zu Altaich gelebt hat, beschrieben, und zwar in einer Ju-
gendarbeit, die er im reiferen Alter nochmals überarbeitete. Ueber
Wolfher und dessen schriftstellerische Thätigkeit gibt uns der Uebersetzer in der Vorrede (S. XIVff.) genaueren in Bezug auf die
Zeit der Abfassung des Lebens Godehards eine Angabe von Perts
berichtigenden Aufschluss. Die Sprache Wolfher's ist nicht gerade
roh, aber ungelenk, dunkel, weitschweifig. Wir glauben es dem
Uebersetzer gerne, dass die Vorrede den Uebersetzer fast zur Verzweiflung bringen könnte; sie überbietet an Schwulst und verworrener, übermässig gedehnter Satzbildung alles Andere aus jenen
Zeiten. Dafür entschädigt aber die Darstellung durch etwas Frisches, Lebendiges, unmittelbarer Anschauung Entsprungenes, das ihr
einen eigenthümlichen Reiz, und trotz der fremden, allem individuellen Ausdruck so hinderlichen Sprache ein bestimmtes Gepräge
gibt. Wolfher hat wie wir sehen ausser den h. Schriften auch die
lateinischen klassischen Dichter, von späteren Schriften fleissig das
Leben der Heiligen, insbesondere die Schriften des Sulpicius Severus über den h. Martin gelesen. Vor Allem aber kam ihm eine
Schrift Gerbert's, des späteren Papstes Sylvester II. zu Statten,
nämlich der Bericht über jene berühmte Synode, welche am 17. Juni
991 in der Kirche des h. Basolus zu Rheims den Erzbischof Arnulf
entsetzt hatte. Auf diesem in Deutschland also nicht unbekannten
Buche beruht Wolfher's gesammte kanonische Gelehrsamkeit, in der
Rede Godehard's auf der Synode zu Regensburg (vgl. S. 89ff.)
klingt es immer durch; nicht nur einzelne Ausdrücke, sondern ganze
Sätze sind herübergenommen. Es ist ein besonderes Verdienst
Wolfher's, dass er nicht bloss, wie so viele Biographen, die gewöhnlichen, allgemeinen Lobeserhebungen auf seinen Bischof zu-
sammenhäuft, sondern in vielen eigenthümlichen, lebendig aufgefassten Zügen seine Art zu reden und zu handeln uns vergegen-
wärtigt. Darin ist er selbst dem sprachgewandten Thangmar bei
weitem überlegen. „Ausführlich beschreibt auch er den Gandersheimer Streit, der gerade unter Godehard's Regierung durch den
hochfahrenden Erzbischof Aribo von Mainz mit verdoppelter Heftigkeit entzündet war. Hier hat er aber ebenso wenig wie Thangmar
der Versuchung widerstehen können, Alles in günstigem Licht für
seine Kirche erscheinen zu lassen. . . Auch war der endliche Ausgang des Streits für Hildesheim bei weitem nicht so vortheilhaft,
als man nach Thangmar's und Wolfher's Berichten glauben könnte.
Wolfher erzählt, dass auch die Theilung des streitigen Gebietes,

welche Kaiser Konrad vorgeschlagen hatte, von den Hildesheimern
zurückgewiesen und das Ganze behauptet worden sei. Die späteren Grenzen der Gandersheimer Mark deuten aber an, dass man
gleichwohl eine solche Theilung nachher vorgenommen habe, indem
die Grenze zu Gunsten der Mainzer Diözese nach Norden zurück-
geschoben, allerdings aber Gandersheim der Hildesheimer Kirche
erhalten wurde. Jedoch auch nach Entfernung der Mainzer Erzbischöfe dauerten die Streitigkeiten über die Exemtion des Stiftes
nach wie vor. Godehard wurde noch auf dem Todesbette von ihnen
behelligt; und merken auch die Hildesheimer Chronisten in den folgenden Jahrhunderten häufig an, ihr Bischof habe in Gandersheim
eine Kirche geweiht, oder von einer Aebtissin sich Gehorsam versprechen lassen, so konnte doch in dem bei Innozenz III. anhängig
gemachten Rechtsstreite eine hundertjährige Ausübung der Juris-
diktionsrechte, wie sie zur Entkräftung der päbstlichen Privilegien
erforderlich, nicht nachgewiesen werden. Dieser merkwürdige, endlich entscheidende Prozess wurde im Anfange des dreizehnten Jahrhunderts durch den Bischof Harbert von Hildesheim (1199—1216)
veranlasst, welcher die Stiftsgüter angreifen wollte. Die Aebtissin
Mathilde wandte sich selbst nach Rom, erlangte (— auf diesen
Prozess bezieht sich auch c. 4 Decret. Gregor. IX. Lib. II. tit. 30 —)
die Anerkennung der Bullen Agapet's II. und Johann's XIII., und
nach langen, kanonisch äusserst merkwürdigen Verhandlungen am
3. Mai 1208 von Innocens III. die vollkommenste Anerkennung der
Freiheit und Unmittelbarkeit ihres Klosters" (S. XX ff.).

Wolfher entschädigt uns reichlich für seine Einseitigkeit durch
die lebendige Sittenschilderung seiner Zeit, durch so viele lehrreiche
Mittheilungen über kirchliche und bürgerliche Geschichte und Verfassung, insbesondere durch das Bild der Provincialsynode zu Frankfurt a. M. vom J. 1027 (S. 131 ff.), die so anschaulich und vollständig nie wieder sich geschildert findet. Und wäre noch etwas
nöthig, uns ganz mit ihm zu versöhnen, so genügte gewiss die
Erzählung vom Tode Godehard's, mit so viel Gemüth, so warm und
liebevoll geschrieben, dass sich keine ähnlichen Inhalts aus jener
Zeit ihr vergleichen lässt (S. XXII).

Sehr werthvoll sind auch manche Notizen in den Anmerkungen
des Uebersetzers. Unter den darin enthaltenen Berichtigungen erwähnen wir noch die über die Aechtheit einer noch von Lüntzel
für unächt gehaltenen Urkunde aus dem 11. Jahrhundert, deren
Abschrift sich im Archiv zu Hannover befindet (S. 59. Anm. 2.).

Friedrich H. Vering.

Beiträge zur Statistik der inneren Verwaltung des Grossherzogthums Baden. Herausgegeben von dem Ministerium des Innern. Siebentes Heft. Geologische Beschreibung der Gegend von Badenweiler. Carlsruhe. Chr. Fr. Müller'sche Hofbuchhandlung. 1858. 8. 20. (Mit einer geologischen Karte der Umgebungen von Badenweiler. Section Müllheim der topographischen Karte des Grossherzogthums Baden).

Es ist eine vielfach durch die Erfahrung bestätigte Thatsache, dass Gegenden, denen besondere Reize eigen, die sich eines grossen Reichthums der Scenerie erfreuen, durch Mannigfaltigkeit in der Zusammensetzung des Felsbodens ausgezeichnet sind. Das badische Land bietet einige treffende Beispiele; wir nennen hier nur Weinheim und Heidelberg, Baden und Badenweiler. Der Gesteins-Wechsel steigert sich an den beiden letztgenannten Orten, namentlich bei Baden, in dem Grade, dass die geologischen Verhältnisse sehr verwickelt werden und eine genaue, gründliche Erforschung bedürfen. Die Resultate einer solchen bringt uns vorliegende Abhandlung des Hrn. Prof. Sandberger.

Die Umgebungen von Badenweiler umfassen einen Theil der höchsten Gebirgsgruppen des oberen Schwarzwaldes bis zu 3889 F. Meereshöhe; jurassisches Gebirgsland, tertiäre Hügel — meist von Löss bedeckt und die Ebene mit Kies und Torf.

Die Rheinebene umfasst nur 80—90 Fuss mächtige, durch zahlreiche Kiesgruben aufgeschlossene Gerölle-Ablagerungen, und zugleich den schlechtesten Boden in dem Gebiete der sonst wegen ihrer Fruchtbarkeit bekannten Gegend von Müllheim. Grössere Verbreitung und Mächtigkeit erreicht der Löss. Derselbe enthält nicht, wie anderwärts im badischen Lande (z. B. bei Heidelberg und Sulzbach im Odenwald) eine Menge von Conchylien, sondern nur einige wenige Leitmuscheln, wie Succinea oblonga, Pupa muscorum, liefert aber einen trefflichen Boden für Reben und Getraide. — Als Repräsentanten der Tertiär-Formation treten Kalksandsteine auf, mit den charakteristischen Petrefacten des Sandes von Alzei, demnach den mittleren Tertiär- oder sog. Oligocän-Bildungen angehörig, hin und wieder von Süsswasserkalken bedeckt. Wichtiger sind die Bohnerze, auf welche im Revier von Kandern viele Gruben betrieben werden. (Die Gesammtproduktion beträgt im Jahr 246,000 Seiter und beschäftigt über 200 Menschen.) Das Alter der Bohnerze, d. h. ihre Stellung im geologischen Systeme hat, wie bekannt, schon zu mannigfachen Discussionen Veranlassung gegeben, insbesondere wegen des Vorkommens jurassischer Petrefacten. Prof. Sandberger spricht sich entschieden für tertiäres Alter der Bohnerze aus und bemerkt namentlich über die Versteinerungen: dieselben liegen nie ursprünglich in den Bohnerzen und Reinerzen, sind vielmehr aus dem Jura entnommen und durch die Eisenlösungen, welche die Bohnerze absetzten, in Eisenstein umgewandelt. In gleicher Weise scheinen die nicht selten abgerollten und zertrümmerten rothen Kugeljaspisse aus dem Jura entnommen und erst später gefärbt worden zu sein. Die Zerstörung des Kalkes konnte durch kohlensäurehaltige Gewässer oder mechanische Gewalt vor sich gehen, ohne die Jaspisse zu zerstören, welche dann in die sich bildende Bohnerz-Ablagerung übergingen. Das völlig lokale Vorkommen der letzteren, verbunden mit ihrer Structur, macht es am wahrscheinlichsten, dass die Bohnerze das Resultat des Empordringens stark eisenhaltiger gasreicher Mineralquellen in der Tertiärperiode sind, deren Absatz durch fortwährende rotirende Bewegung in der von Gasen beunruhigten Flüssigkeit Schale um Schale von Eisenoxydhydrat in gleicher Weise ansetzte, wie dies für die kalkigen Absätze (sog. Erbsensteine) der Karlsbader Mineralquellen ausser Zweifel gesetzt ist. Stückchen fremder Gesteine als Kern, um welchen sich die Schalen des Bohnerzes allmählig absetzten, wurden namentlich an dem Bohnerz von Auggen wiederholt beobachtet; auch hierin bestätigt sich die eben angeführte Analogie mit den Erbsensteinen aufs Unzweideutigste. — In ihrer mineralogischen Zusammensetzung stimmen die Breisgauer Tertiär-Gebilde am meisten mit jenen der Schweiz überein, wo eine ähnliche Schichtenfolge mit denselben Petrefacten vorhanden; die Bohnerz-Ablagerungen des Seekreises müssen aber von den Breisgauischen geschieden werden.

Sehr ausgezeichnet entwickelt erscheint die Jura-Formation. Sie beginnt mit Corallenkalk (der Unterlage der Bohnerze) und dem Oxfordthon. Für den mittleren oder braunen Jura hat Sandberger folgende Gliederung angenommen (von oben nach unten): 1) Mergel mit Ammonites macrocephalus; 2) Cornbrash; 3) Hauptoolith; 4) Schieferletten mit Belemnites giganteus; 5) Kalkstein mit Pecten demissus; 6) Eisenoolith; 7) Letten mit Ammonites opalinus. Es ist namentlich die Eisenoolith-Gruppe, welche eine grosse Verbreitung erlangt, und fast das ganze Hügelland zwischen Sitzenkirch, Niedereggenen, Schallsingen, Feldberg, Rheinthal und Badenweiler bildet. Der schwarze Jura oder Lias spielt auf der vorliegenden Section eine sehr untergeordnete Rolle und nur bei Obereggenen lässt sich die Folge der einzelnen Glieder deutlich ermitteln; nämlich: Mergel mit Ammonites radians, die Posidonienschiefer, Mergel mit Belemnites paxillosus und Gryphiten-Kalkstein.

Die Keuper-Formation wird vorzugsweise durch ihre mittlere Abtheilung, bunten Schieferletten mit Gyps und durch Kalkmergel-Bänke repräsentirt, während Muschelkalk auf den nördlichen Theil der Section beschränkt ist. Auch der bunte Sandstein bildet nur zwei schmale Bänder, das eine bei Grunern, den Gneiss begrenzend, das andere am Karlsstollen bei Badenweiler. Die Verhältnisse, unter welchen der Sandstein hier erscheint, sind höchst eigenthümlich, denn vom Karlsstollen bei Badenweiler bis in das Sehringer Thal zeigt er sich als eine Hornsteinmasse, die vielfach von Quarz-Drusen,

Baryt-Trümmern, Bleiglanz-Schnüren durchschwärmt. Mit Recht bemerkt der Verfasser, dass ohne weitere Untersuchung Niemand in diesen Ruinen-artigen, steilen Felsmassen den Buntsandstein wieder erkennen würde. Die durch ihre Mineral-Schätze einst so berühmte Hausbadener Erzlagerstätte von (den Sandstein bedeckenden) Keuper einerseits, von Granit und Porphyr anderseits umschlossen, ist nach des Verfassers Vermuthung erst in der Lias-Epoche entstanden. „Offenbar war mit ihrer Bildung eine beträchtliche Erschütterung des Terains, Spalten-Bildung im Hangenden und Liegenden verbunden, in welche Spalten vermuthlich heisse Quellen, vorzüglich gelöste Kieselsäure, nächst dieser Fluorcalcium, Baryt und Schwefelblei enthaltend, eindrangen, den bunten Sandstein verkieselten, d. h. in Hornstein umwandelten, und in den Höhlungen und Klüften ihre Gangarten absetzten". — Von der wasserreichen Therme (22° R.) glaubt Sandberger, dass sie aus einer Spalte zwischen der Erzlagerstätte und dem Keuper empordringe.

Zwischen dem Granit des Blauen und dem Gneiss der Gegend von Sulzburg treten eigenthümliche Conglomerate auf, die man früher als „Grauwacke" bezeichnete. Neuere Forschungen haben dargethan, dass dieselben, nach ihren organischen Resten — wie Calamites transitionis u. a. — der unteren Steinkohlenbildung zugezählt werden müssen. Anthracit, durch mehrere Schärfe aufgeschlossen, kommt nicht selten vor, hat sich aber als unbrauchbar gezeigt. Es erstreckt sich diese Formation mit geringen Unterbrechungen aus der Nähe von Oberweiler bis nach Lenzkirch, also von West nach Ost. Sandberger glaubt, dass eine sehr alte, mit Zerreissung des Grundgebirges verbundene Hebung in der Periode der jüngeren Uebergangs-Formation erfolgte und dass die gebildeten Trümmer sich als Conglomerate in den entstandenen Gebirgsspalten absetzten. In Epochen der Ruhe erzeugten sich in dieser Einsenkung Moore, in denen Calamiten, Annularien, Sagenarien gediehen, aber bei neuer Ueberschüttung mit Trümmer-Material ihre organische Substanz als Anthracit-Lager zurückliessen.

Das nördlich des Thales auf vorliegender Section entwickelte Gneiss-Gebiet zeigt die petrographische Einförmigkeit, wie sie dem Gneiss des Schwarzwaldes oft auf grosse Strecken eigenthümlich, während die höchsten Regionen aus Granit bestehen mit unverkennbar alpinem Vegetations-Charakter.

Geognostische Beschreibung des untern Breisgaus von Hochburg bis Lahr. Von Dr. Philipp Platz. Mit einer geognostischen Karte und einer Profil-Tafel. Carlsruhe. Chr. Fr. Müller'sche Hofbuchhandlung. 1858. 8. 29.

Die vorliegende Abhandlung des Hrn. Dr. Platz muss allen Freunden vaterländischer Geognosie als ein recht schätzbares Bei-

trag willkommen sein. Der von dem Verfasser mit Fleiss und
Treue geschilderte Landstrich umfasst die Section Lahr der topographischen Karte von Baden, so wie einen Theil der Section Freiburg. Gegen Norden bildet das Schutterthal, und das Emmers-
bacher Thal bis Biberach, gegen Westen der Rhein die natürliche
Grenze; nach Osten hat der Verf. seine Forschungen bis zur Was-
serscheide zwischen Kinzig- und Schutterthal ausgedehnt.

Gneiss ist das herrschende Gestein des Grund-Gebirges, vom
Feldberg bis zum Renchthal sich erstreckend und meist von Buntsandstein begrenzt; er tritt auch noch an der Hochburg und im
Münsterthale auf. In mineralogischer Beziehung bietet der Gneiss
wenig Bemerkenswerthes: die characteristische petrographische Einförmigkeit, die Armuth an accessorischen Gemengtheilen. Ehedem
war im Gneiss-Gebiet Bergbau: auf der Grube Caroline bei Sexau
und im oberen Brettenthal gewann man bis zu Ende des vorigen Jahrhunderts silberhaltigen Bleiglanz. — Porphyre erscheinen an mehreren Orten in einzelnen Kuppen und Berggruppen südlich bei
Schweighausen (der Heuberg, Hünersedel, der Steinbühl, die Geis-
berge, der Hesseneck), dann nördlich in den Umgebungen von Sel-
bach. Längs der Grenze gegen den Gneiss zeigen sich häufig Conglomerate. Eine besonders interessante Localität ist der Schlossberg
von Hohen-Geroldseck (1753 F.); denn hier bietet sich Gelegenheit,
sowohl die Porphyre sehr gut aufgeschlossen, als auch die so oft
mit Rothliegendem verwechselten Conglomerate in näherer Berührung mit jener Felsart zu sehen. — Von geringer Bedeutung ist
das Auftreten des Serpentins, der bei Höfen im Schutterthal einen
15—20 Fuss mächtigen Gang im Gneiss bildet; die blätterigen
Parthien, welche dieser Serpentin enthält, dürften nicht — wie der
Verfasser vermuthet — Diallagit, sondern (wie im Serpentin von
Todtmoos) Broncit sein. — Als Repräsentant der vulkanischen Massen erscheint ein an Olivin reicher Basalt, den Hügel, worauf Mahlberg liegt, zusammensetzend.

Die Reihe neptunischer Formationen eröffnet das Steinkohlen-
Gebirge, aber nur auf geringen Raum beschränkt, am Geroldsecker
Schlossberg, den Porphyr in mantelförmiger Lagerung umgebend
und von Rothliegendem bedeckt, welches letztere auch noch ander-
wärts zwischen Gneiss- und Buntsandstein auftritt. (Es scheint das
Rothliegende im Schwarzwald hin und wieder eine ähnliche Rolle
zu spielen, wie im Odenwald, indem es hier zwischen Granit und
Buntsandstein sich zeigt, aber nicht selten von — allerdings sehr
dünnen — Schichten von Zechstein bedeckt, der so viel dem Ref.
bekannt, im Schwarzwald noch nicht nachgewiesen wurde. Aus der
Anwesenheit von Rothliegendem aber gleich auf die Gegenwart von
Steinkohlen unter diesem zu schliessen, wie es oft geschieht, ist
etwas gewagt, da gewöhnlich das Rothliegende unmittelbar auf dem
Grund-Gebirge ruht).

Am meisten entwickelt unter den neptunischen Felsarten zeigt sich der Buntsandstein, das grosse Plateau zwischen Schutter- und Rheinthal bildend, östlich von Gneiss, westlich von Muschelkalk begrenzt. Beachtung verdient, dass man neuerdings an der Hochburg und bei Heimbach Petrefacten aufgefunden hat, wie Pecten discites, Lima striata, Gervillia socialis, Terebratula vulgaris, Myacites elongatus, Myophoria vulgaris, Posidonomya minuta. — Unmittelbar an den Westabfall des Buntsandsteins reiht sich der Muschelkalk, vom Hornwald bis Bleichheim sich ziehend. Fromherz, der gründliche Kenner des Breisgaues und des ganzen Schwarzwaldes, den Referent auf mancher Wanderung begleitete, war der Ansicht, dass im Breisgau die unterste Abtheilung der Muschelkalk-Formation, der Wellenkalk fehle, und nur die Anhydrit-Gruppe und der eigentliche Muschelkalk vorhanden sei. Platz glaubt statt jener ein Aequivalent des Wellenkalkes annehmen zu müssen, auf die bei Emmendingen nachgewiesenen Petrefacten, insbesondere auf Lima lineata, als für den Wellenkalk charakteristisch, sich stützend. Aber die genannte Muschel kommt nicht weniger häufig im eigentlichen Muschelkalk vor; die schönsten und grössten Exemplare, die dem Ref. aus dem badischen Lande bekannt, finden sich zugleich mit Lima striata unfern Sinsheim und Hasmersheim. Ob also die Existenz des Wellenkalkes bei Emmendingen durch Lima lineata erwiesen, wollen wir, bis weitere Aufschlüsse uns belehren, noch dahin gestellt lassen. Der eifrige und. wohl unterrichtete Verfasser wird gewiss nicht säumen, sich hierüber Gewissheit zu verschaffen.

Die Jura-Formation setzt einige isolirte Hügel zwischen Ettenheim und Kenzingen zusammen. Ziemlich mächtig entwickelt tritt der Eisenrogenstein am Kalenberg, bei Kenzingen und zwischen Hugstetten und Nimburg auf; der Hauptrogenstein geht unmittelbar an der Landstrasse bei Kenzingen zu Tage und bildet einen Theil des Kalenberges. Aus der Diluvial-Gruppe finden sich Gerölle-Ablagerungen, Lehm, Löss und Torf.

Den letzten Abschnitt hat der Verfasser einigen Betrachtungen über Lagerungs-Verhältnisse und relatives Alter der geschilderten Gesteine gewidmet. Seine Ansicht über die Eruptions-Epoche der Porphyre ist sicherlich die richtige, nämlich dass solche älter als der Buntsandstein. (Im ganzen Gebiet des Schwarzwaldes und des Odenwaldes dürfte es keinen Porphyr geben, jünger als Buntsandstein.) Die Frage, ob Porphyre vor oder nach Entstehung des Rothliegenden heraufgedrungen, lässt Platz unentschieden, nachdem er gezeigt hat, dass dieselben jünger als das Kohlengebirge sind. — Eine allgemeine Hebung, welche sich vom Schönberg bei Freiburg über Lehen, Hugstetten, Nimburg, Hecklingen, Kenzingen, Herbolzheim bis Mahlberg verfolgen lässt, fällt in eine spätere Periode: nach Ablagerung der tertiären Formationen.

G. Leonhard.

*Göthe's lyrische Gedichte. Für gebildete Leser erläutert von H.
Düntzer. Erster Band, 464 S. Zweiter Band, 356 Seiten.
Elberfeld, Verlag von R. L. Friderichs. 8.*

Göthe äusserte am 16. Dez. 1828 gegen Eckermann, das
Streben, die äussern Umstände zu erforschen, denen ein berühmter Mann
seine Bildung verdanke, sei sehr lächerlich, „man könnte eben so gut
einen wohlgenährten Mann nach den Ochsen, Schweinen und Schafen fragen, die er gegessen und die ihm Kräfte gegeben. Wir
bringen wohl Fähigkeiten mit, aber unsere Entwicklung verdanken
wir tausend Einwirkungen einer grossen Welt, aus der wir uns
aneignen, was wir können und was uns gemäss ist“. In den von
Göthe gerügten Fehler fällt der gelehrte Hr. Verf. des obigen,
weit angelegten Buches. Er will die Fäden zählen, durch welche
das Gewebe des Göthe'schen Geistes entstanden ist.

> „Das preisen die Schüler aller Orten'
> Sind leider keine Weber geworden.“

Wir haben in diesen Blättern den Commentar des Hrn. Verf.
zu Göthe's Faust, so wie andere Erläuterungen zu Göthe's
Werken angezeigt, und müssen auch hier im Allgemeinen Dasjenige
bemerken, was wir bei den übrigen ästhetisch-kritischen und literär-
geschichtlichen Forschungen desselben zu bemerken Veranlassung
fanden. Sie zeichnen sich alle durch gelehrte, gründliche Forschung,
durch genaueste, ins kleinste Detail gehende Sachkenntniss aus.
Ganz anders aber verhält es sich mit dem Urtheile und dem Geschmacke. Jenem fehlt die philosophische Grundlage, diesem der
richtige ästhetische Blick. Darum gehen die Arbeiten zu sehr ins
Weite, enthalten neben manchem Anziehenden minder Wichtiges und
selbst Ueberflüssiges, verlieren sich zu sehr in Aeusserlichkeiten
und Untersuchungen über Dinge, die sich von selbst verstehen, die
durch die Erklärung selbst verlieren und gefühlt und nicht erklärt
sein wollen. Lessing tadelt es, wenn man den Schlafrock eines
grossen Mannes in Fetzen reisst, und diesen eine besondere Verehrung erweist. Wenn der Schlafrock nicht der Mann ist, was sind
dann erst die Fetzen?

In zwei umfangreichen Bänden werden im vorliegenden Buche
die lyrischen Dichtungen Göthe's erläutert. Eine genauere
Besprechung des Inhaltes derselben mag das von uns abgegebene
Urtheil rechtfertigen.

Der erste Band umfasst nach einer die Entstehung und
Sammlung der lyrischen Gedichte, die Dichtart, den Inhalt und die
Form derselben behandelnden Einleitung (S. 5—32) und der
„Zueignung“ (Seite 42) 1) Lieder im Allgemeinen und
Lieder aus Wilhelm Meister (Seite 41—148), 2) Gesel-
lige Lieder und Balladen (S. 148—326), 3) Vermischte
Gedichte, Sonnette und Kunst (Seite 326—460); der
zweite Band 1) antiker Form sich Näherndes,
Elegien, Episteln, Epigramme, Weissagungen des

Bakis, vier Jahreszeiten (S. 6—141), 2) den westöstlichen Divan (S. 141—243), 3) Parabolisch, Epigrammatisch, Politika, Gott und Welt, Chinesisch-deutsche Jahres- und Tageszeiten (S. 243—352). Der Hr. Verf. hat also nach dieser Uebersicht kein lyrisches Gedicht Göthe's in dieser Sammlung ausser Acht gelassen, und Alles, was uns aus den ältern und neuern Briefwechseln Göthe's und seiner Freunde, so wie aus Göthe's früheren und nachgelassenen Werken und aus der Literärgeschichte zur Erläuterung dieser Dichtungen zu Gebote steht, mit ungewöhnlichem Fleisse und anerkennenswerther Ausdauer zusammengetragen, so dass der Leser von Göthe's Werken manches zum Verständnisse derselben Wichtige und Anziehende hier vereinigt findet. Dabei muss aber das sichtbare Streben, die Werke eines Göthe aus äusseren Veranlassungen zu erklären, nothwendig oft zu falscher Auffassung seiner dichterischen Leistungen, der Versuch, Alles zu erklären, zur Mittheilung von vielem Unnöthigen und Ueberflüssigen, zur pedantischen Beurtheilung des freien dichterischen Geistes des grossen Mannes führen.

In Göthe's Liede an die Günstigen untersucht der Hr. Verf. bei den scherzhaften Versen:

„Niemand beichtet gern in Prosa;
Doch vertrau'n wir oft sub rosa
In der Musen stillem Hain".

die Bedeutung und den Ursprung des Wortes: Sub Rosa. Falsch ist übrigens die Meinung, dass Göthe dabei an einen Rosenhain denke (S. 43). Dass Göthe in dem Liede „die blinde Kuh" „durch das längere Ausbleiben des Reimes und das Hinziehen des um einen Fuss längeren sechsten Verses" „die hoffnungslose Sehnsucht des in sich versinkenden Herzens" (S. 49) habe andeuten wollen, ist sehr zu bezweifeln. Für die Behauptung, dass „der Liebhaber in allen Gestalten" im Jahre 1814 gedichtet und die Versetzung desselben in das Jahr 1780 auf „der allerwillkührlichsten Vermuthung" beruhe, ist S. 57 kein Grund angegeben. Man kann daher die eine Behauptung, wie die andere, „willkührlich" nennen. S. 62 ist die Bemerkung überflüssig, dass in allen vier Strophen „der Antworten bei einem gesellschaftlichen Fragespiel" „der zweite und dritte Theil mit zurück und Glück, der erste in den beiden ersten mit Blick, in den beiden andern mit Geschick schliessen". Unnöthig ist die Bemerkung, dass in dem Gedichte „das Bergschloss" es „dahin gestellt bleiben möge", ob „dem Dichter hierbei der Fuchsthurm auf dem Hausberg bei Jena vorgeschwebt habe", oder „irgend ein anderes zerstörtes Schloss", noch weniger scheint der Beisatz nöthig, dass dieser Fuchsthurm, von dem man erst nicht einmal weiss, ob Göthe in seinem Bergschlosse nur an ihn dachte, „ein Rest des alten Schlosses Kirchberg" sei (S. 113). Bei dem Frühlingsorakel wird der mit dem Kukuksruf im Frühjahre verbundene,

allgemein bekannte Aberglaube erwähnt, dass, wer im Frühlinge
zum erstenmale das Schreien des Kukuks vernehme, von ihm die
Zahl seiner noch übrigen Lebensjahre erfahre, da jeder seiner Rufe
(sic) ein Jahr bedeute" (S. 153), und sogar beigefügt, dass man
„wegen der französischen Form Coucou vermuthen könne, es liege
ein französisches Lied zu Grunde" (S. 154), was gewiss nicht der
Fall ist. Bei dem Gedichte die Generalbeichte wird S. 168
erklärt: „Generalbeichte heisst die bei gewissen bedeutenden Veranlassungen erfolgende, das ganze Leben umfassende und nur die
Haupt- und Gewohnheitssünden hervorhebende Beichte". Weil es
im Prediger I, 2 nach der gewöhnlichen lat. Uebersetzung heisst:
Vanitas vanitatum, dixit ecclesiastes, vanitas vanitatum und XII, 8
omnia vanitas, ist nicht einzusehen, warum im Göthe'schen Liede
„Vanitas! Vanitatum Vanitas!" das zweite Vanitas zu streichen oder
mit Rücksicht auf den ecclesiastes Vanitas vanitatum! Omnia vanitas! zu lesen sei (S. 174), da Göthe bei Abfassung dieses Liedes
gewiss an Alles eher, als an den Prediger dachte. Für unnöthig
hält Referent in „Frei und Froh" S. 176 die Bemerkung:
„Schafft ist die zweite Person der Mehrheit". Derjenige, für welchen diese Erörterung nöthig scheint, versteht auch nicht, was die
zweite Person der Mehrheit ist. Gerade so verhält es sich mit der
Erklärung: „Martismann Diener des Kriegsgottes Mars" oder bei
den Versen im Kriegsglück „Trompet und Trab und Trommel"
mit der Anmerkung, dass „zwischen die beiden weit schallenden
Instrumente der Pferdetrab glücklich eingefügt sei" (S. 177). Zur
Erläuterung des Liedes die „Rechenschaft" ist S. 178 die
Nachricht wenig dienlich, dass es „Zelter am 14. Februar 1810
für die von ihm geleitete Berliner Liedertafel erhielt, am 17. in
Musik gesetzt hatte, und dass es am 10. März, am Geburtstage der
Königin, zu allgemeinster Freude aufgeführt wurde". S. 189 wird
aufgezählt, wie oft das e „dem Volkstone gemäss" in dem Liede
„Epiphanias" unterdrückt sei. Sehr wenig zum Verständnisse
der Göthe'schen Balladen beitragend mag S. 199 die Nachweisung sein, dass Ballade unrichtig mit dem italienischen ballata,
Tanzlied, in Verbindung gebracht werde, sondern „celtischen Ursprunges sei, und von den Angelsachsen, später von den Normannen aufgegriffen, zur Bezeichnung der Volkslieder im Gegensatze
zur höfischen Dichtung" gedient habe. In der Ballade „vom
vertriebenen und zurückkehrenden Grafen" wird S. 218
„der Vater im Hain" durch „der Vater, der sich im Hain befindet",
erklärt. Im „Todtentanz" wird bei dem Ausdruck „Hackebrett"
bemerkt (S. 297), dass „auf diesem meist dreioktavigen klavierähn-
lichen Instrumente die Drahtsaiten mit zwei auf der einen Seite mit
Tuch oder Leder umwundenen Holzklöppelchen geschlagen werden".
In dem Gedichte Adler und Taube wird bei dem Ausdrucke
V. 27: „Rucken" erklärt: „Rucken steht nicht, wie sonst, statt
rücken, sondern bezeichnet den eigenthümlichen Ton der Tauben

(rucken, ruchsen, roucouler), entsprechend dem Girren der Turtel-
tauben". Wer könnte auch bei „ruckenden Tauben" daran denken,
dass hier Tauben einen Gegenstand hinwegrücken? Wer die Sprache
kennt, bedarf die Erklärung nicht, und, wer sie nicht kennt, wird
das Gedicht auch mit dieser Erklärung nicht verstehen. Ein Gleiches lässt sich von der Bemerkung über die metrische Gestalt „der
Trilogie der Leidenschaft" sagen, welche S. 396 also lautet: „Hier und in der zweiten Strophe, so wie in den beiden Schluss-
versen, finden sich auch weibliche Reime, wogegen sonst die Verse
durchweg männlich abschliessen. Für den Versmaasskundigen ist
dieser Beisatz überflüssig, und der Versmaassunkundige begreift ihn
nicht. Zu den hinsichtlich der Erläuterung des dichterischen Inhalts
überflüssigen Zusätzen gehört auch der in dem Gedichte: „Gross
ist die Diana der Epheser" S. 454: „Das ebenholzene Bild
der Diana im grossen ephesischen Tempel lief in einen Block aus,
nur Füsse und Hände reichten hervor (sic); der Obertheil des Körpers war ganz mit Brüsten und mancherlei Thieren bedeckt, Löwen,
Hirschen, Kühen, besonders Bienen, aber auch mit phantastischen
Thierbildungen".

Auch im zweiten Bande ist die Behandlungsart in Vorzügen und Mängeln die gleiche.

Bekanntlich fängt unter den sich der antiken Form nähernden
Gedichten Göthe's die „Warnung" mit „Wecke den Amor
nicht auf!" an. Man ist wohl mit dem Hrn. Verf. aus diesem Anfange nicht berechtigt darauf zu schliessen (S. 9), dass dieses Epigramm im Jahre 1784 entstanden sei, weil Göthe an Frau v. Stein
am 22. November 1784 schrieb: „Wenn eine Bitte bei dir stattfindet, so wecke den Amor nicht auf, wenn der unruhige Knabe
ein Kissen gefunden hat, und schlummert", und ihr ein „anderes in
die Werke nicht aufgenommenes Epigramm schickte" (S. 10).

Bei dem Verse:

„Wir, dem gebahnten Pfad folgend, beschleichen das Glück"

in dem Gedichte „Ländliches Glück" macht der Hr. Verf. S. 14
die gewiss nicht nothwendige Anmerkung: „Das Glück beschleichen" steht in dem Sinne „hinschleichend das Glück finden", da das Glück der Liebe erst in dieser holden Einsamkeit ganz
genossen wird.

Bei dem Gedichte „Schweizeralpe" steht S. 28: „Alpe
heisst in der Schweiz jeder Berg, der bis auf den Gipfel weidende
Heerde nährt". In der zehnten römischen Elegie singt
Göthe:

„Alexander und Cäsar und Heinrich und Friedrich, die Grossen
   Gaben die Hälfte mir gern ihres erworbenen Ruhms,
Könnt' ich auf eine Nacht dies Lager Jedem vergönnen".

Bei diesen Versen schwebte dem Dichter gewiss nicht, wie S. 42
behauptet wird, „die Aeusserung Friedrichs des Grossen in

einem Briefe an Voltaire (vom 9. October 1775) vor: Un instant de bonheur vaut mille ans dans l'histoire.

Zu dem 66. Epigramme:

> Vieles kann ich ertragen. Die meisten beschwerlichen Dinge
> Duld' ich mit ruhigem Muth, wie es ein Gott mir gebeut.
> Wenige sind mir jedoch, wie Gift und Schlange, zuwider;
> Viere: Rauch des Tabaks, Wanzen und Knoblauch und †

fügt der Hr. Verf. S. 101 in allem Ernste hinzu: „Es gibt natürliche Abneigungen, die man nicht überwinden kann. Das † bedeutet
einen gewissen üblen Geruch, den der Dichter als unanständig zu
nennen scheut". Bei „Gift und Schlange" wird sogar auf die Römer hingewiesen und ihre Rede: „Schlimmer, als Schlange und Hund,
wie Schlangen hassen", und beigefügt: „Schlange und Gift bezeichnen hier die giftige Schlange".

Bei dem Epigramme 92:

> O! wie achtet ich sonst auf alle Zeiten des Jahres;
> Grüsste den kommenden Lenz, sehnte dem Herbste mich nach!
> Aber nun ist nicht Sommer, nicht Winter, seit mich Beglückten
> Amors Fittig bedeckt, ewiger Frühling umschwebt.

macht der Hr. Verf. (S. 105) die Anmerkung: „Die Liebe schafft
ihm ewigen Frühling" und findet es „sonderbar", dass der Dichter
seine Liebe als die erste darzustellen scheine, die ihn voll beglücke,
und doch fügte er der Besprechung des 104. Epigrammes, mit welchem der Abschluss des in der Einsamkeit vollbrachten Venediger
Lebens gegeben wird, hinzu, dass dieses Epigramm „nicht undeutlich die letzte Liebesgeschichte als ein blosses Spiel der Einbildung
bezeichne" (S. 107), eine Bemerkung, durch welche das angeregte
Bedenken gehoben wird.

Bei dem ersten Spruche des Bakis S. 109 finden wir die
Anmerkung: „Gestern und ehegestern sind mit grossen Buchstaben
zu schreiben".

Unnöthig wird bei den „vier Jahreszeiten" im „Frühling" Nr. 6 auf Henriette Wolfskeel, geb. v. Fritsch,
Nr. 10 auf Louise von Göchhausen, die lustige Hofdame der
Herzogin Amalie von Sachsen Weimar, Nr. 18 auf die Herzogin Louise von Weimar hingedeutet, weil man ihr Bild „in
der Eleonore des Tasso zu finden glaubt, und in diesem Disti-
chon der Name „Eleonore" vorkommt".

Bei dem unter Parabolisch stehenden Gedichte Nr. 10 „Kläffer"

> „Wir reisen in die Kreuz und Quer'
> Nach Freuden und Geschäften;
> Doch immer kläfft es hinterher
> Und billt aus allen Kräften.
> So will der Spitz aus unserm Stall
> Uns immerfort begleiten
> Und seines Bellens lauter Schall
> Beweist nur, dass wir reiten."

ist die den schönen Gedanken des Gedichtes nicht erschöpfende Be-

merkung S. 247: „Die neidischen Gegner, die sich ein Geschäft
daraus machen, einen jeden anzufallen, muss man ruhig in ihrem
unschädlichen, ihnen zur Natur gewordenen Treiben gewähren lassen" — gewiss nicht nothwendig.

Dass das Sonnett „Wachsthum" besonders mit Beziehung
auf „Mina Herzlieb" gedichtet sei, weil „Göthe sie schon als
Kind in Jena vielfach sah", ist sehr zu bezweifeln.

v. Reichlin-Meldegg.

---

*Das Leben George Washington's von Washington Irving. Leip-
sig. Verlagsbuchhandlung von Carl B. Lorck. 1857. Dritter
Band. XII und 404. Vierter Band XI und 393 S. in gr. 8.*

Auch unter dem Titel:

*Moderne Geschichtschreiber. Herausgegeben von Prof. Dr. Fried-
rich Bülau. 7. u. 8. Bd.*

Die beiden ersten Bände dieses durch eine ruhige und würdige
Haltung, wie durch eine ebenso lebendige und anziehende Darstellung sich empfehlenden Werkes sind in diesen Jahrbüchern Jahrg.
1857. S. 87 f. angezeigt worden. Das dort gespendete Lob kann
nach den beiden folgenden Bänden, die wir hier anzuzeigen haben,
ertheilt werden: In denselben ist Washington's Leben fortgeführt
von dem Beginne des Jahres 1777 bis zu seiner Erhebung zum
Präsidenten der vereinigten Staaten von Nordamerika und seiner
Installirung am 30. April des Jahres 1789. Hier schliesst das
Werk, in welchem das Leben des Gründers der nordamerikanischen
Freiheit von seiner Kindheit an durch alle Wechselfälle hindurch
bis zu der bemerkten Erhebung, die er der einstimmigen Wahl eines
dankbaren Vaterlandes, gewissermassen gegen seinen Wunsch, verdankte und die den Höhepunkt seines Lebens ausmacht, in umfassender Weise dargestellt nun offen vor uns liegt. Mit der hier
gebotenen Ausführlichkeit sind insbesondere die Feldzüge behandelt,
selbst in denjenigen Theilen, an welchen er selbst persönlich keinen
Antheil nahm, weil auch hier sein Geist es war, der Alles leitete,
und, ungeachtet aller Hemmnisse, ungeachtet der geringen Mittel,
die ihm zu Gebote standen, doch durch umsichtige Weisheit und
ausdauernde Thatkraft sein Ziel zu erreichen wusste. Wenn daher
der Darstellung der Feldzüge in diesen beiden Bänden eine besondere Aufmerksamkeit und, wenn man will, eine grössere Ausführlichkeit zu Theil geworden, so liegt dies in der Natur und Bestimmung des ganzen Werkes, insofern diese Kämpfe es hauptsächlich
waren, die den Ruhm und die Bedeutung des Mannes begründeten,

darum aber vor Allem auch hier bis in das Einzelste vorgeführt
werden musste. Hier tritt am besten der Charakter des Mannes hervor: hier sprechen seine Thaten, seine Handlungen, ohne
dass es weiterer, erläuternden Bemerkungen bedürfte: „seine eigenen
(so schreibt der Verf. am Schlusse des vierten Bandes S. 293) mündlichen und schriftlichen Aeusserungen haben wir vielfach angeführt,
um seine Empfindungen und Beweggründe aufzuklären und den
wahren Schlüssel zu seiner Politik zu geben; denn niemals hat ein
Mensch einen wahrhaftigeren Spiegel seines Herzens und seines
Geistes und eine vollständigere Erläuterung seines Benehmens hinterlassen, als er in seinem umfänglichen Briefwechsel. Dort lernt
man seinen Charakter in seiner ganzen majestätischen Einfachheit,
seiner mannhaften Grösse, seiner stillen, riesigen Kraft kennen. Er
war kein Romanheld; er hatte Nichts von romantischem Heroismus
an sich. Als Soldat war er der Furcht unfähig, machte sich aber
kein Verdienst daraus, die Gefahr herauszufordern. Er kämpfte für
eine Sache, aber nicht für persönlichen Ruhm. Mit Freuden legte
er nach dem Siege das Schwert hin, um es nie wieder umzugürten.
Ruhm, dieses lautschallende Wort, welches den Geist manches Kriegers erfüllt wie das Schmettern der Drommete, war nicht das Ziel
seines Strebens. Gerecht zu handeln war ihm innerer Trieb, das
öffentliche Wohl zu fördern beständiges Bemühen, die Liebe der
Tugendhaften zu verdienen sein Ehrgeiz. So ausgerüstet für die
reine Anwendung gesunden Urtheils und umfassender Weisheit be-
stieg er den Präsidentenstuhl“.

Mit diesen Worten nimmt der Verfasser zugleich Abschied von
dem Leser: er glaubt seine Aufgabe, welche die ganze militärische
Laufbahn Washington's und seine Thätigkeit für das Gemeinwesen
bis zur Feststellung der Amerikanischen Verfassung umfasst, gelöst
und sein Werk vollendet: „wird uns (setzt er hinzu) das Maass von
Gesundheit und guter Stimmung, mit welchem eine gütige Vorsehung uns über die gewöhnliche Zeit literarischer Arbeitsfähigkeit
gesegnet hat, noch ferner vergönnt, so gedenken wir fortzufahren,
und einen Schlussband der Präsidentschaft und den letzten Lebens-
jahren Washington's zu widmen. Bis dahin legen wir unsere Feder
hin und suchen die Erholung und die Ruhe, welche alternde Jahre
verlangen“. Wir empfehlen das Werk, das eine eben so belehr-
rende, wie genussreiche Lectüre bietet.

JAHRBÜCHER DER LITERATUR.

1. *Aeschyli Eumenides ad cod. MS. emendata[e]. Gothae. Apud Hug. Scheube MDCCCLVII. XXIV und 88 S. in 8.*

2. *Aeschyli Agamemno. Recensuit, adnotationem criticam et exegeticam adjecit Henricus Weil, in facultate litterarum Vesontina Professor. Giessae. Impensas fecit J. Ricker. MDCCCLVIII. (Auch mit dem weitern Titel: Aeschyli quae supersunt Trugoediae. I. Sect. I. Agamemno). XVI und 156 S. in gr. 8.*

Beide Ausgaben äschyleischer Stücke haben fast nur die Kritik dieser Stücke, also die Gestaltung des Textes, sich zu ihrer Aufgabe gemacht, da aller Bemühungen der Gelehrten ungeachtet, derselbe noch keineswegs auf seine ursprüngliche Gestalt zurückgeführt, oder überhaupt nur eine durchaus verlässige Gestaltung gewonnen hat: wovon freilich mit ein Grund in der handschriftlichen Ueberlieferung liegt, die selbst in der anerkannt ältesten Quelle, der Mediceischen oder Florentiner Handschrift als eine fehler- und mangelhafte sich kund gibt. Und wenn in Folge einer solchen Ueberlieferung, namentlich vor dem Bekanntwerden der eben genannten Handschrift, einzelne Herausgeber, die den Text lesbar zu machen bemüht waren (wir erinnern nur an Bothe und Blomfield), sich hier grössere Freiheiten erlaubt haben, als man damals (und mit gutem Grunde) dem Herausgeber eines griechischen oder lateinischen Schriftstellers gestatten zu dürfen glaubte, so scheint es, als sollte Aeschylus eine Ausnahme von dieser Regel machen und ein Verfahren in der Behandlung des Textes Platz greifen, welches die Freiheiten, welche die oben genannten Herausgeber sich genommen, in Manchem noch zu überbieten scheint und bisweilen an Willkühr streift. War selbst der Meister der kritischen Schule G. Hermann bei Aeschylus weiter gegangen, als es von einem sonst so besonnenen Kritiker zu erwarten war, und finden sich in dem, was nach seinem Tode veröffentlicht worden ist, manche allzu kühne Veränderungen, die vielleicht, wenn er an sein Werk die weitere und letzte Hand zur Vollendung hätte legen können, unterblieben oder doch modificirt worden wären, so kann ein solches Beispiel nicht zur Nachahmung veranlassen, wohl aber das vielfach Gute und Kernhafte, das er für die Erklärung geleistet hat, uns auffordern, auf ähnliche Weise das schwierige Verständniss so mancher Stellen und Verse zu fördern und nur dann, wenn es nicht möglich ist, auf diesem Wege ein Verständniss zu erzielen, zu einer Umgestaltung des Textes zu schreiten. Dies ist wohl eine natürliche Forderung einer jeden gesunden Kritik, zumal einer äschyleischen.

Die Ausgabe der Eumeniden fällt durch ihr Aeusseres nicht wenig in die Augen: denn die äussere Ausstattung des Ganzen ist eine ausgesuchte, wie man sie kaum bei Englischen Ausgaben antrifft; sie macht jedenfalls der Officin, aus welcher ein solcher Druck hervorgegangen ist (Giesecke und

Devrient in Leipzig) alle Ehre und kann den Beweis liefern, dass auch die
deutsche Presse den Leistungen des Auslandes keineswegs nachsteht. Ein
glänzend weisses Papier, vorzügliche Lettern, ein durchaus rein gehaltener
Druck spricht ungemein an: eine allerdings geschmackvolle Verzierung ist in
so fern hinzugekommen, als auf jeder Seite die Pagina, die Aufschrift des
Stücke, die Bezeichnung der Abtheilungen in den melischen Abschnitten und
die Verszahlen mit rother Farbe gegeben sind. Die Vorrede des ungenannten
Herausgebers verbreitet sich über die Verdienste Hermann's um die Kritik des
Aeschylus, ohne dass jedoch diese damit zu einem Abschlusse gebracht worden wäre, da noch Manches in dieser Beziehung zu thun übrig gelassen sei:
„sunt graviora et gravissima (heisst es S. XI) tot ac tanta, quibus expedien-
dis vix felix Hermanni audacia, aquilino volatu tardigradulam artem propri-
pientis, certe ausibus vita longa et huic poetae cum maxime devota non suf-
fecerit"; der Herausgeber will vielmehr versuchen, einen Schritt weiter zu
thun, um so mehr als von dem, was ausgezeichnete Männer nach Hermann
auf diesem Gebiete geleistet, nicht viel Beistand und Hülfe zu erwarten sei.
Wie er selbst aber die Sache ansieht, mag aus der Art und Weise entnommen
werden, wie er in der kritischen Behandlung des Aeschylus vorgegangen
wissen will; wir führen deshalb die eigenen Worte desselben S. XII hier an:
„non est is scriptor Aeschylus, quo cum ea, quae tantis laudibus mactari solet, religione ad ipsorum codicum fidem conformato fecisse operae pretium
videare, neque dialectica critica neque audacior illa et sui juris divinatio,
utraque res ad abusum et ἐνέργειαν πλάνης sane prona, cessare posthac
poterunt, iis qui hoc in genere ubique libidinem clamitant, haec sunt quae
referri possint: artem criticam ad duas certissimas res dirigendam esse, rationem et orationem: ubi vero ratio sit, ibi libidinem nullam esse. Sequitur, si
quid video, ut discessio ab Hermanno nulla locum habeat, quae eadem alia
parte non sit consectatio, recedas ab exemplari impresso, sequaris exemplum
animo infixum, non opus anagnostae officio, ore tenus quae ipse non intelli-
gat interpretantis, adsensum emendicantis: sed tamen ubi postrema militiae
Hermannianae signa deprehenduntur, ibi castra metanda". Es mag diese Stelle
zugleich als eine Probe der gesuchten Ausdrucks- und Darstellungsweise, so
wie des in diesem Vorworte herrschenden Tones gelten. Was die Sache
selbst betrifft, so wird Niemand der ratio und oratio (d. h. der Kunde der
Sprache und Redeweise des Autors) den gebührenden Einfluss streitig machen
wollen, Niemand aber auch die Folgerungen daraus ziehen wollen, die hier
davon gemacht werden. Soll das Exemplum animo infixum, dem wir
hier in Allem folgen sollen, unser Leitstern sein, so wird es für die Kritik
eines Schriftstellers bald eben so viele Leitsterne geben, als solche, die sich
mit der Kritik dieses Schriftstellers beschäftigen; und werden wir dann bald
eben so viele total verschiedene Texte des Schriftstellers erhalten, als Herausgeber, die, nach einem solchen Princip handelnd und es in unmittelbare Anwendung bringend, den Text auf eine Weise umgestalten, die von dem Vorwurfe der Willkühr nicht frei zu sprechen ist.

Von diesem Vorwurfe wird selbst der ungenannte Herausgeber dieses
Stückes nicht ganz frei zu sprechen sein, der neben manchen annehmbaren

Verbesserungen des Textes doch auch wieder an nicht wenig Stellen mit einer Kühnheit verfahren ist, die wir wenigstens nicht zur Nachahmung Andern empfehlen oder überhaupt für erspriesslich bei Behandlung alter, wenn auch verdorbener Texte ansehen können; während es aber auch nicht an einer Anzahl von Stellen fehlt, die seine conservative Kritik vor der Aechtung oder Versetzung, wie sie von Andern empfohlen worden, geschützt hat. Was· die von S. 46 an laufende Adnotatio betrifft, so beschäftigt sich diese mit der Erklärung einzelner Stellen nur in so weit, als sie mit der Kritik, wie sie hier geübt worden ist, und mit den in Vorschlag gebrachten Aenderungen des Textes eng verbunden ist; sie wird daher von Jedem, der mit diesem Stücke des Aeschylus sich näher beschäftigt, wohl zu beachten sein, auch wenn er nicht in Allem einverstanden, oder derjenigen kritischen Handlungsweise zu folgen gesonnen sein sollte, wie sie hier in allerdings freierer Weise, aber nicht ohne Scharfsinn, geübt worden ist.

Der Herausgeber des Agamemnon, der sich schon früher durch eine in französischer Sprache abgefasste Schrift über Aeschylus (Aperçu sur Eschyle et les origines de la tragédie grecque. Besançon 1849) bekannt gemacht und fortwährend mit diesem Dichter beschäftigt hat, nun aber mit dem Agamemnon den Anfang einer neuen Ausgabe sämmtlicher Dramen des Aeschylus macht, geht ebenfalls von dem Grundsatz aus, dass die Kritik dieses Dichters keineswegs durch die Bemühungen G. Hermann's als abgeschlossen zu betrachten sei: es mag dies namentlich auch von dem hier wieder vorgelegten Stücke gelten, das, wie Jeder weiss, der die Dramen des Aeschylus gelesen hat, grössere Schwierigkeiten für die Kritik wie für die Erklärung bietet als andere Aeschyleische Stücke (z. B. Prometheus, die Perser, die Sieben gegen Theben), und werden diese Schwierigkeiten noch dadurch vermehrt, dass in der Mediceischen Handschrift, die bei allen ihren anerkannten Fehlern doch noch immer als die älteste Quelle der handschriftlichen Ueberlieferung, und jedenfalls als die beachtenswertheste gelten muss, nur einen kleinen Theil dieses Stückes enthält. Diese Schwierigkeiten durch einen lesbaren Text zu heben und die zahlreichen Verderbnisse zu beseitigen, ist des Herausgebers Zweck, den er dadurch zu erreichen sucht, dass er da, wo es angeht, durch Wegnahme oder Hinzuziehung oder Umstellung von Buchstaben und Sylben die handschriftliche Ueberlieferung lesbar und damit verständlich zu machen sucht; da freilich, wo das Verderbniss tiefer steckt und umfangreicher ist, wo Interpolationen stattgefunden, war dies allerdings schwerer: eine richtige Erfassung Dessen, was der Dichter sagen wollte, verbunden mit gehöriger Beobachtung der urkundlichen, wenn auch fehlerhaften Ueberlieferung kann nach seiner Einsicht allein auf das Richtige führen. Von diesen Grundsätzen geleitet hat er einen Text zu geben gesucht, der so weit als möglich, lesbar und verständlich sein soll: er hat unter dem Texte die Hauptabweichungen angeführt, in Anführung der von andern Gelehrten gemachten Verbesserungsvorschlägen weislich ein gewisses Maass eingehalten, und eben so meist nur Dasjenige zu erklären gesucht, was mit der von ihm geübten Kritik und der von ihm aufgenommenen Lesart zusammenhängt oder bisher zweifelhaft erschienen war: am wenigsten wollte er sich darauf einlassen, das, was bereits von Andern für die Erklärung

in befriedigender Weise gegeben war, zu wiederholen, oder das, was Irrthüm-
liches von Andern behauptet worden, zu widerlegen.

Das Römische Kastell Aliso, der Teutoburger Wald und die Pontes longi. Ein
Beitrag zur Geschichte der Kriege zwischen den Römern und Deutschen
in der Zeit vom Jahre 12 vor bis zum Frühjahre 16 nach Christus. Von
M. F. Essellen, königl. preuss. Hofrathe. Mit vier Karten und einem
Anhange: Ueber die alten Steindenkmäler, die sogenannten Hünenbetten
in Westphalen und den angrenzenden Provinzen. Hannover. Carl Rümpler.
1857. VIII und 232 nebst XXIV S. Anlagen in gr. 8.

Der Gegenstand, mit welchem diese Schrift sich beschäftigt, hat schon im
siebenzehnten Jahrhundert, noch mehr aber in unserem neunzehnten Jahrhundert die Aufmerksamkeit der Gelehrten, zumal der vaterländischen Geschichtsforscher auf sich gezogen und fast eine ganze Literatur von grösseren und
kleineren Schriften hervorgerufen, wie sich Jeder überzeugen kann, wenn er
in die von Ruperti in der Note zu den Annalen des Tacitus I, 60 gegebene
Zusammenstellung der dahin einschlägigen Erörterungen und Schriften, oder
auch nur in die von Ukert (Germania S. 124 ff.) gelieferte Uebersicht einen
Blick werfen will. Denn es handelt sich hier um die Frage, in welchem
Theile des nordwestlichen Deutschland's, also Westphalen's, der Ort zu suchen,
wo die grosse Niederlage der Römer unter Varus durch die Germanen erfolgte
und wo das römische Kastell Aliso zu suchen sei. Wir wollen und können
hier nicht die ganze Streitfrage verhandeln, wozu es einer Ausführung aller
der verschiedenen Ansichten und Behauptungen bedürfte, die man hier geltend
gemacht hat, zumal als hier selbst ein lokaler Patriotismus, der bei Erörterung
derartiger Fragen am wenigsten angebracht ist, seinen Einfluss geübt hat.
Der Verfasser dieser Schrift hat nun Alles aufgeboten, die Sache zu einem
Endabschluss zu bringen; seit 1852, wo er zuerst in die Gegend kam, die als
das eigentliche Lokal des Kampfes und der Niederlage anzusehen ist, hat er
dieselbe nach allen Richtungen durchreist und den Bestand der jetzigen Lokalität mit dem verglichen, was die Berichte der Alten darüber angeben, auch
schon im Jahre 1853 eine kleinere Schrift darüber veröffentlicht, die aber von
Seiten eines andern Gelehrten (Dr. Giefers) auf Widerspruch stiess, wornach
Varus den der Schlacht und Niederlage vorausgehenden Sommer in der Nähe
von Paderborn und Elsen zugebracht, dann sein Heer gegen die aufständischen Chauken, Ampsivarier geführt, und seinen Weg durch die Dörenschlucht
genommen, zwischen welcher und Uffeln oder Herford er die Niederlage erlitten.
Obwohl ein anderer gelehrter Forscher (Dr. Reinking zu Warendorf) auf die
Seite des Verfassers trat, so beschloss der Letztere, doch die ganze Frage
einer neuen und wiederholten Untersuchung zu unterwerfen, deren Ergebnisse
in dieser Schrift uns nun vorliegen. Wir können nicht in das Detail dieser
Untersuchung, die alle Angaben der Alten der sorgfältigsten Prüfung und
Vergleichung mit der Lokalität selbst, Schritt für Schritt, unterzieht, dem

Verfasser folgen: aber wir glauben wenigstens das wohl begründete Ergebniss dieser ganzen Untersuchung unsern Lesern in der Kürze mittheilen zu
müssen. Hiernach führen alle die Angaben der Alten über die Lage des
Schlachtfeldes auf die südlich von B e c k u m gelegene Gegend; hier finden sich
die Anhöhen, die Schluchten und Klüfte, die Wälder mit riesigen Bäumen,
die Moräste (bei Regenwetter höchst unwegsame Felder) das Lager, die barbarischen Altäre, und Wälder versperren nach Westen den Weg (S. 68).
Zwischen dem genannten B e c k u m und dem am nördlichen Ufer gelegenen
L i p p b o r g (unfern der Stadt Hamm in östlicher Richtung), wäre hiernach
der Teutoburger Wald zu suchen, und für das Lokal der Schlacht und der
Niederlage der ungefähr in der Mitte zwischen den beiden Orten gelegene,
mit dem Namen Havixbrok bezeichnete Punkt anzusehen. Ein eigenes,
sauberes Kärtchen (Tafel II) dieser ganzen Lokalität dient zur Veranschau-
lichung. Die Möser'sche, selbst von Ukert (am a. O. S. 128) aufgenommene
Ansicht, welche den Teutoburger Wald für einen Theil des Osninggebirges
und des westwärts davon gelegenen Landstriches bei Detmold und Lippspringe
ansieht, und also auch dorthin die Schlacht und Niederlage des Varus verlegen muss, zeigt sich durch die hier gegebene Ausführung als unhaltbar. Das Castell A l i s o, welches der obengenannte Gelehrte (Giefers) in
die Nähe von Paderborn bei dem Dorfe Elsen verlegt, muss hiernach auch
an einem andern Orte gesucht werden: Herr Essellen (S. 12 ff. 87 ff. 168)
verlegt es in die Nähe von Hamm, etwas mehr als eine Viertelstunde westwärts von dieser Stadt, da wo das Flüsschen Ahse mit der Lippe sich vereinigt; den cäsischen Wald sucht er ostwärts von Hamm, etwa eine Weg-
stunde davon entfernt bei Heessen oder Heissen (also nicht bei Coesfeld oder
Dortmund); in dem zwischen Hamm und Soest fast in der Mitte gelegenen
Orte t e n F a h n e n glaubt er den viel besprochenen T a n f a n e n tempel zu
erkennen (S. 87 ff.). Mit diesen Bestimmungen hängen dann auch weiter zusammen die Erörterungen über die Wohnsitze der Germanischen Völker, die
damals mit den Römern kämpften und um den Teutoburger Wald in verschiedenen Richtungen gewohnt haben müssen, die Brukterer, Cherusker,
Chatten und Marsen, welche letztern südwärts bis über Soest hinaus nach
Arensberg zu zwischen den Flüssen Lippe und Ruhr, nach der Annahme des
Verfassers, damals wohnten.

Wir müssen hier, des Näheren wegen, auf die Schrift selbst verweisen,
eben so auch, was die Beschreibung der römischen Wälle oder Landwehren
betrifft, die sich südlich längs der Lippe bis zum Kastell Aliso, also bis in
die Nähe von Hamm hinziehen, was die vom Verfasser sorgfältig nachgewiesenen Reste und Spuren deutlich zeigen. Eine weitere Zugabe zu dieser
Darstellung der römischen Kriegsführung in einigen Strichen des heutigen
Westphalen's bildet die umfassende Erörterung (S. 166—232) über die alten
Steindenkmäler in Westphalen und in angränzenden Ländern, worin insbesondere gezeigt wird, wie die unter dem Namen Hünenbette, Hünensteine u. dgl.
jetzt bekannten, meist aus schweren Granitblöcken aufgerichteten Steindenkmale
einen religiösen Zweck und Bestimmung hatten, also dem Cultus, zunächst
den Opfern, dienten. Die Anlagen enthalten erstens einen Auszug aus

Die Cassius Buch LVI nach Horkel's Uebersetzung, dann einen Auszug aus
der Schrift von Griesenbach: Ueber Bildung des Torfs in den Emsmooren,
und drittens eine Erörterung über die wieder aufgefundenen Pontes longi des
Tacitus. Die vier Tafeln, meist Karten enthaltend, sind allerdings nothwendige Zugaben für Jeden, welcher der Ausführung des Verfassers, die, namentlich was die Angaben der Alten betrifft, eine erschöpfende genannt werden
kann, mit Aufmerksamkeit folgen will.

---

*Die Kirche zu Grossen-Linden bei Giessen, in Oberhessen. Versuch einer histo-
risch-symbolischen Ausdeutung ihrer Bauformen und ihrer Portal-Reliefs.
Oder: vergleichende, durch alt-kirchlich-hieroglyphische Skulptur veranlasste Beiträge zur Kunde und zum Verständnisse der Vorzeit, zunächst der
vaterländischen. Von Johann Valentin Klein, der Theol. und Phil.
Dr. ordentl. Honorar-Professor der Philosophie u. s. w. Giessen 1857. In
Commission bei der J. Ricker'schen Buchhandlung. 331 S. in gr. 4to mit
doppelten Columnen.*

Diese Schrift verbreitet sich über ein Baudenkmal aus der frühesten Periode des christlichen Deutschlands, wie deren nur wenige noch bis auf unsere Zeiten sich erhalten haben: sie ist aber auch zugleich ein schätzbarer
Beitrag zur christlichen Bildersymbolik, wie sie in jenen früheren Zeiten sich
kund gibt, an heidnische Anschauungsweisen anknüpfend und heidnische Bilder
mit christlichen vermengend und verbindend.

Die Kirche, um die es sich hier handelt, gehört jedenfalls noch in das
zehnte Jahrhundert nach Chr. und somit noch der karolingischen Periode an;
sie ist, auch abgesehen von der ganzen Lage des Baues, insbesondere merkwürdig durch das Steinportal, das den Eingang bildet mit seiner ganzen
merkwürdigen, aus Stein in einer ziemlich rohen Weise gearbeiteten Reihe
von Figuren, zum Theil höchst seltsamer Art, die theils in die Pfeiler, theils
in den Doppelbogen, der auf diesen Pfeilern sich über das Portal erhebt, eingemeisselt sind. Auf den beiden Pfeilern erblicken wir die Gestalt eines Bischofs, dann den h. Petrus, den Schlüsselträger, ferner den Evangelisten Mat-
thäus, sowie den Erzengel Michael, den Ueberwinder des (neben ihm dargestellten) Drachen, in beiden Seitenflächen stehen die geistlichen Träger des labarum
und des Kreuzes. Zwei Schlangengewinde wie zwei Adler erheben sich neben
diesen Figuren, je eins auf jeder Seite; die Capitäler dieser beiden Pfeiler
zeigen zwei mächtige Thiergestalten, von denen die eine wie ein Löwe aussieht,
der in seinem Rachen einen Widder hält, während die andere Thiergestalt,
die ein Wolfs- oder Hundsähnliches Aussehen hat, ein Kind im Rachen bat.
Noch merkwürdigere Gestalten finden sich in dem kleineren, inneren Bogen,
wie in dem andern äusseren, der grösser ist, eingemeisselt: sie stehen, was ihre
Beziehung und Deutung betrifft, natürlich mit den übrigen, auf den Pfeilern
angebrachten bildlichen Darstellungen in Verbindung, und geben dem Verfasser Veranlassung, sich in umfangreicher Weise über den Sinn und die Bedeu-

tmg derselben anzulassen; der grösste Theil seiner Schrift ist überhaupt diesem Gegenstande gewidmet: nach den mehr einleitenden, allgemeinen und geschichtlichen Bemerkungen und nach der Beschreibung des Baues selbst, wie er jetzt beschaffen ist, wendet sich der Verfasser zuvörderst einer Betrachtung über die symbolische Bedeutung der Bauformen zu, um dann, von S. 95 an zu der weiteren Erörterung überzugehen, welche ausschliesslich jenes Portal und die darauf befindlichen Figuren zum Gegenstande hat, und neben der historischen Erklärung insbesondere über die symbolischen Beziehungen, die an diese Figuren sich knüpfen, sich verbreiten und den ganzen Kreis dieser christlichen Bildersymbole hereinziehen. Es kann nicht unsere Absicht sein, dem Verfasser in dieser ausführlichen Darstellung, die wie bemerkt, den grössten Theil der ganzen Schrift einnimmt, weiter zu folgen; wohl aber werden wir die Freunde der christlichen Kunst und der mit ihr verbundenen Mythik und Symbolik auf diese umfangreichen Erörterungen aufmerksam zu machen und in der Schrift einen schätzbaren Beitrag für diese Seite der christlichen Kunst zu erkennen haben. Die beigefügten sechs Tafeln enthalten ausser der Kirche selbst und dem erwähnten Portal noch eine Reihe ähnlicher und verwandter Darstellungen, die zur richtigen Auffassung einzelner der hier besprochenen Figuren und Bilder dienen.

Trésor des livres rares et precieux, ou nouveau dictionnaire bibliographique contenant plus de cent mille articles de livres rares, curieux et recherchés, d'ouvrages de luxe etc. avec les signes connus pour distinguer les éditions originales des contrefaçons qui en ont été faites, des notes sur la rareté et le mérite des livres cités et les prix que ces livres ont atteints dans les ventes les plus fameuses et qu'ils conservent encore dans les magasins des bouquinistes les plus renommés de l'Europe par Jean George Théodore Graesse, conseiller aulique, bibliothécaire etc. Dresde. Rudolf Kuntse, libraire editeur 1858. Deuxième et troisième livraison. S. 97. — 288 S. in gr. 4to.

Die erste Lieferung dieses umfassenden und verdienstlichen Unternehmens ist in diesen Jahrbb. 1858. S. 541 ff. bereits angezeigt worden; der dort geäusserte Wunsch einer baldigen Fortsetzung ist in Erfüllung gegangen, wie die hier vorliegenden beiden Hefte beweisen, die uns von Amarasinha bis in den Buchstaben B (Barbarus) hinein führen, und einen raschen Verlauf des Ganzen in erfreuliche Aussicht stellen, so weit dies bei einem Werke, das so umfangreicher Vorstudien bedarf, anders nur möglich ist. Was über die Anlage und Ausführung in der früheren Anzeige bemerkt worden, gilt auch von diesen Heften, die sich gleichmässig den früheren anschliessen, und auch in ihrer äusseren schönen Ausstattung ganz gleich gehalten sind: dass namentlich die ausländische Literatur in einer Weise Berücksichtigung gefunden, wie dies in ähnlichen Werken nicht der Fall ist, mag auch hier wiederholt werden: es mag darin ein wesentlicher Vorzug des Ganzen erblickt

werden: und was die inländische Literatur betrifft, so möchte nicht leicht
Etwas von Belang dem Verfasser entgegen sein, der vielleicht hier bisweilen
selbst die Linie überschritten, die wie wir glauben, einzuhalten war. Wenn
z. B. bei Appollodorus die kleine Ausgabe von J. Bekker, die in der
Teubner'schen Sammlung (Bibliotheca classica scriptorum Graecorum et Romanorum) zu Leipzig 1854 in einem Oktavbändchen erschien, aufgeführt wird,
so wird man die gleiche Anführung auch bei anderen Autoren (so z. B. bei
Arrianus die ähnliche Ausgabe von Geier und von Hercher) erwarten dürfen, wo dies jedoch nicht geschehen ist; wir würden ebenso auch bei Anacreon, wo als die vorletzte unter den Ausgaben die von Th. Bergk zu Leipzig 1834 aufgeführt und in Bezug auf den Text bezeichnet wird als „la meil-
lieure édition, où les pièces supposées sont séparées pour la prémière fois
des pièces originales" auf die Revision des Textes lieber verwiesen haben,
die derselbe Gelehrte später in den Poetae lyrici Graeci (Lipsiae 1853) gegeben hat, und aus dem gleichen Grunde auch die diese Scheidung zuerst in
bestimmter Weise darlegende und durchführende Schrift von C. B. Stark.
Quaestionum Anacreonticarum libri II. Lipsiae 1846 angeführt haben. Unter
Annuaire ist, und mit Recht, auch aufgeführt: „Annuaire de la bibliothèque
royale de Belgique par le conservateur Baron de Reiffenberg. Bruxelles
1840—51. 12 Vol. in 12."; die Angabe ist richtig in Bezug auf die Bändezahl, aber die Herausgabe des letzten Bandes, der nach dem Tode Reiffenberg's erschien, ist erfolgt „sous la direction de M. Alvin", des Nachfolgers
von Reiffenberg in der Verwaltung der Brüsseler Bibliothek: was jedenfalls
zu bemerken war. Wenn bei Aristophanes die kleine in 12Format gegebene Ausgabe von Wilh. Dindorf im Jahre 1825 zu Leipzig angeführt wird,
so wäre dann auch wohl die von Th. Bergk, zumal in der neuen Ausgabe,
Leipzig 1857, bei Teubner anzuführen gewesen, vorausgesetzt nemlich, dass
überhaupt solche Textesausgaben alter Schriftsteller, die für den Bedarf der
Schule oder für Akademische Vorlesungen gemacht worden sind, in diesem
Werke eine Stelle erhalten sollen. Bei Asconius Pedianus werden die
älteren Ausgaben sämmtlich angeführt: die von Baiter, der zuerst die ächten
Stücke von den zweifelhaften und unächten ausgeschieden hat, ist nicht aufgeführt, vielleicht weil sie einen Band der Orelli'schen Ausgabe (Vol. V. P. II)
des Cicero bildet; dann wäre wenigstens eine Notiz oder eine kurze Nachweisung nicht unerwünscht gewesen. So glauben wir auch, dass bei Aventinus, wo über die verschiedenen Ausgaben eine genauere Notiz gegeben
wurde, auch die zu Freising 1858 erschienene Schrift anzuführen war: Johann Turmair genannt Aventinus, Geschichtschreiber des baierischen Volkes
nach seinem Leben und Schriften dargestellt von Dr. Theodor Wiedemann".
Unter Auctores kommen auch die Auctores Latinae linguae von Gothofre-
dus 1622 vor; was ganz in der Ordnung ist: nur hätten wir dann auch gewünscht, die Grammaticae Latinae auctores von El. Putsche von 1605 ebenfalls
angeführt zu sehen.
     Wir wollen indess diese Bemerkungen nicht weiter fortsetzen; bei einem
Werke der Art, das aus Tausenden von einzelnen Notizen besteht oder vielmehr daraus zusammengesetzt ist, werden Nachträge oder Berichtigungen der

Art nie ausbleiben können, eben weil es für einen Einzelnen unmöglich ist, Alles zu erfassen: wohl aber mag es uns erlaubt zein, noch eine Reihe von Artikeln zu nennen, die durch Umfang und Genauigkeit gleichmässig befrie- digen, wie z. B. Annales, Anthologia, Antoninus, Apulejus, Archimedes, Archives, Aretinus; Atti, Augustinus u. s. w. Und so können wir dem Ganzen eine baldige und rasche Fortsetzung bestens wünschen.

Chronicon Sancti Michaelis monasterii in pago Virdunensi. Ex antiquissimo codice nunc primum integrum edidit Ludovicus Tross. Hammone. Sumptibus L. Trossii MDCCCLVII. 28 S. in gr. 4to.

Das Chronicon Sancti Michaelis, das hier zum erstenmale vollständig ab- gedruckt vorliegt, ist theilweise schon früher aus Mabillon's Analekten T. II, so wie bei Calmet in seiner Lothringischen Geschichte bekannt, und nach die- sen beiden Publicationen auch in die Monumenta Germaniae (IV. p. 78 ff) mit einigen Verbesserungen übergegangen, nachdem der Herausgeber (Waitz) ver- geblich an Ort und Stelle (St. Michiel) der Handschrift selbst nachgeforscht hatte, die sich in den Händen eines dortigen Notars Marchand befand, nach dessen Tode sie von den Erben an den Sohn des jetzigen Herausgebers, zu Paris verkauft wurde, von wo sie dann in die kaiserliche Bibliothek gekom- men ist. Nach dieser Handschrift nun, die in das zwölfte Jahrhundert fällt, und einer davon im siebenzehnten Jahrhundert genommenen Abschrift hat Herr Tross einen Abdruck in vorliegender Schrift veranstaltet, der nicht blos den Vorzug der grösseren Vollständigkeit vor den bemerkten theilweisen Veröffentlichungen besitzt, sondern auch als ein durchaus urkundlich getreuer, und von allen Fehlern möglichst gereinigter Text erscheint, von welchem die geschichtliche Forschung mit allem Verlass Gebrauch machen kann. Der Her- ausgeber ist dabei mit derjenigen kritischen Sorgfalt und Umsicht verfahren, wie wir sie bei kritischen Ausgaben classischer Schriftsteller jetzt zu ver- langen gewohnt sind: jede, auch die geringste Abweichung des gedruckten Textes von der Handschrift, so wie von dem erwähnten Apographum und den erwähnten gedruckten Texten ist auf das sorgfältigste unter dem Texte selbst bemerkt, und auf diese Weise ein sehr schätzbarer Beitrag zur Quellenkunde unserer Vorzeit, eben so wie ein unentbehrlicher Nachtrag zu den Monumen- tis Germaniae gegeben.

Geschichte der Völkerwanderung von Eduard von Wietersheim Dr. phil. 1. Band. 1. Hälfte. Leipzig. T. O. Weigel 1859. VIII und 268 S. in gr. 8.

In dem bis jetzt allein vorliegenden Theile dieses Werkes ist von der Völkerwanderung selbst, deren Geschichte, dem Titel gemäss, gegeben werden

soll, noch gar nicht die Rede; es bringt vielmehr dieser Theil eine Reihe von
Vorarbeiten, die, wie es scheint, eine Art von Einleitung zu der nachfolgenden Darstellung bilden sollen, und zwar zunächst Untersuchungen aus dem
Gebiete der römischen Staatsalterthümer in der Kaiserzeit, was wir um so
mehr hier bemerken zu müssen glauben, als der mitgetheilte Titel des Ganzen
nichts Derartiges andeutet oder erwarten lässt, wenn auch gleich zugegeben
werden muss, dass eine Darstellung der Völkerwanderung eine Kenntniss des
römischen Reichs und seiner Zustände wohl voraussetzt. Gründe der Art mögen es auch gewesen sein, die den Verfasser bewogen haben, der also erst
noch zu erwartenden geschichtlichen Darstellung der Völkerwanderung ein
„Erstes Buch: die vorbereitende Zeit. Verknüpfung der Epoche der Völkerwanderung mit der Vorzeit" in diesem Hefte vorauszuschicken. Es soll dann
ein zweiter Abschnitt folgen, welcher „die Zeit der Unruhe und des concen-
trischen (?) Andranges der Germanier (warum nicht Germanen?) gegen Rom
von Marc Aurel und dem Beginne des Marcomannischen Krieges 166 bis zum
Einfall der Hunnen in Europa 375 nach Chr. befasst; ein dritter, der die Zeit
der Völkerwanderung im engern Sinne, bis zur Gründung des Longobardi-
schen Reiches in Italien 568 n. Chr. darstellt; ein vierter Abschnitt soll einen
Ueberblick der Ergebnisse des vollendeten Ereignisses und dessen Verknüpfung
mit der Folgezeit bringen. Wir haben es hier, in dem was bis jetzt allein
vorliegt, nur mit dem ersten vorbereitenden Abschnitte zu thun, der in seinen
ersten Capiteln über die römische Republik und ihren Uebergang zur Monarchie, über die staatlichen Verhältnisse wie über die sittlichen Zustände sich
verbreitet, dann die Staatsverfassung der Kaiserzeit darstellt, und darauf im
fünften, ausführlicher gehaltenen Kapitel (S. 47—109) zu den statistischen Verhältnissen des römischen Reiches übergeht, und dabei auf die Darstellung der
politischen Verhältnisse und der gesammten Staatsverwaltung besondere Rücksicht nimmt. Es werden hier namentlich die finanziellen Verhältnisse des
Staates, wie sie unter den ersten Kaisern in Bezug auf die Einnahme und
Ausgabe sich darstellten, zur Sprache gebracht, insbesondere aber auch auf
das Kriegswesen, dessen Einrichtung und Bestand näher eingegangen. Wenn
hier S. 73 in einer Note das Unzulängliche der bisherigen Untersuchungen
über das Kriegswesen in dem ersten Jahrhundert der Kaiserzeit beklagt wird,
so kann ein Jeder, der diesem Theile der römischen Staatsverwaltung ein
wenig Aufmerksamkeit zugewendet hat, in diese Klage vollkommen einstimmen; mit Vermuthungen, Combinationen u. dgl. ist auf diesem Gebiete freilich
Nichts auszurichten, hier bedarf es vielmehr einer mühsamen Forschung und
anhaltender Studien, um das Material erst herbeizuschaffen und dann dasselbe
sorgfältig zu sichten, weil auf diesem Wege allein eine befriedigende Darstellung des römischen Kriegswesens nach seinem ganzen Umfang in der bemerkten Periode des ersten Jahrhunderts der Kaiserzeit wird hervorgehen
können; man hat aber bisher noch so wenig daran gedacht, dass man noch
nicht einmal die Inschriften, diese reiche Fundgrube für die Kenntniss des
römischen Kriegswesens, herangezogen hat; so lange dies nicht geschieht
oder vielmehr geschehen ist, wird jede Darstellung lückenhaft und unvollkommen bleiben. Und doch bildet das Kriegswesen in jener Zeit, fast die be-

deutendste Seite des ganzen Staatswesens; denn jedenfalls ist es nur die vorzügliche militärische Einrichtung gewesen, welche das römische Kaiserreich
gestützt und erhalten, dabei auch zugleich römische Cultur und Bildung fast
in alle Länder der damals bekannten Erde gebracht hat. In zwei der angehängten Excurse verbreitet sich der Verfasser noch über Gegenstände, die in
das Kriegswesen der Kaiserzeit einschlagen, in dem einen über die Reiterei
in der Kaiserzeit (wozu die Inschriften ein reiches Material bieten, das zu
einem grossen Theil unbenutzt ist), in dem anderen über Versorgung der Vete-
ranen unter August, während die übrigen Excurse auf finanzielle Gegenstände
sich beziehen. Es kann diesen das Kriegswesen betreffenden Erörterungen
noch angereiht werden der später S. 239 ff. eingeschobene Excurs über die
Verwendung der römischen Ritter im Heere, so wie S. 191 ff. die den Effec-
tivbestand des römischen Heeres betreffende Erörterung. Im sechsten Kapitel
wird Tiberius Cäsar und dessen Regierung vorgeführt in einer befriedigenden
Schilderung. In der Beurtheilung des Tiberius schliesst sich der Verf. im
Ganzen an Niebuhr an, der in Tiberius den grossen Staatsmann und Regenten
nicht verkennt, dessen Schattenseite erst in den späteren Jahren seines Lebens immer mehr hervorgetreten ist. Dann werden im siebenten Kapitel die
übrigen Julier, im achten die Flavier bis zu den Antoninen herab in kurzen
Umrissen vorgeführt. Nun folgt ein grösserer Excurs über die Bevölkerung
des römischen Reichs und der Stadt Rom (S. 196—265). In Deutschland wie
in Frankreich ist die Frage nach der Bevölkerung Rom's während der Kaiserzeit vielfach in Betracht gezogen worden: die aufs neue hier darüber geführte Untersuchung stellt die Schwierigkeit der ganzen Berechnung und das
nie mit völliger Sicherheit zu gewinnende Endergebniss der ganzen Erörterung heraus, macht es jedoch ziemlich wahrscheinlich, dass die Bevölkerung
des alten Rom's während der Kaiserzeit nicht wohl über anderthalb Millionen, Alles mit eingerechnet, sich erstreckt habe.

*Quatuor leges scenicae Graecorum poeseos ab Horatio in arte poetica latas illu-
stravit Fridericus Fritzsche. Commentatio de sententia decanorum
academiae Rostochiensis pridie Cal. Mart. a. MDCCCLVIII praemio or-
nata. Prostat Lipsiae apud Hermannum Fritzschium. MDCCCLVIII.
71 S. in gr. 8vo.*

Die Schrift, die wir hier anzeigen, ist eine Erstlingsschrift, sie ist aber
auch eine gekrönte Preisschrift, die in der Fassung, in welcher sie hier erscheint, gewiss des Preises würdig erscheinen konnte. Was den Inhalt derselben betrifft, so war dieser natürlich durch die gestellte Aufgabe selbst bestimmt, welche in ihrer wörtlichen Fassung also lautete: „Leges scenicae
poeseos, quae ab Horatio in arte poetica duce potissimum Aristotele latae
sunt, ex ipsis tragoediae comoediaeque antiquae fontibus non item satyrici
dramatis, illustrentur". Der Verfasser wählte zur Beantwortung dieser Frage

zunächst vier von Horatius in der Ars poetica gegebene Vorschriften aus, deren Erörterung den Inhalt der Schrift bildet, die demnach selbst in vier Abschnitte zerfällt.

Dem ersten Abschnitt zu Grunde liegt die Vorschrift des Dichters (Vers 192): „nec quarta loqui persona laboret"; daher die Aufschrift De quarta persona. Die Frage nach der Zahl der im alten Drama auftretenden Schauspieler und die Vertheilung der einzelnen Rollen unter dieselbe, ist in neueren Zeiten ein Gegenstand mehrfacher Untersuchung geworden, die selbst eine Reihe von kleinen Schriften veranlasst, aber auch eine Anzahl von Controversen hervorgerufen hat, die bei einem in Folge der Dürftigkeit der Quellen vielfach dunkeln Gegenstande nicht ausbleiben konnten. Der Verfasser hat sich mit vieler Umsicht auf diesem schwierigen Felde bewegt: als Grundsatz steht auch ihm fest, dass die Dreizahl der Schauspieler in dem alten attischen Drama nicht überschritten worden: kommt ein vierter Schauspieler vor, so war er sicher nicht von dem Staate gestellt: selbst der Name dieses vierten Schauspielers (παρασκήνιον) wird dafür geltend gemacht. Immerhin aber wird die Durchführung dieses Satzes schwierig, d. h. der Nachweis und in so fern auch die Bestätigung desselben aus der Vertheilung der Rollen in den noch vorhandenen Stücken der drei grossen Tragiker, Aeschylus, Sophocles und Euripides, so wie des Aristophanes; diesen Nachweis hat der Verfasser versucht und damit einen sehr dankenswerthen Beitrag zur näheren Erkenntniss und richtigen Auffassung dieser Dramen selbst gegeben, wobei natürlich die verschiedentlich von andern Gelehrten darüber aufgestellten, hier und dort abweichenden Ansichten berücksichtigt werden. So wird man, um nur eines anzuführen, bei Aeschylus dem Verfasser wohl beistimmen können, wenn er für die Perser und die Supplices nur zwei Schauspieler, für die übrigen Stücke aber drei annimmt, unter welche die Rollen sich vertheilen. Namentlich muss dies vom Prometheus gelten, wo die vom Verf. vorgeschlagene Vertheilung der Rollen (1. Prometheus. 2. Hephästos, Okeanos, Jo. 3 Kratos und Hermes) durchaus angemessen erscheint; die (in der That unbegreifliche) Ansicht, welche dem Protagonisten auch die Rolle des Hephästos zuweist, und eine Puppe an den Felsen anschmieden lässt, hat auch bei dem Verfasser keinen Anklang (wie billig) gefunden. Geringeren oder doch minder wesentlichen Schwierigkeiten unterliegt im Ganzen die Vertheilung der Rollen bei den Stücken des Sophocles, während bei einigen Stücken des Euripides allerdings dies schwieriger wird; indessen ist es dem Verf. doch gelungen, mit ziemlicher Wahrscheinlichkeit die Vertheilung der Rollen unter die drei Schauspieler bei allen vorhandenen Stücken nachzuweisen. Was Aristophanes betrifft, so stellt sich aus dem, was hier angeführt ist, allerdings heraus, dass die Komödie mit der Dreizahl der Schauspieler nicht immer auskommen konnte, vielmehr genöthigt war, neben den stummen Personen, auch einen vierten Schauspieler anzunehmen, wie dies z. B. in den Wolken, in den Fröschen u. s. w. der Fall ist. Aber von einem fünften Schauspieler, wie er von einem andern Bearbeiter dieses Gegenstandes angenommen worden ist, kann nicht die Rede sein: das wird hier klar nachgewiesen: nur für die römische Komödie, die schon in Folge der Vereinigung mehrerer griechischen Stücke in Eines (der sogenannten Contaminatio) mehr Schauspieler nöthig hatte, wird die Fünfzahl zulässig: der Verf. hat deshalb sogar S. 30 ein Verzeichniss der bei Plautus und Terentius befindlichen Scenen beigefügt, wo mehr als drei Schauspieler auftreten: es ist dies um so dankbarer anzunehmen, als die ganze Frage über die Vertheilung der Rollen und die Zahl der Schauspieler bisher noch weniger in Bezug auf die römische Bühne, wo freilich die Verhältnisse zum Theil anderer Art sind, beachtet und behandelt worden ist.

Der zweite Abschnitt bespricht die von Horatius Vs. 189 und 190 aufgestellte Regel: „Neve minor neu sit quinto productior actu fabula, quae posci vult et spectata reponi", und führt darum die Aufschrift De Tragoediarum partitione; es wird auch hier nachgewiesen, wie die Zahl von drei oder vier Akten (ausser dem Prolog und Exodus) die gewöhnlichste Form der griechischen Tragödie gewesen (S. 55), während für die lateinische Komödie die Fünfzahl feststeht. Es wird dabei nach Anleitung der Stelle des Aristoteles (Poet. 12) eine genaue Untersuchung über die einzelnen Bestandtheile der Tragödie eingeleitet, und diese bezeichnet als der Prolog, die Parodos (das erste von allen Gliedern des Chors vorgetragene Lied), die Stasima (gewöhnlich drei, bisweilen auch vier) d. i. die weiter folgenden Chorgesänge, wodurch die (an Zahl gleichen) Akte der Handlung (ἐπεισόδια) unterschieden werden, und die Exodus. Der Verf. ist aber dabei nicht stehen geblieben, sondern er versucht es, den Nachweis dieses Satzes in den noch vorhandenen Stücken der drei grossen Tragiker zu geben: es werden bei jedem einzelnen Stücke genau diese einzelnen Bestandtheile nachgewiesen (S. 39—54), was gewiss als eine verdienstliche Arbeit anzusehen ist.

Die beiden folgenden Abschnitte will der Verf. selbst als „diligentioris studii quaedam initia" angesehen wissen; der dritte bezieht sich auf die Vorschrift Vs. 191 der Ars Poetica („nec deus intersit, nisi dignus vindice nodus inciderit") und hat deshalb die Aufschrift: De deo ex machina. Aeschylus hat von diesem Mittel der Lösung der Verwicklung durch das Einschreiten eines Gottes in den vorhandenen Stücken keinen Gebrauch gemacht, ob es in der verlorenen Psychostasie der Fall gewesen, möchte jetzt schwer zu bestimmen sein; bei Sophocles erscheint nur ein hier einschlägiger Fall im Philoktet bei dem gegen den Schluss (Vs. 1409) gesendeten Herkules: ob Welcker's Vermuthung, die in einigen verlorenen Stücken des Sophokles das Gleiche annimmt, richtig ist, wird sich schwer entscheiden lassen. Euripides und Andere haben freilich an die Vorschrift des römischen Dichters oder vielmehr des Aristoteles, dem sie entstammt (Poet. 15), sich nicht immer gehalten: an mannichfacher Ueberschreitung, namentlich in späteren Zeiten, fehlt es nicht. Der letzte Abschnitt, De nuntio überschrieben (S. 65 ff.), bezieht sich auf die Vorschrift (Vs. 179 ff.), welche dasjenige, was zur eigentlichen Handlung nicht gehört, oder auf der Bühne selbst sich nicht darstellen lässt, aber doch zum Zusammenhang des Ganzen und der Verbindung der einzelnen Theile nothwendig erscheint, in den Mund eines Boten zu legen und so als Erzählung einzufügen verlangt; der Verf. hat hier nur Dasjenige, was sich auf die Einführung eines solchen Boten selbst und dessen Auftreten bezieht,

zum Gegenstande seiner Erörterung gemacht. Die ganze Schrift empfiehlt
sich durch eine klare und fassliche Darstellung, eine gute lateinische Sprache
und ein gesundes, unbefangenes Urtheil; sie lässt wünschen, dass der Verfasser die begonnenen Untersuchungen in gleicher Weise fortsetzen und auch
auf andere Theile dieses schwierigen Gebietes ausdehnen möge.

---

*Des Q. Horatius Flaccus Satiren, erklärt von L. F. Heindorf. Dritte
Auflage. Mit Berichtigungen und Zusätzen von D. Ludwig Doederlein.
Leipzig. Friedrich Ludwig Herbig. 1859. 479 S. in gr. 8.*

Unter den verschiedenen Bearbeitungen der Horazischen Satiren hat die
vor mehr als vierzig Jahren erstmals erschienene von Heindorf, noch immer
und mit gutem Grunde, ihre Stellung behauptet: ihr erstes Erscheinen fällt in
eine Zeit des Aufschwungs auch der philologischen Studien, die damals noch
nicht ihr einziges Heil in der Pflege der Grammatik und Wortkritik gefunden
hatten, sondern bei allem Festhalten an einer gesunden, sprachlich-grammatischen Grundlage, doch noch weiter zu gehen trachteten und die richtige Auffassung und Verbreitung des in den Alten liegenden Geistes als ihre Hauptaufgabe betrachteten, darum auch der Erklärung im eigentlichsten Sinne des
Wortes sich zuwendeten. In diesem Streben unternahm auch Heindorf die
Bearbeitung der Horazischen Satiren: sein Bemühen war insbesondere gerichtet auf die Erklärung der Gedanken und der Sache selbst, um das wahre und
volle Verständniss dieser Satiren auch unserer Zeit zu erschliessen. In gleichem Sinne hatte auch der nachfolgende Herausgeber (Wüstemann) seine
Aufgabe aufgefasst, und manche schöne Zusätze, vielfache Verweisungen für
den, der den einzelnen Gegenstand weiter zu verfolgen beabsichtigt, so wie
selbst gute sprachliche Bemerkungen (wie sie von einem so feinen Kenner der Latinität nicht anders zu erwarten waren) hinzugefügt. Eine Erweiterung dieser Zusätze, bei einer neuen, nun nöthig gewordenen Ausgabe
würde leicht dem Ganzen eine zu grosse Ausdehnung verliehen haben: Dieses
und Anderes bestimmte den neuen Herausgeber, den Heindorf'schen Commentar vollständig wiederzugeben, daran die eigenen Zusätze anzulehnen und
„von den Wüstemann'schen Zuthaten nicht mehr aufzunehmen, als von jedem
„nachheindorfischen Bearbeiter der Satiren. Dass viel Schätzenswerthes nun
„in dieser neuen Ausgabe fehlt, namentlich Wüstemann's Verweisungen auf
„andere Hülfsmittel, ist nicht zu läugnen; aber es existirt noch ein Rest Exem-
„plare der zweiten Ausgabe, gross genug, um die etwaigen Nachfragen nach
„Wüstemann's reichhaltigem Commentar zu befriedigen". So spricht sich der
neue Herausgeber über den bei der Bearbeitung genommenen Standpunkt aus:
er selbst suchte alle Erweiterungen des Heindorf'schen Commentar's möglichst
zu vermeiden und auf Berichtigung und Rechtfertigung einzelner Textesände-
rungen sich zu beschränken, dagegen Alles, was Andere sonst noch zum Verständniss des Textes beigebracht, oder was er selbst hätte beibringen können,

zurückzuhalten (S. XIII), um dem ursprünglichen Commentar sein Ansehen möglichst zu bewahren. So versichert er in der Regel das, was Heindorf mit Stillschweigen übergangen, gleichfalls unerklärt gelassen, und selbst einzelne Unbestimmtheiten oder Unrichtigkeiten, die für das Verständniss des Textes irrelevant gewesen, ohne Gegenbemerkung belassen zu haben, dagegen wurde bei anerkannt schwierigen oder controversen Stellen stets ein Erklärungsversuch beigefügt, und so finden sich neben manchen Berichtigungen des früheren Commentars auch manche neue Erklärungen, wie sie ein mit dem Dichter selbst, und der ganzen ihn betreffenden Literatur der neueren Zeit so vertrauter Herausgeber gewiss zu geben im Stande war. Diese Zusätze und Berichtigungen sind durch eckige Klammern von dem Heindorf'schen Commentar getrennt, und erstrecken sich eben so sehr auf das Einzelne der Erklärung, als auf die jeder Satire vorausgehenden Einleitungen, welche Inhalt und Tendenz einer jeden Satire berücksichtigen, und die Entwickelung des Ideenganges enthalten, wie dies z. B. gleich bei der ersten Satire der Fall ist, eben so bei der dritten u. s. w. Es kann hier nicht der Ort sein, näher in das Einzelne dieser Zusätze einzugehen oder Zusätze zu diesen Zusätzen zu liefern: des Herausgebers Leistungen über Horatius sind hinreichend bekannt, um einen Berichterstatter dieser neuen Ausgabe einer solchen Pflicht zu überheben: wohl aber galt es den Standpunct der neuen Bearbeitung anzugeben, und auf das aufmerksam zu machen, was von dem neuen Herausgeber geleistet worden: wir hoffen und wünschen, dass es auch der neuen Ausgabe nicht an derjenigen Theilnahme fehle, die sie in jeder Hinsicht ansprechen kann und mit allem Rechte verdient. Die äussere Ausstattung des Ganzen ist ansprechend: das Register über die Anmerkungen ist, revidirt und mit einzelnen Zusätzen vermehrt, in die neue Ausgabe ebenfalls übergegangen.

Lehren der Weisheit und Tugend in auserlesenen Fabeln, Erzählungen, Liedern und Sprüchen. Herausgegeben von Dr. Karl Wagner. Drei und zwanzigste, vermehrte und verbesserte, einzig rechtmässige Auflage. Leipzig. Verlag von Ernst Fleischer (R. Hentschel). 1858. XVI und 360 S. in 8.

Wir haben hier ein Buch vor uns, das wir in der That für die Lectüre der Jugend, und theilweise selbst zum Memoriren und Recitiren derselben nicht genug empfehlen können; nicht ohne guten Grund hat dasselbe auch bereits zwei und zwanzig Auflagen hinter sich — eine in Deutschland gewiss seltene Erscheinung, um nun zum drei und zwanzigsten Mal in einer erneuerten und wirklich vermehrten und verbesserten Gestalt vor das Publikum zu treten, und, wir hoffen es wenigstens, nicht zum letztenmale. „Die Jugend, sagt das Vorwort, an der vaterländischen Literatur zur Tüchtigkeit im Denken und Wollen heranzubilden und zwar gleich an dem Edelsten und

Besten, so weit es ihrem Alter und Erkenntnissvermögen ergreifbar, das ist
eine alte Mahnung und Praxis der weisesten Männer. Schon bei Platon wird
an den Lehrern von Athen gerühmt, dass sie den Kindern, sobald diese lesen
gelernt, die Werke guter Dichter vorlegen und von ihnen auswendig lernen
lassen, um in ihnen durch Befreundung mit edlen Vorbildern den Trieb zu
schönen grossen Thaten zu wecken und zu nähren." Was die alte Zeit schon
löblich und erspriesslich fand, wird es noch mehr in unsern Tagen sein müssen, wo so viele nachtheilige Einflüsse auf die Jugend sich geltend machen,
die es doppelt zur Pflicht machen, durch solche Mittel entgegenzutreten, die
einen Eindruck auf jugendliche Gemüther nicht verfehlen können. Und dazu
soll dies Buch dienen; es soll aber diesen Zweck erreichen durch eine Auswahl des edelsten und herrlichsten, was unsere Literatur, und sie ist wahrhaftig nicht so arm, um auch neben der althellenischen für ebenbürtig zu
gelten — aufzuweisen hat. Eben darum kommt es vor Allem auf die richtige Auswahl, sowie auf die zweckmässige Anordnung des ausgewählten
Stoffes an; „für Kopf und Herz soll gleichmässig gesorgt, dem jugendlichen
Wesen gemäss aber mehr durch Beispiele als Lehren gewirkt werden" (S. IV).
In beider Hinsicht aber hat man alle Ursache, mit der getroffenen Wahl zufrieden zu sein und sie den Zwecken des Buches für angemessen zu erachten;
der Herausgeber hat es mit Recht als die erste und vornehmste Aufgabe des
Ganzen erachtet, „den göttlichen Funken immer mehr anzufachen, die Freude
am sittlich Schönen zu mehren, die angebornen Triebe der Freundschaft, der
kindlichen Liebe, der treuen Pflichterfüllung zu stärken und Auge und Herz
offen zu halten für die Grösse und Schönheit der Natur" (S. IV). Dass in
der Sammlung, wie sie aus dem reichen Schatze unserer Literatur sorgsam
ausgewählt vorliegt, die poetischen Stücke vorwiegen und nur einzelweise
auch prosaische Stücke mit unterlaufen, liegt in der Natur der Sache, wie in
dem Zweck und der Bestimmung des Ganzen. In drei Abtheilungen zerfällt
die Sammlung, die in einzelnen Gruppen Zusammenstellungen liefert, die sich
über Alles, was dem Menschen frommt und dient, über alle Seiten des menschlichen Charakters verbreitet, und die Lehren der Tugend und eines ihr angemessenen Verhaltens dem jugendlichen Gemüthe in dem Gewande der Poesie
predigt; die dritte Abtheilung hat Gott und die Natur zum Gegenstande.
Möge auch in dieser neuen Auflage diese Jugendschrift auf's neue ihren Nutzen
bewähren und darum die Verbreitung finden, welche im wahren Interesse
der Jugendbildung ihr zu wünschen ist.

JAHRBÜCHER DER LITERATUR.

Otfrieds von Weissenburg Evangelienbuch. Aus dem Althochdeutschen übersetzt von Georg Rapp. Stuttgart, Verlag von Samuel Gottlieb Liesching. 1858. XI u. 155 Seiten. Quer 8.

Der Verfasser, der, wenn ich mich recht erinnere, mit einer Uebersetzung des Heliand debutierte, versuchte sich, wahrscheinlich durch die Verwandtschaft des Inhaltes bestimmt, auch an einer Uebertragung der oberdeutschen Evangelienharmonie. — Wer das Buch durchblättert oder liest, ohne das Original zu kennen, oder wer von demselben ebenso wenig versteht, wie der Uebersetzer, mag allerdings glauben, dass es eine vollständige, das Original mit erforderlicher Treue und Genauigkeit wiedergebende Uebersetzung ist; wer aber den Text Otfrids kennt, fühlt sogleich, und wenn er auch nur Eine Seite flüchtig gelesen haben sollte, ohne alle Vergleichung mit dem Althochdeutschen heraus, dass der Autor an seine Arbeit ohne allen und jeden Beruf und ohne die allergeringsten Kenntnisse im Althochdeutschen ging, dass er auch nicht die einfachsten Formen erkannte, nicht die leichtesten Stellen verstand, und desshalb natürlich ein Machwerk lieferte, wie die Literaturgeschichte Gott Lob seit langer Zeit keines mehr aufgewiesen hat.

Das elf Seiten lange Vorwort, dem man Unwissenschaftlichkeit und Flüchtigkeit schon von aussen anmerkt, enthält eine Reihe unlauster Redensarten und vollkommen unrichtiger Bemerkungen in so buntem Gemisch, dass es schwer ist, demselben zu folgen, und den Inhalt desselben, wenn überhaupt von einem Inhalt zu reden erlaubt ist, in Kürze anzugeben. Es wird begonnen von der Macht der christlichen Kirche, sodann erwähnt, „dass Ludwig der Deutsche Deutschland aus der zerfallenden, unnatürlichen Weltmonarchie seines Grossvaters rettete". In dieser Zeit dichtete Otfrid; etwa 40 Jahre früher war der Heliand entstanden, „in der uralten Form der heidnischen Gedichte mit locker gehaltenem Stabreim, den kein Schlussreim und kein Strophenbau beherrschte, sondern den nur der Gleichklang einzelner Consonanten oder Vocale zusammenhielt, so dass er schwer gesungen werden konnte." — Mit christlicher Milderung der Sitten musste das Bedürfniss eines reinen, melodischen Ausdruckes der Volkspoesie erwachen. „Diese Form der Dichtersprache ist bis heute geblieben. Die Kirche hatte seit dem fünften Jahrhundert lateinische Hymnen in vierzeiligen gereimten Strophen, das Volk konnte aber in diese Strophen nicht einstimmen, wollte daher selbst solche haben, und als ihm der Wunsch gewährt wurde, erzeugte sich ein Schatz von Volksliedern und Volksmelodien, der unserem Volk zu einer lyrischen Poesie half." — „Der Mann, wel-

cher nach dem Muster der lateinischen Hymnen dem
Vaterlande eine christliche Dichtersprache schuf, wurde ein Wohlthäter des Volkes und dieser Mann war Otfrid", über dessen Leben der gelehrte Autor einige spezielle und interessante Züge anzugeben weiss, welche bisher auch den erschöpfendsten Untersuchungen entgangen sind.

Der Autor kennt nämlich wohl Otfrids Heimath und Familie
ebenso wenig als Andere, er weiss aber bestimmt, dass er armer
Leute Kind gewesen. „Otfrid spricht nämlich, sagt er, von seiner
armen Mutter". Diese Behauptung Otfrids findet der Uebersetzer
in den folgenden Worten des Eingangsgebetes (L. 2, 12):

　　Wola druhtîn mîn, iâ bin ih scalc thîn,
　　　　thiu armâ muater mîn, eigan thiu ist si thîn,
welche er merkwürdig genug mit:

　　Herr nimm mich an, ich bin dein Knecht, dein eigner Mann,
　　Die arme Mutter mein, sie ist dein eigen, ist schon dein
übersetzt, wobei freilich Niemand begreift, wofür der Autor: wola
gehalten hat, und wobei er: thiu—ancilla mit thiu—ea verwechselte.
Leider aber liegt in diesen Zeilen keine Angabe über die pecuniären
Verhältnisse der Eltern des Weissenburger Mönches, sondern nur
eine auch dem Kurzsichtigsten leicht erkennbare Anspielung auf die
Worte des Psalmes 115, 16: O Domine, quia ego servus tuus; ego
servus tuus et filius ancillae tuae.

Der Verf. weiss ferner, dass Otfrid die Domschule in Constanz
besuchte, und mehrere Abteien Alemaniens bereiste. Die
erste Annahme ist aber mehr als zweifelhaft, und die zweite Behauptung nichts als eine Phrase, die jeder auch der leisesten Begründung entbehrt, ebenso wie der Satz: „Ein Buch Gedichte und
drei Bücher über die Psalmen von Otfrids Hand sind verloren". Ein
verzeihlicher Irrthum früherer Zeiten hat dieses allerdings behauptet,
allein wie jeder Anfänger weiss, ist diese Annahme seit langer Zeit
abgethan. Aus dem armseligsten Compendium hätte sich der Uebersetzer belehren können, dass von Otfrid nichts auf unsere Tage
gekommen ist, als sein Evangelienbuch, in dem er Christi Leben
und Lehre darzustellen beabsichtigte.

„Er brauchte hiebei, meint der Verfasser, seinem seit Jahrhunderten christlich gewordenen Frankenvolke, das er so begeistert liebte,
das Christenthum nicht, wie der Sänger des Heliand als eine Neuig-
keit (?), die sich gar wohl mit dem germanischen Volksthum in Uebereinstimmung bringen lasse, zu empfehlen, sondern er wollte das
deutsche Christenthum, ja das ganze deutsche Volksbewusstsein von
seinen rauhen, heidnischen Anklängen läutern, ohne seinem dichterischen Bewusstsein wehe zu thun, wie es Ludwig der Fromme gethan, der das heidnische Volksepos zu stürzen suchte, ohne ihm etwas Besseres zu bieten, bis der Heliand den ersten Ersatz, aber
noch in der altheidnischen Form bot". Wenn der Autor dieses heute

Gedankengewirre wirklich verstanden hat, dann glaube ich seinem Scharfsinn ebenso grosse Anerkennung zollen zu müssen, als ich sein unglaubliches Geschick, das Einfachste zu verdrehen, und Wahres und Falsches mit einander zu mischen, in den nachstehenden Behauptungen über das Gedicht und die Form desselben zu bewundern mich verpflichtet fühle. Er sagt: „Otfrid, vom rein epischen Heliand wahrscheinlich unabhängig, that den entscheidendern Schritt, er bot seinem Volke das erste lyrisch-epische christliche Lehrgedicht nach Inhalt und Form" — zwei Seiten später aber nennt er das Gedicht „ein Epos mit lyrischen Zuthaten". Dieses lyrisch-epische Lehrgedicht oder lyrische Epos nun ist nach des Verfassers Angabe „in Strophen gekleidet, die sich wohl schicken, an die er sich aber erst gewöhnen musste; der heidnische Stabreim klang seinem priesterlichen Ohre widerlich, und mahnte ihn zu sehr an die Volkspoesie. Mit Mühe musste er die Reime suchen, die noch selten und wohl nur zufällig getönt haben, und sie (die Reime?) dem alten Volksmetrum anpassen und in Strophen zusammenbauen. Er suchte, um in der Ungeübtheit nicht steif und pedantisch zu werden, einen Mittelweg: er liess neben dem correcten Schlussreim seiner Verspaare den bloss allitterierenden Laut gelten".

Kein Vernünftiger wird schon nach diesen Sinn und Verstand verwirrenden Worten daran zweifeln, dass der Uebersetzer von den Versen des Dichters keinen Begriff hat, um aber auch nicht den leisesten Zweifel darüber aufkommen zu lassen, glaubt er noch ein Uebriges thun und beisetzen zu müssen: „Die Verse selbst liess er, wie die Allitterationspoesie gethan, einherkommen, wie sie ihm eben ins Ohr fielen, bald im ruhigen Gange der Jamben und Trochäen, bald in hüpfenden Versmaassen", — und: „als Grundlage seiner freigehaltenen Verse (sc. Langzeilen) klingt die drei und vierfache Hebung durch." —

„Den vierzeiligen Strophenbau macht er sich zwar zur Regel, setzte ihn aber nicht überall durch". — Woher weiss der Verfasser dass Otfrids Strophen aus vier Langzeilen bestehen, und wenn er es weiss, warum wird diese von der allgemeinen bisherigen Annahme abweichende Auffassung nicht begründet? Man könnte annehmen, der Verfasser habe nach W. Wackernagels Vorgang vier Kurzzeilen im Auge, und könnte eine Bestätigung hiefür in dem Umstande finden, dass er sagt, Otfrids Gedicht sei nach dem Vorbilde der lateinischen Hymnen (also in Kurzzeilen) gedichtet. Dass er aber, freilich im Widerspruche mit seiner angeführten Annahme, Strophen von vier Langzeilen annahm, folgt aus seiner Behauptung, dass er in der Uebersetzung diese vierzeiligen Strophen durchgeführt habe, und aus der Betrachtung dieser Strophen selbst. Leider aber steht damit, um die Confusion voll zu machen, abermals im Gegensatz, dass er behauptet, „er habe zu dem Vortrage correkter gegebene Reimpaare und die vierfache Hebung gewählt".

Ich gebe zu, dass dem Dichter, wie der Uebersetzer sagt, „die
neue Form oft einen schweren Kampf mit dem spröden (?) Material
verursachte, und dass er sich dieses Kampfes wegen in Wiederholungen warf". Wenn er aber eben „dieses Kampfes wegen oft, um
ein neues Attribut zu nennen, einen ganzen Vers aufwendete, während es sich mit einem Worte hätte sagen lassen", so verdient das
keinen Tadel, und scheint weit eher zu beweisen, dass der Uebersetzer, der dieses tadelt, über die Mittel, welche die Dichtersprache
zum Ausdrucke der Gedanken anwendet, nicht im Klaren ist, als
dass Otfrid den Kampf, zu dem ihn die neue Form nöthigte, gar
nicht zu bewältigen im Stande war. In wie fern aber überhaupt
der Ausdruck eines neuen Attributes durch einen ganzen Satz
eine Wiederholung genannt werden kann, das vermag ich nicht
einzusehen. Und findet denn der Autor diesen Kampf der Form mit
dem Material auch bei den klassischen Dichtern, welche gewiss eben
so oft ein Attribut durch einen Satz ausdrückten und Manches sicher
viel kürzer — aber dann wahrscheinlich ziemlich prosaisch —, manchen Satz mit einem Worte hätten ausdrücken können? Oder hätte
etwa Horaz seinen bekannten Ausspruch:

Sumite materiam vestris qui scribitis aequam
viribus et versate diu, quid ferre recusent,
quid valeant humeri; cui lecta potenter erit res,
nec facundia deseret hunc nec lucidus ordo

nicht eben so bezeichnend und treffend auch negativ mit wenigen
Worten ausdrücken können?

Dass übrigens der Autor mit alle dem, was er über die Wiederholungen bei Otfrid und ihre Gründe sagt, gar keinen klaren Gedanken verband, folgt auch schon daraus, dass er unmittelbar nach
den angeführten Sätzen behauptet: „Zuweilen sind diese Wiederholungen auch als Refrain für den Gesang entstanden, seine grosse
Redseligkeit führte ihn dazu" und so wieder in gewohnter Manier
die verschiedensten aus den verschiedensten Gründen entstandenen
Folgen zusammenwirft.

Für den Vergleich endlich mit einer Walddrossel, welche stets
dasselbe in neuen Modulationen wiederkehren lässt, muss Otfrid, wie
mir scheint, dem Uebersetzer noch zu ganz besonderem Danke verpflichtet sein.

„Dass sich Spreu unter dem Weizen befindet", läugnet Niemand. Die einzelnen unpoetischen Stellen, das Unpoetische in der
Anordnung wird aber ein vorurtheilsfreier und unbefangener Leser richtig auffassen, und dem Werke im Ganzen doch jene Anerkennung zu
Theil werden lassen, die es namentlich in Anbetracht seines Standpunktes und seiner Zeit verdient. Die Spreu unter dem Waizen
wird also das Werk im Ganzen nicht werthlos machen, wird ihm
seinen ehrwürdigen Eindruck nicht benehmen, und es war daher vom
Uebersetzer sehr übel gehandelt, dass er in der Meinung, Otfrids
Werk zu heben, sich berufen fühlte, nach seinem Gutdünken eine

Sichtung der Spreu vom Waizen vorzunehmen. Der Gesammtein-
druck, den ein Jeder je nach seinem Vermögen und nach seiner Individualität aus dem ganzen Werke erhalten soll, ist dadurch aufgehoben und von dem Geschick oder Ungeschick, Verstand oder Unverstand des Uebersetzers abhängig gemacht, die Eigenthümlichkeit
des Dichters ist verwischt, und zur Unmöglichkeit gemacht, ihn ganz
mit seinen Licht- und Schattenseiten kennen zu lernen; er kann
nicht mehr unmittelbar, sondern nur mittelbar durch ein ihm aufge-
drungenes Organ zu uns sprechen, wir lesen die Arbeit des Uebersetzers statt das Werk des Dichters. Es kann daher nur als eine
Versündigung am Original und als ein Beweis der völligen Unkenntniss
der ihm zugefallenen Aufgabe betrachtet werden, wenn der Uebersetzer sich herausnahm „Wiederholungen zusammen zu schliessen“,
ja, wenn er selbst mit dieser Verstümmelung nicht zufrieden, sich
erkühnte, „den dogmatischen Theil ganz abzuschneiden, die fremdartige Zuthat der gereimten Predigt abzuthun, oder höchstens davon
aufzunehmen, was als lyrische Zuthat das Epos schmückt oder erwärmt“. —

Otfrid hatte bei seinem Werke eine doppelte Absicht. Er wollte
einmal Christi Leben besingen, wie es vor ihm schon in anderen
Sprachen geschehen war, und zugleich die Hauptlehren des Christenthums auf eine den Fassungskräften seines Volkes angemessene
Weise darstellen. Er schob desshalb an passenden Stellen nach der
damals allgemein beliebten Dreitheilung der Schriftauslegung Belehrungen, Betrachtungen, Erörterungen ein, deren Einschaltung nur
derjenige tadeln kann, der Otfrids Zwecke und leitende Gedanken
völlig verkennt. Der Uebersetzer begreift weder diese beiden Absichten, noch sieht er ein, wie der dogmatische Theil die Erzählung
des Lebens Jesu allseitig durchdringt, und selbst, nach Weglassung
des Lebens Jesu, an das er überall angeknüpft ist, ein unhaltbarer,
lebensloser Schemen würde, er fühlt nicht, wie der Dichter diese
äusserlich geschiedenen Theile innerlich zur unzertrennlichen Einheit
verknüpfte, und glaubt, die doppelte Absicht, welche Otfrid verfolgte,
habe aus seinem Evangelienbuch zwei solche Werke gemacht, „von
denen am besten eines ohne das andere aufgetreten wäre“, ja er
wähnt, in dieser Doppelabsicht und ihren Wirkungen „läge der Grund,
warum man Otfrid nur als einen geringen Dichter anerkenne, und
ihm dichterische Begabung abspreche“, und fühlt sich daher zur endlichen Ehrenrettung und Populärmachung Otfrids berufen, dieses Versehen gut zu machen, diese Trennung vorzunehmen, und den einen
Theil, den dogmatischen, der der Belehrung wegen von Otfrid war
eingeschaltet worden, ganz wegzulassen.

In Folge dieser für nothwendig erachteten Ausscheidung des
belehrenden Theiles des Gedichtes wurden also vom Uebersetzer alle
Capitel, welche die Aufschrift: Mystice, moraliter, spiritaliter führen,
ausgeschlossen, mithin 1024 Langzeilen unübersetzt gelassen.
Durch die für gut befundene Scheidung des Goldes vom Sande aber

wurden folgende Stellen aus dem Gedichte ausgeschieden: I. 2 mit
58 Langzeilen, I. 3 mit 50, I. 10 mit 28, I. 11, 55—62, I. 12,
25—34, II. 1 mit 50, II. 2 mit 38, II. 3 mit 68, II. 24 mit 68,
II. 24 mit 46, III. 1 mit 44, III. 8 mit 50, III. 14 mit 120, IV.
1 mit 54, V. 1 mit 48, V. 2 mit 18, V. 8 mit 20, V. 20 mit 116,
V. 23 mit 298, V. 25 mit 104 Langzeilen und die Zuschrift an die
St. Galler Mönche mit 168 Langzeilen, zusammen also 1449 Langzeilen. — Die beiden so glücklich geleiteten Manipulationen entfernten also zusammen 2465 Langzeilen, oder, da das ganze Gedicht
7416 Langzeilen enthält, ein Drittel des Ganzen, wobei ich
nur Auslassungen ganzer Capitel oder Theile einzelner Capitel, nicht
aber kleinere Sichtungen, geringfügigere Zusammenziehungen, wie
sie sich z. B. III. 15 u. 16, III. 20, III. 22 etc. finden, gerechnet
habe. Nach diesen jedenfalls anerkennenswerthen Bemühungen des
Uebersetzers blieben also noch 4951 Zeilen zum Uebersetzen übrig,
in denen aber der nicht ermüdende, und für reine Darstellung des
Gedichtes eifrig besorgte Autor wiederum Sichtungen und Zusam-
menschränkungen aller walddrosselartigen Wiederholungen vornehmen
musste, wodurch es ihm auch gelang, noch ein Viertel des Originals zu beseitigen, und nach unsäglichen Mühen endlich die ursprünglichen 7416 Langzeilen des Originals in 3344 Langzeilen seines einzig dastehenden Werkes zu bringen. So waren 4072 Zeilen oder mehr als die Hälfte des Werkes durch des
Autors Unverstand entfernt!! und nun glaubt der Uebersetzer „werde man in dem Dichter den sanft singenden, heiligen
Sänger der Gottesminne erkennen, der mit liebenswürdiger Naivität
anzieht, mit klarem Vortrage fesselt, mit originellen, genialen Einge-
bungen überrascht, und aus jedem einzelnen Stück ein organisches
Ganzes mit leitendem Grundgedanken macht". — Verba sunt, prae-
tereaque nihil! —

Indess, glaube ich, würde man sehr irren, wollte man den Grund
dieser doppelten unverzeiblichen Verstümmlung des ehrwürdigen Originals allein in der vollständigen Verkennung der Zwecke, die Otfrid bei seinem Werke verfolgte und der dadurch bedingten Form
der Dichtung, und allein in einer bedauernswerthen Unklarheit über
die Grundbedingungen und Erfordernisse einer Uebersetzung suchen.
Mir scheint bei genauer Erwägung ein zweiter und zwar bedeutend
wichtigerer Grund für die Auslassungen und Zusammenziehungen in
dem Umstande zu liegen, dass viele Stellen des Gedichtes dem Autor unübersteigliche Schwierigkeiten boten. Da er aber trotz dieser
für ihn unübersteiglichen Schwierigkeiten, ja ungeachtet ihm ein grosser Theil des Gedichtes geradezu unverständlich blieb, das Werk
doch übersetzen wollte, so blieb ihm natürlich nichts anderes übrig,
als alles dasjenige, worüber er sich nicht klar werden konnte, entweder völlig auszulassen, oder doch wenigstens so zusammenzuzie-
hen, dass eine treue Wiedergabe des Sinnes unmöglich und die Sub-
stituierung einer Phrase nothwendig ward. — Es war also bittere

Nothwendigkeit, was als wohlüberlegte Absicht erscheinen sollte. Zu schwierig waren aber dem Uebersetzer alle jene Stellen, die Otfrid entweder ohne Quellen seinen eigenen Gedanken folgend dichtete, z. B. ganz freie Paraphrasen, Gebete, Uebergänge etc, oder nach solchen Quellen bearbeitete, welche wenigstens dem Uebersetzer weniger geläufig waren, also Alles, was auf Belehrung abzweckte. (Die ersteren Stellen bezeichnete der Autor als Wiederholungen, die letzteren beliebte er die fremdartige Zuthat der gereimten Predigt zu nennen.)

Wenn bei den Auslassungen nicht der zweite Grund der wesentliche gewesen wäre, sondern ein noch so verkehrtes Princip dieselben veranlasst hätte, dann hätte der Uebersetzer, wenn er nicht alles Gefühls für dichterische Schönheit baar und ledig ist, unmöglich die Stelle V. 7, 1—12, welche zu den wahrsten und tief empfundensten im ganzen Gedichte gehört, und gewiss als eine solche aufzufassen ist, „die das Epos erwärmt und schmückt", so arg zurichten können, wie es geschehen ist; er hätte nimmermehr III. 1, 31—42; V. 23, 35—42, anerkannt die schönsten Stellen des Gedichtes, die in der zartesten Weise lyrische Stimmungen schildern, ganz auslassen können. Der Uebersetzer hat diese Stellen nicht verstanden, und da er überhaupt nicht einmal die neueste Literatur über Otfrid berücksichtigte, auch nicht gewusst, dass schon von anderen gerade auf sie wegen ihrer Schönheit hingewiesen worden ist. Ich traue ihm nämlich nicht so viel Taktlosigkeit zu, dass er sie ausgelassen, wenn er sie verstanden, oder gewusst hätte, dass gerade diese Stellen wegen ihres Anklanges an die Auffassung der Minnesänger, wenn man von der dichterischen Begabung Otfrids spricht, stereotyp geworden sind. — Und wenn er den Text verstand, wie kam er denn dazu, ganz wichtige Zeilen, welche den Gedanken fortführen, und einen für die Erzählung wesentlichen Inhalt haben, z. B. III. 15, 35. 36 auszulassen? I. 24. init. sagt Otfrid:

Thô bâtum nan thie liuti, er in fon gote riati,
wio sie ingiangîn alle themo egislîchen falle.

„Nemet", guad er, „harto gouma thero wortô,
thiu ich iu nû gizelle, ioh iagelîh siu erfulle".

(Wörtlich: Da baten ihn die Schaaren, er möchte sie über das, was Gott betrifft, belehren, wie sie alle dem schrecklichen Falle entgehen könnten. „Gebet, sprach er, sorgfältig acht auf die Worte, die ich euch jetzt sagen werde, und Jedermann erfülle sie).

Niemand wird finden, dass diese vier Zeilen Wiederholungen, welcher Natur immer, enthalten. Im Gegentheil sowohl die Frage des Volkes, als die dem Johannes ziemlich getreu nach der Bibel in den Mund gelegten Worte sind eben so präcis als einfach und passend. Wie kommt es nun, dass der Uebersetzer in denselben entweder eine lähmende Wiederholung oder einen schalen Gedanken,

kurz einen Grund zur Zusammenziehung findet? Ich weiss es nicht,
wenn ich den Grund nicht darin suchen kann, dass er diese Stelle,
so einfach sie auch ist, gleich zahlreichen anderen nicht verstanden
hat, und desshalb, da er sie nicht wie andere kurzweg auslassen
wollte, durch eine Phrase, die kein Mensch für eine Uebersetzung
hält, ersetzen musste. Oder hält es etwa Hr. Rapp für eine Uebersetzung, wenn er die angeführte Stelle also wiedergibt (pag. 41):

Da riefen sie: errett uns du! und er: hört meiner Rede zu,
und glaubt er vielleicht, um aus den vier Zeilen des Originals dieses herauszubringen, müsse man wirklich Ahd. verstehen, und man
würde die Worte so übersetzen, wenn man sie verstanden hat?

III. 16, 6—10:

    hintarquâmun innan thes thes sînes wîsduames
ioh sînero kunsti, wio er thio buah konsti,
    hintarquâmun thes ouch mêr, wanta er ni lernêta sio êr.
ni sâhun sie nan sizen untar scualarin êr,
    noh klîban themo manne, ther se inan lêrti wanne

(wörtlich: Sie [die Juden] staunten mittlerweile ob seines [Christi]
Wissens, ob seiner Kenntnisse, noch mehr erstaunten sie aber
darüber, wie er die Schrift verstände, da er sie niemals erlernte; nie-
mals sahen sie ihn sitzen unter den Schülern, nie folgen einem
Meister, der ihn in derselben unterrichtete)
war für Herrn Rapp's poetisches Gefühl unerträglich, d. h. in
Wahrheit für ihn zum Uebersetzen zu schwierig, desshalb wird der
Gedanke folgendermassen zusammengezogen (pag. 80):

Sie wundern sich der hohen Kunde des Gottesworts aus seinem
                                        Munde!
wobei nebenbei bemerkt werden mag, dass zwei Zeilen, welche auf
die oben angeführten folgen (III. 16, 11. 12), in der Uebersetzung
ganz ausgelassen worden sind.

Ganz ebenso sind aber alle Zusammenziehungen und Abkürzungen beschaffen, und wenn ich nicht überzeugt wäre, dass die
angeführten Beispiele vollkommen genügen, um sich von der Art
und Weise derselben einen Begriff zu machen, und einzusehen, dass
nicht eine Irrung im Princip, sondern dieselbe Ursache, welche die
Auslassungen hervorrief, auch diese sogenannten Zusammenziehungen
bedingte, würde ich noch andere Beispiele anführen. Man vgl. I.
23; IV. 32; IV. 33. III. 15, 47—52 etc. etc.

Wo dagegen Otfrid nicht seine eigenen Gedanken ausspricht,
oder dem Verfasser ferne liegenden Quellen folgt, wo er sich der
Vulgata anschliesst, war das Verständniss des Textes durch die Parallelen der Bibel jedenfalls bedeutend erleichtert. Darum liess der
Uebersetzer auch diesen Theil allein vor seinem kritischen Auge
Gnade finden, und wählte ihn allein zur Uebersetzung aus, da Otfrid nicht selbst so menschenfreundlich gewesen ist, den schwierigeren Theil auszulassen. Freilich verstand der Autor, wie die Uebersetzung deutlich genug ausweist, auch diesen bedeutend leichteren

Theil nicht, er brachte aber, da ihm der Inhalt dem Wesen nach bekannt war, wenigstens so viel heraus, dass er zu der irrigen Meinung veranlasst werden konnte, er verstände den Text wirklich, und eine Uebersetzung unternahm, mit der er in seinem eigenen Interesse die gelehrte Welt besser verschont hätte.

Der wesentliche aus der Vulgata bekannte Inhalt wurde hiebei vom Uebersetzer in Verse gebracht, was aber aus dem bekannten Inhalt nicht zu entnehmen war, kleine Zusätze, Verbindungen, die Construktion wurde als unwesentlich betrachtet, und aus dem Zusammenhange ergänzt d. h. zu errathen versucht. Dadurch wurde aber freilich die Uebersetzung oft dem Wortlaute der Bibel ähnlicher als dem Texte, daher kommt es, dass Einschaltungen, Aenderungen und die Construction beinahe durchweg vollkommen falsch wiedergegeben sind. III. 12, 42 z. B. passt doch sicher mehr zu den Worten der Bibel (Math. 16, 19) als zu dem Texte Otfrids!

Aus diesem Verfahren des Autors erklärt sich auch, dass die Uebersetzung um so erträglicher und treuer ist, je näher und ängstlicher sich Otfrid an seine Vorlage anschloss; es war am wenigsten zu rathen nöthig, und eine Umreimung der Vulgata involvierte in gewisser Beziehung eine Uebersetzung Otfrids, der bekanntlich manchmal die Bibel gleichfalls wörtlich umdichtete. Schlimmer schon ist es für den Uebersetzer, jene Stellen zu übertragen, bei denen Otfrid von dem Wortlaut der Vulgata etwas abwich, oder sich Aenderungen und Zusätze erlaubte. Es blieb schon bei solchen Stellen dem Uebersetzer kein anderer Ausweg, als aus dem Zusammenhange zu rathen, was Otfrid gesagt hat. Oder war es etwa nicht aus dem Zusammenhange gerathen, wenn das Otfrid'sche: ni giwahines, druhtin, furdir! das Petrus III. 13, 13 zu Jesus spricht, mit: „Das darf nicht sein! übersetzt wird. Es heisst bei Math. 16. 22: Absit a te, domine, non erit tibi hoc! — Der Uebersetzer kannte die Bedeutung des Wortes: giwahanjan gar nicht, wie auch aus der zweiten, unten anzuführenden Stelle, in der es bei Otfrid vorkommt, mehr als deutlich hervorgeht.

Wo endlich Otfrid, was aber zum Glücke für den Uebersetzer nur ziemlich selten der Fall ist, frei paraphrasirt, reichte natürlich die Vulgata nicht mehr hin, um in den Gedankengang, wenn auch nur ganz oberflächlich, einzudringen, und die Stellen hätten es daher nach dem vom Autor beliebten kritischen Verfahren billiger Weise verdient, eben so unnachsichtlich aus dem Gedichte entfernt zu werden, als der ganze auf Belehrung abzweckende Theil des Gedichtes und das von Otfrid frei Componierte, eben seiner Unverständlichkeit wegen, von vorn herein ausgelassen wurde. Da aber dann die Uebertragung zu kurz ausgefallen wäre, und sich auch dem Kurzsichtigsten sofort als ein blosses Uebersetzungsbruchstück ausgewiesen hätte, und da der Autor den Sinn der Stellen doch wenigstens aus der entferntesten Ferne durchschimmern zu sehen vermeinte, so paraphrasirte er, wie es auch Otfrid gethan hat, frei die

Vulgata und das Wenige, was er vom Texte errieth, oder wenigstens errathen zu können gehofft hat. Es ist daher leicht begreiflich, dass das Uebersetzungswerk um so fehlerhafter und verfehlter ist, je mehr sich Otfrid von dem Wortlaute der Bibel entfernte, und je mehr dadurch die Möglichkeit schwand, durch eine gereimte Umschreibung der Vulgata die Dichtung zu übertragen, und je unmöglicher es ward, die Verbindungsglieder und Zusätze zu errathen.

Ich kann für das Gesagte des Raumes halber nur wenige Belege anführen; auch können mehrere von den unten angeführten hieher bezogen werden. Math. 16, 14 steht: at illi dixerunt: alii Johannem Baptistam. Diese Worte umschreibt Otfrid III. 12, 12: Jóhannem sume ouch nennent ioh thih zi thiu gizéllent. Diese Wendung verstand der Autor nicht, die Bibel ergab auch nichts, und übersetzen wollte er die Stelle doch, er machte also ganz unabhängig vom Texte daraus (p. 75): „Auch überreden viele sich, du seist der Täufer auferstanden, den sie erschlugen in den Banden". — Steht hievon im Texte auch nur Eine Silbe, und zeigt die Uebersetzung nicht, dass es dem Uebersetzer, der den Text nicht verstand, da ihm auch das Rathen nichts half, nur darum zu thun war, überhaupt etwas aufzunehmen? Was er aufnahm, machte ihm wenig Sorge, es passte das Eine so gut, wie das Andere. Aber nicht einmal so achtsam war er, dass er bei seinen selbständigen Umschreibungen sachliche Irrthümer vermied. III. 12, 31 erzählt Otfrid nach Math. 16, 18 die Verleihung der Gewalt, die Sünden zu vergeben, und sagt hiebei ganz richtig: nû willu ih thir giheisan etc. Der Uebersetzer aber, dem es in seinem Leichtsinn auf éin Wort mehr oder weniger nicht ankommt, übersetzt, um einen vollen Vers zu bekommen: „Und abermals sei dir verheissen etc." nicht bedenkend, dass dieses die erste Verheissung war, und die zweite erst nach der Auferstehung stattfand, wie auch Otfrid V. 11, 11 fgg. nach Joh. 20, 23 erzählt, und der Uebersetzer p. 145 selbst aufgenommen hat.

Ungeachtet sich also der Autor von vornherein nur den leichteren Theil des Gedichtes zur Uebersetzung auswählte, und in der That, die Parallelen der Vulgata einem richtigen Verständniss des Textes bedeutenden Vorschub leisten, war es demselben doch nicht möglich, eine richtige und treue Uebersetzung des leichteren Theiles zu geben, und je mehr Otfrid von der Bibel abweicht, um so schlechter wird, wie erwähnt, das Fabrikat, ein Beweis, dass Richtigkeit oder Nichtrichtigkeit der Uebersetzung nur von dem äussern Umstande abhängt, ob Otfrid der Bibel wörtlich folgte oder nicht, und dass mehr nach der Vulgata, als nach dem Texte übersetzt ist. Aber selbst da, wo Otfrid wörtlich der Bibel folgte, und die Uebersetzung desshalb am richtigsten und treuesten ist, wimmelt sie im Einzelnen durchweg von Fehlern, Missverständnissen, Ungenauigkeiten, Willkührlichkeiten, Verdrehungen aller nur menschlich denkbaren Art, eine Erscheinung, die uns beweist, dass der Uebersetzer von dem schwierigeren Theile des Gedichtes, dem keine oder keine dem Autor bekannte Parallele zur Seite ging, wirklich gar nichts verstand, also auch gar keine Uebersetzung wagen konnte, und sich dadurch erklärt, dass der Autor weder die Bedeutung der Wörter noch der Formen kannte, und von der Construktion keinen Begriff hat, kurz nicht Althochdeutsch versteht. Ich müsste Seiten füllen, wollte ich alle Wörter aufzählen, welche der Autor nicht verstanden hat. Ich wähle daher als Belege einige, welche auf den ersten Seiten stehen. Lekza (lectio) übersetzt er mit: Schluss, — buachará (thie buacharâ gisamanôta er sâre I. 17, 33) hält er für identisch mit: buah und übersetzt: Er liess die Bücher zusammentragen. — giwahanjan (thes ôr iu ward giwahinit I. 9. 1) wird verdeutscht durch: weihen (So ward er uns zum Heil geweiht), in welchem Satze noch nebenbei êr und iu falsch gegeben, und: zum Heil beigesetzt ist; (III. 13, 13 heisst dasselbe Zeitwort: dürfen (ni giwahines furdir, das darf nicht sein). — antfang und anafang als zwei verschiedene Composita zu erkennen (Empfang und Anfang) heisst dem Uebersetzer zu viel zumuthen. Ihm sind beide identisch und daher übersetzt er: gibetes antfangi fon gote ni gisagéti I. 4, 73 so unsinnig als nur thunlich, mit: Uns anzufangen, das Gebet zu lehren, was von Gott ausgeht. — III. 12, 13 er thuangta (praet. von thwengjan) verwechselt er mit thûhta (praet. von dunkjan) und übersetzt: thuangta si giwaro harto filu suaro mit: er dünkte sie streng und gross u. s. w.

Noch weniger als von den Wörtern hat der Verfasser von der Construktion der Sätze einen Begriff (cf. III. 13, 31 fgg.), und daher widerfuhr es ihm sehr häufig, dass er das contradictorische Gegentheil von dem, was in dem Original steht, in sein unvergleichliches Werk aufnimmt. Ich muthe Niemanden zu, viele Stellen zu vergleichen, und darum, und um Raum zu sparen, citiere ich statt vieler nur: I. 5, 49 fgg.; IV. 20, 36.

Schon aus dem Angeführten wird klar zu entnehmen sein, wie jene Stellen, welche der Autor verdeutschen zu können vermeinte, übertragen sind. Wenn ich nun aber auch noch an etlichen zusammenhängenden Beispielen wenigstens zu zeigen unternehme, dass mein obiges Urtheil über die Uebersetzung ein durch die Betrachtung der Arbeit abgenöthigtes ist, so versteht sich hiebei wohl von selbst, dass dies im Interesse der Kenner des Otfrid'schen Werkes nicht mehr nöthig wäre, denn ihnen wird das bisher Angeführte mehr als hinlänglich bewiesen haben, dass das Buch ein absolut werthloses Fabrikat ist, das weder philologisch im Einzelnen etwas erklärt, noch auch einer richtigen Gesammtauffassung des Dichters verarbeitet. Kein Kenner wird nach dem Angeführten das Verlangen in sich tragen, mit dem Buche bekannt zu werden, sollte er aber bereits von demselben Notiz genommen haben, so wird er von der Werthlosigkeit desselben aus eigener Anschauung längst überzeugt sein.

Aber Hr. Rapp verfolgte bei seiner Uebertragung nicht eigentlich streng philologische Zwecke, sondern schien seine Arbeit namentlich mit Rücksicht auf weitere Kreise unternommen zu haben. „Der Uebersetzer will durch seine Arbeit das Gedächtniss des Mannes empfehlen, dem Deutschland die Aufrechthaltung seiner Poesie in einer Zeit dankte, da sie verloren gehen wollte, und die Einführung einer Weise des Singens und Sagens, die uns so reiche Früchte trug". — Er wollte also seine Uebersetzung Gelehrten überhaupt, Gebildeten, welche für das Streben und geistige Schaffen im Alterthum Sinn und Liebe haben, empfehlen, er wollte, dass sie von jenen gelesen würde, welche sich für den ehrwürdigen Begründer unserer Poesie interessieren, aber das Original nicht verstehen können. Und jene mögen allerdings am meisten und längsten über die Werthlosigkeit des Produktes im Unklaren sein, und leider glauben, sie läsen Otfrids Dichtung und nicht Hrn. Rapps mit völliger Unkenntniss und sträflichem Leichtsinn zusammengestoppeltes Machwerk; sie werden aufs bitterste getäuscht und müssen daher durch specielleres Eingehen auf Einzelne vollkommen enttäuscht werden.

Um dieser willen führe ich daher noch etliche Beispiele an, aus denen praktisch ersichtlich, was ich eben theoretisch anführte, ihrethalben setze ich jedem Beispiele eine möglichst wörtliche Uebersetzung bei, um sie daraus erkennen zu lassen, was sie an der Stelle des Originals bei Hrn. Rapp lesen können oder gelesen haben.

Hiefür ist es eigentlich gleichgültig, welche Strophe man aushebt, in jeder findet sich der eine oder andere Fehler, die eine oder die andere der oben gerügten Willkührlichkeiten. Auch kann natürlich davon keine Rede sein, alles Fehlerhafte hier aufzuzählen, denn um dieses zu erreichen, müsste ich das ganze Buch hier abdrucken lassen, da es vom ersten bis zu letzten Buchstaben gleich schlecht und verfehlt ist. Ich kann also schon des Raumes wegen nur eine Blumenlese geben, absichtlich wähle ich hiezu aber solche Beispiele, in denen durchaus keine ungewöhnlichen Wörter vorkommen, und die sich durch Leichtigkeit und Einfachheit der Construction auszeichnen.

I. 8, 15. 16:
        er nam gouma libes thes heilegen wibes,
            ioh hintarquam bî nôti thera mihilun guati
(Wörtlich: Er hatte acht gegeben auf den Wandel des heiligen Weibes, und war nothwendig erstaunt ob ihrer grossen Tugend) wird übersetzt:
Er nahm das Kindlein ihres Leibes, die heilge Frucht des heilgen
                                              Weibes,
    Doch hätt' er nahezu verloren das Glück, zu dem er war erkoren
eine Uebertragung, die um so komischer ist, als Christus damals,

als Joseph Marien verlassen wollte, was er aber nach genauer Erwägung und in Anbetracht ihres Lebenswandels nicht that, wie
auch in demselben Capitel erzählt ist, noch gar nicht geboren war.
    I. 17, 67. 68:
        Ich sagen thir in wâra, sie mohtun bringan mêra,
            thiz was sus gibâri, theiz geistlfchaz wâri
(Ich sag' in Wahrheit Dir; sie [die Magier] konnten noch andere
Dinge bringen, indess war Dies [das Dargebrachte] der geistlichen Bedeutung wegen schicksam)
soll heissen:
    Sie brachten mehr, ich sag' es wahr, den süssen Geistesschatz
                                    ihm dar.
    II. 8, 11:
        thô zigiang thes lîdes, ich brast in thar thes wînes
(Indess ging das Getränk zu Ende, es mangelte ihnen bereits
an Wein)
lautet:
    Doch zu der Lust der Lieberbecher gebrach es bald an Wein
                                    dem Zecber.
Namentlich das Wort lîdu hat dem Autor viel zu schaffen gemacht. In der angezogenen Stelle soll es: Lied heissen, IV. 33,
20 wird es mit: Leid übersetzt, und was es in der folgenden bedeuten soll, kann ich gar nicht finden. (Es kommt bei Otfrid viermal vor; II. 9, 95 ist ausgelassen).
    I. 4, 35:
        ni fullit er sih wînes, noch lîdes niheines
(nie wird er [Johannes] Wein, nie anderes berauschendes Getränke
kosten)
ist gegeben:
            wird nie des Weibes Lust empfahn,
wobei, wenn man nicht etwa: nie in Anschlag bringt, nicht Ein
Wort richtig übersetzt ist.
    II. 4, 4. 5:
        er fastêta unnôto thar niwan hunt zîtô
            sehszug ouh tharmiti, in wâr, sô ruarta nan thô hungar
(Er [Jesus] fastete aus freiem Antriebe dort neunhundert Stunden
und überdies noch sechzig fürwahr; da kam ihn Hunger an. —
Wie man sieht, hat Otfrid die 40 Tage, welche Jesus fastete, ehe
ihn der Widersacher nahte, in Stunden, den Tag zu 24 gerechnet,
aufgelöst.)
Diese gewiss einfache Stelle lautet nun in der Uebersetzung des
Herrn Rapp:
    Er ist gekommen, dort zu fasten, in hundert sechzig Speiserasten,
        je viermal täglich wards vollführt, da hat der Hunger
                                    ihn berührt
und ich kann nicht finden, was: Je viermal täglich etc. heissen soll.
Wofern nicht etwa: niwan oder: unnôto, welche Wörter nicht über-

setzt sind, nach dem Lexicon des Hrn. Rapp diesen Satz ausdrücken
können, muss ich wohl glauben, er habe ihn, um eine Langzeile
zusammenzubringen, gegen das Original eingeschoben, und der Uebersetzer wird mir gestatten, dass ich dieses sein geistiges
Eigenthum für einen Unsinn halte. Ich kann mir nämlich wohl
denken, dass Jemand des Tages viermal isst, wie man aber des
Tages viermal fasten kann, vermag ich nicht einzusehen. —
    Wusste der Uebersetzer wohl nicht was niwan heisst, so traf
er dagegen doch die Bedeutung von: hunt. Leider aber hat er
dieses, bis er zum V. Buche kam, schon wieder vergessen, denn
dort (V. 13, 19) glaubt er, dass: hundert — stuntâ heisse. thriâ
stunton finfzug ouh trî (dreimal fünfzig und drei) übersetzt er nämlich mit: drei Hundert und drei und fünfzig, die ganz gleiche Redensart: driâ stuntâ zuênê (dreimal zwei) heisst aber I. 5, 2: in
der sechsten Stundenzahl. Ueberhaupt gehören die Zahlwörter zu
jenen Quälgeistern, die ihn beständig vexieren, und mit denen er
sich nie ordentlich auseinandersetzen kann. I. 1, 88 hält er: sibbu
den dat. sing. von sibbja, sibba für das Zahlwort: sieben und in
derselben Zeile: ahtu den dat. sing. von ahta für das Zahlwort: acht.
    IV. 21, 25:
        thô sprach Pilâtus auur thaz, wanta imo was iz heizas
(Da entgegnete Pilatus wiederum also, denn heiss lag es ihm [die
Antwort Christi nämlich] am Herzen)
soll bedeuten:
        Pilatus weiss nicht, was das heisse,
und wenn nicht der Gleichklang zwischen: heisas und heissen darauf
hinweise, dass der Autor diese beiden Wörter verwechselte, und
die leichteste aller Stellen wiederum nicht verstanden hat, würde
ich glauben, er habe diese Zeile aus seinem eigenen poetischen
Vermögen eingeschaltet, ein Verfahren, das sehr oft beliebt wurde.
Nicht zufrieden nämlich, die Hälfte des Werkes von vornherein ausgelassen, und den Rest durch Unkenntniss und Unverstand schmählich zugerichtet und unkenntlich gemacht zu haben, schiebt der
Uebersetzer auch noch sehr häufig Wörter und Sätze ein, um ja
nichts zu unterlassen, was dazu beitragen konnte, alle Aehnlichkeit
mit dem Original zu verwischen, und ja so wenig als möglich von
der ursprünglichen Gestalt des Werkes übrig zu lassen. Auch hiervon werden einige Beispiele genügen:
    V. 24, 21. 22:
        Wir thîna geginwertî niazen mit giwurti,
            ioh sîn thih saman lobônti allo worolt worolti.
(Dass wir deiner Gegenwart geniessen mit Lust und dich gemeinsam preisen von Ewigkeit zu Ewigkeit.)
Der Uebersetzer überträgt:
    Wo deine Gegenwart nie satt dahin gibt Alles, was sie hat,
    Und Welt an Welt zum Heil verjüngt dir ewig Hallelaja singt.

was schon beinahe ganz als des Verfassers Poesie aufgefasst werden muss, denn abgesehen von dem Worte: Gegenwart haben Original und Uebersetzung nichts miteinander gemein.

V. 24, 5. 6:

erdun inti himiles inti alles fliazentes,

fehes inti mannes, druhtîn bist es alles

(Der Erde und des Himmels und aller Gewässer, der Thiere und der Menschen, der Herr bist du dieses Alles)

lautet:

Der Himmel strahlt, die Erde blüht, ein glänzend Meer sie rings umzieht,

Worin (im Meere) sich Thier und Menschen freun, du bist der Herr, s'istAlles Dein.

[Die Menschen anbelangend dürften wohl gegründete Bedenken erhoben werden, ob ihre Freuden im Meere besonders erheblich?!]

Die Zusätze beschränken sich aber nicht blos auf einzelne Wörter, sondern erstrecken sich, wie erwähnt, auch auf ganze Sätze:

L 9, 40:

thiu zuht was wahsenti in druhtînes hentî

(Die Frucht erwuchs in Gottes Hand)

ist mit gewöhlichem Unverstand übertragen:

In Gottes Zucht, in Gottes Hand, erblüht der Knab dem Vaterland

beigesetzt aber, um eine Strophe zu erhalten:

Bei strengen Fasten ihm geweiht in eines Waldes Einsamkeit.

Ebenso ist beigesetzt:

III. 18, 74:

Der Heil und Frieden allen fand, muss fliehen vor der Feinde Hand.

III. 6, 5:

Fuar druhtîn inti sîne ubar einen lantsê

(es fuhr der Herr mit den Seinen über einen Landsee)

soll heissen:

Er war im Schifflein auf den Wogen,

beigefügt aber ist:

in einen Landsee wars gezogen.

III. 12, 28 ist:

ioh gêrêta inan wizist daz ouh filu hôho uber thaz

ausgelassen, dafür aber gegen das Original beigefügt:

und Hoheit spricht der Menschheit Hort.

Ja manchmal scheint der Uebersetzer alle Kunstfertigkeiten, die er sonst vereinzelt anwandte, um den Text unkenntlich zu machen, z. B. Fehler gegen Wortbedeutung, Wortform, Construction, Auslassungen, Zusammenziehungen und Zusätze auf einmal gebracht zu haben, um eine Uebersetzung zu Stande zu bringen, von der er mit Recht hätte sagen können, eine solche sei noch nie dagewesen. Auch hievon ein Beispiel.

III. 18 erzählt Otfrid in engem Anschluss an die Bibel (Math. 16, 20 fgg.), wie Christus sein Leiden und seinen Tod prophezeite,

Petrus ihn bittet, die Gefahr zu meiden etc. Mit dem Verse 42 dieses Capitels bricht er ab, und geht in demselben Capitel mit Vers 43 auf Luc. 9, 28 fgg. über, und erzählt die Verklärung Christi mit den Worten:

III. 13, 43: `

êr ahtô dagon after thiu — thaz zellu ih hiar nû bî thiu,
 thaz thû thir selbo lesês thar thaz seltsana wuntar —
zi hiu er sâr thô gifiang, er ûfan einan berg giang;
 thar lisist thû ouh âna wân, thaz thrî er hiaz mit imo gân,
ioh sie thar in gâhun scôni sîno sâhun,
 wio sie ouh mit unredinon in woltun thar giselidôn.

(Hierauf noch vor Ablauf von acht Tagen — das erwähne ich hier nur desshalb, damit du dir selbst das merkwürdige Wunder dort lesen möchtest — da schickte er sich sogleich an, auf einen Berg zu gehen; dort findest du auch fürwahr, dass er drei mit ihm gehen hiess, und dass sie dort unerwartet seine Herrlichkeit erschauten, und wie sie auch unschicksam [mit unredinon übersetzt das nesciens quid der Vulgata. Luc. 9. 33] ihm dort Unterkunft schaffen wollen.)

Diese allerdings etwas breite und matte Stelle lautet nun bei Hrn. Rapp (pag. 78):

Eh achte der Tage sind dahin, magst sie zu zählen dich bemühen,
Hat schon dein Auge selbst erfreut das Wunder dieser Herrlichkeit.
Er stieg dazu auf Bergeshöhen, liess die drei Liebsten mit sich
          gehen,
Und als sie auf dem Berge droben, da sehn sie strahlend ihn
          erhoben,
Und wollten ausser sich vor Freuden von solcher Wonne nicht
          mehr scheiden,
Sie richten dort die Hütte ein, und wohnen still mit ihm allein.

Allerdings sind hier sechs Zeilen mit sechs Zeilen übersetzt, aber nur scheinbar, wie sich aus genauerer Betrachtung deutlich ergibt. Zeile 2 der Uebersetzung nämlich ist willkührlich einge- schoben, Zeile 2 des Originals aber dafür ausgelassen, und unsinni- ger Weise der in der ersten Zeile stehende Vordersatz zu Zeile 2 mit dem Anfang der Zeile 1 verbunden, welche im Original erst in der Zeile 3 fortgesetzt wird, da die zweite Halbzeile von 1, und die Langzeile 2, wie auch dem grössten Idioten ersichtlich, eine Pa- renthese bilden. In der dritten Langzeile wurde der Anfang nicht verstanden, desshalb die beiden Halbzeilen zusammengezogen, und Anfang von Zeile 4 wieder ganz ausgelassen, wogegen aber Zeile 5 der Uebersetzung nicht im Original steht, sondern von Herrn Rapp erfunden wurde.

(Schluss folgt.)

JAHRBÜCHER DER LITERATUR.

Otfrids von Weissenburg Evangelienbuch.

(Schluss.)

In Zeile 6 endlich hat er weder die Wörter noch die Construction verstanden. Der Satz ist abhängig, und sagt nur aus, was die Jünger thun wollten. Sie wollten dem Herrn eine Wohnstätte bereiten, — sie richteten aber keine Hütte ein, und wohnten dort nicht mit ihm allein. Das hätte der Uebersetzer, wenn er überhaupt etwas einsehen kann, schon aus der Bibel einsehen müssen, wo es Lucas 9, 33 heisst: praeceptor, bonum est, nos hic esse; et faciamus tria tabernacula, unum tibi et unum Moysi et unum Eliae. — Ferner ist: mit unredinon gar nicht übersetzt, wenn es nicht etwa heissen soll: Sie richten die Hütte ein!

Ich habe in meiner Ausgabe des Otfridschen Evangelienbuches auf sorgfältige Interpunktion des Textes gebührendes Augenmerk verwendet, und glaube dadurch einem richtigen Verständniss des Textes nicht unwesentlich vorgearbeitet zu haben. Der Uebersetzer hat aber meine Ausgabe wahrscheinlich nur dem Titel nach gekannt, auf keinen Fall aber beachtet, sonst hätte er ja aus meiner Interpunktion sehen müssen, dass die oben besprochenen anderthalb Langzeilen Parenthese sind, und er hätte unmöglich die Hälfte davon zu einem Satze, zu dem sie nicht gehört, ziehen können. Auch an anderen Stellen hätte er die Construction unmöglich so widersinnig verdrehen und ausrecken können, wenn er meine Ausgabe zum Grunde gelegt hätte. Man vergleiche z. B. nur III. 18, 81 fgg. Der Autor scheint sich indess, wie ich schon oben zu bemerken Gelegenheit hatte, überhaupt nicht um diejenigen Werke gekümmert zu haben, welche entweder in der älteren oder neueren Zeit über Otfrid erschienen sind, sondern in jeder Beziehung unvorbereitet an seine Arbeit gegangen zu sein. Nicht einmal die paar Worte, die er in der Vorrede über die Ausgaben anführt, beruhen auf eigener Kenntniss und Anschauung derselben, sondern sind flüchtig aus Graffs Vorrede (p. XIV) abgeschrieben, dabei aber versehen worden, dass die Ausgabe Schilter-Scherz nicht 1776, sondern schon 1726 erschienen ist.

Man hätte glauben sollen, dass der Autor doch wenigstens jene Werke kannte und sorgfältig benützte, welche seine Arbeit wesentlich erleichtern, und zu einer einigermassen erträglichen Lösung seiner Aufgabe beitragen mussten. Allein auch sie hat er nicht beachtet, oder vielmehr, wie es mir scheint, nur dem Titel nach

d. h. also gar nicht gekannt. Wie Jeder weiss, haben Schilter und
Scherz theils mit, theils ohne ihre Schuld allerdings keinen den Anforderungen der Kritik genügenden Text herzustellen vermocht, und
in den Anmerkungen und der Uebersetzung den wahren Sinn Otfrids unzählige Male verkannt, allerdings haben sie das Dunkle
nicht aufgehellt, und keine Uebersetzung geliefert, welche denen,
die der Sprache des Originals nicht mächtig sind, das Original zu
ersetzen, oder überhaupt einem richtigen Verständniss des Textes
vorzuarbeiten im Stande ist. Sie sind aber nicht ohne Beruf und
Kenntnisse an die Arbeit gegangen, haben, mit lebhaftem Bedauern
erfüllt, dass sie nicht alle Hülfsmittel in ihren Bereich ziehen konnten, Alles benützt, was ihnen zugänglich geworden war, und wodurch sie ihr Werk einer grösseren Vollkommenheit näher führen
zu können glaubten. Sie haben daher auch eine Arbeit geliefert,
welche ihrem Fleisse, und in Anbetracht des damaligen Standpunktes der deutschen Philologie auch ihren Kenntnissen keine Schande
machte. Namentlich den leichteren Theil des Gedichtes, dem die
Parallelen der Bibel zur Seite gehen, haben sie im Ganzen meist
richtig verstanden und übertragen. Wie unendlich willkommen hätte
also dem Autor, der in seiner Uebersetzungsangst alles Schwierige
entweder völlig wegliess oder durch Phrasen ersetzte, und sogar
mit dem ausgewählten leichteren Theile nicht zu Stande kommen
konnte, diese Uebersetzung von Schilter-Scherz sein müssen? Der
Apostel Philippus fragte den Eunuchen der Königin Kandaces, als
er ihn lesend traf: Putasne, intelligis, quae legis? — Quomodo
possum, si non aliquis ostenderet mihi! antwortete er, und war hoch
erfreut, als ihm Philippus erklärte, was er nicht verstand. Ganz
ebenso ging es dem Autor, der wohl Otfrid vor sich hatte, aber
nichts von demselben verstand, und wie froh hätte er sein müssen,
an der Arbeit von Schilter-Scherz wenn auch keinen fehlerfreien,
aber doch einen erträglichen und verständigen Interpreten gefunden
zu haben? Er hätte mit Eifer und Ausdauer versuchen müssen,
an ihrer Hand in den Sinn Otfrids, dessen Werk für ihn ein mit
sieben Siegeln verschlossenes Buch war, einzudringen, oder wenn
ihn dies eine zu schwierige und langweilige Arbeit dünkte, und wenn
er mit der Uebersetzung Eile hatte, einfach die Uebersetzung von
Schilter-Scherz wieder übersetzen und sich an dem althochdeutschen
Texte gar nicht gewaltthätiger Weise vergreifen sollen. —
      Indess der Autor kannte die Schilter-Scherzische Ausgabe nicht,
und wusste nicht, dass sie eine Uebersetzung enthalte. Jedenfalls hat
er sie, wie eine Vergleichung deutlich genug zeigt, nicht beachtet. Schilter hat z. B. auf S. 183 den oben zuletzt angeführten Satz richtig als Parenthese erkannt, und in Klammern
eingeschlossen, und der Autor hätte also auch aus Schilter
sehen müssen, was er aus dem Texte nicht begriff. Auch alle seine
unbegreiflichen Fehler hätte er aus Schilter verbessern und überhaupt die Bedeutung der Wörter ersehen können, wenn es ihm er-

statthaft schien, ein Wörterbuch anzuschaffen, oder zu zeitraubend
und umständlich die Wörter aufzusuchen. Dass er die Uebersetzung
von Schilter-Scherz gekannt, und doch nicht benützt habe, kann ich
unmöglich annehmen, abgesehen von anderen Gründen schon desshalb nicht, weil er ja doch einsehen musste, dass es bequemer ist,
nach einer Uebersetzung zu übersetzen, als den Sinn zu errathen.
Wenn er aber etwa die lateinische Uebersetzung desshalb nicht gebraucht haben sollte, weil er den ahd. Text noch besser verstand,
so kann ich das nicht wissen.

Es kann demnach keinem Zweifel unterliegen, dass der Uebersetzer nach der Graff'schen Ausgabe arbeitete, gerade also nach
jener, welche für das Verständniss des Textes durch nichts gesorgt,
nicht einmal eine Interpunktion gegeben hat, und dadurch selbst
Kennern des Althochdeutschen Unbequemlichkeiten bereitet, ge-
schweige denn Jemanden, der vom Ahd. nicht mehr weiss, als derjenige, der es zu lernen anfängt. Wenn nun Jemand von der
Sprache, aus der er übersetzt, von vorn herein nichts versteht, wenn
Jemand überhaupt durchaus keinen Fleiss anwendet, um mit Hülfe
eines Lexikons so viel wenigstens aus dem Texte herauszubringen,
als sich auf mechanischem Wege bei völlig Mangel alles tieferen
Verständnisses der Sprache herausbringen lässt, und ausserdem auch
nicht einmal die Werke, welche sein Beginnen wesentlich unterstützen und seine radicale Unwissenheit einem flüchtigen Beobachter
momentan wenigstens verdecken konnten, kennt oder wenigstens
nicht benützt: — so ist es natürlich nicht wunderbar, wenn die
Uebersetzung zu einem kaum begreiflichen Zerrbilde des Originals
umgewandelt wird, und eine zusammenhängende Reihe von unglaublichen Fehlern und Missverständnissen bildet, aus der ich oben im
Speciellen eine flüchtige aber sicher männiglich befriedigende Blumenlese gegeben habe. Das aber ist und bleibt wunderbar, wie
es Jemand wagen konnte, so ohne allen Beruf, ohne alle
Kenntnisse, ohne allen Fleiss und guten Willen, zu leisten, was er
zu leisten im Stande gewesen wäre, an eine Uebersetzung des anerkannt schwierigsten althochdeutschen Denkmales zu gehen, das
ist und bleibt wunderbar, wie Jemand, nachdem er mehr als die
Hälfte des Originals ausgelassen, den Rest schmählich verstümmelt
und überhaupt alles Mögliche aufgeboten hat, um das Werk des
Dichters völlig unkenntlich zu machen, ein solches Produkt für eine
Uebersetzung entweder halten oder ausgeben, und glauben konnte,
dass er durch eine solche Arbeit den Genuss des Originales jenen,
die nicht althochdeutsch verstehen, ermöglicht und das Gedächtniss
des Dichters empfohlen habe. — Um so etwas thun zu können,
muss man nothwendig eine von zwei Eigenschaften besitzen.

Hoffentlich hat sich aber Niemand das Andenken Otfrids durch
dieses Machwerk empfehlen lassen, das mit Otfrids Werke ausser etlichen, zum Theil sogar missverstandenen Reminiscenzen eigentlich
nichts gemein hat, als den Gegenstand, daher auch von dem

Standpunkte aus betrachtet, von dem es betrachtet sein wollte, vom
dem Standpunkte einer Uebersetzung nämlich — nichts ist als Ma-
culatur, und zwar, was das beste und einzig gute an dem Buche
ist, eine schön gedruckte.

Prag.   **Johann Kelle.**

Geschichte des französischen Rechtes mit einer Einleitung zum rö-
   mischen Civilrecht, von M. F. Laferrière, Mitglied der
   Akademie und General-Inspector der französischen Rechtsschulen.
   5. u. 6. Band. Paris, Cotillon 1858.

Die historische Schule in Frankreich hat in den letzten Jahren
bewiesen, dass der wesentlich praktische französische Rechtssinn der
historischen Ansicht keineswegs fremd steht. Allerdings war es eine
lange Zeit allgemein verbreitete Meinung, dass die Herrschaft des
Code Napoleon die historische Entwickelung des französischen
Rechtslebens unterbrochen hätte. Der grosse Meister der Berliner
Schule hat sie in einer berühmten Schrift ausgesprochen. Allerdings
hatte die Göttinger und Berliner Rechtsschule, auf dem Gipfel ihres
Glanzpunktes angelangt, die römische und germanische Alterthums-
wissenschaft längst verjüngt, als der historische Rechtssinn in Frankreich endlich wieder erwachte. Einem Zögling deutscher Wissenschaft, dem Strassburger Klimrath war es vorbehalten, die tiefe
germanische Grundlage des Code Napoleon nachzuweisen. Gegen
die Klimrath'sche Ansicht erhob sich damals ein Hochlehrer von
Aix in der Provence, Herr Laferrière, in seinem 1836 erschienenen
Versuch der französischen Rechtsgeschichte, indem er derselben das
classisch-römische Element als die wahre Grundlage der französischen Bildung und Rechtsentwickelung vindicirte. In dem Kampfe
der romanischen und germanischen Ansicht erwuchs und erstarkte
die französische Schule. Die Gegner, nachdem sie ihren gegenseitigen Irrthum anerkannt, reichten sich die Hand. Der junge Professor von Aix, heute an die Spitze der französischen Rechtsschulen
gestellt, hat in seiner nunmehr zur Mannesarbeit herangereiften,
seit 12 Jahren ununterbrochen fortgesetzten römischen und französischen Rechtsgeschichte, mit seltenem Glücke sich die Aufgabe gestellt, die so mannichfachen und verschiedenartigen Elemente französischer Rechtsbildung, das römische, celtische, gallo-römische,
lehens- und kirchenrechtliche in deren Ursprung und allmähliger
Entwickelung bis zu ihrer rein nationalen Verschmelzung in den
Coutumes nachzuweisen. In keinem Lande haben so viele fremde
Elemente feindlich neben einander so lange bestanden; in keinem
sind sie so stätig und ununterbrochen fortgeschritten, und nachdem
sie in den 368 Gewohnheiten des nördlichen und südlichen Frankreichs sich Jahrhunderte lang in ihrer ganzen Mannigfaltigkeit be-

wegt, haben sie endlich im Code Napoleon ihren gemeinschaftlichen Ausdruck gefunden. Eben so wie das zersplitterte, Anfangs so ohnmächtige Lehenskönigthum, nach hundertjährigen Anstrengungen und wachsender Kräftigung, in der Monarchie Ludwigs XIV. vollkommen aufgegangen, eben so sind die 368 Gewohnheiten mit ihrer uralten dualistischen Scheidung in der Einheit des Code vollständig aufgenommen. Ein Hauptverdienst des Verfassers ist es, diese grosse, ich möchte sagen, politische Seite der französischen Rechtsentwickelung, die bewundernswürdige Assimilationskraft des französischen Nationalgeistes überall nachgewiesen zu haben. Dieser tiefe Gedanke, welcher wie ein rother Faden sein ganzes Werk durchzieht, drückt demselben eine frische Lebendigkeit und eine Eleganz der Darstellung auf, deren sich wohl kein ähnliches Werk leicht rühmen dürfte.

Es sind nunmehr zehn Jahre verflossen, seitdem ich die zwei ersten Bände in der Heidelberger kritischen Zeitschrift besprochen habe. Die Entwickelung des römischen, des celtischen und des gallo-römischen Rechtes bilden den Inhalt der zwei ersten Bände. Die Entwickelung des germanischen, kirchlichen und feudalen Elementes auf französischen Boden wurde in den zwei folgenden Bänden behandelt, welche Hr. Geheimerath Mittermaier in den Heidelberger Jahrbüchern kritisch beleuchtet hat. Nach fünfjährigen unausgesetzten Forschungen ist der Verf. in dem 5. und 6. Bande beim Gewohnheitsrecht angelangt. Er weist hier die Verschmelzung der sechs Hauptquellen des französisch-öffentlichen und Privatrechts nach. Die Anfänge der coutumes werden sowohl in dem äusserlichen Charakter der Rechtsmonumente, als auch in dem inneren Zusammenhang der Grundsätze und Bestimmungen der Gewohnheit untersucht. Zu diesem Zwecke werden fünf Hauptzonen unterschieden: der Osten und Südosten — der Süden — die Pyrenäenkette — der Südwest und Westen — das mittlere Frankreich. Eine Unterabtheilung der Zonen bilden die verschiedenen Provinzen des mittelalterlichen Frankreichs.

Im Osten und Südosten, welche die erste Zone ausmachen, von Lothringen bis zu den Rhone-Mündungen, lange dem deutschen Kaiserreich angehörig treffen wir eine Rechtseinheit, einerseits im Elsass mit seinem rein germanischen Charakter, andrerseits im Delphinat (Dauphiné), wo selbst unter der Herrschaft des Feudalsystems das freie römische Eigenthum sich erhalten hat.

In Lothringen übte der Sachsenspiegel einen grossen Einfluss, in einer Uebersetzung des XIV. Jahrhunderts, welche Matile zu Neuchatel 1843 publicirt hat. Indessen, im Gegensatz zum Sachsenspiegel, spricht bereits ein Statut von 1088 den Grundsatz aus, dass das locale Gewohnheitsrecht das kaiserliche Recht ausschliesst.

Im Elsass begegnen wir dem lombardischen Lehensrecht und dem Schwabenspiegel. Unter dem Einfluss des römischen Rechtes stellen sich ein Elsasser Gewohnheitsrecht, im Gegensatz zum ge-

meinen französischen Rechte die zwei Grundsätze heraus; 1) dasselbe kennt die Unterscheidung zwischen propres und acquêts, zwischen bona paterna und materna nicht; 2) die Schenkungen unter
Eheleuten, sowohl vor als während der Ehe, sind unbeschränkt
zulässig.

Die Franche-Comté, ein Unterlehen des Herzogthums Burgund,
schwankte lange zwischen der französischen und deutschen Krone.
Das Lehenswesen, in seiner vollen Starrheit, mit der Leibeigenschaft (mainmorte) erhält sich bis in die neuere Zeit in diesem
rauhen Gebirgstrich.

In Lyon erhält sich die römische Municipalverfassung (jus italicum) so wie das vorjustinianische als gemeine Rechtsquelle.

In dem Delphinat hat sich der Grundsatz der Patrimonialität
der Lehnszeiten bis zum XIV. Jahrhundert erhalten. Unter dem
Einfluss des römischen Rechtes wird das Erbgut, ohne Rücksicht auf
die Eigenschaft des Grundstückes und der Person, unter den Erben
gleichmässig vertheilt; — die Leibeigenschaft wird durch ein Statut
vom Grafen Humbert aufgehoben; — der Vassal darf seine Freiheit
dem Lehnsherrn gegenüber verjähren, und unter diesem dreifachen
Grundsatze bewahrt das delphinatische Recht einen eigenthümlichen
freien Charakter in dem mittelalterlichen Gewohnheitsrechte.

II. In der zweiten Zone, Provence, Languedoc, l'Albigeois
bilden die charakteristische Eigenthümlichkeit der Gewohnheiten, die
Befreiung oder Beschränkung des Lehnwesens, und die Herrschaft
des vorjustinianischen Rechtes, der lex romana alariciana, welche
bald zur freien Verfassung der gallo-römischen civitas gesellt, in
Toulouze die Grösse der Municipalinstitutionen mit ihren bürgerlichen
und edlen Capitouls abspiegelt — bald, wie in Montpellier, den
eigenthümlichen Charakter der mittelalterlichen Städteverfassung
darstellt.

Die Provence bildete eine der Provinzen des geschriebenen
Rechtes (pays de droit écrit) und gemeiniglich wird angenommen,
dass das römische Recht dort unbeschränkt geherrscht, während
gerade in dieser, der ersten römischen Provinz, die Grundsätze
des römischen Rechtes unter dem doppelten Einfluss der kaiserlichen
Oberhoheit und des französischen Lehnsystems am meisten gelitten.
Die sogenannte Präsumption der Directe universelle beschränkte das
freie Eigenthum (franc alleu) in sehr enge Grenzen. Die Directe
universelle gehörte nicht dem Oberlehnsherrn, sondern dem Grundherrn. Im Gegensatze zum Delphinatsrechte und dem der andern
Provinzen des franc alleu, bleibt der Vasallennexus unverjährlich.
Sehr spät erst entwickelt sich die Patrimonialität der Lehnsgüter.
Bis zum XIV. Jahrhundert bleibt das Lehnsgut unveräusserlich, und
stets dem Verkaufsrechte des Lehnsherrn (retrait feodal) unterworfen, während das Verkaufsrecht der nächsten Verwandten (retrait
lignager) sich erst spät entwickelt. Eben so trifft man im Gewohnheitsrechte der Provence das Erstgeburtsrecht, den Vorzug der

männlichen Linie, die Ausschliessung der dotirten Töchter von der elterlichen Erbschaft.

Reiner als in der Provence, erscheint das traditionelle römische Recht in den Gewohnheiten (coutume) von Languedoc, in denen von Aigue-Morte, Montpellier, Toulouze. Der sog. Thalamus von Montpellier spricht ausdrücklich die Freiheit der Person und des Eigenthums aus; aber andrerseits auch die Emancipation der Kinder durch die Ehe und den Grundsatz: paterna paternis, materna maternis. In einer, in der Akademie von Toulouse vorgelesenen Spezialdissertation über den Ursprung und die Entwickelung der contume de Toulouse von 1285, zeichnet hier der Verfasser den eigenthümlichen Charakter dieses merkwürdigen Gesetzes; er weist darin einerseits den ächt vorjustinianischen Ursprung einer grossen Anzahl von dem alaricianischen Codex entlehnten, vom justinianischen Rechte abweichenden Bestimmungen nach, andrerseits eine gewisse Anzahl von Artikeln rein localen, celtischen Ursprungs. Bei derselben Gelegenheit zeichnet er die geographische Scheidung der Provinzen, wo der auf der römischen Grundlage sich stützende Grundsatz des freien Eigenthums (franc alleu): nul terre seigneur sans titre, sich erhalten hat. Dazu gehören ausser den sog. Provinzen de droit écrit, nämlich dem Delphinat, Provence, Languedoc, Guienne, mehre Striche von Burgund, 2) mehre sog. Provinzen de coutumes mixtes, namentlich Saintonge, Poitou, Orleans, 3) in den Provinzen des Gewohnheitsrechts (pays de droit coutumier) die unter römischer Herrschaft als freie Nationes bezeichneten Striche: Hennegau, Champagne, Meaux, Langres, Berri, Auvergne, 4) die der germanischen Eroberung fern gelegenen Provinzen Maine, Anjou, wo sich das celtische Element erhalten. Die Bretagne und Languedoc bilden in dieser Hinsicht die entgegengesetzten Pole.

III. In der dritten Zone begegnen wir dem ganz eigenthümlichen und mannichfaltigen Gewohnheitsrechte der Pyrenäenkette. Iberische Ueberlieferungen in ihrer Mischung mit gallo-römischen und westgothischen Gesetzen, der unbezwungene Unabhängigkeitssinn eines autochtonischen Stammes, das freie Gauleben, die kriegerischen Sitten eines durch die Eroberung in seine Berge zurückgedrängten Volksstammes, die Traditionen römischer Kolonien, der progressive Geist der westgothischen Gesetzgebung widerstehen oder gesellen sich hier, in ungleichem Maasse, zu dem Lehnwesen. Der Verfasser beginnt mit einer gründlichen Untersuchung über den Ursprung, die Sprache und die Institutionen der so mysteriösen, baskischen Völkerschaften. Er unterscheidet:

1) Das baskische Gewohnheitsrecht nebst dem fors von Navarra, dessen charakteristische Eigenthümlichkeit in der Vereinigung der freien Personalität mit dem Collectivrecht der Familie, des freien römischen mit dem Lehnseigenthum, in der politischen und Gerichtsverfassung, in den vielfachen, der Jurisdiction eines obersten Gerichtshofes unterworfenen Gerichtshöfen.

2) Die fors von Navarra, des Landes von Foix und des Andore-
Thales (val d'Andore), worin das Gegenbild gemischter Völkerschaften ohne Originalcharakter und Stammeseinheit mit primitiven,
patriarchalischen, durch die Berge geschützten Sitten erscheint.

3) Die Gewohnheiten von Perpignan und Roussillon, worin der
Kampf des justinianischen Rechtes mit dem westgothischen Geist,
welcher in den Lehnsgebräuchen der Grafschaft von Barcelona einen
Stützpunkt findet, sich offenbart.

Während somit in den westlichen Niederpyrenäen bis in neuere
Zeit die ursprünglichen Traditionen der Iberen, Lateiner, Westgothen sich erhalten, erscheint in den Mittelpyrenäen die baskische
Freiheit im Kampfe mit dem in den Usatici von Barcelona völlig
entwickelten westgotbischen Lehnwesen. Mitten zwischen den anti-
feudalen baskischen Landen und dem gänzlich der Lehnsknechtschaft
unterworfenen Bigorre erhebt und entwickelt sich der hochherzige
Geist von Béarn. Hier erscheint moralische und männliche Thatkraft unter der mächtigen Disciplin der feudalen und kirchlichen
Disciplin, und verbreitet sich von da über den ganzen Pyrenäen-
strich mit der Achtung für das fors von Bearn und die besondern
Landes-fueros, vereint mit der Tradition des römischen Rechtes des
forum judicum, und die catalonischen Gebräuche.

Das dem Lehnrecht ziemlich fremd stehende forum judicum
beweist, wie im Süden rein germanische Institutionen, unter der Leitung des Toleder Concils umgeschaffen worden.

IV. In der vierten, südwestlichen und westlichen Zone einerseits, in Bordeaux und der Guyenne entwickelt sich spät, erst seit
dem XII. Jahrhundert unter englischer Oberherrschaft, das Militär-
lehnwesen im Sinne der Zersplitterung des französischen Bodens,
mit dem Erstgeburtsrecht und der Untheilbarkeit der grossen Lehen,
wobei jedoch der demokratische Charakter der Gewohnheiten der
Garonne und die municipale Unabhängigkeit des Juratwesens sich
erhält. Andrerseits in der Bretagne triumphirt ebenfalls, namentlich
in den Assisen des Grafen Gottfried, eines Sohnes der Eleonore von
Guyenne, derselbe aristokratische Militärgeist über die celtische
Gleichheit der alten Gewohnheiten. Nachdem nämlich das alte
aquitanische Herzogthum (Aquitania, Aquania, Gujana), welches die
Gascogne, Bordeaux, Perigord, Limoges, Saintonge und Angouleme
umfasste, durch die Ehe der Eleonore von Guyenne mit dem Herzog
der Normandie, spätern König von England Heinrich von Plantage-
net unter englische Oberhoheit gelangte, suchte die englische Herrschaft ihre Stütze einerseits in der Entwickelung des Consulats- und
Juratwesens der Städteverfassung, andrerseits in der vollkommenen
Unterwerfung des Bodens. Die vollständige Emancipation der Städte
bildet eins der Hauptelemente des hundertjährigen Kampfes zwischen der englischen und französischen Krone, während der noch im
XII. Jahrhundert grösstentheils freie Boden Aquitaniens (franc alleu)
dem Lehnsnexus einverleibt wurde.

In den Gewohnheiten von Bordeaux ist römischer Einfluss, vereint mit altceltischen Gewohnheiten, sichtbar. Die englische Herrschaft bringt das Erstgeburtsrecht, die Untheilbarkeit der freiherrlichen und ritterlichen Lehen, woneben der Unterschied zwischen freiem und Lehnseigenthum und der Vorzug des retrait feodal vor dem retrait lignager sich erhält.

Auf dem altceltischen Boden der Bretagne herrschte bis zum Jahre 1185 der Grundsatz der Gleichheit der Theilung der Lehnsgüter, bis die Assisen des Grafen Gottfried auch hier das normannische Recht der grossen Militär-Lehen einführte. Seit den Assisen lastete das Lehnwesen auf britannischem Boden drückender als in allen andern Provinzen und von da erhob sich in der Nacht vom 4. August der erste Schrei für die Abschaffung der Feudalherrschaft.

In dem Recht der Normandie ist den einheimischen Quellen eine andere, fremde leicht erkennbar, nämlich die rein skandinavische Quelle, wozu sich später die englisch-normännische gesellt hat. Mit scharfem Blicke hat Hr. Laferrière in den eigenthümlichen Bestimmungen des normannischen Eherechtes, woran der Scharfsinn der normannischen Commentatoren gescheitert ist, den rein skandinavischen Ursprung erkannt. Dieser gemeinsame Ursprung wird insbesondere in den drei folgenden Bestimmungen nachgewiesen:

1) Die normännische Frau bringt dem Manne eine Mitgift, welche einigermassen den Charakter der römischen dos trägt;

2) die Frau hat keine Gütergemeinschaft, aber sie beerbt ihren Mann in einem Theile ($\frac{1}{3}$) der beweglichen Habe;

3) die Frau hat einen Antheil an den sog. acquêts en bourgage, an der Errungenschaft von Immobilien in den Städten und Burgen.

Diese drei Grundsätze finden sich in den skandinavischen Rechtsquellen wieder, während sie dem römischen Dotalrecht fremd stehen. Das normännische Dotalgut konnte vom Ehemanne, mit und ohne Einwilligung der Frau veräussert werden. Das normännische Eherecht verbot die vom römischen Rechte gestatteten Schenkungen unter Eheleuten. Eben so kennt das normännische wie das skandinavische Recht die Morgengabe (douaire), und bestimmt in einem gleichlautenden Ausdruck: au coucher ensemble gaigne femme son douaire. Der Erbtheil der Frau beträgt in dem normännischen wie in dem skandinavischen Recht ein Drittel der beweglichen Habe, und in den Städten ein Drittel des errungenen, unbeweglichen Gutes. Hr. Laferrière hat mir die Ehre vergönnt, diese drei Sätze in einer, in dem 6. Bande abgedruckten Spezialdissertation über das skandinavische Familien- und Erbrecht zu entwickeln.

V. In der fünften Zone, dem nördlichen Frankreich, war das germanische Element von entscheidendem Einfluss. Das germanische Element war es, welches im Erbrecht der Gewohnheiten dieser Region den Vorzug der männlichen Linie begründet, das Repräsentationsrecht, selbst in der geraden Linie, ausschliesst, die unbeschränkte

Gewalt des Vaters und Ehemannes durch das mundium und den
persönlichen Schutz ersetzt, das Recht der Blutsbande und die Fa-
milienbürgschaft zu brechen anerkennt; die geschworene und unabhängige Gildengemeinde entstehen lässt und die individuelle Freiheit
selbst in der Lehnshierarchie anerkennt, indem es den Gehorsam
unter die Garantie eines den Obern wie den Untern gleich verbin-
denden Vertrages stellt; — aber neben der Herrschaft des germanischen Elementes in Flandern, Artois und der Picardie, bilden die
Gewohnheiten von Reims und der Champagne eine bemerkenswerthe
Ausnahme: der Frauenadel erscheint darin im vollständigen Gegensatz zu dem ausschliesslichen Recht der männlichen Linie der Gewohnheiten des Nordens; der kaufmännische Bürgerstand verbindet
sich dort mit dem Geburtsadel; die Nachfolger des Bischofes, welcher den ersten französischen König getauft, gestatten nicht, dass
die Leibeigenschaft in den Mauern von Reims und dessen Territorium die christliche Gleichheit Lügen strafe; die uralten städtischen
Vorrechte erstarken dort im Kampfe mit der zeitlichen Oberherrschaft des erzbischöflichen Hofes, bis endlich in dem in der Volkssprache abgefassten Gewohnheitsrechte des XV. Jahrhunderts die
Resultate einer glücklichen Vereinigung des weltlichen und kirchlichen Geistes festgestellt werden.

VI. In der sechsten Zone, dem mittlern Frankreich, entwickelt
das politische und bürgerliche, von der königlichen Macht gebän-
digte und in den Verordnungen (Etablissemens) des heiligen Ludwig codifizirte Feudalwesen seinen civilisirenden Geist, indem es sich
mit den mannichfachen lokalen Einflüssen verbindet, welche ihren
höchsten Ausdruck für die verschiedenen Zonen der mittlern, westlichen, östlichen und nördlichen Provinzen finden. Hier, am Sitze der
französischen Monarchie, treffen wir die Lehns- und Gewohnheits-
rechts-Denkmäler, in welchen der allgemeine, juridische und
civilisatorische sowohl öffentliche wie Privatcharakter des Feudalsystems sich am treuesten abspiegelt: das Buch der Königin Blanche,
der Rathgeber (Conseil) von Peter Lafontaine, das Werk von Beau-
manoir, das Gerichtsbuch (livre de justice et de plet), die Olim,
endlich das Rechtsdenkmal, welches die moderne Kritik als Gesetzbuch dem Andenken Ludwigs IX. bestritten, aber welches, es sei
eine Privatsammlung oder ein authentisches Gesetzbuch unter dem
Namen der Verordnungen des heil. Ludwig seinen heilsa-
men Einfluss weit über die Jurisdiction des Weichbildes von Paris
und Orleans hinaus, bis in die Auvergne, Berry und die Bretagne
ausgebreitet hat. Neben dem in den Etablissemens enthaltenen gemeinen Rechte der mittleren Provinzen, bestehen die besondern Gewohnheiten von Berry, Nivernais und der Auvergne, mit sehr be-
merkenswerthen Eigenthümlichkeiten, und die königlichen Gewohnheiten von Lorris und Orleans mit ihrem gleichzeitig freien und
aristokratischen Charakter. — Endlich und zu allerletzt in diesem
so umfassenden und klaren Bilde des französischen Gewohnheits-

rechtes, zeigt uns der Verfasser die aus einer dreifachen Jurisdic-
tionsquelle, der königlichen, feudalen, städtischen und bürgerlichen
entstandene Coutume von Paris, begleitet von den Rechtsdenkmä-
lern des Mittelalters, welche sie in ihrer langsamen Entwickelung
des Personen-Eigenthums und Familienrechtes gebildet, unterstützt
und ergänzt haben; mit ihrem wahrhaft fortschreitenden und liberalen Geiste, durch die in jedem Jahrhundert kräftiger auftretende
Jurisprudenz des Parlaments gestärkt, und von ihren letzten mittelalterlichen Banden durch den hohen Geist eines Dumoulin befreit,
gelang es der im Jahr 1510 abgefassten und im Jahr 1580 revidirten Coutume von Paris, vollkommener Ausdruck der bürgerlichen Gesellschaft zu werden.

Nachdem der Verfasser die Entwickelung des französischen
Rechtes so bis zum XVI. Jahrhundert herabgeführt, verspricht er
uns mit dem nächsten Bande das Gemälde dieses grossen, durch
die Meister der altfranzösischen historischen Schule, Cujaz etc. verherrlichten, wie durch die allgemeine Reformation der Gewohnheiten
merkwürdigen Jahrhunderts.

In einem Anhange giebt der Verfasser:

1) ein geographisches und statistisches Verzeichniss der Provinzen und Gewohnheiten des XVI. Jahrhunderts mit Bezug auf
die Unterscheidung zwischen droit coutumier und droit écrit und
die Namen der alten gallischen Völkerschaften;

2) ein chronologisches Verzeichniss der Dokumente und Gewohnheiten des Mittelalters bis zur königl. Verordnung von 1453;

3) die alten Handschriften sowohl der ältesten in französischer
Sprache abgefassten Rechtsquellen, als des ältesten Gewohnheitsrechts von Orleans und der sog. lex Julia et de plet;

4) Untersuchungen über die Münzen und Preise im Mittelalter;

5) Text der bisher nicht publicirten Gewohnheit von Moissac
(im Auszug);

6) einen von mir geschriebenen Versuch über das skandinavische Familien- und Erbrecht.

Julius Bergson.

Ansichten über Welt und Zeit von Dr. J. D. C. Brugger, Grün-
der des Vereins für deutsche Reinsprache. Heidelberg. Ver-
lagsbuchhandlung von Bangel und Schmitt, 1859. 144 S. 8.

Vor längerer Zeit erschien von dem längst verstorbenen
Rechtsgelehrten Jassoi zu Frankfurt am Main ein Werk mit
der Aufschrift: „Welt und Zeit". Der durch eine Reihe von
Schriften rühmlichst bekannte, um die deutsche Sprachbildung be-
sonders verdiente Herr Verfasser unterwirft in der vorliegenden
Schrift die Aussprüche und Ansichten dieses Buches einer näheren
Prüfung; er benutzt die einzelnen Behauptungen desselben oft zu
Anknüpfungspunkten, um Verwandtes und Naheliegendes daraus zu
entwickeln, oder das Unrichtige oder Zweifelhafte derselben durch
Gründe zu widerlegen und das Gegentheil ins gehörige Licht zu
stellen. Mit Sachkenntniss und richtigem, auf Lebenserfahrungen
gegründetem Urtheile, mit Ruhe und Milde, werden die von dem
Jassoi'schen Buche abweichenden Ansichten des Herrn Verfassers,
welche meist die richtigen sind, entwickelt. Jassoi's Weltanschauung ist sehr oft eine pessimistische. Durch die leidenschaft-
lose Beurtheilung des Herrn Verfassers wird das oft Schneidende
und Ungerechte einzelner Ansichten beseitigt, und die Behauptungen
auf ihr richtiges Maass von Wahrheit und Recht zurückgeführt.
Referent will hier zum Belege nur einzelne Behauptungen anführen,
welche der Hr. Verf. an theils richtige, theils mehr oder minder
unrichtige Ansichten Jassoi's knüpft, um sein Urtheil über die
Anmerkungen und Anknüpfungen des Hrn. Verf. zu belegen.

Seite 6: „Freiheit ist ein so grosses und heiliges Gut, dass
sie nur von den Edeln erkannt und zum Wohle des Ganzen gebraucht wird. Die Rohen und Ungebildeten verstehen unter ihr
nur Ungebundenheit und Zügellosigkeit, Mord und Raub. So lange
die untern Schichten des Volkes nicht besser belehrt, unterrichtet
und sittlicher gebildet sind, so lange kann von keiner Volks-
herrschaft die Rede sein; es wird immer nur Gesetzlosigkeit, Ver-
wüstung, Umsturz und Verderben zum Vorschein kommen".

.Seite 65: „Dass unsere Verfassungen nicht eben so gut, als
die anderer Völker waren, daran wird nur der Deutsche zweifeln,
der immer sein Eigenthum für unbedeutend und geringfügig ansieht. Gerade das, dass die Deutschen keine Umwälzung
machten, während Engländer, Amerikaner und Franzosen
solche für nöthig hielten, gerade das ist ein Beweis, dass die
Deutschen mit ihrer Verfassung zufrieden waren, und es noch
immer für besser fanden, sie beizubehalten, als Alles über einander
zu werfen und von vorne wieder anzufangen. Ferner ist es ein
Irrthum, dass man immer glaubt, was die andern Völker thun und
haben, das müssen die Deutschen auch thun und haben. Alles
passt nicht für Alle. Die Deutschen haben dadurch immer an
ihrer Selbständigkeit verloren, je mehr sie sich nach andern Völkern

richteten und ihre Einrichtungen nachahmten. Hiebei walteten allerdings viele Einflüsse ob; Lage und Verhältnisse, Bildungsstufe und Einrichtungen, die Beispiele der Grossen und Mächtigen und die Nachahmungssucht der Niedern — Alles half dazu, immermehr das Volksbewusstsein niederzuhalten und grössern Aufschwung zu hemmen. In der neueren Zeit versuchte denn auch Deutschland an einigen Orten Umwälzungen zu machen, aber immer mit schlechtem Erfolg und mit weit grösserm Nachtheil, als Vortheil. Auch bei andern Völkern kamen die Umwälzungen die Einzelnen immer sehr theuer zu stehen und die Vortheile derselben wurden mit unendlichem Schaden erkauft. Möchten die Deutschen durch Erfahrungen kläger werden und einsehen, dass sie nur auf dem Wege der Bildung, Entwicklung und Gesetzmässigkeit zu höherer Kraft und Vereinigung gelangen können, dass sie aber durch alle Ausbrüche der rohen Gewalt nur ihre Kräfte schwächen und ihren Wohlstand zerstören und sich immer weiter vom Ziele entfernen".

Seite 83: „Gerade in unserer Zeit machte sich der Zerstörungsgeist im leiblichen und geistigen, wie im gläubigen und staatlichen Gebiete mehr als je geltend. Er schonte nichts mehr, ihm war fast Nichts heilig; Alles zu vernichten und aufzulösen war seine Lust, seine höchste Freude. Alle Anstrengungen und Schöpfungen der besten Köpfe verfolgten beinahe diese Bahn, und die eigentlichen aufbauenden Erzeugnisse des Menschengeistes wurden immer seltener, da jeder nur seinen Ruhm im Zerstören suchte. Das hat sich aber seit 1849 bedeutend geändert".

Treffend sagt der Hr. Verfasser von gewissen Richtungen der Philosophie S. 94 und 95: „Bei den Alten stand die Weltweisheit in enger Verbindung mit dem Leben, sie war Lebensweisheit. Bei uns ist sie ganz vom Leben abgetrennt, bloss Sache des Verstandes und der Vernunft ohne alle Einwirkung auf die Sittlichkeit. Oft ist es nur eine leere Wortmacherei, die sich in zahllosen Fremdwörtern und sinnlosen Zusammenstellungen von Namen und Sachen gefällt, womit am Ende gar Nichts anzufangen ist, wobei Geist und Herz leer ausgehen. Das nennen sie dann die Wissenschaft befördern; aber mit all dem Wortschwall wissen sie oft nicht mehr, als der schlichteste Bauersmann mit gesundem Menschenverstande".

Sehr richtig wird S. 109 die Sittlichkeit als die einzige Grundlage für bessere Volkszustände in allen Richtungen des Lebens bezeichnet.

Ueber die Vielschreiberei unserer Zeit lesen wir S. 114 die beherzigenswerthen Worte: „Es wird in unserer schreibseligen und bücherreichen Zeit fast eben so viel geschrieben und gedruckt, als gesprochen. Die geringsten Vorfälle, die unbedeutendsten Kleinigkeiten des Alltaglebens werden gedruckt; alle Schnurren der Gassenjungen, Eckensteher und Nichtsthuer werden mit Bildern beleuchtet, herausgegeben und als Erwerbmittel für Holzschnittkünstler und Zeitschriftherausgeber benutzt. Es muss ein Mangel an Stoff

fühlbar werden, wenn man täglich ganze grosse Bogen voll mit
Buchstaben übersäet herausgeben soll. Da muss man allerdings zu
dem Alltäglichsten und Gemeinsten seine Zuflucht nehmen, weil
nicht jeden Tag etwas Grosses und Ausgezeichnetes, etwas Un-
sterbliches vorgeht, und selbst, wenn dieses der Fall wäre, doch
die Anzeige und ausführliche Beschreibung hievon nicht hinreicht,
ein so grosses Blatt damit anzufüllen".

Wenn der Hr. Verf. S. 70 sagt: „Alles ist Stoff, wenn er auch
so fein ist, dass wir ihn mit unsern Sinnen nicht mehr wahrnehmen
und ihn nur in seinen Wirkungen erkennen können", so könnte
diese ohne jeden Beisatz hingestellte Behauptung zu dem Missverständnisse führen, als könnte man alle Erscheinungen des Lebens
von der Kristallisation der unorganischen Körper und dem Wachsthum, der Ernährung und Fortpflanzung der organischen bis hinauf
zum Denken einzig und allein aus dem Stoffe erklären. Man kann
dieses eben so wenig thun, als man das Leben aus der Kraft und
Thätigkeit ohne Stoff allein zu erklären im Stande wäre. Beide
Factoren, Stoff und Kraft, gehören zusammen, damit das Produkt
des Lebens werde. Daher entsteht auch durch keine chemische
Zusammensetzung Leben, und der mittelalterliche Glaube an den
Homunculus ist, wie schon Göthe zeigt, die schönste Ironie auf
den Alles aus den Stoffen erklären wollenden Materialismus,
dessen Lehre so einseitig, als die des Idealismus ist, welcher in
der Welt nur ein System von Kräften und Thätigkeiten sieht und
den Stoff zuletzt in Nichts verwandeln will. Dass übrigens diese
Behauptung des Hrn. Verf. nicht in dem angedeuteten, einseitig materialistischen Sinne zu nehmen ist, ersieht man deutlich aus S. 88,
wo er von der „Aeusserung und Wirkung der allgemeinen grossen
Urstoffe und Weltkräfte" spricht, und folglich das zweite, zum Stoffe
für die Aeusserung des Lebens nothwendige Element der „Welt-
kraft" ausdrücklich hinzufügt. Es darf übrigens nicht übersehen
werden, dass nicht alle Stoffe und Kräfte zum Denken hinreichen,
so wenig als zum Wachsen, Ernähren, Fortpflanzen, Empfinden und
willkührlichen Bewegen, und dass sich dieselbe unendliche Mannigfaltigkeit in den Stoffen zeigt, welche auch innerhalb des Reiches
der Kräfte herrscht. Daher müssen auch nothwendig die Thätigkeiten
oder ihr Inbegriff, das Leben, verschieden sein.

Seite 124 lesen wir: „Schon Kant theilte seine vier (Temperamente) Gemüthsstimmungen nach den vier Urstoffen ein, und
nahm dann noch mehrere Mischungen derselben an". Schon lange
vor Kant hat der Philosoph Empedokles aus Agrigent in
Sicilien die Vierheit der Temperamente nach den vier von den
Joniern angenommenen Urstoffen unterschieden und zwar ganz in
der S. 123 und 124 angedeuteten Weise. Da der Herr Verfasser
nachweisen will, dass die von Jassoi aufgestellte Eintheilung der
Gemüthsstimmungen nach den vier Urstoffen schon eine ältere ist,

hätte er nicht nur auf Kant, sondern auch auf die vorchristliche
Zeit der Griechen zurückgehen können.

Der Ausspruch Seite 133: „Daher ist Alles vergänglich; das
Schönste, das Grösste, das Herrlichste in der Schöpfung und in der
Geisterwelt geht unter" kann sich natürlich nur auf die sinnliche
Erscheinung beziehen, in welcher sich das Schöne, Grosse und Herrliche darstellt, auf die äussere stoffliche Entwickelung, in welcher
die Geisterwelt sich offenbart, nicht aber auf das Reich der Ideen,
welche ewig und unveränderlich im Kreislaufe der Dinge erscheinen, in welchen schon Plato das Ewige, Unveränderliche, mit den
wechselnden Erscheinungen nicht zu Vermengende erblickte, nicht
auf den ewigen, unveränderlichen, in allen wechselnden Gebilden
der Natur immer sich neu darstellenden und verjüngenden Geist.
Ja selbst in der wandelnden Erscheinung wird das Geistige festgehalten, und geht nicht spurlos vorüber, da das Grosse, Schöne und
Herrliche des Einzelnen und ganzer Geschlechter in dem Menschen-
geiste fortlebt, dessen Träger die Einzelnen, die Geschlechter und
die Völker sind.

v. Reichlin-Meldegg.

Dr. Joh. Christ. Aug. Heyse's allgemeines verdeutschendes und
erklärendes Fremdwörterbuch, mit Bezeichnung der Aussprache und Betonung der Wörter nebst genauer Angabe ihrer
Abstammung und Bildung. Zwölfte Ausgabe. Nach den
früheren Bearbeitungen von Dr. K. W. L. Heyse, weil. Professor an der Universität zu Berlin, neu verbessert und sehr
bereichert herausgegeben von Dr. C. A. F. Mahn. Hannover.
Hahn'sche Hofbuchhandlung 1859. 304 Seiten in gr. 8. mit
doppelten Columnen.

Wir haben bereits in früheren Anzeigen, zuletzt noch in diesen
Jahrbb. 1854. S. 303 ff. bei dem Erscheinen der eilften Ausgabe,
das Buch, das jetzt zum zwölftenmal erscheint, hervorgehoben
als ein Werk, das an Vollständigkeit und Reichhaltigkeit der einzelnen Artikel, wie an Sorgfalt und Genauigkeit in der Behandlung
des Einzelnen den Vorzug vor allen ähnlichen Schriften verdient,
die unsere Literatur aufzuweisen hat. Hatte doch die eilfte Ausgabe, abgesehen von vielfacher Berichtigung oder schärferer Fassung
und Bezeichnung einzelner Artikel, einen Zuwachs von sechstau-
send neuen Artikeln erhalten! Der jetzige Herausgeber hat schon
damals thätig mitgewirkt und, wie dies auch in der bemerkten Anzeige angeführt ward, dem damals noch lebenden Herausgeber, der
das von dem Vater begründete und ihm zugefallene Werk in so
befriedigender Weise fortgeführt hat, hülfreiche Hand geleistet: nicht

als Neuling ist er sonach an das Werk gegangen, das er vielmehr
nach dem ausdrücklichen Wunsche seines Vorgängers, nach dessen
Tode zu bearbeiten übernommen hat; in dessen Sinn und Geist,
und nach den von diesem festgehaltenen Grundsätzen das Werk, da
wo es nöthig erschien, zu berichtigen oder zu erweitern, auf erspriessliche Weise dasselbe weiter zu führen und den Bedürfnissen
der Gegenwart immer entsprechender zu machen, war sein Bestreben.
„Es ist daher, schreibt derselbe in dem Vorwort der neuen, zwölften
Ausgabe, unter gehöriger Auswahl eben so wohl eine Menge neuen
Stoffs hinzugekommen (wie er, setzen wir hinzu, wohl kaum ausbleiben kann in einer Zeit, wo durch gesteigerten und erleichterten
Verkehr die verschiedensten Völker in immer nähere Berührung mit
einander treten, sich gegenseitig annähern und verbinden, was doch
auf die Sprache den unmittelbarsten Einfluss üben und die Aufnahme
fremder Worte veranlassen muss), als auch einige jetzt ganz überflüssige, veraltete, ungebräuchliche, ja irrthümliche ausgeschieden
worden. Die neuen Wörter wurden hauptsächlich solchen Wissenschaften, Künsten und Gewerben entnommen, die mit den praktischen Gebieten des Lebens in nächster Verbindung stehen und hier
ist auch die Entstehung und Verbreitung neuer Fremdwörter jetzt
am grössesten. Ausserdem wurde die Aufmerksamkeit eben so wie
früher auf genaue Worterklärung, richtige Anordnung und Entwicklung der Bedeutungen, so wie auf die kürzeste, treffendste und er-
schöpfendste Verdeutschung gerichtet, so dass es auch in dieser
Hinsicht einer immer grösseren Vollkommenheit entgegengeführt
worden ist". Insbesondere aber hat es sich auch der neue Herausgeber angelegen sein lassen, die richtige Abstammung und Herleitung eines jeden Wortes, so weit es mit einer gewissen Sicherheit
möglich war, zu ermitteln und anzugeben, insofern die Etymologie
den wesentlichsten Einfluss auf die richtige Erklärung des Wortes
selbst ausübt und uns die Einsicht in die Bedeutung desselben erst
recht öffnet. Dass der Herausgeber dabei die Fortschritte der sprach-
vergleichenden Wissenschaft gewissenhaft benutzt, eben so aber auch
alles unsichere Spiel der Phantasie, wie es sich oftmals hier geltend
macht, durchaus vermieden hat, bedarf bei der bewährten Umsicht
desselben kaum einer besondern Erwähnung. Auch die äussere
Ausstattung des Ganzen ist eine äusserst befriedigende zu nennen,
die auf einen verhältnissmässig engen Raum ungemein Vieles zusammengedrängt hat und dabei doch alles Einzelne bequem überschauen lässt. Wir wünschen dem Werke, von dem uns jetzt zwei
Lieferungen vorliegen, den besten Fortgang und die wohlverdiente
Anerkennung.

JAHRBÜCHER DER LITERATUR.

Quellen und Erörterungen zur bayerischen und deutschen Geschichte. Herausgegeben auf Befehl und Kosten Sr. Majestät des Königs Maximilian II. Siebenter Band. München 1858. 30 Bogen in 8. S. 482.

In rascher Folge hat sich den ersten fünf Bänden dieser für die deutsche Geschichtsforschung in hohem Maasse förderlichen Sammlung, worüber wir bereits früher berichtet haben (Jahrgang 1856. Nr. 38 und 39; Jahrgang 1858. Nr. 31 und 32), dieser neue, als der VII. bezeichnete Band angeschlossen, welcher namentlich für die deutsche Rechtsgeschichte höchst wichtige Materialien bringt. Derselbe enthält folgende Stücke: I. Drei Formelsammlungen aus der Zeit der Karolinger (S. 1—312) aus Münchener Handschriften mitgetheilt von Dr. Ludwig Rockinger. II. Quellenbeiträge zur Kenntniss des Verfahrens bei den Gottesurtheilen des Eisens, Wassers, geweihten Bissens, Psalters; aus Münchener Handschriften gesammelt von demselben (S. 313—409). III. Die Beziehungen K. Eduards IV. von England zu Kaiser Ludwig in den Jahren 1338 und 1389; herausgegeben von Dr. Reinhold Pauli (S. 411—446). IV. Auszüge aus einer lat. Pergamenthandschrift der Freisinger Domkirche, herausgegeben von Dr. G. Th. Rudhart. — Wir werden uns in dieser Anzeige vorzugsweise mit den drei Formelsammlungen beschäftigen, als demjenigen Theile dieses Bandes, der für die deutsche Rechtsgeschichte das unmittelbarste Interesse hat. In einer sehr gediegenen Einleitung S. 1—44 verbreitet sich der Herausgeber, Hr. Dr. Rockinger, dem wir schon eine sehr tüchtige Schrift über die Formelbücher vom XIII. bis XVI. Jahrhundert, München 1855, verdanken, über die Formensammlungen aus der merowingischen und karolingischen Zeit überhaupt, und gibt eine gedrängte Uebersicht der regen und von schönen Erfolgen bereits gekrönten literarischen Thätigkeit, welche sich in der neueren Zeit der Erforschung und Herausgabe dieser Quellen zugewandt hat, und zwar nicht blos in Deutschland (Pertz, Warnkönig), sondern auch in der Schweiz (Prof. Wyss) und in Frankreich (Pardessus, und besonders E. de Rozière). Sodann bestimmt der Herr Herausgeber das Verhältniss der drei von ihm herausgegebenen Formelsammlungen zu den bekannten älteren von Marculf u. s. w. und weiset nach, welchen grossen Werth dieselben für die Berichtigung und das Verständniss dieser letzteren haben. Die erste Sammlung, welche hier unter der Bezeichnung eines Salzburger Formelbuches aus des Erzbischofs Arno Zeit aufgeführt wird (S. 47—168), enthält nach den Untersuchungen des Hrn. Herausgebers Muster von Briefen und Urkunden zum Theil noch aus der Zeit der Merowinger bis in die der Karolinger nicht weit über den Beginn des IX. Jahrhunderts. Die zweite Sammlung (S. 169—185), die unter dem Titel: „Epistolae Alati" erscheint, schliesst sich der Zeit nach unmittelbar an die erstere an. Die dritte (S. 187—256), unter dem Titel: „Formelbuch des Bischofs Salomo III. von Constanz" abgedruckt, enthält Muster von Urkunden und Briefen lediglich aus der Zeit der Karolinger, und scheint unter dem gedachten Bischof in dem letzten Jahrzehent des IX. Jahrhunderts entstanden zu sein. Der Herr Herausgeber hat mit grossem Fleisse nicht nur überall die correspondirenden Stellen aus den bekannten älteren Quellensammlungen zusammengestellt und dadurch das Verhältniss der hier neu an das Tageslicht tretenden Handschriften auch im Einzelnen in ein klares Licht gestellt, sondern er hat auch vielfache von vortrefflichen Studien zeugende Erörterungen beigefügt, deren Anerkennung wir nicht besser bethätigen zu können glauben, als indem wir sie mit einigen Bemerkungen begleiten.

In dem Salzburgischen Formelbuch Tom. I. p. 2 erscheinen unter den Pertinenzen des tradirten Grundstückes die „communiae". Der von Hrn. Dr. R. nach Du Cange und Bracten gegebenen Erklärung (Note 7) als „compascus, ager relictus ad pascendum communiter vicinis" u. s. w. kann noch das syn. „communitas" in der Urk. Rudolphi I. a. 1291 (Pertz. Legg. II. p. 457. lin. 20 zur Seite gestellt werden, welchem die deutschen Bezeichnungen: „gemeine Mark, gemeine Weide", „Gemeinhols" (silva communis) entsprechen. Diese „communitas" oder gemeine Mark u. dergl. erscheint sowohl bei Rudolph, als auch in den zahlreichen Elsässer Weisthümern des XIV. Jahrhunderts (bei J. Grimm, Weisth. Bd. I.) und auch in andern Urkunden, so wie auch hier als Pertinenz des Herrenhofes, also als eine gutsherrliche Mark, woran aber die coloni, Hubner u. s. w. bestimmte Nutzungsrechte haben. — Dem seltenen Ausdrucke: „inexquisitum" (ibid. vgl. Note 8), in der unbestreitbaren Bedeutung von „unbesuchtem Land" im Gegensatz von „besuchtem", entspricht die sonst häufig vorkommende Form „quaesitum et inquisitum, s. inquirendum, s. acquirendum. — Recht gut ist (ibid. Note 8) bemerkt, wie in den Traditionsurkunden „alodis" regelmässig als Gegensatz von „comparatum, adtractum" u. dgl., d. h. als Gegensatz des neu erworbenen Vermögens erscheint. Es bezeichnet sonach alodis in solcher Verbindung das ererbte Grundbesitzthum, „hereditas, terra aviatica; also dasselbe, was ibid. in Epist. Alati Nr. V. p. 178. lin. 2, „genealogia" (im objectiven Sinne, Stammgut) genannt wird. Man darf aber noch weiter behaupten, dass „alodis" insbesondere und im engeren Sinne das frei eigene Grundbesitzthum bezeichnet, welches durch eine Erbtheilung auf den jetzigen Besitzer gekommen ist, wodurch sich auch zugleich die Ableitung von *lot*, Loos, und die uralte Uebersetzung durch *sors, sortes*, rechtfertigt; indem es von jeher Sitte war und auch noch heutzutage Sitte geblieben ist, bei Erbtheilungen Loose *(sortes)* zu bilden und die Erbtheile unter den Miterben zu verloosen. Gleichbedeutend und somit diese Erklärung unterstützend und rechtfertigend, stehet Form. Salomonis III. p. 198. lin. 6: „*quod ex parentum successione dinoscor habere*" als Gegensatz von „*ex mea adquisitione*". Noch genauer und buchstäblich dem Begriff von Erbschaftsloos entsprechend, stehet abwechselnd mit „*alodis*", als Gegensatz von „*comparatum*", im Salzburger Formelbuch selbst, Form. II. p. 51. lin. 12: „*omnes res portionis meae*" (sc. *hereditariae).* Derselbe Gegensatz von *alodis* und *conquisitum* erscheint auch im angelsächsischen Rechte (Legg. Wilhelmi, c. 4) in der Formel: „*particeps esse consuetudinum Anglorum, quod ipsi dicunt: an hlote et an scote*" d. h. als rechtsfähig gelten nach englischem Recht, Erbe *(hlot*, Loos = Erbtheil) zu nehmen und Grundstücke durch *scotatio (excussio terrae*, Schooswurf) d. h. durch Geschäfte unter Lebenden zu erwerben.

Schon am Schlusse der Form. I. des Salzburger Formelbuches p. 50. lin. 1 erscheint die vielbesprochene Formel: „*stipulatione interposita s. posita*", wofür auch sonst die Formel *stipulatione subnexa, subnixa*, gefunden wird. Herr Dr. R. hat hier in Note 15, ohne sich selbst für die Richtigkeit der einen oder der anderen Meinung bestimmt auszusprechen, die Ansichten von Pardessus (Loi salique p. 644) und Michelsen (über die Festuca notata, Jena 1856. p. 15—17) angeführt, von denen der Erstere (wie schon früher Du Cange, Mabillon u. A.) bei dieser *stipulatio* an das Versprechen einer Conventionalstrafe *(poenae dupli)* für den Fall der Nichterfüllung oder Anfechtung des Vertrages durch den Tradenten oder dritte berechtigte Personen denkt, was auch sonst in Urkunden seit der Herrschaft der Germanen in den römischen Provinzen *stipulatio Aquiliana* oder *Arcadiana* genannt worden sei, wogegen Michelsen in der *stipulatio subnixa* eine besondere germanische Form des Angelöbnisses der Gewähr des Geschäftes, nämlich durch den Stab (*stipula, festuca*) sieht. Nach unserer Ansicht verhält sich die Sache folgendermassen. Die Formel „*stipulatione subnexa, interposita*" u. s. w. findet sich soviel bekannt, in keiner ächt und rein römischen Urkunde aus der klassischen Zeit, sondern erst seit den Zeiten der Niederlassung der germanischen Völker in den weströmischen Provinzen. Die ächt römischen Urkunden über Traditionsgeschäfte, Verkäufe, Schenkungen u. dergl., enthalten wohl am Schlusse regelmässig auch eine *stipulatio*, womit das Geschäft gleichsam erst ratificirt und perfect erklärt wird: aber die Formel dieser Stipulation ist ächt römisch und lautet ausnahmslos: „*stipulatus est NN., spopondit NN.*"; z. B. „*sic haec recte dari, fieri praestarique stipulatus est M. Herennius Agricola, spopondit T. Flavius Artemidorus*". (Vergl. Zell, delectus inscript. Rom. Heidelberg 1850, Nr. 1785. p. 401; siehe auch ibid. Urk. Nr. 1779

und das Instrumentum donationis Statiae Irenae, Nr. 1780. p. 399.
— Die älteste bekannte Urkunde, in welcher dagegen die Formel
„*stipulatione interposita*" erscheint, möchte diejenige sein, wovon
ein Fragment in dem *Codex Palaviensis antiquissimus*, (Mon. Boica,
Bd. 28. Thl. II. p. 5) als Nr. II. abgedruckt ist, und worin die als
Zeugen genannten Personen meist römische Namen tragen, und zum
Theil römische Beamte und Soldaten sind.   Diese Urkunde wird in
die zweite Hälfte des 5. Jahrhunderts (a. 450—480), d. h. in die
letzte Zeit der Römerherrschaft in Deutschland gesetzt und ist auf
süddeutschem Boden errichtet worden.   Der Inhalt dieser Urkunde
ist eine Gewährleistung des Verkaufes eines Grundstücks, welche der Käufer vom Verkäufer verlangt und dieser gelobt; es liegt
also eine Gewährschaftslobung gegen Anfechtung des Geschäftes vor, sei es, dass dasselbe durch verwandte oder durch nicht
verwandte Personen angefochten werden würde.   Für den Fall einer
solchen Anfechtung wird hier ausdrücklich gelobt *("se spondiderunt"),*
dass dem Käufer der Kaufpreis doppelt ersetzt und doch das
Geschäft aufrecht erhalten werden soll *("dupla pecunia esse red-
dituri (sic!), et pagina uero strumenti in suam permaneat firmitatem")* und hieran schliessen sich die Worte *„stipulatione interposita"*
an.   Es muss dies auffallen, da ja die *stipulatio* schon mit dem
technischen Ausdruck *„spondiderunt"* bereits erwähnt ist: und so
muss wohl hier an einen besonders förmlichen Act gedacht werden, mit welchem das vorstehende Versprechen noch überdies bekräftigt wurde.   Uebrigens erhellet aus den gebrauchten Worten
nicht, ob damit in dieser Urkunde die Vornahme einer römischen
stipulatio oder einer deutschen Bestabung gemeint sei.   Scheinen
auch für erstere Annahme die römischen Namen der Zeugen zu
sprechen; so spricht doch dagegen wieder der unclassische Ausdruck
„stipulatio interposita" selbst; auch fehlen gerade die Namen der
Hauptpersonen, des Verkäufers und des Käufers, so dass ungewiss
bleibt, ob nicht diese oder wenigstens der Verkäufer, germanischer
Abkunft waren; auch wäre es nichts Unerhörtes, wenn Romanen
bei dem Kauf von Grundstücken in germanischen Landestheilen die
germanische Traditions- oder Gewährleistungsform bei dem Geschäfte
beobachtet hätten.   Der Zeitfolge nach reihen sich an die besprochene Urkunde des *Cod. Patav.* zunächst die *Formulae Wisigothicae*
aus der Zeit von Reccared I. bis Chindaswind (a. 586—641)
an, also aus dem Ende des VI. und der ersten Hälfte des VII. Jahrhunderts n. Chr., welche E. Rozière zuerst (Paris 1854) herausgegeben hat.   In diesen Urkunden-Mustern werden zur Befestigung
der Gewährlobung folgende Ausdrücke gebraucht.   (Form. L) *stipulatus sum et spopondi, ... subter manu mea subscripsi et testibus
a me rogitis (rogatis) pro firmitate roborandum, Aquiliam quippe
commemorans legem, qui (quae) omnium scripturarum suo vigore
iugiter corroborat actus".* — Form. VL *„stipulatus sum et spopondi, atque Aquilianae legis innodatione subinter-*

fixa, qui (quae) omnium scripturarum solet adjicere plenissimam firmitatem". Vergl. noch ibid. Form. VII. u. XX. — Es ist offenbar, dass nach diesen Urkunden, welche ebenfalls noch aus den ersten Zeiten stammen, in welchen sich römisches und deutsches Recht mischten, die Ansicht in der Praxis herrschte; dass man die Rechtsbeständigkeit eines Geschäftes besonders durch die Beifügung einer *stipulatio poenae dupli* sichern könne. Bei dieser *poena dupli* dachte man aber auch zugleich (freilich ohne allen Grund) an die *Lex Aquilia*, weil in dieser auch von einer *poena dupli*, wiewohl in ganz anderer Beziehung (nämlich als gesetzliche Strafe des *dammum injuria datum)* die Rede war. Mit dieser verworrenen Vorstellung vermischte sich zugleich noch eine andere nicht minder ungenaue Auffassung der Verordnung der Kaiser Arcadius und Honorius (L. 8 Cod. Theodos. de pactis 2, 9), worin die Verwirkung der etwa bedungenen Conventionalstrafe neben der *infamia* als die rechtliche Folge der Nichterfüllung eines (eidlich bestärkten) Vertrages erklärt worden war. Dass diese verworrene Vorstellung in den ersten Zeiten der germanischen Herrschaft eine allgemein verbreitete bei den Westgothen und Burgundern war, hat Biedenweg in seiner Comment. ad formulas Wisigothicas, Berlin 1856. p. 7—10 sehr gut nachgewiesen. Es erhielt sich aber diese verworrene Ansicht auch noch im VIII. und IX. Jahrhundert, und zwar findet man auch hier für diese mit der Gewährschaftslobung verbundene *stipulatio dupli* urkundlich (Urkk. v. St. Gallen. a. 744. a. 846) die Bezeichnung: *„stipulatio legis Aquiliae"*, oder *„legis Aquiliae et Archadiae"* (corrump. *„aquiliani arcacani leias stibolatio")*. (Dass hierbei nicht an jene *stipulatio Aquiliana*, welche mit der Aufhebung der Verbindlichkeiten durch Acceptilation zusammenhängt, zu denken ist, und auch hieran von den Concipienten jener Urkunden nie gedacht wurde, bedarf wohl kaum der Erwähnung, und ist auch von Biedenweg, p. 10 gut bemerkt worden. Ueberdies muss auch auf den Unterschied im Ausdruck hingewiesen werden, der insgemein nicht genügend beachtet und namentlich von Pardessus übersehen worden ist, indem die angeführten Urkunden niemals *„stipulatio Aquiliana"*, sondern ganz bestimmt: *„stipulatio legis Aquiliae"* schreiben, was sich als Synonym für *„stipulatio poenae dupli"* zur Noth rechtfertigen lässt. Uebrigens ist die Erwähnung einer *stipulatio legis Aquiliae s. Arcadiae* eine sehr seltene; doch findet man mitunter schlechtweg, als Strafe der Anfechtung einer *traditio*, in Urkunden die Drohung: *„componat sicut lex est"* (z. B. Urk. a. 788, Mon. Boica, Bd. 28. Thl. II. Cod. Patav. Nr. LXXXI. p. 65; Urkk. c. a. 803, ibid. Nr. LIII. LXVIII. p. 46. 55), wobei möglicher Weise an die *Lex Aquilia* gedacht wurde. Sicher ist soviel, dass die *stipulatio poenae dupli* ohne solchen Beisatz sehr häufig vorkommt, überdies oft verbunden mit der autonomischen Festsetzung hoher Geldbussen an den Fiscus, z. B. Form. Nr. XII. in dem Salzburgischen Formelbuch, in diesem VII. Bande d. Quellen p. 71; ibid.

Form. Nr. XIX. p. 80; Nr. XX. p. 88. Dagegen ist es nicht ganz
sicher, ob überall da, wo nur die Worte stehen *„componat sicut lex
est"*, gerade an die *Lex Aquilia*, resp. an die *stipulatio poenae
dupli* gedacht werden darf: denn es gibt wieder andere Urkunden,
nach welchen es scheint, dass sich in einzelnen Gegenden ein besonderes Herkommen oder Recht *(lex)* hinsichtlich der Geldbussen
bei Anfechtung von Urkunden und Entwährungen gebildet hatte,
vergl. z. B. Urk. Saec. VIII. Cod. Patav. Nr. X. in Mon. Boica
Bd. 28. II. p. 11 *„qui contra venire aut aliquid agere voluerit . . .
componat, sicut lex est, auri lib. II. argenti pondera V.* — Wenn
aber sonach auch als feststehend betrachtet werden muss, dass die
Idee oder der Inhalt der *stipulationes subnixae* ursprünglich die Ge-
lobung einer Conventionalstrafe, einer *poena dupli* nach Analogie
der *Lex Aquilia* gewesen ist, und dass also diese Stipulation
allerdings im römischen Rechte ihre Wurzel und ihren Ausgangspunkt hat, so darf doch auf der anderen Seite nicht übersehen werden, dass die römische *stipulatio* schon in den vorgedachten westgothischen Formeln eine wesentliche Umgestaltung erlitten hat.
Während nämlich in den rein römischen Urkunden das *„stipulari"*
als Handlung des Promissars, das *spondere* aber als Handlung
des Promittenten erscheint, so erscheint das *stipulari* wie das
spondere sicher in den westgothischen Urkunden lediglich als ein
Act des Promittenten *(„stipulatus sum et spopondi")*. Es muss
also hier, wenn man nicht eine rein gedankenlose Ungenauigkeit der
Concipienten der Urkunden und eine unbegreifliche Ignoranz der
lateinischen Geschäftssprache unterstellen will, wozu man nach dem
übrigen Inhalt dieser Formeln durchaus nicht berechtigt ist, wohl
angenommen werden, dass die Bedeutung des *„stipulari"* sich unter
dem Einflusse der germanischen Sitten bereits in der Geschäftssprache geändert hatte; denn eine solche Abgeschmacktheit und
Lächerlichkeit wird man den Notarien jener Zeit, so ungebildet sie
auch gewesen sein mögen, doch nicht zutrauen wollen, dass sie
„stipulari" mit *„promittere"* und *„spondere"* verwechselt haben
würden, wenn ersteres Wort noch in der Sprache des Verkehrs die
ächte altrömische Bedeutung gehabt hätte. Die Umbildung in dem
Sprachgebrauche war aber dadurch angebahnt, dass bei allen deutschen Sicherungs-, Bürgschafts-, Cautions- und Gewährschafts-Ver-
sprechen, bei jedem *„fidem vel securitatem facere"*, oder bei jedem
„vadium" ein Symbol, *festuca, fustis, baculum, mrira, calamus* oder
stipula, im spätern Deutsch, der Stippen, Stift (daher stiften,
Stiftung, für Leihe, Erbpacht u. dergl.) von dem Promittenten
an den Promissar übergeben, oder auch das Veräusserungsgeschäft
(traditio) auf den vom Richter oder Frohnboten oder einem Dritten
vorgehaltenen Stab *(baculum vadimonii*, Schwurstab), gelobt
wurde, so wie es z. B. an unserer Hochschule Sitte geblieben ist,
dass die Eide bei den Doctor-Promotionen auf die von den Pedellen
vorgehaltenen Universitäts-Scepter geleistet werden. Da man sich

nach allen germanischen Rechten der älteren Zeit kein bindendes Versprechen ohne diese Förmlichkeit denken konnte, so wurde schon sehr frühe der Ausdruck: *„si festuca intercesserit"* oder *„fistuca intercurrente"* als gleichbedeutend mit *„si securitas, fides, firmitas, per sponsionem s. vadium facta est"* gebraucht. L. Rip. LXXI. (73) (mit Emendation nach dem Codex Copenhagen.) *„De fistuca intercurrente: „De quacunque causa festuca intercesserit, lacina interdicatur, sed cum sacramento se idoneare" (debet)*: d. h. „In welcher Sache Sicherheit mit *festuca* gelobt ist, soll der Richter die fernere Fehde *(lagina == adsalitura, farfalius,* d. h. Gewaltthat, s. meine Rechtsgesch. 3. Aufl 1858. p. 869) untersagen, und soll der Angeschuldigte den verbürgten Reinigungseid leisten". — *„Stipulari"* hiess daher im deutschen Rechte das Geloben einer Sicherheit mit *festuca* oder *stipula* u. dergl. und eben daher steht auch *stipulatio* als Synonym für *vadium.* Vergl. Leg. Luitprandi, III. c. 1. — Dieser neue Sprachgebrauch konnte sich um so leichter bilden, als ja auch bei der römischen *stipulatio* ursprünglich die *stipula* als Symbol gebraucht wurde, und sogar diesem römischen Formalcontract seinen Namen gegeben hatte. Die Formel: *„stipulatione interposita, subnexa"* u. dergl. drückt also aus, dass das Gelöbniss mit *stipula* geschehen ist. Der klare Beweis liegt in dem synonymem Vorkommen von *„affirmatione subnexa",* in Formul. Salomonis III. Nr. VI. in diesem VII. Bande der Quellen p. 200, lin. 16, wo offenbar *„affirmatio"* für *firmatio* oder *firmitas* gebraucht wird, welche *firmitas,* d. h. *confirmatio,* Befestigung, Feststellung oder Bekräftigung des Geschäftes schon die oben angeführten westgothischen Formeln ausdrücklich als Zweck der *stipulatio legis Aquiliae* bezeichnen. Dazu gehört auch die Formel: *„manu traditionem affirmare",* Urk. a. 1135 in Monum. Boic. Bd. 28. Thl. II. p. 102 (d. h. mit Hand und Mund die Gewähr geloben). Noch entscheidender ist der ebenfalls synonyme Gebrauch von *„vadium dare";* z. B. in Urk. a. 820. Cod. Patav. Nr. XL. Mon. Boica, Bd. 28. Thl. II. p. 37. *„Ruodolt . . . reddit et vestivit episcopum Raginhartum . . . omnia, quicquid iniuste inde ablatum habuerit. et ita dedit vadium suum, quod nunquam postea hoc placitum non moverit".* Hier also hatte die *traditio* sowie auch die *vestitura* von Seiten des Tradenten bereits stattgefunden, und nun folgt noch die Gewährschaftslobung, dass er diesen Vertrag *(placitum == complacitatio == pactum)* halten und nicht später anfechten wolle: also gerade dasselbe Versprechen, welches sonst durch die *stipulatio subnixa* bestätigt und befestigt wird. Dazu kommt noch, dass sich für *„stipulatione subnixa"* auch *„stipula subnixa"* findet, also ausdrücklich das Geloben mit Uebergabe der *stipula* (des Halmes oder Stabes) erwähnt wird: z. B. Urkk. Saec. IX. bei Schannat Tradit. Fuldens. Nr. CLXIII. p. 80; Nr. CLXV. p. 81. Sollte hier etwa das Bedenken erhoben werden wollen, ob nicht *„stipula subnixa"* als verdorben aus *„stipulatione subnixa"* stehe, so wird dieser Zwei-

fel jedenfalls dadurch gehoben, dass sich auch in gleichem Sinne
„*culmo* (= *calamo*) *subnixo*" findet: z. B. Urk. Saec. IX. bei
Schannat, Tradit. fuld. Nr. CLXXIV. p. 84. — Uebrigens ist
wohl zu bemerken, dass diese *interpositio s. annexatio stipulationis*,
d. h. *stipulae sive culmi*, sich nach Ausweis der Urkunden,
wie dies Michelsen, *de festuca notata* (p. 15) ganz richtig bemerkt hat, nur auf die Gewährschaftslobung (das „*vadium*"
der Gewährschaft) bezieht.   Denn deutlich sagen die Urkunden in
vielen Fällen, dass die *traditio* und *vestitura* bereits stattgefunden hat, und nun die Gewährschaftslobung als den Schlussact bildend hinzutritt; wie sich dies schon in der eben angeführten
Urkunde a. 820 Cod. Patav. Nr. XL. Mon. Boica, Bd. 28. Thl.
II. p. 37 zeigt („*reddidit* . . . *vestivit* . . . *et ita dedit vadium
suum*"). Ganz klar ist hierüber auch die in dem Salzburger
Formelbuch (Quellen, Bd. VII. p. 49) erfindliche Form. I., worin
ausdrücklich zuerst die *traditio* und *vestitura* „*per hanc cartulam
traditionis, sive per festucam et andelangum*" (synonym mit dem
lombard. „*per fustem et wantonem*", durch „Stab oder Halm und
Handschuh") beurkundet wird, worauf dann ebenfalls die Gewährschaftslobung nachfolgt und ihre Bestärkung „*stipulatione*"
d. h. durch Halm oder Stippen beurkundet wird.   Dasselbe ist
der Fall in den Formeln VI. VII. XII. XVI. XIX und XXI des
Salzburgischen Formelbuchs (Quellen, Bd. VII. p. 60—63; 70. 71;
75—77; 78—80; 82. 83.   Dies ist auch ganz juristisch consequent; denn die Gewährschaftslobung ist offenbar ein besonderes,
wenn auch mit dem Hauptgeschäfte der Veräusserung (*traditio* und
vestitura) zusammenhängendes, doch davon verschiedenes Geschäft und besonderes Gelöbniss, welches daher also auch an sich
einer besonderen *firmatio* bedurfte.   Daher findet man auch noch
in späterer Zeit mitunter über die Gewährschaftslobung („*waran-
diam prestare*") eine besondere Urkunde neben der Urkunde
über das Hauptgeschäft ausgestellt (vergl. die Urk. a. 1250 in Jäger, Gesch. d. Frankenlandes. Bd. III. Beil. LIV. b. p. 414).   Es
muss hierbei noch daran erinnert werden, dass die *traditio* in diesen
Urkunden, welche neben ihr die *vestitura* und die *warandia*, sei es mit
diesen Worten, oder der Sache nach, erwähnen, durchaus nicht wie
die römische *traditio*, eine körperliche Uebergabe der veräusserten Sache ist, sondern hier ist *traditio*, wie das Bruchstück der
altdeutschen Uebersetzung der Capitularia Ansegisi (Pertz, legg.
I. p. 262. lin. 10) zeigt, die Uebersetzung von *sala*, worunter die
Veräusserung, nämlich das Veräusserungsgeschäft, oder
die Auflassung, d. h. die bestimmt ausgedrückte, in unzähligen
Urkunden gleichförmig erscheinende Willenserklärung des Ver-
äusserers zu verstehen ist: „*se rem (bona etc.) ex suo jure et dominio in jus et dominium emtoris etc. ex hoc die transfundere*", so
wie noch jetzt engl. „*sale*" soviel wie „Verkauf", aber nicht
eine „*traditio*" im römischen Sinne" bedeutet.   Ob auch die

Form der an diese *traditio* oder *sala*, d. h. Veräusserungs-
erklärung, sich zunächst anschliessenden *vestitura* sich etwa
ursprünglich scharf von der Form der Gewährschaftslobung
(warandia), beziehungsweise von der Form eines *vadium*, wovon die
warandia nur eine Unterart ist, unterschied, muss wohl dahin gestellt bleiben: namentlich ist nicht zu läugnen, dass sowohl der Halm
(stipula, festuca), wie der Stab *(baculum*, auch häufig *stipula* oder
festuca genannt), und zwar letzterer in den verschiedenartigsten Gestaltungen, als wie z. B. *sagitta, hasta, gaira, gisileum, swira, stimulus,
giweri, stippen* u. s. w. sowohl bei der *vestitura* als bei dem *vadium* vorkam: wohl aber ist so viel deutlich, und ergibt sich auch
aus den oben auszugsweise mitgetheilten Urkunden, dass bei der
vestitura regelmässig und mindestens zwei Symbole *(festuca*
und *andelang)*, häufig aber noch mehrere Symbole, wie *waso*
(wsta, gleba), ramus, atramentarium, penna u. s. w. gleichzeitig
übergeben wurden, bei jedem *vadium* aber nur ein Symbol vorkam; welches? ob Halm, Stab oder Handschuh, Ring u. s. w. war
bei dem *vadium* gleichgültig. Der Versuch, wie ihn Michelsen,
l. c. p. 18 u. flg. gemacht hat, die sämmtlichen Symbole in
Klassen zu scheiden, wovon die eine nur der *vestitura*, die andere
aber nur dem *vadium* oder der *warandia* angehörte, wird schwerlich je gelingen können; wohl aber kann man Symbole angeben,
welche nur bei der *vestitura* der Immobilien vorkamen, wie die
Erdscholle *(waso, gaso*, Rasen) der Zweig *(ramus)*, der aus der
Hausthüre geschnittene Spahn, das Glas Wasser u. dergl. — Was
dagegen die mündliche Erklärung der Gewährschaftslobung anbetrifft, so wurde dabei sehr umständlich verfahren. Dass dieselbe
auf eine vom Richter an den Veräusserer zu stellende Frage:
„*an si necessitas evenerit, autor* (= Gewähre) *esse voluerit?* mit
klaren Worten zu erfolgen hatte, zeigt sehr schön die Salzburger Formel LI. (p. 118. 119), Lindenbrog. Form. CLXXI. —
Unsere Ansicht gehet also dahin, dass allerdings der erste Anfangspunkt der *stipulatio subnexa* in der römischen Sitte des *stipulari*
und *spondere* von Conventionalstrafen zu finden ist und dass
dies mit Unrecht von Michelsen (über die *festuca notata*, p. 17)
geläugnet wird; dass aber hiermit frühzeitig die germanische Form
des *vadium*, insbesondere der Gewährschaftslobung *(warandia)* durch
den Halm oder Stab verbunden wurde, welche Gewährschaftslobung jederzeit von der sich an die *traditio (sala)* anschliessenden *vestitura*
per festucam et andelangum scharf unterschieden war und neben,
beziehungsweise nach derselben stattfand. Uebrigens flossen schon
sehr frühzeitig die Formen der *vestitura* und der *warandia* in einander; dies war insbesondere da der Fall, wo schon die *vestitura*
durch einen Stab geschah, indem sodann dieselbe *festuca* auch als
Gelobungsstab *(baculum vadimonii)* bei der *warandia* dienen
konnte. In Bezug auf diese bei beiden Akten vorkommende
Symbolik der *festuca* oder *stipula* ist zu beachten, dass

schon in der lateinischen Sprache *festuca* sowohl **Halm**
als **Stab** *(virga,* bei der der *manumissio vindicta)* bedeutete,
und ebenso die *stipula* sowohl als **Halm** *(calamus)* wie als **Stab**
(stippen) in den germanischen Urkunden erscheint. Wir können
dabei nicht unerwähnt lassen, dass seit dem XIII. Jahrhundert die
Auflassungen regelmässig durch „**Halm und Hand**" geschahen
(vergl. **Haltaus,** Gloss. u. Halm) und an manchen Orten, z. B. in
Frankfurt a. M., jetzt noch in dieser Form geschehen. Namentlich war dies
in ganz Franken und im Elsass die gebräuchliche Form: (vergl.
„manu et calamo abdicare" in **Urk.** a. 1234, bei **Jäger,** Gesch.
des Frankenlandes. Bd. III. Beil. XXXIV, p. 877; **Urk.** a. 1244,
ibid. Beil. XLIV. p. 896; **Urk.** a. 1265. Beil. LXI. p. 431; Weisthum v. **Gerpolzheim,** bei **J. Grimm,** Weisth. I. p. 706 *„mit
dem halmen ufgeben, als es gewonlich ist"*). Den Gebrauch des
Halmes bei den Auflassungen ganz zu läugnen, oder auch diesem
Worte die Bedeutung von Stecken oder Schaft aufzudrängen, wie
Michelsen, l. c. p. 10 gethan hat, wird man hiernach nicht als
gerechtfertigt betrachten können. Dagegen wurde der **Stab** hauptsächlich bei **Gelöbnissen** gebraucht, so dass, wie schon das
Edictum **Chilperici** (bei **Pertz,** legg. II. p. 10) c. 6 zeigt, kein
gerichtliches Geloben ohne einen Stab gedacht werden konnte, auf
welchen das Geloben *(fidem facere, firmare)* geschah. Diese Sitte erhielt
sich das ganze Mittelalter hindurch, und zwar vorzugsweise bei der
feierlichsten Art der Gelöbnisse, nämlich bei dem **Eide.** Daher heisst
auch die **Abnahme des Eides** in den Urkunden und noch jetzt
in der Gerichtssprache mehrerer Länder, wie z. B. in Baden, die
Stabung oder **Bestabung;** der auf den vorgehaltenen **Schwur-**
oder **Eidstab** geleistete Eid heisst ein **gestabter Eid,** und die
den Eid abnehmende Gerichtsperson in süddeutschen Urkunden „der
Steber", in norddeutschen „**Stever".** Vergl. Sächs. Weich-
bild, Ausg. v. **Daniels,** c. 99. 102. §. 1 „stever": in der
Ausg. v. **Zobel,** a. 1537. c. 9 steht dafür die Umschreibung:
„der im den eyd vorlieset"). Sogar der Ausdruck *„schwören"* erklärt
sich als geloben auf den Stab *(swira);* vergl. L. Bajuv. T. XV. c.
XI. 2: *„firmare, i. e. suuiron".* Niemals ist aber das Wort Stabung oder Bestabung in Urkunden oder in der praktischen Gerichtssprache in dem Sinne von **Stabüberreichung** bei einer
vestitura gebraucht worden. Uebrigens sind wir, wie bereits gesagt,
keineswegs gemeint, den Gebrauch des **Stabes** bei der Auflassung
und das häufige Vorkommen des Wortes *festuca* in der Bedeutung
von Stab in Abrede zu stellen. Wohl aber beziehen wir jenen
Stab, welcher wie der Halm, die Erdscholle u. s. w., neben diesen
Symbolen oder statt derselben bei dem Auflassungsakte (der *sala* und
vestitura) gebraucht wurde, und bei welchem, wie bei der Erdscholle
u. s. w. das *„werpire, guerpire"* d. h. das **Wegwerfen** und
Zuwerfen in den Urkunden erwähnt wird, vorzugsweise auf die
bei jeder Auflassung nothwendig vorkommende **Lossagung** (des

„*se foris, absitum facere)* von dem bisherigen Besitzthum und sehen
darin zugleich den symbolischen Ausdruck der **Uebertragung** der
Sache an den neuen Erwerber, gerade so, wie sich im französischen
Rechte die Begriffe des Auflassen, Lossagen und Uebertragen in der
Bezeichnung „**deguerpissement**" noch heut zu Tage verbinden.
Den **Handschuh** *(wanto, andelang etc.)* betrachten wir als das
eigentliche Symbol der Uebertragung der **Gewalt** *(potestas)*, d. h.
des **Herrschaftsrechtes** *(dominium)* über die Sache. Mochte
aber ein **Stab** *(festuca)* als Symbol bei der *vestitura* gebraucht worden
sein oder nicht, so war ein solcher nach unserer Ansicht durchaus nothwendig bei der den Schlussact des ganzen Traditionsgeschäftes bildenden Gewährschaftslobung (*warandia*); gleichgültig aber war dabei, ob dieselbe etwa auf den als Traditionssymbol gebrauchten
Stab oder auf einen besonderen Stab, oder etwa auf den Gerichts-
stab (den Eidstab im engern Sinne, wie er bis zu Anfang dieses
Jahrhunderts noch im Badischen Oberlande in Gebrauch war) geleistet wurde. Hiermit stimmet auch ganz genau die Beschreibung
des Traditionsgeschäftes nach dem alten schwedischen Rechte überein, welche **Michelsen** p. 10 aus **Stjernhöök** angeführt hat.
Nachdem nämlich die symbolische Auflassung und Uebergabe durch
die **Erdscholle** (*scotatio, terrae excussio*) stattgefunden hat, folgt
sodann auch hier erst die Gewährschaftslobung durch den Stab, den
hier nicht nur der Veräusserer, sondern auch die „*fasta"* d. h. *firmatores*, Festungsmänner, sog. Eidbürgen, *fidejussores juramenti*, bei
dem Geloben der Rechtsbeständigkeit des Geschäftes mit der Hand
berühren müssen: („*adhibebant praeterea baculum, quem duodecim
firmatores (fasta) tangere debebant"*). Dass der **Stab**, welcher
sonach bei den Traditionsgeschäften wohl **immer**, sei es in der
zweifachen Bedeutung eines Auflassungs- (Traditions-)Symbols
und als Gelobungs- oder Eidstab, oder nur als letzterer **allein**
vorkam, in einzelnen, vielleicht auch sogar nicht seltenen Fällen
mit besonderen, den Uebergang des Rechtes beurkundenden **Zeichen**, **Marken** (der Hausmarke u. dergl.) versehen und zur
Beurkundung dem Erwerber übergeben wurde, hat **Michelsen**
p. 13. 14 vollständig nachgewiesen, und unter dieser Voraussetzung
erscheint auch die Bezeichnung des Stabes als *festuca notata*,
welche **Michelsen** vertheidigt, als vollkommen gerechtfertigt.
Uebrigens ist aber auch hierdurch die Richtigkeit einer anderweiten
Bezeichnung des Auflassungs- und Gelobungsstabes als „*festuca
nodata"* nicht so unbedingt ausgeschlossen, wie **Michelsen** a. a. O.
behauptet. Gewiss hat **Michelsen** Recht, wenn er p. 11 bemerkt,
dass „*nodatus"* nicht mit „*nodosus"*, d. h. **zusammengeknotet**
nicht mit „**knotig**" zu verwechseln ist. Aber gerade von der *festuca*
in der Bedeutung von **Stab** ist bekannt und wird von **Michelsen**
selbst p. 13 mit Beispielen belegt, dass sie bei Traditionen an die
Urkunde angebunden, also „**angeknotet**, mit ihr „**zusammengeknotet**" wurde, sie mochte mit Marken oder Inscriptionen

versehen sein oder nicht. „Knoten" heissen aber alle rundlich geschnitzten oder gedrehten Holzstücke (vergl. Adelung v. Knoten), also auch die aus Holz gedrehten Kapseln oder Bullen, in welche die Siegel in Wachs eingedrückt und die durch Schnüre oder Bänder an die Urkunden eben so angehängt oder an sie eben so „angeknotet" wurden, wie in älterer Zeit die *festuca;* ja die Sitte, die Siegel an die Urkunden anzuhängen, scheint selbst nur als Nachahmung des Anhängens der *festuca* entstanden zu sein. So heisst es z. B. in dem rügischen Landrecht des Normannus, Saec. XVI. bei Homeyer, hist. jur. Pomeran. Berolin 1821. p. 59: „*Wo da nicht bref* (Briefe, Urkunden), *segel* (d. h. Siegel, die der Urkunde aufgedrückt sind) und *knoten* (d. h. angehängte Bullen) *sind, mag sik jeder mit seinem Eide purgiren".* — In diesem Sinne, d. h. als der Urkunde angeknoteter Auflassungs- oder Gelobungsstab erscheinet also der Ausdruck „*festuca nodata"* mindestens als eben so berechtigt, als der Ausdruck „*festuca notata"* und keine dieser beiden Bezeichnungen ist, an sich betrachtet, durch die andere absolut ausgeschlossen: doch möchte das von Michelsen p. 11 zugestandene häufigere Vorkommen der Schreibweise „*festuca nodata",* in Verbindung mit der Rücksicht darauf, dass in den meisten Fällen mindestens zweifelhaft bleibt, ob die *festuca* wirklich Marken *(notas)* gehabt habe, für das Ueberwiegen der hier versuchten Deutung als „angeknoteter" Stab sprechen.

Zur Form. II. macht Herr R. p. 52. Note 4 die Bemerkung, dass die Schenkungen an die Kirchen doppelter Art gewesen seien; entweder wären sie gleich in Wirksamkeit getreten, oder der Schenker habe sich lebenslänglichen Nutzgenuss vorbehalten. Die ersteren hätten „*cessiones a die praesente"* geheissen, die letzteren „*donationes post obitum".* Dies ist nicht ganz richtig. Allerdings kamen zwei Arten von Schenkungen vor, wie sie Herr R. beschreibt; allein das Mittelalter nahm regelmässig „*traditio"* und „*donatio"* für gleichbedeutend, und daher findet sich der Ausdruck „*cessio a die praesente"* auch häufig in Urkunden, in welchen sich der Schenker die lebenslängliche Nutzung vorbehält. Es hängt dies mit der alten deutschen Vorstellung zusammen, dass sowohl das Schenken unter Lebenden als auf den Todesfall eine Gabe *(traditio,* Vergabung) ist, so wie das französische Recht noch jetzt das „*testament"* und das Legat mit der Schenkung unter Lebenden unter der Rubrik „*des donations"* zusammenfasst. Da derjenige, dem man ein Grundstück schenkte, gerade so zu betrachten war, als wenn man ihn zum Erben desselben an der Stelle der Intestaterben gemacht hätte, und da es darauf ankam, ihm sofort ein festes, durch die Intestaterben *(proximos)* unantastbares Recht einzuräumen, so musste die *traditio* unter allen Umständen noch unter Lebenden („*a die praesente")* geschehen, d. h. man musste den Beschenkten unter Lebenden in die Gewere des Gutes durch *traditio* und *vestitura* setzen, was der Schwabenspiegel (Ausgabe v. Lassberg, c. 22) noch unter der Be-

zeichnung „einem ein Gut schaffen durch die Were", kennt. Ueberdies war diese „*cessio s. traditio a die praesente*" sogar bei jenen
Uebergaben, wobei sich der Tradent den lebenslänglichen Niessbrauch vorbehalten wollte, darum nothwendig, damit der Beschenkte
dem Schenker den lebenslänglichen Besitz und Nutzung an dem
geschenkten Gut zurückverleihen konnte: auch sprechen die Urkunden regelmässig nur von solchen Rückverleihungen des Besitzes
und der Nutzung, nicht aber von „Vorbehalten" des Besitzes und Genusses im eigentlichen und modernen Sinne dieses
Wortes. Urkunden, worin der Schenker wirklich nur sagt, dass er
nur von dem Tage seines Todes an geschenkt haben wolle, so dass
erst von hier an die Sache in das *jus* und *dominium* der beschenkten Kirche übergeben solle, ohne dass dabei Salmannen gebraucht
worden wären, gehören zu den grössten Seltenheiten. —

Zur Form. III. des Salzburger Urkundenbuches hat Herr R.
p. 53. Note 1. eine längere Stelle aus Plank, Gesch. der christl.
Kirchenverfassung abdrucken lassen, worin mit vieler Deklamation
und wenig Verständniss der alten Gutsverhältnisse nicht mehr gesagt wird, als was allbekannt ist, dass die *traditiones* mit Rückbe-
willigung des lebenslänglichen Besitzes an den Schenker eine grosse
Quelle des Reichthums der Kirchen geworden sind. Es wäre hier
viel mehr am Orte gewesen, wenn der Herr Herausgeber den Unterschied einer „*concessio proprietatis ad dies vitae*", des „*usus
fructuarius*" und der „*praecaria*" erörtert hätte. Auch damit kann
man nicht übereinstimmen, wenn Herr R. p. 54 sagt: die Conces-
sionsurkunde, welche der Contrahent der Kirche übergab, habe
precaria geheissen, die Acceptationsurkunde, welche ihm die Kirche
zurückgab, sei dagegen *prestaria* genannt worden. Es sind vielmehr die Ausdrücke *precaria* und *praestaria* durchaus gleichbedeutend und bezeichnen regelmässig das Object, welches der Schenker gibt und als abgeleitetes Besitzthum auf Lebenszeit zurückerhält,
so wie auch das hierauf bezügliche Rechtsgeschäft, und auch
die Leihen, welche aus Gütern der Kirche gegen Pachtgelder u. dgl.
nur auf benannte Jahre geschehen. Die Schenkungsurkunde ist
und heisst in ersteren Fällen *traditio*, eben so, wie das Uebergabs-
geschäft (die Vergabung) selbst: sie ist aber auch mitunter *precaria* u. dgl. überschrieben, weil sie ausser der *traditio*, die der
bisherige Eigenthümer macht, auch das Geschäft, wodurch ihm
rückverliehen wird, selbst und nothwendig mit-beurkundet.
Besondere Urkunden von den Kirchen über diese Rückverleihungen
an die Schenker ausgestellt, kommen unter den gleichen Bezeichnungen als *prestariae* oder *precariae* allerdings auch vor, sind aber
nichts weniger in ihrem hauptsächlichen Wesen, als Accepta-
tionsurkunden, sondern wesentlich Leihbriefe, denn die *ac-
ceptatio* ist schon in der Traditionsurkunde vollständig ausgedrückt,
da ohne sie die *traditio* und *vestitura* gar nicht möglich gewesen
wäre. Uebrigens gibt es allerdings auch wirkliche Accepta-

tionsurkunden: dass diese aber nicht ausschliesslich „*prestariae*", sondern auch „*precariae*" heissen (eben weil beide Wörter unbedingt und in allen ihren Bedeutungen synonym sind), zeigt z. B. Form. Salom. III. Nr. XIII. p. 210 in diesem Bande selbst.

Bei Form. IV. p. 56. N. 3 bespricht Hr. R. den bei Aufzählung der Pertinenzen eines Hofes häufigen Ausdruck „*cum wadris capis*"; *cum wadriscapis, wadriscampis, waterscapis,* und stellt als Synonyma daneben: „*putuei vel fontes, aquarum ausus* (= *hausus*) *aquarum opportunitates, aquarum decursus* (*corrump. discursus*) *aquae aquarumque decursus*" u. dgl. Es braucht wohl nicht erst bemerkt zu werden, dass alle diese Ausdrücke auch sonst sehr häufig vorkommen; die Frage ist zunächst, ob „*cum wadris, capis*", oder „*cum wadriscapis*" *etc.* zu lesen ist. Unserer Ansicht nach kann nicht bezweifelt werden, dass erstere Lesart die richtige ist. *Capa,* als *rivolus,* kleiner Bach, stehet fest; (Du Cange v. Capa 2); es ist also an sich = *aquarum decursus, fons,* d. h. fliessendes, quellendes Wasser, alth. *wag.* Das Compositum *wadris-capum* kann nur durch Verderbniss entstanden sein; überdies findet sich ein solcher Nominativ nirgends und ist bei Du Cange willkührlich gebildet. „*Wadris*" und „*capis*" stehen überall nur als Ablativ pluralis; es bleibt daher sogar zweifelhaft, ob ein Nominativ *wadrus, wader* oder *wadrum* anzunehmen ist; der Nominativ von „*capis*" ist aber nicht „*capum*" oder „*capium*", sondern „*capa*". Die genaueste Uebersetzung von „*wadris, capis*" ist daher: „*cum aquis et aquarum decursibus*", und dieser entsprechen genau die späteren deutschen Formeln: „mit **Wasser** und **Wasserflüssen**"; z. B. Weisthum v. Gressweiler, bei J. Grimm, Weisthümer, Bd. I. p. 703. lin. 36; oder: „*mit wasser und wagk*", Weisth. v. Drusenheim, ebendas. I. p. 734. lin. 40, worauf wir hier noch besonders zur Aufklärung des wahren Sinnes verweisen wollen, da sich die Formeln in der Praxis stabil in ihren alten Bedeutungen vererbten. „*Wadriscampis*" ist unverkennbar aus „*wadris, capis*" verdorben. Anders verhält es sich mit dem Worte „*waterscapis*". Hierbei denkt Du Cange an eine Ableitung von *water* (Wasser) und *scap* (*ductus*) also = *aquaeductus.* Gerade aber diese angebliche Bedeutung von „*scap*" als „*ductus*" ist sehr problematisch, wo nicht ganz falsch, abgesehen davon, dass die „*aquaeductus*" nie sehr die Sache der Germanen gewesen sind, eine so wichtige Rolle sie auch in der römischen Landwirthschaft spielen. „*Waterscap*" muss nhd. lauten: „**Wasserschaft**" und hierbei ist an die **Gesammtheit** der Gewässer eines Gehöftes zu denken, da die Bedeutung von *scap* (nbd. *schaft*) als *communio,* Gemeinschaft, oder Inbegriff, Gesammtheit von Personen oder Sachen, nicht bezweifelt werden kann, und eine ähnliche Wortbildung sich in „**Landschaft, Liegenschaft**" u. s. w. nachweisen lässt. — Der Abdruck der Stelle aus Pardessus, loi salique p. 668 (Quellen Bd. VII. p. 62. Note 2) hätte sicher ohne Schaden hinwegbleiben können, da darin nichts steht, als was längst in jeder deutschen

Rechtsgeschichte zu lesen ist. — Auf p. 66. 67 ist eine Reihe von Stellen über die Freilassung „*secundum legem Romanam, portas apertas dare*" gut zusammengestellt. Einen Versuch, die dunkle *latina dolitia* in Form. Arven. 5. zu erklären, hat jedoch Hr. R. nicht gemacht. Sollte hier etwa an *latina delitia (deliciae = laetitia)* zu denken sein, und eine Beziehung zur *terra laetitia*, den „*laetis barbaris*" vorliegen? Die Sache verdiente wohl eine nähere Untersuchung. — Auf p. 68. Note 6 ist die Bedeutung von *agnatio*, als *progenies*, Descendenz, sehr gut nachgewiesen. Zu der die Kinderlosigkeit ausdrückenden Formel in Form. XIII. p. 71: „*quod inter eos agnatio minime esse censeretur*" hätte noch auf den genau correspondirenden Ausdruck in Form. XV. p. 75. lin. 2 hingewiesen werden können: „*dum inter me et conjugem meam illam procreatio filiorum minime esse videretur*". Auch hätte Herr R. hier bezüglich der von ihm p. 86. Note 1 angeführten und auch hier später bei Form. XXIII weiter zu besprechenden *Formula conculcaturia* (Bignon, X) gelegenheitlich den argen Verstoss bei Du Cange s. v. *conculcaturia* berichtigen können, wo dieser das Wort „*agnatio*" so auslegt, als wenn hier die Ehe eines *servus* und einer *femina ingenua* „wegen Verwandtschaft" getrennt würde, während davon die Rede ist, dass, „wenn Kinder aus dieser Verbindung entstehen sollten („*si agnatio inter ipsos paruerit = apparuerit*) diese durch Gnade des Abtes doch als *ingenui* gelten sollen, die eheliche Verbindung selbst aber aufrecht erhalten wird. — Bei der Form. XIII. p. 71 hätte hervorgehoben werden können, dass unter der Rubrik „*donatio inter virum et uxorem*", eine Formel des *adfatimus* vorliegt, welches Wort die correspondirende Formula Lindenbrog. (wie Herr R. p. 72. Note 12 selbst angeführt hat), auch wirklich einschaltet, indem daselbst die beiden gleichlautend hierüber ausgefertigten Urkunden „*has duas literae adfatimas*" heissen: hiermit ist sodann die Form. XV p. 74 zu vergleichen, wo unter der Rubrik „*carta inter virum et uxorem*" abermals eine Urkunde über einen *adfatimus* unter Ehegatten gegeben wird. Beide Urkunden stimmen darin überein, dass sich beide Ehegatten gegenseitig auf den Todesfall in den Besitz ihres Vermögens einsetzen, also eine Art von *testamentum reciprocum* errichten, und dass die Formen der *donatio Salica*, nämlich *festuca* und *andelangum*, hier nicht einmal erwähnt werden, sondern die *cartae*, die in den Traditions-urkunden so häufig nur alternativ mit *festuca* und *andelangum* als Formen der *traditio* erscheinen, hier ganz deren Stelle vertreten. Dagegen weicht der Inhalt beider Formeln darin von einander ab, dass in der ersten Urkunde die Ehegatten sich gegenseitig auf den Todesfall in das volle Eigenthum einsetzen, in der anderen aber, welche eben daher sich genau an die Darstellung des *adfatimus* in L. Rip. XLIX (51) anschliesst, sich nur lebenslänglichen Niessbrauch einräumen („*fructuario ordine condonare*"). — Zur Form. XXI. p. 82: „*si quis in loco filii aliquem adoptare voluerit"*, ist zu bemerken, dass sie den anderweiten Gebrauch des *adfatimus* als Anwünschung eines Kindes, ohne den Gebrauch dieses technischen Ausdrucks, darstellt, und daher sich an L. Ripuar. XLVIII. (50) anschliesst, wozu noch zu vergleichen sind: Cap. IV. Karol. M. ad Leg. Rip. a. 803. c. 9 (Pertz, Legg. T. I. p. 118 *„qui filios non habuerit, et alium quemlibet heredem facere sibi voluerit, coram rege vel comite et scabinis vel missis dominicis traditionem faciat"*; und Cap. III. Ludov. Pii ad Leg. Sal. a. 819. c. 10 (Pertz, Legg. I. p. 226): *„De affatomie dixerunt, quod traditio* (d. h. Gabe, Vergabung) *fuisset; ita et omnes, qui lege salica vivunt, in antea habeant et faciant"*. (Vergl. darüber noch meine deut. Rechtsgesch. 3. Aufl. 1858. p. 526. 613. 627 flg. 718. 794 flg. — Als Form. XXIII. erscheint im Salzburgischen Formelbuch die aus Lindenbrog (Form. XXXVIII.) bekannte *carta ingenuitatis,* welche einer *femina ingenua* und deren Descendenz vom Herrn verwilligt wird, dessen *servus* diese Frau gegen den Willen ihrer Aeltern entführt hatte, ebenso wie bei Lindenbrog unter der Bezeichnung *„carta triscabina"*. Hier hätte diese Bezeichnung, sowie auch der für eine Urkunde ähnlichen Inhalts bei Bignon, Form. X erscheinende Ausdruck *„epistola conculcaturia"* wohl eine Untersuchung verdient, da Du Cange ersteren Ausdruck zwar anführt, aber seine Bedeutung nicht angibt, den anderen aber wie bereits (p. 207) erwähnt worden, geradezu falsch erklärt. Müsste man *triscabinus, a, um*, als zusammengesetzt aus *tri* (= *tre* drei) und *scabinus* auffassen, so würde dieses Wort etwa besagen, dass die Freilassungsurkunden vor drei Schöffen *(scabinis)* geschehen, das heisst im Gerichte errichtet werden müssten; man könnte dabei an jene Förmlichkeit des *„tres homines tres causas demandare"* denken, mit welcher die Vornahme von Acten der freiwilligen Gerichtsbarkeit nach dem fränkischen Rechte eingeleitet wurde. Vergl. meine deut. Rechtsgesch. (3. Aufl. 1858) p. 628. Bei einer solchen Erklärung wäre es aber doch auffallend, warum in der Urkunde keine Erwähnung geschieht von dem Grafen, der doch nicht fehlen kann, wo etwas in Urtheilsform beurkundet oder bestätigt werden soll (vergl. Salzburg. Formelbuch. Form. XXII. p. 84). Ueberdies findet sich in der *carta triscabina* nicht die entfernteste Andeutung, dass diese Art von *cartas* hätte vor Gericht ausgefertigt werden müssen; im Gegentheile zeigt sie genau dieselbe Form, wie alle anderen von einem Notar aufgesetzten Urkunden, und schliesst eben so mit der besprochenen *„stipulatio annexa"*, wie jede andere notarielle oder Privaturkunde.

(Schluss folgt.)

JAHRBÜCHER DER LITERATUR.

Quellen und Erörterungen zur bayerischen und deutschen
Geschichte.

(Schluss.)

Nimmt man noch dazu, dass bei Bignon, Formul. X. „*epistola conculcaturia*" correspondirt, so möchte nicht zweifelhaft bleiben
können, dass das Prädikat „*triscabina*" auf den Inhalt und nicht auf
die Form der Urkunde zu beziehen ist. Sodann muss aber wohl „*carta
triscabina*", als verdorben aus „*triscapina = triwescapina (triwa,
trewa, treuga,* Treue, Handfrieden, Sühne; *scap = *nhd. *schaft)* betrachtet und als „Treuschaftsurkunde", d. h. als „*carta securitatis*"
gegen eine gerichtliche Verfolgung erklärt werden, was diese Urkunde
auch wirklich ist. Ganz falsch ist die Erklärung von *epistola conculcaturia* bei Du Cange, *v. conculcaturia,* welcher darin eine
Trennungsurkunde der Verbindung des *servus* mit der von
ihm entführten *femina ingenua* sehen will. Von einer solchen Trennung ist aber in der Urkunde bei Bignon, Form. X., wo dieser Ausdruck erscheint, wie bereits (S. 207) erwähnt wurde, gar nicht die Rede:
im Gegentheil wird erzählt, dass eine Sühne zwischen der Familie
der entführten freien Frau und dem Entführer (dem *servus*) zu
Stande gekommen ist, und dass der Abt, als Herr des *servus,* bewilligt, dass die Frau und die zu erwartende Descendenz aus dieser
Verbindung („*agnatio si paruerit, d. h. apparuerit*") freien Standes bleiben sollen, was also die Bewilligung des Fortbestandes der
Verbindung in sich schliesst, wofür sich auch sonst viele Beispiele
finden. (Vergl. z. B. Urk. Nr. IX. Saecul IX. in Monum. Boic.
Bd. 28. II. p. 9. 10.) Dass hiernach „*epistola conculcaturia*" nicht
als Trennungsurkunde einer Ehe aufgefasst werden kann, liegt klar
vor. Der Sinn ergibt sich aber daraus, dass es sich in vorliegendem Falle um die Niederschlagung des Criminalverfah-
rens handelte, dem der *servus* als Entführer einer *ingenua femina*
verfallen war. „*Epistola conculcatoria*" ist also eine Nieder-
schlagungsurkunde. Diesem noch heut zu Tage allgemeinen
Ausdrucke „Niederschlagen von Untersuchungen, Prozessen" entspricht auf das genaueste das alte „*conculcare justitiam*" (vgl. Cap.
Ludov. II. a. 855. c. 1, Pertz, Legg. I. p. 436). — Als ein besonderer Grund, weshalb hier der von einem *servus* entführten
femina ingenua und ihrer Descendenz die Freiheit zugesichert wird, ist
in der Salzburgischen Formel XXIII. p. 86 angeführt: „*maxime vero, quia tu infra noctes XL. secundum legem salicam visa*

es reclamasse. Herr R. führt zu dieser Stelle eine Bemerkung
aus Pardessus, *loi Salique* an, der hierin eine verloren gegangene Bestimmung der *Lex Salica* oder sonstige Gewohnheit erkennen will, dass der entführten Frau binnen solcher Frist die Anstellung einer Klage gegen den Entführer gestattet gewesen wäre.
Die französischen Geschichtsforscher sind immer gleich bei der
Hand, an eine verloren gegangene Bestimmung der *Leges Barba-
rorum* zu denken, wenn ihnen irgend wo ein als salisches oder
ripuarisches Recht u. s. w. bezeichneter Rechtssatz aufstösst; so
z. B. auch Guizot (vergl. meine deut. Rechtsgesch. 3. Aufl. 1858,
p. 9. Note 7), obschon die *Lex Salica*, wie die meisten alten Rechts-
bücher, gerade im Gegentheil das Schicksal gehabt hat, fortwährend
Vermehrungen und Zusätze zu erhalten. So ist auch hier nicht an
einen Defect der *Lex Salica*, noch auch an eine besondere
fränkische Gewohnheit zu denken, sondern die Frist von 40 *noctes*
ist die in der *L. Salica* und *Ripuaria* allgemein bestimmte Frist,
nach deren Ablauf angenommen wurde, dass der wegen einer Rechts-
verletzung zur Klage oder in irgend einer Sache zum Schwur Berechtigte sich an der Klage oder am Eide verschwiegen habe und
innerhalb deren sich ein *contumax* aus der *contumacia* ziehen
konnte u. s. w. Vergl. L. Sal. de despectionibus, Herold. et Emend.
LIX. 1; L. Sal. Herold. de antrustione LXXVI. 1; const. Chlodo-
wechi, c. 9; Pertz, Legg. II. p. 4; Ludov. Pii, cap. ad L. Sal. a.
819. c. 1; ibid. I. p. 225; Karoli calv. Edict. Pist. a. 864.
c. 33; ibid. I. p. 497; L. Rip. XXX (32); XXXIII. 1. 2; LIX.
4; LXVII. u. s. w. — In der Salzburgischen Formel XXIV.
p. 87. Lindenbrog (LXIX) erscheint der vindicirte *servus* mehrfach
mit der Bezeichnung als *iectivus*. Herr R. verweiset hinsichtlich
der Erklärung dieses Wortes lediglich auf Du Cange v. *abiectus*,
wo dieses Wort von dem lateinischen *„dejicere“* abgeleitet und erklärt wird: *„qui vadimonium deseruit, qui defecit“*. Dass dieses
Wort diese Bedeutung mitunter hat, ist wohl richtig; allein sie ist
weder die einzige, noch die ursprüngliche. Dies ergibt sich aus
der Form. XXIV selbst deutlich: hier wird der als *servus* vindicirte Mann sogleich bei der Anstellung der Vindicationsklage bezeichnet als: *„qualiter de ipso servitio negligens atque iectivus adesse
videretur“*; sodann heisst es nach misslungenem Beweise der Freiheit,
indem der Beklagte die erforderliche Zahl der Eideshelfer nicht
aufbringen konnte: *„visus est ipse homo esse iectivus“* und hierauf
räumt der Beklagte ein: *„esse se iectivum et revictum“*. Unverkennbar soll in den beiden letzteren Stellen durch *„iectivus“* der Beklagte
als sachfällig bezeichnet werden; dies passt aber nicht bei der
ersteren Stelle, wo *iectivus* neben *negligens* erscheint, wie auch
eben so in Form. Bignon. XXVI *„si negligens et iectivus appa-
ruero“*, wo es also einen der *negligentia* verwandten Begriff ausdrücken muss. Ausserdem erscheint aber *iectivus, iactivus*, noch als
synonym oder doch begriffsverwandt mit *admallatus*, z. B. in L.

Sal. Herold. LIV. Emend. LIII. *de andomito* (von der Auspfändung; vergl. über die Bedeutung dieses Wortes meine Rechtsgesch. 3. Aufl. 1858. p. 879): „*si quis gravionem ad res alienas* (Emend. „*iniuste*") *tollendum inuitaverit, et eum* (Emend. besser: „*antequam gasachium suum*")*) *legitime iactivum aut admallatum habuerit*"; eben so heisst in L. Sal. Emend. LII. 2. *de fide facta* der Beklagte, gegen den die Auspfändung gebeten wird: „*ille homo, qui mihi fidem fecit, quem legitime habeo adiactivum vel admallatum secundum legem Salicam*". Es muss also eine Grundbedeutung von *iectivus, iactivus, iachtivus* u. s. w. vorhanden sein, aus welcher sodann mehrere verwandte Nebenbedeutungen hervorgehen: diese Grundbedeutung lässt sich aber, wie ich bereits in meiner Rechtsgesch. 3. Aufl. 1858. p. 866 angeführt habe, wohl nur dann entdecken, wenn man für *iectivus, iactivus, iachtivus* eine deutsche Wurzel annimmt (*jehen, jahen jachen*, = *gihen, sagen, dicere*, ansprechen, anklagen). Hiernach ist *iactivus, iectivus, iachtivus* (wofür man auch die Varianten findet: *adiactivus, adiectivus, adiachitus, inactivus, abjectus*) von Haus aus der Besagte, d. h. der um etwas Angesprochene, zu etwas Aufgeforderte, daher auch der Beklagte „*accusatus*", womit sich sodann insbesondere der Begriff verbindet: „*negligentiae, contumaciae accusatus*". Hieraus erklärt sich, warum in der Salzb. Formel XXIV, der Mann, welcher seine Dienstpflicht läugnet, gleich von vornherein als „*de servitio negligens et iectivus*" bezeichnet werden konnte, nämlich als *contumax* bezüglich der Dienstleistung, d. h. als vergeblich zum Dienst aufgefordert oder angesprochen; und warum er ebenfalls *iectivus* heisst, nachdem er die erforderliche Zahl der Eideshelfer nicht hat aufbringen können, um damit den Beweis seiner Freiheit zu führen; denn auch hierin liegt eine Art *contumacia* bezüglich der ihm durch gerichtlichen Spruch auferlegten Beweisführung, deren Unvollständigkeit die Sachfälligkeit zur unmittelbaren Folge haben musste. Hiernach erklärt sich auch, warum auch derjenige, welcher in einem Schwurtermine ganz ausbleibt, *iectivus* heissen kann: z. B. in Cap. Karol. II. 864. c. 82. Pertz, Legg. I. 496. lin. 47, wo verordnet ist, dass der Graf, welcher verhindert ist, seinen *mallus* (Gerichtstag) abzuhalten, seinen Stellvertreter senden soll: „*mittat missum suum, qui ipsa sacramenta exaudiat, ne ipsi homines* (die auf den Termin zum Schwören vorgeladenen Personen) *iectivi inveniantur*". Recht wohl stimmt hiermit die Variante bei Pertz, l. c.: „*fugitivi*", d. h. dingflüch-

---

*) Gasachius ist der Prozessgegner, lat. *causator*; das Vorkommen dieses Wortes in demselben Sinne noch im praktischen Rechte, in der Form „der Selbst-Sacher", d. h. die Prozesspartei, welche die Sache selbst angeht, im Gegensatz des Fürsprech, der die Sache eines andern führt, habe ich aus der Nürnberger Reformation in diesen Jahrbüchern Jahrgang 1858. Nr. 26. p. 415 nachgewiesen.

tige == *contumaces*. Ganz in demselben Sinne sagt K a r o l. M.
cap. de partib. Saxoniae c. 32. P e r t z , Legg. I. p. 50 von dem,
welcher im Schwurtermin ausblieb: *„solidos 15 componat, qui inactivus apparuit“*, in dem Sinne: „der sich ungehorsam g e z e i g t
hat, oder als ungehorsam b e f u n d e n wird“. Hiermit hängt zusammen *„iectiscere“*, einen bejehen, besagen, d. h. *contumaciae accusare*, in K a r o l. II. edict. Pist. a. 864. c. 33. bei P e r t z Legg. I.
497. lin. 8 u. 7; hieran schliesst sich an: *„abjecticium == solsa-
tium; abjectire == solsatire“*, alte G l o s s a zum Cap. de villis a.
812. P e r t z, Legg. I. p. 187. lin. 14; d. h. das Anschuldigen der *Contumacia* bei abgelaufenem Gerichtstag, bei Sonnenuntergang. *„Jectus“*
oder *„rejectus“* heisst die Strafe von 15 *solidis*, welche nach fränki-
schem Rechte denjenigen trifft, der im gerichtlichen Schwurtermin
ungehorsam ausbleibt. L. S a l. cod. E p o r e d. I. a linea 2. bei
M e r k e l l. S a l. Extravagant. p. 99. — Ebendaselbst p. 100. Cod.
E p o r e d. VI. ist das corrumpirte: *„p r o j e c t o s componat 17 sol.
et supra quod spopondit“*, unzweifelhaft zu verbessern in: *„p r o
i e c t o componat 15 sol.“* etc. In derselben Bedeutung erscheint
auch *„iectitio“* in K a r o l. II. cap. 864. c. 33; P e r t z legg. I. 497
lin. 30. Für die Zurückführung des *iachtivus, iactivus* oder *jectivus*
auf eine deutsche Wurzel (*jachen, jehen*) scheint auch noch das zu
sprechen, dass niemals das der angeblichen lat. Wurzel entsprechende
„dejectus“ gefunden wird, daher denn auch *„abjectus“* oder *„abjec-
tivus“* als verdorben aus *„adjectivus“* (dessen Bildung dem *ad-mal-
latus* entspricht) anzusehen sein dürfte. — In der S a l z b u r g. Formel XXIV. p. 89 wäre zur Linie 11 noch zu bemerken gewesen,
dass hinter *„missus“* ohne Zweifel durch ein Versehen in der Handschrift das Wort *„advocatum“* ausgelassen ist, also zu lesen ist:
*„ut ipse comes vel missus a d v o c a t u m ipsius episcopi de ipso
homine in praesenti reuestire debuissent“*. — Bei der Formel XLI.
p. 106, die königliche Bestätigung durch Brand (*incendium*) zer-
störter Urkunden betreffend, kann noch auf die Urk. König Konrad's I. dat. Wirceburg. a. 918. Juli 5 in Monum. B o i c i s Bd. 28.
Thl. II. p. 155. Nr. CIX verwiesen werden, worin dem Bischof
T h i o d o zu Würzburg die verbrannten Zollprivilegien seiner Kirche
bestätigt werden. — In der F o r m. XLVI. p. 114 wäre zu lin. 3
(so wie auch zu Form. LIII. p. 123. l. 16) die nöthige Verbesserung von *„sub integremunitate“*, in *„sub integra emunitate“* anzugeben gewesen: übrigens ist in Form. XLVI. p. 114. lin. 5 eine
ähnliche Incorrectheit, resp. Auslassung, wie in der correspondirenden F o r m. M a r c u l f i I. 14 zu bemerken, und muss wohl (nach
Maassgabe ähnlicher Urkunden) gelesen werden: *„ita ut jure pro-
prietario, absque ullius (h o m i n i s c o n t r a d i c t i o n e) inexspec-
tata iudicum traditione* (d. h. ohne die gerichtliche *vestitura* abzu-
warten) *habeat, teneat et possideat“*. — In F o r m. LIII. p. 123, 124
wird in Note 5, nach J o h a n n e s M ü l l e r, der Ausdruck *„fidejussores tollere“* erklärt, als „d e m G e r i c h t e B ü r g e n s t e l l e n“,

Dies ist unrichtig; dieser Ausdruck geht auf eine Thätigkeit des Richters: *„judex tollit s. exigit, fidejussores“*, d. h. er fordert oder nimmt sie („hebt sie aus“) in gewissen Fällen; das Bürgenstellen von Seite einer Parthei oder eines Angeschuldigten heisst dagegen in zahlreichen Urkunden *„fidejussores ponere, dare, donare“*. Fordert der Kläger eine Bürgschaftsstellung vom Beklagten, so heisst dies: *„fidejussorem quaerere“* Childebert. Const. e. a. 550. Tit. VI. §. 2. Pertz, Legg. II. p. 8; L. Sal. Herold. de antrustione LXXVI. §. 2. Das Greifen auf den Bürgen, d. h. das Fordern der Zahlung von demselben aber heisst: *„fidejussorem prendere*“ (Rachis. c. 8). — In Form. LXVI. p. 137. lin. 23 wird wohl statt des handschriftlichen *„in filatus“* zu lesen sein: *„inflatus*“; die Bedeutung ist „wohlgefädelte, d. h. wohlgeflochtene Rede- oder Schreibweise“. — In der Form. CIV. p. 155 lin. 18—20 verdient nachfolgende Stelle wegen ihres Anklanges an die Vorrede der *Constitutiones regni Siliciae* K. Friedrich's II. und somit auch an die hieraus ausgezogene Vorrede des Schwabenspiegels („Von des Menschen Würdigkeit“) Beachtung: *„novi hominem ad imaginem et similitudinem (sc. Dei) factum et in honorem positum ipso ordine et iure naturae“* etc. Ob diese Formel aber wirklich dem Concipienten jener Vorrede zum Muster oder Ausgangspunkte diente, wird sich freilich nicht mit Sicherheit bestimmen lassen. — In Form. CXI. p. 160. lin. 16 ist die einzufügende Angabe des Datum's angedeutet durch die Worte: *„die proconsule“*. Herr R. hat dazu zwei Urkunden angeführt, wovon die eine (p. 90. Note 17) hieran buchstäblich anschliessend lautet: *„Actum Mathagaoe, fisco publico* (= auf der Krondomäne, s. in *palatio), die proconsule* XV Kal. mart. a. XXXIII. et secundo *regni domini nostri Caroli, etc.;* die andere p. 160. lin. 12 lautet: *„actum . . . sub die consule III idus aprilis“* etc. Vielleicht darf dies so erklärt werden, dass der erste Concipient der Formel ursprünglich geschrieben hatte: *„die pro consule“*, um anzudeuten, dass hier der *„dies“* zu setzen und dies allein schon genügend, die Nennung von Consuln aber, welche in den römischen Urkunden dabei noch üblich war, überflüssig sei; die Ausfertiger der Urkunden aber und spätere Abschreiber der Formeln behielten gedankenlos das ihnen unverständliche *„pro consule“* bei und verketzerten es überdies in *„proconsule“* oder glaubten wohl, indem sie das Wort *„consule“* mit Weglassung des *„pro“* nach *„die“* beibehielten, eine Verbesserung vorgenommen zu haben, weil sie wussten, dass man nicht nach Proconsuln, sondern nach Consuln datirte. — Bezüglich der Bedeutung, welche das Wort *„camisia“* in Form. CXIV. p. 163 hat, wo ein Mönch eine Nonne um eine solche bittet, muss Ludov. Pii. 817 cap. monachorum c. 22. Pertz, Legg. I. p. 201 verglichen werden. Hiernach, sowie nach dem Inhalte der Form. CXIV selbst, scheint hier unter *„camisia“* nicht, wie Hr. R. in der Note 3. p. 163 andeutet, von jenem weissen leinenen Gewande (der „alba") die Rede zu sein, welches die katholischen Priester bei dem Messlesen und anderen geistlichen Funktionen über ihre übrige Kleidung anzulegen pflegen, sondern es handelt sich ganz einfach um ein gewöhnliches H e m d : denn nach Ludwig's Vorschrift soll der Abt für jeden Mönch z w e i „camisias" anschaffen, welche, wie die Reihenfolge der Kleidungsstücke in dem gedachten Capitulare 'andeutet, als H e m d e n u n t e r der Tunika und der Kutte getragen werden : auch erbittet sich in der Formel CXIV der Mönch (wahrscheinlich eines armen Klosters) eine solche „camisia" von der Nonne „necessitate cogente" um sein „corpusculum" damit zu bedecken. Die Albae aber, welche nur bei bestimmten priesterlichen Funktionen getragen werden, waren schwerlich in allen Klöstern in der Zahl der Mönche, oder gar in doppelter Anzahl vorhanden, da die Mehrzahl der Mönche in jedem Kloster gar nicht Priester waren, und daher gar nicht in den Fall kamen, Albas anlegen zu müssen oder zu dürfen : auch wurden die albae, als zum gottesdienstlichen Gebrauch gehörig, von dem Kloster selbst angeschafft und je nach Bedürfniss die jeweilig fungirenden Priester im einzelnen Falle damit bekleidet. Diese „albas" trug von jeher kein Geistlicher länger, als die einzelne priesterliche Funktion dauerte, die diese Bekleidung erforderte, wie dies bei den katholischen Geistlichen noch heut zu Tage der Fall ist.

Zu A l a t i epistola II. p. 171 deutet Herr R. in Note 1 zur Erklärung des Wortes „magistri" richtig darauf hin, dass darunter hier hochgestellte Herrn am Hofe zu verstehen sind. Warum aber gerade „bajuli" in dem Sinne von nutritores, die Erzieher oder Hofmeister der Prinzen, oder Reichsverweser, hier gemeint sein sollen, ist nicht abzusehen, namentlich da nichts darauf deutet, dass von einem minderjährigen Könige die Rede sei. Vielmehr ist einfach an die obersten Hofbeamten oder Ministerialen zu denken, in deren Händen damals auch die oberste Leitung der Staatsgeschäfte (daher jetzt noch sog. Ministerium) lag, in deren Benennungen sich zum Theil noch jetzt das Wort magister, Meister, erhalten hat, z. B. wie „magister imperialis aulae coquinae", Urk. a. 1211, bei J ä g e r , Gesch. d. Frankenlandes, Bd. III. Beil. XVI. p. 389 u. flg.; Oberst-, Hof-, Stall-, Küchen-, Ceremonien-Meister u. s. w. — Auf S. 172. Note 2 hätte in der cit. F o r m . Andegav. 82 die offenbar verdorbene Lesart „quod locum est per singulo minustre" verbessert werden sollen: „quod longum est per singula minustire" d. h. „was zu lang ist, um es im Einzelnen aufzuzählen". — Zur Epistola III. A l a t i wird p. 175. Note 3 richtig bemerkt, dass die Befreiung neu Verheiratheter vom Heerbanndienst auf ein Jahr in Capp. Lib. VI. c. 52, nur eine Abschrift aus 5 Mos. 24. 5 sei. Wenn aber sodann weiter beigefügt wird, dass dies natürlich ohne Bedeutung für das fränkische Recht sei, so ist dies nur richtig hinsichtlich des U r s p r u n g e s dieses Grundsatzes: dass derselbe aber in der fränkischen Praxis wirklich galt und recipirt war, beweist

eben seine Aufnahme in die Capitularien selbst. — Den auf S. 178
Note 5 angeführten Synonymen für Tagewerk: *„Mannwerk,
Mannskraft, Mannsmaad, Mannshauet* (d. h. was ein Mann in
einem Tage zu mähen oder hauen vermag, kann auch noch das elsäs-
sische *„mentag"* beigefügt werden, z. B. Weisthum v. Bassen-
heim, bei J. Grimm, Weisth. I. p. 690. lin. 4; auch ein *„mon-
tag acker"* Weisthum von Grosskems, ibid. I. p. 655. lin. 28. —
Zu Formula Salomon. III. Nr. III. p. 194 wäre etwa zu bemerken gewesen, dass hier *„freda et parafreda exigere"* für *„ve-
redos et paraveredos exigere"* steht. So häufig *parafredi* u. dergl.
für *paraveredi* gefunden wird, so selten erscheint *freda* für *veredi*,
und kann daher leicht mit dem Strafgeld *(fredum, freda)* verwechselt werden. — Zu Form. Salom. Nr. XIV. p. 212. lin. 1 ist
zu bemerken, dass statt des verdorbenen *„debeat"* zu lesen ist:
debeant; und ebendas. lin. 5: dass *„dominium"* hier für *„domini
eam"*, d. h. *fiscus*, steht. Uebrigens ist diese Formel sehr interessant, indem sie zeigt, wie reichlich schon in sehr früher Zeit die
Töchter in hohen Häusern ausgesteuert wurden. Sehr interessant
ist auch die Freilassungsurkunde Form. Salomon. Nr. XVI, wo
den Freigelassenen nicht nur die gleiche Geburtsfreiheit wie *„ingenuis
et nobilissimis Alamannis"* zugesprochen wird, sondern auch ein
sehr guter Grund dafür angegeben wird, warum sie und ihre Descendenz an ein Kloster jährlich eine kleine Summe (2 Denare) zahlen sollen; nämlich um an einem Orte Ortsbürgerrecht *(muni-
cipatum)* und Schutz *(tutela)* zu haben. Es ist dies vielleicht die
älteste Urkunde, in welcher die Bedeutung eines Ortsbürger-
rechtes ausdrücklich hervorgehoben wird. — Zur Form. Salom.
Nr. XXI. p. 219 werden in Note 4 die verschiedenen Erklärungen
von Frisking zusammengestellt. Es ist aber nicht wahrscheinlich,
dass darunter auch junge Widder, Lämmer u. s. w. verstanden
werden: denn diese werden regelmässig noch daneben als besondere
Prästation genannt. Wohl aber findet man in den zahlreichen
Urkunden, welche über die Zehrungen *(tractoria)* der *missi, advo-
cati,* Gerichtsherrn u. s. w. vorhanden sind, regelmässig mehrere
Arten von Schweinefleisch unterschieden, welche den Herren aufge-
tischt werden mussten. Auch hat sich das Wort „Frischling"
nur als Bezeichnung junger Schweine (namentlich Wildschweine)
erhalten und wird nur bei den Schweinen das Gebähren von Jungen „frischen" genannt. Wenn aber in Form. Salom. Nr.
XXXIV. p. 233 *„friskingae ovinae"* erscheinen, so kann dies
schwerlich als ein Beweis für die Bezeichnung von Jungen von
Schafen als *„friskingas"* gebraucht werden, sondern es ist hier vielmehr eine Corruption des Textes zu erkennen, und *„friscingae"* und
„ova" Eier, zu unterscheiden, welche letztere hier sonst gar nicht
erwähnt werden würden, aber als ein regelmässiger, ja fast unentbehrlicher Bestandtheil jeder *tractoria* bekannt sind (vergl. z. B.
ebendas. Form. XXXV. p. 234. lin. 29. — Die Quellenbeiträge

des Herrn R. zur Kenntniss des Verfahrens bei Gottesurtheilen p. 313—409 enthalten besonders viele kirchliche Gebete und Weiheformeln, mit welchen die Vornahme der Ordalien eingeleitet wurde: insbesondere ist auch das eigenthümliche, hier wohl zuerst beschriebene Ordale mit dem Psalter (dem Buche der Psalmen), p. 352 bis 354, hinzuweisen. Es wurde zu diesem Behufe ein Stück Holz in der Form eines Nagels zugeschnitten und in das Psalmbuch, bei der Stelle gesteckt: „iustus es domine, et rectum iudicium tuum", so dass der mit dem Knopfe versehene Theil herausstand: sodann wurde das Buch fest geschlossen, und der herausstehende Theil des Holzes durch ein durchlöchertes anderes Holzstück so gesteckt, dass es sich darin drehen konnte; hierauf fassten zwei Personen das Querholz, an dem der Psalter in der Mitte hing: der Angeschuldigte (Dieb) wurde davor gestellt: und nun begannen die Formeln und Gebete, wodurch Gott angerufen wurde, die Schuld oder Unschuld dieses Menschen kund zu thun. Drehte sich hiernach der Psalter nach dem Laufe der Sonne, d. h. von Ost nach West („si) liber iste cursum solis tenebat"), so galt der Angeklagte für unschuldig, im umgekehrten Falle für schuldig. — Die nachher folgenden Auszüge aus dem Haushaltbuch der k. Garderoba Eduards III. von England, von H. Reinhold Pauli bearbeitet, sind ein sehr schätzenswerther Beitrag zur Kenntniss des damaligen Hoflebens, worüber wir den Forschern auf diesem Gebiete der Culturgeschichte überlassen müssen, in das Einzelne eingehend zu berichten. — Die den Schluss dieses Bandes bildenden Auszüge aus einer lateinischen Pergamenthandschrift der Freisinger Domkirche vom Ende des X. Jahrhunderts sind von dem Herausgeber, Herrn Reichsarchivdirector Prof. Dr. G. Th. Rudhart, mit einer Einleitung und zahlreichen und ausführlichen Erörterungen in der Form von Noten versehen, worin dieser ausgezeichnete Forscher neuerdings einen Beweis seiner ausgebreiteten und gründlichen, in das kleinste Detail eingehenden Gelehrsamkeit und Genauigkeit gegeben hat. In einem Nachtrage p. 480—481 finden sich einige Berichtigungen hierzu zusammengestellt, welche zum Theil erst durch Anwendung von Reagensien möglich geworden sind. Insbesondere wurden dadurch die Tage der Ungarschlachten im IX. Jahrhundert genau festgestellt, und sonach die bisherige Dunkelheit in dieser Beziehung glücklich gehoben.

Somit dürfen wir auch diesen VII. Band der Quellen als eine neue Bereicherung der historischen Wissenschaften, insbesondere der Rechtswissenschaft begrüssen, und müssen auch hier wieder der Commission die wohlverdiente Anerkennung des Eifers und der Tüchtigkeit der Leistungen aussprechen, mit welchen sie den Absichten ihres königlichen Maecen's zu entsprechen gewusst hat.

Zoepfl.

*Grundriss zur Geschichte der deutschen Dichtung, aus den Quellen;
von Karl Gödeke. Hannover. Ehlermann 1859. 8. 1202 S.*

Der Verfasser, durch mehrere vorzügliche Werke über verschiedene Theile der deutschen Literaturgeschichte rühmlich bekannt und gründlich vorbereitet, liefert uns in diesem Grundriss eine Geschichte der deutschen Dichtung, die an Vollständigkeit der Angaben alle bisherigen weit hinter sich lässt, und an Zuverlässigkeit wenigstens von keiner andern übertroffen wird. Der unermüdliche Bienenfleiss, womit die Nachrichten zusammengetragen sind, setzt in Erstaunen. Man sehe z. B. die Artikel Rosenblut, Hans Sachs, Volkslied; man wird der Geduld Gödeke's seine Bewunderung nicht versagen können. Ausserordentlich gross ist der Reichthum an Werken, die von Gödeke zuerst in die Literaturgeschichte eingeführt werden; man vergleiche z. B. den Abschnitt bei Wackernagel über die dramatische Poesie des sechzehnten Jahrhunderts mit Gödeke's Paragr. 145—152 und 170—172. Wackernagel hat seine Vorgänger an Vollständigkeit weit übertroffen, bleibt aber ebenso weit hinter Gödeke zurück. Jedoch ist der wirkliche Gewinn schwerlich ein erheblicher. Wir erhalten zwar eine Menge neuer Namen und Büchertitel, aber an Werth und Inhalt wird dadurch unsre Literatur nicht viel reicher. Dass übrigens eine absolute Vollständigkeit nicht erreicht ist, versteht sich von selbst: ein offenbares Versehen ist es aber, dass die Kreuzfahrt des Landgrafen Ludwigs des Frommen, von von der Hagen 1854 herausgegeben, nirgends zu finden ist.

Gödeke nennt sein Buch einen Grundriss; man darf von ihm nicht verlangen, was eine ausgeführte Geschichte geben müsste. In der That sind diese langen Reihen von Namen und Büchertiteln doch nur eine Vorarbeit, aber eine höchst mühsame und höchst dankenswerthe.

Weder der Einfluss der Litteraturen anderer Völker, noch die Beziehungen und Wechselwirkungen, unter welchen unsre Poesie mit dem ganzen geistigen Leben der Nation stand, konnten in einem Grundriss in ihrer ganzen Wichtigkeit gewürdigt werden. Daher müssen wir uns gefallen lassen, dass ein Mann wie Leibnitz nur eine sehr untergeordnete Stellung unter den Hofpoeten erhält und dass der Mann, der die Universitäten für die deutsche Sprache eroberte, Thomasius, gar nicht genannt wird. Dass die Lehre vom Genie, die eine Revolution in unsrer Litteratur bewirkte, aus England kam, erfährt man nicht.

Es liegt in der Natur der Sache, dass in einem Werk wie dieser Grundriss ist, vor der überwältigenden Masse des Stoffes die Subjectivität des Verfassers zu verschwinden droht. Gödeke ist aber ein so unabhängiger und geistreicher Gelehrter, dass er nicht nur in der Anordnung des Stoffes, sondern in kurzen Bemerkungen und in den einleitenden Paragraphen Eigenes und Neues bringen kann. Man wird überall sich überzeugen, dass Gödeke seinen gewaltigen Stoff nicht nur gesammelt, sondern auch geistig durchdrungen hat. Man wird überall den Mann von Geschmack, Bildung und sittlichem Ernst gerne sich aussprechen hören; aber der bleibende Werth des Buches liegt doch nur im Stofflichen, nicht in den subjectiven Urtheilen, Ansichten und Meinungen des Verfassers. Eigene Forschungen konnten nur angedeutet werden. Z. B. S. 41 „Genaue Untersuchung Reinmars und des Marners ergibt, dass beide nur eine Person sind". Man darf begierig sein, diese genaue Untersuchung angestellt zu sehen. Gödeke hat gewissermassen die Verpflichtung übernommen, seine Behauptung zu begründen: er sei hiemit daran erinnert. Wenn der Verfasser S. 48 von der Klage sagt: „Gewiss liegt dem Gedicht eine lateinische Niederschrift zum Grunde", so sieht das aus, als habe er ausser der bekannten Stelle von den lateinischen Buchstaben noch weitere innere Beweise für diese Behauptung. Er sollte sie uns nicht vorenthalten, wenn schon der Grundriss natürlich nicht der Ort war, sie mitzutheilen. Wenn er aber weiter von dem Verfasser der Klage sagt, er nehme den Schein an, als wisse er nichts von der früheren Geschichte, so entscheidet er sich damit in der Klage für die Echtheit des gemeinen Textes, während er doch für das Lied der richtigen Ansicht beitritt.

Ueberraschend ist die Grundansicht Gödeke's, dass die Poesie der Reformationszeit die eigentliche Blüthe unserer Literatur sei. Nur in dieser Zeit findet Gödeke allgemeine Betheiligung aller Stände an der Poesie, eine über das ganze Volk verbreitete dichterische Thätigkeit mit einheitlichem Charakter. Aber das gilt doch höchstens vom protestantischen Kirchenlied. In allen andern Gebieten der Poesie ist keine Zeit unglücklicher als die Reformationszeit, und in keiner Zeit findet sich weniger eine allgemeine Betheiligung an der Dichtkunst; denn im 16. Jahrhundert war die deutsche Poesie dem Volk überlassen, und es war eine seltene Ausnahme, wenn Männer von Bildung und Gelehrsamkeit, die nur lateinisch schrieben, der deutschen Poesie einige Aufmerksamkeit schenkten.

Es versteht sich, dass die subjective Ansicht sich schon in der Anordnung geltend macht. So ist der bedeutende Elias Schlegel vor den andern Verfassern der Bremer Beiträge nicht im mindesten bevorzugt, Klinger ist mit Vorliebe behandelt. Die bekannte günstige Schilderung Göthe's ist ohne Zweifel daran Schuld; aber alle Bemühungen, Klinger zu einem Classiker zu erheben, mussten nothwendig scheitern. Göthe's Lob galt dem Mann, der in Russland in hohen Würden stand, und der früher in Weimar keine gute Aufnahme gefunden hatte. Gelegentlich die Frage, ob Klinger's Spieler wirklich, wie hier wieder angegeben wird, im Jahr 1780 gedichtet sind. Die Frage ist von Wichtigkeit, weil in diesem Fall die Räuber eine Nachahmung der Spieler sein müssten, was doch unmöglich ist. So viel wir wissen, sind die Spieler erst 1786 im Druck erschienen, und auf der Bühne erschienen sie im Sept. 1781.

Dass Klinger behauptete, er habe sie vor dem Erscheinen der Räuber gedichtet, ist ohne Gewicht. Die Spieler sind nichts als eine fratzenhafte Nachahmung der Räuber.

Wenn schon es ein Missverhältniss ist, so wollen wir uns doch nicht darüber beklagen, dass Göthe und Schiller mit grosser Ausführlichkeit behandelt werden. Auch hier wird übrigens das Thatsächliche und die stark hervortretende persönliche Ansicht zu scheiden sein. Am Thatsächlichen wird nicht viel zu berichten sein; die Ansicht ist überall eine sehr achtbare, in körniger Sprache vorgetragen, aber es ist nicht anders möglich, als dass es andre Ansichten gibt, denen andre den Vorzug geben.

Wir schliessen diese kurze Anzeige des höchst verdienstlichen Buches mit dem Wunsche, dass der Verfasser den noch fehlenden Schluss in Ruhe ausarbeiten könne.

A. Holtzmann.

Thrakisch-Pelasgische Stämme der Balkanhalbinsel und ihre Wanderungen in mythischer Zeit. Von Bernhard Giseke. Leipzig. 1858. Druck und Verlag von G. B. Teubner. 143 Seiten. 8. (101—143 Anmerkungen).

Der Gegenstand der gegenwärtigen Schrift steht an der Scheide zwischen Geschichte und Mythologie. Der Verf. hat die Vordersätze seiner Schlüsse aus dem Gebiete der Geschichte hergenommen, da das Nebeneinanderwohnen von Völkerschaften aus zwei verschiedenen Stämmen und die Art ihrer Vertheilung über Macedonien und Thracien etwas rein Geschichtliches sei. Diese Mischung zweier Nationalitäten, sagt der Verf. in der Vorrede, gestatte einestheils einen Schluss auf die Urgeschichte des Landes, eröffne aber auch andrerseits Gesichtspunkte, nach denen ein nicht geringer Theil der geschichtlichen Mythen Griechenlands sich leicht und sicher ordnen lasse. Nur in dieser Weise habe er Mythisches aufnehmen wollen; und es sei dabei durchaus sein Bestreben gewesen, nicht alle die Parallelen zu verfolgen, welche die Mythologie, oft nur zu leicht und zum Schaden der Wahrheit, darbiete, sondern nur in das Nächste und Schlagendste einzugehen. Auch so sei es unmöglich, auf so schwankem Boden jede Einzelheit gleich festzustellen. Dem Verf. würde es genügen, wenn es seinen Untersuchungen gelänge, als allgemeines Gesetz aufzustellen: dass in den Anfängen der geschichtlichen Erinnerung, durch die Einwanderung der Paeonen und Myser in Thracien und Macedonien, eine der Bevölkerung Griechenlands verwandte Volksmasse aufgelöst und in Trümmern hauptsächlich nach Griechenland hinabgetrieben worden sei, um hier als Anstoss und Element zur Bildung des hellenischen Wesens zu dienen.

Inhalt: Abschnitt I. Einwanderung von Asien nach
Thracien. §. 1. Teukrer und Myser. §. 2. Päonen am Strymon
und Axios. §. 3. Die östlichen und nördlichen Theile der Donau-
halbinsel. §. 4. Abstammung und Ausbreitung der Einwanderer.
Abschnitt II. Die Ureinwohner Thraciens. §. 5. Die Dii-
schen Thraker. §. 6. Die Traller und Bithyner. §. 7. Pierien und
Bottiäa. Die Pelasger von Krestone. §. 8. Verwandtschaft der alten Bevölkerung Thraciens mit den Griechen. §. 9. Das Pelasger-
thum Thraciens in seiner Auflösung. Die Makedonen. Abschnitt III.
Stämme im Süden. Auswanderung nach Süden. §. 10.
Dolopen. Pieren in Thessalien und Böotien. §. 11. Eumolpos und
die Thraker von Eleusis. §. 12. Minyer, Phlegyer und Abanten.
§. 13. Die Kadmeer im Norden Griechenlands. §. 14. Die Kadmeer
in Böotien. §. 15. Vertreibung der Kadmeer aus Theben. §. 16.
Vordringen der Thessaler. §. 17. Zug der Böoter nach Böotien.
§. 18. Die Eroberung Böotiens durch die Böoter. §. 19. Die Ge-
phyräer. §. 20. Die Thraker und Pelasger in Böotien. Abschnitt IV.
Wanderungen nach Osten. §. 21. Veränderter Charakter der
Bewegung. Die Dier und der Dionysosdienst. §. 22. Die Pelasger
von Attika und Lemnos. §. 23. Rückblick. §. 24. Nachtrag. Kadmos auf Samothrake.

Das Resultat der angestellten Untersuchungen ist folgendes:
Pelasger wohnten in grösseren Massen in dem eigentlichen Griechenland: Arkadien und Argos, der nach dem ägäischen Meere zu-
gewandte Theil von Hellas, Thessalien zeigen pelasgische Stämme
über ganze Bezirke verbreitet und in grösseren Massen vereinigt.
In Asien sind es vereinzelte Niederlassungen; dagegen haben die
Pelasger wieder in dichteren Schaaren in Macedonien, am Axios
und nach dem Strymon hin gewohnt, vielleicht auch ursprünglich
schon in Epeiros und an der Küste des adriatischen Meeres, so dass
man den Südabhang des Balkan mit dem ganzen eigentlichen Griechenland als die Grenzen ihrer Massenansiedlungen betrachten kann.
Diese pelasgische Bevölkerung war schwerlich eine durchaus gleich-
artige, mit mancherlei Unterschieden im Einzelnen zersplitterte sich
eine der Abstammung nach identische Volksmasse vielfach nach
Stämmen und Wohnsitzen. Dieser Uebervölkerung trat in Thracien
in Folge der teukrisch-mysischen Einwanderung eine andere gegenüber, ausgehend von einer Völkergruppe, welche im vorderen
Kleinasien wohnend, den Uebergang zwischen Semiten und Ariern
bildete. Diese Einwanderer drängten in entschiedener Feindschaft
die Urbewohner überall in die gebirgigen Theile des Landes zurück,
und nahmen in den Flussebenen und Küstenstrichen ihre Wohnsitze,
in einer Weise, dass die geschichtliche Zeit uns ein buntes, aber
ein höchst charakteristisches Nebeneinanderwohnen von Stämmen
entgegengesetzter Abkunft zeigt. Bei dieser gänzlichen Umwandlung
aller Verhältnisse in Thracien scheiden sich die Urbewohner in Classen. Ein Theil bleibt im Lande zurück, aber nicht als ein geschlos-

senes Ganze, sondern räumlich gesondert durch dazwischen geschobene Päonenstämme, der gleichen Abstammung entweder nur dunkel bewusst oder ganz vergessend. Daher eine Menge einzelner Stämme fortbestehen, Dier, Sintier, Pelasger von Krestone, Pieren, Bottiäer; im Wesentlichen ohne Verbindung untereinander, aber doch noch gelegentlich durch das Orakel des Dionysos am Pangäon verknüpft. Denjenigen von den zurückbleibenden Urbewohnern, welche an die illyrische Grenze gedrängt waren, war es vergönnt, noch einmal eine wichtige Rolle in der Geschichte zu spielen. Nachdem sie Jahrhunderte lang in ihren Bergen gewohnt, zu einer Zeit, wo nur dunkele Erinnerungen ihres Verhältnisses zu den südlich wohnenden Griechen noch in ihnen lebten, war die Kraft ihrer päonischen Feinde erschlafft, ihre eigene aber wieder erstarkt, und sie breiten als Makedonen ihre Herrschaft wieder über die Gegenden aus, die ihre Urväter einst hatten verlassen müssen. Auch das Schicksal der aus Thracien Ausgewanderten ist sehr mannichfach gewesen. Von Thracien direct nach Asien fanden Einwanderungen erst später statt, in schon fast historischer Zeit sind die Bithyner vom Strymon in die nach ihnen benannte Landschaft hinübergezogen. Vor den Bithynen ist ferner ein Schwarm Traller nach dem Mäandros gekommen. Wichtiger und folgenreicher wurden diejenigen Auswanderungen, welche in der Richtung von Nord nach Süd dem Laufe der griechischen Halbinsel folgten und deren Geschichte für eine lange Zeit bestimmten. Diese von Nord nach Süd sich erstreckenden Bewegungen zeigen die merkwürdige Erscheinung, dass der Stamm auf seinem Zuge eine Zeit lang Halt macht und eine Niederlassung gründet, dann aber, sei es ganz, sei es theilweise weiter nach Süden zu aufbricht: so z. B. die Pieren in Macedonien am Olymp, dann in Thessalien in Kieron, endlich am Helikon in Böotien, oder die Abanten in Phokis und dann auf Euböa. Früh haben sich die Dolopen fixirt, von Thracien ausgehend haben sie Mittelgriechenland nicht erreicht, sondern in Skyros, Skiathos und dem gegenüberliegenden Festlande Thessaliens für immer festen Fuss gefasst. Dagegen rücken die Pieren durch Thessalien bis nach Böotien, eben so auch die Minyer und mit ihnen wohl die Phlegyer. Die Abanten, die sich nach Illyrien hinüber verzweigen, haben in Thessalien keine Spur zurückgelassen, sie treten gleich in Hellas auf, aber erst Euböa wird dauernd ihr Wohnplatz. Ihnen ähneln die schlechtweg Thraker genannten Stämme, welche sich in Eleusis niederlassen. Dagegen haben die Kadmeer im Norden von Thessalien gewohnt, ehe ihr Stamm die sagenberühmte Burg von Böotien gründete. Von allen diesen Stämmen lassen sich in grösserer Menge nur die Minyer innerhalb des Peloponneses nachweisen, und auch sie sind schwerlich auf dem Landwege dahin gekommen. Man kann also im Allgemeinen den Isthmos als südliche Grenze dieser Wanderungen ansehen, an diesem brach sich der Strom der Völker. Die Kämpfe, die er nothwendig mit sich führte, sind hauptsächlich aus-

gefochten worden in Böotien, und an ihnen müssen die Kadmeer
einen hervorragenden Antheil gehabt haben. Einmal besiegt und
aus Hellas vertrieben finden sie bei Stammesverwandten in Thessalien Schutz und vermögen bei ihrer Rückkehr den vielfachen Bewegungen einen Abschluss wenigstens auf diesem Boden zu geben:
denn die Rückkehr der Böoter nach Arne begründet den geschichtlich bekannten Zustand von Mittelgriechenland.

Der Gegensatz aber, in welchem diese von Nord nach Süd
vordringenden Stämme zu denen standen, welche sie in Hellas und
im Peloponnes ansässig fanden, ist nicht allein ein politischer. Es
tritt deutlich sowohl ein religiöser als ein so zu sagen literarischer
Unterschied hervor. Denn einmal ist es klar, dass enthusiastische
und chthonische Culte in grossem Maasstabe Eigenthum der Stämme
des Nordens sind und von ihnen verbreitet werden. So namentlich
der Cult des Dionysos und vielleicht auch der Demeter. Demeter
wie Dionysos treten wandernd in Griechenland auf gleich jenen
Stämmen. Als den Ausgangspunkt, von welchem sie zunächst nach
Griechenland kamen, muss man das Nysäische Gefilde am Pangäon
betrachten. Es setzen aber diese Culte eine heftige Reizbarkeit und
leidenschaftliche Bewegung des Gemüths voraus; eine schwärme-
rische Erregtheit, die in ihrem letzten Grunde auf einer grossen
Innerlichkeit des Seelenlebens ruht, wie sie dem Bewohner des Ge-
birgs eigenthümlich zu sein pflegt, während die Küste mit dem
Wechsel ihrer Eindrücke zwar Beweglichkeit und Leichtigkeit des
Gedankenverkehrs gibt, weniger aber Raum hat für tiefere, das
ganze Gemüth ergreifende Eindrücke. Greifbar erscheint diese Eigenthümlichkeit des Nordens noch einmal in Orpheus und Musäus,
welche man auf litterarischem Gebiete als die Vertreter des thrakischen Geistes zu betrachten hat. Ihr düsterer Sinn kennt nichts
von den Glanzseiten des Lebens; die Nachtseite desselben ist es gerade,
welche den Geist dieser Männer fesselt und ihr Wirken bestimmt.
So fanden Cultus und Dichtkunst dieser Thraker einen scharf ausgesprochenen Gegensatz in dem heitern, lebensfrohen Homer mit
seiner jonischen Weisheit. Wohl zeigt derselbe in einzelnen Punkten schon eine Berührung mit der thrakischen Welt, er nennt Tha-
myris, kennt den rasenden Dionys und weiss auch von Demeter zu
sagen, aber von den enthusiastischen und chthonischen Diensten hat
er nichts. Und dies ist nicht Folge davon, dass dieselbe in seiner
Zeit noch nicht vorhanden waren, sondern nur dass sie für ihn und
seine Denkweise nicht vorhanden sind, dass seinem Sinne diese
düstere Wesen fern lag. Er ist auf litterarischem Boden der Vertreter der Feinde, mit welchen die Thraker zu kämpfen hatten, als
sie in Griechenland einbrachen. Mochten auch die Waffenkämpfe
vorüber sein, so hatten die nun durcheinander gemischten Bestandtheile der Parteien sich geistig noch nicht geeint; die Vereinigung
der entgegengesetzten Lebensanschauungen mochte angebahnt sein,
aber sie war noch in ihren ersten Anfängen. Sie scheint vollzogen

erst in Hesiod. Und daher konnte der Dichter der Ilias den Namen
Hellenen nicht brauchen, der sich zuerst bei Hesiod findet. Denn
das Hellenische entspringt erst aus der Ausgleichung der beiden
Gegensätze, welche von Homer einerseits und von Orpheus andrerseits repräsentirt werden. Dass in die Neugestaltung mehr Home-
risches als Orphisches einging, ist klar und war nothwendige Folge
davon, dass auch politisch der Süden siegte, denn die Stämme des
Nordens zerschellten in ihrem Vorrücken und wurden in Trümmern
über das Meer gejagt, so dass sie zum Theil an der Fortentwick-
lung des griechischen Geistes keinen direkten Antheil mehr nahmen.
Ein Beispiel dieses Falls sind vor allen die Pelasger von Lemnos,
welche den ganzen Kreis durchmessen, den die Wanderung von
Thracien aus durch Böotien und Attika über das Meer nach Asien
hin nimmt, und durch den Zusammenhang mit den Pelasgern einerseits, mit thrakischen Sintern andrerseits, durch ihre Eigenthümlichkeit endlich als Tyrrhener die hauptsächlichsten Erscheinungen der
Geschichte ihrer ganzen Nation in sich vereinen. Den gesammten
tyrrhenischen Pelasgern aber gleichen in Abstammung, Geschichte
und Charakter die Thraker, welche theils von Hellas, theils unmittelbar von Thracien aus sich über das ägäische Meer verbreiteten
und allmählig wie spurlos aus der Geschichte verschwanden. Es
waren diese verstreuten Schaaren die letzten Bruchstücke einer einst
grossen und blühenden Volksmasse, die in ihrer Entwickelung gewaltsam unterbrochen und zersprengt dem hellenischen Wesen als
neues Bildungselement dienen sollte. —

In dem Nachtrag (Kadmos auf Samothrake) widerlegt der
Verf. die Ansicht von Movers (Phön. I, 507), welcher gestützt auf
Euhemeros behauptet, dass Kadmos (wie Harmonia) eine von Asien
herübergekommene Gottheit sei, die im Göttersystem der Phöniker
eine dienende Rolle eingenommen, ungefähr wie Hermes im Griechischen. Movers Beweise ruhen auf einer langen Kette von küh-
nen Vermuthungen, welche einzeln betrachtet wenigstens unwahrscheinlich seien, nur durch den äussersten Zwang unter einander
in Verbindung gesetzt werden könnten und in der Unbestimmtheit
ihrer Symbolik ein durchaus verschwimmendes Bild lieferten. Dass
es selbst ihm nicht gelungen sei, für die Gottheiten Kadmos und
Harmonia auf phönikischer Seite Raum zu gewinnen und den Punkt
ihrer Abzweigung nachzuweisen, sei für denjenigen, welcher dem
phönikischen Alterthume ferner stehe, ein Grund mehr zu glauben,
dass dort kein Anschluss zu finden sei. Der Beweis phönikischen
Ursprungs sei weder für Kadmos noch für Harmonia geliefert, und
man sehe sich, wolle man anders die Untersuchung geschichtlich
anfassen, bis auf Weiteres auf das Feld der griechischen Sage beschränkt. Hier trete nun Kadmos durchaus nicht ursprünglich als
Gott auf (Hesiod); man müsse annehmen, dass der Kadmeische
Stamm der erste Träger des Namens sei, dass diesem als Stamm-
heros Kadmos vorangesetzt, und dass endlich dieser Eponymos in

den Kreis des Göttlichen versetzt worden sei. Gerade bei Kadmos
scheine der Fall eingetreten zu sein, dass er sich allmählig von
dem geschichtlichen Volke ganz lostrenne und selbständig auftrete.
Die Erwähnungen bei Hesiod und Homer seien aus · dieser Uebergangsperiode, wo der Heros eines untergehenden Stammes in den
Gott sich umgewandelt habe. Als Gott trete Kadmos nicht selbstständig für sich auf, sondern immer im engen Anschluss an die
Gottheiten von Samothrake. Das Göttersystem von Samothrake nun,
welchem Kadmos als ein ursprünglich ungleichartiges viertes Wesen
sich anschliesse, möge im Fortgang der Zeit durch äussere Umstände
vielfach geändert worden sein, im Ursprung hätten seine drei Hauptgottheiten Demeter, Persephone und Hades durchaus den Charakter
eines chthonischen Dienstes, ähnlich dem eleusinischen. Hermes, in
diesen Kreis aufgenommen, habe selbst chthonisch werden müssen,
und als solcher erscheine er zuerst bei den tyrrhenischen Pelasgern
in Attika. Unsere Quellen seien ferner einstimmig, den Kadmos-
Hermes auf ein enges Gebiet zu beschränken und zeigten, wenn
sie den Gebrauch erklären, immer auf die Tyrrhener und auf Böotien als die eigentlichen Grenzen seines Vorkommens. So liege die
Vermuthung nahe, dass die tyrrhenischen Pelasger von Attika, als
sie noch in Böotien weilten, diesen chthonischen Kadmos-Hermes
zu der ursprünglichen Dreizahl Demeter Kore Hades zugesetzt hätten. Durch sie sei das erweiterte System dann in Samothrake eingeführt worden. Seien also Pelasger nach den Kadmeern in Böotien sesshaft geworden, so hätten sie den Gott derselben, Kadmos-
Hermes, im Lande vorgefunden und, um ihn sich anzueignen, an
das bei ihnen ursprünglich vorhandene System Demeter Kore Hades
angereiht. Dass er diesen Göttern als dienendes Wesen untergeordnet worden, möge darin seinen Grund haben, dass der Stamm,
von welchem Kadmos zu ihnen überging, in Folge seiner Nieder-
lagen selbst an Macht und Geltung zurückgestanden habe; glaubwürdiger aber scheine nach Plutarchs Ausdruck (κάμιλλον ἀπὸ τῆς
διαχονίας προσηγόρευον), dass der Wortsinn der Wurzel, von welcher Kadmos stamme, oder mit welcher das Wort wenigstens zu-
sammenhänge, der Begriff nämlich des Anordnens, auf die Functionen des Opferdieners bezogen worden sei. Insofern aber das An-
ordnen auch von der höchsten Thätigkeit des im Weltall waltenden
Gottes gesagt werden könne, habe später, und dies scheine auf Samothrake wirklich geschehen zu sein, Kadmos auch gleich Kosmos
gelten können, und dann sei der Person Kadmos mit Recht Harmonia als Gemahlin beigesellt worden.

(Schluss folgt.)

JAHRBÜCHER DER LITERATUR.

Giseke: Thrakisch-Pelasgische Stämme.

(Schluss.)

Als nun die Pelasger über Attika nach Samothrake und Lemnos ausge-
wandert seien, sei ihr Cult der drei mit Hermes verbundenen Götter in ihrer
einstigen Heimath Böotien zurückgeblieben; eine Priesterin Pelasge habe auch
unter der Herrschaft der Böoter den Dienst des vertriebenen Stammes erhalten, und es hätten sogar die Veränderungen, welche das Dogma erst in Samothrake erfuhr, rückwärts auf den böotischen Cult gewirkt. Auf Lemnos
und Samothrake nur scheine zu diesem modificirten System ein neues Element hinzugetreten zu sein, welches am deutlichsten sich absondere in Lemnos, wo Hephäst, der Stammesgott der Sintier, mit Kabeiro den Kamillos erzeugt, den Vater der Kabeiren. Diese seien auf Lemnos in Folge der vulca-
nischen Natur der Insel als Trabanten des Hephäst in den Vordergrund des
Cultus getreten. Anders entwickele sich das kabeirische Element auf Samothrake und in dem böotischen Culte, welcher mit dem samothrakischen in
näher Beziehung geblieben sei. Hier scheine die ursprüngliche Dreizahl selbst
zu Kabeiren geworden zu sein, Kamillos aber oder Kadmilos, auf Lemnos
über sie gestellt, stehe hier noch neben oder vielmehr unter ihnen. Das kabeirische Element werde man nicht anders denn als phönikisch ansehen können. Darauf führe der Name, die Ableitung der Kabeiren aus Asien, vor
Allem aber das geschichtliche Factum, dass die Phöniker um die Zeit, wo die
Pelasger in den Nordosten des ägäischen Meeres gelangten, ansehnliche Han-
delsniederlassungen in diesen Gegenden hatten. Diesem phönicischen Einfluss
scheine Kadmos durch seine Sonderstellung im System mehr ausgesetzt gewesen zu sein und dadurch einmal in einen Phöniker verwandelt worden zu
sein, andrerseits Harmonia als Gemahlin erhalten zu haben. Letztere sei eine
so inhaltsleere Allegorie, dass sie nur als das Produkt einer philosophirenden
Mythenbetrachtung angesehen werden könne. Als solche passe sie zu der Bedeutung, welche man in dem Namen Kadmos finden könnte, wie zu seinem
Wirken, letzteres nur veredelt und erweitert. Gerade diese Veredelung aber
und Erweiterung führe auf die Vermuthung, dass in der Verbindung von
Kadmos und Harmonia ein durch Reflection gewonnenes Dogma liege, nicht
ein zum wirklichen Cultus gehöriges. Wie die samothrakische Niederlassung
der Tyrrhener Ursache geworden sei, dem Kadmos Harmonia als Frau zu
geben, so habe die lemnische auf Hypsipyle geführt.

Fulda.   **Dr. Ostermann.**

*Empedocles und die Aegypter. Eine historische Untersuchung von Aug.
Gladisch, Director des Gymnasiums zu Krotoschin. Mit Erläuterungen
aus den Aegyptischen Denkmälern von Dr. Heinrich Brugsch und
Joseph Passalacqua. Leipzig. J. C. Hinrichs'sche Buchhandlung.
1858. IV und 156 S. in gr. 8.*

Diese Schrift verdient jedenfalls eine besondere Aufmerksamkeit; sie verdient dieselbe selbst dann, wenn man mit dem Verf. sich nicht in Allem einverstanden erklären kann, und weder der Grundanschauung desselben noch den
daraus im Einzelnen gezogenen Folgerungen beizustimmen geneigt sein sollte.
Wenn die Beziehung des Hellenischen auf den Orient, der gemeinsamen Stätte
aller Bildung und Cultur, nach den grossen, in unsern Tagen gemachten Entdeckungen und den darauf gestützten Forschungen, jetzt nicht mehr eine so
verpönte Sache ist, als es zu der Zeit der Fall war, wo J. H. Voss und seine
Anhänger nicht sowohl durch Gründe, als durch absprechende Machtworte die
hellenische Cultur und Bildung von ihrer Wurzel eben so gewaltsam als
unhistorisch abzuschneiden suchten, wenn vielmehr die Verbindung und der
Zusammenhang der hellenischen Welt mit dem Orient in frühern Zeiten jetzt
von keinem besonnenen Forscher mehr in Abrede gestellt werden kann, so
wird es sich jetzt immer mehr darum handeln, den Grad, bis zu welchem
diese Verbindung sich erstreckte, zu bestimmen, und das Maass des Einflusses,
den der Orient auf die hellenische Cultur und Bildung ausgeübt hat, näher und
sicher festzustellen. Die vorliegende Schrift liefert dazu einen Beitrag, indem
sie die philosophische Lehre eines der ersten griechischen Denker, des Empedocles, unmittelbar aus dem Orient herleitet und mit der Weltanschauung der alten Aegyptier in vollem Einklang darzustellen unternimmt. Wenn
nun von den Schriften des Empedocles zwar nichts Vollständiges mehr erhalten ist, wohl aber eine beträchtliche Anzahl von Bruchstücken, die uns das
Ganze seiner Lehre so ziemlich überschauen lassen, überdem es auch nicht an
einer gründlichen Bearbeitung und Erklärung dieser Fragmente fehlt, an denen sich mehrere Gelehrte versucht haben, so ist das Gleiche nicht der Fall,
wenn wir nach Aegypten blicken und hier vor Allem die klare und richtige
Einsicht in die Weltanschauung dieses Volkes und damit in sein religiöses
System, um diesen Ausdruck zu gebrauchen, gewinnen wollen. Indessen die
vielfach aus dem Alterthum über die Weisheit der alten Aegyptier uns zuge-
kommenen Nachrichten, die Angaben des Herodotus, Plutarchus (als dessen
Hauptquelle die theologischen Schriften des Manetho von dem Verfasser betrachtet werden) und Andrer in Verbindung mit dem, was die noch erhaltenen Denkmale des Volkes selbst mit ihrer heiligen Bilderschrift uns lehren, so
weit wir dieselbe zu lesen und zu verstehen im Stande sind, bieten doch
immer hinreichende Anhaltspunkte, um die betreffende Vergleichung vorzunehmen. Was nun Empedocles betrifft, so wird von dem Verf. eine nähere
Verbindung und ein Zusammenhang desselben mit Pythagoras in Abrede gestellt, und des Letzteren Lehre eben so wenig als der Ausgangspunkt für die
sowohl im Gebiete des Metaphysischen, wie des Physischen völlig verschiedene Lehre des Empedocles angenommen, als die Lehre des Pythagoras selbst
aus Aegyptischer Quelle hergeleitet. (Bei der grossen Ausdehnung, die man

erst noch neuerdings der Ansicht gegeben hat, welche die ganze Pythagoreische Lehre aus Aegypten, bis in alle einzelnen Theile, ableitet, möchte dieser
Abschnitt wohl zu beachten sein; ob aber damit die entgegengesetzte Ansicht des
Verfassers, welche die Pythagoreische Philosophie namentlich in ihrer Weltansicht und der daraus hervorgehenden Sittlichkeit, von den alten Chinesen herleitet, wie dies in einer eigenen zu Posen 1841 erschienenen Schrift geschehen ist, annehmbar gemacht ist, wird eine andere Frage sein, die wir hier
natürlich nicht zu beantworten vermögen: das Griechisch-Dorische Element,
das in Pythagoras gewiss keine unbedeutende Stelle einnimmt, will uns in
dem einen wie in dem andern Fall nicht in der vollen Rücksicht beachtet
erscheinen, die, wie wir glauben, es verdient, gegenüber den angeblich Aegyptischen oder Chinesischen Elementen und Einflüssen). Was nun Empedocles und seine Lehre betrifft, so spricht sich der Verfasser, und mit gutem
Grunde, wie wir glauben, für die Ansicht aus, welche diese Lehre aus der
Lehre der Eleaten hervorgehen lässt: die hier wiederholt vorgebrachten Beweise zeigen eine allerdings auffallende Uebereinstimmung mit Parmenides und
dessen Lehre, so wie das Bestreben, den Pantheismus des Xenophanes, wenn
auch auf einer anderen Grundlage, wieder herzustellen (S. 17. 25); was das
Verhältniss des Empedocles zu Heraclitus betrifft, so spricht sich der Verf.
S. 20 dahin aus, dass der Erstere, vom Parmenideischen Standpunkte der Erkenntniss ausgehend, und selbst ohne diesen aufzugeben, es unternimmt, das
sichtbare Werden und die Vielheit der Dinge zu erklären und so allerdings
in einer gewissen Verwandtschaft mit dem Ephesier gelangt u. s. w.

Nachdem auf diese Weise das Princip und die Grundanschauung der Lehre
des Empedocles dargelegt war, wendet sich der Verfasser zu der nach seiner Auffassung damit im Ganzen übereinstimmenden Weltanschauung der alten
Aegyptier: der Verf. glaubt auch hier denselben Pantheismus wiederzuerken-
nen; die höchste Gottheit wird als Kugel angeschaut, ihre Seele als die Alles
durchdringende Vernunft, das sichtbare All als ihr Leib betrachtet; dieser Leib
der Gottheit ist aber, wie der eines jeden einzelnen Wesens nur aus den
vier Elementen gebildet; aus der Verschiedenheit und Mannigfaltigkeit der
Mischung dieser vier Elemente erklärt sich dann auch die Verschiedenheit
und Mannichfaltigkeit der Geschöpfe (S. 50); auf diese Weise findet sich also
auch bei den Aegyptiern, nach des Verfassers Annahme, Alles auf die vier
Elemente zurückgeführt: ein und dasselbe Grundprincip tritt in der religiösen
Anschauung der Aegyptier wie in der Lehre des Empedocles hervor. Eine
weitere Uebereinstimmung wird in der Lehre gefunden, wornach die Vernunft
oder Seele in dem Blute gemischt sei und ihren Mittelpunkt oder Hauptsitz
im Herzen habe (S. 63—57); eben so wird zu zeigen gesucht, wie die Aegyptische Seelenwanderungslehre dieselbige im Ganzen sei, wie die des Empedocles (S. 68); und selbst des Letzteren Lehre von den beiden Alles aus
den vier Elementen schaffenden Gewalten, der Liebe (φιλία oder Ἀφροδίτη)
und dem Streite (νεῖκος), mit Isis und Typhon bei den Aegyptiern zusammengestellt (S. 68ff.), insbesondere die völlige Identität der Empedocleischen
Aphrodite mit der Aegyptischen Isis zu erweisen gesucht (vgl. S. 95); der
ganzen Schöpfungstheorie des Empedocles ist eine nähere Aufmerksamkeit
gewidmet, um den Nachweis ihrer Uebereinstimmung mit der altägyptischen

Lehre zu liefern (S. 104 ff.); endlich wird auch noch die innige Verbindung
der Theologie und Philosophie mit der Heilkunde und Zauberei, in der Lehre
des Empedocles, wie in der Lehre der alten Aegyptier in Betracht gezogen,
Aegypten aber als das Mutterland der gesammten Zauberei des Alterthums
dargestellt (S. 120 ff. 124 ff.). So gelangt der Verfasser allerdings zu dem
S. 96 mit aller Bestimmtheit ausgesprochenen Ergebniss, dass in der Philosophie des Empedocles uns das Mysterium des Aegyptischen Geistes, nur in dem
verschönernden Lichte der hellenischen Philosophie enthüllt sei, dass Empedocles die Mysterien des Dionysos-Osiris „aus der geheimen Feier an das
Licht herausgestellt habe". Der Verf. hat über dieses Osirismysterium, das
den Jahresprocess des Aegyptischen Lebens und der Aegyptischen Natur darstellt, sich noch näher ausgesprochen, und bei dieser Gelegenheit auch über
Obelisken und Pyramiden, die er als Verbildlichungen dieses Osirismysteriums
deutet (S. 112 ff.), sich ausgelassen, eben so wie er auch schon vorher
(S. 58 ff.) über den Thiercultus der Aegypter sich erklärt hat, indem er die
heiligen Thiere nur als Verbildlichungen religiöser Begriffe betrachtet und
daraus ihre Verehrung ableitet.

Wir haben hier nur die Hauptpunkte der gelehrten und scharfsinnigen
Erörterung dargelegt, es mag dies wenigstens genügen, um den Lesern einen
Begriff dessen zu geben, was in dieser Schrift zu erwarten ist, und was in
derselben durchzuführen unternommen wird, in einer Weise, die wohl geeignet ist, die Veranlassung zu geben, noch näher mit der Schrift selbst sich
bekannt zu machen, zumal da vieles Andere darin vorkommt, das mit dem
Hauptpunkte in näherer oder entfernterer Berührung steht, und darum eine
gleiche Beachtung verdient.

Am Schlusse kommt uns noch eine Schrift verwandten Inhalts desselben
Verfassers zu, auf die wir noch weiter aufmerksam machen wollen:

*Herakleitos und Zoroaster. Eine historische Untersuchung von August
    Gladisch, Director des Gymnasiums zu Krotoschin. Leipzig. J. C.
    Hinrichs'sche Buchhandlung. 1859. IV und 92 S. in gr. 8.*

Es hat nämlich diese Schrift eine ähnliche Tendenz, wie die eben besprochene: sie soll die vollkommene Uebereinstimmung der philosophischen
Lehre des hellenischen Philosophen mit der religiösen Weltanschauung des
Zoroaster oder der alten Baktrer, Meder und Perser nicht blos im Allgemeinen, sondern ausführlich und im Einzelnen darthun, sie schliesst sich daher
passend an die eben besprochene in ihrer auf den Orient in gleicher Weise
die Lehre eines andern hellenischen Denkers zurückführenden Tendenz an.
Der Verfasser ist auch hier mit gleicher Sorgfalt in der Benutzung Alles Dessen, was nur irgend die Quellen bieten, verfahren: diese findet er, was Heraklit betrifft, eben sowohl in den noch erhaltenen Bruchstücken, wie sie
bereits von Schleiermacher zusammengestellt worden sind, als in den Schriften der Stoiker, die er als eine freilich mit Vorsicht zu gebrauchende, sonst
aber nicht verwerfliche Nebenquelle betrachtet, da die Stoiker, wenn man
von der Ethik absieht, die sie in grösserer Ausdehnung und Selbständigkeit
behandelt, in ihrer Weltanschauung, also in Theologie und Physik sich an

Heraklit anlehnen, und auf diese Weise in ihren Schriften Manches sich findet, was zur Ergänzung oder Vervollständigung der mehrfach lückenhaften Nachrichten über die Lehre des Heraklitus dienen kann. Für Zoroaster bildet der Zendavesta in Verbindung mit dem, was in den alten Schriftstellern über Zoroasters Lehre vorkommt, die natürliche Grundlage. Von dem, was in den verschiedenen Schriften, welche die Geschichte der hellenischen Philosophie befassen, über Heraklitus vorkommt, ist insbesondere Ritter berücksichtigt: die neueste Forschung über Heraklitus in dem aus zwei Bänden bestehenden Werke von F. Lasalle (die Philosophie des Herakleitos des Dunkeln von Ephesos. Nach einer neuen Sammlung seiner Bruchstücke und der Zeugnisse der Alten dargestellt. Berlin 1858) haben wir allerdings hier noch nicht berücksichtigt gefunden, wohl aber mag es erlaubt sein, darauf eine Aeusserung des Verfassers zu beziehen (S. 3), wornach diejenigen am wenigsten ein rechtes Verständniss der Herakliteischen Lehre gewinnen oder davon nur eine Ahnung haben können, welche dieselbe durch Hegel kennen gelernt, und darnach glauben müssen, dass der dunkele Weise von Ephesus bereits das Werden der Hegel'schen Logik als das Absolute behauptet habe, in welchem Falle dann aber auch von einem Einklang der Lehre des Heraklitus mit der Zoroastrischen die Rede nicht sein kann. Da nun aber diese ganze Anschauungsweise, welche dem alten Philosophen von Ephesus eine der modernen Philosophie angehörige Lehre beilegt, freilich mit völliger Missachtung der Quellen selbst, als eine rein willkührliche erscheint, so begreift es sich leicht, warum der Verfasser (wir glauben, mit Recht) darauf nicht weiter eingegangen ist, sondern es vielmehr vorgezogen hat, die beiderseitigen Lehren, des Heraklitus wie des Zoroaster aus den Quellen selbst darzulegen, um so, an der Hand dieser Quellen, die Uebereinstimmung nachzuweisen. Diese zeigt sich nun nach dem Verf. eben so sehr im Allgemeinen, in der Grundansicht von der ewigen Bewegung aller Dinge, die das Leben der Welt ausmacht, wie im Besondern, in der Annahme von dem Feuer, als Lebensgrund und Urwesen aller Dinge: selbst die beiden miteinander streitenden Principien, durch welche Alles geworden ist und wird, haben sie eben so mit einander gemein, wie die Lehre vom Feuer, das nicht blos als allgemeine Lebenskraft, sondern auch als die allwaltende Vernunft erscheint, und die Auffassung der menschlichen Seele, die aus jenem Feuer stammt und ihrer reinsten göttlichen Wesenheit nach als feurige Kraft und Luft erscheint. Selbst in der Anwendung dieser Grundanschauung auf Götter und Cultus, und auf die Moral, wie selbst auf die politischen Anschauungen zeigt sich, wenn wir - dem Verfasser folgen, diese Uebereinstimmung.

Wir haben nur einige Hauptmomente hervorgehoben, um dadurch Veranlassung zu geben, weiter die Schrift in ihren Einzelheiten zu verfolgen, in welchen jene Uebereinstimmung noch weiter nachgewiesen und begründet werden soll. Am Schlusse findet sich S. 88 ff. beigegeben als Beilage eine nähere Beleuchtung einiger Hauptpunkte der Zoroastrischen Theologie mit Rücksicht auf die Philosophie des Herakleitos und der Stoiker".

Literaturberichte aus Italien.

Ein sehr gelesenes Werk ist das

Glossario Italico dal Professore Ariodante Fabretti. Torino 1858. Stamperia reale,

worin der Ursprung der italienischen Sprache bis auf die ersten Anfänge aufgesucht wird; so dass ein geistreicher Beurtheiler dieser Arbeit sagt: dies ist ein sprachlicher Kirchhof.

Die Kunst zu dichten des Horaz hat wieder einen neuen Uebersetzer gefunden, dessen Arbeit nicht ohne Verdienst ist:

Arte Poetica d'Orazio, versione da Carlo Fra di Bruno, delle Scuole pie. Savona 1858. Presso Sambolino.

Die Piaristen-Schule in Savona wird für eine der besten dieses Ordens in Italien gehalten; doch stehen die neuen National-Collegien höher.

Als Beweis dafür, dass die Italiener verstehen, streng wissenschaftliche Gegenstände auf treffliche und zugleich angenehme Weise vorzutragen, wird folgendes Werk angeführt:

La geometria delle cur ve applicate alle arti ed all industria. Lezioni delle all' istituto tecnico di Firenze, dal Professore Nicola Collignon. Firenze 1857. Tip. Barbera.

Hier werden die Erfindungen von Kepler und Galilei, von Cassini und Fognato bis zum Opisometer von Elliot, und dem Planimeter von Ernest, von den Spiralen des Archimedes bis zu dem Epicyclographem des Markgrafen Ridolfi in ihrer Anwendung auf die Industrie entwickelt.

Ein für die Geschichte der Stadt Bergamo sehr wichtiges Werk hatte der Canonicus Lupo im Jahr 1784 angefangen; er war ein Freund und Mitarbeiter von Muratori. Finozzi hatte diese Arbeiten seit 1841 fortgesetzt. Jetzt ist diese Sammlung durch folgendes Werk vervollständigt worden:

Del codice diplomatico Bergamense publicato in du evolumi dal Lupo e dal Ronchetti, e dei materiali chi si avrebero a compirlo con un terzo volume. Milano 1857.

Hier ist eine reiche Nachlese von Urkunden zu finden, von 1211 an bis 1497, welche dem Lupo entgangen waren, die besonders in dem Domkapitel zu Bergamo und in dem Kloster zu Pontita und andern aufgefunden worden sind.

Auch von einer Schriftstellerin können wir diesmal Bericht erstatten, wozu der folgende Roman Veranlassung gibt.

Carlo Guelfi, di Virginia Polli-Filotico, Firenze. Presso Le Monnier 1858.

Dieser Roman ist deshalb beachtenswerth, weil er in der Gegenwart spielt, was jetzt so selten gewagt wird, ausser von den Franzosen; daher man auch in diesem Roman an Balzac erinnert wird, indem die Verfasserin nicht von Uebertreibungen frei ist, obwohl, da die Handlung im Neapolitanischen vorgeht, das dortige feurige Blut viel entschuldigt.

Durchaus nationell gehalten sind die folgenden calabresischen Novellen:

Le novelle Calabresi, da Biagio Miraglia. Firenze 1858.

Hier werden wir mit dem innern Leben der Calabresen vertraut gemacht, denn wenn die gebildeten Bewohner jenes Landes, die wir als Ausgewanderte in Piemont kennen lernten, es mit jedem andern in der Gesellschaft aufnehmen können; so herrscht doch noch in den Schluchten der calabresischen Apenninen mancher Anklang an die Erziehung, die nicht über das Ideal eines Bettelmönches geht, neben dem der Räuber und Mörder wuchert, da er ihn leicht absolvirt. Darum sind diese auf Volkssagen beruhenden Erzählungen sehr beachtenswerth und der Verfasser hat uns mit seinen Erzählungen, die hohes Vaterlandsgefühl athmen, ein erfreuliches Geschenk gemacht. Es sind folgende: Die Heirath im Grabe, das Fischermädchen vom Vorgebirge Colonna, der Renegat, die Zwillinge und der König von Sila.

Von Hugo Foscolo ist Alles von Bedeutung, darum müssen wir erwähnen, dass in folgender Schrift:

Lettere inedite di Ugo Foscolo, publicata da H. B. Cely-Colajari. Napoli 1858.

einer von den feurigen Briefen dieses Vaterlandsfreundes abgedruckt ist. Während Werther sich aus Liebesgram erschiesst, thut dies Jacopo ab Ortès von Foscolo aus Gram um sein Vaterland.

Ueber das literarische Eigenthum besteht in Italien noch viele Rechts-Unsicherheit; daher macht folgende Rechts-Ausführung einiges Aufsehen:

Memoria sul ricorso dei signori Pestalozza e Redaelli nella causa di contrafazione contra Felice Poggi. Milano 1858. Tip. Redaelli.

Wir dürfen uns nicht wundern, dass in Italien der Nachdruck noch besteht; sind wir doch in Deutschland lange genug darin mit eben nicht sehr lobenswerthem Beispiele vorausgegangen.

Ein treffliches Werk ist die Beschreibung des Staats von Parma, unter der Herrschaft der Tochter der Herzogin von Berri, deren Gemahl Prinz von Lucca vor ein paar Jahren ermordet wurde:

Illustrazione dei ducati di Parma e Piacenza e della Lunigiana Parmense, condotta dal Dott. Alessandro Lugini, dal Professore Carlo Marenghi, da Emilio Conforti. Parma 1858. Tip. Grazioli.

Diese sehr genaue Beschreibung dieses Landes ist mit 140 Steindruck-Tafeln von Achill Corsini verziert.

Ein Roman,

Vachero di Niny Madona Olivetti. Firenze, presso Le Monnier 1858

ist ebenfalls mehr eine Nachahmung von Paul de Kock, mit einem grossen Aufwande von Redensarten.

Ein bereits nicht unrühmlich bekannter Schriftsteller ist zwar dem Titel

nach mit einer Nachahmung von Alexander Dumas aufgetreten, doch ist er
mehr dem Geiste des englischen Genre-Romans gefolgt in seinem

Il nuovo Monte-Christo dal Gustavo Staffarello. Firenze 1858, presso Le Monnier.

So sehr man dem Verfasser Gerechtigkeit widerfahren lässt, seinen Gegenstand würdig behandelt zu haben, so tadelt man doch, dass er das Ausland zum Schauplatze seines Sittengemäldes gemacht hat.

Wenn in Italien die Volks-Literatur bearbeitet wird, so geschieht es nicht,
um die Leser zu dem ungebildeten Theile herabzuziehen, sondern mehr in
sprachlicher Beziehung, wie z. B.

Canzoni popolari del Piemonte, racolte da Constantino Nigra, Torino 1858.

Doch auch hier findet man mehr als gewöhnlich. Die erste der hier gesammelten Dichtungen enthält den Tod des Markgrafen Anton v. Saluzzo, welcher unter Franz I. in der Schlacht von Marignano und Pavia focht, an seinen Wunden zu Neapel 1528 starb, und verordnete, dass der Kopf seines
Leichnams seiner Mutter, die Hälfte seines Körpers seinem Vaterlande vorbehalten, die andere an Frankreich, durch welches er seinen Ruhm erworben,
sein Herz aber seiner geliebten Margaretha übergeben werden solle. Dies
Gedicht schliesst mit dem Tode der Geliebten, als sie diese Kunde erfuhr.

Wir freuen uns, dass der gelehrte Herr Professor Zambelli in Pavia uns
Gelegenheit gegeben hat, durch seine Arbeit

*Sull' influenza politica dell' Islamismo, memoria di Andrea Zambelli. Milano
1858. Tip. Bernadovi.*

auf denselben aufmerksam zu machen. Dieser thätige Lehrer des Staatsrechts
zeigt hier nicht nur den Einfluss des Islam auf die Staatsverhältnisse, sondern
auch auf das Wiederaufblühen der Künste und Wissenschaften. Herr Zambelli
beweist mit grosser Bekanntschaft mit der ausländischen, besonders deutschen
Literatur, dass die Araber den grössten Einfluss im Mittelalter auf die Literatur der Neuzeit, besonders aber auf die Ritter-Gedichte gehabt haben. Nach
ihm nahm die Dichtkunst ihren Ursprung während des Kampfes der Mauren
mit den Christen in Spanien. Durch das südliche Frankreich fand während
der Kreuzzüge die Bekanntschaft mit dem Norden, besonders mit den für Bildung empfänglichen Normannen statt. Darum war es nicht zu verwundern,
dass unser grosser Hohenstaufe, Friedrich II., welcher in Sicilien die Normännische und Arabische Bildung vorfand, so grossen Einfluss auf die Bildung
der Sprache und Dichtkunst hatte, in dem Lande, wo vor den Normannen die
Byzantiner auch alt griechische Anklänge fanden.

Die jetzt lebende berühmteste improvisirende Dichterin Milli hat ihre Gedichte herausgegeben:

Poesie meditate e estemporanee, Firenze 1858, presso le Monnier.

Diese Dichterin, aus den Abruzzen gebürtig, hat in ihrem Vaterlande und
in Sicilien sehr gefallen, aber auch in Toscana; ein Beweis, dass es auch in
dem so verschrieenen Neapolitanischen nicht an gebildeten Leuten fehlt, wenn
es noch dessen bedürfte, wenn man einen Troje, Leopardi, Bianchini, Arba-

rella, Borghi und andere Gelehrte kennt, von denen mehrere sich jetzt als Ausgewanderte in dem constitutionellen Königreiche Sardinien befinden, als Mancini, Scialoja, del Re, Tofano de Mois, Tomasi, de Sanctis u. m. a.

Von der bekannten und beliebten Dichterin Francesca Lutti ist erschienen:

Maria, canti tre della Francesca Lutti, Firenza, presso Le Monnier. 1858.

eine Novelle in ungereimten Versen herrlich in der Sprache und ergreifend in der Erfindung.

Endlich erscheint das von dem bekannten Geschichtsforscher Tommaso Gar versprochene Urkundenwerk über Trient:

Biblioteca Trentina, ossia raccolta di documenti inediti e rari relativi alla storia di Trento, redotta da Tommaso Gar, con prefazioni, discorsi storici e note. Trento 1858. presso Monanini. 8.

Die in Welsch-Tirol gelegene Stadt Trient könnte mancher grösseren deutschen Stadt zum Muster dienen; sie hält sich einen eigenen Bibliothekar, den obengenannten verdienstvollen Gelehrten, um hauptsächlich alle Werke zu sammeln, welche die Stadt und das Bisthum gleichen Namens betreffen, so wie alle Werke, die von Mitbürgern dieser Stadt verfasst worden sind. Den dortigen reichen Urkundenschatz welchen diese Sammlung aus der Vorzeit an ungedruckten wichtigen Schriftstücken enthält, legt hier dieser städtische Bibliothekar vor, und eröffnet hiermit eine der Geschichtsquellen, welche nur Italien in solcher Fülle enthält. Die dortigen Municipien behielten die klassischen Traditionen in der Zeit des allgemeinen Verfalls. Die beiden ersten vorliegenden Hefte dieses Werkes enthalten ausser Kunstnachrichten aus der Vorzeit von Trient, die Ausführung der Rechte dieser Stadt, welche ihre Autonomie beibehielt, obgleich das Fürstenthum Trient dem dortigen Bischofe übergeben worden war.

Sul moderno linguaccio della Toscana, lettere di Giambattista Giuliani, Sommasco. Torino. 1858. Tip. di S. Franco.

Der Verfasser erzählt hier mit vieler Liebe für das Landvolk in Toscana, wie rein dort die italienische Sprache geredet wird, und wie anständig selbst der gemeine Mann sich auszudrücken versteht. Bekanntlich ist die Sprache des Volkes in den meisten Theilen Italiens von der Schriftsprache sehr verschieden, nur in jenem freundlichen Lande hört man das wirkliche Italienisch, während man das Volk in der Lombardei, in Piemont, in Neapel und Sicilien kaum versteht, wenn man auch noch so vertraut mit der italienischen Literatur ist. Am meisten fällt es in den ersten Gesellschaften in dem gebildeten Turin auf, wenn man mitunter die Sprache des gemeinen Volks hört. Der Verfasser führt Aeusserungen von Bauersleuten in Toscana an, welche man nicht besser gedruckt lesen kann; selbst Gedichte von Landleuten. Darum ist in Florenz auch wahrhaft italienisches Lustspiel mit der stehenden Figur des Stentarello zu finden, während man in Italien selbst über den Mangel an Lustspielen klagt. Ein bedeutender Literat sagte in Mailand dem Einsender: Wir können schwer zum Lustspiele kommen, denn unsere Unterhaltung im engen Kreise wird nicht in der Schriftsprache geführt, sondern in der ört-

lichen Mundart; unsere Scherze und Anspielungen würden daher in der Schriftsprache ihren Sinn verlieren.

Eine andere Arbeit über die italienische Sprache ist die folgende kritisch-
philologische Untersuchung über das älteste italienische Gedicht:

*Il Sirventese di Ciullo d'Alcamo, esercitazione critica del prof. Giusto Giron. Pa-
dova, 1858. Tip. Prosperini.*

Viele, selbst Tiraboschi, hielten dies Gedicht für älter als die glänzende Zeit
von Friedrich II. Hofhaltung in Palermo, bis Nonnacci dies Gedicht in diese
Zeit versetzte. Der Verfasser bestimmt nach verschiedenen Anspielungen in
diesem Gedicht seine Entstehung zwischen den Jahren 1231 und 1251. Von
diesem Gedichte sind übrigens schon mehrere Ausgaben erschienen.

Die Buchhandlung von Le Monnier in Florenz, welche sich mit unsern
Brockhaus, Cotta, Tauchnitz u. s. w. messen dürfte, hat einen beinahe verges-
senen Trauerspiel-Dichter wieder zu Ehren gebracht, nemlich den 1821 verstorbenen Franz Benedetti:

Le opere di Francesco Benedetti. Firenzi, 1858. Tip. L. Monnier.

Die damaligen politischen Verhältnisse Italiens erlaubten nicht, den trefflichen Dramen dieses Dichters die verdiente Aufmerksamkeit zu schenken,
obgleich sie auf den Theatern den grössten Beifall erhalten hatten. Wir sehen daher hier wieder aufs neue den Telegono, den Mithridat, den Drasus,
die Dejanira, die Verschwörung von Mailand, die Gismonda, den Tancred,
Cola di Rienzi und andere mehr wieder abgedruckt. Viele haben den Verfasser mit Shakspeare verglichen, besonders aber hat sein Drasus am meisten
gefallen.

*La Biblioteca Veronese, raccolta e pubblicata dal conte G. B. Carlo Giuliari. Ve-
rona 1858. Tip. Vincentini.*

Der gelehrte Canoniker und Bibliothecar der Capitels-Bibliothek zu Verona,
über welchen in dem Serapeum bei Gelegenheit der Beschreibung der Bibliotheken zu Verona von dem Unterzeichneten rühmende Nachricht gegeben worden, hat hier die vollständigsten bibliographischen Nachrichten über alle Werke
gegeben, die sich mit Verona beschäftigen, so wie von allen hier und ausserhalb gedruckten Werken, welche geborene Veroneser zu Verfassern haben.
Graf Giuliari hat die Liebhaberei, alle hier aufgeführten Werke selbst zu besitzen, so dass er schon eine solche Special-Bibliothek von mehreren Tausend
Bänden gesammelt hat, die er der Stadt-Bibliothek einverleiben will. Wir
erzählen diesseits der Alpen von den vermeintlichen schlechten Seiten der
Italiener; allein wer Italien kennt, findet mehrere solche Freunde der Wissenschaft und der Vaterstadt. Darum eben auch findet man in Italien durchaus nicht den Hass der niedern Klassen gegen die Vornehmen, der sich in
Deutschland nicht läugnen lässt.

Auch eines Wiederabdrucks eines älteren Werkes müssen wir erwähnen:

*Storia di Concilio Tridentino di fra Paolo Sarpi, Firenze 1858. Tip. B. Bianchi.
IV. Voll.*

weil derselbe nach der ersten zu London im Jahr 1619 gedruckten Ausgabe den wahren Text des Verfassers enthält. Dabei befindet sich das Leben Sarpi's von Fra Fulgenzio Micanzio und viele Anmerkungen.

Von den Erscheinungen auf dem Felde der Wissenschaft in Sicilien kommt wenig Kunde nach dem übrigen Italien, um so mehr muss es uns freuen, über ein dort erschienenes philosophisches Werk berichten zu können:

Convinzioni estiche necessarie ai poeti e agli artisti, per Maria Villareale, Palermo, 1858. Tip. Lav.

Der Verfasser geht davon aus, dass die Aesthetik eigentlich überflüssig ist, und dass unser gegenwärtiges Zeitalter vielleicht desshalb so unfruchtbar an neuen Schöpfungen ist, weil man sich zu viel mit Kritik beschäftigt. Er findet die Zeitgenossen mehr plauderhaft als thätig; man streitet mehr über das was schön ist, als dass man den Gegenständen eine neue Ansicht abzugewinnen trachtet. Der Verfasser macht besonders den Deutschen den Vorwurf, dass sie die Aesthetik in ein Meer von Spitzfindigkeiten und Dunkelheiten versenkt hätten, so dass dieselbe ein wahres Kauderwälsch von Systemen geworden wäre, die nur verwirren und umdüstern könnten, wenn man sich damit beschäftigt. Der Verfasser, abgesagter Feind der Neuzeit, erkennt als einzigen Codex des guten Geschmackes die Ars poetica von Horaz an; im übrigen helfe der gesunde Menschenverstand fort. Herr Villareale erklärt das absolut Schöne für unveränderlich, mithin sei bei demselben ein Fortschritt nicht möglich; daher sei es nicht nothwendig, darüber eine Theorie anzustellen. Da die Sicilianer in beständigem Widerspruche mit den Neapolitanern sind, scheinen diese Behauptungen des Herrn Villareale hauptsächlich gegen die Philosophen jenseits des Faro gerichtet zu sein, wo die abstrakte Philosophie sehr warme Verehrer findet, und De Sanctis die Aesthetik unsers Rosenkranz ins Italienische übersetzt hat, womit er sich in seiner 3jährigen Gefangenschaft beschäftigte. Jetzt ist er Professor am Polytechnicum zu Zürich.

Uebrigens bleibt Sicilien in literarischer Fruchtbarkeit nicht zurück, wie die in der Handelsstadt Messina herauskommende Monatschrift zeigt:

Eco Paleritano. Messina, 1858.

Das vorliegende Heft enthält in den Abschnitten Wissenschaft eine Abhandlung über die Theorie des Eigenthums von A. Barone. Geologie: über die fossile Venticordia in Sicilien von G. Seguenza. Literatur, zur Geschichte der Literatur von F. S. Salfi. Geschichte, über einige antike Städte Siciliens von Basacca. Schöne Künste, über Gemälde von Buda Prestandea und Trombetta, von Castellovi-Mortirani; Ichnographie der Stadt S. Lucia von Fulci. Dichtkunst, ein Gedicht an die Schwestern Ferni von Bossi.

Ein Benedictiner aus dem berühmten Kloster Monte Cassino im Neapolitanischen tritt als rüstiger Vorkämpfer der Hierarchie auf; und thut dies unter anderm in seinem letzten Werke:

Storia dell origine dello scisma Greco, del padre Luigi Tosti. Firenzi, 1858. Tip. Le Monnier.

Mit dem Feuereifer des Neapolitaners nimmt der gelehrte Verfasser die Römische Kirche gegen die morgenländische in Schutz, und beweist, dass die

Werke: „Die Insel Sardinien von J. F. Neigebaur, II. Aufl., Leipzig, 1854.
G. Dyck angedeutet worden sind.

Eine der Schriften, welche in Italien zu Hochzeit-Geschenken, wie schon
früher von uns berichtet, gedruckt werden, ist folgende:

Alcune lettere di illustri Italiani, *Bassano, 1858. Tip. Baseggio.*

Hier ist besonders merkwürdig ein Brief von Franz Negri, Augustiner-
mönch aus Bassano, welcher ein Anhänger Luthers wurde und nach Deutschland auswanderte; er beschreibt hier den berühmten Reichstag in Augsburg.
Ein anderer Brief ist von dem Bischof Scipio Ricci in Pistoja, worin er die
von dem Grossherzoge Leopold angenommenen Reformen vertheidigt.

Ein über diesen Gegenstand eben erschienenes Werk macht nicht unbe-
deutendes Aufsehen:

Apologia delle leggi di giurisdizione, amministrazione e polizia ecclesiastica pubb-
licate in Toscana sotto il regno di Leopoldo I. Firenze, 1858. Tip. Barbera.

Der Verfasser beweisst, dass diese Gesetzgebung sehr vortheilhaft auf die
Geistlichkeit und auf das Verhältniss derselben zum Volke eingewirkt hat, so
dass dieselbe die Grundlage des blühenden Zustandes ist, in welchem sich
Toscana vor andern Ländern Italiens seit jener Zeit befunden hat. Selbst das
religiöse Gefühl und die Moralität hat dadurch bedeutend gewonnen. Es wird
Manchem auffallen, dass in Italien dergleichen gedruckt werden darf; aber
wenn man Italien näher kennt, findet man Manches besser, als man glaubt.

Ueber Erziehung sind folgende Briefe erschienen:

Sulla educazione, lettere di Angelo Cavalieri. Trieste, 1858. Tip. del Lloyd.

Der Verfasser hat sich hier als einen erfahrnen Erzieher gezeigt, wenn
wir ihm auch darin nicht beistimmen, dass der Mensch mehr natürliche Neigung zum Bösen als zum Guten hat.

Endlich können wir wieder eine der in Italien sonst so häufigen Lebensbeschreibungen erwähnen:

Intorno alla vita ed agli scritte del prof. Baldassare Romano, discorso di Grego-
rio Ugdulena. Palermo, 1858. Tip. Fr. Lao.

Ueber die versteinerten Fische in Sicilien kam heraus:

Richerche sui pesci fossili della Sicilia, per Gaetano Georgio Gemmellaro. Ca-
tanea, 1858. Tip. Gioenia.

Ueber einen mitten auf der Insel Sicilien gelegenen See:

Sul lago di Pergusa di Castrogiovanni, di Francesco Potenza Lauria. Palermo,
1858. Tip. Lo Bianco.

Den Anfang eines grösseren Werkes über die Gesetzgebung in Sicilien
macht folgende

Storia della legislazione civile e criminale in Sicilia, dell' Advocato Vito la Man-
cia. Epoca Antica. Palermo, 1858. Tip. Clamis e Roberto,

welche sich an die treffliche Arbeit des gelehrten früheren Minister Sclopis
in Turin anreiht.

Auch eine Uebersetzung von Horaz ist ausser der schon oben angeführten von der Insel bekannt geworden:

La Poetica di Orazio, tradotta e commentata dal sac. Giuseppe Sciallabbo-Gallo. Palermo, 1858. Tip. J. Lao.

und ein Roman

Gianetta, racconto di Rosina Mazio-Salvo. Palermo, 1858. Tip. Clamis e Roberti,

welcher uns mit einer neuen Schriftstellerin dieser Insel bekannt macht.

Chroniche di Giovanni, Matteo e Filippo Villani, secundo le migliore stampe e corredata di note filologiche e storiche. Testo di Lingua. Trieste, 1858.

Diese wichtigen Chroniken aus der Zeit Dante's erscheinen hier in einer neuen Ausgabe nach der kritischen Bearbeitung des Doctor Racheli.

Die Heidelberger Jahrbücher haben durch eine Beurtheilung, welche dieselben unserm gelehrten Mittermaier verdanken, folgende Schrift veranlasst:

Riposta del Barone Vito d'Ondes Reggio da Palermo, ad alcune osservazione intorno al suo libro introduzione ai principii delle umane societa, pubblicate negli annali della letteratura d' Heidelberga del chiarissimo professore Mittermaier. Genoua, 1853. Tip. Savagnino.

Die Meinungsverschiedenheit betrifft vorzüglich das Kirchenregiment bei der katholischen und evangelischen Confession, welches der Verfasser nur aus der Theorie, unser Mittermaier aber aus der Erfahrung kennt.

Als ein sehr beachtenswerthes Werk bezeichnen wir:

Degli statuti Italiani, saggio bibliografico, di F. Berlan, con aggiunte di N. Barozzi. Venezia, 1858.

Herr Berlan, bekannt durch seine Forschungen über die Foscari und Carmagnola, hat uns hier mit der reichen Literatur über die italienischen Statuten bekannt gemacht, welche zuerst mehr lokal waren, bis sie, nachdem in Pavia, Parma und Bologna die Schulen des römischen Rechts entstanden waren, einen immer mehr allgemeinen Charakter annahmen. Auch Herr Barozzi ist als gelehrter Forscher der Venetianischen Geschichte bekannt.

Ein ähnliches Werk, aber nur über eine Provinz ist folgendes:

Bibliografia degli statuti della provincia di Treviso dall avvocato Ferro. Treviso, 1858.

Ueber das benachbarte Friaul hat der gelehrte Valentinelli, über Brescia der bekannte Odorici ähnliche Nachrichten gegeben, so wie Gigliotti über Lucca und Bonaini über Pisa. Ueber Rom haben wir noch von dem gelehrten Advocaten Gennarelli, der seit der Revolution in Florenz lebt, viel über diesen Gegenstand zu erwarten.

Als Denkmäler der ersten Zeit der Ausbildung der italienischen Sprache sind zu erwähnen:

Quattro leggende inedite del buon secolo della Lingua. Napoli, 1858. Tip. Nobile.

Herr Michele Melzi hat diese an sich unbedeutenden Legenden in der Magliabecchianischen Bibliothek zu Florenz aufgefunden; so wie die

Leggenda di santi Cosma e Damiano, scritta nel buon secolo della lingua, Napoli, 1858. Tip. Trani.

Die beigefügten Anmerkungen sind für den Sprachforscher nicht ohne Werth. Die folgende Sammlung von Inschriften im Paduanischen

Iscrizioni storico-monumentali in Padova e suo territorio di C. Leoni, Padua, 1858.

sind mehr von lokalem Interesse.

Eine Zeitschrift für Landbau kommt seit kurzem in Turin heraus:

Economia rurale, giornale di agricultura, dal Marchese Sambuy, cav. Borio et Ass. Ponizzardi. Torino, 1858.

Sie erscheint in halbmonatlichen Heften und wird von den Landwirthen geachtet; besonders beschäftigt sie sich viel mit der Viehzucht, z. B. über die Verschiedenheit des Nahrungsstoffes des Vieh-Futters, des Heues, das ganz trocken eingebracht worden, im Verhältniss zu dem, welches dem Regen ausgesetzt gewesen u. s. w.

In Venedig erscheint jetzt eine Wochenschrift:

L'Eta presente, giornale diretto dal Sig. Dall Aqua-Giusti,

welche seit dem Aufhören der Venetianischen Revue wieder von erwachsendem literarischem Leben in Venedig Zeugniss gibt, und guten Fortgang verspricht, da die bisher von Rosa u. Collotta mitgetheilten Aufsätze von Geist hinreichendes Zeugniss geben.

In Palermo erscheint ebenfalls eine neue literarische Monatschrift:

L'Ateneo Siciliano,

worin unter andern von dem Bischof Crispi eine Lebensbeschreibung des Maler Pietro Novelli, genannt Monrealese, zu bemerken ist. Dieser gelehrte Bischof gehört der unirten orientalischen Kirche an, welche seit Scanderbeck mehrere Gemeinden in Sicilien und Calabrien stiftete (s. die Insel Sicilien von Neigebaur. II. Aufl. Leipzig, 1849), auch ist derselbe durch mehrere philologische Arbeiten bekannt. Uebrigens scheint die Literatur in Sicilien neuen Aufschwung zu nehmen. Eine wissenschaftliche Monatschrift unter dem Titel: Poligrafo erscheint ebenfalls jetzt in Palermo, eine mehr encyclopädische Zeitschrift erscheint ebendaselbst wöchentlich zweimal, einmal aber eine andere unter dem Titel: Scienza e letteratura, noch andere können erwähnt werden, besonders eine statistische Zeitschrift; eine andere führt den Namen: Empedocle; eine andere L'Idea, eine andere Mondo Comico, Genio, Diogene u. s. w. In Messina erscheinen: L'Eco Peloritano, il Tremacolto, L'educatore dei giovanetti; in Catanea il Giornale Gioenio, in Girgenti la Palingenesi, in Tropani, l'Iniziatore, und in der Mitte der Insel zu Caltonisetta, il Centro.

Neigebaur.

JAHRBÜCHER DER LITERATUR.

*Die Lehre von ius naturale, aequum et bonum und ius gentium der
Römer, von Dr. Moriz Voigt. Leipsig, Voigt und Günther 1856.*

Die Begriffe: ius naturale, ius gentium, aequitas sind die Elemente, gleichsam die Energieen in der römischen Rechtsentwicklung,
und greifen dergestalt in alle Lehren dieses Rechts ein, dass ein
gehöriges Verständniss derselben durch eine genaue Analyse und
Feststellung jener Begriffe bedingt ist. Sind nun auch dieselben in
jeder Bearbeitung des römischen Rechts in Untersuchung genommen
und erörtert worden, so ist doch nicht zu verkennen, dass der Herr
Verfasser zuerst eine erschöpfende Darstellung dieses Gegenstandes
unternommen und ausgeführt hat und in umfassender Weise auf
Fragen eingegangen ist, welche bis dahin entweder gar nicht aufgeworfen worden sind oder keine genügende Antwort gefunden
haben.

    Das Buch zeigt überall ein genaues, sorgfältiges Quellenstu-
dium, überhaupt eine sehr umfassende Belesenheit in der Literatur
des Alterthums, so dass sich der Hr. Verf. durch seine gründliche
Bearbeitung der betreffenden Lehren ein bedeutendes Verdienst um
die Wissenschaft erworben hat. Scharfsinn und die logische Schei-
dungskunst im Trennen und Verbinden der Begriffe sind die wesentlichen Erfordernisse einer wissenschaftlichen Operation. Nur
kann man bei Spaltung der Begriffe in eine Uebertreibung verfallen
und des Guten zu viel thun, so dass dadurch der Gegenstand mehr
verdunkelt, als ins Licht gesetzt wird. Von diesem Fehler ist nun
der Hr. Verf. nicht wohl freizusprechen, wie wir unten zeigen werden. Das Lob, welches die Schrift in materieller Hinsicht verdient,
können wir aber derselben in formeller nicht beilegen. Nicht dass
der Ausdruck verfehlt oder unpassend, oder die Darstellung im
eigentlichen Sinne unbeholfen wäre, allein sie ist häufig so schwer-
fällig, umständlich und weitschweifig, der Periodenbau so vielfach
verschlungen und in einander gedreht, dass dem Recensenten lange
kein Buch vorgekommen ist, bei welchem er so oft hat ansetzen
und sich so mühsam durcharbeiten müssen, als bei dem vorliegenden. Hierzu kommen die Wiederholungen, so dass dasselbe unbeschadet seines Inhaltes um ein Dritttheil hätte verkürzt werden können. Zur Vermeidung solcher Uebelstände kann die Darstellung
Savigny's als Muster nicht genug empfohlen werden.

    Der Hr. Verf. bespricht im ersten Kapitel den Unterschied zwi-
schen Recht und Billigkeit und setzt den Unterschied darein, dass
das Recht als maassgebende und das Leben beherrschende Norm

real und objectiv, die Billigkeit nur als Reflexion, als Gedanke exi-
stire und demnach bloss einen subjektiven Charakter habe. Das
Urtheil kann sich zu den bestehenden Gesetzen billigend oder miss-
billigend verhalten. Allein nicht jede Missbilligung enthält den Ausspruch der Unbilligkeit. Diesen Unterschied hat der Hr. Verf. nicht
gehörig beachtet. Die Reflexion kann sich auf die logischen Eigenschaften eines Gesetzes, seine Unbestimmtheit, Unklarheit, seine
Inconsequenzen u. dgl. beziehen. Eine solche Beurtheilung enthält
eine Missbilligung, ohne dass der Begriff der Unbilligkeit Anwendung findet. Wenn Gesetze veralten, und der Geist der Zeit neue
und andere verlangt, so wird die Erhaltung der frühern als zweck-
widrig und widersinnig bezeichnet, ohne dass denselben Unbilligkeit
zum Vorwurf gemacht wird, sie müssten denn mit den geläuterten
Humanitätsprincipien in Widerspruch stehen. Denn nach dem Sprachgebrauch wird mit der Unbilligkeit immer eine gewisse Hintan-
setzung oder Verletzung dieser Principien ausgesprochen, und dieselbe hat insoweit einen moralischen Charakter. Wenn ein Gesetz
Ungleichheiten in den dinglichen oder persönlichen Verhältnissen
unberücksichtigt lässt und demnach Ungleichartiges einer und derselben Regel unterwirft, oder umgekehrt für gleichartiges verschiedene Grundsätze aufstellt, so wird die Missbilligung in der Regel
auch den Vorwurf der Unbilligkeit in sich schliessen; denn derartige
Bestimmungen sind mit der Rechtsidee unverträglich. Enthält das
Gesetz in seiner Anwendung auf einen concreten Fall eine Unbilligkeit, so kann dieses ein Fehler des Gesetzes sein. Hat der Gesetzgeber diesen Fall nicht bedacht, so wird die durch die Anwendung hervorgerufene Reflexion nicht mit derjenigen identisch sein,
welche der Abfassung des Gesetzes zu Grunde liegt. Es ist aber
auch gedenkbar, dass das Gesetz an sich nicht unbillig ist, indem
es als allgemeine Regel nicht auf alle denkbaren von singulären
Umständen abhängige Fälle eingehen kann, wenn es nicht seinen
Charakter als Regel verlieren soll. Dass die Eintreibung einer
Schuld unter gewissen Umständen unbillig und inhuman sei, leidet
keinen Zweifel: das Gesetz kann sich aber nicht auf alle durch In-
humanität modificirten Ausnahmen einlassen, ohne die gehörige Haltung und Bestimmtheit einzubüssen.

Einen den blossen Buchstaben und die nationale Beschränktheit
überschreitenden Charakter, mithin insoweit den Charakter der Humanität, welcher dem wahren Wesen des Rechts entspricht, trägt
auch die römische aequitas an sich, deren Stellung zum Recht freilich eine andere ist, als die der Billigkeit nach unsern Begriffen,
wie der Hr. Verf. selbst bemerkt. Derselbe hebt zugleich hervor,
dass von dem Moment, wo die Lehre vom ius naturale allgemeiner
von der Wissenschaft aufgenommen ward, dieses mit der aequitas
identificirt worden sei. Das Humanitätsprincip, auf welchem eben
auch das ius naturale beruht, wurde allerdings mehr und mehr in
dem spätern römischen Recht wirksam. Der Hr. Verf. sagt: tritt

die Billigkeit in das Stadium der Realität, so verwandelt sie sich
in Recht. Materiell genommen ist dies allerdings richtig, aber no-
minell kann man dies in Beziehung auf die römische aequitas nicht
wohl sagen, da sie auch nach erlangter Realität in derselben Weise,
nämlich als aequitas bezeichnet wird. Der Hr. Verf. setzt bemerkter
Massen das Wesen der Billigkeit in die Subjectivität und charakterisirt dieselbe im Gegensatz gegen das Recht: „sie sei flüssig, wie
die Idee, auf der allein sie beruht, für jeden Stoff empfänglich,
gleich dem Gefäss, vermöge in jedem Moment ihre Substanz zu
verwandeln (?), bezüglich jedes einzelnen Falles ihr Postulat zu verändern". Diese allgemeine zu vage Charakteristik dürfte für die
römische aequitas nicht zutreffend sein, was auch wohl nach den
spätern Ausführungen zu schliessen nicht die Meinung des Hrn.
Verfassers sein kann. Wenn es S. 16 heisst: die Rechtsregel, so
lange sie als blosser Gedanke noch nicht durch das Gesetz realisirt
sei, werde von dem Ermessen des Gesetzgebers beherrscht und sei
der Willkühr desselben unterworfen, so ist dieser Ausspruch in seiner Allgemeinheit nicht wohl mit dem S. 19 Gesagten in Uebereins-
stimmung zu setzen, wonach das Recht seinen Ausgang von der
rechtlichen Anschauung und Ueberzeugung des Volkes nimmt, so
dass Billigkeit und Recht coincidiren. Danach ist die Willkühr ausgeschlossen und das Recht in seinen besondern Bestimmungen das
Erzeugniss einer gewissen socialen, sittlich-politischen Nothwendigkeit. Der Rechtsgedanke ist beim Anfang kein durchaus freier, indem er durch die gesammten Zustände und die Bildung des Volks
bedingt wird. Abgesehen davon, so ist das Gewohnheitsrecht nicht
das Resultat der Willkühr oder Ueberlegung, da dasselbe in seiner
Unmittelbarkeit der Reflexion entzogen ist. Der Unterschied zwischen Moral und Recht wird (S. 160 u. S. 193) nach dem Gegensatz von Aussenwelt und Innenwelt bestimmt. Es ist nun allerdings
richtig, dass bei dem Recht ein äusseres Handeln vorausgesetzt
wird, und dass bei der Moral die Gesinnung, das Motiv der Willensbestimmung den entscheidenden Moment bildet. Allein unrichtig
ist es, dass bei der Moral die Willensbethätigung, die Realisirung
der sittlichen Idee zurücktrete, und dass bei dem Recht die Willensbestimmung der Beurtheilung nicht unterworfen sei. Man denke
nur an das Criminalrecht. Das wesentliche Erforderniss des Rechts
ist nach dem Hrn. Verf. (S. 160. 173) die Aufstellung einer Regel
in Form einer staatlichen Sanction. Wir wollen hier nicht darauf
näher eingehen, inwiefern dieses Criterium auf das Völkerrecht passt,
da dieses doch immer ein Recht ist, wenn auch ein unvollständiges.
Wir sind mit dem Hrn. Verf. darin einverstanden, dass das Recht
in Gemässheit seines objectiven Charakters eine äussere Regel vor-
aussetze, und insoweit alles Recht positiv sei. Dass aber die Regel,
die formale Pertinenz, das Wesen des Rechts erschöpfe, müssen
wir bestreiten, indem die formale Pertinenz durch eine materiale,
wenn ich mich so ausdrücken darf, bedingt ist, mit andern Worten,

indem die Frage entsteht, inwiefern die Regel der Idee der Gerechtigkeit entspricht. Der Hr. Verf. scheint es an andern Stellen
(z. B. S. 316) selbst anzuerkennen, dass nicht Alles vom Staat
Gesetzte, nicht alles positive Recht eben darum wahres Recht sei.
Der Rechtsbegriff ist in dem Begriffe der Persönlichkeit gegründet,
in der Ermächtigung, die frei gewählten Zwecke durch äussere Thätigkeit in dem volksthümlichen Gemeinwesen zu realisiren. Danach
lässt sich bemessen, was im Allgemeinen Rechtens sein müsse, und
was nicht Rechtens sein dürfe. Wenn auch die sogenannten Ur-
rechte keine eigentlichen Rechte sind, so kann ihnen doch nicht
die Bedeutung allgemeiner Rechtsformen abgesprochen werden, in
denen sich jedes positive Recht verwirklichen muss. Denn in jedem
Rechtszustande, wenn er seinem Begriff entsprechen soll, kann die
Gewährleistung gewisser Ansprüche gefordert werden. Diese Rechtsformen sind, um mit Schelling zu reden, das nicht zu Denkende,
es kann von ihnen nicht abstrahirt werden, da sie mit dem Begriff
der Persönlichkeit gegeben sind. Der Maasstab des unverbrüchlich
Gerechten kann nicht in den vom Staat sanktionirten Gesetzen gefunden werden, indem dieselben vielmehr nach jenem Maasstab zu
bemessen sind. Die Integrität der persönlichen Existenz und Wirksamkeit nach der leiblichen und geistigen Seite schliesst das absolute Verbot gewisser Handlungen und die Ermächtigung zu gewissen Willensbethätigungen und Krafterweisungen in sich. Damit ist
freilich kein bestimmtes Criminal- und Civilrecht gegeben, aber die
nothwendigen data zu einem solchen, die Linien, innerhalb deren
der Rechtsbau aufzuführen ist. Der in dem sittlichen Wesen des
Menschen gegründete Factor des Rechts äussert seine bildende Kraft
in allem urkundlichen Recht nach Maassgabe der Volksindividualität
und Civilisation. Der Gedanke, dass allem Historischen und Empirischen ein Uebersinnliches und Vernünftiges, allem Veränderlichen
ein Unveränderliches zu Grunde liege, dass die verschiedenen Rechte
der Völker Specificationen einer und derselben Rechtsidee sind, dass
sie diese im Ganzen, wenn auch unter Entstellungen in einzelnen
Bestimmungen, unter zeitweisen Verdunkelungen zur Darstellung
bringen, dass mithin Geschichte und Speculation nicht auseinander
fallen, dieser Gedanke, wenn auch nicht mit der gehörigen Bestimmtheit ausgesprochen und consequent durchgeführt, liegt auch
den Rechtslehren des Cicero und der römischen Juristen zu Grunde.
      Der Verf. nimmt S. 35 für das Zeitalter des Cicero eine drei-
fache Erscheinungsform der aequitas an: 1) die vulgäre und zugleich
auch generelle aequitas; 2) die wissenschaftliche und zugleich specielle aequitas; 3) die aequitas als ein philosophischer Begriff. Die
specielle aequitas soll nur in dem Princip, dass die voluntas den
Vorzug vor dem scriptum verdiene, zur Geltung gebracht sein. Wir
halten diese Unterscheidung nicht für gerechtfertigt. Wir bemerken
zuvörderst, dass aequitas nicht immer den Gegensatz von ius stric-
tum, sondern an vielen Stellen in einer allgemeinen Bedeutung das

nach rechtlichen oder ethischen Grundsätzen oder aus irgend einer
Rücksicht zu billigende mithin auch hin und wieder das Angemessene und Schickliche bezeichnet. In dem Falle, welchen Cicero
(de inv. II, 23) erzählt, bezieht sich die aequitas nicht auf das
Recht, sondern auf den Conflikt zwischen den Ansprüchen des kriegerischen Ruhms und der dem gemeinschaftlichen Vaterlande schuldigen Gesinnung. Was den Gegensatz zwischen genereller und
specieller aequitas anlangt, so ist es allerdings richtig, dass Cicero
in den rhetorischen Schriften und in den Reden den Gegensatz
zwischen voluntas und scriptum ausführlich und in wissenschaftlicher
Weise bespricht, allein damit ist nicht soviel bewiesen, dass die
Interpretationsregel nach Maassgabe der Willensbestimmung das einzige Erzeugniss der aequitas sei, welches wissenschaftlich behandelt
worden, und neue Rechtssätze begründet habe, indem die generelle
aequitas nur als Norm der Beurtheilung des Rechts und der Rechtsverhältnisse und nicht als selbstständige Quelle betrachtet worden
sei. Wo daher Cicero von der Eintheilung des Rechts in lex, mos
und aequitas spreche, da sei unter aequitas immer nur die specielle
zu verstehen. Es ist aber auf keine Weise wahrscheinlich und
durchaus nicht erwiesen, dass die auf Interpretation beschränkte
species, ohne nähere Bestimmung als aequitas schlechthin, mithin
als genus, aufgeführt werde. Lex und mos sind von allgemeinem
Umfang, um so mehr wären die Merkmale der aequitas genau anzugeben, wenn sie in ihrer Specialität von so geringem Umfange
sein sollte. Demgemäss können wir auch dem Hrn. Verf. nicht
beistimmen, wenn er in der Stelle des Cicero (part. orat. c. 37):
„aequitatis autem vis duplex, cum altera directo (Ernesti liest: recti
statt directi) et veri et iusti, et, ut dicitur aequi et boni ratione
defendatur", das aequum et bonum auf die specielle aequitas beschränkt. In den vorhergehenden Capiteln und zwar von c. 28 an
wird von der Beredsamkeit in Beziehung auf gerichtliche Verhandlungen gesprochen und bemerkt: eius generis finis est aequitas (V.
de inv. 2, 51). Wenn nun auch in den folgenden Capiteln die
Erklärung einerseits nach dem Wort, andererseits nach der voluntas
und sententia scriptoris, also nach Maassgabe der aequitas einander
entgegengesetzt werden, so erscheint doch an andern Stellen und
namentlich in den vorhergehenden Erörterungen die aequitas nur als
Modification des Rechts überhaupt. So wird die Beantwortung der
Frage, ob ein unverurtheilter (Gracchus) zur Erhaltung des Staates
umgebracht werden könne (iuste necare), in das Gebiet der aequitas
gewiesen (c. 30). Hier steht der Buchstabe des Gesetzes dem
Staatsinteresse gegenüber. Das Princip, dass dieses im Verhältniss
zu jenem vorwiege und das entscheidende Moment sei, ist ebenso
Quelle, wie Norm, zunächst freilich nicht für die Wissenschaft, sondern für das Handeln. Andererseits ist die aequitas in Beziehung
auf die Interpretation ebenso Quelle, als Norm. Die aequitas wird
bald als das rectum bezeichnet, bald dieses dem eigentlichen ius

zugeeignet. (Die aequitas steht in vielen Stellen synonym mit ius
z. B. top. 2, 9. v. den V. S. 190). Es lässt sich nun mit dem
Verf. nicht annehmen, dass in c. 37 die aequitas in einer besondern ganz speciellen Bedeutung gebraucht sei. Die Begriffsbestimmungen und ihre Bezeichnungen sind bei Cicero so schwankend und
unsicher, dass wir es für ein durchaus verfehltes Unternehmen halten, aus den Schriften des Cicero eine eigentliche Rechtstheorie zu
entwickeln. Der Hr. Verf. erkennt die philosophische Schwäche des
Cicero als eines Eklektikers an, indem der Widerspruch in den leitenden Fundamentaldogmen durch die von Cicero adoptirten Folgesätze hindurch blicke, und in einem Werke Sätze aufgestellt würden, welchen die Behauptungen in einem andern geradezu wider-
sprächen. Wie sich mit dieser philosophischen Haltlosigkeit der
Ausspruch des Hrn. Verfs.: Die Werke des Cicero gleichen einer
Blumenlese, welche die schönsten Blüthen griechischer Speculation
in duftendem Kranze kunstvoll verschlingt, zusammenreime, übersteigt die Fassung des Recensenten. Wir sind vielmehr der Meinung Schleiermachers (Grundlinien S. 184), dass Cicero in „der
Ethik Alles verwirrt habe, weil er zu unglücklicher Stunde wie
immer von Panätius absitzend, sein eigenes ungelerntes Ross bestiegen habe“.

Nach dem Hrn. Verf. ist nur die specielle aequitas productiv,
nicht die generelle; obgleich die erstere in der letztern befasst ist.
Die Species würde also ein wesentliches Merkmal an sich tragen,
was dem genus abgeht. Die bonorum possessio, welche der Hr.
Verf. zu der generellen aequitas rechnet, ist unbezweifelt ein Produkt der letztern. In his causis, sagt Cicero (or. part. 28), quid
aequius aequissimumque sit, quaeritur. In der Stelle ad Herenn.
2, 13. §. 20, wo von der Bestellung eines cognitor die Rede ist,
erkennt der Hr. Verf. die Productivität der aequitas generalis an.
Nach dem prätorischen Recht, worauf sich auch Cicero de off. (1, 10)
beruft, braucht ein durch Betrug oder Gewalt bewirktes Versprechen nicht gehalten zu werden (quae quidem pleraque iure praeto-
rio liberantur). Der Grund ist die aequitas. Die voluntatis quaestio, welche hierbei in Frage kommen kann, ist aber eine andere,
als bei dem Gegensatz zwischen verbum und sententia. Dies gilt
auch in Betreff der Consensualcontracte, bei denen nicht der Conflikt des Ausdrucks mit dem Willen, sondern vielmehr nur dieser,
welcher nach den Grundsätzen der bona fides bemessen wird, den
entscheidenden Moment bildet. Daher auch der von Cicero (de
Off. 3, 16) erzählte Fall nicht mit dem Hrn. Verf. auf die voluntatis quaestio bei der Auslegung, sondern lediglich auf die bona
fides zurückzuführen ist. Das Wort ist nicht unbestimmt oder zweifelhaft, sondern es fragt sich nur, ob dasselbe gesagt sein musste
oder nicht. Auch Ulpian fr. 1. §. 1 de act. e. a. leitet die Unzu-
lässigkeit des celare aus den Grundsätzen der bona fides her.

Der Herr Verf. hat in Beziehung auf die specielle aequitas die oben besprochene Stelle (p. o. c. 37) mit einer andern aus den topicis (c. 23) zusammengestellt, wonach die aequitas tripartita ist, una ad superos deos, altera ad manes tertia ad homines pertinet: prima pietas, secunda sanctitas, tertia iustitia aut aequitas nominatur. Hier wird die aequitas nicht sowohl von ihrer objectiven Seite, als Regulativ für den Rechtszustand und in ihrer Beziehung auf Gesetzgebung und Auslegung, sondern vielmehr in ihrem subjectiven Charakter, als sittlich rechtliches Verhalten aufgefasst. Wenn nun Cicero, ohne diesen Unterschied zu betonen, sagt: atque etiam rursus aequitas tripartita esse dicitur, so ist dies ein Beleg zu der Verwirrung und Unklarheit in Behandlung wissenschaftlicher Begriffe, von der wir oben gesprochen haben.

Diese Mängel finden sich gleicherweise in den Aeusserungen des Cicero über das ius gentium und sein Verhältniss zum ius naturale. Dass in der Stelle des Cicero (de off. 3, 17) das ius gentium als ius commune omnibus hominibus, als eine Norm für die societas, quae latissime patet hominum inter homines bezeichnet werde, können wir mit dem Hrn. Verf. nicht finden, indem diese societas gar nicht als ein politischer Verein gedacht wird, welcher von einem positiven Gesetz abhängig sei. Das: aliud ius gentium bezieht sich lediglich auf das Vorhergehende: interior eorum (societas) qui eiusdem gentis sunt. Die homines schlechthin werden von denen unterschieden, qui eiusdem gentis sunt. Nur die homines als solche sollen nach dem Hrn. Verf. S. 68 die Subjecte des iuris g. sein. Allein der Ausdruck gentes bezieht sich bei den lateinischen Schriftstellern immer auf nationelle Verschiedenheiten, wenn auch das ius g. das den verschiedenen Völkern Gemeinsame bezeichnet.

Die weitern Bemerkungen des Cicero über den Mangel des wahren Rechts mit dem Hinzufügen: umbra et imaginibus utimur können nicht von dem ius gentium, sondern nur von dem ius civile verstanden werden, von welchem kurz vorher gesprochen wird. Wenn nun in dieser Stelle das ius g. mit ius naturae nicht in Beziehung gesetzt wird, so lässt sich doch das Gegentheil ohne Künstelei bei andern Stellen nicht in Abrede stellen. Dies beweisen die vom Hrn. Verf. beigebrachten Citate: de off. 3, 5, 24. Neque vero hoc solum natura, id est iure gentium, sed etiam legibus populorum; Tusc. q. 1, 13 omni autem in re consensio omnium gentium lex naturae putanda est; de harus. resp. 14, 32 lege naturae, communi iure gentium sancitum est. In der ersten Stelle werden die leges populorum dem ius g. entgegengesetzt. Unter dem letztern können nur die allgemeinen unter allen Völkern gültigen Rechtsbestimmungen verstanden werden. Cicero leitet überall das Recht und zwar nicht blos den Begriff an sich, sondern in den S. 192 citirten Stellen auch das historisch gegebene von der Natur ab: ius civile ductum a natura, iuris natura fons est. (de off. 3, 17. 71. 72) ius legum et iuris (de leg. 1, 5, 17). Die natura schliesst die Zufälligkeit aus. Die Uebereinstimmung des urkundlichen Rechts in

gewissen Bestimmungen mit dem philosophischen Begriff ist keine
zufällige, sondern darin gegründet, dass die Quelle des Empirischen
das Vernünftige ist, wenn dieses auch nicht rein und unvermischt,
nicht ohne mancherlei Verunstaltung in die Erscheinung tritt, welche letztere ja überhaupt der Idee niemals vollkommen entspricht.
Es ist daher allerdings richtig, dass das ius g. nicht ein nur in
positiver Form ausgeprägtes und verwirklichtes ius naturale sei.
Dieses letztere und ius g. decken sich nicht, jenes geht in diesem
nicht auf. Auf der andern Seite ist die summa und sempiterna lex,
die vis innata, die recta ratio kein blosser Gedanke, keine blosse
Potenz ausserhalb der Weltordnung. Eine solche Potenz wäre zugleich die Impotenz, wenn sie nicht gestaltend in die Weltordnung
einträte. Der Mensch und der Staat können sich nicht insoweit
verleugnen, dass nicht die Vernunft (die natura nach Cicero) in der
Wirklichkeit sichtbar wäre. Zu übersehen ist hierbei nicht, dass ius
und iustitia die Moralität in sich begreift und daher in der urkundlichen Gesetzgebung nur sehr verkürzt und unvollständig verwirklicht werden können. Von der lex sempiterna und immortalis sagt
Cicero (de rep. 3, 22 nach Lactantius f, c. 8) cui qui non parebit,
ipse se fugiet et naturam hominis aspernabitur.

In der historischen Allgemeinheit des iuris gentium spricht sich
auch eine ideelle aus und wir können daher dem Hrn. Verf. nicht
beistimmen, dass in dem ius gentium „nur ein auf Empirie und auf
rechtsconstituirender Offenbarung durch Sitte beruhendes Recht zu
erblicken sei, dass die Gemeingültigkeit des iuris g. eine actuelle,
die Gemeingültigkeit des i. n. eine potenzielle sei, welche nur zufällig in der erstern hervortrete". Die Aeusserungen des Hrn.
Verf. über die grundwesentliche Verschiedenheit des i. g. et nat.,
über den blos empirischen Charakter des i. g. wissen wir übrigens
mit dem S. 202 und 202 Gesagten nicht wohl in Uebereinstimmung
zu setzen. Die conventa hominum und der quasi consensus in den
partitionibus (87, 130) lassen sich u. E. nicht auf das ius gentium
beziehen, denn kurz vorher ist vom ius publicum und privatum,
also vom römischen Recht die Rede. Insofern das ius civile die in
der Vernunft und in der Persönlichkeit des Menschen gegründeten
Ansprüche realisirt, kann dasselbe dem ius naturale weder in Beziehung auf die Quelle noch auf die Geltung absolut entgegengesetzt werden, wenn auch das erstere Abirrungen von dem ius n.
und Manches enthält, was nach Maassgabe der individuellen Umstände und der politisch-sittlichen Verhältnisse aus dem ius nat.
nicht hergeleitet werden kann, wobei nicht zu übersehen ist, dass
die naturalis ratio ihrer Natur nach nur allgemeine Normen enthält,
und daher nicht ausreicht, um concrete Verhältnisse zu reguliren.
Ebenso ist der Geltungsgrund derjenigen positiven Bestimmungen,
welche auch in der lex natura enthalten sind, nicht bloss die äussere Rechtsregel, sondern zugleich, wie es Cicero nennt, die vis innata, die recta ratio. Uebrigens wird durch die Verschiedenheit der

Quelle auch der Geltungsgrund mitbestimmt, so dass sich der letztere von der erstern nicht trennen lässt. In dem Ius civile, als einem Producte des Staatswillens fällt Quelle und Geltungsgrund zusammen. Abgesehen davon, so deutet Cicero (de invent. 2, 54) darauf hin, dass die Keime und Elemente der consuetudo in der natura enthalten sind, so dass man nicht mit dem Hrn. Verf. sagen kann (S. 199), das ius civile sei der lex naturae fremd.

Im §. 49 flg. bespricht der Hr. Verf. in eingehender und scharfsinniger Weise den Einfluss der Philosophie auf die römische Jurisprudenz und die Behandlung der römischen Rechtsinstitute, und geht sodann auf das ius naturale über. Der Verfasser betont es, dass die römischen Juristen Rechtsinstitute von universeller Bedeutung lediglich in ihrer Beziehung zum römischen Recht definiren. Allein diese Institute, wie z. B. die Tutel, haben in ihren Voraussetzungen und Wirkungen, in ihrer juristischen Gestaltung ein eigenthümliches Gepräge. Eine Definition ohne Rücksicht auf diese Qualität würde daher eine unzulängliche sein. Als Beispiel einer lediglich abstracten Begriffsbestimmung von viel weiterem Umfang als der gesetzlich gegebene Begriff wird die Definition der Ehe angeführt (S. 265). Wir vermissen die Rechtfertigung dieses Ausspruchs, da die Ehe auch sonst als eine Lebensgemeinschaft, die Frau als socia rei humanae et divinae bezeichnet wird. (M. s. die Stellen bei Schrader zu pr. inst. le patria potestate). Obgleich die communicatio humani et divini iuris nicht in Beziehung auf die strenge, sondern die freie Ehe ausgesprochen wird (Rossbach über die Ehe S. 53), so passt dieselbe doch in erhöhtem Maasse auf die erstere, wo die Frau in die Familie des Ehemanns überging. Auf die Gemeinsamkeit in den Verhältnissen des äussern sowohl als des religiösen Lebens deuten auch die Hochzeitfeierlichkeiten hin.

Der Hr. Verf. hat das ius naturale und die abweichenden Ansichten der römischen Juristen über diesen Begriff, sowie deren Inconsequenzen einer sorgfältigen Prüfung unterworfen. Die römischen Juristen sollen folgenden Stufengang befolgt haben: Die ratio naturalis erzeugt die lex naturae, und diese enthält das ius naturae. Dieser Stufengang in wissenschaftlicher Fassung lässt sich aber nicht nachweisen. Der Hr. Verf. führt selbst Stellen an, wo die naturalis ratio als Gesetzgeberin bezeichnet und unmittelbar mit dem ius naturale in Verbindung gebracht wird. Die Ausdrücke naturalis ratio und ius naturale wechseln hin und wieder, ohne dass damit eine begriffliche Verschiedenheit angedeutet wird. Gaius 2, 73, praeterea id, quod solo nostro ab aliquo inaedificatum est, quam vis ille suo nomine aedificaverit, iure naturali nostrum fit, quia superficies solo cedit (l. 7. §. 10 de acq. ver. dom.). Das ius naturale erscheint als Consequenz der zuletzt aufgeführten Regel. Der Satz bei Gaius: ea quoque, quae ab hostibus capiuntur, naturali ratione nostra fiunt, drückt gleichfalls eine Consequenz aus, indem er darin gegründet ist, dass zwischen Feinden kein rechtliches Verhältniss

besteht. Statt naturali ratione könnte ebenso gut naturali iure
stehen. In den Institutionen (§. 17 de rer. div.) wird hierbei auf
das ius gentium, nicht auf die naturalis ratio Beziehung genommen,
obschon im §. 11 die Occupation überhaupt aus derselben hergeleitet wird (V. Schrader z. d. St.). Als Consequens und Angemessenheit ist auch der Grundsatz aufzufassen: nihil magis naturale est,
quam eo genere aliquid dissolvi quo colligatum est. Die naturalis
ratio in Verbindung mit suadet und ähnlichen Worten, drückt wenigstens an einigen Stellen nicht sowohl eine absolute Bestimmung,
ein absolutes Gebot oder Verbot aus, sondern vielmehr eine Angemessenheit, eine Sachgemässheit, eine Conformität mit logischen,
rechtlichen oder sittlichen Principien. Dies gilt z. B. von dem Satz:
naturalis ratio suadet alienam conditionem meliorem facere, etiam
ignorantis et inviti (fr. 139 de neg. gest.). Ratio hat, wie der Hr.
Verf. selbst bemerkt, sehr verschiedene Bedeutungen, und bezeichnet
vornämlich ein Princip, einen Bestimmungsgrund, werde er rationell
oder historisch gefasst, aus dem Wesen der Sache, also aus innern
Beziehungen oder aus äussern Rücksichten hergeleitet. Demgemäss
bedeutet ratio auch eine Norm, und ist identisch mit lex, worauf
der Hr. Verf. selbst hindeutet (S. 273 u. S. 558). In den S. 272
Nr. 428 citirten Stellen, wenigstens den meisten, ist nun die naturalis ratio nicht die abstracte Vernünftigkeit, aus welcher als oberster Quelle die speciellen Bestimmungen hervorgehen, sondern sie
wird als Regulativ auf concrete Verhältnisse angewendet, so dass
ebenso gut lex wie ratio stehen könnte. Die ratio naturalis ist
einerseits productiv, andrerseits regulativ, indem sie auf Institute
des römischen Rechts angewendet wird, welche aber nicht Ausflüsse
der allgemeinen Vernünftigkeit sind. Uebereinstimmung und Widerspruch der Begriffe wird auf die naturalis ratio zurückgeführt, je
nachdem jene oder dieser in der letztern gegründet sind, so dass
aus ihr die Beantwortung und Entscheidung gewisser Rechtsfragen
hergeleitet wird. Die naturalis ratio bezieht sich auf die rerum natura, deren Begriff verschiedene Schattirungen hat, welche von dem
Hrn. Verf. nicht gehörig hervorgehoben sind. Die rerum natura
enthält: 1) Naturbestimmungen, über welche die Gesetzgebung keine
Gewalt hat. Dies gilt z. B. von der Blutsverwandtschaft an sich,
obschon die iura cognitionis von dem Gesetze abhängig sind. Ebenso
ist die fera natura gewisser Thiere eine Thatsache, welche der
menschlichen Willkühr entzogen ist. In Beziehung auf den usus
fructus heisst es, der Senat kann nicht verbrauchbare Sachen zu
unverbrauchbaren machen, die physische Natur der Dinge nicht
ändern: nec naturalis ratio (soviel als rerum natura) auctoritate
senatus commutari potest. Demgemäss wurde utilitatis causa zu
verbrauchbaren Sachen ein quasi ususfructus angenommen. (Vgl.
Schrader zu §. 2. Inst. 2. 4). 2) Die rerum natura äussert sich
in Bestimmungen, deren Gegentheil widersinnig (contra naturam),
unvernünftig sein würde. Widersprechendes kann nicht zusammen-

gedacht werden. Daher entgegengesetzte Bestimmungen in einem Testamente, welche sich gegenseitig aufheben, dasselbe ungültig machen (fr. 188 d. r. j.). Grundsätze, welche sich auf die naturalis ratio in dieser Bedeutung stützen, müssen überall und zu jeder Zeit gelten. In dem Satze dagegen: rerum natura conditum est, et plura sint negotia quam vocabula, bezeichnet rerum natura nicht die Vernünftigkeit, sondern den natürlichen historischen Verlauf der Dinge und menschlichen Verhältnisse.

3) Die naturalis ratio und das ius naturae enthält Bestimmungen über menschliche Verhältnisse, welche wenigstens nach der Ansicht mancher Juristen (S. 307) nicht in der Weise absolut gelten, dass das Gegentheil oder eine Abweichung von der Regel vernunftwidrig wäre, indem concrete Verhältnisse die Abweichung rechtfertigen. Nach Ulpian ist es lex naturalis, dass bei nicht legitimer Ehe das Kind der Mutter folge, nisi lex specialis aliud inducat. Gaius (I, 80 et 83) beruft sich nicht auf die lex naturae, sondern auf das ius gentium. In dieser Beziehung heisst es, dass das ius civile nicht schlechthin dem ius naturae diene, ihm unterworfen sei.

Im §. 57 wird dargethan und auseinandergesetzt, dass Ulpian ius naturale in einer doppelten Bedeutung annehme, einmal als ein Recht aller lebenden Wesen (quod natura omnia animalia docuit), und sodann als ein ausschliessliches Recht der Menschen. Damit ist ein Gegensatz ausgesprochen, so dass das Recht der Vernunftwesen als solches auf die vernunftlosen Geschöpfe keine Anwendung leidet. Daher denn gewisse Bestimmungen gleicherweise für Menschen und Thiere gelten, andere dagegen auf die Menschen beschränkt sind. Wenn daher maris et feminae coniunctio als eine Thieren und Menschen gemeinsame Vereinigung bezeichnet und hinzugefügt wird, quam nos matrimonium appellamus, so ist damit der Gedanke ausgesprochen, dass jene coniunctio ein Analogon oder ein Vorbild der Ehe, aber in der That keine solche sei. Diese ist in ihren Erfordernissen und ihrem ganzen Charakter nach wesentlich von jener coniunctio verschieden, und es leidet keinen Zweifel, dass Ulpian die thierische coniunctio nicht habe mit dem matrimonium identificiren wollen. Es ist daher unzulässig, wie S. 291 geschieht, Grundsätze, welche nur Bedeutung für das menschliche Recht haben unter die Kategorien des gemeinsamen zu stellen. Nur für jenes passt der Ausspruch Ulpians, lex naturae est, ut qui nascitur sine legitimo matrimonio matrem sequatur; parentem ali a filio debere. Dass Ulpian in fr. 13 de iniuriis ein Miteigenthum aller lebenden Geschöpfe an den Elementen überhaupt annehme, kann mit dem Hrn. V. nicht behaupt werden (S. 292). Denn wenn Ulpian sagt: mare omnibus commune, so spricht er doch von piscari in mari (v. t. 3, 43, 8 maris communis usus omnibus hominibus). Auch leidet es keinen Zweifel, dass man die Thiere vom Gebrauch des Meeres ausschliessen könne.

In §. 50 v. §. 35 und 89 wird ausgeführt, dass ius naturale

und ius gentium keine Gleichstellung zulassen, und dass selbst diejenigen Juristen, welche eine solche annehmen, mit sich selbst in
Widerspruch gerathen, indem beide in Hinsicht auf genesis, Umfang
und die ihnen unterworfenen Rechtssubjekte wesentlich von einander verschieden wären.   Nach dem H. V. wird das ius gentium in
einer doppelten Bedeutung genommen, in einer ethnischen und in
einer politischen, in dieser bezeichnet es die civitates, in jener die
Stammgenossen, die verschiedenen Nationalitäten ohne Rücksicht auf
einen Rechtsverband (S. 410. 439 ff.).   Dieses letztere als ius generi humano commune hat den Consens der Majorität der Menschheit zur Voraussetzung (S. 441).   Dieser consensus ist nach S. 439
zu schliessen nicht ein expressus, sondern tacitus.   Jus gentium in
diesem Sinne werde von Marcian angenommen und darauf beziehe
sich §. 11 der Institutionen (1,2).   Abgesehen davon, dass sich bei
den römischen Juristen keine Andeutungen von einem solchen consensus finden, so sind die Völkerstämme selbstständig und unabhängig von einander, und es ist daher nicht abzusehen, wie die Willensbestimmung der Majorität für die Minorität bindend sein könne.
Die Kriege, welche nach der betreffenden Stelle der Institutionen
unter den Völkern entstanden sind, passen zu dem aufgestellten Begriff nicht, stehen sogar mit dem Merkmal des consensus im Widerspruch, und setzen, wie alle sonstigen in der Charakteristik des ius
gentium aufgeführten Momente politische Gemeinwesen voraus.   Die
Kriege, welche gemeint sind, haben ein geordnetes Militärwesen zur
Voraussetzung, dieses ist aber ohne eine Staatsgewalt nicht denkbar.
Auf eine Rechtsgemeinschaft beziehen sich auch die von Hermoge-
nianus fr. 5 de i. et iust. dem ius gentium überwiesenen Einrichtungen: regna condita, dominia distincta, agris termini positi, aedi-
ficia collocata.   Dies gilt denn auch von den weiter in dieser und
der Institutionenstelle aufgeführten Erweisungen des ius gentium:
ex hoc iure omnes paene contractus introducti, ut emtio venditio,
locatio conductio, societas, depositum, mutuum et alii innumerabiles.
Dass hierbei nicht eine blosse Stammes-, sondern eine Rechtsgemeinschaft vorausgesetzt werde, leuchtet ebenso ein, als dass hierbei
nicht an einen consensus der Völker zu denken sei, indem vielmehr
die Rechtsentwickelung an sich und ein gleiches Bedürfniss diese
verschiedenen Vertragsformen ins Dasein gerufen hat.   Wäre die
Ansicht des H. V. richtig, so würde die Herleitung dieser Verträge
eine doppelte sein, aus dem von ihm angenommenen ius gentium
und aus der naturalis ratio, welche an andern Stellen angeführt wird.
Wenn hin und wieder in Betreff der Völker die Verschiedenheit der
Abstammung hervorgehoben wird, so kann doch von der Rechtsgemeinschaft nicht abstrahirt werden, wo rechtliche Verhältnisse in
Frage stehen.   Bei diesen ist also die Rechtsgemeinschaft mitgesetzt,
jedoch nicht gleicherweise da, wo die sonstigen Anlagen, Eigenthümlichkeiten, Bestrebungen und überhaupt die Individualität eines Volks
besprochen wird.   Das ius generi humano commune wird in seinem

Unterschiede von dem Rechte, quo omnes gentes utuntur, in seinem isolirten Bestande nirgends charakterisirt, nirgends findet sich eine Specification der Rechte, welche dem freien Mann als solchem zustehen, indem überall auf den Collectivbegriff gentes Beziehung genommen wird. Dies ist auch bei den ἀπόλιδες der Fall, für welche jenes ius commune nach dem H. V. gelten soll. Sie sind sine civitate, quae iuris civilis sunt, non habent, quae vero iuris gentium sunt, habent (S. 404). Damit werden ihnen die allgemeinen Zuständigkeiten beigelegt, in welchen alle Volksrechte zusammentreffen, wenn man von den besondern Satzungen der verschiedenen Staaten abstrahirt. In dieser Beziehung ist es gleichgültig, welchem Volke man angehört.

In einem solchen abstrakten Zustande befinden sich die ἀπόλιδες. Da mit dem Verlust des Bürgerrechts unmittelbar die Einbusse des ius civile verknüpft wird, so kann unter dem letzten nur das römische verstanden werden. Auch sagt Marcian (§. 2. Instit. 1,2): quoties non addimus, cuius sit civitatis, nostrum ius significamus. Erfordert das ius generi humano commune, dass die Mehrheit der Menschheit zustimme, so passt diese Bestimmung auf die ἀπόλιδες nicht, welche als Rechtssubjecte weder dem römischen, noch einem andern Stamm angehören. Wie weit die Rechte der ἀπόλιδες gehen, ist nirgends gesagt. Es leuchtet aber von selbst ein, dass sie nicht zu solchen Handlungen fähig sind, welche zwar im Allgemeinen zulässig, aber in jedem Staate von besondern Formen und Erfordernissen abhängig sind. Daher ein dediticius kein Testament machen kann, weil er nullius certae civitatis civis est. Dies gilt auch von solchen Handlungen, welche die Aufnahme in ein politisches Gemeinwesen zur Voraussetzung haben, wenn sie eine bestimmte Wirksamkeit äussern und in ihrem rechtlichen Bestande von den Römern anerkannt werden sollen. Wenn übrigens die ἀπόλιδες die in Rede stehende Rechtsfähigkeit bei den Römern geniessen, so ist damit nicht gesagt, dass dieselbe auch in gleicher Weise von andern Völkern angenommen und sanctionirt sei. Das ius gentium in seiner personalen Allgemeingültigkeit im Gegensatz gegen die nationale ist nach dem H. V. von Marcian angenommen worden. Dass er hin und wieder nicht von omnibus hominibus, sondern von gentibus spricht, soll aus der Neigung der Römer zu Nominaldefinitionen erklärt sein. Wie aber diese Neigung den Missgriff, ein falsches Prädicat zu setzen, rechtfertigen könne, ist schwer einzusehn. Die humanae gentes bezeichnen den Gegensatz von barbarae gentes (Cic. p. Marc. 3) und sind daher keine Umschreibung von humanum genus. Nach S. 277 soll Marcian die Dogmen der Stoiker von der lex naturae, dem ius naturale, und der societas humana reproducirt, und aus dem Wesen der letztern eine alle Menschen umschliessende communio gewisser Güter hergeleitet haben. In der Bestimmung Marcian's: quaedam iure naturali communia sunt omnium, aër, aqua profluens, mare et per hoc litora maris, wird auf

die societas humana keine Rücksicht genommen. Das ius naturale
bezeichnet das naturgemässe Recht, indem an gewissen Gütern kein
ausschliessendes Eigenthum statt finden kann, auch keine solche Gemeinschaft, wie bei einer societas, wo eine Theilung zulässig ist.
Ovid. Met. VI, 350: nec solem proprium, nec aëra natura fecit,
nec tenues undas. Im fr. 4 (1,8) sagt derselbe Marcian, das Meer
sei iuris gentium, drückt sich also hierüber ebenso aus, wie Gaius,
Paulus, Scaevola. Die Uebereinstimmung des ius naturale und ius
gentium soll bei Marcian daraus erklärlich sein, dass jenes sowohl
wie dieses in dem Begriff der communio zusammentreffen. Abgesehen davon, dass das ius gentium als Grund angeführt wird, (von
den aedificiis und monumentis heisst es: quia non sunt iuris gentium, ut mare), so ist die gedachte Uebereinstimmung nicht wohl
anzunehmen, wenn Marcian (in den Inst. §. 2, 1,2) unter ius gentium ein auf consensus beruhendes Recht versteht, welches seinen
Ursprung in dem usus und den humanae necessitates hat. Die iura
naturalia sind nach Marcian durch die divina providentia, also durch
eine über einen solchen Ursprung erhabene Nothwendigkeit eingesetzt, so dass eine und dieselbe Satzung nicht zugleich das Erzeugniss einer mehr oder weniger willkürlichen Willensbestimmung
und einer absoluten Nothwendigkeit sein kann. Nach S. 458 findet
sich bei Ulpian die Gleichstellung des ius naturale und ius g., derselbe verstehe aber unter dem letztern ein ius commune omnium hominum. Obgleich Gaius und Ulpian sich gleicherweise ausdrücken:
quo iure omnes gentes utuntur, so verbänden doch beide damit einen
verschiedenen Begriff. Wir gestehen, dass wir darin nur eine spitz-
findige Klügelei finden können. Demgemäss müssen wir uns gegen
die doppelte Bedeutung von ius g. erklären, indem wir für dasselbe
nach den obigen Erörterungen einen doppelten Factor annehmen,
einen rationellen und einen historischen. Jenem sowohl als diesem
haben die römischen Juristen in ihren Begriffsbestimmungen Rechnung getragen, ohne über das Verhältniss dieser verschiedenen Elemente zur gehörigen Klarheit zu kommen, ohne zu ermitteln, welche
Verhältnisse sich auf die naturalis ratio zurückführen lassen und
welche nicht, noch auch inwiefern sich daraus das Concrete von zufälligen factischen Umständen Abhängige nach seinem speciellen Charakter entwickeln lasse. In §. 1 der Institutionen (de iure nat. g.
et civ.) heisst es: quod naturalis ratio inter omnes homines constituit, id apud omnes gentes peraeque custoditur, vocaturque ius gentium. quasi quo omnes gentes utuntur (G. 1, 1. Nach fr. 1 pr. 4,1,
1 ist das ius gentium als antiquius cum ipso genere humano pro-
ditum. v. §. 11 Inst. de rer. div.). Von dem ius gentium wird in
§. 2 weiter bemerkt: ius gentium omni generi humano commune
est. Nam usu exigente et humanis necessitatibus gentes humanae
quaedam sibi constituerunt, bella enim orta sunt, et captivitates se-
cutae et servitutes, quae sunt iuri naturali contraria, iure enim naturali ab initio omnes homines liberi nascebantur. Dass naturalis

ratio und usus et humanae necessitates verschiedene Principien sind, dass mithin in §. 1 das ius gentium von einem andern Standpunkt aufgefasst werde, als im §. 2, leuchtet ebenso ein, als dass die aus dem usus hergeleiteten Zustände und Institute nicht sammt und sonders Producte der ratio naturalis sein können. Denn sonst müssten auch die Kriege, in denen ein Theil im Unrecht ist, als ein solches Product gelten. Die naturalis ratio kann nicht wohl mit Zufälligkeiten zusammenbestehen, zu Entstehung der Kriege geben aber oftmals zufällige Umstände Veranlassung. Das Kriegsrecht und die völkerrechtlichen Verhältnisse sind in dem ius gentium befasst. Hier werden die Völker in ihrer Entgegensetzung als discretae gentes aufgefasst, aber in anderer Weise, als wo von dieser Entgegensetzung abstrahirt und das den Völkern Gemeinsame als Inhalt des ius gentium bezeichnet wird. Wenn nun in §. 11 der Institutionen de iure nat. gent. et civ. gesagt wird: naturalia iura, quae apud omnes gentes servantur, divina quadam providentia constituta, semper firma et immutabilia permanent, so ist damit der Gedanke ausgedrückt, dass gewisse Rechtsgrundsätze und Rechtsinstitute dergestalt jedem politischen Gemeinwesen immanent sind, dass sie nothwendig von allen Völkern anerkannt und verwirklicht werden müssen, indem ohne dieselben ein Rechtszustand gar nicht gedacht werden kann. Danach ist also das Empirische und Historische ein Resultat und Erzeugniss einer ideellen Macht, mag sie als naturalis ratio oder als divina providentia bezeichnet werden. Die iura naturalia, quae apud omnes gentes servantur, sind realisirte, nicht blos rationell construirte Rechte, und da sie bei allen Völkern beobachtet werden, so fallen sie dem ius gentium zu und lassen sich nicht mit dem Hrn. Verf. S. 448 diesem gegenüberstellen. Wenn nun die römischen Juristen die actuelle Gemeingültigkeit des ius gentium hin und wieder nur historisch begründen und rechtfertigen, so ist damit das rationelle Element in der Genesis des j. g. nicht geleugnet, insoweit nicht besondere Rechtsinstitute, sondern die allgemeinen Grundlagen und Principien des Rechts in Frage stehen. Die römischen Juristen sind nicht bei der wechselnden Erscheinung stehen geblieben, sondern haben in dem Wechsel ein wandelloses Princip wahrgenommen, ohne die Grenzen zwischen dem wechselnden und unwandelbaren genau zu bestimmen.

Das ius naturale steht dem ius gentium insbesondere in dem Satze gegenüber, dass die Sklaverei ein Erzeugniss des ius gentium sei, im Widerspruch gegen das ius naturale, nach welchem alle Menschen frei geboren sind. Damit ist aber nicht so viel ausgesprochen, dass die Sklaverei schlechthin gegen die naturalis ratio, gegen die Vernunft anstosse, denn sonst würden die Römer ihr eigenes Recht als unvernünftig bezeichnen. Dies kann um so weniger angenommen werden, da auf die Sklaverei die Grundsätze der Occupation angewendet werden (Inst. 1. 2, tit. 1 §. 17), welche nicht blos iuris gentium, sondern auch iuris naturalis ist. Der Grundsatz: iura

naturalia civilis ratio perimere non potest leidet auf die Sklaverei
keine Anwendung und das ius gentium steht mit sich selbst im Widerspruch, insofern es auf die naturalis ratio gegründet wird, nach
welcher alle Menschen ursprünglich frei sind.

Der Sklave ist kein Mitglied des politischen Gemeinwesens und
es stehen ihm daher auch keine Civilrechte zu; er hat kein suum,
welches eine politisch-bürgerliche Persönlichkeit voraussetzt.   Der
Staat garantirt die Privatrechte durch die Klagbarkeit und die Wirksamkeit der Gerichte.   Davon ist der Sklave ausgeschlossen.   Wenn
er demnach in Ermangelung der juristischen Selbstständigkeit kein bür-
gerliches Rechtssubjekt ist, so ist er doch ein Vernunftwesen, kein
durchaus rechtloses Subject.   Die Rechte desselben sind nur insoweit aufgehoben, als sie in dem ius civile gegründet sind.   Die iura
naturalia leiden insofern auf ihn eine Anwendung, als er naturaliter
berechtigt und verpflichtet ist.   Innerhalb dieser Grenzen ist die natürliche Freiheit anerkannt, und auf diese wird die naturalis obligatio zurückgeführt (fr. 64 d. cond. ind.).   Das Kennzeichen derselben
ist, dass sie keine Klage giebt, und sie hat daher im Verhältniss
zur civilis einen negativen Charakter.   Es würde gegen die sittliche
Natur des Rechts anstossen, wenn man die Tilgung einer mit freiem
Willen contrahirten Schuld rückgängig machen und das wieder fordern könnte, was man von freien Stücken gezahlt hat.   Das Nicht-
worthalten würde dann in der Weise sanctionirt werden, dass wenn
man es auch gehalten hätte, man es doch wieder vernichten könnte,
und so mit sich selbst in Widerspruch träte.   Die obligatio naturalis in ihrem Verhältniss zur civilis, leidet unstreitig auf die Pere-
grinen eine Anwendung, hat aber in Beziehung auf Sklaven nicht
den Sinn, dass dieselben bei allen Völkern in dem Genuss einer solchen beschränkten Rechtsfähigkeit sind.   Sie kann also insoweit nicht
als Produkt des iuris gentium als Ausfluss eines Rechts angesehen
werden, quod naturalis ratio inter omnes homines constituit et apud
omnes populos peraeque custoditur.   Von den Instituten des j. g.,
welche nach dem H. V. nur für freie gelten, sind die Sklaven ausgeschlossen.   Nun heisst es aber in fr. 8 §. 4, 46,4. et servus ac-
cepto liberari potest, et tolluntur etiam honorariae actiones, si quae
sunt adversus dominum, quia hoc iure utimur, ut iuris gentium sit
acceptilatio et ideo puto, et graece acceptum fieri, dummodo sic fiat,
ut latinis verbis solet.   Die acceptilatio wird sonst als actus legiti-
mus, als ein Tilgungsact des Civilrechts aufgeführt (fr. 107 de solut.
et lib.) und steht der solutio gegenüber (v. G. 3, 71. s. Schrader
zu §. 1 der Inst. quibus modis).   Da die acceptilatio aber späterhin auch in griechischer Sprache vollzogen werden konnte, so wurde
sie ebenso wie die stipulatio, insofern die letztere nicht auf spondere
lautete, dem ius gentium beigezählt.

(Schluss folgt.)

JAHRBÜCHER DER LITERATUR.

Voigt: Lehre von ius naturale u. s. w.

(Schluss.)

Da es sich nun bei der acceptilatio nicht um die Eingehung, sondern um die Auflösung einer Verbindlichkeit und die Befreiung von einer solchen handelt, so scheint man, wohl nicht ganz consequent, die acceptilatio in ihrer freiern Form dieselbe Qualification, wie der solutio eingeräumt zu haben. Es war dies um so mehr zulässig, da die acceptilatio, wenn man sie bei andern, als Verbalverträgen anwendet, als Exception vorgeschützt werden konnte (fr. 8 pr. fr. 19 pr. 46, 4; fr. 27, §. 9, 2, 14; fr. 5 pr. 18,5. Hierzu kommt, dass in Gemässheit des Grundsatzes: nihil magis naturale est, quam eo genere aliquid dissolvi, quo colligatum est, die acceptilatio mit der naturalis ratio in Beziehung gesetzt werde. Wenn also die acceptilatio zunächst dem Civilrecht angehört, so greift doch ihr massgebendes Princip über dasselbe hinaus. Nach dem Hr. V. soll Marcian das ius g. ohne Rücksicht auf ein ideelles Princip in seiner historischen Gemeingültigkeit aufgefasst haben. Wir haben uns schon oben in Beziehung auf die Institutionsstelle (§. 11. 1,2) gegen diese Auffassung erklärt, ohne die Aeusserung des Juristen dahin auszulegen, dass der gesammte Inhalt des ius g. auf die divina providentia zurückzuführen sei. Nicht das ganze historische Material, wie es sich in den Gesetzen und dem Rechtszustande der Völker entwickelt hat, ist das Resultat einer göttlichen Anordnung. Wenn gewisse Institute, gewisse Erwerbarten, gewisse Contracte bald dem ius naturale, bald dem ius gentium überwiesen werden, so ist damit die Selbstständigkeit beider Rechtsarten nicht ausgesprochen. Denn wenn das ius gentium in dem ius naturale gegründet ist, so können dergleichen Institute ebenso auf die nähere als die entferntere Abstammung zurückgeführt werden. Demgemäss wird z. B. in den Institutionen §. 12 de rer. div. die Occupation, als ein Institut des iuris gentium durch die naturalis ratio gerechtfertigt. In dem Satze über die locatio conductio: quum naturalis sit et omnium gentium können wir nicht mit dem Hn. V. S. 451 die Selbstständigkeit der beiden in Rede stehenden Rechtsbildungen ausgesprochen finden, indem das: omnium gentium, ebenso wie in der Stelle der Institutionen als eine Folgerung der naturalis ratio aufgeführt wird. Die Ausdrücke: natura, naturalis ordo im Gegensatz gegen ius gentium drücken übrigens in vielen Stellen nicht Rechtsverhältnisse, sondern Naturbestimmungen aus, welche unabhängig von dem menschlichen Handeln bestehen, und durch dieses nicht modificirt werden können. Die Blutsverwandschaft ist eine Naturthatsache und mit dem menschlichen Dasein nothwendig gesetzt, also nicht particular römisch. Der Rechtsbegriff aber, unter welchem ein solches Verhältniss gestellt werden soll, hängt von den sittlichen Anschauungen ab, die sich in einem Volke gebildet haben. Daher denn die Feststellung der mit der Blutsverwandtschaft verknüpften Ansprüche nicht von dem ius gentium, sondern in durchaus specieller Weise nur von dem römischen Recht abhängig gemacht werden konnte. Den Grundsätzen des ius gentium werden jedoch gewisse Verhältnisse der Blutsverwandtschaft unterworfen, insbesondere der incestus zwischen Personen und der auf- und absteigenden Linie. Nach fr. 34. §. 1, 18,1 hat die natura oder das ius gentium, oder mores civitatis gewisse Gegenstände dem Verkehr entzogen. Unter der natura ist hier kein ius naturale, sondern die Naturbeschaffenheit gewisser Dinge zu verstehen, welche eine Ausschliesslichkeit des Privatwillens, und eine Unterwerfung unter denselben, mithin den Verkehr gar nicht zulassen. Ebenso wird in fr. 28, §. 1. 28, 2. der naturalis ordo, als eine durch das Ableben bewirkte Naturthatsache, dem menschlichen Handeln entgegengesetzt.

Für die aequitas nimmt der H. Verf. fünf Richtungen an, und findet sie in folgenden Principien:

1) In dem Princip der Berücksichtigung der auf die Blutsverwandtschaft und Ehe gestützten Verbindungen.

2) In dem Princip der Aufrechthaltung derjenigen Verpflichtungen, die man im rechtlichen Verkehr durch Treue und Glauben geboten erachtet.

3) In dem Princip der Zutheilung und Aberkennung von Vortheil und Nachtheil und insbesondere von Gewinn und Verlust nach dem durch die Verhältnisse gegebenen Massstabe von Angemessenheit.

4) In dem Princip der Freiheit der Willenserklärung von positiv und gesetzlich gegebener Form, wie überhaupt der Prävalenz der Willensbestimmung gegenüber der Willenserklärung.

5) In dem Princip der Berücksichtigung der Individualität der concreten Verhältnisse.

Der Herr Verf. hat diese fünf Richtungen der aequitas, welche sich produktiv und regulativ äussert, in ihren verschiedenen Kundgebungen und Specificationen, in gründlich eingehender Weise ausführlich auseinander gesetzt und erörtert. Um nicht zu weitläufig zu werden, beschränken wir uns auf diese Angabe, ohne die einzelne Ausführungen einer weitern Prüfung zu unterwerfen. — Wir fügen nur die Bemerkung hinzu, dass nicht in aller Beziehung das aequum ein Echo der lex naturae sei. Bestimmungen derselben, welche in der eigentlichen Naturordnung und ihrer Gesetzlichkeit gegründet sind können nicht als aequum bezeichnet werden. Dass z.

B. der eigentliche usus fructus an verbrauchbaren Sachen unzulässig sei, resultirt aus dem Wesen und dem Begriff der letztern. Das
Vertilgen ist kein wahres uti frui im Sinne des römischen Rechts.
Diese Bestimmung lässt sich nur auf die rerum natura, nicht auf
die aequitas zurückführen.

Eduard Platner.

---

*Herbart und die Bibel, Mittheilungen und Andeutungen von
K. L. Hendewerk, Doktor der Philosophie, Licentiaten der
Theologie und Pfarrer zu Heilig-Kreuz. Erstes Heft. Königs-
berg, Wilhelm Koch, 1858. 11 S. u. 96 S. gr. 8.*

Die Vorzüge der Herbart'schen Philosophie vor den meisten
philosophischen Systemen der Jetztzeit sind unbestreitbar. Kant
wies mit Scharfsinn in seiner Kritik der reinen Vernunft nach, dass
unser Erkennen das Ding nur innerhalb der ihm gegebenen Erkenntnissformen auffassen, also immer nur das Ding in der Erscheinung,
nicht aber das Ding an sich erkennen könne. Das Ding an sich
ist uns nach ihm unerkennbar; wir können uns nur von der Realität der Erfahrungswelt auf dem Wege der Kritik der reinen oder
theoretischen Vernunft d. h. der Vernunft überzeugen, welche die
Principien oder obersten Grundsätze für das Erkennen aufstellt. Seine
Nachfolger, Fichte, Schelling und Hegel wollten nun durch
die Speculation gerade dasjenige erkennen, was Kant in seiner Kritik der reinen Vernunft als unerkennbar hingestellt hatte. Fichte
war dieses Ding an sich das Ich und die Welt ein Inbegriff der
unendlich vielen Selbstbegränzungen oder Selbstbeschränkungen des
Ichs, eine Modification einer und derselben Substanz, des Ichs. Schelling machte zum Ding an sich den Indifferenzpunkt oder die Aufhebung der Gegensätze des Subjektiven oder Idealen und des Objektiven oder Realen. Hegel war dieses Ding an sich die absolute Idee oder der Begriff an sich ohne jeden bestimmten Inhalt,
über den Gegensätzen des Subjektiven und Objektiven schwebend.
Man wendete sich seit Kant in dieser Weise von der Erfahrung
ab, welche doch sonst in allen Wissenschaften, selbst in der transcendentalen Theologie die Quelle unserer Erkenntniss ist, und construirte vor aller Erfahrung die Begriffe aus sich heraus und die Welt
in diese hinein, so dass man selbst eine Welt- und Naturgeschichte
vor aller Erfahrung erhielt. So verbot Hegel in seiner Schrift de
planetarum orbitis von 1801 den Planeten zwischen Mars und Jupiter zu existiren, indem er in derselben die damals unter tüchtigen
Astronomen herrschende Ansicht, dass zwischen Mars und Jupiter
Planeten aufgefunden werden müssten, a priori zu widerlegen suchte.
Durch eine glückliche Ironie des Zufalls wurde Hegel vom
Standpunkte der Erfahrung widerlegt, da in dem Zeitraume von 1801,

wo er diese Schrift herausgab, bis 1804 4 Mittelplaneten, Ceres, Pallas, Juno und Vesta durch Olbers und Piazzi entdeckt wurden.

Die Herbart'sche Philosophie unterscheidet sich zu ihrem Vortheile von dieser durch Fichte, Schelling und Hegel herrschend gewordenen Methode dadurch, dass sie von den gegebenen Erfahrungsbegriffen ausgeht. Allein nicht nur hinsichtlich der Quelle der philosophischen Erkenntniss, sondern auch in Bezug auf die gewonnenen Resultate zeigt sich ihr Vorzug.

Kant's Philosophie ist der Anlage nach subjektiver Idealismus, welcher durch die Annahme einer an sich existirenden, aber nicht anders, als unter den subjektiven Formen des erkennenden Ichs erkennbaren Welt inconsequent wurde. Fichte, welcher die unerkennbare Welt in ihrer Realität an sich über Bord wirft, und die Welt zu einer blossen, sich selbst beschränkenden Thätigkeit des Ichs macht, hat den Kant'schen Idealismus zu einem consequenten subjektiven Idealismus umgewandelt. Schelling wendete sich, von der Einseitigkeit des subjektiven Idealismus überzeugt, dem objektiven Idealismus zu, welchen endlich Hegel durch die dialektische Fichte'sche Methode, den Gegensatz des Sub- und Objekts aufhebend, zum absoluten Idealismus erhob. Die deutsche Philosophie kam also seit Immanuel Kant nicht über die einseitigen Bestimmungen des Idealismus hinaus. Durch die idealistischen Principien selbst, von Kant ausgehend, kam Herbart zum Realismus, zur Annahme seiner Realen, und hat daher dem einseitigen Entwicklungsgange der deutschen Philosophie einen wohlthätigen Rückschlag gegeben.

Die nachkantische Philosophie verlor sich zuletzt in einem vagen Monismus. Alles ist nur Eines, und das Einzelne verschwindet als vorübergehende Modifikation dieses Einen. In Fichte ist dieses Eine das Ich, in Schelling das Absolute, in Hegel die absolute Idee. Schon Hegel hat den vagen Schelling'schen Monismus, der aus dem Absoluten als dem allein wahrhaft Seienden das Subjektive oder Ideale und das Objektive oder Reale hervorgehen lässt, angegriffen. Er wirft ihm in seiner Phänomenologie vor, das Absolute sei, wie aus einer Pistole geschossen, d. h. es entstehe unvermittelt und plötzlich, ohne dialektischen Prozess, es sei nur die Nacht, in welcher alle Kühe schwarz aussehen, die Ausbreitung des Absoluten zum Weltsysteme des Idealen und Realen sei das Geschäft des Malers, welcher nur zwei Farben, Roth und Grün hätte, um mit der einen die historischen Stücke, mit der andern die Landschaften anzufärben. Der Tadel Hegel's ist gewiss begründet; nur fällt er nicht nur auf Schelling, sondern auf ihn selbst, den Urheber des absoluten Idealismus zurück. Hegel's absolute Idee ist das, was an sich noch nichts ist, aber alles Mögliche werden kann, der Begriff, der an sich noch keinen bestimmten Inhalt und diesen erst dadurch erhält, dass man ihn sich zu seinem Anderssein bewegen lässt. Wenn er also auch zum Absoluten nicht, wie Schel-

ling, „durch einen Pistolenschuss", sondern durch den langsameren
dialektischen Prozess gelangt; so wird man doch von seiner absoluten Idee nichts Anderes sagen können, als, was H e g e l von S c h e l -
l i n g s Absolutem sagt, dass es „die Nacht sei, in welcher alle Kühe
schwarz aussehen", und, wenn nach H e g e l 's S c h e l l i n g „auf seiner Palette zwei Farben" hat, die des Idealen und des Realen, mit
denen er alle Erscheinungen übertüncht, so wird auch dieses schwerlich anders von H e g e l behauptet werden können, nur mit d e m
Unterschiede, dass der dialektischen Trilogie wegen auf H e g e l s Palette sich drei Farben für die These, Antithese und Synthese vorfinden, mit denen Alles gefärbt wird.

In dem M o n i s m u s wird das Sein des Einzelnen ein Schein
sein; es ist n u r als S e i n an s i c h wahres Sein, das Sein der Individualität ist ein entstehendes und verschwindendes; denn dieses kommt
aus dem Nichtsein, und geht ins Nichtsein zurück. H e r b a r t stellt,
wie Leibnitz, in seiner Monadenlehre den Individualismus dem Monismus entgegen.

Die nachkantische Speculation geht in den Pantheismus über,
welchem das All Gott ist, während K a n t den Theismus zu einer
Forderung des sittlichen Vernunftglaubens gemacht hat, und, was er
theoretisch aufgegeben hat, praktisch rettet. Auch hier stellt H e r -
b a r t den Resultaten der Wissenschaft, welche durch Metaphysik
und Psychologie blos die Erfahrungsbegriffe erklärt, den Glauben an
Gott als sittlich religiöses Vehikel entgegen, und findet in der Teleo-
logie oder zweckmässigen (vernünftigen) Einrichtung der Welt die
befriedigende und vollkommen gerechtfertigte Grundlage zu einem
vernünftigen Glauben an Gott. Während in der Identitätslehre der
Glaube an die Individualität, Einheit der Seele und an ihre Unzer-
störbarkeit aufgehoben wird, weil das einzelne Sein nicht das wahre
Sein ist, sondern nur das allgemeine Sein an sich, frei von jedem
bestimmten, einzelnen Inhalte, hält der H e r b a r t 'sche Individualismus
seine Lehre durch metaphysische und psychologische Principien be-
gründend, die Lehre von der Einheit der Seele und den Glauben an
ihre Unsterblichkeit fest.

Auch die Logik erhielt durch H e g e l eine andere Stellung.
Die formelle Logik verlor ihren Werth und an ihre Stelle trat die
Metaphysik. Man hielt sich in der Logik nicht mehr an die Untersuchung der Art und Weise des Denkens, sondern an den Stoff des
Denkens selbst. H e g e l ging in dieser Umwandlung der Logik,
in die Metaphysik so weit, dass er nach bildlichem Ausdrucke die
Logik „die Darstellung Gottes" nannte, „wie er (Gott) in seinem
ewigen Wesen vor Erschaffung der Welt und eines endlichen Geistes ist" (sic.). Die H e r b a r t 'sche Logik führt diese Wissenschaft
auf den Charakter zurück, den sie von A r i s t o t e l e s bis auf K a n t
hatte, und den weder F i c h t e, noch S c h e l l i n g antastete, indem
sie von ihnen als Wissenschaft von der Form des Denkens betrachtet und von der den Denkstoff behandelnden Metaphysik unterschie-

den wurde. Die Begründung der Seelenlehre durch die Mathematik in
der Herbart'schen Philosophie, wenn sie sich auch nicht überall durchführen lässt, hat doch den Vorzug, dass sie zu scharfem, phanta-
sirende Extravaganzen abschneidendem Denken anleitet. Auch in
dem Monismus der materialistischen und der Schopenhauer'schen Philosophie von der Welt als Vorstellung und Wille
wird man dem grössten Theile derjenigen Mängel begegnen, welche
wir an Fichte's, Schelling's und Hegels Philosophie rügten,
und von welchen sich die Philosophie Herbart's frei gehalten hat.

Es ist daher zu verwundern, dass die Theologie sich so genau
an die Hegel'sche Philosophie anschloss und von ihr das Heil erwartete, da die Folgerichtigkeit des Hegelianismus mit der gänzlichen Verneinung des theologischen Denkstoffes enden muss, wie
sich dieses auch in dem die Hegel'schen Grundsätze folgerichti-
ger anwendenden Junghegelthum auf das Unwidersprechlichste
gezeigt hat. Dagegen bietet die Herbart'sche Philosophie gewiss
viele der rationellen Theologie befreundete Seiten.

Man kann sich daher nur darüber freuen, dass auf diese Seiten
in vorliegender Schrift von einem philosophisch gebildeten Theologen,
der auch zugleich den gelehrten Theil der Theologie kennt, mit
Sachkenntniss und Urtheil hingewiesen wird.

Der gelehrte Herr Verf., durch eine Reihe ethischer, exegeti-
scher und homiletischer Schriften als Theologe vortheilhaft bekannt,
entwickelt in vorliegender Schrift die Vortheile des Studiums der
Herbart'schen Philosophie für die Theologie.

S. I des Vorwortes sagt er: „Dass Herbarts Philosophie von
Seiten der Theologen immer noch nicht die Anerkennung gefunden,
welche dieselbe verdient, ist nur zu erklären durch die grosse Anstrengung, welche ihr gründliches Studium trotz ihrer einfachen und
klaren Sprache erfordert, und durch die ungemeine Schwierigkeit,
welche ihre durchgreifende Anwendung trotz ihrer so grossen, innern
Uebereinstimmung mit dem Christenthume hat." Ein anderer Grund
liegt aber wohl auch darin, dass Hegel selbst die Anwendung seiner Philosophie auf das Christenthum in seiner Religionsphilosophie
versuchte, und dadurch nach seinem Tode den Streit zwischen den
Alt- und Junghegelianern über den Persönlichkeitsbegriff Gottes, über
Christi Wesen und über die Unsterblichkeitsfrage hervorrief. Dieser
Streit musste die Anwendung der Hegel'schen Philosophie auch
auf andere Theile der christlichen Theologie hervorrufen. Die „Anwendung" der Herbart'schen Philosophie auf das Christenthum
und das Studium derselben „den jungen Theologen zu erleichtern,
ist der Hauptzweck" der gegenwärtigen Schrift. Sie „besteht aus
einzelnen Aufsätzen, welche hier zu einem Ganzen zusammengezogen
sind", und in den letzten neun Jahrgängen des von Konsistorial-
rath Dr. Weiss zu Königsberg redigirten, evangelischen Ge-
meindeblattes zerstreut erschienen sind.

Die Ueberschriften der in vorliegender Schrift enthaltenen Auf-

sätze sind folgende: 1) Ueber Herbarts Verhältniss zum
Christenthum (S. 1—9), 2) Bild und Begriff im Reli-
gionsunterrichte (S. 9—14), 3) über Artikel 4 und 20
der Augsburgischen Confession (S. 14—18), 4) die moderne Philosophie und das Christenthum (S. 18—26),
5) Wunder und Wunderglaube (S. 26—35), 6) Naturforschung und Christenthum (S. 35—43), 7) Aesthetik
und Christenthum (S. 43—54), 8) Philosophie und Christenthum (S. 54—66), 9) die Principien des christlichen
Glaubens (S. 66—78), 10) die Wiedergeburt (S. 78—93),
11) Anhang (S. 93—96).

Man sieht schon aus dieser Uebersicht, dass das vorliegende
erste Heft dieser Mittheilungen und Andeutungen weniger ein vollständiges Ganzes gibt, als aneinander gereihte, einzelne Aufsätze,
welche aber alle ihren Vereinigungspunkt darin finden, die Stellung
der Herbart'schen Philosophie zur christlichen Theologie und ihre
Bedeutung für diese philosophisch und theologisch zu entwickeln.

In der Abhandlung „die moderne Philosophie und das
Christenthum" (S. 18 ff.), wird auf Herbarts 1814 erschienene Schrift: „Ueber meinen Streit mit der Modephilosophie dieser Zeit" hingewiesen. Schelling wird in dieser
Schrift als erster Begründer der Modephilosophie besonders ausgezeichnet, aber Hegel übertrifft nach ihr alle in der Kunst des „modernen Philosophirens". Jene Kunst des „modernen Philosophirens"
wird von Herbart kurz also angedeutet: „Wer die Widersprüche
in unserer ursprünglichen vermeinten Kenntniss nicht vollständig
kennt, der hat keinen vollständigen Anfang des Philosophirens gemacht. Einem solchen ist es natürlich, einen Theil der gemeinen
Irrthümer mit in seine Philosophie zu verweben. Hier nun vermehren sie sich, sie erzeugen andere Irrthümer ohne Ende, vermöge des
immer weiter fortschreitenden Denkens. Es verwickeln sich mit ihnen die moralischen Gefühle der Menschen" u. s. w. Mit ihren Irrthümern ohne Ende", mit ihrem „eingebildeten Wissen" und „keken
Wesen" und ihren „modernen Schwärmereien" (S. 21) bezeichnet
Herbart diese Modephilosophie als „das Gift des Zeitalters". Herbart tadelt an dem modernen Philosophen, dass er seine Berechtigung der Theologie gegenüber darin zu finden glaube, dass „die
moderne Wissenschaft dieselben Gegenstände zu behandeln habe."
Der moderne Philosoph meint nämlich, „seit jenen Alten vor Aristoteles seien die Hauptaufgaben der Philosophie wesentlich verändert". „Gott, Vorsehung, Freiheit des Willens, Bestimmung der
Menschheit, Sünde, Versöhnung und Unsterblickeit" sind diesen Philosophen „der Kern und der Mittelpunkt jeder philosophischen Untersuchung". Dieses ist aber nach Herbart ein „gewaltiger Irrthum" und eine „grandiose Anmaassung". „Wenn eine Philosophie,
sagt unser Herr Verf., erst das Christenthum ausplündern muss, um
etwas zu haben, womit sie sich beschäftigen kann, so hat sie von

den wirklichen Gegenständen und eigentlichen Aufgaben ihres Denkens noch gar keinen Begriff" (S. 21). „Viele Wohlmeinende und
schwach Sehende, sagt er eben daselbst, glaubten in Folge der Behandlung jener Gegenstände von Seiten der modernen Philosophie
ihren schönen Traum von einer christlichen Philosophie in dem renovirten Spinozismus bei Schelling und Hegel erfüllt zu
sehen, bis die Erfahrung durch die vorliegenden Erfolge gelehrt hat,
dass Alles, was in dieser modernen Philosophie so christlich aussah,
und so christlich sprach, nur trügerischer Schein und gleisnerisches
Wortgeklingel war". Am meisten zeigt sich dieses wohl bei Hegels angeblich philosophischer Begründung der Dreieinigkeitslehre
und seiner Christologie.

In der Abhandlung, „Naturforschung und Christenthum"
überschrieben, (S. 35 ff.) sucht der Hr. Verf. zu zeigen, dass „zwischen reiner Naturforschung und ächtem Christenthume eine ungemeine Annäherung und sogar Befreundung vermittelst wahrer Philosophie" stattfindet (S. 37). Ueber eine Natur, welche höher ist,
als die menschliche, sagt Herbart in den „Umrissen der Naturphilosophie" (S. 427). „Niemand wird glauben, dass menschliche Seelen
das Höchste seien; denn Jeder kennt die engen Gränzen unseres
Erfahrungskreises. Wenn schon unsere Seelen einen solchen Vorzug
in unserer ursprünglichen Qualität besitzen, dass sie in dem System,
welches wir unsern Leib nennen, nicht eigentlich materiell gefesselt
werden, dennoch aber darin wohnen, und es grossentheils beherrschen, so kann der Abstand der Qualitäten, worin dieser Vorzug
liegt, auch noch grösser gedacht werden, und die Unabhängigkeit
vom Leibe oder von seiner Einrichtung kann wachsen", und S. 679:
„Wir erwarten auf anderen Weltkörpern auch andere Vernunftwesen". Herbart findet (Encyklopädie §. 194—200), in dem teleologischen oder physiko-theologischen Beweise für's Dasein Gottes
„einen unverwüstlichen Grund." Er hält Geist und Materie auseinander, und denkt sich die Seele als ein „einfaches" reales Wesen, von
welchem „die Vermittlung zwischen Geist und Materie" ausgeht,
und welche „die reale Basis der Thatsachen des Bewusstseins ausmacht". (Herbarts Lehrb. der Psychol. 1816, S. 98 u. Psychologie als Wissensch. Thl. II, S. 460). Herbarts Untersuchungen
führen (S. 42) zu dem Resultate, „dass die geistigen Thätigkeiten
der Seele durch den leiblichen Tod in keiner Weise unterbrochen
werden". „Denn, sagt Herbart (Lehrb. z. Psychol. S. 196) ohne
Regung, aber im klarsten Wachen weiss und fühlt von nun an die
Seele das ganze Edle oder Unedle ihres vormaligen Wandels auf
Erden, den sie als die unvergängliche Befreiung ihres Ichs und eben
darum als ein unablösliches Wohl oder Wehe in sich trägt". Es gehört wohl zu einer Fortdauer des Bewusstseins nicht blos ein „klares Wachen" und Wissen von dem, was in uns ist, sondern auch
ein „Regen", ein Streben von einer Vorstellung zur andern zu kommen, darum sich zu vervollkommnen, nach einem Ideale zu streben.

Die Fortdauer des Bewusstseins ohne Möglichkeit aller und jeder
weitern Vervollkommnung wäre trostlos; diese Vervollkommnung
wäre aber ohne „Regen" unmöglich. Ein Leben „ohne Regung"
ist kein Leben. Zum Charakter des Lebens gehört Regung, darum
auch zu demjenigen Leben, das als nach dem Tode fortdauernd angenommen wird. „Es steht fest, wie unser Hr. Verf. S. 58 in dem
Aufsatze „Philosophie und Christenthum" sagt, dass Philosophie und Christenthum wirklich zwei gleich berechtigte Geistesrichtungen und Lebensentwicklungen sind, dass beide einen gewissen
geistigen Parallelismus bilden". (S. 58.) Der Apostel Paulus „erkennt (eben daselbst) die Bedeutung und Berechtigung der Philosophie
faktisch an" (Röm. I, 19, 20; II, 14, 15), da nur mit ihrer Hülfe
derjenige, welcher sich ausserhalb des Christenthums befindet, das
Dasein Gottes und die Heiligkeit des Sittengesetzes erkennen kann".
Doch lässt sich nicht mit dem Hrn. Verf. S. 58 die Behauptung aufstellen, dass jede blosse Zeitphilosophie nothwendig nachtheilig sei.
Die „Zeitphilosophie" ist die Philosophie einer Zeit, und es lässt
sich keine Philosophie denken, die sich nicht in der Zeit entwickelt
hätte. Aus der Philosophie der Zeiten geht die Philosophie selbst
hervor. Es lässt sich darum eben so gut eine schlechte, als eine
gute, vernünftige, wahre Zeitphilosophie denken. Aus der Stelle des
Apostels Paulus, Ephes. IV, 14, wird diese Meinung des Hn. Verf.
nicht erwiesen. Denn diese Stelle spricht nicht von jeder Zeitphilosophie, sondern nur von gewissen falschen Richtungen der Lehre
zur Zeit des Apostels Paulus. Wir sollen nach dieser Stelle „nicht
mehr Kinder sein und uns wägen und wiegen lassen von allerlei
Wind der Lehre". (κλυδωνιζόμενοι καὶ περιφερόμενοι παντὶ ἀνέμῳ
τῆς διδασκαλίας). Wenn der Herr Verf. S. 58 „von der wahren,
ewig gleichen Philosophie" sagt, dass sie „für Jeden, welcher im
Denken oder im Glauben oder in Beidem zugleich schwach sei, gewisse Gefahren unvermeidlich mit sich bringe", so ist dieses keine
besonders auf die Philosophie zu beziehende Behauptung, da sie sich
auch auf jede Wissenschaft und alle menschliche Erkenntniss bezieht,
und man dies füglich ganz eben so von der „wahren, ewig gleichen
Theologie, Religion" u. s. w. sagen kann. Ferner könnte man aber
auch fragen: Wo ist denn diese „wahre, ewig gleiche Philosophie"?
Es verhält sich damit, wie mit dem Glaubensbekenntnisse. Wer es
als das allein „wahre und ewig gleiche" für alle Zeiten zu haben
glaubt, ist oft am allerweitesten davon entfernt. Man muss das
philosophische Streben als das unsterbliche Gemeingut der Menschheit
von den philosophischen Systemen unterscheiden. Schiller sagt:
Welche wohl bleibt von allen den Philosophieen? Ich weiss
nicht;
Aber die Philosophie, hoff' ich, soll ewig besteh'n!
Sehr richtig wird die Achtung des Christenthums gegen die
Philosophie S. 63 geltend gemacht, wo wir lesen: „Das Christenthum weiss auch eine wahre und ächte Erkenntniss zu schätzen

und gehörig zu würdigen. Es will nicht, dass sein Glaube bei aller Kindlichkeit zugleich blind sei". „Aber es sucht die Erkenntniss, fügt der Hr. Verf. bei, an welcher ihm allein gelegen ist, nicht
im natürlichen Denken und in menschlichen Begriffen, sondern in
ewigen und göttlichen Gedanken, wie sie in den Urkunden desselben niedergelegt sind". Wenn der Glaube nicht blind sein soll, so
muss auch auf das „natürliche Denken" Rücksicht genommen werden; denn nur durch dieses sind wir in den Stand gesetzt, philosophisch zu prüfen, was uns religiös gegeben ist. Auch göttliche und
ewige Gedanken sind für uns nur durch menschliches, also natürliches Denken erreichbar, und selbst die Begriffe vom Ewigen und
Göttlichen können für uns keine andere, als „menschliche" Begriffe
sein, weil sie von Menschen gebildet werden. Gerade in diesem
Verhältnisse des Denkens zum Glauben zeigt sich das geheimniss-
volle Band, das beide umschlingt, da sich beide auf denselben höchsten Denkgegenstand, das Göttliche, beziehen.

Der Herr Verf. selbst erkennt mit Recht die gleiche Berechtigung, Selbständigkeit und Eigenthümlichkeit „der Philosophie und des
Christenthums" (S. 64). Er spricht von der Möglichkeit „vermitteln-
der Gedankenfäden", welche beide verknüpfen, und spricht seine Ansicht darüber S. 65 aus: „Werden der passenden Anknüpfungspunkte
immer mehr gefunden, und werden die vermittelnden Gedanken immer zahlreicher, so ist die unmittelbare Folge, dass beide Lebensentwicklungen sich immer mehr einander zu nähern scheinen, und
zuletzt der Gedanke entsteht, ob es nicht möglich wäre, auf diesen
beiden Entwicklungen, als Säulen gedacht, ein Gebäude aufzuführen,
welches den Anforderungen der Wissenschaft, wie denen des Glaubens, vollständig genügt, und von keinem künftigen Simson über
den Haufen geworfen werden kann." Philosophie und Christenthum
sind dem Herrn Verf. „zwei ganz isolirte und gleich erhabene Säulen oder Gebäude", und er vergleicht darin den „philosophirenden
Christen" mit einer Spinne, welche ihr Gewebe zwischen beiden befestigt, und „die Schwierigkeiten des ersten sichern Fadens geschickt
zu überwinden weiss." Wir wollen eine solche Vermittelung mit
keinem Spinngewebe vergleichen, da dieses durch seine Festigkeit
nicht sehr ausgezeichnet ist. Beide Säulen sind nicht so ganz iso-
lirt, als sich der Hr. Verf. vorstellt. Sie haben in der menschlichen
Natur und in demselben Denk- und Glaubensgegenstande, dem Göttlichen, ihren Einigungspunkt. Sie sind Säulen desselben Gebäudes;
denn Religion und Philosophie sind nicht getrennt. Im Gegentheile,
durch die Trennung kommen beide nothwendig zur Verirrung, die
Philosophie wird irreligiös und die Religion unphilosophisch. Man
kann von dem Christenthum aber gewiss nicht sagen, dass es unphilosophisch, noch von der wahren Philosophie, dass sie gottlos oder
irreligiös sei. Beide bilden ein Gebäude der Gotteserkenntniss, in
welchem die festen, allen Zeitstürmen trotzenden Säulen Christenthum
und Philosophie sind.

Sehr schön wird in der Abhandlung „die Principien des christlichen Glaubens" S. 70 nachgewiesen, dass nach dem Ausspruche der h. Schrift unter den höhern Geistesgaben des Glaubens die Erkenntniss und Willensgabe sich „als die bedeutendsten oder entscheidendsten" herausstellen, während die „Gefühlsgaben" untergeordnet erscheinen. Sehr wahr ist darin die Stelle S. 75: „Die Gesundheit des Glaubens ist, wenn sie von ausreichender Denkkraft und gründlicher biblischer Forschung unterstützt wird, im Stande, einen vollständigen Neubau der speculativen Glaubenslehre auszuführen und demselben die nöthige Dauerhaftigkeit für alle Zukunft zu sichern".

Nicht begründet ist aber S. 75 der Vorwurf, den der Hr. Verf. der neuesten Theologie macht, wenn er sagt: „Der erste Hauptfehler dieser Theologie ist der, dass sie das metaphysische Princip als das allein entscheidende geltend macht, und die praktischen Principien für gar nichts achtet, obschon die sittlich-ästhetische Seite des Christenthums immer die überwiegende ist und bleiben muss". Er führt beispielsweise als Repräsentanten dieser neuesten Theologie Rothe, Weisse, Schwarz u. s. w. an. Man wird aber diesen verdienten Forschern im Gebiete der philosophischen Theologie gewiss nicht den Vorwurf machen, dass sie „die praktischen Principien des Christenthums für gar nichts achten", dass sie auf die „sittlich ästhetische Seite des Christenthums" nicht hinweisen, dass ihnen das „metaphysische Princip" allein das entscheidende und gültige sei. Dass bei der Gotterkenntniss das metaphysische Princip entscheidend sein müsse, ist natürlich, weil es eben das übersinnliche Erkenntnissprincip ist, und, dass das ethische Princip selbst, wenn es vom Willen ausgeht, diesen auf die Erkenntniss, also wieder auf das metaphysische Princip zurückführen muss, liegt ebenso in der Natur der Sache. Der Vorwurf ist daher an sich, so wie in Bezug auf obige rühmlichst bekannte Denker, unbegründet.

Die Beziehungen der Herbart'schen Philosophie zur christlichen Theologie sind mit Umsicht und Sachkenntniss herausgehoben.

Grundzüge und Materialien zu einer Philosophie der Zukunft für denkende Leser. Eine metaphysische Analysis mit praktischen Anwendungen von Karl Friedrich Christian Pfnor. Frankfurt a. M. Verlag von Meidinger Sohn u. Comp., 1858. 343 S. 8.

Der Herr Verf., ein hochgestellter, verdienter Krieger, versucht sich, was bei seinem Berufe gewiss sehr selten ist, in vorliegender Schrift im Gebiete der philosophischen Abstraktion, und legt in derselben unverkennbare Proben von wissenschaftlicher Befähigung, Sachkenntniss und Urtheil ab. Er wirft einen kritischen Blick auf

die Philosophie der Vergangenheit, und legt Bausteine zu einer Philosophie der Zukunft in diesen seinen kritischen Untersuchungen nieder. Er will in seiner philosophischen Anschauung „die Natur des
Gedankens selbst und sein Verhältniss zur Sprache" andeuten. Mit
Recht sagt er S. 38: „Das Wesen von Gedanke und Sprache und
ihr gegenseitiges Verhältniss können erst den eigentlichen Grund und
Boden für die Philosophie liefern". Dabei leitet ihn in allen seinen
Untersuchungen Bescheidenheit, eine bei den neuern Philosophen
nicht häufig vorkommende Tugend. S. 38 lesen wir: „Das Man-
gelhafte in der Form meiner Entwicklung kann Niemand besser, als
ich selbst, beurtheilen, und sie macht desshalb auch durchaus keinen
Anspruch, maassgebend sein zu wollen." Sehr wahr legt er in seiner
Analyse mehr Werth auf den Inhalt, als auf die Art der Darstellung.

„In der Philosophie ist überhaupt, gleich wie in jeder ächten
Wissenschaft, das Was? allein die Hauptsache, und das Wie? ist
immer nur sehr untergeordnet, und nur für die Kleinmeister der Wissenschaft von besonderer Wichtigkeit" (S. 38). Ueber seinen Standpunkt der neuern Philosophie gegenüber spricht sich der Hr.
Verf. S. 44 also aus: „Dass der richtig aufgefasste Idealismus wohl
der Wahrheit am nächsten kommen dürfte, scheint unzweifelhaft, und
es ist die Aufgabe der Philosophie der Zukunft, sich diesem Ziele
immer mehr zu nähern, wobei auch die Grundideen des Kant'schen
und Fichte'schen Idealismus, so wie auch der Schelling'schen
und der Hegel'schen Identitätsphilosophie, wohl immer zu beachten sein dürften."

S. 45 fügt er diesem Urtheile über die neuere Philosophie bei:
„Ueber den Standpunkt des Pantheismus glaube ich nur so viel
bemerken zu dürfen, dass derselbe im richtig aufgefassten Sinne,
gleich wie der Deismus und der Idealismus, jeder ächten Philosophie
zum Grunde liegen müsse." Die Auffassung desselben ist aber von
der Art, dass wir diese Anschauung des Hrn. Verf. nicht Panthei s-
mus nennen möchten. Mit Recht klagt der Hr. Verf. darüber, dass
der neuere Pantheismus mit realistischen, selbst materialistischen
und mystischen Elementen vermischt sei. Der Pantheismus stellt
den Satz auf, dass das All Gott und dass zwischen Gott und Welt
keinerlei Unterschied sei. Diese Behauptung liegt im Begriffe des
Pantheismus, und dadurch unterscheidet er sich vom Deismus und
Theismus. Der Grundgedanke seines „richtig aufgefassten Pantheismus" ist der ideale Monismus, d. h. die nothwendig denkbare, umfassende Einheit alles Seienden in einem ewig geistigen Principe
oder symbolisch ausgesprochen: Alles in Gott. Diese Anschauung
kann man nur uneigentlich Pantheismus nennen; sie ist Entheismus; denn es ist ein grosser und wesentlicher Unterschied zwischen
der Behauptung: Alles ist Gott und zwischen dem Satze: Alles ist in Gott. Den letzten Satz spricht auch der Apostel Paulus aus, ohne dass man ihm desshalb den Vorwurf des Panthei-
mus machen wird.

Sehr begründet ist die Forderung für die Logik der Zukunft S. 49: „Wenn die Logik eine Denklehre sein soll, so müsste sie wohl vor Allem den Gedanken in formeller und materieller Hinsicht zum Gegenstande haben, und jedenfalls das Verhältniss desselben zur Sprache berücksichtigen".

Der Herr Verf. nähert sich in seiner idealistischen Anschauung mehr Schelling, als Hegel, indem er sich gegen die Kant'sche und Hegel'sche Kategorieenlehre ausspricht. S. 132 sagt er: „Von einer Begränzung des Gedankens durch Kategorieen muss ich aber von meinem Standpunkte gänzlich absehen; denn hiernach lässt sich der Gedanke nimmermehr in solche Schranken bannen. Meines Erachtens sind es überflüssige, durch den Scharfsinn des Aristoteles zuerst abstrahirte und bis zu Kant, Hegel u. s. w. fortgeführte Formeln, die mir auch, selbst in ihrer jetzigen Beschränkung, weder in der Natur des Gedankens nothwendig begründet, noch als zu irgend einem wirklichen Resultate führend erscheinen". Damit bricht der Herr Verf. mit dem Kant'schen, Fichte'schen, sowie mit dem Hegel'schen Idealismus; denn bekanntlich stützt sich der ganze Skepticismus der Kant'schen Kritik der reinen Vernunft auf die Kategorieenlehre. Wir können nach Kant das Ding an sich nicht erkennen, und nur vom Dinge in der Erscheinung reden, weil unserer Sinnlichkeit die Anschauungsformen des Raumes und der Zeit und unserem Verstande die Kategorieen oder Denkformen der Quantität, Qualität, Relation und Modalität vor aller Erfahrung angeboren sind, unsere Erkenntniss über diese ihr ursprünglich anklebenden Sinnenerscheinungs- und Denkformen nicht hinauskommen und daher das Ding immer nur nehmen kann, wie es ihr unter diesen Formen erscheint, nicht, wie es an sich ist. Auch Fichte weist die Kategorieen im Ich nach, und geht nur einen Schritt in der idealistischen Consequenz weiter, indem er die Realität des Nichtichs überspringen und dieses zu einer blossen Selbstbegränzung des Ichs machen will. Hegel kommt endlich allein durch den dialektischen Prozess seiner Kategorieenlehre zum reinen Gedanken an sich. Sein ganzes System zerfällt in Nichts, wenn man die Kategorieenlehre seiner Logik, auf die es gebaut ist, beseitigt. Es ist daher nicht abzusehen, wie der Hr. Verf. mit diesem Urtheile über die Kategorieen den Ausspruch vereinigen will, dass (S. 44) in einer Philosophie der Zukunft „die Grundideen des Kant'schen und Fichte'schen Idealismus, sowie auch der Schelling'schen und der Hegel'schen Identitätsphilosophie wohl immer zu beachten sein dürften", da sich die Systeme Kant's, Fichte's und Hegel's auf die Kategorieen stützen, welche S. 132 „überflüssige Formeln" genannt werden. Noch schärfer wird S. 144 über die Kategorieen, welche den angedeuteten Systemen doch unbestritten zu Grunde liegen müssen, weil sie ohne dieselben zusammenfallen, abgeurtheilt. „Diese Kategorieen scheinen mir daher nur noch aus Pietät, selbst von unsern bedeutendsten Philosophen als Ballast

mitgeführt zu werden, ein konstitutiver Gebrauch derselben, um ein
Unbegriffenes zu ergründen oder begreiflich zu machen, ist mir nie
bekannt geworden". Damit bricht der Herr Verf. auch zugleich den
Stab über die formelle Logik, deren praktische Brauchbarkeit in
neuester Zeit wieder den Hegelianern gegenüber von den Anhängern der Herbart'schen Schule in so entschiedener Weise dargethan wurde, wenn wir S. 144 lesen: „Es verhält sich damit, wie
mit dem grössten Theile des logischen Formenwesens und der ganzen Syllogistik".

Aus diesen Anschauungen über die Kategorieen Kant's, Fichte's und Hegel's ergibt sich, da der Herr Verf. sich „der Identitätsphilosophie" als der Philosophie der Zukunft zuwendet, dass
derselbe sich mehr der Schelling'schen, als der Hegel'schen
Methode nähert. Er will nämlich auf den Indifferenzpunkt des Bewusstseins, den reinen Gedanken, in welchem der Unterschied von
endlichem Subjekt und Objekt aufgehoben wird, zurückgehen, und
aus diesem Indifferenzpunkte als der Einheit des Subjekts und Objekts sodann die Gegensätze beider entwickeln, indem er das Subjekt als das Absolute dem Objekte als dem Relativen sich entgegen-
stellen lässt. In dieser Hinsicht heisst es S. 181: „Die Metaphysik
vermag in dem Indifferenzpunkte des Bewusstseins nur zwei nothwendig gegebene Grundbegriffe, in formalen Symbolen ausgedrückt,
zu erkennen. Es sind die Begriffe des Absoluten und des Relativen
oder das Subjekt, Objekt, weil diese als Bedingungsbegriffe eines Indifferenzpunktes, gleich wie eines Bewusstseins, sich unabweislich ergeben. Denn wir haben es hier lediglich mit dem formalen Indifferenzpunkte zu thun, der als Quantum == O oder Zero zwischen
minus und plus steht, der aber als quale angenommen beides zugleich sein muss". Diesen Indifferenzpunkt nennt der Herr Verf.
„den transcendentalen Dualismus". Aus diesem Indifferenzpunkte
geht nun das Wirkliche oder Immanente hervor. „In diesem Gebiete des Immanenten (S. 182) ist nun unser Bewusstsein kein Indifferenzpunkt mehr, der nur als eine metaphysische Fiction vorausgesetzt werden musste, um das Bewusstsein in dem Immanenten
zu vermitteln. Es erscheint von nun an als das sich selbst wissende
Ich, als ein Ausfluss des Absoluten, d. h. des freien geistigen Wesens dieses Immanenten, dem nun der nicht wissende Theil als das
Nichtich zum Gegenstande — als sein Element — zum sich selbst-
wissenden Dafleben gegeben ist. Diese beiden Wesen oder Grundbegriffe des Immanenten nennt man daher das Ideale und Reale,
das Ich und das Nichtich, Geist und Natur, oder Freiheit und Ge-
bundenheit". Was hilft uns aber eine metaphysische Fiktion, d. h.
eine übersinnliche Erdichtung zur Erklärung des Lebens? Wir kommen über den sinnlichen Dualismus nicht hinaus dadurch, dass wir
einen übersinnlichen Dualismus fingiren, indem wir auf den Embryo von
Subjekts- und Objektsunterschied, auf einen Indifferenzpunkt zurückführen. Der Indifferenzpunkt ist ja die Aufhebung der Gegensätze,

also des Subjekts und Objekts, er ist also weder Subjekt, noch Objekt. Er könnte nichts, als reine, absolute Thätigkeit, nichts, als reines, unendliches Denken an sich sein. Wie kann man in ein solches schon ursprünglich eine Schranke, ein Objekt hineinbannen? Sobald diese dazu kommt, ist die Thätigkeit nicht absolut, sondern beschränkt, ist kein absolutes, sondern ein endliches, an die Schranke des Nichtichs gebundenes Ich gesetzt. Was nützt die Fiction eines Einheitspunktes, in welchem schon die Zweiheit eingeschachtelt ist? Wir heben den Unterschied des Subjekts und Objekts auf, und setzen ihn wieder! Ist dieses nicht eine Selbsttäuschung? Bleibt nicht bei allen Aufhebungsversuchen das aufhebende oder aufheben wollende Subjekt, und stellt es sich nicht eben damit schon wieder dem Objekte gegenüber? Es ist dieses allerdings, wie es der Herr Verf. nennt, eine metaphysische Fiction. Aber mit Fictionen wird die Wirklichkeit nicht erklärt, und, wenn Fictionen in keiner Wissenschaft gestattet sind, warum sollen sie allein in der Metaphysik erlaubt sein? Wenn man den Indifferenzpunkt Zero oder Null nennt, darf man dieses nicht zwischen minus und plus stellen, da es weder minus, noch plus ist. Dass der Indifferenzpunkt, Zero oder Null „als quale angenommen" beides zugleich, nämlich plus und minus sein muss, ist zu bestreiten, da Zero die Aufhebung von plus und minus ist. Nur die Einheit kann absolut sein, nie die Zweiheit, weil in der Zweiheit schon der Unterschied, die Trennung und eben dadurch die Beschränkung liegt. Das Subjekt in seinem Unterschiede vom Objekt ist nicht absolut, weil es ja eben mit dem Objekt die nothwendige Beschränkung erhält. Der Indifferenzpunkt der Gegensätze ist nur als Einheit absolut, und bleibt dann ohne jedes Relative, ohne jeden Unterschied von Subjekt und Objekt an sich absolut, wie Schelling lehrte, nach welchem. im Indifferenzpunkte die Gegensätze des Subjektiven oder Idealen und des Objektiven oder Realen schwinden, und durchaus identisch sind. Es ist diese Anschauung transcendentaler Idealismus, aber nicht, wie der Hr. Verf. will, Dualismus, weil man die zwei Gegensätze des Subjektiven und Objektiven unmöglich in absoluten Indifferenzpunkte annehmen kann. Im transcendentalen Dualismus, den der Herr Verf. als das Element seines Indifferenzpunktes bezeichnen will, ist ihm sodann das Absolute und Relative, das erstere als intensives Princip in der Freiheit, das letztere als extensives Princip in der Liebe vorhanden. Dieses doppelte Princip, das ihm das Wesen der Gottheit bildet, ist ebenso im immanenten Dualismus oder im Dualismus der Wirklichkeit, in welcher das Bewusstsein sich als Subjekt vom Objekt unterscheidet, das Absolute oder die Freiheit das Ideale, das Relative oder die Liebe das Reale ist. Auf die Seite des Idealen wird dann die Zeit als das beharrende, der Raum als das aus sich tretende Princip gestellt. Wir möchten als Charakter der Zeit mehr den Wechsel oder die Veränderung, als das Beharrende bezeichnen, und Raum und Zeit nicht mit (S. 186) Kant oder dem Herrn Verf. als rein

subjektiver, sondern als subjektiver und objektiver Natur zugleich
betrachten. Nur durch die neben einander und nach einander seienden
Objekte kommt das Subjekt zur Vorstellung des Nach- und Neben-
einanderseins. Ein Nacheinandersein aber ist kein Beharren, sondern
ein Wechseln und Verändern, weil ein Sein immer wieder in ein
Anderssein übergeht. Dass der Herr Verf. den Pantheismus nicht
in der Gott und Welt vermischenden, die Individualität Gott gegenüber aufhebenden Weise nimmt, und dass des Herrn Verf. Ansicht
weniger Pantheismus, ein Ausdruck, der immer zu Missverständnissen führen muss, als Entheismus genannt werden darf, geht deutlich aus S. 205 hervor, „wo er von der Natur Gottes als dem geistigen Urprincip des Alls spricht, und aus diesem eine Unendlichkeit von unendlich kleinen Ebenbildern nebst ihrem realen, zeitlichen
Elemente, d. h. Natur und Welt hervorgehen", lässt. „Alles Geistige,
setzt er S. 205 bei, um so mehr der allgemeine und höchste Geist
— ist ja nur denkbar als ein sich selbst Wissendes und selbst Be-
stimmendes, und unbeschadet diess Alles umfassenden Wissens und
Wollens kann dennoch das unendlich kleine Sichselbstwissen in ihm
seinen Spielraum, d. h. seine Freiheit als denkbar erhalten".

Sehr anziehend und scharfsinnig ist, was der Hr. Verf. über
das Princip der Liebe in der Natur S. 220 sagt, nicht minder die Entwickelung der gegen den Materialismus S. 326 ff.
geltend gemachten Gründe.

Wenn Refer. auch mit dem metaphysischen Princip des transcendentalen Idealismus des Herrn Verf. nicht einverstanden sein kann,
so enthält vorliegende Schrift doch so viel Beherzigenswerthes, Wahres und Gutes, dass sie dem Leser empfohlen zu werden verdient,
und gewiss viele lebenskräftige Andeutungen zu einer Philosophie
der Zukunft gibt. Ganz einverstanden ist Ref. mit den dieser Schrift
vorausgedruckten Worten des Textes: „Die Vernunft ist das ewig
lebendige Band, das alle denkenden Wesen allein mit der Gottheit zu
verknüpfen vermag, und in jedem Menschen ist wenigstens der Keim
dieses Bandes in seinem Bewusstsein gegeben. Die freie, selbstwol-
lende Kräftigung und immer fortschreitende Entwickelung desselben
ist die Aufgabe und der Zweck der Menschheit, und sie bestimmt
auch den Werth jedes einzelnen Menschen, gleichwie eines ganzen
Volkes und seines Zeitalters".

v. Reichlin-Meldegg.

JAHRBÜCHER DER LITERATUR.

Lehrbuch der höhern Mechanik von Louis Navier, Mitglied der Akademie u. s. w. Deutsch bearbeitet von Ludwig Mejer, Lehrer am Lyceum zu Hannover. Mit einer Vorrede vom Professor Dr. Th. Wittstein. Als Supplementband zu desselben Verfassers Lehrbuch der Differential- und Integralrechnung, deutsch von Th. Wittstein. Hannover. Hahn'sche Hofbuchhandlung, 1858. (XII u. 460 S. in 8.)

Naviers Schriften zeichnen sich im Allgemeinen durch Klarheit und Abgerundetheit des Ausdrucks und der gesammten Darstellung, so wie durch verständige Auswahl des Wesentlichen aus. So seine Differential- und Integralrechnung und vor Allem sein ausgezeichneter Résumé des leçons données à l'Ecole des ponts et chaussées, sur l'Application de la Mécanique à l'Etablissement des Machines. Auch das vorliegende Werk des vortrefflichen Schriftstellers ist von demselben Geiste getragen, und wenn es auch unter den Schriften des Verfassers nicht gerade den ersten Rang einnimmt, so verdient es doch in hohem Grade Beachtung, und seine Uebertragung in unsere Sprache ist immerhin eine verdienstliche Arbeit. Prof. Wittstein, der Uebersetzer von Naviers Differential- und Integralrechnung, hat diese Uebertragung mit einem Vorworte eingeleitet, wornach der Uebersetzer, Herr Mejer, im Einverständnisse mit ihm, das vorliegende Buch als eine Art Supplementband zu dem eben genannten erscheinen lässt. Es geschieht dies auch mit vollem Rechte, denn die analytische Mechanik ist durch die Darstellungsweise der Franzosen eine rein mathematische Disciplin geworden, die am schönsten und lehrreichsten die Anwendung der Theoreme der höhern Analysis zeigt.

Das vorliegende Werk ist in zwei Theile abgetheilt, wobei der Abtheilungsgrund der zu sein scheint, dass im ersten Theil die Statik und Dynamik eines Punktes, im zweiten dagegen die eines Systems von Punkten abgehandelt wird.

Der erste Theil beginnt mit den Grundgesetzen des Gleichgewichts und der Zusammensetzung der Kräfte. Hierauf folgen die Untersuchungen über Zusammensetzung und Gleichgewicht mehrerer auf einen materiellen Punkt wirkender Kräfte, auch für den Fall, da derselbe gezwungen ist auf einer gegebenen krummen Linie oder Fläche zu bleiben. Die Darstellung ist, wie auch schon Wittstein in der Vorrede bemerkt, etwas zu kurz und zu wenig genau auf die berührten Fundamentalbegriffe eingehend. Navier setzt eben offenbar voraus, es sei in einem vorausgegangenen elementaren Kursus darüber das Nöthige bereits vorgekommen, so dass hier nur eine kurze Recapitulation nothwendig wäre, die als solche zwar die betreffenden Begriffe berühren, aber nicht nochmals in aller Ausführlichkeit festzustellen habe. Ob dies für ein Lehrbuch zweckmässig sei, wollen wir hier nicht erörtern; sicher ist immerhin, dass der Anfänger aus der Darstellung des Buches allein nicht klar werden wird.

Das Princip der virtuellen Geschwindigkeiten beim Gleichgewichtszustande eines materiellen Punkts wird aus den bereits gefundenen Bedingungen für dieses Gleichgewicht abgeleitet. Wir begegnen bei der Darstellung desselben zunächst dem in den früheren Lehrbüchern der Mechanik so viel und in vielerlei Sinn gebrauchten Worte Moment, das hier das Produkt einer Kraft in den (nach ihrer Richtung) durchlaufenen Weg des Angriffspunkts bedeutet, also das, was die neuere Darstellung die Arbeit der Kraft nennt, während bald darauf auch in unserm Buche dasselbe Wort Moment wieder etwas ganz Anderes bedeuten muss. Dass damit Unklarheit entstehen muss, ist leicht ersichtlich. Ferner hätten wir gewünscht, dass gleich im Ausdruck des Princips der virtuellen Geschwindigkeiten die Bedingung angegeben sei, es müsse die unendlich kleine Verschiebung eine solche sein, dass sie mit den Bedingungen, denen der Körper unterworfen ist, nicht im Widerspruche steht. Es ist dies durch den Nachsatz allerdings geschehen, und kann also nicht gesagt werden, es sei dies im Buche übersehen; allein es würde in dem eigentlichen Satze selbst besser am Platze gewesen sein.

Einer besondern Betrachtung unterzieht das Buch sodann die Zusammensetzung und das Gleichgewicht mehrerer paralleler Kräfte, die auf ein System materieller unveränderlich unter sich verbundener Punkte wirken. Wir begegnen hier den von Poinsot eingeführten Kräftepaaren, deren Theorie jedoch sehr lückenhaft ist und gar Manches zu wünschen übrig lässt, gegenüber der meisterhaften Darstellung Poinsots in seinen Eléments de Statique. Hieran schliesst sich ganz natürlich die Darstellung der allgemeinen Bedingungen des Gleichgewichts mehrerer nach beliebigen Richtungen auf ein eben solches System, wie vorhin, wirkender Kräfte. Die Darstellung ist hier etwas ausführlicher, doch immer noch nicht erschöpfend genug. Ausführlicher ist die Art der Ermittlung des Schwerpunkts durchgeführt, wobei die Guldinsche Regel kurz erwähnt, aber nicht eigentlich bewiesen ist.

An diese, in das Gebiet der Statik gehörenden Untersuchungen reiht sich nun die Darstellung der Grundbegriffe der Dynamik, worauf namentlich die geradlinige Bewegung der Körper (Punkte) untersucht wird. Möchten wir auch nicht überall den gegebenen Ableitungen zustimmen, u. a. z. B. den Ableitungen für die Geschwindigkeit und die bewegende Kraft $\left(\dfrac{dx}{dt} \text{ und } m \dfrac{d^2x}{dt^2}\right)$, die uns nicht klar genug erscheinen, so entschädigen uns die ausführlichen

Betrachtungen einzelner Fälle hiefür. Dasselbe gilt für die allgemeinen Gleichungen der Bewegung eines freien Punkts, wobei die betreffenden allgemeinen Principien: die Erhaltung der geradlinigen Bewegung, das Princip der Flächen und das der lebendigen Kräfte nachgewiesen werden.

Die Bewegung eines Punkts auf vorgeschriebener Bahn oder Fläche wird hierauf untersucht und die betreffenden Formeln aufgestellt, welche dann namentlich auf den Fall des Pendels (Kreis- u. Zykloidenpendels) angewendet werden. Als besondere Untersuchungen folgen hierauf: die Bewegung geworfener Körper im leeren Raume und in einem widerstehenden Medium; die Bewegung der Planeten und die Kepler'schen Gesetze; die Bewegung eines Körpers unter dem Einflusse der Gravitation; so wie endlich die Bestimmung der Anziehung eines materiellen Punkts durch einen sphärischen Körper.

Der zweite Theil wird durch die Theorie des Gleichgewichts der Seilpolygons, sowie, damit zusammenhängend, der Kettenlinie eröffnet. Die Darstellung ist hier nun überhaupt ausführlicher und eingehender, als im ersten Theile, so dass dieser Theil mit offenbarer Vorliebe vom Verfasser ausgearbeitet wurde. Eine ausführliche Darstellung des allgemeinen Princips der virtuellen Geschwindigkeiten, mit den dazu gehörigen analytischen Untersuchungen reiht sich der Auflösung der ersten Aufgabe an, worauf dann hieraus die allgemeinen Gleichungen des Gleichgewichts eines festen Körpers und das Seilpolygons als speziellere Beispiele abgeleitet werden.

Die allgemeinen Gleichungen der Bewegung, nach d'Alembert's Princip, werden sodann gefunden und auf die Bewegung zweier durch einen biegsamen Faden verbundenen Punkte, ferner eines vollkommen biegsamen und elastischen Fadens, und auf den Stoss zweier Körper angewendet. Die Rotationsbewegung eines festen Körpers und die damit zusammenhängenden Untersuchungen über Hauptaxen, Trägheitsmomente u. s. w. folgen hierauf; sodann die Darstellung der Bewegung eines völlig freien festen Körpers im Raume.

Die allgemeinen Principe der Bewegung — Erhaltung der Bewegung des Schwerpunkts, Princip der Flächen, der lebendigen Kräfte und der kleinsten Wirkung —, sodann Andeutungen zur Berechnung der Maschine schliessen die Theorie der Bewegung fester Körper.

Der Rest des Werkes ist den Gleichgewichts- und Bewegungszuständen tropfbarer und elastisch-flüssiger Körper gewidmet. Als besondere Beispiele werden behandelt: das Gleichgewicht schwerer tropfbarer Flüssigkeiten und schwimmender Körper (wobei Theorie der Schiffsschwankungen); barometrische Höhemessungen; Bewegung einer schweren tropfbaren Geschwindigkeit in einer Röhre von kleinem Querschnitte und in einem beliebig gestalteten Gefässe; ebenso für eine luftförmige Flüssigkeit; und endlich der Widerstand der Fluida,

Dass die letzteren Punkte vom Verfasser in seinem oben schon
genannten Résumé ausführlich — natürlich viel ausführlicher als
hier — behandelt wurden, ist bekannt; immerhin aber ist die Darstellung für diesen Theil des Werkes eine lichtvolle und dem Gegenstande angemessene.

Es geht aus der hier gegebenen kurzen Uebersicht des Werkes
hervor, dass wir zwar kein Lehrbuch von Umfang und der erschöpf-
fenderen Behandlung des Poisson'schen, auch nicht einmal des
Duhamel'schen vor uns haben; dass wir aber in dem Lehrbuche
der höhern Mechanik von Navier eine in den Hauptparthien klare
Darstellung dieses Zweiges der Mathematik besitzen, welche Darstellung durch mehrfache zweckmässig gewählte einzelne Untersuchungen und Beispiele erläutert ist. Das hier besprochene Werk empfiehlt sich hiernach Denjenigen, welche bereits einen elementaren
Cursus der mechanischen Wissenschaften durchgemacht haben und
nun die höheren Theile, also die eigentliche analytische Mechanik, in
ihren wesentlichen Grundzügen kennen lernen wollen, ohne durch
zu viele Einzelheiten dieses Ziel aus dem Auge gerückt zu sehen.
Solchen kann das vorliegende Werk aber auch mit allem Rechte
empfohlen werden, und wenn sie beim erwachten Bedürfnisse weiter
gehender Ausbildung sich sodann des Poisson'schen Lehrbuchs
(deutsch von Stern) bedienen werden, so wird die auf das Studium
des vorliegenden Buches verwendete Zeit für sie nur nutzbringend
verwendet worden sein.

---

*Auflösungsmethode für algebraische Buchstabenrechnungen mit einer
einzigen Buchstabengrösse. Von Dr. Ignaz Heger. Mit 1
Tafel. Aus dem XII. Bande der Denkschriften der math. na-
turw. Classe der k. Akademie der Wissenschaften besonders abgedruckt. Wien. Aus der k. k. Hof- und Staatsdruckerei,
1856. (104 S. in 4.)*

Sei F (x,a) = o eine Gleichung, welche nebst der Unbekannten x noch eine zweite Buchstabengrösse a enthalte, wobei F (x, a)
eine algebraische Funktion bedeutet, die sich aus Gliedern der Form
h x^m a^n zusammensetzt, so stellt sich die vorliegende Schrift die
Aufgabe, die Unbekannte x durch a auszudrücken und zwar in Gestalt einer noch fallenden oder steigenden Potenzen von a geordneten Reihe, die im Allgemeinen unendlich sein wird, und nur in
besondern Fällen einen endlichen, geschlossenen Ausdruck liefert.

Mit dieser Aufgabe hat sich namentlich schon Newton beschäftigt, der sein analytisches Parallelogramm zu diesem
Ende ersann, das dann von Lagrange durch ein rein analytisches
Verfahren ersetzt wurde. Nach dem von Fourier in seiner „Analyse des Equations déterminées" und zwar in der, Exposé synoptique

genannten, Einleitung Angedeuteten hat derselbe sich ebenfalls mit
dem hier behandelten Probleme beschäftigt und — wie der Verfasser der vorliegenden Abhandlung angiebt — aller Wahrscheinlichkeit nach dieselbe Auflösung gefunden, welche in der hier besprochenen Schrift gegeben wird, so dass diese als eine Wiederherstellung der von Fourier bereits früher gefundenen, nie aber veröffentlichten Lösung der Aufgabe anzusehen ist.

Wir haben oben gesagt, dass die von dem Verfasser gefundene
Lösung auf die Entwicklung von x in einer noch fallenden oder
steigenden Potenzen von a fortgehenden Reihe hinausläuft. Die Ermittlung der Glieder dieser Reihe ist die spezielle Aufgabe der vorliegenden Abhandlung, während eine nähere Untersuchung der Reihe
einer nachher zu besprechenden Abhandlung vorbehalten ist. Ist
also

$$A_n x^n + A_{n-1} x^{n-1} + \ldots \ldots A_1 x + A_0 = 0 \qquad (1)$$

die vorgelegte Gleichung, in der die A Polynome sind, deren einzelne Glieder die Form $h a^n$ haben, und man bezeichnet die erste
Seite der Gleichung (1) der Kürze halber mit P, so dass also P=0
die vorgelegte Gleichung wäre, so handelt es sich darum, eine Reihe
zu finden der Form

$$A a^\alpha + B a^\beta + C a^\gamma + \ldots \ldots, \qquad (2)$$

welche in (1) für x gesetzt, diese Gleichung identisch erfülle, wobei dann zugleich $\alpha > \beta > \gamma \ldots$ sein muss. Die Exponenten
in (1) und (2) können ganze Zahlen sein, müssen es aber nicht
sein; namentlich werden die in (2) sehr häufig anders ausfallen.
A, B, C, . . . sind noch zu bestimmende Koeffizienten.

Vor Allem handelt es sich nun um die Bestimmung des An-
fangsgliedes $A a^\alpha$ in (2). Dabei ist zu beachten, dass α der höchste
Exponent der ganzen Reihe ist. Setzte man also (2) in (1) ein,
so müssten die mit dem höchsten Exponenten behafteten Glieder des
Resultates sicher von diesem Gliede herrühren. Ist nun $h a^n x^\mu$ ein
Glied von P, so ergiebt die Substitution von $A a^\alpha$ für x die Grösse

$h A^\mu a^{n + \mu \alpha}$; Glieder solcher Form giebt es so viele, als P selbst
Glieder hat. Unter diesen sind nothwendig diejenigen, welche die
höchsten Exponenten des Substitutions-Resultates haben. Betrachtet
man also die lineare Form $n + \mu \alpha$, in der n und μ alle durch P
bedingten Werthe haben können, so muss darin α so bestimmt werden, dass der aus jener Form hervorgehende Werth (für gewisse n
und μ) grösser sei, als der für die übrigen Formen dieser Art, und
dass zudem noch mehrere Glieder dieser Art denselben Exponenten haben, damit sie sich aufheben können, was ja geschehen muss,
wenn die Substitution von (2) in (1) letztere Gleichung identisch
machen soll. Sind also $n_1 + u_1 \alpha, n_2 + \mu_2 \alpha, \ldots \ldots$ die aus
den Gliedern von P hervorgehenden Formen (durch Substitution von
$A a^\alpha$ für x), so müssen 2 oder mehrere derselben einander gleich

werden, wodurch α ermittelt ist, also z. B. n, $+ \mu_1 \alpha = $ n$_2 + \mu_2 \alpha$, und zugleich muss der so gefundene Werth von α die Eigenschaft haben, dass keine der Grössen n$_3 + \mu_1 \alpha$, ..., für diesen Werth von α, die Grösse n$_1 + \mu_1 \alpha$ übersteige.

Um nun diese Werthe ausfindig zu machen, wendet der Verfasser eine geometrische Konstruktion an. Er verzeichnet nämlich all die Geraden, welche durch die Gleichungen $y =$ n$_1 + \mu_1 \alpha$, $y =$ n$_2 + \mu_2 \alpha$, ... gegeben sind. Betrachtet man die hiedurch entstehende Figur (die ins Unendliche sich ausdehnt), so sieht man, dass sie auf der Seite der positiven y von einer Art offenen Polygon begränzt ist, welches in seiner ersten und letzten Seite unendlich, in den übrigen aber endlich ist. Jenseits (im Sinne positiver y) dieses Polygons liegt keine der Geraden mehr, d. h. es dringt keine in jenen Raum ein. Gehen wir von der Seite negativer x her, so wird diejenige all dieser Geraden als erste (nach — x hin unendliche) Polygonseite erscheinen, welcher das kleinste μ entspricht; als weitere Seite wird eine der Geraden erscheinen, der ein grösseres μ zukommt und zwar diejenige, welche die erstgenannte zuerst schneidet. Schneiden sich mehrere Gerade in demselben Punkte, so wird die, der das grösste μ zugehört, als Polygonseite auftreten. So geht es fort, bis als letzte (offene) Polygonseite die Gerade mit dem grössten μ auftritt.

Betrachtet man nun einen der Eckpunkte dieses Polygons, so wird der demselben zugehörige Werth von y grösser sein für die in dem betreffenden Punkte sich schneidenden Geraden, als für alle übrigen, so dass also das entsprechende x als ein passender Werth von α angesehen werden kann. Solcher giebt es demnach ebenso viele als Eckpunkte. Dabei ist begreiflich, dass wenn zwei Gerade dasselbe μ haben, also parallel laufen, nur die mit dem grössern n zu berücksichtigen ist. Haben also zwei Glieder in P denselben Exponenten für x, so berücksichtigt man nur das, welches den grössern Exponenten von a aufweist.

Um das Verfahren deutlich zu machen, wollen wir etwa die Gleichung

$$(a + 1) x^4 + x^3 + (a^2 - 1) x^2 - (a^2 - 2 a) x + (a^2 - a) = 0 \quad {}^{(3)}$$

betrachten. Nach dem Angegebenen hat man die Geraden zu konstruiren, deren Gleichungen sind: $y = 1 + 4x$, $y = 3x$, $y = 2 + x$, $y = 2$. Von diesen wird die erste als (unendliche) letzte Polygonseite erscheinen. Offenbar bleibt die zweite Gerade in ihrer ganzen Ausdehnung unter der ersten und letzten, ist also nicht zu berücksichtigen. Was nun die Durchschnittspunkte der übrigen drei mit der ersten betrifft, so erhält man die Abszissen derselben durch Gleichsetzen der Ordinaten (y) und findet also $\frac{1}{3}$, $\frac{1}{4}$, $\frac{1}{4}$. Da $\frac{1}{4}$ der grösste dieser Werth ist, so schneidet die dritte Gerade die erste (von $+ \infty$ hergehend) zuerst und für $x = \frac{1}{4}$ hat man den höchsten Endpunkt. Für $x = \frac{1}{4}$ sind die Ordinaten der ersten und dritten 3, der beiden andern aber $2\frac{1}{4}$, 2, also kleiner. Hiernach ist $\frac{1}{4}$ ein zulässiger Werth von α. Von dem so gefundenen Eckpunkte ist nun die dritte Gerade eine Polygonseite. Sucht man ihre Durchschnittspunkte mit den andern, so erhält man als Abscissen 0, 0, so dass für $x = 0$ die dritte, vierte und fünfte Gerade sich schneiden. Für $x = 0$ ist wirklich die Ordinate dieser drei Geraden gleich 2, der ersten nur 1, so dass $\alpha = 0$ ein zulässiger Werth ist. Von dem durch $x = 0$, $y = 2$ gegebenen Eckpunkte an (nach $-\infty$ gehend) bleiben alle Geraden unter der letzten, man erhält also keinen Eckpunkt mehr, so dass für (3) nur die Werthe $\frac{1}{4}$ und 0 als zulässig erscheinen.

Hat man α hiedurch bestimmt, so sucht man A. Wie dies geschieht, wird am deutlichsten an der Gleichung (3) wieder angedeutet werden können. Für $\alpha = \frac{1}{4}$ waren $a x^4$, $a^2 x^2$ die Glieder, welche denselben Exponenten 3 durch die Substitution $x = A a^{\frac{1}{4}}$ erhielten. Diese Glieder geben also $(A^4 + A^2)$ a^3, und da Alles sich aufheben soll, so muss diese Grösse für sich Null sein, d. h. A ist zu bestimmen aus $A^4 + A^2 = 0$, woraus $A = \pm i$ ($A = 0$ ist zu verwerfen). Hiernach giebt es zwei Anfangsglieder: $+ i\, a^{\frac{1}{4}}$, $- i\, a^{\frac{1}{4}}$ Für $\alpha = 0$ erhielten die Glieder $a^2 x^2$, $- a^2 x$, a^2 denselben Exponenten 2; demnach wird A bestimmt aus $A^2 - A + 1 = 0$, woraus $A = \frac{1}{2} \pm \frac{1}{2} \sqrt{3}$, und es giebt also zwei weitere Anfangsglieder: $\frac{1}{2} + \frac{1}{2} \sqrt{3}$, $\frac{1}{2} - \frac{1}{2} \sqrt{3}$, wodurch nun die vier (allein möglichen) Anfangsglieder sämmtlich gefunden sind.

Die von uns so eben ausführlich angedeutete Bestimmungsweise des ersten Gliedes ruht auf einer geometrischen Konstruktion. Es ist nun aber offenbar höchst einfach, dieselbe zu umgehen (was ja am Ende auch von uns schon geschehen ist, da wir keine Figur vor uns haben), und also ein rein analytisches Verfahren anzugeben, wornach diese Bestimmung vorgenommen werden kann, was denn der Verfasser auch thut. In dem von uns angeführten Beispiele waren die Werthe des Koeffizienten A in jedem einzelnen Falle von einander verschieden; würde es sich aber ereignen, dass zwei oder mehrere dieser (zu demselben α gehörigen) Werthe von A einander gleich wären, so hätte dies auf die Berechnungsweise offenbar keinen weitern Einfluss und würde eben nur andeuten, dass zwei oder mehrere der Wurzeln der vorgelegten Gleichung dasselbe Anfangsglied haben.

Hat man in dieser Weise das Anfangsglied $A a^{\alpha}$ einer der Wurzeln gefunden, so muss das nächstfolgende Glied ermittelt werden. Zu dem Ende setzt man statt x in die gegebene Gleichung $A x^{\alpha} + \zeta$ und sucht nun in der so entstehenden Gleichung, deren Wurzeln nach absteigenden Potenzen von a entwickelt werden, das erste Glied, dessen Exponent übrigens unter α sein muss. Bezeichnet man durch $\Sigma\, h\, a^{\kappa} x^{\mu}$ die Summe derjenigen Glieder von P, welche für $x = A a^{\alpha}$ denselben höchsten Exponenten erhielten, so dass dann

Σ h $A^\mu = 0$ die Gleichung zur Bestimmung von A war, so wird, wenn $x = A a^\alpha + B a^\beta + \ldots$ gesetzt wird, behufs Bestimmung von B und β es genügen, alle nach $B a^\beta$ kommenden Glieder vorläufig wegzulassen, und es werden die in Σ vorkommenden einzelnen Glieder denselben Exponenten $n + \beta \mu$ für a haben und heissen $\Sigma \mu$ $A^{\mu-1} h a^{n + \alpha \mu - \alpha + \beta} B = B \Sigma \mu A^{\mu-1} h a^{n + \alpha \mu - \alpha + \beta}$. Alle übrigen Glieder in P, in denen $A a^\alpha + B a^\beta$ für x substituirt wird, geben keinen höhern Exponenten, da ein solcher höchster von der Form $m + \alpha \nu$ ist. Da aber $n + \alpha \mu > m + \alpha \nu$, so kann man immer β ($< \alpha$) so bestimmen, dass $n + \alpha \mu - \alpha + \beta = m + \alpha \nu$, was unsere Behauptung offenbar rechtfertigt. Daraus folgt nun, dass man in den Gliedern von P, die zur Bestimmung von α nicht verwendet wurden (die nicht in Σ vorkommen) die Grösse $A a^\alpha$ für x setzt, und in dem Resultat die Glieder zusammennimmt, welche den höchsten Exponenten von a haben; ist die Summe derselben $= M a^\varrho$, so geben die Gleichungen $B \Sigma \mu A^{\mu-1} h = - M$, so wie $n + \alpha \mu - \alpha + \beta = \varrho$ die Werthe von B und β. — Dieses Verfahren erleidet eine Veränderung, wenn die Gleichung Σ h $A^\mu = o$ gleiche Wurzeln hatte, da dann $\Sigma \mu$ h $A^{\mu-1} = 0$ sein wird. Aber auch dieser Fall wird von dem Verfasser erörtert, worüber wir auf seine Schrift verweisen müssen.

Das Verfahren, weitere Folgeglieder zu ermitteln, ist nun ähnlich dem eben angegebenen und der Verfasser gelangt schliesslich (S. 58) zu folgender allgemeiner Regel: „Um zu der bereits ermittelten Gliedersumme $x_\mu = A a^\alpha + \ldots + K a^\mu$ das folgende Glied $M a^\nu$ zu erhalten, bestimme man zuerst, ob der Koeffizient K des zuletzt bestimmten Gliedes $K a^\mu$ eine einfache oder eine wiederholte Wurzel jener Bestimmungsgleichung sei, aus der er gewonnen wurde. Diese Untersuchung, welche nicht erst anzustellen sein wird, da sie eben einen Theil der Auflösung der Bestimmungsgleichung ausmacht, führt nun zu einer bestimmten Zahl n, welche angibt, wie oft diese Wurzel K in der Gleichung erscheint. Nun setze man die bekannte Gliedersumme x_μ an die Stelle von x im Gleichungspolynome P sowohl, als in seinen n ersten Differentialquotienten (nach x), und ordne diese Substitutionsresultate absteigend nach Potenzen von a. Die höchsten von Null verschiedenen Glieder dieser so geordneten Substitutionsresultate seien $M_0 a^{m_0}, \ldots, M_n a^{m_n}$, so bilde man die

Gleichung $M_0 a^{m_0} + z M_1 a^{m_1} + \ldots + \dfrac{z^n}{1 \ldots n} M_n a^{m_n} = 0$ und

suche in dieser, aus der man z nach absteigenden Potenzen von a entwickeln will, das Anfangsglied des Werthes z. Dieses ist das nächstfolgende Glied der bereits gefundenen Reihe $x_{\mu \varepsilon}$.

Abkürzungen der Rechnung und Auflösung mehrerer Beispiele schliessen sich diesem allgemeinen Ergebnisse an, in Bezug auf welche wir wieder auf die Schrift verweisen müssen.

Die Entwicklung der Wurzeln nach steigenden Potenzen von a geschieht ganz in derselben Weise und es konnte daher das Verfahren kürzer angedeutet werden (S. 78—Ende).

Es wird aus dem vorstehenden ziemlich einlässlichen Berichte über den Inhalt der uns vorliegenden ersten Abhandlung hervorgehoben, dass dem mathematischen Publikum eine gediegene, alles Lobes würdige Arbeit vorgelegt wurde und dass der Verfasser mit vollem Rechte sich als Wiederhersteller der leider verloren gegangenen Arbeiten Fouriers ansehen kann. Die Darstellung ist durchweg klar und mit nöthiger Ausführlichkeit, ohne in ermüdende Breite zu verfallen, so dass sie einen geistreichen und gründlichen Verfasser uns aus ihr erkennen lässt. — Wir wenden uns nun zur Fortsetzung der vorliegenden Abhandlung.

Auflösungsmethode für algebraische Buchstabengleichungen mit einer einzigen unabhängigen Buchstabengrösse. Von Dr. Ignaz Heger. Mit 1 Tafel. Wien. Aus der k. k. Hof- und Staatsdruckerei. In Commission bei Karl Gerolds Sohn. 1857. (76 S. in 4.)

Die Schrift ist, wie in dem Vorstehenden bereits angedeutet, die Fortsetzung der so eben betrachteten und hat sich zur Aufgabe gestellt, die Natur der bei der Auflösung von Buchstabengleichungen auftretenden Reihen näher zu untersuchen, namentlich das Ergänzungsglied beim beliebigen Abbrechen der Reihe, so wie die Konvergenz derselben zu ermitteln.

Zuerst sucht der Verfasser diejenigen Werthe der Grösse a zu ermitteln, für welche es nicht möglich ist, die Wurzeln der Gleichung mittelst des Theorems von Mac-Laurin zu entwickeln. Dies ist bekanntlich dann der Fall, wenn die nach steigenden Potenzen von a—α geordnete Entwicklung negative Potenzen dieser letztern Grösse enthalten soll, und eben so auch, wenn Potenzen mit gebrochenem Exponenten vorkommen sollen. Dies kommt eben darauf hinaus, dass in der zu suchenden Wurzel Divisoren der Form $(a—α)^n$, wobei n positiv ist, vorkommen, oder dass sie Wurzelgrössen enthält. Die Unmöglichkeit einer Entwicklung nach dem Mac-Laurin'schen Satze weist also auf das Vorhandensein solcher Wurzeln hin, wie dies nun von dem Verfasser weiter erörtert wird.

Eine weitere Untersuchung, die, wie bereits angegeben, hier geführt wird, ist die nach dem Ergänzungsglied der Reihe, die man für eine Wurzel erhält, welche nach dem in der ersten Abhandlung aus einander gesetzten Verfahren ermittelt wird. Diese Untersuchung, ihrer Natur nach wohl die schwierigste, führt der Verfasser für den Fall durch, dass die Reihe bereits so weit entwickelt ist, um als nur für eine einzelne Wurzel geltend angesehen werden zu dürfen, so dass also, wenn mehrere Wurzeln dieselben Anfangs- und auch mehrere Folgeglieder gemeinschaftlich haben, die Rechnung so

weit fortgeführt ist, dass die Wurzeln getrennt erscheinen. Ist dann
φ (a) die so weit (oder weiter) ermittelte Reihe, die natürlich endlich ist, so musste die Frage gestellt werden, für welche Zahlen-
werthe von a das Ergänzungsglied gesucht werden könne und innerhalb welcher Gränzen von a die gefundene Form dieses Ergän-
zungsgliedes noch zulässig ist. Dies geschieht von dem Verfasser
in erschöpfender Weise. — Endlich wird die Frage wegen der Konvergenz der erscheinenden Reihen einer Erörterung unterworfen, die
analog ist dem von Fourier bei numerischen Gleichungen angewandten Verfahren.

Dass die hier gelehrte Entwicklung der Wurzeln einer Buch-
stabengleichung bei der Untersuchung von Asymptoten ebener Kurven von grossem Nutzen sei, weist das Schlusswort der uns vorliegenden Abhandlung nach.

Referent muss sich mit dieser kurzen Andeutung des Inhalts
dieser der ersten in keinem Punkte nachstehenden Abhandlung begnügen, da ein genaueres Eingehen auf die geführten Untersuchungen in diesen Blättern nicht wohl zulässig erscheint. Einer besondern Empfehlung werden diese vortrefflichen Arbeiten wohl nicht
mehr bedürfen.

*Ueber die Auflösung eines Systems von mehreren unbestimmten Glei-
chungen des ersten Grades in ganzen Zahlen. Von Dr. Ignaz
Heger. Wien. Aus der k. k. Hof- und Staatsdruckerei. In
Commission bei Karl Gerolds Sohn. 1858. (122 S. in 4.)*

Diese aus dem XIV. Bande der Denkschriften der mathemat.-
naturwissenschaftlichen Klasse der kaiserlichen Akademie der Wissenschaften (zu Wien) besonders abgedruckte Abhandlung beschäftigt sich, wie ihr Titel besagt, mit der Auflösung von unbestimmten Gleichungen des ersten Grades.

Haben auch Probleme der unbestimmten Analytik im Allgemeinen nur eine sehr untergeordnete Anwendung in der Analysis
gefunden, so hält der Verfasser es doch für sehr nützlich, das vorliegende Problem näher zu betrachten, da von diesem nicht dasselbe
ausgesagt werden könne, indem es im Gegentheile ziemlich viele
Anwendungen zulasse. So komme die Auflösung des Gleichungs-
systems $x^m y^n = 1$, $x^\alpha y^\beta = 1$ darauf hinaus, die ganzen Zahlen
ξ, η, r, s zu ermitteln, für welche $m \xi + n \eta = r$, $\alpha \xi + \beta \eta = s$,
da dann $x = e^{2\pi \xi i}$, $y = e^{2\pi \eta i}$ sei; ebenso komme man bei den
Entwicklungen nach dem polynomischen Satze auf unbestimmte Gleichungen des ersten Grades u. s. f.

Sehen wir auch hievon ab, so giebt uns die vorliegende Schrift
die sich würdig an ihre Vorgänger anreiht, die vollständige Auflösung des gestellten Problems. Referent muss sich, der Natur der
Sache nach, auf eine Anzeige und Uebersicht des Geleisteten be-

schränken, da ein weiteres Eingehen nicht ohne bedeutende Ausführlichkeit zulässig wäre.

Sehr ausführlich wird zuerst die Aufgabe behandelt, ein System
zweier Gleichungen des ersten Grades zwischen den n Veränderlichen x, y, ..., v, w, welche die Form $a_1 x + b_1 y + ... + e_1$
$v + g_1 w = k_1$, $a_2 x + ... + g_2 w = k_2$ haben, in ganzen Zahlen aufzulösen, wobei natürlich die Coefficienten sämmtlich ganze
Zahlen sein müssen. Der Verfasser gelangt nach einer sehr weitläufigen Untersuchung zu dem Schlusse, dass das vorgelegte System
nur dann in ganzen Zahlen aufgelöst werden kann, wenn die zwei,
sogleich näher zu bezeichnenden Grössen φ und ψ einander gleich
sind. — Bezeichnet man durch (p g) die Grösse $p_1 g_2 — p_2 g_1$, so
ist φ der grösste gemeinschaftliche Theiler der Zahlen: (a b); (a c),
(b c); ....; (a e), (b e), ..., (d e); (a g), (b g), ...,
(d g), (e g), während ψ der grösste gemeinschaftliche Divisor aller
dieser Zahlen und der Zahlen (a k), (b k), ..., (g k) ist.

Die wirkliche Auflösung ist durch diese Untersuchung selbst
vollständig vorbereitet und wird auch durch Beispiele gebührend erläutert.

Dieselbe Aufgabe wird hierauf für ein System von m Gleichungen zwischen n Unbekannten (m < n) gelöst, obgleich der Verfasser dabei mehr andeutungsweise verfährt, gegenüber der ausführlichen Behandlung des ersten Problems. Die gewonnenen Resultate
sind den frühern analog, nur natürlich weit allgemeiner; wir müssen
uns jedoch versagen, hier das dem vorhin angeführten entsprechende
Ergebniss anzuführen, da die Ausdrücke etwas weitläufig sind.

Namentlich auch als eine Uebung in der Anwendung der Lehre
von den Determinanten wird der zweite Theil der vorliegenden Abhandlung von den Freunden dieser Art Untersuchungen benützt werden können, während das vollständig gelöste Problem die Schrift
der vollsten Beachtung empfiehlt.

Dr. J. Dienger.

---

*Beiträge zur Geognosie Tirols, mitgetheilt von Adolf Pichler.
Mit einer Karte und dreissig Profilen. VIII und 232 S. in 8.
Innsbruck, Druck der Wagner'schen Buchdruckerei. 1869.*

Ein günstiger Zufall führte unserem Verfasser, im Frühling verflossenen Jahres, aus dem Nachlasse des, der Wissenschaft zu früh
entzogenen Dr. Michael Stotter's zwei handschriftliche Aufsätze
in die Hände, einer die Oetzthaler-, der andere die Selvretta-Masse
betreffend. Für den Druck scheint der dahin Geschiedene solche
jedenfalls bestimmt zu haben (unterliegt um so weniger einem Zweifel, als bereits 1846 die: Bemerkungen über die Gletscher des Ver-
nagt-Thales in Tirol und ihre Geschichte zu Innsbruck veröffentlicht

wurden), ob dieselben aber, wie sie sich vorgefunden, völlig unverändert der Presse übergeben werden sollten, war nicht zu ermitteln.

Ist dem Berichterstatter — welcher sich 1846, zwei Jahre vor
Stotter's Tod, bei einem Aufenthalte zu Innsbruck der persönlichen Bekanntschaft dieses wohl erfahrenen Forschers erfreute und
dessen unermüdlicher Freundlichkeit Vieles verdankte — das Gedächtniss treu, so war unter andern auch die Rede von der Arbeit
über die Oetzthaler Gletscher. Ich konnte nur aufrichtig bedauern,
dass ein besprochener Ausflug nach der Gruppe jener merkwürdigen
Eisberge in so lehrreicher Gesellschaft, der beschränkten Zeit wegen
unterbleiben musste. Stotter suchte mich zu entschädigen durch
interessante briefliche Mittheilungen über die weiteren Vorgänge am
Vernagt-Ferner. (Neues Jahrbuch f. Mineralogie. 1847). Phänomene,
welche in der Gletscherkunde bisher ohne Vergleich geblieben sind.

Obwohl nun, seitdem Stotter seine Beobachtungen machte und
niederschrieb, die Geognosie in mancher Beziehung über den damaligen Standpunkt hinausgeschritten, so enthalten dessen Aufsätze dennoch der wichtigen, für die Kunde des Tiroler Landes besonders
bedeutenden Thatsachen viele. Das Unternehmen Pichler's verdient desshalb allen Dank. Er — von der kaiserlich - königlichen
geologischen Reichs-Anstalt mit Untersuchung des Wippthales und
dessen Verzweigungen beauftragt — beging einen grossen Theil der
Gegenden, die Stotter bereits durchforscht hatte. Beider Geologen
Arbeiten können sich gegenseitig ergänzen, Berichtigungen, wie
solche der neue Standpunkt der Wissenschaft forderte, werden nicht
vermisst, und die geognostische Karte der Gegend von Innsbruck,
desgleichen die zahlreichen Profile sind sehr werthvolle Zugaben.

In Einzelnheiten einzugehen, ist hier der Ort nicht, allein unterlassen dürfen wir keineswegs, den Inhalt vorliegender Schrift etwas genauer anzudeuten, gar manche Leser unserer Jahrbücher werden nicht ungern davon Kenntniss nehmen. Aus dem Nachlasse
Stotter's kommen, was die Oetzthaler-Masse betrifft, zur
Sprache: Die Kette der Danzebelle und Langtaufers, die Gruppe des
Hochtreibers, die Querkette des Gebatscherknotens, die Vennetgruppe,
das Oetzthal, die Gruppe des Ocherkogels und Hocheders, der Stu-
beierknoten, die Gruppe des Schneeberges, die Gruppe der Ulfer-,
Hochweiss-, Mastaun- und Remsspitze. — hinsichtlich der Selvretta-Masse aber: der Nordwestabhang der Langenkette, die Ketten
am nordöstlichen Keilende, der Südost-Abhang der Längenkette, die
Gruppen der Vettspitze und das Kartelferners. — Pichler schildert aus dem Inn- und Wippthale auf der nördlichen Seite des
Innes, nach vorausgeschickten allgemeinen Bemerkungen, das Vorkommen folgender Formationen: untere Trias (bunter Sandstein und
unterer Alpenkalk); obere Trias (oberer Alpenkalk und Cardita-
Schichten); Jura (unterer Lias, Mittel-Dolomit u. Gervillia-Schichten;
oberer Lias; oberer Jura): Tertiär-Gebilde: Diluvium; Salz-Gebirge.
Auf der südlichen Seite des Innes werden besprochen: Thon-Glimm-

schiefer und Gneiss; metamorpher Lias von Matrei und Navis; Gneis, Glimmerschiefer und Hornblende-Gesteine; Anthracit-Formation; untere Trias; obere Trias; Lias.

Jedem Naturfreund, welcher sich anschickt, zur Erforschung der Verhältnisse der Tiroler Gebirgswelt empfehlen wir Pichler's Beiträge auf's Beste.

Leonhard.

Die Geschichte des deutschen Handels. Von Dr. Johannes Falke, erstem Secretär des germanischen Museums in Nürnberg. Erster Theil. Leipsig, Verlag von Gustav Mayer, 1859. VIII und 314 S. 8.

Es ist eine der erfreulichsten Erscheinungen, welche der grossen Nationalanstalt des germanischen Museums zur Seite gehen, dass in eiferndem Wettlaufe die an demselben beschäftigten jüngern wissenschaftlichen Kräfte Hervorbringungen auf dem Gebiete deutscher Geschichte und Alterthümer vorbereiten und ausführen, von welchen die Wissenschaft reichen Gewinn zieht.

Ist es doch gerade, als ob von den ehrwürdigen Hallen der Karthause zu Nürnberg ein neues Leben angienge und so manche starre Form vergangener Jahrhunderte wieder bewegte, als ob so manche dunkle Stelle alter Pergamene durch die Lichtstrahlen erhellt würde, welche von den gothischen Fenstern der neugeschmückten Kirche durch bemalte Scheiben fallen.

Unter den Werken aber, welche dort in neuester Zeit zu Tage gefördert wurden, nimmt dasjenige, dessen Titel wir oben gegeben haben, eine vorzugsweise ehrenvolle Stelle ein.

War auch schon in den Specialgeschichten einzelner Städte, namentlich der Rheinischen, war für bestimmte Zeiten, wie die der Hanse, für bestimmte Produkte, wie den Leinwandhandel der schwäbischen Städte Vieles und Bedeutendes geschehen, so fehlte gerade das, was einer Handelsgeschichte ebensowohl für den praktischen Gebrauch, als für die culturgeschichtliche Anwendung den entschiedensten Werth verleiht, der Gesammtüberblick und die Nachweisung, wie die Wurzeln des Stammes, den wir auf germanischem Boden sich entwickeln sehen, schon im grauen Alterthum über die Alpen und Pyrenäen, wie sie jenseits der grossen Verbindungsbrücke der Römischen Orbis terrarum im fernsten Osten ihre Fasern ausbreiteten.

Diese beiden Punkte aber haben gerade in dem vorliegenden Werke ihre Behandlung und damit eine grosse Anzahl früher kaum angeworfener, jedenfalls meist dunkel gebliebener Fragen ihre Aufklärung und Lösung gefunden.

Wie aber eine solche Lösung das Interesse eines weit grössern Leserkreises erregen muss, als irgend welche andere geschichtliche Quellenarbeit; so war an das Werk auch eine doppelte Aufgabe gestellt.

Es musste die Treue in Darstellung des geschichtlichen Stoffes auch mit der Zierlichkeit der Form verbinden und in gefälligem, leichten Gewande wiedergeben, was eine jahrelange mühevolle Forschung im Geiste des Verfassers zur Reife gebracht hatte. Diese ist unseres Erachtens der grosse Vortheil, den unsere Nachbarn von jenseits des Rheines vor uns voraus haben, dass sie die Ergebnisse auch der verwickelsten Forschung mit einer Leichtigkeit und Gefälligkeit der Form wieder zu geben vermögen, welche dieselben sofort zum Gemeingute Aller zu machen im Stande sind.

Hat aber der Verfasser auch nicht durch eine Anzahl unter den Text gesetzter Anmerkungen den Leser zum Zeugen seines mühevollen Ganges durch das weite Gebiet von Sammelschriften und noch nicht herausgegebener Urkunden gemacht, so ist gleichwohl die gefällige Form seiner Darstellung nicht der trügerische grüne Rasenteppich, welcher den Wanderer, der sich ihm arglos anvertraut, in dem Moorgrund von grundlosen Vermuthungen und falscher Unterstellungen untersinken lässt, sondern überall finden wir festen Boden, gesicherten Pfad und zuverlässige Unterlage zum Fortbaue weiterer Forschungen.

Wir lassen nun auf diese Darlegung des Charakters eine Aufzählung des Inhaltes unseres Werkes folgen.

Dasselbe liegt bis jetzt im ersten Theile vor uns, welcher der Zeit nach bis zum Schlusse des XIV. Jahrhunderts reicht, theilweise aber noch in das folgende hinüber greift.

Dem Stoffe nach zerfällt dieser erste Band in zwei Abtheilungen:

I. Des Handels Gebiete und Wege und Waaren.

II. Des Handels Formen und Einrichtungen;
und erschöpft so jede Frage, welche nach den Handelsverhältnissen in dem genannten Zeitabschnitte gestellt werden können.

Die erste Abtheilung wird nach vier Zeitabschnitten zusammengestellt.

1) Die Zeit der Römerherrschaft.
2) Die Zeit des romanisch-germanischen Frankenreichs.
3) Von der Zeit eines selbstständigen deutschen Reiches bis zur Eroberung der Ostseeküsten.
4) Die Blüthezeit des deutschen Handels im Mittelalter bis zur Entdeckung neuer Gebiete unn Wege.

Die Darstellung der ersten Periode (S. 1—24) giebt eine bei aller Gedrängtheit treue Darstellung des Strassennetzes, welcher sich über jene Theile Germaniens zog, welche den Römern unterthänig wurden und die Verbindung jener Eroberungen mit der Hauptstalt der Welt vermittelten. Als besonderes Merkmal hebt der Verfasser hervor, dass der eigentliche Handel anfänglich nur von den kulturreichen Galliern und den italischen Eroberern selbstständig betrieben wurde und dass die Germanen selbst dabei sich meistens passiv verhielten und dass die wenigen Spuren einer lebhaftern Handelsthätigkeit der Ubier, Menapier, Marcomannen in den nachfolgenden Zeiten der Völkerwanderung ausgelöscht wurden (S. 10).

"Die germanischen Stämme, berufen, die Träger der Bildung nachfolgender Zeitalter zu werden, sollten nicht als Sklaven eines andern Volkes dessen überlebte Kultur unselbstständig weiter tragen, sondern als Herren nach Jahrhunderte langem Ringen aus sich selbst heraus die neue freie Bildung entwikkeln; die berufen ist, sich vom Innern Europa's aus über den ganzen Welttheil und darüber hinaus in andere Welttheile bis zu einem Ziele, das noch lange nicht erreicht ist, auszubreiten". —

Die Waaren, deren Aufzählung wir theils den Berichten der Römer, theils den Gräberfunden verdanken, bestanden in den Ausfuhrartikeln des hochgeschätzten Bernsteins, dessen Ausfuhrwege der Verf. als die Grundlage der spätern Binnenhandelsstrassen bezeichnet, aus Zuckerrüben (sollte es nicht Meer-Rettig gewesen sein?), welche die Tafeln der vornehmsten Römer zierten, den beissenden Seifen und blonden Haaren, Erfordernisse der römischen Toilettentische und Perrückenmacher, als blondes Haar zu tragen mehr und mehr Mode wurde.

Als Einfuhr werden Weine und Schmucksachen, Gläser und Glascorallen bezeichnet; früher wohl auch Waffen, bis die Furcht der Eroberer die Waffenausfuhr verbot. Höchst beachtenswerth ist die Bemerkung, welche (S. 21) der Verfasser über germanische Töpferwaaren macht:

In Hannover angestellte chemische Untersuchungen erwiesen, dass der zu manchen Arten von Urnen gebrauchte Thon mit Erdpech oder Erdöl gemischt war, um ihm grössere Festigkeit und Wasserdichtheit zu geben, ein Verfahren, das man in deutschen Gegenden weder hat lernen, noch üben können und ebensowenig von den Römern geübt wurde. Diese Töpferarbeit weist auf eine asiatische Heimath zurück, denn in den Küstengegenden des kaspischen See's finden sich Thonlager, aus denen Erdöl in grosser Menge hervorquillt. Ob nun germanische Stämme solche Urnen auf ihrer ersten Wanderung mitgebracht, ob ein noch später bestehender Handel ihnen denselben nachgeliefert hat, wird schwer zu entscheiden sein."

Auch Kieselbeimischung, welche die Römer nicht anwandten, mit der Eigenthümlichkeit der dabei angebrachten Ornamente lassen auf einen binnenländischen Handelszweig mit diesen Artikeln schliessen.

Dass natürlich, wo der der Landeseinwohner von dem erobernden Volke unterworfen, oder als ausgedienter Kriegsmann mit Län-
derbesitz ausgestattet war, auch Germanen am Handels- und Hand-
werks- und Fabrikbetrieb sich betheiligten, ist klar. Die Töpfereien
mit deutschen Töpfernamen zu Riegel, die Formen für Bronceguss
zu Selzen sind vom Verfasser dessen zum Belege angeführt worden.
Solche Beispiele lassen sich aus dem badischen Gebiete noch vermehren durch die Giessstätte von Broncewaffen und Werkzeugen zu
Ackenbach bei Heiligenberg, durch die Töpfereien bei Hüfingen,
welche neben dem Modelle eines Medaillon von Tiberius eine Menge
von Geschirrbruchstücken gerade von dem Thone enthalten, der dort
reichlich vorhanden ist. Schade, dass die Pfahlbauten am Bodensee noch in zu geringer Anzahl untersucht sind, um von ihnen
Schlüsse auf den Handwerksbetrieb und den Handel eines Volkes
zu ziehen, welches der Erzperiode um Jahrhunderte vorangeht.

Doch lassen schon jetzt die Funde der grossen Pfahlbaute von
Wangen am Untersee schliessen, dass in derselben Gewebe von
Wolle und Lein, Stein- und Knochen-Werkzeuge, welche mittelst
Messer und Sägen von gleichem Stoffe gearbeitet wurden, daselbst
nicht nur angefertigt wurden, sondern auch für Kauf oder Tausch
vorräthig da lagen.

Weit reicher ist schon das Bild der Gewerb- und Handelsthätigkeit der 2ten Periode, da die Franken die Erbschaft der
Römer antraten.

Aus dieser erhielten sie Massilia den Stapelplatz des morgenländischen Verkehrs, der S. 27—35 an zahlreichen Beispielen nachgewiesen ist, welche überhaupt auch den lebhaften diplomatischen Verkehr zwischen dem Frankenreiche der Merovinger
und Karolinger mit den Chalifaten von Damaskus, Fez und Bagdad
und mit dem griechischen Kaiserhofe belegen.

Den Antheil der Juden an diesem Verkehre und selbst einen
stattlichen Seehandel dieses Volkes sehen wir S. 34—37, dem der
Syrer und Italiener S. 37 belegt.

Der Beginn des Handelsverkehrs auf der Donau und zwar durch
Franken (die Fränkische Geburt des Samo ist zwar durch die Quellen bezeugt, lässt übrigens doch die Deutung offen, dass er ein im
Frankenlande geborner Slave gewesen sei, wie Ref. in der Erklärung der Notburga-Legende nachzuweisen versuchte) ist S. 38 ff.
nachgewiesen.

Den Mittelpunkt dieses Handels bildete noch in der folgenden
Periode Regensburg.

(Schluss folgt.)

JAHRBÜCHER DER LITERATUR.

Die Geschichte des deutschen Handels. ·

(Schluss.)

Unter dem jetzt aufkommenden Produktenhandel nimmt
Salz auf dieser Linie eine hervorragende Stelle ein, während in
den westlichen Bezirken Wollengewebe in Friesland, Linnen, Eisen,
Wein die Ausfuhr, Wachs, Pelzwerk, Häute, Seide, Specerei und
wohl auch Oel die Einfuhr bilden (S. 44—45). Vom hohen Norden
bis zum Morgenlande über Constantinopel, wo auch der mittelmee-
rische, der kaspische und euxinische Waarenzug damit zusammen-
traf, ist ein Handelszug ebensowohl durch die nordische Sage, als
durch arabische Nachrichten und Münz- und Anticaglienfunde S. 48
nachgewiesen.

Ausser den vorhin genannten Waaren wird Getreide, Metall-
arbeit aus den edelsten Stoffen und in künstlerischer Vollendung
(S. 58—59) nachgewiesen. Besonders beachtenswerth ist der Schluss-
abschnitt dieser Periode, der Sklavenhandel (S. 59—64).

In der 3ten Periode entwickelt sich in folgenreicher Ausdehnung der Einfuhrhandel über Italien, dessen Seestädte, namentlich Venedig, jetzt schon in lebhaftester Verbindung mit dem
Oriente stehen.

Für das Hinaufreichen jener Lebendigkeit des Handels in die
Zeit der lezten Carolinger spricht nach Ansicht des Ref. vorzüglich
auch der damals entstandene Wettstreit der Strassenrichtung Chur,
Casti, Surseisa, Bevio über den Julier und Septimer und Chur, Di-
sentis, St. Gall, St. Maria in loco magno oder Lucmanier-Biasca,
in welchem die neue Strassenrichtung den Bischof von Chur benach-
theiligte, ein Streit, welcher bei v. Mohr urkundliche Erwähnung
gefunden hat.

Die Ausdehnung dieses Waarenzuges nach dem Rhein machte
Mainz in dieser Periode zur goldenen Stadt, während der
Waarenzug von Regensburg die Donaustrasse vermeiden musste, da
die Ungarn diesen wohlfeilsten und natürlichsten Stromweg sperr-
ten, bis sie endlich auch durch das Christenthum sich den civilisirten Völkern anschlossen.

Hiedurch aber entwickelte sich eine eigenthümliche Handels-
richtung nach Kiew, deren Spur der Verf. S. 69 und bes. 75 nachweisst. Sie verband den binnenländischen Waarenzug von Asien
durch Ost- und Nordeuropa mit Donau und Rhein. Sobald aber

Ungarn in diesen Verkehrsweg wieder eintrat, musste sich die Bedeutung von Wien mächtig heben.

Was vom Oriente sich diese Strassen heraufbewegte, waren Gewürze und Droguen, Narden und Balsame, edle Früchte und vor Allem die Erzeugnisse byzantinischen Kunstfleisses, Seide, Gold- und Silbergewebe und feine Metallarbeiten (S. 79).

Die Verbindung des Orients mit dem Rhein erblickt der Verf. vorzüglich in der Richtung des Waarenzugs von Donauwörth zum Main und von da ab zum Rhein, dann aber auch in der Einmündung eines Marseiller Zuges über Lyon zum Oberrhein.

Dass indessen auch von Regensburg über Augsburg und Ulm ein Theil des Donauverkehrs, über den Bodensee und Constanz nach Villingen und dem Breisgau sich abzweigte, glaubt Refer. aus der Verleihung eines Markt- und Münz Rechts für Villingen durch Otto III. 999 schliessen zu dürfen.

Ein Haupthandelszug aber, welcher schon in dieser Periode sich eröffnet, ist von Elbe und Weser landeinwärts zu den an Gewerbthätigkeit und Handelsregsamkeit den Deutschen vorangeschrittenen Slaven, welche aber gerade in dieser Periode von erstern unterworfen werden und später folgerichtig von Schleswig und dem aufblühenden Lübeck immer weiter an den Küsten der Ostsee, wo sich deutscher Handel und schwedischer (auf Wisby) mit dem orientalischen griechischer Handelsleute kreuzt. Das lebhafte Bild dieses Handels ist S. 90 — 101 in unterrichtender Weise gegeben. Die Waare dieses in den Orient reichenden Handelszuges ist oben schon angegeben; ein bedeutendes Tauschmittel und Ausfuhrprodukt zeigt sich in den kostbaren Marderpelzen und den Leinwandgeweben, worin ja noch bis auf den heutigen Tag die Nachkommen der alten Slaven sich vor den übrigen Stämmen auszeichnen.

Eine Waare, der Mensch, dauert auch noch in dieser Periode als Handelsartikel. Nur zeigt die geschichtliche Nemesis sich darin, dass die Slaven, die rührigsten Sklavenhändler zu Anfang der Periode, am Schlusse derselben selbst in Sklaverei sinken, ja derselben sogar den Namen geben.

Ueber die lezte Periode müssen wir, um nicht zu viel Raum zu beanspruchen, mit einigen wenigen Andeutungen hinweggehen.

Jezt ist es das Geld, welches als Tauschmittel vorzugsweise sich geltend macht; die Flussschifffahrt wetteifert mit den Nord- und Ost-Seeflotten. Handwerks- und Fabrikbetrieb rivalisirt in Lieferung der Waare mit der Jagd, dem Getreidebau, der Gewinnung von Salz und Metallen. Deutsche Einwanderung sezt sich bis auf die Höhen der Karpathen und siebenbürgischen Alpen fest; Venedig und London, Lyon und Bergen haben deutsche Contore und Stadtviertel, wie einst der Römer (Grieche), und Walche (Italiener) solche in Regensburg hatten. Die Vermittlung des südlichen Waarenzuges mit dem Main-Rheingebiete macht Nürnberg zum deutschen

Emporium; von da geht über Erfurt, Leipzig, Halle eine Ausstralung der Handelswege nach Nordost und Nordwesten. Basel, Strassburg werden mächtig durch das Auffassen und Weiterführen des Lyoner Verkehrs, Frankfurt als Einmündung des Donauverkehrs in das Rheingebiet. Köln wetteifert mit den niederländischen Städten im Umschlag des Rheinverkehrs mit dem der ostdeutschen Ströme; es entsteht die mächtige Hansa und tritt erobernd in den dänischen und russischen Grenzmarken auf; Riga und Nowgorod entwickeln sich, wetteifernd mit Wisby zu grossartigen Tauschplätzen; zu der Verbindung des „gemeinen Kaufmanns" in lezterer Stadt tritt die der Guildhall zu London und die grosse Städte-Verbindung Deutschlands. Zu gleicher Zeit macht sich aber auch schon bei grossen Erfolgen im Norden und Osten der innere Verfall der Hansa und ihr Zurückweichen vor westlicher Concurrenz sichtbar, deren weitere Entwicklung der folgenden Periode angehört.

Alles dieses ist ebenso anschaulich und übersichtlich, als gründlich bis S. 192 des trefflichen Werkes angeführt, auf welches wir die Leser verweisen müssen.

Auch die zweite Abtheilung des Buches können wir nur im Ueberblicke der Hauptpunkte vorführen.

Sie zerfällt in folgende drei Abschnitte:

1) Der Grosshandel und die Niederlassungen.
2) Der Kleinhandel und die Märkte.
3) Der Geldhandel.

In der ersten dieser Abtheilungen erblicken wir, freilich in passiver Weise Deutschland schon zur Zeit seiner ersten Bekanntschaft mit den Römern. Nicht der Producent vertauscht seine Waare mit dem andern Producenten, sondern er hat sich der Vermittlung der Kaufleute — Römer oder Juden, Syrer oder Gallier — bedient.

Aktiv war derselbe bis tief ins Mittelalter nicht. Der einzelne Kaufmann ist Selbsthändler, mit dem über den Sattel befestigten Schwert begleitet er seine Waaren; Bedürfniss des Schutzes nöthigt ihn sich Carawanenartigen Zügen anzuschliessen.

Die Gesezesdürre des Mittelalters aber macht, dass er unabhängig von fremden Gewalten seine Verhältnisse nach Bedürfniss und Erfahrung selbst ordnen kann. So entstehen die Komptore und an ihnen bildet sich der Grosshandel naturwüchsig heraus.

Da ist Nowgorod mit seiner Skra von 1225 (S. 200—206), Kauen, Schonen mit dem Häringsfang, bis der Zug dieser Wanderfische die Holländischen Küsten zu bereichern anfing; da ist das merkwürdigste aller Hansa-Komptore, das von Bergen (S. 215—265). Da erhoben sich Commanditen im deutschen Binnenlande, zugleich aber auch die Landplage des Handels, Zölle und Geleite. Erstere ursprünglich nur Beitrag zur Strassenunterhaltung, dann aber

bald eine Landplage zur Bereicherung der kleinen Landesherrn, die
um so drückender war, als sie ganz allein auf dem Bürger lastete,
da der Adelige exempt war (337).

Wie sehr diese Plage oft gegen den Willen der Landesherren
noch erhöht wurden, hat Ref. in der XLVII. Urkunde seiner
Quellen und Forschungen nachgewiesen, wo Rudolf von Habsburg
an seinen Vogt zu Krenkingen die Worte richtet:

„Cum igitur universis regni nostri subditis in ius-
ta thelonia et inconsueta duximus prohibenda, ea si
nostro nomine pateremur recipi, foret inconveniens
et indignum".

Ebenso schlimm war der Strassenzwang, dessen S. 240 ff.
genügende Beispiele angeführt sind, welche wir aus dem Gebiete
unseres Landes gelegentlich des Baues einer neuen Strasse zwischen
Villingen und Freiburg vermehren könnten. Der „Knoten-
punkt" all' dieser Hemmungen aber war Niederlage und Sta-
pelrecht, welche seltsamerweise durch den handeltreibenden Stand
der Bürger selbst ihre Stüze erhielten (S. 244 ff.).

Die ersten Spuren des Gesellschaftshandels sind 247 erwähnt, wo in Augsburg die Welser, in Ulm die Ruland, in
Nürnberg die Ebner im XIV. Jahrhundert eine solche Vereinigung
schliessen.

Besonders anziehend ist das Bild, welches der Verf. von der
II. Abtheilung, Kleinhandel und Märkte, entwirft, dieser Elemente des Freihandels innerhalb gewisser, gesetzlich bestimmter, zeitlichen und räumlichen Beschränkungen, mit ihrem Anschlusse an kirchliche Feste und gottesdienstliche Verrichtungen (Messe), der schon in die Zeit Gregor's des Grossen hinaufreicht. Jahr-, Wochen- und Tagmärkte mit ihrer polizeilichen Aufsicht stehen lebendig vor uns (250—275). Wir müssen uns aber
dahin bescheiden, die Leser auf das Buch selbst zu verweisen.

Die lezte Abtheilung dieses Abschnittes: Geldhandel
ist, obgleich eine von Aussen her eingeschleppte Form, doch zu-
lezt eine der Haupthandelsbewegungen schon frühe geworden. Geld
und Prägung sind S. 278—283 genügend behandelt. Der erste
Geldhandel, oder Wechselgeschäft ist im X. Jahrhundert in Venedig
ausgebildet und bald darauf ungeachtet der Regalansprüche der Kaiser in den lombardischen Städten geübt. Diese „Lombarden"
nun machten ihr Geschäft ebensowohl in England und Frankreich,
als in Deutschland heimisch. Sie haben im XIV. Jahrhundert ihre
Commanditen an der Ostsee; sie machen ihre glänzendsten Geschäfte
als Banquiers des römischen Stuls (S. 285) aber bald auch der
Fürsten. Mit ihnen concurrirten frühe die Juden, die von anderwärts vertrieben als Wildfänge über Gallien nach Deutschland
kamen, dort unter den Schuz des Kaisers gestellt durch ihr Schuz-
geld dessen Einkünfte mehrten, aber bald auch an Städte und
Herren verkauft und verliehen wurden.

Das Widerstreben der Kirche, der vorzugsweisen Besitzerin von Geldmitteln, gegen Zinse auszuleihen (S. 293), machte sie bald überall unentbehrlich; die Unsicherheit des angelegten Capitals, welches nicht nur in Unruhen, sondern oft durch einen Federstrich des Kaisers völlig verloren gieng, musste natürlich wucherischen Zins hervorrufen, der dann wieder meistens der innere Grund, wenn gleich nicht die Veranlassung der Judenverfolgungen geworden ist (S. 296—305). Jezt erst entstanden durch die Noth hervorgerufen, die Leihhäuser (zuerst 1350 in der Freigrafschaft Salins), die Vorschüsse auf Arbeit (S. 309).

Viel früher war das damit verwandte Institut der Banken im XII. Jahrh. zu Barcellona oder Venedig begründet worden.

So sind wir denn in dieser Inhaltsdarstellung mit Vergnügen dem Verf. bis zum Ende des ersten Bandes gefolgt und von der Vortrefflichkeit der Arbeit so durchdrungen, dass wir mit lebhaftem Verlangen dem Erscheinen des II. Bandes entgegen sehen.

Die äussere Ausstattung ist gut, der Druck scharf. Einzelne Druckversehen, wie S. 10 Menagier statt Menapier, S. 13 Oberglacht st. Oberflacht, S. 26 Chlodvigs des Merovingers Sieg über die Burgunden bei Zülpich 566 st. Alemannen 496 wird der Leser leicht selbst verbessern können.

Mannheim. **Fickler.**

Bibliotheca Scriptorum Graecorum et Romanorum Teubneriana.

Xenophontis Institutio Cyri. Recensuit et praefatus est Ludovicus Dindorfius. Editio quarta emendatior. Lipsiae in aedibus B. G. Teubneri, MDCCCLVIII. XXX u. 326 S. in 8.

Plutarchi Vitae parallelae. Iterum recognovit Carolus Sintenis. Vol. II. Lipsiae etc. XXI und 556 S.

Athenaei Deipnosophistae e recognitione Augusti Meineke. Vol. II. continens Lib. VII—XII. Lipsiae etc. 514 S.

Theophrasti Characteres. Edidit Henricus Eduardus Foss. Lipsiae etc. XVII und 100 S.

Hymni Homerici accedentibus Epigrammatis et Batrachomyomachia Homero vulgo attributis. Ex recensione Augusti Baumeister. Lipsiae etc. XVI und 102 S. (Auch mit dem weiteren Titel: Homeri Carmina Vol. III. Hymni Homerici etc.)

Manethonis Apotelesmaticorum qui feruntur libri VI. Relegit Arminius Koechly. Accedunt Dorothei et Annubionis frag-

menta astrologica. Lipsiae etc. XXX und 117 S. (Auch mit
dem weiteren Titel: Corpus poetarum epicorum Graecorum
consilio et studio Arminii Koechly editum. Vol. VII. Manetho-
niona etc.)

In der Reihe der Fortsetzungen und neuen Ausgaben, welche
uns diese Bibliotheca Scriptorum Graecorum et Romanorum Teubneriana bringt, die sich auch nach dem Tode ihres
Begründers fortwährend der gedeihlichsten Pflege erfreut, und durch
die Erweiterung, die sie von dem engeren Kreise der bloss auf Schulen gelesenen Schriftsteller, nun auch auf alle die für den gelehrten
Gebrauch nothwendigen Schriftsteller gefunden hat, auch dem minder Bemittelten den Zutritt zu so manchen Schriftstellern öffnet, die
sonst nur in grössern Bibliotheken anzutreffen waren, jetzt aber,
und dies in ungleich berichtigteren Texten, Jedem zugänglich gemacht sind, erscheinen auch hier wieder Xenophon, Pluta-
chus und Athenäus. Wie zuletzt die Anabasis von demselben
Herausgeber, zum viertenmal herausgegeben worden war (s. d.
Blätter, Jahrgg. 1858, S. 732 ff.), so erscheint hier, ebenfalls zum
viertenmale die Cyropädie, bei deren Herausgabe, abgesehen von der
Berichtigung einzelner Stellen, hauptsächlich zwei Punkte in Betracht gezogen wurden, die eben so auch bei der Herausgabe der
Anabasis in dem Vorwort insbesondere hervorgehoben wurden, und
daraus auch in diesen Blättern S. 433 am a. O. erwähnt worden
sind. Der eine betrifft die Interpolationen des Textes, die absichtlich, wie hier angenommen wird, von späteren Grammatikern und
Copisten eingeschobenen Stellen, welche hier theils ausgeschieden unter
dem Texte ihren Platz gefunden haben, theils da, wo sie im Texte
belassen wurden, durch eckige Klammern kenntlich gemacht sind. Ob
nun hier nicht der Interpolation eine allzu grosse Ausdehnung gegeben
ist, insofern sie auf Fälle ausgedehnt wird, die eher als Teutolo-
gien zu betrachten sind, wie sie bei jedem Schriftsteller mehr oder
minder vorkommen, ist eine andere Frage, auf deren Beantwortung
wir hier nicht weiter eingehen können, weil wir eben nicht glauben
können, dass jedes Wort, was nicht strenge genommen nöthig ist
zum Ausdruck des Gedankens des Schriftstellers, darum auch sofort
als ein fremdes, später gemachtes Einschiebsel zu betrachten ist;
und dasselbe mag auch von einer grössern Ausführung gelten, die
zur näheren Erörterung oder Verdeutlichung, und damit zum besseren Verständniss des vorausgehenden Satzes, diesem angereiht wird.
Wenn z. B. in der Formel γίγνεσθαι ἱερά, die bald mit dem Zusatze von καλά, bald ohne denselben vorkommt, jenes καλά überall
wo es vorkommt, ein dem Schriftsteller fremdartiger Zusatz sein
soll und desshalb aus dem Texte gestrichen wird, so haben wir uns
von der Richtigkeit dieser Ansicht um so weniger überzeugen können, als die Redensart, welche καλά hinzufügt, doch eigentlich als
die ursprüngliche anzusehen ist, und dem Schriftsteller doch nicht

verargt werden kann, wenn· er im Laufe der Erzählung bald die
vollere, bald die kürzere Phrase anwendet, überdem statt καλά
auch andere hier fast synonyme Ausdrücke, wie χρηστά, ἐπιτήδεια
u. dgl. bei Herodotus, Thucydides und Andern hinzugefügt vorkommen. Der andere Punkt, der bei der Cyropädie nicht minder wie
bei der Anabasis zur Sprache kommt, betrifft die dialektischen Formen und ihre gleichmässig durchgeführte Wiederherstellung im Texte.
So wird z. B., wenn wir dem Herausgeber folgen, bei den in ευς
ausgehenden Wörtern im Plural durchgängig die auch bei Thucydides und Plato jetzt hergestellte Form ης (z. B. ἱππῆς, βασιλῆς u.
dgl.), ebenso bei Xenophon und selbst bei Demosthenes herzustellen
sein: die „temeritas librariorum" trägt die Schuld, wenn solche ge-
wähltere Formen fast ganz aus den Handschriften verschwunden sind,
so dass man selbst da, wo noch Spuren derselben hervortreten, sie
für fehlerhaft ansah (p. IX). Eben so wird die Form ἐπιμέλομαι
(statt ἐπιμελοῦμαι) für die allein richtige im älteren Attischen
Dialekt erklärt, daher allein zulässig bei Xenophon, Plato, Thucydides u. A.; ebenso wird im Plusquamperfect die abgekürzte Form auf
η für ειν auch bei Xenophon für die richtige, und demnach allein zu-
lässige erklärt, ebenso auch ihm die Formen ἄν (für ἐάν oder ἤν)
und θέλω (für ἐθέλω) abgesprochen. So wird die Form ἀμαχεί
verworfen und ἀμαχί allein für gültig bei Xenophon erklärt, eben
so auch bei andern auf ει ausgehenden Adverbien der Art, wo die
auf ι ausgehende Form allein als zulässig bei Xenophon bezeichnet
wird (p. XVI). Wenn nun aber das an einigen Stellen (Anab. IV,
2, 15. Cyrop. IV, 2, 23) vorkommende ἀμαχητί verändert werden
soll in ἀμαχί, und eben so ἀμάχητοι (Cyrop. VI, 4, 14) in ἄμαχοι
übergehen soll, so scheint uns diess doch zu weit gegangen, da wir
keinen Grund absehen, warum Xenophon nicht auch die Form ἀμαχητί angewendet haben sollte, die z. B. bei Herodotus die vorherrschende ist (I, 174. 11,102. III, 13. IV, 11. 93. V, 95. VII, 233.
IX, 2), welcher ἀμαχί nicht kennt, wohl aber ἄμαχος (I, 84. V, 3),
während ἀμάχητος bei ihm nicht vorkommt. So könnten wir noch
Aehnliches anführen, beschränken uns aber auf diese Mittheilungen,
die Jedem, der mit Xenophon sich näher beschäftigt, Veranlassung
geben werden, sich näher mit dem Inhalt dieser Praefatio bekannt
zu machen, die auch über manche andere Stellen der Cyropädie
sich verbreitet, welche in dieser Ausgabe eine bessere Fassung erhalten haben. Ein Inhaltsverzeichniss der einzelnen Bücher und ein
Register über die Eigennamen ist auch diesem Bande beigefügt.

Ueber die neue Ausgabe von Plutarch's Vitae, deren zweiter, hier vorliegender Band von der Biographie des Timoleon bis zu
der des Lucullus incl. reicht, so wie über den zweiten Band des
Athenäus, der einen an so vielen Stellen verbesserten Text bringt,
ist schon in der früheren, oben angeführten Anzeige das Nöthige
bemerkt worden.

In der Ausgabe der Charaktere des Theophrastus, die wohl als
eine neue, auf Grundlage der vorhandenen, handschriftlichen Quellen
veranstaltete Revision gelten kann, ist in der That von Seiten
des Herausgebers geleistet worden, was nach der Sachlage
überhaupt hier geleistet werden konnte: ist dann auch die grössere
Ausgabe, zu welcher die Vorrede Aussicht giebt, erschienen, und
mittelst der darin gegebenen Begründung alles Einzelnen, es mag
den Text selbst oder die Erklärung betreffen, auch die volle
Rechtfertigung des kritischen Verfahrens gegeben, so ist damit ein
gewisser Abschluss erreicht, der ohne das Auffinden neuer Quellen
nicht so leicht überschritten werden kann.   Dann wird es auch eher
möglich sein, über Tendenz und Bestimmung des Büchleins selber,
über seine ursprüngliche Form, womit zugleich die Frage nach der
Aechtheit des Ganzen zusammenfällt, zu einem bestimmten, dann
nicht mehr zu bestreitenden Resultat zu gelangen, wiewohl wir auch
so, nach der ganzen Beschaffenheit der Schrift, wie sie jetzt vorliegt, nicht zweifeln können, dass sie ein ächtes Produkt der schriftstellerischen Thätigkeit des Theophrast ist, jedoch in der ursprünglichen Form in soweit nicht mehr vorhanden, als die ursprüngliche Fassung eine ausgedehntere war, als die abgekürzte Form, in
der wir jetzt diese Charaktere lesen.   Wann freilich diese Abkürzung vorgenommen worden und in welcher Weise, nach welchen
Grundsätzen und zu welchem Zweck, das Alles wird sich kaum je
in befriedigender Weise beantworten lassen; man wird darüber nur
Vermuthungen, mit mehr oder weniger Wahrscheinlichkeit, wagen
können.   Ausser dieser allgemeinen, die ganze Existenz der Schrift
betreffenden Frage, kommt aber auch noch die grosse Verderbniss
des Textes, die vielen Lücken, Verstellungen einzelner Worte und
ganzer Phrasen u. dgl. in Betracht, lauter Dinge, welche dem, der
einen lesbaren und kritisch sicher gestellten Text der Charaktere zu
liefern beabsichtigt, wie es in dem Zweck der ganzen Sammlung .
liegt, ungemeine Schwierigkeiten verursachen.   Der Herausgeber hat
sich vor Allem nach den ältesten Quellen der Ueberlieferung umgesehen, wie sie hauptsächlich in zwei Pariser Handschriften des
zehnten Jahrhunderts, wo nicht früher, für die fünfzehn ersten Charaktere, und in der Pfälzisch-Heidelberger, jetzt Vaticaner Handschrift, aus der die fünfzehn übrigen stammen, für diese andere Hälfte
vorliegen; nach ihnen hauptsächlich hat er den Text gebildet, und
dabei den grossen Vortheil gehabt, dass ihm durch Preller's gütige
Mittheilung eine genauere Collation dieser letzten Handschrift zu
Gebote stand; zwei Münchner und eine Breslauer Handschrift, sämmtlich neueren Ursprungs, hat er ebenfalls selbst verglichen und Alles,
was von früheren Herausgebern geleistet oder beigebracht worden,
dabei sorgfältig benutzt.   Dass bei der wesentlichen Verschiedenheit der handschriftlichen Ueberlieferung, wie sie für die erste Hälfte
in den beiden Pariser Handschriften und für die andere Hälfte in
der Vaticanischen Handschrift vorliegt, dort kürzer gefasst, hier er-

weitert, auch so noch manche Bedenken hinsichtlich der ursprünglichen Fassung vorwalten, wird wohl kaum noch einer besondern
Erörterung bedürfen. Aus diesen Rücksichten aber hat die „Varietas scripturae", welche in dieser Ausgabe hinter dem Texte selbst
folgt, eine grössere Ausdehnung erhalten, da sie von pag. 34—92
reicht und über alle die Stellen sich verbreitet, in welchen der Herausgeber von den übrigen gedruckten Texten irgend wie abgewichen ist, mit Angabe der betreffenden Lesearten in den oben genannten, so wie in andern Handschriften dritten Ranges; was von andern
Gelehrten für die Besserstellung des Textes beigesteuert worden, ist
hier ebenfalls berücksichtigt, und so eine Ausgabe zu Stande gekommen, deren Text jedenfalls vor den bisher gelieferten Texten den
Vorzug verdient.

Die Ausgabe der Homerischen Hymnen und der andern unter
Homer's Namen gehenden Gedichte soll nicht sowohl eine neue Recension des Textes bringen und diesen selbst zu einem gewissen
Abschluss führen (was auch wohl kaum, für jetzt wenigstens, möglich wäre), sondern vielmehr einen Grund legen, auf welchem von
einem künftigen Herausgeber eine neue Recension zu schaffen ist.
Darum suchte der Herausgeber sich die Collationen der beiden hier
hauptsächlich in Betracht kommenden Handschriften (aus Schneidewin's Nachlass, da dieser Gelehrte bekanntlich selbst eine Ausgabe
dieser Gedichte beabsichtigt hatte) zu verschaffen, der Moskauer und
Florentiner (Laurentianus), und er gewann daraus die Ueberzeugung, dass die günstige Ansicht über die erst genannte Handschrift
einer grossen Beschränkung bedarf, ja dass dieselbe allein für sich
kaum eine grössere Beachtung ansprechen kann, wie sie dagegen
dem Laurentianus in hohem Grade zukommt; die übrigen Handschriften werden, nach der Ansicht des Herausgebers, kaum weiter in Betracht kommen. Wie schwer es nun aber ist, die ursprüngliche Lesart selbst aus den Verderbnissen, von welchen auch dieser Laurentianus nicht frei ist, zu ermitteln, ist leicht zu ersehen, und bleiben
selbst nach den Bemühungen so mancher Gelehrten, die sich die
Verbesserung des verdorbenen Textes haben angelegen sein lassen,
noch immer genug verdorbene, kaum heilbare Stellen übrig. —
So hat nun der Herausgeber auch die Conjecturalkritik zu Hülfe
nehmen müssen, und, nach seiner Versicherung, an sechs und zwanzig Stellen auf diese Weise geändert, wo er aber die Vermuthungen Anderer aufgenommen, an nicht ganz dreihundert Stellen, diess
genau in einer der Vorrede angeführten Uebersicht pag. IX ff. verzeichnet. In der Batrachomymachie ist er grossentheils der von
ihm selbst früher (1852 zu Göttingen) gelieferten Ausgabe gefolgt,
mit wenigen Aenderungen.

Die Ausgabe der Apotelesmatica des angeblichen Manetho
reiht sich den ähnlichen Ausgaben epischer Dichter der spätern Zeit,
eines Nonnus und Quintus Calaber an, die bereits in dieser Bibliotheca classica von demselben Herausgeber geliefert worden sind;

bereits im Jahr 1851 hatte derselbe auch dieses Gedicht in der
Sammlung der Poetae bucolici und didactici bei Firmin Didot zu
Paris in einer vielfach verbesserten Gestalt herausgegeben und diese
neue Recension liegt natürlich auch dem hier gegebenen Abdruck
zu Grunde, der die Früchte einer erneuerten und wiederhohlten Durchsicht des Ganzen in einer Reihe von Verbesserungen enthält, welche
dem Texte zu Theil geworden sind, der insofern den Vorzug vor
dem Texte jener grössern Ausgabe verdient und, bei der Billigkeit
des Preises, Jedem zugänglich ist, der die Verirrungen des menschlichen Geistes aus diesem Gedichte erkennen und von der Art und
Weise, in welcher die Alten den Bewegungen der Sterne einen Einfluss auf die Geschicke der Menschen zugetheilt haben, einen Begriff gewinnen will. Und in so fern haben diese Poesien, so sehr
sie auch durch das Ungefügige und Herbe der äussern poetischen
Form abstossen, doch ein kaum hoch genug anzuschlagendes Interesse für die Geschichte der menschlichen Cultur und Bildung überhaupt. Was die Abfassung des Gedichtes selbst und die Verfasser
desselben betrifft, so ist der Herausgeber darin mit früheren Gelehrten, welche sich mit diesen merkwürdigen Resten näher beschäftigt
haben, einverstanden, dass er Buch II, III und VI als ein fortlau-
fendes und zusammenhängendes Ganze betrachtet, dessen Bekanntmachung er unter die Zeit des Alexander Severus (222—235 n. Ch.)
verlegen möchte; was als viertes Buch sich eingeschoben findet, ist
er geneigt, einem jüngeren Dichter aus dem Zeitalter Julian's beizulegen; es ist in einem ziemlich verstümmelten und ungeordneten
Zustand auf uns gekommen. Buch I und Buch V erscheinen ihm
als Zusammenstellungen geistloser Menschen, die diese Conglomerate
aus verschiedenen Stücken gemacht und in einer sehr losen, rein
äusserlichen Weise mit einander verbunden haben. Ueber diese Ansicht, die in der genannten Pariser Ausgabe in einer eigenen Abhandlung näher ausgeführt und begründet ist, wird eine besonnene
Forschung schwerlich, bei der jetzigen Sachlage hinauskommen können, zumal da wir ja bekanntlich bei diesem Gedicht auf eine einzige Quelle der handschriftlichen Ueberlieferung in der Mediceischen
Handschrift zurückgewiesen sind, und diese in ihrer Beschaffenheit
Manches zu wünschen übrig lässt. Es ist dem Herausgeber schon
früher gelungen, manche fehlerhafte Stelle in eine bessere Gestalt
zu bringen; in dieser Ausgabe ist, abgesehen von manchen ortho-
graphischen Berichtigungen und einer mehrfach berichtigten Interpunktion, eine dankenswerthe Nachlese geliefert, die einzelne Stellen verbessert, oder zu andern Verbesserungsvorschläge geliefert hat,
die in der der Praefatio angehängten Varietas scripturae p. VIII—
XXX sich finden; in dieser nemlich ist eine kurze Zusammenstellung der abweichenden Lesarten gegeben. Was die Anordnung des
Textes selbst betrifft, so ist diese nach der oben über die Abfassung
des Gedichtes mitgetheilten Ansicht des Herausgebers erfolgt, also
zuerst Buch II, III, VI, dann folgt Buch IV, dann I und V. An-

gehängt sind dann noch die inhaltsverwandten Bruchstücke des Dorotheus und Annubio, die Iriarte zuerst aus einer Madriter Handschrift in ihrem gegenwärtigen Umfang von 98 Versen herausgegeben, nachdem früher schon 33 durch Salmasius bekannt geworden
waren.

Schliesslich haben wir auch bei dieser Anzeige von Fortsetzungen der Bibliotheca classica an die vorzügliche typographische Ausführung zu erinnern, die durchweg das Bestreben erkennen lässt, in
Papier und Druck, so wie in strenger Correctheit des letzern zu
immer grösserer Vollendung zu gelangen.   Chr. Bähr.

---

*Archiv der Gesellschaft für ältere deutsche Geschichtskunde zur
Beförderung einer Gesammtausgabe der Quellenschriften deut-
scher Geschichten des Mittelalters, herausgegeben von G. H.
Pertz. Elftes Band. Fünftes und sechstes Heft. Hannover,
Hahn'sche Hofbuchhandlung 1858. VIII S. 533—893. 8.*

Auch dieser Band enthält gleich seinen Vorgängern (s. diese
Jahrb. 1853, S. 621 ff., 1855, S. 532 ff.) ein reiches Material, das
nicht bloss für die nächsten Zwecke der Monumenta Germaniae,
sondern für Jeden, der auf dem Gebiete deutscher Geschichte gründliche und quellenmässige Studien beabsichtigt, von der grössesten
Wichtigkeit, ja Unentbehrlichkeit ist, abgesehen von den selbständigen Untersuchungen aus dem Kreise unserer älteren Geschichte,
wie sie auch dieser Band enthält. Eine solche umfassende Untersuchung bietet die von S. 533—687, also über anderthalb hundert
Seiten gehende rechtsgeschichtliche Abhandlung des Hrn. Johann
Merkel über das Bairische Volksrecht, oder die Lex Bajuvariorum, als Vorläufer einer neuen, quellenmässigen Ausgabe dieser
Lex, aber auch als eine nothwendige, und wenn man will unentbehrliche Einleitung zu dieser gewiss wünschenswerthen Bearbeitung.
Darum wird zuerst der gesammte handschriftliche Apparat, wie
er in dreissig Handschriften vorliegt, genau durchmustert, und von
jeder dieser Handschriften eine genaue Beschreibung gegeben, welche
das Ergebniss zur Folge hat, dass dieser gesammte Apparat sich
auf sieben Hauptklassen zurückführen lässt und drei unterschiedene
Redactionen vom Texte des Volksrechts ergiebt. Bedenkt man, dass
ein kritisch genauer und möglichst vollständiger Text des Volksrechts
nicht aus den bisher gedruckten Ausgaben, von denen hier ganz abzusehen ist, sondern nur auf der Grundlage der Handschriften zu
gewinnen ist, so wird man diese Untersuchung um so nothwendiger
halten, mit welcher die weiter folgenden in einem innigen Zusammenhang stehen. Es schliessen sich nemlich an diese Beschreibung
der Handschriften die ähnlichen Untersuchungen über die Vorrede
(S. 615 ff.) und über das Register der Lex (S. 621 ff.), das in

zwei unterschiedenen Formen überliefert ist, von welchen die eine
aus manchen Merkmalen auf den Umfang eines alten, jetzt nicht
mehr erhaltenen Gesetzbuches schliessen lässt. Dann kommt von
S. 584 ff. eine genaue Untersuchung über den Text der einzelnen
Artikel und die hier nach den Handschriften hervortretenden Unterscheidungen; die Resultate finden sich dann in einem eigenen Abschnitt (S. 677 ff.) übersichtlich zusammengestellt, sowie die daraus für
eine neue Ausgabe sich herausstellenden Folgerungen (S. 684 ff.).
Da nemlich die Handschriften drei Hauptarten der Textesform herausgestellt haben, so gedenkt auch der Verfasser, unter Voraus-
schickung des Prologs, nach der von ihm in dem oben bemerkten
Abschnitt ermittelten Composition drei Texte des Volksrechtes zu
geben; wir können nur wünschen, dass es dem Verfasser recht bald
möglich werde, eine Ausgabe der Lex Bajuvariorum zu liefern, die
als die Frucht mühevoller und gründlicher Forschungen, dieses alte
Rechtsbuch in einer der handschriftlichen Ueberlieferung entsprechenden, also urkundlich getreuen Form uns vorlegt.

An diese Untersuchungen reihen sich nun, wie in den vorausgehenden Heften, Handschriftenverzeichnisse aus verschiedenen preussischen Bibliotheken (von Gymnasien, Universitäten, Städten u. gl.)
sämmtlicher acht Provinzen der Monarchie, soweit die Handschriften
in das Gebiet der deutschen Geschichte einschlagen (S. 688 ff.);
daran reihen sich die hier einschlägigen Handschriften des Geh.
Staats- und Kabinets-Archives (S. 757 ff.). Dann folgen ähnliche
Verzeichnisse der Handschriften zu Lüneburg, der Gemmingischen
Bibliothek zu Hornberg am Neckar, der badischen Hofbibliothek zu
Carlsruhe (ehedem Reichenauer Handschriften) und des dortigen Archivs (meist Necrologien von Speier, Constanz, Basel u. s. w.), der
Handschriften zu Brügge, so wie der Handschriften der kaiserlichen
Bibliothek zu St. Petersburg (von v. Muralt). Man ist den Verfassern, die sich die nicht geringe Mühe gemacht haben, diese Verzeichnisse aufzustellen, so wie dem Herausgeber des Archiv's, der
dieselben der Oeffentlichkeit übergeben hat, zu nicht geringem Danke
verpflichtet, indem darin so Manches vorkommt, was nicht blos für
den Forscher der deutschen Geschichte in ihren verschiedenen Beziehungen und Richtungen, sondern auch für die Erkenntniss der
Kirchen- und staatsrechtlichen Verhältnisse der verschiedenen Gebiete unseres Vaterlandes von grosser Wichtigkeit ist; wird doch
selbst der Forscher der älteren classischen Literatur diese Verzeichnisse nicht ungelesen lassen dürfen, in welchen auch einzelne römische Schriftsteller in noch nicht näher bekannten Handschriften
hervortreten, wie z. B. zu Lüneburg Juvenalis und Persius (S. 779),
anderer Schriftsteller, wie Solinus, Eutropius u. dgl., die einigemal
vorkommen, nicht zu gedenken. Auf diese Handschriftenverzeichnisse folgt eine Besprechung von Dr. Hahn über Fredegar's vierte
Fortsetzung des Nibelungus (S. 805 ff.), dann eine Erörterung von
Dr. Bethmann über die ältesten Streitschriften über die Pabstwahl

(S. 841 ff.), und eine Untersuchung über die Rosenfelder Annalen von Dr. Jaffé (S. 850 ff.) Ein genaues Register zu sämmtlichen sechs Heften dieses eilften Bandes macht den Schluss.

Demosthenes und seine Zeit, von Arnold Schäfer, Dr. ph., Professor an der Universität zu Greifswald. Leipzig, Druck und Verlag von B. G. Teubner, 1858. Dritter Band. Erste Abtheilung. VIII und 363 S. Zweite Abth. 322 S. in gr. 8.

Die beiden ersten Bände dieses Werkes sind bereits in diesen Jahrbüchern (Jahrgg. 1852, S. 439 ff.) näher besprochen und gewürdigt worden: mit diesem dritten ist das Ganze zum Abschluss gebracht, und damit ein Werk vollendet, das nicht bloss ein getreues Bild der Wirksamkeit und Thätigkeit des grössten Redners der hellenischen Welt uns vorführt, sondern die ganze Zeit, in welche das Auftreten dieses Mannes fällt, in den Kreis der Darstellung gezogen hat, und ein wohl abgerundetes Gemälde dieser letzten Periode hellenischer Selbstständigkeit vorlegt. Ansprechend durch Inhalt wie durch Form, ist es aus dem gründlichsten Quellenstudium hervorgegangen, und wird darum bei allen Freunden des Alterthums wie der geschichtlichen Forschung überhaupt die wohlverdiente und gerechte Anerkennung finden. Wenn die frühere Anzeige über die Anlage des Ganzen und den Inhalt der beiden ersten Theile sich näher verbreitet hat, so mag es genügen hier kurz den Inhalt des dritten Bandes nach seinen beiden Abtheilungen auszudeuten; wer näher sich mit dem Werke zu beschäftigen hat, wird das schon früher ausgesprochene Urtheil auch in diesen beiden Theilen bewährt finden. Von diesen gehört eigentlich nur der erste dem Gebiete der rein geschichtlichen Darstellung an, denn er enthält das fünfte Buch, das in neun Capiteln die nach der Schlacht bei Chäronea folgende Zeit des macedonischen Uebergewichts in den hellenischen Angelegenheiten bis zu dem Tode des Demosthenes in umfassender Weise behandelt. Das ganze Verfahren des Königs Philipp, die Thätigkeit des Demosthenes, und die Lage der Verhältnisse wird in klaren Umrissen gezeichnet; der von Philipp beabsichtigte, dann durch seine Ermordung unterbrochene, durch Alexander aber aufgenommene und durchgeführte Zug gegen Persien gut als das gezeichnet, was er wirklich war: nicht der Gedanken an Hellas und dessen Wohl sondern der eigene Ehrgeiz und die eigene Herrschbegier war das leitende Motiv bei beiden Herrschern; beide haben, wie der Verfasser S. 55 sich ausdrückt, bei aller Begeisterung für die hellenische Bildung doch die Hellenen als Nation nie geliebt: „das Charakteristische in ihrem Wollen und in ihrem Thun ist, dass sie die Nationalitäten aufzulösen suchten, um ihre Herrscherzwecke mit allen dazu dienlichen Mitteln zu fördern". So hat dieser Zug eine Zer-

setzung des althellenischen Wesens, und wenn man will, eine Auflösung desselben zur Folge gehabt, andersetts aber auch hellenische
Cultur und Bildung ihrem engeren Kreise entrückt und über die
ganze Welt verbreitet.

Die gleich nach der Thronbesteigung des jungen Alexander beginnenden Züge wider Illyrien und Griechenland, sowie der Persische
Eroberungszug bilden den Inhalt der nächsten Abschnitte, insbesondere des vierten und fünften, während der sechste uns wieder
nach Griechenland zurückführt und die Gestaltung der Verhältnisse
in Betracht nimmt, wie sie inzwischen in Griechenland, namentlich
in Athen und Sparta hervortreten. Die Thätigkeit des Demosthenes
bildet eigentlich den rothen Faden, der durch die folgende Darstellung sich hindurchzieht: seine Theilnahme an allen den nun folgenden Ereignissen, seine gesammte Wirksamkeit wird uns vorgeführt,
bis zu dem traurigen Ende, das ihn, wie den nicht minder gefeierten Redner Hyperides traf. Der Verfasser hat diese letzten Schicksale des grossen Redners mit sichtbarer Theilnahme dargestellt:
er hat am Schlusse seiner Darstellung noch ein Gesammturtheil über
Demosthenes folgen lassen, das wir nicht umhin können, als Probe
des Ganzen, wörtlich beizufügen:

„Demosthenes Leben endete mit dem Untergange der hellenischen Freiheit und Unabhängigkeit, für die er mit aller Energie seines Charakters und der Macht seiner Beredsamkeit beharrlich bis
zum letzten Athemzuge gestritten hatte. Von Anbeginn an war sein
Streben als Staatsmann dahin gerichtet, zu Athen gegenüber einem
frivolen Regimente, welches die Bürgerschaft tiefer und tiefer her-
abzog, Ehre und Recht zu wahren und den Staat in eine solche
Verfassung zu bringen, dass er wohlgerüstet als eine schirmende
Macht unter den Hellenen dastehe, und sie aus der Zerrüttung und
Zerfahrenheit zu einem grossen Bunde vereinige. Dieses Bündniss
sollte nicht auf Unterdrückung der Gemeinden, sondern auf Billigkeit und auf Gleichberechtigung gegründet sein. Das war das hohe
Ziel, das Demosthenes unverrückt im Auge behielt. Man verkennt
die Bedeutung seiner staatsmännischen Thätigkeit, wenn man sie nur
in die Opposition gegen die Makedonenfürsten setzt: dieser Gegensatz ist nicht von ihm hervorgesucht, sondern ihm aufgedrungen
worden. Erst dann, als der klare Beweis gegeben war, dass Philipp
keinen Frieden mit Athen halten wolle, und dass die makedonische
Politik die Auflösung alles hellenischen Gemeinsinnes bezwecke, hat
er unermüdlich den Kampf gegen die feindliche Macht geführt, aber
nie mit trotzigem Starrsinn alles aufs Spiel setzend, sondern mit weiser Berechnung der Mittel und wo die Zeit es gebot Maass haltend
gegenüber dem leidenschaftlichen Drängen. Demosthenes hat grosses
vollbracht, aber er ist im Kampfe unterlegen. Der sittlichen Ver-
jüngung seiner Mitbürger und Landsleute, welche in vielen Thatsachen unverkennbar zu Tage trat, geschah von Seiten des make-

~~donischen~~ Hofes Abbruch durch die entsittlichende Bestechung mit
Geld und Gunst, und die Eintracht der Hellenen ward durch feile
Verrätherei, welche in ihrer Mitte wie eine Seuche um sich griff,
zerrüttet. Zugleich verwandelten sich mit der Ausbreitung des make-
donischen Reiches alle Machtverhältnisse zu Ungunsten der Hellenen,
so dass diese im Kampfe für ihre Freiheit von der Uebermacht er-
drückt werden konnten. Aber man sage nicht, dass dies nothwendig gewesen sei, damit die griechische Bildung ihre Mission im Osten
habe erfüllen können: bei einer edlen und grossartig angelegten Politik hätte Philipp dahin gelangen können, Griechenland zu einigen
und nicht dem Namen nach, sondern in der That als Feldherr der
Hellenen den Perserkrieg zu unternehmen. Wie aber auch das Urtheil über gedachte Möglichkeiten ausfallen mag, das meine ich kann
kein unbefangener verkennen, es würde das Geistesleben der Hellenen einer seiner edelsten Blüthen und ihr Ruhm einer seiner schönsten Kronen entbehren, stünde nicht an der Grenze ihres selbständigen politischen Daseins Demosthenes mit seiner gewaltigen Beredsamkeit und seiner Hingebung an das gemeinsame Vaterland."

Die zweite Abtheilung enthält als „Beilagen" des Werkes eine
Reihe von Untersuchungen, die sich grossentheils auf die hinterlassenen Werke des Redners beziehen, und demnach literar-
historischer Art sind. Die erste Beilage bezieht sich auf die Schlacht
bei Mantinea; die zweite bespricht den Eintritt der Mündigkeit
nach Attischem Rechte, eine für die demosthenische Chronologie
nicht unwichtige Frage, und unterwirft dann die Frage nach dem
Geburtsjahre, worüber so viel in unsern Tagen gestritten, einer neuen
Untersuchung, als deren Ergebniss das erste Jahr der neun und
neunzigsten Olympiade erscheint, nachdem schon früher das vierte
Jahr der vorausgehenden Olympiade dafür angenommen worden war.
Die übrigen Beilagen betreffen dann die Reden selbst, namentlich
die bei so manchen derselben bestrittene Frage ihrer Aechtheit. So
werden in Beilage III die Entwürfe der Reden wider Midias und
Timokrates sowie die schliessliche Redaktion der Rede von der Gesandtschaft und der Rede vom Kranze behandelt; in Beilage IV dagegen die von Rhetoren auf Demosthenes Namen verfertigten Reden
besprochen: als solche betrachtet unser Verfasser die Rede gegen
Aphobos für Phanos, die Rede περὶ συντάξεως, die vierte philip-
pische Rede, das Schreiben Philipps und die Gegenrede, sowie die
beiden Reden wider Aristogiton; er sucht in einer bis in das Einzelne sich erstreckenden Beweisführung diese Annahme zu begründen; die Leichenrede, der Erotikos und die Briefe sind so ziemlich
als ähnliche Produkte anerkannt, weshalb ein näheres Eingehen und
ein näherer Nachweis hier füglich übergangen werden konnte. Die
fünfte Beilage betrachtet die Reden in Sachen Apollodor's, und unterwirft diese einer strengen Kritik, deren Ergebniss dahinausläuft,
dass die Reden gegen Kallippos, Nikostratos, Timotheos, Polykles,
wider Euergos und Mnesibulos, die beiden Reden wider Stephanos,

sowie die Rede wider Neaera, keineswegs für Produkte demosthen-
scher Beredsamkeit zu halten sind, sondern durch das Eigenthümliche des Styls einen andern Verfasser erkennen lassen, der wahrscheinlich Apollodoros selber ist; während die Rede vom trierarchi-
schen Kranze von einem Schüler der Isokratischen Schule, vielleicht
Kephisodotos, abgefasst scheint (vgl. S. 199). In der sechsten und
siebenten Beilage werden Prozessreden verschiedenen Inhalts und
Reden in Handelssachen auf ähnliche Weise nach ihrem Inhalt wie
nach ihrer Fassung einer genaueren Betrachtung unterworfen, die
neben der richtigen Auffassung der einzelnen jeder dieser Reden zu
Grunde liegenden Verhältnisse eben so auch die Würdigung der
Rede im Allgemeinen und die daraus hervorgehende Frage nach
ihrer Aechtheit bespricht: denn auch unter diesen Reden sind mehrere, welche als die Produkte anderer Zeitgenossen erscheinen, wie
z. B. die Rede gegen Biotos über die Mitgift, gegen Makartatos,
wider Olympiodor, gegen Leochares, gegen Lakritos, gegen Theokri-
nes, gegen Phänippos, gegen Apaturios, gegen Phormion, wider Dio-
nysodoros u. A. Um das Ergebniss dieser ganzen wichtigen Untersuchung besser überschauen zu können, sind S. 315 ff. diese Ergebnisse in einer Uebersicht zusammengestellt, nach welcher nur neun
und zwanzig Reden des Demosthenes als solche erscheinen, deren
Aechtheit ausser Zweifel gestellt sein dürfte (wir wollen, der Kürze
halber nur die Nummern, nach denen sie in den Ausgaben rangiren,
beifügen: 1. 2. 3. 4. 5. 6. 8. 9. 14. 15. 16. 18. 19. 20. 21. 22.
23. 24. 27. 28. 30. 31. 36. 37. 38. 39. 41. 45. 54.). Dann folgen die Reden von Apollodoros (45. 46. 47. 49. 50. 52. 53. 59.)
und die Reden anderer Zeitgenossen (7. 17. 32. 33. 34. 35. 40.
42. 43. 44. 48. 51. 56. 57. 58.) und zuletzt die von Rhetoren ge-
fälschten Schriften (10. 11. 12. 13. 25. 26. 29. 60. 61), nebst den
Briefen, den eingelegten Gesetzen und Zeugnissen, und der unter Demosthenes Namen gemachten Sammlung von Proömien.
    Man mag schon daraus entnehmen, welche Bedeutung für die
Literaturgeschichte, wie für die Kritik, und zwar die höhere, der
Demosthenischen Reden dieser Beilagenband gewinnt, und so liegt uns
ein Werk vor, das für den Geschichtschreiber wie für den Literarhistoriker und Kritiker eine gleiche Bedeutung anzusprechen hat.
Die äussere Ausstattung des Ganzen in Druck und Papier ist vorzüglich, wie diess schon bei den früheren Bänden bemerkt worden ist.

JAHRBÜCHER DIR LITERATUR.

Die Kaisergräber im Dom zu Speier, deren theilweise Zerstörung im Jahre 1689 und Eröffnung im Jahre 1739. Eine Untersuchung nach geschichtlichen Quellen und Akten des vormaligen fürstbischöflich Speier'schen Archivs. Von Dr. Fr. Fröhlich. Mit Urkunden und einer Tafel. Zweite, ergänzte Ausgabe. Carlsruhe, Druck und Verlag der G. Braun'schen Hofbuchhandlung 1859. 49 S. in gr. 8.

Wir haben die erste Ausgabe dieser Schrift, welche im Jahre 1856 erschien, in diesen Blättern (Jahrg. 1856 S. 473 ff.) näher besprochen, wir haben dort den Inhalt dieser gründlichen und gediegenen Untersuchung und die Aufklärungen, welche dieselbe über die letzte Ruhestätte einer Reihe von Deutschen Kaiser und Kaiserinnen bringt, im Einzelnen nachgewiesen, und wollen, um das dort Bemerkte hier nicht zu wiederholen, auch jetzt darauf verwiesen haben, wo, seit der äusseren Vollendung des gesammten Domes, Alles, was auf diese ehrwürdige Stätte hinweist, und über einzelne Theile derselben ein näheres Licht verbreitet, noch in höherem Grade unser Interesse in Anspruch nimmt; wir werden darum wohl auch die Erinnerung an diese Schrift, welche in einer erneuerten Gestalt nun vor uns liegt, wohl erneuern dürfen, da dieselbe über eine für die vaterländische Geschichte so wichtige Stätte des Doms sich verbreitet und hier diejenigen Aufschlüsse bringt, die, als das Ergebniss einer strengen, quellenmässigen Forschung, für verlässig angesehen werden müssen. Dieses Ergebniss, wie es S. 15 auf Grund der sorgsamsten Untersuchung und nach den (im Carlsruher Archiv befindlichen) Akten über einen im Jahr 1739 gemachten Versuch der Wiedereröffnung dieser Gräber, festgestellt ist, hat inzwischen auch durch andere Angaben früherer Zeit Bestätigung und Geltung erhalten: in der oberen (östlichen) Reihe der Gräber ruheten die salischen Kaiser und Königinnen (Conrad II., Heinrich III., IV., V. nebst Gisela und Bertha); in der unteren (westlichen) die übrigen aus schwäbischem, habsburgischem und nassauischem Hause (Philipp von Schwaben, Rudolph von Habsburg, Adolph von Nassau, und Albert von Oestreich u. s. w.); was weiter im Einzelnen über die Reihenfolge der Gräber und deren Anordnung sich ergeben hat, mag in der Schrift selbst nachgelesen werden. Seitdem sind durch die Fürsorge des jetzt regierenden Kaisers von Oestreich die Statuen dieser acht Kaiser und Könige, aus weissem Sandsteine gefertigt, in der wieder völlig hergestellten Portalhalle des Doms in vergoldeten Nischen aufgestellt worden, nachdem schon früher von Seiten des Herzogs Wilhelm von Nassau dem Kaiser Adolph, sowie später von Seiten des Königs Ludwig von Baiern dem Kaiser Rudolph Denkmale in dem Dome selbst, an der Stelle errichtet worden waren, unter der sich einst die Grabesstätten dieser deutschen Kaiser und Könige befanden, mit deren Anordnung, Einrichtung und ursprünglichen Beschaffenheit uns diese Schrift näher bekannt gemacht hat, während

sie in der neuen Ausgabe die geschichtliche Darstellung bis auf die neueste
Zeit fortgeführt hat (S. 26).

Wir können daher auch jetzt wieder diese Schrift in ihrer erneuerten und
ergänzten Gestalt allen Freunden vaterländischer Geschichtskunde, wie Allen
denen, welche an dem altehrwürdigen Dom von Speier, wie er neu erstanden
als eines der herrlichsten Denkmale deutscher Kunst und Frömmigkeit jetzt
vor uns tritt, ein Interesse nehmen, angelegentlichst empfehlen.

---

*Eliae Metropolitae Cretae commentarii in S. Gregorii Nazianzeni Oratio-
nes XIX. E codice MS. Basileensi excerpsit et annotationem cum in Eliae
commentarios tum in S. Gregorii orationes XIX adjecit Albertus Jahn,
theologus et philologus, Bernas-Helvetius, Societatis hist. theolog. Lips. so-
dalis. Accedunt Basilii aliorumque scholia in S. Gregorii orationes, e
codicibus Monacensibus excerpta. Paris 1858. kl. Fol.*

Der gelehrte Verfasser, dem wir schon früher die Bekanntmachung ähnlicher Inedita aus dem Gebiete der späteren griechischen Literatur, sowie die
werthvollsten Beiträge zur Erklärung und zum Verständnis der Schriften des
Basilius verdanken, hat in der oben angezeigten Schrift, welche eine Zugabe
zu der neuen Pariser Ausgabe der Werke des Gregorius von Nazianz bildet,
einen ähnlichen, bisher nicht bekannt gewordenen Beitrag zu den Reden dieses grossen Kirchenvaters geliefert, und dadurch den Dank aller Freunde der
patristischen Studien sich erworben, die, wenn man nach dem, was gedruckt
vor die Oeffentlichkeit tritt, einen Schluss zu machen berechtigt ist, in Frankreich jetzt mit mehr Eifer betrieben zu werden scheinen, als in unserm Vaterland, das sonst der besondern Pflege dieser Studien sich rühmen konnte.
Die vorliegende Publikation wird aber auch bei uns Beachtung verdienen: sie
bietet eine Auswahl der in einer werthvollen Basler Handschrift enthaltenen,
bisher nur stückweise in einer Lateinischen Uebersetzung des Leunclavius bekannten Erklärungen, welche Elias, Metropolit von Kreta (so bezeichnet er
sich selbst am Eingang), zu den Reden Gregor's von Nazianz aufgezeichnet
hat. Dieser Elias fällt, wie der Herausgeber wahrscheinlich gemacht hat, um
die Mitte des zwölften Jahrhunderts: er muss ein in der christlich byzantinischen Theologie wohl gebildeter Mann gewesen sein, dessen Erklärungen zu
den bemerkten Reden nicht blos für die Kritik und Erklärung derselben von
Belang sind, sondern auch einen selbstständigen Werth besitzen durch so
manche Erklärung, die sie für die von Gregor angeführten Bibelstellen enthalten, ferner durch so manche weitere Beiträge aus dem Kreise der exegetischen und kirchengeschichtlichen Literatur, dann aber auch durch eine
ausgebreitete Kenntniss der älteren klassischen Literatur, namentlich der philosophischen, und hier insbesondere des Plato und Aristoteles. Darum sucht
er auch in Sprache und Ausdruck die älteren Attiker möglichst nachzubilden:
wenn er auch gleich, wie diess in der Natur der Sache liegt, von einzelnen
Ausdrücken und Wendungen nicht frei bleiben konnte, welche die spätere
Gräcität und den Schriftsteller des eilften christlichen Jahrhunderts nicht ver-

Magnus können. Hier ist nun der Punkt, wo wir insbesondere auf die Leistungen des Herausgebers aufmerksam machen. Diese nemlich erstrecken sich nicht blos auf die Veröffentlichung des griechischen Textes in einer correcten und lesbaren Gestalt, mit sorgfältiger Angabe aller Abweichungen desselben von der Handschrift, so wie der in den verschiedenen Ausgaben der Werke Greger's zu berücksichtigenden Varianten, sondern er hat dem Texte einen umfassenden Commentar beigegeben, der insbesondere, neben der sachlich-theologischen Erläuterung, die sprachliche Seite ins Auge gefasst, und den Sprachgebrauch des Elias, wie des Gregorius, die Nachbildung der klassischen Gräcität in allen einzelnen Fällen, auf's sorgfältigste nachgewiesen und erläutert hat, wie diess nur einem auf diesem Felde der Literatur so vertrauten Gelehrten möglich gewesen ist, der in seinen „Animadversiones in S. Basilii Magni Opera", sowie in seiner Schrift: „S. Basilius Magnus Plotinizans", zwei schätzbaren Ergänzungen zu den grösseren Ausgaben der Werke des Basilius wie des Plotinus, davon bereits hinreichende Belege gegeben hat. In ähnlicher Weise sind auch die hier beigefügten Bemerkungen gehalten, in denen eine umfassende Kenntniss der ganzen hier einschlägigen Literatur überall hervortritt. Von der Sorgfalt, mit der das Ganze behandelt ist, geben auch die beigefügten Indices Zeugniss, welche über Alles Sachliche, Sprachliche und Grammatische, was in diesen Bemerkungen vorkommt, sich mit der grössten Genauigkeit und Vollständigkeit verbreiten.

Geschichte des Jenaischen Studentenlebens von der Gründung der Universität bis zur Gegenwart (1548—1858). Eine Festgabe zum 300jährigen Jubiläum der Universität Jena. Von Dr. Richard Keil und Dr. Robert Keil. Leipzig 1858. F. A. Brockhaus. 662 S. in 8.

Um ein richtiges Verständniss der Gestaltung der Universität Jena, deren Geschichte, so weit sie auch die Verhältnisse des Jenaischen Studentenlebens berührt, den Lesern zu ermöglichen, haben die Herren Verfasser in dem ersten Abschnitt (S. 1—45) zuerst eine Uebersicht der Entwickelung des Universitätswesens in der vorreformatorischen Zeit gegeben.

Da die ältesten Universitäten, Salerno, Bologna, Paris, keine Hochschulen für bestimmte kleinere Districte, sondern europäische Lehranstalten waren, so gab die Verschiedenheit der auf den letzteren vertretenen Nationalitäten die Grundlage der Verfassung auf den zuerst entstandenen Universitäten des Mittelalters. Es kann kein natürlicheres Motiv zur Absonderung verschiedener Klassen der die academische Gemeinde bildenden universitas der magistri und scholares gedacht werden, als eben das der Nationalität. Aus dieser Verfassung entstanden alle diejenigen Rechte und Freiheiten, welche die Universitäten im Laufe der Zeiten in so reichem Maasse erlangten. Mit dem 14. Jahrhundert änderte sich der Zustand auf den meisten Universitäten, zuerst in Paris, durch die Ausbildung der Facultäten, gegen welche die Nationen allmählich zurücktraten, indem die Gewalt derselben fast in demselben Verhältnisse sank, in welchem das Ansehen der Facultäten stieg. Wenn die Ein-

theilung in Nationen eine rein natürliche und politische war, so gründete sich
nun die Eintheilung in Facultäten auf die Gemeinsamkeit des Strebens und
der Beschäftigung, und erscheint als die zunftmässige Gliederung des Gelehr-
tenstandes (S. 4 ff.).

Ausser dem durch den Nationalismus herbeigeführten, ein warnendes Beispiel bildenden Verfall der Prager Universität*) und dem immer steigendem
Ansehen auf den neu gegründeten Universitäten (Heidelberg 1386, Erfurt 1392)
eingerichteten Facultäten mag wohl die Stiftung der schon seit dem 13. Jahrhundert einflussreich gewordenen sogenannten Collegien und Bursen, von welchen zu keiner Zeit mehr als im 15. Jahrhundert gegründet wurden, am
meisten dazu beigetragen haben, dass seit dieser Zeit die Eintheilung der
Lehrer und Lernenden in Nationen fast gänzlich aufgegeben wurde (S. 10 ff.).

Die Erfindung der Buchdruckerkunst und die Wiedererweckung des Studiums der griechischen und römischen Literatur gaben auch, besonders im
16. Jahrhundert, die Veranlassung zur Gründung einer Reihe von neuen Universitäten (Wittenberg 1502, Frankfurt a. O. 1506, Marburg 1527, Strasburg
1538, Königsberg 1544, Dillingen 1549, Olmütz 1567, Helmstädt 1576, Altdorf
1578, Herborn 1584, Grätz 1586). Die deutschen Fürsten erkannten in den
Universitäten die Trägerinnen einer freiern geistigen Entwickelung des Volkslebens und hielten es als eine Ehre, eine Universität, auf welcher die sogenannten Facultätswissenschaften in ihrer neuen bessern Gestalt gelehrt werden
konnten, in ihren Staaten zu haben und gewährten ihnen auch bei ihrer Stiftung besondere und höchst bedeutende Vorrechte.

In dieser Zeit wurde auch die Universität Jena von dem Kurfürsten Johann Friedrich dem Grossmüthigen gegründet, aber erst nach dessen
Tode, nachdem sie vom Kaiser die Privilegien (1552) erhalten hatte, im Jahre
1558 als wirkliche Hochschule eingeweiht (S. 45).

In den folgenden (2—18) Abschnitten wird dann eine gründliche und
ehrreiche Geschichte des Jenaischen Studentenlebens gegeben (S. 46—662),
indem theils mehrere Abschnitte eine grössere Geschichtsperiode umfassen, theils
einzelne ausschliesslich besonders wichtige Gegenstände oder bedeutendere Ereignisse behandeln. Dahin rechnen wir unter andern die Abschnitte „Stammbücher
der Studenten“, den „Auszug“ (1792) und den „Wiedereinzug der Jenaischen
Studenten bis zu den deutschen Befreiungskriegen“ (1792—1815), „von der
Gründung der Burschenschaft bis zum ersten Wartburgfest“ (1815—1817), „das
Wartburgfest“ (1817), „Folgen des Wartburgfestes, Gründung der Allgemeinen
deutschen Burschenschaft“ 1817—1819), „Kotzebue’s Ermordung durch
Sand in ihrem Verhältnisse zur Jenaischen Studentenschaft“, „Folgen von
Sand’s That, Auflösung der Jenaischen Burschenschaft“ (1819).

Die reichen Mittheilungen aus Stammbüchern der Studenten (S. 214
—243) bieten sehr interessante Belege zu dem Jenaischen Studentenleben und
diese konnten die Herren Verfasser mit so grösserer Auswahl geben, als wohl

*) Durch die parteiische Begünstigung der böhmischen Nation durch den
Kaiser Wenzel zogen mehrere Tausende deutscher Lehrer und Studirenden
im Jahre 1409 aus Prag weg und gaben dadurch die Veranlassung zur Gründung der Universität Leipzig.

von keiner Universität eine grössere Sammlung von Stammbüchern existirt, als die von der Universität Jena. Sie befindet sich in der Grossherzoglichen Bibliothek zu Weimar und ist über 500 Bände stark.

Zu den ältesten der in diesen Stammbüchern enthaltenen Einzeichnungen gehören folgende aus den Jahren 1595 und 1596.

Die erste lautet:

„Wer nicht Lust hat zu einem schönen Pferd,
Zu einem blanken Schwerd,
Zu einem schönen Weib,
Der hat kein Herz im Leib.“

Die andere:

„Manch guter gesell nimpt ein Weib,
Sie ist sein seel, sie ist sein leib,
Sie ist sein schimpf, sie ist sein spott,
Sie ist sein teufel, sie ist sein gott,
Sie ist sein fegfeuer, sie ist sein höll,
Des betrübt sich manch guter gesell,
Und machet, daz ich auch kein nemen will.“

Ausser einer Menge schöner, bunter, zum Theil vergoldeter Wappen, theils aufgeklebt, theils eingemalt, findet sich in einem Stammbuche aus dem Anfange des 17. Jahrhunderts auch ein Bild des Bruders Studio, welcher, ein schwarzes Hütlein mit Goldverzierung auf dem Kopfe, um den Hals einen grossen steifen Kragen, in goldbesetztem Mantel, Wams und Hosen, den Degen an der Seite herausfordernd in die Welt blickt. Ein paar Blätter weiter findet sich ebendort auch das Conterfei eines schlanken rosenwangigen Mädchens in damaliger Tracht: in rothem, goldbesetzten Kleide mit sogenannten Puffärmeln, grossem steifem Kragen, goldenen Ketten und sonstigem Geschmeide. Auf dem Rande stehen die Worte:

„Lieb haben und nit geniessen,
Das möcht' den Teufel verdriessen.“

Ohne weitere Beispiele anzuführen, bemerken wir nur im Allgemeinen, dass sich die meisten Sprüche durch derben Witz, mehr aber noch durch Lascivität kennzeichnen; doch finden sich auch in den Stammbüchern aus der Zeit gegen das Ende des 18. Jahrhunderts wiederholt Anklänge an die grossen Dichtungen Göthe's, Schiller's, Gellert's, Klopstock's, Wieland's Bürger's, Holti's.

In den folgenden Abschnitten werden die Zustände der Universität Jena zur Zeit der französischen Revolution, Veranlassung und Motive des Auszugs und Wiedereinzugs der Studenten in Jena (1792) ausführlich geschildert. Wir heben nur noch hervor, dass nach dieser Zeit die Universität mehr als je blühte und sie in Folge der weisen Umsicht, mit welcher die fürstlichen Erhalter, namentlich Karl August, dieselbe zu dem Centrum der Koryphäen deutscher Wissenschaft und Gelehrsamkeit zu machen wussten, schon in den nächsten Jahren nach dem Auszuge eine immer grössere Frequenz erhielt (S. 284).

Auf die folgenden Abschnitte näher einzugehen, müssen wir, um nicht zu weitläufig zu werden, verzichten und begnügen uns nur noch beizufügen, dass die Schrift ihrer Aufgabe, eine Geschichte des Jenaischen Studentenlebens zu schildern, vollständig entspricht. Zugleich wirft diese Schilderung aber auch sehr häufig ein Licht auf das Studentenleben an andern Universitäten und gibt so denn auch ein anschauliches Bild von dem Privatleben der Studenten, von ihren wissenschaftlichen Arbeiten, ihrem Fleisse und Unfleisse, ihrer Sittlichkeit und Zucht, ihrer Unsittlichkeit und Zuchtlosigkeit, besonders im 16. und 17. Jahrhundert.

Schliesslich bemerken wir noch, dass das Buch, wie durch seine innere Güte, so auch durch seine sehr saubere Ausstattung und grosse Correctheit des Druckes sich auf das Vortheilhafteste empfiehlt.

Urkundliche Geschichte der Burgen und Bergschlösser in den ehemaligen Gauen, Grafschaften und Herrschaften der bayerischen Pfalz. Ein Beitrag zur gründlichen Vaterlandskunde von J. G. Lehmann, prot. evangel. Pfarrer zu Nussdorf und mehrerer geschichtlichen Vereine Ehren- und ordentliches Mitgliede. Kaiserslautern 1858. Verlag von Hugo Meuth. Erster Band, 375 S. in gr. 8. Subscriptions-Preis 2 Gulden.

Die sogenannte bayerische Pfalz am Rhein ist seit einigen Jahren der Gegenstand mehrfacher geschichtlichen und kulturhistorischen Bearbeitungen gewesen, unter denen (ausser der Geschichte der pfälzischen Schlösser vom Gärtner, 2 Bände 1854, eine matte Zusammenstellung des bisher Bekannten und grösstentheils Unrichtigen und ausser der dritten Auflage der malerischen und romantischen Rheinpfalz, eine äusserst verwässerte, durch einen Unkundigen besorgte Umarbeitung und Erweiterung des ursprünglichen schönen und edeln Textes von Franz Weiss) die bekannte Schrift von Prof. Riehl in München, so wie das Werk von Becker: „Die Pfalz und die Pfälzer", die bedeutendsten sind.

Diesen Bearbeitungen reiht sich die oben angezeigte Schrift eines Mannes an, der auf diesem Gebiete vaterländischer Forschung durch eine Reihe von gründlichen Arbeiten[*] rühmlichst bekannt ist, und diess auch in der vorliegenden Schrift, von der wir hier zu berichten haben, aufs neue bewährt hat.

Dieses Werk, das, wenn es in den noch folgenden vier Bänden seinen Abschluss erreicht hat, als das vollständigste und reichhaltigste über diesen Gegenstand anzusehen ist, hat einen streng historischen Charakter, in Folge dessen sogar die vielfachen Sagen, wie sie sich an einzelne Burgen, Schlösser u. dgl. anknüpften, keine Berücksichtigung gefunden haben, sondern von dem Werke ausgeschlossen sind. Mit unermüdlichem Fleiss und seltener Ausdauer hat der Verfasser, mehr als fünf und zwanzig Jahre hindurch, ein reiches Material zusammengebracht, und nach genommener Sichtung daraus die Darstellung hervorgehen lassen, die darum so Vieles ganz Neue uns bringt, während sie Anderes in einem neuen, bisher nicht gekannten Lichte uns vorführt.

---

[*] Wir nennen hier nur: Geschichte des Klosters Limburg bei Dürckheim; Geschichtliche Gemälde aus dem Rheinkreise Bayerns, 3 Hefte; Geschichte der bayerischen Pfalz; Geschichte der Städte Landau und Kaiserslautern; s. die über diese Schriften gegebenen Anzeigen in diesen Jhrbb. Jahrg. 1853, Nr. 12 S. 179 ff. und Jahrg. 1854, Nr. 37 u. 38. S. 591 ff.

Welcher Gewinn daraus für das Gesammtgebiet der pfälzischen Geschichte hervorgeht, bedarf kaum einer näheren Erörterung; bei dem innigen Zusammenhang, in welchem die Geschlechter, denen diese Burgen einst gehörten, mit dem übrigen Deutschland stehen, wird aber auch die allgemeine Reichsgeschichte daraus manches Licht und manche Aufklärung gewinnen.

So stellt sich dieses Werk, das mit vollem Recht als „ein Beitrag zur gründlichen Vaterlandskunde" auf dem Titel bezeichnet wird, als ein auf der getreuesten und sorgfältigsten Quellenforschung hervorgegangenes dar, das wir Jedem, der sich über die rheinische Pfalz und deren Geschichte orientiren will, bestens empfehlen können: man ersieht, wie sich die einzelnen Graf- und Herrschaften gebildet und welche Schicksale dieselben bis zum Ausbruche der grossen französischen Staatsumwälzung, die den morschen und veralteten Staatsorganismus des heiligen deutschen Reiches aus den Fugen hob, erfahren haben. Die Verlagshandlung hat ihrerseits nicht versäumt, durch einen correcten Druck, durch schönes Papier, scharfe Lettern, dem Werk auch eine äussere Empfehlung zu geben.

Sollten wir nun unser, über diese neue und sehr zeitgemässe literarische Erscheinung abgegebenes Urtheil durch Auszüge oder Angabe des Wissenswürdigsten aus dem reichen Inhalte dieses ersten Bandes, der die Geschichte von 13 Vesten enthält, documentiren? Da wüssten wir nicht, wo anfangen und wo enden. Indem wir daher auf das Werk selbst verweisen, führen wir nur Folgendes an. Die verwickelten Schicksale der Burg Berwartstein (Nr. 3) liefert uns ein anschauliches Bild des Drängens und Treibens im Mittelalter zwischen geistlicher und weltlicher Macht. Die Geschichte des Drachenfels (Nr. 4) enthüllt uns eine Episode aus dem vielbewegten Leben des Franz v. Sickingen, eines der letzten deutschen Männer und ritterlichen Helden, denen noch die Idee einer Einheit des Vaterlandes vorschwebte, für welche sie Gut und Blut opferten, so wie wir auch zugleich durch das seither nicht bekannte Verhältniss des grossen Kaisers Max I. zu jener Burg und zu deren Ganerben, dem mächtigen wasgauer Adel, wirklich überrascht werden. Die vier Taner Burgen (im wildromantischen Felsenthale Dahn), deren drei, als eine höchst seltene und merkwürdige Erscheinung, längs einer Anhöhe auf drei, dicht neben einander liegenden Felsen befindlich waren, geben uns einen sprechenden Beweis, wie sich solche Ritterfamilien aus nichts erhoben, sich ausbreiteten und endlich, durch die Ungunst der alles umgestaltenden Zeit, wieder untergingen. Die fünf folgenden ehemaligen Reichsburgen, Lindenbrunn, Gutenburg, Landeck, Madenburg und Falkenburg, bildeten Bestandtheile der alten mächtigen Grafschaft Leiningen, und ihre erzählten und klar auseinandergesetzten Schicksale bilden erhebliche und bisher unbekannte Beiträge zur Geschichte jener Grafen, deren interessante historische Darstellung, wie wir aus dem Vorworte entnehmen, den dritten Band dieses Werkes bilden wird, auf welchen wir jetzt schon im voraus das Publikum aufmerksam machen, so wie wir überhaupt dem Erscheinen eines jeden Bandes mit gespannter Erwartung entgegensehen und dessen Inhalt in diesen Blättern jedesmal kurz anzeigen werden.

Literaturberichte aus Italien.

Die in Italien sehr beliebten Monographien über selbst kleinere Orte sind wieder um eine nicht minder sehr schätzbare vermehrt worden:

Cenni storici statistici, naturali dell' Agordino. Venezia 1858, nella Tipografia dell Commercio.

Unter dem sich über 10,000 Fuss erhebenden Marmolata in der Provinz Belluno, wo sich noch der Steinbock zeigt, liegt in einem entlegenen Thale der kleine Ort Agordo, beinahe 2000 Fuss über dem Meere. Dennoch wird derselbe schon 1635 von Domenico Zoa wegen nicht unbedeutenden Handels erwähnt, besonders gerühmt durch reiche Eisen- und Kupfer-Bergwerke; selbst Schwefel und Queck-Silber wird hier gewonnen. Ausserdem verdienen die hiesigen Schmiede und Maurer viel, indem sie nach alter Gewohnheit bis Brescia, Ferrara und selbst nach Bologna auf Arbeit gehen. Der ungenannte Verfasser führt mit vieler Gelehrsamkeit Alles an, was in den Classikern über die heutige Gegend zu finden sein dürfte. Merkwürdig ist, dass schon um das Jahr 1200 die Einwohner dieses Thales das Recht erwarben, ihr Gemeinde-Wesen selbst zu verwalten, wozu sie zwei Consuln wählten, auch schickten sie zum Stadtrathe von Belluno 6 Räthe. Doch schon 1337 erstreckte der Bischof von Belluno seine weltliche Macht über diesen Flecken, indem er den Bürgermeister oder Capitano ernannte; später schickte Johann von Böhmen einen solchen Verwaltungs-Beamten dorthin; doch die Kaiser hatten damals schon so viel an Macht verloren, dass dieser Ort 1360 bereits den Carraresi zufiel, die sich zu Herren von Padua hatten aufwerfen können, bis 1404 auch hier die Venetianer Herren wurden. Welchen Einfluss der Handel in dieser Königin des Adriatischen Meeres damals hatte, sieht man aber nicht allein an der grossen Macht dieser Handels-Herren, sondern auch an ihren ausserordentlichen Wohlthätigkeits-Anstalten, worüber folgendes Werk Nachricht giebt:

Memoria storico critica degli istituti di beneficenza publica del commercio in Venezia. Venezia 1858.

Man sieht hier, dass Venedig nicht blos in der Politik, sondern auch in Werken der Menschlichkeit gross war.

Die Authographen-Sammler werden folgendes Unternehmen gern kennen lernen:

Collezione d'Autografi di famiglie dall Damiaco Muoni. Milano 1858, presso Francesco Colombo.

Diese Sammlung fängt in dem vorliegenden Bande mit der Familie Sforza an, wobei besonders die Facsimiles und die Abbildungen der Siegel und Münzen merkwürdig sind. Der Verfasser gilt für einen sehr fleissigen Sammler geschichtlicher Quellen.

Man hat in Deutschland eben kein grosses Vertrauen zu den Actien für den Suez-Canal gehabt, weil man den französischen Speculationsgeist kennt. In technischer Beziehung beschäftigt man sich damit dagegen in Italien, wie folgendes Werk zeigt:

Osservazioni sul taglio dell' istmo di Suez dall Commendatore P. Paleocapa. Torino 1858. Unione tipografico editrice.

Dass der Verfasser berechtigt ist, darüber seine Stimme abzugeben, dürfte daraus hervorgehen, dass er als Minister der öffentlichen Bauten in dem Königreiche Sardinien die meisten der hier entstandenen Eisenbahnen erbaute.

Von dem bereits 80jährigen Orientalisten Lanzi ist eben eine Uebersetzung der Psalmen erschienen:

Salmi e canti recati in Italica rime, da Michelangelo Lanzi. Fano 1858.

Der berühmte Verfasser ist bekannt durch seine Bibel-Erklärung, durch Phönizisch-Assyrische und Egyptische Denkmäler und andere Werke, so dass die vorliegenden Uebersetzungen gewiss von den Kennern werden gewürdigt werden. Von ihm ist zu erwarten: Le simboliche vie del vecchio e del nuovo testamento.

Ein bedeutender Statistiker, Herr Cäsar Correnti, hat ein sehr gutes Jahrbuch für diese Wissenschaft unter folgendem Tirel herausgegeben, welches vielen Beifall und mit Recht findet:

Annuario statistico Italiano. Anno 1857—58. Torino 1858. Tip. Letteraria.

Der Verfasser hat auf 600 eng gedruckten Seiten ein reiches Material zusammengebracht, und sehr übersichtlich geordnet, aber nicht, wie man nach dem Titel erwarten sollte, blos von Italien, sondern er hat ganz Europa und Amerika in der ersten Hälfte dieses Werkes vorausgeschickt, und die letzte nur Italien vorbehalten. Da die Statistik weniger für das grössere Publikum schmackhaft erscheint, hat der Verfasser verstanden, seiner Arbeit so mannigfaltige Veranlassung zu Vergleichungen abzugewinnen, dass sie jedem Gebildeten zusagen muss. Auch erregt schon der Umstand ein günstiges Vorurtheil für den Verfasser, dass er auf der ersten Seite die Worte von Göthe (deutsch) anführt: Wer fremde Sprachen nicht kennt, weiss nichts von seiner eignen. Der Verfasser theilt die 1260 Millionen Europäer, welche in 52 Staaten zerfallen, in 3 Hauptgruppen ein, die Römische, Germanische und Slavische, zwischen denen die unbedeutenderen, die Skipetaren, Basken und andere Stämme eingeschlossen sind. Zu der ersten Hauptabtheilung, den Italienern, Franzosen, Spaniern, Rominen u. s. w. rechnet er 88 Millionen; obwohl er anerkennt, dass die Nationalität aus dem Niederschlag aller Völkerstämme der alten Welt zusammengesetzt worden, aus Pelasgern, Etruskern, Oskern, Lateinern, Griechen, Celten und Phöniciern, welche bei den Griechen in die Schule gegangen und unter die Zuchtruthe der Römer gekommen waren, bis sie das Christenthum zusammenhielt, obwohl im Mittelalter viele fremde Elemente sich einmischten. Napoleon war nahe daran, diese romänischen Völker zu vereinigen, als er mit dem Russischen Czar in Erfurt den Plan machte, sich in Europa zu theilen, und dabei weder auf Oesterreich noch auf Preussen Rücksicht nahm. Es ist erst später zur Sprache gekommen, dass selbst ein Carl X. mit Nicolaus I. einen ähnlichen Plan auszuführen Gelüste hatte, um seine Franzosen zu beschäftigen, die sich berufen glaubten, als die grosse Nation die Welt zu beherrschen. Der Verfasser hält den deutschen Stamm für naturwüchsig, und würde gern die Gegenwart das Germanische Zeitalter nennen, wenn die Deutschen sich nicht so gern in das Unendliche verirrten; daher er eben nicht findet, dass Hegel und andere Philosophen die Deutschen weiter gebracht haben. Doch erkennt er an, dass alle Völker Europas mehr oder weniger mit dem germanischen Blute aus dem Central Europa gemischt wurden, so dass eine Verwandtschaft mit dem Deutschthum nicht geläugnet werden kann. Alle regierenden Häuser, mit Ausnahme des Sultan, Napoleon und Bernadotte, sind rein deutschen Ursprungs, wie die Häuser von Braunschweig, Hannover, England, Preussen, Oranien-Nassau, Holstein, Dänemark, Coburg und Belgien, Griechenland-Wittelsbach, oder wenigstens aus germanischem Stamme entsprossen, wie die Bourbons-Capet und das Haus Savoien, oder durch Heirath germanisirt, wie die Romanoff, Este und Braganza. Der Verf. rechnet im Ganzen in Europa 43,900,000 Deutsche, 5,700,000 Ausser-Deutsche, 6,400,000 Dänen und Schweden, und 21,000,000 Engländer, mithin im Ganzen über 77 Millionen. Die Worte unsers Arndt: Was ist des Deutschen Vaterland? gehen also die grössere Hälfte der germanischen Völker an, obwohl dem deutschen Bunde mit Ausschluss der Grossmächte nur 16 Millionen angehören.

Eine der für die Geschichte sehr wichtigen Monographien ist die bis zum dritten Bande fortgeschrittene Geschichte der Stadt Vercelli:

Il commune di Vercelli nel medio evo, studii storici, di Vittorio Mandolli. Vercelli 1858. Tip. Guglielmoni.

Der gelehrte Verfasser hat das für das Mittelalter so wichtige Archiv dieser alten Stadt treulich benutzt, die schon seit dem Jahr 1164 von einem Collegio der Optimaten, unter dem Namen Credenza verwaltet wurde und in den damaligen Kämpfen der Lombardischen Städte mit Casale in den Jahren 1170, 1182, 1191 u. s. w. Krieg führte. Nach dem Tode Friedrich I. nannte sich die Stadt seit 1193 eine Republik und verband sich 1201 mit Mailand und 1208 mit der Lega Lombarda. Die städtische Verwaltung war unterdess weniger aristokratisch geworden, aber der Bischof von Vercelli übte als kaiserlicher Graf die Landeshoheit aus, auch wurde 1210 Kaiser Otto hier gut aufgenommen, und unterstützten ihn die tapferen Bürger gegen die rebellischen Feudal-Beamten, die sich erblich gemacht hatten; so wurde die Stadt Vercelli mit den Markgrafen von Montferrat im Jahr 1212 in Krieg verwickelt und im Jahr 1215 wieder mit Casale, welches sich der Herrschaft des Bischofs entziehen wollte, wobei Casale zerstört wurde, dessen Wiederaufbau zu verhindern der Kaiser 1216 ausdrücklich befahl, was auch 1218 erfolgte, während Vercelli in Verbindung mit Alessandria seit 1217 mit Montferrat und dem mächtigen Grafen von Blandrate Krieg führte. Dieser musste sich endlich den tapfern Bürgern unterwerfen, und Vercelli theilte sich mit Novara in sein Land; auch noch andere der kleinen Feudal-Tyrannen wurden besiegt (1223), und 1226 der Lombardische Städtebund erneuert, als Friedrich II. nach Italien zog, worauf Vercelli 1231 mit Jvrea, der alten Longobarden-Stadt, Friede schloss. Unterdess hatte Heinrich, Friedrich II. Sohn, die Waffen gegen seinen Vater ergriffen, 1235; die Bürger Vercelli's waren aber nicht so furchtsam, sondern blieben dem Kaiser treu, welcher 1237 nach Italien zurückgekehrt, die Rebellen in Verbindung mit den Bürgern von Vercelli bei Cortenova schlug, welche für den Kaiser mit gegen Piacenza (1238) zogen, wenn sie auch den

Namen eines Freistaates führten, wie ihre 1241 verfassten Statuten sich nennen: Statuta reipublicae Vercellensis. Während die Feudal-Herren die Menschen als Sklaven behandelten, wurden die globae adscripti hier befreit schon seit 1242. So blieb Vercelli auch 1247 und 48 ghibellinisch und dem Kaiser treu, wodurch diese wehrhaften Bürger in die damaligen Kriege mit den Guelfen verwickelt wurden. Ausser dieser urkundlich belegten Geschichte beschreibt der Verfasser mit der grössten Genauigkeit die Verwaltung der Stadt in allen Theilen und hat sich dadurch gewiss ein bedeutendes Verdienst erworben.

Ein merkwürdiges juristisches Handbuch ist eben in Florenz erschienen, nemlich für die bei dem Theater vorkommenden Rechtsfragen:

Manuale della giurisprudenza dei Teatri, e sulla proprietà letteraria teatrale, di E. Salucci. Firense 1858. presso Barbera. S. 310.

Der Verfasser, Advokat am Cassationshofe für das Grossherzogthum Toscana, leitet dies Handbuch, hauptsächlich für die Künstler der Bühne bestimmt, mit dem Ursprunge der Theater ein, mit den öffentlichen Tänzen anfangend, welche nach dem alten Testamente um die Bundeslade stattfanden, wobei der Verfasser die Schrift von Boccardo, Memorie sulli spettacoli e giuochi pubblici, Milano 1856, empfiehlt, und wie in Italien gewöhnlich bei den Juristen der Fall ist, Bekanntschaft mit der klassischen Literatur zeigt. Da in Italien das Theater-Wesen eine bedeutende Rolle spielt, ist dies Buch sehr gut aufgenommen worden. Einen Anhang bildet eine Abhandlung über die für die Stimme der Sänger zu beobachtenden Gesundheitsregeln von dem Doctor Gallina, Theaterarzt in Florenz.

Von einer der bedeutendsten Italienischen Schriftstellerin ist eine sehr gediegene Abhandlung über die Schrift von Cousin über die Frauen erscheinen:

Etudes sur les femmes du XII siècle par Victor Cousin, Cenni di Giulia Melino-Colombini. Torino 1858. presso Stefanone.

Unser gelehrter Cultur-Historiker Klemm in Dresden hat den Einfluss der Frauen auf die Bildung des Menschengeschlechts im Ganzen behandelt; Cousin hat die Zeit gewählt, in welcher in Frankreich der Nationalgeist reifte, der auf ganz Europa einen so bedeutenden Einfluss äusserte, indem seit Heinrich's IV. Tode die Franzosen zu dem Glauben erwuchsen, dass Frankreich die Welt ist. Die geistreiche Italienerin bemerkt, indem sie gewissermassen einen geschichtlichen Commentar zu dieser Arbeit Cousin's macht, dass man eigentlich hundert Jahre früher und in Italien habe anfangen müssen; denn hier waren die Höfe von Urbino, Mantua, Florenz u. s. w., wo die Frauen so vielen Einfluss auf die Bildung hatten, dass von hier Maria von Medici und die schönen Nichten von Mazarin, die Fräulein Mancini, in Paris durch Bildung und Geist glänzen konnten. Die Vittoria Colonna und Leonore von Este gingen den Französinnen vor, welche Cousin so trefflich zeichnet, die mit der Vormundschaft der Maria Medici anfangen. Mit gleicher Meisterhand gibt hier die geistreiche Frau Giulia Colombini einen Auszug aus dem gedachten Werke. Allerdings spielen hier hohe geistreiche Frauen bedeutende Rollen, die aber meist auf Hof-Intriguen hinauslaufen, durch welche der Herzog von Luynes

die Vormünderin Maria von Medici nach Blois verbannen konnte. Mit treffenden Zügen wird der Einfluss der Longueville, Hautefeuille, Chevreuse, Sablé,
Liancourt, Scuderi und anderer vorgeführt, welche den blutigen 30jährigen
Krieg ganz vergessen machen. Besonders lebendig ist der Krieg der Fronde
und der Antheil des Cardinal v. Retz geschildert; doch die Häupter derselben
verloren den Muth und das Volk nahm im Ganzen wenig Theil daran. Anna
von Oesterreich wird hier ebenfalls vorgeführt, bis die Religion mit in den
Vordergrund trat, die Schwester Pascali, Fräulein de Vertas, die Nonnen von
Portroyal und die Jansonisten mit der Bibel-Uebersetzung von Luines und Sacy.
Von Männern wird hier auch Arnault erwähnt, der Verzicht der Erben der
Longueville auf das Fürstenthum Neuchatel und dass die Polen sich in Frankreich einen König suchten, den St. Paul, dessen Leiche sie aber nur fanden,
da er in Holland als Held gefallen war. Die Verfasserin hat mit diesem vortrefflichen Auszuge aus dem Cousin'schen Werke ihren Landsleuten einen
grossen Dienst erwiesen; denn wenn hier auch die Frauen eine grosse Rolle
spielen, so werden doch die Italiener von ihrer Neigung zu den Franzosen
dadurch einigermassen zurückgebracht, da aus jener Zeit der Verfall der moralischen Würde in Frankreich stammt, obwohl schon damals in Deutschland
das Franzosenthum dergestalt um sich griff, dass der Herzog Ernst August von
Hannover einen ganz französischen Hof hielt, und sein Bruder, der Herzog
von Braunschweig-Celle, die französische Mademoiselle d'Olbreuse heirathete,
deren einzige Tochter, die 34 Jahre lang gefangene Prinzessin von Ahlden,
die Mutter von König Georg II. von England und der Gemahlin von Friedrich
Wilhelm I. von Preussen wurde, so dass es nicht zu verwundern ist, dass
Friedrich II. schon mit der Muttermilch seine grosse Verehrung für das Franzosenthum eingesogen hatte.

Endlich ist der literarische Nachlass des bekannten Italienischen Geschichtschreibers, des Grafen Balbo erschienen:

Pensieri sulla storia d'Italia, studi di Cesare Balbo. Firenze 1858. presso Le
    Monnier 8. S. 595.

Diesem als Staatsmann, Gelehrten und Mensch ausgezeichneten Manne haben seine Mitbürger ein Standbild im dem öffentlichen Garten errichtet; aber
seine Werke bilden sein schönstes Andenken.

Ein Herr Salvio Savini in Turin hat eine Sammlung von scherzhaften
Erzählungen unter folgendem Titel herausgegeben:

Stravaganze critiche, da Luciano, Voltaire, Gozzi e Leopardi. Torino 1858.
    presso Botta. 12.

Die wahre Geschichte von Lucian ist hier von Wilhelm Manzi übersetzt;
die Voltaire'sche Geschichte, Micromega von Balduzzi; das Gespräch zwischen
dem Schreibzeuge und dem Lichte ist von Caspar Gozzi. Die humoristische
Erzählung Friedrich Ruysch und seine Mumie, ist von Jacob Leopardi, und
enthält eine Unterhaltung mit dem einbalsamirten Todten, nachdem Peter der
Grosse diese Sammlung zweimal angesehen hatte. Von demselben Verfasser
ist auch das fantastische Gespräch zwischen der Sonne und Copernicus über
den Umlauf der Sonne.

Derselbe Verfasser beabsichtigt eine ganze Sammlung von Erzählungen im
Geiste unseres genialen Hoffmann herauszugeben, welche er Biblioteca stra-
vagante nennt, mit welchem Gesammt-Titel auch folgende Erzählung erschienen ist:

Il conte Got, per Salvio Savini. Torino 1858. presso Botta. 12. S. 293.

Der Verfasser führt uns einen emsigen Naturforscher vor, welcher sich
besonders mit mikrokosmischen Beobachtungen als Verehrer unseres Ehren-
berg beschäftigt. Wissenschaftliche Beschäftigungen sind in Italien bei den
Vornehmen häufiger, als man gewöhnlich glaubt. Graf Virginio Got verlor eine
heissgeliebte Gattin, für welche er neben seinen Natur-Forschungen allein gelebt hatte. Er wurde nunmehr ganz Einsiedler, schloss sich ein, und beobachtete so lange die Wolken, die vorüberzogen, bis er endlich sich selbst
in dieselben versetzt glaubte und von diesem Standpunkte aus die Welt unter
sich so klein erscheinen sah, dass ihm die Menschen als Infusions-Thierchen
vorkamen. Einst glaubte er der Erde so nahe zu kommen, dass er sie mit
seiner Nase berührte; da fuhr ein elektrischer Funke aus derselben, es blitzte
und donnerte. Seine Dienerschaft lief herbei, um zu melden, dass das Ge-
witter in seiner Villa eingeschlagen habe. Er wurde in das Irrenhaus gebracht, und nun folgt das Tagebuch seines Arztes und dessen Unterhaltung
mit dem Unglücklichen, der unter andern die chinesische Mauer für ein Kin-
derspiel erklärt, indem die Ameisen ganz andere Bauwerke errichten. Ein
Tagebuch des Grafen Got enthält ebenfalls viele phantastische Einfälle, welche
auch mit in das religiöse Gebiet spielen. Das Ganze ist mit so vieler Phantasie und Geist geschrieben, dass man den Herrn Savini einen Hofmanns re-
divivus nennen dürfte.

Dass Italien eine lange Vergangenheit hat, kann man aus der Bekanntmachung so vieler Urkunden aus öffentlichen und Familien-Archiven entnehmen, woran die italienische Literatur so reich ist. Eine solche Sammlung von
Urkunden, welche bis in das 11. Jahrhundert zurückgehen, ist folgendes Werk:

*Degli antichi Signori di Morozzo, e dei conti di essa luogo di Massigliano e San
Michele, Marchesi di Roccadebaldi e Brianse, memorie storiche genealogiche
corredate di documenti inediti. Torino 1858. Tip. Cossone. 4. pag. 212.*

Dieses Werk, welches an die gründliche Arbeit des gelehrten Ritter
Adriani über die antichi signori di Sarmatoria erinnert, rührt von einem sehr
gebildeten und strebsamen jungen Manne aus der Familie Morozzo della Rocca
her, welcher aus dem Archive seiner Familie hier auch für die allgemeine
Geschichte dankenswerthe Mittheilungen macht, da deren Stammbaum bis zum
Jahr 981 hinauf reicht. Das Stammhaus dieser Familie ist Morozzo im Thale
des Pesio zwischen den Städten Cuneo und Mondovi gelegen, da wo die Meer-
Alpen anfangen sich über das fruchtbare Po-Thal zu erheben, wo die Feudal-
Herren ihre zahlreichen Burgen hatten. Ob Morozzo den Namen von den Be-
sitzern erhielt, oder umgekehrt, hat der Verfasser nicht ermitteln können,
wohl aber dass den alten Grafen Morozzo viele der benachbarten Orte gehörten, unter andern das schön gelegene Roccafonte, ebenfalls zwischen der
Stura und dem Tenaro gelegen, die sich unterhalb Cherasco vereinigen. Seit

dem 11. Jahrhundert schalteten hier die Grafen von Morozzo unumschränkt, wie die andern kaiserlichen Beamten, die sich erblich gemacht und die Umgegend unterdrückt hatten. Die Bürger der benachbarten Städte wussten sich dann auch hier der unbändigen Feudal-Herren zu erwehren und fürchteten sich vor den Rittern nicht, indem sie sich mit Mauern umgaben und sich ebenfalls Waffen anzuschaffen im Stande waren. Die gegenseitige Eifersucht führte zu Fehden nach dem damaligen Faustrechte, wobei die verbündeten Städte Mondovi und Cuneo das Raubnest Morozzo verbrannten. Zum Schutze gegen die tapferen Bürger begaben sich die Grafen und Herren von Morozzo unter die Landeshoheit des Bischofs von Asti, im Jahr 1319, der sich ebenfalls nach Möglichkeit von dem Kaiser losgesagt hatte, indem natürlich in dem Streite der Guelfen und Ghibellinen die Bischöfe es mehr mit dem Papste hielten. Später fiel diese herrliche Gegend den Franzosen aus dem Hause Anjou zu, welche aber noch fortwährend mit den dem Kaiser treuen Städten, Mondovi u. a. m. zu kämpfen hatten, bis endlich das Haus Savoien-Piemont sich mächtig erheben konnte. Die einst so unumschränkt herrschenden Grafen von Morozzo waren unterdess gezwungen worden, bei ihren Siegern, den tapfern Bürgern zu wohnen, und wurden selbst Bürger; bald gehörten viele derselben zu den Patriziern und wurden nach der Ausbildung der Monarchie im Dienste des Hofes zu bedeutenden Aemtern befördert, so dass diese Familie bedeutende Rechtsgelehrte, Generale und Bischöfe aufzuweisen hatte. Die Menge der hier mitgetheilten bisher ungedruckten Urkunden wird allen Forschern der Geschichte des Mittelalters sehr willkommen sein, und gewiss haben wir von diesem jungen hoffnungsvollen Schriftsteller noch Manches zu erwarten.

Spät werden die in Neapel erscheinenden Werke, selbst in Italien, bekannt; daher wir erst jetzt folgendes Werk über Calabrien erwähnen können:

Storia di Reggio di Calabria, dei tempi primitivi fino all' anno 1797, di Domenico Spanò Bolluni. Napoli 1857. Vol. II. Tip. Febrero. 8.

Reggio, die Hauptstadt der Provinz Calabria ulteriore I., mit 28,000 Einwohnern, war nach dem Verfasser vor den griechischen Colonien in der von den Römern Bruttium genannten Provinz bereits vorhanden, doch will er nicht unterscheiden, ob von Opikern oder Tyrhenern gegründet, Freistaat, Bundesstaat mit den Grossgriechischen Städten, Militär-Colonie unter den Römern, zwischen den Byzantinern und Sarazenen im Streit, bis sie den Normannen anheim fiel, wo auch sie dem Schicksale der Hohenstaufen und dem allmähligen Untergange des Kaiserreiches folgte. Aus der ersten Zeit dieser Stadt wird die Vaterlandsliebe der Einwohner dadurch in helles Licht gestellt, dass, als der Tyrann Dionysius eine Bürgerstochter aus Reggio heirathen wollte, ihm geantwortet wurde: für ihn wäre nur die Tochter des ehrlosen Scharfrichters zu haben. Unter der Römischen Herrschaft verfiel hier schnell die Bildung der sonst so blühenden Grossgriechischen Städte, und durch den Longobarden Buccellin wurde Reggio gänzlich zerstört. Die Herrschaft der Byzantiner in Sicilien führte zur Verbindung mit dem gegenüber liegenden Reggio und es kam seit der Zeit der Name beider Sicilien auf, obwohl der Byzantinische Herzog von Calabrien in Reggio seinen Sitz hatte, das wieder in blühenden Zustand kam, aber durch diese Herzöge nicht gegen die Sarazenen hinreichend vertheidigt werden konnte, bis die Normannen sich hier niederliessen; doch wurde bald der Sitz der Regierung nach Palermo verlegt, das Lehnwesen nahm mit seinen verderblichen Folgen überhand, die griechische Sprache und Sitte verschwand, und mit Heinrich IV. fand sich bei den Italienern der Hass gegen den deutschen Stamm ein, wie der Verfasser behauptet. Die bessere Zeit unter Friedrich II. von Hohenstaufen verschwand bald unter den Anjou. Unter der Spanischen Herrschaft kamen ebenfalls keine besseren Zeiten.

In dem Mailänder Dialect ist folgende Sammlung von Gedichten erschienen:

Poesie Milanesi e Italiane di Giovanni Ventura. Milano 1858. presso Vallardi.
   8. S. 230.

Das Vorwort von dem bekannten Achille Mauri, welches den Werth dieser Dichtungen anerkennt, reicht hin, diesen Dichter zu achten.

Ein anderer Dichter aus dem südlichen Italien, jetzt als Ausgewanderter in dem gastlichen Piemont lebend, hat ebenfalls eine Sammlung seiner Dichtungen herausgegeben:

L'Echo della Magna Grecia, Poesie di Bigio Miraglia da Strongoli. Torino 1858.
   presso Marzorati.

worin sich vornehmlich feurige Vaterlandsliebe ausspricht.

Eine wichtige Geschichtsquelle für das Mittelalter ist folgendes Werk:

Dei Marchesi del Vasto e degli antichi Monasteri de S. S. Vittore e Costanzo e
   di S. Antonio nel Marchesato di Saluzzo, studi e notizie storico-critiche del
   Barone Giuseppe Manuel di S. Giovanni. Torino 1858. Tip. Speirani. 8.
   S. 379.

Dies gründliche Werk mit Kupfertafeln, welche die alte Kirche zu Dronero bei Saluzzo darstellen, ist auf archivalische Nachrichten gegründet und beschäftigt sich hauptsächlich mit den Vorfahren des Markgrafen Bonifacio, der die Alice von Savoien heirathete, und von dem bekannten Aleram herstammte, den Kaiser Otto I. 967 zum ersten Markgrafen von Montferrat ernannte, dessen 7 Söhne eben so viele Markgrafschaften stifteten, von denen Montferrat die bedeutendste blieb, welche nach dem Aussterben des Mannsstammes an die Erbtochter überging, die den Kaiser Paleologus von Constantinopel geheirathet hatte, und ihrem zweiten Sohne diese italienische Herrschaft hinterliess. Nach dem Aussterben der Paleologen kam diess bedeutende Land durch Erbschaft an die Gonzagas von Mantua, und nachdem der Deutsche Kaiser noch zu Anfang des vorigen Jahrhunderts hier seine Oberherrlichkeit ausgeübt und den letzten Herzog für unfähig zu regieren erklärt hatte, wurden die alten Ansprüche des Savoien-Piemontesischen Hauses anerkannt, und so gehört nach dem Frieden mit Frankreich 1707 auch der letzte Rest dieser Markgrafschaft dem Königreiche Sardinien. Der sorgfältige Verfasser zeigt, wie zu Anfang des 12. Jahrhunderts das herrliche Po-Thal gänzlicher Gesetzlosigkeit verfallen war. Damals entstanden in dieser herrlichen Gegend die vielen festen Burgen. Eine der grösseren gehörte der Familie del Vasto, deren Leben hier erzählt wird. Der Verfasser untersucht mit vieler Gründlichkeit die Abstammung

dieser Familien, besonders die des Markgrafen Bonifacius von Aleram und
widerlegt die Angabe alter Chroniken von dem Ehecontract des Markgrafen
Teotto mit der Schwester des heiligen Stephan, Theodelinde. Der Verfasser
geht auf die urkundlichen Beweise der Entstehung der Markgrafen von Saluzzo, Rusca, Ceva und Del Caretto auf das Genaueste ein, wobei unter andern ein Abkomme von Kaiser Friedrich I. mit dem Consul Lambert von Pisa
(1161) erwähnt wird, und ein Manfred und ein Hugo als Markgrafen del Vasto
aufgeführt werden. Merkwürdig ist auch ein Vertrag von 1204, nach welchem
sich mehrere Markgrafen jener Gegend zu Alba im Jahr 1204 verbanden, um
sich dem wachsenden Wohlstande der Stadt Asti zu widersetzen. Die Geschichte der hier erwähnten Klöster geht bis auf den Longobarden-König
Aripert vom Jahr 713 zurück, so dass dieses Werk durch die hier mitgetheilten kritisch behandelten Urkunden ein nicht unbedeutender Beitrag zur Geschichte des Mittelalters ist. (Wir bemerken hierbei, dass in Nr. 48 der Heidelberger Jahrbücher 1858, S. 762, wo über das Marchesat Ceva berichtet
wird, der Name Aleram durch Verwechselung des undeutlich geschriebenen
Buchstabens r, der Name dieses bekannten Stammvaters einer bedeutenden Familie, Alecam statt Aleram gedruckt ist).

Ein Lieblingsstudium in Italien ist jetzt die Staatswirthschaft; wir können
daher hier zuerst ein dahin einschlagendes Werk erwähnen:

Dell avenire dell commercio Europeo ed in modo speciale di quello degli stati Ita-
liani, di Luigi Tonelli. Firenze 1858, della societa editrice della biblioteca
civile dell Italiano.

Der Verfasser ist ein sehr angesehenes Mitglied der Kammer der Abgeordneten des Königreichs Sardinien, welches Land allerdings berufen ist, in
dem Welthandel eine bedeutende Rolle zu spielen. Der Hafen von Genua
steht als der bedeutendste Italiens, bereits jetzt sehr gross da, indem er durch
den grössten Tunnel des Continents durch die Apenninen mittelst der Eisenbahn mit dem Lago Maggiore in Verbindung steht, und nur durch den Bern-
hardin von dem Bodensee getrennt ist, der jetzt schon mittelst der Eisenbahn
von Chur erreicht wird, von welchem aus ganz Deutschland durch Eisenbahnen in Verbindung steht. Wird erst die Eisenbahn durch den Lukmanier und
durch den Mont-Cenis nach Frankreich beschleunigt, dann gewinnt der italienische Handel noch mehr an Bedeutung.

                                        Neigebaur.

JAHRBÜCHER DER LITERATUR.

Verhandlungen des naturhistorisch-medizinischen Vereins zu
Heidelberg.

VI.

60. Vortrag des Herrn Dr. Erlenmeyer „über eine
Methode

1) den Blutlaugensalzgehalt in einer Blutlaugensalzschmelzelö-
sung,

2) den Schwefelcyankaliumgehalt in einer Blutlaugensalzschmelze-
lösung, sowie den Schwefelblausäuregehalt in anderen Flüssigkeiten

titrimetrisch zu bestimmen“, am 14. Decbr. 1858.

Nachdem der Vortragende über die Unterschiede zwischen den
technisch chemischen und rein chemischen Prozessen, über die
dadurch bedingten häufig sehr verschiedenen Resultate beider, sowie über die in manchen Fällen bedeutende Schwierigkeit, die technischen Prozesse vollständig zu erklären und andererseits die Nothwendigkeit, den Hergang eines Prozesses genau zu kennen, um seiner vollkommen Meister zu werden, einige einleitende Worte vorausgeschickt hatte, sprach er zunächst im Allgemeinen über die Methode, welche zur Erklärung der technisch chemischen Prozesse ein-
zuschlagen sei und kam unter Anderm zu dem Resultat, dass die
chemische Analyse Hand in Hand gehen müsse mit der Synthese
des Technikers. Da aber erst eine grosse Anzahl von Versuchen,
wenigstens in den meisten Fällen, zum Ziele führen können, so habe
der Analytiker die Aufgabe, solche analytische Methoden aufzufinden,
welche möglichst rasch genaue Resultate liefern. Die in neuerer Zeit
so sehr ausgebildete titrimetische Analyse, leiste hier ganz vorzugsweise treffliche Dienste.

Der Vortragende theilte dann ferner mit, dass er zum Zweck
der leichteren Verfolgung, beziehungsweise Erklärung des Hergangs
bei der Blutlaugenfabrikation eine Methode, auf tritrimetrischem Weg
die Menge des Blutlaugensalzes in der Schmelzelösung zu bestimmen, zusammengestellt habe. Sie gründet sich darauf, 1) dass Blut-
laugensalzlösung in einer sauren Eisenchloridlösung einen Niederschlag von unlöslichem Berlinerblau erzeugt, 2) dass Berlinerblau
durch Kalihydratlösung in Eisenoxydhydrat und Blutlaugensalz zerlegt wird und 3) dass gelbes Blutlaugensalz durch Chamäleonlösung
in rothes Blutlaugensalz übergeführt wird.

Bei der Ausführung der Methode, die kurz beschrieben wurde, ist besonders zu berücksichtigen, dass alle Substanzen, welche das Chamäleon ebenfalls oxydirt, entfernt werden. (Schwefelkalium entfernt der Vortragende durch Zusatz von etwas Kupferoxydhydrat oder Kupfersalzlösung und Digeriren bis Bleisalze nicht mehr reagiren. Des Schwefelcyankaliums entledigt er sich dadurch, dass er das Berlinerblau mit heissem Wasser so lange auswäscht, bis ½ Probirglas voll des Waschwassers einen Tropfen Chamäleonlösung von unten angegebener Stärke nicht mehr entfärbt), 2) dass die Chamäleonlösung mindestens so concentrirt ist, dass 1 CC. derselben 0.1 Grm. gelbes Blutlaugensalz in rothes überführt.

Wenn man diese Bedingungen erfüllt, so erhält man, wie dies ein 3jähriger Gebrauch der Methode bei täglicher Anwendung ergeben hat, immer genaue und übereinstimmende Resultate.

Der Vortragende theilt ferner eine Methode mit, die Schwefelblausäure überhaupt, und in der Blutlaugensalzschmelzelösungen titrimetrisch zu bestimmen. Sie gründet sich darauf, dass Schwefelblausäure in einer sauren Lösung durch Chameleon vollständig in Schwefelsäure und Blausäure umgewandelt wird.

Schon bei der Versammlung des süddeutschen Apothekervereins im Herbst 1857 zu Heidelberg hat Erlenmeyer die Mittheilung gemacht, dass man Schwefelblausäure durch Chamäleon titriren könne. Sein Freund Dr. R. Hoffmann, welcher die oben angegebene Methode zur Blutlaugensalzbestimmung schon längere Zeit in Anwendung bringt, hat nun ohne von jener Mittheilung zu wissen, ebenfalls die Methode, Schwefelblausäure mit Chamäleon zu titriren, gefunden und dem Vortragenden mitgetheilt. Beide haben sich vereinigt und die Methode weiter ausgebildet. Zur Bestimmung der Chamäleontitres wenden sie Schwefelcyanblei an, welches man als schön weisses (nicht gelbes, wie Liebig angegeben hat) krystallinisches Pulver von der Zusammensetzung: Cy Pb S₂ erhält, wenn man mit Essigsäure schwach gesäuerte Bleizuckerlösung in eine Lösung von Schwefelcyankalium eingiesst. Da Bleizuckerlösung das Schwefelcyanblei auflöst, so darf man nicht umgekehrt verfahren. Das Salz ist im trockenen Zustand vollkommen unveränderlich, wenn es vor dem Licht geschützt wird. Ebenso hält es sich in Lösung, (welche leicht bewerkstelligt wird durch Schütteln mit viel Wasser und etwas Salzsäure) lange Zeit unverändert.

Da Schwefelcyanblei ungefähr die doppelte Menge Chamäleon erfordert, wie eine gleich grosse Menge Eisen, da es weit leichter chemisch rein erhalten werden kann, wie dieses, da ferner seine Lösung bis zu Ende farblos bleibt, so dass sich der Eintritt der rothen Farbe ohne Täuschung erkennen lässt, so möchte sich dieses Salz überhaupt zur Bestimmung der Chamäleontitres empfehlen. Auch vor der Oxalsäure hat es den Vorzug, dass jeder Tropfen Chamäleonlösung sofort entfärbt wird.

Zu berücksichtigen ist jedoch, dass man in 1 Litr. Flüssigkeit höchstens 0.1617 Schwefelcyanblei lösen darf. In concentrirter Lösung geht noch eine andere Reaction nebenher, dagegen giebt eine 100fach verdünntere Lösung noch dieselben Resultate, wie bei der angeführten Verdünnung.

61. Vortrag des Herrn Dr. Junge über das, was der Ophthalmologie Noth thut; am 14. Dezbr. 1858.

62. Vortrag des Hrn. Prof. Helmholtz über das Wesen der Irradiation am 14. Dezbr. 1858.

63. Mittheilung des Herrn Dr. Janzer in Bretten über einen Fall von Pemphigus; dem Vereine vorgelegt durch Herrn Prof. Kussmaul am 3. Januar 1859.

J. L. von jüdischer Abstammung, 25 Jahre alt, von schlankem Wuchse, sehr dunkler Hautfarbe, brauner Iris, schwarzen Haaren, erkrankte gegen Ende Oktober 1856 unter leichtem Frösteln und Schmerz beim Schlingen.

Bei meinem ersten Besuche am 3. November traf ich den Kranken im Bette an. Auf der Mitte seiner Stirne und dem Kinne fand sich je eine Borke von etwa $1/_2$ Linie Dicke und 1 Linie Durchmesser; eine dritte sass auf der Mitte der Brust. Diese hatte das Eigenthümliche, dass sie von einem linienbreiten Rande nur lose auf dem Corium aufliegender Epidermis umgeben war. In ihrer Nähe befand sich eine von wasserheller Flüssigkeit prallgefüllte Blase, die etwa $1^1/_2$ Linien im Durchmesser hielt und nicht von einem rothen Rande umgeben war. Nach Oeffnung der Blase fand sich auf ihrer Basis ein sehr dünnes, weisses, dem kaum gerötheten Corium fest anhaftendes Exsudat.

Der Eingang in die Nasenhöhlen war durch dicke Krusten nahezu geschlossen.

Die Schleimhaut der Mundhöhle und des Rachens erschien mit einer grossen Menge unregelmässig begrenzter, oft netzförmig zusammenhängender, mit einem florähnlichen Exsudate belegter, sehr feuchter Geschwürchen bedeckt. Die Drüsen des Halses waren leicht geschwollen. Der Appetit gut, aber der Genuss von Speisen wegen der Excoriationen im Munde sehr schmerzhaft. Pulsfrequenz 80—90.

Am übrigen Körper des sehr magern Patienten fand sich nichts Krankhaftes.

Patient beklagte sich über grosse Müdigkeit und über eine grosse Stumpfheit des Gefühls in den Extremitäten, die zugleich sehr oft von Ameisenkriechen heimgesucht wurden.

Beim Uriniren hatte er öfters ein brennendes Gefühl in der Eichel, das sich besonders häufig beim Drängen während des Stuhlganges einstellte.

Wurde der während der Stuhlentleerung abgehende Urin gesondert aufgefangen und einige Zeit stehen gelassen, so bildete er einen leicht wolkigen Bodensatz in dem bald grössere, bald kleinere Mengen von Spermatozoen aufgefunden wurden. Eiweiss, Blutkörperchen, Faserstoff oder Exsudatcylinder fanden sich während der Krankheit nie im Urin.

Die Ursache des Samenflusses lag, wie der Kranke später auch selbst zugestand, in Excessen in Venere. Ob das Hautleiden gleichfalls auf dieses Entstehungsmoment zurückgeführt werden könne, blieb zweifelhaft.

Vier Jahre vor dem Ausbruche der letzten Krankheit litt Patient an einem eitrigen Ausflusse aus der Harnröhre, der nach zwei Monaten, auf den Gebrauch eines scharfen Pulvers heilte, das ihm ein Apothekergehilfe, den er desswegen zu Rathe zog, verabreichte, ohne weitere Zufälle zu hinterlassen.

Auch litt er vor 2 Jahren an einem kleinen Geschwürchen an der Eichel, das ohne weitere Hilfe verschwand, und eben auch keine weitere Folgen hatte. Patient lebte in sehr günstigen Verhältnissen, reinlich und sonst mässig.

Verordnet wurde: Acid. sulph. dilut. Dr. j, Syrup. Moror. Unc. j. Aq. Salviae unc. V. 3stündlich 1 Esslöffel voll zu nehmen.

Die wunden Stellen der Haut sollten mit von Aq. Goulardi getränkter Charpie verbunden werden.

Am 14. November fühlte sich Patient so schwach, dass er nicht ausser Bett sich aufhalten mochte, der Appetit war gering, der Stuhl träge, die Pulsfrequenz schwankte zwischen 80 und 90 Schlägen in der Minute, Mund und Nasenhöhlen zeigten keine Veränderungen zum Schlimmern, dagegen waren auf der Haut der Beugeflächen der Arme, im rechten Handteller am Mons veneris, auf der innern Schenkelfläche und in der Nähe der Knöchel einzelne Blasen aufgeschossen. Die Basis dieser Blasen hatte einen Durchmesser von 2 bis 3 Linien, und war nirgends und nie mit einem rothen Rande umgeben.

Die Füsse ödematös angeschwollen, die Lymphdrüsen der Schenkelbeuge vergrössert und hart anzufühlen, aber schmerzlos.

Die Respirationsorgane gesund, die Urinsecretion etwas sparsam, der Urin sauer, nicht eiweisshaltig.

Decoct. Chin. mit Acid. sulph. dilut. innerl.

Die einzelnen Blasen wurden mit einer spitzen Scheere angestochen und nach ihrer Entleerung nebst ihrer Umgebung mit einer Collodiumschichte überzogen.

Wo die Blasen schon geborsten waren, und mit Borken besetzte Stellen bildeten, sollten die Borken mit warmem Wasser aufgeweicht, die wunden Flächen mit Glycerin bestrichen und mit

Charpie bedeckt werden. Der Kranke zog es aber vor, das letztere Verfahren zu unterlassen, da ihn das Glycerin empfindlich schmerzte. Auch das Bestreichen der entleerten Blasen mit Collodium zeigte sich zwecklos, und wurde bald unterlassen.

Der Zustand des Kranken verschlechterte sich unaufhaltsam. Am 29. Dezember hatte der Puls eine Frequenz von 120 Schlägen erreicht, die Haut der Brust, des Bauchs, der Beugsseiten der obern, der innern Fläche der untern Extremitäten und der Handflächen war theils mit neu gebildeten Blasen, theils mit Borken bedeckt. Füsse und Hände ziemlich stark ödematös. —

In der bisherigen Darstellung wurde absichtlich von einem genaueren Eingehen auf das Verhalten der einzelnen Blasen und der Krustenbildung Umgang genommen, um diese Verhältnisse der Deutlichkeit wegen, und um beständige Wiederholungen zu vermeiden, gesondert zu schildern.

Die Blasenbildung wurde weder durch Jucken oder sonst eine lästige Sensation, noch durch Röthung der erkrankenden Hautpartie angekündigt. Die Basis 8 bis 12 Stunden alter Blasen zeigte schon einen Durchmesser von 2 bis 4 Linien. Wo die Epidermis nicht sehr dick war, wie auf der Fusssohle und dem Handteller, riss die Epidermisdecke bald ein, die Blase fiel zusammen, und an ihrer Stelle fand man eine Borke, die von der Mitte nach der Peripherie hin allmählig an Dicke abnahm. Der Rand der Borke hing nie mit einer fest auf dem Corium aufsitzenden Epidermis zusammen, sondern war von einem 1 bis 2 Linien breiten Saume schon vom Corium abgehobener Epidermis umgeben. Wurde eine noch junge Borke durch Aufweichen entfernt, so erschien das Corium als eine in der Mitte dunkelrothe, sammtartige, nach der Peripherie aber mehr blasse und glatte Wundfläche. Unter älteren Krusten war die Mitte der Wundfläche, der Stelle entsprechend, wo die Blase sich zuerst bildete, mit fadenförmigen, dicht aneinander gedrängten, $1/4$ bis 1 Millimeter langen Zotten besetzt, und dunkelroth, während die übrige Fläche bleich und glatt erschien. Die Zwischenräume zwischen den Zotten zeigten sich mit einer weissen, breiigen Masse angefüllt, die aus mit Kernen versehenen, theils kugelförmigen, theils mehr platten Epidermiszellen bestand.

Aus denselben Bestandtheilen fanden sich die Borken zusammengesetzt. Eine reine Eiterbildung fand auf den Wundflächen nicht statt, und wo eiterähnliche Exsudate erschienen, bestanden sie immer aus bald mehr bald weniger reifen Epidermiszellen. Ebensowenig fand man durch Geschwürsbildung gestörte Stellen das Corium. Auf grössern Wundflächen fand man oft mehrere solche Cotyledonenartige Wucherungen. Es geschah da, wo mehrere Blasen durch ihre allmählige Vergrösserung zu einer gemeinsamen grössern zusammengeflossen waren. Der Sitz der Warzen entsprach dann immer den Keimstellen der Blasen.

Beim vorsichtigen Aufweichen alter Borken fand man auch zuweilen die Mitte der kranken Stelle bald in grösserem, bald in geringerem Umfange mit einer Epidermisdecke überzogen, die jedoch schon mittelst leichten Fingerdrucks verschoben werden konnte, und die nie die gesunde, fest anliegende Epidermis erreichte.

Da die bisher eingehaltene Behandlungsweise das Uebel in seinem Verlaufe nicht aufzuhalten vermochte, so schien der Versuch gerechtfertigt, ob demselben nicht durch eine alterirende Curmethode Einhalt gethan werden könne.

Es wurde sonach das Decoctum Zittmanni angewendet, jedoch mit der Modification, dass Patient täglich nur eine halbe Flasche starkes, und eine halbe Flasche schwaches Decoct verbrauchte, und dass demselben ein reichlicherer Genuss weissen Fleisches gestattet wurde.

Die wunden Hautstellen wurden täglich einmal mit einer Lösung von einer halben Drachme Sublimat in einem Pfunde destillirten Wassers gewaschen und verbunden. Mit diesem Verfahren wurde am 1. Januar 1857 angefangen. Der Erfolg desselben schien ein entschieden günstiger. Die wunden Stellen, mit denen nahezu die ganze Haut des Körpers, mit Ausnahme des Gesichts, bedeckt war, fingen an sich mit ziemlich festhaftender Epidermis zu überziehen. Die Epidermisbildung fand immer zuerst in der Mitte der wunden Stelle statt, und erreichte allmählig die Gränze des Gesunden. Der Appetit hob sich, und die Pulsfrequenz sank von 120 Schlägen auf 80, und endlich auf 70 Schläge in der Minute. Die ödematöse Schwellung der Hände und Füsse verlor sich vollständig.

Nur die Affection der Mundhöhle verlor sich nicht, steigerte sich vielmehr gegen den 14. Januar, wo sich auch noch die Erscheinung einer schwachen Salivation einstellte, was mich bestimmte, von da an die Sublimatwaschungen einzustellen.

Am 16. Januar hatte der Puls wieder eine Frequenz von 100 Schlägen; einzelne Blasen zeigten sich neuerdings auf der Brust und an den Knöcheln.

Am 20. Januar hatte schon der grösste Theil der frisch überhäuteten Stellen seine Oberhaut verloren, Füsse und Hände zeigten eine leichte Schwellung, und in Kurzem war der alte traurige Zustand wieder ausgebildet.

Vom 20. Januar bis zum 18. Februar wurden täglich 3 Gran Jodeisen in Pillenform gereicht, und die excoriirten Hautstellen mit Goulardischem Wasser befeuchtet, ohne dass eine günstige Modification des Krankheitsverlaufes erzielt wurde.

Am 14. Februar wurde ein nochmaliger Versuch mit Sublimatwaschungen und Decoctum Zittmanni gemacht, der im Anfange auch die günstige Wirkung hatte, dass die excoriirten Stellen zum 2ten Male sich mit fester Epidermis deckten, und neue Nachschübe von Blasenbildung ausblieben.

Allein schon am 21. Februar stellten sich sehr häufige mit Tenesmus verbundene Stühle ein, mit denen weisse, grosse, membranartige Fetzen abgingen, und nöthigten zur Einstellung des eingeschlagenen Verfahrens.

Die neugebildete Epidermisdecke wurde alsbald wieder abgestossen, die excoriirte Haut bedeckte sich mit liniendicken, weissen, sehr übel riechenden leicht ablösbaren Pseudomembranen und der Kranke erlag am 3. März.

Als merkwürdig will ich noch hervorheben, dass sich bei dem Patienten, der doch nahezu 2 Monate lang ununterbrochen auf dem Rücken lag, nirgends der geringste Decubitus ausbildete.

Die Section wurde, wie dies bei Israeliten die Regel, nicht gestattet.

64. Vortrag des Herrn Prof. N. Friedreich über einen Fall von Hypertrophie der Mastdarmdrüsen am 3. Januar 1859.

Prof. Friedreich macht Mittheilungen über einen Fall von Drüsenhypertrophie der Mastdarmschleimhaut bei einem 47 jährigen Manne, welche so bedeutende Grade erreicht hatte, dass ringförmig im Mastdarm herumgreifende, lappige und kolbige Geschwulstmassen durch polypöse Hervortreibung der Schleimhaut gebildet waren, welche das Lumen stenosirten. Zu dem Leiden hatte sich eine diphtheritische Verschwärung und Perforation des Mastdarms oberhalb der Geschwülste mit perirectaler Verjauchung, metastatischen Brandheerden der rechten Lunge mit Perforation der Pleura und Bildung eines diffusen jauchigen Pyopneumothorax gesellt, welche zunächst den Tod bedingten. Die Sektion zeigte ausserdem noch Soor des Oesophagus, sowie chronische Endocarditis mit Insufficienz der Aortaklappen und sekundärer Hypertrophie des linken Ventrikels. Auffallend war das Vorhandensein zweier weiterer Geschwülste in der rechten Niere und in dem Bindegewebe aussen am Mastdarm, welche einen eigenthümlichen papillären Bau darboten. Der Redner bespricht diese seltene Mastdarmaffektion im Anschluss an einige von Reinhardt früher beschriebene analoge Fälle, und erläutert den Bau und die Eigenthümlichkeiten der verschiedenen, in diesem Falle vorgefundenen Geschwülste durch Zeichnungen und microscopische Präparate.

65. Vortrag des Herrn Dr. Schiel über die homologen Reihen und über physikalische Eigenschaften homologer Substanzen am 17. Januar 1859.

Der Vortragende erinnert zunächst daran, dass er im Juliheft der Annalen von Liebig und Wöhler vom Jahr 1842 eine Mittheilung gemacht hat, worin er zeigte, dass eine Anzahl Körper, die sämmtlich als Alkohole bezeichnet wurden, eine regelmässige progressive Reihe bilden, so dass, wenn man den Kohlenwasserstoff $C_2 H_2$ mit R bezeichnet,

$R_1 H = $ Methyl
$R_2 H = $ Aethyl
$R_3 H = $ Glyceryl
$R_4 H = $?
$R_5 H = $ Amyl
$R_{16} H = $ Cetyl
$R H = $ Cerosyl (von Dumas in einem Zuckerrohr gefunden).

Von dem Glycerin, welches man damals als einen dem Alkohol direct verwandter Körper betrachtete, da es mit Schwefel und Phosphorsäure in Verbindung tritt, wurde in jener Mittheilung bemerkt, dass es zwar in diese Reihe nach seiner Formel $C_6 H_7 O_5 + H O$ eingereiht sei, dass aber weder seine Eigenschaften mit den Eigenschaften eines Alkohols, noch seine Formel mit der allgemeinen Formel der Alkohole, welche $R_n H O + H O$ ist, übereinstimmen, und dass demnach das Glycerin nicht in die Reihe der Alkohole gehört. Es wurde ferner gezeigt, dass die Siedepunktsdifferenzen, welche Kopp damals nur als zwischen den Methyl- und Aethylverbindungen bestehend nachgewiesen hatte, sich durch die ganze Reihe der Alkohole ziehen, und unter dem Vorbehalt später ausführlicher auf den Gegenstand zurückzukommen, darauf hingewiesen, dass sich gewiss noch andere ähnliche Reihen in der organischen Chemie aufstellen liessen. Drei Dinge gingen klar und unzweifelhaft aus jener Mittheilung hervor:

1) Die Existenz progressiver, später homolog genannter Reihen und der Gebrauch einer allgemeinen Formel zur Bezeichnung der Glieder einer Reihe.

2) Die Anwendung dieser Reihen behufs der Classification organischer Körper und der Beurtheilung ihrer Beziehungen zu einander.

3) Die Ausdehnung des Gesetzes der Siedpunktsdifferenzen über die ganze Reihe der Alkohole.

Die Reihe der Fettsäuren, wesentlich nichts als eine Transformation der Alkoholreihe in die entsprechende Säurereihe, legte Dumas der franz. Akademie in der Sitzung vom 21. November 1842, also vier Monate später vor. Die progressiven (homologen) Reihen haben seitdem der Chemie wesentliche Dienste geleistet, aber

Kekulé ist der erste Chemiker, der in einem noch unter der Presse befindlichen Werk, von dem er mir den betreffenden Druckbogen vorlegte, die Entstehung dieser Reihen auf ihren wahren Ursprung zurückgeführt hat.

Nach dieser Einleitung macht Dr. Schiel darauf aufmerksam, dass zwischen homologen Substanzen Beziehungen stattfinden, welche für eine mehr mathematische Behandlung der Chemie von grosser Bedeutung sind, dass aber leider die vorliegenden experimentellen Bestimmungen physikalischer Eigenschaften nicht nur nicht ausreichen, sondern auch meistens nicht genau genug sind, um umfassende Gesetze daraus ableiten zu können. Dividirt man das Gewicht eines Raumtheils, am einfachsten eines Liters einer Flüssigkeit von der Temperatur des Siedepunktes durch das Gewicht eines Liters Dampf von derselben Temperatur, so erhält man die Ausdehnung der betreffenden Substanz bei ihrem Uebergang in Dampfform; so ist der

Ausdehnungsquotient des Alkohols $= 464$ d. i. $\dfrac{742 \text{ gramm.}}{1,60 \text{ gr.}}$

des Amylalkohols $= 268$

„ des Cetylalkohols $= 133$ u. s. f.

Diese Ausdehnungsquotienten stehen aber in geradem Verhältniss der latenten Dampfwärme, und es berechnet sich die latente Dampfwärme von

berechnet		gefunden	
Methylalkohol . .	285	263,8	(Favre u. Silbermann.)
Aethylalkohol . .	210	208,8	„
Amylalkohol . . .	120,5	121;3	„
Cetylalkohol . . .	60	58,5	„

Das Gesetz scheint demnach für die Alkoholreihe ausser Zweifel zu stehen, und soviel sich aus dem mangelhaften Material berechnen lässt, auch für die Aetherreihe gültig zu sein. In der Reihe der Fettsäuren finden einige Unregelmässigkeiten statt, welche eine genaue Untersuchung wünschenswerth machen. Wenn man bedenkt, dass eine sehr geringe Quantität Wasser mehr als das Hydratwasser die Bestimmung der latenten Dampfwärme eines Säurehydrats sehr ungenau machen kann, so wird man eine sorgfältige, wiederholte Prüfung der Bestimmungen der latenten Dampfwärme dieser Körper nicht für unnöthig erachten. Es ist nicht wahrscheinlich, dass die Leistung der Wärme in Beziehung auf Substanzen vom Typus $C_n H_{n-1} O_2 \left.\begin{matrix} \\ H \end{matrix}\right\} O_2$ so gesetzlos ist, als sich aus den vorliegenden Bestimmungen ergiebt.

Da der Amylalkohol bei seinem Uebergang in Dampfform den 268fachen Raum des flüssigen Amylalkohols einnimmt, so ist, wenn man die Entfernung der Molecüle in der Flüssigkeit mit dx bezeichnet, die Entfernung derselben in dem Dampf $\sqrt[3]{268}$ dx und die relative Entfernung in der Flüssigkeit $3\dfrac{1}{\sqrt{268}} = \dfrac{1}{6,4}$. Allgemein ist für eine Flüssigkeit, deren Ausdehnungsquotient A ist, $\dfrac{1}{\sqrt[3]{A}}$ die relative Entfernung der Molecüle in der Flüssigkeit, ein Verhältniss, das für die Betrachtung von Cahäsionserscheinungen von Wichtigkeit ist.

66. Notiz über den Zusammenhang von Nierenleiden und Herzhypertrophie von Hrn. Prof. von Dusch am 17. Januar 1859.

Bekanntlich hat Traube auf einen bis jetzt nicht gekannten Zusammenhang von Morb. Brighti mit excentrischer Hypertrophie des linken Ventrikels aufmerksam gemacht, indem er dabei von der Annahme ausgeht, dass durch die Verödung einer grösseren Menge von Nierencapillaren, und durch die verminderte Ausscheidung von Flüssigkeit durch die Nieren die Spannung des Bluts im Aortensystem beträchtlich gesteigert werde, wodurch compensatorisch eine excentrische Hypertrophie des linken Herzen hervorgerufen werde. Dieser Zusammenhang ist von mehreren geläugnet worden, namentlich von Prof. Bamberger, allein er findet in den vorliegenden Präparaten eine evidente Bestätigung. Dieselbe bestehen aus dem Herz und den Nieren einer 48jährigen Frau, welche während ihres Lebens die Erscheinungen der Morb. Brighti, complicirt mit einem Herzleiden dargeboten hatte. Wiederholte Anfälle von Oedema pulmonum waren erfolgt und machten dem Leben ein Ende. Das Herz zeigt eine enorme Hypertrophie und Dilatation des linken Ventrikels ohne Spur eines Klappenleidens, während sich die Nieren bereits im Stadium der Atrophie befinden. Einen andern Grund zur Herzhypertrophie konnte man in der Leiche nicht auffinden. Es ist dies im Laufe eines Jahres bereits der vierte Fall dieser Art, welcher mir zur Beobachtung kam, wesshalb ich denn auch keinen Anstand nehme, mich der Ansicht von Traube vollkommen anzuschliessen.

67. Vortrag des Herrn Prof. Kussmaul über Nachempfängniss am 17. Januar 1859.

Folgende Sätze bieten eine kurze Uebersicht der wichtigsten Ergebnisse einer Reihe kritischer Untersuchungen, welche der Redner über diesen Gegenstand angestellt hat.

1. Die Physiologie gestattet uns heutzutage, die Begriffe von Ueberfruchtung und Ueberschwängerung schärfer von ein-

ander zu trennen, als bisher möglich war; beide umfasst das Wort:
Nachempfängniss.

2. Eine Ueberschwängerung findet statt, wenn in Folge
verschiedener Begattungsakte eine Befruchtung mehrerer Eier, die
während derselben Ovulationsperiode gereift sind, geschieht. Das
Vorkommen eines solchen Ereignisses ist für das Pferd erwiesen,
beim Menschen sehr wahrscheinlich.

3. Eine Ueberfruchtung würde stattfinden, wenn ein Ei
aus der zweiten oder irgend einer späteren Ovulationsperiode der
Schwangerschaft befruchtet werden könnte. Bis jetzt aber ist die
Möglichkeit eines solchen Ereignisses sowohl bei einfacher als doppelter Gebärmutter des menschlichen Weibes nicht sicher gestellt,
weil überhaupt der Beweis für die Fortdauer der Ovulation während der Schwangerschaft nicht geliefert
ist, und alle bisher an aus Ueberfruchtung erklärten
Fälle auch anderer Auslegung fähig sind.

4. Man besitzt, soweit die Nachforschungen von K. reichen,
bis jetzt keine sichere Beobachtung einer eigentlichen Ueberfruchtung bei Graviditas extrauterina. Die Fälle, welche
man als solche bezeichnet hat, lassen sich auf Befruchtung zweier
Eier aus derselben Ovulationsperiode, die an verschiedenen Orten sich
entwickelten, zurückführen, oder auf erneute Befruchtung nach er-
folgtem Absterben eines ausserhalb der Gebärmutterhöhle befindlichen
Embryos und wiedergekehrter Ovulation; das ist die s. g. Super-
foetatio impropria.

5. Es scheint keine sichere Beobachtung vorzuliegen, dass
eine Frau, deren Gebärmutter eine todte Frucht be-
herbergte, empfangen hätte.

6. Weder die Decidua, noch der Schleimpfropf im Kanale
des Mutterhalses würden bei einfacher oder doppelter Gebärmutter
einer Ueberfruchtung absolute Hindernisse bereiten.

7. Das einzige absolute Hinderniss, welches dem Vordringen
des Samens in einem geschwängerten einfachen Uterus im Wege
steht, ist das Ei selbst, sobald es die Höhle der Gebärmutter aus-
füllt, und die Mündungen der Eileiter verschliesst. Bei den höheren
Graden von Verdoppelung der Gebärmutter wird von Seite der un-
geschwängerten Seitenhälfte einem Vordringen des Samens im ganzen Verlaufe der Schwangerschaft kein absolutes Hinderniss bereitet.

8. Am beweisendsten scheinen für Ueberfruchtung einige, zum
Theile ganz zuverlässige, Beobachtungen zu sprechen, wornach
reife Zwillingskinder in weit auseinander liegenden
Zeiträumen, bis zum Belaufe von mehreren Monaten,
geboren wurden. Die auffallendsten dieser Fälle aber lassen
sich bequem als Geburten von Zwillingen ansehen, wovon
der eine frühreif und vorzeitig, der andere spätreif
und überzeitig geboren wurde (Cassan). Nur zwei ältere
Beobachtungen (von Eisenmann und Desgranges), fügen sich

einer solchen Erklärungsweise mit grösserer Schwierigkeit, aber die Annahme einer Ueberfruchtung erklärt sie keineswegs leicht.

Die merkwürdigen Erfahrungen von Ziegler und Bischof über die Entwicklung des Reheies können, wie es Bergmann versucht hat, zur Unterstützung der ersten Hypothese (v. Cassau) beigezogen werden.

68. Vortrag des Herrn Dr. L. Carius über die Chloride des Schwefels und deren Derivate am 31. Januar 1859.

Vor längerer Zeit stellte ich die Ansicht auf, der sog. braune Chlorschwefel sei, entgegen der bisherigen Annahme, nicht eine chemische Verbindung, sondern ein Gemenge; ich machte ferner, auf das chemische Verhalten der Substanz gestüzt, sehr wahrscheinlich, dass sie ein Gemenge von dem noch hypothetischen zweifach Chlorschwefel und von Halbchlorschwefel sei. Eine Hauptstütze dieser Ansicht war das Verhalten des braunen Chlorschwefels gegen Aethylalkohol, womit er sich zunächst immer so umsetzt, dass der in ihm vorauszusetzende Halbchlorschwefel abgeschieden wird, während der zweifach Chlorschwefel allein einwirkt. Ich habe nun das Verhalten gegen Methylalkohol und mit Herrn E. Fries gemeinschaftlich auch gegen Amylalkohol geprüft.

Ueber die Ausführung dieser Versuche habe ich hier nur zu erwähnen, dass der dazu verwandte Chlorschwefel bei $+$ 6 bis $6^{0}.4$ C. mit Chlorgas dargestellt, einen Schwefelgehalt von 31.47 p. c. zeigte, welcher ungefähr der rohen Formel $Cl_2 S$ entspricht, so dass sich diese Flüssigkeit als ein Gemenge gleicher Anzahl Mol. Halb- und zweifach Chlorschwefel betrachten liess; auf je ein Mol. der letzten in der Flüssigkeit vorhanden gedachter Substanz wurden etwas mehr als zwei Mol. Alkohol angewandt.

Die Resultate waren ganz entsprechend den früher mit Aethyl-alkohol erhaltenen, und der Vorgang lässt sich am besten veranschaulichen durch die Annahme, dass der braune Chlorschwefel er zerfällt in Halbchlorschwefel, welcher als weniger leicht zerlegba unverändert zurückbleibt, und in zweifach Chlorschwefel, dessen Rea tion auf die Alkohole allgemein durch die folgenden Gleichungen g geben ist:

$$Cl^2\ S\ Cl^2 + O{}^{C\,H_3}_{H} = Cl_2\ S\ O + \frac{Cl\ C\,H_3}{Cl\ H}\ O = 16,\ S = 32,\ C = 1$$

$$\overset{\cdot}{Cl}_2\ S\ Cl_2 + \left(O{}^{C\,H_3}_{H}\right)_2 = O\ S\ O + \left(\frac{Cl\ C\,H_3}{Cl\ H}\right)_2$$

Ich bemerke noch, dass diese Einwirkung des Chlorschwefe auf die Alkohole ein vorzügliches Mittel zur Darstellung der Chlo verbindungen der Alkoholradicale abgiebt, die dabei mit Leichti keit rein und in erheblicher Menge erhalten werden können.

Ich glaube, dass diese Thatsachen mit ziemlicher Sicherheit über die chemische Natur des braunen Chlorschwefels entscheiden lassen, und zwar zu Gunsten der von mir gegebenen Ansicht, da, wenn diese Substanz ein Gemenge ist, über die Natur ihrer Gemengtheile vor Allem ihr chemisches Verhalten entscheiden muss. Durch die Entstehungsweise dieses Gemenges wird aber mindestens sehr wahrscheinlich gemacht, dass durch fernere Berührung mit Chlor unter günstigen Umständen davon noch mehr aufgenommen, und also die Flüssigkeit immer reicher an dem zweifach Chlorschwefel wird. Hr. Prof. Ad. Wurtz hat in einer kritischen Besprechung: (Répertoire de Chemie p. M. Ad. Wurtz. Oct. 1858) meiner früheren Abhandlung hervorgehoben, dass, so lange eine derartige Zunahme des Chlorgehaltes nicht thatsächlich erwiesen sei, man anstatt meiner Annahme über die Constitution des braunen Chlorschwefels auch die bisherige Ansicht beibehalten könne. Um hierüber zu entscheiden, habe ich eine Reihe von Versuchen ausgeführt, indem ich durch schon bei gewöhnlicher Temperatur mit Chlor gesättigten Chlorschwefel bei allmählig erniedrigter Temperatur Chlorgas leitete, und in den so erhaltenen Flüssigkeiten Chlor und Schwefel bestimmte.

Auf die Ausführung dieser Versuche, welche mit grossen Schwierigkeiten verbunden sind, gehe ich hier nicht näher ein, sondern gebe nur die Resultate derselben; diese können nicht wohl als ein absolutes Maass für den Chlor- und Schwefel-Gehalt einer solchen bei bestimmter Temperatur gesättigten Flüssigkeit gelten, zeigen indess mit aller Bestimmtheit, dass eine erhebliche Zunahme an Chlor stattfindet, und es lässt sich sogar vermuthen, dass man durch Sättigung bei hinreichend erniedrigter Temperatur eine Substanz erhalten wird, die in ihrer Zusammensetzung dem hypothetischen zweifach Chlorschwefel gleichkommt; ob sie mit dieser identisch sei, darüber kann aber jedenfalls erst durch Untersuchung ihres chemischen Verhaltens entschieden werden.

	Schwefel. in p. c.	Chlor. in p. c.
Berechnet nach der Formel Cl_2 S S	47.48 —	52.52
Bei $+$ 20⁰ C. mit Chlor gesättigte Flüssigkeit	32.35 —	67.81
„ $+$ 6.⁰⁰ bis 6.⁰4 „ „ „	31.47 —	69.81
Berechnet nach der Formel Cl_2 S	31.13 —	68.87
Bei $+$ 0.⁰4 bis $+$ 1.⁰0 gesättigte Flüssigkeit	30.00 —	
„ $-$ 1.⁰5 bis $-$ 2.⁰5 „ „	29.61 —	
„ $-$ 6 bis $-$ 8⁰ C „ „	27.98 —	71.67
Berechnet nach der Formel Cl_2 S Cl_2	18.39 —	81.61

Der Halbchlorschwefel, Cl_2 S S, verhält sich gegen Amyl- od. Methyl-Alkohol im Wesentlichen wie gegen Aethylalkohol; die Produkte sind bei überschüssigem Alkohol: Chlormethyl oder Chloramyl Chlorwasserstoff, schweflige Säure, Methyl- oder Amyl-Mercaptan und endlich schwefligsaures Methyl oder Amyl. Bei Methylalkohol findet sehr leicht Schwärzung und fast völlige Zersetzung des letztern Aethers statt, sobald der zu dem Versuch verwandte Alkohol nicht vollkommen chemisch rein war. Auch wenn Dieses der Fall war, so ist die Ausbeute an Aether stets sehr gering, während statt dessen ohne Zweifel durch Reaction des Chlorthionyls auf den Methylalkohol, äthylschweflige Säure gebildet wird, und ein grosser Theil des Mercaptans unverändert entweicht.

Diese Reactionen deuten also ebenfalls darauf hin, dass der Halbchlorschwefel als das Sulfochlorid des Schwefels betrachtet werden muss, und wir dürfen diess gewiss mit demselben Recht thun, wie wir das Phosphorsulfochlorid als das Sulfochlorid des Phosphors ansehen.

Von den Aethern der schwefligen Säure war bis dahin nur das schwefligsaure Aethyl bekannt, und auch dieses fast nur seiner Entstehungsweise nach. Ich habe den Methyläther, und mit Herrn E. Fries gemeinschaftlich den Amyläther dargestellt, und habe endlich noch die Existenz von Doppeläthern der schwefligen Säure nachgewiesen, d. h. von solchen Aetherarten, die in einem Molecule zwei verschiedene Alkoholradicale enthalten.

Es ist hier nicht der Ort über die Methoden der Darstellung dieser Körper zu reden, ich will daher nur anführen, dass die einfachen Aether der schwefligen Säure durch Einwirkung von überschüssigem Alkohol auf Halbchlorschwefel oder auch auf Chlorthionyl entstehen, und zwar im leiztern Fall nach der Gleichung:

$$Cl_2 \, S \, O + \left(O_H^{C_2 \, H_5}\right)_2 = (Cl \, H)_2 + O_2 {}_{(C_2 \, H_5)_2}^{S \, O}$$

Die Doppeläther der schwefligen Säure werden durch Umsetzung von Alkoholen mit dem von Gerhardt und Chancel zuerst beschriebenen chlorure éthyl-sulfureuse gebildet und zwar einfach nach folgender Gleichung:

$$Cl \, C_2 \, H_5 \, S \, O_2 + O_H^{C_5 \, H_{11}} = O_2 {}_{C_2 \, H_5,}^{S \, O} \, C_5 \, H_{11} + Cl \, H.$$

Das chlorure éthyl-sulfureuse ist das Produkt der Einwirkung von Phosphoroxychlorid auf äthylschwefligsaure Salze, und es entstehen durch Einwirkung von Phosphoroxychlorid auf methyl- oder amylschwefligsaure Salze, den genannten Chlorure ganz analoge Verbindungen, mit deren Untersuchung ich zur Zeit noch beschäftigt bin.

Die Aether der schwefligen Säure zeigen besonders im chemischen Verhalten sehr grosse Analogie mit einander; sie sind alle farblose Flüssigkeiten, im ganz unzersetzten Zustande von erfrischendem Geruch; ihre Siedepunkte stimmen sehr annähernd überein mit der Regel, wonach bei homologen Verbindungen dem Mehrgehalt von n. C H₂ eine Erhöhung des Siedepunktes um n. 19° C entspricht, das schwefligsaure Methyl siedet bei 121.°5 C, besitzt eine Dichtigkeit von 1.0456 bei + 16.°2 C und seine Dampfdichte wurde übereinstimmend mit den Forderungen der Theorie 3.7029 gefunden,

Die Aether zersetzen sich rasch mit Wasser unter Bildung von schwefliger Säure und Alkoholen; mit Alkalien besonders in alkoholischer Lösung entstehen gleichzeitig äthylschwefligsaure Salze, oder bei Anwendung des Methyl- oder Amyläthers die correspondirenden Verbindungen; die Umsetzung erfolgt nach der Gleichung:

$$O_2 \begin{matrix} S & O \\ (C_2\,H_5)_2 \end{matrix} + O \begin{matrix} K \\ H \end{matrix} = O \begin{matrix} C_2\,H_5 \\ H \end{matrix} + C_2\,H_5\,K\,S\,O_3$$

Merkwürdig ist die Reaction der Aether mit Ammoniak, womit der Aethyläther z. B. nicht, wie man erwarten sollte, Alkohol und das Amid der äthylschwefligen Säure giebt, sondern womit sie sich beim Erwärmen unter Bildung von schwefligsaurem Ammoniak und Aethylamin oder den entsprechenden Amiden umsetzen:

$$O_2 \begin{matrix} S & O \\ (C_2\,H_5)_2 \end{matrix} + (N\,H_3)_4 = O_2 \begin{matrix} S & O \\ (N\,H_4)_2 \end{matrix} + N \begin{matrix} C_2\,H_5 \\ H \\ H \end{matrix}$$

Mit Phosphorsuperchlorid behandelt geben endlich die Aether der schwefligen Säure die Chlorure der Alkoholradiale, Chlorthionyl und Phosphoroxychlorid, nach der Gleichung:

$$O_2 \begin{matrix} S & O \\ (C_2\,H_5)_2 \end{matrix} + (Cl^5\,P)_2 = \frac{(Cl_2\ S\ O}{Cl\ C_2\,H_5)_2} + (Cl_3\ P\ O)_2$$

Durch diese Untersuchungen, deren Resultate ich im vergangenen Semester und heute mittheilte, sind, wie ich glaube, die wichtigsten Thatsachen zur Aufstellung einer neuen Theorie für die Chloride des Schwefels, die schweflige Säure, deren Salze und Aether und die meinen Untersuchungen zufolge damit im nahen Zusammenhange stehenden sogenannten Aetherunterschwefelsäuren gegeben.

Die sogenannten Aetherunterschwefelsäuren hat man früher als aus dem Alkoholradical und Unterschwefelsäure gepaart betrachtet, während Gerhardt in ihnen Radicale der Umlegung annimmt, die aus dem Alkoholradical und schwefliger Säure zusammengesetzt betrachtet werden. Da eine rationelle Formel ganz besonders den Zweck hat, das chemische Verhalten der betreffenden Substanz zu veranschaulichen, so können die diese beiden Ansichten repräsentirenden Formeln, welche ich hier (mit alten Zeichen) wiedergebe:

$$H\ O + \overbrace{C_4\,H_5,\ S_2\,O_5} \qquad O_2\overbrace{\begin{matrix} C_4\,H_5,\ S_2\,O_4 \\ H \end{matrix}}$$

nicht wohl mehr zugelassen werden, denn sie machen z. B. durchaus nicht den Zusammenhang dieser Säuren mit den neutralen schwefligsauren Aethern anschaulich.

Kekulé hat, ohne diesen Zusammenhang zu kennen, die beiden Ansichten ebenfalls schon verworfen, und nimmt an deren Stelle an, die schweflige Säure sowie z. B. die Aethylunterschwefelsäure enthalten dasselbe zweiaequivalentige Radical: $S\,O_2''$, wie die Schwefelsäure, und giebt für die beiden genannten Säuren die Formeln:

$$O \begin{Bmatrix} H \\ S\,O_2'' \\ H \end{Bmatrix} \quad , \quad O \begin{Bmatrix} C_2\,H_5 \\ S\,O_2'' \\ H \end{Bmatrix}$$

Diese Formeln sind allerdings sehr geeignet, das Verhalten der schwefligen Säure und der an diese sich anschliessenden Verbindungen zu erklären; die Annahme, dass die schweflige Säure dasselbe Radical der Anlegung enthalte wie die Schwefelsäure, scheint mir aber desshalb vollkommen unzulässig, weil man bei gut gekannten Reactionen der schwefligen Säure und der sich von ihr ableitenden Verbindungen nur in sehr seltenen Fällen Abkömmlinge der Schwefelsäure oder diese selbst erhält. Will man die Oxydation der schwefligen Säure oder ihrer Salze veranschaulichen, so möchte für die sen Fall die Schreibweise von Kekulé fast vorzuziehen sein, für alle übrigen Reactionen dagegen halte·ich die Annahme eines neuen eigenthümlichen Radicals für durchaus erforderlich. Durch die Annahme des zweiatomigen Radicals: S O'', welches Thionyl genannt werden kann, gewinnt man eine vollständige Uebersicht über alle an die Chloride des Schwefels und die schweflige Säure sich anschliessenden Verbindungen und deren Reactionen, wie die folgende Zusammenstellung zeigt, wobei die noch nicht im isolirten Zustand erhaltenen Körper mit ╫ bezeichnet sind:

$$Cl_2\,S\,Cl_2 ╫ \qquad O\,S\,O''$$

$$Cl_2\,S\,O''$$
$$Cl_2\,S\,S \qquad O_2 \begin{Bmatrix} S\,O'' \\ H_2 \end{Bmatrix} ╫, \quad O_2 \begin{Bmatrix} S\,O'' \\ H,\,Me, \end{Bmatrix} \quad O_2 \begin{Bmatrix} S\,O'' \\ Me_2 \end{Bmatrix}$$

$$O \begin{Bmatrix} S\,O'' \\ Cl \\ C_2\,H_5 \end{Bmatrix}, \quad O_2 \begin{Bmatrix} S\,O'' \\ (C_2\,H_5)_2 \end{Bmatrix}, \quad O_2 \begin{Bmatrix} S\,O'' \\ C_2\,H_5,\,H \end{Bmatrix}, \quad O_2 \begin{Bmatrix} S\,O'' \\ C_2\,H_5,\,Me \end{Bmatrix}$$

$$O \begin{Bmatrix} S\,O'' \text{*)} \\ H \\ N \end{Bmatrix} \begin{Bmatrix} H \\ H \end{Bmatrix}, \quad O \begin{Bmatrix} S\,O'' \\ C_2\,H_5 \text{**)} \\ N \end{Bmatrix} \begin{Bmatrix} H \\ H \end{Bmatrix}$$

Der Vortragende macht noch eine kurze Mittheilung über eine neue Methode der Darstellung von chemisch reinem Methylalkohol. Er benutzt benzoesaures Methyl, und führt zur Beurtheilung der Brauchbarkeit der Methode an, dass er unter ursprünglicher Anwendung von 500 Gr. Benzoësäure in drei Lagen 1560 grm. chemisch reinen Methylalkohol dargestellt, und noch mehr als 300 grm. Benzoësäure wieder erhalten habe.

----

*) Ist vielleicht Rose's Sulfit-Ammon.
**) Neuerdings von mir dargestellt, aber noch nicht beschrieben.

(Fortsetzung folgt.)

JAHRBÜCHER DER LITERATUR.

Verhandlungen des naturhistorisch-medizinischen Vereins zu
Heidelberg.

(Fortsetzung.)

**69. Vortrag des Herrn Prof. v. Dusch über Communi-
cationen zwischen den Herzventrikeln am 31. Jan. 1859.**

Den Gegenstand meiner heutigen Mittheilung bildet ein neues
Beispiel von Communication zwischen beiden Herzkammern bedingt
durch eine Oeffnung an der Basis der Kammerscheidewand. Es gehört dieses missbildete Herz zu derjenige Gruppe von Fällen, in
welchen diese Abnormität verbunden ist mit einer bis zum höchsten
Grade entwickelten Stenose des Conus arteriosus der Lungenarterie,
in der Art, dass die Verbindung zwischen rechtem Ventrikel und
Ostium arteriosum nur in einer für eine dünne Sonde durchgängigen
Oeffnung besteht.

Was zunächst bei der Betrachtung des Herzens auffällt, ist die
ausserordentliche Weite und die enorme Hypertrophie des rechten
Ventrikels, dessen Wandungen an Stärke die des linken bedeutend
übertreffen. Hinter dem innern Zipfel der Valv. tricuspidalis bemerkt
man 2 enge Oeffnungen mit schwielig verdickten Rändern, in deren
Umgebung das Endocardiam getrübt und verdickt erscheint. Die eine
dieser Oeffnungen führt im obern Theile des Septum nach links in
den linken Ventrikel und mündet dicht unter der inneren und hintern
Semilunarklappe der Aorta. Die andere dicht daneben und mehr nach
oben führend bildet die Verbindung zwischen dem rechten Ventrikel
und dem Conus arteriosus der Lungenarterie, der an dieser Stelle
gleichsam von dem Ventrikel abgeschnürt wird. Im Conus arteriosus, welcher sich bis zur Einmündung in die Lungenarterie wieder
erweitert, treffen wir auf frische endocarditische Auflagerungen, welche sich bis auf die Semilunarklappen der Art. pulm. fortsetzen.
Das Ostium, die Klappen und der Stamm dieses Gefässes erscheinen
vollkommen normal gebildet, und von der gewöhnlichen Weite.
Der rechte Vorhof ist bedeutend ausgedehnt und seine Muskulatur
stark entwickelt. Das Foramen ovale ist durch seine Klappe
vollkommen fest verschlossen.

Im linken Herzen finden wir die Ränder der Communications-
öffnung am Septum gleichfalls schwielig verdickt und das Endocardium in der Umgebung getrübt. Auf den Klappen der Aorta sitzen

ähnliche frische Vegetationen, wie sie im Conus arter. der rechten
Seite bereits erwähnt wurden. Die Aorta ist von normaler Weite,
und giebt die gewöhnlichen Gefässstämme in der üblichen Reihenfolge ab. Der Ductus art. Botalli ist in normaler Weise o b-
literirt und zu einem fibrösen Strange umgewandelt.

Das Präparat, welches ich durch die Güte des Herrn. Dr.
Winterwerber in Mannheim erhielt, stammt von einem 11jährigen
Knaben, der früher immer gesund gewesen sein soll, und der nur
die Eigenthümlichkeit darbot, dass er höchst ungerne sich stärkeren
Körperbewegungen überliess. Ein halbes Jahr vor seinem Tode bekam er ein übles Aussehen und etwa ein vierteljahrlang war er
bettlägerig. Die Percussion ergab eine ausgedehnte Dämpfung in
der Herzgegend; an der Herzbasis war ein sehr lautes systolisches
Geräusch hörbar, welches bei der Palpation als Katzenschnurren
fühlbar war.

Die Section ergab ausser der schon erwähnten Abnormität am
Herzen eine bis zur Cavernenbildung vorgeschrittene Lungentuberculose. Weitaus die Mehrzahl solcher Communications-Oeffnungen zwischen den Herzkammern sind angeboren, und beruhen bekanntlich
auf einer mangelhaften Entwicklung der Kammerscheidewand. Die
Oeffnung findet sich fast constant an derjenigen Stelle, welche der
neuerdings entdeckten, den Anatomen so lange entgangenen Pars
membranacea Septi entspricht. (Bei dieser Gelegenheit will ich nur bemerken, dass diese membranöse Stelle am Septum von Peacock
bereits vor 12 Jahren in den Medico-chirurgical transactions v. 1847
pg. 135 als ein normaler Befund erwähnt wird).

Nur in einem einzigen von Meckel beschriebenen und abgebil-
deten Falle befindet sich eine solche angeborene Oeffnung in der
Mitte des Septum, bei einem noch sonst vielfach missbildeten fast
reifen Foetus.

Die Grösse dieser angeborenen Defecte der Scheidewand diffe-
rirt in den einzelnen Fällen sehr beträchtlich, und schwankt zwischen
dem völligen Mangel des Septums oder einer kaum angedeuteten
Leiste bis zu einer höchstens für eine feine Sonde durchgängigen Oeffnung. Meist erscheint sie im linken Ventrikel etwas grösser als im
rechten. Die Stelle der Pars membranacea Septi bringt es mit sich,
dass in dem linken Ventrikel die Oeffnung sich dicht unter den Vv.
semilun. Aortae (nämlich in dem Winkel zwischen der rechten und
hinteren Aortaklappe) befindet, während dieselbe rechts in Folge der
höhern Lage der Klappen der Lungenarterien mehrere Linien bis
$\frac{1}{2}$ Zoll unterhalb derselben in der Mitte des Conus arteriosus angetroffen wird.

Die Ränder findet man theils glatt und ohne sichtliche pathologische Veränderung, theils verdickt und schwielig, theils mit älteren und neueren endocarditischen Vegetationen besetzt; gleichzeit-
tig ist sehr häufig das Endocardium und die Muskelsubstanz in der
Umgebung durch die Residuen früherer Entzündungsproducte verän-

dert. Sehr gewöhnlich trifft man mit dem Defect der Scheidewand verschiedene sonstige Missbildungen am Herzen, die hauptsächlich in Abnormitäten des Ursprungs, der Weite, des Baues und der Verzweigung der grossen Arterienstämme bestehen; z. Th. findet man aber auch Anomalien in der Einmündung und der Zahl der grossen Venenstämme und Verkümmerung einzelner Herzabschnitte oder des einen oder andern venösen Ostiums etc.

Doch muss hervorgehoben werden, dass es eine nicht ganz unbedeutende Anzahl von Fällen giebt, in welchen mit Ausnahme des Defects in der Kammerscheidewand das übrige Herz sammt den grossen Gefässen vollkommen normal angetroffen wird.

Unter allen Anomalien finden sich neben der Oeffnung im Septum weitaus am häufigsten Hindernisse für die Blutströmung in der Bahn der Lungenarterie. Dieselben bestehen darin:

1) Dass die Arteria pulm. völlig fehlt, indem nur ein Gefäss, nämlich die Aorta gemeinschaftlich aus beiden Herzkammern über der Oeffnung im Septum entspringt.

2) Dass die Arteria pulm. nur rudimentär vorhanden ist, als ein undurchgängiger ligamentöser Strang.

3) Dass diese Arterie an ihrem Ursprunge (Ostium) verschlossen angetroffen wird, durch Verschmelzung der Semilunarklappe zu einem membranösen Septum.

4) Dass dieselbe ausserordentlich eng und dünnwandig beschaffen ist. Häufig ist sie dann nur mit zwei Klappen versehen.

5) dass sich eine Verengerung oder Abschnürung an ihrem Conus arteriosus dicht über der Lücke im Septum vorfindet, welche denselben gleichsam in 2 Hälften scheidet, mit mehr oder minder grosser Verbindungsöffnung nach der Kammer, so dass gleichsam ein dritter überzähliger Ventrikel dadurch gebildet wird.

Nur von einem Fall, den Rokitansky (Wochenbl. d. k. k. Gesellschaft der Aerste zu Wien, Jahrg. I. Nr. 14) beschreibt, ist es bekannt, dass trotz völliger Obliteration der Art. pulmon. eine Oeffnung in der Kammerscheidewand nicht vorhanden war, dagegen eine sehr weites Foramen ovale.

In den meisten der angeführten Fälle findet sich zur Ausgleichung für dieses Hinderniss im Lungenkreislauf neben einer beträchtlichen excentrischen Hypertrophie - des rechten Ventrikels entweder ein offenes Foramen ovale oder ein offener Ductus Botalli oder sehr erweiterte Arteriae bronchiales. Das Körpervenenblut findet durch das For. ovale und die Lücke im Septum einen Abfluss in das linke Herz, und gelangt von diesem aus durch die Aorta in den noch offenen Ductus Botalli oder in die Arteriae bronchiales und damit in den Lungenkreislauf.

Professor Mayer in Zürich, durch einen dem meinigen in vie-

ler Beziehung sehr ähnlichen Fall angeregt, hat in einem Aufsatze
in Virchow's Archiv (XII, 497), gestützt auf eine grosse Zahl von
Beobachtungen den Satz aufgestellt, dass in allen Fällen, in
welchen Unvollständigkeit der Kammerscheidewand
mit Enge und Obliteration der Lungenarterienbahn als
Bildungsfehler zusammentrifft, die letztere immer
die primäre ist.

Ich werde im Folgenden mich bemühen zu zeigen, dass dieser
Ausspruch in so allgemeiner Fassung nicht aufgestellt werden kann,
indem er nur für eine gewisse Categorie von Fällen richtig sein,
aber nicht für alle und speciell nicht für den Vorliegenden seine
Gültigkeit haben kann.

Schon I. F. Meckel bespricht in seiner pathologischen Anatomie
die Möglichkeit, dass die Enge oder Verschliessung der Arterien pulmonalis die Ursache der mangelhaften Entwicklung und unvollkom-
menen Schliessung der Scheidewand sein könne, verwirft sie aber,
weil man solche mangelhafte Scheidewände bei völlig normaler Lungenarterie finde und weil bei der Ordnung der Chelonier diese
Lücke im Septum ganz normal vorkomme. In ähnlicher Weise spricht
sich auch Louis aus, wie denn überhaupt dieser Gedanke durchaus
nicht neu ist, und bereits von Craigie u. Chevers befürwortet wird.

Es ist klar, dass wenn die mangelhafte Bildung des Septum
ventric. als die Folge eines Hindernisses in der Lungenarterienbahn
auftreten soll, dieses Hinderniss vor der vollständigen Entwicklung
des Septum, somit vor dem Ende des zweiten Monats schon eintreten muss, zu einer Zeit, in welcher gleichzeitig mit der Entwicklung
des Septum die Theilung der ursprünglich einfachen Aortenzwiebel
in 2 Stämme, Aorte und Lungenarterie stattfindet. Trifft aber die
Entwicklung der Lungenarterie in so früher Zeit ein Hinderniss, so
wird sie später entweder gänzlich fehlen oder doch nur sehr rudimentär und verkümmert vorhanden sein können. Findet man aber
bei vorhandener Lücke im Septum eine normal weite und völlig entwickelte Lungenarterie neben einer Einschnürung in dem Conus arteriosus dieses Gefässes, wie dieses bei dem vorliegenden Herzen
der Fall ist, so kann diese Einschnürung nicht wohl eine angeborene aus der frühen Zeit des Fötuslebens stammende sein, sondern
sie muss erst in späterer Zeit erworbene worden sein, und kann
somit nicht als ursächliches Moment für die mangelhafte Entwicklung
des Septum betrachtet werden. Denn bei einem so frühzeitig stattfindenden Hinderniss für das Einströmen des Bluts in die Lungenarterie würde es Allem widersprechen, was wir über das Verhältniss
der Weite eines Gefässes zu der Menge des hineinströmenden Bluts
wissen, wenn hinter dem Hinderniss die Lungenarterie nebst ihren
Klappen die normale Grösse und Entwicklung erreichen würde.

Es muss uns also schon diese Betrachtung allein zur Annahme
führen, dass in dem vorliegenden Falle die Communication zwar sehr
wohl eine angeborne sein könne, dass aber die Stenose im

Conus arteriosus eine erst später erworbene und zwar höchst wahrscheinlich bei der normalen Weite der Lungenarterie eine erst während des extrauterinen Lebens des Individuums entstandene sein müsse.

Es spricht aber für diese Annahme noch ein weiterer Grund. Betrachtet man nämlich das vorliegende Herz näher, so ergiebt sich, dass so gut wie gar kein Abfluss für das Venenblut aus dem rechten Herzen vorhanden war, da die beiden Oeffnungen ausserordentlich eng sind, das Foramen ovale aber fest geschlossen ist.

Es ist aber nicht glaublich, dass ein so höchst ungenügender Abfluss des Venenbluts aus dem rechten Herzen, wie er durch die hochgradige Stenose im Bereiche des kleinen Kreislaufs bedingt war, ohne irgend eine sonstige Ausgleichung während mehr als 10 Jahren hätte bestehen können, ohne die Erscheinungen der Cyanose im höchsten Grade hervorzurufen, ja ich möchte fast behaupten, dass bei dem vorhandenen Zustande des Herzens das Leben während einer längeren Dauer absolut unmöglich war. Auch lässt sich nicht begreifen, auf welche Weise bei diesem Zustande nach der Geburt die Schliessung des Foramen ovale hätte zu Stande kommen können.

Abgesehen davon, dass es immerhin nicht unmöglich, obschon nicht wahrscheinlich ist, dass die ganze Abnormität des Herzens, nämlich die Lücke im Septum und die Stenose durch eine erst während des extrauterinen Lebens aufgetretene Myocarditis entstund, so glaube ich meine Ansicht über die vorliegende pathologische Missbildung dahin abgeben zu müssen:

1) dass die Oeffnung in der Scheidewand eine angeborene ist, die vermutblich in früherer Zeit grösser war als jetzt, und

2) dass die Abschnürung des Conus arteriosus der Lungenarterie erst nachträglich während des Lebens des Kranken durch eine Endo und Myocarditis entstanden ist, welche sich in der Umgebung der bestehenden Lücke im Septum entwickelte.

Dass solche Abschnürungen des Conus arteriosus der Lungenarterie durch Myocarditis zu Stande kommen können, auch während des extrauterinen Lebens, beweist der bekannte Fall von Dittrich (die wahre Herzstenose), wo sich eine solche in Folge einer traumatischen Einwirkung entwickelte. Es sprechen für diese Ansicht die deutlich vorhandenen Zeichen früherer und ganz recenter Endocarditis in der Umgebung der Oeffnung und in dem Conus arteriosus, welche allmählig eine solche Schrumpfung und Verengerung desselben herbeiführte, bis das Leben schliesslich unmöglich wurde. Diese Art der Entwicklung steht auch völlig im Einklang mit der in früherer Zeit nahezu ungetrübten Gesundheit des Individuums, welche sich mit einer einfachen nicht complicirten Oeffnung im Septum sehr wohl vereinigen lässt.

An solchen abnormen Oeffnungen im Septum scheint, wie auch
aus andern Fällen hervorgeht, eine grosse Tendenz zur Entwicklung
von Endo- u. Myocarditis zu bestehen, mit grosser Neigung sich auf
den Conus art. dext. und die Art. pulm. zu verbreiten, ähnlich wie
sich ja auch eine Vorliebe der Endocarditis für die normalen Ostien
des linken Herzens kund giebt. Ob diese Neigung zu entzündlichen
Processen eine Folge der erhöhten Friction oder der an solchen abnormen Ostien stattfindenden Berührung arteriellen und venösen
Blutes sei, will ich dahin gestellt sein lassen.

Um noch einen weiteren Beleg für die angeführte Entstehungsweise dieses Herzleidens zu geben, will ich mir erlauben, nochmals
auf ein Präparat hinzuweisen, welches ich bereits früher (Verhandl.
des naturhistorisch-medicin. Vereins, Heft I) vorgezeigt habe, und
welches eine frühere noch nicht soweit gediehene Entwicklungsstufe
dieser Abnormität darstellt. Ich hatte zwar damals die Meinung
ausgesprochen, dass es bei jenem Falle zweifelhaft sei, ob die Communication eine angeborene oder erworbene sei, allein durch zahlreiche Vergleichungen mit andern Fällen scheint es mir jetzt nicht
mehr zweifelhaft, dass sie angeboren ist. Es fand sich bei jenem
Herzen neben einer bedeutenden Lücke an der Basis der Kammerscheidewand, welche in ihrer Umgebung unzweideutige Spuren von
älterer und frischer Endocarditis trägt, eine normal weite Arteria
pulmonalis, ein völlig verschlossenes Foramen ovale,
und eine allerdings noch nicht sehr weit gediehene, jedoch sehr merk-
liche durch Schrumpfung bedingte Verengerung im Conus arteriosus dexter. Der Kranke war bis ein Jahr vor seinem Tode
völlig gesund gewesen, und erst da entwickelte sich in Folge einer
Erkältung die Endo- u. Myocarditis um die vorhandene angeborene
Lücke im Septum. Würden nicht die Complicationen, wie meta-
statische Heerde in der Milz, Morbus Brighti und Pneumonie dem
Leben des Kranken früher ein Ende gemacht haben, so würde es
auch hier wohl durch die fortdauernde bald chronische bald mehr
acut auftretende Endocarditis schliesslich auf dem Wege der Schrumpfung zu einer beträchtlicheren Abschnürung der Conus arteriosus
und zu einer bedeutenderen Verkleinerung der Lücke im Septum
gekommen sein.

In der Literatur finden sich mehrere Fälle, welche mit den
Meinigen grosse Aehnlichkeit zeigen und auf welche die Anschau-
ungsweise des Herrn Prof. Mayer nicht passt. (Vergl. Holmsted
Lond. med. Gaz. 1847, pag, 700 bei Chevers. Lawrence, Mec-
kels Archiv I, pg. 232, Farre Meck. Archiv I, 235 u. Fletcher,
Lond. med. Gazette 1847, p. 834). In allen diesen Fällen ist die
Lungenarterie von normaler Beschaffenheit, und das Foramen ovale
meist verschlossen. Sie betreffen alle Individuen, die über die frühe
Kindheit hinaus waren, ja der Fall von Fletcher sogar einen 63jäh-
rigen Mann.

In andern Fällen, und zwar in der Mehrzahl findet sich allertigs neben der Einschnürung im Conus arteriosus eine verkümmerte Lungenarterie, so dass man zugeben kann, dass sowohl die Lücke im Septum als auch die Verkümmerung der Art. pulmonalis Folge der Stenose im Conus arteriosus sei. Doch steht auch in diesen Fällen Nichts im Wege, die Lücke als das Ursprüngliche, die Entzündung um dieselbe und am Conus arteriosus als das Secundäre zu betrachten, wenn man annimmt, dass dieser Process bereits während des intrauterinen Lebens sich entwickelte, wonach immer noch die Lungenarterie in ihrer Entwicklung zurückbleiben konnte.

Fortsetzung des Vortrags über die Communicationen der Herzkammern von Hrn. Prof. v. Dusch am 14. Febr. 1859.

Ich habe früher gesagt, dass weitaus die Mehrzahl der Communicationen zwischen den Ventrikeln, welche beinahe constant in der Gegend des sogen. Septum membranaceum vorkommen, angeborene Missbildungen seien. Ich muss hinzufügen, dass bedeutende Autoritäten, wie I. F. Meckel, Louis, Ecker, Hasse u. a. sich dahin ausgesprochen haben, dass überhaupt alle Communicationen der Herzkammern angeborene seien, weil dieselben stets an der Stelle sich vorfinden, an welcher das Septum ventriculorum sich zuletzt entwickelt.

Dieser Ausspruch geht indessen zu weit, und es hat namentlich Dittrich in seiner vortrefflichen Arbeit über die Myocarditis gezeigt, dass es in der Kammerscheidewand vorzugsweise häufig zur Bildung von Abscessen und sogen. acuten Herzaneurysmen kommt, welche vom linken Ventrikel aus sich bildend nach rechts durchbrechen können. Auffallend ist es dabei, dass diese acuten entzündlichen Processe im Herzfleisch und Endocardium vorzugsweise ihren Sitz gerade an der Basis des Septums haben. Nicht immer tritt jedoch eine Perforation nach dem Conus arteriosus dext. in solchen Fällen ein, sondern man sieht dieselben eben so oft oder selbst noch öfter in die Sinus der Semilunarklappen der Aorta oder in den rechten Vorhof sich eröffnen, wovon Buhl, Hall und Heslop sehr merkwürdige Beispiele mitgetheilt haben.

Ich selbst habe eine Beobachtung von Myocarditis am Septum gemacht, welche einen $1\frac{1}{2}$ jährigen Knaben betraf. Derselbe erkrankte im ersten Lebensjahre wiederholt an Bronchitis und lobulärer Pneumonie, und erlag schliesslich einer solchen Affection. Es fand sich bei der Section an der Basis der Septum im linken Herzen dicht unter den Aortaklappen eine prominirende Geschwulst von der Grösse einer Bohne, welche von getrübtem und verdicktem Endocardium überzogen war, und welche beim Einschneiden sich als aus einer käsigen gelblichen Masse bestehend zeigte. Innerhalb des Herzfleisches erstreckte sie sich gegen den rechten Vorhof hin. Es scheint mir nicht zweifelhaft, dass ich es hier mit einem Myocarditischen Abscesse zu thun hatte, dessen Inhalt eingedickt war, und welcher unter andern Umständen zur Bildung eines akuten Aneurysma und zur Perforation von dem linken Ventrikel in den rechten Vorhof geführt hätte.

Der Grund, warum es bei den entzündlichen Processen an der Basis der Kammerscheidewand vielleicht leichter zur Perforation in den rechten Vorhof kommt als in den rechten Conus arteriosus, liegt ohne Zweifel darin, dass in dem rechten Vorhof der Gegendruck des Bluts ein viel geringerer ist, als in dem rechten Ventrikel. Es wird aber die Perforation in dieser Richtung noch dadurch begünstigt, dass das Septum membranaceum im linken Ventrikel häufig eine solche Ausdehnung hat, dass es durch den Ansatz der Valv. tricuspidalis in zwei Theile getheilt wird, deren oberer dem rechten Vorhof entspricht. Besonders deutlich wird dieses Verhalten bei sogenannten chronischen Aneurysmen des Septum membranaceum, wovon Hans Reinhardt und Leudet bemerkenswerthe Beispiele angeführt haben. Es ragt nämlich in solchen Fällen die aneurysmatische Ausbuchtung des Septum membranaceum gleichzeitig in den rechten Conus arteriosus und in den rechten Vorhof. Auf welche Weise solche chronische Aneurysmen des Septum membr. entstehen, bin ich nicht im Stande anzugeben; häufig scheinen sie angeboren, zuweilen aber auch erst in späterer Zeit erworben zu sein. Das dieselben einem entzündlichen Vorgange ihren Ursprung verdanken scheint jedenfalls nicht wahrscheinlich, da meist alle Residuen und Spuren eines solchen Processes fehlen. Eine Ruptur derselben scheint nicht vorzukommen, da bei allen mir bekannten Fällen eine Oeffnung in den rechten Vorhof oder in den Conus art. dexter nicht vorgefunden wurde.

Bei den meisten in späterer Zeit auf entzündlichem Wege erworbenen Perforationen der Kammerscheidewand führt dieser Vorgang selbst den Tod herbei, entweder durch Pyämie oder durch zahlreiche Embolien, die sowohl in dem Gebiet der Lungenarterie wie in dem der Aorta stattfinden können. Es kann jedoch die Möglichkeit einer Heilung nicht in Abrede gestellt werden, wobei es dann zur Bildung eines mit schwieligen Wandungen versehenen meist engen Canals zwischen den beiden Herzkammern oder dem linken Ventrikel und dem rechten Vorhofe kommen muss.

Die acut entstandenen und sogleich zum Tode führenden Fälle von erworbenen Communicationen werden sich in der Leiche ohne Schwierigkeit von den angebornen unterscheiden lassen, indem die Beschaffenheit des umgebenden Herzfleischs, und die durch Zerwühlung desselben vom Endocardium nicht überzogene aneurysmatische Höhle leichte Merkmale abgeben werden. Weit schwieriger ist dagegen diese Entscheidung in denjenigen Fällen, in welchen es bei erworbenen Communicationen zur Heilung gekommen ist. Die Localität der Perforation kann, wie wir gesehen haben, kein Kriterium abgeben, da die Myocarditis des Septums ebenfalls vorzugsweise an der Basis desselben, wo die angeborenen Communicationen ausschliesslich ihren Sitz haben, vorkommen. Die Beschaffenheit der

Ränder der Oeffnung und ihrer Umgebung wird ebenfalls wenig Aufschluss geben, da dieselben bei den angebornen Fällen, welche von einer foetalen Entzündung herstammen oder bei denen sich nachträglich ein entzündlicher Process an dem anomalen Ostium entwickelt hat, keine wesentlichen Verschiedenheiten darbieten können. Endlich kann auch nicht der Mangel sonstiger Bildungsfehler am Herzen entscheiden, da wie wir wissen auch angeborene Communicationen ohne alle sonstigen Missbildungen dieses Organs vorkommen können.

Ebenso bieten häufig die Symptome während des Lebens nur ungenügende oder gar keine entscheidenden Merkmale. Obwohl bei den angeborenen Communicationen die betr. Individuen häufig in frühem meist kindlichem Alter sterben, und gewöhnlich von der Geburt an, oder doch sehr bald darnach die Zeichen von gestörter Lungencirculation, welche sich durch Cyanose und Dyspnoe kundgiebt, darbieten, so betrifft dieses eben doch nur diejenigen Fälle, in welchen neben der Oeffnung im Septum andere Anomalien am Herzen und den grossen Gefässstämmen vorhanden sind. In denjenigen Fällen dagegen, in welchen einfach eine angeborene Communication besteht bei sonst normalem Herzen, um welche es sich dann gerade handelt, können sehr wohl früher alle Symptome gefehlt haben, da eine Vermengung des venösen und arteriellen Blutes nur in geringem Maasse stattfinden kann, ein Umstand, der ja ohnedem für die Entstehung cyanotischer Erscheinungen ganz ohne Bedeutung ist. Erst dann, wenn es bei solchen Individuen an der anomalen Oeffnung zu einem entzündlichen Vorgange kommt, der sich in die Art. pulmonalis fortsetzt, werden Erscheinungen hervortreten, die deutlich auf eine gestörte Circulation hinweisen, die sich jedoch nur schwer von ähnlichen Processen, welche bei normal gebildetem Herzen zur Perforation des Septums führen, unterscheiden lassen.

Aus dem Gesagten ergiebt sich also, dass es in einem concreten Falle zu den Unmöglichkeiten gehören kann, eine Entscheidung zu treffen, ob eine solche Communication an der Basis des Septum Ventr. angeboren oder erworben sei. In den meisten Fällen wird es jedoch leicht sein, die angeborne Natur einer Communication zu bestimmen, theils aus sonstigen Missbildungen am Herzen und den Gefässstämmen, aus der glatten und zarten Beschaffenheit der Ränder und aus der grossen Weite der Oeffnung, theils aus den Ergebnissen der Anamnese, die auf schon im frühen kindlichen Alter aufgetretene Circulationsstörungen hindeuten. Ja es kann selbst möglich sein, unter gewissen Umständen schon während des Lebens des Kranken mit ziemlicher Gewissheit die Diagnose einer angeborenen Communication der Herzkammern zu machen. Bekanntlich gehören Entzündungen und Erkrankungen der Arteria pulmonalis und ihres Conus arteriosus bei normal gebauten Herzen zu den grössten Seltenheiten, während, wie wir gesehen haben, diese Vorgänge bei anomalen Communicationen sehr häufig angetroffen werden. Findet man

daher bei einem Kranken die Zeichen einer Stenose des Ostium Art.
pulm. oder ihres Conus, die durch bedeutende Hypertrophie und Di-.
latation des rechten Herzens gleichzeitig mit einem systolischen ge-·
dehnten Geräusche in der Lungenarterie und in dem rechten Her
characterisirt ist, während die Töne im linken Herzen und der Aorta
rein sind, und sind dabei auch Zeichen von beträchtlicherer Cyanose vor-:
handen, so ist die Annahme einer anomalen Communication der Ventrikel sehr wahrscheinlich, eine Wahrscheinlichkeit, die nahezu bis
zur Gewissheit gesteigert werden kann, wenn es sich ergiebt, dass
schon von früher Kindheit an bei heftigen Körperbewegungen cya-
notische Erscheinungen und Palpitationen des Herzens vorhanden
waren.

Zum Schlusse mag noch bemerkt werden, dass es ausser auf
entzündlichem Wege auch durch fettige Degeneration des Herzflei-
sches zur Ruptur des Septum ventriculorum kommen kann. Dieser
Vorgang ist jedoch weit seltener als die entzündliche Ruptur, im
Gegensatze zu den Rupturen der Wandungen der Ventrikel nach
Aussen, welche weit häufiger durch fettige Degeneration als durch
Myocarditis bedingt sind.

Es ist mir nur ein einziger solcher Fall von Ruptur des Septum in Folge fettiger Degeneration bekannt, von welchem Peacock
berichtet. Er betrifft einen 62jährigen Mann, der eines plötzlichen
Todes verstarb. Es fand sich ein Riss im Septum ventr., welcher
vom Ansatze der Valv. mitralis beginnend sich bis gegen die Spitze
des rechten Ventrikels fortsetzte. In seiner Umgebung war das Herzfleisch fettig degenerirt. Die Oeffnung war gross genug, um die
Spitze des Zeigefingers hindurchzuführen. Es bestand gleichzeitig
eine Stenose der Aortenmündung und Verknöcherung der Art. coro-
nariae cordis.

In solchem Falle kann wohl eine Verwechselung mit einer angeborenen Communication nicht stattfinden, die rissähnliche Beschaffenheit der Oeffnung, die Localität derselben, sowie die sichtbare
fettige Erkrankung des Herzfleisches in der Umgebung sichern die
Diagnose vollständig.

70. Mittheilung des Herrn Dr. Pagenstecher über die Begattung von Vesperugo pipistrellus am 31. Jan. 1859.

Neben den andern von mir bisher im hiesigen alten Schlosse
gefangenen Fledermausarten: Rhinolophus ferrum equinum, Rhinolophus hipposideros, Synotus barbastellus und Plecotus auritus, erlangte
ich am 23. Januar dieses Jahres 8 Stück vesperugo pipistrellus, die
ihr seltsames Versteck bereits seit mehreren Tagen durch ihre Stimme
verrathen hatten. Die Thiere steckten in den Spalten, welche zwischen den Steinen der schmalen Pfeiler der Eckthürmchen auf der

Altane allmälig entstanden sind, in einem Haufen gesammelt. Der Raum war eng und bot kaum Schutz gegen die Kälte. Unter dem ganzen Haufen war nur ein Weibchen, welches den Beweis lieferte, dass bei dieser Fledermausart, die bekanntlich am frühesten ausfliegt, auch die Begattung ausserordentlich früh erfolgt. Der Uterus war dermassen mit Samenfäden erfüllt, dass sein Volumen das der mässig gefüllten Harnblase mehr als um das vierfache übertraf. Er war ungleichmässig ausgedehnt, rechts mehr als links und mehr in die Breite als in die Höhe und Tiefe, so dass er wurstförmig schräg in die Queere liegend über der Blase erschien. Das grösste Breitenmass war 7, das grösste Höhenmass 5 Millimeter. Die Quantität des eingeschlossenen sperma mochte etwa $1\frac{1}{2}$ Gran. betragen, die Fäden waren beweglich und fast gar nicht mit andern Gebilden untermischt. Die Ovarien lagen dem uterus dicht an, da die Tuben durch die Ausdehnung des uterus ganz an diesen hinangezogen waren. Man konnte etwa 12 Eichen deutlich unterscheiden, von denen keins die Reife erreicht hatte oder sich über das Niveau des Ovariums erhebend zur Ablösung vorbereitet zeigte. Der Darmkanal aller Individuen zeigte keine Spuren kürzlich aufgenommener Nahrung.

Es wird nach dieser Beobachtung wahrscheinlich, dass die gemeine Zwergfledermaus die Begattung frühzeitiger vollzieht, als es bisher für Fledermäuse angenommen wurde und zwar um die Zeit, zu der die ersten wärmeren Sonnenstrahlen sie aus dem Winterschlafe weckt, ehe sie auszufliegen und Nahrung zu nehmen beginnen. So wird die Spermabildung gewissermassen den letzten Rest des im Organismus für den Winter aufgespeicherten Materials verbrauchen. Das Weibchen vollzieht die Begattung vor Reifung der Eier, wahrscheinlich mit mehreren Männchen, und das sperma behält im uterus seine Kraft für längere Zeit. Die Menge des sperma ist der Grösse des Eies gegenüber so bedeutend, dass dieselbe auf die Ernährung des in den uterus gelangenden Eies nicht ohne wesentlichen Einfluss sein kann.

71. Mittheilungen des Herrn Professor Chelius am 14. Februar 1859.

Prof. Chelius jun. hielt einen Vortrag über die Amputation im Fussgelenke nach Syme Pirogoff und stellte eine Frau vor, an welcher wegen bedeutender Verkrümmung beider Füsse und der Unmöglichkeit auf denselben zu gehen die Operation an beiden Füssen in dem Zeitraum von einem Jahre mit dem besten Erfolge ausgeführt worden ist. Die Operirte gieng mittelst sehr einfach construirten künstlichen Füssen, ohne sonstige Unterstützung, vortrefflich, welcher Fall für diese Methode von der grössten Wichtigkeit ist, da es nun bewiesen ist, dass ein an beiden Füssen nach dieser Methode Ope-

rirter ganz gut zu gehen im Stande ist, wovon man sich zu überzeugen bisher noch keine Gelegenheit hatte; zweitens wird durch
diesen Fall das Feld der Operation bedeutend erweitert, indem alle
unheilbaren Klumpfüsse bei Erwachsenen zum Vortheil der Kranken
durch diese Operation entfernt werden können, wobei auch der kos-
metische Punkt wohl Berücksichtigung verdient. Chelius zählt daher zu den bisherigen Indicationen dieser Operation alle Klumpfüsse
bedeutenden Grades bei Erwachsenen, welche das Gehen erschweren,
ob Ulcerationen der Haut vorhanden sind oder nicht.

72. Vortrag des Herrn Dr. Wundt über die Geschichte der Theorie des Sehens am 14. Februar 1859.

Aus der historischen Uebersicht über die Entwickelung der
Theorie des Sehens, welche in diesem Vortrag gegeben wurde, soll
hier nur der Abschnitt ausführlicher hervorgehoben werden, der die
Verdienste des Plato und Aristoteles um die psychologische
Untersuchung der Sinneswahrnehmung überhaupt und der Gesichts-
wahrnehmungen insbesondere betrifft.

Plato*) bestimmte zuerst die sinnliche Wahrnehmung als eine
Wechselwirkung zwischen Objekt und Subjekt, indem er sie die
Mitte nennt, in welcher die von beiden ausgehenden entgegengesetzten Bewegungen sich begegnen. Sie ist ihm weder wie den Eleaten
ein leerer Schein noch wie den Sensualisten mit dem Wissen identisch, sondern sie enthält nur die erste Stufe der Erkenntniss. Beim Akt des Sehens gelangt die Sehkraft des Auges erst
durch die Einwirkung einer Farbe zur Wirklichkeit, und umgekehrt
existirt ein Objekt für uns nur dadurch, dass es durch seine Farbe
wahrnehmbar wird. Alle Gesichtsempfindung ist daher dem Plato
Farbenempfindung, die Farben sind die dem Auge entsprechenden Ausflüsse der Dinge. Unsere Seele nimmt aber weder das Objekt noch
die Farbe an sich wahr, sondere ein Gefärbtes, und zu Vorstellungen gelangt sie nur, indem sie dieses vermittelst ihres Denkvermögens beurtheilt. Darum kann auch im Gebiet der Empfindung von
Wahrheit und Falschheit noch nicht die Rede sein; jede Empfindung
ist eine wirkliche Affektion unserer Seele durch das Sinnliche und
als solche eine wahre, erst indem die Seele auf die Empfindung
richtige oder unrichtige Urtheile gründet, gelangt sie dem entsprechend zu richtigen oder unrichtigen Vorstellungen. — Diese nur gelegentlich ausgesprochenen Gedanken, die sich namentlich im Theae-
tet vorfinden, sind das Wichtigste was Plato über Sinneswahrnehmung geschrieben hat; zwar ist dieser Denker später im Timaeos

---

*) Die Quellen für Plato's Theorie der äussern Erkenntniss sind nament-
lich dessen Dialoge: Theaetetes, Philebos und Timaeos.

noch einmal auf die Bildung der Gesichtsvorstellungen zurückge-
kommen, aber es geschieht dies in derselben mythisch-poetischen
Weise, die in diesem ganzen Dialog vorherrscht; indem dadurch
Plato das, was er früher auf seine abstrakte Form gebracht hatte, wieder versinnlicht, kehrt er selbst gewissermassen noch einmal zurück
auf die von ihm überwundene ganz im Sinnlichen befangene An-
schauungsstufe der frühern Naturphilosophen. Man irrt jedoch, wenn
man, wie dies häufig geschieht, hiernach den ganzen Standpunkt des
Plato beurtheilt und ihn desshalb geradezu mit den Naturphilosophen
zusammenstellt. Plato ist im Gegentheil, wie aus dem Obigen hervorgeht, der Erste gewesen, der scharf die Grenze zog zwischen der
Sinnlichkeit und dem Bereiche des Denkens, indem er die Unterscheidung eines Empfindungs- und Denkvermögens klar aussprach,
dadurch, dass er die dem Sinnlichen zugehörende Empfindung
und die rein in das seelische Gebiet fallende Bildung von Vorstellungen aus der Empfindung sich gegenüberstellte. — Noch
ein Schritt fehlte dem Plato, um für den Stand damaliger Erfahrung einen Abschluss herbeizuführen: Empfindung und Vorstellung
hatte er getrennt, aber die zwischen beiden liegende Wahrnehmung fiel bei ihm noch mit der Empfindung zusammen. Diesen
letzten Schritt, die Unterscheidung und Analyse der Wahrnehmung,
vollzog Aristoteles.

Bei des Aristoteles Theorie des Sehens müssen wir wohl
unterscheiden zwischen seinen nothwendig mangelhaften physikalischen Anschauungen und seinen noch jetzt kaum übertroffenen psychologischen Beobachtungen. Auf die letztern soll hier allein eingegangen werden. — Aristoteles theilt das Empfindbare überhaupt
ein in Solches was einem besondern Sinne entspricht, wie Farben,
Töne, Gerüche u. s. w., und in Solches was allen Sinnen gemeinschaftlich ist, wie Bewegung, Ruhe, Zahl, Gestalt, Ausdehnung. Beides nennt er auch an und für sich empfindbar und unterscheidet
davon das nebenbei Empfindbare. Das nebenbei Empfinden ist
nach des Aristoteles Definition dasselbe was wir als Wahrnehmen
bezeichnen, er nennt es nämlich erst durch eine Schlussfolgerung
mit der reinen Empfindung verknüpft, wie z. B. wenn wir eine
Farbe empfinden und daraus schliessen auf das Vorhandensein einer
Person oder Sache.

So hatte Aristoteles in Wirklichkeit die Scheidung zwischen Empfindung und Wahrnehmung ihren Hauptgrundzügen nach schon voll-
führt, wenn gleich er beide noch dem Wort nach zusammenfasste
und als αἴσθησις von dem eigentlichen Denkvermögen streng unterschied. Empfinden und Denken, sagt er, sind beide gewissermassen
ein Leiden, beide setzen ein Erregtwerden als Ursache voraus, dort
aber ist was die Thätigkeit hervorbringt ein Aeusserliches, das auf
das Einzelne, hier ein Innerliches, das auf das Allgemeine geht.
Empfinden und Denken sind ferner dadurch von einander verschieden, dass zu denken in eines Jeden Willkür steht, nicht aber zu

empfinden, sondern es muss Empfindbares vorhanden sein, damit eine Empfindung zu Stande komme.

Aber des Aristoteles Scharfblick blieb sogar dabei nicht stehen, dass er die psychische Natur des Wahrnehmungsaktes erklärte, schon in der reinen Empfindung erkannte er eine Art von psychischer Thätigkeit. Aristoteles hebt nämlich neben der passiven Wirkung des Gesichtssinnes noch eine aktive Wirkung desselben hervor, von dieser eigenen Thätigkeit des Sinnes bei der Empfindung sagt er, sie liege dem Geistigen nahe, denn, indem sie verschiedene Dinge erkenne, urtheile sie gewissermassen über die Gegensätze der äussern Objekte; er nennt daher die Empfindung auch die urtheilende Mitte, welche die Gegensätze des Empfindbaren potentiell in sich enthalte*).

73. Vortrag des Herrn Dr. Oppenheimer über einige Fälle von Neuralgia trigemini am 14. Febr. 1859.

Bei der Schwierigkeit in vielen Fällen von Neuralgia trigemini eine Ursache und damit einen Anhaltspunkt für die Behandlung aufzufinden, können folgende Fälle das Interesse der Aerzte in hohem Grade in Anspruch nehmen und vielleicht eine Veranlassung dazu geben, bei Sektionen solcher Individuen, welche lange Zeit an Prosopalgia gelitten hatten, auf Veränderungen in der Schleimhaut der Nasenhöhle und deren Nebenhöhlen ein Auge zu haben.

1. Ein Mann von 50 Jahren war seit Jahren häufig von rheumatischen Beschwerden heimgesucht, wozu er als Bierwirth oft genug Ursache hatte. Im Mai 1857 wurde er plötzlich von heftigem Gesichtsschmerz befallen, welcher allabendlich 5 Uhr sich einstellte und 7 bis 8 Stunden in voller Heftigkeit dauerte. Unter allmähligem Nachlasse der Schmerzen schlief Patient nach Mitternacht ein, um am Morgen scheinbar gesund zu erwachen. Den Tag über konnte er seinen Geschäften ohne Störung nachgehen; auch war seit dem Bestehen der Neuralgia kein rheumatischer Schmerz mehr aufgetreten. Die Neuralgia war rechtseitig und ergriff den ganzen trigeminus. Die Schmerzen waren während des Anfalls in stetigem Steigen und Fallen begriffen, und vollständiger Nachlass trat erst nach Mitternacht ein. Trotz der Rathschläge der erfahrendsten Aerzte war in 6 Monaten keine Aenderung zu Stande gekommen. Chinin war schon oft ohne Erfolg genommen worden. Auch ich liess wieder Chinin in grossen Dosen nehmen, indem das typische Auftreten ein Fingerzeig für die Behandlung zu sein schien. Dosen von gr. 10 Chinin mit gr. 2 Opium milderten die Schmerzen ohne sie zu beseitigen. Anfang wie Dauer des Anfalls blieb unverändert. Als

---

*) Die Quellen für Aristoteles sind hauptsächlich seine Schriften de anima, de sensibus und de coloribus.

ich nach Verlauf einiger Tage wieder Gelegenheit hatte den Kranken zu untersuchen, war mir die näselnde Sprache desselben aufgefallen. Eine Untersuchung der Nasenhöhle liess einen Polypen leicht diagnostiziren, der auch sofort mittelst der Kornzange entfernt wurde. Von nun an war die Neuralgie beseitigt und war bis jetzt nicht wiedergekehrt.

2. Eine Frau von 70 Jahren leidet seit langer Zeit an Neuralgia trigemini. Die Schmerzen waren in verschiedener Heftigkeit schon aufgetreten, bald auf einen Ast beschränkt, bald auf den ganzen Nerven sich ausbreitend. Zur Zeit als ich sie sah, war der ganze Nerv ergriffen, so dass der heftigste Schmerz mit masticatorischem Gesichtskrampfe verbunden war. Die Anfälle kamen sehr häufig, manchmal alle 5 Minuten und hielten mehrere Sekunden bis Minuten an. Eine Ursache für diese heftige Erkrankung weiss die Kranke nicht anzugeben. Auch liess sich nichts Pathologisches ermitteln, ausser einem chronischen Schnupfen. Eine reichliche Menge von schleimigen, eitrigen Sekret wurde aus der Nasenhöhle entfernt, und floss zum Theil von selbst aus. Bei der Inspektion der Nase war es nicht möglich eine andere Veränderung wahrzunehmen, als eine leichte Röthung am Eingange der Nasenhöhle. Allein aus der langen Dauer der Secretion konnte man auf eine tiefere Gewebsstörung schliessen und das war es, was mich veranlasste, hierin einen Angriffspunkt für die Therapie zu suchen. Einspritzungen einer Lösung von Zinc. sulfuric. mässigten in 4 — 5 Tagen die Schmerzen und liessen die Anfälle seltener auftreten. Bei weiterer Fortsetzung der Einspritzungen stellte sich ein ziemlich leidlicher Zustand her; die Kranke ist zufriedener und freier von Schmerzen als lange Zeit zuvor. Aber eine vollständige Heilung war nicht erzielt worden. Die Anfälle kommen täglich zwei bis dreimal, erreichen jedoch nie einen sehr hohen Grad. Der Catarrh der Nasenhöhle besteht, wenn auch in geringem Grade fort. Wenn wir nun bedenken, dass bei dem eigenthümlichen Bau der Nebenhöhle der Nase eine lokale Behandlung nicht mit der gewünschten Sicherheit durchgeführt werden kann, so könnten wir den Grund für die 'Fortdauer der Erscheinungen in dem noch nicht geheilten Catarrh suchen. Ob nun wirklich ein Catarrh mit seinen Folgezuständen (Auflockerung der Schleimhaut, Ulceration etc.) besteht, vermag nur die Sektion zu entscheiden. Aber es gibt akute Catarrhe der Nasenschleimhaut, welche Neuralgia trigemini verursachen und die als deutliche Beispiele für das ursächliche Verhältniss zwischen Nasencatarrh und tic douloureux dienen können. Während der Influenzaepidemie des vergangenen Winters kamen mir mehrere Fälle zur Beobachtung, welche sich hauptsächlich durch die Heftigkeit der Kopfschmerzen am Anfange der Krankheit und die Hartnäckigkeit einer Prosopalgie während des Verlaufs auszeichneten. In einem Falle war der Gesichtsschmerz typisch, trat zuerst Nachts 2 Uhr auf; nach Darreichung grosser Dosen Chinin setzte der Anfall je 2 Stunden nach, so dass er end-

lich Mittags 12 Uhr sich einstellte. In der Dauer und der Heftigkeit wurde jedoch Nichts geändert. Erst nach Verlauf von 4 Wochen, zur Zeit als die Sekretion der Nasenschleimhaut sich minderte
und endlich ganz aufhörte, wurde auch der Gesichtsschmerz geringer und verlor sich endlich vollständig. Palliativ erwiesen sich Was-
serdämpfe als mildernd. Essigsaure Dämpfe wurden nicht ertragen,
ebenso wenig Ammoniak, welches in einem andern Falle als vor-
treffliches Palliativum wirkte.

74. Vortrag des Herrn Dr. Herth über die Nahrungs-aufnahme der Pflanzen am 28. Februar 1859.

In seinem XXXIII. chemischen Briefe sagt Liebig: „Wir haben
geglaubt, dass die Pflanze ihre Nahrung aus einer Lösung empfange,
dass die Schnelligkeit ihrer Wirkung mit ihrer Löslichkeit in nächster Beziehung stehe. Die Pflanze sei wie ein Schwamm, der zur
Hälfte in der Luft zur Hälfte im feuchten Boden sich befinde; was
derselbe durch die Verdunstung verliere, sauge er unaufhörlich wieder aus dem Boden auf; was in dem Wasser gelöst sei, gehe mit
den Wassertheilchen in die Wurzel über. Der Boden und die Pflanze
seien beide passiv.
    Alles dieses ist ein unheilvoller Irrthum gewesen. Wir haben
aus der Wirkung, welche Kohlensäure und Wasser auf das Gestein
ausüben, auf die Wirkung beider, auf die Ackererde geschlossen,
aber dieser Schluss ist falsch.
    Aus dem Verhalten der Ackererde gegen Salzlösungen geht her-
vor, dass die Pflanze in der Aufnahme ihrer Nahrung selbst eine
Rolle spielen muss; die Verdunstung in den Blättern wirkt allerdings mit, aber in dem Boden besteht eine Polizei, welche die Pflanze
vor einer schädlichen Zufuhr schützt. Was der Boden darbietet,
kann nur dann in die Wurzel übergehen, wenn eine innere in der
Pflanze thätige Ursache mitwirkt; welches diese Ursache und die
Art ihrer Wirkung ist, muss noch näher ermittelt werden; hierüber
angestellte Versuche zeigen, dass Gemüsepflanzen, welche man in
neutraler Lakmustinctur vegetiren lässt, diese Flüssigkeit roth färben;
die Wurzel scheidet demnach eine Säure aus; beim Kochen wird
die geröthete Tinktur wieder blau, diese Säure ist demnach Kohlensäure".
    Aus der absorbirenden Eigenschaft der Ackererden geht mit
ziemlicher Gewissheit hervor, dass das Wasser, nicht wie man bisher geglaubt, als Träger — gleichsam als Karren der von der Pflanzenwurzel entfernten Nahrungsstoffen dienen kann, wohl aber muss
ihm diese Rolle an den Berührungspunkten des Ackerkrumme und
der Pflanzenwurzel auch fernerhin zugesprochen werden.

(Schluss folgt.)

JAHRBÜCHER DER LITERATUR.

Verhandlungen des naturhistorisch-medizinischen Vereins zu Heidelberg.

74. Vortrag des Herrn Dr. Herth über die Nahrungsaufnahme der Pflanzen am 28. Februar 1859.

(Schluss.)

Man hat bisher das Wasser in Verbindung mit der sich stets in grosser Menge im Ackerboden erzeugenden Kohlensäure als eigentliches Lösungsmittel der Bodenbestandtheile angesehen, und es kann deren Wirkung durch die vorhandenen Absorptionsversuche wohl begrenzt, nicht aber gänzlich aufgehoben werden, weil das Absorptionsvermögen der Ackererden ein begrenztes, und die aus einer Lösung ausgeschiedenen Pflanzennahrungsstoffe nicht ausser dem Bereich der sich fortwährend im Boden erzeugenden Kohlensäure kommen, und damit die zersetzende und lösende Eigenschaft derselben in Verbindung mit Wasser und Atmosphärilien stets wirksam bleiben muss, wie sich dies an den härtesten Gebirgsarten täglich zeigt. Dass auch die von Liebig nachgewiesene Kohlensäure, welche die Wurzeln ausscheiden, eine gleiche Wirkung ausüben wird, lässt sich nicht läugnen, aber ihre Wirkung kann wie die der obigen nur proportional der Menge der vorhandenen Kohlensäure und des Wassers sein.

Damit ist aber die Thatsache, dass verschiedene auf ein und demselben Boden wachsende Pflanzen eine so verschiedene Aschenzusammensetzung haben — wie dies die Kiesel-, Kali- und Kalkpflanzen zeigen — ebensowenig erklärt, als durch die absorbirende Eigenschaft der Ackererden. Es ist nicht denkbar, dass die aus einer Kiesel-, Kali- und Kalkpflanze ausströmende Kohlensäure gerade die zur Ernährung dieser so verschiedenen Pflanzen erforderlichen Stoffe, genau in den geeigneten Verhältnissen auflösen und aufnehmbar machen soll!

Seit dieser durch zahlreiche Aschenanalysen bestätigten Thatsache stand die Annahme, dass sich die Pflanze bei ihrem Ernährungsprozesse, wie ein Schwamm verhalte, immer im Widerspruch und wurde desshalb auch nur von Wenigen festgehalten.

Andere dagegen haben gelehrt, dass sich die Pflanze beim Ernährungsprozesse activ verhalte. Sie haben, gestützt auf die endosmotischen Versuche, gelehrt, dass die Nahrungsaufnahme der Pflanze durch die Epitheliumhaut der zarten Wurzeltheile bedingt und vor jeder schädlichen Zufuhr geschützt wird.

Als endosmotische Membran trennt sie die zwischen der Ackerkrume und der Pflanzenwurzel befindliche Bodenflüssigkeit von dem *eigentlichen Pflanzensafte.* Wird das Gleichgewicht auf irgend einer Seite gestört, so tritt sofort ein endosmotischer Prozess ein, welcher so lange fortdauert, bis das Gleichgewicht wieder hergestellt ist. Für jedes Atom Kali oder Kalk, welches etwa zur Bildung pflanzensaurer Salze assimilirt wird, muss ein anderes Atom Kali oder Kalk aus der Bodenflüssigkeit aufgenommen werden. Auf diese Weise allein erklärt sich das scheinbare Wahlvermögen der Pflanze.

Für diese Erklärung sprechen auch die Versuche von Saussure[1], Trinchinetti[2]), Schlossberger[3]) und mir selbst[4]) „über das Verhalten der Wurzeln verschiedener Pflanzenspezies zu Salzlösungen".

Es geht daraus hervor, dass die dargebotenen Salzlösungen niemals in dem ursprünglichen Concentrationsgrade von den Pflanzen absorbirt wurden, und dass sie selbst bei Anwendung verschiedener Salze in gemeinschaftlicher Lösung, bezüglich der Qualitäten verschieden grosse Mengen aufgenommen haben.

Ich habe diese Versuche in jüngster Zeit wieder aufgenommen, weil das frühere Verfahren, wonach die zu den Versuchen dienenden Pflanzen aus dem Boden sorgfältig herausgewaschen wurden, eine Verletzung der zarten Wurzelmembran befürchten liess. Um dies zu vermeiden, habe ich die Pflanzen, als Crocus, Lupinen und Bohnen aus Zwiebel und Samen in Wasser, welchem deren Aschenbestandtheile, und von Zeit zu Zeit atmosphärische Luft und Kohlensäure zugeführt wurde, gezogen; im Uebrigen wurde ganz wie bei den früheren Versuchen verfahren. Als Salze dienten schwefelsaure, phosphorsaure und Chloralkalien. Die erlangten Resultate stimmten mit den früheren darin überein, dass diese Pflanzen die ihnen dargebotenen Salzlösungen in ihrer ursprünglichen Concentration nicht aufgenommen haben. Es scheint aus diesen Versuchen weiter hervorzugehen, dass die Pflanze auch ohne Ackererde d die Wurzelmembran vor schädlichen Zuführen geschützt wird.

75. Vortrag des Herrn Prof. Helmholtz über die Luft schwingungen in Röhren mit offenen Enden am 15. März 1859.

In der Theorie der Orgelpfeifen wurde zuerst von Bernoulli und Euler angenommen, dass am offenen Ende dieser Pfeifen die Verdichtung der Luft gleich Null sei, eine Annahme, die zwar die Wahrheit nahe kommt, sie aber doch nicht ganz erreicht, und die desshalb in ihren Consequenzen einige Hauptphänomene solcher Pfeifen erklärt, bei andern in Widerspruch mit den Thatsachen

---

1) Saussure, recherches chemiques sur la vegetation. Ch. VII.
2) Trinchinetti, sulla facolta absorbente delle radici.
3) Schlossberger, Annalen der Chemie und Pharmacie. Bd. LXXXI.
4) G. Herth „ „ „ „ „ Bd. LXXXIX.

In den spätern Theorien von Poisson, Hopkins, Quet, Masson hat man den in die Augen fallenden Uebelständen der älteren Theorie abzuhelfen gesucht, aber die Annahmen waren entweder zu beschränkt, oder ganz unbestimmt gehalten, so dass eine Menge Fragen, namentlich über die Phasen und die Stärke der Resonanz, wenn die Röhren durch äussere tönende Körper zum Tönen gebracht werden, gänzlich unbeantwortet blieben.

Der Vortragende giebt nun einen Abriss der Resultate einer mathematischen Untersuchung über diese Theorie, bei welcher jede Hypothese über den Zustand der Luft am offenen Ende vermieden ist, und bei welcher ferner auch die Annahme aufgegeben ist, dass in der Nähe eines offenen Endes die Bewegung der Lufttheilchen der Axe der Röhre parallel sei, und in allen Punkten eines Querschnitts dieselbe.

Die Aufgabe ist ganz allgemein gehalten folgende: In der Röhre existirt ein Abschnitt, in welchem die Bewegung der Lufttheilchen in ebenen Wellen vor sich geht; diese Bewegung theilt sich der äusseren Luft mit, und erregt in dieser ein System von Wellen, welche in grösserer Entfernung von der Mündung kugelige fortschreitende Wellen sind. Zwischen jenen ebenen Wellen in der Röhre und diesen kugeligen im freien Raum wirken keine äusseren Kräfte auf die Luftmasse. Unter diesen Umständen ist die Bewegung der Luft zu bestimmen.

Um die Aufgabe zu lösen, ist zu suchen das Geschwindigkeitspotential ψ der Luftbewegung, dessen Differentialquotienten nach den drei Coordinataxen die drei Componenten der Geschwindigkeit, und dessen Differentialquotient nach der Zeit die mit a^2 multiplicirte Verdichtung der Luft giebt; a ist die Fortpflanzungsgeschwindigkeit des Schalls. Ueber die Form der Röhre wird vorausgesetzt, dass diese im Allgemeinen cylindrisch, von beliebigem Querschnitt sei, nur in der Nähe der Mündung vom Cylinder abweiche, und dass die Dimensionen der Mündung und die Länge des nicht cylindrischen Theils gegen die Wellenlänge verschwindend klein seien.

Als allgemeinste Form des Geschwindigkeitspotentials in der Gegend der ebenen Wellen ist zu setzen, wenn die Mündung der Röhre in der y z Ebene liegt, und ihre Axe der der negativen x entspricht.

$$\psi = \left(\frac{A}{k} \sin k x + B \cos k x\right) \cos 2 \, \pi \, nt + \mathfrak{B} \cos k x \sin 2$$

π nt wo n die Schwingungszahl, $k = \dfrac{2 \pi n}{a}$ ist.

In den entfernteren Theilen des freien Raumes, welcher übrigens durch die fortgesetzte y z Ebene einseitig begrenzt gedacht wird, ist zu setzen $\psi = M \dfrac{\cos (k \varrho - 2 \pi nt)}{\varrho} + M_1 \dfrac{\sin (k \varrho - 2 \pi nt}{\varrho}$ wo ϱ die Entfernung von der Mündung der Röhre bezeichnet. Bei

Euler und Bernouilli ist $B = \mathfrak{B} = o$, bei Poisson $B = o$, $\mathfrak{B}$ unbestimmt klein, bei Hopkins B und $\mathfrak{B}$ unbestimmt klein. Es lassen
sich nun im Allgemeinen folgende Beziehungen zwischen den vier
Coefficienten A, $\mathfrak{B}$, M und M. aufstellen:

$$M. = o \quad , \quad AQ = -2\pi M \quad , \quad \mathfrak{B} = kM$$

worin Q den Querschnitt des cylindrischen Theils der Röhre bezeichnet. Nur das Verhältniss $\dfrac{B}{A}$ ist abhängig von der Form der Mündung, lässt sich also im Allgemeinen nicht bestimmen. Setzen wir
$k = o$, so geht die Aufgabe mathematisch genommen über in die,
den Strom der Electricität zu bestimmen in einem dem Luftraume
gleichgestalteten Leiter, wenn die Electricität aus dem cylindrischen
Leiter in den unendlichen überströmt. Ist l die Länge der Röhre,
so ist $l + \dfrac{B}{A}$ der Widerstand des ganzen Leiters, ausgedrückt durch
die Länge eines Abschnitts des cylindrischen Leiters. Ich nenne
desshalb $\dfrac{B}{A}$ die Differenz der wahren und reducirten
Länge der Röhre. Haben Mündung und Querschnitt der Röhre zu
einander ein endliches Verhältniss, so hat diese Differenz ein endliches Verhältniss zu den linearen Dimensionen der Mündung.

Es lässt sich eine Form der Röhrenmündung angeben, für welche
die ganze Bewegungsweise der Luft bestimmt werden kann, und
welche von einem reinen Cylinder mit kreisförmigem Querschnitt so
wenig abweicht, dass man praktisch den Unterschied vernachlässigen
kann. Bei dieser Form beträgt die Differenz der wahren und reducirten Länge $\dfrac{\pi}{4}R$, wo R den Radius der Mündung und des Cylin-
ders bezeichnet.

Die Differenz der wahren und reducirten Länge kann verschwinden, wenn die Röhre schwach trompetenförmig erweitert ist.
Es lässt sich eine solche Form angeben, bei welcher die Kreisfläche
der Mündung doppelt so gross ist, wie die des Querschnitts der
Röhre.

Die Theorie stimmt für die cylindrische gut mit den Beobachtungen von Wertheim, indem der theoretische Werth von $\dfrac{B}{A}$
zwar über dem Mittelwerthe liegt, den diese Beobachtungen ziemlich unabhängig von der Tonhöhe geben, aber doch innerhalb der
Grenzen der Beobachtungsfehler. Auch die Versuche von Zammi-
ner stimmen wenigstens für engere Röhren ziemlich gut; zeigen
aber viel grössere Abweichungen bei steigender Tonhöhe.

Die Wellen in der Röhre sind unregelmässig fortschreitende;
wo das zeitweilige Maximum der Geschwindigkeit seine grösste Höhe
erreicht, schreitet es langsam vorwärts, dazwischen schnell. Diese
grösste Höhe erreicht es, wo die reducirte Länge der Röhre ein ge-
rades Vielfache einer Viertelwellenlänge beträgt. Das Maximum der

Verdichtung schreitet ebenso fort, erreicht aber seine grössten Werthe und seine langsamste Bewegung am Orte der Minima der Bewegung in den Knotenflächen, welche da liegen, wo die reducirte Länge der Röhre ein uugerades Vielfache der Viertelwellenlänge beträgt.

Wenn die Schlussplatte der Röhre erschüttert wird, oder Wellen aus dem freien Raum in das Innere der Röhre eindringen, ist die Resonanz am stärksten, wenn die Länge der geschlossenen Röhre ein ungerades Vielfache der Viertelwellenlänge beträgt. Im ersteren Falle verhält sich die Amplitüde der Schwingungen in den Bäuchen der Röhre bei stärkster Resonanz zu der Amplitude der Schwingungen der Schlussplatte, wie das durch $2\,\pi\,\cos\,(k\,a)$ dividirte Quadrat der Wellenlänge zum Querschnitt der Röhre. (Gesetzt tang $k\alpha = -k\,\dfrac{B}{A}$). Bei einer gegen den Querschnitt sehr engen Oeffnung steigt α, und die Resonanz wird stärker.

Endlich konnte der Vortragende aus seinen Theoremen auch das Gesetz entwickeln, durch welches die Höhe der Töne stärkster Resonanz bestimmt wird, bei solchen Hohlräumen, welche nur eine oder wenige enge Oeffnungen besitzen. Es ist bei einer kreisförmigen Oeffnung, deren Fläche s ist, für einen Hohlkörper dessen Volumen S beträgt

$$n = \frac{a\,\sqrt[4]{s}}{\sqrt{2}\,\sqrt[4]{\pi^5}\,\sqrt{S}}$$

Sondhauss hat aus seinen Versuchen statt der Constante $\dfrac{a}{\sqrt{2}\,\pi\,\frac{5}{4}}$, welche etwa 56000 Mm. beträgt, die Zahl 50200. Wertheim's Versuche an Glaskugeln stimmen ausserordentlich gut mit der theoretischen Formel, so lange der Durchmesser der Oeffnung kleiner als $\frac{1}{15}$ des Durchmessers einer Kugel ist, deren Volum dem des Hohlkörpers gleich ist.

Auch die von Sondhaus empirisch gefundenen Formeln für mehrere Oeffnungen lassen sich theoretisch begründen.

Für Oeffnungen von beliebiger Gestalt muss man die Masse M bestimmen, welche nöthig ist, um passend auf der Fläche der Oeffnung ausgebreitet das constante Potential 1 in der Fläche zu geben, dann ist $k^2\,S = \pi\,M$.

Die Resonanz ist viel grösser als in Röhren von ähnlichem Querschnitt. Die Verdichtungsmaxima der erregenden Wellen vor Röhre verhalten sich zu dem in der Röhre wie $k^3\,S : 2\,\pi$.

76. Vortrag des Herrn Dr. Walz über Momordica Elaterium L. — (Ecbalium officinale Nees) a. 15. März 1859.

Die Spring- oder Eselsgurke ist ein altes Arzneimittel in der Art, dass verschiedene Präparate daraus im medicinischen Gebrauche sind.

Für das wichtigste gilt das Elaterium album; dasselbe wird bereitet, indem man die reifen Gurken öffnet und den mit dem Saamen heftig herausspritzenden Saft von dem Saamen befreit, sich selbst überlässt und den sich abscheidenden pulverförmigen Körper trocknet.

Weniger werth und nicht selten fast ohne Wirkung findet sich das Elaterium nigrum; es wird dargestellt, indem die Frucht zerstossen, der Saft abgepresst und eingedickt wird. — In vielen Fällen werden jedoch die bereits auf Elaterium alb. benutzte Früchte nachträglich zum Elat. nigr. verarbeitet und daher kömmt es dass die Wirkungen des Präparats so verschiedenartig sind; mir ist ein Elat. nigr. in grosser Menge vorgekommen, von welchem eine Dosis von 20 Gran. noch keine Wirkung äusserte, während in medicinischen Schriften angegeben wird, dass schon 2 Gran heftig wirken sollen.

Endlich hat die badische Pharmacopoe ein sehr wirksames Präparat aufgenommen, dasselbe wird bereitet, indem man die Früchte mit Saft u. s. w. vermittelst Alkohol auszieht und zur Extraktdicke eindampft.

Es war das Elaterium alb. schon manchfach Gegenstand chemischer Untersuchung und namentlich haben sich Paris, Braconnot, Maries und Marquardt damit beschäftigt; Zwänger versuchte zuerst die elementare Zusammensetzung des krystallinischen Elaterins in der Formel C 40 H 28 O 10 Ausdruck zu geben.

Die von mir ausgeführte Arbeit erstreckte sich nicht bloss auf das Elaterium alb. und nigrum, sondern auch auf das in Baden gebräuchliche Präparat und die ganze Pflanze, wie sie sich bis zum Herbste entwickelt hatte. — Die Ausbeute, welche man an Elaterium alb. aus den frischen Gurken erhält, ist sehr gering; dieselbe betrug im August bereitet aus 2½ Pfd. Gurken 50 gran; im Oktober dagegen über 105 gran aus derselben Menge.

Das im Sommer bereitete Präparat ist reicher an Elater. cryst. dagegen das im Herbste reicher an den andern Bitterstoffen.

Ausser dem Elaterin. cryst. wurden von mir nachfolgende Stoffe als gut charakterisirt aufgefunden:

Prophetin ein Glycosid = C 46 H 36 O 14.
Hydroelaterin   C 40 H 30 O 12.
Ecbalin (Elaterinsäure)   C 40 H 34 O 8.
Elaterid   C 40 H 32 O 24.

Das aus dem Prophetin hervorgehende Spaltungsprodukt wäre als C 40 H 30 O 8 zu betrachten. — Ein Zusammenhang zwischen dem Glycosid-Prophetin (auch in Cucumis Prophetarum aufgefunden) und dem Elaterin konnte bis jetzt nicht nachgewiesen werden, möglicher Weise nimmt Prophetin = C 46 H 36 O 14. O 4 auf und bildet 2 HO 1 At (C 6 H 6 O 6) + 1 At Elaterin = C 40 H 28 O 10*).

---

*) Im März- und Aprilheft des neuen Jahrbuchs für Pharmacie ist bereits eine ausführlichere Beschreibung erschienen.

77. Vortrag des Herrn Prof. Blum über hohle Geschiebe am 15. März 1859.

An den Bericht, welchen ich vor einiger Zeit über die hohlen Geschiebe von Lauretta erstattete, reihe ich heute eine Mittheilung über einen ähnlichen Fall an, welchen Herr Bergamts-Assessor G. Würtenberger bei Frankenberg in Kurhessen beobachtete, und der von besonderem Interesse ist, weil er dabei nicht nur die Erscheinung der Eindrücke von Geschieben in Geschieben, sondern auch die Umwandlung von Kalkgeschieben in Dolomit zeigt.

Bei dieser Gelegenheit erlaube ich mir einige geschichtliche Bemerkungen über die Beobachtung der Eindrücke von Geschieben in Geschieben einzuschalten. Lortet war der erste, welcher diese Erscheinung bemerkte, und sie 1836 beschrieb. 1840 wurden von mir ähnliche Beobachtungen, welche ich an den Geröllen der Nagelflue von St. Gallen gemacht hatte, mitgetheilt, wie Gleiches später noch von verschiedenen Seiten her berichtet wurde. Allein ich hatte damals ausdrücklich noch auf die polirten Flächen, welche die Geschiebe zeigen, auf die zerrissenen und verschobenen, auf die zerquetschten und verbogenen Geschiebe aufmerksam gemacht und zugleich bemerkt, dass nicht allein die Geschiebe von Kalk, sondern auch die von Granit, Syenit, Diorit, Phorphyr und anderen krystallinischen Gesteinen alle dieselben Erscheinungen zeigten. Da Herr Linth-Escher schon 1841 bemerkte, dass es ihm nie gelungen sei, die Eindrücke an anderen als an kalkigen Geschieben zu erkennen, Hr. Studer in seiner „Geologie der Schweiz" die fragliche Erscheinung auch nur an Kalkgeröllen anführt, so scheint jene Thatsache in Vergessenheit gerathen zu wollen, und ich ergreife daher mit Vergnügen die Gelegenheit einige Belege für meine früher gemachten Beobachtungen hier vorzulegen, und bedaure nur die besten Beweisstücke nicht mehr zu besitzen, da sie mit meiner geognostischen Sammlung vor einigen Jahren in das Polytechnicum nach Carlsruhe gewandert sind, dort aber von Jedem gesehen werden können.

Die Eindrücke, welche Hr. Würtenberger beschrieben hat finden sich zum Theil an Kalk-, zum Theil an Dolomit-Geschieben und zwar in einem Conglomerat, welches den unteren Lagen des bunten Sandsteins angehört. Dasselbe findet sich in der Nähe von Frankenberg, ist etwa 7 bis 8 Lachter mächtig und wird von einer 4 bis 6 Lachter starken Lage von feinkörnigem Sandstein bedeckt, dessen Bindemittel theils thonig, theils dolomitisch ist, auf dem wieder Lehm und Dammerde liegt. Die Dolomit-Geschiebe nehmen in jenem Conglomerate die obere, die Kalk-Geschiebe die untere Stelle ein, und Hr. Würtenberger weist überzeugend nach, dass jene aus diesen entstanden sind, indem kohlensäurereiche Wasser mit aufgelöstem Magnesia-Carbonat von obenher eindrangen und im Laufe der Zeit die Dolomitisirung der Kalk-Geschiebe, aber bis jetzt nur

bis zu einer gewissen Tiefe, bewirkten. Da viele dieser Dolomit-
Geschiebe aber mehr oder minder hohl sind, so entsteht die Frage,
wie diese Erscheinung zu erklären sei. In dieser Beziehung geben
uns die Pseudomorphose von Bitterspath nach Kalkspath den schönsten Aufschluss, indem wir solche, nach meiner Erfahrung, stets nur
hohl finden, wenn der Prozess der Umwandlung ganz vollendet ist.
Es bildet sich auf den Kalkspath-Krystallen zuerst eine Bitterspath-
rinde, indem sich die zugeführte kohlensaure Magnesia mit dem koh-
lensauren Kalk zu jenem verbindet. Bei diesem Vorgang wird jedoch viel kohlensaurer Kalk hinweggeführt, so dass nicht mehr genug vorhanden ist, um noch weiter Dolomit bilden und den Raum
der Kalkspath-Krystalle ganz erfüllen zu können, dieselben müssen
also mehr oder weniger hohl bleiben. Wie es hier bei den Krystallen ging, so auch bei den Geschieben, denn die Form wird keinen
Unterschied bedingen, und wir finden dieselben daher, je nachdem
der Umwandlungs-Prozess vorgeschritten ist, mehr oder weniger hohl.

Geschäftliche Mittheilungen.

In der Sitzung vom 14. Dezember 1858 wurde Herr Professor
Helmholtz zum ersten Vorsitzenden des Vereins erwählt und erklärte sich bereit, dieses Amt zu übernehmen.

Der Verein verlor durch den Tod den Herrn Prof. Dr. A. Arneth, Lehrer für Mathematik an der Universität und dem Lyceum,
er gewann dagegen folgende neue Mitglieder:

Herrn Dr. Junge aus Moscau,
     "   Assistenzarzt Knauff,
     "   Dr. Winckler,
     "   Assistenzarzt Feldbausch,
     "   Dr. Pietrowsky aus Wien,
     "   Dr. Schiel,
     "   Hartung aus Königsberg.
Es steigt dadurch die Zahl der Mitglieder von 54 auf 60.

Verzeichniss

der vom 1. Dezember 1858 bis zu Ende April 1859
eingegangenen Druckschriften.

Berichte der naturforschenden Gesellschaft zu Freiburg i. Br., 30 u.
    31, durch den Secretär Herrn Dr. Maier.
Neues Jahrbuch für Pharmacie, X. 5 u. 6 XI. 1 — 4, durch Hrn.
    Dr. Walz.

Jahresbericht der Wetterauer Gesellschaft für die gesammte Naturkunde zu Hanau 1857—1858.

Jahresbericht des naturwissenschaftlichen Vereins für Elberfeld und
Barmen 1. 2. 3. (1851, 1853, 1858) durch Herrn Professor
Fuhlrott.

Von der königl. norwegischen Universität zu Christiana durch deren
Secretär, Hrn. H. Chr. Holst:

Forhandlinger ved de skandinaviske Naturforskeres fjerde möde
1844; syvende möde 1856.

Beretninger om Sygdoms forholdene 1842 og 1843.

Physikalske Meddelelser ved Adam Arndtsen 1858.

Generalberetning fra Gaustad Sindsygeasyl for aaret 1857.

Aarsberetning for 1857, fra Overlaege for den spedalske Syg-
dom. O. G. Hoegh 1858.

Beretning on Sundhedstiltanden og Medicinalforholdene i Norge
i 1853 og 1855.

Inversio vesicae urinariae og luxationes femorum congenitae
of Lector Voss 1857.

Traité de la spédalskhed ou éléphantiasis des Grecs par Mss.
Danielssen et Boeckb, avec un atlas de 24 planches coloriés
1848.

Archiv der deutschen Gesellschaft für Psychiatrie und gerichtliche
Psychologie durch Herrn Dr. Erlenmeyer I, 1 u. 2.

Atti dell. J. R. Istituto Lombardo vol. I, f. XI.

Von der königl. Bayer. Academie der Wissenschaften zu München:

Dr. A. Wagner: Beiträge zur Kenntniss der urweltlichen Fauna
des lithographischen Schiefers.

Prof. C. F. Schönbein: Beiträge zur näheren Kenntniss des
Sauerstoffs.

Aug. Vogel: Experimentelle Beiträge zur Beurtheilung hygro-
metrischer Methoden.

Dr. Harless: Molekuläre Vorgänge in der Nervensubstanz, I
und II.

Von dem physikalischen Verein zu Frankfurt a. M., Jahresbericht
für 1857—58.

Verhandlungen des naturhistorischen Vereins für Rheinland u. Westphalen, 1857 und 1858.

Von der königl. Societät der Wissenschaften zu Göttingen: Nachrichten vom Jahre 1858.

Jahresbericht über die Verwaltung des Medizinalwesens u. s. w. der
freien Stadt Frankfurt, 1859; vom ärztlichen Vereine daselbst.

Siebenter Jahresbericht der oberhessischen Gesellschaft für Natur-
und Heilkunde, 1859.

Allgemeine Theorie der Curven doppelter Krümmung von Hrn. Prof.
W. Schell in Marburg, durch die Gesellschaft zur Förderung
der Naturwissenschaften daselbst.

Bibliotheca Scriptorum classicorum et Graecorum et Latinorum.
Alphabetisches Verzeichniss der Ausgaben, Uebersetzungen und
Erläuterungsschriften der griechischen und lateinischen Schrift-
steller des Alterthums, welche vom Jahre 1700 bis gegen Ende
des Jahres · 1858 besonders in Deutschland gedruckt worden
sind. Herausgegeben von Wilhelm Engelmann. *Mit einer*
literar-historischen Uebersicht. Siebente umgearbeitete und
ergänzte Auflage. Leipzig. Verlag von Wilhelm Engelmann.
1858. XLVI und 744 S. in gr. 8.

Wenn die sechste Auflage dieser von Enslin früher bearbeiteten Bibliotheca scriptorum classicorum mit Recht als eine „gänzlich
umgearbeitete" sich bezeichnen konnte, wie dies in einer näheren
Besprechung derselben in diesen Jahrbüchern (Jahrg. 1847, S. 525 ff.)
nachgewiesen wurde, so kann diess von der vorliegenden, siebenten Auflage in noch höherem Grade gelten, in welcher ein biblio-
graphisches Meisterwerk vor uns liegt, wie es nur durch unermüdete
Ausdauer, gleiche Sorgfalt und Genauigkeit in den Tausenden von
Einzelnheiten, die hier zu einem wohlgeordneten Ganzen vereinigt
sind, zu Stande kommen konnte, und nun zu einer wahren Fundgrube für einen Jeden geworden ist, der mit dem Studium der classischen Literatur überhaupt sich beschäftigt. Es entfernt sich zwar
in der Anlage des Ganzen, so wie in dem Standpunkt, der für ein
solches Unternehmen festgehalten ward, die siebente Auflage nicht von
ihrer nächsten Vorgängerin: allein in der Behandlung des Einzelnen,
in der Ausführung und theilweise selbst in der Anordnung des Stoffes ist sie ungleich vollständiger und reichhaltiger ausgefallen, ihre
Aufgabe, das kann man wohl sagen, vollkommen ausfüllend und erschöpfend. Und darin liegt das grosse Verdienst der ganzen Leistung, darin aber auch der Nutzen, den das so zu Stande gebrachte
Werk anspricht für die Zwecke des classischen Studiums und der
classischen Literatur überhaupt. Dieses näher nachzuweisen und zu
begründen, mag die Aufgabe dieser Blätter bilden.

Die literar-historische Uebersicht, welche der eigentlichen Bibliographie vorausgeht, und sämmtliche Autoren des classischen Alterthums, Griechische wie Römische, in systematischer Ordnung, und
mit kurzer Angabe ihrer Werke, der ächten und vollständigen, wie
der unächten und verlorenen, vorführt, ist billig auch in der neuen
Ausgabe beibehalten: aber sie ist genau revidirt worden und hat in
Folge dieser Revision manche Veränderungen oder vielmehr Verbesserungen und Berichtigungen aufzuweisen. Diess zeigt sich z. B.
S. XIX in der genaueren und vollständigeren Angabe der älteren
(verloren gegangenen) Historiker Griechenlands, wo die in der vorigen Ausgabe fehlenden Stesimbrotos, Antiochos und Phi-
listos, beide aus Syracus und aus der späteren Zeit nach Alexander dem Grossen Hieronymos aus Kardia, Diodotos aus Erythrä
Antandros und Krateros hinzugekommen sind und der unter

diesen Schriftstellern früher mit aufgeführte J u b a nun seine rechte
Stelle unter den Historikern des Augusteischen Zeitalters gefunden
hat, unter denen nun auch die (früher vermissten) C h a e r e m o n
aus Alexandria, und P a m p h i l a aus Epidaurus erscheinen. Bei
H e r o d o t o s war das (nicht ganz gewisse) Todesjahr früher um
408 angesetzt, jetzt um 424 vor Chr., was gewiss richtiger ist. Bei
den Philosophen war unter dem Abschnitt A k a d e m i k e r in der
älteren Ausgabe zuerst eine Aufführung der alten Akademiker gegeben (die auch in der neuen geblieben ist) und dann die mittlere
Akademie mit A r c e s i l a o s gegeben; letztere ist nun weggefallen
und statt dessen werden als „neuere Akademiker" aufgeführt: A r k e -
s i l a o s, K a r n e a d e s, P h i l o n aus Larissa und A n t i o c h e s aus
Ascalon, gewiss besser und vollständiger, da die drei zuletzt genannten in der früheren Auflage ganz fehlen; bei den Peripatetikern sind
hinzugekommen die früher fehlenden C h a m a e l e o n aus Heraklea,
A r i s t o n aus K e o s und S a t y r o s. Dass bei den Rednern unter
H y p e r i d e s auch die neu aufgefundenen Reden desselben angeführt sind, war zu erwarten, ebenso wie z. B. unter den römischen
Annalisten und Historikern der neu aufgefundene G r a n i u s L i c i -
n i a n u s erscheint: denn auch bei der Uebersicht der römischen
Schriftsteller hat die gleiche Durchsicht und Vervollständigung statt
gefunden, wie dies z. B. die Uebersicht der dramatischen Dichter,
bei einer Vergleichung mit dem, was die frühere Ausgabe bot, bald
erkennen lässt. Bei Angabe der Schriften des M. T e r e n t i u s V a r r o
dürften aber wohl auch die L o g i s t o r i c i genannt werden, die wir
nicht erwähnt finden.

Am Schluss der Uebersicht der Lateinischen Schriftsteller ist noch
der Abschnitt XIV hinzugekommen: „Apologeten und Kirchenväter";
hier werden Minucius F e l i x, Tertullianus, Cyprianus, Arnobius, Lactantius mit ihren Schriften aufgeführt und dann noch Ambrosius,
Hieronymus, Augustinus mit einigen ihrer Schriften, die in einer
näheren Berührung zur classischen Literatur stehen, was man ebenfalls zu billigen hat.

Aus diesen wenigen Proben, die sich leicht noch vermehren
liessen, aber für den bemerkten Zweck hinreichen dürften, mag entnommen werden, dass eine durchgreifende Revision statt gefunden,
und die ganze Uebersicht an Genauigkeit wie an Vollständigkeit gewonnen hat. Wenden wir uns von diesem einleitenden Theil zu
dem, was das Wesentliche des Ganzen ausmacht, zu dem bibliographischen Theile, der auch in dieser Ausgabe in die zwei grossen
Hälften, Scriptores Graeci und Latini, zerfällt. Hier stossen wir nun
gleich auf eine die Anordnung des Stoffes betreffende Aenderung,
die wir durchaus gut heissen müssen. Es geht nemlich dem alphabetischen Verzeichniss der einzelnen Autoren, eine eigene Abtheilung voraus, in welcher alle die grösseren Sammelwerke, die in der
früheren Auflage nach ihrem Titel, als A n e c d o t a, Collectio, Ora-
tores, Poetae, S c r i p t o r e s u. s. f. an der nach dem Alphabet ihnen

zukommenden Stelle eingereiht waren, nun zusammengestellt sind,
und zwar eben so bei der ersten die griechischen Schriftsteller, wie
bei der zweiten die römischen Schriftsteller befassenden Hälfte. Und
wenn wir schon bei der vorhergehenden Ausgabe es beifällig bemerkt haben, dass mit kleinerer Schrift bei jedem dieser grösseren
Sammelwerke genau der Bestand des Inhalts im Einzelnen angegeben war, so werden wir die Genauigkeit und Sorgfalt, die diesem
Gegenstande, dem wir für einen allerdings wichtigen bei derartigen bibliographischen Werken ansehen, durchaus gewidmet ist,
mit um so grösserem Danke anzuerkennen haben, je mühevoller, und bei seltenen Werken, je schwieriger die Durchführung zu
nennen ist. Im Einzelnen hat mehrfach eine bessere Anordnung
stattgefunden, ebenso die nöthige Vervollständigung durch Anführung
der inzwischen erschienenen Werke, so wie auch einzelner, früher
schon an das Tageslicht getretenen. So ist, um wenigstens einige
Belege der Art zu nennen, in diesem allgemeinen, den Ausgaben
und Erläuterungsschriften der einzelnen griechischen Schriftsteller
vorausgehenden Abschnitt, der mit den verschiedenen Anecdota
Graeca beginnt, hinzugekommen: die Schrift des Joannes Gly-
cas über die Syntax, welche unter dem Titel Anecdota Graeca ex
codo. mss. reg. Monacensis etc. Albert Jahn zu Bern 1839 hatte erscheinen lassen, desgleichen die Anecdota Graeca von Matranga
mit genauer Angabe ihres Inhalts im Einzelnen. Dasselbe ist nun
auch bei den einzelnen Autoren, wo alle seit dem Erscheinen der
sechsten Auflage erschienenen Ausgaben und Uebersetzungen nach-
getragen sind, geschehen; besonderes Augenmerk ist auch den Erläuterungsschriften gewidmet, die mit kleinerer Schrift immer jedem einzelnen Titel folgen, und in seltener Vollständigkeit auch die
kleinsten Beiträge, namentlich auch alle die irgend wie erschienenen
Programme und Gelegenheitsschriften an dem betreffenden Orte eingereiht enthalten: es gilt dies aber nicht blos in Bezug auf diesen
Theil des Ganzen, der die griechischen Autoren enthält, sondern
auch eben so von der andern Hälfte, die die römischen Autoren befasst: man wird bei jedem einzelnen Schriftsteller diese so reiche
und nicht so leicht zu erfassende Literatur auf eine Weise zusammengestellt finden, welche den Anforderungen der Genauigkeit und
Sorgfalt, worauf hier gerade so Viel ankommt, in Allem entspricht.

In welchem Grade ausgedehnter und vollständiger die neue
Ausgabe vor ihrer Vorläuferin in dieser Beziehung erscheint, mag
Jeder erkennen, wenn er z. B. die zu Poetae scenici und tra-
gici aufgeführten Erläuterungsschriften in beiden Ausgaben mit einander vergleicht: bei dem zuletzt genannten Artikel beträgt die Zahl
fast das Doppelte: es muss nemlich bemerkt werden, dass der Herausgeber sich bei Anführung derartiger Schriften nicht bloss auf eigentliche Schriften, die für sich besonders erschienen und ausgegeben worden sind, beschränkt hat, sondern dass er auch die einzelnen
Aufsätze, welche in verschiedenen philologischen Zeitschriften Deutsch-

lands erschienen sind, und einen gewissen selbständigen Charakter
ansprechen, mit aufgenommen hat, was den Werth dieser Verzeichnisse für den Gebrauch und die Benutzung nicht wenig erhöht, indem man auf diese Weise Alles das bequem übersieht, was über
einen Autor oder eine ihn betreffende Frage, Stelle u. dgl. bereits
geschrieben worden ist. Und dieselbe Vermehrung und Vervollständigung, wie wir sie bei Einem Artikel eben bemerkt haben, wird
sich in gleichem Grade bei der Anführung von Erläuterungsschriften
einzelner, namentlich bedeutender Autoren, wahrnehmen lassen. Wir
erinnern auch hier nur, als Probe, an Einen Artikel, den Artikel
Homerus, bei welchem in der vorhergehenden Ausgabe das Verzeichniss der Erläuterungsschriften etwas über zehn Seiten einnimmt, in dieser, bei fast engerem, aber sehr deutlichem Druck, über
sechzehn Seiten, und zwar so geordnet, dass zuerst die Kupfer-
werke, dann die Wörterbücher, und darauf die übrigen Erläuterungsschriften angeführt werden. In ähnlicher Weise behandelt, berichtigt und vervollständigt erscheinen noch viele andere Artikel und
ist die Revision auch in dieser Beziehung eine durchgreifende zu
nennen, wie wir diess in Bezug auf die Angabe der Ausgaben und
Bearbeitungen in den Uebersetzungen eines jeden einzelnen Schriftstellers bereits bemerkt haben; hier noch weiter in das Detail einzugehen, und Belege zu Bekräftigung des Gesagten anzuführen, mag
als überflüssig erscheinen, da wo ein Blick in die Ausgabe, und,
wenn man noch weiter gehen will, eine Vergleichung derselben mit
der vorausgehenden, wenn auch nur in oberflächlicher Weise, diess
darthun kann. — Wir wollen daher lieber dem verdienten Herausgeber, dessen Mühewaltung Niemand die gerechteste Anerkennung,
versagen kann, unsere Theilnahme und unseren Dank dadurch zu
erkennen geben, dass wir den uns noch übrigen Raum benutzen zu
einigen Bemerkungen, die uns bei wiederholter Durchsicht und längerem Gebrauche des Werkes aufgestossen sind.

S. 23 wird unter den griechischen Rhetores auch aufgeführt: „Anecdota rhetorica I Schemata dianoeas. II Fragmentum de
barbarismo e cod. Paris. edidit F. A. Eckstein. Programm d. lat.
Hauptschule des Waisenhauses zu Halle. 4. 1852. 30 S." Dieser
Titel ist ganz richtig; da jedoch die Schrift gar Nichts aus dem
Gebiete der griechischen Rhetorik enthält (s. den Bericht über dieselbe in diesen Jahrbb. 1853, S. 444), so war sie hier ganz wegzulassen und dagegen bei den lateinischen Rhetores S. 390 einzu-
reihen, wo wir nur eine kurze Verweisung darauf jetzt finden; an
dieselbe Stelle S. 390 würden wir das unter Anonymus S. 394
hier aufgeführte Bruchstück einer Pariser Handschrift: De figuris vel
schematibus nach den Ausgaben von Quicherat, Sauppe und Schneidewin setzen, da es wohl neben den Antiqui Rhetores Latini u. A.
eine Stelle verdient.

S. 23 ff., wo die beiden grossen durch Angelo Majo veröffentlichten Sammelwerke, die ältere: Scriptorum veterum nova
collectio e Vaticc. codd. in Quart. von 1825 ff. und die andere in

Octav: Scriptorum classicorum auciorum e Vatice. codd. editt. collectio vom Jahr 1830 ff. angeführt werden, mit genauer Angabe des
Inhalts der einzelnen Bände, so weit er die griechische Literatur betrifft, wäre, wie wir glauben, auch die dritte grosse Sammlung desselben, wie sie in dem Spicilegium Romanum (1839 ff.) vorliegt, anzuführen gewesen, wenigstens nach dem, was sie für die
griechische Literatur enthält (z. B. von Nonnus, Johannes Philopo-
nus, Photius, Asclepiodotus (bei dem S. 105 auf dieses Spicilegium
verwiesen wird), Nicetas, Eustathius, Choricius, Dio Cassius
u. s. w., eben so wie auch Einzelnes daraus bei der römischen
Literatur angeführt werden konnte. — S. 27 wo die (griechischen)
Scriptores erotici angeführt werden, wird als Erläuterungsschrift das
Programm von Nicolai: „Ueber Entstehung und Wesen des griechischen Romans" angeführt (dasselbe auch S. 225 unter den Erläuterungsschriften zu des Longus griechischem Hirtenroman), es werden sich aber auch weiter beifügen lassen die Aufsätze „über den
griechischen Roman" von Manso (Vermischt. Schriften, Leipz. 1801.
II, p. 199 ff.) und Struve (Abhandl. und Reden pag. 254 ff.), die
„Notice sur les Romans grecs von Chardon de la Rochette (Mélan-
ges de critique, Paris 1812, II. p. 1 ff.) und „Essai littéraire sur les
Romanciers grecs" von Villemain erstmals in der Collection des Romans grecs traduits en Francais, von Merlin, Paris 1822, Th. I,
und dann wieder abgedruckt in der dritten Ausgabe des Lascaris,
Paris 1826; ferner der Aufsatz von Wiedemann: der griechische
Roman, in den Arbeiten der kurländischen Gesellschaft vom Jahre
1848, Heft 3, und selbst J. Dunlop's History of Fiction (im ersten
Bande), die 1851 zu Berlin ins Deutsche übersetzt von F. Liebrecht
herausgekommen ist.

S. 33 würden wir unter den Erläuterungsschriften der Scriptores
historiae Byzantinae auch angeführt haben: Ed. de Muralt Essai de
chronographie Byzantine de 395—1075. Saint Petersbourg 1858. 8.
und S. 30 bei den gleichen Schriften der Script. historici den Aufsatz von W. Rogge: die Geschichtschreibung der Griechen I, Logographen und Herodot. in Prutz literar-histor. Taschenbuch 1847 (v.)
Ebenso S. 36 bei den Scriptores rei militaris die Schrift von Arm.
Koechly: De scriptorum militarium graecorum codice Bernensi Dissertatio. Turici 1854. 4., zumal da die denselben Codex betreffende
Abhandlung von C. W. Müller in Jahns-Archiv hier angeführt ist;
auch wird man hier füglich unterbringen können eine andere Gelegenheitsschrift desselben Gelehrten, die hier unter Arrianus steht
und deren vollständiger Titel also lautet: „Libri tactici duae quae
Arriani et Aeliani feruntur editiones, emendatius descriptae et inter se
collatae Turici 1853. 4.", sowie noch eine andere desselben Gelehrten: „Selecta quaedam ex ineditis Leonis Tacticis capita. Turici,
1854. 4.", die wir S. 222 unter Leo nicht angeführt gefunden
haben. Bei Georgius Gemistus Pletho S. 148 kann die zu Paris
1858. 8. erschienene Ausgabe Πληθῶνος νόμων συγγραφῆς τὰ σω-
ζόμενα Traité des lois etc. texte revue par C. Alexandre hinzuge-

fügt werden, wiewohl es immerhin fraglich bleibt, ob bei der Herausgabe dieser neuen Auflage diese Schrift dem Verfasser schon bekannt sein konnte: dasselbe mag S. 152 bei Heraklitus gelten,
wo eine Abhandlung von Gladisch angeführt ist, der unlängst zu
Leipzig eine kleine Schrift erschienen liess: Heraklitos und Zoroaster. Eine historische Untersuchung u. s. w., als ein Pendant zu der
in Leipzig 1858 ebenfalls erschienenen: Empedocles und die Aegypter. Eine historische Untersuchung von Aug. Gladisch u. s. w.",
welche den Erläuterungsschriften des Empedocles S. 128 beizufügen
ist; eben so S. 153 bei Hermesianax die Bonner Dissertation, die
aber zu Leipzig typis B. G. Teubneri 1858 in 8. gedruckt erschien:
Quaestiones Hermesianacteae. Dissertatio philologica, quam publice
defendet scriptor Rudolfus Schulze. S. 255 wird bei den Ausgaben
einzelner Schriften des Manuel Philes jetzt beizufügen sein: Manuelis Philes Carmina nunc primum edidit E. Miller. Paris 1855 8.
in 2 Voll. gr. 8., ebenso S. 307 bei Psellus, die in dem fünften
Bande der Bibliotheca Graeca des J. A. Fabricius, und zwar der
älteren Ausgabe abgedruckte Schrift Παντοδαπὴ διδασκαλία. Ebendaselbst sind die von Seebode 1840 zu Gotha herausgegebenen
Ἐπιλύσεις σύντομοι φυσικῶν ζητημάτων angeführt, diese enthalten
aber nur den ersten Theil: der zweite erschien zu Wiesbaden 1857
als Festgabe für A. Boeckh's Jubiläum.

In der andern Abtheilung der Scriptores latini würden
wir S. 383 die Aufschrift: Poetae erotici lieber ganz weggelassen haben, da die unter dieser Rubrik allein aufgeführte Erläuterungsschrift von H. Paldamus: Römische Erotik eben so gut auch
unter den Erläuterungsschriften der Poetae elegiaci eine Stelle finden konnte: oder soll hier noch das berüchtigte Glossarium eroticum
linguae Latinae etc. Parisiis 1826 eine Stelle erhalten?

Zu den Erläuterungsschriften der Poetae elegiaci dürfte noch
hinzukommen Andr. Hedner: De elegiaci apud Romanos carminis
elegantiis expositio. Upsal. 1838 4. und vielleicht auch noch desselben Specimen Academicum: Tibullus, Propertius et Ovidius, elegiacae apud Romanos poeseos Triumviri, Lund. 1841 4.

Bei der Poesis antiquissima S. 382 dürfte beizufügen sein:
Streuber: „Ueber die älteste Poesie der Römer" in den Verhandl.
der Philologen zu Basel im J. 1848, S. 107 ff. und daraus ins Englische übersetzt im Classical Museum v. XXIV, p. 140 ff. Ferner
das Programm von Pfau: De numero Saturnio Specimen I. Quedlinburg, 1846. 4.

Zu den Erläuterungsschriften der Poetae satirarum kann hinzukommen: H. Paldamus: Ueber Ursprung und Begriff der Satire. Greifswald, 1834. 8. Schober: De Satirae initiis. Neisse, 1835. 8. M.
Scheibe, Diss. de Satirae Romanae origine et progressu. Zittaviae,
1849. I. M. Söderhelm: De vernacula Romanorum satira ad ideam
ejus nativam et peculiarem adumbrata. Specimen Academicum. Helsingforsiae, 1852 4.; auch Ch. Labitte in einem Aufsatz (La Satire
et la Comédie à Rome), der zuerst in der Revue des deux mondes

(T. XVI. p. 548 ff.) erschien und dann mit andern Aufsätzen zum
Theil verwandten Inhalts in den zu Paris 1846 in 2 Octavbänden
herausgekommenen Etudes literaires par Ch. Labitte avec une notice
de Saint Beuve wieder abgedruckt wurde. — S. 397 wird das Carmen Arvalium fratrum noch Marini's Werk Gli atti e monumenti etc.
angeführt; es dürfte nach beizufügen sein: Melchiorri Appendice agli
atti e monumenti de' fratelli Arvali.   Opera postuma. Rom 1855 4.
und Bergk: das Lied der Arvalbrüder in der Zeitschrift für Alterthumswissenschaft, 1856. v. 17—19.

    Eine besondere Beachtung wird der Artikel Inscriptiones
verdienen, da hier die gewaltige Masse der einzelnen, einzelne Inschriften zur Veröffentlichung bringenden oder sie erläuternden Schriften, so wie alle die Schriften, die sich auf Rechtsdenkmale beziehen, in alphabetischer Ordnung aufgeführt sind: ein eben so mühe-
volles als in der That riesenhaftes Unternehmen, das von S. 497
bis S. 531 reicht.   Hier bringt freilich fast jeder Tag Etwas Neues,
und Zusätze können hier nicht ausbleiben, wie z. B. S. 510 bei
den Schriften von C. L. Grotefend, dessen „Epigraphisches II n. III
drei und siebzig Stempel römischer Augenärzte. Göttingen, 1858
(Philologus Bd. XIII)“, oder S. 515 bei den Schriften von K. Klein
dessen Inscriptiones Latinae Provinciarum Hassiae Transrhenanarum.
Mogontiaci 1858. 4.   Anderes der Art, was wir uns am Rande bei-
geschrieben, wollen wir jetzt übergehen, da wir überzeugt sind, dass
der Herausgeber selbst bei seinen unausgesetzten Bemühungen, Alles derartige aufzuzeichnen und nachzutragen, darauf kommen werde:
wir möchten uns nur die Frage erlauben, warum S. 512 die Schrift
von F. Hitzig: Die Grabschrift des Darius zu Nakschi Rustam,
Zürich, 1847. 8. hier aufgenommen ist, da dieselbe doch blos eine
Keilinschrift betrifft, aber durchaus keine lateinische Inschrift; es
hätten dann auch Rawlinson's und Anderer Versuche auf diesem Gebiete der Keilschriften hier erwähnt werden können, die aber mit den
lateinischen Inschriften Nichts gemein haben.   Ebenso finden wir S.
526 unter dieser die lateinischen Inschriften betreffenden Literatur
aufgeführt: Guil. Schubert, De Romanorum aedilibus libri IV etc.
Regiomonti 1828, 8.“, welches Werk mit den Inschriften in keiner
Berührung steht.   Mit diesen Bemerkungen, die das grosse Verdienst
des Werkes keineswegs in Frage stellen sollen, wollen wir schliessen,
vorher aber noch eine Frage dem Verf. zur Beachtung vorlegen.

    Man wird es gewiss nur billigen, dass in diese Bibliographie auch die
lateinischen Dichter Prudentius und Sedulius aufgenommen worden sind.
Aber dürfte dann nicht auch ein Juvencus und Commodianus eine
Proba Falconia, ein Arstor, um nur diese zu nennen, eine Stelle verdienen? Viel Raum würde dadurch nicht in Anspruch genommen werden.

    Die äussere Ausstattung ist eine in jeder Hinsicht vorzügliche zu nennen,
im Druck und Papier wie in den kleinen aber doch so deutlichen Lettern,
und überhaupt in der ganzen Einrichtung. Dasselbe gilt von der Correctheit
des so schwierigen Druckes; den einzigen (nicht bedeutenden) Verstoss der
Art, den wir zu entdecken vermochten, bietet S. 27, wo statt Βιογράφοι
gedruckt steht Βιιγράφοι. Und so empfehlen wir mit voller Ueberzeugung
allen Freunden der classischen Literatur diesen bibliographischen Führer und
Rathgeber, den besten und den vollständigsten, den wir besitzen.

JAHRBÜCHER DER LITERATUR.

Die Tertiär- und Quartär-Bildungen am nördlichen Bodensee und im Höhgau. Von Dr. Julius Schill. Mit einer lithographirten Tafel. Stuttgart, Verlag von Ebner und Seubert. 1859. S. 125.

In vorliegender Abhandlung giebt uns Herr Dr. Schill einen neuen Beweis seiner Thätigkeit auf dem Gebiete vaterländischer Geognosie; es reiht sich dieselbe in würdiger Weise an die früheren Arbeiten über das Kaiserstuhl-Gebirge, über die Basalte im Höhgau u. s. w.

Die Tertiär- und Quartär-Gebilde des Seekreises bedecken ungefähr einen Flächenraum von 32 Quadratmeilen, etwa den achten Theil des Grossherzogthums und stehen demnach an Verbreitung hinter den krystallinischen Felsmassen (Gneiss, Granit) und der Trias-Gruppe nicht zurück. Das Auftreten der Tertiär-Formation scheidet sich in zwei natürliche Territorien: eines, der Fortsetzung der Molasse der nordöstlichen Schweiz entsprechend wird von Schill als Hügelland am Bodensee bezeichnet, das andere, weil es den in der Schweiz an den Jura gebundenen Tertiär-Schichten gleicht, als Jurazug vom Randen und Höhgau bis zur Donau. Die Reihenfolge ist in ansteigender Ordnung: I. Aelteste Landbildung. II. Brackische Bildung. III. Untere Süsswasser- und Landformation. IV. Obere Land-, Süsswasser- und Meeres-Bildungen. V. Land- und Süsswasser-Bildungen. VI. Quartär-Formation, aus Nagelflue, Geröllen und Bohnerzen bestehend. Die älteste Landbildung, die Paläotherium-Formation von Frohnstetten (in Würtemberg) hat der Verf. nur der Vollständigkeit wegen in die Betrachtung aufgenommen; diese Ablagerungen von Bohnerz mit Resten von Palaeotherium und Anoplotherium, muldenförmige Vertiefungen im Jurakalk erfüllend, gehören der sog. oligocänen Epoche an und sind, wie bereits Sandberger gezeigt hat, gleichen Alters mit den Bohnerzen der Umgebungen von Kandern. Die brackische Bildung wird vertreten durch kalkige Conglomerate im Andelsbachthal (bei Hausen, Zell), welche in den unteren Schichten einen grossen Reichthum an Steinkernen von Cerithium margaritaceum und C. plicatum, Schalen von Ostrea gryphoides u. s. w. enthalten; sie sind das Aequivalent der Cyrenenmergel von Mainz.

Sowohl in der Nähe des Bodensees, als im Jurazug des Randen erscheinen die unteren Süsswasser- und Landbildungen. Dort ist es zunächst Kalk, welchen seine organischen Reste — Helix, Cyclostoma, Planorbis — als einen dem älteren Süsswasserkalk der Alp (z. B. Ulm) entsprechenden Landschneckenkalk erkennen lassen,

der von einem feinen, glimmerigen Sandstein mit untergeordneten
Kalkbänken bedeckt wird; es ist dies die untere, an Versteinerungen leere Süsswassermolasse, Analogon der Mergelmolasse der Schweiz.
Am Randen hingegen finden sich bei Engelswies Süsswasserkalke
mit Mergeln zahlreiche Reste, besonders Zähne von Anchitherium
Aurelianense, Dorcatherium Vindobonense, Palaeomeryx Bojani und
Kaupi, Mastodon angustidens u. s. w. enthaltend. — Hierher stellt
der Verfasser einstweilen das Bohnerz-Gebilde von Heudorf, welches
wesentlich von dem Breisgauer verschieden ist.

Die oberen Land-, Süsswasser- und Meeres-Bildungen beginnen in dem Hügelland des Bodensees mit dem meerischen Muschelsandstein, ein bald quarziger, bald kalkiger Sandstein, öfter in sog.
Molasse-Sandstein übergehend, mit Palaeomeryx Scheuchzeri, Mastodon angustidens, vielen Haifischzähnen und Schalen von Ostrea und
Pecten; es ist dies das meerische Aequivalent des brackischen Ceri-
thienkalkes im Mainzer Becken, d'Orbignys Falunien der Touraine
und von Bordeaux und bietet, dem miocenen Grobkalk des Randen
und Höbgau gegenüber durch seine Menge von Haifisch-Resten,
durch grosse Seltenheit von Melanopsis und Turritella, so wie von
Gasteropoden im Allgemeinen, einen scharfen Contrast. Der miocäne
Grobkalk am Randen, in vereinzelten, bis zu 80 Fuss mächtigen
Ablagerungen auftretend, geht durch Aufnahme zahlreicher Conchy-
lien-Trümmer in Muschelconglomerate über. Als leitende Petrefacten hebt Schill Turritella turris, Melanopsis citharella, die Geschlechter Neritina, Pleurotoma, Ostrea und Pecten, sodann Reste von Mastodon, Halianassa, Zähne von Carcharodon, Oxyrhina und Lamna
hervor. Letztere, die Haie und Säugethiere verbinden den Grobkalk des Randen mit dem Muschelsandstein am Bodensee, und zugleich mit den Bildungen von Mainz und Wien.

Auf den meerischen Muschelsandstein folgt am Bodensee die
verbreitete und bis zu 500 Fuss Mächtigkeit erreichende obere Süsswassermolasse, ein sehr weicher, oft glimmeriger Sandstein mit Ein-
lagerungen von Süsswasser-Tuff und Braunkohle und Schalen von
Unio und Helix; am Randen und im Höbgau hingegen erscheint,
bald auf dem miocenen Grobkalk, bald auf Jurakalk ruhend, Nagelflue. Sie besteht vorzugsweise aus Geröllen des weissen Jura. Auf
ihr liegen am Hohenhöwen Bänke von Thon und Gyps, welche schon
vor geraumer Zeit die Aufmerksamkeit der Paläontologen wegen des
Vorkommens von Testudo antiqua erregten. Schill glaubt das eigenthümliche Auftreten des Gypses, welcher wie ein Kranz den Ba-
saltberg umgibt, auf eine metamorphische Bildung zurückführen zu
müssen, entstanden aus der Zusammenwirkung der Exhalationen von
Schwefelwasserstoff und Wasserdampf mit kohlensaurem Kalk und
porösen Thonmergeln.

Die oberen Land- und Süsswasser-Bildungen nehmen ihre Stelle
auf der oberen Süsswassermolasse ein. Hierher gehört im Gebiete
des Bodensees der bituminöse Kalkschiefer von Oeningen, berühmt

wegen eines Reichthums der Flora und Fauna, wie solchen wenige
Orte in der Welt aufzuweisen haben. Von Pflanzen-Arten gibt Heers
neuestes Werk 260 an. Ueberraschend ist die Menge der Insekten;
man kennt jetzt etwa 68 Genera von Käfern, welche hauptsächlich
durch Buprestiden und Hydrophiliden (d. h. Wespen und Wasser-
käfer) vertreten sind. Ausgezeichnete Naturforscher haben sich bekanntlich mit Oeningens Flora und Fauna beschäftigt, wie Agassiz,
H. v. Meyer, A. Braun, Heer u. A. Die Resultate, zu welchen
dieselben gelangten, sind: dass Oeningen hinsichtlich seiner fossilen
Pflanzen- und Thierwelt nur geringe Aehnlichkeit mit der jetzigen
am Bodensee, jedoch eine grosse mit der lebenden Japans und Nord-
amerikas zeigt, während nur ein Theil der Pflanzen und die Fische
der gegenwärtigen Schöpfung am Bodensee näher stehen. — Gleichfalls in der Nähe des Bodensees und auf oberer Süsswassermolasse
ruhend, erscheint die Lignit-Bildung: Mergel, Kalke, Thone mit untergeordneten Flötzen von Braunkohle. Von organischen Resten finden sich am Schienerberge Blätter von Salix, Acer, am Bodensee
Schalen von Limneus, Helix, Planorbis, sowie Samen von Chara.
Dies Gebilde ist das Aequivalent des Litorinellenkalkes im Mainzer
Becken. — Im Höhgau kommen am Hohenkrähen — einem der
stattlichsten Phonolith-Kegel jener Gegend von 2148 Fuss Meereshöhe — Phonolithtuffe vor, die neben Bruchstücken sedimentärer
und krystallinischer Gesteine hin und wieder eine Schnecke enthalten, die unter verschiedenen Namen (z. B. als Helix sylvestrina)
aufgeführt wurde, nach Sandberger aber Helix Moguntina Desh. ist,
welche sich bisweilen auch in den basaltischen Tuffen des Wester-
waldes und in der Rhön einstellt.

Quartärbildungen erscheinen sowohl in den Umgebungen des
Bodensee's als am Randen und im Höhgau in nicht unbedeutender
Verbreitung. Es sind Nagelflue und Gerölle, bestehend aus Gesteinen der Alpen, der Rheinquellen, der Tödikette, des Rhätikons, Sentis, des Quellenbezirks der Ill und des gesammten Vorarlberges.
Diese beiden Zustände des Gerölle-Gebildes oder Diluviums als Nagelflue und lose Gerölle sind — wie Schill ganz richtig bemerkt —
mit der Entstehungs-Geschichte der jüngsten Gestaltung des Landes
enge verknüpft und entsprechen verschiedenen periodischen Abschnitten, aus deren letzterem die hydrographischen Verhältnisse der Gegenwart grösstentheils hervorgingen. — Von organischen Resten hat
man im Gerölle Elephas primigenius und Equus caballus gefunden
und in einem quartären Mergel am Gallerthurm bei Ueberlingen zahlreiche Conchylien, worunter die für den Löss so bezeichnenden Succinea oblonga und Helix hispida. — In den Spalten der Höhen des
weissen Jura lagern am Randen die Bohnerze der Quartärperiode
mit der dritten Säugethierzone, den Bohnerzen von Salmendingen u.
s. O. an der schwäbischen Alp identisch.

An die Schilderung der Quartärformation reiht Schill noch interessante Betrachtungen über die Bildung des Rheinthal-Durch-

schnittes und Bodensee-Beckens, über Absatz von Geröllen und von
Löss im Rheinthal. Die lithographirte Tafel enthält mehrere lehrreiche Profile. — Wir hoffen, dass Schill uns bald mit einer ähnlichen gründlichen Arbeit erfreuen wird; die noch keineswegs hinreichend erforschten am südöstlichen Rande des Schwarzwaldes verbreiteten Sedimentär-Gebilde bieten hiezu genügenden Stoff.

G. Leonhard.

---

*Essais de logique, leçons faites à la sorbonne de 1848—1856 par
Charles Waddington, agrégé de la faculté des lettres de
Paris. Paris, A. Durand, libraire etc. 1857. 11 S. u. 480
S. gr. 8.*

Der durch seine Untersuchungen über den Philosophen Ramus (Pièrre de la Ramée) rühmlichst bekannte Herr Verf. wurde
nach dem S. 474—480 mitgetheilten Prüfungsberichte des berühmten Philosophen Victor Cousin vom 6. December 1848 agrégé
der philosophischen Facultät in Paris, und hat die hier mitgetheilten Vorlesungen mit Beifall in der Sorbonne gehalten. Die Vorlesungen enthalten einzelne logische und psychologische Abhandlungen, worin der Herr Verfasser, der im Jahre 1848 eine von der
französischen Akademie gekrönte Preisschrift de la psychologie d'Ari-
stote schrieb, besonders eine umfangreiche Kenntniss des Aristoteles zeigt. Die in denselben behandelten Gegenstände sind: 1) Der
Nutzen der logischen Studien, namentlich die Beziehungen
der letzteren zur Psychologie, 2) der Gegenstand der Logik, 3) die Auffindung des Schlusses, 4) Hamilton's
neue Analytik, 5) die deduktive Methode, 6) die Induktion und die induktive Methode, 7) die Methode
in der Psychologie, 8) die Methode des Pantheismus,
9) die Begründung des Eigenthums. Es ist hieraus ersichtlich, dass sich kein streng wissenschaftlicher Zusammenhang zwischen den hier behandelten logischen Gegenständen zeigt, und dass
nur die ersten sechs Versuche, wie sie der Herr Verf. nennt, unter
die allgemeine Aufschrift des vorliegenden Buches: Versuche der Logik, gehören, da die letzten drei mehr ins Gebiet der Psychologie,
Methaphysik und Politik einschlagende Gegenstände behandeln.

Ueber die psychologische Grundlage der Denkwissenschaft sagt der Herr Verf. S. 37 sehr richtig: „Nicht äusserlich,
nicht in todten Werken muss man den Menschen zum Gegenstande
der Wissenschaft machen, wenn man, wie in der Logik, den Gedanken, den Schluss und die Bedingungen, unter denen beide statt
finden, kennen lernen will.“ — „Im Bewusstsein, in sich selbst muss
Jeder die menschliche Natur beobachten. Durch diese Methode allein können wir hoffen, weiter, als Aristoteles, zu gehen, mögen

wir nun Regeln finden, die er nicht gekannt hat, oder das in Erfahrung bringen, was jede andere Methode zu begreifen unfähig ist."
In gleicher Weise lesen wir S. 155: „Die Psychologie ist der
Ausgangspunkt der Logik. Jede andere Methode wäre ungenau und
nothwendig unvollständig. Das sicherste Mittel, das einzig unfehlbare, diesen Theil (die Logik), so wie alle andern Theile der Philosophie, zu fördern, besteht in der Anwendung der Psychologie".
Ueberall wird von der Logik des Aristoteles ausgegangen und
auf die Abweichungen von derselben in der neueren Denklehre hingewiesen. Der Hr. Verf. nimmt dabei zu wenig auf die voraristote-
lische Logik, wie auf die der Megariker, Rücksicht, denn gerade
die Masse von sophistischen Schlüssen, welche zur Lösung des Scheines in den Schlüssen von den Megarikern aufgestellt wurden, und die
Platonische Dialektik beweisen, dass die Denklehre seit Sokrates
sich schon vor Aristoteles bedeutend entwickelt hatte, wenn sie
gleich erst von Aristoteles zu einer besondern Wissenschaft erhoben wurde. Ueber die vorsokratische Philosophie und die
Lehre des Sokrates sagt der Herr Verf. S. 182: „Alle diejenigen,
welche die philosophischen Systeme Griechenlands studirt haben,
wissen, dass die Frage nach dem Wesen der Dinge (l'essence des
choses) in ihnen die erste Stelle einnimmt. Selbst vor Sokrates
war diese Frage durch Pythagoras und durch die Philosophen
der eleatischen Schule erhoben worden. Sokrates, welcher die
Gewissheit des Gedankens gegen die Sophisten und die Materialisten zu retten hatte, hatte es versucht, der Wissenschaft einen bestimmten Gegenstand über den sinnlichen Erscheinungen zu
geben, indem er sich auf dem Wege der Induktion zum Allgemeinen, zur Gattung, zum Wesen der wirklichen Dinge erhob." Nicht
nur die Pythagoräer und Eleaten, sondern auch die Jonier
und Atomisten haben nach dem Wesen der Dinge gefragt, und
Sokrates' Ausgangspunkt war zunächst das Sich selbst erkennen.
Man lernt ihn überhaupt aus Xenophon mehr, wie er war und
dachte, erkennen, während ihn Plato zu einem Ideale, dem Gegenstande seiner philosophisch-dichterischen Versuche macht.

Ganz begründet ist die Art und Weise, nach welcher S. 330
die Methode der Psychologie entwickelt wird.

„Was ist die Seele oder das Ich? das ist die sehr einfach
scheinende Frage, welche die Psychologie sich vorlegt. Aber
wir haben so eben gesehen, dass diese Frage noch viele andere in
sich fasst". — „Welches ist die Seele, die wir am besten kennen
oder die wir am leichtesten kennen lernen? Das ist gewiss unsere
Seele. Mit uns müssen wir daher anfangen, und, weil wir uns jeden Augenblick in unseren Handlungen und in unsern Arten zu sein
erkennen, so müssen wir die Wissenschaft der Seele für uns mit
Thatsachen beginnen. Die verschiedenen Zustände unserer Seele,
unsere verschiedenen Arten zu sein und zu handeln, nach Massgabe unserer Kräfte beschreiben, das ist die erste Aufgabe der Psy-

chologie; denn diese scheint die leichteste und einfachste. Aber es
handelt sich nicht allein um mich, das heisst um eine Seele, um
einen einzelnen Geist. Die Psychologie wird nur eine Wissenschaft, wenn sie von jeder Seele spricht. Man muss also durch
das Studium derer, die uns gleichen, unsere Beschreibungen bewahrheiten (vérifier) und vervollständigen (compléter). Wenn man die
Resultate einer doppelten Erfahrung (der Selbst- und Menschenkennt-
niss) aufgezeichnet hat, wird man eine unzählbare Menge von Thatsachen vor sich haben. Um sie alle durch den Gedanken zu begreifen, wird man sie auf eine gewisse Anzahl zurückführen müssen;
man wird sie nach Gattungen und Arten ordnen". — „Diese verschiedenen Handlungen, deren Zergliederung man vorgenommen hat,
setzen in dem Wesen, das sie enthält, Kräfte oder Vermögen voraus. Was ist ein Vermögen? Wie viel gibt es deren in der Seele?
Gibt es untere und obere, oder sind sie alle gleich, wie man behauptet hat? Man wird auch die verschiedenen Verrichtungen und
die Entwicklung eines jeden dieser Vermögen zum Gegenstande der
Wissenschaft machen, und dann werden sich diese berühmten Fragen über den Ursprung der Erkenntnisse zeigen: Kommen alle unsere Ideen von den Sinnen? Gibt es etwas Angebornes in unserer
Erkenntniss oder im Herzen des Menschen, oder ist wohl die Seele
im Gegentheile eine leere Tafel? Die Geschichte der berühmten, von
den Philosophen in dieser Hinsicht begangenen Irrthümer genügt
zur Begründung dieser Regel der einfachsten Klugheit, in jeder Nach-
forschung nach dem Ursprunge mit dem Studium und der Beobachtung unseres wirklichen Zustandes zu beginnen" u. s. w.

Der Herr Verf. gibt S. 333 drei auf einander folgende Stufen
„im Studium der Psychologie" an. „Zuerst, sagt er, muss
man die Handlungen der Seele, ihre Zustände, Arten zu sein, Vermögen, Neigungen und Gewohnheiten zergliedern und beschreiben.
Sodann wird man sich fragen müssen, welches die Gesetze der Ausübung unserer Vermögen sind, der Reihe nach in ihrer Geschichte
oder einzelnen Entwicklung betrachtet, hernach in ihren Beziehungen
unter einander und in ihrem wechselseitigen Einfluss. Endlich wird
die Philosophie nach dieser doppelten Arbeit in der Lage sein, sich
geradezu an die Frage nach der Natur der Seele und an die damit
zusammenhängenden Fragen zu machen. Die alte philosophische
Sprache bietet uns einen Ausdruck, der uns zur Bezeichnung dieser
neuen Art von Fragen dienen kann. Man nennt sie die Metaphysik der Seele". Nach dieser dreifachen Abstufung im Studium der
Psychologie werden drei Theile dieser Wissenschaft unterschieden
(S. 333), „die Beschreibung der Handlungen und Vermögen der
Seele, die Untersuchung der Gesetze, welche ihre Entwicklung leiten
und die Bestimmung ihrer Natur, wie eine Folgerung der vorausgehenden Untersuchungen".

Nachdem er sich gegen Condillacs Sensualismus ausgesprochen hat, gibt er der Seelenwissenschaft eine vom Materialismus we-

senschließt verschiedene Aufgabe. „Von welchen Beobachtungen wollen wir sprechen? (S. 843 und 844). Weil man dieses Wort so sehr missbraucht hat, ist es gut zu wissen, welche Bedeutung man ihm giebt" ..... „Handelt es sich wirklich in der Psychologie darum, den Körper, das Gehirn, die Organe unserer Vermögen zu studiren? Wohl lohnt sich dieses Studium und man muss es mit dem intellectuellen und sittlichen Menschen verbinden. Aber, wenn ich als Philosoph sage, dass ich den Menschen beobachten will, von wem spreche ich? Von mir ohne Zweifel? Und wer ist dieses Ich? (Qui est ce moi?) Mein Körper? Gewiss nicht; denn mein Körper ist mir, er gehört mir, er ist nicht das Ich, er ist nicht das Ich, welches sich des Körpers bedient, und das ihn in Bewegung setzt. Das Ich, das heisst meine Seele, wie Descartes sagt, ist der Mensch, von dem der Philosoph spricht, und dessen Natur die Psychologie erforscht. Es handelt sich also um eine sittliche Beobachtung, um jene, die uns das γνῶθι σαυτον vorschreibt, und nicht um eine rein sinnliche Beobachtung, die z. B. darin bestände, einen menschlichen Körper zu zerlegen, um darin die Ursprünge und Anfänge des sittlichen, wie des stofflichen Lebens zu suchen, oder einen Schädel zu studiren, um durch seine zufälligen Erhabenheiten und Vertiefungen die verschiedenen Vermögen der menschlichen Seele zu erklären".

Gewiss hinreichend begründet ist, was der Herr Verf. über die Unmöglichkeit der Kenntniss Anderer ohne Selbsterkenntniss sagt.

„In der That, bemerkt er S. 852, mit Hülfe der Sinne beobachtet man den Andern, und, wenn man auf die Anzeichen beschränkt wäre, welche uns jene liefern, man würde nie die Bedingungen, die Natur, die Beweggründe, den Zweck der Handlungen entdecken, die man von Aussen sieht. Indessen kann ich die Handlungen, Worte und Werke der mir Gleichen nicht beobachten, ohne daran gewisse Gedanken zu knüpfen, welche die Sinne mir nicht liefern konnten. Unter diesen verschiedenen Handlungen scheinen mir die einen gut, die andern schlecht. Hier bewundere ich das Genie und die Macht der Erfindung oder des Urtheils, dort bedauere ich den Unwissenheit oder dem Irrthum zu begegnen; ich fälle auch über die Affecte und Leidenschaften, die ich einem Andern beilege, Urtheile. Hier sind die Resultate meiner Beobachtungen; aber wie habe ich in diesen äussern Handlungen die unsichtbaren Eigenschaften gesehen, die ich ihnen beilege? Welche Beziehung ist zwischen dieser Gestalt, dieser Bewegung oder dieser Farbe und der Sittlichkeit, der Einsicht, dem Urtheile und der Leidenschaft vorhanden? Woher kommen mir diese Gedanken? Offenbar von der Erinnerung an das, was ich durch mein Bewusstsein erfahren habe. Wenn ich nicht durch das, was ich in mir selbst erkannt habe, wüsste, was erfüllte oder verletzte Pflicht, was die Freiheit, der Gedanke, das Gefühl ist, Niemand in der Welt könnte es mir lehren, noch mir

den kleinsten Begriff davon beibringen. Also noch einmal, wir k
nen die menschliche Natur in einem Andern nur vermittelst
menschlichen Natur, die wir zuerst in uns selbst kennen gelernt
ben, erkennen. Daher ist das erste Geschäft der Psychologie,
der Vorschrift des Sokrates und Descartes in sich selbst ein-
zukehren". Als Princip der psychologischen Erkenntniss
wird das Bewusstsein festgestellt. „Es steht für uns fest (S. 354),
dass es ein Mittel gibt, unmittelbar und mit Gewissheit zu den sittlichen Thatsachen der menschlichen Natur zu gelangen, dass dieses
Mittel das Bewusstsein ist, und dass es kein anderes gibt. Dieses ist die erste Auktorität in der Psychologie, auf diesem Grunde
muss man sie aufbauen, wenn man sie zu einer Wissenschaft erheben will".

Nachdem die psychologische Theorie des Descartes entwickelt
worden ist, wird S. 375 auf ihre Unvollkommenheit hingewiesen.
„Sie stützt sich im Grunde auf diese zwei Elemente, zuerst eine
aufmerksame und selbst tiefe Beobachtung, für welche man grosse
Vorsichtsmassregeln genommen hat, aber die nur zu einer Thatsache
des Bewusstseins führt, dann ein vorschnelles, verwegenes, nicht hinlänglich begründetes Urtheil über die Natur der Seele. Indem man
in einem gegebenen Augenblicke über sich selbst nachdenkt, findet
man sich denkend, und man schliesst sogleich daraus, dass die Seele
ganz allein im Denken besteht. Was ist unvollständiger, ausschlies-
sender, verwegener, als eine solche Methode? Könnte sie nicht eben
so gut die Formel liefern, welche Condillac und das achtzehnte
Jahrhundert Descartes entgegensetzen: Ich empfinde, also bin
ich, oder ich bin ein mit Empfindung begabtes Ding, oder jene andere Formel, worauf die Philosophie des Maine de Biran hinausläuft: Ich will, also bin ich?

Ref. kann dieser gegen Descartes gerichteten Bemerkung des
Hrn. Verf. nicht beistimmen. Bekanntlich haben Gassendi und
seine Freunde dem cogito, ergo sum des Cartesius den Vorwurf
entgegengehalten, dass man eben so gut, als ich denke, also bin ich,
auch sagen könne: Ich gehe spazieren, esse, trinke, also bin ich.
Cartesius hat dem Vorwurfe mit Recht erwiedert, dass man vom
Spazierengehen, Essen, Trinken u. s. w. nur etwas durch das Denken wisse, also eigentlich sagen müsse: Ich denke, dass ich gehe,
esse, trinke, also bin ich, so werde uns das Sein wieder nur durch
das Denken gewiss. Dasselbe, was Cartesius Gassendi erwie-
derte, ist auch auf den Einwand des Herrn Verf. zu bemerken. Ich
weiss nur etwas von meinem Empfinden und Wollen durch das Denken, und müsste also eigentlich sagen: Ich denke, dass ich empfinde,
dass ich will, also bin ich. Das Sein wird also wieder nur durch das
Denken gewiss. Wenn der Herr Verf. mit Condillacs sensuali-
stischer Meinung zugleich die Ansicht des ganzen 18. Jahrhunderts
verbindet, so urtheilt er vom Standpunkte der französischen Philosophie. Dieses kann aber nicht genügen, wenn man vom 18. Jahrh.

überhaupt spricht. Waren nicht Leibnitz, Wolf, Kant, Fichte, Berkeley, die schottischen Moralphilosophen u. s. w. der Condillac'schen Philosophie diametral entgegengesetzt, und gehören nicht diese alle dem 18. Jahrh. an, ja vertreten nicht diese alle den Standpunkt der Philosophie im 18. Jahrhundert weit eher, als der französische Locke Condillac?

Gegen die absolute Idee Hegel's bemerkt der Hr. Verf. S. 433 in der Methode des Pantheismus sehr richtig: „Es ist eine Zweideutigkeit, gegen welche die gewöhnliche Logik uns nicht hinlänglich schützt, und welche man um jeden Preis beseitigen muss, ich meine die Verwechslung des Seins an sich und des Seins durch sich oder des allgemeinen (reinen) und des unendlichen Seins. Das Sein durch sich selbst ist das nothwendige, ewige, unendliche Sein, dessen Existenz durch eine unmittelbare Gewissheit der Vernunft bekannt ist, das ist Gott selbst, die Ursache der Welt, weil er das unendliche Gute ist, das in sich selbst den Grund seines Seins hat. Das Sein an sich ist das höchste Resultat der Abstraction, hervorgehend aus der Vergleichung aller wirklich seienden Dinge und durch eine allmälige Ausmerzung (élimination graduelle) ihrer unterscheidenden und wesentlichen Merkmale, d. h. dessen, was ihre Wirklichkeit ausmacht. Es ist der Gattungsbegriff Sein, das unbedingt unbestimmte Sein ohne Gestalt und Beschaffenheit und das folglich nicht ist; denn, um zu sein, muss es irgend Etwas sein. Das, was nichts ist, ist nicht. Das Sein an sich ist also nur eine Anschauung unseres Geistes. Ausser demselben hat es keine positive Realität. Es ist also ohne die Kraft, sich zu irgend etwas zu entfalten, und man kann nichts aus ihm hervorgehen lassen".

Hinsichtlich der logischen Untersuchungen des Hrn. Verf. können wir der von demselben vertheidigten neuen Ansicht des schottischen Logikers William Hamilton (S. 126 ff.) von den Urtheilen, beziehungsweise Sätzen nicht beitreten. Nach der bisherigen Logik theilt man die nach Quantität und Qualität verbundenen Urtheile in sechs Klassen in allgemein-, besonders- oder einzeln bejahende, in allgemein-, besonders- und einzeln verneinende, weil der Stammbegriff der Quantität auf den der Allheit, Vielheit und Einheit und der Stammbegriff der Qualität auf den der Bejahung und Verneinung zurückgeführt wird, also die drei Stammbegriffe der Quantität mit den zwei Stammbegriffen der Qualität, der Realität und der Negation, verbunden, 6 Stammbegriffe für Quantität und Qualität der Urtheile bilden. Man hat der Vereinfachung wegen das Einzelne zum Besondern gerechnet, und daher allgemein bejahende, allgemein verneinende, besonders bejahende und besonders verneinende Urtheile, beziehungsweise Sätze unterschieden. Man geht dabei von dem Grundsatze aus, dass die Quantität des Urtheils durch die Quantität des Subjekts, die Qualität des Urtheils durch die Qualität des Prädikats bestimmt wird. Nach Hamilton soll nun die

Quantität des Urtheils nicht nur vom Subjekte, sondern auch vom
Prädikate abhängen, und er unterscheidet demnach die allgemeine
und besondere Quantität des Subjekts und Prädikats, also nach der
Quantität viererlei Urtheile, da man vorher, wenn man die einzelnen
zu den besondern zählt, nur zweierlei kannte, welche, nach der Qualität mit Bejahung und Verneinung verbunden, zu acht verschiedenen
Arten von Urtheilen werden.

Hiernach hätte man der Quantität nach anstatt, wie seither,
zweierlei Arten von Urtheilen oder Sätzen, allgemeine und besondere,
vier Arten, in welchen die allgemeine und besondere Quantität in Subjekt und Prädikat liegt, 1) die allgemein allgemeinen Sätze
(propositions toto-totales) nach der Formel: Alle A sind alle B, z. B.
alle Dreiecke sind alle Polygone von drei Seiten; 2) die allgemein-
besondern Sätze (propositions toto-partielles), in welchen die allgemeine Quantität im Subjekte, die besondere im Prädikate ausgedrückt
wird nach der Formel: Alle A sind einige B, z. B. alle Menschen
sind einige Thiere; 3) die besonders allgemeinen, in welchen
das Subjekt im besondern, das Prädikat im allgemeinen Sinne genommen wird nach der Formel: Einige A sind alle B; 4) die besonders besonderen, in welchen die Besonderheit im Subjekte
und Prädikate vorkommt nach der Formel: Einige A sind einige B.
Wenn nun alle diese Urtheile einmal bejahend, dann wieder verneinend gedacht werden, entstehen die angedeuteten acht Arten von
Urtheilen, indem man vor jedes der vier entwickelten entweder bejahend oder verneinend setzt. Offenbar liegt aber die Quantität nur
in dem Subjekte; denn die Quantität kann nur durch den Begriff
ausgedrückt werden, welcher bestimmt wird; dieser aber ist immer
das Subjekt. Vom Prädikate hängt die Qualität des Urtheils ab,
weil diese die Beschaffenheit und die Beschaffenheit das Prädikat
selbst ist. Daher kann man die von Herrn Hamilton angenommenen Urtheile nicht in der Rede ausdrücken, und darum auch nicht
in dieser Weise denken. In den Urtheilen, in welchen Subjekt und
Prädikat nicht gleiche Sphäre haben, was in allen Urtheilen der Fall
ist, mit Ausnahme derer, welche Definitionen, Beschreibungen oder
Erörterungen, also überhaupt Begriffs- oder Vorstellungserklärungen,
also analytisch und nicht synthetisch sind, hat das Prädikat eine
grössere Sphäre, als das Subjekt, weil es das Subjekt einschliesst,
und überhaupt auch vielen andern Subjekten zukommen kann. Darum ist das Prädikat der Oberbegriff (terminus major), das Subjekt
der Unterbegriff (terminus minor) des Satzes. Man kann sich also
nicht, wie nach der Hamilton'schen Ansicht behauptet werden
will, mit einer Umkehrung ohne Veränderung der Quantität und
Qualität begnügen. Die Contraposition oder Umkehrung durch Veränderung der Qualität, die nicht mit der Conversio per accidens oder
logischen Umkehrung durch Veränderung der Quantität zu verwechseln ist, ist hier nicht einmal erwähnt, während die einfache logische
Umkehrung, welche nach der Hamilton'schen Methode in allen

Urtheilen vorkommen soll, nur in den allgemein bejahenden Urtheilen, in welchen Subjekt und Prädikat gleiche Sphäre haben, also in den wenigsten, in den allgemein verneinenden, weil sich hier Prädikat und Subjekt ganz ausschliessen und in besondern Urtheilen, weil hier Subjekt und Prädikat nicht ganz verbunden und nicht ganz getrennt sind, vorkommt.

Der Herr Verf. kennt übrigens im Ganzen die englische und französische Philosophie besser, als die deutsche, welche er häufig unter dem Namen des modernen Pantheismus abfertigt, und behandelt keine andere Philosophie, als den Hegelianismus. Es scheint, dass derselbe den bedeutenden Gegensatz nicht kennt, der sich gegen die Hegel'sche, Alles auf abstrakte Begriffe zurückführende und aus diesen ableitende Philosophie bis zur Gegenwart in der Herbart'schen Schule, in der Hegel'schen Philosophie selbst durch Trennung von Alt- und Junghegelthum, in Krause, im Neuschellingianismus und von andern Seiten her erhoben hat.

Es ist gewiss ein erfreuliches Zeichen, dass unser Nachbarland in so ernster und anerkennenswerther Weise, wie das vorliegende Buch zeigt, sich dem gründlichen Studium der Philosophie zuwendet und dass sich der Geist einer milden, vorurtheilslosen und sittlich wissenschaftlichen Beurtheilung jenen einseitigen und unphilosophischen Bestrebungen, die sich daselbst im vorigen Jahrhundert durch einen frivolen und oberflächlichen Materialismus festsetzten, entgegen, immer mehr in der philosophischen Entwicklung Bahn bricht. Refer. stimmt ganz mit den Worten der Vorrede unseres gelehrten Herrn Verfassers (S. II) überein: „Zwei Dinge scheinen in unsern Tagen in der Philosophie nothwendig, ein sittlicher Charakter in den Lehren, welche sie bekennt, ein wissenschaftlicher Charakter in der Art, mit welcher sie dieselben begründet".

Die Schweiz. Monatschrift des literarischen Vereins in Bern, herausgegeben von Dr. L. Eckardt und Paul Volmar. Schaffhausen, Verlag der Brodtmann'schen Buchhandlung. Jahrgang 1858, 12 Hefte und Jahrgang 1859, 2 Hefte.

Vorstehende Zeitschrift wurde im vorigen Jahre von dem literarischen Vereine in Bern gegründet. Sie erscheint in monatlichen Heften. Sie gibt Schilderungen aus dem Volksleben mit Berücksichtigung der einzelnen Thalschaften in Bauart, Tracht, Gewohnheiten und Sitten. Diese werden durch ihre geographischen und geschichtlichen Verhältnisse begründet. Sie sammelt Volkssagen jeder Thalschaft und jedes Dorfes in ihren Erzählungsweisen, wo möglich, in der Volksmundart, eben so die „leider immer mehr ersterbenden Volkslieder", sie theilt die Sprichwörter, Redensarten und eigenthüm-

lichen Ausdrücke des schweizerischen Volkes mit, sie bringt Lebensbeschreibungen und Charakterbilder aus dem Leben und der Geschichte des Landes. Sie enthält zur Hebung der nationalen Poësie Lieder, Balladen, Novellen, kleinere dramatische Dichtungen. Sie
erörtert die Verhältnisse der schweizerischen Kunst, insbesondere der
Poësie, des Theaters, der Musik, wie der Wissenschaft des Landes.
Auch soll ausgezeichneten poëtischen und wissenschaftlichen Arbeiten, „wenn sie gleich die Schweiz nicht mittelbar berühren", die
Aufnahme vorbehalten sein und eine schweizerische Kostümgeschichte
in Bildern vorbereitet werden.

Die Herren Herausgeber Dr. L. Eckardt und Paul Volmar haben bis jetzt nach den vorliegenden zwölf Heften des ersten
Jahrganges und den zwei ersten des zweiten Tüchtiges und in jeder
Hinsicht Anerkennungswerthes geleistet, und verdienen gewiss nach
den seither gegebenen Proben von Seite der Schweizer und der
stamm- und sprachverwandten Deutschen alle Aufmunterung.

Von den Novellen hat Refer. am meisten der letzte Graf zu
Greierz von Paul Volmar angesprochen. Die Personen sind sehr
gut charakterisirt, und tragen ihr bestimmtes, folgerichtig durchge-
führtes Gepräge. Die Handlung ist dem Stoffe nach anziehend, die
Darstellung und Anordnung durchaus gelungen. Die einzelnen Scenen sind lebensvoll, wahr und treu durchgeführt. Die Novelle kann
den besten, neuern deutschen zur Seite gesetzt werden, hat aber
auch noch darin ihren eigenthümlichen Vorzug, dass sie uns ein
treues Bild des Lebens und der Sitten des Schweizervolkes giebt.
Auch die Volksgeschichte: „Mauserjägglis erste Chiltfahrt" ist
durch lebendige, volksthümliche Darstellungsgabe ausgezeichnet, und
gibt uns ein treues, wahres Bild aus dem Kreise des niedern Volkslebens. Oft ist die volksthümliche Sprache des berühmten Jeremias
Gotthelf (Bitzius) mit Glück nachgeahmt. Aber eine Volkserzählung
muss nicht nur wahr und lebendig, sie muss auch schön sein, wenigstens den ästhetischen Sinn des Lesers nicht verletzen. In dieser
Hinsicht wäre gewiss die gänzliche Hinweglassung der sehr naturgetreuen Schilderung des Treibens der „Kachel-Anni" (Heft 7, S.
146, Spalte 2, Z. 11 v. unt. bis S. 147 Z. 26 v. ob.) sehr wünschenswerth. Nicht Alles, was wahr und aus dem Leben ist, passt
in eine für Volkserziehung und Volksveredlung bestimmte Zeitschrift.

Eine gelungene Volksnovelle ist „Vater Simson" von Pièrre
Sciobéret in Freiburg. Von den wissenschaftlichen Abhandlungen
sind als die vorzüglichsten „über die weltgeschichtliche Bedeutung
des burgundischen Krieges" von Prof. Dr. Karl Hagen in Bern
und „das Recht, ein Spiegel unserer Kulturentwickelung" von Prof.
Dr. Leuenberger, von den sich auf Kunst beziehenden Abhandlungen ist als besonders gelungen „Idee und Grundzüge eines schweizerischen Nationaltheaters" von Dr. Eckardt hervorzuheben. Die
Abhandlung ist durch Sachkenntniss, Urtheil und Begeisterung für
ihren Gegenstand ausgezeichnet. Die Haupthindernisse, die allen

Vorschlägen zur Hebung des Theaters in der Schweiz und in Deutschland entgegenwirken, liegen in der immer mehr abnehmenden dramatischen Literatur, im Mangel an tüchtigen Künstlern und im verdorbenen Geschmacke der Zuhörer. Das Volk macht in gewisser Beziehung seine dramatische Literatur. Die dramatischen Dichter schreiben für die Bühne. Natürlich suchen sie so zu schreiben, dass ihre Dichtungen dem Volke gefallen, und haben selbst in und mit dem Volke ihren Geschmack gebildet. Wie können sie volksthümlich wirken, wenn sie nicht ihre Dichtungen dem Volksgeschmacke gemäss einrichten? Aus einem solchen Cirkel tritt nur das Genie, und das dramatische Genie ist sehr selten; weit eher findet sich das epische oder lyrische, weil zur dramatischen Poësie, welche die Anschauung mit der Empfindung, die zeichnende oder bildende Kunst mit der empfindenden verbindet, weit mehr gehört, als zu irgend einer andern Dichtungsart. Die materiellen Interessen sind in unserer Zeit die vorherrschenden, daher die Riesenfortschritte in allen Wissenschaften und Künsten, die mit ihnen zusammenhängen, und das allmählige Zustutzen auch der idealen Wissenschaft und Kunst zu diesem Zwecke. Der Nutzen ist das Losungswort der Zeit. Der dramatische Dichter will mit seinem Gedichte gewinnen. Darum nimmt er auf den, von dem er und durch den er gewinnen will, Rücksicht. Ein Stück bühnengerecht machen, gilt daher zuletzt als die höchste Kunst. Göthe dachte nicht daran; er überliess es andern, an seinen Dichtungen herumzuschneiden, um sie bühnengerecht zu machen. Wer für den Volksgeschmack schreibt, ist der beliebteste. Das Volk besucht die Birch-Pfeiffer'schen Stücke in grösserer Masse, als die Göthe'schen oder Schiller'schen. Die Masse will sich unterhalten, lachen, die Mühen des Tages darüber vergessen, sich sinnlich kitzeln, mehr sehen und hören, als denken. Daher die vorherrschende Liebe zur Oper und in der Oper für die Dekoration, das Kostüm und die Verwandlungen. Die Sonne in der Natur zieht nicht an, wie die elektrische Sonne des Propheten. Auch unsere Künstler, selbst die bessern, haben sich an der gesunkenen dramatischen Literatur heraufgebildet. Die faden neueren Conversationsstücke fordern für den Künstler nichts, als Gewandtheit, Ton der Welt, leichte Bewegung. Er darf nicht, wie bei der Aufführung einer Shakespeare'schen Dichtung, Dichter sein, um ein Meisterwerk mit der ihm zu Grunde liegenden Idee in allen ihren Bildern durch die Darstellung auf's Neue zu gebären. Denn wo sind die Meisterwerke unserer neuern dramatischen Literatur? Was kommt heraus, wenn man die ihnen zu Grunde liegenden Ideen sucht? Auch ein Alltagsmensch kann solche Stücke, wie sie die neuere Dichtung bietet, vortrefflich spielen. Die Routine, Masse, Anstand, die Gestalt sind die Hauptsachen. Man kann daher selbst von der Masse vergötterte Künstler finden, bei denen man vergebens nach einem Genius forscht. Solche Künstler wissen mit andern, als für ihre Naturen geschriebenen Stücken nichts anzufangen. Darstellende Alltagsnaturen verlangen Alltagsdichter und Alltagsdichtungen für ein Alltagspublikum. Der wahre dramatische Prometheusfunken bleibt darum für die Bühne und das Volk der dramatische Genius des Dichters. Ein Shakespeare zwingt die Masse, und hebt sie zu sich herauf. Ein mittelmässiger Dichter ist ein schlechter; denn in der Kunst gibt es nichts Mittelmässiges. Hier ist alles entweder gut oder schlecht. Schlechte Dichter haben, wenn sie es auch gut meinen, ohne Genius keine nachhaltige Wirkung. Darum halten sich so viele Stücke auf unserer Bühne nur kurze Zeit. Auch ein Nationaltheater wird uns keine andern Dichter geben; denn, wenn es auch Künstler heranzieht, so werden diese immer nur zur Darstellung der neuern Stücke verwendet werden, welche gewiss nicht zur Hebung der Bühne dienen. Nichts desto weniger bleiben die Grundansichten, welche der rühmlichst bekannte Hr. Verf. in seinen Grundzügen eines schweizerischen Nationaltheaters gibt, wahr und beherzigenswerth. Nur hinsichtlich seiner Ansicht, dass der schweizerische Republikanismus zur Förderung der Nationalbühne dienen soll, ist Ref. einer andern Meinung. Die Erfahrung wenigstens hat gelehrt, dass der Republikanismus nirgends die Bühne gehoben hat. In England wurde die Bühne von Heinrich VIII, Elisabeth, Jakob I. u. s. w. in so ausgezeichneter Weise, ebenso früher von den englischen Grafen und Fürsten gefördert. Der Cromwell'sche Republikanismus wirkte ihr entgegen. In Frankreich war die Bühne unter Ludwig XIV. in höchster Blüthe, und wie viel that nicht Napoleon, um sie zu heben? Es ist eine nicht zu läugnende Thatsache, dass die Republik nie so viel Geld für die Bühne ausgibt und ausgeben kann, als die Monarchie. Die vereinigten Staaten haben mit all ihrer republikanischen Freiheit ganz denselben Bühnengeschmack, wie die Deutschen in ihren monarchischen Staaten, und lassen sich das, was bei uns als ausgezeichnet in der Kunst gilt, über das Meer kommen, um uns in unserer, ja in einer noch grösseren Weise, als wir es selbst thun, zu bewundern, ohne dass sie mit ihrer politischen Freiheit andere oder gar bessere Dichter, Dichtungen und darstellende Künstler haben. Haben Shakespeare, Göthe, Schiller, Molière, Racine und die sie darstellenden grossen dramatischen Künstler der Vergangenheit sich in Republiken herangebildet, und fehlt es etwa diesen Dichtern an Freiheit, weil sie in Monarchieen lebten? Ein recht anschauliches, volksthümliches Bild wird uns durch die Aufführung des Wilhelm Tell in Seedorf von Ernst Robert geboten.

Charakteristisch sind die in verschiedenen Heften aus verschiedenen Kantonen der Schweiz mitgetheilten Volkssprichwörter, Redensarten, Häuserinschriften und Volkslieder. Viele grössere und kleinere Dichtungen von Eckardt, Volmar, Friedrich Oser, H. Marggraf, Fr. Jos. Schild, M. Klotz, B. Reber, Fröhlich, E. Zschokke, Gempeler, K. Sinner, Dössekel, R. Weber, K. Meyer, H. Sulzberger, Jörgenberger, Scherr,

Raeb, Wuhrmann u. s. w. wechseln mit grösseren Abhandlungen ab.

Schweizerisches Leben, Kunst und Wissenschaft der Schweiz behandelnde Stoffe werden in folgenden theils grösseren, theils kleineren Aufsätzen, Sinnenthal von D. Gempeler, Bedeutung des schweizerischen Bauernkriegs, Schweizerische Philosophie von Dr. Eckardt, das Girarddenkmal von Prof. Dr. Volmar, Brief an die helvet. Gesellschaft von Prof. Dr. Troxler, Schweizerische Volkssagen von H. Runge, Mittheilungen aus dem Aargau von Krapf, das Theater der Schweiz im Mittelalter von Emil Weller, der Kirchenbau zu Seeburg, Sage von J. Wirth, Vaterländische Geschiebtsspiele von Plescher, Johann Müller von Zebender, ein Denkmal auf dem Schlachtfeld von Grandson von Volmar, Bauart des Engadin von Leonhardi, Industrie der Urschweiz von J. Eberle, Kunst und Wissenschaft in Genf von Clossmann, Häusernamen in Schaffhausen von Dr. Im-Thurm, Entführung, Schweizernovelle von Feierabend u. s. w. mitgetheilt.

Auch die vorliegenden 2 Hefte des neuen Jahrgangs bieten Anziehendes. Die Ausstattung hat im Vergleiche mit dem vorigen Jahrgange gewonnen. Sinnig ist das Lied an Karolina v. Stein von Dorer-Egloff:

Suche, o Wanderer, nicht auf der Stätte des Todes die Edle:
Karolina von Stein, Weimars gefeierten Stern.
Nur die Hülle umschliesset die Gruft; die Seele, die reine,
Ewig belebend bewohnt Göthe's erhabenstes Lied.

v. Reichlin-Meldegg.

Mineralogisches Lexicon für das Kaiserthum Oesterreich. Von Victor Ritter von Zepharovich, Professor der Mineralogie an der Universität Krakau. Wien, 1859. Wilhelm Braumüller, k. k. Hofbuchhändler. S. XXX u. 627.

Die wegen ihres Mineral-Reichthums oft mit Recht gerühmte österreichische Monarchie hat bis jetzt einer umfassenden topographischen Mineralogie entbehrt. Dagegen waren treffliche Monographien einzelner Länder und Gegenden vorhanden, die bei Ausarbeitung einer solchen als sehr schätzbare Anhaltspunkte dienen konnten. Wir nennen hier unter andern: Liebener und Vorhauser, die Mineralien Tyrols; Ackner, über Siebenbürgen; Zippe u. Reuss über Böhmen; Canaval für Kärnthen; Anker, für Steyermark; Zipser und Jonas für Ungarn u. s. w. Ausserdem gaben mehrere österreichische Zeitschriften, z. B. die Jahrbücher der Reichsanstalt, die

Sitzungsberichte der Academie der Wissenschaften reiche Ausbeute.
Sämmtliche Quellen, aus welchen Verfasser vorliegenden Werkes
schöpfte, sind in einem besonderen Literatur-Verzeichniss genannt
und es hat darin jede eine eigene Ziffer erhalten, die sich im Texte
bei den einzelnen Angaben wiederholt. Es ist — wie der Verfasser ausdrücklich bemerkt — diese consequente Anführung der Quellen bei ähnlichen Arbeiten bisher unterlassen worden und doch ist
sie von hoher Wichtigkeit für Erkennung des Datums und Beurtheilung der Verlässlichkeit einer Angabe und dient zugleich als Hinweisung auf die Fundgrube ausführlicherer Belehrung, da ein näheres Eingehen oft nicht gestattet war. Das erwähnte Literatur-Verzeichniss umfasst 95 Nummern, worunter viele briefliche Mittheilungen und endlich eine grosse Zahl noch nicht veröffentlichter, von
H. von Zepharovich gesammelter Notizen, wozu seine frühere Stellung an der geologischen Reichsanstalt in Wien und mehrfache Reisen ihn in den Stand setzten.

Dass der Verfasser einer lexicographischen Ordnung nach den
Namen der Mineralspecies folgte, ist sehr zu billigen, da eine solche
für schnelles Auffinden die geeignetste ist. Was die Namen der
Species selbst betrifft, so wurden die neuesten von Kenngott in seiner Bearbeitung des Mohs'schen Mineralsystems gebrauchten, gewählt. Die den Namen der Species folgenden Zeilen enthalten Hin-
weisungen auf die Seitenzahlen in den mineralogischen Handbüchern
von Naumann, Hausmann, Mohs und Dana. Nicht genug zu loben
ist es aber, dass der Verfasser zur Angabe der Krystall-Formen sich
der Symbole von Naumann bediente, da diese nicht allein die einfachsten, sondern auch am meisten verbreiten und bekannten, wie
die vor kurzer Zeit in fünfter Auflage erschienenen „Elemente der
Mineralogie" von Naumann (Leipzig, bei Engelmann, 1859) bezeugen. Neben den krystallographischen Mittheilungen hat Hr. v. Zepharovich noch andere auf geologische und paragenetische Verhältnisse, so wie auf pseudomorphe Bildungen sich beziehende eingeflochten.

Was endlich die geographische Aufzählung der Localitäten betrifft, so wurden vor die einzelnen Fundorte jeder Species die Kron-
länder Oesterreichs, denen sie angehören, gestellt, und zwar in nachfolgender Ordnung: 1) Alpenländer: Oesterreich, Salzburg, Steiermark, Kärnthen, Tirol und Vorarlberg, Lombardie, Venedig. 2) Karst-
länder: Krain, Küstenland, Croatien, Slavonien, Militärgrenze, Dalmatien. 3) Sudetenländer: Böhmen, Mähren, Schlesien. 4) Karpa-
thenländer: Galizien, Bukowina, Ungarn, Woiwodina und Siebenbürgen. — Ausführliche Register erleichtern ausserdem den Gebrauch
dieses werthvollen und allen Freunden der Mineralogie zu empfehlenden Buches.

G. Leonhard.

JAHRBÜCHER DER LITERATUR.

Literaturberichte aus Italien.

(Fortsetzung von No. 20.)

Eine der in Italien so häufig vorkommenden Städte-Geschichten ist folgende:

Storia della citta di Ventimiglia, da Giovanni Rossi, Torino 1858, presso Decossi.

Der Verfasser zeigt mit vieler Gelehrsamkeit und Gründlichkeit, wie diese im Ausflusse des Roja gelegene Stadt des alten Liguriens von den Jutemeliern gegründet worden (von welchem ligurischen Stamm diese mit einem Hafen und festen Schlosse versehene piemontesische Stadt ihren Namen hat), wie sie unter die römische Herrschaft kam und Municipal-Rechte erhielt. Im Mittelalter machten sich hier die Lascaris zu unabhängigen Grafen, welche der Verfasser von Berenger II. herleitet. Doch bald fiel diese Stadt in die Gewalt der Genuesen, die mit den Herzogen von Savoien um dieselbe vielfache Kriege führten. Der Verfasser verfehlt nicht, die bedeutenden Männer zu erwähnen, welche diese Stadt besass und deren Werke aufzuzählen.

Die Wiederherstellung der prachtvollen Begräbniss-Kapelle der Mediceer in der Kirche S. Lorenzo zu Florenz hat zu einem geschichtlichen Ueberblicke der hier begrabenen Mitglieder dieser Familie Veranlassung gegeben:

I Cadaveri Medicei in S. Lorenzo, da Napoleone Giotti. Firenze 1858.

Der bereits durch mehrere glückliche Dichtungen rühmlichst bekannte Graf del Giotti zu Florenz war gegenwärtig, als die 49 Särge der Mediceer, von denen während der Wiederherstellungs-Arbeiten 24 ihrer Kostbarkeiten beraubt worden waren, in sichere Verwahrung gebracht wurden. Hierbei wurden die Leichen von Francesco I. und seiner Gemahlin Anna von Oesterreich, vom Cardinal Leopold und Anderer noch ganz wohl erhalten gefunden. Der Dichter, begeistert von dem Anblick so vieler untergegangener Grössen widmet hier den Verstorbenen ein nicht unwürdiges Andenken. Besonders begeistert ist dieser Gesang da, wo das Leben von Johann, dem Führer der schwarzen Banden, dem Vater von Cosimo I. vorgeführt wird. Aber auch die Frauen dieses Hauses geben dem Dichter Stoff zu lebendigen Schilderungen. Hier finden wir Isabella Medici von ihrem Gemahl Paul Giordano Orsini erwürgt; Maria Medici von ihrem Vater vergiftet, weil sie sich in einen Popen verliebt hatte; Eleonora von Toledo von ihrem Gemahl Peter von Medici ermordet. Auch die bekannte Bianca Capella wird hier vorgeführt.

Während in dem von so Vielen so hoch gestellten Frankreich Streit darüber besteht, ob man in den Schulen die heidnischen Classiker lesen dürfe, übersetzt ein Geistlicher in Italien den Anacreon und Sappho im Kirchenstaate:

*Le Ode di Anacrèonte e di Saffo tradotte dal padre lettore Benaventura Viani
    della beata Chiara. A. S. Spoleto 1858.*

Wenn auch diese Uebersetzung ins Italienische das halbe Hundert solcher
Uebertragungen übersteigt, so hat dieser neue Uebersetzer doch der vorausgeschickten Lebensbeschreibung von Anacreon eine neue Seite abgewonnen;
er vertheidigt ihn nemlich von dem Verdachte, den Wein zu viel geliebt zu
haben, und führt ausser eine Menge klassischer Stellen auch den heiligen
Augustin und Bossuet an. Allein die Lebens-Geschichte der Sappho ist jedenfalls zu sehr als Roman gehalten.

Einen höheren philologischen Werth haben die Uebersetzungen des Für-
sten di Galati zu Palermo, welcher gewöhnlich nur unter seinem Familien-
Namen de Spucher schreibt. Sein Vater ist der Herzog von Cacamo, und seine
Gemahlin war die beste Dichterin Siciliens, Theresa Turrisi Colonna, nun
Nichte des edlen Ruggiero Settimo.

Versioni dal Greco, di Giuseppe de Spucher, Palermo 1858.

Hierin befinden sich die Uebersetzungen der Hecuba und der Phönicierin-
nen des Euripides und des Oedipus von Sophokles, nebst einigen Idyllen von
Moschus und Bion. Von den letztern war schon im Jahr 1846 eine erste Ausgabe erschienen. In den zahlreichen und gelehrten Anmerkungen hat der Uebersetzer besonders seine gründliche Kenntniss der Sprache und des klassischen Lebens bekundet.

Eine ähnliche Arbeit eines Sicilianers ist die Uebersetzung der Theogonie
des Hesiod:

La Teogonia di Esiodo tradotta dal Greco da Ricardo Mitchell, Messina 1858.

Auch dieser Gelehrte hatte sich schon früher durch eine Uebersetzung des
Schildes von Herkules einen guten Namen erworben.

Die Italiener übersetzen viel mehr aus dem Deutschen, als die Franzosen,
wir erwähnen hier nur

*La gioventu di Catarina di Medici. Da Alfredo Reumont, tradotto da Stanislas
    Bicuciardi, Firenze, presso Le Monnier 1858.*

Diese in Deutschland sehr geachtete Lebensbeschreibung der Königin von
Frankreich aus dem Hause der Mediceer von unserm gelehrten Reumont hat
auch in Italien vielen Beifall erhalten.

Bei demselben Verleger ist ein den Freunden der Geschichte sehr er-
wünschtes Werk erschienen:

*Lettere inedite di L. A. Muratori scritte a Toscani 1858. Firenze, presso Le
    Monnier.*

Muratori fing im Jahr 1695 seine gelehrten Arbeiten an der Ambrosiani-
schen Bibliothek an, welche den Ruf des Cardinals, Carlo Borromeo, unsterblich
macht, welcher den damals noch jungen Abbate Muratori hier an den rechten
Platz stellte, der ihn auch bisweilen nach den Borromeischen Inseln im Lago
Maggiore begleitete. Auf den Rath Muratori's wurde in dem Pallaste des Hau-
ses Borromeo zu Mailand die philosophische Academie unter dem Namen: dei
Faticosi, eröffnet. Ausser seinem Freunde, Carl Maria Maggi in Mailand war
Muratori in enger Verbindung mit Magliabecchi, Bianchini, Ciampini, dem

Cardinal Noris, mit Mabillon, Montfaucon und andern. Man kann daher annehmen, dass die hier zum erstenmale erscheinenden Briefe dieses grossen
Forschers freudig aufgenommen werden.

Der Kaiser Napoleon III. hat in Italien bereits einen Biographen gefunden
in folgendem eben erschienenen Werke:

*Vita di Napoleone III, da Giuseppe Cecchi in Pacchierotto. Padova. Tip. Bian-
chi 1858.*

Der Verfasser, welcher das Leben des Kaisers in diesem ersten Bande bis zu
seiner Heirath fortführt, lässt sich aber weniger auf die Verhältnisse des Kaisers zu seiner Zeit ein, sondern begnügt sich mehr mit den persönlichen Ereignissen desselben, über welche er viele Anecdoten gesammelt hat.

Für den Comer See ist ein neuer Führer erschienen:

*Como e il suo lago, illustrazione storica, geografica e poetica del Lario e circon-
stanti paesi. Como. Tip. Georgetti 1858.*

Die Verfasser P. Turati und A. Gentile haben diese Beschreibung in die
Form einer lieblichen Novelle eingekleidet, worin 3 Schwestern in ihrer Liebe
für einen und denselben Mann übereinstimmen, die sehr gut durchgeführt ist.

Die weibliche Erziehung zieht jetzt in Italien die allgemeine Aufmerksamkeit mehr an, als es sonst der Fall war, wo sie, wenn sie überhaupt stattfand, den Klöstern überlassen war. In folgendem Werke wird die bisherige
Vernachlässigung bitter getadelt:

*Dono alla novella sposa, ossia manuale di educazione feminile del dott. Luigi Mo-
randi. Como. Tip. Franchi 1858.*

Besonders wird hier gerügt, dass für das Landvolk so wenig geschieht.

Eine neue Ausgabe von den Dichtungen Pindemonti's ist vor Kurzem erschienen:

Le Poesi originali d' Ippolito Pindemonti. Milano 1858.

Das Ganze wird fünf Bände umfassen; der vorliegende erste Band enthält zugleich eine Lebensbeschreibung des Dichters von Pietro dal Rio.

Von italienischen Volks-Liedern sind wieder neue Sammlungen erschienen,
nemlich:

*Saggio di canti popolari di Roma, Sabina, Marittima e Campagna, dal Commenda-
tore Visconti. Firenze 1858. presso Le Monnier.*

Hier werden unsre Künstler, welche in Rom waren, sich unter guten
Bekannten befinden.

*Saggio di canti popolari raccolti nel contrada d'Ancona, da Bianchi e Rumors.
Ancona 1858. presso Sartori e Cherubini.*

Es mag wohl kaum eine Gegend mehr in Italien geben, aus welcher man
nicht dergleichen Sammlungen von Volks-Lieder veranstaltet hat.

Von neuern Dichtern müssen wir Herrn Bertolami nennen, von welchem
in diesen Tagen folgende Dichtungen erschienen:

Versi di Michele Bertolami. Torino 1858. Tip. di Seb. Franco.

Im Allgemeinen hat man eine gute Meinung von diesem jungen Dichter.

Doch ist man in Italien jetzt mehr ernsthaft gestimmt, wovon die anerkannt beste literarische Zeitschrift:

*Il Crepuscolo, giornale ebdomadario di Carlo Tenca. Milano 1859. presso Valen-
tini. in 4o.*

den Beweiss liefert. Diese schon seit 9 Jahren bestehende Zeitschrift fährt
fort gediegene Aufsätze über alle Gegenstände zu geben, welche der gebildeten Gesellschaft nahe liegen. Wir haben auch in dem vorliegenden letzten
Jahrgange gründliche Abhandlungen über gewerbliche und Kunst - Ausstellungen, über Kunst- und Gewerbsgegenstände, besonders aber Beurtheilungen
bedeutender wissenschaftlicher, besonders geschichtlicher Werke gefunden,
nicht bloss italienischer, sondern auch fremder. Wir dürfen nur den Bericht
über die von Tomaso Gar herausgegebenen Statuten von Trient, und die bisher unbekannten Briefe von Muratori erwähnen. Ausserdem finden sich aber
auch sehr gediegene Berichte über literarische Erscheinungen in Turin, Florenz, in England und Deutschland; besonders sind die Berichte aus Turin einem geistreichen Mitarbeiter zu danken.

Wir gedenken einer achtzehnten Auflage eines Buches, welches vor etwa
soviel Jahren zum erstenmale erschien. Dies ist freilich nur eine Jugend-
Schrift; allein sie hat den als ersten Geschichtsschreiber wohlbekannten Caesar
Cantu zum Verfasser:

*Il Giovinetto, drissato alla bontà, il sapere, all' Industria, da Cesare Cantù; de-
cima ottava Edisione Milanese 1856. 12. Tip. Volpato.*

Dies Lehrbuch für die Jugend hat, wie aus diesen wiederholten Auflagen
desselben, ausser den vielen Nachdrucken in Neapel und anderwärts, hervorgeht, sich des grössten Beifalls erfreut, da es in geschichtlichen Thatsachen
die nothwendigsten Lebensregeln für ein jugendliches Gemüth in angemessener
Sprache enthält, und zugleich das Nationalgefühl erhebt. So benützt der Verf.
das Leben Franklins, des 17. Sohnes armer Eltern, zur Anleitung zu arbeiten
und zu sparen. Von der christlichen Religion sagt er, dass ausser den Be-
kennern des Christenthums, welche den Papst und die Tradition anerkennen,
Andere abweichende Meinungen haben, dass sie aber ebenfalls als Brüder angesehen werden müssen.

Auch andere Jugend-Schriften desselben berühmten Verfassers haben schon die
17. Aufl. erlebt, von denen wir nur

Il Galantuomo. Milano 1857. Tip. Volpato. 12.

erwähnen, und

Il buon Fanciullo. id. id.
Carlambrogio da Montevecchio. ib.

die 14. Auflage, wie die vorstehenden mit Holzschnitten verziert. Aber auch
die grössern Werke dieses ausgezeichneten Schriftstellers haben sich grossen Beifalls erfreut. Seine allgemeine Weltgeschichte in 24 sehr starken Bänden hat bereits die 6. Aufl. erlebt, und ist in das Englische, Deutsche, Spanische und Ungarische übersetzt; von der französischen Uebersetzung erschien
schon die zweite Auflage. Von seiner Geschichte der Italiener fing schon die
zweite Auflage an, während noch an dem letzten 6. Bande gedruckt wurde.

Unerwarteter Weise kommt uns ein Buch über den Schutz des literarischen Eigenthums aus Neapel zu:

La proprietà letteraria, di A. Tucchiarolo. Napoli 1857.

Das Königreich beider Sicilien hat sich bisher an die Convention von 1840 wenig gekehrt, welche das literarische Eigenthum schützen wollte; vielmehr ist die Klage allgemein, dass dort alle guten Werke der andern italienischen Staaten ungescheut nachgedruckt werden. Auch ist der Professor Ferrara aus Palermo, den die Revolution nach Turin verschlagen hat, wo er Professor der Staatswirthschaft ist, der Meinung, dass sich das literarische Eigenthum als Gemeingut nicht monopolisiren lassen dürfe; um so mehr muss man anerkennen, dass von Neapel ein Werk ausgeht, welches das literarische Eigenthum in Schutz nimmt. Manzoni hat für seinen berühmten Roman: i promessi sposi, keinen Gewinn gehabt, dagegen eine Menge Buchländler, welche ihn nachgedruckt haben.

Mailand ist reich an wissenschaftlichen Vereinen; ausser dem Institut der Lombardei, welches seine Verhandlungen herausgiebt, befindet sich hier eine von dem geschätzten Arzte Ferrario 1844 gestiftete Academie der Physik, Medicin und Statistik, welche ihre Verhandlungen unter folgendem Titel herausgiebt:

Atti dell' academia Fisico-Medico-Statistica di Milano. an. 1855—56. Milano
    1857. in 8o. Tip. Redaelli. 516 S.

Diese Academischen Acten, jetzt unter dem Präsidium des Dr. Gianelli, vormaligen Protomedicus der Lombardei, enthalten, ausser den Sitzungsberichten sehr schätzbare Aufsätze, z. B. von Dr. Sacchi über die geheimen Wissenschaften, worin er auf den Widerspruch aufmerksam macht, nach welchem in der Zeit, wo die Naturwissenschaften sich am meisten ausbreiten, auch der Aberglauben und Hang zum Wunderbaren, wie z. B. das Geisterklopfen zunimmt. Von dem Secretair dieser Academie, Ignatio Cantu, dem Bruder des bekannten Geschichtschreibers, ist eine Abhandlung über den **Staat** und die **Kirche** im Mittelalter. Von dem oben erwähnten Stifter, Ferrario ist ein Aufsatz über die Cholera, von dem Pater Bentozzi über die Erhaltung des Fleisches, über Mumien u. s. w.

In Mailand befindet sich noch eine andere solche wissenschaftliche Gesellschaft, die im Jahr 1807 gestiftet wurde und durch die Beiträge der Mitglieder über einen jährlichen Fond von beinahe 3000 Thlr. zu verfügen hat, so dass sie nicht nur ein Lesecabinet von mehr als 100 Zeitschriften unterhält, sondern auch eine Bibliothek von gegen 9000 Bänden besitzt und wissenschaftliche oder industrielle Preise ausschreibt. Von den in den Versammlungen dieser Gesellschaft gehaltenen Vorlesungen wurden die bedeutendsten auf Kosten der Gesellschaft gedruckt. Präsident ist jetzt der gelehrte Dr. Sacchi, welcher sich als Inspector der Elementar-Schulen und als Herausgeber der Mailänder Annalen der Statistik grosse Verdienste erworben hat. Von den in dem Jahr 1857 bekannt gemachten Abhandlungen der Mitglieder dieser Gesellschaft erwähnen wir einen Bericht des Professors Susanni über die hauswirthschaftliche Ausstellung in Brüssel;

Intorno alla esposizione d'economia domestica a Bruxelles 1856. del ingegnere Susanni. Milano 1857. Tip. degli Annali Universali. 8o.

Der Verfasser ist von einer noch andern Gesellschaft als Lehrer angestellt, welche besonders die Beförderung der Gewerbe zum Zwecke hat, und hauptsächlich von einem mailändischen reichen Handelsherrn Mylius seit 1838 gestiftet worden ist, als Società d' incoraggiamento d'arte e mestieri; jetzt ist deren Präsident Graf Taverna.

Eine andere von der vorgenannten wissenschaftlichen Gesellschaft unter dem Präsidenten Sacchi herausgegebene Schrift ist folgende:

Intorno al progetto della Associazione Agricola Lombarda, dal G. Bottaglia. Milano 1857. wie oben

ferner:

La Cassa di Risparmio di Lombardia del Dottore A. Allievi 1857. ib.

und mehrere andere; so dass es sehr erfreulich ist, hier die allgemeine Theilnahme an solchen gemeinnützlichen Anstalten zu sehen. Bei der gänzlichen Autonomie der Gemeinden in Italien ist solcher Gemeinsinn möglich, um so mehr, da man hier von allem Kastengeiste frei ist.

Ein sehr bedeutendes Werk, welches jetzt, nachdem der erste Band 1855 erschien, beendet vorliegt, ist ein italienisches Wörterbuch, das sich nur als einen Anhang zu den früheren Wörterbüchern ankündigt:

Supplemento a Vocabolarj Italiani, proposto da Giov. Gherardini. Milano 1859. Vol. VI. Tip. Bernardoni. gr. 8o.

Der mühsame Verfasser hat sich besonders damit beschäftigt, bei jedem Worte die Bedeutung zu erklären, in welcher dasselbe von den italienischen Classikern benutzt worden ist; so dass dies Werk nicht nur zum Nachschlagen für vortrefflich gehalten werden muss, sondern selbst eine sehr belehrende und anziehende Unterhaltung gewährt. Ein Anhang enthält die verdächtigen, aufgegebenen oder noch nicht ganz eingebürgerten Worte; auch fehlen nicht geographische und mythologische Namen. Das Werk macht dem Verf. einen bedeutenden Namen und wird von Kennern der Sprache sehr hoch gehalten.

Ein anderes bedeutendes Werk betrifft die Entdeckungen der Nord-Pol-Länder:

Scoperte artiche raccolte dal Conte M. Miniscalchi-Erizzo, Venezia 1856. Tip. Cecchini. 8o. S. 643.

Dieses mit Karten ausgestattete Werk fängt mit der ersten Kunde der Alten von den Polar-Ländern an, und giebt die Geschichte der dort gemachten Entdeckungen von dem ultima Tule an, bis zu den Seefahrten der neuesten Zeit, um die nordwestliche Durchfahrt von Grönland nach Kamschatka zu erforschen. Der Verfasser schliesst mit Clare, Belcher und Collinson. Als Anhang giebt er die physische Geographie und die Ethnographie dieser Länder. Die Italiener scheinen ihre alten Vorgänger: Marco Polo, Columbus u. s. w. nicht vergessen zu haben, bei welcher Gelegenheit wir auch die vor einigen Jahren in Florenz herausgekommene Münzgeographie der alten Welt erwähnen müssen, welcher der gelehrte Numismatiker, der Verfasser, mit dem

Literaturberichte aus Italien.

berühmten Namen Strozzi, eine sehr merkwürdige Karte beigefügt hat, auf
welcher alle bekannten Münzstätten der alten Welt nach der damaligen politischen Eintheilung beigefügt sind. Diese Karte wird den sehr gediegenen Vorlesungen über die antike Münzkunde von dem gelehrten Biondelli zum Grunde
gelegt, die er in Mailand öffentlich hält, da mit dem dortigen Münz-Cabinet
der Brera auch ein Lehrstuhl der Antiquitäten und Numismatik verbunden ist.
In diesem Münz-Cabinet ist besonders zu bemerken, dass hier die Münzen
des alten Daciens von den andern abgesondert sind, welche sonst gewöhnlich
mit den Barbarischen zusammengeworfen sind, und mit dem Mittelalter vermengt werden. Herr Biondelli hat dem mächtigen dacischen Reiche Gerechtigkeit widerfahren lassen, das den römischen Imperatoren Furcht einjagte,
bis ihm Trajan seine Macht abnahm, das sich aber noch fortwährend zu vertheidigen verstand, wie die spätern römischen Münzen über Siege gegen die
Decier darthun. Das obenerwähnte Werk des Grafen Miniscalchi zeigt, dass
die Italiener sich mit der Reise-Literatur beschäftigen; aber sie reisen auch
selbst mit Nutzen und zu wissenschaftlichem Zweck. Dies zeigt die Reise
des reichen Mailänders de Vecchi, die zwar nicht ganz neu ist:

Dal Danubio alle regione Caucasie, da Felice de Vecchi. Milano 1854. Tip. Vill-
mont. 8. mit 56 Figur.

Der Verfasser reiste die Donau herab über Constantinopel und Trapezunt
nach Armenien; er zeichnete die merkwürdigsten Gegenden und Gebäude, von
denen wir besonders den Sitz des armenischen Patriarchen zu Etschmiazin,
Sinope, Trapezunt u. s. w. sehr anziehend fanden. Sittenschilderungen und
geschichtliche Vergleiche mit der Gegenwart stellen dieses Werk dem Reise-
Werke von Demidoff nach dem europäischen Osten, von dem wir eine deutsche Bearbeitung von J. F. Neigebaur besitzen, würdig zur Seite.

Ein anderer reicher Mailänder, der Graf Dandolo, hat seine Reise nach
Egypten bis Sudan herausgegeben:

*Viaggio in Egitto nel Sudan in Siria ed in Palestina (150—51) da Emilio Dan-
dolo.* Milano 1854. Tip. Turati. 8o. S. 402 mit Karten.

Dies Werk zeigt, wie das vorstehende, dass die vornehmen Herren in
Italien nicht scheuen, auch beschwerliche Reisen zu unternehmen. Graf Dandolo beschreibt ebenfalls sehr anziehend seine Fahrt von Triest über Athen
nach Alexandrien bis nach Nubien und bis hinaus über die Vereinigung des
weissen und blauen Nil. Beide Reisebeschreibungen verdienen alle Anerkennung und von ihnen ist die Sitte ausgegangen, dass jetzt viele junge Italiener
sich nicht bloss mit einem Besuche in Paris und London begnügen, sondern
in ferne Welttheile reisen, was, wenn es auch nicht gerade um eines bestimmten wissenschaftlichen Zweckes wegen geschieht, doch die Kenntniss
jener Länder vermehrt, und den Gesichtskreis der Reisenden und der Ihrigen
erweitert.

So wie die Krankheit der Weintrauben im Piemontesischen ein Paar Jahre
lang eine Landplage war, so war es in der Lombardei die Krankheit der Seidenwürmer, welche den Hauptreichthum dieses Landes ausmachen. Daher
hierdurch eine Menge Schriften über die Seidenwürmer hervorgerufen wurden,
von denen besonders zu erwähnen:

Framenti anatomici Fisiologici e patologici sul baco di Seta, da Maestri, Pavia 1856. Fusi in 4. S. 172.

Dies Werk mit 24 lithographirten zum Theil ausgemalten Tafeln hat den Conservator am naturhistorischen und anatomischen Museum an der Universität zu Padua zum Verfasser und wird sehr geschätzt.

Nicht minder das folgende von dem Markgrafen Crivelli:

Illustrazione popolare per allevare i bacchi di Seta, del Marchese M. Balsamo Crivelli. Milano 1856. Tip. Silvestri. 8o. pag. 228.

Aus Neapel ist eine wissenschaftliche literarische Zeitschrift zu erwähnen:

Museo di sciense e letteratura. Napoli 1857. Tip. Ardrosio. 8o.

Diese Zeitschrift, welche seit 2 Jahren besteht, beschäftigt sich hauptsächlich mit der Beurtheilung neu erschienener Werke in Italien und dem Auslande, besonders Frankreich. Von Gennaro Manna befinden sich hier Aufsätze über den Handel und Industrie-Ausstellungen, von dem Herzoge Albaneto über Theophrast, über die Sprache der Oscier von einem Ungenannten, der sich G. U. unterschrieben hat; auch die Neujahrs-Nacht von unsrem Jean Paul, von Saverio Baldocchini übersetzt.

Das Werk eines deutschen sehr geachteten Gelehrten erscheint hier in italienischem Gewande, nemlich:

Della Diplomazia Italiana del Secolo XIII al XVI di Alfredo Reumont. Firenze 1857. 8o. S. 400. Tip. Barbera.

Diese Arbeit unseres gründlichen Kenners Italiens, war zuerst deutsch erschienen, und von dem gelehrten Americaner Wheaton zu seiner zweiten Auflage der Geschichte des Völkerrechts nach dem westphälischen Frieden benutzt worden, auch hatte Herr Tomaso Gar dasselbe 1850 ins Italienische übersetzt, als der Verfasser dasselbe jetzt selbst vielfach vermehrt und bereichert in italienischer Sprache selbst herauszugeben sich veranlasst fand.

Eine gründliche Arbeit über das Hypothekenrecht verdanken wir einem gelehrten mailändischen Rechtsgelehrten, der leider zu früh verstorben ist:

Il diritto ipotecario vigente nel regno Lombardo-Veneto, di Alessandro Carabelli. Vol. II. Milano 1856. Tip. Civelli.

Obgleich der Verfasser sich hauptsächlich mit dem in den österreichischen italienischen Staaten bestehenden Hypothekenrechte beschäftigt, so hat er doch dabei den Zweck gehabt, dasselbe in seiner Verbindung mit der Rechtswissenschaft überhaupt darzustellen. Er geht von dem ganz richtigen Grundsatze aus, dass das Bedürfniss vorhanden ist, das Grundeigenthum gewissermassen zu mobilisiren, und auf der andern Seite dem Capital einen sichern Halt zu geben. Der Verfasser weisst nach, dass des griechischen Namens ohnerachtet die alte Welt eine solche Einrichtung nicht kannte, und Cato rühmte von den Vätern, dass sie der Wucher noch einmal so hart bestraft hätten, als den Diebstahl. Die Päpste ahmten dies einige Zeit nach, indem sie Zinsen zu nehmen verboten; es half aber das Verbot so wenig, dass in Rom der Zins-Satz jetzt gewissermassen unbeschränkt ist, was in den Kammern Sardiniens angeführt wurde, als man die Zinsbeschränkung aufheben wollte. Die Römer hatten übrigens eine sehr sichere Grundlage des Real-Credits gehabt, da das Grund-Eigenthum eigentlich Anfangs nur durch wirkliche öffentliche Uebergabe, die Mancipation übertragen werden konnte. Doch kannte man bis zum 2. Jahrhundert der neuen Zeitrechnung keine Hypotheken, obwohl Ulpian sagt: pignus contrahitar non sola traditione, sed etiam nuda conventione, etsi non traditum est. Erst Gajus kam der Sache näher, das Hypothekenrecht wurde aus dem jure honorario hergeleitet, die Hypotheken aber blieben stillschweigend, L. 1 Cod. in quibus causis pignus tacite contrahit. Darauf weisst der Verfasser auf die in Deutschland lebenden germanischen Völker hin, wo, so wie in Polen, sich die ersten Spuren des Hypotheken-Wesens finden. Dort hat sich dasselbe auch frei von dem Einflusse des wieder mit der Cultur auflebenden römischen Rechts erhalten; obwohl die italienischen Städte angefangen hatten, über das Notariatswesen Verordnungen zu erlassen. Das römische Recht, welches den blossen Vertrag zur Uebertragung des Eigenthums hinreichen lässt, liess ein geordnetes Hypothekenwesen nicht aufkommen. In der That findet sich das älteste Hypothekenbuch in Mähren, wie das Werk von dem Hypothekenbeamten Demuth in Brünn, über die Mährische Landtafel nachweisst. Doch kann auch der gründliche Carabelli, legibus sic stantibus, sich von der Verjährung im Hypothekenwesen nicht losreissen; was durchaus nothwendig ist, wie der Prof. Sciasca in Palermo in folgender Schrift nachgewiesen hat: Cenno critico del progetto di reforma del systema ipotecario Francese, dal Cav. Neigebaur. II. Edit. Torino 1853 mit einer Vorrede von Mancini. Da die Lombardei eigentlich das Cataster geschlossen hat, ist es zu verwundern, dass man hier nicht gewusst hat, dasselbe mit dem Hypothekenwesen zu verbinden, wie in der letzterwähnten Schrift ausgeführt ist.

Uebrigens ist das Studium der physikalischen Wissenschaften und der Mathematik jetzt in Ober-Italien sehr ausgedehnt. Hier ist die Klasse der Ingenieure sehr zahlreich und sehr geachtet. Sie müssen das Gymnasium absolvirt und auf der Universität den Doctor-Grad in der Mathematik erlangt haben. Wenn sie ein Paar Jahre sich praktisch unter einem erfahrenen Ingenieur ausgebildet haben, machen sie die Staats-Prüfung als Ingenieur und erhalten ihre Bestellung wie ein Advokat, ohne eine öffentliche Anstellung zu verlangen, da sie bei allen Pacht-Verträgen, und im Prozesse als Sachverständige gebraucht werden und in demselben Verhältnisse stehen wie die Advokaten. Ein solcher Ingenieur hat jetzt folgendes Lehrbuch der Physik herausgegeben: *Manuale di Fisica dal Ingegnere G. Cantoni, Lugano 1857. Tip. Veladini.* ein Werk, das sich des Beifalls der Kenner erfreut.

Eine leichte Lectüre dagegen ist die in Florenz herausgegebene scherzhafte Unterhaltungsschrift:

Il Piovano Arlotto, capriccio mensuali di una brigata di begliumori. Firenze 1858. Tip. le Monnier.

Aber auch ein ernstes Werk ist jetzt in Florenz beendet worden, die

Opere minori di Dante Alighieri con illustrazioni e note di P. Fraticelli. Firenze 1857. Tip. Barbera.

Alles, was diesen grossen Geist betrifft, findet hier Anklang.

Dass in Italien eine Theilnahme an der Wissenschaft stattfindet, kann man aus den reichen Stiftungen entnehmen, welche dafür vorhanden sind. Eine solche hat zu folgendem Werke Veranlassung gegeben:

Atti della Fondazione scientifica Cagnola, della sua istituzione in poi. Milano 1856. Tip. Bernardoni 8. S. XXXII u. 357.

Cagnola war der Sohn eines reichen Guts-Pächters in der Lombardei und sollte Geistlicher werden; doch dies sagte seinem strebsamen Geiste nicht zu, er wurde Arzt, legte aber ohnerachtet grossen Beifalls seine Praxis nieder, und machte Reisen durch Europa und das ganze America; in seinem Testamente am 4. Februar 1848 bestimmte er 55,000 Lire zu medizinischen Preis-Aufgaben. Die Erben überliessen diese Angelegenheit dem wissenschaftlichen Institut in Mailand. Dieses vertheilt denn jährlich einen in 1800 Lire und einer goldenen Medaille, im Werthe von 600 Lire bestehenden Preis, so dass jährlich 600 Thlr. dazu verwendet werden; ausserdem lässt das Institut die Preisschriften drucken, und ist der vorliegende Band der erste, der dieser Stiftung seine Entstehung verdankt. Der grösste Theil des Inhalts betrifft die hauptsächlich bei den Landleuten sich entwickelnde Krankheit „Pellagra" genannt.

Eine andere Stiftung dieser Art hat der Markgraf Fermo-Secco-Comneno in Mailand beinahe gleichzeitig gemacht, indem er durch das Institut alle 5 Jahre einen Preis von 1000 Lire vertheilen lässt. Die beste Preis-Aufgabe ward von dem Doctor Cornalia gewonnen, der aber dabei die Verpflichtung hat, den Druck der Preis-Schrift selbst zu besorgen. Dies ist folgende:

Monografia del bombice del Gelso, del prof. Emilio Cornalia. Milano 1856. 4o. S. 384.

Dies mit 15 zum Theil sehr sorgfältig ausgemalten Kupfer-Tafeln versehene Werk hat den Mitdirector des städtischen Museums zum Verfasser, den ganz für diese treffliche Sammlung lebenden Gelehrten, der freilich hier nur einen einzelnen Wurm beschrieben hat, der aber für den Reichthum der Lombardei höchst wichtig ist. Der Stifter dieser fünfjährigen Preise hat auch dem grossen Stadt-Hospital in Mailand sehr bedeutende Summen vermacht. Die nächste Preisaufgabe betrifft die beste Art das Getraide zu trocknen; was bei dem hier sehr häufigen türkischen Waizen ebenfalls sehr wichtig ist. Das eben erwähnte Stadt-Museum verdankt seine Entstehung der Stiftung eines mailändischen reichen Patriciers, de Christophoris, und ist damit zugleich eine öffentliche Vorlesung über Naturwissenschaft verbunden, welche von dem obengenannten Doctor Cornalia mit vielem Nutzen gehalten wird. Noch eine andere solche Stiftung besteht in der Gesellschaft für Beförderung der Künste und Gewerbe, gestiftet von dem Frankfurter, aber hier ansässigen Banquier Mylius, wo ebenfalls öffentliche Vorlesungen über Mechanik, Physik und Chemie gehalten werden.

Endlich ist das bedeutende Werk über die Crimm, von Canale in Genua, beendet:

Della Crimea, del suo commercio e dei suoi dominatori, dall Avocato M. G. Canale. Genova 1857. III Vol. presso Jacchia. 8o.

Das Werk, dessen erster Theil mit den ersten Nachrichten über die tan-

rische Halbinsel anfängt, und bis zu Mohamed II. geht, der zweite Band bis
zur Kaiserin Catharina II , beschäftigt sich im dritten Bande mit den Ereignissen der Jetztzeit bis zu der Beendigung des letzten Kriegs durch den Frieden zu Paris vom Jahre 1856. Besonders wichtig ist aber der erste Band,
indem dazu viele Urkunden aus dem Archiv der alten Republik Genua benutzt wurden.

Ein für die Insel Sardinien wichtiges Werk hat ebenfalls ganz vor Kurzem seine Vollendung erreicht:

Storia Moderna della Sardegna, di G. Mano. Firenze 1858. Tip. Le Monnier.

Dieser gelehrte Geschichtschreiber, der Präsident des höchsten Gerichts
des Königreichs Sardinien, Baron Mano, hatte seine klassische Geschichte der
Insel Sardinien im Jahr 1828 nur bis zum Jahr 1773 fortgeführt; da man damals über die Gegenwart nicht schreiben durfte. Jetzt hat dieser rühmlich
bekannte Gelehrte diese Geschichte bis zum Ende des vorigen Jahrhunderts
fortgeführt, welches den von den Franzosen aus seinen Besitzungen des festen
Landes vertriebenen König nach der Insel Sardinien führte.

Ueber die Geschichte der Kunst der Stadt Siena ist der 3. Band unter
folgendem Titel erschienen:

*Documenti per la storia dell' Arte Sienese, raccolti ed illustrati dal dott. Gae-
tano Milanesi. Tom. III. Secolo XVI. Siena 1856. presso Parri. 8o.*

Der erste Band enthält die auf die Kunstgeschichte Sienas Bezug habenden Urkunden aus dem 13. und 14. Jahrhundert; der zweite die des 15. Jahrhunderts, und dieser Band macht den Beschluss mit einem Vertrage anfangend,
den die Nonnen von Massa mit den Malern Paolo di Urbano und Andrea di
Nicola zu Siena über die Ausmalung einer Capelle abgeschlossen und endet
mit der Rechnung eines Goldschmidts, Argentini, für den Dom zu Siena.

Wie fleissig die Italiener die bedeutenden Arbeiten unserer deutschen Gelehrten übersetzen, kann man aus folgender Erscheinung entnehmen. Herr
Professor Longhena in Mailand hat die Geschichte Clemens XIII. von unserem
gelehrten Theiner italienisch herausgegeben:

*Storia del pontificato di Clemente XIV. scritta sopra documenti inediti negli ar-
chivi secreti del Vaticano da Agostino Theiner; tradotto dal Prof. Franc.
Longhena. Milano 1855. presso Turati. III. Vol.*

Der Verfasser, welcher Andern die Erlaubniss zur Uebersetzung dieses
Werkes abgeschlagen hatte, hat sie dem Herrn Longhena gerne verstattet; daher man der Treue derselben vergewissert sein kann.

Eine grosse literarische Unternehmung ist die Herausgabe der Geschichts-
Quellen für das Herzogthum Parma und Piacenza, der letzte Band dieser Bekanntmachungen ist:

Chronaca Fr. Salimbene Parmensis. Parma 1857. Tip. Fiaccadori. gr. 4. S. 423.

Diese von dem Minoriten-Mönche Salimbene de Adam lateinisch geschriebene Chronik, über dessen Leben der gelehrte Bibliothekar, Vittor Bertani in
seiner italienischen Vorrede Nachricht giebt, erscheint hier zum erstenmale
nach einer in der vaticanischen Bibliothek befindlichen Handschrift. Sie geht
von dem Jahr 1212 bis zum Jahr 1287. Es ist daher ersichtlich, wie wichtig

dieselbe für jene Zeit der Hohenstaufen ist, um so mehr, da der Ve
aus Parma war, das Friedrich II. sehr beschäftigt hat.

Ein zu dieser verdienstlichen Unternehmung gehöriges Werk sind die

*Statuta Communis Parmae ab anno 1266. Parmae. Tip. Fiaccadori 1857. 4
II Vol.*

die Fortsetzung des im Jahr 1855 herausgegebenen Anfangs dieser
ten vom Jahr 1255, wozu der gelehrte Archivar zu Parma, Ritter Ronchi
eine Einleitung in italienischer Sprache mitgetheilt hat. Diese 3 bisher b
ausgegebenen Bände machen der italienischen Typographie alle Ehre und se
sich der Verleger als ein wahrer Nachfolger des berühmten Parmesanisch
Buchdruckers Bodoni. Aber man sieht auch aus diesem noch mehrere Ban
versprechenden Unternehmen, dass es in Italien an Käufern so trefflich aus-
gestatteter Werke unter den Reichen nicht fehlt. Nicht der Gelehrte, sondern
der Liebhaber der Gelehrsamkeit kann darauf wirken.

Italien besitzt sehr reich begründete Wohlthätigkeitsanstalten, und welchen
Theil hier die Reichen und Vornehmen daran nehmen, kann man aus dem
eben jetzt in Venedig von dem Grafen Bembo daselbst herausgegebenen Werke
über die in Venedig und der Umgegend befindlichen dergleichen Anstalten
entnehmen, einem Werke, das er auf seine Kosten hat drucken lassen:

*Delle istituzioni di beneficenza nella citta e provincia di Venezia, del Conte Pier-
luigi Bembo. Venetia 1859. Tip. Naratovich. 8. S. 507.*

Zu der Provinz Venedig gehören die Kreise Mestre, Dolo, Chioggia, Mi-
rano, San Dona und Portogruaro; überall sind reiche Anstalten für die lei-
dende Menschheit. Dennoch findet man eine so grosse Menge Bettler, das
man einem unbescheidenen Zweifel über die gewissenhafte Verwaltung Raum
geben dürfte. Allein da alle Gemeinde-Angelegenheiten überall in Italien von
Gemeindegliedern unter allgemeiner Theilnahme verwaltet werden, kann darin
nicht der Grund gefunden werden, sondern auf eingezogene Erkundigung erhält man darüber eine andere Nachricht. Die Geistlichkeit wirkt desshalb der
Neigung zur Bettelei nicht entgegen, um der christlichen Mildthätigkeit Gelegenheit zu geben, diese Tugend zu üben.

Für Freunde der Sprachforschung ist zu erwähnen:

*Il Sirventese di Ciullo d'Alcamo, dal Dottore Giusto Grion, Padova 1858. press
Prosperini*

da hier von den ersten Anfängen der italienischen Dichtkunst Nachricht gegeben wird.

Ueber die Kriegsthaten des sardinischen Hülfsheeres in dem letzten orientalischen Kriege ist folgendes wichtige Werk erschienen:

*I Piemontesi in Crimea, narrazione storica, di Mariano d'Ayala. Firenze 1858.
società editrice. 8o. 190 mit einer Karte.*

Der Verfasser, ohnstreitig jetzt der bedeutendste Militär-Schriftsteller in
Italien, hat hier die Geschichte des Feldzuges in der Krimm, soweit das sardinische Heer daran Theil genommen, nicht bloss für den Soldaten, sondern
auch für das grössere Publikum beschrieben. Er war zuerst in der Neapolitanischen Artillerie, wo er mehrere sehr geachtete Werke über die Kriegs-

wissenschaft und Literatur herausgab, angestellt; im Jahr 1848 ernannte ihn
der Grossherzog von Toscana zum Kriegsminister, jetzt ist er Bibliothecar
des Herzogs von Genua (siehe die Beschreibung dieser Bibliothek von dem
Unterzeichneten im Serapeum 1857). Der Markgraf Ayala schickt dieser seiner Geschichte eine Einleitung über die früheren Kriegsthaten der Italiener
seit den letzten Jahrhunderten voraus; dann zeigt er, wie die Absichten Russlands auf die Türkei seit so langer Zeit vorbereitet, und durch die Fehler der
Andern begünstigt, endlich durch die Verbindung von England und Frankreich
ein Damm entgegengesetzt gefunden. Die Theilnahme Sardiniens nach den
diplomatischen und den Kammerverhandlungen wird hier vorgetragen und mit
dem Necrolog der bedeutendsten Opfer dieses Krieges geschlossen.

*Commento di Francesco da Buti sopra la divina Comedia di Dante Alleghieri,
pubblicato per cura di Crescentino Gianini. Pisa 1858. Tip. Nistri.*

Dieser Commentar zu Dantes göttlicher Comedie ist nach einer Handschrift
aus der Riccordianischen Bibliothek zu Florenz, verglichen mit einer andern
in der Magliabechiana daselbst von dem Herrn Gianini herausgegeben worden,
vorausgeschickt ist eine gelehrte Vorrede von Silvestro Cantofonti. Welchen
Werth dieser Commentar hat, kann man schon daraus abnehmen, dass dieser
frühe Erklärer Dantes im Jahr 1324 auf dem Schlosse Buti zu Pisa geboren,
Senator des geheimen Rathes dieser Republik war. Ueberall zeigt sich dieser
Commentator als ein freisinniger Mann, und ist derselbe zugleich für die Zeitgeschichte bedeutend.

L'Eneide tradotta in ottava rime, da Francesco Duca. Milano 1859.

Diese Uebersetzung von Virgils Aeneide liest sich um so angenehmer, da
die Reimen ganz ungesucht erscheinen, auch wird sie von den Sprachkennern
bei weitem der Uebersetzung von dem Ritter Fontanetti vorgezogen, welche
im Jahr 1857 ebenfalls zu Mailand in versi sciolti herauskam.

Poesi Milanesi e Italiane di Giovanni Ventura. Milano 1859.

Dieser Dichter, sonst in Italien als beliebter Schauspieler bekannt, tritt
hier mit seinen Dichtungen auf, welche das Herz noch mehr, als die Phantasie ansprechen; auch finden die Kenner des mailändischen Dialects, dass in
den hier mitgetheilten Dichtungen Ventura dem Dichter Porta würdig in diesem Fache nacheifert.

Mehr der Satyre zugewendet ist die folgende Sammlung von Gedichten
eines Ungenannten:

Versi d'un Italiano, pubblicati da Carlo Teoli. Torino 1858.

Dieser von Vaterlandsliebe begeisterte Sänger kann mit dem trefflichen
Satyriker Giusti verglichen werden.

Die Gedichte des aus Modena gebürtigen Peretti, der vor Kurzem zu
Ivrea starb:

Il Menestrello, di Antonio Peretti; Pinerolo 1859. Tip. Chiantore
zeigen ein sanftes und reines Gemüth und sind frei von allen Uebertreibungen.

*Illustrazioni ed aggiunte alla storia ecclesiastica di Sardegna, per Pietro Martini.
Cagliari 1858, presso Timon.*

Ohnerachtet diese neue gelehrte Arbeit des um die Geschichtsforschung der Insel Sardinien so hoch verdienten Vittor Martini eigentlich nur als einen Anhang zu seiner Kirchengeschichte dieser Insel sich ankündigt, so enthält sie doch sehr wichtige Aufschlüsse über die dunkle Zeit dieser Insel, seit dem Einfalle der Vandalen und besonders seit der Vertreibung der Byzantiner durch die Eingebornen selbst, denen aber bald die Araber seit 708 nachfolgten, obwohl sich auch im Innern die 4 sardinischen Richter oder Könige seit Ihalethus unter oder neben den Arabern erhielten? Der Verfasser spricht, nach den vor ein Paar Jahren aufgefundenen Pergamenten von Arborea (S. die Insel Sardinien von J. F. Neigebaur, II. Aufl. Leipzig 1856, Dyck'sche Buchhandlung) und den hier als Anhang mitgetheilten zum erstenmale bekannt gemachten Urkunden seine Meinung dahin aus, dass Carl der Grosse, obwohl er das alte römische Reich wiederherstellte, doch nie sich als Herrn dieser Insel angesehen habe, auch schlugen die Sarden allein 807 und 813 wiederholte Angriffe der spanischen Araber tapfer zurück, bis endlich der Sarden-König, Nicolaus im Jahr 815 bei dem Kaiser Ludwig dem Frommen zu Paderborn Schutz suchte. Bisher hatte die Meinung bestanden, dass Carl der Grosse diese Insel dem Papste geschenkt habe, und eine Constitution von Ludwig dem Frommen soll 817 diese Schenkung bestätigt haben. Thatsache aber ist es, dass Sardinien seit jener Zeit als Eigenthum des päpstlichen Stuhles angesehen wurde. Dann kamen die Streitigkeiten unter den 4 sardinischen Richtern oder Königen, welche eigentlich unter dem von Cagliari stehen sollten. Auf diese Weise wurde es dem Araber Museto leicht, sich seit dem Anfange des 11. Jahrhunderts in Sardinien festzusetzen, bis endlich die Genuesen und besonders die Pisaner im Stande waren, auf Antrieb des Papstes denselben zu vertreiben, wobei aber Pisanische Anführer sich zu Richtern in Arborea, Torres und Gallura machten, die dem einheimischen Könige zu Cagliari sich nicht unterwerfen wollten; so wie auch die Bischöfe sich so viel als möglich die Ausübung der weltlichen Macht anmassten. Es war daher ein trauriges Geschenk, das endlich Kaiser Friedrich II. seinem Sohne Enzio mit dem Königreiche Sardinien machte, als die ganze Christenheit sich vom Papste nach dem Orient hatte schicken lassen, bis zu welcher Zeit diese neu aufgefundene Urkunden reichen, welche die von Manchem bestrittene Aechtheit der von Martini zuerst bekannt gemachten geschichtlichen Dichtung, Ihalethus, aus dem 8. Jahrhundert bestätigen. Da Herr Ritter Martini hier nur diejenigen Abschnitte aus den neu aufgefundenen Urkunden, von denen manche bereits als Einbände von Büchern gedient hatten, mitgetheilt hat, welche sich auf die Kirchengeschichte beziehen, so haben wir von diesem fleissigen Geschichtsforscher noch Manches aus diesem Schatze zu erwarten, da auch der Ritter Spano und Appellationsrath v. Tola emsig mit vaterländischer Geschichtsforschung beschäftigt sind.

Aus der russischen Sprache kommen in Italien selten Uebersetzungen vor, darum müssen wir von folgender Nachricht geben:

Eugenio Oneghen, romanzo Russo, di Puschin, tradotto dalla Signora A. B. Russo. Nizza 1859.

Diese russische Romanze, welche Puschkin in Versen geschrieben hat, ist von einer russischen Dame in italienischer Prosa zu Nizza erschienen, wo sich jetzt viele Russen aufhalten.

Ueber Erziehung ist folgende Schrift in Neapel herausgekommen:

Pensieri sull' istruzione e sull' educatione, di Giuseppe Lazzaro. Napoli 1858. Tip. dell Epoca.

Der Verfasser, welcher hier als praktischer Pädagog erscheint, hat in der Zeitschrift Epoca schon früher mehrere Aufsätze über Erziehung und Unterricht herausgegeben.

Sommario di storia della coltura Italiana ne' rapporti a quella delle altre nazioni Europée, di Giuseppe Rosa. Venezia 1858. Tip. del Commercio.

Der fleissige Gelehrte Herr Rosa gibt hier eine kurze Culturgeschichte mit vorzüglicher Berücksichtigung des Einflusses, welchen Italien darauf gehabt hat.

Antologia Italiana, per uso delle scuole speciali. Torino 1858. Tip. del Corriere d'Italia.

Diese Aehrenlese aus italienischen Schriftstellern ist für Handel und Ackerbau-Schulen bestimmt.

Le vite di Plutarco volgarizzate da Marcello Adriani, annotate da Francesco Cerroti, Firenze 1859. presso Le Monnier.

Diese alte Uebersetzung des Plutarch ist einer alten Handschrift entnommen, welche sich in der Corsinianischen Bibliothek zu Rom befindet, der Herausgeber ist Bibliothekar der Corsiniana, welcher diese Uebersetzung mit dem griechischen Text verglichen und Anmerkungèn beigefügt hat.

Biblioteca cattolica, la scienza e la fede, raccolta scientifica letteraria ect. per A. d'Amelio, e G. Sanseverino. Napoli 1858.

Diese seit 18 Jahren in monatlichen Heften herauskommende Zeitschrift enthält mitunter für die Kirchengeschichte wichtige Aufsätze; so findet sich z. B. in dem letzten Hefte von dem vorigen Jahre Nachricht über egyptische Papyrus Handschriften, welche den Auszug der Israeliten aus Egypten betreffen, nach The Exodus papyri, London 1855. In einem Aufsatze über die Verbindungen, welche von Rom aus nach China angeknüpft wurden, findet sich die Nachricht, dass, als der Mongole Batu nach Georgien vorrückte, die Königin Rodozano sich an den Pabst um Hülfe wandte, mit dem Versprechen, dass ihr Land sich dem Papste unterwerfen würde; allein er entschuldigte sich mit dem Kriege gegen den Kaiser Friedrich II. und schickte nur Dominicaner als Missionäre, dies bewog die Königin den Islam anzunehmen, sie endete durch Selbstmord. Merkwürdig besonders ist das Breve von Pius IX. vom 29. October 1859 über die Wahl des Jansenistischen Pseudo-Erzbischofs zu Utrecht.

Opere di Platone nuovamente tradotte da Ruggiero Bonghi. Milano 1858. presso Colombo Taccicolo II. S. 367.

Nachdem dieser junge Gelehrte aus Neapel in der ersten Lieferung den Euthydemos von Plato in einer neuen Uebersetzung mit einer umfassenden Ein-

leitung herausgegeben hatte, giebt derselbe hier den Protagoras, ebenfalls mit
philologisch literarischen Anmerkungen. Die auch hier gegebene Einleitung
ist länger als dies Gespräch des Socrates mit diesem und andern Sophisten.
Hrn. Bonghi ist Schüler des Anton Rosmini, welchen Manche für den ersten
Philosophen der Neuzeit halten.

*Il trattato della sfera di Ser Brunetto Latini, da Bartolome Sareo. Milano 1858.
     presso Boniardi-Pogliani.*

ist als altes Sprachdenkmal zu erwähnen.

Für den Unterricht in den Real-Schulen ist folgendes Werk bestimmt:

*Manuale di storia del commercio, delle industrie e dell economia politica, del
     professore Boccardo. Torino 1858. 8o. 462 S.*

welches eine recht gute Geschichte des Handels, des Gewerbfleisses und der
Staatswirthschaft enthält.

Ueberhaupt gewinnt das Studium der Staatswirthschaft in Italien eine
immer weitere Verbreitung, wie folgendes Werk zeigt:

*Trattato di economia sociale dall' avvocato Bartolomeo Trinci, Firenze 1858.
     presso Barbera.*

Der Verfasser behandelt diesen Gegenstand unter folgenden vier Gesichtspunkten: Die Production, die Vertheilung des Vermögens, dessen Circulation
und dessen Verzehrung. Der Verfasser ist ein Gegner der von Malthus aufgestellten Grundsätze.

*I miei trent anni, rimembranze letterarie politiche storiche, artistiche, colla re-
     produzione dell episodio Filippo ed Alcmena, relativa all ultime guerre
     dell' indipendenza Greca, di Domenico Bioroi. Torino 1859. presso Boltz.*

Diese Lebens-Erinnerungen eines vielerfahrenen Mannes während des Be-
freiungs-Kriegs in Griechenland dürften unsern Philhellenen willkommen sein.

So wie unser Körner aus der Zeit unserer Erhebung gegen den französischen Druck als der Dichter der heldenmüthigen Vaterlandsliebe erscheint, so
ist es für die Italiener ihr Mamelli:

Poesi di Goffredo Mamelli, Tortona 1859.

Vaterland und Liebe begeisterten diesen Dichter, wie einst den Petrarca;
sein Beruf waren die Waffen und die Dichtkunst; ihn traf eine französische
Kugel, gegen welche er die Denkmäler Roms vertheidigen wollte, als die Römer mit Hülfe begeisterter Jünglinge aus verschiedenen Theilen Italiens ihre
unbefestigte Stadt zur Bewunderung alter Soldaten eines glücklicheren Erfol-
ges würdig, länger hielten, als es die erfahrensten Krieger für möglich gehalten hatten.

                                             Neigebaur.

JAHRBÜCHER DER LITERATUR.

Aus dem Nachlasse von Johann Friedrich Heinrich Schlosser. Herausgegeben von Sophie Schlosser. Vierter Bd. Prosaische Schriften. Mainz, Verlag von Franz Kirchheim. 1859. Auch mit dem besondern Titel: Prosaische Schriften von Johann Fried. Heinrich Schlosser. Aus dessen Nachlass herausgegeben von Sophie Schlosser. Mainz, Verlag von Franz Kirchheim, 1859. 231 S. in 12.

Wir haben seiner Zeit von den drei früher erschienenen Bänden aus dem Nachlasse eines der edelsten und durch wahre Bildung ausgezeichneten Männer unter unsern deutschen Zeitgenossen in diesen Blättern Kunde gegeben. An die durch Auswahl und durch die Kunst der Nachbildung vorzügliche Sammlung von Gedichten aus den Literaturen der Kulturvölker (I. Bd., Wanderfrüchte) reihten sich eigne Gedichte (II. B.) und Legenden (III. Bd.). S. d. Jahrb. 1858, Nr. 16. Den Schluss bilden in dem vorliegenden Bande die prosaischen Schriften. Auch dieser Theil gibt Zeugniss von dem Charakter ihres Verfassers, „von seinem sittlichen Ernste, womit er die höchsten geistigen Aufgaben erfasste, von der Gediegenheit und edlen Anspruchslosigkeit, womit er zu arbeiten gewohnt war", wie die verehrungswürdige Herausgeberin diesen Charakter des Verklärten so treffend bezeichnet.

Wir wollen nun die einzelnen Aufsätze, welche hier gesammelt sind, näher angeben. Wenn bei einigen derselben die Zeit, in welcher und der individuelle Zweck, für welchen sie verfasst sind, nicht ausser Berücksichtigung zu lassen sind, so zeigen alle in der geistigen Richtung so wie in der Darstellung Vorzüge, welche unabhängig von solchen individuellen Bedingungen und darum von allgemeinem, bleibendem Werthe sind.

Der erste Aufsatz „über die Gedächtnisskunst und deren Anwendung besonders bei den Griechen und Römern" ist eine Vorlesung, gehalten vor einer gemischten Versammlung im Frühlinge des Jahrs 1813. Es war jene Zeit, wo zuerst in Deutschland einige Mnemoniker herumzureisen anfingen und das Publikum mit ihren Kunststücken in Erstaunen setzten. Es lag darin für den Verfasser die Veranlassung zu zeigen, dass die Gedächtnisskunst, wie sie hier angewendet wurde, schon im Alterthum erfunden und ausgebildet, besonders als Hilfsmittel der öffentlichen Beredtsamkeit benützt wurde. Es wird zu diesem Zwecke die Hauptquelle unserer Kenntniss dieses Gegenstandes, jene bekannte Stelle aus der Rhetorik an Herennius übersetzt und erläutert; vorher aber wird über die Stellung, welche das Gedächtniss in der Reihe unsrer geistigen Functionen und in der Entwicklung der frühern Culturperioden einnimmt,

gehandelt. Es konnte hier nicht die Aufgabe sein, die Angaben
der alten Schriftsteller über die Mnemonik vollständig zusammenzustellen und zu erörtern (etwa wie dieses zwanzig Jahre später von
Morgenstern: De arte mnemonica, Dorpat. 1834 geschehen ist), sondern es war nur das Wesentliche der Sache darzustellen. Dieses
ist hier mit Sachkenntniss, Geist und in einer sehr entsprechenden
Form geschehen.

Das folgende „Bruchstück zur geschichtlichen und kritischen
Würdigung Ossians. 1819" enthält eine Darstellung der Verhandlungen über diese literarische und kritische Cause célèbre der Frage
über die Echtheit der Ossianischen Gedichte nach dem damaligen
Stande der Sache zu der angegebenen Zeit. Es ist bekannt, dass
inzwischen durch die von der Highland-Gesellschaft im Jahre 1834
veranlassten Preisschriften die Untersuchung weiter geführt worden
ist. Schlosser entscheidet sich für die Echtheit der Ossianischen Gedichte und für die Ansicht, welche die Entstehung derselben in eine
um einige Jahrhunderte spätere Zeit setzt, als der erste Herausgeber und diejenigen, welche mit ihm Ossian in das dritte Jahrhundert nach Christus setzten. Es werden hier nicht blos die Gründe
und Gegengründe in dieser kritischen Frage klar zusammengestellt
und verständigt abgewogen, sondern auch manche einzelne interessante Bemerkungen eingeflochten, welche von dem Studium des Verfassers zeugen und von dem Interesse, welches er den Ossian'schen
Gedichten widmete. Und fürwahr, mögen uns die neusten Ergebnisse einer schonungslosen Kritik auch von den früher für echt erhaltenen Werken des alten Barden und der alten Jahrhunderte noch
so wenig übrig lassen wollen, der Eindruck, den diese Gedichte auf
Gemüth und Phantasie hervorbringen, der Reiz, welcher uns zu ihnen hinzieht, wird für jede Generation stets neu fortdauern, wer auch
ihr Urheber sein mag.

Das dritte Stück: „über Martin Opitz und Philipp Sidney, 1820"
ist ein Aufsatz, welcher verdient, dass man in jeder Geschichte der
englischen und der deutschen Literatur auf ihn Rücksicht nimmt.
Er enthält eine sehr treffende Charakteristik des genannten deutschen
Dichters; die Nachweisung, wie die niederländische, französische,
englische Literatur auf ihn einwirkte und zwar namentlich die drei
Schriftsteller der genannten drei Nationen: Daniel Heinsius, Ronsard
und Philipp Sidney. Darauf wird insbesondere von dem zuletzt genannten, sowohl durch seinen persönlichen als literarischen Charakter
und Einfluss ausgezeichneten Manne gehandelt. Dabei wird von seinen literarischen Werken eine anschauliche und treffende Charakteristik gegeben, und als Einleitung dazu eine eben solche Charakteristik der literarischen Bildung und des poetischen Geschmackes in
dem Zeitalter der Königin Elisabeth. Zum Schlusse folgen Uebersetzungen einiger Gedichte Sidney's, welche als Probe seiner poetischen Werke mitgetheilt werden. Wenn alle Uebersetzungen Schlos-
sers, wie wir schon früher wiederholt zu bemerken Gelegenheit hat-

ten, sich durch einen seltnen Verein von Treue, feiner Auffassung, gutem Geschmack und Meisterschaft in der Handhabung der Sprache und der metrischen Formen auszeichnen, so gilt dieses von den hier übersetzten Stücken aus Sidney's Werken in besonders hohem Grade. Die sehr schwierige Aufgabe ist mit wahrer Virtuosität gelöst.

Der dritte Aufsatz: „Georg Friedrich Händel" gibt uns in Kürze aber mit richtiger Zeichnung und ansprechendem Colorit ein Bild von dem Leben und den Werken des berühmten Meisters der Töne; der folgende Aufsatz: „Der Mensch und die Natur" betrachtet das Verhältniss zwischen beiden von dem Standpunkte der Lehre des Christenthums und gibt eine Reihe von wohl durchdachten und warm empfundenen Ideen zur Begründung und Erörterung des christlichen Glaubens, nach welchem das ursprüngliche bessere Verhältniss des Menschen zur Natur durch die Sünde getrübt, die Rückkehr dazu aber durch das Werk der Gnade ermöglicht worden ist.

Das folgende Stück: „Die Dalmatika des Pabstes Leo III. oder die sogenannte Kaiserdalmatika" ist ein schätzbarer Beitrag zur christlichen Kunstgeschichte. Der verewigte Schlosser hatte zu seinen Kunstschätzen auf dem Stift Neuburg, welche auch jetzt noch von der edeln Besitzerin mit derselben Liebe und in demselben Geiste bewahrt und gepflegt werden wie von ihrem seligen Gatten, eine colorirte Abbildung jenes berühmten zu Rom in der Peterskirche befindlichen Prachtgewandes, gefertigt von der Hand eines bewährten Künstlers, des Maler Wittmer in Rom, hinzugefügt. Dies veranlasste den kunstsinnigen Besitzer, für sich selbst und für kunstliebende Freunde, welchen er mit seiner liebenswürdigen Freundlichkeit den Genuss der Beschauung dieses merkwürdigen alten Kunstwerkes in einer so gelungenen Abbildung gewährte, die nöthigsten Erklärungen zusammen zu stellen, welche zu dem Verständnisse desselben erforderlich sind. Dieses wurde von ihm auf eine sehr zweckmässige und anziehende Weise zur Ausführung gebracht. Zu den einzelnen interessanten Bemerkungen, welche dabei gemacht werden, gehört (S. 180 Anm. 6) die Vergleichung der Vorstellungen auf der Kaiserdalmatika mit den Vorstellungen eines Triptychon bei d'Agincourt (Peinture pl. XCI) und die für die christliche Ikonographie werthvolle Bemerkung über die Aehnlichkeit des Typus in den Gesichtern der Patriarchen Abraham, Isaak und Jakob unter sich und mit Christus aus dem Grunde, weil sie nicht allein als Stammeltern Christi, dem Leibe nach, sondern auch als Vorbilder Christi betrachtet wurden (S. 81, Anm. 7). Es ist diese Kaiserdalmatika inzwischen auch durch eine eigene Abhandlung von Sulpiz Boisserée in den Denkschriften der bayrischen Akademie d. Wissenschaften (Phil.-philolog. Classe III, 3 oder Bd. XVIII, p. 553 ff.) beschrieben und erklärt worden.

Den Rest des Bandes nehmen ein die Uebersetzungen von zwei interessanten ausländischen Produkten, welche bei ihrem Erscheinen in vielen Kreisen lebhaften Anklang gefunden haben, nämlich: das

Hinscheiden der Fürsten Gudalina Borghesé; nach dem Italienischen des Cäsar Cantu (1841); und: Betrachtungen und Gebete, ein Nachlass der Herzogin von Duras, aus dem Französischen (1842).

Alle Freunde einer gediegenen Literatur und Lectüre, welche sich nicht mit einer gefälligen Form und flüchtiger Unterhaltung allein begnügen, sondern überall damit sittlichen Gehalt und Charakter verbunden sehen wollen; alle Freunde des verklärten Verfassers, welchen sein Andenken theuer und unvergesslich ist, werden der verehrungswürdigen Herausgeberin, von welcher wir ausser der „Kirche in ihren Liedern" nun auch noch dieses zweite Denkmal aus dem literarischen Nachlasse ihres seligen Gatten erhalten haben, gewiss stets zu aufrichtigem, lebhaftem Danke sich verpflichtet fühlen.

                                                                     Zell.

Publications de la société pour la recherche et la conservation des monuments historiques dans le Grand-duché de Luxembourg etc. Tom. V—XIII. Luxembourg, 1850—58. 4.

Seitdem wir zum ersten Male in diesen Blättern (Jahrg. 1851, S. 846 ff.) auf die Publicationen des Luxemburger Vereines aufmerksam machten, indem wir die vier ersten Bände einer kurzen Anzeige unterwarfen: hat inzwischen der rastlos thätige Vorstand daselbst kein Jahr vorübergehen lassen, ohne einen Band weiter zu ediren, welcher einen schönen Beweis der Thätigkeit und Gelehrsamkeit der Mitglieder des Vereins überhaupt, des Vorstands insbesondere darlegt. Diese neun Bände enthalten nun eine sehr grosse Anzahl trefflicher Arbeiten, so dass wir wirklich bedauern, nicht schon früher auf dieselben hingewiesen zu haben, indem auch andere Zeitschriften kaum derselben gedachten; im Folgenden wollen wir von den einzelnen Bänden das Wichtigere und Allgemeinere hervorheben, lassen dagegen jenes unberührt, was zu speziell nur lokales Interesse hat, oder uns zur weiteren Kenntnissnahme minder wichtig erscheint.

Im Tom. V bemerken wir vorerst die Ausgrabung und Beschreibung von 47 Gräbern bei Steinfort ohnweit Luxemburg an der Römerstrasse durch Prof. Namur; sie gehören in die nachrömische Zeit; da einige Münzen das christliche Monogramm zeigen, und unter den Gefässen ein Fläschchen sich fand, das den Weihwasser-Gefässen der ersten Christen ähnlich sieht, so möchte der Verf. die Gräber den Christen zuschreiben, worin wir ihm nicht gerade beistimmen können: über diese und andere Grabfunde werden wir noch weiter unten Näheres mittheilen. — Wichtiger ist die Auffindung einer Römerstation auf dem Tossenberg, etwa 5000 Meter von Luxemburg auf dem Wege nach Arlon: Prof. Engling gibt eine ausführliche Beschreibung von den Mauern und Auffindungen; da

bei grösseren Mauerüberresten sich „zwei fast neben einander entdeckten Brunnenlöcher" fanden, in deren einem ein Haufen durch
einander gewürfelter Pferds-, Ochsen-, Kälber-, Vögel-, Hasen- u.
anderer Wildpretsknochen und etwas tiefer hinab 18 schichtenweise
über einander gelegte Menschengeripppe und darunter 3 mit auffallender Schädelbildung" gewesen sind: so möchten wir annehmen,
dass hier ein Tempel stand, indem in der Nähe derselben Gruben
oder alte Brunnen dienten, um die Ueberreste der Opfer wie die
Knochen der Thiere sogleich hinwegzuschaffen: höchst auffallend
sind hierbei die Menschengeripppe; wir können aber dem Verf. nicht
beistimmen, wenn er die Frage aufwirft: „ob man sich dieser Sklaven, Missethäter oder Kretinen von auffallender Schädelbildung durch
Werfen in den Brunnenschacht losmachen wollte"; wir möchten an
Menschenopfer denken. Die einzige Inschrift, die auf einer Urne
steht: MARCIAN. L. XXVI wird unrichtig auf eine Legio XXVI
bezogen, denn eine solche existirte zu der Kaiser-Zeit nicht: die
Zahl wird auf ein Mass gehn, sowie ein Jahr später auf demselben
Tossenberg eine Urne gefunden wurde, wo auf der einen Seite III
auf der andern XVIIII S stand, was wir ebenfalls für eine Massbe-
zeichnung halten (vgl. Tom. VI, S. 267).

In Tom. VI bemerken wir zwei Inschriften, welche seit ihrer
ersten Veröffentlichung manche Gelehrten beschäftigten; die erste
heisst:

> DEO SINQVAT
> L. HONORAT
> IVS AVNVS
> V. S. L. M.

Wer unter dem deus Sinquates (oder Sinquas) zu verstehen sei:
wäre wohl nicht zu errathen, wenn nicht die andere Inschrift Näheres enthielte; diese ist

> DEO SILVANO SINQV
> PATERNIUS PRO SÀ
> LVTE EMERITI FILI
> SVI IO S. L. M.

Also dem Silvanus wurde eine gallische Gottheit jenes Namens
gleich gesetzt, was wir bisher nicht wussten. Woher jenes keltische
Wort kommt, oder was es bedeutet, weiss man bis jetzt nicht: die
Ableitungen, die bisher versucht sind, halten wir für missglückt; gab
es doch einen Gelehrten, der zwei verschiedene Namen in den Inschriften fand, indem er bei der zweiten Sinqupa Ternius lesen wollte.
Ja eine noch weit verkehrtere Erklärung beider Inschriften wurde
mir schon vor 4 Jahren privatim vorgelegt, was ich nur anführe,
um den Luxemburger Verein zu loben, weil er dieselbe, als sie ihm
wiederholt zur Aufnahme gegeben wurde, nicht edirte. Prof. Namur,
der diese Inschriften zuerst bekannt machte und erklärte, will II v.
4 die Buchstaben 10 mit Votum geben; Florencourt in Tom. VIII
S. 67 mit Imaginem Obtulit solvens etc., weil die Inschrift an dem

Piedestal einer bronzenen halberhalten nakten männlichen Figur angebracht ist; das einfachste fand Henzen (Orelli III 7416) indem
er IOS als POSuit nahm, was auch die Abbildung theilweise bestätigt, indem zwischen O und S kein Punkt ist; doch hat sie unzweifelhaft I und nicht P.   Aus der ersten Inschrift merke man sich
noch Aunus zu Virg. Aen. XI. 700.   (Steiner II 1975 schlägt Ju-
saunus vor, indem er die Silbe IVS doppelt nimmt).   Da zu gleicher
Zeit drei Abbildungen der Nehalennia ohne Inschriften aufgefunden
wurden: so fügt Prof. Namur weiter eine Aufzählung der bisher bekannten Denkmäler dieser Göttin bei, wobei wir nur bedauern, dass
er nicht auch die Inschriften beisetzte; das Wort Nehalennia selbst
wird mit Nichus — Wassernixe verglichen, was schwerlich Beifall
finden dürfte; man vergleiche, was seitdem Freudenberg in den
Bonn. Jahrb. XVIII, S. 100 ff. gesammelt hat. — Von allgemeinem
Interesse ist weiter die Untersuchung, welche Prof. Engling über
Andethanna anstellt, den einzigen Ort, welchen im Grossherzogthum
Luxemburg die römische Zeit, nämlich das Itiner. Anton. erwähnt:
dieses legt ihn in die Mitte zwischen Treveri (Trier) u. Orolaunum
(Arlon), womit die Lage von Ober-Anwen, welches Wort der Verf.
aus Andethanna herleitet, und Hostert übereinstimmt: Andethanna
ist auch noch später in der Kirchengeschichte berühmt, indem der
h. Martinus von seiner Gewissensangst wegen der Nachsicht gegen
die verdammte Sekte der Ithacier hier durch die Erscheinung eines
Engels befreit wurde.   Den römischen Ursprung jener Orte bezeugen jetzt noch manche Auffindungen, obwohl ein schriftliches Denkmal meines Wissens dort noch nicht entdeckt wurde. — Eine schöne
steinerne Statue des Vulcan ohne Kopf (wie gross, wird nicht angegeben) bei Lenningen 1850 gefunden ziert das Museum des Vereins
— Die gallo-fränkischen Gräber im J. 1848 bei Wecker aufgedeckt
führen zu den nächsten Bänden, in welchen Prof. Namur, der in
der Aufspürung und Ausgrabung solcher Gräber unermüdlich ist, sie
ausführlich beschreibt: man vergleiche Tom. VII, S. 121—188, Tom
VIII, S. 26—61, Tom IX, S. 89—130, Tom XI, S. LXXI—CII
u. s. w. mit vielen Abbildungen: Die Aufsätze betreffen das Grab-
feld bei Dalheim.   Dieser Ort etwa in der Mitte zwischen Trier und
Metz wird zwar von den Alten nicht erwähnt, denn Eptiacum, das
einige dahin verlegten, ist das heutige Itzig.   Dass es aber zu der
Römer-Zeit ein bedeutender Ort gewesen, beweisen die vielen Funde,
die namentlich in neuerer Zeit daselbst gemacht wurden. Schon Wiltheim hielt es für ein castra stativa, indem er grosse Mauern u. s.
w. vorfand.   Seitdem aber im J. 1842 drei Töpfe mit 24,000 römischen Kupfermünzen aufgefunden wurden, worüber wir in diesem
Jahrb. 1851, S. 847 berichteten: wurde die Aufmerksamkeit des Luxemburger Vereins vorzüglich auf jene Gegend gerichtet und kaum
anderwärts hat derselbe schönere Ausbeute gefunden: über dieselbe
liegen uns mehrere schöne Berichte von Prof. Namur vor.   Vorerst führt derselbe die Inschriften, die bisher bei Dalheim gefunden

wurden, auf, nämlich die schon von Wiltheim veröffentlichten unbedeutenden (2) cippi, und ebensoviel Gefässe mit Töpfernamen; einer dieser ist Cracisa F, was wir nicht für einen Frauennamen halten, wie Wiltheim und Namur VII, S. 132; man vergleiche z. B. Cracuna bei Gaisberger röm. Inschriften im Lande ob der Ens S. 35 und Nassauer Annalen IV, S. 554: Atiusa, Dagoma, Tocca u. s. w.; übrigens finde ich den Töpfer CRASISA F also mit S statt C in Cochet's Normandie p. 182. Bei der Aufführung dieser inschriftlichen Funde in Dalheim übersah der Verf. das Gefäss mit dem Namen P. CAMILLI. MELISSI, was Engling Tom. VI, S. 94 anführt. Noch erwähnen wir eines Ringes, mit der Inschrift: M-EMI-NI-E-TA-MO, wovon der Verf. eine Abbildung beifügt. Auch die Inschriften u. s. w. der benachbarten Orte sucht der sorgfältige Verf. auf: aus ihnen heben wir eine 1839 bei Filsdorff gefundene Grabschrift hervor, weil sie weiter nicht bekannt ist:

D. M.
SERENO. FI
LIO DEF. SERVA
TVS ET THALIA
PAT . . .

Der letzte Buchstabe wird R nicht T sein, also parentes nicht pater. Aus früherer Zeit könnten wir noch einige nachtragen, z. B. für den eben angeführten Ort Wiltheim p. 279; für Weiler la Tour ebendaselbst p. 307 u. s. w. Dagegen führt der Verf. aus demselben ein Fragment aus Frisangen an TBIBOCIE DECVR, das bisher unbeachtet blieb, vielleicht mit Recht, da eine als Tribocorum noch nicht bekannt ist und die Inschrift etwas verdächtig erscheint. Da keine der bis lang aufgefundenen Inschriften eine nähere Zeit angeben: so ist man über den Ursprung des römischen Ortes in Zweifel; Senkler in einem Aufsatze „das römische Castrum bei Dalheim". Bonn. Jahrbücher XIV, S. 1 ff. meinte, dass es erst unter den Antoninen etwa in der Mitte des dritten Jahrhunderts entstanden sei; dagegen macht unser Verf. wahrscheinlich, dass es viel älter ist, wohl schon in die Zeit des Augustus hinaufreiche.

Nachdem noch der Verf. über die Zerstörungen des castrum's gehandelt, deren er zwei annimmt, zur Zeit Constantin's des Grossen und Valentinian's III., berichtet er über die verschiedenen Ausgrabungen und Auffindungen ausführlich und genau. Wir können nun in diese Berichte, die uns Namur über die Alterthümer von Dalheim vorlegt, nicht näher eingehen: es sind so ziemlich dieselben Gegenstände, welche in den Gräbern jener Zeiten gefunden werden. Die Münzen reichen bis auf den Arcadius; unter den Münzstätten, die auf denselben erwähnt werden, erscheint am häufigsten das nahe Treveri. Die Inschriften, die bei den verschiedenen Ausgrabungen gefunden wurden, sind nun im Ganzen unbedeutend, man vgl. VII, S. 149, IX, S. 121, XI, S. LXXXV; doch heben wir Einiges aus: den Töpfernamen MAIAANVS (VII, S. 170) erklären wir nicht mit

Janssen, Bonn. Jahrb. VII, S. 62 mit M. Aianus, sondern denken
vielmehr an Maianius oder Malanius Malianius, wie Nass. Annalen
IV, S. 545 Molanus; wie hier zwei A sind, so in Paris zwei I,
wiewohl es derselbe Name ist; wie in Nimwegen geschrieben finde
ich ihn in Smith's Katalog des Lond. Museums. Noch bemerke ich
den Töpfernamen AVGVSTVS F, der sonst nicht bekannt ist (XI,
S. XXXV, wir hatten eine Abbildung davon gewünscht). Wichtiger ist das Siegel eines Augenarztes (XI, l. c.); es heisst:

Q. POMP. GRÆCIN
EVOD. AD. ASPR

Da der erste Buchstabe zwei Striche hat Q·, schwankt der Verf.
ob es nicht heisse OFficina, was nicht passt; der Punkt ist mit Q
verbunden. Das Medicament εὐῶδες ist auch anderwärts bekannt,
nicht so weit ich mich erinnere, der Arzt. Die übrigen Alterthümer
werden nun von Namur in römisch-gallische und in gallisch-fränki-
sche eingetheilt; die meisten sind abgebildet und die genaue Beschreibung kann eine klare Einsicht in die Verschiedenartigkeit dieser Gegenstände gewähren, daher wir die Schilderungen dieser Auffindungen zu den besseren Arbeiten solcher Art rechnen. Wir vermissen nur etwa die Abbildung ganzer Gräber, so wie die Leiche
lag oder so wie die einzelnen Sachen lagen oder standen. So wie
aber die Gräber bei Dalheim in zwei verschiedene Perioden fallen:
eben so sind an andern Orten im Grossherzogthum Luxemburg Gräber sowohl aus römischer als aus fränkischer Zeit aufgedeckt worden: im Ganzen sind in den vorliegenden Bänden über 60 solcher
Orte verzeichnet, wenn man die dazu rechnet, wo tumuli der Römer angeführt sind, wenn sie auch noch nicht geöffnet wurden.
Ueber diese hat eine sehr nachahmungswerthe Arbeit Prof. Engling angefertigt, aus der wir ersehen, dass über einen grossen Theil
des Luxemburger Landes die tumuli der Römer verbreitet sind, vgl.
VII, S. 90: VIII, S. 63, IX, S. 33, XII, S. 13, XIII, S. 99. Da
natürlich diese tumuli von Privaten, Alterthumsforschern und dem
Vereine vielfach geöffnet, durchwühlt und hie und da zerstört werden: so können wir Hrn. Schneemann nicht ganz Unrecht geben,
wenn er in dem Jahresbericht der Trierer Gesellschaft 1852, S. 12
mit Bezug auf die Luxemburger tumuli „für die sorgfältige Erhaltung dieser Grabstätten" eifert; jedenfalls freut es uns, als Antwort hierauf zu vernehmen (VIII, S. 63), dass „die Untersuchung
der tumuli allemal (vom Vereine) soweit vorgenommen wird, als
deren Erhaltung damit vereinbar ist", was wir andern Vereinen zur
Nachahmung anempfehlen. Die gallo-fränkischen Gräber stellte ebenso sorgfältig Namur zusammen VIII, S. 25 ff.; hie und da mag
es jedoch schwer zu entscheiden sein, in welche Periode ein Grab
fällt, indem manche Gräber bekanntlich nicht immer solche Gegenstände aufweisen, wodurch die Zeit ausser Zweifel gesetzt wird. So
setzt Namur die oben erwähnten Gräber bei Steinfort V, S. 46 unter die gallo-römisch-christlichen, während wir sie Bonn. Jahrb.

XIX, S. 132 in die spätere Zeit setzten; unzweifelhaft römische Gräber wurden später ebendaselbst gefunden, vergl. XII, S. 21 ff. Indem nun der gelehrte Verf. VIII, S. 28, Note 1 dem nicht gerade beistimmt, meint er doch, dass sie den Uebergang zu den gallo-fränkischen bilden können, was so ziemlich mit unserer Ansicht übereinstimmt. Ein Grab zwischen Hellangen und Souftgen erklärt derselbe (IX S. 1 ff.) für ein druidisches am Anfang der römischen Periode; über diese Zeit sind wir zu wenig unterrichtet, um mit Bestimmtheit entscheiden zu können: die Fundstücke sind nicht sehr verschieden; freilich fand sich keine römische Münze, und dies kann theilweise jene Annahme bestätigen. Die nähere Beschreibung dieses und anderer Gräber so wie ein Eingehen in die Fundstücke, so interessant und lehrreich es auch wäre, unterlassen wir als zu weit führend; wir verweisen auf die Abhandlungen von Namur und Engling.

Bekanntlich befanden sich in der zweiten Hälfte des 16. Jahrhunderts im Schlosse Clausen bei Luxemburg eine grosse Anzahl römischer Alterthümer, welche im folgenden Jahrhundert Alex. Wiltheim nebst andern luxemburgischen Denkmälern, Inschriften u. s. w. sammelte, erklärte, abbildete; da nun in diesem Werke, welches erst 1842 veröffentlicht wurde, die Zeichnungen sehr roh und oft verkehrt sind, auch vom Editor nicht angegeben, welches Denkmal sich noch vorfindet: so sprach ich wiederholt den Wunsch aus (s. Jahrb. a. a. O., S. 850; Bonn. Jahrb. XIX, S. 133), der Luxenburger Verein möge die noch vorhandenen Denkmäler in neuen Abbildungen seinen Publicationen einverleiben.

Es freut uns berichten zu können, dass unserem Wunsche nachgekommen ist; und so hat H. Prof. Engling zuerst im Bd. VIII, S. 69—79 die zu Luxemburg eingemauerten Bildsteine aus der Römerzeit, der Zahl nach 11, neu beschrieben, und abgebildet, woraus wir hinlänglich sehen, wie die Wiltheim'schen Abbildungen vielfach nicht genügen. Die Denkmäler bestehen theils in Köpfen, die hier zum erstenmal mitgetheilt sind, wie Medusa, Bocchus (dessen antiken Ursprung wir aber mit dem Verf. bezweifeln wollen) u. s. w., theils in Darstellungen aus der Mythologie (Meleager), dem gewöhnlichen Leben u. A. Nur an einem findet sich eine Inschrift, wobei wir uns nur wundern, dass der gelehrte Verf. S. 74 in LALLIO ATTI-CINO nicht den Vornamen Lucius Allius erkennt, sondern eine gens Lallia annimmt, die wir kaum dulden möchten, wiewohl sie z. B. Gruter hat, wo wir aber S. 240 Laelius lesen; bei dem Luxemburg. Steine hat schon Steiner I Edit. 986 das Richtige gesehen. Im Bd. IX S. 65 ff. werden diese Erklärungen von Denkmälern in Stadt und Land und Umgegend fortgesetzt: wir gewinnen dadurch auch manche neue Inschriften, welche freilich keinen besondern Werth haben, meist auch unvollständig sind: doch wollen wir einige für weitere Kreise hier mittheilen; zu Mersch wurden neben einem kolossalen Kopf vier Grabsteine gefunden, wovon einer S. 81

D M
SENNIO. MAI
IORI. DEFVN
CONIVGI. SA
A. SIBI. V

ziemlich vollständig erscheint; ob in V. 4 mit dem Verf. Sabia u
lesen sei, kann bezweifelt werden; V am Ende heisst nicht vovit,
sondern viva; wie auch H. Engling X S. 147 annimmt. Es ist nicht
angegeben, wie viel am Ende fehlt: wir hätten von diesen und den
andern Inschriften eben so gerne Abbildungen gesehen, als von den
inschriftlosen Denkmälern. Ob folgender ein Grabstein ist, bleibt
zweifelhaft (a. a. O.):

FLAM
FLAMEN. LENL N
PRÆP. COHORT.
TRIBVNV. MILIT.
PRAEF
VOCO

Die beigefügte Erklärung Diis Manibus. Flamenii Flamenio Le-
ninio praefecto cohortis tribunus militum praefectus Voconius pesi
curavit ist ganz falsch: (im Band X, S. 147, wo die Inschrift wiederholt wird, ist keine bessere, wenn schon andere Uebersetzung beigefügt): wir wissen zwar, dass die Inschriften jedes Jahr neue nomina zu Tage fördern, doch hier mögen wir nicht eine gens Leni-
nia oder Flamenia (wenn nicht Schreibfehler statt Flaminia) finden;
wir ergänzen auch nicht D. M., sehen keinen Genitiv u. s. w., eine
Abbildung könnte vielleicht einige Auskunft geben. S. 73 finden
wir in Bollendorf das Denkmal eines Kriegers oder Mars (?), an
dessen Seiten einige Buchstaben stehen, worin wir am Anfang IOVI
lesen, wesshalb wir es für keinen Grabstein ansehen. In unserem
frühern Bericht, Jahrb. 1851, S. 848, haben wir nicht lobend bemerkt, dass eine 1844 ebendaselbst gefundene Inschrift ganz falsch
mitgetheilt wurde, während sie schon viel früher von Lersch im B.
Jahrb. V, S. 328 richtig veröffentlicht war; nun finden wir a. a. O.
beide wiedergegeben, die richtige und die falsche, als zwei verschiedene: oder sind es wirklich zwei verschiedene? man könnte dies zu
glauben leicht verleitet werden, da der Verf. beide Lesarten nach
aus Steiner Edit. II 1747, der jedoch nur eine Inschrift annimmt,
citirt, aber sie für verschiedene Inschriften hält; wir halten an einer
fest, und in Trier, wo beide sein sollen, wird nur eine sein.

Wir wünschen, dass der Verf. fortfahre, die noch erhaltenen
Denkmäler weiter zu veröffentlichen und zu beschreiben; daran sollte
sich eine Sammlung sämmtlicher erhaltenen Inschriften anschliessen;
es sind ihrer nicht viele und die meisten leicht zugänglich; manche
freilich gehen der Vernichtung entgegen; dies gilt noch mehr von
den bildlichen Denkmälern, namentlich von mehreren in Luxemburg
selbst; sollte da der Verein sie nicht für das Museum acquiriren

können? Dasselbe enthält so manche schöne Geschenke von aus-
wärts; die Einwohner von Luxenburg können für den Verein nicht
mehr leisten, als wenn sie die in der Stadt überall zerstreuten und
dem·Verderben blosgestellten Denkmäler in das Museum bringen;
möge dieser Wunsch nicht vergeblich sein!

An diese Arbeit über die vorhandenen Denkmäler schliesst sich
eine ähnliche des nämlichen Gelehrten in T. X, S. 53 ff., welche
„die vormaligen Tempel und Altäre der Heiden im Luxemburger
Lande" überschrieben ist, und alle jene aufführt, welche in früherer
oder neuerer Zeit aufgefunden oder auch vermuthet wurden: so finden wir vorerst 46 Tempel erwähnt, von denen freilich viele das
Prädikat „angeblich", „muthmasslich" führen; wir sind längst der
Meinung, dass man auf die Annahme eines solchen Tempels bei einem älteren, wie z. B. Wiltheim, wenig bauen dürfe; römische
Substructionen sahen sie sofort für einen Tempel an und doch weiss
man, dass die Alten nicht in jedem Orte wie wir, Tempel hatten,
wohl aber Altäre und kleine heilige Gebäude, von welchen letztern nur selten noch Spuren sich erhalten haben. Auf reeller Basis
ruht die Aufzählung der Altäre, und da wundern wir uns fast, dass
der Verf. nur 54 kennt, und manche von diesen ruhen nur auf
Muthmassung; die wenigsten haben Inschriften, welche der Verf.
hier hätte beifügen können, wiewohl sie in früheren Bänden meist
edirt sind; die meisten zeigen Abbildungen der Götter, und zwar
eines oder mehrerer bis auf vier; der letztern sind über 10; darunter manche seltene Kombinationen, auch sonst finden sich einige
seltenere Darstellungen, wie z. B. Gott Neptun; auch eine Maira
figurirt noch, während man doch längst überzeugt sein sollte, dass
überall MATR stand. Ueberhaupt möchten wie bei den Tempeln,
so auch bei diesen Altären manche auszuscheiden oder anders zu
benennen sein; wir wünschen daher, dass der Verein nach und nach
Abbildungen von allen (vorhandenen oder früher aufgezeichneten)
seinen Publicationen einverleibe.

Was wir voriges Jahrs in diesen Jahrb. S. 583 über die Alterthümer aus Rheinzabern kurz äusserten, wäre schier nothwendig hier ausführlich zu wiederholen, da auch der Luxemburger Verein eine Anzahl derselben (5) erworben, und X, S. 207 ff. ausführlich
beschrieben und abgebildet hat, ohne durch unser Bedenken, das
doch kurz S. 217 berührt wird, Anstoss an der Aechtheit zu nehmen; doch da wir hören, dass eine Untersuchung der neuesten Auffindungen fast auf officielle Art angestellt wurde (im Herbste vorig.
Jahrs): so wollen wir die Resultate derselben erwarten, und bemerken nur, dass Hr. Namur in der Erklärung der vielgedeuteten
Inschrift SILVANO TETEO SERVS FITACIT EXVOTOR der Ansicht von Steiner II, 759 zu sein scheint — denn wenn wir recht
sehen, bleibt sich der Verf. S. 214 nicht ganz gleich — er sieht
darnach in TETEO einen gallischen Beinamen des Silvanus und hält
SERVS für einen Eigennamen, wobei er sich auf eine Zahlbacher

Inschrift beruft (Bonn. Jahrb. II, S. 93); dass aber dort Lersch eine
unrichtige Erklärung gegeben, wurde schon Zeitschrift des Mainzer
Alterth.-Vereins I, S. 82 bemerkt, indem SERVS für servus genommen werden muss, wie wir es auch in obiger Inschrift deuten. Doch
wie dem sei, Hr. Namur hat das Verdienst mit vielem Fleisse jene
Altärchen, wo sie überall sind, gesammelt und so der Ausscheidung
des Falschen vom Wahren einen Vorschub geleistet zu haben; denn
schwerlich wird Mone, der für die Aechtheit der Rheinzaberner Alterthümer ficht, sie alle vertheidigen können.

Aus den verschiedenen Bänden wollen wir nur noch auf Einzelnes aufmerksam machen. Bei Nennig wurde im Jahr 1854 ein
viereckiges bronze Medaillon gefunden, 69½ Millimeter lang, 27½
hoch, vorstellend wie Mucius vor Porsenna und von 4 Kriegern umgeben die rechte Hand in das Feuer des Opferherdes hält, die „Figuren von seltner Feinheit und Vollendung, von lebendiger Composition und unversiechbarem Interesse" „wahrscheinlich diente es die
Schwertscheide eines Römers zu zieren", erinnert also hiermit an
das Medaillon unseres Tiberius-Schwertes.

Eine schöne Monographie bildet „das Römerlager zu Alttrier"
von Prof. Engling VIII, S. 99 – 142; mit grossem Fleisse sammelt der Verf. was irgend über Funde dieses kleinen Ortes bekannt
ist, und ist wie gewöhnlich reich an Erklärungen und Muthmassun-
gen; die dortigen Inschriften stehen schon bei Steiner II, 1935 ff.;
daher übergehen wir sie, und bemerken nur, dass die erste, welche
der Verf. S. 110 nach Bonn versetzt, weder in Lersch's noch Over-
beck's Sammlung des Museums sich findet; wahrscheinlich entstand
diese Meinung daher, weil der Stein in Dorow's Sammlung war und
diese nach Bonn kam; übrigens theilt Dorow, den der Verf. jedoch
nicht citirt, die Inschrift in 5 ab, nicht in 3 Zeilen wie der Verf.
Ob das Fragment einer Thonscherbe mit WEREN. SE antik ist,
möchten wir fast bezweifeln; wenn aber auch, so wird es doch
schwerlich TREVERENSE geheissen haben. Auch die Inschrift in
einem Hause des nahen Dörfchens Reuland SVSTINE ET ABSTINE
möchte, vielleicht mit Unrecht, altrömisch genannt werden und ist
uns kein Zeichen, „dass sich auch in dieser Gegend der römische
Stoicismus angesiedelt hatte". Münzen fanden sich dort fast von
allen Kaisern von Caesar bis Constantin II. Dass Alttrier gewaltsam zerstört worden ist, beweisen die bis ins vorige Jahrhundert
dort weithin zerstreuten Schutt- und Steinhaufen; der Verf. macht
es wahrscheinlich, dass es zuerst von den Franken im J. 313, und
das zweitemal von Attila und zwar gänzlich zerstört wurde; erst
um 1740 liess sich ein österreichischer Hauptmann nieder, wiewohl
der Name Alttrier schon viel früher vorkommt und wahrscheinlich
aus dem Munde des Volks entstand, welches nach dortiger Gewohnheit die Masse Trümmer als Ueberreste einer alten Stadt Alttrier
benannte, weil Trier die grösste in der Nähe liegende Stadt ist.

Die Frage, ob wirklich Thränenfläschchen in den Gräbern gefunden worden, bejaht der Luxemburger Verein wie schon früher gelegentlich (vgl. z. B. V, S. 134), besonders wegen eines Fundes
bei Bigonville, indem die chemische Analyse einer noch erhaltenen
Flüssigkeit jene Annahme zu bestätigen schien; vgl. Namur VIII,
S. 166 ff.; auch früher wie der Verf. noch beifügt, wurde uns Aehnliches aus Rom gemeldet; immer noch aber fehlt unserer Ansicht
nach die volle Bestätigung.

Wenn wir endlich noch anfügen, dass im J. 1856 bei Ettel-
brück 600 Scheidemünzen von Gordian III. — Postumus also aus
der Mitte des 3. Jahrhundert gefunden worden seien (vgl. Namur
XI, S. 114 ff.), so haben wir wohl nichts bedeutendes übergangen,
was sich auf die alte römisch-gallische Zeit in den 9 Bänden der
Publicationen befindet. Nicht minder wichtiges geben sie über das
Mittelalter und theilweise bis in unsere Zeit herab, wozu wir nicht einmal die Necrologe verdienter Mitglieder des Vereins nehmen, doch
können wir von all diesem um so weniger hier Notiz rechnen, als
die meisten Abhandlungen fast nur lokaler Natur sind, wie z. B.
was über Kirchen und Kirchenstatistik oft mühselig beigebracht wird
(XI in 6 Artikeln von S. 30—102; XII, S. 79—137, XIII, S.
79 ff.); hiezu gehören auch die Nachrichten über die Glocken und
ähnl. — Die etymologische Deutung der Ortsnamen im deutschen
Luxemburg von Gouverneur de la Fontaine verdient eine ausführliche Besprechung, jedoch nicht in dieser Zeitschrift: sie dehnt sich
in vier Bände hin und erstreckt sich bis zum Schlusse von M; wir
wunderten uns nur, dass eine Untersuchung über deutsche Ortsnamen
in französischer Sprache geschrieben ist, was wir nicht einmal damit entschuldigen möchten, dass in Luxemburg selbst viel französisch
gesprochen wird. — Daran schliesst sich einigermassen (jedoch in
deutscher Sprache) ein Bericht über die Feststellung einer officiellen
Schreibung der Ortsnamen von Archivar Hardt (X, S. 246, XIII,
S. 112 ff.), worin wir mit Freuden das deutsche Element vorwiegen
oder sich vordrängen sehen. — Dass sämmtliche Publicationen mit
werthvollen und meist schönen Lithographien geschmückt sind, brauchen wir nicht zu wiederholen. Der Verein gehört zu den thätige-
ren und der Vorstand sowie die Mitarbeiter verdienen grosses Lob.
Möchte auch dieses Jahr ein ähnliches Werk bringen.

Klein.

1. *T. Cornelii Taciti Agricola. Ex Wexii recensione recognovit et perpetua annotatione illustravit Fridericus Kritzius, professor Erfurtensis. Berolini. Sumptus fecit Ferdinandus Schneider. MDCCCLIX. XV und 163 S. in gr. 8.*
2. *De glossematis falso Taciti Agricolae imputatis. Commentatio critica spectans Wexii editionem Agricolae, auctore Friderico Kritzio, Prof. Erfurt. Erfurti LDCCCLVII. Typis Gerhardti et Schreiberi. 25 S. in gr. 4.*

Die unter No. 2 angeführte Gelegenheitsschrift, welche der unter No. 1 genannten Ausgabe der Zeit nach vorangeht, ward veranlasst durch die im Jahr 1852 hervorgetretene neue Ausgabe des Agricola von C. Wex und die darin gelieferte neue Recension des Textes oder vielmehr die Zurückführung des Textes auf die mit Sicherheit ermittelte urkundliche Grundlage, wenn auch gleich dieselbe nicht in allen Beziehungen eine so befriedigende ist, dass damit die Kritik abgeschlossen, oder die Auffindung neuer handschriftlicher Quellen als etwas überflüssiges zu betrachten wäre. Der Verf. erkennt das in dieser Ausgabe für den Text des Agricola geleistete um so mehr an („Omnium, qui Taciti opera ediderunt, longe optime de Agricola meritum esse Wexium, nemo eorum, qui quidem harum literarum periti sunt, erit, qui neget"), als seine eigene Erörterung sich, wie er versichert, darauf stützt. Denn eben die anerkennenswerthen Vorzüge dieser Ausgabe veranlassten ihn, gegen eine Seite der hier geübten Kritik aufzutreten, wir meinen die Verdächtigung einer nahmhaften Anzahl von Stellen (es sind nicht weniger als zwei und zwanzig), in welchen jener Herausgeber fremdartige Einschiebsel, Glossen und Interpolationen zu erkennen glaubte, die aus dem Texte selbst zu entfernen wären. Wenn schon in einer verhältnissmässig nicht so umfangreichen Schrift, wie der Agricola des Tacitus, eine so grosse Zahl von Glossemen auffallend erscheinen musste, so wird man sich das Bedenkliche solcher Annahmen noch weniger verhehlen können, sobald es sich um die nähere Begründung solcher Annahmen handelt, und diese nicht sowohl auf äussere und positive Gründe zurückgeführt ist, sondern auf einem rein subjectiven Standpunkte beruht, den der Herausgeber sich genommen hat, der eben darum auch bei einem andern Herausgeber ein anderer sein kann, und in sofern unsicher ist. Denn es wird doch immerhin als Etwas höchst missliches und bedenkliches erscheinen, in jedem einzelnen Falle bestimmen zu wollen, was ein alter Schriftsteller hätte sagen sollen und was er nicht hätte sagen können (vgl. S. 5). Wer wird im Stande sein, eine sichere und massgebende Norm über das aufzustellen, was bei einem alten Schriftsteller richtig gesagt, ja mustergültig und vollendet erscheine, und was es nicht sei, oder in einem geringeren Grade sei? Und hat denn jeder alte Schriftsteller nichts als Vollkommenes, Mustergültiges geliefert? Wer wird diese Frage bejahen wollen? Wer aber

darum dasjenige, was diesen Grad der Vollkommenheit minder an
sich trägt, für unächt sofort halten und für ein fremdes Einschiebsel erklären, eben so wie jedes Wort, das nicht als unmittelbar nothwendig erscheint, aus dem Texte streichen· wollen? Und doch läuft
auf lauter solche mehr oder minder subjektive Anschauungen die
Begründung dieser angeblichen Glosseme meistens hinaus. Es ist
nun aber in vorliegender Gelegenheitsschrift nicht blos im Allgemeinen auf das Bedenkliche, das in allen derartigen Verdächtigungsver-
suchen liegt, die eine rein subjektive Grundlage haben, hingewiesen,
sondern es werden in dem hier vorliegenden Falle alle Stellen des
Agricola, in welchen solche Glossemen vorkommen sollen, durchgan-
gen und wird im Einzelnen nachgewiesen, dass zu einer Verdächtigung
dieser Stellen kein genügender Grund vorhanden ist, im Gegentheil
diese Stellen in irgend einer Weise nothwendig für die richtige
Auffassung des Ganzen und das volle Verständniss des Sinnes erscheinen.

Bei diesem Resultate, dem man im Ganzen wird beistimmen müssen, wollte jedoch der Verf. nicht stehen bleiben: er ging weiter und
entschloss sich eine Bearbeitung des Agricola zu liefern: „qua qui
uterentur, omnia haberent, quibus opus est ad Taciti cognitionem
eam fructu auspicandam ejusque peculiarem morem recte intelligen-
dam" (p. VIII). Es war demnach hier, neben der Bildung des Textes, das Hauptaugenmerk auf die Erklärung gerichtet: es soll demjenigen, der mit Tacitus noch nicht näher bekannt ist, das Verständniss dieses Autors, seiner Denk- und Redeweise geöffnet, es sollen
die Schwierigkeiten, welche die Kürze und Dunkelheit des Ausdrucks,
das Ungewöhnliche der Construction und der hier und dort verwickelte
Periodenbau dem Anfänger bietet, durch geeignete Erklärung beseitigt und derselbe so in die Lectüre des Tacitus vollkommen eingeführt werden: es ist demnach diese Bearbeitung des Agricola nicht
sowohl für den gelehrten oder kritischen Gebrauch bestimmt, als
vielmehr für junge hinreichend vorgebildete Schüler der obersten
Classe und angehende Philologen: dieser Zweck und diese Bestimmung hat auf Anlage und Einrichtung der Ausgabe den entschiedensten Einfluss geübt.

Was zuvörderst den Text betrifft, so konnte·der Herausgeber
wohl nicht anders verfahren, als er verfahren ist: er musste auf die
von Wex gelieferte Recension sich stützen, da diese der handschriftlichen Ueberlieferung, wie sie in den beiden (auch nach unserer Ansicht) einzigen Quellen, den beiden Vatikanischen Handschriften Nr.
8429 und 4498, zumal der ersteren von der Hand des Pomponius
Laetus zwischen 1470—1497 geschriebenen, vorliegt, allein entspricht,
oder vielmehr daraus hervorgegangen ist. Weder Ursinus noch Pomponius Laetus kannten andere Handschriften: denn die von des Letztern Hand am Rande seiner Handschrift beigefügten Lesarten entstammen nicht sowohl einer andern Handschrift, sondern enthalten vielmehr seine eigenen Ansichten über die in dem ihm vorliegenden

Original befindliche, wie es scheint hier und dort ungewisse und unsichere Lesart: das glauben wir, hat unser Herausgeber S. X und
XI mit aller Evidenz nachgewiesen.   Der Text, den er uns vorlegt,
ist der Text der beiden Handschriften: an denjenigen Stellen, wo
er davon abgewichen, ist diess in der Adnotatio bemerkt: und kann
in dieser Hinsicht diese Ausgabe wohl eine gewisse Selbständigkeit
ansprechen, da sie an mehr als achtzig Stellen ungefähr von der
Wex'schen Ausgabe abweicht, und, wie sich nach dem vorher Bemerkten erwarten liess, in die Verdächtigung einer Reihe von Stellen nicht eingegangen ist; sie liefert demnach eine dankenswerthe
Revision des Textes auf der bemerkten handschriftlichen Grundlage,
der sie sich überall anzunähern sucht. Bei der oben bemerkten Tendenz der ganzen Ausgabe konnte daher hier kein Raum sein
für Anführung aller der Abweichungen, welche die gedruckten Texte
seit Puteolanus Ausgabe liefern oder der zahlreichen Conjecturen,
wie sie von verschiedenen Herausgebern, Gelehrten und Kritikern
bald mit mehr, bald mit minder Glück in Vorschlag gebracht worden sind.   Es lag diess der Bestimmung der Ausgabe ferne, die
durchaus keine blos kritische sein und demgemäss den kritischen
Apparat in Vollständigkeit und Uebersichtlichkeit bieten sollte, eben
so wenig als in dem andern und hauptsächlichen Theile ihrer Aufgabe, in der Erklärung, sie sich damit befassen konnte, alle die einzelnen, verschiedenen, bei jeder Stelle vorgebrachten Erklärungen der
Herausgeber oder anderer Gelehrten anzuführen, sondern sich auf
dasjenige beschränken musste, was dem oben bezeichneten Zwecke
für entsprechend zu betrachten ist.

Die vorausgeschickten Prolegomena verbreiten sich über
Leben und Schriften des Tacitus, über seine ganze Sinnes- und Denk-
weise, wie über seine Redeweise und seinen Ausdruck; ein eigener
Abschnitt, der sich über die Composition des Agricola wie über den
Zweck und die Anlage der Schrift verbreitet, macht den Schluss.
Der Verfasser hat in einen verhältnissmässig geringen Raum Alles
das zusammengedrängt, was für den zu wissen nöthig ist, der diese
Ausgabe gebrauchen soll: er hat die wesentlichsten, und sicher gestellten Punkte hervorgehoben und hat sich in die vielfachen Controversen, wie sie über die hier behandelten Gegenstände erhoben worden
sind, nicht eingelassen.   Es mag dies insbesondere von dem gelten,
was über das Leben des Tacitus bemerkt wird, das allerdings bei
dem Mangel näherer Nachrichten aus dem Alterthum grosse Lücken
bietet, die man auf dem Wege der Vermuthung und Combination in
verschiedener Weise auszufüllen versucht hat.   Die Geburt des Tacitus wird muthmasslich zwischen 56—58 p. Chr. gesetzt; sein Vor-
name lieber Publius, wegen der mediceischen Handschrift, als Cajus angenommen; der von Plinius genannte Procurator Belgien's,
Cornelius Tacitus aber für den Vater des Geschichtschreibers
gehalten, und damit die nähere Kenntniss Germaniens, so wie der
kaum noch zweifelhafte Besuch einiger Striche dieses Landes in eine
nähere Verbindung gebracht.   (Schluss folgt.)

JAHRBÜCHER DER LITERATUR.

Taciti Agricola.   Ed. Kritz.

(Schluss.)

Die Zeit des militärischen Dienstes ist der Verf. geneigt, um
das Jahr 74 zu setzen, und zwar in Aquitanien, das damals unter
Agricola gestellt war. Das Todesjahr des Tacitus wird mit Recht
ungewiss gelassen, die äusserste Spur seines Lebens, die aus Annall.
II, 61 entnommen werden kann, weisst auf das Jahr 116, wo jedenfalls Tacitus noch gelebt haben muss: Alles Weitere bleibt ungewiss, und daher mehr oder minder Vermuthung. Die weitere Schilderung der Persönlichkeit des Mannes und seines ganzen inneren
Wesens wird man, zumal in der classischen Sprache, in welcher Alles hier vorgetragen wird, mit Vergnügen lesen, auch wenn man
nicht in Allem mit dem Verfasser einverstanden sein sollte, wie z.
B. in dem, was er über die religiösen Ansichten des Tacitus bemerkt, in welchen, wie wir glauben, ein Schwanken und ein Mangel an fester Ueberzeugung sich kund gibt, der vielleicht mit eine
Folge seines Strebens nach völliger Unabhängigkeit von den damals
blühenden Schulen der Philosophie war, und uns am Ende selbst
bei einem Geiste, wie Tacitus nicht befremden darf. Jedenfalls liegt
in der strengen, allem Laster so entgegentretenden Moral des Mannes ein Moment, das bei der Lectüre seiner Schriften gewiss nicht
hoch genug angeschlagen werden darf.

Dem Texte des Agricola ist eine genaue Inhaltsübersicht sowie
eine Tabula chronologica zur bequemeren Uebersicht vorausgeschickt;
unter dem Texte selbst befinden sich die Anmerkungen, welche die
Erklärung des Textes in dem oben bezeichneten Sinne und Umfang
enthalten.   Wir haben schon oben erwähnt, dass diese Erklärung es ist, auf welche das Hauptaugenmerk des Herausgebers gerichtet war: ihre ganze Einrichtung und Fassung ist aber auch von
der Art, dass wir denjenigen, welchen der Herausgeber sein Werk
bestimmt hat, namentlich jüngeren Philologen, eine gründliche
Belehrung und eine richtige Auffassung des Textes in Aussicht stellen können.   Der Verfasser hat sich dabei der lateinischen Sprache
bedient, von der richtigen Ansicht geleitet, dass der junge Mann
auf diese Weise gewöhnt werden müsse, sich ganz in den Geist und
das Wesen der Sprache hinein zuversetzen und so seine Kenntniss
der lateinischen Sprache zu befestigen und zu erweitern. Bei den
jetzt immer mehr überhandnehmenden Schulausgaben mit erklären-

den deutschen Noten, wie sie jetzt selbst von Schulmännern bearbeitet und empfohlen werden, glauben wir dieser Form der Erklärung in lateinischer Sprache schon darum den Vorzug geben zu müssen, weil sie dem Studium dieser Sprache selbst gewiss weit förder-
licher ist. Das ist wenigstens unsere feste Ueberzeugung, die noch
vor etwa 20 Jahren auch unter den Schulmännern so ziemlich die
herrschende war, und hoffentlich auch die herrschende wieder werden wird, nachdem die Früchte der deutschen Noten, die der Bequemlichkeit des Schülers mehr zusagen, erkannt sein werden. Diese
lateinische Erklärung, wie sie hier der Verfasser giebt, bemüht
sich schwierige Ausdrücke und Wendungen oder Constructionen in
scharfpräcisirter Weise zu erklären, und die Erklärung mit einzelnen schlagenden und treffenden Belegen aus Tacitus oder auch
aus andern Schriftstellern, die mit aller Sorgfalt ausgewählt sind,
und ein strenges Maass einhalten, zu unterstützen, dadurch aber
das richtige und volle Verständniss anzubahnen. So wird die eigne
Thätigkeit des Lesers angeregt und wird der Gebrauch solcher Noten insbesondere für das Privatstudium ungemein förderlich werden.
Um einige Belege der Erklärung selbst anzuführen, erinnern wir an
Cap. I, wo in den Worten: „ac plerique suam ipsi vitam narrare
fiduciam potius morum quam arrogantiam arbitrati sunt" der Begriff
„suam ipsi vitam narrare" als Object zu „arbitrati sunt" aufgefasst
und eben so richtig der Nominativ ipsi erklärt wird; dessgleichen
der Gebrauch von citra in der späteren Latinität für sine in den
Worten „citra fidem". In den vielbesprochenen Schlussworten dieses ersten Capitels: „ut nunc narraturo mihi (so wird nach den beiden Vaticaner Handschriften gegeben statt „ut mihi nunc narraturo")
vitam defuncti hominis venia opus fuit: quam non petissem incusaturus tam saeva et infesta virtutibus tempora" wird zuvörderst das
Perfectum fuit richtig aufgefasst, da der Gedanke des Tacitus kein
anderer ist, als folgender: ich musste in meiner Schilderung des Lebens eines Verstorbenen den Anfang machen mit einer Bitte um
Nachsicht, und würde eine solche Bitte nicht gestellt (also einen andern Eingang gewählt) haben, wenn ich gegen so gräuliche, dem
Auftreten jeder Tugend (d. i. eines tugendhaften Mannes) gefährliche
Zeiten aufzutreten die Absicht gehabt, wenn die Schilderung der
Gräuelzeit eines Domitianus der Gegenstand meiner Schrift hätte
werden sollen: denn dann würden alle begierig nach einer solchen
Schrift gegriffen haben und hätte es keiner Bitte um Nachsicht bedurft, die ich jetzt zu stellen genöthigt bin, wo die Mehrzahl an
der Darstellung der Tugend und an der Schilderung eines tugendhaften Mannes keinen besondern Antheil oder Interesse nimmt. —
Diess ist nach unserer Ueberzeugung der Sinn der Stelle, auch nach
der von dem Verfasser gegebenen Darstellung, der incusaturus
(was nach den beiden Vaticaner Handschriften als allein richtige
Lesart gelten muss) erklärt durch si incusaturus essem und in
incusare fast dieselbe Bedeutung findet wie in accusare d. i.

invehi in aliquam rem et quam abominanda sit osten-
dere. Wie wenig aber dieser, der grammatischen und sprachlichen
Auffassung der Worte des Tacitus allein entsprechende Sinn bisher
erfasst worden, mag die neueste gedruckte deutsche Uebersetzung
des Agricola zeigen, in welcher diese Stelle ganz falsch aufgefasst
und in folgender Weise wiedergegeben ist: „So aber, wie es jetzt
steht, habe ich zu meinem Vorsatze, den Lebensgang eines bereits
Hingeschiedenen darzustellen, erst die Erlaubniss einzuholen gehabt,
die ich freilich nicht hätte suchen müssen, wenn meine Erzählung
nicht zur Anklage der grausamen, dem Verdienste feindseligen Zeiten würde"!. . . Dass die Worte: „tam saeva et infesta virtutibus
tempora", mit welchen bei Wex ein neuer Satz beginnt, zu dem
vorhergehenden incusaturus als Objekt gezogen worden, wird
man eben so unbedingt nur billigen können, da incusaturus sein
Objekt haben muss, dieses aber nicht aus dem vorhergehenden vitam hierher genommen werden kann. — Cap. 4. zu Anfang werden die von Wex für eine Glosse betrachteten Worte: quae eque-
stris nobilitas est, mit vollem Rechte wie wir glauben, beibehalten
und nach ihrem Sinne richtig erklärt, eben so im cap. 5 das gleichfalls mit Unrecht verdächtigte neque segniter. Aehnliche Fälle
könnten noch manche angeführt werden. Dass Cap. 23 der Form
pereucurrerat der Vorzug gegeben wird vor percurrerat,
was in der andern (minder guten) Vatikaner Handschrift sich findet,
können wir nicht missbilligen, da dieser Form des Perfect's, auch
nach Priscians Vorschrift, die Späteren den Vorzug geben, und so
diese Form hier von Tacitus selbst ausgegangen erscheint. — Cap.
24 war in den Schlussworten: „Saepe ex eo audivi legione una et
modicis auxiliis debellari obtinerique Hiberniam posse" etc. von
Passow und sogar von Orelli und Andern ex eo auf den im Vor-
gehenden erwähnten, von Agricola bei sich aufgenommenen britischen
Häuptling (unam ex regulis gentis) bezogen und daraus weiter ein
natürlicher Schluss auf eine Anwesenheit des Tacitus in Britannien,
während Agricola dort Gouverneur war, gemacht worden, wir haben
dies wie richtig finden können, und freuen uns zu sehen, wie auch
hier gezeigt wird, dass der grammatischen Construktion und dem
Sinne der ganzen Aeusserung gemäss, ex eo nur auf Agricola, den
Hauptbegriff des vorhergehenden Satzes, bezogen werden kann, wie
dies auch Wex schon angenommen hatte; womit dann die weiter
daraus gezogene Folgerung von einer Anwesenheit des Tacitus in
Britannien wegfällt; und wenn auf diese Stelle, wie auf Cap. 25
hauptsächlich gestützt, Strodtbeck in dem Ulmer Programm des Jahres 1850 sogar eine doppelte Anwesenheit des Tacitus in Britannien
annehmen zu können glaubte, die eine, als er Quästor geworden,
also in amtlicher Eigenschaft, die andere später als Privatmann im
sechsten Jahr der Verwaltung Agricola's (mit Bezug auf cap. 26),
so wird dies nur als eine Vermuthung, und zwar als eine ungewisse gelten können. Etwas Anderes ist es, ob nicht die genaue

Schilderung Britanniens, Cap. 10 ff., aus Autopsie geflossen, mithin
auf einen Besuch der Insel schliessen lässt: wir bezweifeln dies jedoch, insbesondere im Hinblick auf die Worte am Eingang des angeführten Capitels: „ita quae priores nondum comperta eloquentia
percoluere, rerum fide tradentur“. Was frühere Schriftsteller, weil
sie der sicheren Kunde entbehrten, vielfach in ihrer Darstellung aus-
geschmückt haben, das soll hier, wie Tacitus versichert, dargestellt
werden, nicht nach dem Augenschein, den Tacitus selbst genommen,
d. h. so wie es Tacitus selbst bei eigenem Anblick befunden, sondern rerum fide, was wohl so viel ist als ad rerum fidem,
mit der Beglaubigung, welche die Thatsachen selbst verleihen, „ea
fide, quam conciliant, sive quae rebus nititur“, wie Herr Kritz erklärt, auf den Gegensatz, in welchem die res (die thatsächliche Wirklichkeit) zu der eloquentia (der blossen Darstellung in Worten) stehen, aufmerksam machend. Also liegt in dieser Stelle bloss die Versicherung des Tacitus, dass er in seiner Darstellung sich streng an
die Wirklichkeit, an das Thatsächliche, was als beglaubigt und darum auch glaubwürdig erscheint, halten werde, „ita ut in iis nihil
aliud sequar nisi veritatem“ setzt Ernesti hinzu. Ist aber dies die
richtige Erklärung, woran wir nicht wohl zweifeln können, so wird
die ganze Stelle gegen die Annahme einer Anwesenheit des Tacitus
in Britannien und einer aus Autopsie geflossenen Darstellung dieses
Landes sprechen, da Tacitus, eben weil er nicht im Lande selbst
war, doch die Versicherung der Wahrheit und Treue seiner Berichte
geben will, die auf die Wirklichkeit und das Thatsächliche nach
der genauesten von seinem Schwiegervater und Andern eingezogenen
Kunde sich stützen.

Wir wollen diese Besprechung einzelner Stellen nicht weiter
fortsetzen: das Wenige, was wir mitgetheilt, mag als Beleg unseres
Urtheils genügen: wir können nur wünschen, dass diese auch äusserlich schön ausgestattete Bearbeitung des Agricola recht viele Leser und damit diejenige Verbreitung finden möge, die sie zur Förderung gründlicher Studien der römischen Literatur verdient.

Es mag erlaubt sein, bei dieser Gelegenheit noch auf eine andere den Tacitus betreffende Schrift aufmerksam zu machen, durch
welche eine bald dreihundertjährige Streitfrage ihrer Lösung entgegengeführt werden soll:

De Taciti Dialogi, qui de oratoribus inscribitur, auctore.
  Disseruit Dr. Franciscus Weinkauff. Particula prior.
  Köln 1857. 46 S. in gr. 4o.

Nachdem vor fast einem Vierteljahrhundert Eckstein durch eine
gründliche Erörterung der ganzen Streitfrage zu dem Resultat gelangt war, dass bei allen für die Autorschaft des Tacitus geltend
gemachten Zeugnissen, namentlich des Plinius, und bei der Uebereinstimmung in der Zeit der Abfassung der Schrift mit dem Zeit-

alter des Tacitus, doch die grosse Verschiedenheit des Styls, wie er
in diesem Dialogus herrsche, mit den anerkannt ächten Schriften des
Tacitus einen Zweifel hervorrufe, der diese Autorschaft ungewiss
oder doch unentschieden lasse, hat diese ganze Streitfrage nicht geruht, und wenn auch Vermuthungen, wie die früheren, welche einen
Quintilian oder den jüngeren Plinius zum Verfasser dieses Dialogus
machen wollten, billig verstummt sind, so hat sich seitdem die Frage
immer mehr darum gedreht, ob Tacitus als Verfasser anzusehen sei
oder nicht: fast die meisten Herausgeber des Tacitus, noch unlängst
Haase, haben diese Frage bejaht, und in der Verschiedenheit des
Styls, der Darstellungs- und Ausdrucksweise keinen hinreichenden
Grund finden können, einen andern Verfasser als Tacitus aufzustellen; sie waren vielmehr bedacht, die allerdings nicht zu leugnende
Verschiedenheit der Sprache und Darstellung aus andern Gründen
zu erklären. Der Verfasser dieser Schrift hat es unternommen, diese
ganze angebliche Verschiedenheit näher zu beleuchten, um eben daraus nachzuweisen, wie diese Verschiedenheit, näher bei Lichte betrachtet, nicht im dem Grade hervortrete, wie vielmehr aus den andern Schriften des Tacitus selbst auch die Autorschaft des Tacitus
für diese Schrift sich erweisen lasse: er will eben aus der Sprache,
aus der ganzen Darstellungs- und Ausdrucksweise, die in dieser
Schrift vorkommt, nachweisen, dass Tacitus dieselbe nicht bloss verfasst haben könne, sondern auch höchst wahrscheinlich verfasst habe:
und zwar will er nachweisen:

     primum, potuisse uti Tacitum eo, quod in dialogo adparet
            scribendi genere;
     deinde Tacitum per quoddam vitae tempus hoc genere
            usum esse;
     tum universam indolem et ingenium dialogi sensus ipsius
            Taciti referre;
     postremo in sermone et arte dialogi, si altius singula perscru-
            tamur, Tacitum non posse non adgnosci.

Dass es insbesondere auf den vierten Punct hier ankomme, erkennt der Verfasser selbst an, und darum ist eben seine Hauptbe-
weisführung auf das Sprachliche gerichtet, und zwar im Einzelnen
wie im Ganzen, die Verschiedenheit da, wo sie in Einzelnheiten
der Sprache bemerkbar ist, aufzuzeigen, und dann aber auch zu erklären oder zu rechtfertigen, die Spuren Tacitinischer Redeweise oder
vielmehr die Uebereinstimmung, welche in einzelnen Ausdrücken,
Wendungen u. dgl. wie in der ganzen Bildung der Rede und Darstellung dieser Dialogus mit den andern Schriften des Tacitus zeigt,
nachzuweisen; darum hat der Verf. die Mühe nicht gescheut, die
gesammte Latinität dieses Dialogs mit der des Agricola, der Germania, den Historien und den Annalen aufs genaueste und im Einzelnen zu vergleichen, er glaubt hier ein Resultat gewonnen zu haben, das in folgenden Worten ausgesprochen ist: „manifestissi-
mum erat, non solum in conformatione enuntiatorum, in dispositione

sententiarum artificiisque rhetoricis sed etiam in usu constructionum
et varietate sermonis et delectu verborum „lineamenta quaedam et
vestigia adparere ejusdem viri et vultus“ et quidem tam multa, ut
vix de eodem scriptore dubitare liceat“.   Wir reihen diesem Satze aus der nun folgenden Beweisführung noch einen anderen
an, der damit zusammenhängt (S. 9): dialogus imitatione Ciceronis
et recentis stili forma mixtus ac bene compositus est: sub Cicero-
niana tamen specie latet ingenium Tacitinum.   Licet scriptor Cice-
ronem tanquam exemplar incorruptae eloquentiae in tota conformatione sermonis ad imitandum sibi proposuerit hujusque ubertatem et
proprietatem retulerit, multa tamen immiscuit, .quae aetas argentea
et Flaviana novaverat et ipse subtiliter excogitaverat et ingeniose:
quae quidem novae et insolitae dictiones variandique studium tantum abest, ut a Taciti ingenio abhorreant, ut quasi digitis eum mon-
strare videantur“.   Es bildet nach dem Verfasser dieser Dialog den
Abschluss der rednerischen Studien des Tacitus, er ist demnach abgefasst in einer Zeit, in welcher die rednerischen Studien des Tacitus zu ihrer vollen Reife gediehen waren und Tacitus dieser Art
von rednerischer Thätigkeit, die mit der gerichtlichen und dadurch
mit dem öffentlichen Leben selbst zusammenhing, müde und satt,
als ein gereifter Mann von etwa vierzig Jahren sich der Geschichte
mit ganzer Seele zuwendete (S. 9. 11).   Tacitus nimmt, so drückt
sich der Verfasser aus, mit diesem Dialog gewissermassen Abschied
von der gerichtlichen Thätigkeit, die ihn bisher beschäftigt hatte: der
Dialog ist gewissermassen das Programm der Historien. Tacitus selbst
war, wie der Verf. glaubt, von der Ansicht durchdrungen, als deren
Vertreter Maternus erscheint, dass nemlich nur in einem Freistaate die
wahre Beredsamkeit gedeihen könne, und daraus erklärt sich auch
die Uebereinstimmung, die in dieser Schrift, wie in den andern Schriften des Tacitus mit den Ansichten und Urtheilen der älteren Redner überall hervortritt: wie diess der Verf. im Einzelnen zu zeigen
gesucht hat (S. 10 ff.): daher auch erklärt er die Nachahmung der
Redeweise des Cicero, von der in dieser Schrift so manche Beweise
vorkommen, die mit Unrecht Anstoss und Bedenken verursacht haben.

Wir haben damit die Ansicht des Verfassers über die Auter-
schaft dieses Dialogs im Wesentlichen mitgetheilt: wir haben nun
noch des sprachlichen Beweises zu gedenken, auf welchen zunächst
und hauptsächlich diese Ansicht begründet ist: dieser ist in einem dreifachen Index enthalten, den der Verfasser zu diesem Zweck
angelegt hat, einem rhetorischen, grammatischen und lexicologischen: die beiden ersten Indices sind in diesem ersten uns
vorliegenden Theile seiner Untersuchung gegeben: der dritte lexico-
logische ist noch zu erwarten.   Alles, was in dem Dialog in rheto-
rischer wie in grammatischer Hinsicht vorkommt, und mehr oder
minder beachtenswerth erscheint, wird in diesen Indices aufgeführt,
und mit dem, was irgendwie Aehnliches in den andern Schriften
des Tacitus vorkommt, zusammengestellt, um auf diese Weise zu

zeigen, wie das, was in dem Dialogus vorkommt, keineswegs als Etwas Singuläres oder von der üblichen Redeweise des Tacitus Abweichendes anzusehen ist, indem ja auch in den andern Schriften Dasselbe angetroffen wird. So wird jede Wendung, jede Phrase, jede Verbindung, namentlich mehrerer einzelner Substantive, Adjective, Verba u. dgl., die in ihrer Bedeutung nicht sehr verschieden sind, sondern zur Bezeichnung Eines Hauptbegriffes oder Gedankens dienen, (der sogenannten Synonyma — gerade ein hier besonders wichtiger und vielfach hervorgehobener Punkt), mit andern ähnlichen Stellen aus Tacitus belegt, und so allerdings in Vielem ein auffallendes Resultat erzielt, das eher zu Gunsten als zu Nachtheil des Tacitus sprechen dürfte. Dieselbe Nachweisung ist in Bezug auf die vielfach hier vorkommende Alliteration nach ihren verschiedenen Abstufungen und Graden gegeben: die ganze Untersuchung kann zeigen, in welcher bisher kaum geahnten Ausdehnung diese Alliteration bei Tacitus vorkommt; dann folgen die Homöoteleuta, die Polyptota und die Anaphora, die gradatio, der Chiasmus und die conlocatio vocabulorum, zuletzt die Metonyma. Diess sind die einzelnen Abtheilungen des rhetorischen Index: durchweg sind die dahin einschlägigen Stellen des Dialogus mit den ähnlichen, in den übrigen Schriften des Tacitus vorkommenden zusammengestellt: dasselbe Verfahren ist auch bei dem grammatischen Index beobachtet, der nach den einzelnen Redetheilen und deren Gebrauch in eben so viele Unterabtheilungen zerfällt, welche ähnliche Zusammenstellungen liefern.

Näher auf das Einzelne dieser Zusammenstellungen einzugeben, erlauben die Gränzen dieser Anzeige nicht: das aber wird ein Jeder bald bemessen, welche Bedeutung nicht blos für den speciell hier beabsichtigten Zweck, sondern für die Kunde des gesammten Sprachgebrauchs und der Redeweise des Tacitus wie seines Zeitalters überhaupt diese ganze wohlgeordnete und genaue Zusammenstellung besitzt, und welche Mühe dazu gehörte, aus den Schriften des Tacitus eine solche Zusammenstellung zu liefern, die nicht aus den vorhandenen Wörterverzeichnissen oder Lexicis des Tacitus genommen werden konnte: wohl aber dürfte den derartigen Versuchen manche wesentliche Ergänzung und Vervollständigung daraus erwachsen: Niemand aber die hier aufgewendete Mühe und Sorgfalt verkennen wollen.

Was nun die Hauptfrage selbst betrifft und deren Entscheidung, so wird sie jedenfalls durch eine Untersuchung, wie die hier geführte, ihrem Ziele näher gerückt sein, als durch eine, blos auf den allgemeinen Standpunkt subjektiver Anschauung sich stellende Beurtheilung; wie täuschend die letztere ist, und wie sehr wir eben dadurch zur Vorsicht gemahnt werden, das hat die Geschichte der Literatur in gar manchen Fällen nur zu klar gezeigt. Eine gewisse Verschiedenheit des Ausdrucks und der Darstellung des Dialogus mit den übrigen Schriften des Tacitus wird zwar kaum abzuleugnen sein:

aber, so kann man und muss man mit Recht fragen, wird sie hinreichenden Grund abgeben, darum diese Schrift einem andern Verfasser zuzuweisen; die hier gegebene Darstellung sucht das Gegentheil darzuthun, und bei aller der Verschiedenheit, die das Alter,
in welchem die Schrift abgefasst ward, sowie die damals gepflegten,
später anderswohin gerichteten Studien mit sich brachten, doch die
innere Uebereinstimmung (in Ansichten und Urtheilen) so wie die
äussere (in dem Gebrauch derselben Ausdrücke, Redewendungen u.
dgl) mit den übrigen Schriften des Tacitus darzuthun und somit die
handschriftliche Ueberlieferung zu bekräftigen, die wenigstens in ihrer ältesten Quelle, der Handschrift des Pontanus (Cod. Perizonianus),
für Tacitus spricht und diese Schrift mit der Germania auf gleichen
Ursprung zurückführt. Möchte es dem Verf. möglich werden, auch
den noch fehlenden lexicologischen Theil seiner Aufgabe in einer
eben so befriedigenden Weise bald nachzuliefern und damit seine
Beweisführung zum vollen Abschluss bringen. Ob und in wiefern
eine andere unlängst erschienene Gelegenheitsschrift von Schaubach:
De vocum quarundam, quae in Taciti dialogo leguntur, vi ac potestate, Meiningen 1856 dasselbe Ergebniss zu bestätigen bestimmt ist,
können wir nicht angeben, da wir diese Schrift nur aus Anführungen kennen.

Cäsars Gallischer Krieg in dem Jahre 52 v. Chr. Avaricum,
    Gergovia, Alesia. Nach Cäsars bell. Gall. lib. VII bearbeitet
    von Freiherrn August von Göler, Grossh. bad. General-
    major im Armeecorps. Mit drei Tafeln. Carlsruhe, Verlag
    der G. Braun'schen Hofbuchhandlung, 1859. VI und 92 S.
    in gr. 8.

Die in dieser Schrift gegebene Darstellung des Feldzugs im J.
52 vor Chr. schliesst sich an die von dem Verfasser früher gegebene Darstellung der Feldzüge Cäsar's in Gallien während der Jahre
58 bis 53 vor Chr. unmittelbar an, und bringt damit die ganze
Kriegsführung Cäsar's in Gallien, so weit wir sie aus dessen eigenen Berichten kennen, zu ihrem Abschluss; wir haben über die im
vorigen Jahr erschienene Darstellung der vorausgegangenen Feldzüge
uns in diesen Jahrbüchern (Jahrgg. 1858, S. 353 ff.) ausgesprochen:
es wird hier kaum einer Wiederholung dessen bedürfen, was dort
über die Leistung des Verf. bemerkt worden ist, wie der von ihm
eingeschlagene Weg der Behandlung uns in eine neue Bahn einführt, auf welcher die einzelnen, von Cäsar selbst berichteten Thatsachen in einem ganz andern Lichte erscheinen, und somit die ganze
Kriegführung Cäsar's eine ganz andere Auffassung und damit auch ihre
richtige Würdigung und Beurtheilung erhalten hat, während das Verständniss des Einzelnen, was aus dieser Kriegsführung berichtet wird,

uns jetzt erst zur vollen Klarheit und richtigen Auffassung gebracht
ist: ein Punkt, der, wie wir glauben, bei der Lectüre der Commentarien Cäsar's nicht genug beachtet werden kann, da diejenigen,
welche früher die Feldzüge Cäsars vom militärischen Standpunkt aus
betrachtet haben, sich mehr an das Ganze gehalten und die Verhältnisse der Kriegführung im Allgemeinen besprochen haben, ohne
in das Einzelne der von Cäsar gegebenen Beschreibung selbst in
der Weise einzugehen, wie diess von dem Verfasser dieser Schrift
geschehen ist, der in dieser wie in der früheren gewissermassen einen ununterbrochenen und fortlaufenden Commentar zum Verständniss der Berichte Cäsar's nach allen ihren Einzelnheiten in einer Art
von Paraphrase des lateinischen Textes mit den betreffenden, allerdings nothwendigen Erörterungen, die der Darstellung selbst einge-
webt sind, liefert. So wird diese Darstellung allerdings zu einem
unentbehrlichen Hülfsmittel für einen Jeden, der eine richtige Einsicht in das Verständniss des Textes und der darin berichteten Ereignisse, somit auch in die gesammte Kriegsführung selbst gewinnen
will. In welcher Verbindung dieses Verständniss des Textes mit so
manchen Erörterungen geographischer oder kriegswissenschaftlicher
Art steht, und wie selbst die Kritik des Textes dadurch bedingt ist,
werden wir im Verfolg unserer Anzeige noch insbesondere nachweisen.

Wenn in der früheren Schrift die sechs ersten Jahre der Kriegsführung Cäsar's in Gallien besprochen waren, so reiht sich in dieser Schrift daran der Feldzug des Jahres 52 vor Chr., er ist um
so wichtiger, weil es sich hier um mehrere Punkte handelt, die zu
den berühmtesten kriegerischen Thaten Cäsar's während dieses ganzen gallischen Krieges gehören, daher auch in älterer und neuerer
Zeit Gegenstand mehrfacher Besprechung geworden sind, die aber
nicht immer gerade beigetragen hat, das Verständniss des Einzelnen
zu fördern und eine richtige Auffassung des Ganzen anzubahnen.

Das siebente Buch der Commentarien Cäsar's über den gallischen Krieg, zu welchem diese Schrift eine Art von Commentar bildet, beginnt mit der Erzählung des Aufstandes in Gallien, welcher
den nach Italien abgereisten Cäsar nöthigte, wieder nach Gallien zurückzukehren, wo nach einer in das Land der Arverner gemachten
Demonstration und der Eroberung von Vellaudunum (dem heutigen Ladon), Noviodunum (dem heutigen Nouan le fuzélier) und Ge-
nabum (Orleans) sein nächster Weg ihn nach Avaricum (dem
heutigen Bourges) führt: der merkwürdigen Belagerung der Stadt,
der Schilderung der römischen Belagerungsarbeiten, wie selbst der
gallischen Mauern ist eine eingehende Betrachtung gewidmet, durch
welche die Beschreibung, die Cäsar selbst in seinen Commentarien
darüber gegeben hat, erst im Einzelnen ihr wahres Verständniss erhält (S. 11—25). Die nächste bedeutende Unternehmung bildet der
Zug nach Gergovia, den Cäsar selbst (Cp. 35—51) näher in einer Weise beschrieben hat, die durch die hier gegebene Ausführung

erst in allen ihren Details verständlich und klar gemacht wird. Wenn
in der Beschreibung des Terrains, dessen Kenntniss zur richtigen
Auffassung und Beurtheilung des Ganzen nothwendig ist, der Verfasser der Schrift eines uns befreundeten deutschen, in Frankreich
jetzt angestellten Gelehrten, der diese ganze Gegend auf das genaueste untersucht hat, folgen konnte *) (vgl. S. 32 ff.), über die
Lage Gergovia's 1½ Stunde in südlicher Richtung von dem heutigen Clermont-Ferrand demnach kein Zweifel mehr obwalten kann,
so treten doch in der Auffassung des Einzelnen, was die Darstellung des Kampfes selbst betrifft, namentlich in den taktischen Beziehungen manche Abweichungen hervor, in welchen man der Darstellung unseres Verfassers, der als Militär, von diesem seinem Standpunkte aus, Alles untersucht und behandelt hat, den Vorzug geben
muss. Es gilt dies, um nur einen Punkt hervorzuheben, insbesondere von der Bestimmung des Lagerplatzes, den Cäsar genommen.
Nach Fischer und Rüstow wäre der Lagerplatz auf der Gergovia
südwärts gegenüber liegenden, von Gergovia durch den Auzonbach getrennten Höhe, welche jetzt Le Crest heist, gewesen: dass
dies aus militärischen Rücksichten nicht möglich gewesen und eben
so wenig zu der Beschreibung passt, welche Cäsar selbst von der
Stelle giebt, wo er sein Lager aufgeschlagen, wird hier in überzeu-
gender Weise auch für den, der nicht Militär ist, nachgewiesen:
und darauf, wie auf die Worte des Cäsar in Verbindung mit dem
Ausdruck des Dio Cassius die Annahme begründet, dass Cäsar's Lager auf einer unbedeutenden, zur Ebene gerechneten, diese nur um
80 Metres dominirenden Terrainerhebung in südöstlicher Richtung
von Gergovia zwischen den heutigen Ortschaften le Cendre und Or-
cet gestanden; der südlich davon, also im Rücken des Lagers flies-
sende Auzonbach lieferte das Wasser, und nordwärts war das Lager
durch den damaligen (im Anfange des siebenzehnten Jahrhunderts
ausgetrockneten) Morast von Sarlièves gedeckt; der Hügel, welcher
der Stadt Gergovia gegenüber, und am Fusse des Gergoviaberges
selbst lag, von den Galliern anfänglich besetzt, bis Cäsar sich dessen bemächtigte und ihn durch zwei Legionen besetzen liess, die
hier dann ein kleines Lager schlugen, ist die heutige Roche-Blanche
(vgl. S. 35 f., 46. 45). Durch diese Bestimmung erhalten dann auch
die auf die Localität selbst bezüglichen Stellen Cäsar's das gehörige
Licht und die Beschreibung des Kampfes selbst, der hier gefochten
ward, lässt sich klar und deutlich bis in alle ihre Einzelnheiten verfolgen, die allerdings bisher den Auslegern Cäsar's manche kaum
zu bewältigende Schwierigkeit gemacht haben. Wir können diese

_____

*) Gergovia. Zur Erläuterung von Cäsar De bello Gallico VII, 35
bis 51. Von Maximilian Achilles Fischer, Dr. d. Philos., Prof. am
Lyceum zu Clermont (jetzt zu Orleans). Mit Grundplan und Uebersichtskärt-
chen. Leipzig, Druck und Verlag von B. G. Teubner 1855.

nur im Allgemeinen andeuten: ein Blick in die Schrift selbst wird
bald einen Jeden davon überzeugen.

Nachdem der nicht gelungene Ueberfall des gallischen Lagers,
und dann der Abzug Cäsar's nach Noviodunum dargestellt war, folgt
der Zug des Labienus gegen die Parisier und seine Wiedervereinigung
mit Cäsar (S. 54 ff), und daran schliesst sich nun der dritte Haupttheil dieser Schrift, der durch die Ausbreitung des gallischen Aufstandes veranlasste Zug Cäsar's nach Alesia und die Schilderung
der dortigen Kämpfe. Es giebt bekanntlich kaum eine Oertlichkeit
des alten Galliens, worüber in der neuesten Zeit so Viel gestritten
worden ist, wie über dieses Alesia: eine ganze umfassende Literatur
darüber existirt bereits, wie sich Jeder überzeugen kann, wenn er
in das lange Verzeichniss einzelner Abhandlungen wie einzelner
Schriften, die im Laufe der letzten Jahre darüber erschienen sind,
einen Blick werfen will, wie solches Ern. Desjardins am Eingang
der im Moniteur 1858 vom 12. bis 19. October (s. besonders p. 1255
f.) über diese ganze Streitfrage gelieferten, seitdem auch in einer
eigenen Schrift[*]) zusammengedruckten Artikel aufgestellt hat. Deutsche Forscher werden sich zwar schwerlich durch die von diesem
Gelehrten vertheidigte, früher schon von Quicherat aufgestellte Ansicht bestimmen lassen, und so hat schon früher auch in diesen Jahrbüchern (Jahrgg. 1857 No. 41. 42) derselbe deutsche Gelehrte, dem
wir die oben erwähnte Abhandlung über Gergovia verdanken, über
einige der in Frankreich über diese Streitfrage der Lage Alesia's erschienenen Schriften sich ausgelassen und eine Ansicht ausgesprochen, an deren Richtigkeit wir um so weniger zu zweifeln vermögen,
als sie mit den Ergebnissen vorliegender Schrift im Ganzen übereinstimmt. Es hat nemlich unser Verfasser in völliger Unabhängigkeit von diesen früheren Untersuchungen und den dadurch hervor-
gerufenen Streitschriften die ganze Frage und die ganze dahin zielende Kriegsführung Cäsars nochmals selbstständig untersucht, und,
indem er den Angaben Cäsar's Schritt für Schritt folgt, diese eben
so wohl im Einzelnen, als im Zusammenhang mit einander sorgfältig prüft, ist er allerdings zu einem Resultate gelangt, das, auch
vom militärischen Standpunkte aus, als ein die Sache entscheidendes und keinem weitern Zweifel mehr Raum gebendes, nach unserer
vollen Ueberzeugung, betrachtet werden muss. Folgt man nemlich

---

[*]) Alesia (VII. campagne de Jules César). Résumé du debat, repouse à
l'article de la Revue des deux Mondes du 1r Mai 1858. [Bekanntlich von dem
Duc d'Aumale abgefasst und seitdem auch als eigene Schrift erschienen].
Conclusion; avec un appendice renfermant des notes inédites écrites de la
main de Napoléon I. sur les Commentaires de César, par Ernest Desjardins. Paris 1858. in 8. Seitdem sind noch zwei neue, kleinere Schriften
hinzugekommen: Considerations sur Alesia des Commentaires de César par A.
Deville 1859. (44 S. 8.) und Alésia, autrement dit Alaise de Salins ou Alise
Sainte-Reine, par un Gaulois qui n'a de parti pris ni pour l'une ni pour l'au-
tre. Batignolles 1859. (47 S. 8.)

genau, wie es der Verfasser gethan, dem Marsche Cäsar's nach
sen eigenem Bericht und verbindet man damit die ganze Besch
bung der Oertlichkeit selbst und der hier geführten Kämpfe, so k
für Alesia im Lande der Mandubier an gar keinen andern Ort
dacht werden, als an das im alten Burgund gelegene A l i s e
R e i n e, und das von einigen, namentlich von Quicherat und
Jardins, neuerdings vorgeschobene A l a i s e in der Franche-C(
wird in keiner Weise dafür geltend gemacht werden köni
diess erscheint uns so klar und so deutlich nachgewiesen, dass
es kaum für möglich halten sollte, wie man auf einen Ort, wie Al.
verfallen, und diese Annahme vertheidigen konnte, wenn man un
fangen und ohne vorgefasstes Urtheil den Angaben Cäsar's und
nem Marsche, wie ihn die beigeführte Karte zeigt, folgen will.
lag aber das alte Alesia auf der Kuppe eines ziemlich bedeuten
Hügels, dem jetzigen Mont Auxois, welcher etwa eine halbe Stu
lang und 2300 Schritte breit ist, und das umliegende Terrain
durchschnittlich 130 Metres — also gegen 400 Fuss — überhö
wie hier S. 65 ff. nachgewiesen wird. Wir können hier, eben
wenig, wie bei der Untersuchung über Gergovia und die dortig
Kämpfe in alle Einzelnheiten der hier gelieferten Erörterung ein
hen, da wir sonst das ganze Buch ausschreiben müssten, wir m
sen uns begnügen, dieses Resultat kurz anzugeben, durch w
die auch von Fischer nach dem Vorgang einiger französischer
lehrten ausgesprochene Ansicht, so wie die von dem Herzog
Aumale in einer umfassenden Abhandlung, die ursprünglich der .
vue des deux mondes einverleibt, jetzt als eine eigene Schrift
neuer Auflage erschienen ist, geltend gemachte Behauptung,
Bestätigung gewinnt, wenn auch im Einzelnen Manches anders
stellt und selbst berichtigt erscheint; und wir glauben hoffen zu
können, dass mit der hier geführten Untersuchung die ganze Streitfrage ihren Abschluss gefunden hat, weil wir in der That nicht wüssten, wie man über ein solches Resultat m i t G r ü n d e n hinauskommen sollte. Auf das Verständniss des Cäsar, dessen Angaben der
Verfasser, wie bemerkt, Schritt für Schritt folgt, wirft aber diese
ganze Untersuchung ein neues Licht: insbesondere kann hier auf die
Beschreibung der römischen Blokadewerke S. 69 ff. verwiesen werden, wiewohl die Darstellung der Kämpfe selbst, die mit der gänzlichen Niederlage der Gallier endeten, eine gleiche Beachtung in
Anspruch nimmt.

Diess sind im Allgemeinen die Gegenstände, welche in dieser Schrift näher behandelt und ausgeführt werden: es bildet dieselbe, wie wir schon oben ausgesprochen haben, auf diese Weise
das nothwendige Complement zur Darstellung der Feldzüge Cäsar's
in Gallien, die wir nun, soweit sie von Cäsar selbst beschrieben
sind, vollständig dargestellt und in einer Weise behandelt finden, die uns zu dem richtigen Verständniss der Berichte Cäsar's selbst
führt. Neben der exegetischen Seite, die hier vielfach mit dem stra-

tegischen und taktischen Element sich verbindet, ist es aber auch
die Kritik des Textes der Commentarien, die hier noch eine besondere Berücksichtigung gefunden hat. Die Klage über die Verdor-
benheit*) des uns jetzt vorliegenden Textes der Commentarien, die
Unsicherheit der Handschriften, und das dadurch herbeigeführte
Schwanken des Textes findet auch in dieser Schrift an nicht wenigen Orten Bestätigung, insofern bald lokale, bald und zumeist strategische Rücksichten einen Zweifel an der Richtigkeit des überlieferten Textes hervorriefen, der in manchen Fällen bis zur Unmöglichkeit sich steigerte und damit auf die Nothwendigkeit einer Aenderung auf dem Wege der Conjectur hinwies. Unter den zahlreich
auf diese Weise behandelten Stellen, die kein Kritiker der Commentarien unbeachtet lassen kann, wollen wir nur, als Probe, einige
wenige anführen. In der Schilderung der Kämpfe bei Gergovia heisst
es unter andern VII, 45: „legionem unam eodem jugo mittit et paulum progressam inferiore constituit loco silvisque occultat", was, nach
verschiedenen (misslungenen) Erklärungsversuchen Fischer also erklärt: „Cäsar lässt auf demselben Bergrücken eine Legion eine Weile
fortgehen und dann an einer tiefen Stelle Halt machen". Da nun
aber, auch abgesehen von Allem Andern, im Vorhergehenden von
gar keinem Hügel die Rede ist, so werden die Worte eodem jugo
um so verdächtiger und sind daher, nach unseres Verfassers Ansicht, entweder mit eodem modo, oder was er für richtiger hält,
mit eodem illo d. i. „nach eben jener Seite hin" zu vertauschen.
Der Verfasser erinnert dabei an die Stelle im Bell. Gall. IV, 11:
(„haec omnia Caesar eodem illo pertinere arbitrabatur, ut etc.");
aber könnte hierher passen I, 4: „eodem conduxit" oder Bell. Civ.
IV, 20: „Neque enim temere praeter mercatores illo adit quis-
quam", um nicht ein Mehreres anzuführen. Eben dieses illo, das
gleich darauf in demselben Cap. 45 vorkommt („omnes illo muni-
tionum copiae traducuntur"), soll aber in illico verändert werden.
Cap. 47 wird hergestellt: „legionique (statt legionique) decimae,
quacum erat, continuo (statt contionatus) signa constituit": was
auch wir für das richtigere halten. — Cap. 49: „ipse paulum ex
eo loco cum legione progressus, ubi constiterat, eventum pugnae ex-
spectabat" wird regressus statt progressus vorgeschlagen, weil
nach dem Zusammenhang des Ganzen Cäsar mit der Legion nicht
vorgehen, sondern mit ihr zurückgehen musste. Aus einem gleichen
Grunde wird Cap. 61 in den Worten: „tribus locis transire legio-
nes" die Aenderung duobus vorgeschlagen statt tribus, was sich
die Abschreiber der Commentarien haben zu Schulden kommen lassen, weil sie an die drei Theile dachten, in welche Camulogenus
sein Heer getheilt und darum auch die Annahme eines Uebergangs
des Labienus an drei Punkten ihm beilegen zu müssen glaubten.

---

*) Der Verfasser sagt nicht ohne Grund S. 45 in einer Note: „das sie-
bente Buch der Commentarien enthält so viele Verderbnisse, dass man zu Conjecturen genöthigt wird". Vergl. auch S. 57.

In der Stelle des Cap. 67: „si qua in parte nostri laborare aut gra-
vius premi videbantur, eo signa inferri Caesar aciemque constitui ju-
bebat" wird aus militärischen Rücksichten con seri statt constitui vorgeschlagen, da der Sinn der Stelle nur der sein könne:
„Wenn da oder dort die römische Reiterei den Kürzeren zu ziehen
oder hart gedrängt zu werden schien, so befahl Cäsar, dass dorthin
eine Abtheilung des das Gepäck umschliessenden Fussvolks zum Angriff vorgehe und dass zur Schliessung der dadurch entstandenen
Lücke sich die Schlachtlinie wieder an einander reihe".
Wir haben hier nur Bedenken an der Phrase acies conseritur
in dem Sinn: die Schlachtlinie reiht sich an einander
an, indem uns keine Stelle bekannt ist, wo etwas Aehnliches vor-
käme, wohl aber kommen Stellen zahlreich vor, wo conserere
von den Kämpfenden, welche näher an einander kommen und hand-
gemein werden, gebraucht wird. Könnte nicht constitui beibehalten werden in eben dem Sinn, der vom militärischen Standpunkt
aus hier gefordert wird? Cäsar befahl, dass die Schlachtlinie dann
wieder festgestellt (d. i. geschlossen) werde, ohne irgend eine Lücke
erkennen zu lassen.

Mögen diese Proben, die sich noch mit manchen andern vermehren liessen, genügen, um zu zeigen, in welcher Art und Weise
der Verfasser bei dieser Kritik, die hier mit der Erklärung und richtigen Auffassung im engsten Bunde steht, zu Werke geht: wir könnten aber eben so auch eine Reihe von Stellen anführen, in welchen
Derselbe, auf innere Gründe gestützt, die Vertheidigung der Vulgata
geführt und dieselbe gegen Aenderungen in Schutz genommen hat,
welche die richtige Auffassung des Sinns der Stelle nicht zu fördern
vermögen.

So mag auch von dieser Seite aus die Bedeutung der Schrift
erkannt werden, die wir wiederholt als ein nothwendiges Hülfsmittel
zum Verständniss des siebenten Buches der Commentarien Cäsar's und zur richtigen Auffassung der darin dargestellten militärischen Ereignisse, die zu den wichtigsten der ganzen gallischen
Kriegsführung gehören, betrachten und darum jedem Leser
der Commentarien Cäsar's angelegentlichst empfehlen. Wir haben
die Hauptgegenstände der Behandlung angegeben, ohne in die Darstellung des Einzelnen weiter einzugehen, wozu uns der Raum mangelt, wir haben selbst manche, eben so wohl das Kriegswesen der
Römer betreffenden wie über die Geographie des alten Galliens und
einzelne Oertlichkeiten sich verbreitende Bemerkungen übergangen
auf welche Jeder bei dem Gebrauche des Buches von selbst stossen
wird. Die drei beigefügten Tafeln sind allerdinge unentbehrliche
Zugaben: sie bringen eine Uebersichtskarte zu den hier behandelten Feldzügen, und geben den Plan von Gergovia wie von Alesia
sammt den betreffenden Belagerungswerken.

                                        Chr. Belser.

1) *Integration der Differentialgleichung* $a_2 + b_2 x) y'' + (a_1 + b_1 x)$
$y' + (a_0 + b_0 x) y = 0$. *Von Simon Spitzer. Wien. In*
Commission bei Karl Gerolds Sohn. 1857. (42 S. in 8).

2) *Bemerkungen über die Integration linearer Differentialgleichungen*
mit Koeffizienten, die bezüglich der unabhängigen Variablen
von der ersten Potenz sind. Von u. s. w. (36 S.)

3) *Integration verschiedener linearer Differentialgleichungen. Von*
u. s. w. (32 S.)

Die genannten drei Schriften des in diesen Blättern mehrfach
schon genannten Verfassers sind abgedruckt aus den Sitzungsberichten der mathematisch-naturwissenschaftlichen Klasse der kais. Akademie der Wissenschaften zu Wien (Bd. XXV und XXVI), und also gewissermassen von dieser gelehren Körperschaft sanctionirt. Der
Verf. derselben hat ähnliche Abhandlungen eben so auch in Crel-
les Journal, in Grunnerts Archiv, und in der Zeitschrift von
Schlömilch und Witzschel veröffentlicht, was beweist, dass er
sich mit der Integration linearer Differentialgleichungen viel und mit
Erfolg beschäftigt.

Die erste der obigen Abhandlungen verbreitet sich, wie der Titel angiebt, über die Integration der Differentialgleichung $(a_2 + b_2 x)$
$\frac{d^2 y}{dx^2} + (a_1 + b_1 x) \frac{dy}{dx} + (a_0 + b_0 x) y = 0$, mit der sich auch Petzval in seinem grössern Werke mehrfach beschäftigt.

Zuerst wird die Gleichung durch Einführung neuer Veränderlichen umgeformt, so dass sie unter der Gestalt $(m + x) z'' + [a +$
$b + c (m + x)] z' + a c z = 0$ erscheint, wo a, b, c, m von den
ursprünglichen Koeffizienten abhängen. Diese Gleichung wird μ mal
nach x differenzirt, sodann $\mu = -a$ gesetzt, wodurch die so erhaltene Gleichung integrabel wird. Das Integral dieser, und damit der
ursprünglichen Gleichung erscheint nun unter der Form eines Differentialquotienten von allgemeiner (beliebiger) Ordnung, dessen Ausdeutung nach Lionville, der diese Grössen in die Mathematik
eingeführt hat, gegeben wird. Beispiele erläutern die Anwendung
des Verfahrens.

Eine zweite Methode der Integration ist die mittelst bestimmter
Integrale der Form $\int_\alpha^\beta e^{ux} V du$, wie sie von Laplace herrührt und
aus den Lehrbüchern bekannt ist. — Die Differenzengleichung, die einen
ähnlichen Bau hat, wie die vorgelegte Differenzialgleichung, lässt
sich auch in ähnlicher Weise integriren.

Dasselbe Verfahren, welches zur Integration der Differentialgleichung zweiter Ordnung, wie sie der Verfasser sich vorlegte, führt,

liefert auch Integrale der Gleichung dritter Ordnung $(a_3 + b_3 x)$ $y''' + (a_2 + b_2 x) y'' + (a_1 + b_1 x) y' + (a_0 + b_0 x) y = 0$ mit deren Untersuchung die erste Abhandlung schliesst.

Die zweite Abhandlung schliesst sich an diese erste an, indem sie nach Methoden, die im Wesentlichen auf dasselbe, wie in der ersten herauskommen, eine Reihe von Differentialgleichungen integrirt. Diese sind dabei zwar immer von linearer Form, doch mehrfach von höherer Ordnung als der zweiten oder dritten. Auch einige partielle Differentialgleichungen werden durch ähnliche Methoden integrirt; so u. A. die von Poisson behandelte:

$$\frac{d^2 u}{d t^2} = a^2 \left(\frac{d^2 a}{d x^2} + \frac{\lambda}{x} \frac{d u}{d x} + \frac{\mu}{x^2} u \right)$$

Die dritte Abhandlung endlich beschäftigt sich mit demselben Gegenstande, nur ist die Form der Differentialgleichungen, die hier betrachtet werden, verschieden von derjenigen, welche die frühern Gleichungen hatten. So werden hier integrirt die Gleichungen: $a x^2 y''' + b x y'' + c y' + g y = f(x)$, $x^7 y''' - \alpha^3 y = 0$, $x^2 (a + b x) y'' + x (c + g x) y' + (h + k x) y = 0$, $y^{(n)} = x^m (a x y' + b y)$, $y^{(n)} = x^m (a x^2 y'' + b x y' + c y)$, $a x^{m-1} y^{(m)} + b x^{m-2} y^{m-1} + \ldots + k x y'' + l y' + m y = 0$ u. s. w.

Wir haben schon oben gesagt, dass die vorliegenden Abhandlungen, so wie die in den mathematischen Zeitschriften veröffentlichten beweisen, dass ihr Verfasser sich viel und mit Erfolg mit der Integration der Differentialgleichungen beschäftigt habe, und wir können im Interesse der Wissenschaft nur wünschen, dass derselbe seine Untersuchungen über diesen noch lange nicht zur Erledigung gekommenen Gegenstand fortsetze, Untersuchungen, die ihm einen ehrenvollen Rang unter den Männern der Forschung und der Wissenschaft sichern.

Dr. J. Dienger.

Nr. 28. HEIDELBERGER 1859.

JAHRBÜCHER DER LITERATUR.

1. *W. Maurer, Direktor des Grossh. hess. Administrativ-Justiz-hofes. Ueber Eigenthum an Kirchen mit Dependenzen in den deutschen, vormals mit Frankreich vereinigten Gebieten auf der linken Seite des Rheins. Rechtsgeschichtliche Erörterung mit Rücksicht auf Erkenntnisse verschiedener Gerichtshöfe. Darmstadt, 1858. Verlag der G. Jonghaus'schen Hofbuchhandlung. Titelbl. und 56 S. 8. (36 kr. rh.)*
2. *F. W. Gräff, königl. preuss. Landgerichtspräsidenten zu Trier. Das Eigenthum der katholischen Kirche an den ihrem Cultus gewidmeten Metropolitan-, Cathedral- und Pfarrkirchen, nach den in Frankreich und in den übrigen Ländern des linken Rheinufers geltenden Gesetzen. Trier. Verlag der Fr. Lintz'schen Buchhandlung. 1859. VIII und 193 S. 8. (1 fl. 27 kr. rhein.)*
3. *Wilhelm Molitor, Domcapitular zu Speier. Die Immunität des Domes zu Speyer. Eine rechtsgeschichtliche Monographie. Mainz, Verlag von Franz Kirchheim, 1859. XII und 116 S. 8. nebst einem Plane der Speyerer Domkirchenfreiheit in gr. 4. (1 fl. 12 kr.)*
4. *Dr. Hermann Hüffer, Privatdocent an der juristischen Facultät in Bonn. Die Verpflichtung der Civilgemeinden zum Bau und zur Ausbesserung der Pfarrhäuser nach den in Frankreich und in der preuss. Rheinprovinz am linken Ufer geltenden Gesetzen. Münster. Verlag der Aschendorff'schen Buchhandlung, 1859. 2 Bl. und 108 S. 8. (½ Thlr.)*

Eine ganze Reihe ausgezeichneter Leistungen im Gebiete des kirchlichen Vermögensrechtes nach französischem und rheinischem Rechte, und besonders auch mit Rücksicht auf das franz. Concordat.

1. Maurer untersucht an der Hand darmstädtischer und rheinpreussischer gerichtlicher Entscheidungen die bisher in Theorie und Praxis sehr streitige Frage, wem in den deutschen, vormals mit Frankreich vereinigten Gebieten auf der linken Seite des Rheines das Eigenthum an den Kirchen mit Dependenzen zustehe, über welche in Art. 11 der Consularverordnung vom 9. Juni 1802 (Arrêté du 20 prairial an 10) verfügt ist? Die scharfsinnige und gelehrte Erörterung des Verfassers führt zu dem Resultate, dass die fraglichen Kirchengebäude mit Dependenzen, insbesondere auch die Kirchhöfe, durch die französische Gesetzgebung der katholischen Kirche nicht entzogen sind, und dass darum die katholischen Kirchengemeinden das Eigenthum daran behalten haben, was ihnen vor der

Vereinigung mit Frankreich zustehen mochte. Eine nähere im Allgemeinen zustimmende, theilweise, jedoch kritische Berücksichtigung fand hier auch das vortreffliche „Playdoyer in Sachen des
bischöflichen Seminars zu Trier, die Jesuiten- oder Dreifaltigkeitskirche betreffend gegen die evangelische Kirchengemeinde daselbst
und den königl. preussischen Fiskus von Advokatanwalt R e g n i e r.
Trier 1856. Als Manuscript gedruckt bei Lintz".

2. Eben derselbe grosse Prozess, welcher die umfassende Denkschrift des (leider im Frühjahr 1859 verstorbenen) Advokatanwalts
Regnier hervorrief, veranlasste auch die Schrift von G r ä f f, des
Präsidenten des Gerichtes, vor dem die Sache verhandelt und im
Sinne des Playdoyer von Regnier entschieden wurde. Es ist dieses
Urtheil des Trierer Landgerichts, mit dem ihm unterliegenden Sach-
verhalte und einem Referate über gewandten Playdoyers der beiderseitigen Vertheidiger mitgetheilt im „Archiv für das Civil- und Criminalrecht der k. preuss. Rheinprovinzen. Köln, 1858. Bd. 53. Abtheilung II, B. S. 3—48.

Gräff zeigt in ausführlicher historischer Entwickelung und unter
eingehender Berücksichtigung der verschiedenen Meinungen, dass die
Kirche durch das französische Concordat von 1801 die früher säcu-
larisirten und den Nationaldomänen überwiesenen Besitzungen wieder ohne allen Vorbehalt zum Eigenthum zurückempfing. Sowohl
in der Theorie wie in der Praxis hatte man dagegen bisweilen bezüglich der beibehaltenen Kirchengebäude das Eigenthum der Pfarreien nicht anerkannt. Diese Gebäude sollten angeblich den Bischöfen nur zu Zwecken des Cultus übergeben sein, und bald sollten
sie dann zu Eigenthum dem Staate, bald den politischen Gemeinden
zugehören.

Zur erschöpfenden Lösung der aufgeworfenen Frage geht der
Verf., nachdem er in der Einleitung (S. 1—6) den Zweck und den
Plan seiner Schrift dargelegt hat, in dem 1. Cap. des I. Theils (S.
7—35) auf die vor der Revolution in Frankreich und in den vormals zum deutschen Reiche gehörenden linksrheinischen Staaten geltenden Gesetze über das Besitzthum der katholischen Kirche näher
ein. Das Cap. 2 (S. 36 — 68) erörtert, welche Veränderungen die
während der Revolution erlassenen Gesetze in diesen Vermögens-
rechten herbeigeführt haben, insbesondere ob die Behauptung begründet ist, dass auch die Kathedral-, sowie die Pfarrkirchen der
beibehaltenen Pfarreien in der allgemeinen Säcularisation des kirchlichen Gutes mit inbegriffen waren. Das Dekret über die Constitution civile du Clergé, sodann jenes vom 2. November 1789 und die
in Ausführung desselben erlassenen späteren finanziellen Verordnungen sind immer massgebend geblieben. Und daraus ergibt sich, dass
die sämmtlichen Cathedralkirchen und die Kirchen der beibehaltenen
Pfarreien niemals in das Eigenthum des Staates übergegangen und
den Staatsdomänen einverleibt sind. Durch dieses Resultat und diese
Untersuchung erhalten wir eine zuverlässige Grundlage für die rich-

tige Auslegung des Art. 12 des französischen Concordats und des Art. 75 des Gesetzes über die Kulte.

Im 3. Kap. (S. 69—89) zieht nun der Verf. den wahren Charakter des ganzen Concordates, seinen Inhalt und seine Bedeutung als völkerrechtlichen Vertrag zweier Souveräne und die auf das Concordat folgenden Gesetze und Dekrete über die Rückgabe des noch vorhandenen und nicht als Nationaldomänen veräusserten Fabrikvermögens der vormaligen Pfarrkirchen in Betracht. Die Folgerichtigkeit und eine nicht bloss an der Oberfläche verweilende, vielmehr die Gesetze in ihrer tieferen Bedeutung auffassende Auslegung nöthigen zu dem Schlusse, dass der Gesetzgeber rücksichtlich der kirchlichen Gebäude eine eben so unbedingte Wiedererstattung an die katholische Kirche verfügt habe, als diese rücksichtlich des übrigen nicht veräusserten, den Nationaldomänen einverleibten kirchlichen Besitzthums in so unzweideutiger Weise geschehen ist.

Darauf wird im 4. Cap. (S. 90—101) das für die vier rheinischen Departemente erlassene Arrêté vom 9. Juni 1802, seine Uebereinstimmung mit dem Concordate und seine Bestimmung, in Bezug auf das kirchliche Eigenthum den Rechtszustand in diesen eroberten Ländern mit demjenigen in dem älteren Frankreich in Einklang zu bringen dargelegt.

Das 5. Cap. (S. 102—112) behandelt das kaiserliche Dekret vom 30. Dezember 1809 in Betracht der Kirchenfabriken.

Endlich im 6. Cap. (S. 113—130) werden die Gründe für die Behauptung, dass die Kirchen den politischen Gemeinden zum Eigenthum übertragen seien, sowie der Inhalt der beiden Staatsrathsgutachten vom 24. Dezember 1804 und 22. Januar 1805, und das Gesetz vom 20. März 1813, betreffend die Veräusserung des Gemeindeguts, näher beleuchtet.

Der zweite Theil des Werkes (S. 131—180) bringt eine gedrängte, jedoch vollständige Angabe des Inhalts der Urtheile der französischen und rheinpreussischen Gerichtshöfe über die streitige Frage, welche im ersten Theile erörtert ist.

Als amtliche Aktenstücke folgen hierauf (S. 148—169) die Verhandlungen, welche im Jahr 1837 in dem französ. Staatsrathe, in der Deputirten- und Pairskammer gelegentlich eines Gesetzentwurfs gepflogen worden sind über die Verwendung eines Theils des Terrains, worauf der am 13. Februar 1831 zerstörte erzbischöfliche Pallast zu Paris gestanden hatte. Es folgt dann das Gutachten des französischen Staatsraths vom 3. November 1836 und ein Gutachten des königlich preussischen Ministeriums der auswärtigen Angelegenheiten (v. Manteuffel) vom 30. Jan. 1853, abgegeben auf Grund der k. preuss. Verordnung vom 24. Nov. 1843 in der schon erwähnten Prozesssache des Seminariums zu Trier gegen den kgl. preuss. Fiskus, betreffend das Eigenthum der Dreifaltigkeitskirche daselbst.

Daran reihen sich die Ansichten einiger französischen Schriftsteller nebst der Literatur, von einigen allgemeinen Betrachtungen begleitet. Und schliesslich folgen (S. 170—174) einige Bemerkungen über die Competenz der französischen und preussischen Gerichte und der Verwaltungsbehörden bei Streitigkeiten über das kirchliche Eigenthum.

Als Anhang sind endlich (S. 181—192) noch die Verhandlungen des Bureau der Advokaten des Appellhofes zu Paris abgedruckt, welche in den Conferenzen vom 7. und 14. April 1853 unter dem Vorsitze Berryer's als damaligen Stabträgers (bâtonnier) über die Frage gepflogen wurden, ob die katholischen Kirchen das Eigenthum der politischen Gemeinden, oder der kirchlichen, der Pfarreien sind. Auch hier entschied sich eine grosse Majorität schliesslich dafür: „que les églises rendues au culte sont la propriété des fabriques".

In dem vortrefflichen Werke von Gräff ist die eigentlich französische Gesetzgebung und Jurisprudenz wohl vollständig erschöpft. Von Schriften deutscher Verfasser haben aber sowohl Gräff, wie Maurer unberücksichtigt gelassen, eine freilich in ihren Argumentationen nicht durchweg genügende Schrift von

Longard I., Dr., Justizrath. Die Säcularisation des Kirchengutes in Deutschland durch den Reichs-Deputations-Hauptschluss v. 25. Februar 1803 und der §. 37 dieses Rezesses mit besonderer Beziehung auf die Stadt Coblenz, Coblenz 1856, Hölscher. 1 Bl. IV und 102 S. und 1 lith. Tafel in 4. (geh. 20 Sgr.),

sodann aber auch eine sehr fleissige und werthvolle Schrift von

J. Mooren, Pfarrer zu Wachtendonk. Ueber Eigenthum und Benützung der Kirchhöfe auf dem preussischen Gebiete des linken Rheinufers. Köln und Neuss, L. Schwann'sche Verlagshandl. 1857. 136 S. 8.

Bei den Fragen, welche im Allgemeinen dem canonischen Rechte angehören, erscheint Gräff weniger unterrichtet, und ihm wurde wohl auch von vornherein keine wissenschaftlich vollständige Erörterung beabsichtigt, indem sonst noch auf manche Punkte und viele ältere und neuere Literatur hätte näher eingegangen werden müssen.

3. Eine weitere ausgezeichnete Leistung im Gebiet des kirchlichen Vermögensrechtes, insbesondere nach französischem Rechte und Concordate, ausserdem aber noch sehr belehrend über mehrere andere Parthien des canonischen Rechts und für die ganze Geschichte der Kirche von Bedeutung ist das Werk von Molitor über die Immunität des Domes zu Speyer.

So gelehrt und gründlich, wie in dem „kanonischen Gerichtsverfahren gegen Kleriker" (vergl. Heidelb. Jahrb. 1856, Nr. 35, S. 557 ff.), und in jener schönen fliessenden Redeweise, wie sie dem erhabenen Sänger der Dombaulieder eigen ist, schildert uns der Verf. die Geschichte des Fundus, d. h. des Grund und Bodens der Speyerer Kathedrale. Das Werk ist durch einen noch schwebenden grossen Prozess veranlasst, welchen der Bischof und das Domkapitel von Speyer als die canonischen Vertreter des Kathedralgutes gegen das Staatsärar vor dem Civilrichter auf Restitution des Bezirkes der al-

ten Dom-Immunität erhoben haben. Bei diesem Prozesse laufen
sehr verwickelte und umfassende thatsächliche und schwierige rechtliche Fragen untereinander, Grundsätze des kirchlichen und des
bürgerlichen, und des Staats- und Völkerrechts, und das französische
wie das bayerische Concordat. Die Punkte, worauf es ankommt,
sind vom Verf. sehr scharfsinnig und klar und einfach und überzeugend dargelegt. Der in der Schrift von Gräff, welche Molitor
bereits einigemal in Bezug nimmt, nach französischem und rhein-
preussischem Rechte widerlegte Satz, dass die bei der französischen
Säcularisation beibehaltenen Kirchen durch das Concordat von 1801
der Kirche nur zu Cultuszwecken überlassen, aber nicht zum Eigenthum zurückgegeben seien, ist übrigens in Bayern durch Concordat
und Verfassung so entschieden beseitigt, dass jede Controverse darüber abgeschnitten ist.

Folgendes ist so ziemlich mit des Verfassers eigenen Worten
(vgl. die Schlussbetrachtung S. 113 ff.) der Hauptgedankengang der
schönen rechtshistorischen nicht blos für Juristen sondern für jeden
Gebildeten interessanten Monographie Molitors, worin sich wie in
einem kleinen aber treuen Abbilde das grosse achtzehnhundertjährige
Leben der Kirche, die ganze Kirchengeschichte mit ihren erhebenden
und begeisternden, mit ihren mahnenden und warnenden Thaten und
Geschicken abspiegelt. Es wird die Geschichte des Fundus der Kathedrale von Speyer betrachtet, von den ersten Anfängen der Kirche vom
Rhein bis zu dem letzten Stadium moderner Entwicklung. Wir finden Spuren und Beweise genug, welche uns zu der Annahme berechtigen, dass schon in der Nemeterstadt unter den Römern eine
bischöfliche Kirche vielleicht auf der Stelle gestanden hat, wo noch
heute die Cathedrale von Speyer sich erhebt (Cap. I, S. 4—13).
Wir werden dann ferner von der historischen Thatsache überzeugt,
dass nach den verheerenden Stürmen der Völkerwanderung unter
fränkischer Herrschaft das alte Bisthum neu errichtet ward, welches
seinen Ursprung bis auf König Dagobert oder noch weiter zurückführt. Wir lernen das klösterliche Leben des nach der Regel Chro-
gangs mit seinen Clerikern im Monosterium lebenden Bischofs kennen, und erkennen, dass wir in dem eingefriedigten Bezirke dieses
Monasteriums den Fundus der Speyerer Kathedralkirche zu suchen
haben (Cap. II, S. 14—27). Darauf folgt eine der interessantesten
und besten Parthien des Buches, eine rechtshistorische Erörterung
des canonischen Begriffes der Immunitas ecclesiae (Cap. III, S. 28
bis 46). Wir erhalten dadurch dann auch einen klaren Einblick in
die rechtliche und kirchliche Gestaltung, welche die Immunität des
Speyerers Domes annahm, nachdem das gemeinsame Leben im Mo-
nasterium aufgehoben war. Indem der Verf. auf die bedeutenderen
Oertlichkeiten dieser (auch durch einen dem Buche angehängten Plan
veranschaulichten) gefreiten Asylstätte näher eingeht, constatirt er,
wie sich dieses Kirchengut gegenüber den angrenzenden Allmenden
des unterdessen zur Reichsstadt herangeblühten Speyer mit seinen

canonischen Privilegien bewahrte (Cap. IV, S. 47—87). Wir sehen
dann, wie am Ende des letzten Jahrhunderts das Hochstift das Schicksal des Untergangs mit so vielen andern geistlichen Instituten theilte;
aber auch, wie die Kirche mit dem Anfange des neunzehnten Jahrhunderts auf's Neue festen Fuss an dieser geheiligten Stätte altchristlicher Cultur am Rheine gefasst hat, und wenn auch —
gewiss zum Heile — weltlicher Herrschaft entkleidet, ihre wese
liche Aufgabe unverrückt im Auge behält, und ihre wohlerworbe
Rechte in Anspruch nimmt. Der Verf. weist das Recht der neuen
Cathedrale auf den Bezirk der alten Immunität nach (Cap. V, S.
88—115).

Aus der ganzen Form und Haltung der Schrift würde man nicht
errathen, dass sie, wie es im Eingange heisst, durch einen Rechts-
streit veranlasst ist.

4. Wie die bisher besprochenen Schriften durch einen oder vielmehr eine Reihe von Prozessen veranlasst, ist auch die ihrem Inhalte nach mit den vorigen verwandte Schrift von

Hüffer über die Verpflichtung der Civilgemeinden zum Bau
und zur Ausbesserung der Pfarrhäuser nach den in Frankreich und
in der preussischen Rheinprovinz am linken Ufer geltenden Gesetzen.
Der Verfasser hat seine Abhandlung mit einigen Abkürzungen und
Abänderungen gleichzeitig auch in Moy's Archiv für katholisches
Kirchenrecht. Bd. 4. Heft 14. (Innsbruck, 1859) veröffentlicht.

Hüffer knüpft an eine äusserst wichtige Entscheidung des rheinischen Appellationsgerichtshofes zu Köln vom 21. Januar 1858 an
und zeigt in historischer Entwicklung des französischen und rheinischen Rechts bezüglich der kirchlichen Baulast die Richtigkeit und
Tragweite jenes Urtheils, durch welches anerkannt wurde, dass nach
den Grundsätzen des französischen Rechts, wie es in der Rheinprovinz am linken Ufer sich erhalten hat, die Civilgemeinde hauptsächlich (principaliter) verpflichtet sei, dem Pfarrer eine angemessene
Wohnung oder in Ermangelung derselben eine Geldentschädigung
anzuweisen, und mit Ausnahme der dem Miether zur Last fallenden
oder locativen Reparaturen das Haus im baulichen Zustande erhalten; dass ferner diese Verpflichtung auch durch ein späteres preus-
sisches Gesetz vom 14. März 1845 nicht aufgehoben, ja in keiner
Weise verändert sei. Die in solcher Weise entschiedene Frage ist
für den Bestand der Pfarrfabriken in der Rheinprovinz so zu sagen
eine Lebensfrage. Jedoch auch ausserhalb dieser Grenzen, in Frankreich, Belgien, in manchen deutschen Bundesstaaten, kurz für das
ganze, grosse Gebiet des französischen Rechts zeigt sie wenigstens
in ihrem ersten Theile sich bedeutend. Die mit grosser Gelehrsamkeit und Gewandtheit und mit strengster Objektivität, die aber bisweilen fast in zu grosse diplomatische Zurückhaltung übergeht, geschriebenen Ausführungen des Verfassers haben noch einen besonderen Werth durch die Benützung mancher demselben zugänglich
gewesenen Materialien, die man sonst nicht häufig leicht zur Hand

und so vollständig zusammenfindet. Eben daraus liess sich, wie dies
auch geschehen ist, eine genaue Uebersicht des in der Rheinprovinz
bisher eingehaltenen Verfahrens gewinnen. Man ersieht daraus aber
auch die mancherlei Misstände und Widersprüche, die der Verwal-
tungsweg in Beziehung auf die Pfarrhausbauten verschiedentlich mit
sich gebracht hat. Man darf nun wohl annehmen, dass das Kölner
Urtheil die Bedeutung des Gesetzes vom 14. März 1845 in eben
der Weise endgültig festgesetzt habe, wie ein Urtheil des Cassationshofes vom 15. Mai 1847 den Sinn des französischen Rechts. Nur
über einen Punkt blieben, wie der Verf. in einem Schlussworte (S.
85 ff.) ausführt, gleichwohl eine Entscheidung der gesetzgebenden
Gewalt und ihr entsprechende Verordnungen der höchsten Verwaltungsbehörden wünschenswerth. Das Urtheil betrachtet nämlich die prin-
cipale Pflicht der Pfarrhausbauten als durch das Gesetz vom 14.
Mai 1845 gar nicht berührt. Es kann also die eigenthümliche nach
§§. 2 und 5 des Gesetzes auf die Confessionsverwandten beschränkte
Steuerumlage dem Urtheil gemäss hier nicht zur Anwendung kommen. Es wird aber schwer sein, diesen Grundsatz, so lange er
sich nur auf eine gerichtliche Entscheidung stützt, auch praktisch zur
Geltung zu bringen. Wenn eine Gemeindebehörde der Ansicht ist,
dass zwar die Civilgemeinde principaliter für die Pfarrhäuser hafte,
die Beiträge aber nach Massgabe des Gesetzes vom 14. März 1845
nur auf die confessionsverwandten Einwohner und Grundbesitzer des
betreffenden Pfarrbezirks zu vertheilen seien, wenn ferner diese Ansicht von der vorgesetzten Regierungsbehörde gebilligt wird, so ist
es für die einzelnen Einwohner des getroffenen Pfarrbezirks sehr
schwierig, sich dieser wenn auch ungerechten Auflage zu entziehen.
Denn die Beschwerden würden doch zunächst nicht leicht anders als
auf administrativem Wege vorgebracht werden, wo denn die Berufung auf eine gerichtliche Entscheidung wenig fruchten möchte. Dem
Anbringen einer gerichtlichen Klage könnten die Kleinheit des Steuer-
theils, der auf den Einzelnen fällt, die Ungewissheit des Erfolgs und
die Möglichkeit eines Competenzconflikts hindernd entgegen treten.
Den Fabriken könnte aber jene Art der Steuerumlage leicht zum
Schaden gereichen, besonders in den Städten, in denen die Civilgemeinde regelmässig mehrere Pfarreien in sich schliesst. Denn es ist
offenbar viel vortheilhafter für die Kirchenfabrik, wenn ihren Bedürfnissen durch sämmtliche Einwohner einer Stadt abgeholfen wird, als
wenn man sich ausschliesslich an die confessionsverwandten Angehörigen eines einzigen Pfarrbezirks wenden muss. Ihre Forderungen
werden im ersten Falle leichter erfüllt, und erregen desshalb nicht
so leicht Missvergnügen gegen die Kirche. Aber dieser Nachtheil
könnte fast vollkommen aufgewogen und eine Menge von Missstän-
den beseitigt werden, wenn man zugleich zu einer nur geringen Aenderung des Gesetzes vom 14. März 1845 sich entschliessen wollte,
die zudem, wie der Verf. näher ausführt, das Hauptprincip des Gesetzes gar nicht beeinträchtigt. Zum Mindesten sollte man wenig-

stens von Seiten der Regierung die Genehmigung ertheilen, dass, wie dies zu Aachen im October 1852 geschehen, durch Beschluss des Gemeinderaths an den einzelnen Orten Statuten errichtet würden, wodurch die Kosten für die kirchlichen Bedürfnisse der mehreren Pfarreien auf alle confessionsverwandten Einwohner und Grundbesitzer derselben bürgerlichen Gemeinde vertheilt, und nicht blos von jenen des betreffenden Pfarrbezirks beschafft werden sollen.

Friedr. Vering.

Bericht über die erste allgemeine Versammlung von Berg- und Hüttenmännern zu Wien (10. bis 15. Mai 1858). Redigirt und herausgegeben vom Comité der Versammlung. Mit 9 Figuren-Tafeln und 15 Holzschnitten. Gr. 8., XLIV und 154 Seiten. Wien 1859. Druck und Verlag von L. Förster's artist. Anstalt.

Wie in andern Zweigen des Wissens und des Gewerbfleisses Zusammenkünfte von Fachmännern fruchtbringend sich erwiesen — um Fortschritte zu besprechen, neue Wahrnehmungen im Gebiete der Naturkunde und Technik kennen zu lernen, thatsächliche Erfahrungen, Ansichten und Meinungen auszutauschen — so können auch für Genossen des Bergbaues und Hüttenwesens solche Vereine nur von Wichtigkeit sein.

In diesen und jenen Theilen Oesterreichs, in verschiedenen seiner Bergdistrikte, bestanden deren bereits, aber in jüngster Zeit trat, angeregt durch Dr. F. Stamm's Aufforderung, eine allgemeine Versammlung von Berg- und Hüttenmännern des Kaiserthums ins Leben, und die erste fand zu Wien im Mai 1858 statt. Viele — wir sind dessen gewiss — nahmen gleich uns den nun veröffentlichten Bericht mit gerechten Erwartungen zur Hand: Alle werden sich vollkommen befriedigt gefunden haben. — Die typographische Ausstattung des Werkes lässt nichts zu wünschen übrig.

Ohne bei der Uebersicht des „Ganges und der Verhandlungen" dieser Versammlung (S. VI bis XLIV) verweilen zu können, wenden wir uns zum Inhalt der „Fach-Vorträge" in den Sitzungen der Sectionen für Bergbau, Hütten-, Maschinen- und Aufbereitungs-Wesen, welche für nicht wenige Leser der Jahrbücher von besonderem Interesse sein dürften; wir müssen uns jedoch auf Andeutungen beschränken.

J. von Russegger, neueste Aufbereitungs-Versuche zu Schemnitz. In der neueren Zeit kamen die Rittinger'schen Spitzkasten, die Trommelwäsche und die Sennhofer'sche Gold-Gewinnungs-Methode in Gebrauch, deren Kenntniss hier vorausgesetzt wird.

F. Stamm über die Vertheilung der Bergwerks-
Schätze in der österreichischen Monarchie. Hier giebt
es kein Kronland, das nicht am Bergbau Theil nähme, allein keines
besitzt alle Mineralien, und jedes tritt dadurch in gewisse Abhängigkeit zu den Nachbarn. Ungarn ist am reichsten ausgestattet von
der Natur, die Mannigfaltigkeit seiner Mineralien reisst zur Bewunderung hin; es braucht aber dennoch ein fremdes Metall, das böh-
mische Zinn, zu vielfacher Verwendung. Böhmen, ebenfalls sehr
reich ausgestattet mit allen Metallen, wird wegen gänzlichen Mangels an Salz von Ober-Oesterreich und Galizien abhängig, und bedarf des Gypses aus Nachbarländern für seine Aecker und Wiesen.
Galizien, an Salz so reich, dass es dadurch das mächtige Russland in gewisse Abhängigkeit zu Oesterreich bringt, kann seine Ernten ohne Steierische Sensen und Sicheln nicht einthun und bezieht Kupfer zu den zahllosen Branntwein-Brennereien. Nieder-
Oesterreich namentlich Wien, braucht Kohlen aus den Nachbarländern. Steiermark und Kärnthen wünschen sich das Gold
und Silber anderer Nachbarländer für ihr Eisen und Blei, und was
wäre das sonst so sehr gesegnete Venedig und die Lombardei ohne
das Gold, Silber, Kupfer, Eisen und die Kohlen gewisser Provinzen.

A. Lill von Lilienbach, Verhalten des Erzadels gegen die Teufe im Silber- und Bleibergwerke zu Przibram in Böhmen. Eine Mittheilung, veranlasst durch die von
Hingenau in seiner Zeitschrift gestellte Aufforderung zur Sammlung der Erfahrungen über den Bergbau auf edle Metalle. Das Przi-
bramer Bergwerk schien wegen seines sehr bedeutenden Aufschlus-
ses, der sich bis in eine Tiefe von nahe 360 Klafter erstreckt, besonders geeignet; gegenwärtig stehen 32 Gänge in Abbau, und die
jährliche Erzeugung wurde bis auf 50,000 Mark Silber gesteigert.
Eine Zusammenstellung des Durchschnittshaltes der an die Hütte
abgelieferten Erze und Schlieche (gepochte und aufbereitete Erze)
von 1783 bis 1857 zeigte bis zur Teufe von ungefähr 200 Klaftern
stetige Zunahme des Erzadels. Eine solche lässt sich zwar von jener Teufe an nicht wahrnehmen, jedoch noch weniger eine Abnahme,
und so ist zu hoffen, dass in noch grösserer Teufe eine weitere stetige Zunahme des Erzadels statt finden werde. — In höhern und
tiefern Horizonten lässt die Erz-Führung übrigens keinen wesentlichen Unterschied beobachten; in beiden hat man z. B. sehr reiche
Anbrüche von Rothgültigerz u. dgl. gefunden. Höchstens könnte in
solcher Beziehung die Zunahme der Zinkblende in tiefern Horizonten im Vergleich zu höhern namhaft gemacht werden.

M. von Hantken über Serbiens Bergbau. Das Fürstenthum nimmt unter den, mit Mineral-Schätzen reich gesegneten
Ländern eine hervorragende Stelle ein, auch sprechen die überall
zerstreut liegenden Halden, Pingen-Züge, Schlacken-Haufen und Ruinen von Schmelzhütten für die einstige Grösse des serbischen Bergbaues, der unstreitig schon zum grossen Theile von den Römern

betrieben wurde, welche das Land lange beherrschten. Der aus
Chroniken und andern Quellen entlehnte geschichtliche Rückblick gewährt manches Interesse. Daran reihen sich genauere Angaben über
Maidanpek im nordöstlichen Serbien, tausend Fuss über der Meeres-
fläche, wo ein schwunghafter Betrieb auf Gewinnung von Kupfer-
erzen stattfindet, die auf einem bis 300 Klafter mächtigen Porphyr-
Gange einbrechen.

O. von Hingenau, das Abbohren und Sprengen in
Lignit-Flötzen. Mittheilung über die bei den Braunkohlen-Berg-
werken des Hausruck-Gebirges seit einigen Jahren übliche Gewin-
nungs-Methode, welche übrigens keineswegs ganz neu ist.

J. C. Hocheder, Verhalten des Goldes gegen die
Teufe in beiden Hemisphären. Das Vorkommen der Metalle, besonders des Silbers, des güldischen Silbers, des Kupfers,
Zinns und Bleies in den erzführenden Lagerstätten erscheint, was
die Teufe betrifft, von beträchtlicher Ausdehnung, wofür die Grubenbaue in Niederungarn, Przibram, Joachimsthal und Kitzbichl, sodann
zu Freiberg und am Harz, die Consolidated Mines in Cornwall, Va-
lenciana, Real del Monte und Polanes in Mexico, Coquimbo und
Copiapo in Chili u. s. w. sprechende Beweise liefern. Die Teufe,
bis zu welcher vorerwähnte Metalle in den angeführten ausgedehnten Grubenbauen gefunden wurden, erstreckt sich auf 200 bis 300
Klafter und darüber, ja selbst bis zu 440 Klaftern, wie der zwar
schon seit einem halben Jahrhundert aufgelassene Bau von Röhrer-
bichl in Tirol dargethan. Anders ist das Verhalten des Goldes, wo
es für sich allein, von andern Metall-Substanzen nur in geringen
Verhältnissen begleitet erscheint. In solchem Zustande hat das Gold
nach den bisherigen Erfahrungen an keinem Ort beträchtliche Teufe
erreicht. Die Geschichte zeigt, dass in frühesten Zeiten, unter den
Phöniziern, Griechen und Römern, stets grosse Massen Goldes dem
Luxus und den Schatzkammern der Reichen zu Gebot standen. Es
sind jedoch keine Spuren auf uns übergegangen, die bezeugen könnten, dass die Alten das edelste Metall aus der Tiefe der Erdober-
fläche hervorgeholt hätten. Man weiss, dass die Römer Zinn-Berg-
baue in Cornwall, und, Traditionen zu Folge, Silber- und Kupfer-
Bergbaue im Banat betrieben hatten, aber nirgends finden wir, dass
sie Grubenbaue auf Gold verführt, welche auf die Nachkommenschaft
übergegangen wären. Es lässt sich daher annehmen, dass der Gold-
Reichthum, welcher den Alten zu Gebote stand, nur auf der Erd-
Oberfläche in Alluvial-Ablagerungen seinen Ursprung fand. Dieses
dürfte ohne Zweifel auch der Fall sein mit der bedeutenden Gold-
Erzeugung, die früher in Schottland stattgefunden, und eine solche
von grösserem Belange in Irland noch gegen das Ende des vorigen
Jahrhunderts. Auf ähnliche Verhältnisse werden wir hinsichtlich der
ungeheuern Gold-Schätze im spanischen Amerika und in Brasilien
hingewiesen, und die Entdeckungen des Metalles in neuester Zeit in
Californien, sowie in Australien wurden ebenfalls in Alluvionen gemacht.

Was das Gold-Vorkommen auf Gängen u. s. w. betrifft, so setzen diese in keine Teufe nieder, welche mit jenen von andern Metall-Lagerstätten auch nur in einem annähernden Verhältnisse stände, wie solches Bergbau in der westlichen Hemisphäre während der drei letzten Decennien vorführt dargethan. In der Eisenglimmer-Schiefer-Formation fällt die senkrechte Teufe des grössten Adels zwischen 15 und 32 Klafter, von wo ein stetes Abnehmen statt gefunden, so dass man in 40 bis 65 Klaftern Teufe die Baue als völlig erschöpft verlassen musste. In den quarzigen Lagerstätten fällt die bedeutendste Adels-Periode zwischen 5 und 46 Klafter, weiter abwärts erfolgte nach und nach gänzliche Verarmung. Von achtzehn Gold-Bergbauen wurde nur ein einziger bis auf die Teufe von 130 Klafter im Betrieb erhalten, der zwar noch namhafte Ausbeuten liefert, aber in seinem Adel bedeutend gesunken ist: die durch eine Tafel erläuterte Beschreibung der ihres Reichthums wegen höchst merkwürdigen Grube Gongo Soco in Brasilien verdient besondere Beachtung. Hier erschien das Gold auf einem Eisen-Glimmerschiefer-Lager im eisenschüssigen Itacolumit-Gebilde. Nach der 34. Klafter nahm der Gehalt wesentlich ab und schwand in 65 Klaftern Teufe bis fast auf Null. Im höheren Horizonten zeigte sich das Metall in förmlichen Adern, die Schichtung der Lagermasse mehr oder weniger durchkreuzend, in der Dicke eines Mannsarms aus massivem Gold bestehend. Analysen des rohen Goldes von Gongo Soco ergaben:

84 % Fein-Gold,
4,5 „ „ Silber,
3,1 „ „ Palladium,
2,6 „ „ Platin, eine Spur Iridium,
5,8 „ „ mechanisch beigemengte Substanzen, als Eisen- und Manganoxyd.

Die bisher erzielten nicht unbedeutenden Gold-Productionen Siebenbürgens sind durchgehends von der Oberfläche und aus nicht beträchtlichen Teufen gewonnen. Mit Grund ist zu besorgen, dass jene Gruben, welche angeblich aus Mangel der erforderlichen Betriebs-Mittel in der Teufe verlassen wurden, weit entfernt von den ihnen zugemutheten Reichthümern sind; vielmehr lässt sich mit grösserer Wahrscheinlichkeit annehmen, dass der Adel beim Verlassen dieser Baue schon im Abnehmen begriffen gewesen. Dies zeigt auch eine Darstellung der Betriebskosten, des Werthes der Production, sodann des Gewinnes und Verlustes bei zwölf siebenbürgischen Gold-Bergbauen vom Jahre 1841 bis 1856.

J. Grimm, Ansichten über die Abnahme des Adels in der Teufe bei Gold-Bergbauen. Der Verf., welchem viele Erfahrungen über die Natur von Mineral-Lagerstätten zu Gebote stehen, theilt nicht die Meinung seines Vorgängers und glaubt nachweisen zu können, dass die oft schon wahrgenommene Abnahme des Adels bei Gold-Bergbauen gegen die Teufe in vielen Fällen nur eine scheinbare sein möge und keineswegs vollkommen begründet werden könne. Es versteht sich, sagt Grimm, dass hier nur die wirklichen Gold-Bergbaue gemeint sind, und nicht die in Diluvial- oder Alluvial-Ablagerungen umgehenden Gold-Wäschen und Seifen- werke. Betrachtet man das so höchst eigenthümliche Vorkommen des Goldes in vereinzelten zerstreuten edlen Punkten, und erwägt zugleich den allgemein giltigen Erfahrungssatz, dass der Adel der Metall-Lagerstätten überhaupt, und vornehmlich jener der Gold-Gänge fast stets von der Beschaffenheit des Neben-Gesteins bedingt ist, und dass räumliche Gestalt und Lage der günstigen und ungünsti- gen Gebirgsmittel sehr verschieden sind, und auf die Bauführung grossen Einfluss haben, ohne dass darauf immer gebührend Bedacht genommen wird, und hierüber die nöthigen Kenntnisse sehr häufig fehlen; bedenkt man endlich dass die zerstreuten Adelspunkte des Goldes auch noch an das Auftreten unter andern Erscheinungen, z. B. an die Scharungsstellen mit kleinen Klüftchen und Schnürchen gebunden wird, so gelangt man zur Ansicht, dass wenn bei vielen Gold-Bergbauen eine Abnahme des Adels gegen die Teufe, oder ins weite Feld wahrgenommen wurde, diess ausser andern Ursachen auch von folgenden Umständen herrühren mag:

1) dass man beim Niedergehen in die Teufe, oder bei der Aus- breitung ins Feld theilweise oder gänzlich in ein solches Gebirgs- Mittel gerieth, in welchem eine andere und zwar ungünstige Gestein- Beschaffenheit obwaltet, mithin auch weniger Metall abgelagert ist. In solchen Fällen ist die Hoffnung niemals aufzugeben, in noch grösserer Teufe oder im weiteren Felde ein günstigeres Gebirgs- Mittel und hiermit auch ergiebigern Adel in den Lagerstätten wieder anzufahren. (Eine allerdings schwierige Aufgabe.)

2) Dass man, ein wichtiger und häufig vorkommender Grund, in vielen Goldbergwerken eine Verminderung des Erzadels in der Tiefe anzunehmen pflegt, ohne das eigenthümliche Vorkommen des Me- talls und die merkwürdige Beschaffenheit seiner Lagerstätten zu be- achten.

Beispiele für diese Ansichten liessen sich bei mehreren jetzt noch bestehenden Goldbergbauen anführen, besonders bei solchen, wo we- gen der Gestalt der Gebirge die Lösung der Tiefe durch Stollen ge- schehen muss. Der Verf. erwähnt namentlich Verespatak in Sie- benbürgen.

In einem Nachtrag kommt Hocheder noch einmal auf die von ihm dargelegte Meinung zurück, ohne sich der Grimm'schen Widerlegung zu fügen. Er verweist auf die Ergebnisse des Zeller Goldbergbaues von 1734 bis 1857; des Rathhausberger von 1636 1857 und des Kremnitzer von 1790 bis 1857.

Bei den Vorträgen von:

G. Mannlicher über die neuern Montan-Unterneh- mungen auf Kupfer, Eisen und Kohlen in Siebenbürgen sowie von

C. Winter über die Entzündung von Sprenglöchern durch Reibungs-Elektrizität

dürfen wir nicht verweilen, ohne die uns für diese Anzeige gesetzten Grenzen zu überschreiten. Auch hinsichtlich der Vorträge,. gehalten in der Section für Hüttenwesen, so wie in jener für Maschinen- und Aufbereitungswesen gilt dies. Viele wichtige und interessante Mittheilungen finden sich darunter, die Beachtung von Fachmännern verdienend.

In den Hauptsitzungen der Versammlung sprachen:

C. Weiss über den Bergbau als Colonisator, welchen er, mit gutem Grunde, als einen der wichtigsten Factoren in der Cultur-Entwicklung von Völkern und Staaten betrachtet.

J. Rossiwall über Gruben-Brände, und

A. Wisner über die volkswirthschaftliche Seite des Bergbaues in Oesterreich. Ein Vortrag, der sich dem Weis'schen anschliesst und Beweise liefert von dem was das Gewerbe für die materielle Wohlfahrt der Bevölkerung des Kaiserreichs leistet.

Wir schliessen mit dem Wunsche, dass der besprochene „Bericht" eine weite Verbreitung im Kreise von Berg- und Hüttenmännern nicht nur, sondern auch von Geologen finden möge. „

Leonhard, .

Aristoteles und die Wirkung der Tragödie. Von Adolph Stahr. Berlin. Verlag von Guttenberg. 1859.

Die Poetik des Aristoteles, übersetzt von Dr. Christian Walz. Zweite Auflage, besorgt von Karl Zell. Stuttgart, Verlag der Metzler'schen Buchhandlung, 1859. (Classiker des Alterthums. Lieferung 113.)

In der Definition, welche Aristoteles in seiner Poetik (Cap. 6) von der Tragödie gibt, kommt als eines der Merkmale des Begriffes der letztern vor: „dass sie durch Mitleid und Furcht die Reinigung solcher Paßhemata vollendet". (δι ἐλέου καὶ φόβου περαίνουσα τὴν τῶν τοιούτων παθημάτων κάθαρσιν). Es ist bekannt, zu wie vielerlei Erklärungen diese Stelle von jeher Veranlassung gegeben hat; namentlich darüber, was man unter der hier genannten „Reinigung" zu denken habe. In der jüngsten Zeit hat Bernays in seiner Abhandlung: „Grundzüge der verlorenen Abhandlung des Aristoteles über die Wirkung der Tragödie" die Behauptung aufgestellt und zu begründen gesucht: der Ausdruck Katharsis bei Aristoteles sei nicht etwa nur im Allgemeinen von dem medicinischen

Sprachgebrauche hergenommen, sondern sei auch, wenn schon nicht
von dem Leibe, sondern von der Seele, in einem ganz pathologischen und medicinischen Sinne, durchaus nicht in einem ethischen
oder idealen Sinne zu verstehen. Nach Aristoteles habe die Tragödie keine andere Aufgabe als in den Gemüthern, welche an einer
Gemüthsaffection der Furcht und des Mitleides laboriren, durch Sol-
licitation eben derselben Affekte diese zum Ausbruche zu bringen
und durch diese Entladung, durch dieses gleichsam psychische
Purgativ solchen Gemüthern Erleichterung zu verschaffen. Ferner
behauptet B e r n a y s , dass bei den Neuplatonikern Jamblichus und
Proclus an einigen Stellen, worin ähnliche Gedanken wie die zuletzt
angedeuteten ausgesprochen werden und wobei einmal auch eine
Hinweisung auf Aristoteles durch namentliche Anführung desselben
(jedoch ohne nähere Bezeichnung einer seiner Schriften) vorkommt,
die weitere Ausführung der Lehre des Aristoteles über die Katharsis der Tragödie enthalten ist, und zwar aus einem verloren gegangenen Theile der aristotelischen Poetik. Diese beiden Behauptungen
sind, wie man zugeben muss, mit grossem Scharfsinn, in einer sehr
fein ausgearbeiteten Form ausgeführt. Die erste derselben (die tragische Katharsis sei nichts anderes als ein psychisches — sit venia
verbo — Abführungsmittel) ist übrigens nicht neu: sie ist, wenn
auch nicht so ausführlich und so kunstreich schon aufgestellt und
begründet worden vor mehr als zehn Jahren von W e i l (in den
Verhandlungen der Philologen-Versammlung zu Basel 1847). Darin
aber gleichen sich die beiden Verfasser, dass sie mit gleichem Feuer-
Eifer gegen jede Ansicht protestiren, welche der Tragödie und überhaupt der Kunst in irgend einer Weise einen moralischen Zweck
oder eine moralische Wirkung beilegen wollte.

Die oben angegebene Schrift A d o l f S t a h r's ist die Widerlegung jener beiden Behauptungen von B e r n a y s . S t a h r nimmt zwar
gleichfalls an, dass der Ausdruck K a t h a r s i s ursprünglich aus dem
medicinischen Sprachgebrauch herübergenommen sei; aber er zeigt,
dass aus diesem Umstande nicht das Resultat zu ziehen sei, was
B e r n a y s daraus ziehe; dass dieses vielmehr in Widerspruch mit
sicher nachweisbaren Ansichten und Grundsätzen des Aristoteles stehe.
Es wird zu dem Zwecke nachgewiesen, dass an der Stelle der Politik (VIII, 7), wo gleichfalls von K a t h a r s i s die Rede ist und wo
auf eine genauere Auseinandersetzung der Sache in der Poetik verwiesen wird, Aristoteles nur die Musik im Auge hat, nicht aber
Poesie und das Theater; und dass die in der Politik genannte Ka-
t h a r s i s als Heilung ekstatischer Zustände (bei Aristoteles Enthu-
siasmos) auf homöopathischem Wege durch solche Tonweisen, welche
sonst geeignet sind, gerade einen solchen Paroxysmus hervorzubringen, nur von der Musik ausgesagt wird. Besonders treffend wird
aber ferner nachgewiesen, dass die dem Aristoteles zugeschobene
Ansicht, wornach das Theater durchaus nur einen hedonischen und

in keiner Weise einen ethischen Zweck und Charakter haben soll, durchaus in Widerspruch steht mit den aristotelischen Grundsätzen sowie mit den Anschauungen und Grundsätzen der griechischen Denker und Dichter überhaupt. Das Wort „Pathemata" in der aristotelischen Definition der Tragödie fasst Stahr auf in der Bedeutung von „Erleidnissen, Eindrücken leidvoller Art", analog den „Mathemata, Erkenntnisse" (wie in dem bekannten herodoteischen Spruche παθήματα . . . μαθήματα γέγονε I, 207), und nicht in der Bedeutung von „Gemüthsaffectionen", da' ja die Tragödie im Allgemeinen und für Alle ihre Wirkung äussert, und nicht gerade nur für diejenigen, welche eine besondere Reizbarkeit für Furcht und Mitleid, oder eine für diese Empfindung besonders gestimmte Gemüthsaffection haben. Endlich wird bewiesen, dass die oben angedeuteten Stellen der beiden Neuplatoniker, welche Bernays mit so zuversichtlicher Behauptung für Fragmente und Auszüge eines verloren gegangenen Theiles der aristotelischen Poetik ausgibt, durchaus nicht mit solcher Bestimmtheit auf diese Quelle zurückgeführt werden können, ja vielmehr eher derselben abzusprechen sind.

Was das Wesen der tragischen Katharsis selbst betrifft, so bringt der Verfasser dasselbe in Zusammenhang mit dem berühmten aristotelischen Satze, dass die Poesie philosophischer sei, als die Geschichte; und er findet den Sinn der Katharsis bei Aristoteles ganz treffend aufgefasst und ausgedrückt in dem Urtheile Hegel's über das Wesen der alten Tragödie, von welcher dieser sagt: „dass in ihr nicht das Unglück und Leiden, sondern die Befreiung des Geistes (die Katharsis) das Letzte ist, insofern am Ende die Nothwendigkeit dessen, was den Individuen geschieht als absolute Vernünftigkeit erscheint und dadurch das Gemüth wahrhaft sittlich beruhigt ist: erschüttert durch das Loos des Helden (d. h. δι' ἐλέου καὶ φόβου), versöhnt mit der Sache".

Die Ausführung dieser Widerlegung gibt Hr. Stahr auf eine sehr klare, anziehende und zugleich urbane Weise. Man erkennt darin überall Beweise eines eingehenden Studiums und genauer Kenntniss der Werke des Aristoteles. Man kann bei dieser Gelegenheit nur aufs neue bedauern, dass der Verfasser, welcher in frühern Jahren sich den aristotelischen Studien mit so viel Eifer und Erfolg hingab, später den Hallen und Gängen des Lyceums volkreichere Plätze und Strassen vorzog.

Der Unterzeichnete hat es gleichfalls versucht, in der Einleitung zu der in der Ueberschrift angeführten Uebersetzung der aristotelischen Poetik einen Beitrag zu der Erklärung der viel besprochenen tragischen Katharsis zu geben. Er stimmt in der Ablehnung der Bernays'schen Erklärung, wornach die tragische Katharsis nichts anderes als ein Purgativ für gewisse Gemüthsaffectionen ohne allen

ethischen und ideellen Gehalt sein soll, mit dem Verfasser der oben
angezeigten Schrift ganz überein. Eben so ist auch ihm die Beweisführung dafür, dass wir bei Jamblichus und Proclus Auszüge
oder Stücke der aristotelischen Poetik haben, nicht als sicher und
fest erschienen. Als einen ergänzenden Nachtrag zu der bisherigen
Erklärung der aristotelischen Katharsis darf ich vielleicht den
Theil meiner kleinen Arbeit über diesen Gegenstand bezeichnen,
worin ich den Gebrauch des Ausdrucks Katharsis als eines phi-
losophisch-ästhetischen Terminus in der pythagoreischen und platonischen Philosophie in einer zusammenhängenden Aneinanderreih-
ung der hierher gehörigen Stellen nachzuweisen gesucht habe. Es
geht daraus jedenfalls hervor, dass Aristoteles nicht, wie Bernays
meint, Katharsis als einen erst von ihm geprägten Terminus
hingestellt hat.

Was im Uebrigen meinen Antheil an dieser zweiten Auflage
der Walz'schen Uebersetzung der Poetik des Aristoteles betrifft, so
besteht dieser in der Hinzufügung des oben erwähnten neuen
Abschnittes über die Katharsis zu der frühern Einleitung, so wie
eines andern neu hinzugefügten Abschnittes der Einleitung, in welchem die Notizen über alle Schriften des Aristoteles, welche sich
auf Poesie beziehen, zusammengestellt sind. Ausserdem ist durch
vorgenommene Revision eine Anzahl von Stellen der Uebersetzung
geändert; mehrere Anmerkungen sind weggelassen, andere zugesetzt
worden.

Zell.

JAHRBÜCHER DER LITERATUR.

Geologische Karte von Central-Europa, nach den neue-sten Materialen bearbeitet von Heinrich Bach, k. würtem. Hauptmann und Ingenieur-Topograph. Stuttgart, Verlag von E. Schweizerbart, 1859.

Die vorliegende Karte umfasst ganz Deutschland, die Schweiz, fast ganz Frankreich, die Niederlande, einen grossen Theil von Eng-land, Oberitalien, Ungarn. Der Flächenraum ist also ein sehr be-deutender, indem alle zwischen Marseille und Kopenhagen, Liverpool bis Livorno, Bordeaux bis Warschau liegenden Länder auf der 18" in der Höhe und 12" in der Breite messenden Karte dargestellt sind.

Eine solche Uebersichts-Karte Europas war in der That ein Bedürfniss, auch hatte bereits im Jahre 1856 Herr Schweizerbart bei Herausgabe von Frombers Handbuch der Geologie dieselbe als Beilage zu jenem Werke angekündigt, ihr Erscheinen war aber bis jetzt durch mannigfache Hindernisse hinausgeschoben worden. Wir dürfen uns aber über diese Verzögerung nicht beklagen; denn schon ein flüchtiger Blick auf die Karte zeigt uns, dass die technische Ausführung eine ganz vortreffliche, eine nähere, sorgfältigere Be-trachtung aber, dass der Verfasser gründliche Vorstudien machte, das reichlich vorhandene Material gut benutzte und namentlich ge-wisse Fehler, ein Nichtbeachten neuerer Forschungen, das man bei einer früheren Arbeit rügen konnte, vermied. Eine kurze Verglei-chung der vorliegenden und der früheren geologischen Karten vom mittleren Europa (namentlich von Deutschland) dürfte wohl am Orte sein. Im Jahr 1820 erschien eine geognostische Karte von Europa von Boué; wohl der erste Versuch einer geologischen Darstellung Europas, der aber bald (1826) durch eine umfassendere „geogno-stische Karte von Deutschland und den umliegenden Staaten in 42 Blättern" übertroffen wurde (später 1833 und 1834 in neuer Aufl.), auf welcher 41 Gesteine und Formationen durch Farben unterschie-den sind. Dieselbe trägt keinen Namen, obwohl der Verfasser be-kannt, der grösste Geognost Deutschlands war. Auf seinen vieljäh-rigen Wanderungen durch alle Regionen Europas und mit seiner eigenthümlichen Beobachtungsgabe hatte L. v. Buch ein reichhalti-ges Material für die Kenntniss der Verbreitung der Formationen ge-sammelt und in diesem Werke niedergelegt. Eine allgemeine Ue-bersichts-Karte auf einem Blatte fehlte indess immer noch und erst 1838 erwarb sich der ausgezeichnete Geognost, H. v. Dechen das Verdienst der Herausgabe einer solchen (Geognostische Uebersichts-Karte von Deutschland, Frankreich, England und den angrenzenden

Ländern, zusammengestellt nach den grösseren Arbeiten von L. v. Buch, Elie de Beaumont und Dufrénoy und Greenough). Trotz der Vortrefflichkeit derselben musste in letzter Zeit der Wunsch nach einer ähnlichen Uebersichts-Karte rege werden, auf welcher die bedeutenden Fortschritte in der Wissenschaft seit 20 Jahren ersichtlich. Denn wie anders hat sich die Gliederung der sedimentären Formationen in jener Epoche gestaltet! Wie haben die Geognosten Deutschlands, Englands und Frankreichs in Erforschung ihrer Gebiete gewetteifert! Was wurde namentlich nicht in Betreff der älteren Sedimentär-Gebilde so wie der Tertiär-Formationen seitdem geleistet. Das Material hatte sich in dem Grade gehäuft, dass eine Sichtung und Ordnung schwer war. Es ist daher erfreulich, dass der Verfasser — durch frühere Arbeiten vortheilhaft bekannt — sich bemühte, das Beste zu benutzen und möglichst treu darzustellen. Die Wahl der 28 Farben ist eine gute; durch die dunkleren Töne, welche den plutonischen Gesteinen gegeben, treten diese den jüngeren Flötzformationen gegenüber in der Eigenthümlichkeit ihres Vorkommens besser und schärfer hervor. Die tabellarische Erläuterung der Farbenscala, die Etagen d'Orbignys u. s. w. sind erwünschte Beigaben. Wir können daher die „geognostische Karte von Central-Europa", deren schöne Ausstattung Herrn Schweizerbart alle Ehre macht, bei ihrem billigen Preise auf das Beste empfehlen und machen besonders die Besitzer grösserer geognostischer Werke — wie Naumanns Lehrbuch der Geognosie, Cottas Deutschlands Boden — darauf aufmerksam.

G. Leonhard.

Die Expedition in die Seen von China, Japan und Ochotsk unter Commando von Commodore Calw. Ringgold und Commodore John Rodgers und die Erforschung des Amurgebiets durch Dr. P. Collins, im Auftrage der Regierung der Vereinigten Staaten unternommen in den Jahren 1853 bis 1857, unter Zuziehung der offiziellen Autoritäten und Quellen. Deutsche Originalausgabe von Wilhelm Heine. Mit 12 vom Verfasser nach der Natur gezeichneten Ansichten in Holzschnitt und Tondruck, ausgeführt in der F. A. Brockhaus'schen geographisch-artistischen Anstalt, nebst 3 Karten und 16 Tafeln. Dritter oder Supplementband. Zugleich Fortsetzung der Reise um die Erde nach Japan. Leipzig, Hermann Costenoble 1859. VII und 424 S. in gr. 8.

Das Werk selbst, zu welchem dieser Supplementband gehört, ist in den Jahrgg. 1858 dieser Jahrb. S. 937 ff., und 1857, S. 154 ff. näher besprochen worden: die in diesem Supplementband gegebene Darstellung nebst den hinzugekommenen Beigaben wird

ein gleiches Interesse in Anspruch nehmen und eine gleiche Theilnahme hervorrufen, da der Inhalt in ähnlicher Weise, wie in dem
vorausgegangenen Bänden, mannichfache Belehrung über grossentheils
gar nicht näher bekannte und doch für den Handel wichtige, in Bezug auf die gesammte Naturkunde aber noch wenig untersuchte
Landstriche des nordöstlichen Küstenstriches von Asien bringt, dabei durch eine lebendige Erzählung so mancher mit der Erforschung
dieser Gegenden verknüpften Abentheuer, namentlich Jagdabentheuer,
zu Wasser wie zu Lande, durch Schilderungen der Thierwelt jener
Gegenden, wie ihrer Bewohner, auch einem grössern Publikum eine
angenehme unterhaltende Lectüre gewährt. In den eilf Abschnitten,
die sich an die im zweiten Bande gegebene Darstellung anreihen,
werden die Landstriche an der Mündung des Amur, am Meere von
Ochotsk, so wie dieses selbst, dann Kamschatka mit seiner Hauptstadt Petropavlosk besprochen und bei dieser Gelegenheit (S. 161ff.)
Einiges Interessante auch aus der letzten Kriegsführung, insbesondere
über den, wie hier gezeigt wird, misslungenen Angriff der alliirten
Franzosen und Engländer auf diesen Ort, mitgetheilt. Neben den
Schilderungen der Gegenden selbst, der Eingebornen und ihrer Lebensweise ist es insbesondere die Naturforschung, das Gebiet des
Vögel- wie des Fischreiches, das hier vielfache Bereicherung erhält:
auch die vermeintliche grosse Seeschlange wird der Besprechung unterzogen (S. 171 ff.).

Eine besondere Beachtung wird man dem Reisebericht des Dr.
Collins zur Erforschung des Amurstromes (S. 212—318), sowie den
daran geknüpften weiteren Bemerkungen zuwenden (S. 319—331),
welche die Bedeutung dieser in das Innere Sibiriens führenden neuen
Handelsstrasse, und des sich entwickelnden Verkehrs in ein ganz
neues Licht setzen, aber auch beitragen, uns von den grossen, bisher kaum beachteten mineralischen Schätzen Sibiriens einen Begriff
zu geben, da sie einen bis jetzt noch wenig ausgebeuteten Reichthum an Gold und Silber, wie an andern Metallen enthalten. „Zunächst, heisst es S. 312 ff., in Betracht kommen die Goldfelder in
der Gegend am Jenisseisk, an den Gewässern des mittleren Sibiriens, die sich über viele tausend Quadratmeilen erstrecken, wovon
ein beträchtlicher Theil noch gänzlich unerforscht ist und auf diese
Weise ein Feld für neue Entdeckungen bildet, aber auch mehr Arbeitskräfte beansprucht, als gegenwärtig vorhanden sind. Mehr nach
Osten, über eine weite Landstrecke hinweg, nach den oberen Gewässern der Lena zu, befinden sich abermals reiche Gruben, von
denen einige erst kürzlich von Privat-Bergbau-Compagnien entdeckt
worden sind und nun mit grossem Erfolge betrieben werden. Hier
giebt es auch Salzbergwerke und weiter nach Norden jene eigenthümlichen, antediluvianischen Ueberbleibsel, wo sich versteinertes
Elfenbein in genügender Menge findet, um es zu einem Handelsartikel zu machen.

Wenn man über den Baikal-See kommt, so stösst man auf un-
erschöpfliche Minen von Kohlen und Eisen, Kupfer, Blei, Salz und
Asphalt, und in Folge der neuesten Forschungen des Capitain Ar-
nosoff, vom Berg-Ingenieur-Corps, sind in der Gegend von Kiachta
reiche Goldgruben entdeckt worden, welche sich bis in die Mongo-
lei erstrecken.

Man sollte fast glauben, die jenseit der Stanovoi - Gebirge liegenden Goldfelder des Onon, Skurri, Nertscha und Schilka, sowie
der angrenzenden Gegenden müssten, im Ganzen genommen, und in
ihrer Ausdehnung mit hinreichender Stärke bearbeitet, genügen, um
die gesammte Menschheit mit kostbaren Steinen und Erzen zu versorgen.

Der Ertrag an edlen Metallen in Sibirien wird sehr verschieden
angegeben, beläuft sich jedoch wahrscheinlich auf fünfzehn Millionen
Dollars. Man sagt, es seien fünfzigtausend Menschen in den Goldgruben und Bergwerken beschäftigt. In den Privatminen Sibiriens
wird täglich ungefähr ein Rubel dem Arbeiter gezahlt, der das ganze
Jahr hindurch arbeitet. Dies würde, bei dreihundert Arbeitstagen,
die Summe von fünfzehn Millionen ausmachen. Nach den Angaben
glaubwürdiger Personen in Sibirien schätzt man den jährlichen Ertrag in Privatminen auf siebenhundert bis tausend Rubel von jedem
Arbeiter, und diese Berechnung wurde auf Minen angewandt, in
welchen schon seit mehreren Jahren gearbeitet worden war und noch
viele Jahre lang gearbeitet werden kann. Gouvernements - Beamte,
die allein das Recht haben, in gewissen Gegenden Nachforschungen
anzustellen, wissen, dass es grosse Landstriche von der reichsten
Art giebt, welche noch völlig unberührt liegen. Ich habe bereits
früher von den Silberminen von Nertschinsk gesprochen, die ich für
die reichsten und ergiebigsten in ganz Sibirien halte. Man sagt,
es gäbe auch Zinn in dieser Gegend, und als ich dort war, wurde
mir eine Probe davon versprochen, allein sie ist mir nicht zu Händen gekommen. Kupfer, Blei und Graphit wird ebenfalls gefunden,
aber nicht in so grosser Menge bearbeitet, da Gold und Silber stets
die hauptsächlichsten Metalle bleiben. Es wurden auch Proben von
Kohlen in Nertschinsk gezeigt, allein die genaueren Nachrichten über
die Minen sind noch im Privatbesitz und werden es bleiben, bis die
Regierung mit dem Entdecker derselben ein Abkommen über seine
Belohnung getroffen hat."

Auch diesem Supplementbande ist eine vorzügliche äussere Ausstattung zu Theil geworden, nicht blos in Druck und Papier, sondern auch in Bezug auf die beigefügten Illustrationen und Karten,
auf welchen die Meere und Länder, auf welche die Darstellung sich
bezieht, gezeichnet sind: es gehören dahin auch 16 Tabellen mit
kleinen Karten der Schiffscourse. Die Illustrationen geben Ansichten von Hakotade (Strassen, Tempel, Grotte), von Yedo, der Hauptstadt von Japan, von den Ainos oder haarichten Kurilen, dann von

einigen Felsgegenden und Flusspassagen Sibiriens: die Ausführung dieser Bilder ist eben so befriedigend ausgefallen, wie bei den früheren Bänden.

―――――――

Wörterbuch der deutschen Sprache von der Druckerfindung bis zum heutigen Tage von Christian Friedrich Ludwig Wurm. Freiburg im Breisgau, Herder'sche Verlagshandlung 1858. Erster Band XXVIII und 912 S. in gr. 8. mit doppelten Columnen auf jeder Seite.

Es ist bereits in diesen Blättern (Jahrgg. 1858, S. 959 ff.) Nachricht gegeben worden von diesem Unternehmen, welches in der Weise, wie es begonnen, durchgeführt, unserer Nation nur zur Ehre gereichen kann, das aber auch nur deutscher Fleiss und deutsche Gelehrsamkeit zu Stande zu bringen vermag. Seit jener Anzeige, welche sich auf das Erscheinen der ersten Lieferung stützte, ist das Werk wesentlich vorgeschritten, so weit, als es bei der Sorgfalt und Gründlichkeit, mit der Alles behandelt wird, möglich sein konnte: es liegt jetzt auf mehr als neunhundert Seiten ein den ganzen so ausgedehnten Buchstaben A behandelnder Band vor, der uns in grösserem Massstabe zeigen kann, wie die Grundsätze, auf welchen das Werk beruht, in Anwendung gebracht und durchgeführt worden sind. Wir haben sie im Allgemeinen in jener Anzeige kurz angegeben und können uns nur freuen der Berücksichtigung, welche dieselben in der weitern Fortsetzung des Werkes nach allen Seiten hin gefunden haben. Das Werk, wenn auch bestimmt für die Zwecke des Lebens und der unmittelbaren Mittheilung, ist darum doch im strengsten Sinne des Wortes ein Werk der Wissenschaft, welche die gewaltige Masse von Tausenden von Einzelnheiten zusammenzuhalten und eben so auch in jedem dieser einzelnen Bestandtheile ein in sich lebendiges und wohlgegliedertes Ganze vorzuführen vermag: diesen streng wissenschaftlichen Charakter lässt die Anlage wie die Durchführung bald erkennen: darin eben so sehr wie in dem praktischen Zwecke liegt die Bedeutung des Werkes und sein Verhältniss zu andern ähnlichen Werken, wie sie in früherer und neuerer Zeit unternommen worden sind. Es ergeben sich aber auch daraus Anforderungen an den Bearbeiter des Werkes, die in ihrem Umfang und in ihrer Ausdehnung wahrhaftig nicht gering sind, und neben der unauslöschlichen Liebe zur Sache und zum Gegenstand, so wie der umfassenden sprachlichen wie sachlichen Kenntnisse, welche zur Abfassung eines in alle Seiten und Richtungen des Lebens eingreifenden Werkes nothwendig sind, eine Ausdauer und einen unermüdlichen Fleiss in Anspruch nehmen, wie er nur Wenigen gegeben ist.

Das Werk soll uns den gesammten Schatz der deutschen Sprache vorführen: es soll bei jedem einzelnen Worte sein Entstehen und

seine Bildung, seine Entwicklung und seinen Gebrauch, dann auch
seine verschiedenartige Anwendung in der Schrift und die daraus
hervorgegangenen Bedeutungen desselben vorlegen, also gewissermassen eine vollständige geschichtliche Entwicklung des Begriffs eines jeden einzelnen Wortes uns bringen, um dadurch eben so sehr
eine richtige Einsicht in das Wesen desselben zu gewinnen, als eine
sichere Norm der Anwendung desselben in dem Gebrauche, in dem
mündlichen, wie schriftlichen Vortrag zu erhalten: wahrhaftig eine
nicht geringe Aufgabe, deren Lösung mit nicht geringen Schwierigkeiten verknüpft ist. So wird es begreiflich, warum der Ausgangspunkt, der bisher, namentlich von Adelung, und theilweise selbst von
Grimm eingehalten war, verlassen, und ein weiteres Zurückgeben
und Anknüpfen an die mittelalterliche Periode unmittelbar eingeschlagen werden musste, was allerdings die Lösung der Aufgabe er-
schwerte, aber in andern Beziehungen dieselbe sicherte, und das
Ganze auf seine wahre Grundlage zurückführte. Eben so nothwendig musste aber auch ein Zurückgeben auf das Dialektische erscheinen und dem mundartlichen Sprachleben eine grössere Berücksichtigung zu Theil werden, eben so sehr um die ursprüngliche Grundlage zu ermitteln, als die Veränderungen nachzuweisen, die in der
Bedeutung der einzelnen Worte, wie in der Anwendung und im Gebrauche derselben in Folge dessen stattgefunden. Namentlich sind
es unsere bayrischen, fränkischen, schwäbischen und schweizerischen
Mundarten, welchen eine sorgfältige Beachtung zu Theil geworden
ist, unter Benützung Dessen, was in einzelnen Wörterbüchern derselben, (z. B. von Schmeller) geleistet worden war; alle die dahin
einschlägigen Schriftdenkmale, insbesondere die Rechtsquellen sind
herbeigezogen, verglichen und benützt worden. Auf dieser Grundlage kann allein die Erforschung des Stammes von Erfolg sein, und
daran sich die weitere Forschung knüpfen, welche die grammatischen
und syntaktischen Verhältnisse des Wortes zum Gegenstand hat.
Bei jedem Worte wurden die geläufigen grammatischen Formen angegeben und die veralteten und ausser Gebrauch gekommenen in
Klammern beigefügt, eben so die Constructionsweise kurz bezeichnet und erklärt, das Sylbenmass, da wo es nur irgend wie nöthig
erschien, ausdrücklich angegeben: eben so in den Belegen für die
Construction jedes Wortes, wie für die einzelnen Bedeutungen und
die Anwendung derselben, ein Maass eingehalten, das sich von jeder Ueberfüllung eben so sehr entfernt, als es durch keinen Mangel
uns unbefriedigt lässt; die Belege selbst sind aber nicht blos aus
den bekanntesten und geläufigsten Schriftstellern, namentlich der
neueren Zeit, sondern auch aus andern Schriftstellern, welche für
diesen Zweck passend und geeignet erschienen, entnommen.

Bei einer solchen Behandlungsweise, die gewiss den Namen einer kritischen verdient, wird man auch bei jedem einzelnen Artikel, bei jedem einzelnen Worte nichts vermissen, was zu
der völligen Abrundung desselben nöthig wäre, um dasselbe als

ein vollendetes und in sich abgeschlossenes Ganze erscheinen zu
lassen. Was nun noch die Frage nach der Vollständigkeit betrifft,
so wird man wohl leicht bemessen, wie schwer, wo nicht unmöglich
es erscheinen muss, von einer lebenden, bei der Unermesslichkeit und
Unerschöpflichkeit ihrer äusseren Bildungsfähigkeit, wie bei dem inneren geistigen Leben der Nation stets fortschreitenden, und die inneren Schöpfungen des Geistes in Worten verkörpernden Sprache
ein vollständiges Wörterbuch zu geben: allein eben desshalb ist es
nöthig, den ganzen vorausgegangenen Bildungsgang der Sprache in
ihren einzelnen Bestandtheilen vorzulegen und daraus die Gesetze
und Normen zu einer weiteren Fortbildung zu erkennen. Dass dies
Letztere aber nur durch den von dem Verfasser eingeschlagenen
Weg zu erreichen steht, ist eben so ersichtlich; man wird hier
durchweg der Forderung der Vollständigkeit in dem hier bezeichneten Sinne Rechnung getragen finden: soviel auch immer dazu gehörte, einen so ungeheuern Stoff in solcher Weise zu bewältigen.

Sollen wir nun, nachdem wir die Grundsätze dargelegt, welche
der Verfasser befolgt und in Anwendung gebracht hat, im Einzelnen
nachweisen, wie diess geschehen, so können wir auf jede Seite
des Werkes, auf jeden einzelnen, bald mehr bald minder umfangreichen Artikel verweisen: um jedoch bei dieser allgemeinen Verweisung nicht stehen zu bleiben, wollen wir aus der ungeheuren Masse
nur einige wenige nennen, die gewiss die Aufmerksamkeit und die
Beachtung eines jeden Lesers verdienen. So z. B. aus dem Gebiete
der Natur die Artikel Alp und was daran sich knüpft, wie Alpen u.
dgl., Alaun, Ahorn, Acker, Auge (in nicht weniger als vier
und siebenzig verschiedenen Beziehungen und Bedeutungen nachgewiesen und erklärt) mit allen weiteren Anhängseln, wie Augapfel, Augenbraunen u. s. w., Affe, Ameise, Ammer,
Amsel, Alsem, Aelster, Auerhahn und alle die andern mit
Auer zusammengesetzten Wörter, wie Auerochs u. dgl., oder andere Ausdrücke, wie Achsel, Angel, Anger, Anfall, Angst
mit allen davon abgeleiteten, Anker, Anschlag, Anstand, Arbeit, Alraun (auch in mythologischer Hinsicht wichtig), Alfanz.
Als Belege aus dem Gebiete der Beiwörter wollen wir nur an Ausdrücke wie abschlägig und abschläglich, an adelig und
adelich, an alltägig und alltäglich, ansehnlich und an-
sehentlich erinnern und auf die sorgfältige Unterscheidung des
Begriffes wie der Anwendung aufmerksam machen. Auch die Ver-
ben und die Partikeln sind mit einer Sorgfalt und Genauigkeit behandelt, welche zur gerechtesten Anerkennung auffordert und, wenn
es noch überhaupt eines Beweises bedürfte, Jeden überzeugen müssen von dem, was bei der ungeheuern, hier zu bewältigenden Masse
des Stoffs wirklich geleistet worden ist. Man vergleiche z. B.
nur Verba, wie achten, abrichten, abstehen, abstossen,
abtreten, anfallen, angeben, angehen, anlegen, ankommen, annehmen, angreifen, anheben, ankommen,

aufnehmen in 23 Nummern, aufgehen in 18 Nummern, auf-
thun, auftragen, aufziehen, aufwerfen. Was aber die
Partikeln betrifft, so bitten wir nachzusehen bei: ab, aber, am
und an in 38 verschiedenen Beziehungen, als in 22, also in 8,
auf in 57, den Laut au in 29 verschiedenen Bedeutungen.
Wir würden gern einen oder den andern dieser Artikel hier wörtlich wiederholen, wenn die Ausführlichkeit derselben und der Raum,
der uns zu Gebote steht, diess verstatten könnte: wir ziehen es daher vor, einen mehr historischen Artikel hier ¡beispielshalber abdruk-
ken zu lassen, um auch von dieser Seite noch die Leistung des
Verfassers erkennen zu lassen, und wählen dazu den Artikel Alle-
mann S. 184:

    Allemann, altd. Alaman, französ. Allemand, der Deutsche.
Gothisch in Skeireins: in allaim alamannam, unter allen Menschen. Die Schreibart mit einem l dauert noch lange fort. Der Alemanier oder Deutschen König; Münster 393. Alemanier; 394.
eine Alemannerin; 396. Auch das eine n, wie in Man statt Mann
ist altdeutsch, wenn gleich bei den Römern Alemannus fast ausschliessliche Form ist. Ist das Wort aus 1) all, goth. alls, altd.
al und bei hinzutretender Suffixsylbe, alle, aller, so lassen sich
drei Beziehungen herausdeuten: a) das Volk als eine Gesammtheit, und diese Deutung wäre allenfalls die natürlich nächste; s.
Allmann. b) Das Volk als Mischvolk aus allen andern ἄνϑρω-
ποι μιγάδες bei Diefenbach goth. Wrtb. 1, 42. ist historisch unwahrscheinlich. c) Das Volk als bestehend aus ganzen und tapfern
Männern, was ohne Zweifel alle deutsche Völker waren, ist eine
dichterisch-märchenhafte Auffassung. Eine vierte Deutung versuchte
J. v. Müller 86, 279: Dass Schwaben vor Alters Wald gewesen,
hierauf durch Markomannen, d. h. Grenznachbarn (?), bewohnt, und
aus Furcht vor Rom verlassen, von Allemannen (Volk auf der
Allmand) aus Gallien und andern Ländern eingenommen, von Rom
oft bestritten, wohl auch steuerbar gemacht [Caracalla Alemanni-
cus bei Spartian], immer aber wieder verloren worden, bis nach
Roms Fall die Allemanner Horden alles frei durchwandert; endlich bezwang der Franke das Land (496) und gehorchte Alleman-
nien erstlich einem Herzoge. (Alemannen schreibt J. v. Müller
sonst 7, 69.) Man sieht hier nicht ab, was das für ein Allmand
war? ein Grund, der Gesammtheit (welcher?) zugehörig? 2) Andere
haben an das gothische alis, lat. alius, ein anderer gedacht, so dass
Alemannen ein fremdes Volk in Beziehung auf ihre celtischen
Nachbarn bedeutete. Von alis das deutsche alilandi, ellend,
jetzt elend. So nimmt neuerlichst Mone, celtische Forschungen 334
Alemannen für einen celtischen Namen, von dem wälschen aill, ein
anderer, und moan, Leute Volk, womit auch die Schreibung Ale-
mani zusammenstimme(?). Der Name würde ein Analogon in Allobroger haben, von dem bretonischen all, ein anderer und bro,
das Land. Allobroger im Gegensatz zu Cymbern, cybro,

cybraeg, cy = mit, con, und bro, Land; Zeuss Celt. Gr. 224. 873. Dahin auch die Ambronen gehören? 3) Die Herleitung von Lemanus (die Limmat oder der Genfer See?) hat früher schon Schilters Glossar 3, 22, b. und neulich Mone Celt. Forsch. 337. 338 abgewiesen.

Und diesem wollen wir noch als eine weitere Probe den schon oben hervorgehobenen Artikel Alraun folgen lassen S. 203:

Alraun, der, atropa mandragora, Pflanze mit röthlich weisser Blume, mit dicker spindelförmiger Wurzel, von bitterm, scharfem Geschmack, sie verursacht Schlaf und wirkt giftiger als die Belladonna. Da sie in ihrer Verzweigung zuweilen die Gestalt eines Menschen bekommt, so wurde sie ehemals zur Hexerei, zum Festmachen u. s. w. gebraucht. Man glaubte, bei dem Herausziehen aus der Erde weine und ächze das Alraunmännchen; daher musste ein Hund mit dem Schwanze die Wurzel ausreissen oder ausgraben, wie schon Josephus, der die Pflanze Baras nennt, angibt; man kleidete, badete, pflegte den Alraun; man schrieb ihm die Kunst der Weissagung, der Berathung in Nöthen zu, man hielt ihn für einen glückbringenden Geist und für ein Heckenmännchen, welches das Geld verdoppeln könne. Vgl. Oken 3, 984. Auch nahm man zwei Geschlechter an; Gart der Gesundh. 136, b. Da die Wurzel besonders unter Hochgerichtsstätten gegraben wurde, hiess der Alraun auch Galgenmännlein; auch Erdmännchen, Geldmännchen, Heinzelmännchen und Alruniken. Letzteres ist nur das Deminutiv: Alraunchen hat ihn unterrichtet, dass ich der Verfasser sei; Nikolai.

2) Schon Falkenstein in den Nordgauischen Alterth. 1, 126 hat die natürliche Ableitung von Runen oder Raunen, goth. Rune, Geheimniss. Daselbst führt er auch die Namen Halrunen und Hallrunen auf; Helhrunen in Mones Glossar; bei Aventin Aliruna. Bei Jornandes Aliorunas, mit den Varianten aliorumnas, alyrumnas, aliauncas; altd. Alarun, Aleruna; altn. Oelrun, Name einer weisen Frau. Auch die Augsb. Bib. von 1477 in dem hohen Lied hat: die Alraumen oder Mandragore; wie denn raumen für raunen sehr gewöhnlich war. Die Aurinia, welche Tacitus, German. 8, neben der Veleda, als weise Frau erwähnt, ist von dem durch das Christenthum geächteten Heidenglauben zu einem Märchen der Rokenstube herabgesunken. Die erste Sylbe lässt sich einfach auf al, alles, zurückführen; andere erblicken darin heilig (hails), andere das goth. Alhs, der Tempel, wieder andere das goth. alis, andrer, in anderer (?) Sprache redend.

Für eine zweckmässige äussere Ausstattung hat die Verlagshandlung recht gut gesorgt: Druck und Papier werden Jeden befriedigen, der vor Allem an ein solches Werk die Anforderungen der Deutlichkeit und bequemen Uebersichtlichkeit in der Anordnung des Drucks der einzelnen Artikel stellt, und keinen unnöthigen Prunk hier erwartet, wohl aber erwägt, wie auf einen verhältnissmässig ge-

ringen Raum hier unendlich Vieles zusammengedrängt werden musste,
so weit es ohne Nachtheil für das Auge und den Gebrauch geschehen konnte. Und diesen Rücksichten ist durchweg Rechnung getragen worden. So können wir am Schlusse unseres Berichtes nur
einen gedeihlichen Fortgang dem Unternehmen in der Weise, wie
es begonnen, wünschen, damit es möglich werde, ein Werk zu vollenden, wie solches keine andere Nation über ihre Sprache aufzuweisen vermag.

- - - - - - -

*Mémoires de Jean Sire de Joinville ou histoire et chronique
du très-chrétien roi Saint Louis publiés par M. Francisque
Michel, Correspondant de l'Institut etc. précédés de Dissertations par M. Ambr. Firmin Didot et d'une notice sur les
manuscrits du Sire de Joinville par M. Paulin Paris,
membre de l'Institut. Paris, librairie de Firmin Didot frères,
fils et Cie., imprimeurs de l'Institut de France, rue Jacob 56,
1858. CLXXXIX und 356 S. in 8.*

Zwei Dinge sind es, welche dieser neuen Aufgabe eines der
ältesten und mit Recht gefeiertsten Chronisten Frankreichs einen besonderen Werth und eine Bedeutung leihen, wie sie keiner der bisherigen Ausgaben zukommt, überdem eine eigentliche Handausgabe mit
einem richtigen Text bisher nicht vorhanden war. Diese beiden Punkte
berühren eben so sehr den Text selbst, als die einleitenden Prolegomenen, welche in dem Umfang, den sie hier einnehmen, von beinahe zweihundert Seiten, alle den Verfasser wie sein Werk betreffenden Punkte, die biographischen wie die literär-geschichtlichen, in
erschöpfender Weise behandeln und so allerdings zur Einführung in
das ehrwürdige Denkmal dienen, das uns hier in einer der ältesten
Quelle entsprechenden Gestalt vorgelegt wird, die allerdings von den
ersten Textesabdrücken, deren Herausgeber sich so grosse Freiheiten,
ja Willkürlichkeiten erlaubt hatten, wesentlich verschieden ist. Zwei
gleich befähigte Gelehrte Frankreichs haben zur Erreichung dieses
Zieles sich verbunden: dem einen blieb die Sorge für den Text
überlassen, dem andern fiel der biographische und literärgeschichtliche Theil zu. In diesem stossen wir zuerst auf eine sorgfältige
und kritische Zusammenstellung dessen, was über das Leben des
Jean, Sire de Joinville (1224—1319) zu ermitteln war, verbunden
mit den sein hohes Geschlecht und seine politische Stellung in jener
Zeit betreffenden Erörterungen; es schliesst sich daran eine Würdigung
seiner Memoiren und damit seiner literärischen Thätigkeit überhaupt
sowie des Charakters derselben. Mit allem Recht wird die grosse
Einfachheit und Natürlichkeit, wie die Wahrhaftigkeit und Treue,
mit welcher Alles dargestellt wird, die fromme, wahrhaft christliche

Hingebung des Verfassers, verbunden mit allem Freimuth, selbst dem
Könige gegenüber, die feine Beobachtungsgabe, und andere Eigenschaften hervorgehoben, welche diesem Werke zur grossen Empfehlung
gereichen und ihm auch die allgemeine Anerkennung verschafft haben: einige der bedeutendsten Urtheile der nahmhaftesten Gelehrten
des heutigen Frankreichs (Villemain, Saint-Beuve, Michaud, Fr. Wey)
sind diesen Erörterungen beigefügt, was man nur billigen kann.
Dass Voltaire und seine Schule von einem Schriftsteller, wie Joinville, wenig Notiz nahm, wird wenig befremden können. Das Auffinden der Grabesstätte in dem Chor der an das Schloss anstossen-
den Kirche (Saint-Laurent de Joinville), bei einer Wiederherstellung
dieses Baues im Jahr 1629 giebt Veranlassung, auch darüber eine
genaue Nachricht mitzutheilen, so wie über das berühmte Schloss
von Joinville, das nach mehrmaligen Wiederherstellungen und theilweisen Erweiterungen noch bis gegen Ende des vorigen Jahrhunderts sich fast unversehrt erhalten hatte, wie man aus den beigefügten Abbildungen ersieht; um so mehr müssen wir es beklagen,
wie auch dieser Rest des mittelalterlichen Frankreichs jetzt verschwunden ist: er sank dahin, nicht durch Feindes Hand, oder durch
aufrührerische Horden: im April des Jahres 1791 liess der Herzog
von Orleans, der bekannte Philipp Egalité, das Schloss auf den Abbruch versteigern! Zu diesen biographischen und historischen Erörterungen gehören noch die Abschnitte, in welchen eine Reihe von
Urkunden, welche die Familie der Sires de Joinville betreffen, abgedruckt sind, so wie die genealogische Untersuchung über die Sires
de Joinville, die ebenfalls grossentheils auf handschriftlichen und urkundlichen Angaben beruht. Literärischer Art sind die Erörterungen
über die Handschriften und über die gedruckten Ausgaben der Memoiren, worüber wir alsbald Etwas bemerken werden, so wie die in
einem eigenen Abschnitt veranstaltete, sorgfältige Anführung der einzelnen, meist seltenen oder minder bekannten Schriften, welche auf
diese Memoiren sich beziehen (sources à consulter pag. XCVIII sq.):
endlich gehört hierher noch die Abhandlung, in welcher das in einer
Handschrift befindliche Credo, als wirklich von Joinville herrührend,
um 1252 von ihm abgefasst, nachgewiesen wird (p. CL sqq.).

Wir beschränken uns, da wir nicht mehr als einen einfachen
Bericht hier vorlegen wollen, auf diese Angaben, welche hinreichend
zeigen, wie hier alle diejenigen Fragen, welche in solchen Prolegomenen behandelt zu werden pflegen, ihre befriedigende Lösung in
einer eben so genauen als durchaus kritischen Behandlung des Gegenstandes erhalten haben, und Herr Didot, dem wir diese schöne
Erörterung verdanken, mit aller Liebe und Theilnahme, aber auch
mit aller Gründlichkeit und Genauigkeit sich seiner nicht leichten
Aufgabe entlediget hat.

Der andere Punkt, den wir hier zu besprechen haben, betrifft
den Text der von Joinville hinterlassenen Memoiren oder der Geschichte Ludwigs des Heiligen, welcher von S. 1—245 hier eigen-

lich zum erstenmal in einer bequemen und durchaus kritischen Ausgabe erscheint: denn die einzige Ausgabe, welche auf den Charakter einer kritischen und somit verlässigen Anspruch machen kann,
ist die von Daunou und Naudet in dem Recueil des histoires des
Gaules gelieferte, die aber doch nur wenigen zugänglich sein dürfte
und nur auf grösseren Bibliotheken anzutreffen sein wird. Herr F.
Michel hatte zwar schon früher eine neue Ausgabe (1830) begonnen: die damals ausgebrochene Revolution hemmte den weiteren
Fortgang; er hat nun diese neue Ausgabe besorgt, die in ihrer
äussern Form sehr bequem und leicht zugänglich ist, dabei aber
einen nochmals sorgfältig revidirten Text auf der anerkannt ältesten Grundlage desselben liefert. Diese bildet eine zu Paris befindliche Handschrift (Nr. 2016), welche, wie es am Schlusse des Textes heisst, die schriftliche Aufzeichnung (ce fu escript) in den October des Jahrs 1309 setzt, und wie die oben genannten Herausgeber
des Recueil vermuthen, vielleicht für das Original zu halten ist. Jedenfalls haben wir also hier eine Handschrift, die in das Zeitalter
des Verfassers selbst hinaufreicht, und darum, mag sie Original oder
Copie sein, als eine gleichzeitige Quelle angesehen werden muss.
Unter dem Texte hat der Herausgeber neben der Angabe einzelner
Varianten oder Verbesserungsvorschläge auch Erklärungen der veralteten oder schwierigen Ausdrücke, welche im Texte vorkommen,
beigefügt und dadurch das Verständniss des Textes nicht wenig erleichtert und gefördert. So liegt nun diese Lebensgeschichte Ludwig's des Heiligen, in einer Allen zugänglichen Ausgabe vor uns,
gewiss eines der schönsten Denkmale der mittelalterlichen, ritterlichen Zeit, aber auch der treuen Anhänglichkeit des Verfassers an
seinen fürstlichen Herrn, den er uns hier nach allen seinen Seiten
und Handlungen, nach seinen Schicksalen in dem unglücklich unternommenen Kreuzzuge, wie nach seiner ganzen Regierungsweise dargestellt hat.

Einige schätzbare und passende Zugaben sind in den Appendices enthalten, zuvörderst ein correcter Abdruck des Enseignement
de Saint-Louis à sa fille Isabelle (S. 249 ff.), dann die umfassenden „Lettres de Jean Pierre Sarrazin, Chambellan du roi
de France à Nicolas Arrode, Prévôt des marchands des Paris en
1289 et 1291" über den ersten Kreuzzug Ludwigs des Heiligen
(S. 253—313) in einer ungleich correcteren und dadurch lesbaren
Fassung, wie sie der erste Abdruck von Michaud und Poujoulat
nicht giebt. Aus einer Handschrift der Bibliothek von Sainte-
Geneviève folgt abgedruckt ein kürzerer Brief: C'est ci la lettre que
li rois Thiebaut de Navarre envoia à l'Esvesque de Thunes". Den
Schluss machen zwei poetische Stücke, ein Gedicht auf den Tod
Ludwigs des Heiligen, nach einer Handschrift der kaiserlichen Bibliothek zu Paris: Les regrès de la mort S. Loys S. 317 ff. und ein
im Anglo-Normannischer Sprache abgefasstes Gedicht auf die Schlacht
bei Mansurah, welchem zum bessern Verständniss eine französische

Uebersetzung in Prosa beigefügt ist: es ist zuerst aus einer Handschrift des britischen Museums zu London 1831 und daraus von
Achill Jubinal zu Paris 1842 in dessen Nouveau Recueil de contes
etc. wieder abgedruckt worden.

---

*Bucolicorum Graecorum Theocriti Bionis Moschi Reliquiae accedentibus Incertorum Idylliis. Edidit Henricus Ludolfus Ahrens. Tomus secundus Scholia continens. Lipsiae. Sumptibus
et typis B. G. Teubneri. MDCCCLIX. LXXIV und 556 S. in
gr. 8vo.*

Ueber den ersten Band dieser grösseren Ausgabe der griechischen Bukoliker wurde in diesen Jahrbb. 1856, p. 549 das Nöthige
bemerkt: die Feststellung eines sichern und beglaubigten Textes nebst
der Beigabe des gesammten, wohl geordneten kritischen Apparates
war die Aufgabe desselben; der zweite hier vorliegende hat es
ausschliesslich mit den Ueberresten griechischer Erklärer, so weit sie
von diesen Gedichten noch auf uns gekommen sind, mit den sogenannten Scholien zu thun. Diese werden uns hier in einer Vollständigkeit vorgelegt, die alles das befasst, was in verschiedener
Weise bisher auf diesem Gebiete veröffentlicht worden ist, aber in
einer sorgfältig gesichteten und möglichst berichtigten Gestalt, wie
dies bisher nicht der Fall gewesen ist: man wird bei näherer Einsicht bald sich überzeugen, dass die Texteskritik dieser Scholien in
vorliegender Ausgabe denjenigen Abschluss erreicht hat, welcher unter den obwaltenden Umständen, namentlich ohne die Auffindung
neuer, und wesentlicher Hülfsmittel in bisher unbekannten Handschriften, überhaupt zu erreichen war. Um dazu zu gelangen, bedurfte es freilich der mühevollsten Vorarbeiten, so wie der sorgfältigsten Vergleichung und Zusammenstellung Alles dessen, was bisher für diese Scholien geleistet worden war: und dass diese Mühe
nicht gescheut worden ist, kann selbst ein nur oberflächlicher Blick
in diesen erneuerten Abdruck der Scholien und die demselben vorangestellte Praefatio zeigen. Diese nemlich enthält die einleitenden
Bemerkungen des Verfassers, die zur richtigen Würdigung des Unternehmens, der dabei angewendeten Mittel, so wie des ganzen hier
eingeschlagenen Verfahrens, allerdings nothwendig erscheinen. In
dieser Praefatio, oder, wenn man will, in diesen Prolegomenen wird
zuerst von den früheren Ausgaben und Bekanntmachungen dieser
Scholien, seit ihrem ersten und noch mangelhaften Bekanntwerden
durch den Cretenser Calliergos, bis auf die verdienstliche Bekanntmachung einiger unedirten Scholien durch Adert und der letzten Bekanntmachung sämmtlicher Scholien durch Dübner zu Paris im Jahre
1849 gehandelt, insbesondere auch über die Hypothesen oder In

·haltsangaben der einzelnen Idyllen und die allgemein einleitenden
Stücke über Theokrits Leben, über bukolische Dichtung u. dgl.,
welche in dieser Ausgabe dem Druck der Scholien selbst vorange-
hen, wie wir noch näher angeben werden. Nun folgt das Verzeichniss sämmtlicher Handschriften (S. XIV—XXVI), welche für die
Herausgabe dieser Reste alter Erklärungen benutzt worden sind:
es zeigt keinen geringen Umfang und giebt über jede der hier ver-
zeichneten Handschriften genaue Nachricht: es beschränkt sich
aber der Verfasser nicht auf dieses Verzeichniss: er hat eine weitere Untersuchung daran geknüpft, welche die ursprünglichen Verfasser dieser Erklärungen, also die alten Erklärer des Theokritus
ebenso betrifft, als vor Allem die hier zu machende Scheidung zwischen den einer älteren Zeit entstammenden, aus den Werken älterer Erklärer geflossenen Scholien und denen, welche einer neueren
Zeit, der sogenannt byzantinischen, angehören.

Was zuvörderst die alten Erklärer des Theokritus betrifft, so
werden hier, unter Berücksichtigung dessen, was frühere Forscher,
insbesondere Fritzsche, darüber bereits ermittelt hatten, folgende mit
Sicherheit aufgeführt: Asclepiades Myrleanus, Theo des Artemidorus
Sohn, in welchem der Verfasser denselben gelehrten Grammatiker
erkennt, der auch ähnliche erklärende Werke oder Commentare über
die homerische Odyssee, über die *Aἴτια* des Callimachus, über Ly-
cophron, über Apollonius von Rhodus und über Nicander, wahrscheinlich auch über Pindar geschrieben, von dem auch λέξεις κω-
μικαί angeführt werden, und welcher nach einer Angabe des Suidas
der nächste Vorgänger des Apion war, demnach wohl in die letzte
Periode des Augustus fällt; ferner wird hierher gerechnet Amaran-
tus aus dem ersten Jahrhundert unserer Zeitrechnung, Nicanor von
Cos, Theätet, wahrscheinlich aus dem Zeitalter des Justinianus, Mu-
natus und Eratosthenes, welche beide gleichfalls diesem Zeitalter zugezählt werden. Dem letztern derselben möchte unser Verfasser
überhaupt die noch vorhandene Zusammenstellung beilegen, veranstaltet aus dem älteren Commentar des Theo, dessen Excerpten Einiges aus späteren Commentaren, so wie Einiges Eigene beigefügt
worden (S. XLVII).

Zuletzt verbreitet sich der Verfasser über einige andere Grammatiker, welche ohne genügenden Grund als Erklärer des Theocritus
betrachtet worden sind; eine besondere Erörterung ist dem Artemidorus gewidmet, demselben, der nach einem in der Anthologie
befindlichen Epigramm die jetzt noch vorhandene Sammlung der bu-
kolischen Gedichte veranstaltet, aber schwerlich dazu einen Commentar geliefert, von dem auch nicht die geringste Spur anzutreffen
ist: es ist dieser Grammatiker nach dem Verfasser der Vater des
oben genannten Theo, womit denn auch seine Lebenszeit bestimmt
wird. Auch Callimachus von Cyrene wird als Erklärer der Gedichte
Theokrits mit gutem Grunde bezweifelt.

Die jüngeren Scholien, welche von byzantinischen Gelehrten, von dem dreizehnten Jahrhundert an abgefasst worden sind, lassen sich, wie hier nachgewiesen wird, auf Manuel Moschopulus, Maximus Planudes und Triclinius zurückführen, wenn es auch kaum einem Zweifel unterliegen kann, dass ausser diesen noch andere Byzantiner sich mit der Erklärung Theokrits befasst haben, die wir nicht weiter kennen. Der Verfasser war vor Allem bemüht, eine genaue Scheidung unter den Scholien, die der älteren Zeit, und unter denen, welche der neueren Zeit angehören, vorzunehmen: er hat desswegen die Handschriften, welche die Scholien der einen oder der andern Classe enthalten, näher untersucht und geordnet, um damit eine sichere Grundlage für die Bestimmung dessen, was jeder Classe zuzuweisen ist, und dann auch für die Wiederherstellung des Textes selbst zu gewinnen: und da das Ganze der vorhandenen Scholien aus sehr verschiedenartigen Bestandtheilen zusammengesetzt ist und aus eben so verschiedenartigen Quellen stammt, so ist die Ausscheidung und Unterscheidung dieser verschiedenen Bestandtheile mit eine der Hauptaufgaben des Herausgebers gewesen, die er mit seltener Ausdauer und aller Genauigkeit vorgenommen hat, um auf diese Weise die Quelle eines jeden Scholiums wie jeder einzelnen Glosse zu erkennen. Es bildet nun allerdings die älteste Ausgabe der Scholien durch Calliergos die Grundlage des Ganzen, und ist dieser Text, der in den nachfolgenden Ausgaben der Scholien mehrfachen Veränderungen unterlag, hier auf seine frühere und ursprüngliche Gestalt zurückgeführt und eben so die alte Ordnung wiederhergestellt. Was in der Folge hinzugekommen, d. h. was spätere Herausgeber aus andern Quellen hinzugefügt, oder was der Verf. selbst aus den neu von ihm benützten Hülfsmitteln, unter denen insbesondere die Genfer Handschrift, dieselbe, aus welcher Adert früher Excerpte veröffentlicht hatte, zu beachten ist, aufgenommen hat, das ist durch runde Klammern davon getrennt und am Schluss die Angabe der Quelle, aus welcher der Zusatz aufgenommen, angegeben, eben so wie bei jedem Scholium durch Vet. und Rec. das Alter desselben angedeutet ist. Von den eigentlichen Scholien, d. h. den umfassenderen Wort- und Sacherklärungen getrennt sind die kürzeren Glossen (Linearglossen), die meist nur in einzelnen Worten bestehen und aus einer andern Quelle, als der Ausgabe des Calliergos oder der Genfer Handschrift stammen, indem Alles, was an diesen beiden Orten sich findet, unter den Scholien seine Stelle erhalten hat. Und da sich in den Etymologicis, sowie bei Eustathius und Gregorius Corinthius Einiges findet, was erweislich aus alten Erklärungen des Theokrit stammt, aber in der erhaltenen Scholiensammlung sich nicht vorfindet, so ist auch dieses, zur Vervollständigung des Ganzen, und stets unter Angabe der Quelle hinzugekommen, eben so Einiges, was bei den Lexicographen Hesychius, Photius, Suidas vorkommt, und einer gleichen Quelle entstammen dürfte.

Hiernach ist nun die Anordnung des Ganzen folgende: zuerst
kommen die Prolegomena, d. h. die verschiedenen Theokrits Leben,
Sprache und Schriften, so wie die bukolische Poesie der Griechen
überhaupt betreffenden Stücke, die aus dem Alterthum sich erhalten
haben, unter neun Nummern, dann kommen die Hypotheses, d. h.
die Einleitungen und Inhaltsübersichten der einzelnen Idyllen, soweit
dieselben noch vorhanden sind; sie finden sich hier zusammengestellt
und nicht den Scholien jeder einzelnen Idylle vorangesetzt, wie dies
in den bisherigen Ausgaben meist der Fall war, indem schon die
Verschiedenheit des kritischen Apparats eine solche Trennung räth-
lich machte: denn es finden sich diese Hypothesen in vielen Handschriften, die sonst gar keine Scholien enthalten, sie sind auch sämmtlich älteren, d. h. vorbyzantinischen Ursprungs. Darauf folgt der
Abdruck der einzelnen Scholien und darunter auf jeder Seite der
Abdruck der einschlägigen Glossen, so wie die Varia lectio, mit einer Genauigkeit und Sorgfalt zusammengestellt, die nur unbedeutende
Abweichungen und Schreibfehler hat wegfallen lassen. Den Schluss
des Ganzen (S. 451—554) bildet die Annotatio ad Scholia et Glos-
sas; sie enthält umfassende kritische und andere Bemerkungen zur
Berichtigung und selbst zum Verständniss einzelner verdorbener oder
schwieriger Stellen, welche in diesen Scholien vorkommen.

Man wird aus diesem Berichte ersehen, was von dem Herausgeber geleistet worden ist, um die Texteskritik dieser Scholien zu
einem gewissen Abschluss zu bringen und uns das Ganze dieser
Ueberreste alter Erklärung des Theokritus in einer eben so vollständigen als wohlgeordneten Gestalt vorzulegen, damit aber dem Gebrauch und der Benützung dieser alten Reste sowohl für die nächsten Zwecke des Verständnisses der theokritischen Gedichte, als auch
zu weiteren gelehrten Zwecken für alle Zeiten eine sichere Grundlage zu schaffen. Die äussere Ausstattung des Ganzen in Druck und
Papier ist dem ersten Theile gleichförmig: sie kann als eine vorzügliche bezeichnet werden.

JAHRBÜCHER DER LITERATUR.

Jubileum des Herrn Geheimerath und Prof. Mittermaier.

Am achten Mai begieng die Universität die Feier der fünfzigjährigen
gelehrten Thätigkeit eines ihrer ältesten und hochverdientesten Glieder: es
ward der Tag gefeiert, an welchem vor fünfzig Jahren der Geheimerath
und Professor Mittermaier von der hiesigen juristischen Facultät die Doctorwürde erhalten hatte. Es kann die Absicht dieser Blätter nicht sein, die
Verdienste dieses hochverehrten Gliedes unserer Universität während einer
fünfzigjährigen Wirksamkeit, von welcher an vierzig Jahre dem Wohle unserer Universität gewidmet waren, aufzuzählen, und Alles das anzuführen,
was Derselbe während dieser Zeit auf dem Gebiete der Wissenschaft wie
des öffentlichen Lebens, was er als Lehrer wie als Mensch im edelsten Sinne
des Wortes in allen Kreisen des Lebens geleistet hat; wohl aber wird es die
nächste Aufgabe dieser Blätter sein, einen getreuen Bericht über diese Feier
zu erstatten und anzugeben, in welcher Weise die Wissenschaft selbst ihre
Theilnahme an dieser Feier bezeugt hat. Wir lassen diesem Bericht einige
kurze biographische Notizen vorausgehen.

Karl Joseph Anton Mittermaier ward zu München am 5. August
des Jahres 1787 geboren und nachdem er die ersten Stadien der gelehrten
Bildung durchlaufen, frühe mit dem damaligen Minister von Zentner, einem
früheren Professor der Universität Heidelberg, bekannt, und durch diesen veranlasst, nachdem er seine Studien auf der Universität Landshut beendigt hatte,
auch im Praktischen bereits thätig gewesen war, der Universität Heidelberg
zu seiner weiteren Ausbildung sich zuzuwenden. Hier war es, wo unter den
Coryphäen der juristischen Facultät, unter Männern, wie Thibaut, Heise, Martin, Zachariae, der künftige Lehrer dieser Hochschule sich heranbildete und
nach überstandenem ehrenvollen Examen die Doctorwürde am 29. Marz*) des
Jahres 1809 erhielt. Bestimmt von seiner Regierung, eine Professur an der
zu Insbruck neu errichteten Universität zu übernehmen, eilte er nach München zurück, konnte aber die ihm zugedachte Stelle in Folge des inzwischen
ausgebrochenen Tiroler Aufstandes nicht übernehmen, und liess sich nun in
Landshut als Privatdocent nieder, wo er auch im Jahre 1811 die in Aussicht
gestellte Professur empfing. Von da ward er im Jahre 1819 an die Universität Bonn berufen: was seinem Wirken die neu gegründete Hochschule, an
der er neben seiner Professur eine Zeitlang auch die Stelle eines Universi-

*) Da dieser Tag in die diesjährige Zeit der Universitätsferien fiel, so
ward, um den Studierenden, wie den Lehrern der Universität selbst Gelegenheit zu geben, an dem Feste sich zu betheiligen, die Feier auf den 8. Mai,
in den Anfang des Sommercursus verlegt.

tätsrichters bekleidete, verdankt, mag einer andern Darstellung überlassen
bleiben.

Im Jahre 1821 ward Professor Mittermaier von Bonn nach Heidelberg
berufen, wo er seit dem in ununterbrochener Thätigkeit fort gewirkt, auch
manches glänzende Anerbieten des Auslandes abgelehnt hat. In den Gesetz-
gebungsausschuss des Grossherzogthums Baden bereits im Jahre 1829 berufen,
wurde er auch im Jahre 1831 in die Kammer der Abgeordneten gewählt, der
er an drei folgenden Landtagen als Präsident vorstand. Bei einer solchen
Thätigkeit, die mit der ununterbrochenen Lehrthätigkeit und einer eben so
durch nichts gestörten wissenschaftlichen gelehrten Thätigkeit im schönsten
Bunde stand, fehlte es auch nicht an Anerkennung der verdienstvollen Leistungen von Seiten des Inlandes wie des Auslandes: schon im Jahre 1827 ward
Prof. Mittermaier von Grossherzog Ludwig zum Geheimenrathe zweiter Klasse ernannt, und im Jahre 1830 erhielt er das Commandeurkreuz des Zähringer Ordens; später ward er zum Commandeur des Grossh. Oldenburgischen Haus-
ordens, zum Ritter des Belgischen Leopold-Ordens wie der französischen Eh-
renlegion ernannt, auch erhielt er das Ritterkreuz des sardinischen St. Mauri-
tius und Lazarus-Ordens.

Zahlreiche gelehrte Gesellschaften des In- wie des Auslandes wählten ihn
zu ihrem Mitgliede; wir führen hier nur die nahmhaftesten des Auslandes an:
in Frankreich ward er Mitglied der Academie des sciences morales et politiques
zu Paris, der Academie de legislation zu Toulouse, der Académie des sciences,
arts et belles lettres de la ville de Caen, der Société des antiquaires de Normandie; in Italien ward er Mitglied der Academia regia Taurinensis (königl.
Academie der Wissenschaften zu Turin), der Academia Pontoniana zu Neapel,
der Academia Pistoiese (zu Pistoja), der Academia Roveretana (zu Rovereda),
der reale Academia Lucchese (zu Lucca), des Ateneo italiano di Firenze und
der Academia Economico Agraria dei Georgofili di Firenze, des Ateneo di
Brescia und der Academia fisio-medico-statistica di Milano; in Lissabon ward
er Mitglied der königlichen Akademie der Wissenschaften, in London Mitglied
der Statistical Society, der Juridical Society und der National-Association for
the promotion of Social Science; in Brüssel Mitglied der Academie royale des
sciences, des lettres et des beaux arts en Belgique und der Commission centrale de statistique.

In Amerika ward er zum Ehrenmitglied des National Institute for the promotion of Science zu Washington, und der American Academy of arts and
science zu Boston ernannt, und die Harvard-University zu Cambridge sendete
ihm das Ehrendiplom eines D o c t o r   u t r i u s q u e   j u r i s   t u m   n a t u r a e   e t
g e n t i u m   t u m   c i v i l i s. —

Am Tage der Festfeier fand sich bei dem Jubilar zuerst der Prorector
der Universität (Hofrath Bronn) mit einer Deputation des engeren Senates ein,
um im Namen der Universität die Glückwünsche derselben darzubringen; darauf erschienen die sämmtlichen Mitglieder der juristischen Facultät, um das
erneuerte Doctordiplom zu übergeben (s. unten); eben so der Decan mit einer
Abordnung der philosophischen Facultät, um dem Jubilar das Ehrendiplom
eines Doctors der Philosophie (s. unten) zu überreichen, desgleichen eine Deputation des Lyceums, aus dem Ephorus und den beiden Directoren bestehend,

um dem Gefeierten, der sich als langjähriges Mitglied des Verwaltungsrathes
des Lyceums auch um diese Anstalt vielfach verdient gemacht hatte, in einer
Gedenktafel die Glückwünsche auch dieser Anstalt darzubringen: es folgten
Deputationen des hiesigen Vereins für Medicin und Naturwissenschaften; des
hiesigen Stadtamtes, des Bürgermeisters und Gemeinderathes, des katholischen
Dekan's und Stiftungsrathes wie des evangelischen Kirchengemeinderaths: im
Namen der badischen Gerichtshöfe erschien der Präsident des obersten Ge-
richtshofes, Oberhofrichter und Geh. Rath Stabel, um dem für vaterländische
Gesetzgebung und Gerichtspflege so hochverdienten Manne die Glückwünsche
darzubringen; von den Universitäten zu Freiburg und Basel waren ebenfalls
eigene Abordnungen erschienen, desgleichen von einem Vereine gelehrter
Freunde zu Zürich.

Die Studierenden der Universität hatten schon am Abend zuvor durch
einen Fackelzug und eine eigene an den Jubilar gesendete Deputation ihre
Theilnahme ausgesprochen, desgleichen der Liederkranz, der schon am frühen
Morgen des festlichen Tages mit dem Vortrag einiger Lieder den Jubilar begrüsst hatte.

Das von der juristischen Facultät erneuerte Doctordiplom wendet sich an den vieljährigen Collegen und Freund in folgenden, seine Wirksamkeit in Umrissen zeichnenden Worten:

„qui jurium doctissimus interpres in Academia Landshutensi, Bonnensi,
Heidelbergensi quinquaginta fere per annos docendo aeque ac scribendo in-
claruit nominisque sui famam non solum per omnes Germaniae pagos sed etiam
per remotas Europae atque Americae terras propagavit,

„qui multiplicis scientiae copia ornatus tot discipulis ex omni terrarum
orbe confluentibus viam commonstravit ad juris studia persequenda eaque ipsa quomodo ad usum forensem converterentur, dux et auctor exstitit,

„qui rerum publicarum conciliis plurimum interfuit adeoque praefuit ad
patriae nostrae commodis summa cura prospexit, de legibus melius condendis
egregie meritus,

„qui summo patriae amore ac verae libertatis studio incensus, animi can-
dore, morum probitate summaque pietate excelluit.

Das Ehrendiplom der philosophischen Facultät, ertheilt dem
Jubi'ar zur Erinnerung an den Tag, an dem er vor fünfzig Jahren die juristische
Doctorwürde gewann, spricht sich in folgender Weise aus:

ob praeclaram operam in jure publico et civili ex populorum atque tem-
porum indole repetendo et secundum cultiores nostri saeculi mores confor-
mando ab eo positam,

ob rarissimam hoc tempore doctrinae et ingenii ubertatem, qua exterarum nationum literas cum nostris communicavit et mirum quantum ad rerum
publicarum notitiam undique colligendam contulit,

ob studia humanitatis vita ipsa in qua nihil publici nihil pulcri nihil ho-
nesti a se alienum esse putavit egregie comprobata.

Die von dem Lyceum zu Heidelberg überreichte Gedenktafel
lautet:

Q. B. F. F. Q. S.

Viro Ilustrissimo, Doctissimo, Humanissimo

Carolo Ioanni Antonio Mittermaier

juris utriusque doctori etc.

qui cum in omni litterarum genere multum et studiose sit versatus, tam
in illa, quam profitetur arte, quippe cujus vix ulla sit pars, cui non attulerit
lucem, non solum apud Germanos, sed etiam apud exteros, quotquot Musis
favent, nationes id est consecutus, ut merito exemplum habeatur bonorum legis
interpretum, elegantium professorum,

Qui in alma universitate Ruperto-Carola per XL fere annos juris inter-
pretis fungitur munere tanta erga discipulos comitate, humanitate, liberalitate,
ut omnes patris loco eum colant atque venerentur, tanta sollertia, tanta dicendi facultate tantoque eventu, ut merito semper habitus sit atque habeatur
summum ejus decus ac praesidium,

Qui in patria maxima semper viguit auctoritate atque in gravissimis rebus
a civibus electus, ut ipsorum prospiceret rationibus, eo munere insigni semper functus est laude,

Qui apud hujus urbis cives tanto est honore, ut nulla ad juvandam civium
salutem societas, nullum institutum habeatur bonum atque laudabile, cujus ipse
non sit particeps adeoque auctor atque princeps,

Qui etiam nostri Lycei rebus per viginti annos suo consulere consilio,
ratione, sententia, auctoritate, nullis unquam impeditus est negotiis, denique
qui quotquot virum et civem decent virtutibus conspicuus, in omnibus rebus
„ . . . quid virtus et quid sapientia possit Utile proposuit nobis exemplum"

Diem festum agenti, quo die ante decem lustra dignitate Doctoris utriusque juris ornatus est, ea quâ decet observantia congratulantur atque ut Deus
O. M. pro tantis in Germaniae juventutem, in Universitatem, in patriam, in
hanc urbem, in nostrum Lyceum meritis firmae valetudinis omniumque rerum
expetendarum prosperitatem propitius ei largiatur, sincere atque ex animo
precantur Lycei Heidelbergensis Collegae:
Chr. Baehr, Ephorus, J. Fr. Hautz, Director, Cadenbach, Joh. Georg. Behag-
hel, Helfferich, C. v. Langsdorff, Kössing, Süpfle, Pfaff, Lohle, Traub, Schott-
ler, Ed. Böhringer, Lorberg, C. Wassmannsdorff.

Von der juristischen Facultät der Universität zu München kam
folgende, auch in künstlerischer Hinsicht vorzüglich ausgestattete Zuschrift:

Omnibus bonis natura insitum et quasi innatum est, ut, quoties viro meritorum copia nominisque claritate illustri fortuna singulari quadam benevolentia affulscrit, laetitiae hinc exortae partem sibi vindicent, eamque publice tes-
tatam esse cupiant. Inde mirandum non est, simulac innotuisset, ineunte hoc
tempore veris impleri quinquagesimum annum ex eo die, quo doctoralem utriusque juris lauream quondam suscepisti, confestim inter omnes literarum, imprimis autem juris scientiae cultores tacito quodam consensu constitisse, diem
istum laustissimis auspiciis reversum festiva gratulatione piisque votis cele-
brandum esse. Vix enim ullam, nisi forte barbaram regionem inveniri posse

arbitramur, ad quam nominis tui fama et admiratio non jam dudum perlata sit, tum ob praeclaram ingenii tui ad altiora et sempiterna aequi justique sidera erecti indolem, — tum ob indefessam uberrimamque in exarandis de jure tam condito quam condendo libris industriam; — ob incredibilem in omnibus doctrinae nostrae disciplinis eruditionem, — ob insignem denique dicendi docendique copiam et elegantiam.

Quodsi autem permulti eorum, quibus praeter aequalem studiorum rationem nihil tecum commune est, religioni haberent, diem istum silentio praetermittere, quanto magis nos tali praeteritione officio nostro deesse videremur, tot nominibus tibi conjuncti et obstricti, ut te licet absentem propemodum tamen nostrum esse, gloriari possimus. Eadem enim, in qua originem cepit alma nostra literarum universitas, te quoque genuit et aluit terra. In scholis patriis ad literas, bonas artes et juris disciplinam institutus prima futurae gloriae posuisti fundamenta. Ordini nostro adscriptus post rite peracta studia primam ascendisti cathedram, et deinceps per integra duo lustra publice inter nos professus es. Intra hos denique decem annos tribus annis continuis rectoris magnifici munere fungi tibi contigit. Quot autem et quanta fuerint tua in curandis hisce negotiis merita, non tantum modo nobis, quibus immortalem beneficiorum tuorum reliquisti memoriam, sed exteris quoque apparuit, ita, ut merito dici possit, famae tuae augmentum acerbissimae, quam te discedente passi sumus jacturae, causam fuisse.

Quae cum ita sint, neminem fore putamus, qui in dubium vocare velit vel possit, inter omnes — quotquot sunt — jureconsultorum ordines, praeter unum, quem tibi perpetuo studiorum et gloriae domicilio delegisti, ordinem nostrum longe plurimas easque gravissimas habere causas celebrandi solennia tua, quae instant, semisaecularia.

Quod igitur felix faustumque fortunatumque sit!

Tibi

CAROLO JOSEPHO MITTERMAIER,

juris utriusque Doctori, Serenissimo Magno-Duci Badensi ab intimis consiliis, In universitate literarum antiquissima et celeberrima Ruperto-Carolina Professori publico ordinario, Viro illustri et collegae summa veneratione colendo

Nos

Ordinis Ictorum in Universitate Ludovico-Maximiliana decanus et sodales salutem quam possumus plurimam dicimus, raramque felicitatem, qua tibi contigit, post emensum quinquaginta annorum spatium infractis animi et corporis viribus ad geminatam revirescentis laureae doctoralis pervenire gloriam, laetissimo animo congratulamur, adjunctis precibus, ut Deus Optimus Maximus in ornamentum tam communis omnium Germanorum quam propriae et peculiaris nostrae patriae Te quam diutissime sospitem et superstitem esse jubeat.

Cujus in fidem hasce literas propria manu subscripsimus easque ordinis nostri sigillo muniendas curavimus.

Monachii prid. Cal. Maj. MDCCCLIX.

Dr. Hier. J. P. de Bayer, p. t. decanus.

Dr. Zenger. Dr. Dollmann. Dr. Pözl. Dr. Kunstmann. Dr. Bluntschli.

Dr. Windscheid. Dr. Maurer. Dr. Bolgiano.

Von der juristischen Facultät der Universität zu Grätz kam folgendes Schreiben:

Viro Amplissimo, Doctissimo et Humanissimo

CAROLO JOSEPHO ANTONIO MITTERMAIER,

Serenissimo Principi Magno Duci Badensi a secretis consiliis, M. D. Badens. Zaehring. Ordinis Commendatori, juris universi Doctori, Jurisprudentiae in celeberima Universitate Heidelbergensi Professori Jubilaeo Emeritissimo

Nos Decanus et Ordo Jurisconsultorum c. r. Universitatis Carolo-Franciscao Graecensis in Styria plurimam salutem dicimus.

Coetui hoc die peracto Tibi, Senex Jubilaee! gratulantium ex omnibus Germaniae partibus congregato noster quoque Ordo ab extremis Iere Austriae oris adjungitur vota gratiasque laturus, quae ut sincero animo sunt concepta, ita benevolo animo accipias precamur.

Tantum enim abfuit, ut viva profundae scientiae Tuae juridico-politicae semina, quae tum summa eloquentia ex cathedra, tum libris tuis praeclaris, tum consiliis tuis prudentissimis circa leges ferendas datis larga manu sparsisti, intra arctos patriae Tuae fines continerentur, ut longe lateque evolarent et ut ubique ita etiam in terris Austriacis uberrimos laetissimosque fructus ederent.

Quid? quod jam nunc multi apud nos vestigia Tua secuti circa leges, quas vocant criminales, humaniori sensu reformandas, et circa ea, quae cum his cohaerent, mitiores, quae majoribus nostris deerant, sententias profitentur et judiciorum, quae publice et coram fiunt, quae, utpote cum in ipsa natura et in antiquissima gentis Germaniae consuetudine fundata sint, omnes Germanicae nationes quam maxime desiderant, acerrimi propugnatores exsistunt.

Quae et multa alia, quae Te docente amplexi sumus animisque nostris fovemus, ut nobis aliquando non desint, fore eo certius speramus, quo arctiorem inter Austriae et ceteras Germaniae gentes necessitudinem hoc ipso summo rerum discrimine intercedere omnesque illas gentes tamquam unum fraternumque populum uno hostis communis perfidissimi a finibus nostris arcendi depellendique ardore flagrare videmus.

Quae quidem ut societas, quae nobis summo et desiderio et solatio est, sicuti nunc est armorum, periculorum et aerumnarum multarum, ita aliquando periculis ipsis firmior arctiorque facta societas victoriae, gloriae, libertatis salutisque publicae, legum, literarum, artium omniumque bonarum exsistat Tuque Senex Jubilaee et Princeps disciplinae, quam et nos profitemur, felicioribus istis temporibus fruaris, largissimos laborum Tuorum fructus metas, majorneque semper meritorum Tuorum, quae docendo, scribendo agendoque de Principe, Patria et universa Germania cumulasti, praemia feras dignissima, a Deo Optimo Maximo enixis precibus efflagitare nunquam cessabimus.

Graecii in Styria VII. Idus Maji MDCCCLIX.

Dr. Henr. Ahrens, h t. Decanus facult. jurid.
Dr. Joannes Blaschke. h. t. Prod. fac. jurid.
Gustavus Franciscus Schreiner.
Dr. Joan. Kopatsch.
Dr. Georgius Sandhaas.

Dr. Jos. Wedly.
Dr. Franciscus Weiss.
Dr. Michel.
Dr. Jg. Neubauer.
W. Kosegarten.

Die juristische Facultät der Universität zu Leipzig sendete folgenden Glückwunsch:

Q. B. F. F. F. S.
CAROLO JOSEPHO ANTONIO MITTERMAIERO

juris doctori et professori p. o. Heidelbergensium jurisconsultorum collegii ordinario Magno Duci-Badensi a consiliis intimis secundae classis ordinum Badens. Żaehring. a leone et Oldenburg. domestic. ac merit. praefecto Belg. Leopold. centurioni item Franco-Gallici qui ab honoraria legione nomen habet et Sardin. s. Mauritii atque s. Lazari equiti complurium societatum literarum
collegae et sodali

qui per longam annorum seriem in universitate literarum Heidelbergensi usque ad hunc diem ingentem juvenum qui eo duce ac magistro deinceps usi sunt numerum admirabili legum quum patriarum tum externarum scientia instructus erudivit atque ad jurisprudentiam informavit, multis libris doctissime scriptis juris disciplinam excoluit illustravit dilatavit, ut jam uno ore omnes eum in eis numerent, quos in jure tanquam principes suspiciunt, amplissimis gravissimisque reipublicae muneribus eximia fide integritate dexteritate functus est morum suavitate in popularium suorum venerationem
amoremque venit
ipsa die
qua ante hos quinquaginta annos
summam juris dignitatem adeptus est
ut tanta egregii viri merita publico testimonio celebrarent
hanc
tabulam propensae voluntatis nunciam gratulantes transmiserunt
Ordinis jurisconsultorum Lipsiensium
ordinarius senior decanus et reliqui professores
Dat. IV. Kal. April p.p. VIII. id. Mai A. P. C. N. MDCCCLVIIII.

———————

Die juristische Fakultät zu Göttingen übersendete eine tabula gratulatoria folgenden Inhalts:

Q. F. F. Q. S.
Viro Illustrissimo Titulis Honoribus Cumulatissimo
CAROLO IOS. ANTONIO MITTERMAIER
Iureconsulto

qui infinitae iuris patrii varietatis ex fontibus auctoribusque hauriendae complectendae tradendae gravissimorum iuris criminalis capitum ad Vera sanaque principia revocandorum omnis rei iudiciariae promovendae reformandaeque studio indefesso quid per longam annorum seriem scribens docensque de iurisprudentia meruerit enumerare longum est, insigni academiarum Landshutensis et Bonnensis nunc Heidelbergensis ornamento, viro non in patria solum sed etiam apud exteros quorum leges et iurisprudentia ut nobis quoque innotescerent assidue elaboravit celebratissimo, diem festum XXIX. M. Martii, quo ante quinquaginta annos summos in utroque iure honores consecutus est quemque Academia Ruperto-Carolina his diebus celebrat, ex imo cordis gratulatur omniaque fausta precatur ordo iureconsultorum Gottingensium, huiusque rei hanc tabulam sigillo suo munitam testem esse voluit.

P. P. in academia Georgia Augusta die VIII. M. Maii A. MDCCCLIX.

Desgleichen die juristische Fakultät zu Halle:

CAROLO IOSEPHO ANTONIO MITTERMAIER

Iureconsulto Academiae Ruperto-Carolinae antecessori inclyto
qui doctrinae copia ingeniique virtute ex longissimo tempore inter **primores**
Germaniae Ictos splendet, qui non solum paternis sed exterarum quoque gentium legibus investigandis interque se comparandis operam dedit, cuius scripta
per totam fere Europam pervagata nomen famamque patriae iurisprudentiae
circum undique divulgaverunt, quem omnium qui per Germaniam iuri dicundo
docendove student aut res publicas administrant maior pars praeceptorem colit

Doctoralis laureae solennia semisaecularia

Die VIII. Maii MDCCCLIX feliciter celebranda

Venerabundus gratulatur

Academiae Regiae Fridericianae cum Vitebergensi consociatae iureconsultorum ordo.

Desgleichen die juristische Fakultät zu Jena:

Quod felix faustum fortunatumque sit

Viro

perillustri atque excellentissimo

CAROLO JOSEPHO ANTONIO MITTERMAIERO

Monacensi

utriusque juris doctori.

Serenissimo Magno Duci Badarum a consiliis intimis
juris in academia Heidelbergensi professori publico ordinario **primario**
ordinis jurisconsultorum Heidelbergensium praesidi ordinario
permultarum societatum literariarum sodali exoptatissimo
professori doctrinae copia et amplitudine scriptorum fama et religiosa **muneris**
administratione longe meritissimo et celeberrimo
magistro ab innumeris discipulis dilecto
jurisconsulto summa prudentia atque justitia inter aequales **eminenti**
viro in negotiis publicis optime versato
per omnem vitam erga cives suos liberalissimo
seni in assiduo literarum studio rebusque gerendis nunquam **fatigato**
sacra honorum in utroque jure summorum

Quinquagenaria

faustissimo omine celebranti

piis votis pro salute nuncupatis gratulari

idque

publica hac tabula

honoris et officii causa

testari voluit

Ordo jurisconsultorum Jenensis,

Jenae ipso die festo sacrorum semisaecularium
die VIII. Maji a. MDCCCLIX.

Dr. Michelsen, Ord. Ict. h. t. Decanus.

Von der juristischen Fakultät zu Giessen kam folgendes Schreiben:

Hochverehrter Jubilar!

Wenn ein Mann, dessen Name seit Decennien zu den gefeiertsten der
deutschen Rechtswissenschaft gehört, die Jubelfeier eines Tages begeht, an
dem die Wissenschaft ihm vor einem halben Jahrhundert ihre Würden ertheilte,
so ist diess zugleich ein Fest für Alle, die sich ihre Jünger nennen. Indem
so auch wir, die Mitglieder der hiesigen juristischen Facultät, unter denen
zwei so glücklich sind, sich näherer Beziehungen zu Ihnen rühmen zu können, uns diesem Feste als Theilnehmer zugesellen, entnehmen wir demselben
den erwünschten Anlass, dem Manne, dem es gilt, unsere Huldigungen darzubringen.

Und wer auch könnte sich dieser Aufforderung entziehen, der da weiss,
auf wie vielen Blättern der Wissenschaft der Name Mittermaier verzeichnet steht? Ist es doch ein Name, der auf den verschiedensten Gebieten der
Jurisprudenz und selbst ausserhalb derselben sich wiederholt, ein Name, der
fast in keiner unserer juristischen Zeitschriften fehlt, mehreren derselben ruhm-
voll an der Spitze steht — ein Name, keinem Juristen in Deutschland fremd,
aber weit über die Marken des Vaterlandes hinaus bis nach dem fernen Westen hin allen Kennern fremder Rechtswissenschaft bekannt.

Fürchten Sie nicht, verehrter Jubilar, sich durch ein Spiegelbild Ihres literarischen und akademischen Wirkens beschämt zu sehen, — wie viele Züge
müssten wir zusammentragen, um es mit Vollständigkeit und Treue zu entwerfen. Alles, was Sie uns verstatten müssen, ist der Ausdruck anerkennen-
der Bewunderung über den Umfang und die unermüdliche Kraft eines Geistes,
der zu einer Zeit der gesteigertsten literarischen Production es vermocht hat,
fünfzig Jahre hindurch mit der juristischen Literatur und der Gesetzgebung
fast aller civilisirten Länder gleichen Schritt zu halten, unablässig bemüht, die
Resultate seiner Beobachtungen der Welt zu Gute kommen zu lassen, stets
mittheilend hierhin und dorthin; dem einen Lande die Erfahrungen des andern,
der Gesetzgebung die Errungenschaften der Wissenschaft, der Wissenschaft
die Fortschritte der Gesetzgebung, stets die Summe dessen ziehend, was der
scheidende Tag gebracht, und möglichst bestrebt es zu vermehren. Ohne die
Theilung der Arbeit und den wissenschaftlichen Particularismus als eine sowohl durch die Schwäche der menschlichen Kraft als das Interesse der Wissenschaft gebotene Regel aufgeben zu wollen, feiern wir in Ihnen eine eben
so glänzende als seltene Ausnahme dieser Regel. Wenn es der Jurisprudenz
kommender Tage vorbehalten ist, sich mehr und mehr von der Scholle zu
emancipiren und auch innerhalb Ihres Gebietes jene grossartige Gemeinsamkeit der Thätigkeit aller gebildeten Nationen zu verwirklichen, deren sich
heutzutage bereits die meisten Wissenschaften erfreuen, wem wird sie mehr
als Ihnen das Verdienst zuerkennen, Einer der Ersten gewesen zu sein, die
diese Bewegung vorausgesehen und angebahnt haben?

Aber bevor es der Nachwelt anheimfällt, Ihren Namen in dieser Weise
in das Buch der Geschichte einzutragen, möge noch lange die dankbare Mitwelt Gelegenheit haben, ihn zu feiern! Und in der That, wenn der Besitz
ungeschwächter Kraft uns Sterblichen als eine Bürgschaft der Lebenshoffnung

gelten darf, wer gäbe sich nicht zuversichtlich der Hoffnung hin, Sie noch lange unter uns weilen und wirken zu sehen, wenn er weiss, dass noch die letzten Tage uns aus Ihrer Feder schlagende Proben Ihrer unverminderten Geisteskraft gebracht haben — frisch und lebensvoll, als hätte sie vor fünfzig Jahren der jugendliche Doctor geschrieben?

Mit diesen Gesinnungen höchster Anerkennung und Bewunderung, mit diesen Hoffnungen und Wünschen für den Abend Ihres thatenreichen Lebens werden wir, wenn auch abwesend, im Geiste die am 8. d. Mts. erfolgende Feier des 29. März 1809 mit zu begehen helfen.

Genehmigen Sie den schwachen Ausdruck, den wir denselben im Vorliegenden gegeben haben.

Giessen, den 6. Mai 1859.

R. Ihering, z. Z. Dekan.   Dr. Birnbaum.   Dr. Wasserschleben.   Dr. Demer.

———

Von Wien ward der Jubilar durch folgendes Schreiben begrüsst:

Die rechts- und staatswissenschaftliche Facultät der
Universität Wien
dem
Herrn Geheimerath und Professor
Dr. Carl Joseph Anton Mittermaier.

Zehntausend Griechen leitete einst in meisterhaftem Zuge ein Weiser als Heerführer zurück in das Land, das der Wissenschaften und Künste Heimath war. Mindestens eben so viele Schüler aus allen Ländern der civilisirten Welt haben Sie, gefeierter Jubilar, als Antecessor vorwärts geleitet zu den Höhen freier und umsichtiger Rechtserkenntniss hinan, und nach Zehntausenden zudem zählt die Schaar derjenigen, denen Sie durch Ihre Schriften Führer gewesen. Wahrlich der Doctor utriusque juris, welcher am 29. März 1809 ereilt wurde, ist ein unvergesslicher Lehrer des Rechts geworden für mehr als eine Generation. Und nicht nur die Wissenschaft hat er durch seine Gelehrsamkeit und literarische Thätigkeit mächtig gefördert: auch an dem, was in bessernder Ausbildung der Rechtsordnung unser Jahrhundert Erhebliches geleistet, hat er grossen Antheil. Darum muss die bevorstehende Feier der fünfzigsten Wiederkehr jenes Jahrtages die Theilnahme Aller erregen, denen der Fortschritt der Rechtswissenschaft und Gesetzgebung am Herzen liegt. Darum dürfen auch wir, die rechts- und staatswissenschaftliche Facultät der zweitältesten Universität in deutschen Landen, der nächstältern Schwester, jener, welcher die längste Zeit Ihres Lebens hindurch Ihre fruchtbare Wirksamkeit zunächst gehörte, nicht fehlen bei dem zahllosen Chor Derer, die Ihnen von nah und fern zu diesem Tage ihren Glückwunsch darbringen. Wir bringen ihn mit um so wärmeren Gefühlen dar, je mehr wir uns des innigern Wechselverkehrs erfreuen, der zwischen Oesterreich und dem übrigen Deutschland in wissenschaftlicher wie in anderer Beziehung jüngst sich Bahn gebrochen.

Möge Ihnen, verehrter Herr, noch manches Jahr im geisteskräftigen Alter zu erleben vergönnt sein, um mehr noch der Früchte Ihres bisherigen Wirkens

reifen su sehen, und auch ferner noch unter den Führern der Anabasis unserer Wissenschaft voranzugehen!

Wien, am 29. März 1859.

Dr. Ignaz Grassl,   Dr. Karl Kramer,   Dr. Joh. Springer,
   d. Z. Dekan.   d. Z. Dek. des Doctoren-Coll.   Prodekan.

Dr. Joseph Hornig. Dr. Th. Pachmann. Dr. Gge. Philipps. Dr. Joseph Unger.
Dr. Joseph Franz Dworzak.   Dr. Franz.   Dr. L. Neumann.   Dr. L. Stein.
Otto Frhr. v. Hingenau. Dr. W. Wahlberg. Dr. H. Siegel. Dr. Fr. Haimerl.
Dr. M. v. Stubenrauch.   Dr. L. Arndts.   Dr. Anton Véghy. Dr. Julius Glaeser.
Dr. Hermann Blodig.

Von der juristischen Fakultät zu Bonn kam folgende Zuschrift:

An die festlichen Glückwünsche, welche Ihnen, hochgeehrtester Herr Jubilar! an dem heutigen Tage von Amtsgenossen und zahlreichen Schülern aus
der Nähe und Ferne dargebracht werden, reihen sich jene der juristischen
Facultät der rheinischen Friedrich-Wilhelms-Universität an, als deren erster
Decan Sie vor nunmehr vierzig Jahren fungirten.

Der Rückblick auf ein angestrengtes, thätiges Leben ist ein für jedes Alter würdiger Genuss. Dieser wird bei Ihnen durch das Bewusstsein erhöht,
mit einer seltenen, die mannigfaltigsten Gebiete umfassenden Regsamkeit das
Vermittlungs-Organ zwischen der Rechtswissenschaft des Inlandes und der des
Auslandes geworden su sein, und sich über die Grenzen Deutschlands hinaus
einen gefeierten Namen erworben zu haben. Die Früchte dieser ausgebreiteten Thätigkeit stellen sich nicht bloss in Ihren vielfachen Schriften, sondern
auch in der freudigen Theilnahme vor Augen, mit welcher Ihre zahlreichen
Freunde und Verehrer des heutigen Tages gedenken; — und wir wünschen
aus ganzem Herzen, dass Sie, hochgeehrtester Herr Jubilar! der schönen Erinnerungen eben dieses Tages und der vollen Kraft Ihrer Wirksamkeit sich
noch viele Jahre in der Fülle der Gesundheit erfreuen mögen.

Bonn, den 4. Mai 1859.

Die juristische Facultät der rheinischen Fried. Wilhelms-Universität.
Böcking, Decan.

Walter. Bluhme. Deiters. Sell. Perthes. Bauerband. Hälscher.

Die juristische Fakultät zu Greifswalde grüsste in folgender Zuschrift:

Wenn in Deutschland ein thatenreicher Führer im Gebiete einer Wissenschaft den Tag feierlich begeht, der ihn vor fünfzig Jahren dem Dienste und
der Förderung letzterer weihete; — dann ist es nicht bloss geziemend, es
ist auch eine Pflicht für Diejenigen, welche jener Wissenschaft näher angehören, dem Jubilar ihre Theilnahme auszusprechen.

In diesem Sinne und zu diesem Zweck treten wir heute zu Ihnen, hochverehrtester Herr Geheimer Rath und Ritter.

Sind wir zwar im Laufe Ihrer langen Wirksamkeit weder als Einzelne
noch als Corporation so glücklich gewesen, in näheren Verhältnissen zu Ihnen

uns zu befinden, — so haben Sie doch, sei es als Staatsmann, sei es als Lehrer, sei es als Schriftsteller in einer Reihe der wichtigsten juristischen Disciplinen, nach so vielen Richtungen hin Einfluss geübt, dass Jeder von uns, — so verschieden auch die Gebiete unserer eigenen Studien sind, — in der ihm eigenthümlichen Laufbahn durch Ihre Thätigkeit berührt, angeregt, in irgend einer Weise gefördert worden ist; und diese Förderung ist auch unserer Corporation, sie ist in viel weiterem Umfange als dem Einzelnen der Jurisprudenz überhaupt reichhaltig zu Gute gekommen.

Die Wirkung, welche das Individuum auf seine Wissenschaft übt, ist keine verschwindende, an die momentane Thätigkeit geknüpfte; sie ist ein bleibendes Glied in der Fortbildung der Wissenschaft, deren spätere Gestaltung durch sie bedingt wird; und je ernster, je gewissenhafter, je edler das Streben des Einzelnen, je grösser seine Befähigung, je umfassender sein Wirkungskreis gewesen ist; desto segensreicher wird sein Eingreifen geworden sein, desto höher wird die Geschichte der Wissenschaft sein Andenken stellen.

Geneigen Sie, hochverehrtester Herr Jubilar, unter den vielen, von allen Seiten Deutschlands für die Feier Ihrer Promotion zum Doctor der Rechte Ihnen zuströmenden Begrüssungen, auch den gegenwärtigen, aus dem Norden des Vaterlandes kommenden, von den Unterzeichneten persönlich, wie von unserer Facultät dargebrachten Ausdruck wohlwollend aufzunehmen, den Ausdruck der lebhaftesten Anerkennung, hoher Verehrung und wohlbegründeten Dankes.

Walte Gott, dass das lebendig rege Interesse, die vielseitige Umsicht, die Gabe rascher Auffassung und Gestaltung, mit denen Er, der Herr, Sie ausgerüstet hat, lange, und auch in den spätesten Jahren Ihres Lebens, zum Wohl unserer Wissenschaft und zur Freude Ihres eigenen Alters, Ihnen erhalten bleiben.

Greifswald, den 1. Mai 1859.

Die juristische Facultät hiesiger Universität.

Niemeyer, d. Z. Decan.   Barkens.   Dr. Pütter.

———

Von der juristischen Fakultät zu Erlangen kam folgendes Schreiben:

Hochwohlgeborner,
Hochgeehrter Herr Geheimerath!

In die trüben, von ernster Besorgniss erfüllten Stunden der Gegenwart fällt wie ein Strahl erheiternder Sonne das schöne Fest herein, welches am 8 Mai die ehrwürdige Ruperto-Carolina ihrem geliebten Meister bereitet Es ist die Erinnerungsfeier an den Tag, an welchem Ew. Hochwohlgeboren vor fünf Jahrzehnten die juristische Doctorwürde empfangen haben. Und welches Tages hätten wir wohl mehr Ursache uns mit freudiger Begeisterung zu erinnern, als dieses, welcher Ihr reich gesegnetes Wirken durch Lehre und Schrift der deutschen Rechtswissenschaft gleichsam erschlossen hat. Was seitdem Ew. Hochwohlgeboren für die Wiederbelebung der germanistischen Studien, für die Fortbildung des Strafrechts nach den Anforderungen der Zeit durch Abklärung seiner Grundbegriffe und Herstellung eines mit Politik und

Humanität vereinbarten Strafen-Systems, für die kritische Behandlung des bürgerlichen wie Criminalprozesses, endlich für die Verbreitung einer tieferen Kenntniss der ausländischen Legislationen und die Schöpfung einer sogenannten vergleichenden Jurisprudenz geleistet, sind Thatsachen, welche zu erkennen es nur eines flüchtigen Blickes auf die letztverflossenen fünfzig Jahre bedarf, da sie mit unvergänglichen Schriftzeichen in die Annalen der deutschen Culturgeschichte eingetragen stehen. Ist aber dem akademischen Berufe über das eigentliche Lehramt hinaus noch das weitere Endziel gesteckt, auch das Gelehrte für das kirchliche und staatliche Leben fruchtbringend zu machen: so bestätigt ein tausendstimmiges Zeugniss aus allen Ländern deutscher Zunge, in welch' seltenem Masse auch die Lösung dieser Aufgabe Ew. Hochwohlgeboren gelungen sei, deren Vorträgen eine Generation gründlich unterrichteter in würdigster Weise ihr Amt bekleidender Lehrer, Richter und Anwälte ihre erste wissenschaftliche Weihe verdankt. So ist es denn nicht die Heidelberger Hochschule allein, welche den 8. Mai festlich begeht — sie handelt nur als die Vertreterin der Gesammtheit aller deutschen Universitäten, als die Repräsentantin des deutschen Vaterlandes selbst, welches sich gedrungen fühlt an diesem Tage dem treuesten Pfleger seines angestammten Rechts den wohlverdienten Dank zu bringen.

Auch die Juristen-Facultät der Friderico-Alexandrina sah längst mit freudiger Erwartung dieser erhebenden Feier entgegen, und ihre Mitglieder, zum Theil Ew. Hochwohlgeboren dankbare Schüler, beeilen sich daher, nicht etwa weil altes Herkommen es zur Pflicht macht, sondern dem viel mächtigeren Gebote des Herzens folgend, Ihnen an dem Ehrentage des Doctor-Jubiläums ihre innigste Dankbarkeit und Verehrung, soweit es Worte im Stande sind, und zugleich ihren Glückwunsch auszusprechen, dass der allmächtige Gott Ew. Hochwohlgeboren noch lange Jahre zum Heile der Wissenschaft und zur Freude Aller, welche Ihren Namen kennen, ein ungetrübtes, segensvolles Leben möge geniessen lassen.

Auch haben wir uns gestattet, unserm Grusse und Glückwunsche eine Festschrift beizufügen. Wir glaubten dem ächten deutschen Manne in deutscher Rede nahen zu müssen. Möchten Ew. Hochwohlgeboren auch dieses unsere Zeichen unserer Liebe und Hochschätzung freundlich entgegennehmen.

Wir verharren ehrfurchtsvollst

Ew. Hochwohlgeboren

Erlangen, 5. Mai 1859.   dankbarst ergebene

Juristen-Facultät der Friedrich-Alexanders-Universität zu Erlangen.

Dr. H. G. Gengler, d. Z. Decan.

Dr. J. Schmidlein.   Dr. A. v. Scheuerl.   Dr. P. H. J. Schelling.

Dr. R. Stintzing.

Von Seiten der Stadt Heidelberg wurde folgende Zuschrift übergeben:

Hochverehrtester Herr Geheimerath!
Hochgefeierter Freund und Mitbürger!

Gestatten Sie an dem Tage, der das Andenken an die vor fünfzig Jahren Ihnen ertheilten Weihen der Wissenschaft erneuert, auch den Vertretern der Stadtgemeinde Ihnen zu nahen, und den Ausdruck der innigsten Dankbarkeit und aufrichtigsten Verehrung vor Ihnen niederzulegen.

Was Sie, hochverehrter Jubilar, in einem langen Leben, mit unermüdlichem Fleisse und rühmlicher Ausdauer, als Gelehrter, als academischer Lehrer, als Staatsmann gewirkt und errungen, das gehört der Geschichte an, dafür preist Sie, als einen erhabenen Koryphäen der Wissenschaft, die gelehrte Welt, dafür verehren Sie die dankbaren Herzen der Tausenden von Zuhörern, die aus Ihrem beredten Munde weise Lehren empfangen, dafür schmücken Ihren Namen Rang und Titel und strahlende Ehrenzeichen des Verdienstes Ihre für das Gute und Schöne stets warm bewegte Brust.

Gedenken wir dabei der Schöpfungen, der Volksvertretung, durch welche, während Sie deren Mitglied und als vieljähriger Kammerpräsident wahrer Leiter und Führer gewesen, insbesondere durch die Gemeindeordnung und so viele andere die Wohlfahrt des Volkes wie die Selbstständigkeit der Bürger bezweckende Gesetze, das badische Land zu einem verleuchtenden Muster verständigen Fortschrittes erhoben wurde, so erscheint es der Gemeindeverwaltung unerlässliche Pflicht, die Huldigung darzubringen, welche Ihrem hohen Verdienste gebührt und die, — wir wissen es — von Ihnen, edler Mann, auch aus unserem schwachen Munde, wohlwollende Aufnahme findet.

Denn das ist ja gerade in unseren Augen Ihr schönster und würdigster Schmuck, dass Sie, nach Ihrem eigenen Ausdrucke — den Bürgerverband als eine Familie betrachtend jedem Ihrer Mitbürger mit wahrhaft brüderlicher Gesinnung begegnen, dass Sie mit warmem Herzen und offener Hand, ohne Ansehen der Person, lediglich nach dem Maasstabe der Würdigkeit und Dürftigkeit mit Rath und That zur Hülfe stets bereit, in allen Lebensverhältnissen eine edle Unabhängigkeit sich bewahrt, treu Ihrem Wahlspruche:

"Nulli me mancipavi!"

Keinem verkauft noch käuflich, unzugänglich jeder Bestechung, treu und wahr in Worten und Werken!

Dank darum, theurer Mann auch dafür, dass Sie zu ächter Bürgertugend Beispiel Ihr Leben gewidmet; — möge des Himmels reichster Segen Ihnen und Ihrem Hause dafür lohnen und ungetrübtes Wohlergehen Ihren Lebensabend erheitern!

Für uns und unsere Mitbürger erbitten wir die Fortdauer Ihrer wohlwollenden Gewogenheit, für unsern Gemeindehaushalt Ihre fernere wirksame Theilnahme und haben damit die Ehre zu unterzeichnen

Heidelberg, am 8. Mai 1859.

Ew. Hochwohlgeboren aufrichtig ergebene Mitglieder
des Gemeinderaths und engern Bürgerausschusses.
Krausmann.

Rathschreiber Sachs.

Ausser den Glückwünschungsschreiben der bisher angeführten Universitäten kamen solche noch von der Universität

Marburg,	Basel,	Kiel,
Prag,	Zürich,	Freiburg,
Insbruck,	Rostock,	Würzburg.
Bern,	Tübingen,	

Dazu kamen noch Glückwünschungsschreiben von mehreren Deutschen in Amerika und von Bern von ehemaligen Zuhörern, die jetzt in Amt und Würde stehen.

Besondere für das Jubileum geschriebene Schriften waren:

Von der Universität Zürich:

„Beitrag zur Strafrechtsgeschichte der Schweiz", von Osenbrüggen.

Von der Universität Erlangen:

„Das Hofrecht des Bischofs Burkard von Worms" von Gengler.

Von der Universität Würzburg:

„Ueber Legitimität und Legitimitätsprozess von Held.

Von der Universität Freiburg:

„Von dem rechtlichen Charakter der Ungehorsamstrafen, von Hofrath Lamey.

Von einzelnen Freunden wurden Schriften dem Jubilar gewidmet:

Von einem Unbekannten:

„Solemnia semisaecularia doctoratus collati summa cum veneratione et observantia sincere gratulatur Vandalus quidam agricola. Inest Commentatio ad Plinii N. H. XIV, 4 De foenore vinario" mit Wein, der 160 Jahre alt ist.

Von Dr. Fitting, Prof. in Basel:

„Die Natur der Correalobligationen" Erlangen, 1859.

Von Dr. Goldschmidt:

„Abhandl. aus dem Gebiete des Civil- und Criminal-Rechts." Erlangen, 1859.

Von Dr. Abegg, Prof. in Breslau:

„Die Berechtigung der deutschen Strafrechtswissenschaft der Gegenwart". Braunschweig, 1859.

HEIDELBERGER

JAHRBÜCHER

DER

LITERATUR.

———————

Zwei und fünfzigster Jahrgang.

Zweite Hälfte.

Juli bis Dezember.

————————————————————

Heidelberg.

Akademische Verlagshandlung von J. C. B. Mohr.

1859.

JAHRBÜCHER DER LITERATUR.

Der Nibelunge Noth und die Klage, nach der ältesten Ueberliefe-
rung herausgegeben von Karl Lachmann.   Vierter Abdruck des
Textes.   Berlin, Reimer 1859.

Lachmann's Ausgabe der Noth gibt bekanntlich. den Text der
Handschrift A getreu wieder.   Zwar ein diplomatisch genauer Abdruck ist sie nicht, aber die stillschweigend gemachten Verbesserungen beschränken sich darauf wegzulassen, „was Schreibfehler, was
Willkür des Schreibers, was allzu barbarisch in der Schreibung oder
zu gemeine Form war". Dagegen sind verderbte und überflüssige
Worte nicht verbessert und getilgt, sondern durch die Schrift kenntlich gemacht und die nöthige Besserung ist am untern Rand oder
am Ende des Bandes zu finden.   Zwar ist, wie ich anderwärts gezeigt habe, die stillschweigende Aenderung nicht ganz in den gesteckten Grenzen geblieben; aber im Allgemeinen (mit einigen wenigen erheblichen Ausnahmen) ist es doch wahr, dass man bei Lachmann den Text von A, also nach Lachmanns Ansicht die älteste
Ueberlieferung sammt ihren Fehlern vor sich hat.   Nun aber ist in
diesem Jahre ohne ein einleitendes Wort ein sogenannter vierter
Abdruck des Textes der ältesten Ueberlieferung erschienen, in welchem die Vorrede und die Noten weggelassen und die von Lachmann vorgeschlagenen Verbesserungen in den Text selbst aufgenommen sind.   Es ist daher nöthig, die Leser aufmerksam zu machen, dass sie in diesem Abdruck nicht die älteste Ueberlieferung
und auch nicht die jüngste, sondern in manchen Stellen einen gar
nicht überlieferten, sondern von Lachmann gemachten Text vor sich
haben.   So lange diese „Verbesserungen" nicht in den Text selbst
aufgenommen waren, konnte man sie nach Gefallen unberücksichtigt
lassen; jetzt aber, da sie in einem wohlfeilen Abdruck als älteste
Ueberlieferung feil geboten werden, müssen sie genauer betrachtet
werden; und ich habe um so mehr Veranlassung, sie zu prüfen,
als die bekannten Nachtreter in ihrer versuchten Widerlegung meiner Ansichten als von einer unbestreitbaren Wahrheit von dem Satz
ausgehen, dass in diesen Verbesserungen der ursprüngliche Text der
Lieder und ihrer Fortsetzungen hergestellt ist.
    Ich werde also der Reihe nach die auf dem letzten Blatt der
Ausgabe enthaltenen Verbesserungen (mit Ausnahme derjenigen, die
nicht von Lachmann herrühren, sondern aus den andern Handschriften genommen und mit einem Stern bezeichnet sind) einer Prüfung
unterwerfen.   Die eingeklammerten Zahlen sind Lachmanns, die nicht
eingeklammerten meine Zählung der Strophen:

[22]4 hat die Handschaft hey waz er sneller degne ze den Burgonden vant; und [127], 4 den gast man sît vil gerne ze den Burgunden sach. Lachmann bemerkt: „der ersten Hebung und Senkung
des letzten Halbverses, wenn er nach der Art älterer Lieder vier
Füsse haben soll, genügen nicht zwei Kürzen mit zwei unbetonten
e: hier [22,4] und [127] ist daher zuo den zu schreiben“. So wird
also im vierten Abdruck wirklich geschrieben. Es ist gewiss richtig, dass ze den nicht reichte, den Vers zu füllen, wenn er vier
Hebungen haben sollte; wenn es aber Lachmann beliebt hätte, seinem Volksdichter N. 1 Schlussverse von drei Hebungen zu gestatten, so hätte nicht nur hier zen oder ze den ausgereicht, sondern
es wäre auch [55], 4 die Betonung die hêrlîchen meit vermieden
worden. Da nun aber beschlossen war, vier Hebungen zu verlangen, warum nicht aus den andern Handschriften das Wörtchen mit
und dâ aufnehmen, da doch an vielen andern Stellen solche einsilbige Wörter, die in A ausgefallen sind, stillschweigend ergänzt werden? Allein dann hätte man nicht diese Stelle gebrauchen können,
um zu zeigen, dass der gemeine Text durch Besserung aus A entstanden sei. Es wird also zuo den für das ursprüngliche erklärt;
weil der Schreiber von A dafür ze den schrieb, war der gemeine
Text veranlasst, sît zu ergänzen. Es ist noch zu bemerken, dass
bei A die zwei Silben ze den nicht dafür angeführt werden können,
dass nicht zen gelesen werden dürfe: A hat öfters ze den für zen,
z. B. 1616,4 dâ ze den Burgonden; so gut wie hier dâ vor ze den
steht, könnte auch sît ze den in [22] und dâ ze den in [127] stehen. [886],4 wird dâ zen herbergen vant ergänzt.

Dass nun die Sache nicht den Verlauf hatte, den Lachmann
glaublich fand, geht sehr einfach daraus hervor, dass die Verbesserung zuo den unmöglich ist, weil zuo den an diesen beiden Stellen
ein grober Sprachfehler wäre. Auf die Frage wo? wird nie geantwortet zuo den Burgonden, zuo den Hiunen, und es kann nicht so
geantwortet werden. zuo, ursprünglich ein Adverbium, beginnt nicht
vor Ende des zehnten Jahrhunderts die Präposition ze zu verdrängen; aber nur auf die Frage wohin? oder wozu?; später, aber
schwerlich vor der Mitte des dreizehnten Jahrhunderts auch auf die
Frage wo. In den Nibelungen antwortet zuo nie auf die Frage wo:
stets ze, dâ ze, hie ze, oder in. Einige Beispiele des Gebrauchs
von zuo mögen hier stehen. Frage wohin? 28, 4 rîten. 27, 3 laden.
84, 2 sîn ougen er wenken zuo den gesten lie. 120, 4 gân. 320, 4
fueren zuo den Burgonden. 262, 4 komen zuo der Burgonden lant.
296, 3 bringen. 399, 3 si schouwent hernider zuo zuns. 435, 1 er
trat zuo dem künige. 525, 4 varn zuo den Burgonden. 586, 3 gâhen.
u. s. w. Ferner bei sprechen häufig, 157, 1 er sprach zuo dem
künige. Zu merken ist auch 958, 2 er band ez zuo dem satele.
2251, 3 si wolden dan strîten zuo den gesten. 1033, 2 si zucten zuo
den handen diu wâfen. Ferner 1268, 2 vonme Roten zuo dem Rîne.

Es ist ferner zuo bei Zeitbestimmungen erlaubt. 45,2 zuo der selben stunt: siehe Wörterbuch zur Klage.

Ferner steht es auf Frage wozu? wofür? 170,4 er gewan zuo der reise tûsint degene. 344,4 sich bereiten zuo der verte. 358,4 zuo der reise haben zierlich gewant. 535,3 dô kom in zuo zir reise ein rehter wazzerwint. 1292,2 der wart in zuo der verte vil maniges nu bereit. 2153,4 sît wir zuo dem lebene haben kleinen wân. 2250,4 diu friuntschaft zuo ziu muoz gescheiden sîn. siehe Klage 2110 zuo wem sol ich trôst haben.

Ferner drückt es aus: noch dazu, drüber hinaus. 349,3 zuo uns zwein noch zwêne. 984,4 den kocher zuo dem swerte. 1979,4 daz sî dîn morgengâbe zuo Nuodunges briute. 2152,3 des scaden zuo den schanden.

Aber niemals antwortet zuo auf die Frage wo. Einige Stellen verdienen hervorgehoben zu werden. 159,4

das si mich suochen wellen mit herverten hie,

das getâten uns noch degene her zuo disen landen nie.

Stünde hier nicht her dabei, so könnte man zweifelhaft sein; getâten nimmt suochen auf; bis hieher in diese unsre Länder hat noch Niemand uns zu belästigen gewagt. A nach seiner gewöhnlichen groben Auffassung setzt hie ze lande. 594,2 ir sult zuo disen landen grôze willekomen sîn: nach neudeutschem Sprachgebrauch würde hier wo? gefragt; aber es heisst oft willekomen her; siehe das Wörterbuch zum Lied; willekomen wird also wie komen mit der Frage wohin? construirt. — 824,4 daz elliu disiu rîche zuo sînen henden solden stân: auch hier ist nicht wo? gefragt, obgleich die spätern Abschreiber von a und D so fragten, und in für zuo setzten; es heisst nicht in seinen Händen, sondern zu seinen Händen, ihm zu Dienst bereit. C hat also nirgends zuo auf die Frage wo: dagegen in A und DI steht es wirklich 925 [860],4 zuo eime kalten brunnen verlôs er sîd den lîp. Aber CB, also die alten Handschriften haben richtig zeinem. Es beweist die Stelle nur, dass A schon ziemlich jung ist, und schwerlich noch in die Mitte des dreizehnten Jahrh. gehört. Lübben führt ausserdem noch an [1370]2 hre dagen zwelfen si kômen an den Rîn, ze wormez zuo dem lande. Aber das heisst nicht Worms, das im Lande liegt, sondern sie kamen zu dem Land, oder vielmehr zuo der veste, wie C liest 1458. Nach Lubbens Auffassung wäre auch 447,3 si rîtent ze Wormez zuo dem Rîne sie ritten nach Worms am Rein: aber wo nicht wohin? gefragt wird, steht nie ze Wormes zuo dem Rîne; vergl. 6,1 Ze Wormez bî dem Rîne si wonten. So erledigt sich auch die andre von Lübben angeführte Stelle 536 [495],3 uns in ir hûs ze Wormez zuo der bürge. Man vergleiche 1888,2 si riten ze Wiene zuo der stat; aber 1390,1 si ne mohten niht belîben ze Wiene in der stat.

Wie sicher zuo immer nicht auf den Ort des Verweilens, sondern auf das Ziel der Bewegung bezogen wurde, zeigen Stellen wie

1101,2 ich schaffe iu guot geleite unt heiz iuch wol bewarn zuo
    Sigemundes lande;
1055,4 die heizet nâher gên sprach si zuo der bâre.

Ein Missverständniss war nicht zu besorgen, so wenig als im armen Heinrich der ist zuo der helle geborn. Wenn Benecke ein Beispiel aus Iwein anführt so ist das nicht genau, zuo ir angesihte heist, so dass sie es sehen kann oder muss.

Es ist also die Besserung Lachmanns ein grammatischer Fehler, dessen sich der Liederdichter N. 1 nicht schuldig gemacht haben kann.

[118,3] Nâch swerten rief dô sêre von Mezen Ortwîn:
        er mohte Hagnen swestersun von Tronje vil wol sîn:
        daz der sô lange dagte, daz was dem Künege leit.

Dazu Lachmann: „dem künege. Wie albern! indem alle die seinen in Zorn und Bewegung sind, thut es dem zaghaften König weh, dass der junge Ortwin nicht spricht. Der Zusammenhang fordert dem küenen oder dem degene, nämlich Ortwin, der zürnt, dass sein Oheim Hagen so lange schweigt: aber Gernot hält beide vom Streit zurück“.

Wenn hier gesagt ist, dass Günther betrübt darüber war, dass Ortwin so lange schwieg, so ist das allerdings mehr als albern; denn Ortwin hat ja nicht geschwiegen. Aber ich sehe nicht ein, warum der in 3 nicht auf Hagen bezogen werden darf, wenn künige steht. Es war dem König leid, dass Hagen so lange schwieg. Und das ist dann doch nicht so gar albern. Hagen hatte [102] den Rath gegeben, man solle beim Empfang Siegfrieds sich so benehmen, dass man dessen Zorn nicht errege. Als nun Ortwin Siegfried zum Kampf herausforderte, so konnte Günther sehr wohl erwarten, Hagen werde den heissblutigen Neffen zurecht weisen; und weil dies nicht geschah, that es Gernot. Ich glaube, dass diese Auffassung die natürliche ist, und dass also eine so gewaltsame Besserung nicht gerechtfertigt ist.

[214]1. Dô het der herre Liudegêr ûf eime schilte erkant gemâlet eine krône.

Lachmann ûfme. Diess ist eine wirkliche Besserung: der bestimmte Artikel wird verlangt. Man sehe ähnliche Fälle im Wörterbuch zum Lied unter der. Nur ist besser ûfem zu schreiben. Nach kurzem Vocal verschwindet von eme (aus deme) das erste e: anme, inme; aber nach langem das zweite: ûzem, ûfem.

[234]2 Sindolt und Hûnolt, die Gêrnôtes man,
    und Rûmolt der küene, die hânt sô vil getân —.

Zu dieser und der vorhergehenden Strophe bemerkt Lachmann „Fünf Burgunden und ihre Scharen; die von Tronje, Sindolt, Hunolt, Gernots Mann, endlich unerwartet auch Rumolt, statt dessen der Verfasser, wenn er nicht so gedankenlos war wie Abschreiber Verbesserer und Ausleger, den Fahnenträger Volker hätte nennen müssen“.

In der Erzählung des Krieges wird Rumolt nirgends, aber Volker einigemal genannt. Es ist daher auffallend, dass der Bote von Rumolt spricht und Volker nicht erwähnt. Es liegt nahe, Volker für Rumolt zu setzen. Dennoch wage ich nicht, die Besserung in den Text aufzunehmen. Denn es ist doch schwerlich die Meinung des Dichters gewesen, dass der Küchenmeister zu Haus geblieben sei. Da man von ihm erwartete, dass er die Könige auf dem Zug zu den Hunnen begleiten sollte, so scheint es sich von selbst zu verstehen, dass er auf dem Zug gegen die Sachsen nicht gefehlt hat. Ihn besonders hervorzuheben, dazu war er vielleicht dem Dichter nicht wichtig genug. Aber als Grimhilde sich erkundigte, wie es ihren Verwandten und Bekannten im Kriege gegangen sei, musste der Bote auch ein Wort von Rumolt sagen, der eben weil er ein Hofamt hatte, der Königstochter bekannt sein musste, während Volker ihr vielleicht nicht näher gekommen war.

Undeutlich aber ist mir, wie Lachmann „Gernots Mann" versteht. die Gêrnôtes man sind Sindolt und Hunolt.

[264] 3 durch des küneges liebe. Lachmann: „hiess es etwa ursprünglich Gunthers? die beiden Brüder werden 266 auch namentlich genannt". Der alte Text hat der künige. Es wird durch die Aenderung, zu der durchaus keine Veranlassung vor Handen ist, durchaus nichts gewonnen, wenn nicht etwa, dass sie zeigen soll, wie der Text C am weitesten vom Ursprünglichen entfernt ist. Der Dichter schrieb Gunthers, der Abschreiber setzte dafür des küneges, und daraus machte ein späterer Abschreiber der künige. Das ist freilich deutlich; und es muss daher Gunthers gebessert werden.

[274] 3 und ir tohter wolgetân. Dazu Lachmann: „in diesem Lied ist nirgend zweisilbiger Auftakt, am wenigsten in der zweiten Vershälfte. Ich vermuthe und ir tohter sân. Dies Wort, nicht überall in dieser Form üblich, ward im Reim verändert." Da also gegen die Ueberlieferung nichts einzuwenden ist, als dass sie mit den metrischen Liebhabereien des Volksdichters N. 3 nicht verträglich ist, so behalten wir sie bei.

[290] 4. mit minneclîchen tugenden. Dazu Lachmann: „von der Minne finden wir in der 292sten Strophe noch genug: hier hiess es wohl ursprünglich mit magetlîchen tugenden". Lachmann wollte [291] für unecht erklären. Nun aber beginnt (292) in A mit den Worten er neig ir minneclîchen, und im zweiten Vers steht noch einmal minne. Daher musste [290] gebessert werden. Man behalte [291] bei, und lese [292] nicht in der lüderlichen Fassung von A, so ist nichts zu ändern.

[325] 2. Den alten Text von CB ir gelîche enbeine man wesse ninder mê hat der Schreiber von A geändert ir gelîche was deheiniu mê. Lachmann gibt nun als das ursprüngliche ninder ir gelîche was deheiniu mê, und dann ist deutlich, dass A dem ursprünglichen am nächsten steht und in BC verbessert wurde.

[327] 4. darumbe helde vil muosen sît verliesen den lîp.

Lachmann bessert des für dar umbe. C B dar umbe muosen helede
sît verliesen den lîp. Der Schreiber von A hat den Vers verdorben. Lachmann bessert nur, um nicht sagen zu müssen, dass A
aus B geflossen ist.

[847] 4 bî den frouwen. Lachmann bî der frouwen. Ebenso
hat Lachmann schon [136] 3 geändert das was den frouwen leit.
Dort hatte eine Handschrift B wirklich der; und wenn V. 4 gelesen
wird von ir minne, wie in N A, so ist die Aenderung nothwendig;
lautet aber 4 wie in C, so kann sehr wohl den frouwen bleiben,
mit Rückbeziehung auf Strophe 181 u. 182. Hier dagegen hat
keine Handschrift der; und da Grimbilde ohne Zweifel nicht allein
war, so ist die Aenderung unnöthig. Uebrigens wird wirklich den
für der geschrieben. Man sehe das auffallende Beispiel 668, 1, wo
beide Handschriften lesen er stal sich von den frouwen.

[378] 2. B liest: ist iu daz iht künde umb disiu magedîn.
Dafür schreibt A: ist iu iht daz künde ob disiu magedîn. So gewiss ob ein Fehler ist, so gewiss ist auch die davon abhängige Umstellung von daz iht ein Fehler. Lachmann bessert ob stillschweigend; aber iht daz will er halten, indem er sagt: „für daz hätten
die Verbesserer baz setzen sollen“ Also Günther soll sagen: ich
kenne diese Frauen gar nicht, kennst du sie vielleicht besser?

406, 4 [383] 3. des wart sît getiuret des küenec Gunthêres lîp.
Die Frauen hatten gesehen, dass Siegfried dem König diente; darum wurde später dem König von den Frauen um so mehr Ehre erwiesen. Dafür setzt die Noth gedankenlos: des dûhte sich getiuret.
Lachmann bessert si für sich. Das genügt nicht. Denn es soll
nicht gesagt werden, dass die zusehenden Frauen meinten, es geschehe dem Könige eine grosse Ehre; sondern dass sie selbst Günther für einen sehr mächtigen König hielten, weil ihm ein Held wie
Siegfried diente.

[393] 3. Will man die Lesart von A beibehalten, so ist die
Besserung die ich für die nötbig, aber nicht ausreichend. Denn die
ich dort sihe füllt den Vers nicht, obgleich A solche schlechte Verse
nicht scheut.

[398] 3 sît willekomen her Sîfrit her in ditze land. Lachmann behauptet, dass in den echten Strophen Brünhild und Siegfried
einander duzen. Da nun diese Strophe für echt gelten soll, so muss
die Anrede sît verbessert werden. Doch soll nicht die zweite, sondern die dritte Person stehen sî willekomen. aber sî müsste nach
willekomen stehen. Lachmann verweist auf [344] 1 sî willekomen mîn
bruoder; aber so steht nirgends als bei Lachmann. Es heisst willekomen sî mîn bruoder, und nur A liest mit doppeltem Fehler sî
willekomen bruoder. Ferner weist Lachmann auf [1107] 1 sî uns
willekomen mîn vater; aber alle ausser A haben Nu sî. Doch ist
das gleichgültig. Die Aenderung sî ist jedenfalls eine ganz unge-
rechtfertigte, gewaltsame.

Aber freilich ist sie noch sanft gegen die folgende [401] 1 er ist geheizen Gunther. Dafür Er sprach hie ist Gunther. Die zwei vorhergehenden Strophen sollen gestrichen werden; die eine, weil Siegfried Ihr sagt, die andere, weil er nicht sanft genug spricht. Nun war aber doch der Uebergang von Strophe [398] zu [401] selbst für den Lachmannschen Volksdichter N. 4, der doch sonst in solchen Stücken grosses leistet, etwas zu schroff; also wird gebessert. Wenn solche Besserungen erlaubt sind, so weiss ich nicht, was noch unerlaubt ist.

[402] 4. B. ist aber daz ich gewinne. A gewinne aber ich. Wenn erwiesen wäre, dass B aus A abgeleitet ist, so wäre Lachmanns Besserung gewinne aber ich ir einez zu billigen; da aber im Gegentheil erwiesen ist, dass A den gemeinen Text zur Grundlage hat, so ist auch hier A nur lüderliche Abschrift.

[436] der helt in werfene pflac C B. zu lesen ist wahrscheinlich werfen gepflac. A der helt des wurfes pflac. Lachmann bessert der helde, das stehen soll für der helende. Es ist dies eine der schönsten Conjecturen Lachmanns; aber sie könnte nur aufgenommen werden, wenn die Abhängigkeit des gemeinen Textes von A erwiesen wäre. der helt ist ganz unverfänglich, da gerade vorher Siegfried genannt ist.

[448] 4 (helfe) von ûs erwelten recken die in noch nie wurden bekannt.

Ich gestehe nicht einzusehen, warum die Lesart von A, die durch B a bestätigt wird, geändert werden muss, denn der Grund, der zu [494] angegeben wird, genügt nicht. Wenn es aber geschehen soll, so weiss ich wiederum nicht, was der Besserung Lachmanns diu in noch ie wurde bekant zur Empfehlung gereicht.

[476] 1. An einem morgen fruo. die Zeitbestimmung sei zu ungenau „vielleicht an jenem". Es ist vorher von keinem Morgen die Rede, aber allerdings ist der unbestimmte Artikel nicht passend. Ich denke es ist an me zu lesen, und der Fehler an eime erklärt sich wie ûze ûf eime. In der Nacht war Siegfried angekommen 495, 1; er weckt die schlafenden Nibelunge 499. 501. 514; sie versammeln sich bei Kerzenschein 515; und nun schliesst sich ganz natürlich an 520, 1 vil fruo an me morgen huoben si sich dan.

[477] 4 sie füerent segel wîze, die sint noch wîzer danne snê. „entweder ist rîche zu lesen oder das Epitheton muss ganz gestrichen werden, si füerent segele". Der letzte Vorschlag ist im vierten Abdruck angenommen. rîche haben Ca BI. sie füerent segele ist für den Vers ungenügend. Uebrigens wird nichts destoweniger segele mit B zu schreiben sein, da segel Masc. ist, ich habe fälschlich nach Wackern. und nach der Form segel das Neutrum angesetzt.

[564] 2 dô spranc von einer stiegen Gîselher ze tal. Lachmann sprach. Diese Aenderung ist für den gemeinen Text fast nöthig, aber nicht für den Text von C.

[569] 3. B daz si in niht versprechen wolde aldâ zehant
A. daz si in versprach aldâ niht ze hant.

Lachmann daz si in versprechen wolde aldâ niht ze bant. Wiederum eine Besserung, um eine Nachlässigkeit des Schreibers von A zu beschönigen.

[581] 4. C B. dô sach man vil [der] degene [dan] mit Sîfride gân. Die eingeklammerten Worte hat A ausgelassen; um das nicht zugeben zu müssen, wird gebessert mit Sîfride dannen gân.

[583] 3 C. der vil maere degen
          was vil dicke sanfter bî andern frouwen gelegen,
          B. der zierlîche degen
er baete dicke sampfter bî andern wîben gelegen.
          A. zierlicher degen
er hete dike samfter bî anderen wîben gelegen.
          Lachm. zierlîcher degen
der hât ê —.

C. sagt einfach: Günther sei oft mit grössrem Vergnügen bei andern Weibern gelegen. B will vielleicht dasselbe sagen, haete, hete kann Indicativ sein; vielleicht aber wollte er haete als Conjunctiv und dicke als Verstärkung von samfter verstehen; also der zierliche Held wäre mit viel grössrem Vergnügen bei andern Weibern gelegen. A aber hat zierlîcher statt der zierlîche geschrieben, ohne recht zu wissen, was er wollte: sein Text ist durch gedankenloses Abschreiben unsinnig geworden, und was Lachmann daran flickt, hilft nichts; ich wenigstens gestehe, Lachmanns Besserung nicht zu verstehen.

[643] 4. B. er sprach jâ mag uns Gunther
                    ze werlde niemen gegeben.
A.   nimmer hin gegeben.
Lachmann.   nimmer niemen hin gegeben.
Dazu gehört [677] 4 B. daz in endarf ze der werlde niemen
                                 holder gesîn
A.   daz in darf zer werlde niemer holder sîn
L.   niemer niemen holder sîn.
Die Verbindung der Negationen niemer und niemen kommt im Lied nirgends vor.

[677] 1. Do sprach der künic Gunther ir recken sult von mir
                                 sagen.
so B A D. I lässt recken weg, um dem Vers zu helfen. Der Fehler ist aber das eingeschobene von mir. In C ir recken ir sult sagen. Lachmann bessert der künic sprach ir recken sult von mir sagen (oder gesagen, wie in A stand).

[704] 4. ich füere tûsent degene. so A; alle andern hundert „nach 746,1 waren es zweihundert: vermuthlich ist also hier zwei hunt zu lesen. Aus tvehunt ward tusunt. In einem andern Liede 962,1. 969,2 sind es hundert: danach ist 746,1 in C und unsre Stelle schon in den gewöhnlichen Texten verändert". Ich hoffte, der ungenannte Besorger des vierten Abdrucks werde doch an dieser Stelle einige Selbstständigkeit bewahren; aber nein: er hat richtig

zwei hunt drucken lassen. Diese Besserung und die Begründung
derselben zeigt deutlich, dass Lachmann auf die unbedingte Recep-
tivität der ihn umgebenden geborenen und erzogenen Nachtreter mit
Sicherheit rechnen konnte. Alle Handschriften haben hundert statt
tûsent A. und dass hundert die richtige Zahl ist, zeigt sich an andern Stellen. Der alte Text bleibt sich darin gleich; der gemeine
Text hat einmal 810,1 zwelf hundert statt einlif hundert, wonach
Siegmund zweihundert Mann haben musste, während es doch 1040,2
in allen Texten richtig heisst einlifhundert. Statt nun zuzugeben,
dass jenes zwelfhundert ein begreiflicher Fehler für einlif hundert ist,
wird vielmehr in diesem Wechsel der Beweis gefunden, dass das
Gedicht aus Volksliedern entstanden ist. Der eine Volksdichter
glaubte, Siegmund habe zweihundert Mann gehabt, der andere, hatte
nur von einhundert gehört. Und es folgt nun weiter, dass im Text
von C durch spätere Besserung die eine Zahl durchgeführt ist. Nun
aber findet sich in A eine weitere Stelle, wonach Siegmund nicht
hundert und nicht zweihundert, sondern tausend Leute hatte. Es ist
das natürlichste zu behaupten, das sei die Ansicht eines dritten Volksdichters gewesen. A ist der ächteste Text, weil in ihm noch drei
verschiedene Lieder zu erkennen sind; in B haben wir die erste
Ueberarbeitung, durch welche die eine, ganz abweichende Zahl entfernt wurde; aber da B noch nicht bemerkt hatte, dass zweihundert
mehr ist als einhundert, so musste C noch einmal glätten. So wäre
die Sache am einfachsten zu erklären. Allein Lachmann fand kein
Mittel, die Stellen [704] und [746] zwei verschiedenen Liedern anzuweisen. In demselben Lied musste aber doch die selbe Zahl beibehalten werden, also muss an unsrer Stelle zweihundert herausge-
bracht werden. Das geschieht nun mit überraschender Leichtigkeit.
tûsent ist verschrieben für twêhunt und diess steht für twei hunt.
Es ist aber hunt (centum) ein Wort, das zwar noch bei Notker,
aber später nie mehr gehört wird. Es wäre doch vor allem nachzuweisen, dass ein Dichter um 1190, denn früher darf er ja nicht
gedichtet haben, zwei hunt sagen konnte. Es ist vermuthlich, um
diesem fühlbaren Mangel abzuhelfen, dass Lachmann [1537] die fehlerhafte Lesart von D A wol sibenhundert ze helfe dar statt wol sibenhundert oder mêr durch Aenderung von hundert in hunt verbessert. Diess ist das einzige hunt, das aus der ganzen deutschen Literatur dem gewünschten zweihunt zur Hilfe beigezogen werden kann.
Aber ferner soll der Uebergang von zweihunt zu tûsent durch twêhunt vermittelt sein: also die Noth, oder wenigstens das Volkslied
N. N. lag dem Schreiber von A in einer nicht etwa thüringischen,
sondern völlig niederdeutschen Urschrift vor. Das ist jedenfalls ein
der Rede werther Aufschluss, den wir hier gelegentlich erhalten.

[710], 774. Der alte Text.

   Den boten zogete sêre wider ûf den wegen,
   dô kom wol ze lande Gêre der degen.
   er wart vil wol enpfangen.

Der gemeine Text: Den boten zogete sêre ze lande ûf den wegen.
dô kom zen Burgunden Gêre der degen.
er wart vil wol enpfangen.
A. Die boten zogten sêre ze lande ûf den wegen.
dô kom von Burgonden lant Gêre der degen,
er wart vil wol enpfangen.

Man sieht hier deutlich die stufenweise Verschlechterung. Der
gemeine Text nimmt ze lande vor, und muss nun wol ze lande
durch zen Burgunden ersetzen. Dies hatte der Schreiber von A vor
sich, und er machte gedankenlos von Burgonden lant daraus nach
[695] und [688]. Zugleich entsteht dadurch ein sehr fühlbarer Gegensatz zwischen Gêre und den Boten. Lachmann hatte nun die
Aufgabe, das lüderliche Machwerk des Schreibers von A durch eine
Conjectur zu retten, und daraus durch allmälige Besserung den ganz
untadelhaften Text von C entstehen zu lassen. Den unpassenden
Gegensatz entfernt er durch eine kühne Interpunction.   dô Gêre
kom, er wart. Aber es steht eben nicht dô Gêre kom, sondern dô
kom Gêre. Also die zweite Zeile soll Vordersatz sein. Das ist im
höchsten Grad gezwungen, wenn man auch nicht gerade behaupten
kann, dass eine solche unrichtige Wortfolge für alle Fälle unmöglich sei. Im Lied ist mir kein einziger Fall dieser unnatürlichen
Verrenkung bekannt. kom muss verstanden werden, er kam nach
Haus, ze lande ist zu ergänzen aus 1. Ferner darf von nicht ein
Fehler von A sein für zen, obgleich dergleichen Versehen oft zugegeben und stillschweigend verbessert werden, sondern es muss gelesen werden von Norwegelant. Wenn nur diese Bezeichnung des
Landes der Nibelunge sonst irgendwo zu finden wäre, ja wenn sie
nur nicht unmöglich wäre. Das Land wird nach einem Volk oder
nach einem König genannt, Burgondenland, Etzelen lant; aber Nor-
wege lant? was soll das heissen? Lachmann scheint die Schwierigkeit gefühlt zu haben, denn er sagt entschuldigend: „wenn des Dichters Sprache die Form Norwaege nicht gemäss war, so musste er
lant um des Verses willen hinzusetzen". In solche Schwierigkeiten
aller Art muss man sich verwickeln, so gewagte unmögliche Hypothesen muss man aufstellen, wenn man die einfache Wahrheit, dass
A aus B abgeleitet ist, nicht gelten lassen will.

[722] 3. dar si heten freuden wân. des Metrums wegen het
für heten.

[741] 4. kômen wird gebessert in erbeizten. Ich gestehe, die
Nothwendigkeit der Besserung nicht einzusehen, und ich wundere
mich über die ganze lange Erörterung Lachmanns, dass weil die
Sättel der Frauen erwähnt seien, auch gesagt sein müsse, wie sie
von den Sätteln heruntergehoben worden seien, und dass man die
Gäste nicht habe hineinführen können, wenn sie nicht vorher von
den Pferden abgestiegen wären. Man mag kômen oder erbeizten
lesen, so bleibt dem Leser immer einiges zu ergänzen, was der Dichter nicht zu sagen für nöthig hielt, weil es sich von selbst verstand.

Mit oder ohne die Besserung ist das Sätzchen, womit die Strophe
schliesst, ohne rechte Beziehung. In C dagegen schliesst es sich
sehr natürlich an die folgende Strophe an.

[754] 1 vertribens für vertriben si hätte nicht als Conjectur aufgeführt werden sollen: es werden viel stärkere Aenderungen als
blosse Besserungen der Orthographie bezeichnet, z. B. [295] 4 es
gediente soll ezu diente geschrieben werden, und so wird nun auch
in dem neuen Abdruck wirklich geschrieben.

[775] 4. Brünhilde soll gesetzt werden gegen alle Handschriften für Kriemhilde. Von dieser Besserung wusste Lachmann selbst
noch nichts, als er die Anmerkungen herausgab. Er bemerkt zu der
unmittelbar folgenden Strophe: diese mit der vorhergehenden verknüpfte Strophe stört den Zusammenhang. Kriemhilde Mägde putzen
sich, Brünhild macht sich auf den Weg, auch Kriemhild kleidet sich
an. Erst als Brünhild schon vor dem Münster steht, kommt [788] 4
Kriemhild mit ihrem Gesinde. Wie kann es nun schon hier heissen „sie kamen zu dem Münster"? und dann wird erst nachgeholt
„Siegfrieds Mann warteten ihrer vor dem Hause".

Also es war noch Kriemhild, die sich ankleidet. Warum soll
nun geändert werden? Einen Grund finde ich nirgends angedeutet;
aber ohne Zweifel hat Lachmann gefunden, dass auch nach Tilgung der den Zusammenhang störenden Strophe der übrige Text doch
noch nicht recht zusammenhangend ist. Dies wird schwerlich Jemand läugnen, der den Text bei Lachmann liest; aber auch die
Besserung hilft nichts. [775] 3 Brünhilde begibt sich auf den Weg.
[775] 4 Brünhilde kleidet sich auch. [777], 1 die Leute wundern
sich, dass die Königinnen nicht mit einander kommen. Ich weiss
nicht, wie Lachmann schliesslich sich das zurecht legte; aber ich
finde, dass auch der Text von C den Schwierigkeiten nicht abhilft,
und glaube, dass allerdings eine Heilung nöthig ist, und dass Lachmann das richtige Heilmittel vorgeschlagen hat, nur muss es nicht
bei dem gänzlich unheilbaren Text von A, sondern bei dem weniger
leidenden Text von C angewendet werden. Ich möchte 840, 2 lesen
ze wunsche was gekleidet der schoenen Prünhilde lfp. So glaube
ich ist genügend geholfen. 840, 3 die Frauen kleiden sich aufs präch-
tigste. 840, 3 Prünhilde mit ihrem Gefolge erscheint zuerst. 840, 4
bis 841, 2 die Pracht der Prünhilde und ihres Gefolges wird geschildert. 842 die Leute wundern sich, dass Prünhilde ohne Grimhilde kommt. 843, 1—3. Prünhilde mit ihrem Gefolge nimmt Platz
vor dem Münster. 843, 4 Nun erscheint auch Grimhilde mit ihrem
Gefolge. 844 die Pracht ihres Gefolges wird geschildert. Auf diese
Weise ist alles deutlich und befriedigend. Nur 841, 4 dass Prünhilde von den Leuten Siegfrieds erwartet wurde, könnte auffallen,
und man könnte eine weitere Aenderung versuchen. Aber genau
betrachtet, ist nichts zu ändern. Die Leute Siegfrieds wussten noch
nichts von dem Hader der Königinnen; sie erwarteten also vor dem
Hause zur Zeit des Kirchgangs wie gewöhnlich beide Königinnen;

und es schliesst sich ganz gut die Verwunderung der Leute an, sie
nicht einander kommen zu sehen. Vielleicht hat eben diese Nennung Siegfrieds den Fehler in 840, 4 veranlasst.

Man vergleiche noch in 840 [775] den Text von C. u. B A.
Der gemeine Text hat in 2 dâ wart vil wol gezieret, und in 4 dô
wart ouch wol gezieret. Dies ist nicht nur eine widerliche Wiederholung, sondern durch das hinzukommende ouch wird für B A die
Besserung Prünhilde unmöglich gemacht; denn diess ouch verlangt,
dass in 4 eine andere genannt ist, als in 3. Das könnte vielleicht
den Anhängern von A die Augen öffnen. Die Besserung Lachmanns
ist allerdings nothwendig; sie ist aber für den Text A u. N unmöglich, aber sie ist möglich für den Text C. Wird also nicht der Text
C der ältere sein?

[785], 1. Der gemeine Text hat der Grimhilde eine ihrer unwürdige, und mit dem folgenden nicht vermittelte Erwiderung auf
Prünhilden's Drohung in den Mund gelegt und dadurch den Vers
verdorben; Lachmann sucht zu helfen, indem er übermuot in muot
ändert. Allein muot genügt hier nicht, es muss ein Wort sein, das
deutlich einen Vorwurf enthält. Der Text von C ist untadelhaft.

[806] 4 zuo einer sprâche statt zuo sîner vrouwen. In diesem
Theile des Gedichts wie an manchen andern Stellen ist es nach meiner Ansicht, die ich in den Untersuchungen ausgeführt und begründet habe, unverkennbar, dass ein altes Gedicht nach dem Geschmack
die Zeit überarbeitet, theils abgekürzt, theils aber auch erweitert
worden ist. Das Ringen in der Brautkammer ist nachweislich ein
späterer Zusatz, ebenso der Verrath des Geheimnisses der verwund-
baren Stelle. Es versteht sich, dass solche Zusätze eine Menge anderer Veränderungen und Ausführungen zur Folge hatten. So ist
in den Abschnitten zwischen dem Zank bis zur Ermordung Altes und
Neues gemischt und es ist an diesen, wie an manchen andern Stellen ein vergebliches Bemühen, die inneren Widersprüche, die Spuren
mehrfacher Ueberarbeitung läugnen oder durch Besserung entfernen
zu wollen; denn das alte Gedicht herzustellen, kann unsre Aufgabe
nicht sein. Die Strophe 878 [814] wird von Lachmann für unecht
erklärt. Wirklich ist sie unverträglich mit dem Vorhergehenden und
stört zugleich den Zusammenhang sowohl in N als in C. Der Zank
hat vor dem Münster Statt gefunden 853. Wenn es nun in 878
heisst, vor dem münster al zuo dem sale dan, so ist dies eine deutliche Rückbeziehung auf 853, und es muss also alles vorhergehende
also sogar die Verschwörung gegen Siegfrieds Leben öffentlich und
in Gegenwart der Grimhilde vor dem Münster vorgefallen sein. Soll
man also die Strophe streichen? Aber sie findet sich in allen Handschriften und es ist kaum denkbar, dass Jemand das Bedürfniss
fühlte, sie hinzu zu dichten. Viel eher ist glaublich, dass die Strophe
aus Versen des alten Gedichtes gebildet ist, in welchen erzählt war,
dass Grimhilde, nachdem sie die Königin gedemüthigt hatte, von
Siegfrieds Leuten begleitet mit Stolz vom Münster zum Schloss

heimgekehrt sei, während Günthers Leute betrübt stehen blieben. Die Demüthigung, die Grimhilde selbst noch vor dem Münster erhielt, und der Reinigungseid Siegfrieds sind in dieser Strophe nicht vorausgesetzt; es sind dies spätere Zusätze, deren Dichter gewiss nicht die Absicht hatte, die Strophe beizubehalten.

Ebenso verhält es sich nun mit 871 u. 872. Wenn Brünhilde vor dem Münster in der Weise, wie wir es jetzt lesen, beleidigt wurde, wenn Günther dazu kam und Siegfried vor dem ganzen Gefolge des Königs seine Unschuld beschwor, so ist es unbegreiflich, wie Hagen von der Sache nichts wissen konnte, und die weinende Brünhilde fragt, was ihr denn widerfahren sei. Es hilft aber nicht, wenn man die Strophe streicht und in 871 zuo einer spräche liest. Denn nicht nur ist es kaum glaublich, dass auf zuo der spräche sogleich folgte zuo der rede, sondern die Strophe 872 wird auch in 881,3 vorausgesetzt. Vielmehr sind auch diese Strophen aus der älteren Fassung des Gedichts, vertragen sich aber schlecht mit den jüngeren Veränderungen und Erweiterungen der Erzählung.

Was sollen aber die Leser des vierten Abdrucks denken, wenn sie [806] lesen dô kom von Tronege Hagne zuo einer spräche gegân, und gleich darauf, er vrâgte waz ir waere. Wenn man so kühne Aenderungen aufnimmt, so muss man noch weiter gehen, und auch die für unecht erklärten Strophen herzhaft streichen.

[827],4 und [828]1. dô sprach der degen küene daz sol
                        Sîfrides hant
   nâch allen iuren êren mit flîze understân.
Es soll gelesen werden: daz weret Sîfrides hant.
            nâch allen iuren êren mit flîze ichz understân.

Grund der Aenderung ist kein anderer, als dass die Verbindung der Strophen nicht geduldet werden soll. Sonst ist Verbindung der Strophen Zeichen der Unechtheit, hier aber soll nicht getilgt, sondern gebessert werden. Es ist so ziemlich sicher, dass man mit eben so gelinden Mitteln alle andern verbundenen Strophen trennen könnte. Lachmann findet selbst, dass ich stân im Reim anstössig sei; aber nicht nur stân, sondern auch ichz und der ganze Satz ist anstössig. Warum dem Volksdichter N. 7 lieber so anstössige Dinge zutrauen, als ihm die Verbindung der Strophen gestatten, die doch dem Volksdichter N. 20 erlaubt ist?

[828]2 ich tuon noch den degenen als ich in ê hân getân A. D ebenso ohne in. Die andern als ich hân ê getân. „Der Vers würde glätter, wenn man getân tilgte. [854]3 sô wil ich jagen rîten, als ich dicke hân. Der Casus wäre wiederholt wie [783],2 wen hâstu hie verkebset? daz hân ich dich". Im neuen Abdruck ist getân getilgt. Ich glaube nicht, dass das erlaubt ist. Das Beispiel [783] ist anderer Art, da hâstu vorausgeht; in Ca lautet die Antwort aber daz tuon ich dich. In [854] steht A wie es scheint, allen andern gegenüber, die hân getân lesen, bei der Entstellung der Strophe in der Noth kam der Schluss des vierten Verses als ich

vil dicke hân getân in die dritte, wo sie eine Hebung zu viel hatte,
weshalb einige vil tilgten, A aber getân wegliess. Eine Parallel-
stelle ist also noch zu suchen; denn die von Haupt Minnes. Frühling 80,15 gemachte ist natürlich ohne Gewicht.

[841[, 2 ich bevilhe dir ûf triuwe man den lieben mîn.
       zu lesen ich bevilhe ûf triuwe dir den wine mîn.

In den Anmerkungen wurde noch kein Bedürfniss der Besserung empfunden; in der Ausgabe 1841 sollte wohl dem Uebelstand
abgeholfen werden, dass auf man den lieben in Vers 3 folgt den
lieben man, und zugleich der zweisilbige Auftakt entfernt. Vielmehr wolten die Abschreiber den Ausdruck wine entfernen, wofür D
vriedel, I herren, A man setzte. Man sieht, wie überall, dass aus
C durch stufenweise Verschlechterung A entstanden ist. Das gesteht Lachmann gewissermassen zu, indem er wine aus C B aufnimmt.

[857], welt ir niht nemen einen? niwan für nemen. Auch
diese Aenderung war in den Anmerkungen noch nicht vorgeschlagen; sie ist aber sehr glücklich. Ich möchte sie auch in Ca aufnehmen und lesen Bedurft ir niwan eines oder Bedurfet ir wan eines.
[871] gêns ist wieder blos orthographische Hülfe. [885] 4 für das
für daz; auf diese Art wird der sinnlose Text von A nothdürftig
gebessert; es ist deutlich dass A aus B D entstanden ist. Lachmann
sagt, die Verbesserungen, d. h. die Lesarten C B D I hätten wenig
Wahrscheinlichkeit. Was ist daran auszusetzen? offenbar nur das
eine, dass sie zeigen, dass C N nicht aus A, sondern A aus N geflossen ist.

[939] 4 ouch muoste sân ersterben; so bessert Lachmann die
Lesart von A sam muost ersterben ouch. Aber auch mit der Besserung ist es ein flacher, nichtssagender Ausdruck, der an die Stelle
von dô mohte reden niht mêre getreten ist.

[1032] 2. 3. C. ez geschiht von kurzewîle leider nimmer mêr
             deheinen küniges mâgen, danne uns ist ge-
                                                 schehen.

N setzt hinfür oder fürbaz statt leider, wodurch der schöne und nothwendige Gegensatz von kurzewîle und leider vernichtet ist; es
musste nun in 3 danne in daz geändert werden und dabei wurde
3 a geändert künege noch sînen mâgen; dazu Lachmann „die Unregelmässigkeit des Verses ist ohne Zweck und leicht zu vermeiden.
Der Dichter sprach künege und (oder an) sînen mâgen". an wurde
schliesslich vorgezogen; und der Gedanke ist also: an einem Freu-
denfest geschieht künftig einem König nie mehr an seinen Verwandten, was uns an Siegfried geschehen ist". Damit vergleiche man C,
und man wird sich nicht lange bedenken, welchen Text man für den
echten halten soll.

[1042] 4 si was zer kirchen gerne unt tet vil willeclîchen
daz. Schon früh suchte man die Tautologie zu entfernen; gûet-
lîchen B I, mit grôzer andaht tet si daz O. Lachm. „der Sinn for-

dert vil inneclichen, d. i. andächtig, oder wenigstens billichen«.
Schliesslich ist billichen aufgenommen. Man hätte viel zu thun,
wenn man alles tautologische, alle Wiederholungen durch Conjectur
entfernen wollte; hier wäre besser durch dicke für gerne geholfen.
1136 (1063) 4 C. jâ ne hete is Hagene âne schulde niht gegert.
Den Schatz zu begehren, hatte Hagen guten Grund, weil der Schatz
unerschöpflich war. Daraus macht B ja ne hete es âne schulde niht
gar Hagene gegert. Es wurde aus Versehen âne schulde in den
vordern Halbvers genommen und nun musste zur Ausfüllung etwas
zugesetzt werden, gar vor niht, und es kann verstanden werden
nicht ganz ohne Grund, obgleich die Stellung der Worte eine
gezwungene ist. A versetzt Hagene gar niht gegert, was nun vollends sinnlos ist, oder nach des Schreibers Meinung heissen soll,
Hagen sei so unschuldig gewesen, dass er nach diesem Schatz gar
kein Verlangen gehabt habe. Um nun nicht zuzugeben, dass A aus
B; und dieses aus dem untadelhaften C durch stufenweise Verschlechterung entstanden ist, bessert Lachmann in A dar für gar und liest
also ja ne het es âne schulde Hagne dar niht gegert. Der Sinn ist
also: Hagen hatte Grund, den Schatz dahin (nach Worms) zu begehren. Der Sinn ist derselbe wie in C, aber ist die Wortstellung
nicht eine äusserst gezwungene, fast unmögliche?

[1107] 3. C. von manigem recken guot. N setzt ritter für das
altmodische recken, und A will verschönern und setzt edelen für
manigem. Lachmann setzt als echten Text von rittern edel guot,
aus dem dann durch A der Weg zum gemeinen Text gebahnt ist,
aus welchem C durch eine Vorliebe für veraltete Ausdrücke entstand. Jedoch macht Lachmann die merkwürdige Bemerkung: „Vielleicht von rittern edelguot, wie 598, 2 im Frauendienst nu zogt ûs,
ritter edelguot, richtig ist es auch bloss rittern zu bessern: und am
Ende ist es vielleicht am wahrscheinlichsten, dass edelen ein Schreibfehler statt manegem ist«. Es ist gut, dass Lachmann es selbst
sagt, denn wenn ich es sagen wollte, dass edelen an dieser Stelle
ein Fehler für manegem, und also A aus N abzuleiten sei, so sollte
man das Wuthgeschrei der Herrn Nachtreter vernehmen, die ihre
beliebten Kraftausdrücke von Blödsinn und Bosheit nicht sparen
würden.

1208 [1124] 1 des küniges nâhsten mâge kômen dâ man si
sach, die nächsten Verwandten des Königs kamen dahin, wo man
die Boten sah. So hat auch J gelesen, aber komen als Infinitiv
verstanden, und daher geändert man gen in komen sach. B A lesen
die giengen dâ man sach. Daraus bessert Lachmann dringen dar
man sach. Aber solche unnatürliche Wortstellungen wie hier man
kommen im Lied nicht vor.

1211 (1127) 1 er brâht in zuo dem sedele dâ er selbe saz.
man muss nachlesen, wie ganz natürlich sich dieser Vers in C an
die vorhergehende Strophe anknüpft, während im gemeinen Text
nicht deutlich ist, ob Günther oder Gernot als Subject gemeint ist.

Der Accusativ aber ist deutlich der in allen Texten vorher genannte
Rüdeger. Es ist an sich an dieser Zeile durchaus nichts zu tadeln
und zu bessern; aber wenn man Strophe [1126] für unecht erklärt,
weil sie verworren sei, was in C. durchaus nicht der Fall ist, und
wenn man dem gemeinen Text und A folgt, so ist durchaus nicht
zu ersehen, wer denn zum Sitze geführt wird, und die Aenderung
ist nöthig. Lachmann sagt daher: „ursprünglich hiess es ohne Zweifel er brâhte Rüedegêren dâ er selbe saz. Wenn solche Aenderungen erlaubt sind, so kann man aus jedem Text machen, was man
will.

[1146]1 und [1152]1. An beiden Stellen ist der zweite Halbvers zu lang. Meine Ansicht ist, dass man solche Schwierigkeiten
mit Vorsicht behandeln muss; es könnten gebliebene Reste eines älteren Verses von vier Hebungen sein. Will man den gemeinen Text
ändern, so sind Lachmanns Besserungen ganz passend. Auch in C
sind beide Stellen nicht ganz ohne Anstoss. In der ersten ich be-
hüete wol immer daz kann man wol immer streichen; in der zweiten ähnlich wie Lachmann schreiben mir kan sprach aber Hagene
niemen widersagen. Aber ich würde mich besinnen, durch solche
Aenderungen den gewöhnlichen Gang des Verses herzustellen.

1232 (1148), 4. C B. swar an ir wol gelunge daz solt ir ungevêhet lân. Ich berichtige hier zuerst einen leidigen Fehler meiner
Ausgabe, wo sult ir statt solt ir gedruckt ist. Nur D und A suchen
ungevêhet zu vermeiden; D gelieben, A belîben. In den Anmerkungen steht nur „Wackernagel vermutet daz solt ir iu gelîchen lân“.
In der Ausgabe wird geändert daz soldet ir iu lieben lân.
Das ist eine sinnige und leichte Aenderung; aber man wird nichtsdestoweniger die Lesart C B vorziehen.

[1154], 2 statt Gêrnôt soll Gêre gelesen werden. „ich glaube,
es hiess ursprünglich Gêre unde Gîselher: denn Gernot ist mir in
diesem Liede überhaupt verdächtig, und Gere übernimmt 1155 die
Bestellung“. Die Noth soll aus Liedern zusammengesetzt sein.
Die Volksdichter dürfen nicht alle die drei burgundischen Brüder
kennen, damit sie sich deutlich von einander unterscheiden. Z. B.
der Volksdichter Nro. XI kennt Günther und Giselber, aber von
Gernot weiss er nichts; es ist also deutlich ein anderer als der Dichter Nro. 1, der Günther und Gernot kennt, aber nichts von Gisel-
her weiss; und wieder deutlich ein anderer ist N. 2, bei dem Günther keine Brüder hat und N. 3, der die drei Brüder nennt. Wenn
es im zweiten Lied heisst [116] ob ir unt iwer bruoder (brüeder)
hetet niht die wer, so ist nach der Anmerkung nur an den einen
Gernot zu denken; und im zweiten Lied wird Gernot „erst [179]
eingeschwärzt“.

(Schluss folgt.)

JAHRBÜCHER DER LITERATUR.

Der Nibelunge Noth vón Lachmann.

(Schluss.)

Auch die Fortsetzer hatten in dieser Beziehung noch verschiedene Ansichten, wie die angeführte Strophe [116] eine unechte ist,
und wie der Fortsetzer in [199] nicht mehr als sieben Burgunden
kennt, die er alle zu nennen beflissen ist. In dem Lied XI ist
ebenfalls Gernot öfters eingeschwärzt; aber eben daran erkennt man
die unechten Strophen: und in unsrer Stelle hiess es ursprünglich,
als Hagen die Vermählung hintertreiben wollte, hätten Günther, Gi-
selher und Gere beschlossen, sie wollten Grimhilde nicht hindern.
Wie kommt Gere in den Rath der Könige? Was hat Gere über
Grimhilde zu verfügen? Es steht zwar Gernot im Text, aber diesen
darf der Dichter nicht kennen, weil er sonst nicht deutlich ein anderer wäre, als der Dichter des ersten Liedes. Also muss hier Gere
mit den Königen über Grimhildens Schicksal Beschluss fassen. —
Es gehört wirklich Ueberwindung dazu, dieses kindische Spiel, womit Lachmann seine Nachtreter an der Nase herumführte, jetzt noch
bloss zu legen; aber man muss es thun, denn die Herrn Nachtreter
verlangen immer noch, dass man ihnen, und ihnen ausschliesslich,
Glauben schenke.

1257 (1173), 4. C. wan ich vlôs ein den besten den ie vronwe
                              mêr gewan.
Ebenso die Noth, wo nur wan ich vlôs geändert ist, in ja verlôs
ich. Daraus macht nun A mit der gewöhnlichen Lüderlichkeit ja
verlôs ich einen den vrouwe ie gewan. Lachmann schlägt in den
Anmerkungen vor: „vielleicht ja verlôs ich mêr an eime denne vrouwe ie gewan". In der Ausgabe wird gebessert ja verlôs ich eine
mêre denne vrouwe ie gewan. Es kann nicht im mindesten zweifelhaft sein, dass der tiefpoetische Schmerzensruf in C (wo natürlich
ein Accusativ ist für einen) nicht aus dem sinnlosen Text von A
hervorgegangen sein kann, und ebenso wenig, dass die Lachmann'-
sche Besserung nicht das ursprüngliche ist; sie kann eigentlich nichts
anders sagen, als: „ich Grimhilde allein habe mehr Männer verloren,
als je eine Frau hatte". So wollte es freilich Lachmann nicht verstanden haben.

[1222] 1 C. Dô sprach diu frouwe Kriemhilt. Daraus B dô
sprach diu klagende vrouwe, und A ändert noch einmal künigin für
vrouwe. Man sieht wie eines aus dem andern entstand. Die Königin hier eine klagende zu nennen, war nicht passend, aber ein

Abschreiber konnte es sehr leicht in die Feder bekommen. Lachmann will wieder von A ausgehen und liest daher durch Besserung
diu rîche künigin.

1319 [1233], 3. aus dem untadelhaften Text von C ist durch
diu Gedankenlosigkeit eines Abschreibers geworden:

>vil minneclîchen scheiden sach man an der stunt
>von Rüedegêres friunden des marcgrâven man.

Lachmann bessert von Kriemhilde friunden. Aber das genügt nicht,
denn die Burgunden sind es, die Abschied genommen haben und
nun scheiden.

[1286] 2 die berge wurden lêre in BA. Dafür ist natürlich
herberge zu lesen mit C und Lachmanns Besserung ist also keine
Conjectur; nur die Weglassung des Artikels ist eine Neuerung, die
mit Berufung auf (318), 1 vorgeschlagen wird. Ich habe ebenfalls
den Artikel in Klammern gesetzt. Indessen ist er doch an dieser Stelle
nicht leicht zu entbehren, und es fragt sich, ob der Dichter sich nicht
erlauben dürfte, herberge zweisilbig herberc zu sprechen. Kl. 3917.

[1308] 4. C. ich waen man alle zîte bî frouwen Kriemhilde
vant den herren Dietrîchen.

B liest dem statt frouwen, und A dem künige. (Es ist in meiner Ausgabe das Verhältniss von B zu A falsch angegeben.)

Der Schreiber von B wollte wahrscheinlich schreiben bî dem
künige vant: er sah aber, dass es Kriemhilde heisse und vergas das
schon geschriebene dem zu streichen. Daraus machte dann A bî
dem künige kriemhilde, ohne aber den folgenden Accus. zu ändern.
Es ist auffallend, dass hier Lachmann den Text von B zum Ausgangspunkt nimmt, nicht den von A. bî dem soll verbessert werden
in eben oder bî neben. Der erste Vorschlag erhielt den Vorzug.
Warum nicht lieber beneben, das in Klage und Lied vorkommt,
während in eben allein stünde? Aber es ist überhaupt keine Conjectur nöthig, sondern C herzustellen.

1396 (1309) 1. C ouch gab ir nie deheiner zuo sîn selbes höchgezît etc. Es ist eine der Stellen, in denen am deutlichsten zu sehen
ist, wie die Noth durch Nachlässigkeit eines Schreibers entstanden
ist. In C. ist gesagt, die Recken der Grimhilde hätten bei ihren
eigenen Festen nicht so verschwenderisch ihre Kleider verschenkt,
als sie es hier bei dem Fest der Grimhilde thaten. In N ist dieser
Gedanke verwischt. Und A verschlechtert noch einmal und liest
ouch gap künec nie deheiner. Der Schreiber meinte wohl; nie hat
ein König bei einem Fest so viel Kleider verschenkt, als bei diesem Feste zu Ehren der Grimhilde verschenkt wurden. Dann ist
aber sîn selbes höchgezît unnöthig hervorgehoben. Lachmann hält
A fest, bessert aber ouch gap künic nie einer, und beruft sich auf
(1939) 4 wan ich gast nie einen. Dies ist fehlerhafte Lesart von
A: und die Besserung künic nie einer ist sehr gewagt, so lange
nicht bessere Parallelstellen gefunden sind. Jedenfalls ist N und A
nur aus C verdorben.

[1357],2 niemen scheint aus Versehen nicht mit dem Punkt bezeichnet, denn es haben alle Handschriften ausser A niemen.

[1362] 2 von lande ze lande wird gebessert von lant ze lande. Die jedenfalls unerhebliche Besserung soll möglich machen mit drei Hebungen zu lesen von lánt ze lándè; aber ich gestehe nicht zu wissen, wie Lachmann Vers 1 zuo dem Rîne sande gelesen wissen wollte; soll zuo dem Auftakt sein? warum nicht ze dem?

[1375] 2. den wart ez gesant wird gebessert den wart ez ze hant. Die Boten schickten ihre Reisekleider (natürlich aus der Herberge) denen, die sie haben wollten. Eine Aenderung ist unnöthig. Ob in wart das gewant leicht verstanden werden konnte für „sie erhielten“, möchte ich bezweifeln.

[1405] 4. ich waene niht daz Hagene iuch noch vergîselt hat. Die Verschiedenheit der Texte ist hier sehr gross. a liest unt wizzet daz iu Hagene daz waegist noch gerâten hât. Dieser Text ist vollkommen genügend und das folgende schliesst sich vortrefflich an; aber der gemeine Text ist sehr schwer zu verstehen. Lachmann verbessert iemen für Hagene, und erklärt „ihr habt hier vollen Reichthum und Gewalt: denn ich glaube nicht, dass euch bis jetzt Jemand verpfändet hat, dass ihr auf Befehl zu Kriemhild fahren und euch lösen müsset“ Lachmann nennt das einen einfachen und natürlichen Gedanken; mir scheint der Gedanke ein sehr künstlicher und verworrener, und ich sehe fast nicht, wie man ihn in den Worten finden kann. Ist vergîsele soviel als verpfänden? Im Wörterbuch wird erklärt: ich glaube nicht, dass Hagen euch der Gefahr aussetzt, der gîsel eures Feindes zu werden, wie diejenigen thun, die euch rathen in Etzelen Land zu reiten. Diese vom Wörterbuch für die natürlichste gehaltene Erklärung sucht also den Gedanken zu finden, der in a wirklich ausgesprochen ist. Mir scheint es, dass in dem Exemplar, aus dem N geflossen ist, ebendasselbe stand, was in a, aber unleserlich vielleicht lückenhaft geschrieben. Aus waegist scheint vergiselt geworden zu sein, und schwerlich hätte der Schreiber selbst sagen können, was er sich bei seiner Ergänzung dachte.

[1420] 4 treit uns iemen argen muot daz wirt uns deste baz bekannt. der gemeine Text liest willen für muot, wodurch der Vers vernichtet ist, und A I erkant. Lachmann sagt: „der Sinn scheint zu erfordern erwant oder bewant“. Es scheint mir, dass die Besserung unnöthig ist. Hagen gibt den Burgunden den Rath, bald nach den Boten abzureisen, damit die überraschten Hunen um so leichter ihre wahre Gesinnung zu erkennen geben. Aendert man bewant, so ist in der folgenden Strophe dasselbe gesagt und es könnte nicht mit ouch angeknüpft werden.

1526 (1433). C. urloup genomen hêten von wîbe unt von man die boten Kriemhilde. mit freuden si dô dan fuoren unz in Swâben.
Dieser ganz untadelhafte Text ist in N in Verwirrung gerathen.

B. Urloup genomen hêten die boten nu von dan
   von wîben und von mannen. vroelîch si dô dan
   fuoren in ze Swâben.

A. Urloup genomen hêten die boten nu von dan
   von mannen und von wîben. vroelîch als ich iu sagen kan
   si fuoren unz in Swâben.

Es ist deutlich, wie B aus C, und A aus B entstand. Lachmann gibt als ursprünglichen Text

   urloup genomen hêten von wîben und von man
   die boten vroelîche, als ich iu sagen kan,
   fuoren unz in Swâben.

Sollte das wirklich Jemand besser gefallen, als der Text von C?
Aus diesem muss doch die Besserung in 1 genommen werden, warum nicht lieber alles? Die erbärmliche Ausfüllung als ich iu sagen
kan, die in A gesetzt ist, um den gleichen Reim in B zu vermeiden, ist ebensowenig verführerisch als der fröhliche Abschied, und
die constructio ἀπὸ κοινοῦ.

(1436) 4. a. daz si si sehen solden des wart vil vroelîch ir
lîp. Gotlinde und Rüdeger freuen sich, dass sie die Burgunden auf
ihrer Reise zu den Hunnen sehen sollen. Es ist nichts zu ändern.
N liest solde für solden. Der Sinn bleibt der gleiche, aber es ist
weniger passend, dass nur von Gotlinde gesprochen wird. A lässt
durch ein Versehen, das an hundert andern Stellen stillschweigend
aus N berichtigt wird, si aus. Hier nun darf nicht si ergänzt werden, weil dies nur auf die Burgunden gehen könnte, da Strophe
[1435] der Zahlengrille wegen gestrichen werden muss. Es
wird also gebessert daz si sêren solde. In V. 2 hat a ganz gut si
(die Boten) sagetenz (dass die Burgunden kamen) Rüedegêre. Der
gemeine Text hat schlecht man seitez, dass die Boten gekommen
wären. Nun wird daz si sêren solde heissen sollen, dass sie die
Boten ehren durfte, darüber war sie erfreut. Aber von der Ankunft
der Burgunden erfährt sie nichts. Es ist unnöthig, ein Wort hinzu-
zufügen,

[1461] 4 daz herzen nieman samfte tuot. Der gemeine Text
herze ebenfalls als Dativ. nieman ist gewiss falsch. Lachmann „ich
denke niemer oder niener“. Beides kann stehen: ich habe vorgezogen niene, vielmehr nienen zu schreiben, weil ich meine bemerkt
zu haben, dass zuweilen niemen für nienen gesetzt ist. 1816, 4 daz
kan ich niemen gesagen. besser scheint nienen, ebenso 787, 4 es en-
wart nie antpfanc rîcher zer werlde niemen bekannt. Dasselbe
scheint der Fall zu sein mit iemen. 772, 4 die besten die man vant
oder iemen vinden kunde über allez Sîfrides lant. 852, 1 swaz
man gote gediente oder iemen dâ gesanc. 1031, 3 daz ir daz saget
iemen, daz er sî erslagen. 146, 2 habt ir iemen vriunde. An diesen Stellen ist iemen nicht recht befriedigend; wenn ein dem nienen
entsprechendes ienen nachgewiesen werden könnte, wäre es unbe-
denklich zu setzen. nienen und ienen wie niener und iener.

[1475] 4. A hat statt wât gewant geschrieben, Die Folge ist, dass der Reim ergât nicht passt, daher wird iwer hovereise ergânt geschrieben. Wiederum darf aber A nicht aus B verdorben sein, sondern B aus A verbessert. Daher wird gelesen: wie in sî zen Hiunen iwer hovereise gewant. Der gemeine Text habe die vier gleichen Reime vermeiden wollen. Beiläufig mache ich auch aufmerksam, dass in dieser Strophe A nicht Recht hat, wenn es das Meerweip du sagen lässt, denn nur die andere „ehrlichere" darf dutzen nach Lachmann.

[1493], 2 liebt unde schoene was er von golde rôt. A schreibt gedankenlos was er vol goldes rôt. Lachmann vertheidigt A mit der Besserung was er und goldes rôt. goldes rôt kommt vor von Sattelzeug und Zaum; aber der Ring ist nicht goldes rôt, sondern von golde rôt, von rothem Golde. Es zeigt dieses Beispiel, wie hartnäckig Lachmann, wo er es für möglich hält, A zu halten sucht, während er doch in einer Menge ganz ähnlicher Fälle stillschweigend einen Schreibfehler zugibt.

1593 (1497) 3 a nu nemt hin minneklîche mîn ellendes solt.
       B nu nemt hin vriuntlîche hiute mînen solt.
       A ebenso mit Weglassung von hiute.

Man sieht, wie immer, die stufenweise Verschlechterung. Lachmann hält an A fest, und bessert nu nemet vriuntlîche hin mînen solt.

[1501] 1. Dô wolde er baz erzürnen den übermüeten gast. Lachmann: „warum Hagen hier der übermüete genannt wird, ist nicht einzusehen. den ungemuoten wäre passend". Diese Conjectur erhält eine glänzende Bestätigung durch a. Damit ist aber zugleich erwiesen, dass Ca nicht aus N, sondern umgekehrt NA aus Ca abgeleitet ist. Hätte Lachmann gewusst, dass der Text Ca wirklich den ungemuoten bietet, so hätte er sich vielleicht angestrengt, um eine andere Conjectur zu machen.

[1501] 4 B. dâ von der Elsen verge grôzen schaden dâ gewan. dâ fehlt a A. A hat aber den grôzen. Um nicht A aus B abzuleiten, bessert Lachmann dô den grôzen schaden gewan. Aber der Artikel steht in A fehlerhaft

[1502] 4. B. den stolzen Burgonden. A (wie auch a) lässt stolzen aus. Lachmann dô den; er gibt zu, dass den edeln oder den stolzen oder den edeln ebensogut wäre; aber dô den erhält den Vorzug, weil auf diese Weise der Weg vom Urtext zu A und von A zu B handgreiflich wird.

[1503] 4. Ca dô wart im vallen bekannt. Für vallen schreiben NA völlig sinnlos strîten. Hätte hier Lachmann den Text von C nicht gekannt, so würde er wie oben 1501 das richtige gesetzt haben. Da aber N nicht aus C geflossen sein darf, so 'sagt er strîten, vallen C, vielmehr strûchen. Es scheint, dass er den Vers nicht auf Hagen bezieht, von dem ja gesagt ist, dass er hinters Ross sass, was doch kein Strauchen, sondern ein Fallen ist. Mir ist nicht zwei-

felhaft, dass Hagen gemeint ist; im kann nur auf Hagene bezogen
werden: der Dichter will erklären, wie es möglich war, dass Hagen
so leicht vom Pferd gestossen werden konnte; daz fürbüege brach;
sonst wäre Hagen von Gelpfrats Stoss nicht abgesetzt worden. Aber
das unmögliche zugegeben, dass Gelpfrat gemeint ist, kann von einem
auf dem Pferde sitzenden der Ausdruck strûchen gebraucht werden?
strûchen kann nur, wer auf seinen Füssen steht. So ist es auch im
Lied an allen Stellen nur von Fusskämpfern gebraucht, nie von Reitenden, und wenn 1940, 4 von dem reitenden Volker gesagt wird,
dass er nicht absichtlich, sondern von einem strûche den Hunnen
erstochen habe, so ist der strûch vom Pferd zu verstehen, nicht von
dem darauf sitzenden Helden.

[1558] 1. C B. Dô begund er rüefen Dancwarten an.
          A. Dô begunde er ruofen Dancwarten vil vaste an.
Diess will Lachmann nicht gelten lassen, weil vaste nicht in der
letzten Senkung stehen darf. Er bessert do degunde er Danewar-
ten vil vaste ruofen an. Vergleicht man D, so scheint D und A
hervorgegangen aus dô begunde er vaste Dancwarten ruofen an.

[1556] 4 den was allen ze gâch. So alle. Lachmann ändert
sô gâch für ze gâch. Ich weiss nicht, wie er den Vers verstand,
und kann nur angeben, wie ich ihn auffasse. Von einem, der in
sein Verderben rennt, sagt man im ist ze gâch. 434, 2. 1638, 2.
1641, 2. Hier nun wird gesagt: die Baiern flohen, Hagens Leute
verfolgten die Feinde. die es niht engelten wânden, den was allen
ze gâch. Diejenigen der Feinde, die meinten, sie würden ungestraft
davon kommen, denen war ze gâch gewesen, sie hatten sich bei
dem Angriff auf die Burgunden übereilt. Auf diese Weise wird angedeutet, dass die Verfolger noch viele der Fliehenden erlegten oder
verwundeten. Lachmann interpungiert anders dô jagten die von
Tronje irn vîenden nâch, dies niht enkelten wânden: den was allen
sô gâch. Man sieht, dass gesagt werden soll, die Verfolgten hatten die grösste Eile, nämlich um zu entfliehen. Aber nicht nur ist
das ein sehr matter Gedanke, sondern es bleibt auch dies niht ent-
kelten wânden ziemlich überflüssig.

[1567] 4 si wurden wol enphangen dâ ze Pazzowe sint. Statt
Pazzowe wird gebessert Bechlâren. Diess ist wieder eine der gewaltsamen Veränderungen, mit welchen Lachmann den Text für seine
Liedertheorie zustutzt. Passau und Pilgrim dürfen in den Liedern
nicht genannt sein, weil sonst wie S. 168 gesagt wird, die Abschnitte von 28 Langzeilen nicht herauskommen. Aber die Strophe
(1567), in welcher ebenfalls Pazzowe genannt ist, will Lachmann
doch nicht entbehren: er hilft also auf andere Weise, indem er Bechlâren für Pazzowe setzt. Es ist hier nicht meine Sache, die Lieder, die Lachmann zurecht macht, vom poetischen Standpunkt zu
würdigen; Liebhabern empfehle ich besonders das 14.; aber ich
frage, was die Leser dieses vierten Abdrucks sich denken sollen,
wenn sie die von Lachmann gebesserte Zeile si wurden wol enphan-

gen dâ ze Bechlaren sint lesen, und es folgt dann der Empfang in
Passau? Hätte der Herausgeber nicht wenigstens andeuten sollen,
dass Bechlâren nichts als eine Besserung Lachmanns und dass alle
Handschriften Pazzowe haben?

(1579) 2. der sizet bî der strâze unt ist der beste wirt der ie
kom ze hûse.

Wirth und Haus gehören zusammen; wer ein Haus hat, ist ein
Wirth nach altem Sprachgebrauch, und wer ein Wirth ist, hat ein
Haus. Es haben auch alle Handschriften ze hûse. Nur A schreibt
mit gewöhnlicher Lüderlichkeit strâze, das dem Schreiber noch aus
der Zeile vorher in der Feder war. Es ist nun fast unglaublich,
dass Lachmann nicht zugiebt, dass die anderen Handschriften Recht
haben. Weil in der vorhergehenden Strophe ze hûse komen in anderem Sinne stehe, so müsse hier für ze strâze eine andere Besserung gesucht werden. Die ist denn auch gefunden. Es wird gebessert ze gesaeze. Ich muss abwarten, ob man irgendwo den Wirth
der ze gesaeze kommt, nachweist.

[1604] Es ist in C nichts zu ändern. Die junge Markgräfin
küsste die drei Könige, alsô (oder alsam) tet ir muoter; wie ihre
Mutter gethan hatte. Der gemeine Text verdirbt den Vers durch
den Zusatz alle vor drî. Dem Vers wird aufgeholfen, wenn junge
gestrichen wird; und dann allerdings muss man mit Lachmann tohter statt muoter setzen.

(1638) 4 des gât mir armen wîbe nôt. A mir armer mit Auslassung von wîbe. Lachmann bessert mir armer muoter. an mir
armen wîbe ist nichts auszusetzen; weil aber A nicht aus N abgeleitet werden darf, macht Lachmann einen andern Vorschlag. dés
gât mír ármer nôt sei keine natürliche Betonung; aber warum nicht
dés gât mir ármer nôt? Dass Nudung der Sohn der Götlinde sei,
ist nirgends deutlich gesagt.

1779. (1678) C. Hêt ich gewist diu maere sprach dô Hagene
daz iu gâbe bringen solden degene
ich waere wol sô rîche, hêt ich mihs baz verdâht,
das ich iu mîne gâbe her zen Hiunen hête brâht.

So mit geringen Abweichungen alle ausser DA. Diese lesen
in 1 waz sint disiu maere? und 3 und 4. ich wesse iuch wol sô
rîchen als ich mich kan verstân (D ob ich mich baz kan verstân A)
das ich iu mîner gâbe her ze lande niht gefüeret hân. Es ist wohl
nicht zweifelhaft, dass diese Lesart durch ein Missverständniss entstanden ist. Lachmann ob ich mich baz versan, und her ze lande
niht gewan.

(1709) 3 ich weiz in sô übermüeten daz er mir lougent
niht.

C a. in wol sô küenen. Lachmann gemuoten.

(1737) 4 (jâ vorhten si den tôt) von dem videlaere. (1738)
beginnt dô sprach der videlaere. Lachmann: der videlaere ist wohl
nur aus der folgenden Zeile in diese gerathen; passender scheint

„von den zwein degenen". In Ca beginnt (1738) dô sprach der
küene Volkêr. Es ist kein Grund zu ändern.

[1904] 2 A. ê schade geschaehe mêr. Für schade wird schaden gebessert, was kaum eine Conjectur, sondern nur Berichtigung
eines Schreibfehlers ist. Auch lesen alle andern Handschriften wirklich schaden; es wird also nur der Punkt vergessen sein.

[1907] 2 A. sîn wâfen bêrlîchen durch die helme ranc. So
A durch Schreibfehler für erklanc. Lachmann will wieder A retten
und setzt dranc.

[1908] 2. Gîselheren soll in Volkêren gebessert werden. Solche
Verwechslungen der Namen finden allerdings Statt. Aber da gerade
vorher (1903) u. (1904) Volker bereits hervorgehoben ist, so ist
die Besserung nicht wahrscheinlich.

In derselben Strophe V. 3. Ca. doch sach man Gîselbêren ze
vorderest stân
bî den vîanden; er was ein helt guot.
N.   doch sach man vor in allen Gîselhêren stân.
gein den vîenden: er was ein helt guot.

A ebenso: aber statt er was wird geschrieben ez ist. Weil
diese offenbar falsche Lesart nicht wie ein Verderbniss der gemeinen
aussehe, solle gelesen werden z'êrste'n helt guot. zêrste ist nicht
gleich ze vorderst; ferner wäre es tautologisch nach vor in allen;
endlich êrste'n für êrste den wäre kaum erlaubt.

(1913) 1. daz tuon ich sicherlîchen. „schierlichen wäre passender". Nach Lachmann kommt dieses Adverb. zweimal in der
Noth vor.

(714) 4 si kumet scierlîchen; an diese Stelle haben alle sicherlîchen, A sicerlîchen. (1531) 4 wir werden schierlîche bestân; die
Handschriften haben sicherlîch, D scherlich, A scherliche; Lachmann
also ohne Handschrift. Ich bezweifle, ob das Wort, das Lachmann
an zwei Stellen durch stillschweigende Berichtigung eines Schreibfehlers, an einer durch angemerkte Besserung in den Text bringt,
ein wirkliches Wort ist. Die Adverbia auf lîche können zwar von
Adjectiven, aber nicht von Adverbien gebildet werden: von kûme,
sêre kann es keine Ableitung kûmelîche, sêrliche geben: nun gibt
es kein Adjectiv schier, sondern nur ein Adverbium scioro. Das
von Lachmann mit Vorliebe gepflegte Wort scierlîche hätte also sehr
nöthig in den wirklichen Literatur nachgewiesen zu werden. Ahd.
ist es nicht vorhanden, mhd. ist es mir ebenfalls unbekannt; und ich
halte es für eine den Gesetzen der Wortbildung widerstrebende Erfindung Lachmanns.

[1918] 1 der voit von Rîne: so die Noth aus Gedankenlosigkeit für voget von Berne Ca. Lachmann hatte in den Anmerkungen nicht übel Lust zu schreiben von Rôme; wenn diess das rechte
wäre, so könnte man nicht nicht zweifeln, dass Ca durch Besserung
aus N hervorgegangen ist. Aber Lachmann hat die Vermuthung

selbst zurückgenommen, und in der Ausgabe anerkannt, dass Ca das echte biete, das in N verdorben ist.

(2031) 2 welt ir diz starke hazzen ze einer suone legen. A ditze starke mit Auslassung von hazzen. Statt nun zuzugeben, dass hazzen eines der vielen Wörter ist, die der Schreiber von A aus Nachlässigkeit nicht geschrieben hat, und die sonst stillschweigend ergänzt werden, soll hier vielmehr starke für ein selteneres Substantivum stehen, weil A auch (2007) 2 starcken für kradem schreibt. Das seltenere Substantivum, das 1836 noch nicht gefunden wurde, war 1841 sträfen; und so wird also im vierten Abdruck gelesen:

welt ir ditze sträfen ze einer suone legen. Es ist wohl nicht nöthig ernstlich zu widerlegen, dass Günther gebeten haben soll, ihm die Strafe zu erlassen; es wird auch Niemand glauben, dass aus ditze sträfen zuerst durch einen Schreibfehler ditze starke, und dann durch Besserung diz starke hazzen geworden sei. Wäre es nicht klüger gewesen, wie im vorhergehenden Fall, die Vermuthung zurückzunehmen, und diese Stelle als Schreibfehler aus N zu berichtigen?

2171 (2051) 4. Ca für trinken unt für spîse kan nibt anders nu gesîn. Dafür B ez enmac an disen zîten nu niht bezer gesîn. A ebenso, nur et nach mac, und nu getilgt. Lachm. ez en mac et niht bezzer an disen zîten gesîn.

(2054) 4. C sît vil manic schoene wîp. B setzt waetlîch für schoene. A lässt manic aus und schreibt vil waetlîchez wîp. Man sieht wieder deutlich, wie C zu B, B zu A wurde. Lachmann bessert sît manic waetlîchez wîp und macht dann durch den Schreibfehler vil für manic A zum Ausgangspunkt.

2269 (2148). Ca. Daz edel ingesinde was komen gar dar in Volkêr unde Hagene die sprungen balde hin. N setzt was nu; und A allein schreibt balde dâ hin.

An Ca ist nichts auszusetzen. Wie ein nu zugesetzt werden konnte, ist sehr begreiflich. In A kommt ein neuer Fehler hinzu. Lachmann aber sagt: „offenbar ist zu lesen was nu komen gar — sprungen balde dar". Der Schreiber von A hatte dâ hin aus dar gemacht, u. s. w. Es soll aber nicht gesagt werden, das Gefolge Rüdegers sei gekommen, sondern es sei in den Saal eingedrungen; dar in kann nicht entbehrt werden.

2314 (2192) 4. wirn künden überwinden niht die groezlîchen leit. so C und N; nur I A wirn kunden niht überwinden diu vil groezlîchen leit. Um A zu halten, soll verwinden gelesen werden. Das Wort ist dem Lied fremd; aber überwinden kommt öfters in gleicher Bedeutung vor.

(2203) 2325, 3 mit sînen tiefen wunden Ca. mit starken verhwunden Dl. starch verch B. starch A. Lachmann mit starken wunden. Es ist nicht nöthig, an Ca zu ändern; da der Helt todt ist, so braucht nicht gesagt zu werden, dass es verchwunden sind.

Wenn die Noth mit starken verchwunden liest, so ist es nur
die gewöhnliche Nachlässigkeit des Schreibers von A, dass er verch
auslässt. Auffallend ist nur, dass A und B in dem Schreibfehler
starch zusammentreffen. Es kann aber in B die Abkürzung für en
verbleicht sein; und A konnte beim rch von starch meinen beim
rch in verch zu stehen. Die Besserung Lachmanns genügt auch
nicht für den Vers; denn mit starken wunden füllt den vordern Halbvers nicht. Es kann nicht gelesen werden mit stárken wúnden.
Solche Ungeheuer von Versen hielt Lachmann für erlaubt und für
schön und alterthümlich, weil er sonst hätte zugeben müssen, dass
A die Verse entsetzlich verdirbt. Dass mit einen Versfuss (Hebung
und Senkung) bilde, hielt er in der Anmerkung 46, und 581 noch
für sehr ungewiss, obgleich er in der Cäsur die „mehrsilbigen" Wörter mittim und mittir gestattete (siehe zu 118, 833, 4 sô maht du
mit ir und 401, 3 durch dich mit im). Später wird es auch an andern Stellen gestattet. Es ist in der That nicht einzusehen, warum
es nicht ebenso gut dazu fähig ist, als an in, án éinem mórgen
vrúo (siehe zu 476). oder in ín Gúnthéres lánt (46). Es werden solche schauderhafte Schreibereien von A von Lachmann zu
mustergültigen Versen erhoben, durch solcher Verse würdige Theorieen, wie z. B. dass mittim ein mehrsilbiges Wort sei.

(2209), 1 u. 2. er ist sô grimme gemuot — sprach Volkêr
der degen guot. guot wird getilgt; und im ersten Vers gelesen er
ist sô grimme erwegen. Die Besserung ist geschickt; aber sie ist
unsicher, so lange grimme erwegen oder ganz ähnliches nicht anderwärts nachgewiesen wird. Die von Lachmann beigebrachten Stellen genügen nicht. Mir scheint in anderer Weise geholfen werden
zu müssen. In 2 liest C der helt guot und Lachmann scheint zu
betonen sprach Volkêr dér helt guot „fehlerhaft, sagt er, mit dem
eigentlich zweisilbigen helt in der letzten Senkung". Die Regel,
dass ursprünglich zweisilbige Wörter nicht in der letzten Senkung
stehen dürfen, ist eine ganz willkürliche Erfindung, von der die Dichter selbst keine Ahnung hatten. Man sehe nur wie Lachmann es
mit unde macht. Da das Wort zweisilbig ist, so darf die einsilbige
Form nicht in der letzten Senkung stehen. Nun steht sie aber gar
häufig in der letzten Senkung. Da wird nun der Vers zuerst ge-
drückt, um für unde Platz zu gewinnen; dann werden Ausnahmen
gemacht, wo die einsilbige Form erlaubt sei. Und endlich wird die
einsilbige Form überall gestattet, wenn man nur nicht und, sondern
unt schreibt. Ist das nicht ein kindisches Spiel? Ich nehme auf
solche Regeln natürlich keine Rücksicht. — Ich setze überall ohne
Bedenken unt oder und und ebenso helt und ähnliche Wörter (in
der Klage sogar einmal solt für solde) in die letzte Senkung. Hier
aber kann es nicht wohl geschehen, weil dér helt gúot kaum möglich ist. Der Artikel kann nicht höher betont sein als das Substantivum. Ich glaube, dass Volkêr eine Glosse ist. Da er vorher genannt ist, so ist hier sein Name überflüssig. Man lese sprách der

hélt gúot. Im ersten Vers aber ist vollkommen sprachrichtig zu lesen er ist sô grim gemuot. grim ist Adjectiv, nicht Adverbium. Bei gemuot steht ebenso das Adjectiv 127,4 er wart ein lützel senfter (N Adv. sanfter) gemuot: und 2257,1 herte gemuot. gemuot ist eines der seltenen Wörter wie geherz, gehant, gesit. Wie diese ursprünglich construiert wurden, ist noch dunkel. Im Lied haben wir 1590,1 er was müelîch gesit; da ist müelich schwerlich als Adverbium zu fassen, sondern er war unerträglich von Sitten. Ebenso heisst er grim gemuot er ist grimmig von Muth. Das Adjectivum ist so richtig als in blint geborn; aber die Analogie hat überwogen und so heisst es gewöhnlicher, obgleich eigentlich unrichtig, mit Adverbium bôhe gemuot; grimme gemuot u. s. w.

2421 (2299), 3, 4.

Ca. dô was mit sîme leide ir sorge ein teil benomen.
    si sprach künig Gunther, sît mir grôze willekomen.

BD. dô was mit sîme leide ir sorgen vil erwant
    si sprach ꞔwillekomen Güntker ûzer Burgonden lant.

I. si sprach froelîchen willecomen Gunthêr
    ein künic von Burgunden, ich gesach dich nie sô gerne
                                       mêr.

K. si sprach ꞔwillekom Gunther von Burgunden lant.
    ich hân iuch hie zen Hiunen vil gerne bekant.

A. si sprach ꞔwillekomen Gunther ein helt ûz Burgonde lant!
    nu lône iu got, Kriemhilt, ob mich iwer triwe des ermant.

Lachm. ebenso, mit Tilgung von ich sprach und mit Besserung ein helt ûz erkant.

Es wird kaum eine Stelle geben, wo die Handschriften so sehr von einander abweichen. CBD sind im wesentlichen gleich. K I A lassen 3 aus und füllen die Strophe in verschiedener Weise; am eigenthümlichsten A, das eine Antwort Günthers bringt, die aber mit der folgenden Strophe nicht wohl in Einklang gebracht werden kann. Lachmanns Aenderungen sollen dem Vers aufhelfen.

Wir sind zu Ende gekommen. Einige der Besserungen Lachmanns sind ein wirklicher Gewinn, die meisten haben nur den Zweck, begreiflich zu machen, dass A die Urschrift ist, aus der alle andern geflossen sind, und den Text so zu gestalten, dass die Liedertheorie ihn brauchen kann. Dabei erlaubt sich Lachmann die willkürlichsten und gewaltsamsten Aenderungen. Zu merken ist jedoch, dass Lachmann selbst diese Vorschläge nicht in den Text aufgenommen hat; er gibt nicht selten zu verstehen, dass sie ihm nichts weiteres sind als sehr unsichere Vermuthungen. Erst der ungenannte Nachtreter, der diesen neuen Abdruck besorgte, wagte es, alle diese Conjecturen aufzunehmen, und somit nicht mehr einen überlieferten, sondern grossentheils willkürlich ersonnenen und für gewisse Zwecke in gewaltsamer Weise zurecht gemachten Text drucken zu lassen. Lachmann hätte dazu seine Erlaubniss schwerlich gegeben; und ge-

wiss hätte er nicht gebilligt, dass auf dem Titel dieses Abdrucks
steht „herausgegeben von Karl Lachmann", statt dass es heissen sollte:
„nach der Ausgabe Lachmanns mit sklavisch treuer Ausführung aller vom Herausgeber gemachten Veränderungsvorschläge für den
Druck besorgt von * # ".

Für diesen Herrn, dessen Namen Jeder kennt, ist dieser vierte
Abdruck ein Denkmal vollkommener Armseligkeit.   Der Erfolg der
Ausgabe wird ermessen lassen, in welchem Grad die blinde, völlig
gedanken - und willenlose Nachtreterei in unseren Schulen und gelehrten Kreisen noch herrschend ist.   **A. Holtzmann.**

---

*Recherches sur les Commentaires de Charles-Quint par M. Arendt,
Membre de l'Académie royale de Belgique.   Bruxelles. M.
Hayez, imprimeur de l'académie royale de Belgique 1859.
47 S. in gr. 8.*

Bei der in unsern Tagen mit erneuertem Eifer betriebenen
Forschung über Alles, was das Leben und Wirken Karls V.,
so wie selbst seinen Tod und seine letzten Lebenstage betrifft,
wird auch die Frage, die den Gegenstand dieser Schrift bildet,
die Frage nach der schriftstellerischen Thätigkeit dieses Kaisers,
und den von ihm abgefassten Memoiren eine nicht geringere Beachtung verdienen, zumal es des Kaisers Absicht bei Abfassung derselben war, die bald. aus Unwissenheit, . bald durch ein absichtliches
Spiel der Leidenschaft entstellte Wahrheit in Allem dem, was seine
Thätigkeit und sein Einwirken auf die Zeitereignisse betraf, an den
Tag zu legen und so die Ereignisse selbst in ihrem gehörigen Lichte
darzustellen.   Diese Frage war schon früher, in den Jahren 1845
und 1854 in dem Schoosse der belgischen Akademie zur Sprache
gekommen: die Nachforschungen eines andern gelehrten Mitgliedes
dieser Akademie (Gachard) hatten aber wenig Aussicht eröffnet,
über diesen Punkt zu dem gewünschten Ziele zu gelangen, und ein
Werk wieder aufzufinden, das, sei es noch bei Lebzeiten des Kaisers oder doch gleich nach seinem Tode, durch den Sohn spurlos
vernichtet worden.   Mit diesem negativen Resultat glaubte jedoch
die Akademie sich nicht beruhigen zu können, die Untersuchung
ward aufs Neue wieder aufgenommen, und durch den Verfasser dieser Schrift zu einem Ziele geführt, das zwar noch immer einen mehr
negativen Charakter, wie es die Natur der Sache mit sich bringt,
an sich trägt, aber doch in die ganze Streitfrage dasjenige Licht
wirft, das uns zu einem sicheren Schlusse einigermassen berechtigen
kann.   Mag es erlaubt sein, aus der mit eben so grosser Umsicht
als Genauigkeit geführten Untersuchung, wie sie in der oben bezeichneten Schrift uns vorliegt, einige Hauptpunkte hier mitzutheilen.
Eine Hauptquelle für die Abfassung dieser Memoiren Karl's V.

bilden die in neuester Zeit bekannt gewordenen Briefe seines Kam-
merherrn Van Male an seinen Freund, den Herrn von Praet: wir
sehen daraus, dass der Kaiser auf einer Reise, die er den Rhein
aufwärts von Cöln nach Mainz und von da nach Augsburg im Jahre
1550 machte, mit Aufzeichnung der sein Leben und seine ganze
Thätigkeit betreffenden Memoiren beschäftigt war, und dass sein
gebildeter Kammerherr dabei seinerseits bemüht war, denselben eine
stylistische Abrundung in der lateinischen Sprache zu geben, wobei
er freilich nicht verfehlt, sein Bedauern auszusprechen, „quod Caesar rem (d. i. das Manuscript) supprimi velit et servari centum cla-
vibus". Der Verfasser bringt damit eine eigene Aeusserung des
Kaisers in Verbindung, welcher seinem Biographen Sepulveda, als
dieser ihn bat, das über ihn Aufgesetzte durchzusehen, eine ableh-
nende Antwort ertheilte, mit den Worten: „haud mihi gratum est,
legere vel audire, quae de me scribuntur, legent alii cum ipse
a vita discessero"; im Uebrigen aber seine Geneigtheit ausspricht, dem Sepulveda die gewünschten Aufschlüsse zu geben.
Allerdings kann man in den Worten: legent alii cum ipse a
vita discessero, welche Sepulveda, der von dem Dasein kaiserlicher Memoiren Nichts wusste, in einem andern Sinne aufnahm,
eine Andeutung finden, die freilich nur im Zusammenhang mit andern Spuren so aufgefasst und auf die eigenen Memoiren des Kaisers, die damals bereits geschrieben sein mussten, bezogen werden kann. Wenn in den nächstfolgenden Jahren bis 1556 kaum
Spuren einer Fortsetzung der begonnenen Memoiren hervortreten,
so treten sie dagegen desto sicherer hervor in der Zeit der Zurück-
gezogenheit Karls V. im Kloster zu St. Yuste, und es bleibt dann
nur noch die weitere Frage zu beantworten, was aus diesen Memoiren nach dem Tode des Kaisers geworden, und wohin sie gekommen.
Unser Verfasser glaubt, dass Van Male, bei dem Tode des Kaisers,
im Besitze des kostbaren Manuscripts gewesen, das durch Louis
Quixada seinen Händen entzogen, dann in die Hände Philipp's II.
gerathen sei; dass dieser dann Alles verbrannt, oder sonst wie vernichtet, scheint kaum einem Zweifel zu unterliegen.

Wenn damit die ganze Sache abgemacht und erledigt erscheinen kann, so glaubte doch unser Verfasser nicht, dabei sich beruhigen zu können: er setzte vielmehr seine Nachforschungen fort, in
Folge deren es ihm gelungen ist, noch einige weitere Spuren aufzufinden, welche, wenn sie uns auch nicht in den Besitz dieser Memoiren zu bringen vermögen, doch zur näheren Kenntniss ihrer
Schicksale beitragen und so auf das Ganze ein neues Licht werfen.
Der Verf. knüpft nemlich an einzelne Aeusserungen an, welche in
den oben erwähnten Briefen des Van Male vorkommen, über Mittheilungen, die ihm der Kaiser gemacht, und über deren schriftliche
Aufzeichnungen: ja er glaubt selbst bei Sepulveda in der ausführlichen Mittheilung, welche dieser Geschichtschreiber in der Darstellung der Kriege des Kaisers mit Frankreich von den Ereignissen bei

Terouanne und Hesdin giebt, eine Benutzung dieser Aufzeichnungen, in Folge einer Mittheilung Van Male's zu finden: ob der Letztere ihm des Kaisers Memoiren selbst mitgetheilt, oder nur die Aufzeichnungen, die sich Van Male aus seinem Verkehr und seinen Gesprächen mit dem Kaiser gemacht hatte, wird freilich sich nicht bestimmen lassen: unser vorsichtiger Verfasser ist vielmehr geneigt, das Letztere für glaublich zu halten.

Nach Karl's V. Tode zog sich Van Male nach Brüssel zurück, wo er nach zwei Jahren ebenfalls starb (1. Januar 1561), während dieser längeren Frist aber schwerlich unthätig geblieben ist, sondern vielmehr mit Arbeiten beschäftigt war, welche die Geschichte der von ihm mit dem Kaiser durchlebten Zeit und dessen Handlungsweise betrafen: in wie weit sie auch auf die oben erwähnten Memoiren des Kaisers und deren Uebersetzung oder auf eine eigene, nach den Mittheilungen des Kaisers gemachte und darauf gestützte Arbeit sich bezogen, wird schwer mit Gewissheit sich angeben lassen, so lange keine näheren und bestimmteren Data darüber vorliegen, was bei der strengen Ueberwachung der von Van Male bei seinem Tode hinterlassenen Papiere durch Philipp II. kaum je zu erwarten sein wird. Um so auffallender aber muss es erscheinen, dass in einer um dieselbe Zeit, ja nur wenige Wochen nach Van Male's Tod zu Venedig in italienischer Sprache erschienenen Lebensbeschreibung des Kaisers Karl V. von Lud. Dolce (die Dedication bringt das Datum vom 28. Januar 1561), von den in französischer Sprache nach dem Muster des Julius Cäsar, von Karl V. abgefassten Memoiren die Rede ist, welche demnächst, ins Lateinische übersetzt, im Publikum erscheinen sollen! In einem zwei Monate später (am 8. April 1561) an Philipp II. gerichteten Schreiben eines andern venetianischen Gelehrten (Girolamo Ruscelli) kommt die gleiche Notiz vor, wie man von Stunde zu Stunde der Veröffentlichung der von Wilhelm Marinde aus dem Französischen in Lateinische übersetzten Memoiren Karl's V entgegensehe! Man könnte darin nur eine Wiederholung der von Dolce gegebenen Notiz finden, wenn nicht hier der Name des lateinischen Uebersetzers beigefügt wäre, und dieser Guglielmo Marinde ist kein anderer als Wilhelm Van Male, dessen Namen lateinisch Malinaeus lautet, das die Spanier in Malineo verwandelten und der Italiener Ruscelli in Marinde!

Ist nun, wird man unwillkürlich fragen, diese Publikation wirklich erfolgt? es ist unserm Verfasser, der Alles durchforscht hat, nicht möglich gewesen, irgend eine Spur davon zu entdecken: weder in Venedig, noch an einem andern Orte Italiens ist eine solche Publikation erfolgt; diess glaubt der Verf. mit einer Gewissheit versichern zu können, die jeden Zweifel beseitigen muss: und darauf stützt er seine weitere Behauptung, dass Philipp II. in Folge der von Ruscelli ihm gewordenen Mittheilung eingeschritten und die weitere Fortsetzung des Druckes verhindert oder die ganze im Druck vollendete Schrift, vor ihrer Ausgabe, irgendwie unterdrückt oder beseitigt hat!

Dass diese Annahme an und für sich Nichts unwahrscheinliches enthält, zumal wenn man Philipps II. Verfahren bei dem Tode Van Male's gegen die Hinterlassenschaft desselben in Betracht zieht, wird man gerne zugeben. Wie aber kommt es nun, dass Anton Teissier in das Auctuarium, welches 1705 zu Genf erschien zu dem früher (1686) von ihm herausgegebenen „Catalogus auctorum qui librorum catalogos, indices, bibliothecas, virorum litteratorum elogia, vitas aut orationes funebres scriptis consignarunt", die Notiz aufnehmen konnte (p. 36): Carolus Quintus scripsit de propria vita libellum, qui prodiit Hanoviae 1602? Dass Teissier, ein eben so gelehrter als redlicher Forscher, diese Notiz, die dann auch in andere bibliographische Werke übergegangen ist, erfunden, ist nimmermehr glaublich: es ist vielmehr mit Sicherheit anzunehmen, dass er dieselbe irgendwo vorgefunden und daraus in sein Auctuarium aufgenommen hat: ob aber diese Notiz selbst richtig ist, ist eine andere Frage, um deren Lösung es sich sofort handelt. Unser Verfasser hat auch hier keine Mühe und Sorge gespart, um diese zu Hanau angeblich im Jahre 1602 erschienene Schrift aufzufinden, er hat alle Bibliotheken selbst durchstöbert oder Nachfrage über das Buch gehalten, von dessen Vorhandensein nirgends eine Spur zu finden war: selbst die Frankfurter Messcataloge der Jahre 1601—1604, in welchen alle auf der Messe erschienenen Bücher und Schriften aufgeführt sind, enthalten keine Ankündigung dieser, angeblich in einer nur wenige Stunden von Frankfurt entfernten Stadt erschienenen Schrift! In Hanau residirte zu Anfang dieses siebenzehnten Jahrhunderts ein Graf Philipp Ludwig von Hanau-Münzenberg, welcher durch seine Verheirathung mit einer Tochter Wilhelm's des Schweigsamen in Verbindung mit den Niederlanden stand, viele dort Vertriebene in Hanau aufnahm, wo er selbst eine Druckerei errichtet hatte, in welcher Manches gedruckt wurde, was an andern Orten nicht wohl erscheinen konnte. Sollten also Karl's V. Memoiren, nachdem sie in Brüssel nicht erscheinen konnten und in Venedig vor ihrem Erscheinen unterdrückt worden, später in Hanau gleichsam unter den Auspicien dieses Fürsten, an das Tageslicht getreten sein? Wir gestehen, dass wir es bezweifeln, da wir eben so wenig bezweifeln, dass diese Memoiren, wenn sie wirklich im Druck zu Hanau erschienen wären, gewiss doch irgend eine Verbreitung gefunden, dass sie, bei der Bedeutung, die eine solche Veröffentlichung in Anspruch nehmen musste, gewiss bekannt geworden, gelesen und benutzt worden wären: davon ist aber doch auch gar keine Spur vorhanden: wir glauben daher, dass die angeblich zu Hanau 1602 erschienene Schrift nie erschienen ist, und wird daher vor Allem der Quelle nachzuforschen sein, aus welcher die in Teissier's Auctuarium aufgenommene Notiz stammt; wir möch-

ten uns dann selbst die weitere Vermuthung erlauben, dass diese
Quelle in irgend einer buchhändlerischen Speculation, wie deren schon
damals so gut als heutigen Tags auftauchten, zu suchen ist, und
dass eine solche Ankündigung (die aber wohl nie zur Ausführung
gekommen ist) dem Genfer Bibliographen vorlag, als er jene Notiz
in sein Auctuarium aufnahm. Wir empfehlen diesen Punkt der weiteren Beachtung aller Freunde bibliographischer Forschung: die
Erledigung desselben dürfte auch auf die Hauptfrage selbst von we-
sentlichem Einfluss sein, um hier noch das Vorhandensein von Memoiren Kaiser Karl's V. — es seien echte oder untergeschobene —
zu bestimmen, oder gänzlich in Abrede zu stellen.

Dem Verfasser der hier besprochenen Schrift wird man für seine
lichtvolle, und, soweit die vorhandenen Quellen reichen, erschöpfende
Behandlung eines der Natur der Sache nach . so dunkeln und verwickelten Gegenstandes die gerechte Anerkennung und den wohl
verdienten Dank zu zollen haben: möchte es ihm gelingen, neue
Spuren aufzufinden, und neue Quellen zu ermitteln, aus welchen die
ganze Frage zur völligen Klarheit und Sicherheit gebracht werden
kann.   **Chr. Bähr.**

---

*Lehrbuch der allgemeinen Geschichte für die unteren und mittleren
Klassen höherer Unterrichtsanstalten. Von Joseph Beck,
Grossh. bad. Geh. Hofrath. Siebente vermehrte und ver-
besserte Auflage. Hannover 1859. Hahn'sche Hofbuchhandlung,
XVI und 294 S. in gr. 8.*

Da die früheren Auflagen dieses Buches in diesen Jahrbüchern
mehrfach angezeigt worden sind, so wird es bei Anzeige dieser
siebenten Auflage keiner ausführlichen Berichterstattung bedürfen,
zumal da das auf so vielen Anstalten eingeführte Buch sich durch
seine Nützlichkeit bewährt und als eines der vorzüglichsten Hülfsmittel zum Gebrauche bei dem geschichtlichen Unterrichte auf höheren Bildungsanstalten gezeigt hat. Der Verf. hat in der neuen Auflage nicht blos die Geschichte bis auf die neueste Zeit fortgeführt,
sondern auch das Ganze einer nochmaligen und strengen Durchsicht
unterworfen, er hat dabei alle die Ergebnisse neuerer, ja der neuesten Forschung auf einzelnen, noch dunkeln Gebieten der Geschichte,
wie z. B. der älteren orientalischen, sorgsam und mit aller Umsicht
benutzt, und insbesondere darauf Rücksicht genommen, den innern
Zusammenhang der Thatsachen und den Gang der Entwicklung, namentlich bei den historischen Culturvölkern, die vorzugsweise der kaukasischen Race angehören, in so weit anzudeuten,
als es der Umfang und die Tendenz seines Lehrbuches gestatteten.
So wird man auch dieser erneuerten Auflage den besten Erfolg versprechen können, und ihr überall eine günstige Aufnahme wünschen,
wie sie dieselbe in jeder Hinsicht verdient.

Die altchristlichen Kirchen nach den Baudenkmalen und ältern Be-
schreibungen und der Einfluss des altchristlichen Baustyls auf
den Kirchenbau aller spätern Perioden; dargestellt und heraus-
gegeben für Architekten, Archäologen, Geistliche und Kunst-
freunde von Dr. Hübsch, grossh. badischem Baudirector, In-
haber des Commandeurkreuzes II. Cl. des Ordens vom Zäh-
ringer Löwen, des rothen Adlerordens III. Cl. und des Ritter-
kreuzes des Ordens vom h. Michael I. Cl., Mitglied der könig-
lichen Akademieen der Künste zu Berlin und München und
des Royal Institut of British Architects. Erste und zweite Lie-
ferung. Carlsruhe, 1858 (deponirt bei dem grossh. badischen
Ministerium des Innern), Hofbuchdruckerei von W. Hasper in
Carlsruhe. 8 Bogen Text und 12 lithogr. Tafeln. Gr. Fol.

Das seit einigen Jahrzehnten neu erwachte und mit grossem
Eifer gepflegte Interesse für die christliche Kunst und ihre Geschichte hat sich bis jetzt vorzugsweise den verschiedenen Perioden
des Mittelalters zugewendet; die altchristliche Zeit, die Periode von
dem Siege des Christenthums unter Constantin bis auf Karl den
Grossen ist dagegen verhältnissmässig viel weniger durchforscht und
dargestellt. Freilich sind die noch übrigen Denkmale aus jener frühern Zeit nicht so zahlreich, wie die aus dem Mittelalter; überdies
sind die letztern durch nationale und andere individuelle Motive uns
näher gerückt. Aber andrerseits fehlt es doch auch aus jener altchristlichen Periode nicht an vielfachen Monumenten; ferner ist überall in der Geschichte der Künste die Periode der Entstehung und
ersten Entwicklung, in welchen ein neuer Geist, neue Formen zuerst sich zeigen, von besonderer Wichtigkeit für alle folgenden Perioden; und endlich muss der Gedanke an die grossartige geistige
Kraft, welche sich in den grossen griechischen und lateinischen Kirchenvätern jener altchristlichen Periode offenbarte, durch die Stärke
des Glaubens nicht minder als durch die Stärke des Denkens der
Wissenschaft und des Wortes die christliche Lehre und eine neue
Literatur begründeten, — dieser Gedanke muss uns schon darauf
führen, dass wir in der Kunst jener Zeit einen analogen Geist erwarten.

Das bisher Gesagte gilt wie von der christlichen Kunst überhaupt, so insbesondere von der Baukunst, namentlich was das zuletzt berührte Moment betrifft. Denn von allen Künsten ist es besonders die Architektur, welche den Geist der Zeiten, namentlich
deren moralischen und ästhetischen Charakter am meisten und am

bestimmtesten kennzeichnet. Hat eine Zeit, hat eine Nation in sittlicher Gesinnung und in den formellen Aeusserungen ihres Geistes wirklich Kraft, Charakter, Originalität, so spiegelt sich dieses in dem Styl ihrer Architektur ab. Wo es an solchen Eigenschaften fehlt, da fehlt es auch an einem eigenen Styl in der Architektur. Diese Lücke (freilich eine Lücke in dem Besten und Schönsten), schliesst übrigens nicht aus, dass eine Zeit in Demjenigen, was auf die materielle Seite des Lebens, was auf abstracte Wissenschaft und gelehrtes Wissen sich bezieht, ungeachtet dessen sehr viel und mehr als alle frühere Perioden leisten kann. Die altchristliche Periode hat aber einen eignen und zwar höchst grossartigen Styl der Architektur, wie nach den grossen und hohen religiösen und moralischen Ideen, welche die Geister bewegten, nicht anders zu erwarten ist. Diese altchristliche Architektur kennen zu lernen und darzustellen, ist eine Aufgabe, welche nicht blos für die Geschichte der Kunst, sondern nicht minder auch für die Geschichte des Christenthums und der Culturgeschichte überhaupt das grösste Interesse darbietet. Dass die Lösung dieser Aufgabe ungeachtet einzelner verdienstvoller Vorarbeiten, ungeachtet mancher mehr oder minder geistreicher Blicke, Reflexionen, Betrachtungen des Gegenstandes, dennoch bis jetzt im Ganzen und in seinem umfassenden Zusammenhang noch sehr viel zu wünschen übrig lässt und hinter der Erforschung und Darstellung anderer Theile der Kunstgeschichte beträchtlich zurückgeblieben ist, darüber wird wohl kein Zweifel obwalten. Es erklärt sich dieser Umstand auch aus der Schwierigkeit der Sache, welche sich sofort zeigt, wenn man sich den Verein von Erfordernissen klar macht, welche als Vorbedingungen zu einer Lösung der bezeichneten Aufgabe unerlässlich sind. Derjenige, welcher diese Aufgabe mit Aussicht auf Erfolg zu lösen unternimmt, muss zuvörderst ein praktischer Architekt sein. Ueber Gemälde und Statuen kann man ein Urtheil haben, selbst wenn man von der technischen Ausführung derselben auch nur eine allgemeine und blos theoretische Kenntniss hat. Bei Werken der Architektur ist dieses nicht ebenso der Fall: das technische und constructive Element ist so wichtig und so mit dem ästhetischen Elemente verbunden, dass nur derjenige, welcher das erstere genau und aus praktischer Uebung kennt, hinsichtlich des zweiten ein sicheres und competentes Urtheil haben kann. Es gehört ferner dazu die eigne Anschauung und sorgfältige, selbständige, sachverständige Untersuchung der vorhandenen Monumente. Weiter ist dazu die gehörige gelehrte Vorbildung nöthig, um die literarischen Quellen, welche allein uns von so manchen Monumenten der altchristlichen Architektur Kenntniss geben, selbständig benützen zu können. Endlich und vor Allem muss man Sinn und Herz haben zur Auffassung der religiösen christlichen Ideen, zur Auffassung der kirchlichen Institutionen.

Bei dem vorliegenden Werke über altchristliche Architektur finden sich nun diese Vorbedingungen in einem seltenen Grade vereinigt. Der Verfasser desselben, der Wiederhersteller des grössten Baues des romanischen Styles, des Speirer Domes, ist längst schon als ein praktischer Baumeister von vielfach bewährter Erfahrung, bekannt nicht minder als ein gelehrter Architekt und als Schriftsteller dieses Faches. Er kennt die Monumente, um welche es sich hier handelt, nicht blos aus eigner, wiederholter Anschauung, sondern durch eigens von ihm, und in vielen Fällen zuerst von ihm vorgenommenen Untersuchungen und Ausmessungen. Endlich ist bei ihm überall jene geistige Richtung und jener Ernst der Gesinnung wahrnehmbar, ohne welche man weder Christenthum und Kirche, noch auch das Erzeugniss derselben, die christliche Kunst erfassen und darstellen kann. Schon durch dieses, sonst selten vorkommende Zusammentreffen solcher glücklichen Umstände muss das vorliegende Werk grosse Erwartungen erregen. Eine genauere Betrachtung der bis jetzt erschienenen Hefte desselben zeigt, dass diese Erwartungen in hohem Maasse erfüllt werden. Man kann jetzt schon sagen, dass wir hier ein Werk vor uns haben, welches in der Darstellung der Periode der Architektur, welche es behandelt, Epoche macht und welches die Kenntniss des altchristlichen Kirchenbaus in seinem ganzen Umfange sicher begründet, vielfach berichtigt und erweitert, dadurch zugleich für die Kenntniss und Beurtheilung der folgenden Perioden der christlichen Architektur und für die heutige Praxis des Kirchenbaues von grosser Wichtigkeit ist. Es wird dieses hervorgehen aus der Anzeige des Inhaltes desselben, welche wir hier zu geben versuchen wollen. Wir werden dabei zugleich diejenigen Bemerkungen des Verfassers hervorheben, welche er ausser der Behandlung seines jedesmaligen Gegenstandes selbst gelegenheitlich über andre Punkte der Architektur und der Kunstgeschichte beifügt.

Das Werk eröffnet ein sehr inhaltreiches Vorwort, in welcher der Verfasser sich ausspricht über die bisherige mangelhafte Darstellung der altchristlichen Architektur aus der Zeit zwischen Constantin und Karl d. Gr., ferner über den allgemeinen Charakter und die Stellung dieser Architektur zu den folgenden Perioden; sodann über den Inhalt und die Eintheilung seines hier vorliegenden Werkes; endlich werden jetzt hier die Hauptresultate der vieljährigen Untersuchungen des Verfassers über die altchristliche Architektur angedeutet.

Was die bisherige Untersuchung und Darstellung der genannten Periode der Architektur betrifft, so hat man, abgesehen von den Werken über die Katacomben, welche letztere nur die ersten schwachen Incunabeln der christlichen Architektur enthalten, nur an dem durch die Munificenz Sr. Maj. des Königs von Preussen zu Stande gekommenen Werke Salzenbergers über die Sophienkirche eine in jeder Beziehung befriedigende Untersuchung und Darstellung eines der wichtigsten altchristlichen Baudenkmale. Das Werk von Gutensohn und Knapp über die Basiliken Roms, so verdienstlich und bedeutend es auch sonst ist, zeigt die Denkmale zunächst nur

in ihrer gegenwärtigen, mannigfach veränderten und beschädigten
Gestalt, nicht in ihrer ursprünglichen. Des Verfasser des vorliegenden Werkes beschäftigte sich unausgesetzt während einer Reihe von
Jahren bei einem dreimaligen längern Aufenthalte mit Erforschung
der altchristlichen Baumonumente; er gibt fast lauter Originalauf-
nahmen derselben und zwar nicht blos nach ihrem gegenwärtigen
Zustande, sondern theils nach den vorhandenen ältern Bauresten,
theils nach literarischen Quellen in ihren ursprünglichen Zustand restaurirt. Das Werk soll im Ganzen sechszig Platten, grossentheils
in Farbendruck ausgeführt enthalten. Der dazu gehörige Text wird
eine allgemeine Abtheilung enthalten über die altchristliche Architektur und eine specielle Abtheilung mit der Beschreibung der einzelnen Monumente. Auf diese Weise wird dieses Werk nach der
Absicht des Verf. ein wahres Handbuch des altchristlichen Kirchenbaus sein.

Die Andeutungen über allgemeine Charakterisirung der altchristlichen Architektur und der Hauptresultate der Forschungen und Ansichten des Verfassers über dieselbe, wie er sie in diesem Vorworte
ausspricht, lassen sich in folgenden Sätzen zusammenfassen: Die altchristliche Architektur zeigt eine grosse Mannigfaltigkeit von Formen,
sowohl in oblongen Kirchen als in Kuppelkirchen, ohne dass diese
beiden Hauptformen so streng nach dem Unterschied des Orientes
und Occidentes getrennt gewesen wären, wie man gewöhnlich annimmt. Es ist ferner dieser altchristliche Kirchenbau nicht als eine
untere Stufe zu betrachten, aus welcher der romanische Baustyl als
eine höhere Entwicklung anzusehen wäre, da er vielmehr in mehrfacher Beziehung ein Zurücksinken der Kunst zeigt, analog dem
Sinken der Skulptur und Malerei vom neunten bis elften Jahrhundert, im Vergleich mit der altchristlichen Periode. Die altchristliche
Architektur zeigt nicht eine unselbständige Nachahmung antiker heid-
nischer Kunstformen, noch einen unorganischen Eklekticismus, sondern im Gegentheil vielmehr einen durchgreifenden Organismus und,
wenn auch mit Beibehaltung der antiken Säule als Stütze, einen
originalen, einen höhern Charakter, der namentlich durch Grösse und
Kühnheit der Construction sowohl die antike Architektur als auch
die spätern Perioden der christlichen Architektur, die romanische und
gothische, weit überragt. Die am meisten charakteristische Eigenschaft der altchristlichen Architektur ist (wie der Verf. an einer andern Stelle S. 28 sich ausdrückt): „eine bis dahin unerhörte Kühnheit in der Construction und ein ätherisches Aufstreben der Haupt-
räume. Dies forderte die neue architektonische Aufgabe, die das
Christenthum brachte, nämlich die Darstellung grosser für die Aufnahme sämmtlicher Gemeindeglieder zureichender Kirchen“. Zugleich
war dieser Charakter der Architektur dem grossartigen Aufschwunge
des christlichen Geistes, wie er in den grossen Kirchenvätern des
vierten und fünften Jahrhunderts sich zeigt, analog. In einem ähnlichen Verhältnisse, in welchem jene classische christliche Literatur

zu den folgenden Perioden nach ihrer individuellen und nationalen Entwicklung steht, steht auch diese classische altchristliche Architektur zu den folgenden Perioden der romanischen und gothischen Architektur; sie ist der grossartige, allen folgenden Entwicklungen, welche durchaus nicht einen ununterbrochenen Fortschritt zu immer vollkommeneren Stufen zeigen, gemeinsame Grund, und steht nach einer gründlichen und unbefangenen Betrachtung der Sache durch diesen ihren Charakter einer allgemein christlichen Classicität uns als Musterbild und Ausgangspunkt des Kirchenbaus auch für die Gegenwart höher als die genannten spätern Perioden. Aber freilich muss man die Kenntniss und die Würdigung der altchristlichen Architektur um zu diesem Resultate gelangen aus altchristlichen Monumenten mit ihrer vollständigen ursprünglichen Gesimsung und Ausschmückung schöpfen und nicht, wie es bisher insgemein geschehen ist, indem man altchristliche Basiliken, deren Wandflächen des ursprünglichen Mosaikschmuckes und der Marmorvertäflung beraubt, mit modernen Decken und Fenstern versehen sind, mit vollständig erhaltenen gothischen Domen verglich. „Der Umstand (sagt unser Verf. an einer andern Stelle S. 20), dass namentlich die Vorderfaçaden fast aller altchristlichen Kirchen zu Rom, wenn sie nicht geradezu durch neuere Architektur verdeckt sind, doch wenigstens im rohen mittelalterlichen Gewande dastehen, hat nicht wenig zu der bisherigen Unterschätzung des künstlerischen Standpunktes der altchristlichen Architektur überhaupt beigetragen".

Man sieht aus diesen unsern wenigen abgerissenen Auszügen, dass es sich in diesem Werke um das Aufschliessen des Verständnisses und um die Restauration einer ganzen, grossen, bisher zu wenig gekannten oder verkannten Periode der Kunst handelt; so etwa wie einst Winckelmann den Geist und das Verständniss der antiken Kunst aufschloss. Aber auch diejenigen, welche mit den Ansichten und den Resultaten der Forschungen, welche der Verfasser jetzt schon andeutet und in seinem Werke zu begründen gedenkt, nicht oder noch nicht einverstanden sind, werden doch jedenfalls die getreue und urkundliche Darstellung jener wichtigen, bis jetzt mangelhaft bekannten Periode der Architektur, wodurch erst eine richtige Beurtheilung derselben ermöglicht wird, dem Verfasser zu danken haben.

Nach diesem Vorworte beginnt die Betrachtung der einzelnen Monumente (der allgemeine Theil des Textes wird nachfolgen) mit einer kurzen aber das Wesentliche hervorhebenden Notiz über die in den Katacomben vorkommenden Kapellen, mit Beifügung einiger Abbildungen, welche der Vollständigkeit wegen gegeben werden. Als neu publicirt kommt dazu die Abbildung einer ziemlich grossen, aus einem Felsen gehöhlten alten Kirche zu Sutri. Sie ist durch zwei Reihen Pfeiler in drei Schiffe getheilt; mit Brüstungen zwischen den Pfeilern, wohl zu dem Zwecke um die Plätze für das weibliche Geschlecht abzusondern. Was die christlichen Kirchen in dem Zeitalter vor Constantin betrifft, so hebt der Verfasser den bekannten Umstand hervor, dass deren sehr viele und sehr grosse (wie die zu Nikomedien) vorhanden waren; dass also als nach der Anerkennung des Christenthums als Staatsreligion unter Constantin überall Kirchen und zwar in sehr grossen Dimensionen gebaut wurden, man schon eine längere Uebung vor sich hatte und daher über die Anlage und constructive Anordnung christlicher Kirchen damals schon im Klaren war.

Von Repräsentanten von Kirchen aus der vorconstantinischen Incunabelperiode beschränkt sich der Verfasser auf die Betrachtung und Darstellung von nur zweien, nämlich: des ältesten Theiles des Domes zu Trier und der Kirche Sant' Agostino del crocifisso zu Spoleto. Was den erstern Bau betrifft, so schliesst sich der Verfasser den Ansichten und Resultaten Schmidts (in seinen Denkmalen Triers) an, von dem er jedoch in einzelnen Theilen der Restauration abweicht. Er erklärt sich entschieden und mit Darlegung der Gründe sowohl gegen die Ansicht, als sei dieser Bau ursprünglich ein Pallast der Helena gewesen, als auch gegen die Ansicht, welche ihn einige hundert Jahre später setzen will. Dabei unterlässt er aber nicht auf die Unterschiede aufmerksam zu machen, welche dieser Bau zu Trier von den altchristlichen Kirchen Roms und anderer Orte zeigt. Die Kirche zu Spoleto setzt der Verfasser in den Anfang der constantinischen Periode, obgleich sie zum Theil sehr verschieden ist von den altchristlichen Basiliken Roms, namentlich dadurch, dass hier nicht allein die Absis, sondern auch der zwischen derselben und dem Triumphbogen befindliche quadratische Theil des Mittelschiffes sich gewölbt findet, und zwar mit einer achteckigen Kuppel. Aber die drei Thürgestelle und die drei Fenster an der wohl erhaltenen Vorderfaçade sind ganz nach antiker Weise gestaltet und zeigen Laubornamente, wie sie in den spätern christlichen Perioden kaum mehr vorkommen.

Es folgen die Abbildungen und Beschreibungen von dem Grabmal der Constantia (dem sog. Tempel des Bacchus), dessen Bau unter Constantin und christlichen Charakter der Verf. annimmt und mit verstärkten Gründen behauptet; des Baptisteriums Constantins (San Giovanne in fonte), wovon die ursprüngliche Gestalt nicht mehr sich genau nachweisen lässt; doch hält der Verfasser bei der Umfassungsmauer und Vorhalle das Gepräge der constantinischen Zeit für unzweifelhaft und berichtigt darnach die Angabe in der Beschreibung Roms von Bunsen u. A. welche durch irrthümliche Auffassung einer Stelle aus Anastasius, im Leben Sixtus III. (432—440) das ganze Gebäude von diesem genannten Pabste neu aufführen lässt, da dieses nur von der Wiederherstellung der Säulen des Mittelraums gilt. Von der Kirche Santa Pudenziana zu Rom, welche durch den Aufenthalt des Apostels Petrus in dem auf dieser Stelle ehemals befindlichen Pallast des römischen Senators Pudenz so merkwürdig ist, deren Abbildung und Beschreibung nun gegeben wird, existirte bis jetzt keine genauere Aufnahme, noch weniger eine Darstellung ihrer ursprünglichen Gestalt. Hier wird nach den vorhandenen Resten des ersten Baue's und nach sichern Schlüssen aus der Construction, mit Ausnahme der Vorderfaçade, worüber sich mit Sicherheit nichts bestimmen lässt, alles Uebrige in seiner ursprünglichen Gestalt nachgewiesen und restaurirt. Dabei wird die bei Urlichs (in der Beschreibung Roms) ausgesprochene Ansicht berichtigt, wornach von der Absis dieser Kirche von beiden Seiten Stücke weggefallen sein sollen. Dagegen wird gezeigt, dass diese Absis schon ursprünglich nicht in einem Halbkreise, sondern, wie sie jetzt besteht, in einem kleinern Kreisabschnitt von Anfang an bestand. Von allgemeinem Interesse für Archäologen ist in diesem Abschnitte ein Excurs (S. 8 Anm. 5, womit zu vergleichen ist S. 22 Anm. 2) über die verschiedenen genau angegebenen Abstufungen der Backsteinmaurung, welche sich an den zu Rom befindlichen Monumenten von der römischen Kaiserzeit an zeigen.

Nach der Kirche des h. Andreas, welche neben der alten Peterskirche zu Rom stand (aus dem Anfang des VI. Jahrh.), und der Kirche SS. Cosma e Damiano, welche nach ihrer ursprünglichen Gestalt restaurirt, beschrieben und dargestellt werden, folgt in gleicher Weise behandelt die Kirche Maria Maggiore (Basilica Liberiana) zu Rom. Unser Verfasser erklärt sich gegen die auf eine Stelle des Anastasius gegründete gewöhnliche Ansicht, als habe Pabst Sixtus III. (432—440) diese unter Pabst Liberius (352 bis 366) gebaute Kirche ganz von neuem wiedererbaut. Aus der Bauweise der bis zum Hauptgesims ausschliesslich erhaltenen Mittelschiffmauern, welche von den Archäologen bis jetzt nicht genug in Betracht gezogen worden ist, schliesst der Verfasser, dass dieser Theil jedenfalls dem vierten Jahrhundert und somit dem ursprünglichen Bau angehört. Bei Gelegenheit der Darstellung dieser Kirche werden zwei allgemeine Bemerkungen gemacht, nämlich über die Decken der altchristlichen Basiliken, und über die an die Stelle der antiken Architraven getretenen Archivolten.

Der Verfasser nimmt für die Basilica Liberiana eine Holzdecke an, aber manichfach vertäfelt und reich verziert, und bemerkt, dass solche überhaupt in dem constantinischen Zeitalter diesen Bauten eigen waren, wogegen das Weglassen einer solchen Decke, so dass die ganze innere Dachrüstung von unten sichtbar bleibt, erst in einer spätern, mehr verarmten Periode Roms üblich wurde. Damit ist jedoch eine Bemerkung zu verbinden, welche der Verf. an einer andern Stelle macht (S. 18 Anm. 7): „In Italien machen die offenen Dachrüstungen, die durch das ganze Mittelalter angewendet wurden, schon darum keinen so ärmlichen Eindruck, weil ausser der glatten Bearbeitung der Balken die innern Oberflächen des Daches eine sehr glatte Lage von enggefügten Thonplatten darbieten, worauf erst die äussern Ziegel liegen. Die Dachdeckung ist also, obgleich das Klima

milder als bei uns ist, eigentlich doppelt und folglich weitans dauer-
hafter als unsere nordische Ziegeldeckung". Die kühnere Ueberspannung aber der Säulen durch Archivolten statt Architraven kam
nach unserm Verfasser nicht, wie oft doctrinär ausgesprochen wird,
erst allmälig durch fortschreitende Entwicklung in den christlichen
Basiliken seit Constantin zur vollen Anwendung, sondern wurde schon
gleich bei den ältesten Kirchen der ersten christlichen Bauperioden
in sehr grossen Dimensionen angewendet.

Bei der nun folgenden Darstellung der Kirche S a n t a S a b i n a
zu Rom aus dem fünften Jahrhundert, der einzigen zu Rom noch
bestehenden alten Basilica von bedeutender Grösse, welche ihre ursprüngliche Anlage im Innern wenigstens ziemlich unverändert erhalten hat, wird die Ansicht ausgeführt, dass auch die Absis auf jeder
der beiden Nebenseiten der ursprünglichen Anlage angehöre. Man
hatte dieses bisher in Abrede gestellt aus dem Grunde, weil man
annahm, es sei in den altchristlichen Kirchen nur e i n Altar gewesen und, da man die Absis als vornehmlich für die Stelle des Altars
bestimmt ansah, daher auch nur e i n e Absis. Es wird dagegen
nachgewiesen, dass es schon vor Constantin Kirchen mit mehreren
Altären gab, und es wird das Verhältniss der Stellung des Altars
zur Absis erörtert. Noch wird von unserm Verfasser angenommen
und durch andere Beispiele begründet, dass die Abseiten der Basilika Santa Sabina ohne Fenster waren, und dass die Absis des Haupt-
schiffes drei Fenster hatte.

Es folgt die K i r c h e S a n P i e t r o i n v i n c o l i (B a s i l i c a
E u d o x i a n a) zu Rom. In dieser Kirche (aus dem V. Jahrhundert), bei welcher die restaurirende Darstellung des Verfassers Mo-
saiken und Fenster des Mittelschiffes, die jetzt ganz fehlen, hinzufügt, nimmt der Verfasser die Kreuzgewölbe der Seitenschiffe als
ursprünglich an, wodurch diese Basilika vor den andern römischen
Basiliken der ersten Bauperiode sich auszeichnet. Auch vermuthet
er nach den dicken Umfassungzmauern des Transeptes, dass sogar
auch die dort befindlichen drei Kreuzgewölbe, welche man gewöhnlich der Zeit des Pabstes Sixtus IV. zuschreibt, gleichfalls dem ursprünglichen Bau angehören. Gelegentlich erklärt sich der Verfasser gegen die herkömmliche Meinung, als seien in den ältesten christlichen Kirchen keine Statuen geduldet worden (S. 14). Er bemerkt:
man dürfe nur lesen, was A n a s t a s i u s über die vielen Bildhauer-
arbeiten berichte, welche Kaiser Konstantin in die Kirchen gestiftet
habe, um sich zu überzeugen, dass es selbst schon in den ältesten
Kirchen nicht an zahlreichen Statuen und Reliefs gefehlt habe. In
Folge dieser Ansicht nimmt der Verfasser auch bei der Beschreibung
der Paulskirche an (S. 17): „dass in die grossen Räume der Kirche
schon bald nach ihrer Erbauung viele Statuen gestiftet wurden"; ohne
jedoch darüber nähere Angaben beizubringen.

In Anbetracht dessen und da in den allgemeinen Werken über
christliche Kunstgeschichte über die früheste Anwendung der Plastik

in den christlichen Kirchen, namentlich über die Aufstellung von Statuen in denselben, genauere Angaben meistens vermisst werden, so
mag es gestattet sein, die von dem Verfasser des vorliegenden Werkes hier gegebene Hinweisung auf Anastasius in Bezug auf den
Gebrauch von plastischen Werken, namentlich von Statuen in den
christlichen Kirchen etwas weiter auszuführen.

Kugler (Handb. der Kunstgesch. S. 869) erklärt sich über
diesen Punkt in folgender Weise: Statuen seien in der altchristlichen
Kunst seltene Ausnahmen, wovon als Beispiele die noch aus dieser
Periode vorhandenen Statuen des h. Petrus und des guten Hirten
nebst den altchristlichen Sarkophagen angeführt werden; man habe
eine Scheu vor plastischer Gestaltung gehabt wegen der frühern
Anwendung derselben im Heidenthum; die Anwendung von plastischen Bildwerken hätte auch eine ganz andere Gliederung der Architektur, als die in den altchristlichen Kirchen gegebene, verlangt.
Auch fügt er noch die Bemerkung hinzu: es sei in der altchristlichen Periode eine grosse Vorliebe für kostbares Material bei plastischen Werken gewesen. Der hier von Kugler wenigstens doch
in eingeschränktem Maasse zugegebene Gebrauch der Plastik in der
altchristlichen Kunst wird von Andern gerade zu ganz in Abrede
gestellt. Es wird kurz behauptet: „In den ersten sechs Jahrhunderten des Christenthums seien plastische Bildwerke nicht im Gebrauch
gewesen" (Münter Sinnbilder der Christen I, 11), oder es wird
eine unbedingte Feindschaft zwischen Christenthum und Bildnerei in
jener frühern Zeit angenommen und es wird sogar behauptet, diese
letztere Kunst als christliche Kunst sei zuerst in den Ländern nordwärts der Alpen entstanden. So Kreuser in dem Werke über
christlichen Kirchenbau (II. 237), welcher jedoch selbst wieder bemerkt, dass Constantin die Bildsäule des Heilandes als guter Hirt
und die Bildsäule des Propheten Daniel aufstellen liess, was übrigens nicht in einer Kirche, sondern auf einem freien Platze bei
einem Brunnen geschah.

Zu einer richtigen Auffassung der Sculptur in der altchristlichen
Kunst ist zuerst zu unterscheiden: deren Anwendung zu profanen
Zwecken und deren Anwendung zu kirchlichen Zwecken. Was erstere betrifft, so dauerte auch in dieser Periode die aus der antiken
Zeit überkommene Sitte der Ehrenbildsäulen fort und der plastischen
Verzierung an Geräthen und Gefässen aller Art, wenn auch mit un-
vollkommener Kunstfertigkeit, und einer eben deswegen schwierigen
und seltnern Ausführung grösserer Werke. Bei der Anwendung der
Plastik zu religiösen und kirchlichen Zwecken unterscheiden wir wieder deren Anwendung bei Geräthen und Gefässen, und deren Anwendung zur Fertigung von Statuen, die man an und in den Kirchen aufstellte. Jene erstere Anwendung fand in ununterbrochener
Fortsetzung der antiken Uebung auch zu christlichen Zwecken fort,
und eben dahin gehören insbesondere die so zahlreichen mit Bildwerken versehenen Sarkophagen, welche auch zuweilen innerhalb

der Kirchen aufgestellt waren. Was die Aufstellung von Statuen
in christlichen Kirchen betrifft, so war dieselbe zur Zeit Constantins
jedenfalls häufiger als man gewöhnlich annimmt, so dass von einer
principiellen, unbedingten Ausschliessung der Plastik aus dem Kreise
der kirchlichen Kunst in dieser Periode nicht die Rede sein kann,
wenn solche plastische Werke auch nicht so häufig waren, als man
nach den, aus dem hier vorliegenden Werke über altchristlichen
Kirchenbau oben angeführten Stellen schliessen könnte.

    Für das hier Gesagte finden sich in des Anastasius Liber
pontificalis bemerkenswerthe Beweise und Beispiele. Dabei darf
man vielleicht auch noch annehmen, dass die dort zu bemerkende
ausschliessliche Erwähnung nur von Statuen aus edeln Metallen,
darauf beruht, dass bei der Aufzählung von Geschenken und Stiftungen für die Kirchen überhaupt nur die kostbaren und werthvollsten derselben genannt werden sollten und dass aus dem Stillschweigen über Statuen aus minder kostbarem Material nicht unbedingt
deren Vorhandensein geläugnet werden kann. Die in dem folgenden aus Anastasius zu gebenden Beispiele von Statuen in den Kirchen gehören in das vierte und fünfte Jahrhundert; nach dieser Zeit
kommt bei demselben keine Erwähnung von Statuen vor bis zu dem
achten Jahrhundert unter Pabst Gregor III. (731). Jene zuerst genannten Beispiele sind aber folgende.

    In der basilica Constantiniana (Laterankirche) stiftet Constan-
tin: fastigium argenteum battutile, quod habet in
fronte Salvatorem sedentem, in pedibus V, pensantem
libras CXX; duodecim apostolos in quinis pedibus,
qui pensaverunt singuli libras nonagenas cum coro-
nis argenti purissimi; item a tergo respiciens in ab-
sida Salvatorem sedentem in throno in pedibus quinis ex argento purissimo, qui pensavit libras CXL;
angelos quatuor ex argento qui sunt in pedibus quinis costas cum crucibus tenentes, qui pensaverunt singuli libras CV cum gemmis alavandinis in oculos. Fastigium ipsum ubi stant angeli vel apostoli pensat libras duo millia viginti quinque ex argento dolatico;
farum ex auro purissimo, quod pendet sub fastigio
cum delphinis quinquaginta, quae pensant cum catena
sua libras XXV. (Vit. Sylvestri cap. 36 T. I. p. 1514. Ed.
Migne). Dieses plastische Werk, welches bei den Einfällen der Barbaren zerstört worden war, stellte später der Kaiser Valentinian auf
Bitten des Pabstes Sixtus III. (432) wieder her, wie Anastasius
an einer andern Stelle berichtet (c. 65. Tom. II. p. 226).

    Wir haben also hier in dieser Schenkung Constantins für
die von ihm gebaute Basilika ein grosses Werk der Sculptur von
Silber, bestehend aus zwei grossen plastischen Gruppen mit lebens-
grossen Figuren; in der einen Christus mit den zwölf Aposteln, in
der andern Christus mit vier Engeln, welche Stäbe mit Kreuzen

oder Kronen mit Kreuzen trugen (denn statt costas ist zu lesen, wie Commentatore zu dieser Stelle schon bemerkt haben, hastas oder coronas); die Augen der Engel (nicht auch der andern Statuen) hatten, um ihren überirdischen Charakter auszudrücken, Edelsteine eingesetzt, welche nach der Stadt Alabanda in Carien benannt, und sonst öfters vorkommen. Beide Gruppen waren auf den zwei entgegengesetzten Seiten eines und desselben (also freistehenden) Giebels, der aus geschlagenem Silber (argentum battutile, dolaticum) war, aufgestellt. Nun entsteht die Frage, wo dieser Giebel angebracht war. Darüber fehlt es an einer nähern Andeutung; nur ist gesagt, dass die eine Gruppe (Christus mit den Engeln) nach der Absis der Basilika gerichtet war, und dass unter dem fastigium ein goldener Kronleuchter (pharus) mit fünfzig Delphinen geschmückt, aufgehängt war. Es schien uns am wahrscheinlichsten, diesen Giebel als zur Decke eines Ciboriums über dem Altar gehörig anzunehmen. Solche Ciborien von Silber werden bei Anastasius mehr als einmal angeführt; einigemal mit arcus von Silber. Statt dieser Bogen, welche später vorherrschten, hätten wir dann hier bei diesem Werke der constantinischen Zeit eine sich mehr an die antike Weise anschliessende architektonische Form eines Ciboriums. Von ähnlichen Formen von Confessionen oder Altären der Märtyrer gibt Beispiele und Abbildungen Ciampini Vet. monum. I. 178. 181. Eine andere sehr beachtungswerthe Erklärung, welche wir einem gelehrten Freunde verdanken, setzt diesen Giebel mit den beiden Statuengruppen an den Anfang des Chors an die Stelle des später üblichen Triumphbogens, statt dessen hier in der constantinischen Basilika mit einer ohne Zweifel flachen Decke diese architektonische Form eines Giebels ganz angemessen war. Ebenso bei dem Triumphbogen angebracht stellte sich, wie ich sehe, auch Bianchini dieses fastigium mit der doppelten Gruppe vor (Prolegomen. ad Anastas. T. I. p. 975. Ed. Migne). Ein andres Werk der Sculptur war von Constantin in dem zu seiner Basilika gehörigen Baptisterium gestiftet worden. Dort stand nämlich bei dem Taufbecken ein Lamm von reinem Gold dreissig Pfund schwer, aus welchem sich das Wasser ergoss; rechts davon der Heiland von dem reinsten Silber fünf Fuss hoch, 170 Pfund schwer; links der heilige Johannes der Täufer, fünf Fuss hoch, 100 Pfund schwer; ausserdem sieben Wasser speiende Hirsche von Silber, jeder 80 Pfund schwer (Anastas. Sylvest. c. 36, p. 1518). Zwei andere von Constantin in Kirchen aufgestellte Geschenke scheinen Basreliefs gewesen zu sein, wenigstens jedenfalls das zweite derselben; nämlich in der Peterskirche Actus apostolorum, pensum singuli libras CCC (ebendas. cap. 38, 14. p. 1518), also eine Reihe von Darstellungen aus der Apostelgeschichte, Gruppen oder grosse Basreliefs, jede einzelne Darstellung 300 Pfund schwer (wohl von Silber, dessen Erwähnung unmittelbar vorhergeht); und in der Basilika des h. Laurentius ante corpus beati Laurentii martyris argento clusam passionem ipsius si-

gillis ornatam, cum lucernis byssinis argenteis, pensantes sing. libr.
quindecim (ebendas. cap. 43, 9. p. 1522).

Andere Beispiele ähnlicher Werke aus dem fünften Jahrhunderte
bei Anastasius sind folgende. Unter der Regierung des Papstes
Sixtus III. schenkte der Kaiser Valentinianus in die Peterskirche
imaginem auream cum duodecim portis et Apostolos
duodecim et Salvatorem in gemmis pretiosissimis ornatam super confessionem beati Petri apostoli (Sixt.
III. cap. 65, 1. Tom. II. p. 226). Man hat sich darunter ein Werk
zu denken von ähnlicher Anordnung, wie sie auf altchristlichen Sarkophagen so oft vorkommt: Christus in der Mitte thronend oder
stehend und rechts und links die zwölf Apostel zwischen Säulen
oder Pfeilern mit Bogen oder Giebeln stehend. Derselbe Pabst Sixtus III. stiftet in die Basilika des heil. Laurentius absidam cum
statua beati Laurentii Martyris argentea pensante
libras ducentas (ebends. c. 65, 12. p. 227). Ein ähnliches Bild-
Werk wie das oben genannte über der Confession des heil. Petrus
genannte stiftet Pabst Symmachus (498) in die Paulskirche, nämlich: super confessionem imaginem argenteam cum
Salvatore et duodecim apostolos, qui pensabant libras viginti (Anastas. LIII, S. Symmach. c. 79, 25. Tom. II,
p. 454). Wir kehren von dieser Digression wieder zurück zu der
Inhaltsanzeige des vorliegenden Werkes, und zwar des jetzt folgenden Abschnittes:

Die alte Paulskirche zu Rom (S. 15—20). Diese welt-
berühmte altchristliche Kirche wird mit besonderer Sorgfalt und Ausführlichkeit behandelt und es sind diesem Theile des Werkes drei
eben so genau als schön ausgeführte Tafeln mit Grundriss, Durch-
schnitten, perspectivischen Ansichten des Aeussern und des Innern
gewidmet. Obgleich aus der frühern Zeit vor dem grossen unheil-
vollen Brande viele Aufnahmen vorhanden sind, unter welchen der
Verfasser diejenigen von Nicolai und die spätern in dem Werke
über die römischen Basiliken von Gutensohn und Knapp als
die genauesten bezeichnet, so ist dennoch bis jetzt noch keine Darstellung der vollständigen ursprünglichen Gestalt und Ausschmückung des Innern und Aeussern dieser Kirche gegeben worden.
Das zu thun unternimmt der Verfasser in diesem Abschnitte seines
Werkes. Er hat dazu alle historischen Nachrichten über den ursprünglichen Bau und dessen Veränderungen angewendet, so wie die
genaue Untersuchung des vorhandenen Baues und die aus der Analogie mit andern altchristlichen Baudenkmalen sich ergebenden Resultate. Damit verbindet er eine wiederholte eigne Anschauung und
Durchforschung dieses Wunderbaues. „Ich brachte bei meinem ersten Aufenthalte zu Rom (sagt er) in dieser Unermesslichkeit manche Stunden in Staunen versunken bin. Bei meinem zweiten Aufenthalte musste ich das schreckliche Schauspiel erleben, dieses un-
vergleichliche Baudenkmal in Flammen aufgehen zu sehen, und wäh-

und meiner beiden letzten Aufenthalte in der ewigen Stadt sah ich
leider, wie der Wiederaufbau zwar mit aller Aufmerksamkeit und
Pracht und genau nach der ursprünglichen Grundanlage, aber nicht
mit richtigem Verständnisse ausgeführt wurde" (S. 15). Es kann
nicht unsre Absicht sein die von dem Verf. gegebene Restauration
der Paulskirche in ihrem Aeussern und Innern hier im Auszuge zu
wiederholen. Wir beschränken uns auf die Bemerkung, dass er dabei jede nicht urkundlich oder durch sichere Analogie zu begründende Willkür vermieden und dass er, wo ein solches ganz sichere
Vorgehen nicht gestattet ist, die Grenze des sichern und unsichern
Gebietes bei seinen Annahmen gewissenhaft angibt. Auch in diesem Abschnitte kommen wie in den andern bei gegebener Gelegenheit manche werthvolle oder interessante Bemerkungen allgemeinern
Inhaltes vor. Wir zeichnen darunter aus die Bemerkung über einige
griechische Marmorarten (S. 18 Anm. 5) bei der Berichtigung einer
Angabe in der Beschreibung Roms von Platner und Bunsen, wornach die Schäfte der grossen monolithen Säulen an dem Triumphbogen von pentelischem Marmor gewesen sein sollen. „Der pentelische Marmor (bemerkt dagegen der Verf.) war, wie die periklei-
schen Monumente zu Athen zeigen, gar nicht in grossen Stücken zu
haben. Alle Cella-Mauern und Säulen bestehen dort aus pentelischem
Marmor, aber die Säulenschaften mussten aus je fünf bis sieben
Trommeln zusammengesetzt werden, die aber so fein auf einander
passen, dass ich während meines Aufenthaltes zu Athen im Jahre
1818 an manchen Stellen erst nach wiederholten Untersuchungen
die Fugen wahrnehmen konnte. Alle Architravstücke, obgleich auch
diese nicht von sehr bedeutender Länge sind, wurden aus hymetti-
schem Marmor angefertigt, weil eben der pentelische Marmor nicht
in so langen Stücken zu haben war". Nach einer genauern Angabe
über den Unterschied der beiden Marmorarten, wobei auch der jetzt
zu Rom Cipollino genannte Marmor von dem hymettischen, mit dem
er gewöhnlich für identisch gehalten, unterschieden wird, erklärt sich
der Verf. gegen Semper, welcher in der Färbung des pentelischen
Marmors bei den Monumenten zu Athen den Ueberrest eines ursprünglichen Anstriches findet, wogegen nach Hübsch diese Färbung,
ein wunderschöner goldgelber Anflug, ein Werk der Zeit und at-
mosphärischer Einwirkung ist, am stärksten auf der Wetterseite, da
überdiess auch Niemand auf den Gedanken gekommen wäre, die
spiegelglatt polirten Marmorflächen mit Farben zu übertünchen. Die
Säulenschafte in den Seitenschiffen von St. Paul (wird ferner bemerkt) waren nicht von parischem Marmor, wie man nach einer
Stelle des Prudentius früher angenommen hat, welcher hierin sich
irrte, oder diese Benennung gleichsam nur als ein allgemeines poetisches Epitheton ornans anwendete, sondern aus proconnesischem
Marmor (jetzt Salio, auch Bianco e nero genannt); bei welcher Anführung noch andere Bemerkungen über diesen letztern Marmor beigefügt werden.

Die bisher beschriebenen und restaurirten acht Kirchen aus der ersten christlichen Bauperiode sind Repräsentanten der Basiliken-Anlage, — d. i der Langhauskirchen mit holzbedeckten, durch Säulen oder Pfeiler unterstützten Mittelschiffen. Ehe der Verf. weiter fortschreitet, gibt er noch in einem Rückblicke folgende vier Punkte als die charakteristischen Kennzeichen des Basilikenbaues an:

1) Horizontal abgeschlossene Decken mit reichen Cassaturen, welche später bei eintretender Verarmung Roms wegfielen, so dass man sich mit der Dachrüstung allein begnügte; 2) Fensteröffnungen des über die Abseiten hinausreichenden Mittelschiffes, welche an den ältern Kirchen sehr gross waren, später sich verkleinerten; 3) die Ueberspannungen über den Freistützen des Mittelschiffes gewölbt, zuweilen auch aus Architrav-Stücken bestehend; 4) die Freistützen des Mittelschiffes fast immer Säulen und zwar Monolithen, welche man von Baudenkmalen der frühern vorchristlichen · Zeiten zu nehmen pflegte. Die Säulenstellung bekam durch die jetzt eingeführte kühne Ueberspannung durch Archivolten einen ganz neuen Charakter, welcher deswegen, weil man dazu schon vorhandene Säulen nahm, nicht weniger organisch und harmonisch war, noch auch weniger dem neuen, christlichen Charakter der Bauwerke entsprechend. Hinsichtlich dieser den ältern Monumenten entnommenen Säulen wird die gewiss sehr praktische Bemerkung hinzugefügt, dass gerade die erstaunlich grosse aus früherer Zeit vorhandene Menge solcher Säulen diese Art des Basilikenbau's zu Rom sehr beförderte und erleichterte; so wie ferner, dass die den Blick störende Anwendung von antiken Säulen ungleicher Grösse in altchristlichen römischen Basiliken nicht sowohl, jedenfalls nicht ausschliesslich oder vorwiegend einer Roheit des Geschmackes zuzuschreiben ist, sondern der zunehmenden Armuth Rom's, das den kaiserlichen Hof nicht mehr hatte und durch Barbaren Zerstörungen und Plünderungen erlitt, während man dessen ungeachtet immer noch viele Kirchen auf den Gräbern der Martyrer baute.

Doch war der Basilikenbau nicht die einzige Bauform der altchristlichen Zeit. Ausserhalb Rom, ausserhalb dieser an alten Baudenkmalen mit Säulen so überreichen Weltstadt, hatte man nicht diese Veranlassung und Erleichterung zu dem säulengetragenen Basilikenbau; hier wendete man sich dem Pfeiler - und Kuppelbau zu. So namentlich zu Mailand, das vom dritten Jahrhundert an die Hauptstadt des Reiches und Residenz der Kaiser geworden war, wo sich unter Ambrosius im vierten Jahrhundert ein reges kirchliches Leben entfaltete und welches daher für den Kirchenbau in Ober-Italien den Ton angab.

Als erstes Muster dieser zweiten Hauptgattung altchristlicher Kirchenbauten, des Kuppelbaues, wird nun von dem Verfasser die Kirche des heiligen Laurentius (San Lorenzo maggiore) zu Mailand betrachtet. Derselben werden drei Tafeln mit Grundriss, Durchschnitt und perspectivischer Ansicht des Aeussern der Kirche gewidmet. Es ist dieser Abschnitt von besonderer Wichtigkeit, indem hier eine der bedeutendsten und interessantesten altchristlichen Kirchen des Kuppelbaues, ein würdiges Gegenstück zu dem Basilikenbau der Paulskirche zu Rom, gleichsam wieder neu entdeckt und, wenigstens durch Beschreibung und bildliche Darstellung, wieder hergestellt wird. Die Kuppel des Mittelbaues stürzte im XVL Jahrhundert ein, und die Kirche wurde nach diesem Einsturze mit Beibehaltung der Grundform neu aufgebaut. Nach den ursprünglichen Umfassungsmauern, welche noch grösstentheils stehen, so wie nach den vorhandenen, zum Theil hier zum erstenmale benützten historischen Nachrichten über die alte Kirche, wird dieselbe mit Sicherheit von unserm Verfasser in allen ihren Theilen wieder hergestellt und es wird nachgewiesen, dass die Erbauung derselben jedenfalls in den Anfang des fünften Jahrhunderts zurückgeht. Hr. Hübsch hatte die Resultate seiner wiederholten Untersuchung dieser Kirche und über dieselbe vor etwas länger als einem Jahre in dem deutschen Kunstblatte bekannt gemacht und in Folge dessen eine wissenschaftliche Controverse ebendaselbst mit dem verstorbenen Archäologen Kugler zu führen, da letzterer die Umfassungsmauer für eine heidnisch-römische Arbeit, die Ueberwölbung des Mittelraumes aber für ein Werk des Mittelalters erklärte. Unser Verf. hat damals schon unseres Erachtens auf eine unwiderlegliche Weise aus technischen und historischen Gründen die Unhaltbarkeit jener Kugler'schen Ansicht nachgewiesen; er begründet jene Wiederlegung Kugler's und seine eigne Ansicht hier aufs neue und mit vermehrten Beweisen. Wir dürfen uns nicht erlauben, hier eine ausführlichere Analyse der Gründe und Gegengründe zu geben, wodurch sowohl die künstlerische Restauration dieses grossartigen altchristlichen Baues gesichert, als mehrere neue Daten und Berichtigungen der bisherigen Geschichte der altchristlichen Architektur gewonnen werden. Wir beschränken uns nur auf einige wenige Anführungen aus diesem Abschnitte. Den Totaleindruck des Innern dieser Kirche des heiligen Laurentius zu Mailand nach ihrer ursprünglichen Anlage schildert der Verfasser in folgender Weise:

„Es schwebt hoch über uns ein 24 Metres weit gesprengtes, mit vielen grossen Fensteröffnungen luftig durchbrochenes Kuppelgewölbe, das nicht etwa gleich demjenigen des antiken Pantheons zu Rom auf einer verhältnissmässig dicken und niedrigen Umfassungsmauer mit breiter Sicherheit aufliegt, sondern das von acht nur 1, 36 M. dicken und ganz freistehenden Pfeilern gestützt wird. Eine Kühnheit sonder Gleichen! Diese Pfeiler, die bis zu einer Höhe von 25 Metres emporschiessen, sprechen einen sehr augenfälligen Verticalismus aus und steigern in Verein mit den schlanken Zwischenpfeilern bei dem schon an sich sehr hohen Mittelraume nicht wenig den Charakter des Emporstrebens und der Durchsichtigkeit. Es war in diesem altchristlichen Bau eine auf das Höchste getriebene Ueberwindung der Materie in Wirklichkeit erreicht, während diess in den meisten mittelalterlichen Kirchen nur scheinbar erreicht ist; und zwar bei viel geringern, meist nur halb so grossen Dimensionen, als wir hier vor uns haben. San Lorenzo wurde zwar an Grösse, aber keineswegs an Kühnheit übertroffen durch die Sophienkirche zu Constantinopel“.

Von den Bemerkungen allgemeinern Inhalts, welche bei der Beschreibung und versuchten Restauration dieser Kirche gemacht werden, heben wir folgende aus, nämlich: einmal, dass die Kleinbogenstellungen keineswegs erst im Mittelalter entstanden, wie die neuere Kunstgeschichte bisher behauptete, sondern dass sie ein Element der altchristlichen Architektur sind, das sich in der romanischen Architektur blos fortsetzte (S. 26. 28); und ferner: dass auch die altchristliche Baukunst Kuppelgewölbe im überhöhten Bogen hatte, gegen Kugler, welcher behauptete, dass überhöhte Kuppeln der Art, (wie sie von H. Hübsch der Laurentiuskirche mit sichern Beweisen beigelegt werden), in der antiken Architektur nicht minder als in der frühchristlichen ohne Beispiel seien (S. 28).

So viel über den Inhalt der zwei ersten Lieferungen dieses grossen und schönen Werkes. Die Form der Darstellung desselben sowohl durch Wort als Bild zeigt sich als gleich befriedigend. Der Verfasser versteht es, seine Gedanken auf eine klare, anziehende, auch am gehörigen Orte belebte und ausdrucksvolle Weise wiederzugeben. Die Tafeln der Abbildungen, entfernt von allem unnöthigen Luxus, zeichnen sich durch Genauigkeit und gefällige Ausführung aus. Das Werk soll in zehn solcher Lieferungen erscheinen; die Lieferung zu 6 Gulden, gewiss für das was hier geboten wird, ein mässiger Preiss und welcher nur in dem Falle einer entsprechenden Zahl von Abnehmern den bedeutenden materiellen Opfern, welche die Herstellungskosten erfordern, das Gleichgewicht halten kann.

Es wird auch gewiss diese Theilnahme einem Werke nicht fehlen, welches nicht bloss durch äussere Vorzüge, sondern nicht minder durch seine inneren Vorzüge sich auszeichnet und über die altchristliche Architektur, also über einen Gegenstand von so vielfachem Interesse für Kunst und Religion, ein neues Licht verbreitet[*]).

---

[*]) Inzwischen ist die dritte Lieferung des Werkes erschienen, über welche wir später berichten werden.

Zell.

JAHRBÜCHER DER LITERATUR.

*Quellen und Forschungen zur Geschichte Schwabens und der Ost-
schweiz von C. B. A. Fickler. Mannheim. Druck und Verlag von J. Schneider. MDCCCLIX. In Commission bei Tobias
Löffler. CXX und 104 Seiten nebst XXI Seiten Register in gr. 4.*

Die Schrift, von der wir hier Nachricht geben, zerfällt ihrer
äusseren Anordnung nach in zwei an Umfang fast gleiche Theile,
von welchen der eine, die Einleitung, eine Reihe von selbständigen
Forschungen und Untersuchungen über die dunkle, noch wenig er-
hellte Vorzeit unseres süddeutschen Vaterlandes und der anstossen-
den Nachbarländer bringt, zu welchen die in dem andern Theile
zum erstenmal (mit ganz geringer Ausnahme) veröffentlichten Urkunden, die mehrfach ein neues Licht in diese frühe Periode werfen, die Veranlassung gegeben haben: beide Theile aber verbreiten
vielfach ein neues Licht über unsere Vorzeit und zwar in
ihrer schwierigsten und dunkelsten Periode: die Verhältnisse des
oberen Rheinthales bis zu dem Bodensee in ihrer frühesten Zeit gewinnen manche Aufklärung: die ältesten Zustände der Stadt und
Landschaft Schaffhausen, der Grafschaft Nellenburg und ihrer Dy-
nasten, die zu Schaffhausen in so naher Berührung stehen, die
älteste Geschichte des Breisgaues und der Zäringer gewinnt vielfach ein neues Licht, das nicht der Scharfsinn oder die Combi-
nationsgabe eines phantasiereichen Forschers, sondern das in Schrift
beglaubigte Zeugniss der früheren Jahrhunderte selbst gebracht hat,
abgesehen von so manchen andern Belehrungen über topographische,
ethnographische und sprachliche Gegenstände, welche neben den historischen und genealogischen Notizen aus diesen Urkunden gewonnen
werden. Der Herausgeber, der keine Mühe und Zeit gescheut hat,
diese Urkunden — grossentheils in dem Archiv des Allerheiligen-
klosters zu Schaffhausen — aufzuspüren, abzuschreiben und in möglichst correcter Weise dem Drucke zu übergeben, hat der Erklärung
derselben eine nicht geringere Sorgfalt zugewendet, und dadurch wie
durch die vorgesetzte, umfassende Einleitung den gerechten Dank aller
Freunde vaterländischer Forschung sich erworben. Was hier geleistet ist, mag aus der nachfolgenden Angabe des Inhalts erhellen.

Der erste Abschnitt der Einleitung: „Deutsches und Keltisch-
Romanisches Sprachelement im Kampfe um ihr Gebiet“, geht von
dem (wohl kaum zu bestreitenden) Satze aus, „dass, so weit die
geschichtliche Kunde zurückreicht, von den helvetischen bis zu den
schwäbischen Alpen, vom Vosegus bis zum Abnoba-Gebirge das
kunstverständige Volk der Kelten seine Wohnsitze aufgeschlagen
hatte, das Volk der Metallarbeiter, dessen Streitmeissel und Hals-

ringe, dessen Lanzenspitzen und eherne Schwerter über die christliche Zeit zurückreichen, so wie ja auch der makedonisch-griechische
Charakter vieler seiner Münzen, wie Lelewel schlagend nachgewiesen, weit über die Zeit Cäsar's hinaufreicht" (S. XII). Aber es
wird auch gezeigt, wie diese altkeltische Kultur, theils durch ein-
brechende Germanen, theils durch die Römer mit ihrer Kultur, ver-
drängt ward, so dass sogar die meisten altkeltischen Wohnorte gäns-
lich verschwanden und nur in Namen der Flüsse und Bäche, der
Berge und Thäler die alten keltischen Bezeichnungen sich erhalten
haben, die aus deutschen Wurzeln nicht erklärt werden können.
Keltisch war auch der Volksstamm der alten Rhäter, was jedenfalls
weit sicherer steht als die Verbindung dieser Rhäter mit den Etruskern; aber dieser keltische Volksstamm ward schon im Verlaufe des
ersten Jahrhunderts nach Christus völlig romanisirt und nahm selbst
die römische Sprache in der rauheren Mundart des Volks an, die
sich ja theilweise noch bis zum heutigen Tage dort erhalten hat,
während in dem in der Ebene liegenden Rhätien das deutsche Element bald das herrschende ward: aber in den gebirgigen Theilen
Rhätien's erhielt sich dieser Stamm in einer fast unabhängigen Stellung unter eigenen Herrschern, welche die geistliche Gewalt mit der
weltlichen verbanden, den auf Realta herrschenden Victoriden, die
als Bischof-Grafen von Rhätien angesehen werden können, die anfangs dem Arianismus huldigten, bis das römisch-katholische Bekenntniss auch bei ihnen zur Geltung kam; der letzte dieses Geschlechts
unterwarf sich dem Frankenreiche. Rhätien bildete nun ein fränki-
sches Fürstenthum; und das Regiment der einheimischen Bischöfe
nahm unter Karl dem Grossen ein Ende: Fränkische Krieger traten
an die Spitze der Verwaltung: auf Sprache und Sitten äusserte diess
wenig Veränderung: beide blieben romanisch: nur in dem Rheinthal begann von da an die deutsche Sprache immer mehr nach Süden vorzudringen und das romanische Element zu verdrängen; dasselbe mag auch von der Rechtspflege gelten, die im eigentlichen
Rhätien noch die romanische war, bis später im Laufe des Mittelalters durch deutsche Einwanderungen vielfach auch die deutsche
Gewohnheit und Uebung immer mehr festen Fuss gewann.

Diess sind im Allgemeinen die Resultate, zu welchen der Verfasser in diesem ersten Abschnitte gelangt: sein zweiter ("Zur Geschichte der Stadt und des Cantons Schaffhausen") p. XXIX seqq.
hat es mit der Urgeschichte von Schaffhausen zu thun, und liefert
damit einen äusserst werthvollen Beitrag zur Geschichte einer jetzt
zu Deutschland zwar nicht gehörigen, aber von Deutschen bewohn-
ten und umwohnten Landschaft. Die erstere sichere Spur der Stadt
führt uns zurück bis in die Mitte des eilften Jahrhunderts: schon
um 1045 erscheint Schaffhausen als ein ansehnlicher Ort, obwohl
nur unter dem Namen einer Villa, für welche Graf Eberhard von
Nellenburg das Münzrecht von Heinrich III. erhält: „nostro fideli
Eberhardo comiti regia nostra benevolentia et auctoritate ius et po-

testatem propriam monetam in villa scafhusen dicta et in comitatu Odalrici comitis atque in pago chletgovvi dicto sita habendi concessimus" heisst er in der betreffenden Urkunde, die in diesem Werke zum erstenmal (Cp. V p. 12) veröffentlicht wird, nach dem im Staatsarchiv befindlichen Original. Einige Jahre später, um 1049, wie unser Verfasser wahrscheinlich macht, erbaut derselbe Graf Eberhard das Kloster S. Salvator und Allerheiligen, dessen weitere Geschichte hier aus den Quellen, soweit dies möglich war, gegeben wird; es ist damit weiter verbunden eine Zusammenstellung des reichen Güterbesitzes dieses Klosters, so weit derselbe sich aus Urkunden ermitteln lässt (p. XLVI sqq.). Wir sehen daraus, dass die Besitzungen des Klosters nicht blos in den nahe gelegenen Theilen des Grossherzogthums Baden, im Breisgau, Argau, in der Baar, im Hegau und Linzgau, und in angrenzenden Theilen des Königreichs Würtemberg sich befanden, sondern auch in den nahen, schweizerischen Cantonen, in den Gebieten von Schaffhausen, Zürich, Aargau, Thurgau und Graubündten (im Rheinthal) lagen; gehörte wirklich auch Zernetz dazu, so würde der ausgedehnte Besitz des Klosters bis zu dem untern Engadin sich erstreckt haben! An diese sehr beachtenswerthe Zusammenstellung, wie sie hier mit grosser Mühe aus Urkunden des Klosters gemacht ist, knüpfen sich noch andere Nachrichten, welche die weitere Entwicklung des, wie wir gesehen haben, schon um die Mitte des eilften Jahrhunderts nicht unbedeutenden Ortes Schaffhausen betreffen: es mochte derselbe damals schon wohl an tausend Bewohner (eine nicht unwahrscheinliche Berechnung) zählen, deren Wohnungen stromaufwärts vom Kloster und landeinwärts gelegen waren, da wo der Fluss eine gute Gelegenheit zur Fähre bot: wir sind auch mit dem Verfasser der Ansicht, dass davon der Namen des Ortes abzuleiten ist, in dem Niemand die Wurzel Scapha, d. i. Schiff verkennen wird. Der Verfasser führt manche einzelne Momente an, welche der früheren Entwicklung des Ortes günstig waren, er bezeichnet uns sogar eine Anzahl von Geschlechtern, die aus der Masse der Bewohner hervortreten, welche schon zu Ende des zwölften Jahrhunderts eine geschlossene Bürgerschaft bilden, er weist uns die Errichtung eines Rathes nach, der aus zwölf Mitgliedern der patricischen Geschlechter bestand und ein eigenes Siegel — den aus einem Thurm hervortretenden Steinbock mit stark gewundenen Hörnern, später als Widder abgebildet — führte. Unter den nachfolgenden Begebnissen ist insbesondere der Bau einer Rheinbrücke anzuführen, der noch vor 1270 fällt und für die Bedeutung der Stadt und ihre ganze weitere Entwicklung von grossem Gewicht war. Eine für diese ältere Periode wichtige aber höchst schwierige Untersuchung über den Zürichgau und die Grafen von Nellenburg bildet den Inhalt des nächsten Abschnittes (p. LVII sqq.); die übersichtliche Zusammenstellung der Grafen des Thurgau und Zürichgau (p. LXXI), wie der Stammtafel, die der Verfasser (S. LXXX) von dem Geschlechte der Nellenburger giebt, verdienen be-

sondere Beachtung: die Nellenburger werden hiernach auf Luite
zurückgeführt (um 926), den Urenkel Adalberts II. des Erlauchten
(855—911); durch Adalbert I. († 846) den Sohn Humfrieds, des Markgrafen von Rhätien und Istrien, gelangen wir rückwärts bis zu dem
Jahr 800: wie viele Schwierigkeiten in diesen genealogischen Untersuchungen überall auftauchen, auf welche Lücken wir allerwärts
stossen, bedarf kaum einer näheren Ausführung.   Die Untersuchung
schliesst mit einer Betrachtung über das Wappen der Nellenburger,
das wahrscheinlich dasselbe war, das uns dies älteste Siegel der
Stadt Schaffhausen zeigt.   Ein besonderes Interesse knüpft sich an
den nächsten Abschnitt: „Der Breisgau und das Haus Zäringen"
p. LXXXV sqq.   Der Verfasser führt den Namen Breisgau auf den
aus der Ebene zwischen Rhein und Gebirg diesseits sich erhebenden Brisac-Berg (mons Brisiacus) zurück und nimmt an, dass
die Umwohner desselben, und zwar auf beiden Ufern des Rheins
(zur Zeit der römischen Kaiserherrschaft) die Breisgauer geheissen.
Nachdem die Römerherrschaft durch die Alemannen gebrochen, erfolgte bald die Unterwerfung unter die Franken und schon im siebenten und achten Jahrhundert erscheint dieser Landstrich in einem
blühenden Zustande: so wenig Nachrichten uns auch aus jener Zeit
zugekommen sind, so hat der Verfasser doch aus urkundlichen Quellen ein zahlreiches Verzeichniss der in diesem Gau gelegenen Orte
zu geben gewusst (S. LXXVIII ff.): die Verwaltung des Gaues
stand unter eigenen Grafen, deren Sitz Breisach war, wie der Verf.
nicht ohne Grund annimmt.   Nach ihm beginnt die Reihe dieser
Grafen mit Berno (660) und wird durch Pebo oder Bobo (740)
fortgesetzt; er führt dann die Geschichte derselben weiter fort bis
auf Berhtold den Bärtigen (1026—1076), den Stammvater der Zäringer.   Wie schwierig diese Untersuchung war, wo eben so sehr
Mangel an Nachrichten, als Widersprüche in chronologischen und
andern Dingen jeden Schritt der Forschung hemmen, wird Jeder,
der in das Dunkel dieser Zeit sich einmal verirrt hat, leicht zu
ermessen vermögen: darin aber glauben wir unserm Verfasser beistimmen zu müssen, wenn er jenen Pebo oder Bobo nicht in das
siebente, sondern in das achte Jahrhundert· verlegt, demnach auch
die Ermordnung des h. Trutpert, dessen Mörder jenem Bobo gefesselt übergeben worden, in eben dieses Jahrhundert verlegt, also nicht
zwischen 643 u. 646, wie die gewöhnliche Annahme lautet.   Nachdem der Verfasser die älteste Geschichte des Breisgaues bis auf den
Stammvater der Herzoge von Zäringen und Markgrafen von Baden,
herabgeführt hat, lässt er S. CVIII eine Stammtafel der Ahnen dieses Berhtold I., also der Ahnen des herzoglich Zäringischen und
grossherzoglich Badischen Hauses folgen; sie geht rückwärts bis auf
den Herzog Gotfried 708; es schliessen sich daran noch einige weitere Erörterungen, welche die Verwandtschaftsverhältnisse dieses Berhtold I. betreffen und so zur weiteren Begründung dessen dienen,
was der Verfasser bereits früher in der diesem Fürsten und seinen

Wirken eigens gewidmeten Schrift (die auch in diesen Jahrbüchern seiner Zeit besprochen worden ist: s. Jahrg, 1857, pg. 98 ff.) darüber bemerkt hatte. Zu demselben Zwecke dient auch das am Schlusse der ganzen Untersuchung beigefügte, aus gleichzeitigen Quellen entnommene Verzeichniss der Fahnen-Leben, Schirmvogteien, des Güterbesitzes und der Lehnsleute des Zäringenschen Geschlechtes bis zum XII. Jahrhundert: eine äusserst werthvolle Zusammenstellung.

Gehen wir nun zu dem andern Theile der Schrift, zu den Urkunden selbst über, die zu einem grossen Theil aus dem Staatsarchiv von Schaffhausen und dem Archiv des Klosters Allerheiligen, dann den Archiven zu Donaueschingen, Carlsruhe u. s. w. entnommen sind, oder auf Mittheilungen des verstorbenen Freiherrn von Lassberg beruhen, so sind dieselben mit aller Genauigkeit und Sorgfalt in der ihrer ursprünglichen Fassung und Schrift entsprechenden Gestalt hier wiedergegeben: bei jeder Urkunde ist genau angegeben der Ort, woher sie stammt, sowie die Beschaffenheit der Urkunde selbst; dann aber hat es sich der Herausgeber angelegen sein lassen, jeder Urkunde umfassende Erörterungen beizufügen, die theils auf die richtige Auffassung und Erklärung einzelner, dieser Zeit eigenthümlichen Ausdrücke u. dgl. sich beziehen, theils umfassende historische Untersuchungen enthalten, zu welchen der Inhalt der jedesmaligen Urkunde Veranlassung giebt: auf diese Weise ist diesen Urkunden ein umfassender exegetisch-historischer Commentar beigegeben, der den Werth der Bekanntmachung selbst nicht wenig erhöht, und auch denen, welche in der Lesung dieser mittelalterlichen Quellen minder bewandert sind, das Verständniss erleichtert. Die vier ersten Urkunden fallen in das neunte Jahrhundert (821—840, vielleicht noch später): es sind drei Schenkungsurkunden und ein merkwürdiges Fragment eines Ehevertrags, der die Vermählung einer gewissen Ferlinde mit einem Richard von Tolbiacum (Toblach) betrifft und zu Lemenne (am Lacus Lemanus, also bei Genf?) abgeschlossen ist, muthmasslich 840, wo nicht später, wie auch wir für richtiger halten: leider ist das Ganze nicht vollständig, und voller Lücken, die nur theilweise sich muthmasslich ergänzen lassen: merkwürdig ist der Vertrag, weil ähnliche Urkunden über die Veräusserung eines Mundium nicht bekannt sind, hier auch dieselben Stipulationen der Poena und die bei der Traditionsurkunde über Immobilien übliche Gewährleistungsformel sich findet: die Sprache ist übrigens sehr uncorrect. Auch die beiden folgenden, grösseren Urkunden, ebenfalls Schenkungen betreffend, gehören noch in dieses Jahrhundert: dem Ende des zehnten gehört eine aus dem Schaffhauser Staatsarchiv hier erstmals veröffentlichte Urkunde an, welche auf einen äusserst dunkeln Punkt unserer vaterländischen Geschichte ein Streiflicht wirft: in dieser zu Memmleben im Jahr 987 ausgestellten Urkunde verleiht König Otto III. dem Grafen Manegold zu Eigenthum sein Gut Baden im Ufgau mit allen dazu gehörigen.

Pertinenzien: „praedium quod habuimus in loco b a d o n nuncupata'
in pago ufgouue dicto et in comitatu cuonradi comitis situm cum
omnibus utensilibus illuc rite pertinentibus in mancipiis utriusque se-
xus areis ecclesia aedificiis terris cultis et incultis agris pratis campis pascuis silvis venationibus aquis aquarumve decursibus piscatio-
nibus molendinis viis et inviis exitibus et reditibus quaesitis et in-
quirendis cunctisque aliis appendiciis" u. s. w. Es kann keinem
Zweifel unterliegen, dass, zumal wenn wir die Bestätigungsurkunde
der Schenkung an das Kloster Weissenburg vom Kaiser Ludwig 871
dazu nehmen, hier. weder an Badenweiler noch an das schweizerische
Baden gedacht werden kann, sondern nur an Baden-Baden zu denken ist, das aber in früheren Urkunden unter dem Namen B a d e n
noch nicht vorkommt (vgl. diese Jahrb. 1853, S. 937): wir glauben
daher allerdings in dieser Urkunde die erste Erwähnung des jetzigen
Namens B a d e n zu finden, da wir kein früheres Zeugniss dafür
kennen: denn die von demselben Otto III. ausgestellte Urkunde,
worin derselbe dem Kloster Schwarzach einen Markt in dessen Dorf
Felderen bewilligt, mit der Unterschrift: „Actum B a d e n", ist aus
dem Jahre 994 (s. Dümge Regesten Nr. 33). Wenn man nun aber
weiter fragt, und der Verfasser hat S. 11 diese Frage gleichfalls
aufgeworfen, wie es komme, dass Baden, welches von Dagobert 712
dem Stift Weissenburg vergabt wird, und auch in einer späteren
Urkunde Ludwig's vom Jahre 871 diesem Stift nochmals zuerkannt
wird, nach etwa hundert Jahren, im Jahre 987, als ein königliches
Eigenthum von Otto III., der auch noch später 994 daselbst sich
aufhält, dem Grafen Manegold — wahrscheinlich aus dem späten
Nellenburgischen Geschlechte der Thurgau- und Zürichgaugrafen —
überlassen wird, so möchten wir uns einfach die Sache auf diese
Weise erklären, dass in der an Weissenburg gemachten Schenkung
nur von den warmen Quellen oder Bädern nebst der dazu gehörigen
Mark die Rede ist, ausserhalb dieser zu den Bädern gehörigen Mark
aber auch noch ein anderes königliches, und zwar, wie diese Urkunde
zeigt, ziemlich ausgedehntes Gut sich befunden, welches durch diese
Schenkung an den Grafen Manegold übergieng: auf diesem Gut verweilte wohl auch der Kaiser, als er 994 die oben erwähnte Urkunde
ausstellte; (denn wir müssten sonst, was kaum glaublich, ein zweites
königliches Gut daselbst annehmen) und dasselbe Gut wird es wohl
sein, das später wieder von Kaiser Conrad erworben und von dessen Sohn Heinrich III. vermöge einer zu Augsburg vom 7. Septbr.
des Jahres 1046 ausgestellten Urkunde der Domkirche zu Speier zu
Eigenthum überlassen ward: „quoddam praedium (so heisst es in
dieser Urkunde bei Remling Spey. Urkundenbuch I. p. 39) in villa
Baden in pago Ufgouwe in comitatu Adalberti comitis situm, quod
saepe dictus genitor nostor [Chuonrad] acquisivit nobisque heredita-
rio jure reliquit cum omnibus suis appendiciis, hoc est utriusque se-
xus mancipiis, areis, aedificiis, agris, campis, terris cultis et incultis,
pratis, pascuis, silvis, venacionibus, mercatis, theloneis, aquis aqua-

rumque decursibus, piscacionibus, molis, molendinis, quesitis et in-
quirendis et cum omni utilitate, quae ullo modo inde poterit pro-
venire, in proprium tradidimus". Vergleicht man diese Fassung und
die einzelnen hier aufgeführten Gegenstände mit dem, was in der
Schenkungsurkunde Otto III. vom Jahr 987, wie wir sie oben mitgetheilt, verkommt, so wird man unwillkürlich zu der Vermuthung
geführt, dass das Object beider Schenkungen ein und dasselbe ist,
und dass es sich hier um ein und dasselbe praedium handelt. In
einer spätern Urkunde vom Jahr 1140, worin Konrad III. der Domkirche zu Speyer alle die von seinen Vorfahren verliehenen Besitzungen und Freiheiten bestätigt (s. bei Dümge Nr. 83 p. 131. 132),
wird daher neben Rothenfels (Rodenvelis), das schon ein Jahrhundert früher an die Domkirche zu Speyer gekommen war, auch Ba-
d i n aufgeführt.

Es waren aber in dieser Schenkung die Bäder selbst mit der
dazu gehörigen Mark, die als Balnea oder calidae aquae vel marca
ad ipsas balneas pertinente in den früheren Urkunden bezeichnet
werden, gewiss nicht einbegriffen, sonst würde deren ausdrückliche
Erwähnung ohne Zweifel stattgefunden haben: die Bäder also gehörten nach Weissenburg: wie lange sie aber im Besitz dieses Stiftes blieben, und wie es überhaupt mit diesem Besitzthum in der
Folge ergangen, ist ein noch ganz dunkler Punkt, der nur durch
Auffindung neuer Quellen, d. h. Urkunden erhellt werden kann, was
wir sehnlichst wünschen, auch im Interesse einer Geschichte der berühmten Bäderstadt, über welche, ungeachtet der Bedeutung, die
sie schon zu den Zeiten der Römer hatte, und auch in der darauf
folgenden Periode noch gehabt zu haben scheint, wir noch so Weniges wissen, wodurch die frühere, fast tausendjährige Periode der
Stadt einiges Licht gewinnen kann.

Die Mehrzahl der Urkunden betrifft Vergabungen, Schenkungen
an das Kloster Allerheiligen zu Schaffhausen, oder Ertheilung und
Bestätigung von Freiheiten, Schirmbullen, Schlichtung von Streitigkeiten u. dgl.: die zahlreich darin vorkommenden Ortsnamen, wie
die nicht minder zahlreich darin enthaltenen Namen von mehr oder
minder bedeutenden Persönlichkeiten jener Zeit, so wie andere darin
erwähnte Nachrichten, die auf manche Verhältnisse jener früheren
Zeit Licht werfen, geben diesen Urkunden einen besondern Werth
für die Geschichte und Geographie dieser Theile des südwestlichen
Deutschlands in einer so frühen Zeit. Wir haben schon oben der
Urkunde gedacht, in welcher Heinrich III. dem Grafen Eberhard
das Münzrecht in der Villa Scafhusen (welche „in comitatu Odalrici
comitis atque in pago Chletgovvi dicto sita" bezeichnet wird) verleiht im Jahre 1045 (s. hier Nr. VI, p. 12); wir erinnern weiter an
eine unter Nr. VII, p. 17 hier abgedruckte merkwürdige Urkunde
vom Jahr 1056, in welcher Graf Eberhard von Nellenburg neben
verschiedenen Jahresstiftungen auch eine Gruftkirche auf der Reichenau stiftet, von der leider jetzt auch keine Spur mehr anzutref-

fen ist; diese Urkunde enthält Manches Neue für die Geschichte der
Grafen von Nellenburg; es werden hier Mitglieder dieses Geschlechts
genannt, die uns bisher unbekannt waren: auch die erste Erwähnung des Schlosses Nellenburg kommt in dieser Urkunde vor, die
daneben gelegene Villa am Nenziger Berg wird von unserm Herausgeber für das jetzige Stockach gehalten.   Reichenau wird übrigens nicht als Dives Augia erwähnt, sondern mit seinem älteren
Namen Sintlahesovva, nach dem Namen des Schenkers der Insel (Sintlahs).   Merkwürdig ist auch die unter Nr. XIX, S. 37
mitgetheilte Urkunde, die uns einen merkwürdigen Blick in das Fehdewesen jener Zeiten öffnet: es ist ein Schreiben des Abtes Adalbert I. zu Schaffhausen an den Pabst Calixtus um 1120 gerichtet,
worin er von den Unbilden spricht, welche Conrad, Herzog von Zäringen — er heisst hier „quidam dominus nomine Conradus puer ado-
lescens Bert. ducis filius" der Stadt und dem Kloster angethan, in
so fern er einen Angriff mit bewaffneter Hand gemacht und da er
nach langem bis in die Nacht verlängerten Kampfe nicht einzudringen vermocht, einen Theil der Stadt durch Feuer verheert, dann
aber verwundet abgezogen, um den andern Tag den Angriff zu erneuern und Alles mit Stumpf und Stiel auszurotten („omnem locum
cum hominibus penitus eradicaturus").   Es gelang dem Abt nicht,
den wilden Krieger zur Milde zu bewegen, der noch überdem eine
bedeutende Contribution auflegte: in dieser Noth wendet sich der
Abt an den Pabst, damit dieser den Bischof von Constanz zu einem
Einschreiten gegen den Herzog mittelst kirchlicher Censuren veran-
lasse.   In andern Beziehungen merkwürdig ist die unter Nr. XXX,
S. 60 abgedruckte Urkunde: der Pabst Alexander III. bestätigt darin unter dem 25. Mai des Jahrs 1179 aus dem Lateran zu Rom
dem Kloster Allerheiligen zu Schaffhausen seinen Besitz, der hier
im Einzelnen aufgeführt wird, was wegen der Ortsnamen von nicht
geringer Bedeutung ist; dann aber auch ist diese Urkunde merkwürdig durch die Unterschriften sämmtlicher damals wohl zu Rom
befindlichen Cardinäle: es sind zwanzig Namen, auf der ersten Reihe
der Unterschriften sind aber einige Plätze leer gelassen, woraus zu
entnehmen steht, dass diese zwanzig nicht die Gesammtzahl bildeten.   In Bezug auf Schaffhausen wollen wir noch zweier Urkunden
gedenken, welche hier unter Nr. XLIII und XLVIII, p. 89 u. 96 ff.
abgedruckt sind; die eine enthält eine von Seiten des Klosters Allerheiligen ausgehende Belehnung eines Schaffhauser Bürgers Heinrich Brümsi (eines der angesehensten Geschlechter der Stadt in jener Zeit, die später als ein Patriciergeschlecht zu Constanz vorkommen) mit dem Erbzinslehen des Lade und Fährgeldes (Schiff-
ledi) zu Schaffhausen um das Jahr 1258; in der andern Urkunde
vom 10. October des Jahres 1285 ist eine Bestätigung desselben
von Seiten Rudolphs von Habsburg enthalten: die einzelnen Bestimmungen, unter welchen die Belehnung stattfindet, und die verschiedenen Obliegenheiten und Abgaben des Belehnten enthalten Manches

Merkwürdige, wie z. B. die Lieferung von zwei Lachsen, die an
einigen Festtagen zu entrichtenden Fässchen besseren Weines u. dgl.,
die freie Fahrt für die Klosterherrn, und andere darauf bezügliche
Leistungen.

Man wird aus diesen wenigen Proben die Bedeutung der hier
veröffentlichten und mit einem reichhaltigen Commentar ausgestatte-
ten Urkunden ersehen: dem Herausgeber, der mit so vieler Mühe
diese Urkunden ausfindig machte, und nun in einer solchen Weise
veröffentlicht hat, wird man gewiss zu innigem Danke verpflichtet
sein: möge es ihm vergönnt sein, noch andere ähnliche, bis jetzt
verborgene Schätze der Vergangenheit an das Tageslicht zu bringen
und das Dunkel, das über die frühere Vorzeit unseres Vaterlandes
ausgebreitet ist, zu lichten und aufzuhellen.

Chr. Bähr.

Erläuterungen zu den deutschen Classikern 11., 12., 13. Bändchen.
Erste Abtheilung: Erläuterungen zu Göthes Werken von Düntzer.
Bd. VI (142 S.), VII (120 S.), und VIII (138 S.). Jena, Karl
Hochhausens Verlag, 1858.

Die erste Abtheilung obiger, schon früher in diesen Blättern
angezeigten Sammlung umfasst in den vorliegenden Bänden Erläuterungen zu Göthe's dramatischen Werken von Düntzer.
Der sechste Band enthält Götz von Berlichingen, der siebente Egmont, der achte Clavigo und Stella.
Der erste von obigen drei Bänden, welcher die Erläuterungen
zu Götz von Berlichingen gibt, enthält ausser der Einleitung
(S. 1—25) fünf Abschnitte: 1) die Entstehung des Götz (S.
26-43), den Stoff und dessen dichterische Gestaltung
(S. 44—58), die dramatische Ausführung nach den fünf Acten des Schauspiels (S. 59—122), 4) die Charaktere (S. 123
bis 132), die Bühnenbearbeitung (S. 133—142). Die Einleitung behandelt drei Gesichtspunkte, das Wesen der dramatischen Poësie (S. 1—8), die dramatische Entwicklung Göthe's (S.
8—20) und seine dramatische Bedeutung (S. 20—25). Diese Gegenstände haben keine besondere Beziehung zu dem in diesem Bande
behandelten Götz; sie können nur als Einleitung zu den dramatischen Werken Göthes überhaupt angesehen werden. Allein selbst
von diesem Standpunkte betrachtet, erscheint wenigstens der erste
Theil der Einleitung überflüssig, da man bei Lesern von Erläuterungen zu Göthe's dramatischen Werken den Begriff des Drama's
und seiner verschiedenen Arten als bekannt voraussetzen kann. Wir
finden, was diesen ersten Theil der Einleitung betrifft, eine Bestimmung des Dramas im Allgemeinen, sodann der Tragödie, Komödie,
des Schau- und Trauerspiels, des historischen und bürgerlichen Drama's, der geschichtlichen, sagenhaften und rein erfundenen Dramen,

des Lustspiels, der Oper, des Singspiels und Melodrams. Doch eine
wenn auch nur kurze Behandlung dieser Gegenstände ist zu einer
sachlichen Erklärung von Göthe's dramatischen Werken zu weit
ausgeholt. Der mit seinem Stoffe sehr vertraute Herr Verf. beginnt
die Einleitung mit dem Begriffe des Dramas S. 1: „Der Inhalt des Dramas, im Gegensatz zum Epos und zur Lyrik, ist der sein
eigenstes Wesen darstellende Mensch, seine Form persönliche Ver-
gegenwärtigung. Handlung und sinnliche Gegenwart sind seine Pole,
die Achse der wollende, thätige Mensch. Dieser letztere kann aber
nun entweder auf ein ernstes, würdiges Ziel hingerichtet sein, oder
sich leeren, unwürdigen Bestrebungen hingeben, wonach wir zwei
Hauptarten des Dramas unterscheiden, die wir herkömmlich als Tragödie und Komödie bezeichnen". Wenn als der Inhalt des
Dramas im Gegensatze des Epos der „sein eigenstes Wesen
handelnd darstellende Mensch" bezeichnet wird, so lässt sich dagegen
bemerken, dass dieses auch im Epos der Fall ist, da auch hier Menschen den Inhalt bilden, welche ihr eigenstes Wesen handelnd darstellen. Man denke an Göthe's Hermann und Dorothea.
Auch in der epischen Poësie treten persönliche Vergegenwärtig-
ungen ein; sie ist selbst oft wirklich dramatisirt, ohne ein eigentliches Drama zu sein. „Handlung und sinnliche Gegenwart" kommen als Pole und der „wollende thätige Mensch als Achse" in jeder
Lebenshandlung vor, ohne dass deshalb diese ein Drama ist.

Im zweiten Gesichtspunkte der Einleitung, in welcher uns
viel Dankenswerthes mit Sammlerfleiss geboten wird, ist zu viel Gewicht auf Aeusserlichkeiten gelegt. Der Genius ist es, der die Hindernisse überwältigt, und auch, wenn die äusseren, sogenannten Be-
günstigungs- oder Förderungsmomente nicht vorhanden sind, entwickelt sich die angeborne dramatische Grösse, wie dieses bei Schiller der Fall war. So verdient der Einfluss des dem vierjährigen
Knaben geschenkten „Puppentheaters" als „bedeutendste Nahrung
des dramatischen Triebes" (S. 8) gewiss keine Erwähnung. Zugleich wird in die kleinsten Einzelnheiten von Göthe's dramatischen
Plänen und Arbeiten eingegangen, was an sich literarhistorisch seine
Bedeutung hat, aber weniger im Zusammenhange mit der eigentlichen Aufgabe steht. Der dritte Gesichtspunkt der Einleitung,
Göthe's dramatische Bedeutung, wird im Vergleiche mit Schiller nach der in der Literaturgeschichte allgemein herrschenden, im
Ganzen richtigen Ansicht entwickelt. Doch sind die Ausdrücke nicht
hinlänglich bestimmt und bezeichnend, um das unterscheidende Wesen der beiden Dichter darzustellen. Gewiss kann man von Schillers Gestalten nicht sagen, dass sie allein „aus dem allgemeinen
Begriffe" hervorgegangen sind. Wie trefflich sind die Charaktere in
Tell und Wallenstein gehalten und durchgeführt, wie wahr und
lebensvoll sind sie individualisirt! Wie treffend sind nicht nur Land
und Zeit, sondern alle einzelnen Personen, jede in ihrer Eigenthümlichkeit, geschildert!

Wenn von „Schillers Gestalten" S. 26 gesagt wird, dass sie,
„durch das Nachdenken durchgegangen sind", kann man dieses nicht
auch von den Göthe'schen, einem Tasso, einer Iphigenia,
einem Faust u. s. w. sagen? Mussten nicht auch dazu umfassende
Studien gemacht und darüber nachgedacht werden, wie dieses oder
jenes zur Auffassung und Durchführung der Gestalt benutzt werden
konnte? Das genauere Studium der Faustsage hat gezeigt, dass
Scenen Göthe's, die man früher für ganz von ihm erfunden hielt,
aus verschiedenen Stellen des Faustbuches ihren Stoff erhielten.
S. 26 lesen wir von den „Göthe'schen Gestalten": „Sie erscheinen als die reinen Spiegelbilder desjenigen, was er in tiefster Seele
geschaut, und mit der ganzen Kraft seiner schöpferischen Vorstellung
ergriffen hat. Die überlieferten Gestalten der Sage und Geschichte
wehten ihn mit befruchtendem Hauche an, und senkten einen geistigen Lebenskeim in seine Brust, der mit ureigenem Triebe nach
lebendigster Entwicklung drängte". Wenn dies Alles im Gegensatze
zu Schiller von Göthe behauptet wird, kann man nicht eben so
gut ganz dasselbe auch von Schiller sagen? Wo bleibt dann dasjenige, was in dieser Charakteristik Göthe eigenthümlich bezeichnen soll? Waren nicht auch die Schiller'schen Gestalten „Spiegelbilder desjenigen, was er in tiefster Seele" schaute"? Hat nicht
auch Schiller diese „Spiegelbilder" mit der ganzen Kraft seiner
schöpferischen Vorstellung ergriffen"? Wurde nicht auch Schiller
von den überlieferten Gestalten „der Sage und Geschichte mit befruchtendem Hauche angeweht"? Passt nicht diese Behauptung ganz
und gar auf Don Carlos, Maria Stuart, Jungfrau von Orleans, Wallenstein, Tell, Braut von Messina, Fiesco?
Haben diese Gestalten nicht auch in Schillers „Brust einen geistigen Lebenskeim gesenkt"? Hat nicht auch dieser „mit ureigenstem
Triebe nach lebendigster Entwicklung gedrängt"? Nicht dasjenige
ist das Charakteristische des Dichters, was man von dem einen ganz
so, wie von dem andern, sagen kann.

Mit der genauesten Sachkenntniss wird die Entstehung des Götz
von Berlichingen als die eigentliche, besondere Einleitung zu
den Erläuterungen dieses Schauspiels gegeben. Die von Götz kurz
vor seinem, 1562 erfolgten Tode verfasste Lebensbeschreibung gab
den Stoff. Von Veronus Franck von Steigerwald wurde
sie mit Anmerkungen 1731 herausgegeben. Was den Zusammenhang Götzens mit dem Bauernkrieg betrifft, wird jener mit Recht
nach Zöpfl's Schrift: „Die Hauptmannschaft des Götz v. Berlichingen im Bauernkriege von 1525 nach ungedruckten Akten"
und unter Hinweisung auf des Herrn Verf. Ausführung im Morgen-
blatte 1857, Nr. 34 gegen die willkürliche Darstellung in Wilh.
Zimmermann's „Geschichte des grossen Bauernkrieges" in Schutz
genommen. Ebenso richtig ist Shakespeare's Einfluss auf Göthe
gewürdigt. Anziehend sind die hierüber S. 28 ff. gemachten Mittheilungen. Ob Göthe, wie S. 31 vermuthet wird, bei Abfassung

des Götz in Bezug auf die Vehmgerichte das corpus juris germanici publici ac privati hactenus ineditum e bibliotheca
Senkenbergiana (1760) benutzte, muss dahin gestellt bleiben.

Der zweite Abschnitt, welcher „vom Stoff und dessen dichte-
rischer Gestaltung" handelt, gibt den Inhalt der „Lebensbeschreibung
Herrn Götzens von Berlichingen, zugenannt mit der eisernen Hand" u. s. w. Sie zerfällt in drei Abtheilungen. Die genaue
Zergliederung des Inhalts zeigt, wie viel Ursprüngliches und Eigenthümliches in Göthe's Götz von Berlichingen ist, und wie
wenig sein schöpferischer Geist allein der Lebensbeschreibung verdankt. In Schilderung einzelner Umstände und kleiner charakteristischer Züge folgt er ihr oft wörtlich, während das Drama selbst
eine eigene Conception seines schöpferischen Geistes ist. Am meisten wirkte wohl auf die Entstehung des Stückes der Eindruck des
so treuherzig und wahr geschilderten ganzen Manneschsrakters als
eines Bildes einer untergegangenen Zeit in der von Götz'schen Lebensbeschreibung.

In „der dramatischen Ausführung" wird jede einzelne Scene
entwickelt, was oft besser durch Zusammenfassen, als durch einzelnes Zergliedern, geschehen wäre, da man leicht, wenn, wie hier, die
Schilderung der Charaktere besonders behandelt wird, Veranlassung
zu Wiederholungen erhält. Ueberall wird auf die Benutzung der
Stellen in Götzens Lebensbeschreibung hingewiesen, und dieselben
sind oft wörtlich angeführt. Schwerlich schwebte dem Dichter im zweiten Akte bei dem „Scheuen von Weislingens Ross an der zum
Schlossthore führenden Brücke", wie der Herr Verf. S. 73 andeutet, „das Ross von Hastings" vor, das sich nach Shakespeare's Richard III. bäumte, als es „den Tower erblickte". Die
Aeusserung Adelheidens in demselben Akte: „O ihr Ungläubi-
gen! immer Zeichen und Wunder"! kann von dem Dichter auch ohne
Hindeutung auf das Wort des Heilandes Joh. IV, 48 gebraucht
worden sein. Bei der Verewigung seines Freundes Lerse in dem
Götz'schen Lerse dachte wohl zunächst Göthe gewiss nur an den
Charakter und nicht an die Darstellung der Gestalt seines Freundes.
Schwerlich hat er daher die im Entwurfe des Götz kleine Gestalt
des Lerse auf seines Freundes Lerse „eigene Erinnerung" (S.
87) in die „eines stattlichen Mannes" verwandelt. Daher hat ja
auch der Götz'sche Lerse feurige schwarze Augen, die zu einem
solchen Charakter besser passen, während Göthe's Freund gleiches
Namens „kleine blaue, heitere, durchdringende Augen hat" (Göthe's
Werke B. 21, 195). In der Schilderung des Bauernkrieges im fünften Acte wurden Götzens Darstellung in seiner Selbstbiographie
und die Anmerkungen ihres Herausgebers benutzt (S. 103).

Zweckmässig ist die Schilderung der Charaktere kürzer gehalten, weil diese schon aus der ausführlichen Entwicklung des ganzen
Stückes hervorgeht. Wenn auch die Bühnenbearbeitung weit hinter
dem Schauspiele selbst zurückbleibt, so möchte Ref. doch den har-

ten Urtheilen, welche desshalb gegen den Dichter selbst gefällt werden, nicht beistimmen, und darum auch nicht von „leerem, ungehörigem Flitterwerk", von „traurigen, auf das Widerlichste aufgestutzten Resten", von einer „ungeschickt hergestellten Ruine", wie der Herr Verf. diese Göthe'sche Bühnenbearbeitung des Götz nennt, sprechen. So viel steht fest, dass der alte Götz, wie er vorliegt, nicht bühnengerecht ist, und dass bei Abfassung der Bühnenbearbeitung kein anderer Zweck dem Dichter vorliegen konnte, als ihn auf der Bühne darstellbar zu machen. Bei einem solchen Versuche wird immer manches Grosse und Treffende hinwegfallen und einer darstellbaren Wendung Raum geben müssen.

Der zweite Band enthält Egmont und zerfällt in vier Abschnitte: 1) Die Entstehung (S. 1—7), 2) den Stoff und dessen dramatische Gestaltung (S. 8—44), 3) die Entwicklung und Ausführung nach den fünf Aufzügen (S. 45 —103), 4) die Charaktere (S. 104—114), 5) Schiller's Bühnenbearbeitung (S. 114—120).

Wir sehen nicht ein, warum man Göthe in seinem Leben, Dichtung und Wahrheit, mit dem Herrn Verf. keinen Glauben schenken soll, dass der Dichter, „nachdem er im Götz das Symbol einer bedeutenden Weltepoche nach seiner Weise abgespiegelt, sich nach einem ähnlichen Wendepunkte in der Staatengeschichte zu dramatischer Bearbeitung umgesehen habe, und in Folge sorgfältigen Nachsuchens zu dem Aufstande der Niederlande, auf Egmont gekommen sei". Es ist kein genügender Grund vorhanden, ein solches Nachforschen in Göthe, der es von sich selbst behauptet, nicht anzunehmen, weil es nicht „in Göthe's Wesen lag", oder weil ihn gerade „nicht die Entwicklungen der Weltgeschichte", sondern „menschlich bedeutende Persönlichkeiten" anzogen. Solche Persönlichkeiten hängen gewiss immer mehr oder minder mit den Entwicklungen der Weltgeschichte zusammen, und lassen sich von ihnen nicht so trennen, dass der Dichter sich etwa nur von der Person, aber nicht von der Geschichte, der sie angehört, angezogen fühlte. Auch folgt daraus, dass Göthe den Götz 1773 und den Egmont viel später herausgab, das, was S. 2 behauptet wird, nicht, Göthe habe drei oder vier Jahre lang fortgesucht. Als der Hauptstoff des Göthe'schen Egmont wird die lateinische Darstellung des römischen Jesuiten Famiano Strada de bello belgico nachgewiesen, dessen Geschichte übrigens Göthe vom freisinnigen Standpunkte, also nicht im Geiste des Verfassers auffasste. Strada führte ihn sodann zu Emanuel van Meterens Niederländischer Geschichte, wovon er wahrscheinlich des Verfassers eigene deutsche Uebertragung (1611) benutzt hat. Doch ist nicht abzusehen, wie die Entstehung Egmonts mit „Göthe's leidenschaftlicher Liebe zu Lili", mit „den fürstlichen Besuchen des jungen Herzogs von Sachsen-Weimar und des Sachsen-Meiningen'schen Hofes", mit dem hannoverschen Leibarzt Zimmermann, oder gar mit „einem

Katarrh" zusammenhängt, den Göthe im September 1775 hatte
(S. 2). Die Geschichte Egmonts wird nach Strada dargestellt;
die Abweichungen Göthe's vom geschichtlichen Stoffe, die freien
Conceptionen des Dichters im Verlaufe der Darstellung sind überall von der geschichtlichen Darstellung richtig und genau entwickelt.

Dass der Schreiber Vansen, der im Anfange des zweiten Auf-
zuges auftritt, deswegen eine kleine Branntweinschenke hielt, weil
er „Branntweinzapf" genannt wird (S. 56), ist gewiss nicht begründet. Grimm hat ganz Recht, wenn er unter „Branntweinzapf"
einen „starken Branntweintrinker" versteht.

Wenn Göthe in der darauf folgenden Scene zwischen Egmont und seinem Secretär jenen im Laufe des Gesprächs sagen
lässt, „dass er noch höher hinauf müsse, sollte er auch bei diesem
Streben scheitern" so hat dies wohl keine Beziehung zu dem, was
der Hr. Verf. S. 62 sagt: „So schreibt Göthe im März 1776, er
sei voll entschlossen, zu entdecken, zu gewinnen, zu streiten oder sich
mit aller Ladung in die Luft zu sprengen". Ebenso wenig hat einen
Zusammenhang damit, was dort beigefügt wird: „Und aus Italien
meldet er (Göthe), er lasse sein Leben mehr laufen, als dass er
es führe, und wisse auf alle Fälle nicht, wo es hinaus wolle." Sonderbar ist es, bei näherer Kenntniss des Göthe'schen Genius, wenn
man seinen dichterischen Gestalten immer Vorbilder aus dem Kreise
seiner Bekannten unterschieben will. Am meisten verunglückt dieser mit Göthe's Natur in Widerstreit gerathende Versuch, wenn
man bestimmte Frauen von Göthe's vertrauterer Bekanntschaft als
Vorbilder seiner Mädchengestalten aufstellt. So versichert der Hr.
Verf. S. 108, dass bei Klärchens Gestalt im Egmont dem Dichter „wahrscheinlich die Tochter einer befreundeten Familie, wohl
der Familie Gerock vorschwebte". Dies wird sicher nicht damit
bewiesen werden, dass Göthe zur Fräulein Gerock „am Abend
im Mantel verhüllt, (etwa, wie Egmont zu Klärchen?) sich
hinschlich, da seine Anwesenheit in Frankfurt ein Geheimniss
bleiben sollte", noch damit, dass sie von dem Dichter „eine holde
Blume" genannt wird (S. 108). Ebenso wenig wird man an Lott-
chen denken, dem „eines seiner kleinen Gedichte gewidmet ist".

Im dritten Bande, welcher Clavigo und Stella umfasst,
werden bei jedem der beiden Stücke vier Gesichtspunkte unterschieden: 1) Entstehung (S. 1—12 u. S. 77—87), 2) der Stoff
und dessen dramatische Gestaltung (S. 13—29 u. S. 88
bis 95), 3) Entwicklung und Ausführung (S. 30—61 und
S. 125), 4) die Charaktere (62—74 und S. 126—138). Bei
Stella ist der zweite Abschnitt „Erfindung des Stoffes" überschrieben, weil es sich hier nicht um Benutzung eines vorliegenden
geschichtlichen Stoffes, wie bei Götz, Egmont und Clavigo,
handeln kann. In der Entstehungsgeschichte des Clavigo halten
wir das ausführliche Beginnen mit Göthe's Stellung zu den Familien Crespel, Gerock und Münch für überflüssig, da sie dem

Clavigo in keiner Weise aufzuhellen dienen. Erst da, wo die Sache des Dichters der Eugenie (1767) und der beiden Freunde (1770) Pièrre Augustin Caron de Beaumarchais beginnt, wird das Mitgetheilte für die Entstehung Clavigo's nothwendig Beaumarchais „Bruchstück einer Reise nach Spanien" bot den Stoff. Wenn Anna Sibylla Münch unsern Göthe auch aufforderte, das Bruchstück in ein Schauspiel zu bringen, und der Dichter dieser Aufforderung der geliebten Freundin Folge leistete, so ist doch das viele, in Einzelnheiten gehende Umständliche, das über die Münch'sche Familie, ihre Mitglieder und andere mit ihr befreundete Familien mitgetheilt wird, zum Verständnisse der Entstehungsgeschichte des Clavigo nicht nöthig. Ueber Göthe's Clavigo schreibt der Kapellmeister Wolf in Weimar am 19. Aug. 1774 an Knebel: „C'est une pièce sublime! Was für angenehme sanfte Thränen habe ich dabei vergossen! Es waren wirkliche Liebesthränen. Der Herr von Seckendorf versichert, dass er, Gott straf' mich, sagte er, zum wenigsten eine Tonne Wasser bei Durchlesung dieses Stückes herausgeweint hätte, und fügt hinzu, der Teufel sollte ihn holen, wenn er je ein schöner Stück gesehen hätte". Mit vollständiger Gewissheit wird sich wohl schwerlich behaupten lassen, dass die von Göthe selbst ausgesprochene Versicherung „auf einem Irrthum beruhe, er habe, um seinen Clavigo abzuschliessen, den Schluss aus einer englischen Ballade entlehnt (S. 25); auch kann man es nicht mit dem Herrn Verf. geradezu als „höchst wahrscheinlich" bezeichnen, es habe Göthe dabei das im September 1771 an Herder geschickte „deutsche Volkslied vom Herrn und der Magd vorgeschwebt". Auch ist es unwahrscheinlich, dass zu dem schlechten Carlos der im Grunde des Herzens bei aller schroffen Eigenthümlichkeit gute Merck Göthe „manche Züge" geboten habe (S. 70).

Sehr richtig wird in Betreff der Erfindung des Stoffes zu Stella gegen Rehberg, welcher in einem zur Zeit der Entstehung Clavigo's Aufsehen erregenden Vorfalle mit einem deutschen Grafen an einem portugiesischen Hofe, der zwei Frauenzimmer aus Klöstern entführte und verführte und auf die Frage, wie er so gewissenlos habe handeln können, mit c'étaient des femmes antwortete, den Stoff zu Stella sieht, (S. 89) bemerkt, „dass die Aehnlichkeit zwischen jener gräflichen Spitzbüberei und unserer Stella nur in den äussersten Aeusserlichkeiten beruhe", dass „Fernando der glühendsten Liebesleidenschaft zum Raube werde" und das er „nichts weniger als ein Geschäft mit Entführungen mache", so wie dass „die Stimme des Gewissens ihn zu seinem Weibe zurückführe". Doch möchte Refer. die Stella nicht mit dem Hrn. Verf. als „einen Beleg der Liebesschicksale" (S. 95) unseres Dichters, wohl aber als Ausfluss „seiner gestaltenden Dichterkraft" ansehen.

v. Reichlin Meldegg.

*Geschichtstabellen zum Auswendiglernen von Arnold Schäfer,
D. ph. ord. Professor der Geschichte an der Universität Geifrwald. Siebente Auflage. Mit Geschichtstafeln. Leipsig, Arnold'sche Buchhandlung, 1859.   VI und 64 S. gr. 8.*

Wir haben die früheren Auflagen dieses Büchleins, das bereits
in 6 Auflagen seine Nützlichkeit und Brauchbarkeit für den geschichtlichen Unterricht bewährt hat, in diesen Jahrbüchern angezeigt (s. Jahrgg. 1855, p. 545, Jahrgg. 1857, p. 697 ff.) und können auf diese Anzeigen verweisen mit der Bemerkung, dass die
sorgsam nachbessernde Hand des Verfassers auch bei dieser neuen
Auflage nirgends vermisst wird, dass auch hier, namentlich bei Feststellung der Zahlen mit grosser Umsicht und Vorsicht überall verfahren ward, um so das Ganze seinem Zwecke immer entsprechender zu gestalten und dem geschichtlichen Unterricht diejenige sichere
Grundlage zu verschaffen, auf welcher ein tüchtiger Lehrer weiter
fortbauen kann durch die lebendige Erzählung, „die das jugendliche
Gemüth weckt und hebt, und zur Ausbildung einer edlern Gesinnung
zur Pflege treuer Vaterlandsliebe und wahrer Gottesfurcht wirksam
ist". Diess wünschen wir mit dem Verfasser und empfehlen auch
diese neue Auflage einer günstigen Aufnahme, die sie in jeder Hinsicht verdient.

---

*Vollständiges Wörterbuch zu den Verwandlungen des Publius
Ovidius Naso. Von Otto Eichert, Dr. phil. Zweite
Auflage. Hannover 1859. Hahn'sche Hofbuchhandlung, VI u.
321 S. in gr. 8.*

Dieses Wörterbuch, das aus einer gänzlichen Umarbeitung und
Umgestaltung eines früheren von Billerbeck hervorgegangen ist, erschien in erster Auflage im Jahre 1856 und ward in diesen Jahrbb.
(1856) S. 636 ff. besprochen: es wurde dort nachgewiesen, was der
Verfasser geleistet, um ein nützliches Hülfsmittel bei der Lectüre
dieser Ovidischen Dichtung zu liefern und zugleich auch dem Gelehrten eine brauchbare Uebersicht des Ovidischen Sprachschatzes,
so weit er in den Metamorphosen enthalten ist, zu liefern; in der
neuen Auflage ist Einzelnes gebessert und berichtigt, Einzelnes
schärfer gefasst, Einzelnes auch, namentlich bei den Präpositionen
und Conjunctionen vervollständigt, ohne dass jedoch der Umfang des
Ganzen eine nahmhafte Erweiterung erlitten hätte. So wird auch
diese neue Auflage, die in ihrem Aeusseren der ersten gleichmässig
gehalten ist, für den Gebrauch recht nützlich werden können.

Joachim Slüter's ältestes rostocker Gesangbuch vom Jahre 1531 und der demselben zuzuschreibende Katechismus vom Jahre 1525. Nach den Originaldrücken wortgetreu herausgegeben von C. M. Wiechmann-Kadow. Schwerin 1858. Druck und Verlag von Dr. F. W. Bärensprung in 12.

Diese Publikation verdient nicht blos in Bezug auf ihren Inhalt, sondern auch in bibliographisch-literärischer, wie selbst typographischer Hinsicht alle Aufmerksamkeit und wollen wir desshalb nicht unterlassen, hier derselben näher zu gedenken.

In hymnologischer Hinsicht haben wir hier ein merkwürdiges Produkt des sechszehnten Jahrhunderts vor uns, dessen Verfasser der um die Einführung des deutschen Kirchengesanges verdiente Johann Slüter aus Rostock ist, dessen Gesangbuch in seiner Originalausgabe von 1531 jetzt wieder aufgefunden wurde, als man eben beschäftigt war, ihm in seiner Vaterstadt Rostock ein Denkmal zu setzen: es ist aber dieses Gesangbuch, wenn auch nicht das älteste, doch unstreitig das wichtigste von allen niedersächsischen Liederbüchern, das eine ungemeine Verbreitung in zahlreichen Ausgaben seiner Zeit gefunden hat, und in seinem ersten Theile, welcher die beiden Vorreden Luthers, fünfzig Lieder und vierzehn biblische Gesänge in Prosa enthält, die unveränderte Uebersetzung eines 1529 von Jos. Klug zu Wittenberg gedruckten hochdeutschen Gesangbüchleins ist, das bis jetzt noch immer nicht aufgefunden, dessen Existenz daher selbst, obwohl mit Unrecht (wie der Herausgeber nachweist) bezweifelt worden ist. Der Herausgeber hat in der Nachrede, die hier gewissermassen die Stelle der Vorrede vertritt, sorgfältig den Bestand dieses ersten Theiles (es führt dieser Theil den Titel: Geystlyke leder vppt nye gebetert tho Witteberch dorch D. Martin Luther) nach seinen einzelnen Liedern (unter denen nicht wenige von Luther selbst übersetzt sind) nachgewiesen, und auch bei dem andern Theile, der von Slüter selbst gesammelt und mit besonderm Titel und Vorrede versehen ist, das Gleiche geleistet, und bei dieser Gelegenheit auch über einige andere ältere Lieder- und Gesangbücher Mecklenburgs sich verbreitet. Der Abdruck dieses alten merkwürdigen Gesangbuchs, man mag es vom hymnologischen Standpunkt aus oder vom sprachlichen betrachten, ist nun aber hier in einer Weise veranstaltet, welche in Allem getreu an das alte Original von 1531 sich anschliessend, dieses in einem Facsimile gewissermassen uns vorlegt: Format, Lettern und Einrichtung ist ganz dieselbe, in allen Zeilen, Seiten, Signaturen, Buchstaben u. dergl. herrscht die volle Gleichheit, so dass der alte Druck mit aller Treue wiedergegeben in diplomatischer Genauigkeit vor uns liegt, und da eben so auch die alte Form der Typen, die wohl eigens dazu geschnitten werden mussten, durchweg beibehalten ist, so haben wir eine völlige Erneuerung des alten Druckes erhalten, was in typographischer Hinsicht gewiss Nichts Leichtes war.

Weil aber die Sprache dieses Gesangbuches „ein nicht mehr ganz reines Alt-
niedersächsisch" manche Schwierigkeit dem Verständniss jetzt bietet, so hat
der Herausgeber ein eigenes kleines Wörterbuch oder Glossar beigefügt, was
wir für eine sehr dankenswerthe, ja nothwendige Zugabe halten, indem darin
die schwierigeren Ausdrücke, welche der Mehrzahl der Leser und selbst den
Gelehrten kaum verständlich sein dürften, erklärt werden.

In ähnlicher Weise mit diplomatischer Treue gleich einem Facsimile wiedergegeben ist ein Rostocker Katechismus vom Jahr 1525, der die gleiche
Beachtung auch in sprachlicher Hinsicht verdient; er führt den Titel: „Eyne
schone vnd ser nutte Christlike vnderwysynge allen Christgelonigen mynschen
(nicht allene denn kynderen vnde jüngen lüden) sunder ock den olden wel
antomerckende na der wyse eyner vrage vn antwordt".

Da von diesem Katechismus nur ein einziges Exemplar (in der Bibliothek
zu Wolfenbüttel) noch vorhanden zu sein scheint, so war ein erneuerter,
gleichmässiger Abdruck schon dadurch hinlänglich gerechtfertigt: überdem ist
das Büchlein auch durch seinen Inhalt und seine Fassung, als eine der frühesten katechetischen Schriften der Art, interessant und zeigt sich bei näherer
Betrachtung, dass der sogenannte Katechismus der böhmischen Brüder, von
welchem schon 1521 eine gedruckte Ausgabe und eben so weitere Ausgaben
aus den folgenden Jahren 1522, 1523, 1524, 1527 vorkommen, dem Verfasser
verlag: ob dieses nun Joachim Slüter, derselbe, der das vorher abgedruckte
Gesangbuch geliefert, gewesen, wie unserem Herausgeber glaublich erscheint,
oder ein anderer, wird ungewiss bleiben.

Eine weitere schöne Zugabe bildet der Abdruck einer niedersächsischen
Bearbeitung des bekannten, von Venantius Fortunatus im sechsten Jahrhundert
gedichteten Hymnus Cruxfidelis, nach einem alten Rostocker Druck, in welchem einer am Ende des fünfzehnten Jahrhunderts daselbst herausgekommenen Auslegung der zehn Gebote als Anhang dieses Kirchenlied beigefügt ist.
Der Herausgeber hat diesem mit gleicher Genauigkeit veranstalteten Abdruck
die nöthigen einleitenden, literär-geschichtlichen Angaben vorausgeschickt,
dann aber auch eine hochdeutsche Uebersetzung des Professor Kosegarten zu
Greifswald folgen lassen, welche gewiss allen denen, welche der niedersächsischen Mundart nicht in dem Grade mächtig sind, erwünscht sein wird.

Nach diesen Leistungen des Herausgebers kann man nur mit Verlangen
dem grösseren bibliographischen Werke entgegensehen, welches derselbe über
die niedersächsische Literatur Mecklenburgs herauszugeben beabsichtigt.

Friedrich Nösselt's Lehrbuch der Weltgeschichte für Bürger- und Gelehrtenschulen, so wie zum Selbstunterricht für reifere Jünglinge. Mit besonderer Berücksichtigung der deutschen Geschichte. Vierte Auflage, mit 4 Stahlstichen, durchgesehen, sehr vermehrt und ergänzt von Friedrich Kurts, Rector in Wartenberg. Leipzig, Verlag von Ernst Fleischer (R. Hentschel) 1859. Erster Theil. Alte Geschichte. VIII und 230 S. Zweiter Theil. Mittlere Geschichte. VI und 294 S. Dritter Theil. Neue Geschichte. VI und 310 S. Vierter Theil. Neueste Geschichte. VI und 344 S. in gr. 8.

Das zunächst für die Mittelschulen bestimmte Werk hat sich in drei vorausgegangenen Auflagen bereits Bahn gebrochen und eine Verbreitung gefunden, die eine nähere Besprechung desselben nach Inhalt und Charakter im Einzelnen kaum nöthig macht. Nach dem Tode des Verfassers fiel die Bearbeitung einer neuen, inzwischen nöthig gewordenen Auflage einem Mann zu, der mit aller Gewissenhaftigkeit und Sorgfalt bedacht war, das Werk den Anforderungen der Zeit gleichzustellen, im Sinn und Geist des Verfassers es gleichsam fortzuführen, kurz den Charakter des Ganzen möglichst zu wahren und zu erhalten. Er hat das Werk aufs neue sorgfältig durchgesehen, Einzelnes beseitigt, ja theilweise ganz umgearbeitet, oder da geändert, wo die Ergebnisse der geschichtlichen Forschung unserer Tage dazu Veranlassung gaben, überall die nachbessernde Hand angelegt, und zugleich die Erzählung der Ereignisse fortgeführt bis auf die neueste Zeit (1858). Er hat von seiner Seite Nichts versäumt, um das Werk in der neuen Auflage nicht blos seinen nächsten Zwecken geeigneter zu machen, sondern auch, wie es schon in dem Wunsche des verstorbenen Verfassers lag, dasselbe zu einem Lehrbuch für reifere Jünglinge zu gestalten, welches bei dem Selbststudium erspriessliche Dienste leisten kann. Und so wünschen wir dieser Weltgeschichte auch in der erneuerten Auflage dieselbe günstige Aufnahme, die den früheren Auflagen bereits zu Theil geworden ist, um so mehr, als sie, ohne die Anlage und Eigenthümlichkeit des Werkes zu verändern, doch im Einzelnen manche Verbesserung und manche Vervollständigung erkennen lässt. Die äussere Ausstattung in Druck und Papier ist sehr befriedigend.

Prisciani Grammatici Caesariensis Institutionum Grammaticarum Libri XVIII. Ex recensione Martini Hertzii. Vol. II. libros XIII—XVIII continens. Lipsiae in aedibus B. G. Teubneri A. MDCCCLVIIII. XI und 384 S. in gr. 8. (Auch mit dem weiteren Titel: Grammatici Latini ex recensione Henrici Keilii. Vol. III.)

Mit diesem zweiten Bande ist diese Ausgabe der Institutionen Priscian's beendet, über deren ersten Band in diesen Jahrbb. 1855 p. 868 ff. näher berichtet worden ist. Wir wollen hier nicht wiederholen, was dort über dieses ganze Unternehmen und die Art seiner Ausführung, so wie über die handschriftlichen Mittel, durch welche dasselbe zu Stande kam, gesagt wurde, sondern vielmehr auch bei diesem zweiten Bande, der die noch übrigen Bücher,

vom 13. bis zum Schlusse des achtzehnten enthält, darauf verweisen: selten
aber wird man ein Unternehmen finden, zu welchem solche Vorarbeiten unternommen, und zu dem eine solche Grundlage gewonnen ward, die bis in
die ältesten Zeiten der handschriftlichen Ueberlieferung hinaufreicht und dadurch einen Grad der Sicherheit gewinnt, wie er in der That bei nur wenigen Texten alter Schriftsteller zu erreichen steht. Der aus diesen ältesten
Quellen mit der grössesten Sorgfalt gesammelte kritische Apparat liegt nun
sorgfältig gesichtet und geordnet (eine gewiss nicht leichte Arbeit) vor uns
und giebt somit einer jeden weiteren Forschung eine sichere Grundlage.
Welche Mühe und Ausdauer dazu gehörte, bedarf keiner weiteren Bemerkung:
die verdiente Anerkennung wird daher diesem Unternehmen nicht ausbleiben,
das einen Schriftsteller, von der Bedeutung wie Priscian, in der seiner ursprünglichen Fassung möglichst sich annähernden Gestalt vorlegt, und, da
ältere und bessere Handschriften nicht zu erwarten stehen, die Texteskritik zu einem gewissen Abschluss gebracht hat; wir stehen nicht an, die
Worte, die der Herausgeber von seinem Priscian (Praefat. p. XI) gebraucht,
hier einzuschalten: „Is (Priscianus) novam hanc vestem induit non ex arbi-
trio quodam nec ex licentia aut ex caeca aliqua innovandi cupiditate, sed secundum vetustissimorum testium fidem religiose servatam et pro viribus ad
ipsum hoc firmissimum fundamentum emendatam“.

Eine besondere Aufmerksamkeit ist in diesem zweiten Bande unter Anderm den beiden letzten Büchern zu Theil geworden, die in vielen Handschriften fehlen, in der Pariser Handschrift, die mit allem Recht dieser Ausgabe überhaupt zu Grunde gelegt ward, aber glücklicherweise sich finden,
mit Ausnahme des letzten Theiles des achtzehnten Buches, welcher zwar nicht
fehlt, aber von einer andern, jüngern Hand geschrieben ist: es behandeln
diese beiden umfangreichen Bücher, nachdem in den vorhergehenden die
Lehre von den Redetheilen mit den Präpositionen, Adverbien, Interjectionen
und Conjunctionen zu Ende geführt ist, bekanntlich die Lehre von der Syntax,
in welcher Priscian sich, wie er übrigens selbst am Eingange des siebenzehnten Buches bekennt, ganz an Apollonius hält, sowohl in dem eben genannten
Buche, als in einem Theil des achtzehnten, dessen grösserer Theil durch eine
Beispielsammlung gebildet ist, welche, aus griechischen und römischen Schriftstellern ausgewählt, die Belege zu den einzelnen, mit einander verglichenen
Constructionsweisen beider Sprachen enthält. Dass die Anordnung dieser Beispiele hier ursprünglich eine alphabetische gewesen, oder doch von Priscian
eine solche in der Anlage beabsichtigt worden, hat der Herausgeber höchst
wahrscheinlich gemacht, übrigens auf den correcten Abdruck des Textes aller
dieser so zahlreichen einzelnen Belegstellen die grösste Sorgfalt verwendet
und die verlässigsten Texte dieser Schriftsteller selbst überall zur Richtigstel-
lung der hier daraus angeführten Belegstellen angezogen: auch ist der genaue
Nachweis aller dieser einzelnen Stellen in den Noten, welche die Zusammenstellung des kritischen Apparates enthalten, gegeben.

Die vorzügliche typographische Ausführung des Ganzen ward schon in
der Anzeige des ersten Bandes gebührend hervorgehoben; wenn man dabei
die grossen Schwierigkeiten des Druckes in Erwägung zieht, wird man nur
seine volle Anerkennung aussprechen müssen.

Cicero de Oratore. Für den Schulgebrauch erklärt von Dr. Karl Wilhelm Piderit, Director des Gymnasiums zu Hanau. Leipzig, Druck und Verlag von B. G. Teubner, 1859. VIII. LVI und 375 S. in 8.

Diese Bearbeitung einer der namhaftesten und mit Recht gelesensten Schriften Ciceros macht den Eindruck einer durchaus gediegenen Leistung; wie sie nur aus vieljährigen Studien und einer langen und anhaltenden Beschäftigung mit dieser Schrift selbst hervorgehen konnte: sie erscheint keineswegs als eine Arbeit, die blos der Bequemlichkeit des Schülers oder auch des Lehrers nachzuhelfen bestimmt ist, sondern als eine durchaus selbständige, allerdings unter Beachtung der bisher demselben Gegenstande gewidmeten Forschungen ausgeführte Bearbeitung, welche den Zweck hat, Jeden, dem es ernstlich um die Lectüre der Schrift und ihre richtige, allseitige Auffassung zu thun ist, einzuführen in dieselbe, und ihm alle diejenigen Mittel zu bieten, mittelst deren es ihm möglich werden kann, sein Ziel zu erreichen, wenn er anders die gehörige Vorbereitung besitzt und auf die eigene Thätigkeit, in Benützung der ihm hier gebotenen Hülfsmittel, nicht verzichten will. Denn diese anzuregen und weiter zu führen war, wie eine nähere Einsicht in diese Bearbeitung, namentlich in die unter dem Text befindlichen, erklärenden Anmerkungen bald zeigen kann, eine Hauptaufgabe des Verfassers, der wohl aus eigener Erfahrung keinen Zweifel über das haben konnte, was bei dem Gebrauche seines Buches erspriesslich und förderlich sein konnte. Ueber den Nutzen, den die Lectüre dieser Ciceronischen Schrift vor andern Cicero's bietet, und über die Vorzüge, die sie in dieser Beziehung besitzt, eben so wohl, was ihre ganze Anlage, ihre vorzügliche Sprache und Darstellung, wie selbst ihren Inhalt betrifft, wird man sich gern dem Urtheil des Verfassers anschliessen, der darum die Lectüre derselben für die vorgerückteren Gymnasialschüler geeigneter hält, als z. B. die Tusculanen, die Officien, die Bücher De natura deorum und De divinatione: Schriften, die auch wir, mit einziger Ausnahme der Tusculanen, für die Schule für minder passend erachten, da zu dem vollen Verständniss derselben ein tieferes Eingehen in die alte Philosophie nöthig ist, als diess auf der Schule geschehen kann, überdem die Schrift De officiis, wie schon Wyttenbach urtheilte, weder nach Inhalt noch nach Form den Schüler anziehen und fesseln kann. Ja selbst in den Büchern De oratore, gewiss einer der vollendetsten Schriften, welche Cicero hinterlassen hat, kommt Manches vor, was nach seinen tiefer liegenden Beziehungen und Verhältnissen, wie sie doch zum richtigen Verständniss nothwendig sind, kaum von dem Gymnasialschüler gehörig erkannt werden kann, wenn man nicht die Anforderungen an die Schule allzu sehr steigern will, und mag darin wohl eben ein Hauptgrund liegen, warum die Lectüre dieser Schrift in den obersten Classen unserer Gymnasien meist nur auf einzelne Theile oder Stücke daraus beschränkt ward: was wir angesichts dieser Schwierigkeiten nicht missbilligen können: unser Verfasser wünscht diese Ciceronische Schrift zu einer ständigen Lectüre auf unseren Gymnasien zu machen: er hat, um diesen Wunsch zu realisiren, diese Ausgabe zu bearbeiten unternommen, weil die bisherigen diesem Zweck bestimmten Ausgaben diess nicht zu leisten vermocht, was im Ganzen auch sich nicht in Abrede stellen lässt,

Will man aber auch diese Schrift Cicero's nicht zur ständigen Lectüre auf unsern Gymnasien erheben — und wir haben selbst manche Bedenken, die in der Fassung wie in dem Inhalt der Schrift selbst liegen — so wird darum die vorliegende Bearbeitung nicht minder nützlich und erspriesslich erscheinen: sie wird insbesondere mit sicherem Erfolg von angehenden Philologen und Theologen, d. h. solchen, die ihre lateinischen Studien nicht mit dem Abiturientenexamen für geschlossen ansehen, gebraucht werden, und namentlich auch den letztern zu empfehlen sein, wenn sie eine gründliche Kenntniss der Kunst und Bildung der Rede überhaupt gewinnen wollen, wozu die Lectüre dieser Schrift sich trefflich eignet, die auch dem heutigen Kanzelredner Alles das bietet, was er in Bezug auf seine formelle, rednerische Bildung zu wissen nöthig hat.

Die Einrichtung der Ausgabe selbst ist nicht verschieden von derjenigen, welche andere in ähnlicher Weise bearbeitete, und in derselben Verlagsbuchhandlung erschienene Schriften griechischer und römischer Autoren, die auf Schulen gelesen werden, erhalten haben: die Ausführung ist eine befriedigende und tüchtige zu nennen. Umfassende Prolegomena gehen als Einleitung voraus, und behandeln in ihrem ersten Theile alle diejenigen Punkte, welche über die Abfassung der Schrift, ihren Inhalt wie ihre Tendenzen, über die einzelnen, in der Schrift auftretenden Persönlichkeiten, über die ganze äussere Einkleidung und die kunstvolle Anlage des Ganzen sich verbreiten; in dem andern Theile wird eine gedrängte Uebersicht des rhetorischen Systems, wie es Hermagoras und die Rhetoren nach ihm aufzustellen pflegten, gegeben, was wir nur billigen können, weil zum Verständniss der einzelnen in dieser Schrift des Cicero behandelten Gegenstände eine nähere Kenntniss dieses Systems durchaus nothwendig ist. Jedem der drei Bücher ist eine genaue Inhaltsübersicht vorausgeschickt, welche uns die Anlage des Buchs und den Gang der Entwicklung wie den Zusammenhang der hier behandelten Gegenstände gut überschauen lässt. In dem Text, wie ihn der Verfasser giebt, schliesst er sich zwar im Allgemeinen an den Orelli-Baiter'schen an; die Abweichungen von diesem Texte sind auf einigen Seiten am Schlusse der Ausgabe genau verzeichnet, und beruhen theils auf eigenem Ermessen, theils selbst auf handschriftlicher Autorität, insofern dem Verf. eine genaue Collation der Handschrift zu Avranches, so wie der beiden Erlanger Handschriften zu Gebote stand, welche Handschriften einer ganz anderen Classe oder Familie angehören, als die übrigen, aus dem verlorenen Codex von Lodi stammenden Handschriften; leider sind jene Handschriften nicht vollständig, und bietet bekanntlich die aus dem neunten oder zehnten Jahrhundert stammende Handschrift zu Avranches, mit welcher die eine der beiden Erlanger fast ganz übereinstimmt, nur einzelne Theile des zweiten und dritten Buches, die aber um so mehr zu beachten sind, als hier jedenfalls die ältere und reinere Quelle der handschriftlichen Ueberlieferung vorliegt. Dass bei der Gestaltung des Textes auch die verschiedenen Ausgaben der neueren Zeit gebührende Beachtung fanden, so weit es die Zwecke der Ausgabe mit sich brachten, wird kaum einer besonderen Erwähnung bedürfen.

Einen Haupttheil der ganzen Leistung bilden die unter dem Text befindlichen deutschen erklärenden Noten, von welchen jedoch Alles dasjenige ausgeschlossen ward, was auf Personen, die in der Schrift erwähnt werden, oder auf sachliche, namentlich philosophische oder rhetorische Gegenstände und Ausdrücke, insbesondere auch auf solche sich bezieht, welche in das Gebiet des römischen Rechts fallen: diese sind in ein eigenes hinter dem Texte sich anschliessendes Verzeichniss geworfen, in welchem in alphabetischer Reihenfolge alle die einzelnen Personen wie die einzelnen sachlichen Gegenstände aufgeführt und in umfassender Weise besprochen werden (S. 308—870): man vergl. z. B. die Erörterung, die über centumvirales causae, oder über Rythmus gegeben, oder was in dem Artikel: Rechtsfälle zusammengestellt ist, oder die Erörterungen, wie sie in kürzerer Fassung über pignoris capio, applicatio, auctoritates praescriptae, coemptio, cretio, exceptio, lege agere, testamentum in procinctu u. s. w. oder über clausulae, loci communes, lumina u. dgl. gegeben werden; das Gleiche gilt von den Personennamen, unter welchen wir nur an das erinnern, was über die Graechen, den Vater wie die beiden Söhne, was über Academia u. s. w. bemerkt ist. Auf diese Weise ward Vieles, was sonst in den Anmerkungen behandelt zu werden pflegt, davon ausgeschieden und so für die zum Verständniss des Textes selbst dienenden Bemerkungen ein grösserer Raum gewonnen, in welchen das, was zur eigentlichen sachlichen Erklärung gehört, wie das, was zum Nachweis des Ganges der Darstellung und des inneren Zusammenhanges, wie der künstlerischen und rhetorischen Behandlung gehört, so wie den Sprachgebrauch selbst in seinen feineren Nüancirungen betrifft, behandelt wird. Wir empfehlen dieselben wiederholt Allen denen, welche mit hinlänglicher Vorbereitung an die Lecture dieser Schrift gehen, sie werden nicht bloss zu dem vollen Verständniss einer Schrift gelangen, die in formeller Hinsicht, wie in Bezug auf ihren Inhalt zu den vorzüglichsten und wohlausgearbeitetsten Cicero's gehört, sondern überhaupt in ihren Studien der gesammten alten, namentlich der lateinischen Literatur und Sprache sich gefördert finden und eine weitere Anregung daraus gewinnen.

Literaturberichte aus Italien.

(Fortsetzung von Nr. 25.)

Sui principii dell Economia sociale per Giuseppe Lombardo Sculica, Messina, 1857.

Die Staatswirthschafts-Lehre wird durch diese Schrift nicht sehr bereichert, wovon man sich schon dadurch überzeugen kann, dass der Verfasser, um die Production zu vermehren, vorschlägt, nur eine einzige Staatsauflage beizubehalten, die Grundsteuer. Er würde besser gethan haben, in Sicilien auf Vertheilung der ungeheuern Latifundien zu dringen.

Della protezione e del libero scambio, per Carlo di Cesare.   Napoli 1858.

Dass unter der absoluten Regierung in Neapel der Handelsfreiheit das
Wort geredet werden darf, ist ein gutes Zeichen; übrigens liegt es in den
socialen Verhältnissen Italiens, dass die ersten Klassen der Gesellschaft nicht
den Widerwillen gegen die Industrie haben, den man in manchen andern Gegenden findet, wo man fortwährend über die zu grosse Macht der Industrie
und des Handels klagt, worin die armen Gelehrten mit dem armen Adel Cho-
rus machen.

In Turin ist auch für dieses Jahr wieder eine Art von Musen-Almanach
erschienen:

Sul Po. Strenna poetica pel 1859.   Torino 1858.   presso Botta.

Unter den zahlreichen Dichtern, die am Po, besonders in Turin, wohnen,
finden wir hier auch die geistreiche Dichterin Olimpia Savio-Rossi, welche
bei ihren Verdiensten um die Geselligkeit in ihrem gastlichen Hause Musse
findet, der Dichtkunst zu huldigen. Ihre hier erscheinenden Schilderungen des
absterbenden Herbstes sind keineswegs leere Worte, sondern geben Zeugniss
von tiefem Gefühl.

Ein sehr bedeutendes Werk ist:

*Storia del regno di Carlo Emmanuele III. di Domenico Carutti, Torino 1858.
presso Giannini e Fiore.*

Diese Geschichte der Regierung des Königs Carl Emanuel von Sardinien
umfasst in dem ersten Bande den Zeitraum von 1730 bis 1746; mithin den
Krieg in der Lombardei von 1733, die Schlacht von Guastalla, den Frieden
von Wien, Erinnerungen an Benedict XIIII. und sein Concordat mit Sardinien;
ferner den österreichischen Erbfolge-Krieg, die Belagerung von Cuneo, die
Schlacht von Bassignano, die Einnahme von Asti und die Befreiung von Alessandria bis zur Vertreibung der Feinde. Dem geistreichen Verfasser stand
das Archiv zur Verfügung, da er im auswärtigen Ministerium angestellt ist.
Ritter Carutti ist bereits sehr vortheilhaft bekannt durch seine treffliche Geschichte der Regierung von Victor Emanuel II., welche er 1856 herausgab.

*Bibliografia enciclopedica Milanese di Francesco Predari. Milano 1858. presso
Carrara. 8. XVI. 696.*

Diese neueste Arbeit des unermüdlichen Literaten Predari zu Turin
enthält ein vollständiges systematisch-alphabetisches Repertorium der Werke,
welche der Stadt Mailand und ihrer Umgegend Ehre machen; mithin Alles,
was von Mailändern und was über Mailand wenn auch von Andern geschrieben worden. Aber hier erscheinen nicht nur alle gedruckte Werke, sondern
auch die in den reichen Privat- und öffentlichen Bibliotheken befindlichen
Handschriften, deren der Verfasser mehrere Hundert anführt. Die gedruckten
Werke erscheinen in 14 Haupt-Abschnitten und ist dieser Catalog mit bibliographischen und biographischen Anmerkungen versehen.

Was aber den Werth dieser Arbeit noch erhöht, ist das genaue Sachre-
gister, welches zu den einzelnen Werken auf die übersichtlichste Art hinweist.
Bei dieser Gelegenheit müssen wir auf ein literarisches Unternehmen dieses
Schriftstellers aufmerksam machen, welcher bereits viel geleistet hat, um nütz-

liche Bücher zu verbreiten. Er gab nemlich seit ein Paar Jahren zu Turin eine Zeitung heraus, nicht theurer als die andern gewöhnlichen Zeitungen, womit aber wöchentlich ein Band nützlicher Werke verbunden war, welchen den Abonnenten umsonst geliefert wurde. Jetzt wird derselbe unternehmende Literat eine solche Zeitung in Mailand für die noch reichere Umgebung herausgeben, so dass jede Gemeinde für ihre Schule in jedem Jahre 52 Bände für die Kosten einer Zeitung erhalten kann, die täglich nur einige Pfennige kostet.

Das grosse Werk, die Sammlung der bedeutendsten Schriften über Staats-Wirthschaft in italienischer Uebersetzung, hat seinen besten Fortgang durch den Unternehmungsgeist der von dem grössten Buchhändler Italiens, Pomba, gegründeten Verlags-Anstalt und durch die Ausdauer des sicilianischen Gelehrten Professor Ferrara zu Turin. Von dieser

Biblioteca dell' Economista, diretta da Fr. Ferrara, Torino 1858. Presso l'Unione tipografico editrice.

enthält die erste Serie, allgemeine Werke in 12 Bänden, die zweite Serie, einzelne Gegenstände enthaltend, ist ebenfalls schon bis zum 5. Bande fortgeschritten, welcher die Münze und ihre Surrogate enthält. Hier finden sich die Arbeiten von Chevalier, Coquelin, Böckh, Humboldt (über die Gewinnung von Gold und Silber), Sterling, Neumann, Molinari u. s. w. In der letzten Lieferung sind die bedeutendsten Schriften über die Bodenrente enthalten. Ueberhaupt wird jetzt der Staatswirthschaft in Italien sehr viel Aufmerksamkeit geschenkt.

Enciclopedia economica, da una società di dotti e letterati Italiani. Vol. I. Torino 1858. Tipografia letteraria.

Dies Conversations-Lexicon, welches in wöchentlichen Heften zu 16 Seiten im grössten Octav-Format erscheint und mit einem Umschlage versehen ist, welcher gewissermassen eine Wochenschrift vorstellt, die über alle neue Erscheinungen im Gebiete der Literatur, Kunst und Wissenschaft, Erfindungen u. s. w. Nachricht giebt, kostet nur 20 Pfennige auf die Lieferung berechnet, obgleich jede Seite in gespaltenen Colonnen über 6500 Buchstaben enthält. Bis jetzt sind 31 Lieferungen erschienen und wird das Ganze 2 Bände zu 1600 Seiten umfassen; wobei in den Text erläuternde Holzschnitte eingedruckt sind; und zugleich ein Atlas für die Erdbeschreibung gegeben wird. Dieses Conversations-Lexicon wird über 40,000 Artikel enthalten, und findet so grossen Beifall, dass es in Neapel an 2000 Abonnenten zählt, über 5000 in Mailand und noch mehr im Piemontesischen. Dieser grosse Erfolg ist hauptsächlich dem Namen des Herausgebers zu danken, dies ist der aus Como gebürtige Literat Predari, welcher früher bei der Bibliothek zu Mailand angestellt war. Als der erste Buchhändler Italiens, Vittor Pomba, seine umfassende Encyclopädie herausgab, berichtete Predari über dies Unternehmen, unter Beurtheilung der ersten Lieferungen. Er wies darin so viele Schwächen nach, dass Pomba diesen gründlichen Gelehrten für seine Encyclopädie gewann, und ihn nach Turin zog; auch dabei dies ehrenwerthe Opfer brachte, dass er die ersten Lieferungen, obwohl in 10,000 Exemplaren gedruckt, für nichtig erklärte und seine Encyclopädie durch Predari aufs Neue anfangen und vollenden liess.

Jetzt nach etwa 15 Jahren giebt Pomba eine neue Auflage seiner Encyclopädie heraus, welche von Predari wieder durchgesehen und bedeutend bereichert wird. Die vorliegende wohlfeile Encyclopädie ist gewissermassen ein Auszug aus jenem grossen Werke.

Opere inedite di Francesco Guicciardini illustrate da Giuseppe Canestrini, pubblicate per cura dei Conti Piero e Luigi Guicciardini. Firenze, 1857 u. 1858. 11 Vol. presso Barbèra.

Die beiden Nachkommen des grossen Staatsmannes Franz Guicciardini haben hier den handschriftlichen Nachlass desselben herausgegeben, welchen der aus dem italienischen Tirol gebürtige in Florenz lebende Gelehrte Canestrini mit Anmerkungen erläutert und eine Vorrede beigefügt hat, welche über das Leben und die Werke Guicciardini's Auskunft giebt. Besonders wichtig sind in dieser Sammlung die Betrachtungen über politische und bürgerliche Angelegenheiten, welche von ihm während der Belagerung von Florenz niedergeschrieben wurden.

Storia delle isole Jonie sotto il dominio Veneto, dal Dott. Typaldo-Foresti, Venezia 1859. Tip. del Commercio.

Diese in der gegenwärtigen Zeit sehr wichtige Geschichte der Jonischen Inseln ward ursprünglich von dem Grafen Lungi, Mitgliede des Parlaments der Republik der 7 Inseln herausgegeben und liegen jetzt die ersten Hefte dieses Werkes ins Italienische übersetzt vor, sehr bereichert durch Urkunden, welche Herr N. Barozzi, der gelehrte Kenner der venetianischen archivalischen Schätze, beigefügt hat. (S. die Verfassung der Jonischen Inseln und die Bemühungen, dieselbe zu verbessern, von dem Geheimerath Neigebaur, Leipzig bei Focke 1839. 8.)

Raccolta di proverbi del Pasqualgio, Venetia 1859. Tip. del Commercio.

Diese Sammlung venetianischer Sprüchwörter ist bereichert mit Vergleichungen fremder und italienischer Sprüchwörter, von denen letztern wir nur die Sammlung für Corsica von Tommasio, für Toscana von Giusti, für die Lombardei von Somarani erwähnen. Auch sind bei sehr vielen der venetianischen Sprüchwörter Parallelstellen aus den klassischen Schriftstellern und der Bibel beigefügt.

1 Dialoghi di Torquato Tasso, a cura di Cesare Guasti. Firenze 1858. presso Le Monnier.

Dies ist eine neue Auflage der Gespräche Tasso's mit einer Lebensbeschreibung vom Herausgeber.

Lettere Logiche dell abate Severino Fabriani al Prof. M. A. Parenti sopra la grammatica italiana pe' sordi muti. Modena 1857. Tip. della Camera.

Dieser 547 S. starke Band ist die zweite Ausgabe dieses Werkes über den Unterricht der Taubstummen von dem verstorbenen Vorsteher der diesfallsigen Anstalt zu Modena.

Von den literarischen Hochzeit-Geschenken von Modena müssen wir erwähnen:

Lettere di Fulvio Ronzone, edite del dott. Luigi Maini. Modena, presso Rossi.

Dieser Graf Rónzone wird von Tasso als einen der bedeutendsten wissenschaftlichen Diplomaten seiner Zeit geschildert, welcher von Hercules II. und
Alfons II. von Este an mehrere Höfe geschickt ward. Diese Briefe sind während seines Aufenthaltes in Spanien an Bern. Tasso u. a. m. geschrieben,
und hier zum erstenmale bekannt gemacht. Einige Freunde des Markgrafen
Campors und seiner Braut der Markgräfin Frasini machten mit dieser Sammlung ein Hochzeit-Geschenk, wie dies in Italien in vornehmen Häusern gewöhnlich ist.

Auch in Reggio, der zweiten Stadt des Herzogthums Modena, wird ein
wenigstens für Rechtsgelehrte wichtiges Werk gedruckt:

*Raccolta delle decisioni del supremo tribunale degli stati Estensi. dell avo. Gug-
lielmo Raisini. Reggio 1856-59.*

Diese Sammlung fängt mit dem Jahr 1852 an, d. i. seit der Einführung
der neuen Gesetzgebung in diesem Herzogthum und enthält alle Entscheidungen des obersten Gerichtshofes des Landes in fortlaufender Folge, mit einem
sehr vollständigen Verzeichnisse nach den betreffenden Gegenständen. Das
Civil-Gesetzbuch ist von 1851, meist der französischen Gesetzgebung nachgebildet, die Gerichts-Ordnung ist von 1852 und das Strafrecht mit dem dies-
fälsigen Verfahren vom Jahr 1855. Der vorzüglichste Rechtsgelehrte bei dieser Gesetzgebung war der Präsident Palmieri.

L'eta presente dall' Aqua-Guisti, Venetia 1859. 4.

Diese encyclopädische Wochenschrift wird nach dem Creposcolo für die
beste Zeitschrift in Italien gehalten, auch darf sie sich mit Politik beschäftigen,
was jenem untersagt ist, obwohl der Redacteur desselben, Herr Carlo Tenca
lieber schweigt, als Unvorsichtigkeiten zu begehen. Der Herausgeber dieser
Wochenschrift ist bestens bekannt durch sein in Versen geschriebenes Trauerspiel, Anna Erizzo.

Torquato Tasso, conti dodici di J. Cabianca. Venesia 1858.

Dieser fruchtbare Dichter, von dem wir auch eine Uebersetzung des Fech-
ters von Ravenna besitzen, mit welcher aber der Verfasser nicht sehr zufrieden sein soll, hat hier eine poetische Lebensbeschreibung Tasso's geliefert,
die bei der allgemeinen Theilnahme, welche dieser Liebling der Italiener nicht
nur, sondern besonders der Deutschen geniesst, ziemlich gefällt, da der er-
zählende Ton sehr gut gehalten ist.

Ein katholischer Geistlicher hat die Messiade in Versen übersetzt:

*Il Messia di Frederico Klopstock, poema epico, fatto Italiano da Sebastiano Ba-
rossi. Milano 1858. Tip. Chiesa.*

Diese Uebersetzung ist treu und liesst sich gut, wir theilen folgende Stelle
aus dem 10. Gesange mit:

Nobil cosa è il perdono: e fra le prime
Virtu, il perdonare amando insieme.
Ma ben di carità tocca le cime
Chi porge vita all' offensor.

Obgleich die deutsche Literatur jetzt in Italien immer mehr bekannt wird,

wie die neben den deutschen Buchhandlungen zu Venedig, Mailand, Rom und
Neapel neu entstandenen zu Turin und Bologna beweisen, so bleiben doch
Klopstock und Gessner die am meisten in Italien bekannten Dichter, wahrscheinlich weil diese auch den Franzosen am meisten bekannt sind, welche
ihre Kenntniss der deutschen Literatur gewöhnlich mit diesen beiden Namen
beweisen wollen.

Eines der beliebten Hochzeitsgeschenken ist folgende Uebersetzung aus
Ovid von dem gelehrten Prof. Fabri:

*Dafne trasformata in Albero. dal prof. Santi-Fabri. Ravenna 1858. Tip. del
Seminario.*

womit er seiner Nichte Glück wünscht.

Ein bedeutendes Werk aus dem Verlage des thätigen Buchhändlers Le
Monnier zu Florenz ist daselbst erschienen, nemlich:

*Del regimento dei principi di Egidio Romano, volgarizzamente transcritto nel 1788,
pubblicato di Francesco Corrazini. Firenze 1858. presso Le Monnier.*

Egidio Romano war Lehrer von Philipp dem Schönen, sein Werk über
die Politik der Fürsten ist daher in der jetzigen Zeit, wo es sich viel um
die weltliche Macht des Pabstes handelt, von Bedeutung.

Die berühmteste Improvisatrice Italiens ist jetzt die Johanna Milli aus den
Abruzzen, von denen mehr von Räubern, als von Kunst und Wissenschaft bekannt ist. Eine Sammlung ihrer Dichtungen ist folgende:

Poesie di Giovanna Milli, Firenze 1858. presso Le Monnier.

Diese überall mit Enthusiasmus aufgenommene Dichterin reist jetzt in
Italien und ward noch vor Kurzem in Bologna mit rauschendem Beifall begrüsst; sie und die Ristori dürften jetzt die berühmtesten Frauen Italiens sein,
deren Erziehung jetzt überhaupt in diesem Lande bedeutend gefördert wird;
so dass man von manchen früheren Vorurtheilen zurückkommen muss, welche
Mariotti in seinem von unserm fleissigen Seibt übersetzten Werke: „Italien
und die Italiener" bereits trefflich beleuchtet hat.

Dass die Italiener sich auch mit dem Auslande beschäftigen, zeigt folgendes Werk:

*Storia della revoluzione Belgica, dell anno 1830, per Carlo Gemelli. Torino
1858. Tip. della società Letteraria.*

Der Verfasser dieser Geschichte der belgischen Revolution ist einer der
durch die Ereignisse von 1848 aus Neapel vertriebenen Abgeordneten.

Bellezze di modi comici e familiari da G. Consolo. Ancona 1858.

Eine Sammlung scherzhafter Redens-Arten aus dem gewöhnlichen Leben,
aus einem selten vorkommenden Druckorte.

*Notizie della Vita e delle opere di Pier Antonio Micheli, Botanico Fiorentino, di
Giovanni Targioni-Tazetti, pubblicate da Adolfo Targioni-Tazetti. Firenze
1858. presso Le Monnier.*

Dies ist eine der vielen Biographien, an denen die italienische Literatur
so reich ist, welche über diesen berühmten Botaniker von einem andern Jünger dieser Wissenschaft verfasst und nach dessen Tode von seinen Erben herausgegeben ist.

Von dem berühmten Uebersetzer unseres Schiller und von Miltons verlorenem Paradiese ist unter dem Titel:

Versi editi ed inediti del Cav. Andrea Maffei. II Vol. Firenze presso Le Monnier

eine neue Sammlung seiner Gedichte erschienen.

Eines der in Italien so beliebten Neujahrs-Albums ist folgendes:

Profumi e bacci, strenna pel capo d'anno. Milano 1858.

In Italien ist die Sitte, Bekannten dergleichen literarische Neujahrs-Geschenke zu machen, um so mehr verbreitet, da manche junge Dichter in denselben die Erstlinge ihrer Muse gedruckt sehen, und solche Dichter gewöhnlich reich genug sind, um an ihre Bekannte recht viele Exemplare zu verschenken.

Je weniger in den Staaten des Königs von Sicilien politische Zeitschriften bestehen, desto mehr erscheinen wissenschaftliche und literarische Blätter. Am meisten geachtet ist das

Giornale di statistica. Palermo 1859. 8.

welches bereits seit 20 Jahren besteht. (S. Sicilien von J. F. Neigebaur. II. Aufl. Leipzig, 1848. II. Vol.) Professor Ferrara, Hauptbeförderer desselben, lebt jetzt in Turin,

Eine Speculation eigener Art ist folgendes Werk, das seit 1856 in Padua herausgegeben wird:

Memorie funebre antiche e recenti, raccolte dall Ab. Gaetano Sorgato. Padova, 1858. Tip. del Seminario.

Dies Buch, das sich als Album zur Erinnerung an Verstorbene ankündigt, erhält jeder, welcher einen Aufsatz über irgend eine Person einsendet, der für 6 Franken abgedruckt wird; wofür er einen ganzen Band umsonst erhält. Beträgt der Aufsatz aber über 25 Zeilen, so zahlt man 12 Franken, erhält aber dafür auch zwei auf einander folgende Bände. Auf diese Weise ist bald ein Band von 300 Seiten voll, wo freilich des Unbedeutenden sehr viel ist. Doch hat der industrielle geistliche Herr, der Herausgeber, sich wenigstens die Mühe genommen, jedem Bande ein Namensverzeichniss der gelobten Personen beizufügen, wobei auch der Name dessen genannt ist, welcher für das ertheilte Lob 6 Franken bezahlt hat.

Gelehrter ist freilich folgendes Werk:

Osservazioni zoologico-anatomiche sopra un nuovo genere di crustaces isopodi (Gyge. Branchialis) del professore Emileo Cornalia, e del dott. Panceri. Torino stamperia reale. 1858 in 4.

Herr Professor Cornalia ist Vorsteher des Naturalien-Cabinets der Stadt Mailand, und dass diese Beschreibung eines Krebses die Sachverständigen befriedigen dürfte, kann man daraus schon entnehmen, dass die Kais. Leopoldino-Carolin.-Academie der deutschen Naturforscher und die geologische Gesellschaft in Jena denselben zu ihrem Mitgliede ernannt haben. Natürlich ist diese Monographie mit Zeichnungen versehen.

Von Rom haben wir Jahrbücher der Mathematik zu erwähnen:

Annali di Matematica pura ed applicata da Barnaba Tortolini. Roma 1858. Tip. della S. C. de propaganda fide. 4o.

welche eine Fortsetzung der Annali di scienze matematiche e fisiche bilden.

Auf der Universität zu Pavia wird die klassische Literatur eifrig betrieben, wie der gute Fortgang der philologischen Seminare daselbst unter dem Professor Müller beweist; so wie folgendes Werk:

Corso di letteratura classica di Antonio Zonhada. Pavia. 1858.

Der vorliegende zweite Band dieser Arbeit eines Professors an dem Lyceum zu Pavia enthält die griechische dramatische Dichtkunst.

Von den nachgelassenen Werken des Camillo Ugoni ist der 4. Band, der letzte, mit seinem Leben erschienen:

Della Letteratura Italiana nella seconda meta dell secolo XVIII da C. Ugoni. Milano 1858. Tip. Bernardoni

enthaltend das Leben und die Werke von Quirino Visconti, Joseph Piazzi, Gaetano Filangeri und Paolo Mascagni.

Die Bekanntmachung der Venetianischen Gesandtschafts-Berichte

Relazioni degli stati Europei, lettere al Senato degli Ambasciatori Veneti, raccolte e annotate da Nicolo Barozzi e Guilelmo Berchet. Venezia 1858. Presso Naratovich.

hat ihren ungestörten Fortgang, sie sind aus dem 17. Jahrhundert und die neuesten Hefte betreffen Spanien, nachdem Frankreich beendet werden.

Bei dieser Gelegenheit müssen wir auch ein in Wien gedrucktes italienisches Werk erwähnen:

Paolo V. e la republica Veneta, per Enrico Cornet. Vienne 1859. Presse Tendler.

Dies Tagebuch um die Zeit des Interdicts gegen die Republik Venedig, der es aber wenig schadete, geht vom 22. Octob. 1605 bis zum 9. Juni 1607 und ist durch den Herausgeber bereichert mit Anmerkungen und Urkunden aus den Archiven dei Frari und Correa zu Venedig, sowie aus der Marcus Bibliothek daselbst, und der zu Wien.

Der um die Einführung der Kuhpokken-Impfung verdiente Arzt Sacco hat an dem verdienstvollen Ritter Ferrario einen würdigen Biographen gefunden:

Vita ed opere del dottore Luigi Sacco dell dott. G. Ferrario. Milano 1858. Presso Savoita.

wobei zugleich von dem Hrn. Verfasser über die Geschichte der Vaccine und deren Wiederholung schätzbare Nachrichten gegeben werden.

Zum Beweise, wie die Vornehmen in Italien an den öffentlichen Wahlen Theil nehmen, selbst im Kirchenstaate, wo es so schwer ist über Verwaltungs-Gegenstände zu schreiben, führen wir folgende Abhandlung an:

Di quando si possa e si deve migliorare la nostra società agraria e la nostra agricoltura, del Marchese Luigi Tanari. Bologna 1858. Tip. all Ancora.

Der Verfasser, einer der grössten Gutsbesitzer in der Romagna, der in seinem prachtvollen Pallaste zu Bologna Gelehrte um sich sieht, hat in diesem Werke seine Erfahrungen niedergelegt, um dem Ackerbau im Kirchenstaat aufzuhelfen; schon früher hatte er über die Nothwendigkeit, den Real-Credit zu beleben, folgende Schrift bekannt gemacht:

Intorno alla materia del Credito negli interessi agrari, del Marchese Luigi Tanari. Bologna 1855.

worin er eine genaue Kenntniss der desfallsigen auswärtigen Verhältnisse bekundet und Schlesische und Posner Pfandbrief-Systeme als Muster aufstellt.

Statuta terrae sancti Danilis, per le nosse Minisini-Menchini. Sandanieli 1859. Tip. Biasuti. 8o.

Diese Statuten sind nach einer Handschrift aus dem 14. Jahrhundert als eines der in Italien nicht seltenen Hochzeit-Geschenke für den ausgezeichneten Bildhauer Minisini zu Venedig von seinen Landsleuten der Stadt Sandaniele in Friaul zum erstenmale zum Druck befördert worden. Als diese Stadt durch einen Vergleich zwischen dem Patriarchen von Aquileja an Venedig abgetreten worden war, wurde von dem Dogen Foscari 1449 und mehreren seiner Nachfolger ausdrücklich bestimmt, dass dadurch in den Privatrechtsverhältnissen dieser Stadt nichts geändert werden solle.

Ein anderes solches literarisches Hochzeit-Geschenk ist die Bekanntmachung von ungedruckten Briefen des ausgezeichneten Patrioten Foscolo, von dem jedes Wort dem Italiener theuer ist:

Lettera e Frammenti inediti di Ugo Foscolo nelle nosse Marcello-Zon, del Emilio di Tipoldo. Venesia 1858.

Der Herausgeber ist der gelehrte Ritter Tipoldo aus Cephalonia; der Bräutigam der Podesta, oder Ober-Bürgermeister von Venedig, Graf Marcello aus einer berühmten Dogen-Familie abstammend, und die Braut die Tochter der ausgezeichnet unterrichteten Markgräfin Zon aus Verona. Als Tipoldo seine Tochter an den Grafen Aristoteles Valauriti zu St. Mauro verheirathete, liess ein Hausfreund Ritter Antonelli bereits andere bisher ungedruckte Briefe Foscolo's, als ein solches Hochzeit-Geschenk erscheinen. Warum kennt man diese Sitte nicht auch bei uns?

Opuscoli religiosi letterari e morali. Tomo IV. Fascicolo 11. Modena. Tip. Berti 1858.

Die Gelehrten, Cavedoni und Veratti zu Modena, von denen man hier Aufsätze findet, bürgen dafür, dass diese Zeitschrift mehr leistet, als man nach ihrem Titel erwarten sollte. Der erste steht der trefflichen Estensischen Bibliothek vor, und ist durch seine antiquarischen und numismatischen Schriften bekannt, zugleich Professor der morgenländischen Sprachen an der Universität zu Modena; wir erwähnen nur seine Schrift: dell origine ed incrementi dell odierno museo Estense delle Medaglie. Er ist Mitglied des französischen Instituts und mehrerer Academien, unter andern auch der zu Berlin. Herr Veratti, Professor der dortigen juridischen Facultät, bekannt durch seine Schrift: sopra le leggi di Francesco IV. Modena 1846. liefert in dieser Zeitschrift sehr viele gediegene wissenschaftliche Artikel meist geschichtlichen Inhalts. Ueberhaupt zeichnet sich Modena durch wissenschaftliches Streben aus; die dortige

Universität besitzt an Marianini einen ausgezeichneten Physiker, an Doderlein einen braven Naturforscher und an dem Professor der juristischen Facultät Parenti einen sehr geachteten Philologen.

Archivio meteorologico centrale Italiano. Firenze 1858. Società Tipograf.

Das Museum der Physik und Naturgeschichte zu Florenz macht in diesem starken Bande seine Beobachtungen von 1832 bis 1852 bekannt und gibt in der Einleitung Auszüge aus handschriftlichen Nachrichten von Schülern Galilei's und die Beobachtungen, die von 1654 bis 1664 in Florenz gemacht worden sind.

Della vita e degli scritti di Giorgio Cuvier del Ottavio Ferrerio. Milano 1858. Presso Willmant. 4to.

Aus dieser Lebensbeschreibung Cuviers sieht man, dass die Italiener fremde Gelehrte achten; dies findet man seltener in Frankreich.

Iscrizione Italiane del Dottor Carlo Mongardi. Bologna 1858. Tip. Monte.

Es ist eine eigene Liebhaberei der Italiener, Inschriften der Neu-Zeit zu sammeln, eine solche Arbeit ist die vorliegende, die nicht blos die von dem Herausgeber selbst verfassten enthält, sondern auch in bunter Unordnung die verschiedenartigsten, oft von sehr unbedeutender Veranlassung.

Vita della venerabile Matilde Adelaide Clotilde, Principessa di Francia e Regina di Sardegna, del Sacerd. Cesare Cavattoni. Verona 1858. gr. 8. p. 281.

Die Enkelin Ludwig XV. und der Polin Lesczinska, Schwester Ludwig XVI. heirathete den König von Sardinien, welcher von den Franzosen vertrieben sich nach Cagliari flüchten musste, nach längerem Aufenthalt in Rom und Neapel starb sie an dem letzten Orte. Die Gemahlin Louis Philipps hat in Paris ihr zu Ehren die neue Kirche St. Clotilde erbauen lassen. Der Bibliothekar der Stadt-Bibliothek zu Verona, die im Serapeum 1858 von dem Unterzeichneten beschrieben ist, hat in dem vorliegenden Werke das Leben dieser frommen Königin würdig beschrieben. Von demselben Verfasser ist auch das Leben des heiligen Zeno, des vierten Bischofs von Verona aus dem 5. Jahrhundert, so wie eine Uebersetzung der Werke dieses Heiligen erschienen.

Druckfehler.

In Bd. 40 der Heidelberger Jahrbücher von 1858.

S. 628. Z. 19 v. o.   statt Register lies Regesten.
S. 628. Z. 28 v. o.   statt 1016 lies 1026.
S. 629. Z. 1 v. u.   statt Victon lies Ritter.

                        Neigebaur.

JAHRBÜCHER DER LITERATUR.

Captivité et mort de Don Carlos, par M. Gachard. 46 S.

Dieses Bruchstück aus der Lebengeschichte des Don Carlos hat H. Gachard noch vor Vollendung derselben besonders abdrucken lassen. Da sich an das tragische Ende des spanischen Königssohnes des Dunkels wegen, welches über dasselbe schwebt, ein besonderes Interesse knüpft, so wird die Inhaltsanzeige dieser unter vorstehendem Titel erschienenen Schrift willkommen sein.

Nach Aufzählung derjenigen, welche sich mit der Lösung dieser historischen Aufgabe bisher beschäftigten, bemerkt Hr. Gachard in Beziehung auf seine Arbeit, dass er für dieselbe zahlreiche und werthvolle Documente gewann, mit welchen vor ihm kein Anderer Gelegenheit hatte, sich zu berathen, und dass man den ganzen Lebenslauf des Don Carlos kennen müsse, um sein Ende richtig zu beurtheilen.

Er beginnt mit der Gefangensetzung desselben, ohne die Gründe anzugeben, welche dabei walteten. Wir müssen daher voraussetzen, dass er darüber sowie über das Verfahren bei derselben, in einem vorhergehenden Abschnitt der noch ungedruckten Lebensgeschichte Aufschluss gegeben habe. Gänzlich vermisst könnte dieser auf keinen Fall werden, selbst nicht, falls Positives mangelte, als Hypothese, weil sich das historische Interesse hauptsächlich um die Streitfragen über die Beweggründe dreht, welche den Vater zu dem unerhörten und harten Verfahren gegen den eigenen Sohn bestimmten. Bei der Detailschilderung der von Philipp getroffenen Anordnungen findet sich die Angabe, dass er den Camin im Thurmzimmer des Prinzen mit einem Gitter verwahren liess, damit derselbe sich nicht durch einen Sturz in's Feuer um's Leben bringen könne. An die Entfernung aller Personen seines Hofstaats mit Ausnahme des Grafen Lerma, knüpft H. Gachard die Frage, ob dies in der Voraussetzung geschehen sei, dass es unter denselben Einige geben dürfte, welche in die Pläne seines Sohnes eingeweiht seien, oder aber Solche, die demselben gar zu sehr ergeben waren? Wahrscheinlichkeit hat nur die erstere Annahme, denn da Don Carlos seine Dienerschaft misshandelte und sein Betragen auch keine persönliche Werthschätzung einflössen konnte, so dürfte eine reelle Anhänglichkeit bei seinen Dienern nicht bestanden haben. Einen scheinbaren Gegenbeweis liefert inzwischen folgender Zug. Als Ruy Gomez, erzählt der Verfasser S. 14, dem Prinzen die Entfernung seiner Dienerschaft ankündete, rief dieser aus: „Und den Rodrigo de Mendoça nimmt der König mir auch weg? Auf die bejahende Antwort liess er den Mendoça kommen

und sprach, ihn umarmend, die Worte: „Don Rodrigo, ich beklage
es, Dir die Zuneigung, die ich für Dich hege und stets hegen werde,
nicht durch Handlungen darthun zu können. Gäbe Gott, dass ich
einst in die Lage komme, Dir Beweise davon geben zu können.
Weinend, hielt er ihn hierauf so lange fest umschlossen, dass man
Mühe hatte, ihn zu trennen. „Redrigo de Mendoça, fügt der Verfasser nach einer Quelle hinzu, war erst seit zwei Monaten in seinem Dienste, aber er hatte in diesem jungen Edelmanne so viele
Vorzüge entdeckt, dass er eine hohe Achtung für ihn hegte.“ Halten wir zu diesem schön sich ausnehmenden Zuge, dass Don Carlos
seinen älteren und vorzüglicheren Freund, den Don Juan d'Austria,
kurz vor seiner Gefangensetzung erdolchen wollte, weil er sich wei-
gerte, ihm die Geheimnisse seines Vaters mitzutheilen, und dass er
seine beide Kämmerer Diego de Alcuna und Don Alonso de Cor-
doba (an dessen Stelle Rodrigo de Mendoça getreten zu sein scheint),
arg misshandelt hatte, so werden wir die rührende Scene mit Mendoça, dem Freunde von gestern her, nicht als ein untrügliches Merkmal einer guten oder gar edlen Gemüthsbeschaffenheit ansehen können, sondern lediglich als eine von der weichen Stimmung, in welche den Infanten die Katastrophe seiner Verhaftung versetzte, hervorgerufene Aufwallung, der wenig Werth und Verlässlichkeit inne
wohnte. — Als Philipp, heisst es S. 9, den Hofstaat des Prinzen
auflöste und über seinen Marstall verfügte, Massregeln, welche demselben keinen Zweifel über sein künftiges Schicksal übrig liessen,
ergab er sich der Verzweiflung und beschloss zu sterben, äussernd,
ein so schwer beleidigter und entehrter Fürst dürfe nicht leben wollen. Da ihm Waffen und jedes andere Mordinstrument fehlte, so
versuchte er sich auszuhungern. In den letzten Tagen des Februar
blieb er fünfzig Stunden ohne Nahrung, wesshalb er dergestalt verfiel, dass die Aerzte meinten, seine letzte Stunde sei angebrochen.
Die Angabe des Cabrera, nach welcher Philipp seinen Sohn in dieser Situation besucht und ihm zugesprochen haben soll, weist der
Verfasser mit den Worten zurück: „Ich wünsche, dass die Geschichte
diese Angabe bestätigen könnte, denn ich gehöre nicht zur Klasse
der planmässigen Verkleinerer Philipps. Während meiner lange fortgesetzten Forschungen in den Archiven von Simancas, habe ich mit
gleicher Sorgfalt die ihn rechtfertigenden wie die ihn anklagenden
Schriftstücke gesammelt, allein hinsichtlich des erwähnten Besuches
zwingt mich die Wahrheit, dem Cabrera zu widersprechen. Nach
dem Zeugnisse des venetianischen Gesandten, sah Philipp seinen
Sohn nicht, ja er wollte selbst nicht, dass man ihm Tröstungen
bringe, und als man ihm meldete, dass Don Carlos Speise zu sich
zu nehmen, widerstrebe, antwortete er trocken: Er wird schon essen,
wenn der Hunger ihn zwingt. Und in der That, die Natur war
stärker, als der Wille des Prinzen; er ass wieder, und des Königs
Vorhersage ging in Erfüllung“. Ist nicht dadurch Philipps lakoni-
sche Antwort so wie der Nichtbesuch gerechtfertigt? Philipp kannte

seinen störrigen Sohn besser als wir. Hätte er ihn besucht und
ihm Speise zu nehmen befohlen, so würde Don Carlos bei seinem
Vorsatze sich auszuhungern, nur um so gewisser verharrt sein. Für
diese Voraussetzung bürgt der ungeheure Hass, den Don Carlos
gegen seinen Vater im Herzen trug, ein Hass, dessen Wurzel ein
ungemessener Ehrgeiz war, dessen Befriedigung aber Philipp im Interesse des Staates nicht zugeben durfte. Hinsichtlich des Nichtbe-
suches trifft daher den König kein Tadel und ebenso wenig würden
denselben die S. 13 und 14 angeführten, die Behandlung des Prinzen regelnden Anordnungen verdienen, die hauptsächlich Verhinde-
rung des Verkehrs nach aussen bezweckten. Hierzu gaben der
Fluchtversuch des Prinzen und die Intriguen der niederländischen
Grossen den begründetsten Anlass. „Indessen, fährt der Verfasser
fort, gab Don Carlos den Selbstmordsversuch nicht auf. Er hatte
sich sagen lassen, dass der Diamant im Magen eine tödtliche Wirkung habe, wesshalb er einen grossen Diamantring, den er am Fin-
ger trug, verschlang. Der Ring ging von ihm ohne Schmerz und
Schadennahme". Diese Thatsache berichtet, nebst den venetianischen
und französischen Gesandten, welche der Verfasser anführt, auch
Dietrichstein, er lässt sich daher nicht in Frage stellen, überhaupt
steht nun, nach H. Gachards Mittheilungen, der fortgesetzte Versuch
des Prinzen, sich das Leben zu nehmen, fest, doch scheint in der
Sinnesart desselben von der Zeit an ein Wechsel eingetreten zu sein,
als er seinen Beichtvater Fray Diego de Chaves zu sich berief, und
gebeichtet und das Abendmahl empfangen hatte. „Der Einfluss der
Religion, die Rathschläge und Ermahnungen seines Beichtvaters,
sagt der Verfasser S. 19, hatten aus Don Carlos einen ganz anderen Menschen gemacht. Er gebehrdete sich nun menschlicher und
sanfter und aus seinem Munde flossen nun nicht länger Aeusserungen des Hasses und der Verachtung seines Vaters". Hierzu gehört
aber auch die gleichzeitige Aeusserung des toscanischen Geschäftsträgers Nobili: „Con tutto ciò, si sa, ch'egli (il Principe) sta molto
duro e superbo". Ganz natürlich! Die religiösen Einflüsse konnten
nicht mit einemmale den verdorbenen Grundcharakter des Don Carlos umwandeln. In Philipps Schreiben an die Kaiserin S. 20, 21,
ist dies Verhältniss gut auseinandergesetzt. „Es gibt Augenblicke,
sagt er, in denen der Geist gesünder als in anderen ist, allein die
Gebrechen desselben müssen aus einem völlig verschiedenen Gesichtspunkte in Beziehung auf den Staat und seine Verwaltung und
in Beziehung auf das Privatleben und persönliche Verhältnisse aufgefasst werden. Es kann sich sehr wohl begeben, dass Einer für
jene vollständig unbrauchbar, hinsichtlich dieser aber erträglich ist."
Philipp hatte aber an seinem Sohn so vollständig verzweifelt, dass
er gerade als dieser in ein Besserungstadium getreten war, seinen
Hofstaat auflöste und seinen Marstall vertheilte. Die nächste Phase
in der Geschichte des Don Carlos zeigt, dass Philipp Recht hatte,
auf die Besserung seines Sohnes keine Rücksicht zu nehmen. „Seine

Geduld und seine Resignation sagt der Verfasser S. 23, waren nur
von kurzer Dauer.   Als er die Fortdauer seiner Haft und die Hoff-
nungslosigkeit ihres Endes bedachte, erwachten die traurigen Ahnun-
gen, die er von einem unglücklichen Ausgange seiner Sache anfangs
geschöpft hatte, mit erneuerter Lebhaftigkeit.   Er kam auf die Idee,
sich umzubringen, auf welche Weise und durch welche Mittel es
geschehen konnte, wieder zurück.   Der Versuch Hungers zu sterben,
war gescheitert, er glaubte daher seine Absicht sicherer durch Völ-
lerei zu erreichen, und da dies seiner Neigung besser entsprach, so
gelang ihm dieser Versuch".

In Philipps Berichten an seine Königreiche und die fremden
Höfe sind folgende Ursachen vom Tode des Don Carlos angegeben.
„Die Sommerhitze vorschützend, heist es, ging er, entkleidet und
barfuss beständig auf dem mit kaltem Wasser stark begossenen Fussboden seines Gemachs umher.   Oft schlief er nackt bei offenen Fenstern.   Frühmorgens und des Nachts trank er in grosser Menge Eiswasser, Eis legte er sich ins Bett, ass, alles Mass überschreitend,
Früchte und andere ungesunde Speisen, und zuletzt wollte er während eilf Tage gar nur kaltes Wasser zu sich nehmen, verschmähend
jede Nahrung".   Hierüber stellt Hr. Gachard folgende Betrachtung
an: „Der König hatte unerhörte Vorsichtsmassregeln getroffen, damit von dem, was im Gefängnisse seines Sohnes vorging, nichts
nach aussen dringe.   Den Wächtern desselben war bei der geringsten diesfälligen Indiscretion des Königs Ungnade und selbst die Gefahr vorgehalten worden, in das Verbrechen der Majestätsbeleidig-
ung zu verfallen.   Dadurch war Philipp versichert oder glaubte es
zu sein, dass die Nachrichten, welche ihm über die Krankheit und
den Tod des Prinzen zu verbreiten gefielen, keinen Widerspruch erfahren werden.   Nun hatte er aber das grösste Interesse an Unord-
nungen in der Lebensweise seines Sohnes glauben zu machen „pour
ne point les exagérer, s'il ne les inventait pas".   Auf diese Weise
erreichte er einen doppelten Zweck, er gab dem frühreifen Tode
des Prinzen einen natürlichen Anstrich und rechtfertigte seine Haft.
Eine offizielle Lüge konnte dem Monarchen nichts kosten, der für
den an seinem Hofe verstorbenen Marquis von Berghes eine prunk-
volle kirchliche Todtenfeier anordnete, um, wie er sagte, zu zeigen,
wie sehr bei ihm die belgischen Edelleute in Ehren ständen, während er zur nämlichen Zeit geheime Befehle nach Brüssel zur Einleitung seines Prozesses und Wegnahme seiner Güter sandte"*).

---

*) Was soll hieran Besonderes sein? Philipp konnte sehr wohl einestheils
mit diesem Leichenpompe dem Stande dem der Marquis angehörte und den
Vliessrittern, dessen Mitglied er war, eine Auszeichnung vergünstigen, und
anderntheils gegen das Individuum gerichtlich verfahren.   Solche Dinge
lagen im Geiste der damaligen Zeit, aus welchem man sie erklären
muss.   Philipp liess den Papst in Rom belagern und nebenbei dem Kirchen-
oberhaupte die grösste Ehrfurcht bezeigen.   Die Politik aller Cabinette des

„Aber angenommen alle dem Don Carlos in den offiziellen Berichten zur Last gelegten Ausschweifungen seien war, hätte desshalb die Geschichte kein Recht, Philipp darüber zur Rechenschaft zu ziehen, ihm den Vorwurf zu machen, sie erleichtert und selbst begünstigt (?) zu haben, kein Recht zu fragen, auf wessen Befehl (?) der Fussboden des Gefangenen immerfort mit kaltem Wasser begossen wurde, wer das Eis ihm lieferte, von dem er einen so grellen Missbrauch machte? Vom wem bekam er das in sein Bett gelegte Eis? War es nicht Ruy Gomez, sein Vertrauter, der dem Haushalte vorstand, dem man den Enkel Karls V. unterworfen hatte?

„Philipp fühlte diese Vorwürfe so richtig heraus, dass er mittelst Instructionen an seine Gesandten gerichtet, ihnen voraus zu begegnen beflissen war. Vertraulich schrieb ihnen der Staatssecretär Cayas: „Möglicherweise könnten Einige auf den Gedanken gerathen, dass man die unordentliche Lebensweise des Prinzen hätte verhindern können, zunächst durch Vorstellungen und Bitten, dann durch Verbote und Mittelentziehung. Allein Eure Herrlichkeit und Alle, denen die Sitten und Eigenschaften des Prinzen bekannt waren, werden anders urtheilen, denn es ist eine ausgemachte Sache, dass, hätte man ihn in der angeführten Weise behandelt, er sich anderen seinem Leben und was noch mehr ist, seinem Seelenheile noch gefährlicheren Ausschweifungen ergeben hätte. Dieserwegen konnte man auf keine andere Weise mit ihm verfahren, um so weniger als seine Leibesbeschaffenheit und die Meinung die Andere und er von ihr hatten, die Voraussetzung nicht zuliess, dass seine gesundheitswidrige Diät so verderbliche Folgen nach sich ziehen werde und in der That, sie würde sie nicht herbeigeführt haben, hätte der Prinz nicht viele Tage hintereinander, Nahrung zu sich zu nehmen, verweigert. Als dies geschah, musste die Unmöglichkeit eintreten, sein Dasein zu fristen; besser und öfter aber als man in ihn gedrungen, von dieser Weigerung abzustehen, konnte es nimmermehr geschehen"[*]). „So sieht, bemerkt der Verfasser, die Rechtfertigung aus, welche Philipp uns von seinem Verfahren hinterlassen hat".

Obgleich der Verfasser sich nicht deutlicher ausspricht, so gewinnt es nach dieser Auseinandersetzung doch den Anschein, als reihe er sich Denjenigen an, welche meinen, Philipp habe sich seines Sohnes durch eine Vorschubleistung seiner Selbstmordversuche zu entledigen getrachtet. Gegen diese Ansicht sprechen jedoch gewichtige Gründe, und zwar zunächst der vom Verfasser S. 25 selbst angeführte Umstand, dass der Missbrauch den Don Carlos von dem Eise

16. Jahrhunderts liefern ähnliche Proben von Duplicität oder auch gerechtfertigten Ausscheidungen.
[*]) Diese Angabe ist richtig, denn als der Prinz Nahrung zu sich zu nehmen beharrlich verschmähte, ward sein Beichtvater zu ihm geschickt. S. Quellen zur Geschichte Max. II. S. 212.

und Eiswasser machte, lange schon vor seiner Einschliessung bestand.
Demgemäss müsste man annehmen, Philipp habe es mindestens schon
mehrere Jahre vorher auf sein Lebensende abgesehen, denn was als
Insicht nach der Gefangensetzung gilt, das müsste vor ihrem Zeitpunkte auch schon dafür angesehen werden, widrigenfalls Beides
falsch ist.   An sehr vielen Stellen seiner Briefe gedenkt Dietrichstein der zweckwidrigen, keine lange Lebensdauer versprechenden
Lebensweise des Prinzen mit der Bemerkung, dass sein Vater und
die Aerzte es nicht an Ermahnungen fehlen lassen, dass er bisweilen auch wirklich gute Vorsätze fasse, sie aber nicht halte.   Damit
meine ich, sei hinlänglich bewiesen, dass die dem Könige unter-
schobene Absicht grundlos ist.   Wozu hätte es auch eines solchen
Umweges bedurft, um des Prinzen los zu werden? Konnte man den
Selbstmord nicht auf eine weit kürzere Weise bewerkstelligen, wenn
man ihn beabsichtigte? Dazu boten sich in der That Mittel und
Wege in Zahl dar.   Wenn man aber erwägt, dass Philipp gerade
das Entgegengesetzte that, dass er dem Prinzen alle Waffen und
Werkzeuge zum Selbstmorde gleich bei seiner Verhaftung wegnehmen liess, dass er die Fenster seiner Gemächer sorgfältig zu verwahren gebot, und selbst dem Tode durch Verbrennung vorbeugte,
dass er ihn von sechs Edelleuten Tag und Nacht bewachen liess,
dass nur diese ihm die Speisen reichen durften, u. s. w., wie soll
man da an der Hypothese gläubig werden, Philipp habe ihm den
Tod durch das Eis und Eiswasser bereiten lassen?   Beabsichtigte
Philipp den Selbstmord, so würde er obige Massregeln der Abwehr
nicht oder nur sehr unvollständig getroffen haben, denn am Ende
musste doch jeder dazuführende Weg ihm willkommen sein, und
schloss er den Gefangenen wie Hr. Gachard annimmt, dessbalb so
strenge von der Aussenwelt ab, damit er ihr eine beliebige Todesart glauben machen konnte, so war es ja ganz einerlei, ob der Prinz
durch Gift oder Eis oder wie immer umkomme.   Zu den Gegen-
zeigen gehört endlich noch das Schweigen aller Geschichtschreiber.
Kein einziger deutet selbst nur leise an, dass Philipp der schlechten
Diät des Prinzen zu seiner Selbstvernichtung sich bedient habe. Die
Grundangabe des Secretär Cayas, dass man sie duldete, damit der
Prinz nach ihrer Abstellung nicht auf noch tollere Einfälle sich um-
zubringen gerathe, ist mit Rücksichtnahme auf das Verschlucken des
Ringes und den Versuch sich (bei der Verhaftung) ins Feuer zu
stürzen und zum Fenster hinauszuspringen, nicht aus der Luft ge-
griffen, auch ist es wahr, dass Don Carlos nicht an den Diätfehlern,
sondern an der Wuth und Verzweiflung über seine Lage starb.
Man kann die Auseinandersetzung des Cajas allerdings im Sinne des
H. Gachard auffassen und sie verdächtig finden, allein bei einer
Vergleichung mit den hier angeführten Thatsachen verliert sie diesen Charakter, und erscheint als eine einfache Prävention gegen befürchtete falsche Gerüchte.

Ueber das letzte Erkranken gibt H. Gachard, gestützt auf sehr glaubwürdige Nachrichten, folgenden Aufschluss: „Um die Mitte des Monates Juli trug man auf die Tafel des Prinzen eine Rebhubnpastete, bestehend aus vier Rebhühnern. Obgleich er schon von anderen Gerüchten genossen hatte, so verzehrte er auch noch die ganze Pastete sammt der Kruste. Da diese stark gewürzt war, so fühlte er sich alsbald von einem brennenden Durste gequält. Um diesen zu stillen, trank er den ganzen Tag über Wasser im Schnee abgekühlt. In Folge dieser Ueberladung stellte sich des Nachts ein heftiges Erbrechen und andere Zufälle ein. Der Kranke entschlossen an denselben zu Grunde zu gehen, wies alle von den Aerzten angeordneten Heilmittel von sich. Den 19. Juli war sein Zustand bereits hoffnungslos geworden. Von jetzt an ging aber eine grosse Veränderung mit ihm vor. Er dachte nun weiter an nichts als an sein Heil in der anderen Welt. Zu diesem Ende liess er den Fray Diego rufen, beichtete, und, da er des beständigen Erbrechens wegen das Abendmahl nicht geniessen konnte, so betete er es mit grosser Inbrunst und Demuth im Geiste an. Zugleich äusserte er nach dem Zeugnisse des Erzbischofs von Rossano, eine gänzliche Verachtung alles Irdischen und ein so grosses Verlangen nach den himmlischen Gütern, dass es schien, als habe Gott ihm für die letzten Lebensmomente die Fülle seiner Gnaden bewahrt".

„Er verlangte die Gunst, seinen Vater zu sehen, aber wer sollte es glauben? Philipp II. hatte die Härte — doch dies Wort ist zu schwach — er hatte die Grausamkeit, nicht nur diesen Wunsch zu versagen, sondern auch der Königin, der Prinzessin Johanne (seiner Schwester) und anderen ihm ergebenen Personen den Besuch des armen Sterbenden zu verbieten, aber was sage ich, nicht einmal ein Wort des Wohlwollens liess er ihm zukommen". So äussert sich der Verfasser in unverkennbarer Ausstrahlung humaner Gesinnung; wir dagegen wollen die Gründe dieser scheinbaren Grausamkeit untersuchen. Dietrichstein berichtete dem Kaiser, Fray Diego, des Prinzen Beichtvater habe ihm gesagt, seit er bei ihm gewesen, und ihm zugesprochen, sei er viel ruhiger und gefasster, es sei auch zu hoffen, er werde zur Osterzeit beichten und communiciren, allein „das vergeben vnd vergessen khan er nit ywer herts bringen". Diese Aeusserung bietet uns den Schlüssel zum Verständnisse von Philipps Weigerung, seinen sterbenden Sohn zu sehen. War es dem Beichtvater gelungen, den Prinzen zur Verzeihung dessen zu bewegen, was sein Vater, seiner Meinung nach, an ihm verschuldet hatte, war es ihm gelungen den Hass gegen ihn in seinem Herzen zu ersticken, so musste von dem plötzlichen Erscheinen seines Vaters bei einem so leidenschaftlichen Gemüthe der Wiederausbruch des Grolles ohne weiteres befürchtet werden. Den Sterbenden in diesen Zustand zu versetzen, wäre seitens des Beichtvaters, der nebenbei gesagt, ein sehr verständiger Mann war, eine gegen alle Pastoralklugheit verstossende Handlung, und ein dem

Scheidenden aus dem Leben schlecht geleisteter letzter Dienst gewesen. Der Verfasser erwähnt S. 34 selbst, dass der toskanische
Geschäftsträger angibt, Fray Diego habe dem Besuche des Königs
sich widersetzt. Obgleich nun der Verfasser dieser Angabe keinen
Glauben beimessen will, theils weil nur das Gerücht davon umlief,
und theils weil kein Anderer davon Nachricht giebt, so ist diese
Angabe doch aus den angeführten Gründen vollkommen glaubwürdig, ja man müsste, selbst wenn sie nicht bestände, auf die mit den
katholischen Pastoralvorschriften vollkommen übereinstimmende Einsprache des Beichtvaters gegen den Besuch des dem sterbenden
Sohne verhassten Vaters, von selbst verfallen *).

Fray Diego hatte den Prinzen ohne Zweifel so zum Tode vorbereitet, dass seine Seele allem Irdischen entrückt war und sie sich
nur noch mit dem Jenseits beschäftigte. Damit sie bis zum Aus-
hauche in dieser Stimmung erhalten werde, war es nöthig, alle durch
Personen und Erinnerungen herbeigeführte Störungen ferne zu halten. Darum wird Fray Diego auch gegen den Besuch der Königin
und der Prinzessin Johanne, ja selbst gegen eine Botschaft von seinem Vater protestirt haben. Jeder mit der Seelsorge beschäftigte
Priester, oder jeder Laie, der den Geist und die Einrichtung derselben kennt, wird dieser Combination zuverlässig beistimmen, während
Diejenigen, welche mit Philipps Methode, rein geistliche Angelegenheiten zu behandeln vertraut sind, darin sicher uns beipflichten werden, dass er die Frage, ob er seinen Sohn besuchen und ob er ihm
selbst nur einen Scheidegruss oder seinen Segen zukommen lassen
soll, mit dem Beichtvater berieth, und dem Ausspruche desselben
sich unbedingt unterwarf.

Dieser Auseinandersetzung zufolge ist Philipp von der ihm ge-
ziehenen Schuld und Grausamkeit freizusprechen, es wiederfährt ihm
mit jener Beschuldigung ein Unrecht. Wenn aber Hr. Gachard weiter frägt: „Gesetzt, der Beichtvater habe dem Könige vom Besuche
abgerathen, so brauchte er ja diesem Rathe nicht zu folgen. Ver-
kündete denn die Stimme der Natur sich in ihm nicht vernehmbarer
als alle theologischen oder moralischen Gründe? Hatte er denn kein
Vaterherz?“ so haben wir wohl auch das Recht zu fragen, welche
Wohlthat dem Sohne wäre erwiesen worden, wenn seines Vaters
Anblick die Furie des Hasses und das Gelüst der Rache heraufbe-
schworen und der Sterbende, der seiner Vergehen nur unter der Bedingung war entbunden worden, den Menschen zu vergeben, wie
Gott ihm vergeben möge, dieses in der Beichte abgelegte Gelöbniss

*) Die Angabe des toskanischen Geschäftsträgers lautet: . . . Tre giorni
avanti alla sua morte. domandò di veder suo padre, il quale dicono era riso-
luto di andar da lui, ma il confessor del principe ne lo dissuase. Deutsch:
Drei Tage vor seinem Tode begehrte er seinen Vater zu sehen, welcher wie
man sagt, entschlossen war, ihn zu besuchen, allein der Beichtvater des Prinzen widerrieth den Besuch.

in dem Momente gebrochen hätte, der ihn nach seiner eigenen Ueberzeugung dem Richterstuhle der Gottheit zuführte? Schon aus
psychologischen Gründen war das Wiedersehen des Vaters,
der seinem Sohne so schweres Leid zugefügt hatte, bei der reizbaren
Gemüthsbeschaffenheit des letztern, nicht gerathen, in dem vorliegenden Falle fiel die Entscheidung des zu Geschehenden noch überdies
nicht der „Stimme der Natur“, sondern dem reellen Interesse
des Sterbenden, der Opportunität und allerdings auch dem religiösen Pflichtgebote zu. Nach der damaligen und der heutigen
katholischen Anschauung musste der Besuch des Vaters unterbleiben
wenn von demselben eine Gefährdung des Seelenheiles des Sterbenden (durch Rückfall in Hass und Unversöhnlichkeit) mit Grund vor-
auszusehen war. Die Entscheidung hierüber kam nicht dem Könige,
sondern dem Beichtvater zu, dem jener sich ohne weiteres unterordnen musste, weil Gewissenssachen über den Naturansprüchen stehen. Verhielte es sich umgekehrt, oder wollte man es umkehren,
so würde es bald sehr schlecht stehen um Recht und Gesittung.

Im Folgenden giebt der Verfasser umständlichen Bericht über
die letztwilligen Anordnungen des Don Carlos, über seinen Tod und
sein Begräbniss, S. 45 die Mähre vom abgeschnittenen und zwischen
die Beine gelegten Kopf des Don Carlos abfertigend. Sodann führt
er mehrere Beweisstellen für die Trauer der Spanier über seinen
Tod an und für ihre Hoffnungen, unter seiner Regierung weniger
despotisch behandelt zu werden. Erwartungen mögen wohl nur Jene
gehegt haben, welche die Individualität des Don Carlos, seinen Hang
zur Grausamkeit, seinen wüthenden Zorn, und seine Verrücktheit
nicht gekannt haben. Unverdächtige Proben von diesen Eigenschaften liefern uns die Dietrichsteinischen Briefe, wesshalb wir dem Urtheile, welches der Verfasser von Cabrera und Modesto Lafuente,
dem neuesten Geschichtschreiber Spaniens S. 42 anführt, völlig beistimmen. Der letztere sagt: „Der Tod des Prinzen Don Carlos war
kein Unglück für Spanien, denn sein Charakter war so beschaffen,
dass die Nation sich von ihm nichts Gutes versprechen konnte; sie
hatte im Gegentheil grossen Unheils sich von ihm zu versehen, vorausgesetzt, dass er sich nicht vor der Nachfolge wesentlich besserte“.
H. Gachard sucht dieses Urtheil durch das Zeugniss seines Beichtvaters in den Quellen zur Geschichte K. Maximilian II., S. 214 zu
mildern*). Da jedoch eine Menge von Thatsachen, von denen der

---

*) Bei Anführung der diesfälligen aus einer Copie des Wiener Staatsar-
chives genommenen Stelle, rügt Hr. Gachard S. 43, Note, die Auslassung der
Worte: „hoff er das er ain tugentsamer gueter Furst sein werde, den“ in
den „Quellen“. Sowohl aus dieser Weglassung als aus einer Wortversetzung
wodurch eine Sinnstörung eintrat, war leicht zu erkennen, dass dieses
Versehen nicht von mir herrühren kann. Es ist aber auch der Setzer entschuldigt, wenn man weiss, dass der Druck der letzten Bogen wegen des
Heranrückens der zur Bücherversendung nach America bestimmten Frist der-

Charakter des Don Carlos in ein sehr ungünstiges Licht gestellt
wird, lauter als die Lobsprüche des Don Diego de Chaves sprechen,
so sind letztere um so gewichtloser, als anzunehmen ist, dass der
Beichtvater, ungemein erfreut bei dem Prinzen eine Sinnesänderung
bewirkt zu haben, unwillkürlich partheisch wurde. Dies erhellt ganz
deutlich aus seiner Behauptung: „ob er (D. Carlos) schon ettlich
vntugend, so hab er beineben gar grosse tugenden". Wie heissen
diese grossen Tugenden, wird Jeder sich fragen, der auch nur
die Dietrichsteinischen Berichte gelesen hat, und wollte man aus der
nämlichen Quelle die „ettlichen" Untugenden zusammenlesen, so
würde es sich zeigen, dass die ganze Persönlichkeit des Don Carlos
nichts werth war, und er statt auf den Thron in eine Sanitäts- oder
Polizeianstalt gehörte. Selbst seine von Chaves gerühmte Religio-
sität hat auf ein Enkomion keinen Anspruch, wenn man bedenkt,
dass er ein wüster, eckeliger Selbstmörder ist, der, wie es sich aus
Hr. Gachards Schrift klar herausstellt, erst den Tod durch Hunger,
dann durch gef·ässige Ueberladung suchte.

     Nachdem erst mehrere falsche die Todesart des Don Carlos be-
treffende, gegen Philipp geschleuderte Beschuldigungen vom Verfasser abgethan worden sind, wirft er folgende Fragen auf: „Kann man
füglich behaupten, dass Philipp von aller Schuld an dem Tode seines Sohnes freizusprechen sei? Wir sind nicht dieser Meinung. Unstreitig hatte Philipp gewichtige Gründe, um Don Carlos der Freiheit zu berauben. Er konnte nicht wohl zugeben, dass der erklärte
Thronfolger sich offen gegen ihn empöre und durch unbesonnene,
wenn nicht gar partheigängerische Schritte, Unruhe und Auflehnung
in den Provinzen erregte, allein nachdem seine Pläne von Philipp
vereitelt worden waren, hätte er sich da nicht begnügen sollen, sich
seiner Person versichert zu haben. Musste er ihn als einen Staats-
verbrecher behandeln, ihn und seine Freunde und Diener in Gewahr-
sam nehmen, ihn der Luft und des Raumes berauben, ihn zu jeder
Zeit, bei Tag und bei Nacht, und jede seiner Handlungen, Worte
und selbst Gedanken, der Spionage unterwerfen? War es nöthig,
ihn in Verzweiflung zu stürzen und dadurch die Angriffe auf sein
Leben durch alle dem Prinzen zu Gebote gestandenen Mittel herbeizuführen? Nur der Stahl, das Gift und der Knebel tödten, aber
moralische Peinigung ist auch eine Strafart, und Philipp II. wird
sich bei der Nachwelt wegen jener, die er dem unglücklichen Don
Carlos erfahren liess, schwerlich verantworten können".

     Der Verfasser übersah bei diesen Schlussworten seiner Schrift
dass er seinen Lesern über die Hauptfrage: ob Don Carlos Staats-
verbrechen beging oder nicht, und welche Gründe Philipp zu seiner
Entschliessung hatte, keinen Aufschluss gab. Erst wenn wir diesen

---

gestalt beschleunigt werden musste, dass selbst das bereitgelegene Verzeichniss von Druckfehlern, nicht mehr gedruckt werden konnte.

haben, können wir über das Verfahren Philipps aburtheilen, erst
wenn wir gewiss sind, dass der Prinz und die niederländischen Rebellen, mit denen er in Verbindung stand, nach der Haft keine Ent-
weichungsversuche im Schilde führten, können wir Philipp wegen der
Beraubung von „Luft und Raum" anklagen; erst wenn man uns
überzeugt hat, dass der Prinz, hätte er frei handeln können, in der
Haft nicht noch gefährlichere Schritte als vor ihr gethan hätte, vermögen wir die strenge Beaufsichtigung desselben zu tadeln und für
unnöthig zu erklären. Oder glaubt wohl der Verfasser, Don Carlos
hätte bei einer gelinderen, ihm den Verkehr mit seinen Dienern und
den nach aussen möglich machenden Behandlung, die Gelegenheit
zu entwischen oder einen Volksaufstand zu seinen Gunsten zu erwirken, nicht benützt? Welche Mittel zu seiner Befreiung und zur
Befriedigung seines Ehrgeizes wären ihm zu schlecht oder zu gewagt gewesen, nachdem er, der Thronerbe, sich mit den Rebellen
eingelassen hatte? Die Freiheitsbeschränkung richtet sich nach der
Gefährlichkeit des Verbrechers und nach mannigfachen anderen Umständen. Mangelt von beiden die Kenntniss, dann ist man weder
befähigt noch berechtigt, die getroffenen Vorkehrungen als Grausamkeiten zu bezeichnen. Wir bringen dem Verfasser ferner in Erinnerung, dass die Selbstmordversuche nicht Folge des strengen Verfahrens sein können, weil Don Carlos gleich in der Nacht seiner Verhaftung damit begann, indem er erst versuchte sich ins Feuer zu
stürzen und als dies nicht gelang, zum Fenster hinausspringen wollte,
auch kann er nicht später in Verzweiflung gerathen sein, weil er
schon damals erklärte: „Soll er gefangen sein, woll er lieber
sterben. Er sei kain nar nit, awer verzweifelt bekenn er, das er
sei"[*]). Indem der Verfasser selbst zugiebt, dass Philipp genöthigt
war zur Verhaftung seines Sohnes zu schreiten, kann er ihn ihrer
Folgen wegen so wenig verantwortlich machen als dies bei jedem
anderen Gefangenen möglich wäre, der willens ist, sich zu entleiben.
Die Nachwelt, an die der Verfasser appellirt, und von der er annimmt, sie werde Philipp verdammen, dürfte gerade das Entgegengesetzte thun. Sie wird, das Richteramt übend, stets von der Frage
nach den Gründen, die Philipp bei der Verhaftung hatte, ausgehen,
und ihm so lange nicht unrecht geben, als ihr diese unbekannt sind.
Kaiser Maximilian, von der Haftnahme seines künftigen Eidams ungemein erregt, äusserte später, nachdem er von Philipp Aufschluss
darüber erhalten hatte, „er sehe jetzt ein, dass Philipp nicht anders
handeln konnte" und Dietrichstein sagt (Quellen 203): „Man ret
vill vnd seltsam dieser sahen vnd nimbt meniklich ser vnd hoch
wunder, voraus die des khunigs sanftmuetikh guetig gemuet vnd
aigenschafft wissen, das ime alle scherff so hoch entgegen ist, das
er gleich gedrungener weis wan er die zu brauchen nit umgen (um-

---

[*] Quellen zur Geschichte Maxim. II., S. 202.

geben) khan, das fuernemen thut, vnd halt jedermann dafür, das
er gar hohe vnd grose vrsachen hab".

Nach meinem Dafürhalten giebt es in Philipps Lebensgeschichte
keinen Abschnitt, in welchem er gerechtfertigter als eben in dem
dastände, welcher von dem Verhältnisse zu seinem missrathenen
Sohne handelt. Niemand hat noch den ihm von den Thorheiten
und Ausschreitungen desselben bereiteten vieljährigen Verdruss und
Kummer, Niemand den grundlosen giftigen Hass abgewogen oder
die Schmähungen gezählt, deren der Sohn gegen den Vater sich
schuldig machte. Man weiss in der That nicht, soll man mehr Philipps Nachsicht und Geduld rühmen oder sie tadeln; gewiss ist, dass
die Sentimentalität nirgends weniger als in der Geschichte des Don
Carlos am Platze ist.

Es ist dem Verfasser so wenig als seinen Vorgängern gelungen,
den die Geschichte des Don Carlos bedeckenden Schleier völlig zu
lüften, allein seine aus neuen und verlässlichen Quellen geschöpften
Mittheilungen geben ihr eine feste Grundlage, und nebstdem erweitern sie unser Wissen über diesen Gegenstand. Eine weitere Bereicherung desselben haben wir von der ganzen Biographie des Don
Carlos zu erwarten, denn die Forschung des Verfassers ist eben so
reichhaltig und gediegen, als seine rastlose, Belgien Ehre machende
Thätigkeit befruchtend ist.

M. Koch.

Ueber die Haftverbindlichkeit der Postanstalt nach Grundsätzen
des deutschösterreichischen Postvereins und den Partikularrech-
ten der zu demselben gehörigen Staaten, nebst einem Abdrucke
der vereinbarten Bestimmungen des deutschösterreichischen Post-
vereins; von Dr. J. T. B. v. Linde, Grossh. hess. Staatsrath
a. D. und fürstl. Liechtenstein. Bundestagsgesandten. Giessen,
1859. Ferber'sche Universitätsbuchhandlung (Emil Roth) 14 Bg.
198 Seiten.

Diese Schrift reihet sich sehr zweckmässig an zwei andere
Schriften an, in welchen der H. Verf. seine verdienstvollen Forschungen über das Postwesen niedergelegt hat (vergl. die Abhandl. über
das deutsche Postrecht nach der bundesgesetzlichen Bestimmung unter Garantie acht europäischer Mächte. Giessen 1857, und d. deutsche Postrecht nach seiner staatsrechtlichen Beschaffenheit; Giessen
1858; beide im Archiv für das öffentliche Recht des deutschen Bundes Bd. II. und Bd. III). Dermalen ist es die privatrechtliche Seite
des Instituts, welche hier einer eben so gründlichen als zeitgemässen
Untersuchung unterzogen wird. Nicht unbegründet ist die Rüge,
welche der H. Verf. ausspricht, dass in den wissenschaftlichen Darstellungen des deutschen Staats- und Privatrechts das Postrecht bisher fast ganz unberücksichtigt geblieben ist. Der Herr Verf. findet

den Grund hiervon in dem auf Eifer - und Gewinnsucht entsprosse-
nen und fortgepflanzten Particularismus, welcher sich der Auerken-
nung und Pflege der originell deutschen Anstalt widersetzte, wozu
später die gänzliche Verkennung des Wesens derselben gekommen
sei, besonders seit dem Verschwinden der ehemaligen Reichsverfas-
fasung. Es wird sodann darauf hingewiesen, dass in neuester Zeit
endlich das Bedürfniss der Durchführung einheitlicher Posteinrichtung
in Deutschland wieder erkannt und in dem Zustandekommen des
deutschösterreichischen Postvereins zur Befriedigung desselben ein
bedeutender Fortschritt gemacht worden und seitdem auch wieder
auf wissenschaftlichem Gebiete einiges für die Ausbildung dieses
Rechtszweiges geschehen ist. Mit Recht wird es als besonders wichtig erklärt, dass die vereinbarten Bestimmungen für den deutschen
Postverein allgemeiner bekannt werden und bei den betreffenden literarischen Arbeiten nicht unberücksichtigt bleiben. Es wird daher
nicht blos von den Juristen, sondern von allen, welche in dem Falle
sind, die Postanstalten zu benützen, mit grossem Danke anerkannt
werden, dass eine der ersten Notabilitäten in dem Gebiete der Rechtswissenschaft wie der H. Verfasser, die Lehre von der Haftverbindlichkeit der Post einer Bearbeitung unterzogen hat. Der H. Verf.
hat auch auf die geschichtliche Ausbildung des Postwesens besondere Rücksicht genommen, und an zwei Orten dem ersten Vorbilde
desselben (Seite 20 u. ff. und S. 39 u. ff.), dem cursus publicus der
Römer, seine Beachtung zugewandt. Bezüglich der unberücksichtigt
gebliebenen Geschichte des Zeitraums von dem Ende des römischen
Reichs bis zur Entstehung der neueren eigentlichen Posteinrichtun-
gen, wollen wir hier beifügen, dass eine ähnliche Einrichtung, wie
der römische cursus publicus noch deutlich in der karolingischen
Zeit angetroffen wird. Bestimmt werden z. B. in einem Capitulare
Ludovici Pii, Aquis a. 825 c. 18. 19 (bei Pertz, Legg. I. p. 245)
Personen (Gutsbesitzer) erwähnt, welche die Verpflichtung haben,
zur Beförderung fremder Gesandten „paraveredos dare". Man sieht
aber daraus zugleich, dass die Verpflichtung hierzu häufig sehr bestritten wurde. In einer Sententia Ludovici et Lotharii a. 826 c.
10 bei Pertz, Legg. I. 256 sind Vorschriften gegeben, wie die Untersuchung und Beweisführung über die Pflichtigkeit geführt werden
soll: nämlich durch die Vernehmung unbetheiligter Zeugen und insbesondere der benachbarten Grafen, an deren Amtssitze die Fahrten
zu leisten sind, und die daher wissen müssen, wer die zu beförder-
den Personen zu bringen pflegte. (Vgl. auch Cap. Ludov. II. 850
c. g. bei Pertz, legg. I, p. 405, und ibid. c. 10, p. 407; Cap. Ca-
rol. II. a. 856 c. 8 bei Pertz, l. c. p. 502). Die Grafen sollten den
Leuten, welche Pferde halten, dieselben nicht abpfänden, weil sie
sonst keinen Kriegsdienst und keine paraveredos leisten können;
Cap. Karol. II. Pistense a. 864 c. 26; ibid. p. 494, 495). Wie
weit die Fahrten zu leisten waren, beziehungsweise die durchschnitt-

liche Entfernung der Stationen, zeigt ein Cap. Ludev. Pii, a. 817.
1—13, ibid. p. 216, wonach die angariae cum carra bis auf 50
leugas (die lenga zu 1500 röm. Fuss) zu leisten waren.   Auch Stationen für reitende Bothen und Läufer müssen bestanden haben: so
gebietet z. B. Karolus II. Cap. Carisiac. a. 877 c. 25, ibid. p. 540
seinem Sohne und seinen Beamten, ihn durch equiter und cursores
schleunigst von allen Vorfällen im Reiche in Kenntniss zu setzen.
Ein praeceptum für einen Privatcourrier findet sich in den Formulis
Salomonis III. (Quellen der bayer. u. deut. Gesch. Bd. VII, p. 235
Nr. 86.)   Aehnliche Einrichtungen (sog. reismanni, ueredarii, itine-
rarri, cursores, geruli, scaramanni), lassen sich bis in das XIV. Jahrhundert nachweisen; doch erscheinen die Verpflichteten hier zunächst
als Dienstleute der weltlichen und geistlichen Grundherrn. — Von
besonderem praktischen Interesse ist die übersichtliche Darstellung
der Theorien über die rechtliche Natur der Haftung der Postanstalt
(S. 69 u. f.).   Hier zeigt sich recht deutlich, wie viel leichter es
ist, zu sagen, was ein Rechtsinstitut nicht ist, als erschöpfend festzustellen, was es ist.   Mit der Erklärung der Postanstalt als eines
auf eigenthümlicher deutschrechtlicher Grundlage beruhenden Insti-
tutes wird man sich noch wenig befriedigt finden können, wenn nicht
diese Eigenthümlichkeit in anderer Weise scharf charakterisirt wird.
Dies wird bei der Ermangelung eines gemeinverbindlichen Gesetzes
freilich zur Zeit nur partikularrechtlich geschehen können.   Daher
möchte auch für das gemeine Recht die Grundlage der locatio conductio operarum keineswegs so geringschätzend abzuweisen sein, als
es in neuerer Zeit insgemein zu geschehen pflegt.   Die Einwendungen, die bisher gegen diese Auffassung erhoben wurden, sind vom
Standpunkt des gemeinen Rechtes aus nicht als begründet anzuerkennen.   Dass es der Staat ist, der jetzt meistens sich zum Inhaber
der Post erklärt und somit eigentlich das ausgedehnteste Lohnkut-
scher - Bothen- und Fuhrmannsgeschäft im Lande betreibt, und dass
er dieses Gewerb mit dem Titel einer Staatsanstalt decorirt, kann
sicher nicht genügen, die Leistungen dieser Anstalt zu dem Range
von operae liberales zu erheben: dass der Staat dabei den
Zweck hat, seine Einnahme zu vermehren und seine Postbedienste-
ten zu besolden, kann eben so wenig hieran etwas ändern, da jeder
Privatunternehmer, da wo die Post Privatanstalt ist, genau denselben Zweck hat.   Ebensowenig fehlt es hier an einem pretium,
wie Jedermann bekannt ist, der schon Postsendungen gemacht oder
empfangen hat: die Behauptung aber, dass das Porto, die Fracht-
oder Bestellgebühren oder die Fahrtaxen, die sich die Post bezahlen
lässt, darum nicht den Charakter einer Dienstmiethe haben könnten,
weil sie in keinem Verhältniss zu der in Anspruch genommenen
Dienstleistung stehen, ist thatsächlich unrichtig: denn die Verhältnissmässigkeit bestimmt sich nicht durch die Hinsicht auf den einzelnen Brief oder das einzelne Frachtstück oder die einzelnen Pass-

giere und die Entfernung, wohin diese zu liefern sind, sondern durch
die Massenhaftigkeit der Versendungen und den Zudrang der Reisenden, worauf die Post speculirt. Auch darf man über die Verhältnissmässigkeit des pretium um so mehr beruhigt sein, als der Staat
sicher die Post längst wieder aufgegeben und dem Privatgewerbs-
betrieb überlassen hätte, wenn die von ihm in Anspruch genommene
Leistung nicht im Verhältniss zu dem Porto stünde, d. h. er dabei
seine Rechnung nicht fände, oder gar in Nachtheil käme. Die Analogie mit anderen Staatsanstalten, wie z. B. für die Rechtspflege,
für deren Benützung auch Zahlungen (Sporteln) zu entrichten sind,
ist durchaus nicht stichhaltig, um die Leistungen der Post in operas
liberales umzuwandeln: nicht mit der Justizpflege, wohl aber damit
hat die Stellung der Post als Brief-, Frachtfahrer- und Lohnkutscher-
Geschäft Aehnlichkeit, wenn der Staat als Salz- oder Tabaksfabri-
kant und Händler auftritt; d. h. die monopolisirende Ausübung eines
Gewerbes durch den Staat alterirt und nobilitirt den civilistischen
Charakter des Gewerbes an sich gar nicht, und eben so wenig hat
es hierauf Einfluss, wenn der Staat seinen Institoren bei solchen
Geschäften (Post- Salz- und Tabaksregiebeamten) den Charakter als
Staatsdienern beilegt. Die Posttaxen für Briefe, Pakete oder Per-
sonentransport aber als Steuern oder indirecte Staatsabga-
ben aufzufassen, ist nach deren Begriff und Wesen ganz unzulässig.
Wenn man demnach vom gemeinrechtlichen Standpunkte aus die
locatio conductio operarum als die erste Grundlage der Haftbarkeit
der Postanstalt keineswegs aufgeben kann, so wird man dabei gerne
anerkennen, dass dieselbe schon nach dem gemeinen Rechte nicht
die einzige Grundlage dieser Haftbarkeit ist, da das Geschäft,
welches die Post betreibt, an sich ein mehrfach complicirtes ist.
Der Streit darüber, ob man in diesen anderen Beziehungen auf Analogien vom receptum oder mandatum oder der Assecuranz u. s. w.
recurriren soll, wird vom gemeinrechtlichen Standpunkt aus noch lange
nicht zu Ende geführt werden. Die Abhülfe, wonach dieser Streit
seine praktische Bedeutung verlieren kann, liegt aber den Postord-
nungen ob. Wenn diese die Fälle genau bestimmen und aufzählen
in welchen die Post haftet oder nicht haftet, so ist es für die Praxis
gleichgültig, ob man die Dienste der Post als operas liberales oder
illiberales, und das Rechtsverhältniss als receptum oder als mandatum oder als locatio conductio u. s. w. auffasst, und eben
dadurch, dass eine Postordnung besondere Grundsätze über die
Haftbarkeit aufstellt, wird die Postanstalt erst ein „eigenthümliches" deutsches Rechtsinstitut und erhält diese Eigenthümlichkeit
die erforderliche Bestimmtheit. Sehr gut hat der Herr Verf. ausgeführt, dass dies der Standpunkt ist, welchen der Postvereinsvertrag
eingenommen hat, so wie überhaupt diese Schrift in allen ihren
Theilen so viel Anregendes und Treffliches enthält, dass sie der Beachtung der Fachmänner ganz besonders empfohlen werden muss.

Zoepfl.

Das römische Recht in Deutschland während des XII. und XIII.
Jahrhunderts, von Dr. Wilhelm Schäffner. Erlangen,
Verlag von Th. Blaesing, 1859. 3 Bogen, 70 Seiten.

Der Herr Verf. gibt hier eine sehr interessante Blumenlese aus
Urkunden des XII. und XIII. Jahrhunderts, indem er die darin enthaltenen Spuren römischer Rechtskenntniss zusammenstellt. Es bestätigt sich dadurch die Richtigkeit der Ansicht, dass das römische
Recht nicht durch einen Akt imperatorischer Willkühr, sondern mit
voller Freiheit und Unabhängigkeit von dem wissenschaftlich gebildeten Theile der Nation hereingezogen worden ist, und dass es namentlich die Notare und anderen Abfasser von Urkunden über Ver-
tragsgeschäfte und letzte Willensordnungen waren, welche römische
Rechtssätze einflochten, während die Rechtsprechung selbst nur selten eine Spur davon zeigt, was sich eben daraus erklärt, dass diese
Letztere noch in den Händen des Volkes oder der mit dem römischem Recht nicht vertrauten Schöffen war. Dass diese Zusammenstellung keinen Anspruch auf Vollständigkeit macht, erklärt der H. Verf.
ausdrücklich: doch muss in dem Interesse, welches dieser erste Versuch erweckt, eine Aufforderung zu weiterer Vervollständigung liegen, wozu wir gerne bereit sind, auch unseren Beitrag zu liefern;
denn solche Sammlungen können nur als Lesefrüchte durch mehr-
seitiges Zusammenwirken zu einem Abschlusse kommen. Hier wollen
wir nur bemerken, dass die Constitutionen K. Friedrich's I. und II.
eine sehr reiche Ausbeute an römischen Rechtssätzen geben. Aus
weniger bekannten Urkunden wollen wir hier nur einige wenige
Proben geben. In einer Urk. von 1100 in den diplomat. Nachrichten vom Ursprung des Kl. Neustadt a. M., Dinkelsbühl 1768, Beil.
Nr. 7, p. 18 wird dem Vogte dieses Klosters, Grumbach von Rothenfels, unter anderem vorgeworfen: „injusta excercens judicia, per
extraneas quasdam subtilesque justitias", unter welchen fremden und subtilen Rechten, doch nur das römische Recht gemeint sein
kann. Die Bezeichnung des römischen Rechtes durch „jus commune", wofür der H. Verf. p. 49. 50 eine Urk. von 1280 beigebracht hat, stehet nicht so vereinzelt, wie derselbe glaubt: derselbe
Ausdruck stehet z. B. in der Bedeutung von römischem Rechte schon
in dem Testament des edlen Herrn Crafft's von Bocksberg, a. 1245,
in Hansselmann Landeshoheit von Hohenlohe, Cod. dipl. Nr. XXXIV,
p. 405. In Italien war die Bezeichnung des römischen Rechts als
jus commune schon zu den Zeiten K. Friedrich's II. ganz allgemein,
und konnte von da leicht nach Deutschland verschleppt werden. —
Ueber die Bedeutung der S. 20, Note 19 erwähnten stipulatio aquiliana und arcadiana verweise ich auf meine Ausführung in diesen
Jahrbb. (1859, Nr. 13, p. 195 ff.).

Zoepfl.

JAHRBÜCHER DIR LITERATUR.

Revue historique de droit français et étranger publiée sous la direction de MM. Ed. Laboulaye, membre de l'institut, professeur de législation comparée au collège de France; E. de Rozière, ancien professeur à l'école des chartes; R. Dareste, avocat au conseil d'état et à la cour de cassation; C. Ginoulhiac, chargé du cours d'histoire du droit à la faculté de Toulouse. Paris, Auguste Durand. 1855—1858.

Die oben angezeigte Zeitschrift hat mit dem J. 1855 begonnen. In jedem Jahre erscheinen sechs Hefte (livraisons) zu 6 bis 7 Bogen, je eines auf zwei Monate. Jedes Heft enthält eine Reihe von Abhandlungen oder kürzeren Aufsätzen, welche den verschiedensten Rechtsgebieten angehören können; in den meisten Heften findet sich zugleich am Ende ein Anhang kritischen Inhalts unter dem Titel Bibliographie, worin die neueren Erscheinungen auf dem Felde der juristischen Literatur, zuvörderst die in Frankreich herausgekommenen, nächstdem aber auch ganz besonders deutsche Werke besprochen werden, und zuweilen ist hinter der Bibliographie noch eine sogenannte Chronique beigefügt, welche gewisse allgemeine interessante Notizen aus dem Gebiet der Rechtswissenschaft und der Rechtsgelehrten mittheilt. Meine Absicht geht nun dahin, über den Geist und Charakter dieses vortrefflichen Unternehmens, dessen Grundidee und geistvolle Ausführung auch in den juristischen Kreisen Deutschlands die lebhafteste Theilnahme verdient, und dessen weithin reichende Wirksamkeit auf die Behandlung der Rechtswissenschaft in einem grossen Theile von Europa, namentlich in den romanischen Ländern gewiss nicht hoch genug angeschlagen werden kann, einige allgemeinere Bemerkungen mitzutheilen und daran eine kurze Uebersicht der wichtigsten, bisher eingeschlagenen Richtungen anzuknüpfen.

Der Code Napoléon enthält bekanntlich in verschiedenen sehr umfangreichen Lehren, z. B. im Familien- und im Erbrecht mehr germanische Bestandtheile als das Allgemeine preussische Landrecht und das Allgemeine bürgerliche Gesetzbuch für die österreichischen Staaten. Diese scheinbar so auffallende Erscheinung erklärt sich aus dem früheren Rechtszustande in Frankreich, und der eigenthümlichen im Code vorgenommenen Verschmelzung des römischen und germanischen Rechts (droit écrit und dr. coutumier). Vorher galt, abgesehen von den in manchen Rechtslehren allerdings höchst einflussreichen königlichen Ordonnances, im Süden überwiegend römisches Recht, aber hier und da mit germanischer Färbung, welche hauptsächlich durch den Einfluss westgothischer und burgundischer Elemente hervorgebracht worden war; im Norden Gewohnheitsrecht,

welches sich in unendlicher Mannigfaltigkeit, in einer Fülle sogenannter Coutumes auf fränkischer und normännischer Grundlage entwickelt hatte, und in manchen Punkten wieder von römischen Ideen
durchwebt war. Die Loire bildete so ziemlich die Grenze; der tiefere Grund jenes Unterschiedes lag aber darin, dass im Süden die
Bevölkerung überwiegend römisch geblieben war, im Norden dagegen die germanischen Bestandtheile vorwalteten, welche zwar in der
Sprache nach und nach immer mehr romanisirt worden waren, dagegen das altgermanische Recht mit grösster Zähigkeit behauptet
hatten. Der Code, dessen mit den Einflüssen der Revolutionsjahre
zusammenhängenden Inhalt wir hier auf sich beruhen lassen, durch-
brach jene geographischen Schranken und generalisirte das Recht,
so dass nun sehr vieles nördliche Gewohnheitsrecht auch in den
Süden, umgekehrt römisches Recht in den Norden verpflanzt wurde.
Der Umstand aber, dass seine Vaterstadt Paris nicht blos in einem
Lande des Gewohnheitsrechts gelegen war, sondern selbst ein seit
Jahrhunderten sehr berühmtes und weit verbreitetes Gewohnheitsrecht besass, welches sogar noch heute bei der französischen Bevölkerung von Canada Gültigkeit hat, ist von entscheidendem Einfluss
dafür gewesen, dass in so vielen Lehren des Code das Gewohnheitsrecht den Sieg über das römische davon getragen hat.
     Der neue Schwung, welcher seit dem Ende des vorigen Jahr-
hunderts die juristischen und historischen Studien zunächst in Deutschland ergriff, reichte mit seinen Wirkungen sehr bald auch nach
Frankreich hinüber. Heraklit sagt: der Krieg ist der Vater der Dinge,
und die ganze Weltgeschichte kennt keine Kriege, welche noch mehr
als diejenigen, die durch die französische Revolution und das französische Kaiserreich hervorgerufen wurden, das Bewusstsein der Nationalität in allen dabei betheiligten Völkern erweckt hätten. Eine
tiefere Zergliederung dieses Begriffs führte zu der mit siegreicher
Klarheit durch von Savigny ausgesprochenen Erkenntniss, dass
auch das Recht eines Volks bei ungestörter Entwicklung nur als ein
lebendiger Theil seiner Nationalität angesehen werden könne. Hatte
sich diese selbst aus verschiedenen Elementen entwickelt, wie diess
bei allen romanischen Völkern der Fall ist, so erschien es als nächste
wissenschaftliche Aufgabe, die Natur und Beschaffenheit dieser Elemente zu ergründen; insofern aber die Zusammensetzung aus solchen verschiedenen Bestandtheilen auch noch im Recht der Gegenwart fortwirkte, so trat zugleich ein unmittelbar praktisches Bedürfniss ein, das Wesen jener historischen Grundlagen genauer kennen
zu lernen. So geschah es nun, dass ein gründlicheres dem Code
zugewandtes Studium in Frankreich nothwendig zu seiner sorgfälti-
geren Beachtung des germanischen Gewohnheitsrechts führen musste.
Ging man aber der Quelle der coutumes nach, so fand man sich
sehr bald mitten in die Volksversammlungen der alten salischen
Franken versetzt. Bei diesen konnte man jedoch nicht stehen bleiben; der eine germanische Volksstamm lenkte die Blicke alsbald

auch zu den übrigen, und so bildete sich zuerst gerade in vielen
Männern von gediegenerer Wissenschaftlichkeit ein deutlicheres Bewusstsein darüber aus, dass auch das germanische Volksthum als
ein sehr wichtiger Faktor des heutigen Frankreichs zu betrachten
sei. Man konnte sich der Ueberzeugung nicht verschliessen, dass
man im Recht zum Theil auf demselben Boden stehe, auf dem man
sich in Deutschland befindet und man fing allgemach an sich darein
zu finden, dass mit den barbari der alten Völkergesetze nicht Barbaren, sondern eben nur Nichtrömer gemeint seien. Wunderbar
war es doch, wie mit dieser neuen Wendung der Dinge in den
Rechtsstudien gewisse andere geistige Richtungen in Frankreich sehr
innig harmonirten; und wohl liegt der Gedanke sehr nahe, dass sich
darin ein allgemeineres Entwicklungsgesetz vollzog, welches bei Völkern, die aus einer Mischung verschiedener Nationalitäten hervorgegangen sind, mehr oder weniger immer wiederzukehren pflegt. Es
scheint nämlich, dass in den verschiedenen Culturepochen solcher
Völker bald das eine, bald das andere der ursprünglichen nationalen
Elemente das Uebergewicht behaupten müsse. Die gesammte Literatur des sogenannten ancien régime in Frankreich wurzelte in den
römischen Bestandtheilen des französischen Volksthumes; überall in
Stoff und Form machte sich diese Abhängigkeit geltend. Wie hat
sich diess so wesentlich geändert! Man darf wohl sagen, dass die
Franzosen erst seit einigen Decennien angefangen haben, ihr Mittelalter geistig mehr und mehr zu erobern. Durch die ganze Literatur, durch die Geschichtschreibung, so weit sie der Entwicklung des
Staats, des Rechts und der Sprache zugewendet ist, weht mit immer steigender Kraft ein germanischer Hauch, und selbst diejenigen,
welche sich dem innerlich widersetzen möchten und nichts davon
wissen wollen, unterliegen doch, nach einem still wirkenden Naturgesetze, denselben Eindrücken. Und wie liesse sich verkennen, dass
selbst der eine Zeitlang in der französischen Literatur so viel besprochene Gegensatz von classisch und romantisch zuletzt mit
dem nationalen Unterschiede von römisch und germanisch in der genauesten Verbindung stand.

So hat sich nun auch eine neue historische Jurisprudenz in
Frankreich entwickelt, und der Eindruck derselben auf uns Deutsche
kann nur ein höchst erfreulicher sein. Als charakteristisch dabei
hebe ich besonders Folgendes hervor:

1. Dieselbe beruht zunächst auf dem Grundgedanken, dass eine
freie sich ihrer selbst bewusste Herrschaft über das heutige Recht
ohne eine tiefere wissenschaftliche Erforschung der Vergangenheit
nicht möglich sei. In der That hat die Ansicht, dass die Kenntniss
der politischen, socialen, staats- und privatrechtlichen Zustände der
früheren Jahrhunderte eine der wichtigsten Aufgaben für den Juristen bilde, gerade in Frankreich einen sehr fruchtbaren Boden gefunden. Mit jugendlichen Kräften hat sich die Forschung den Quellen
des eignen, einheimischen Rechts, dem römischen und germanischen

Rechte zugewendet, und nach den verschiedensten Seiten hin wird
insonderheit das Recht des Mittelalters fortwährend durch gründliche
Untersuchungen beleuchtet. Aber diese sind nicht bloss bei den germanischen Rechtsquellen, welche unmittelbar gerade Frankreich angehören, stehen geblieben, sondern haben sich auch über andere,
denselben verwandte, hauptsächlich was die Volksrechte und Formeln
anbetrifft, ausgebreitet.

2. Der den Deutschen so tief eingewurzelte kosmopolitische Zug
übt jedoch nach und nach in der Jurisprudenz einen immer grösseren Einfluss aus, und nachdem man einmal das Recht als eine der
wichtigsten Seiten des Völkerlebens überhaupt erkannt hat, drängt
sich nun auch die Aufgabe hervor, bei allen Völkern der alten und
neuen Welt, wo es uns nicht ganz an geschichtlichen Zeugnissen
darüber gebricht, auch den Rechtszustand derselben in den Kreis
der Untersuchung hereinzuziehen. So ist der Gedanke einer Uni-
versalrechtsgeschichte, einer allgemeinen vergleichenden Jurisprudenz
entstanden, von dem sich im Laufe der Zeit immer schönere Resultate erwarten lassen. Es verdient aber die vollste Anerkennung,
dass sich jene neuere Rechtswissenschaft in Frankreich auch an dieser Richtung der Thätigkeit mit immer steigendem Erfolge betheiligt.

3. Endlich aber ist es noch als charakteristisch in derselben hervorzuheben, dass sich dieselbe zu der Jurisprudenz in Deutschland
in das Verhältniss einer wahrhaft freundlichen Zuneigung gesetzt
hat. Die deutsche hat dies allerdings verdient, und es genügt hier,
an die gediegenen Darstellungen der französischen Staats- u. Rechtsgeschichte von Schäffner, von Warnkönig und Stein, an
das bekannte Werk von K. Sal. Zachariä über das französische
Civilrecht zu erinnern. Aber die französische ist ihr auch den Dank
nicht schuldig geblieben. Alle bedeutenderen Erscheinungen in der
deutschen juristischen, namentlich der rechtsgeschichtlichen Literatur
können in Frankreich auf Theilnahme und Anerkennung rechnen.
Wenn in Deutschland die staatliche Zerrissenheit, unser leidiges politisches und religiös-kirchliches Parteiwesen nur zu häufig auch in
die wissenschaftliche Kritik hinüberwirkt, und sich bald in wechselseitigen Lobesassekuranzen, bald in einer Verkleinerungssucht kund
giebt, welche ihre Triumphe wenigstens in der Kunst des Secreti-
rens und Ignorirens feiert, so erscheint die wissenschaftliche Kritik
unserer westlichen Nachbarn über die Schöpfungen der deutschen
Gelehrsamkeit von diesen persönlichen störenden Einflüssen natürlich durchaus unbeirrt, und nicht die Frage, wer etwas gesagt habe,
sondern die, was gesagt worden sei, stellt sich hier überall in den
Vordergrund.

Die oben genannte Revue erscheint nun in Wahrheit als ein
rechter Spiegel der hervorgehobenen Richtungen der neueren französischen Jurisprudenz. An der Spitze des ganzen Unternehmens
steht der in Deutschland hochgeschätzte, mit deutscher Rechtswissen-

schaft, Geschichtschreibung und Literatur überhaupt gründlich vertraute Ed. Laboulaye, von welchem auch gleich im ersten Hefte die Reihe der Arbeiten durch eine gediegene Abhandlung über die historische Methode in der Jurisprudenz und ihre Zukunft eingeleitet wird. Die ungemeine Thätigkeit und Vielseitigkeit des ausgezeichneten Mannes, der sein Leben der Förderung wahrer, edler Humanität gewidmet hat, verdient die aufrichtigste Anerkennung. Ausser seinen zahlreichen Werken über französisches Recht, dessen historische Grundlagen von ihm wie von wenig andern gekannt werden, hat er sich seit einer Reihe von Jahren bemüht, die Hauptwerke des trefflichen nordamerikanischen Geistlichen, des bekannten Bekämpfers der Sclaverei Channing, in Frankreich zu allgemeiner Kunde zu bringen (vgl. Livraison 5. v. 1855, pag. 500), und mit welchem lebendigen Antheil er sich an den religiösen Bewegungen Deutschlands in neuerer Zeit betheiligt hat, braucht hier nicht ausführlicher erörtert zu werden. Binnen wenigen Jahren hat sich die Revue zu einem wahren Mittelpunkte für die verschiedensten Seiten der Thätigkeit in der französischen geschichtlichen Rechtswissenschaft erhoben; und es begegnet uns darin eine Fülle geistiger Kräfte aus allen Theilen Frankreichs in einer Concentration, deren Mangel in Deutschland allerdings mit der unendlichen Mannigfaltigkeit unserer Bestrebungen zusammenhängt, nur zu häufig aber auch dem Bewusstsein eines wahrhaft gemeinsamen geistigen Besitzthums hinderlich in den Weg tritt. Wie viele Zeitschriften zählen wir nicht schon für das auf Grund der Allgemeinen deutschen Wechselordnung sich neu gestaltende Wechselrecht, und lässt sich eine solche Zersplitterung wirklich als heilsam ansehen?

Meine Absicht geht nun keinesweges dahin, das in den vier ersten Jahrgängen Geleistete in der Form einer Recension im Einzelnen genauer zu beleuchten, und eine Arbeit dieser Art würde ja auch schon wegen ihres zu grossen Umfanges für diese Zeitschrift nicht geeignet erscheinen. Einige Abhandlungen, welche in der Revue mitgetheilt sind, haben auch schon an andern Stellen in der neuesten deutschen juristischen Literatur Berücksichtigung gefunden, wie in den neuesten Ausgaben von Ferd. Walter's und Zöpfl's deutscher Rechtsgeschichte, und in dem Aufsatze von Warnkönig: „Ueber das Studium des germanischen Rechts in Frankreich", in Bd. 18, Heft 1 der Zeitschrift für deutsches Recht. Ich beschränke mich also auf eine Berichterstattung über das Wichtigste, was uns bereits vorliegt. Aber eine solche ist hier gewiss nicht am unrechten Orte; denn überall begegnen wir bei unsern westlichen Nachbarn Aufgaben und Bestrebungen, welche mit unsern eigenen im innigsten Zusammenhange stehen, und die Bekanntschaft mit der Revue ist in einem bedeutenden Theile von Deutschland bis jetzt noch viel zu wenig verbreitet gewesen. Zu dem oben genannten Zwecke müssen aber natürlich die in ihrem Inhalt so mannigfaltigen Abhandlungen unter gewisse gemeinsame Gesichtspunkte gebracht werden. Dabei citirte ich in der Regel nur das Jahr und das betreffende Heft oder livraison in demselben.

I. Römisches Recht. In 1855, 6. finden wir die bekannte in Deutschland wie in Frankreich bereits viel besprochene Abhandlung von Ed. Laboulaye über die neu entdeckten Bronzetafeln von Malaga, oder die Stadtrechte der latinischen Gemeinden Salpensa und Malaca in der Provinz Baetica. Selbst wer dem Verfasser nicht beistimmt und an die Authenticität des neuen Fundes glaubt, wird doch dem Ernst seiner Untersuchung, dem würdigen Charakter der von ihm angewandten Kritik die Anerkennung nicht versagen können. — Mit der Lex Romana Burgundionum oder dem sogenannten Papian und seinem Zeitalter beschäftigt sich in 1856, 6. ein gründlicher Artikel von Ginoulhiac, Lehrer der Rechtsgeschichte in Toulouse, worin auf die deutschen bis dahin vorhandenen Forschungen über diesen Gegenstand sorgfältige Rücksicht genommen wird, und wonach dieses Gesetzbuch eine dreifache Ueberarbeitung erfahren haben soll. — Natürlich konnte Ginoulhiac von der späteren Arbeit Bluhme's über den Papian, in Bekker's und Muther's Jahrb. des gemeinen deutschen Rechts Bd. II, Seite 197 ffg. noch Nichts wissen; ich bemerke nur kurz, dass Bluhme, höchstens Eine spätere Ueberarbeitung des Papian einräumen will. — Die Responsa prudentium als eine Quelle des geschriebenen Rechts, jus scriptum im technischen Sinne, werden 1858, 3. in einem Aufsatze von Ed. Bodin, Professor des römischen Rechts in Rennes beleuchtet; mit Rücksicht auf die Schwierigkeiten aber, welche sich an diese Bedeutung derselben nach der gewöhnlichen Auffassung der Sache anknüpfen, wird hier die Ansicht vertheidigt, dass bei den Juristen, deren Unanimität nach Gajus I, 7 und §. 8 Inst. de jure nat. gent. et civ. die Bedeutung eines Gesetzes haben soll, an bereits gestorbene Juristen zu denken sei. Das bei Gajus erwähnte Rescript von Hadrian würde hiernach eigentlich den Namen des ältesten Citirgesetzes verdienen. — Dem Jus Italicum ist 1855, 4. eine kritische Untersuchung von Revillont, Professor in Grenoble gewidmet, worin die Entstehungszeit, die Bedeutung und Wirkungen desselben unter mehrfacher Anschliessung an von Savigny und Ch. Giraud dargestellt, dagegen aber bestritten wird, dass darin das Recht, Municipalmagistrate in italischer Form zu haben, enthalten gewesen sei. Denn nur Colonien, nicht Municipien, seien regelmässig damit betheiligt worden, und den ersteren habe schon als solchen jenes Recht zugestanden. — Von demselben Verf. wird die Geschichte des Colonats bei den Römern nach seinen verschiedenen Erscheinungsformen in 1856, 5. 1857, 3. 4. sehr ausführlich behandelt. — Das Familientribunal bei den Römern und die Manus des römischen Rechts sind die Gegenstände zweier interessanter Artikel in 1855, 2. und 1856, 2. von de Fresquet, Professor des römischen Rechts in Aix, und derselbe sucht in einem Aufsatze über die res mancipi und nec mancipi 1857, 6. darzuthun, dass dieser Unterschied im alten römischen Rechte auf politischem Grunde geruht und mit der Eintheilung des römischen Volks in Classen nach der Verfassung von Servius Tullius zusammengehangen habe. — In einer sehr umfangreichen Darstellung setzt Machelard, Professor des römischen Rechts in Paris, in 1857, 2. 4. 5. 1858, 1. 2. 4. 5. 6. das jus adcrescendi (accroissement), zwischen den testamentarischen Erben und den Collegataren in den verschiedenen Epochen des römischen Rechts sorgfältig aus einander; und dem Gegenstande nach damit verwandt ist in 1858, 3. der Aufsatz von de Caqueray, Professor in Rennes, über die Grundsätze, welche nach römischem Rechte in dem Falle, wo ein Miterbe den vacanten Theil seines Miterben einnahm, befolgt wurden. — Natürlich beschäftigt sich die hinten beigefügte Bibliographie mehrfach auch mit neueren französischen Werken aus dem Gebiete des römischen Rechts und ich bemerke hier nur, dass selbst die Gegenstände derselben für uns zuweilen ein besonderes Interesse haben müssen, wie z. B. die von dem oben genannten de Caqueray in Rennes 1857 herausgegebene Explication des passages de droit privé dans les oeuvres des Cicéron, worüber in 1858, 5. pag. 509 Bericht erstattet wird.

II. Canonisches und Kirchenrecht. Mit dahin einschlagenden Gegenständen haben es nur ein Paar Abhandlungen zu thun. Den Einfluss des canonischen Rechts auf die Entwicklung des Civil- und Criminalprozesses will d'Espinay, Doctor der Rechte in Segré (Maine et Loire) in 1856, 5. nachweisen, spricht jedoch in seinem Aufsatze im Grunde mehr von germanischem als von canonischem Rechte. — In 1858, 5. handelt Ed. Laboulaye von den Freiheiten der gallikanischen Kirche, und der an sich so interessante Gegenstand, der eine Menge wichtiger Beziehungen zu gegenwärtigen Verhältnissen in deutschen Ländern darbietet, wird hier in der anziehendsten Weise dargestellt. Indem sich der Verfasser an das bekannte Werk des Abtes Fleury: Discours sur les libertés de l'église gallicane anschliesst, setzt er die wahre Bedeutung jener sogenannten Freiheiten auseinander, weiset den nachtheiligen Einfluss des Concordats von 1516 nach, gegen welchen jedoch wieder hauptsächlich von den Parlamenten Opposition gemacht wurde, und zeigt dann, dass durch die Revolution und ihre Folgen, namentlich das Concordat von 1801 jene Freiheiten allerdings vernichtet worden seien. Aber selbst für den Fall, dass die Kirche wieder nach grösserer Gewalt streben sollte, (und eine Neigung dazu hat sich schon mehrfach hervorgethan), gebe es in jenen Freiheiten ein jederzeit unzerstörbares Element, auf welches man die schönen Worte von Portalis anwenden könne: Concluons que la maxime de l'indépendance du gouvernement dans les choses temporelles est la loi suprême des empires, qu'elle ne peut pas être regardée comme un droit particulier à la France ou à quelques autres nations privilégiées, mais qu'elle appartient au genre humain. Es ist ein geistreiches Wort, wenn der Verfasser p. 477 a. a. O. von einem caractère laïque

de la société française spricht, welcher schon vor der Reformation
zu einer Zeit, wo das übrige Europa noch in Abhängigkeit von Rom
gewesen, mächtig hervorgetreten sei. Grade weil man in Frankreich von der Herrschsucht der Päbste und der römischen Curie vorher weniger gelitten habe, sei man daselbst der Reformation mit
weniger Gunst als in Deutschland und England entgegengekommen.

III. Alt germanische Volksrechte und Formeln.
Die gründlichen hierher gehörigen Untersuchungen, welche die Revue enthält, sind grossentheils in den Kreisen der Germanisten schon
seit längerer Zeit zur Anerkennung gelangt. In 1855, 1. handelt
Eugène de Rozière über den Ursprung und die verschiedenen
Redactionen der Lex Alamannorum, und führt hier namentlich die
Ansichten von Merkel über die drei Theile des alten Gesetzbuches
an. Es ist hier nicht der Ort, auf diesen Gegenstand näher einzugehen, und da uns die Handschriften verhältnissmässig wenig Ausbeute gewähren, so wird man wohl bei den wichtigsten Fragen niemals über die Wahrscheinlichkeit binauskommen. Hiervon ausgehend,
möchte ich ebenfalls eine Vermuthung aussprechen. Sollte nicht die
ursprüngliche Lex Alam. mit Tit. LIX (60) bei Walter, so wie
die ursprüngliche Lex Bajuvar. mit Tit. III begonnen haben? Man
vergleiche mit diesen Stellen den unzweifelhaften Anfang der Lex
Rip. Si quis ingenuus ingenuum ictu percusserit, solido uno cul-
pabilis judicetur. Lex Alam. Si quis alium per iram percusserit,
quod Alamanni pulislac dicunt, cum uno solido componat. Lex Baj.
Si quis liberum per iram percusserit, quod pulislac vocant, unum
solidum donet. Der Prolog, welcher in den Ausgaben vor der Lex
Baj. steht, und die primitive Aufzeichnung dieser drei Volksrechte
Theodorich dem Austrasier zuschreibt, würde dadurch eine merkwürdige Bekräftigung erhalten. — Die Aehnlichkeit zwischen allen
dreien lässt sich übrigens dann noch viel weiter verfolgen, und Bus-
senverzeichnisse stehen ja überhaupt in sehr vielen Leges an der
Spitze des Ganzen, nur dass zuweilen nicht mit blosser Körperver-
letzung, sondern mit Todtschlag und Mord der Anfang gemacht wird.
Zum Beweise dienen die Gesetze der Thüringer, Friesen, Sachsen
und Angelsachsen. Vgl. Warnkönig Bd. 18, Heft 1 dieser Zeitschrift S. 113. Walter, d. Rechtsgesch., 2. Ausg. Bd. 1, §. 154.
Zöpfl, d. Rgesch. 3. Aufl. Th. 1, §. 6. — Von dem nach der
Notiz in 1858, 2. pag. 196 leider inzwischen verstorbenen Mitgliede
des Instituts de Petigny liefert 1855, 3. eine gelehrte Untersuchung
über den Ursprung und die verschiedenen Redactionen der Lex Vi-
sigothorum (vgl. Warnkönig a. a. O., S. 113. Walter Bd. 1
§. 36. Zöpfl Th. 1, §. 13), worin derselbe darzuthun sucht, dass
die primitive Redaction der Lex antiqua, d. h. also die Abfassung
des ältesten westgothischen Gesetzbuches wahrscheinlich unter Alarich II. erfolgt sei, so dass also hiernach die berühmte Stelle über
den Gesetzgeber Eurich bei Isidorus Chist Goth. in Eurico) nur auf
einzelne, etwa von Eurich erlassene Gesetze bezogen werden musste.

Die Gründe von Petigny scheinen mir jedoch keinesweges beweisend; das Hauptgewicht wird auf Mariana's spanische Geschichte Buch 5, Cap. 6 gelegt, wonach sich in Spanien jederzeit die Tradition erhalten haben soll, dass Alarich II. der Hauptschöpfer des später sogenannten fuero juzgo gewesen sei. Aber Mariana spricht ja an jener Stelle zunächst ganz unverkennbar von dem Breviarium Alaricianum, und weiss gar nichts von der ältesten Aufzeichnung der westgothischen Gesetze selbst; das Breviarum aber ist dann allerdings mit der Lex antiqua verschmolzen worden, und aus dieser Verarbeitung ist die heutige Lex Visigoth. (fuero juzgo) hervorgegangen. Zum Beweise des Gesagten will ich die weniger bekannten Worte aus Mariana anführen: Hunc (Alaricum II.) primum inter reges Gothos leges de scripto sanxisse promulgasseque constat, codice Theodosiana in compendium relato editoque tertio Nonas Feb. anno ipso quo caesus est. Antea institutis more majorum confirmatis vitam bello paceque gubernare soliti erant. Ad Alarici leges consequentes reges plerasque alias adjecere. Sic illud volumen conflatum est, quod forum judicum vulgo ab Hispanis nuncupatur. Der Vorwurf, welchen Petigny den deutschen Gelehrten macht, dass diese Stelle bei der Frage über die älteste Aufzeichnung des westgothischen Rechts von ihnen unberücksichtigt geblieben sei, fällt hiernach in sich selbst zusammen. — Von demselben Verfasser wird die Lex Bajuvariorum nach ihrer Entstehung und verschiedenen Redactionen in 1856, 4. 5. auf das sorgfältigste beleuchtet. Im Wesentlichen schliesst sich die Darstellung den im Prolog des Gesetzbuches enthaltenen Nachrichten an. Warnkönig a. a. O. konnte von der zweiten Hälfte dieser Arbeit, worin auch auf die Schrift von Roth über die Entstehung der L. Baj. Bezug genommen wird, noch nichts wissen. Vgl. Walter Bd. 1 §. 155. Zöpfl Th. 1. §. 7. — Die historische Einleitung der von mir 1855 herausgegebenen Schrift: Lex Francorum Chamavorum wird unter Beifügung des Textes der Rechtsquelle in 1855, 5. in einer französischen Uebersetzung von Paul Laboulaye mitgetheilt, welcher den juristischen Studien auch in Deutschland obgelegen, und die Liebe zur historischen Jurisprudenz mit seinem Vater Eduard theilt. — Auch aus Italien klingt eine Stimme zu uns herüber. Ein Aufsatz von Sclopis in 1857, 1. beschäftigt sich mit den Gesetzen der Longobarden, und hebt insonderheit das Verdienst der neuen Ausgabe dieser so wichtigen Rechtsquelle hervor, welche bekanntlich von Baudi a Vesme, Turin 1855, besorgt worden ist. Durch einen einfachen Textabdruck, welchen Neigebaur hiervon 1855 in München veranstaltet hat, ist die Quelle in dieser neuen Gestalt auch den deutschen Gelehrten zugänglicher geworden.

Unter den neuen französischen Rechtsgelehrten hat sich Eugène de Rozière grade den alten Formeln mit besonderer Vorliebe zugewendet, und wir verdanken ihm in dieser Hinsicht schon die Herausgabe manches wichtigen Schatzes, wie namentlich der 1854 in

Paris erschienenen, so ungemein interessanten westgothischen Formeln, welche schon vorher von Knust in Madrid copirt worden
waren. (Vgl. Biedenweg Commentatio ad formulas Visigothicas no-
vissime repertas, Berolin. 1856.)   Auch in der Revue liefert er nun
einen kleinen Beitrag zu diesem Zweige unserer Rechtsquellen, indem er aus einer früher in der Abtei Tegernsee gewesenen, jetzt
der königlichen Bibliothek in München gehörenden Handschrift sieben bisher ungedruckte Formeln (saec. 9) mittheilt und zum Theil
erläutert, deren Abschrift ihm durch den auf diesem Felde der Wissenschaft rühmlichst bekannten Gelehrten Rockinger verschafft wurde.
Zur allgemeinen Orientirung über die alten Formelnsammlungen dienen: Rockinger, drei Formelnsammlungen aus der Zeit der Karolinger, München 1857.   Einleitung, und Bluhme, über die Be-
kräftigungsformeln der Rechtsgeschäfte, im Jahrbuch des gemeinen
deutschen Rechts von Bekker und Muther, Bd. 3. Heft 2. S. 197.

   IV.   Französisches Recht.   Es liegt in der Natur der
Sache, dass wir hier in das bei weitem am meisten angebaute Feld
eintreten.   Der Reichthum der behandelten Gegenstände ist ungemein gross, und sehr viele darunter bieten zugleich wichtige Beziehungen zu ähnlichen Erscheinungen im deutschen Staats- und Rechtsleben dar.   Darin liegt grade das Hauptinteresse, dass wir hier wiederholt eine Verwandtschaft der Aufgaben erkennen, welche bei den
romanischen wie den germanischen Völkern mit fortschreitender Cultur in der Gestaltung der bürgerlichen Gesellschaft zur Lösung gebracht werden mussten.

   a. Zunächst nehmen die Rechtsquellen des Mittelalters unsere Aufmerksamkeit in Anspruch.   In einem Aufsatze 1856, 1. liefert Legentil, Advocat in Arras, ein kurzes Resumé über die Cos-
tumes von Artois, und hebt dabei zugleich den grossen Werth dieser alten Gewohnheitsrechte überhaupt hervor. — Ausführlicher handelt Minier, Professor in Poitiers in 1856, 4. von den alten Cos-
tumes von Poitou, von denen noch heute ein 1486 gemachter Abdruck in der Bibliothek zu Poitiers aufbewahrt wird. — In 1857,
6. theilt Marnier, welcher sich ohne Ortsangabe als Bibliothekar des
Advokatenstandes bezeichnet, das alte Gewohnheitsrecht von Burgund
(ancien coutumier de Bourgogne) selbst mit.   Dasselbe wurde zuerst
unter dem Herzog von Burgund, Philipp dem Guten 1459 officiell
redigirt, und dabei eine Anzahl älterer Handschriften desselben zu
Grunde gelegt.   Die meisten von diesen sind verloren gegangen,
aber aus einer noch erhaltenen ist der hier gelieferte Abdruck entnommen, worin uns in Sprache und Sachen die ganze Naivetät jener Zeiten so lebendig entgegentritt, wie es nur in einem ursprünglichen deutschen Weisthum der Fall sein kann.   Das Ganze besteht
aus 35 Capiteln, und die Ueberschrift lautet: Ci commencent li usage
de Borgoigne. — Es lässt sich gar nicht verkennen, wie die Aufmerksamkeit auf diese Quellen in Frankreich im Steigen begriffen
ist; die Archive und Bibliotheken werden durchsucht, und was ir-

gendwie ein allgemeineres Interesse in Anspruch nehmen könnte, wird zur öffentlichen Kunde gebracht, wie z. B. Beautemps - Beaupré, Substitut des kaiserlichen Procurator in Troyes in 1857, 5. von einer auf der Stadtbibliothek zu Troyes aufbewahrten Handschrift Bericht erstattet, worin sich die drei letzten Bücher des Grand Coustumier de Charles VI. befinden, welches Werk 1598 von Charondas le Caron herausgegeben wurde. Man sieht deutlich, wie trotz der centralisirenden Administration in der gediegeneren Wissenschaft und namentlich in dieser historischen Jurisprudenz der Geist der Individualitäten immer mächtiger waltet, und wohl mag man sie in dieser Hinsicht als eine Prophetin der Zukunft bezeichnen, welcher es an den wünschenswerthen Erfolgen nicht fehlen wird. — Schliesslich ist unter den Rechtsquellen noch die höchst interessante Charte communale de la Bastide - l'Evêque von 1280 zu erwähnen, welche in 1858, 2 von Eugène de Rozière bekannt gemacht wird. La Bastide-l'Evêque im Departement des Aveyron, heute eine unbedeutende Dorf- und Pfarrgemeinde, war einst eine wichtige Herrschaft (seigneurie), welche unter der weltlichen Gewalt des Bischofs von Rodez stand. Von dem damaligen Bischof Raymond de Colmont wurde ihr 1280 ein Privilegium über die immunitates, libertates et consuetudines ihrer Bewohner verliehen, von welchem sich ein Paar Abschriften erhalten haben. Es verdient eine besondere Hervorhebung, dass sich in dieser Urkunde pag. 166 a. a. O. eine frühe Anwendung der Ausdrücke dominium directum im lehns- oder grundherrlichen Sinne findet, und ebendaselbst unter den daran geknüpften Folgen auch die laudimia genannt werden. — Als ein den französischen Rechtsgelehrten besonders an Herz zu legender Gegenstand erscheinen die alten Stadtrechte. Hier sind gewiss noch grosse Schätze ans Licht zu ziehen, und es fehlt auch sicherlich nicht an den Materialien dazu.

b. Auf dem Gebiete des Staatsrechts treffen wir mehrere, zum Theil sehr umfangreiche und belehrende Artikel. Als die wichtigsten darunter sind hervorzuheben eine Abhandlung von H. de Luçay in 1856, 3. 6., 1857, 5. über die Assemblées provinciales unter Ludwig XVI., ihre Thätigkeit und ihr Verhältniss besonders zur Steuerverfassung. — Ueber den Ursprung der sogenannten streitigen Verwaltung (contentieux administratif), eines in Frankreich seit Alters sehr wichtig gewesenen Zweiges des öffentlichen Lebens, über die weitere Entwicklung derselben und die wechselnden Behörden, welche dafür eingesetzt wurden, verbreitet sich Rodolphe Dareste in 1855, 1. 3., 1856, 2., 1857, 2. Ich bemerke ausdrücklich, dass der kundige Verfasser den Gegenstand seiner Darstellung, dessen Umwandlungen er von der frühesten Zeit der Monarchie an bis auf unsere Tage ins Auge fasst, auch als die justice administrative bezeichnet. Natürlich spiegelte sich in jener Justiz der jedesmalige Charakter des Staatslebens selbst sehr deutlich ab; bald war sie ausgedehnter, bald eingeschränkter; am schrankenlosesten erscheinen

auch in dieser Hinsicht die Zeiten der absoluten Herrschaft Ludwigs XVI. — Die Parlamente unter der alten Monarchie in ihrer
grossen Bedeutung und ihren Schwächen schildert Simonnet, Dr.
der Rechte und Substitut des kaiserlichen Procurator in Dijon in
1858, 4. Zur Begründung der allgemeinen Urtheile wird eine Menge
historischer Einzelnheiten aus den letzten Jahrhunderten, namentlich
auch aus den Zeiten der Fronde angeführt; schliesslich aber scheint
der Verfasser trotz vieler Ausschreitungen, welche sich die Parlamente erlaubten, dem wohlthätigen Einflusse derselben doch das Uebergewicht gegen den nachtheiligen zu vindiciren. — Eine Gegenüberstellung der im Mittelalter in kleineren Kreisen monarchisch auftretenden Aristokratie und der in den Gemeinden mehr und mehr
erstarkenden Demokratie liefert in 1858, 4. der Artikel: La féoda-
lité et les chartes communales, von A. C. Dareste, Prof. in Lyon.
Die deutschen Zustände während jener Jahrhunderte sind von demselben Gegensatz durchdrungen.

   c. Auch für das Criminalrecht fehlt es nicht an gediegenen Untersuchungen. Eine Abhandlung von Paringault, Dr. der
Rechte und kaiserlicher Procurator in Beauvais, in 1858, 3. beschäftigt sich mit der Ordonnance criminelle von 1670, und weiset
die Verbesserungen nach, welche dadurch in der Criminaljustiz hervorgebracht wurden, dennoch aber immer noch sehr Vieles zu wünschen übrig liessen. — Von demselben Verfasser wird in 1857, 2
die wahre Bedeutung des Sprüchworts: Tout juge est officier du
ministère public, sorgfältig geprüft, und die Anwendung desselben
in dem älteren Rechte vor der Ordonnance criminelle von 1670,
denn unter der Herrschaft dieser letzteren, und zuletzt in dem gegenwärtigen Rechte auseinandergesetzt. — Der nämliche endlich
handelt in 1857, 6. von der Solidarität der Bussen oder Geldstrafen
im Criminalrecht, zunächst mit Rücksicht auf das älteste Recht,
hauptsächlich aber mit scharfer Kritik gegen den Code pénal, welcher in art. 55 jenen unter Umständen zu grosser Härte führenden
Grundsatz für bestimmte Fälle gleichfalls angenommen hat. Eine
Reform des Strafrechts wird hier als höchst wünschenswerth bezeichnet. — Ueber die Militärgesetzgebung in Frankreich in Bezugnahme
auf Vergangenheit, Gegenwart und Zukunft, verbreitet sich ein Aufsatz in 1857, 3. von Charles Abel, Dr. der Rechte und Advocat
in Metz. Die Bezeichnung législation militaire ist ziemlich unbestimmt, und so spricht denn auch die Abhandlung von sehr hetero-
genen Gegenständen. Während sie für die früheren Jahrhunderte
Vieles enthält, was zur eigentlichen Kriegsverfassung gehört, hat sie
es für die späteren Zeiten seit Franz I., seit Ludwig XVI. und für
die Gegenwart mit der Militärstrafgesetzgebung zu thun. — Zum
Criminalrecht lässt sich auch noch der Artikel von Albert du Boys
(ancien magistrat) in 1856, 2. über das droit primitif der menschlichen Gesellschaften stellen, indem darin die Entstehung und die
Entwickelung des Strafrechts mit dem ursprünglichen Recht der

Kirche in Verbindung gebracht wird. Aber so viel Wahres auch hierin liegen mag, da Niemand den Zusammenhang der bei so vielen Völkern erscheinenden Blutrache mit dem späteren öffentlichen Strafrechte des Staats bestreiten wird, so ist der Standpunkt des Verfassers im Uebrigen doch als ein veralteter anzusehen, da derselbe noch auf den Ideen von einem dem Staate vorausgehenden Naturstande beruht. „Der Staat ist uranfänglich; die Urfamilie ist Urstant", sagt Dahlmann mit Recht.

d. Unter den dem eigentlichen Civilrecht gewidmeten Abhandlungen finden sich einige, die für uns ein ganz besonderes Interesse haben. — Als ein sehr wichtiger Gegenstand, bei welchem sich das Bedürfniss von Reformen schon seit Jahren vielfach hervorthat, ist das Hypothekenwesen, die Lehre von der transcription, zu betrachten. Durch ein Gesetz vom 20. und 27. September 1790 wurde der Grundsatz sanctionirt, dass Eigenthum an Grundstücken könne nicht anders übertragen, dingliche Rechte an solchen nicht anders constituirt werden, als durch die transcription des contrats, durch hypothekarische Eintragung. Dieses Princip wurde jedoch vom Code Nap. art. 711 beseitigt, indem es dort heisst, dass das Eigenthum übertragen werde par l'effet des obligations, so dass also hiernach das Eigenthum an Immobilien vom Verkäufer auf den Käufer durch den blossen Consens der Parteien übergehen sollte. Dass mit dieser „idée spiritualisté" des Code, welche allen Nachdruck bloss auf die Uebereinstimmung der beiden Willen legte, sehr viele Inconvenienzen verknüpft waren, ist nur zu häufig in Frankreich selbst empfunden worden. Ja, es hat nicht an ausgezeichneten Juristen wie Blondeau, Jourdan, Valette u. a. gefehlt, welche aus andern Artikeln des Code den Nachweis zu führen suchten, dass das System der transcription auch unter der Herrschaft des Code noch als fortbestehend angesehen werden müsse. Jetzt hat nun ein neues, von dem gesetzgebenden Körper am 17. Januar 1855 angenommenes, und am 23. März 1855 wirklich ergangenes Gesetz die transcription, d. h. also die hypothekarische Eintragung für eine Menge von Rechtsgeschäften ausdrücklich vorgeschrieben, und an dieselbe sehr wichtige Wirkungen geknüpft, aber ohne die Bestimmung des art. 711 im Code gradezu aufzuheben. Diess hat dem Advocaten und Dr. der Rechte Ch. Duverdy die Veranlassung zu einer Bekämpfung des neuen Gesetzes in 1855, 2. gegeben, indem er demselben Unvollständigkeit und allzugrosse Furchtsamkeit vorwirft. Entweder müsse man auf das Gesetz von 1790 zurückkommen und den art. 711 des Code beseitigen, oder man müsse die transcription gar nicht wiederherstellen. — Alsbald aber hat das neue Gesetz an dem Dr. der Rechte, G. A. Humbert in 1855, 5. einen gewandten Vertheidiger gefunden, welcher zugleich darzuthun sucht, dass die transscription im Code lediglich in Folge eines Irrthums oder eines Vergessens, einem ausdrücklichen Wunsche des Staatsraths zuwider,

weggefallen, dadurch aber die Lehre desselben von der Uebertragung
des Eigenthums an Immobilien une énigme obscure et compliquée
geworden sei. Wohl liegt es sehr nahe, bei den hier verhandelten
Streitpunkten an den Wechsel zu denken, welchem die Hypotheken-
gesetzgebung der neueren Zeit auch in deutschen Ländern unterworfen gewesen ist. So wurde z. B. in Preussen die landrechtliche
sogenannte Zwangsbesitztitelberichtigung 1805 aufgehoben, 1810 wieder eingeführt, 1831 aber suspendirt, was sie noch heute ist. —
Mit dem agrarischen Recht und den verschiedenen Formen des ländlichen Grundbesitzes unter besonderer Rücksicht auf das ältere französische Recht beschäftigt sich in 1855, 4. der Artikel: sur les origines et le principe de la ruralité, von Bouthors, greffier en chef in
Amiens. — Zu den frühesten vorrömischen Zeiten steigt in 1858, 6.
M. G. Humbert, Dr. der Rechte und gewesener Unterpräfect, in
einer Abhandlung hinauf, welche das régime nuptial der alten Gallier betrifft, und sich an Caesar de bell. Gall. 6, 19 anschliesst. Die
früher zuweilen aufgestellte, durchaus verkehrte und mit den vorhandenen geschichtlichen Zeugnissen wie der ganzen Rechtsentwicklung in Frankreich unvereinbare Ansicht, dass die eheliche Gütergemeinschaft auf gallischen Ursprung zurückzuführen sei, wird denn
auch hier in Betracht gezogen und mit Recht verworfen. Auffallend
ist es, wie sich Warnkönig in Bd. 18, Heft 1, S. 127 d. Zeitschrift für deutsches Recht bei seinen Aeusserungen über die eheliche Gütergemeinschaft in ein solches Hin- und Herschwanken verlieren kann, und ich erwähne diess hier, weil es derselbe an jener
Stelle grade mit französischen Werken über jenen Gegenstand zu
thun hat. Erst sagt er, die historische Entstehung der Gütergemeinschaft sei schwer nachzuweisen, während doch über ihren germanischen Ursprung kaum ein Zweifel obwalten kann. Dann führt er
ein Paar Meinungen französischer Rechtsgelehrten, Troplong u. Benech von Toulouse an, welche über diesen Gegenstand nicht ins
Klare gekommen sind. Die hier mit solchem Ernst wiederholte Erklärung von Benech, die eheliche Gütergemeinschaft sei weder römischen noch altceltischen noch feudalen Ursprungs, klingt fast ko-
misch. Gewiss muss man diess vollständig einräumen; denn wenn
dieselbe auch auf germanische Quelle zurückzuführen ist: in feudalen Elementen sind ihre Keime bestimmt nicht zu suchen. Endlich aber bestreitet er unter Berufung auf Gerber, im Grunde genommen die ganze Existenz des Instituts in seiner strengeren Form.
Ein solches Bestreiten liegt nämlich in der Behauptung, dass die sogenannte Gütergemeinschaft der Hauptsache nach nichts sei als die
Gütereinheit, d. h. die Vereinigung des beiderseitigen Vermögens in
der Hand des Mannes, wie sie sich schon in der ältesten germanischen Zeit in Folge des eheherrlichen Mundium gestaltete. Auf so
leichte Weise lässt sich aber das Institut durchaus nicht abfertigen.
Offenbar ist doch bei jener Ansicht zu wenig Rücksicht genommen

auf diejenigen Formen der ehelichen Gütergemeinschaft, wo der
Mann bei allen seinen Handlungen, welche die gemeinschaftlichen
Güter betreffen, an die Einwilligung der Frau gebunden ist, und die
noch zahlreicheren Formen derselben, wo eine solche Beschränkung
des Mannes wenigstens für die Veräusserung von Grundstücken,
stehenden Renten und Gerechtigkeiten gilt. Vgl. Phillips, Lehre
von der ehelichen Gütergemeinschaft S. 156—160. In den sehr
lehrrreichen Vorarbeiten für die Redaction der preussischen Provin-
zialgesetzbücher wurden die Ausdrücke stricte und nicht stricte
Gütergemeinschaft gebraucht, um damit anzudeuten, ob das Gemein-
schaftsprincip schon während der Ehe wichtige Wirkungen äussere,
oder ob die Wirkungen desselben erst an die Auflösung der Ehe
geknüpft seien. Die Theorie von Warnkönig würde höchstens
auf die nicht stricte passen. — Von den Lasten, welche den Eltern
obliegen, die den Genuss des Vermögens ihrer Kinder unter 18 Jahren
haben, handelt in 1858, 2. ein Aufsatz von Frédéric Duranton,
Professor des Rechts in Paris, worin der art. 385 des Code, welcher mit dem alten Gewohnheitsrechte, die Vormundschaft über ad-
lige und bürgerliche Kinder betreffend, zusammenhängt, kritisch beleuchtet wird. — Und wieder im Gebiete des Gewohnheitsrechts bewegt sich die Abhandlung über die qualité disponible im Erbrechte,
deren verschiedene Gestaltungen in der Zeit vor dem Code von dem
schon oben bei der transcription genannten Ch. Duverdy in 1855,
6. 1856, 1. dargestellt sind. — Viele interessante Vergleichungen
mit der in Deutschland herrschenden Theorie von der Verschollen-
heit, welche neuerdings von C. G. Bruns zum Gegenstande einer
Untersuchung gemacht worden ist, bietet der Artikel in 1856, 3.
über die Abwesenheit und ihre rechtlichen Wirkungen im römischen
und altfranzösischen Rechte dar, welcher von Villequez, Dr. der
Rechte und Professor in Dijon herrührt. Das römische Recht ist
aber hier sehr arm an Bestimmungen; der Hauptinhalt bezieht sich
auf das ältere französische Recht. — Endlich ist hier noch ein kleiner
Aufsatz von d'Arbois de Jubainville in 1858, 4. zu erwähnen,
welcher uns einen Blick in die Darlehnsgeschäfte mit Zinsversprechen
gewährt, wie sie im Mittelalter mit Juden abgeschlossen zu werden
pflegten.

e. Zum Civilprozess gehört die lehrreiche Abhandlung in
1857, 1. von Théodore Derome, Dr. der Rechte und kaiserlicher
Procurator in Napoléonville (Morbihan), worin der Urkundenbeweis
la preuve littérale im älteren französischen Rechte historisch beleuchtet wird. Die frühere Zeit sagte: témoins par vive voix dé-
truisent lettres; die spätere drehte den Satz um, und nun hiess es:
lettres passent témoins. Den Wendepunkt bildete die berühmte Ordonnance de Moulins von 1566, wonach bei allen Geschäften, deren

Gegenstand 100 livres überstiege, schriftliche Contracte vor Notaria und Zeugen errichtet werden sollten, „par lesquels contrats seulement sera faite et reçue toute preuve des dites matières, sans recevoir aucune preuve par témoins" p. 43 a. a. O. Auch hier bieten deutsche Gesetzgebungen mehrfache Analogien dar; sehr nahe liegt z. B. die Vergleichung mit dem preussischen Edict vom 8. Februar 1770, welches verfügte, dass alle Verträge, deren Gegenstand mehr als 50 Thaler betrüge, um klagbar zu werden, in der Regel schriftlich errichtet werden müssten. Vgl. B o r n e m a n n, preuss. Civilrecht Bd. 2, §. 172. — Welche Kosten übrigens ein Prozess in Frankreich während des 14. Jahrhunderts verursachen konnte, darüber erhalten wir einen freilich immer nur sehr relativen Aufschluss durch ein Document von 1351, welches von Ed. L a b o u l a y e in 1858 6. mitgetheilt wird. Das Interesse liegt hauptsächlich in der Reihenfolge der einzelnen Termine, in denen die Verhandlungen des betreffenden, 12 Jahre dauernden Prozesses gepflogen wurden.

f. Auch das eigentlich französische V ö l k e r r e c h t ist nicht leer ausgegangen. In 1855, 6. findet sich eine wichtige Abhandlung über die den französischen Consuln in den Handelsstädten der Levante zustehende Civil- und Criminalgerichtsbarkeit von F e r a u d - G i r a u d, worin deren Ursprung, Fortbildung und gegenwärtiger Zustand mit Rücksicht auf die darüber abgeschlossenen Verträge und die darüber ergangenen französischen Gesetze geschildert werden. Dem kaiserlichen Gerichtshofe in Aix ist hiernach eine sehr einflussreiche Stellung eingeräumt, indem derselbe je nach der Beschaffenheit der Vergehen oder Verbrechen, welche von Franzosen in der Levante verübt worden sind, entweder als zweite oder als erste Instanz das Erkenntniss spricht. Frankreich ist das erste Land des christlichen Europa gewesen, welches von der Pforte auf diesem Felde der internationalen Verhältnisse weitgehende Zugeständnisse erlangt hat, und es nimmt also dafür eine besonders wichtige Stelle ein.

(Schluss folgt.)

JAHRBÜCHER DIR LITERATUR.

Revue historique de droit.

(Schluss.)

V. Ausserfranzösisches Recht in andern Ländern Europas.

Beginnen wir mit dem äussersten Westen, so finden wir mehrere höchst beachtenswerthe Artikel über portugiesisches Recht,
sämmtlich von dem Doctor der Rechte, Levy Maria Jordao, der
sich hier als einen sehr gediegenen Vertreter der neueren Rechtswissenschaft in Portugal bewährt. In einem diese letztere im Allgemeinen beleuchtenden Aufsatze in 1857, 4. beklagt sich derselbe
zunächst über die Unkenntniss des portugiesischen Rechts und des
heutigen Zustandes der portugiesischen Rechtswissenschaft im übrigen Europa. Ohne eine solche würde Giraud in seiner Schrift über
die Bronzetafeln von Malaga und Salpensa wohl nicht gesagt haben,
dass in Portugal und Spanien niemand die guten deutschen Werke
über das römische Recht, ja nicht einmal die Institutionen von Gajus kenne. Demnächst erhebt sich derselbe gegen ein neueres Werk
La concordance des codes von de Saint-Joseph, welches sich für
ein Résumé des gegenwärtigen Rechts in Portugal ausgebe, während
es als eine höchst mangelhafte und ungenügende Arbeit bezeichnet
werden müsse. Für uns in Deutschland sind besonders zwei Notizen von Wichtigkeit. Als das vollständigste und neueste Werk über
das portugiesische Civilrecht werden nämlich die Elementos de di-
reito civil portuguez von Coelho da Rocha, einem vor kurzem verstorbenen Professor zu Coimbra hervorgehoben. Ausserdem erfahren
wir, dass der Entwurf des in Portugal schon so lange ersehnten und
beabsichtigten Civilgesetzbuchs, ausgearbeitet von Antonio Luiz de
Seabra, vollendet ist und sehr bald dem gesetzgebenden Körper vorgelegt werden wird. — Sehr belehrend ist ferner der Artikel in
1858, 2 le régime de la communauté dans le mariage Portugais.
Hier tritt uns selbst im äussersten Westen von Europa der entschiedenste Einfluss germanischer Rechtselemente entgegen. Trotz dem,
dass durch die Einwirkung des römischen Rechts das régime dotal
auch in Portugal verbreitet wurde, behauptete sich in einzelnen Landestheilen, die in ihren Keimen offenbar schon früher vorhanden ge-
wesene allgemeine eheliche Gütergemeinschaft, deren Quelle man
fast geneigt sein könnte, im alt suevischen Volksthum zu suchen.
Da sich dieselbe aber nach und nach immer weiter ausdehnte, so

wurde eben diese Form des ehelichen Güterrechts durch die Gesetze
von Alfons V. 1446 zur allgemeinen Regel erhoben, so dass eine
Ehe mit derselben als eine segundo uso e costume do reino (du
royaume) oder por carta de metade (par charte de moitié) bezeichnet wird. Dabei steht es jedoch den Ehegatten frei, durch Vertrag
das Dotalsystem unter sich einzuführen. Wie auffallend ist hier die
Verwandtschaft mit dem Rechte so vieler Länder in Deutschland.
Derselbe J o r d a o giebt uns in 1857, 6. Aufschluss über ein anderes,
auf germanischen Ursprung zurückzuführendes Institut des portugiesischen Rechts, die quotité disponible im Erbrechte. Indem er dieselbe mit gutem Grunde auf das Gesetz von Chindaswinth (nicht
Receswinth) L. Visig. lib. 4. tit. 5. l. 1. zurückbezieht, setzt er zugleich die Umwandlungen auseinander, welche im Laufe der Zeit
damit vorgegangen sind. Die disponible Tertia besteht übrigens bis
auf den heutigen Tag und ist in dem Codigo Filippino von 1603,
welcher bis zur neuesten Zeit die Hauptgrundlage des portugiesischen Civilrechts gebildet hat, ausdrücklich anerkannt. Zwei An-
hänge, welche der Verfasser seiner Darstellung beigefügt hat, nehmen die Aufmerksamkeit noch ganz besonders in Anspruch. Zunächst das ungemein interessante Privilegium, wodurch Alboacem
Iben Mahumet, Beherrscher von Coimbra, der sich „bellator fortis,
vincitor Hispaniarum, dominator caballariae Gothorum et magnae litis
Roderici" nennt, 772 den Christen seines Bezirks gegen gewisse
Abgaben Toleranz, eignes Recht und eigne Richter bewilligt. „Et
Christiani habeant in Colimbo suum comitem, et in Goadatha alium
comitem de sua gente, qui manuteneat eos in bono juzgo secundum
solent homines Christiani, et isti component rixas inter illos, et non
matabunt hominem sine jusu de Alcaide seu Aluazile Sarraceno,
sed ponent illum apres de Alcaide et mostrabunt suos jazgos, et
ille dicebit: bene est, et dabunt ei pro bene est V pesantes argenti,
et matabunt culpatum". Es ist wie ein Hauch des Orients, der uns
aus dem ganzen Document entgegenweht. Der andere Anhang besteht in einer Schenkungsurkunde von 1112, wodurch Graf Heinrich
von Burgund, Vater des Königs Alfons I. (des Eroberers) und seine
Gemahlin Theresia einer Anzahl Franzosen (francigenae), welche ihm
nach Portugal gefolgt waren, gewisse Landgebiete überlassen. —
Endlich verdanken wir demselben J o r d a o in 1856, 1. eine kurze
Uebersicht der portugiesischen Strafgesetzgebung, worin der Verfasser nach einer Charakteristik der älteren Gesetzbücher, des Codigo
Alfonsino von 1449, C. Manoelino von 1513 und 1514, C. Filippino von 1603 zu dem neuen Strafgesetzbuche vom 10. December
1852 gelangt, welchem er den Mangel aller Einheit des Systems
und der Principien vorwirft. Es sei aus den Strafgesetzbüchern von
Frankreich, Spanien, Oesterreich, Neapel und Brasilien mit fast wörtlichen Auszügen aus diesen allen bunt zusammengewürfelt. Indem
er das in demselben Jahre erschienene preussische Strafgesetzbuch

rühmend hervorhebt, spricht er für das seines Vaterlandes die Nothwendigkeit einer vollständigen Reform aus.

Was Spanien anbetrifft, so liefert Eugène de Rozière in
1855, 4. einen Aufsatz über die Geburtsstände in den alten König-
reichen Oviedo und Léon, in den Jahrhunderten, welche unmittelbar auf den Einfall der Araber folgten. Die Veranlassung dazu gaben ihm einige Artikel, welche der spanische Gelehrte Mannos y
Romero in der Revista de ambos mundos über denselben Gegenstand veröffentlicht hatte. Auch in jenen Reichen begegnen uns so
wie anderwärts Adel, Freie und Unfreie, jeder Theil mit seinen besondern Abstufungen. Wie kann es aber ein Gelehrter von solcher
Kenntniss der mittelalterlichen Zustände wie Rozière als eine so völlig dunkle Frage hinstellen, woher der Adel in den christlichen Reichen Spaniens seinen Ursprung genommen habe? Derselbe spricht
davon wie von einem der räthselhaftesten Gegenstände, während sich
doch gewiss nicht bezweifeln lässt, dass jener Adel an die Nobiles
der alten L. Visig., bei denen ausdrücklich von einer nobilitas generis die Rede ist (lib. IX, tit. 2 l. 8), angeknüpft werden muss.
Vgl. Lembke, Gesch. von Spanien, Bd. 1, S. 176.

Ein kurzer Artikel in 1857, 8. von Emile Jay, Advokat am
Appelhofe in Paris, bespricht ein neues in Sardinien ergangenes
Gesetz über einen auch in Frankreich und Deutschland, namentlich
in Preussen, neuerdings vielfach angeregten Punkt. In England,
Spanien und Holland ist das Princip, dass Conventionalzinsen keinem
gesetzlichen Maximum unterliegen, schon ausdrücklich anerkannt.
Ein neues Gesetz in Sardinien hat denselben Grundsatz aufgestellt.
Während bei gewöhnlichen Privatrechtsgeschäften 5 Procent, und en
matière commerciale 6 Procent als die Regel für gesetzliche
Zinsen angenommen sind, ist dagegen allgemein bestimmt: l'intérêt
conventionnel est établi à la volonté des contractants.

Das Recht der propriété littéraire in Deutschland bildet den
Gegenstand einer sachkundigen Abhandlung von Paul Laboulaye
in 1855, 8. Zuvörderst werden die alten Zeiten von der Erfindung
der Buchdruckerkunst bis zur Reformation, und von dieser bis zur
Gegenwart, die Ausbreitung des Nachdrucks, die gegen diesen angewandten Schutzmittel, wie kaiserliche und landesherrliche Privilegien, sorgfältig geschildert, und besonders nachgewiesen, wie sich
Leipzig durch den vorzüglich wirksamen Schutz, welchen der Buch-
handel gegen den Nachdruck seit dem 17. Jahrhundert, namentlich
1686, in Sachsen fand, zum Mittelpunkte jenes Handels erhob, und
Frankfurt a. M. wie andere Nebenbuhler überflügelte. Hieran knüpft
sich dann eine Darstellung des gegenwärtig hierüber geltenden,
hauptsächlich auf die Bundesgesetzgebung gestützten Rechts, deren
Principien auch in den einzelnen Landesgesetzen darüber angenommen und nur hier und da im Einzelnen noch vervollständigt sind.

Ueber die richterliche Gewalt in England verbreitet sich ein
Artikel von Antonin Lefèvre-Pontalis in 1856, 8. 1857, 1.

worin die Stellung und Wirksamkeit der grossen Gerichtshöfe und
die Thätigkeit der Geschwornen bei den verschiedenen Arten von
Gerichten aus einander gesetzt werden. Das letztere Institut wird
darin mit den wohlthätigen Einflüssen, die es in den verschiedensten
Richtungen ausübt, besonders hervorgehoben, und der Verfasser prei-
set diejenigen Völker, welche ihre gesetzliche Freiheit hinter solchen
politisch-rechtlichen Schöpfungen zu verschanzen wüssten, die England son imprenable Gibraltar zu nennen liebe. Die Abhandlung ist
übrigens noch nicht vollendet.

Mit dem Eherechte Russlands, wie es in dem neuen Swod
von 1838 niedergelegt ist, beschäftigt sich ein Aufsatz des schon
oben genannten Emile Jay in 1856, 6. Die wichtigsten Bestimmungen, besonders des persönlichen Eherechts werden darin übersichtlich zusammengestellt. Wer mit accidentalem Bewusstsein in
dieses Rechtsgebiet eintritt, findet sich zum Theil in eine fremde
Welt versetzt, und ich gestehe, dass ich bei diesem mir auch früher
schon bekannten Gegenstande oft an die einmal von Ranke gesagten Worte erinnert worden bin: „In der That gehen uns Neuyork
und Lima näher an, als Kiew und Smolensk." Ein russischer Diplomat griechisch-orthodoxer Religion verliert seine Stelle, wenn seine
Frau sich nicht verpflichtet, die Immobilien zu veräussern, die ihr
etwa in der Fremde gehören möchten. Wenn ein Kriegsgefangener
eine russische Frau geheirathet hat und später in sein Vaterland zurückkehrt, so darf er dieselbe nicht nöthigen, ihm zu folgen; er
muss sogar schriftlich erklären, ob er einwilligt wiederzukommen,
und nach zwei Jahren Abwesenheit ist die Frau berechtigt, eine andere Ehe zu schliessen. Asiaten, welche in ihr Vaterland zurückkehren, nachdem sie russische Frauen geheirathet hatten, dürfen weder ihre Frauen, noch ihre Kinder mit sich nehmen. Es versteht
sich, dass alle Kinder aus gemischten Ehen zwischen Christen der
griechischen und einer andern Kirche nur in der russisch-griechischen
Kirche getauft werden dürfen. Wenn irgendwo, so kann man in
dieser letzteren von einem wahren Cäsaropapismus sprechen.

Auch das neue Königreich Griechenland ist in den Kreis
der Untersuchung gezogen. Von dem Hypothekenwesen desselben
handelt in 1857, 3. Damaschino, Dr. der Rechte und Advokat
am kaiserlichen Gerichtshofe in Paris. Man hatte daselbst seit 1836
das damals in Frankreich geltende System angenommen, überzeugte
sich aber bald von der Nothwendigkeit gewisser Reformen und hatte
dafür schon wichtige Vorarbeiten gemacht, als das französische Gesetz vom 23. März 1855 über die transcription erschien, dessen bereits oben gedacht worden ist. Dieses wurde nun dem neuen Gesetz vom 29. October 1855 in Griechenland zu Grunde gelegt, aber
doch in einzelnen Punkten auf geschickte Weise modificirt, und grade
mit einer Beleuchtung dieser Abweichungen hat es der Artikel besonders zu thun. Eine Sammlung der wichtigsten Verfassungsgesetze Griechenlands und der bis jetzt daselbst erschienenen Gesetze

bücher ist 1856 unter dem Titel: Les Codes grecs, von Rhallis; Präsident des Cassationshofes in Griechenland, in Athen und Paris herausgegeben worden. Ueber dieselbe hat Damaschino in der Bibliographie von 1857, 3. einen kurzen Bericht erstattet. Auch hat sich die Redaction der Revue veranlasst gefunden, in 1856, 1. eine französische Uebersetzung des deutschen Aufsatzes von Heimbach über die neuesten Arbeiten der heutigen griechischen Rechtsgelehrten mitzutheilen.

VI. Aussereuropäisches Recht.

Mit dem immer wachsenden Studium des Sanscrit hat sich die Aufmerksamkeit nach und nach auch immer mehr dem indischen Rechte zugewendet; Frankreich aber hat an diesen Bestrebungen schon seit längerer Zeit erfolgreichen Antheil genommen. Gewiss sind die Gesetze von Manu durch kein anderes Werk zu so allgemeiner Kunde gelangt, als durch die französische Herausgabe derselben von Loiseleur Deslongchamps, Paris 1833. Auch die Revue enthält ein Paar Abhandlungen, welche indische Rechtszustände betreffen, beide von demselben Verfasser, Boscheron-Desportes, Präsident des kaiserlichen Gerichtshofes in Agen (Dep. des Lot und der Garonne), früher Präsident des Gerichtshofes zu Pondichery. Eben vermöge dieser früheren Stellung in der genannten, den Franzosen gehörenden Stadt auf der Küste Karomandel ist der Verfasser bei Fragen über indisches Recht offenbar als ein vorzüglich competenter Beurtheiler anzusehen. In 1855, 4. liefert derselbe eine historische und systematische Uebersicht des indischen Rechts. Nach einer Angabe der zahlreichen indischen Gesetz- und Rechtssammlungen, welche bis auf unsere Zeiten gekommen sind, wendet er sich zu den einzelnen Theilen des Systems selbst und entwickelt die Hauptgrundsätze über Eigenthum, Ehe, väterliche Gewalt und Vormundschaft, Adoption, Wittwenschaft, Sclaverei, Erbfolge und Verträge. Die Arbeit ist in hohem Grade dankenswerth, und in so kleinem Rahmen dürfte sich kaum eine ähnliche Zusammenstellung finden. Der zweite Aufsatz in 1855, 5. beschäftigt sich mit der Verwaltung und dem Justizwesen in den französischen Besitzungen Ostindiens. Das Frankreich gehörende Gebiet von Pondichery, die Stadt selbst mit eingerechnet, enthält übrigens nur eine Bevölkerung von 80,000 Seelen. — In 1855, 5. 6. liefert Sagot-Lesage, Doctor der Rechte und Advokat am kaiserl. Gerichtshofe zu Paris einen interessanten Artikel über die Gesetzgebung von Muhamed, wie dieselbe im Koran niedergelegt ist. Im Orient haben sich die verschiedenen Gebiete von Regeln, welche bestimmt sind, das menschliche Leben zu beherrschen: Religion, Moral, Recht, Sitten im eigentlichen Sinne, noch gar nicht streng von einander gesondert, und die im menschlichen Dasein selbst noch vorhandene wechselseitige Durchdringung und Mischung derselben spiegelt sich auch in den orientalischen Rechtsquellen ab. Die Gesetzgebung von Moses, die

indischen Rechtsquellen, der Talmud, der Koran liefern sämmtlich
den Beweis für das Gesagte. Der Verfasser hebt jenen Charakter
des Koran ebenfalls hervor, giebt aber dann unter den zwei Rubriken: droit des personnes und droit des choses, eine Uebersicht seiner Hauptgrundsätze juristischen Inhalts, welche offenbar aus der
Quelle selbst entlehnt worden sind.

VII. Juristische Literärgeschichte. Die Revue enthält eine Anzahl hierher gehöriger Artikel, welche eine allgemeine
Aufmerksamkeit verdienen, und deshalb hier nicht übergangen werden dürfen. — In 1855, 5. theilt Rodolphe Dareste mehrere
bis jetzt unedirte Documente mit, welche sich auf ältere französische
Juristen beziehen oder von diesen selbst geschrieben sind. Es sind
diess Pierre de Fontaines (saec. 13), Contius und Hoto-
mannus. Die hier gegebenen Briefe des letzteren, der älteste von
1562, der jüngste von 1588, sind reich an wichtigen Notizen aus
der damaligen Zeitgeschichte. — Von d'Arbois de Jubainville,
Archivar des Departements der Aube, wird den Lesern in 1856,
2. ein Zeugniss vorgelegt, ein testimonium morum, wie wir heute
sagen, welches am 18. Mai 1578 dem berühmten, damals auf der
Universität Basel studirenden Franz Pithou von dem Rector derselben, Theodor Zwinger ausgestellt wurde. — Eine Abhandlung von
Agénor Bardoux in 1856, 4. führt den zu viel versprechenden
Titel: Les légistes au seizième siècle; denn sie beschäftigt sich dann
ausführlicher nur mit einer weniger bekannten Persönlichkeit, Jean
de Basmaison, geb. 1535, Advocat in Riom. Indem sie den Satz
an die Spitze stellt: Ce sont les hommes secondaires, qui représen-
tent le mieux leur époque, fasst sie den Genannten in seiner vielseitigen Wirksamkeit gewissermassen als den Typus eines solchen
auf; es fehlt aber dann allerdings auch nicht an vielen allgemeineren, jenes Zeitalter überhaupt betreffenden Bemerkungen. — Derselbe
Verfasser wendet sich in 1858, 1. zu den Legisten des 18. Jahrhunderts, und sucht hier unter Hervorhebung der einflussreichsten
Persönlichkeiten, Gelehrten wie Staatsmänner, mit vielen geistvollen
Blicken in die Umwandlungen, welche sich nach und nach in der
Gestalt der bürgerlichen Gesellschaft zutrugen, hauptsächlich den
Einfluss der Philosophie auf das Recht nachzuweisen. — Von Frédéric Sclopis wird in 1856, 1. mit sinnreichen Bemerkungen eine
Parallele zwischen Macchiavelli und Montesquieu gezogen, eine Aufgabe, mit welcher sich bekanntlich auch schon andere Schriftsteller
beschäftigt haben, z. B. Macaulay, welcher bei dieser Gelegenheit
den esprit des loix von einem sehr realistischen Standpunkte aus
mit grosser Härte beurtheilt. — Ein Aufsatz von H. Aubépin,
Doctor der Rechte und Substitut in Névers, in 1856, 2. verbreitet
sich über die Wirksamkeit von Portalis, während er Advocat in Aix
bei dem Parlament der Provence war. Später gehörte derselbe bekanntlich zu den Verfassern des Code Napol. und starb 1807 als
Minister des Cultus. — In 1858, 3. berichtet Ed. Laboulaye, wie

er vor 20 Jahren durch einen glücklichen Zufall ein Manuscript mit
dem Titel: Institution au droit françois erworben und in dem längere
Zeit unbeachtet gelassenen Schatze mit Beihülfe von R. Dareste
später das unter jenem Titel geschriebene und bis jetzt noch nicht
herausgegebene Werk des Abts Claude Fleury, †1723 erkannt habe.
Irrthümlicher Weise hielt man früher ein anderes Werk unter dem
selben Titel, welches zuerst anonym, und dann unter dem Namen
eines Freundes von Fleury, Argou, erschien und von 1692 bis 1787
in einer grossen Anzahl von Ausgaben neu aufgelegt wurde, für das
Werk von Fleury. (Hugo, Geschichte der juristischen gelehrten
Geschichte §. 262 S. 297). Eine Vergleichung des schon längst gedruckten Werks und des von Laboulaye aufgefundenen Manuscripts
zeigt die Unrichtigkeit dieser Ansicht, und die Autorschaft von Argou hinsichtlich des ersteren lässt sich hiernach nicht bezweifeln.
Das bisher also wirklich noch ungedruckte Werk von Fleury, über
dessen ausgezeichnete Thätigkeit sich Laboulaye noch weiter verbreitet, wird in kurzem bei dem Buchhändler Durand öffentlich erscheinen. — Zuletzt gedenke ich noch eines bibliographischen Artikels in 1857, 2. von G. Humbert, Doctor der Rechte, welcher
daselbst über den Cours de Code Napol. Tom. 13 von Demolombe,
Decan der juristischen Facultät in Caen Bericht erstattet, und bei
dieser Gelegenheit ausdrücklich von verschiedenen juristischen Schulen in Frankreich spricht; namentlich unterscheidet er die exegeti-
sche und die Schule der Thémis, welche letztere Frankreich mit Gajus und den Arbeiten Deutschlands bekannt gemacht habe. Eben
diese lässt sich auch als die historische bezeichnen, und es wäre besonders zu erwähnen gewesen, dass grade aus der historischen Richtung, für deren Förderung die Arbeiten von Guizot vorzüglich einflussreich wurden, der neue Aufschwung der germanistischen Studien
in Frankreich hervorgegangen ist. Beachtenswerth erscheint es, dass
sich in der französischen Literatur bei Untersuchungen über das, was
wirklich Rechtens ist, wo es sich zunächst um die Befriedigung eines
rein praktischen Bedürfnisses handelt, eine Hinneigung zur exegetischen Methode kund giebt. Man interpretirt den Code, und wenn
nicht wörtlich, so schliesst man sich wenigstens gern der legalen
Ordnung der einzelnen Titel an. Zwar hat auch das von Aubry
und Rau übersetzte systematische Werk von K. Sal. Zachariä einen
grossen Anklang gefunden, aber bei den französischen Juristen selbst
waltet im Allgemeinen mehr die Exegese vor, und zu den Vertretern dieser letzteren Methode gehörte auch der 1856 gestorbene
Professor des Rechts in Paris, Demante, welchem Eugène de Rozière in 1857, 1. einige Worte der Pietät und des liebevollen An-
denkens gewidmet hat.

Ich schliesse hiermit diese Uebersicht über die vier ersten Jahrgänge der Revue. Möge dieses Unternehmen fortblühen und immer
kräftiger emporwachsen und gedeihen. Der Einfluss desselben auf
die benachbarten, hauptsächlich die übrigen romanischen Länder, wo-

es eines solchen Anstosses am meisten bedarf, wird gewiss fortwährend zunehmen und in hohem Grade wohlthätig sein. — Nur mit
aufrichtiger Freude kann ein Germanist in Deutschland solche Worte
lesen, wie sie der oben genannte Jordao in dem Artikel über die
eheliche Gütergemeinschaft in Portugal in 1858, 2. pag. 142 ausspricht: Le Portugal n'est pas, comme on le croit à l'étranger, une
terre toute romaine. Si l'on étudie ses vieux monuments, ses an-
ciennes coutumes, si l'on creuse un peu plus dans les fondements
de son droit, on y découvrira bien des parcelles de ciment germa-
nique. Der Verfasser würde sich nur darin irren, wenn er zu jener
Fremde, in welcher man Portugal hinsichtlich seines Rechts fälschlich für ein ganz römisches Recht halte, auch Deutschland selbst
mitrechnen wollte. Wir Deutsche gehen schon längst von der Ansicht aus, dass Deutschland in der ältesten Zeit namentlich in Betreff der Rechtsstudien überall da zu suchen sei, wo deutsche Völker ihre Wohnsitze aufgeschlagen haben, und in dieser Hinsicht darf
ich wohl hier an mein eigenes Buch: „Die germanischen Ansiede-
lungen und Landtheilungen in den Provinzen des römischen West-
reiches, Breslau 1844" erinnern. Wir Deutschen können also nur
wünschen, dass auch in den romanischen Völkern das Bewusstsein
des germanischen Bestandtheils ihrer Nationalität von Tag zu Tage
immer mächtiger hervordringe und immer schönere Früchte trage.

Breslau.

Dr. E. Th. Gaupp,
Geheimer Justizrath und Prof. der Rechte.

[Anm. Indem wir diese Anzeige dem Druck übergeben, haben wir noch die
Bemerkung beizufügen, dass sie die letzte Frucht der gelehrten Thätigkeit des
Verfassers ist, der schon damals erkrankt, bald darauf der Wissenschaft durch
den Tod entrissen wurde. Schon desshalb dürfte dieselbe der besondern Beachtung zu empfehlen sein. Die Redaction der Heidelberger Jahrbb.]

*Allgemeine Theorie der Curven doppelter Krümmung in rein geo-
metrischer Darstellung. Von Dr. Wilhelm Schell, auss.
Prof. an der Universität Marburg. Leipzig, Druck und Verlag von B. G. Teubner. 1859. (106 S. in 8).*

Eine Curve ist für die analytische Betrachtung weiter nichts,
als die (ununterbrochene) Folge einzelner Punkte, die freilich nach
einem gewissen Gesetze auf einander folgen, welches Gesetz sich
analytisch durch die Gleichungen der Curve ausgesprochen findet.
Für die rein geometrische Betrachtung ist dagegen sicher die Kurve
etwas anderes, als eine blosse Folge von Punkten, indem die geometrische Betrachtung wesentlich die stetige Verbindung der Punkte

hervorheben muss. Eine oder die andere Art wird sich jedoch kaum
im ausschliessenden Sinne anwenden lassen, da, wenn auch die Möglichkeit nicht geradezu geläugnet werden soll, denn doch die Anschaulichkeit und Fasslichkeit der gewonnenen Resultate hiedurch
den wesentlichsten Eintrag erleiden würde. Wenn daher die vorliegende Schrift auch von rein geometrischer Darstellung spricht, so
werden wir dies nicht in dem obigen ausschliessenden Sinne nehmen dürfen, und wie sich thatsächlich in der Schrift zeigt, auch
nicht zu nehmen haben, denn der Verfasser wird eben von der Natur seines Gegenstandes schon von selbst gezwungen werden, beide
Methoden zu mischen, wenn er auch die eine mehr wird vorwalten
lassen wollen. Wenn er gezwungen ist zu sagen, eine Tangente
sei eine Gerade, die durch zwei unmittelbar auf einander folgende
Punkte der Kurve geht, und der Berührungskreis habe drei solcher
Punkte mit der Kurve gemein, so ist er eben damit ganz unvermerkt in das Gebiet der analytischen Darstellungsweise gerathen,
dem diese Anschauung ganz eigens angehört, während die geometrische Erklärung des Krümmungskreises nicht so anschaulich ist.

Wir werden also, wie bereits gesagt, trotz des Titelblattes, immerhin eine Mischung beider Betrachtungsweisen vorfinden müssen,
und es würde die analytische Behandlungsweise in recht ausführlicher
Weise schon eingetreten sein, wenn der Verfasser sich nicht mit
der allgemeinen Theorie begnügt hätte, sondern in einzelne
Beispiele eingetreten wäre. So viel zur vorläufigen Verständigung
und Orientirung, und nun zur Sache selbst.

Wählt man einen beliebigen Punkt M einer Curve (doppelter
Krümmung, wie immer), so kann man durch ihn eine unendliche
Menge Gerader legen, unter denen sich eine Anzahl solcher findet,
die die Curve noch in einem weitern Punkte N treffen. Alle diese
letzteren Geraden bilden im Allgemeinen eine Kegelfläche, deren
Spitze M ist. Betrachten wir nun eine bestimmte dieser Geraden
und lassen den zweiten Punkt N derselben auf der Kurve gegen M
anrücken, so ändert sich die Lage des Geraden beständig und wenn
N mit M zusammenfällt, so hat dieselbe eine Lage erreicht, in der
wir sie Tangente an die Kurve nennen, während M der Berüh-
rungspunkt derselben ist. Dies ist nun die geometrische Erklärung
der Tangente, wenn auch am Ende die in der Elementargeometrie
gebräuchliche Erklärung nicht ganz damit zusammenfällt. Die analytische Betrachtung erklärt die Tangente einfach als diejenige Gerade, welche durch zwei unmittelbar sich folgende Punkte der Kurve
geht. Dass beide Erklärungsweisen im Grunde auf dasselbe hinauslaufen, ist unschwer einzusehen und unsere Schrift hält sich deshalb denn auch im Wesentlichen an die zweite. Sie nennt die Entfernung zweier solcher auf einander folgender Punkte M und N unendlich klein, und erklärt die gerade Linie M N als ein Element
der Kurve, die mithin als Summe (Grenze) von unendlich vielen,
unendlich kleinen Geraden (Elementen) erscheint.

Ist die Tangente erklärt, so ist natürlich kein Anstand gegen die Erklärung von Normale und Normalebene zu erheben. Nur dagegen möchten wir Einsprache erheben, dass ohne Weiteres gesagt ist, eine krumme Fläche habe in einem ihrer Punkte unendlich viele Tangenten, die sämmtlich in derselben Ebene — der Tangentialebene — liegen. Es will uns bedünken, dass diese letztere Behauptung denn doch eines eigentlichen Beweises bedürfe, da die unendlich vielen Tangenten ja ganz wohl auch eine Kegelfläche bilden könnten.

Legen wir durch die im Punkte M gezogene Tangente eine Ebene, welche einen weitern Punkt P mit der Kurve gemeinschaftlich habe, und lassen diesen Punkt P bis nach M auf der Kurve fortrücken, so erreicht die Ebene eine äusserste Lage, in der sie die Schmiegungsebene der Kurve im Punkte M heisst. Daraus folgt aber auch sofort, dass man dieselbe (auch Krümmungsebene geheissen) ansehen kann, als durch drei unendlich nahe Punkte, oder durch zwei Elemente der Kurve gehend, und letztere Anschauung ist es wieder vorzugsweise, die von der vorliegenden Schrift festgehalten wird.

Von all den unendlich vielen, durch M gehenden Normalen der Kurve, werden zwei besonders hervorgehoben: die Hauptnormale welche in der Schmiegungsebene liegt, und die Binormale, welche auf ihr senkrecht steht, so dass Tangente, Hauptnormale, Binormale drei durch M gehende, auf einander senkrecht stehende Gerade sind. Auf diesen Geraden stehen nun drei Ebenen, die gleichfalls durch M gehen, senkrecht, nämlich auf der Tangente die Normalebene, auf der Binormale die Schmiegungsebene und auf der Hauptnormale diejenige Ebene, welche der Verfasser (nach französischem Vorgange) die rectifizirende Ebene nennt.

Lässt man dieses System dreier Geraden und dreier Ebenen an der Kurve hingleiten, so erzeugen die Geraden geradlinige Flächen, von denen die durch die Tangenten erzeugte abwickelbar ist, während die drei Ebenen durch ihre auf einander folgenden Durchschnittslinien abwickelbare Flächen erzeugen.

Diejenige dieser Flächen, welche durch die Durchschnittslinien der Normalebenen gebildet wird, heisst die Fläche der Krümmungsaxen, indem die Durchschnittslinie zweier auf einander folgender Normalebenen die Krümmungsaxe bildet, welche dem Punkt M, durch den die erste Fläche gelegt ist, entspricht. — Die rectifizirende Ebene bildet eben so die rectifizirende Fläche der Kurve u. s. w., so dass hiernach der Betrachtung ein weites Feld von Kurven und Flächen vorgelegt ist.

Den Winkel zweier auf einander folgender Tangenten nennt man den Kontingenzwinkel. Ist $d\tau$ derselbe, ds das Kurvenelement, so ist bekanntlich $\varrho\, d\tau = ds$, wenn ϱ der Halbmesser des Kreises durch drei auf einander folgende Punkte, d. h. der Krümmungshalbmesser ist. Daraus folgt also $\dfrac{1}{\varrho} = \dfrac{d\tau}{ds}$. Der Mittel-

punkt dieses Kreises fällt zusammen mit dem Durchschnitt der Krümmungsaxe und der Schmiegungsebene.

Eben so versteht man unter dem Schmiegungswinkel in
einem Punkte den Winkelzweier auf einander folgender Schmiegungs-
ebenen, der also die sog. zweite Krümmung misst. Die Ermittlung
dieser Verhältnisse wird in dem zweiten Capitel des Buchs durchgeführt.

Auf der Fläche der Tangenten liegen die sämmtlichen Evol-
venten der doppeltgekrümmten Curve, deren Verhältnisse gegenüber letzterer nun näher betrachtet werden. Dasselbe geschieht in
Bezug auf die Evoluten, welche auf der Fläche der Krümmungsaxen liegen, von welch' letzterer die Gratlinie bekanntlich die
zweite Krümmung der Kurve in ihrer ersten Krümmung gewissermassen abspiegelt. — Wir hätten hiezu nur gewünscht, dass der
Satz, es seien die Evoltenten einer Kurve auf den Tangenten derselben senkrecht, auch umgekehrt worden wäre, in so ferne als man
gezeigt hätte, dass jede Kurve, welche auf den sämmtlichen Tangenten einer gegebenen Kurve senkrecht steht, nothwendig eine Evol-
vente derselben ist, zumal da von diesem Satze mehrfach Gebrauch
gemacht wird.

Eine durch drei auf einander folgende Punkte M, N, P einer
Kurve gehende Kugel hat ihren Mittelpunkt auf der dem Punkte M
entsprechenden Krümmungsaxe; soll diese Kugel noch durch den
vierten Punkt Q gehen, so muss also ihr Mittelpunkt auch auf der
nächstfolgenden Krümmungsaxe liegen, d. h. in dem Durchschnittspunkte beider. Eine solche (durch die vier Punkte vollkommen bestimmte) Kugel heisst die Schmiegungskugel im Punkte M
und ihr Mittelpunkt liegt auf der Gratlinie (Rückkehrkante) der
Fläche der Krümmungsaxen. — In ähnlicher Weise wird durch vier
auf einander folgende Punkte eine Kegelfläche gelegt, deren Spitze
gleichfalls auf der Krümmungsaxe liegt.

Die folgenden Abschnitte betrachten die bereits angeführte rectifizirende Fläche, die Fläche der Hauptnormalen oder Krümmungshalbmesser und die der Binormalen in ihren verschiedenen Beziehungen, worauf wir begreiflicher Weise hier nicht weiter eingehen
können. — Eben so wird die Schraubenlinie betrachtet, welche drei
Punkte mit der Kurve gemein hat und überdies dieselbe zweite
Krümmung.

Diejenige abwickelbare Fläche, welche durch die Kurve gelegt,
diese bei der Abwickelung in einen Kreis verwandelt, heisst die
cyclifizirende Fläche der Kurve, deren Betrachtung, sowie
der Evolutoiden der gegebenen Kurve den Schluss der Schrift
bildet.

Wie schon zu Eingang angegeben, hat der Verfasser der vorliegenden Schrift sich bloss die Aufgabe gestellt, auf geometrischem
Wege die wichtigsten Maassbestimmungen (Längen und Winkel),
die bei der Untersuchung doppelt gekrümmter Kurven und der da-

mit in Verbindung gebrachten Kurven und Flächen vorkommen können. Dazu bedurfte er im Allgemeinen der Gleichungen der Kurven
nicht, da die betreffenden Bestimmungen aus den Elementen der
krummen Linien selbst gezogen werden konnten. Bei dieser Ein-
schränkung mussten aber nothwendig die Anwendungen auf einzelne
Kurven, falls diese nicht, wie etwa die Schraubenlinie, von sehr einfacher Konstruktion sind, wegfallen, und es sind eben desshalb auch
in der Schrift keinerlei Anwendungen gezogen. Wer also irgend
Formeln hier suchen würde, die für ein gewisses Koordinatensystem
die Gleichungen all der betrachteten Gebilde, so wie die Ausdrücke
für die ermittelten Grössen geben, der würde vergebliche Mühe auf-
wenden, und es ist eben desshalb die Schrift keine vollständige Theorie der doppelt gekrümmten Kurven, denn trotz alledem werden wir
die Bestimmung mittelst der Koordinaten nicht so leicht aufgeben.

Noch Eines aber wird der Verfasser dem Referenten zu gute
halten müssen, wenn er immerhin die Behandlung auf analytischem
Wege für strenger hält, gegen die Meinung des Verfassers (S. 2).
Es will dem Referenten bedünken, dass die unendlich kleinen Kur-
venstückchen, die bald als Gerade, bald als Kreisbögen u. s. w. angesehen werden, etwas vorsichtig betrachtet werden müssen und dass
eine nicht sehr geübte Hand hierin leicht sich verirren kann, während ein solches Verirren auf analytischem Wege schon schwerer ist.
Eine Verbindung beider Betrachtungsweisen scheint aber dem Referenten ebenfalls als das Beste, da die geometrische Methode sicher
den Vorzug der grössern Anschaulichkeit besitzt.

Dass hiemit dem vorliegenden Buche kein Vorwurf gemacht
werden soll, ist begreiflich, da dasselbe die Ausbildung der einen
Methode sich speziell zur Aufgabe gemacht. Dasselbe kann desshalb auch allen denen, die sich mit der geometrischen Betrachtungsweise der wichtigen Theorie der doppelt gekrümmten Kurven, so
wie vieler anderer dazu gehöriger geometrischer Gebilde vertraut
machen wollen, nur bestens empfohlen werden. Sie werden in der
vorliegenden Schrift ein reiches Material für die Uebung in der geometrischen Anschauung und Verbindung vorfinden, das der Verfasser ihnen in klarer und gedrängter Darstellung vor Augen geführt.
Wir können nur wünschen, dass derselbe dem wissenschaftlichen
Publikum seine weiteren Untersuchungen über die hier behandelten
Gegenstände in nicht ferner Zeit zur Kenntniss bringen möge, da
in diesem Punkte allerdings noch Manches zu thun ist.

Die Auflösung der algebraischen und transcendenten Gleichungen mit einer und mehreren Unbekannten in reellen und komplexen Zahlen nach neuen und zur practischen Anwendung geeigneten Methoden. Von Dr. Hermann Scheffler, Baurath. Mit 35 in den Text eingedruckten Holzschnitten. Braunschw., Verlag der Schulbuchhandlung 1859. (123 S. in 8.)

Für denjenigen, der eine Gleichung thatsächlich aufzulösen hat, handelt es sich vor Allem darum, die Wurzeln derselben bis zu einem bestimmten Grad der Näherung zu ermitteln; ob dieselben genau ermittelt werden können, oder nicht, ist meistens ziemlich gleichgiltig; es müsste denn nur sein, dass das Verfahren, das zur genauen Bestimmung führt, leichter wäre, als das Näherungsverfahren. Da dies schon vor aller Untersuchung als höchst unwahrscheinlich erscheint, so ist es begreiflich, dass man mit dem Aufsuchen von solchen Näherungsmethoden, die bequem und leicht anwendbar sind, sich viel beschäftigt hat und sich immer noch beschäftigt. Diese Methoden sind für den „praktischen" Gebrauch; obwohl der „Praktiker" gewöhnlichen Schlags, und darunter befinden sich auch solche, die zuweilen eine wissenschaftliche Decoration umhängen, nicht viel Aufhebens davon macht, da er sich gar zu oft mit der rohesten aller Annäherungsmethoden, der geometrischen Construction, behilft, höchstens noch die „Regula falsi" zu Hilfe nimmt.

Auf diesem Standpunkte steht nun das vorliegende Werk des den Lesern dieser Blätter schon mehrfach bekannten Verfassers nicht. Es will allerdings praktische, d. h. nicht gar zu schwer anwendbare Methoden zur näherungsweisen Auflösung der Gleichungen geben, dabei aber immer die Grundbedingung jeder guten Näherungsmethode festhalten, dass man zugleich die Gränze des begangenen Fehlers bestimmen könne. Ohne die Erfüllung dieser unerlässlichen Bedingung ist eine aufgestellte Näherungsmethode wenig oder gar nichts werth.

Können wir in dieser Richtung dem Buche nur zustimmen, so müssen wir aber entschieden tadeln, dass die Sätze, auf denen die Näherungsmethoden je ruhen, ohne Beweis der Richtigkeit derselben mitgetheilt sind. Allerdings kann man in dieser Beziehung zweierlei Wege einschlagen. Entweder man beweist, was zu beweisen ist, und verfährt also wissenschaftlich, d. h. mit klarem Verständniss der Grundlagen für den Leser; oder aber man führt die betreffenden Grundsätze nur (gewissermassen historisch aber scharf ausgesprochen) an, und übt deren Anwendung an zahlreichen Beispielen. Keinen der beiden Wege hat der Verfasser eingeschlagen, sondern eine Mischung beider versucht, so dass wir hiebei in Verlegenheit sind zu sagen, ob seine Schrift eine wissenschaftliche oder eine praktische (im obigen Sinne) sei. Wie bereits gesagt, scheint uns

ein solcher Versuch nicht lobenswerth. Wir meinen, man müsse
dem Praktiker, der höhere algebraische oder transcendente Gleichungen aufzulösen hat, auch zumuthen, die Gründe, auf denen seine
Näherungsmethoden ruhen, zu kennen, und man müsse desshalb dieselben ihm auch aus einander setzen — beweisen. Ohnehin wird
ein halbwegs begabter Mann keinen Geschmack finden können an
Methoden, deren Richtigkeit er im Grunde nur glaubt und nicht
einsieht, und für andere hat doch wohl auch der Verfasser nicht
geschrieben.

Wenden wir uns nach diesen einleitenden Bemerkungen zum
Buche selbst, so begegnen wir darin zuerst einer Zusammenstellung
der wichtigsten Fundamentalsätze der Theorie der algebraischen Gleichungen, natürlich ohne Beweis, so dass diese Zusammenstellung im
Grunde für das Verständniss des Folgenden unwesentlich ist. Ohnehin ist von dem Sturm'schen Satze, dessen Wichtigkeit der Verfasser nicht ganz zuzugeben gesonnen scheint, der aber immerhin
vollständig aufgeführt ist, kaum eine Anwendung gemacht.

Etwas ausführlicher ist der Mechanismus, den Werth von f (a)
zu finden, oder f (x) durch x-a zu dividiren (wo f (x) eine ganze
Funktion ist) betrachtet, immer aber ohne die hier so leichte Nachweisung der Richtigkeit des Verfahrens. Hierauf gründet der Verfasser dann die Berechnung der reellen Wurzeln einer Gleichung
mittelst des Horner'schen Verfahrens, welches längst schon als das
bequemste anerkannt ist. Für den Fall fast gleicher Wurzeln, den
der Verfasser ebenfalls zu betrachten genöthigt ist, besteht bekanntlich noch eine andere Art Kontrole, in Bezug auf welche Referent
auf seine „Grundzüge der algebraischen Analysis" S. 184 verweist.

Die „Regula falsi" zur Ermittlung der (reellen) Wurzeln einer
Gleichung wird auf geometrischem Wege erläutert und auf eben
solchem Wege die Verhältnisse der Wurzeln der Gleichungen f (x)
= 0, f' (x) = 0, f" (x) = o, . . . gegen einander beleuchtet. Ob
der letzte in § 9 ausgesprochene Satz in Bezug auf die komplexen
Wurzeln in dem vorher Angeführten begründet ist, scheint Referenten sehr zweifelhaft.

Wenn in §. 10 gesagt wird, es gebe keinen Satz, mittelst dessen man auf wissenschaftlichem Wege im Stande sei, die reellen
Wurzeln einer Gleichung zu trennen, so begreifen wir, zumal da
der Sturm'sche Satz namentlich angeführt wird, diese Behauptung
nicht. Dieser Satz setzt uns ja in Stand, ganz unzweifelhaft zu ermitteln, wie viele von einander verschiedene reelle
Wurzeln einer Gleichung zwischen den zwei reellen
Zahlen a und b liegen; dadurch aber sind wir sicher auch im
Stande, nöthigenfalls durch Verengerung des Zwischenraums zwischen
a und b, zu finden, dass eine einzige Wurzel zwischen zwei Zahlen
c und d liege. Das heisst aber doch die Wurzeln trennen, und man
hat dazu eine wissenschaftlich begründete, im Ganzen leicht anzu-

-wendende Methode. (Man vergl. das oben angeführte Buch, S. 152 bis 168). Die vom Verfasser vorgeschlagene Methode ist doch etwas umständlich und es liegt hierin wohl der Grund, warum dieselbe auf kein Beispiel angewendet wurde.

Damit schliesst die Lehre von der Aufsuchung der reellen Wurzeln einer Gleichung und werden die reellen Wurzeln zweier Gleichungen mit zwei Unbekannten bestimmt.

Sind $f(x, y) = o$, $F(x, y) = o$ die beiden algebraischen Gleichungen, welche beide nach Potenzen von x geordnet sein sollen, so wird auf die beiden Funktionen f, F das Verfahren des Aufsuchens des grössten gemeinschaftlichen Theilers angewandt und so lange fortgesetzt, bis man zu einem Reste gelangt, der von x frei ist. Ist R derselbe, so ist $R = o$ diejenige Gleichung, welche durch Elimination von x zwischen beiden Gleichungen hervorgeht, und die also alle möglichen Werthe von y liefert. Ist S der vorhergehende Rest, und man setzt in $S = o$ die gefundenen Werthe von y ein, so erhält man die zugehörigen Werthe von x. In ziemlich einlässlicher Weise behandelt nun der Verfasser all die Fälle und Ausnahmen, die hiebei eintreten können. Gewünscht aber hätten wir doch, dass er seine Behauptung auf S. 45, wegen Ausfallen der fremden eingeführten Faktoren, bewiesen hätte, denn darauf beruht sein Beweis wegen des Grades der Eliminationsgleichung. Sonst aber können wir seiner Darstellung nur unsern vollen Beifall spenden.

Analytisch-geometrische Betrachtungen leiten ein Verfahren zur näherungsweisen Ermittlung eines Paares zusammengehöriger Werthe von x und y, das dem für die Auflösung einer Gleichung angewandten ähnlich ist, so wie denn auch die Regula falsi — ohne Beispiel, da das ganze Verfahren offenbar ertödtend weitläufig ist — geometrisch erläutert wird.

Die Aufsuchung der maginären Wurzeln kann auf die Auflösung zweier Gleichungen mit zwei Unbekannten zurückgeführt werden, mit welcher Andeutung auch der dritte Abschnitt (§. 17) beginnt. Ein unmittelbares Verfahren, die reellen und imaginären (komplexen) Wurzeln einer Gleichung zu finden, bestünde darin, die Grösse $f(x)$ in reelle Faktoren des zweiten Grades zu zerlegen. Dies thut der Verfasser auch, indem er c_1, c_2 so zu bestimmen sucht, dass $x^2 + c_1 x + c_2$ ein Faktor sei von $x^n + a_1 x^{n-1} + \dots + a_n$. Auf den 3, 4, 5 Grad ($n = 3, 4, 5$) angewendet, findet er u. A., dass wenn r eine reelle Wurzel der Gleichung $x^2 + a_1 x^2 + a_2$

$x + a_3 = o$ ist, die beiden andern nothwendig $= -\dfrac{r + a_1}{2} \pm$

$\sqrt{\left(\dfrac{r + a_1}{2}\right)^2 + \dfrac{a_3}{r}}$ sind. Für die Gleichung 4 Grades folgt eben so einfach die Reduction auf den 3 Grad, über welche jedoch der Verfasser sich nicht weiter ausspricht.

Durch unmittelbare Anwendung des obigen Horner'schen Verfahrens will der Verfasser in §. 21 auch die imaginären Wurzeln ermitteln. Wir bemerken · hiezu, dass dieses Verfahren längst schon von Spitzer in der 1851 in diesen Blättern angezeigten Abhandlung: „Aufsuchung der reellen und imaginären Wurzeln einer Zahlengleichung höhern Grades" vollständig durchgeführt wurde, wie denn auch dessen grössere, 1853 in diesen Blättern angezeigte Schrift: „Allgemeine Auflösung der Zahlengleichungen mit einer oder mehreren Unbekannten" (Wien, Gerold, 1851) gar Vieles enthält, was in dem vorliegenden Buche vorkommt, namentlich auch die geometrische Darstellung durchführt. Auch die Auflösung transcendenter Gleichungen, womit die vorliegende Schrift schliesslich sich kurz beschäftigt, hat Spitzer in seiner Abhandlung über die „Auflösung transcendenter Gleichungen" (Denkschriften der Wiener Akademie) ausführlicher behandelt.

Haben wir an der vorliegenden Schrift des dem rein wissenschaftlichen Mathematiker, so wie dem wissenschaftlich gebildeten Praktiker längst vortheilhaftest bekannten Verfassers auch Manches auszusetzen und in Manchem weitere Entwicklung zu wünschen gehabt, so müssen wir zum Schlusse unserer Betrachtung über dieselbe doch die volle Anerkennung darüber aussprechen, dass, soweit der Verfasser eben gehen wollte, die behandelten Punkte der Theorie und Praxis näherungsweiser Auflösungen klar dargestellt sind, und da dies für die thatsächliche Berechnung immerhin die wichtigern waren, seine Schrift sicher Vielen willkommen sein wird, denen wir sie daher auch zu eifrigem Studium bestens empfehlen.

Dr. J. Dienger.

JAHRBÜCHER DER LITERATUR.

Die Potentialfunktion und das Potential. Ein Beitrag zur mathe-
matischen Physik von Dr. R. Clausius, Prof. der Physik
an der Univ. und am eidg. Polytechnicum zu Zürich. Leip-
zig, Barth, 1859 (114 S. in 8.)

Gauss hat in seiner Schrift: „Allgemeine Lehrsätze in Beziehung auf die im verkehrten Verhältnisse des Quadrats der Entfernung wirkenden Anziehungs- und Abstossungskräfte" (Leipz. 1840)
das von ihm so genannte Potential näher betrachtet und bestimmte Eigenschaften dieser Grösse näher bewiesen, die schon früher u. A. Laplace in der „Mécanique céleste" gefunden, wenn
auch nicht in der scharfen Form betrachtet, in der der unsterbliche
deutsche Mathematiker seine Beweise dargestellt hat. Er hat auch
einige Anwendungen von seinen Sätzen gemacht, die jedoch nur
flüchtig angedeutet sind.

Dieselbe Grösse bildet den Vorwurf der hier angezeigten Schrift
des bekannten mathematischen Physikers, und die von ihm dargestellten Eigenschaften der betreffenden Funktion und die gefundenen
Sätze sollen daher — wie er in dem Vorwort sagt — nicht als
neue gelten, sondern nur als neu oder doch deutlicher erwiesen und
erläutert als früher. Der Verfasser will namentlich dem Physiker,
dem die mathematische Behandlung minder geläufig ist, als dem eigentlichen Mathematiker vom Fach, durch die vorliegende Schrift
ein Mittel darbieten, die betreffenden mathematischen Wahrheiten
sich zu eigen machen zu können. Bei der Wichtigkeit des Gegenstandes vom mathematischen, wie vom physikalischen Standpunkte
aus, wollen wir dem Leser den Inhalt und Gedankengang der Schrift
in etwas weiterer Form vor Augen zu führen suchen.

Ist die Kraft P, welche auf einen Massenpunkt M, dessen Koordinaten x, y, z sind, wirkt, so beschaffen, dass ihre Seitenkräfte
X, Y, Z, nach den drei Koordinatenaxen als partielle Differentialquotienten nach x, y, z einer Funktion U dieser drei Grössen er-
scheinen, so dass also $X = \dfrac{dU}{dy}$, $Y = \dfrac{dU}{dy}$, $Z = \dfrac{dU}{dz}$, so nennt man
U die Kräftefunktion für diesen Punkt. Diese Funktion dient
nun zur vollständigen Ermittlung der wirksamen Kraft und deren
Richtung, wie begreiflich, da man ja die Komponenten der Kraft
kennt. Man findet nun sehr leicht, dass auch $\dfrac{dU}{ds}$ die Komponente
der wirksamen Kraft P nach einer vorgeschriebenen Richtung s ist,
wobei $\dfrac{dU}{ds}$ so gebildet wird, dass man den Punkt M in der angege-

benen Richtung um $\varDelta s$ verschiebt, die Aenderung $\varDelta U$ von U, in Folge dieser Verschiebung untersucht, und dann im Quotienten $\dfrac{\varDelta U}{\varDelta s}$ die Grösse $\varDelta s$ unendlich klein werden lässt (wenn Ref. sich hier seiner Anschauungsweise bedienen darf). Setzt man $U = c$, wo c eine Konstante, so erhält man die Gleichung einer (krummen) Fläche, die so beschaffen ist, dass in allen ihren Punkten die Kraft senkrecht auf der Fläche steht (d. h. also wenn man eine Fläche hat, in der U überall denselben Werth hat wie in M, und man setzt voraus, dass in allen Punkten des Raumes die Kräftefunktion durch U gegeben sei, so steht in den Punkten jener Fläche die Kraft senkrecht auf der Fläche). Ist ε ein unendlich kleines Stück der Normale in M, und es ist $c + \alpha$ der Werth von U im Endpunkte von ε, so ist $\dfrac{\alpha}{\varepsilon}$ offenbar $= \dfrac{dU}{dn}$, wenn n die Normale bedeutet; mithin nach dem oben Angeführten ist diese Grösse auch die Komponente der wirksamen Kraft, nach der Normale zerlegt, hier also die ganze wirksame Kraft, wodurch denn dieselbe sofort gegeben ist.

Eine Kräftefunktion ist vorhanden, wenn die wirksame Kraft sich in anziehende oder abstossende Kräfte zerlegen lässt, welche von bestimmten Punkten des Raumes ausgehen, und ihre Stärke nur von der Entfernung abhängt. Sind r_1, r_2, ..., r_n die Entfernungen des Punktes M von den Zentralpunkten, so ist bekanntlich X $= -\varSigma f(r) \dfrac{dr}{dx}$, wo das Summenzeichen sich auf alle r bezieht.

Setzt man $F(r) = -\displaystyle\int f(r)\, dr$, so ergiebt sich dann sofort $X = \dfrac{d}{dx}\varSigma F(r)$, $Y = \dfrac{d}{dy}\varSigma F(r)$, $Z = \dfrac{d}{dz}\varSigma F(r)$, so dass $U = \varSigma F(r)$. Ist spezieller $f(r)$ proportional $\dfrac{1}{r^2}$, so erscheint die Potentialfunktion. Ist die im Punkte M angehäufte Menge des wirksamen Agens (Masse des anziehenden oder abstossenden Stoffes im gewöhnlichen Falle) g, die in einem der wirkenden Punkte, dessen Entfernung r (von M) ist, gleich g^1, so ist $f(r) = \dfrac{e\,g\,g^1}{r^2}$, wo g, g^1 nach bestimmten Einheiten gemessen sind (welche dieselben sind, wenn die betreffenden Agentien, d. h. wirksamen Stoffe, von derselben Art sind) und e eine Konstante ist; daraus folgt dann, dass $U = g\,e\,\varSigma \dfrac{g^1}{r}$, und wenn die wirkenden Punkte einen Raum stetig erfüllen: $U = g\,e\displaystyle\int \dfrac{d\,g^1}{r}$. Setzt man endlich $g = 1$, nimmt also an, dass in M die Einheit des Agens vorhanden sei, so bildet der entsprechende Werth von U die Potentialfunktion $V = \varepsilon \, \Sigma \frac{g^1}{r}$

oder $= \varepsilon \int \frac{d\,g^1}{r}$, wo ε für e gewählt ist. Die Komponenten der auf M wirkenden Kraft, wenn dort die Menge g sich befindet, sind $g\frac{d\,V}{d\,x}$, $g\frac{d\,V}{d\,y}$, $g\frac{d\,V}{d\,z}$.

Ist der betrachtete Punkt M innerhalb des von dem wirksamen Agens stetig erfüllten Raums, so sind in dem Integral $\int \frac{d\,g^1}{r}$ diejenigen Elemente, welche $r=0$ entsprechen, oder sehr kleinem r, zweifelhaft. Führt man aber Polarkoordinaten ein und bezeichnet durch k die Dichtigkeit des Agens in einem Punkte, dessen Polarkoordinaten r, φ, ψ sind, so ist $\varepsilon \int \frac{d\,g^1}{r} = \varepsilon \iiint k\,r\cos\psi\,d\,r$ $d\,\varphi\,d\,\psi$ und man sieht sofort, dass hier ganz wohl $r=0$ sein kann, wenn nur k immer endlich ist. Es gilt desshalb der obige Ausdruck für V auch noch in diesem Falle.

Für $\frac{d\,V}{d\,x}$ erhält man in diesem Falle, in dem M Anfangspunkt also $x=0$ ist, keinen bequemen Ausdruck; doch lässt sich leicht zeigen, dass immerhin V auf eine Form gebracht werden kann, aus der erhellt, dass $X = \frac{d\,V}{d\,x}$. In allen Fällen hat man also $X = \frac{d\,V}{d\,x}$, $Y = \frac{d\,V}{d\,y}$, $Z = \frac{d\,V}{d\,z}$.

Aus der Bedeutung von V ergiebt sich, insoferne r nicht unendlich klein werden kann, der Punkt M also ausserhalb des von dem Agens erfüllten Raumes liegt, dass $\frac{d^2V}{d\,x^2} + \frac{d^2V}{d\,y^2} + \frac{d^2V}{d\,z^2} = 0$, oder kürzer $D\,V = 0$. Liegt aber M innerhalb des erfüllten Raumes, so kann man diese Gleichung keineswegs sofort zulassen, da jetzt die bestimmten Integrale, auch wenn man Polarkoordinaten einführt, noch von einer Form sind, dass man ihre Zulässigkeit beanstanden muss. Der Verfasser betrachtet nun zuerst den Fall, da k konstant ist, und zeigt, dass alsdann $D\,V = -4\,\pi\,\varepsilon\,k$ ist, auf eine Weise, die der Gauss'schen Beweisführung für den allgemeinen Fall, (namentlich S. 15) allerdings nicht nachgebildet ist, sich aber nach derselben herausfinden lässt. Der allgemeine Fall, da k nicht konstant, wird sodann betrachtet, ohne dass dabei der vorher erörterte in Anspruch genommen wird (man also vom mathematischen Standpunkt aus diese besondere Betrachtung hätte vermeiden können, wie diess auch Gauss thut) und es findet sich $D\,V = -4\,\pi\,\varepsilon\,k_1$, wenn k_1 die Dichtigkeit im Punkte M ist. Gewisser Besonderheiten we-

gen weist übrigens die vorliegende Schrift unmittelbar auf die Gauss'-
sche Abhandlung hin.

Der Verfasser betrachtet sodann den (von Gauss ideal genannten) Fall, da das wirksame Agens in einer stetigen Fläche vertheilt ist. Er betrachtet zuerst den Fall einer Ebene und geht von
diesem zum allgemeinern Falle über.

Um den Begriff des Potentials (in der Bedeutung, wie der
Verfasser diesen Ausdruck versteht) festzustellen, spricht er sich zuvörderst über das Princip der virtuellen Geschwindigkeiten
und über das von d'Alembert aus. In Bezug auf das erstere
unterscheidet er namentlich zwei beschränkende Bedingungen: Be-
wegungshindernisse mit einseitigem Widerstande (da der bewegliche
Punkt sich nur nach einer Seite und nicht auch nach der entgegengesetzten bewegen kann, wie etwa ein Elektrizitätstheilchen an der
Oberfläche, die von Nichtleitern umgeben ist), und Bewegungshinder-
nisse mit beiderseitigem Widerstande.

Mit Rücksicht hierauf spricht er das Princip folgendermassen
aus: „Es ist für das Gleichgewicht nothwendig und hinreichend, dass
für alle vorkommenden Systeme von virtuellen Bewegungen die
Summe der virtuellen Momente Null oder negativ sei". Das Letztere muss für den, freilich wohl nur ideellen, Fall nicht umkehrba-
rer Bewegungen stattfinden.

Der Verf. führt den Begriff der Arbeit ein und sagt, wenn
P die wirksame Kraft, φ der Winkel ihrer Richtung mit der der
Bewegung des Punktes, δs das Wegstückchen (wohl unendlich klein?)
so sei $P \cos \varphi \delta s$ die gethane Arbeit, wenn man annehmen dürfe,
$P \cos \varphi$ bleibe konstant und δs sei ein Stück einer geraden Linie.
Da dies aber nicht der Fall sei, so müsse man für die wirkliche

Arbeit setzen: $P \cos \varphi \delta + \frac{1}{2} \frac{d(P \cos \varphi)}{ds} \delta s^2 + \ldots$ . . Das erste

Glied sei das virtuelle Moment und also heisse der fragliche Satz
auch: „Für das Gleichgewicht ist es nothwendig und hinreichend,
dass für jedes Systems von virtuellen Bewegungen die Summe der
von allen Kräften gethanen Arbeitsgrössen entweder ein unendlich
Kleines von höherer als erster Ordnung in Bezug auf die Beweg-
ungsgrössern, oder negativ ist". — Offen gestanden wären wir sehr
begierig zu sehen, in welcher Weise man die verschiedenen Ordnungen der „unendlich-Kleinen" hier feststellen wollte. Wir glauben nicht, dass diese Form des Satzes werde adoptirt werden, und
sehen hierin eine weitere Warnung, sich zu hüten, von der mathematisch strengen Form der betreffenden Sätze abzuweichen. Wir
dürfen in dieser Beziehung etwa auf Duhamel Mechanik (deutsch
von Wagner, S. 122) oder Broch, Lehrbuch der Mechanik (S. 22)
hinweisen, wo hierauf genauer geachtet wird.

Der Verfasser betrachtet nun das Princip der lebendigen
Kräfte, und setzt dabei voraus, dass die Bedingungsgleichungen, welchen die Bewegungen der Punkte unter-

worfen sind, als Veränderliche nur die Koordinaten
der Punkte enthalten dürfen. Es scheint Referenten, dass
dies zu viel verlangt ist. Sind X, Y, Z die Seitenkräfte aller auf
einen Punkt von der Masse m wirkenden Kräfte (gleich viel, ob
äusserer oder innerer), so ist sicher $m \dfrac{d^2 x}{d t^2} = X$, $m \dfrac{d^2 y}{d t^2} = Y$, $m \dfrac{d^2 z}{d t^2} =$
Z, welche Gleichungsformen für alle Punkte des Systems gelten.
Daraus folgt eben so gewiss $\Sigma \, m \left(\dfrac{d^2 x}{d t^2} \dfrac{d x}{d t} + \dfrac{d^2 y}{d t^2} \dfrac{d y}{d t} + \dfrac{d^2 z}{d t^2} \dfrac{d z}{d t} \right) =$
$\Sigma \left(X \dfrac{d x}{d t} + Y \dfrac{d y}{d t} + Z \dfrac{d z}{d t} \right)$ und zwar ohne dass irgend wie von
virtuellen Bewegungen und dergleichen die Rede ist. In der Summe
$\Sigma \left(X \dfrac{d x}{d t} + Y \dfrac{d y}{d t} + Z \dfrac{d z}{d t} \right)$ verschwinden nun die von der gegenseitigen Wirkung herrührenden Kräfte; ist ein Punkt (oder mehrere)
gezwungen auf einer Fläche zu bleiben, deren Gleichung $u = o$ ist,
so treten Kräfte der Form $k \dfrac{d u}{d x}$, $k \dfrac{d u}{d y}$, $k \dfrac{d u}{d z}$, also in der obigen Summe
Glieder der Form $k \left(\dfrac{d u}{d x} \dfrac{d x}{d t} + \dfrac{d u}{d y} \dfrac{d y}{d t} + \dfrac{d u}{d z} \dfrac{d z}{d t} \right)$ auf. Aber aus
$u = o$ folgt $\dfrac{d u}{d x} \dfrac{d x}{d t} + \dfrac{d u}{d y} \dfrac{d y}{d t} + \dfrac{d u}{d z} \dfrac{d z}{d t} + \dfrac{d u}{d t} = o$ und jenes Glied
ist $= - k \dfrac{d u}{d t}$. Enthält also u nicht t (wie der Verf. voraussetzt),
so fallen auch diese Kräfte weg, und es bleiben in der angeführten Summe nur die äussern Kräfte. In diesem letztern Sinne ist es zu verstehen, wenn man das Princip der lebendigen Kräfte (Aequivalenz lebendiger Kraft und mechanischer Arbeit)
unter der beliebten Beschränkung nur gelten lassen will.

So findet denn der Verfasser die von der Zeit t_0 bis t ge-
thane Arbeit gleich $\displaystyle\int_{t_0}^{t} \Sigma \left(X \dfrac{d x}{d t} + Y \dfrac{d y}{d t} + Z \dfrac{d z}{d t} \right) d t$, oder auch
$= \frac{1}{2} \Sigma m v^2 - \frac{1}{2} \Sigma v_0^2$, wo v die Geschwindigkeit bedeutet (wobei
er $\frac{1}{2} \Sigma m v^2$ die lebendige Kraft nennt, sicher bequemer als früher
$\Sigma m v^2$). Besteht eine Kräftefunktion U (ohne t), so ist obige Ar-
beit $= \displaystyle\int_{t_0}^{t} \left(\Sigma \dfrac{d}{d t} U \right) dt = \Sigma (U - U_0)$. Für den frühern Fall ist
$U = \dfrac{\varepsilon g g^1}{r}$, und die Grösse $\varepsilon \Sigma \dfrac{g g^1}{r}$ ist das Potential des Systems der Agentien g^1 auf das System der g (wobei also
zweierlei Systeme von wirkenden Agentien angenommen werden).
Der obige Satz kann also in folgender Weise ausgesprochen werden:
„Wenn ein Agens, dessen Theile beweglich sind, seien diese Theile

nun in einzelnen Punkten konzentrirt, oder durch einen Raum stetig
verbreitet, sich unter dem Einflusse eines festen Agens bewegt,
so wird die Arbeit, welche dabei von den Kräften des letztern gethan wird, dargestellt durch die Zunahme des Potentials des festen
Agens auf das bewegliche". Mit diesem und einem ähnlichen Satze
für die Wirkung eines beweglichen Agens auf sich selbst schliesst
die Schrift.   **Dr. J. Dienger.**

----

*System des in Deutschland geltenden Kirchenrechts von Dr. Fried-
rich Bluhme. Königl. geh. Justizrath und ordentl. Professor der Rechte, Ordinarius des Spruchkollegiums der Juristen-
facultät Bonn. Das. 1858. VIII und 258 S. 8. (1 Thlr.
10 Sgr.)*

Es ist dieses die zweite, zur ersten und zweiten Ausgabe gehörige, Lieferung der dritten, das öffentliche Recht enthaltenden Abtheilung von Bluhme's Encyclopädie der in Deutschland geltenden
Rechte. Von den früher erschienenen Theilen dieser Encyclopädie
haben wir bereits in dem Jahrgang 1858 der Heidelberger Jahrbb.
Nr. 8, Seite 127 ff. geredet. Ein Punkt, den wir damals an dem
Werke tadelten, eine leidenschaftliche confessionelle Polemik, kehrt
in der vorliegenden Abtheilung in noch viel grösserem Masse wieder. Wir müssen aber zu unserem grossen Bedauern über dieses
System eines Kirchenrechts überhaupt ein durchaus ungünstiges Urtheil fällen.

Das Buch enthält sehr viele unrichtige Darstellungen und verzerrte
Auffassungen von Dingen, die gar nicht kontrovers sind, viele sehr
ungenaue und unbestimmte Angaben und Ausdrücke, unklare Vorstellungen und grelle Widersprüche. Der Verf. hat mit einer Oberflächlichkeit und Ungründlichkeit gearbeitet, dass, wenn der Name
nicht auf dem Titelblatt stände, Niemand einen sonst so scharfsinnigen und gründlichen Juristen wie Bluhme darunter suchen würde.
Das katholische Kirchenrecht wird in vielen wichtigen Punkten nicht
so dargestellt, wie es ist, sondern nur wie es wirklich nicht ist, und
daran werden dann die unbilligsten und unbegründetsten Vorwürfe
geknüpft. Die Darstellung des protestantischen Kirchen-Rechts
ist im Ganzen nur ein Auszug aus Richter, Otto Mejer und der
rheinisch-westphälischen Kirchenordnung. Und die Anordnung des
Stoffes ist keine sehr glückliche. Es werden im ersten Kapitel (§.
1—30) als „Grundlagen der Kirchenrechts" behandelt: Kirchenrecht
und kanonisches Recht, die Kirche als Glaubensgemeinschaft, die
innere Rechtsordnung der sichtbaren Kirche, das Verhältniss der
Kirche zum Staate, das Verhältniss der Kirchen zu einander. Das
zweite Kap. (§. 31—70) betrifft „die Mitglieder der Kirche" und
zwar: Begriff und Arten des status ecclesiasticus, die Gemeinschaft
der Taufe, die Gemeinschaft des Bekenntnisses, die örtliche Kirchen-

gemeinschaft, den Stand der Ordinirten, die Gemeinschaft der Ge-
lübde und Sodalitäten. Das dritte Kap. (§. 71—136) „die katholischen Kirchenbehörden": Den Bischof und die Diözesanverwaltung,
die höheren Stufen des bischöflichen Amts, den Pabst und die römische Curie, das Seelsorgeramt und die Verwaltung der Pfarrkirchen,
die kirchlichen Patronatrechte, die Besetzung der Kirchenämter, den
Verlust der Kirchenämter. Das vierte Kap. (§. 137—163) handelt
von den „evangelischen Kirchenbehörden": dem Pastor und seinen
Gehülfen, den kirchlichen Verwaltungsämtern, Gemeindeverwaltung
und Patronat, von dem höheren Kirchenregiment, von dem Erwerbe
und von dem Verluste der evangeliscen Kirchenämter. Das fünfte
Kap. (§. 164—203) betrifft „das Kirchengut"; die Begünstigungen
und die Beschränkungen desselben, das Subjekt des eigentlichen
Kirchenvermögens, die Kirchensteuer, die Benutzung des Kirchen-
guts, die Kirchengebäude und die Baulast, die Begräbnissplätze und
ihre Benutzung, die Vorrechte der geweiheten Stätten, die kirchlichen Geräthschaften. Endlich das sechste Kap. (§. 204—253) erörtert „das kirchliche Rechtsleben": das Synodalwesen, die Gesetzgebung, das Dispensationsrecht, den Umfang der kirchlichen Gerichtsbarkeit, die Gerichtsverfassung und das Verfahren, die Kirchenauf-
sicht, Kirchenzucht und Kirchenstrafen, die Liturgie, die kirchlichen
Zeiten, die Sacramente und die Sacramentalien, das kirchliche Un-
terrichtswesen, die kirchliche Armen- und Krankenpflege. Ehe und
Eid hat Bluhme schon in der zweiten Abtheilung seiner Encyclopädie, im Privatrechte (§. 84—90. 99—150) abgehandelt und die „minder wichtige [?] Lehre" vom Begräbnisse hat er dem Rechte der
Kirchhöfe, beim Kirchengute angeschlossen.

Wir finden zunächst (S. 3—10) unter der Rubrik: „Quellen
und Literatur" auf einige bekanntere Compendien verwiesen und dann
als „deutsche Territorialkirchenrechte" für die einzelnen deutschen
Länder einige Lehrbücher und Sammlungen staatskirchlicher Gesetze
aufgezählt. Darunter kommen viele Titel gänzlich unbrauchbarer
Werke vor, während manche bessere oder neuere fehlen, z. B. die
wichtige Schrift von Longner über die Rechtsverh. der Bischöfe in
der Oberrhein-Provinz, die Wiederherstellung des kanon. Rechts von
einem Staatsmann a. D., die Denkschriften der oberrhein. Bischöfe
besonders die 2te v. J. 1853, unter Oesterreich das Handbuch von
Schöpf, und Ginzel's Lehrbuch wird erst im Nachtrage und ebenfalls erst dort Moy's Archiv beigefügt, das übrigens von vornherein
nicht blos partikuläres österr. Kirchenrecht darstellen wollte. Unter
Preussen ist das weggebliebene jetzt in 3. Auflage erscheinende Werk:
Der kathol. Pfarrer etc., Münster 1845, und die dazu gehörende
Formulariensammlung wenigstens viel wichtiger als ein grosser Theil
der zahlreichen für Preussen angeführten sonstigen Schriften. Vogt's
preuss. Kirchen- und Eherecht ist erst im Nachtrage in Bezug genommen, und Rönne's sorgfältiges preuss. Staatsrecht (Bd. I, S. 638
bis 796 über das Verhältniss zur Kirche und Schule) gar nicht.

Blume (der damals seinen Namen ohne h schrieb) hat früher einen „Grundriss für das Kirchenrecht der Juden u. Christen" Halle 1826, 2. Aufl. 1831. geschrieben. Er erkennt jedoch jetzt (§. 2, S. 12) an, dass die Kirche den Christen eigenthümlich, und die christliche Gemeinschaft als unmittelbare Stiftung des Heilandes von allen andern Glaubensgenossenschaften wesentlich verschieden sei. Aber nach der Darstellung des Verfassers (in §. 3—5) hat Christus nur eine unsichtbare Kirche gestiftet, und eine sichtbare Kirche ist nur Menschenwerk. Daher kommt es denn (§. 5): „dass die ideale Einheit der Kirche bisher auf dem Gebiete der äusseren Erscheinungen keinen ganz entsprechenden Ausdruck gefunden hat. Es werden auch ausserhalb der confessionellen Gegensätze von Bekenntnisskirchen immer noch besondere Volks- und Staatskirchen, und mancherlei kleinere Kreise, als Kirchengemeinden — ecclesiolae in ecclesia — innerhalb des grossen Ganzen anzuerkennen sein; sie sollen entstehen und vergehen, unbeschadet des Einen gemeinsamen, der unsichtbaren Kirche des Heilandes, ausser der es keine christliche Gemeinschaft geben kann. Bluhme findet dem entsprechend (§. 3) die ersten Elemente einer rechtlichen Ordnung in der Kirche bloss in dem Bedürfnisse einer äusseren Leitung und gegliederten Verwaltung, nicht in einer unmittelbaren positiven Anordnung des göttlichen Stifters der Kirche. Dass das Kirchenrecht auf den Dogmen der Kirche beruht, entweder unmittelbar oder doch insofern, als es trotz aller örtlich und zeitlich verschiedenen Entwickelung doch nicht mit den Dogmen in Widerspruch treten darf, hat Bluhme vollends übersehen. Und daher kommt er denn auch zu der Meinung (§. 6), „mit dem Wachsen und Wiederabsterben des kirchlichen Rechtes sei zugleich die Gefahr einer temporären Entartung unvermeidlich verbunden." Allerdings ist dieses, aber nur dann, der Fall, wenn man das Kirchenrecht von seiner kirchlichen Grundlage loslöset, wenn man auf dem Gebiete der Kirche statt der kirchlichen Normen nicht kirchliche weltliche Rechtsgrundsätze anwenden will. Den wesentlichen Unterschied zwischen der kirchlichen und weltlichen Rechtsordnung setzt Bluhme (§. 7) besonders darin, dass die rechte Kirche kein zwingendes Richteramt kenne. Nichts destoweniger meint er aber, dass die kirchlichen Pflichten so entschieden, so schwer seien. Allerdings hat die Kirche nicht schon aus sich, wie die Staatsgewalt zur Vollstrekung ihrer Gesetze und ihrer übrigens auch körperlichen und materiellen Strafen Zwangsmittel an Personen und Vermögen, sondern wo ein Kirchengesetz äusseren, physischen Zwang zur Seite hat, da geht dieser nicht von der Kirche als solcher aus, sondern rührt daher, dass die Staatsgewalt der Kirche darin ihre Unterstützung zu Theil werden lässt. Darum kann man aber doch nicht mit Bluhme sagen, die Kirche sei nicht, wie der Staat, auf äussere Macht gegründet, und „der Gehorsam, den die Kirche von ihren Gliedern fordern dürfe, sei der freie Gehorsam der Ueberzeugung". Er meint näm-

lich (§. 8) einen „freien Gehorsam, der kein entscheidendes Gewicht
auf den bindenden satzungsmässigen Wortlaut lege, dem die blosse
Ermahnung genüge". Ganz entschieden widerlegt aber der Verf.
seine eigenen Behauptungen, indem er später (§. 117 ff.) selbst ein
kirchliches Gerichtswesen, eine Kirchenzucht und die Kirchenstrafen
darstellt. Jenem freien Gehorsam entsprechend soll in der Kirche
übrigens auch die eigentliche Gesetzgebung angeblich hinter dem
Gewohnheitsrechte zurücktreten. Ueberhaupt scheint nach Bluhme
in der Kirche vollkommen das Princip der Volkssouveränität zu
herrschen.

Von den Symbolen bemerkt der Verf. (§. 9 — 12): „Verkehrt
und unevangelisch wäre es gewiss, sie für eine Fundamentalgesetz-
gebung in dem Sinne zu halten, dass mit ihr die Kirche stehen und
fallen müsse. Der Heiland hat seine Gemeinde auf ein weit ein-
facheres Bekenntniss gegründet. Matth. XVI, 15, 18: „Du bist
Christus, der lebendige Gottessohn". Christus hat aber doch die
Lehren, den Zweck und die Mittel der Kirche näher angegeben, und
eben diese Lehren Christi bilden ja den Inhalt der Symbole. Wenn
die Symbole desshalb blosse „Menschensatzung" sein sollen, so muss
diess auch überhaupt das ganze Evangelium sein. Denn da Christus selbst Nichts geschrieben hat, so beruht die ganze Ueberlieferung und Darstellung des Evangeliums nach unserem Verfasser also
auch nur auf Menschenwerk. Was nützte aber der göttliche Stifter
der Kirche, wenn seine Stiftung, die Kirche, doch nur auf „Menschensatzung" beruht. Wenn Bluhme auch darin Recht hat, dass
die evangelische Kirche ihre Symbole in jener Weise auffassen mag,
so hätte er jedenfalls, weil er ja auch das katholische Kirchenrecht
darstellt, sogleich das von dem evangelischen verschiedene Princip
des Lehramts in der katholischen Kirche, welches eine durch die
Ordination zu erlangende göttliche Befähigung voraussetzt, und demgemäss auch die höhere Bedeutung der Symbole im katholischen
Kirchenrechte hervorheben müssen.

Bezüglich des Verhältnisses der Kirche zum Staate spricht der
Verf. nur einmal beiläufig (S. 36 u. 27) von den sehr weiten Ver-
heissungen der preuss. Verfassung (art. 15). Dass dieser Artikel
der auch von Bluhme als preuss. Beamten beschworenen Verfassung,
wornach „die evangelische und die römisch katholische Kirche, sowie
jede andere Religionsgemeinschaft ihre Angelegenheiten selbständig
ordnet", auch wirklich zur vollen Geltung gelangen müsse, davon
sagt er nichts. Er räumt die Einseitigkeit der josephinischen Gesetzgebung ein, will aber „dennoch die Wahrheit ihrer Grundlagen, auf
die der s. g. Gallikanismus gebaut ist, entschieden vertreten" (§.16).
Obgleich Bluhme wenigstens bei der Ehe (wo er zur Beseitigung
von Conflikten eine bürgerliche Nothehe für nothwendig hält), und
bei der Schule, Staat und Kirche für gleichberechtigt hält (§. 15),
so will er doch dem Staate die Ordnung der kirchlichen Angelegenheiten in oberster Instanz zuweisen (§§. 16—21, 28). Von den Con-

cordaten meint er (§. 22), dass sie sich von den Uebereinkünften
mit einzelnen oder mehreren Landesbischöfen weniger unterscheiden
würden, wenn auch der Pabst einer fremden Landeshoheit unterworfen wäre. Den wichtigen Unterschied, dass der Pabst auch das
allgemeine Recht der Kirche abändern, der Bischof dieses aber nicht
kann, scheint Bluhme nicht zu kennen. Was ein Concordat seiner
Form und seinem Inhalt nach eigentlich ist, davon scheint Bluhme
gar keinen Begriff zu haben. Mit leichtfertiger Rabulisterei sucht
er auch eine einseitige Verletzung der Concordate von Seiten der
Regierungen zu rechtfertigen, während er sie doch zugleich für einen „feierlichen Vertrag" erklärt, und es lebhaft tadelt, dass „einzelne Ultramontane darin nur ein aus päbstlicher Machtvollkommenheit gewährtes widerrufliches Privilegium erkennen wollten". In Betreff der besonderen Beziehungen des Staats zur evangelischen Kirche
(§. 24—27), spricht sich der Verf. für das Collegialsystem aus, verlangt aber „auch jetzt noch eine schärfere Abgrenzung zwischen
Kirchenhoheit und Kirchenregiment" für die evangelische Kirche (S.
36). Für das Verhältniss der Kirchen zu einander befürwortet er
die Union (§. 28).

Dass der Verf. bezüglich jener Grundlagen des Kirchenrechts
mehr seine Hoffnungen und Wünsche und weniger eigentlich positives Kirchenrecht dargelegt habe, gesteht er selbst zu, indem er bemerkt (§. 30): „Unsere weitere Darstellung hat sich mehr mit bestehenden, längst geordneten Verhältnissen zu beschäftigen". Wir
finden aber dennoch sehr zahlreiche Missverständnisse von Dingen,
über die gar nicht einmal eine Controverse in der Wissenschaft besteht. Hier einige Proben: „Der Mangel des status clericalis wird
bezeichnet als status laicalis, der des status regularis als status
saecularis. Beides sind also nur negative Begriffe" (§. 31 a. E.)
„Fast ebenso alt, wie die Kindertaufe ist das auf der sacramentalen
Natur der Taufe beruhende Verbot der Wiedertaufe, des Anabaptismus, welches besonders durch ältere weltliche Gesetze mit Strafen verknüpft, jetzt aber wohl dadurch umgangen wird, dass man
der ersten Taufe den Charakter einer nur bedingten Nothtaufe beilegt" (§. 34). Man sollte nun aber meinen, wenn das Verbot der
Wiedertaufe auf der sacramentalen Natur der Taufe beruhe, dann
müsse es wohl auch so alt wie das Sacrament der Taufe selbst sein.
Und wenn Bluhme als älteres weltliches Verbot des Anabaptismus
in einer Anmerkung die c. 1 Just. Cod. ne sanctum baptisma ite-
retur 1. 6. anführt, so heben die Kaiser Valens und Gratian in dieser 377 n. Chr. erlassenen Constitution sogar ausdrücklich hervor,
dass die Wiedertaufe den Vorschriften der Apostel zuwiderlaufe. Und
dass die Kirche nicht erst in den Dekretalen Gregor's IX. (lib. V,
tit. 9: de apostatis et reiterantibus baptisma) schwere Strafen über
die Wiedertaufe verhängte, dafür hätte Bluhme die zahlreichsten Belege in dem Decrete Gratian's und besonders auch, grösstentheils
schon aus früherer Zeit, nämlich vom 6. Jahrhundert an, in den

Beichtbüchern leicht genug finden können. (Unter den Bussordnungen nach der Ausgabe von Wasserschleben, vgl. man z. B.: Theod. L, 10. Marten. 59, §. 1. 2. Confess. Pseudo-Egberti add. 27. 30. 31. Cumm. XII, 2—6. Vind. 6. 7. Rem. 14. Poen. XXXV. Cap. 32. Vigil. 17. Pseudo-Greg. 19. Ps.-Theod. 38. Civit. 116. 117). Jedenfalls hat sich der Verf. so ausgedrückt, wenn er es auch vielleicht nicht so gemeint hat, als ob die Wiedertaufe kein eigentlich kirchliches Verbrechen sei. Er hält auch sogar eine Umgehung des Verbotes für möglich. Der Verfasser irrt aber durchaus, wenn er glaubt, die Nothtaufe, die stets unbedingt geschieht, könne nachher als eine blos bedingte angesehen werden. Es können ja nach dem Rituale Romanum die eigentlichen (oder die Noth-) Taufen im Hause geschehen und die Tauffeierlichkeiten in der Kirche nachgeholt werden. Ganz unbegründet ist desshalb die Meinung des Verf. (§. 88 a. E.): „Bei lebenskräftigen Kindern kannte das kanonische Recht bisher keine Nothtaufe" nebst dem Zusatze (Anm. 11): „also auch nicht für den Prinzen Napoleon". Sodann folgt eine eigenthümliche Argumentation (§. 39): „Die juristische Wirkung der Taufe kann nicht sofort in persönlichen Verpflichtungen des getauften Kindes bestehen, da es zu der Handlung nicht mitgewirkt hat." Darnach müssten wir auch keine Verpflichtungen gegen die Eltern und den Staat haben, weil wir zu unserer Geburt im Staate ja auch nicht mitgewirkt haben.

Bei der Firmung wird (§. 41) als wesentliches Moment die Salbung hervorgehoben, dagegen die Händeauflegung gar nicht erwähnt. Bezüglich der Rückkehr zur Kirche ist Bluhme (§. 44) so leichtgläubig oder boshaft, die noch vor einigen Jahren insbesondere auch in der Kölner „DeutschenVolkshalle" widerlegte Lüge von den „berüchtigten und strafbaren Fluchformularen" in Ungarn zu wiederholen.

Die Verfassung der katholischen Kirche erklärt der Verf. (§. 50) „für eine der bedenklichsten Abnormitäten in dem späteren Leben der Kirche". Er behauptet ohne Weiteres (§. 51), „dass das Wort Ordo ursprünglich das Kirchenamt bedeutete". Ebenso behauptet er ganz unrichtig (§. 52, Note 45), dass die Weihen der anglikanischen Bischöfe in der katholischen Kirche gültig seien. Das Cölibat räth Bluhme (§. 58) der Kirche abzuschaffen, damit keine Bewegungen dagegen mehr vorkämen. Die Sodalitäten in der kathol. Kirche sollen daher kommen, dass der Begriff der Gemeinde untergegangen, aber der Drang nach einem kirchlichen Vereinsleben daher um so stärker hervorgetreten sei (§. 62). Die ausgezeichneten neueren Werke von Bouix und Scheis über die religiösen Orden kennt Bluhme nicht. Die Augustiner und Prämonstratenser hält er (§. 62) für identisch. Die Regularen „scheiden aus allen Familienverbindungen" (§. 66); „daher meist auch die Annahme eines neuen Taufnamens" (S. 68, Anm. 23)!

Unrichtig ist es, dass für alle Kirchengeräthe, wie der Verf. zu glauben scheint (§. 75), die blosse Benediktion ausreiche. Sehr ungerechtfertigt ist der Vorwurf in Betreff der Verleihung des Palliums (§. 86): „in Rom unter bedeutsamen Feierlichkeiten gefertigt, wird das Pallium nur gegen sehr hohe Gebühren verabfolgt". Wir bitten den Verf. sich hierüber in Philipps Kirchenrecht Bd. 5, Abtheilg. 2 besser zu unterrichten. Wie Otto Mejer (Institut des gemeinen deutschen Kirchenrechts, 2. Aufl. S. 263 ff.) stellt Bluhme (§. 88), die päbstliche Gewalt als nach Papal- und Episkopal-System verschieden dar, und in einer sehr vagen unklaren Weise. In den Dogmen und in den Gesetzen der katholischen Kirche gibt es kein Episkopalsystem und hat es niemals eines gegeben. Bluhme selbst gibt auch zu, dass in der Praxis von einem Papal- und Episcopalsystem und von einer Eintheilung in wesentliche und zufällige päbstliche Rechte nichts vorhanden sei. Wir müssen ihm hierüber sowie über die päbstlichen Abgabenrechte nochmals den angef. Band von Philipps Kirchenrecht empfehlen. Bluhme behauptet sogar (S. 89), der römische Stuhl beziehe Abgaben für Absolutionen. Ungenau und verzerrt à la Mejer (die Propaganda etc.) ist die Auffassung der nordischen Mission (S. 93). Sie verwaltet jetzt nicht der Weihbischof, sondern der Bischof der (1858 wiedererrichteten) Diözöse Osnabrück, früher der Bischof von Hildesheim. Unrichtig ist auch die apodiktische Behauptung (S. 96), dass die römische Curie (wogegen sie erst sich verwahrt hat), die Absetzbarkeit der Pfarrer als sog. Deservanten oder Succursalisten unter der Herrschaft des französischen organischen Artikel vom 8. April 1802 aufrecht erhalten wolle.

Wenn auch nicht gut, so doch besser, als man nach dem Uebrigen hätte erwarten sollen, ist die Darstellung des Patronatrechtes. (§. 104—112). Die Verleihung der Kirchenämter aus den landesherrlichen Rechten herleiten, und unter dem Namen eines vererbten landesherrlichen Patronats als Regel festhalten zu wollen, erklärt Bluhme (S. 105) für eine „allerdings monströse Auffassung welche mit der Lehre der römischen Kirche ganz unvereinbar ist." Er tritt freilich mit seiner früher selbst aufgestellten Theorie in Widerspruch. Denn darnach (§. 29) „wird die recipirte Kirche noch weniger (als die tolerirte) verlangen können, dass ihre Corporationen ohne Aufsicht, ihre Güterverwaltung unbeschränkt bleibe, oder dass ihre Beamten ohne Mitwirkung des Staats bestellt werden". Nichtsdestoweniger bemerkt der Verf. von dem landesherrlichen Patronate aber doch ausdrücklich, entgegen seiner eigenen Grundanschauung von der Beherrschung der Kirche durch den Staat (S. 105 ff.), „es habe kürzlich in Baden den heftigsten Widerspruch erfahren; und hätten sich die dortigen Reclamationen des Klerus auf diesen [gerade hauptsächlichen] Patronatsstreit beschränkt, so würde ihnen auch in anderen Kreisen eine grössere Beistimmung zu Theil geworden sein." Unverständlich ist uns die Bemerkung (§. 115 a. E.): „dass auch von der Kirche an den Staat, wie vom Staate an die Kirche Devolutionen eintreten können, lässt sich nicht verkennen; aber gesetzlich geordnet sind diese Fälle nicht". Einige katholische Regenten können Eine Person als ihnen unerwünscht, aber nicht, wie Bluhme (§. 120 a. E.) es darstellt, ihnen unerwünschte Personen von der Pabstwahl ausschliessen. Unrichtig ist die Angabe (§. 130) über die Besetzung der Capitel, das Verleihungsrecht des Landesfürsten umfasse in Oesterreich alle Convente, mit Ausnahme der Probstenwürde und der Laienpatronatsstellen. Auch redet der Verf. (S. 127) von einem „fiskalischen Präsentationsrecht, welches in Oesterreich ungefähr dem geistlichen Patronatrecht gleichgestellt ist".

Bluhme hat hier so etwas geahnt von dem in unseren Compendien noch ganz unberücksichtigt gebliebenen und ihm desshalb auch unbekannten jus patronatus regium ecclesiasticum. Dasselbe ist aus der Praxis der päbstlichen Kanzleiregeln hervorgegangen, und ein solches ist in den neueren Concordaten, wie im österreichischen so auch im würtembergischen, und wie man vernimmt, jetzt auch im Badischen, der Staatsgewalt für eine grosse Zahl von Pfründen verliehen worden. Das jus patronatus regium unterscheidet sich von den sonstigen Patronaten in Betreff seines Ursprunges, indem es ohne das Vorhandensein der vom kanonischen Rechte anerkannten regelmässigen Entstehungsgründe (fundatio, exstructio, dotatio etc.), vielmehr nur als eine blosse Concession an die Krone vom päbstlichen Stuhle verliehen wird. Ausserdem ist sein Charakter nicht der eines Laienpatronates, sondern es ist im Ganzen analog dem jus patronatus ecclesiasticum, namentlich bezüglich der Präsentation, nur dass für diese hier keine Frist bestimmt ist. Man vergl. über diesen patronatus regius besonders Rigantius Comm. in regul. canc. im Register s. v. jus patronatus regium, und besonders tom. I, p. 193 nr. 132, tom. II, p. 33, nr. 146, t. III, p. 235, nr. 42, wo auch eine zahlreiche ältere Literatur in Bezug genommen ist. Concil. Trident. ed. Richter et Schulte declar. 19 zu c. 9 sess. 25 de reform. p. 456. Rosshirt in Moy's Archiv f. kath. Kirchenr. Bd. IV, S. 14, 33, 87, 88.

Besser ist die Darstellung der evangelischen Kirchenbehörden (§. 137—163). Wir wollen hier aber nicht näher eingehen, und nur noch eine Reihe Irrthümer und Mängel in Betreff des katholischen Kirchenrechts aus den beiden letzten Kapiteln hervorheben.

„Neuere halbkirchliche Vermögenssubjekte sind die der Schulen und der sog. allgemeinen Fonds für kirchliche und Unterrichtszwecke. Beides waren Schöpfungen der Landesfürsten oder der Staatsgewalt, aber doch meistens mit einer bestimmten kirchlichen Färbung". Um den rechtlichen Charakter jener Fonds zu bestimmen, sollte es aber doch darauf ankommen, woher sie geschöpft sind, ob aus Staatsgeldern, oder ob sie aus dem Kirchengut genommen sind. Sodann gibt es auch noch jetzt in den verschiedenen Ländern eigene kirchliche Schulen, die im westphälischen Frieden und im Reichsdeputationshauptschluss der Kirche garantirt sind. Auch

hätte Bluhme den Art. 15 der preuss. Verf.-Urk. nicht vergessen
sollen: „Jede Religionsgesellschaft bleibt im Besitz und Genuss der
für ihre Cultus-, Unterrichts- und Wohlthätigkeitszwecke bestimmten
Anstalten, Stiftungen und Fonds". Die Amortisationsverbote hält
Bluhme für nothwendig (§. 167. 176). Dagegen weist er der Kirche
aber auch Einnahmen zu, die sie gar nicht hat. Er redet (§. 181)
von „neben den sog. Stolgebühren vorkommenden eigentlichen Abgaben für Taufen, Heirathen, Begräbnisse." In einer Klammer beruft er sich dafür auf die „Domsteuer zu Köln", sagt aber nicht,
dass hier auf Grund einer Königlichen Kabinetsordre bei
jenen Gelegenheiten eine ganz unbedeutende Abgabe für den Aus-
bau des Kölner Domes erhoben wird. Er hält es (§. 179) zwar
für nothwendig, dass die wiederkehrenden Bedürfnisse der Kirche
durch laufende Beiträge jedes einzelnen Mitgliedes gedeckt werden,
will aber mit Mejer dem Staate kein allgemeines Besteuerungs-
recht zugestehen. Er erklärt auch (S. 178, Nr. 312) die Pallien-
gebühr und die Ehedispensen für sehr wichtige Einnahmen der römischen Curie. Zur besseren Belehrung hierüber verweisen wir ihn
nochmals auf den 5. Bd. von Philipps Kirchenrecht, und auf einen Bluhme gewiss auch durch keine Vorliebe für katholische Verhältnisse verdächtigen Gelehrten, auf Otto Mejer in dessen und
Kliefoth's kirchl. Zeitschr., Schwerin 1855, Bd. II, S. 365. Sonderbar ist auch die Bemerkung, „dass den evangelischen Gemeinden
die Selbstbesteuerung und Aufstellung einer eigenen Umlage, vorbe-
haltlich der Bestätigung durch die Regierung gebührt, während die
katholischen Pfarreien, da sie nicht innungsberechtigt sind (?!) das
Geschäft der Steuerumlage den bürgerlichen Gemeinden überlassen
müssen".

    Die hundertjährige Verjährungsfrist wird (§. 192) der römischen
Kirche abgesprochen, denn sie „könnte ihr in Deutschland schon
nach dem Princip der Rechtsgleichheit unter beiden Kirchen nicht
ausschliessend zu Statten kommen"; als wenn die ganze Confession
an dem der einzelnen Kirche, dem patrimonium S. Petri zukommenden Privileg Theil hätte. Ueberhaupt eine neue Theorie über Privilegien. Zur Errichtung von Kapellen hält Bluhme (S. 191, Anm.
357) „die Genehmigung der Staatsbehörde für unbedingt erforderlich, wenn das bestehende Pfarrsystem dadurch alterirt wird". Letzteres ist aber niemals der Fall. Bluhme bemerkt (S. 192), die Si-
multankirchen hätten „sich durch eigenmächtige Wiederherstellung
eines Simultancultus (nach Bluhme §. 28, S. 37 hätte übrigens der
Staat das Recht dazu) in manchen evangelischen Kirchen auf sehr
bedenkliche Weise gemehrt". Um wie viel mehr noch dieses und
noch ein Weiteres auch nach dem 1. Jänner 1624 bis in die neuere
Zeit in protestantischen Staaten mit kathol. Kirchen geschehen ist,
sagt der Verf. nicht. Und ebenso ist es mit den Vorwürfen der
angeblichen Intoleranz, die er (S. 198, Note 379) einigen neuesten
Erlassen österreichischer Bischöfe macht. Die Leichenpredigten sind

eine protestantische Sitte und in manchen katholischen Gegenden sogar ausdrücklich verboten. Bluhme stempelt sie aber (§. 201) zu einem allgemeinen Bestandtheile der feierlichen Beerdigung. Von den Gewändern, Prozessionsapparaten, Paramenten u. s. w., glaubt er, sie würden nicht benedicirt, Bei Richter (Kirchenrecht, 4. Aufl. §. 291), auf den er verweist, steht das Gegentheil, und im Rituale Romanum kommt ein eigener Titel vor über die Benedictio sacerdotalium indumentorum in genere, mapparum sive linteaminum altaris, novae Crucis, imaginum.

Auf den Provinzialsynoden soll es an Gegenständen der Abstimmung fehlen (§. 206). Und doch führt der Verf. selbst (Note 396) einige der Capitel des Tridentinums an, worin die den Provincialsynoden besonders zugewiesenen Sachen, abgesehen davon, dass sie eben das ganze Rechtsleben der Provinz und die Art der Anwendung des allgemeinen Kirchenrechts auf die besonderen Verhältnisse der Provinz umfassen, angegeben sind. Die wichtigeren und besseren Schriften über die Concilien, so Hefele's Conciliengeschichte, die in Wien begonnene Herausgabe der Concilien des 15. Jahrhunderts u. a. m. kennt Bluhme nicht. Sehr ungenau ist (S. 211) die Beschreibung von Bullen und Breven. „Jedenfalls bleibt die directe Unterwerfung des Laien unter die päbstlichen Verordnungen mehr eine Gewissenssache, so lange ihnen die ausdrückliche Zustimmung der Staatsgewalt fehlt" (§. 210). Wir verweisen dagegen auf das oben zum §. 6 von Bluhme's Buch Gesagte. Wie der Verf. (S. 222) angibt, „haben auch die päbstlichen Nuntien, wo sie bestellt sind, das Recht, in zweiter Instanz zu entscheiden". An die Nuntien in Deutschland, nämlich in Wien und in München, erfolgt aber fast niemals auch nur eine Delegation. Ueber die Kirchenzucht (§. 228 ff.), scheint der Verf. weder die zahlreichen grossen brauchbaren älteren Werke, noch auch das neue vortreffliche Buch von Kober über den Kirchenbann zu kennen. Sehr ungenau ist das (S. 280) über die Beichte Gesagte, insbesondere auch unrichtig, dass die Beichte „die Vorbedingung zum Empfange jedes andern Sacramentes sei". Nach dem Verf. ist die materia sacramenti die äussere Handlung. Endlich folgen noch eine Reihe von Verdächtigungen des österreichischen Concordats und Vorwürfe über angebliche Bedrückung der Evangelischen in Ungarn und Wien, Bemerkungen, wie man sie etwa im Frankfurter Journal gelesen hat, und die sich als völlig grundlos herausgestellt haben.

Wir glauben hiermit unser zu Anfang ausgesprochenes Urtheil hinreichend begründet zu haben, und können nur unser tiefstes Bedauern wiederholen, dass ein auch uns sonst so hochgeschätzter juristischer Lehrer und Schriftsteller mit einem solchen Werke vor die Oeffentlichkeit treten konnte.

De Gregorii VII. Registro emendando scripsit Guilielmus Giesebrecht, prof. publ. ord. Regiomontanus. Brunsvigae apud C. A. Schwetschke et filium (M. Bruhn) 1858. 46 pagg. 8. (n. 8 Silbergr.)

In vielen verschiedenen Büchern sind Briefe Gregor's VII. zerstreut. Eine von Gregor selbst als sein Registrum bezeichnete Sammlung verschiedener von ihm ausgegangenen Schriftstücke wurde von der päbstlichen Kanzlei zum amtlichen Gebrauche zusammengestellt. Ebenfalls unter dem Namen eines Register's Gregor's VII. besitzen wir aber noch eine schon um den Ausgang des 11. Jahrhunderts in Italien und Deutschland bekannte reichhaltige Privatsammlung, bei welcher für die ersten acht Bücher jene amtliche Sammlung zu Grunde gelegt und aus dieser das Bemerkenswerthere entnommen, in ihrem übrigen Theile aber auf gut Glück alles irgendwo Aufgefundene ohne Ordnung und Plan aufgenommen zu sein scheint. Die vorliegende Schrift erörtert nun die Beschaffenheit und Bedeutung dieser so wichtigen Geschichtsquelle, den Grund ihrer bisherigen Entstellung, die bisherigen Ausgaben und deren Quellen, und den Stand der Handschriften. Unter diesen ist fast allein die Vatikanische Handschrift in Betracht zu ziehen. Der Verf. hat früher einmal diesen Cod. Vatican. verglichen, und theilt nun hier die Resultate seiner Collation ausführlicher, als er es bereits in einer den Regesta pontificum Romanorum von Jaffé (Berolini 1851, p. 403) eingefügten Abhandlung gethan hatte, mit. Es sind dies werthvolle Vorarbeiten zu einer gewiss wünschenswerthen neuen Ausgabe, an deren Ausführung Giesebrecht bisher leider noch verhindert wurde. Derselbe findet, dass die zahlreichen Fehler der letzteren Sammlung durch ein flüchtiges Abschreiben der Originalquelle entstanden sind. Er theilt gegen vierhundert, besonders für Namen und Daten sehr wichtige ursprüngliche Lesarten nach dem Codex Vaticanus mit (p. 14—29). Da aber der Text auch in dieser alten Handschrift noch sehr mangelhaft ist, so macht der Verf. auch auf diese zahlreichen Mängel aufmerksam, und bringt Belege und Emendationen dafür (p. 29—46). Schliesslich bemerken wir noch, dass Giesebrecht (p. 5, not. 4) aus dem Cod. Vatican. auch mehrfache Beweise beibringt für die Echtheit der oft für untergeschoben gehaltenen Ueberschrift oder Randbemerkung: Dictatus papae, womit bezeichnet werden soll, dass die betreffenden Schreiben von Gregor selbst in dieser Form abgefasst seien.

                                            Friedr. Vering.

JAHRBÜCHER DER LITERATUR.

Literaturberichte aus Italien.

(Fortsetzung von Nr. 35.)

Gea, descrizione della terra del Car. Eugenio Balbi. Trieste 1857. 8. dispensa V.

Der Sohn des berühmten Geografen Adriano Balbi, einem vornehmen Geschlecht zu Venedig angehörig, der bei der Realschule zu Venedig angestellte
Professor Eugen Balbi, hat eine allgemeine Erdbeschreibung seit ein Paar
Jahren herauszugeben angefangen, die in einzelnen Heften erscheint und noch
fortgesetzt wird. Wenn der Vater mehr die staatliche Seite der Erdbeschreibung behandelt hat, so beschäftigt sich der Sohn mehr mit der naturwissenschaftlichen Seite derselben. Nachdem der Verfasser ausser der allgemeinen
Uebersicht der Erde, in den früheren Heften Asien behandelt hatte, und in
dem letzten versprach, nunmehr ohne Unterbrechung mit Europa fortzufahren,
hat er dennoch nicht Wort gehalten, so dass dieses geschätzte Werk bisher
unvollendet blieb.

Eine beliebte Schriftstellerin, Namens Percotto, hat vor Kurzem unter dem
Titel:

Racconti di Catterina Percotto. Firenze 1858. presso Le Monnier

einen Band Erzählungen herausgegeben.

*La Società Latina, memoria di Francesco Rossi. Milano, 1858. 4. Tip. Ber-
nardoni.*

Der gelehrte Direktor der Bibliothek der Brera zu Mailand hat hier
seine gründlichen Untersuchungen über den Bund der Städte in Latium bekannt gemacht. Nach ihm waren die Lateiner zu Lande nach Italien gekommen, und hatten sich vor den Umbro-Sabellern die vortheilhaftesten Gegenden
ausgewählt, auch wahrscheinlich ihre patriarchalische Verfassung mitgebracht.
Alba wurde der Mittelpunkt dieser einzelnen lateinischen Stämme. Der Verf.
geht nun in die Einzelheiten der Verfassung dieses lateinischen Bundes vor
dem Beitritt der Römer ein; beschreibt nach Dionysius, Varro, Columella und
den andern Classikern die Wirksamkeit ihrer Versammlungen, die der Bundesverfassung, ihrer Beamten und ihr Völkerrecht. Die zweite Abtheilung enthält die Aenderung dieser Bundesverfassung nach dem Auftreten Roms, welches
vorher so sehr ausser aller Verbindung mit den Lateinern stand, dass Heirathen mit Römern nicht stattfanden; daher die Sage von dem Raube der Sa-
binerinnen. Auch in diesem Abschnitte wird die Art der Verwaltung, der bewaffneten Macht, Gewohnheiten und Gesetzgebung beschrieben und zuletzt die
anderen Volksstämme erwähnt, welche sich in Latium befanden, ohne dem
Bunde der Lateiner anzugehören. Der Verfasser bemerkt hierbei, wie leicht
sich die verschiedenen Nationalitäten vermischen, wenn auch der grösste Un-

terschied der gesellschaftlichen Verhältnisse bestehen bleibe. Er führt Frankreich an, wo bis 1789 die Bürger und Bauern dem Gallo-Römischen Stamme
angehörten, während der Adel, die Lehnsherrn von Germanisch-Fränkischem
Stamme waren, beide aber französisch sprachen und sich Franzosen nannten.
Der Verfasser zeigt eine grosse Bekanntschaft mit der deutschen Literatur.

Storia della biblioteca communale di Verona dal bibliotecario Cesare Cavattoni.
Verona 1858.

Diese reiche Bibliothek ist meist aus Geschenken der vornehmen Veroneser seit 1792 entstanden; denn hier liebt die erste Classe der Gesellschaft
die Wissenschaften. Ein Beweis davon ist, dass an der Spitze der Bibliotheks-
Commission der Markgraf Canossa steht, aus dem alten Hause der Canossa im Modenesischen, von dem die berühmte Gräfin Mathilde, die Freundin
Gregor's VII. stammt. Der jetzige Markgraf von Canossa besitzt in Verona
einen grossartigen Pallast und einen gleichen in Mantua, dabei aber verwaltet er unbesoldet das Amt eines von den Bürgern gewählten Bürgermeisters
zu Verona. Der reiche Graf Giuliari ist ebenfalls Mitglied der städtischen Bi-
bliotheks-Commission, er verwendet sein Vermögen zur Vermehrung derselben.

Selbst unbedeutende Städte in Italien haben ihre Geschichte, und nicht
bloss eine Geschichte ihrer Entstehung und Schicksale, sondern auch viele ihrer Bildung. Eine solche ist von der Stadt Belluno erschienen:

Delle scuole e degli uomini celebri di Belluno, dal Professore Pietro Muga. Vene-
sia 1858.

Schon aus der Mitte des 14. Jahrhunderts kennt man Lehrer der Gramma-
tik zu Belluno; zuvörderst den Delavanzio di Crucecallis, und den Thomas à
Portis; selbst eine Inschrift von 1360 nennt einen solchen Lehrer Namens Carl
von Lavozzo. Im Jahr 1387 bestimmte der Stadtrath von Belluno, dass die
Lehrer sich jährlich von Einheimischen 60 Soldi, von Fremden aber einen Dukaten Lehrgeld bezahlen lassen könnten. Im Jahr 1522 wurde hier auch eine
Lehrstelle für die Logik eingerichtet, und 1538 für die Rechtswissenschaft.
Um das Jahr 1570 errichtete der Bischof Contarini daselbst ein Seminar, und
so führt der Verfasser die Geschichte des Studiums in dieser Stadt bis auf die
neueste Zeit fort.

Monumenti legali del Regno Sardo dell Avvocato Emmanuele Bollati, dispensa
III. Torino 1858.

Der Advokat Bollati, Bibliothekar des Staatsrathes des Königreichs Sardinien unter der Präsidentschaft des Gelehrten Narasse des Ambrois, hat schon
früher die Statuten von Aglie und von Pavone herausgegeben, in diesem
dritten Hefte hat er den Anfang mit Herausgabe der Statuten der alten Stadt
Jvrea gemacht. Diese Stadt ist aus der klassischen Zeit dieser Gegend, die
bekannteste in Piemont. Strabo nannte diese Stadt das Römische Eporedia,
wo nach Plinius bedeutende Pferdezucht stattfand. Ivrea war in der Zeit der
Longobarden bedeutend, so wie unter König Arduin; auch hatte sich dieselbe schon lange nach eigener Municipalverfassung verwaltet. Im Jahre 1334
wurde den Rechtsgelehrten im Stadtrathe aufgegeben, die alten Gesetze der

Gemeinde aufs neue zu ordnen, die diversis temporibus gegeben worden waren. Diese damaligen Statuten werden hier von dem fleissigen Herausgeber bekannt gemacht.

Scienza e poesia, tentativi in versi e prosa di Antonio Solimani da Ferrara, Milano 1859. Tip. Radaelli.

Der Verfasser sucht den Cinismus der Gegenwart, der sich besonders in dem französischen Leben und der Literatur der Demi Monde ausspricht, die erbärmliche Prosa des Lebens, durch poetische Welt-Anschauungen zu verbessern, wobei er sich aber in das Feld des Unerforschlichen verirrt. Oft nehmen sich seinen Vergleiche sehr sonderbar aus. Doch muss man gestehen, dass solche Ausgeburten der Literatur in Italien selten sind.

Memorie della reale Academia di scienze, lettere e d'arti di Modena. Vol. III. 1858. 4o.

Dieser dritte Band der Denkschriften der Academie der Wissenschaften in Modena ist in diesen Tagen zugleich mit den beiden ersten Bänden herausgegeben worden, obgleich der erste Band die Jahreszahl 1833 trägt. Diese Academie ward schon im 17. Jahrhundert mit dem Namen dei Dissonanti gestiftet. Doch war sie bei dem wechselnden Schicksale des Landes in Verfall gerathen, obwohl sich hier der wissenschaftliche Sinn an dem gebildeten Hofe der Este stets erhalten hatte, wesshalb auch Napoleon hier für das Königreich Italien die Genie-Schule errichtete. Im Jahre 1815 wurde diese Academie wiederhergestellt; sie bestehet in 3 Sectionen, für die strengeren Wissenschaften, die schöne Literatur und die Künste, die sich umwechselnd alle 10 Tage versammeln. Jetzt zählt diese Academie 36 Mitglieder unter dem Vorsitze des Grafen Giurabozzi mit dem General-Secretair Spallanzani; Professor Bianchi ist Vorsitzender der wissenschaftlichen, Professor Ritter Parenti, bedeutender Philologe, der Literatur und Professor Costa der Kunstabtheilung.

Diese Academie zählt die bedeutensten Gelehrten von Modena zu Mitgliedern, als den Ritter Cavedoni, bekannten Archäologen u. Orientalisten, den Professor Veratti, ausgezeichnet als Jurist, und Redacteur der in Modena herauskommenden wissenschaftlichen Zeitschrift, den Ritter Cavazzoni-Pederzini, Regierungs-Bevollmächtigten der modenesischen Universität; den Professor der Naturgeschichte, Doderlein, den ausgezeichneten Literaten, Grafen Galvani u. a. Von den auswärtigen Correspondenten ist Professor Treviranus in Bonn ausser mehreren Wiener Gelehrten zu bemerken. Die Regierung trägt die Kosten der Bekanntmachung der Druckschriften dieser Academie nicht nur, sondern auch der von der Academie ausgeschriebenen Preis-Aufgaben, diese bestehen in 1000 Franken für Staatswirthschafts-Gegenstände und 1500 Franken für die beste dramatische Arbeit. Bisher waren die Arbeiten der Academie etwas lässig betrieben worden; allein seit Spallanzani Secretair geworden ist, trat neues Leben ein, und die dramatische Literatur wird bald die Früchte dieser Thätigkeit bemerken. Die ersten vorliegenden 3 Bände der Denkschrift dieser Academie enthalten ausser andern beachtungswerthen Aufsätzen, eine Lebensbeschreibung von Muratori, eine Abhandlung über den electrischen Strom von dem berühmten Physiker Marianini, einem der bedeutensten Mitglieder dieser Academie, eine Abhandlung über den Gebrauch der Classiker bei dem Unterricht, von Fabricini, der nicht die Abneigung gegen das heidnische Alterthum begünstigt.

Die Verhandlungen werden in dem Pensionate (Collegio dei Nobili) gehalten, welches von dem Grafen Roschetti 1626 gestiftet und reichlich begründet worden ist, dessen Vorsteher der obengedachte Spallanzani ist.

Notitie statistiche della provincia di Bergamo in ordine storico, raccolte da Gabriele Rosa, Bergamo Tip. Pagnoncelli 1858.

Der im Fache der Geschichte sowohl als der Statistik wohlerfahrene Verfasser, Herrn Rosa in Bergamo, hat hier wieder eine seiner verdienstlichen Arbeiten herausgegeben, worin seine Forschungen darüber niedergelegt sind, wie sich der National-Reichthum der Provinz Bergamo im Laufe der Zeiten entwickelt hat. Diese Provinz, welche über 500 ital. Quad.-Meilen umfasst, von denen nur der vierte Theil zwischen der Adda und dem Oglio eben ist, der Ueberrest aber den steilen Alpen angehört, hat 300,000 Einwohner. Die erste Volkszählung im J. 1549 ergab nur eine geringe Zahl. Die Pest von 1630 raffte 56,000 Seelen weg; aber da schon seit 1234 die Emancipation der Bauern erfolgt war, nahm der Wohlstand schnell zu, obwohl die venetianische Aristokratie sich immer dem freien Verkehr mit dem Grund-Eigenthum widersetzte. Seit der Franzosen-Herrschaft konnte sich erst der National-Reichthum frei entwickeln, da die Gesetzgebung der Neuzeit alle alten Fesseln sprengte, wozu noch später kam, dass die Gemeindegüter in Privathänden besser verwaltet werden konnten; so dass ohnerachtet der hohen Berge, wo die Natur sich dem Ackerbau widersetzt, nur der 4. Theil mit Waldungen bedeckt ist. Der grösste Reichthum des Landes bestehet im Seidenbau, der seit 300 Jahren eingeführt ward; wogegen die Tuchweberei schon seit 1179 hier betrieben wurde, da die Schafzucht hier stets blühte. — Der wohl erfahrene Verfasser zeigt, wie seit dem Falle des Feudal-Wesens der Wohlstand zugenommen, und dass die Vertheilung des Grundvermögens dazu viel beigetragen hat.

Cicco Simonetta, Drama con prefazione storica di Carlo Belgiojoso. Milano 1858. Tip. Bernardoni 8. pag. 184.

Wir sehen hier einen der Fürsten-Familie Belgiojoso angehörigen Schriftsteller mit seinem einfachen Familiennamen auftreten. Welche ernste Vorstudien er zu diesem Trauerspiel gemacht hat, sieht man aus der geschichtlichen Einleitung, die ein Muster sein dürfte für alle dergleichen Dramen, welche eine geschichtliche Unterlage haben. Der Verfasser führt uns die Zeit der Lombardei vor, wo nach dem Aussterben der gesetzlichen Nachkommenschaft der Visconti, Mailand sich als Frei-Staat erhalten wollte, neben den andern kleinen und grossen Staaten Italiens. Um einheimischen Ehrsüchtigen zu entgehen, ernannten die Bürger Mailands, nach damaliger Art, einen fremden Befehlshaber der bewaffneten Macht, einen Sforza, welcher sich aber demohnerachtet bald zum Oberherrn aufwarf. Sein ältester Sohn vergiftete seine Mutter und seine Gemahlin, Dorothea Gonzaga, um die Prinzessin Bona von Saveien zu heirathen. Indess fand sich auch bald für diesen doppelten Mörder Galeazzo ein anderer Mörder. Seine Wittwe führte die Vormundschaft mit Cicco Simonetta, einem ausgezeichneten Staatsmann aus Calabrien, welches schon manche bedeutende Männer hervorbrachte; er hatte unter Sforza bei Caravaggio die Venetianer besiegt. Als Mit-Vormund seit 1476 führte er Krieg mit Genua. Unterdessen war die kaiserliche Macht in Italien ganz gesunken; der Papst begünstigte die Franzosen, die unter Karl VIII. nach Italien zogen, der aber geschlagen wurde; doch Ludewig XII. war glücklicher; mit Hülfe des Pabstes erhielt er Mailand, Caessar Borgia, der Sohn Alexanders VI. dagegen das Herzogthum Valentinois. Nunmehr führt uns der Verf. die Männer jener Zeit vor, den Cardinal Rohan, die Tremoaille, Colonna, Trivulzio, bis zur Liga santa unter Julius II. bis zur Schlacht bei Marignano, Carl V. und den spanischen Gouverneur über Mailand. Dieses ungefähr ist der Hintergrund des vorliegenden Trauerspiels, in welchem der Herzog Ludewig, die Herzogin Bona, Simonetta, seine Tochter und deren Verlobter, Torella die Hauptrolle spielen.

Der Herzog fand Gefallen an der tugendhaften Braut; und er glaubte sich Alles erlauben zu dürfen, und da sie kein anderes Mittel sah, um ihre Tugend und zugleich ihren zum Tode verurtheilten Vater zu retten, nahm die Liebende Gift, um sobald sie beim Herzog die Begnadigung erwirkt hätte, zu sterben, ehe sie die versprochene Gunst gewähre. Ihr Verlobter sollte sie dann durch das bereit gehaltene Gegengift wiederbeleben und mit ihr fliehen. Der Herzog aber, an ihren Tod glaubend, zerriss die Begnadigungs-Urkunde, und ein Vertrauter entriss dem Verlobten das verhängnissvolle Fläschchen mit dem Gegengifte, das er am Boden zerschmetterte. So musste er die Geliebte sterben sehen. Der Verfasser, genauer Kenner jener Zeit, aus der er uns hier ein treues Bild vorführt, hat seine Personen wahr geschildert, und ist seine Darstellung um so klarer, da sie in sehr gewandter Prosa vorgetragen ist.

Memorie della societa Ligure di storia patria. Genova 1859. 8.

Vaterländische Geschichtskunde ist eine Lieblingsbeschäftigung der italienischen gebildeten Welt. Bekannt sind die diesfallsigen Arbeiten in Florenz, Turin, Parma u. s. w.; auch Genua hat eine

Ligurische Gesellschaft für vaterländische Geschichtskunde gestiftet.

Dieselbe ist vor Kurzem zusammengetreten, um die Geschichtsquellen von Ligurien herauszugeben. Diese Gesellschaft hat sich zum Präsidenten den Dominicanermönch Vincenzo Marchesè gewählt, welcher vorher Professor auf der Universität zu Siena war, jetzt aber für die Wissenschaft in Genua lebt, und sich bereits durch bedeutende Werke um die vaterländische Geschichte verdient gemacht hat; dessen Schreibart auch allen Anforderungen der Kenner der Sprache genügt; so dass man ihn, wie Mamiani, für Testo di Lingua erklärt.

Zu den Vorstehern dieser Gesellschaft gehört der Appellations-Gerichts-Rath Crocco, ebenfalls als Geschichtsforscher hochgeachtet; ferner der Bibliothecar Olivieri, dem wir ebenfalls bereits tüchtige Arbeiten in diesem Fache verdanken. Endlich gehört zu den Vorstehern der Professor Gazzino. Unter den Mitgliedern aber finden wir den Advocaten Canale, welcher die beste Geschichte des Genuesischen Staats herausgegeben hat, und besonders die Verbindungen desselben in der Krim im Mittelalter. Ausser mehreren andern namhaften Gelehrten Genuas gehört auch der berühmte sicilianische Geschichtschreiber Emerico Amari zu den Mitgliedern dieser Gesellschaft. Diese hat jetzt eben die erste Lieferung ihrer Denkschriften unter dem obigem Titel sehr gut ausgestattet herausgegeben, welche aber nur die Einleitung und eine Rede des provisorischen Präsidenten Ricci, so wie des eben genannten Marchese enthält.

Bulletino archeologico Sardo ossia raccolta di monumenti antichi del' Isola di Sardegna. Cagliari 1858. Tip. Timon.

Herr Ritter Spano hat dieser Zeitschrift, für die sardinische Alterthums-Wissenschaft, von der wir schon früher berichtet haben, eine Karte der alten Geographie dieser Insel beigegeben, welche eine treffliche Uebersicht giebt, da sie zugleich die alten Strassen mittheilt. Eine andere Karte giebt die Eintheilung in die Bisthümer dieser Insel, aus der Zeit des Mittelalters. Diese Zeitschrift giebt zuvörderst Nachricht von allen neuen archäologischen Schätzen, die noch fortwährend auf dieser Insel gefunden werden, obwohl der durch seine gelehrte Werke über die Insel Sardinien rühmlichst bekannte General Alberto della Marmora, aus der Familie der Fürsten von Masserano, sehr gründlich darüber berichtet hat (s. die Insel Sardinien von I. F. Neigebaur, Leipzig, II. Aufl. 1856, Dyck'sche Buchh.). Auch theilt der Ritter Spano die in dem Museum zu Cagliari befindlichen antiken Inschriften mit und giebt deren Erläuterungen, wobei er auch mitunter die Ansicht unseres gelehrten Alterthums-Kenners Doctor Henzen mittheilt, welcher der allgemein geachtete Secretair des Instituts der archäologischen Correspondenz in Rom ist. Was noch das Verdienst dieser Monatschrift erhöht, sind die zahlreichen Abbildungen der besprochenen Gegenstände des Alterthums. Besonders zu beachten sind darunter die Darstellung unbekannter Idole, die merkwürdigen auf dieser Insel gefundenen egyptischen Skarabäen und andere Zierrathen, besonders die zahlreichen in der Necropolis zu Tharros, auf der Westküste, gefundenen Gold-Schmucksachen und die carthagischen Münzen, die hier so häufig vorkommen. Es werden daher auch die Forscher der phönizischen Sprache hier Manches finden, was der gelehrte Canonicus mittheilt, der zugleich Rector der Universität zu Cagliari ist.

Wir haben auch hier wieder Gelegenheit eines der literarischen Hochzeitgeschenke in Italien zu erwähnen in folgender Schrift:

Della vita e degli scritti di Giambattista Bianconi, Memorie pubblicate per le nozze Bianconi-Cassoni. Bologna 1858. Tip. all' Ancora. 8o.

Sie ist eine sehr glänzend ausgestattete Lebensbeschreibung des 1698 geb., sehr gelehrten Professors der griechischen Sprache zu Bologna, Joh. Bianconi, eines Vorfahren des jetzigen Prof. Bianconi daselbst, der Vorstand des trefflichen Naturalien-Cabinets, Herausgebers des Repertoriums der italienischen Literatur über Naturwissenschaft ist, des Vaters der Braut. Jener alte Bianconi schrieb über Numismatik und Archaeologie, namentlich über ein Ditticho consulare von Elfenbein, das sich auf dem Museum der Universität zu Bologna befindet. Er gab zum erstenmale die Chronik des Griechen, Julius Pollux, mit lateinischer Uebersetzung heraus unter dem Titel: Anonymi Scriptoris historia sacra, welche später Ignatz Hardt nach dem Codex in München herausgegeben unter dem Titel: Historia Physica seu chronicon, der die bianconische Ausgabe nach einem Mailänder Codex nicht gekannt zu haben scheint; und auch Weiss in seiner Universal Biographie erwähnt bei dem Namen Pollux nur die lateinische Uebersetzung Bianconi's. Diese Biographie hat den gelehrten Frati zum Verfasser, Bibliothekar der Stadt Bologna.

Nuova istoria della republica di Genova, del suo commercio e della sua letteratura dalle vergine all anno 1797. Di Michel Giuseppe Canale, Firenze 1858. Presso le Monnier.

Der Advocat Canale zu Genua, ein fleissiger Forscher in den dortigen Chroniken schreibt jetzt die Geschichte dieser wichtigen Handelstadt, die sich schon frühe mehr durch Thaten, als durch Schriften auszeichnete. Die älteste bekannte Chronik, von Caffaro, ist aus dem Anfange des 12. Jahrhunderts, als Genua bereits viel geleistet hatte; Jacopo Doria, der bedeutende Staatsmann, setzte diese Chronik bis 1294 fort. Erst Muratori konnte sie in seiner Sammlung der italienischen Geschichts-Quellen der Oeffentlichkeit übergeben; später schrieben Giustiniani und der Markgraf Hieronimus Serra diese Geschichte bis zum 16. Jahrhundert. In der neuesten Zeit haben Sismondi, Boggio, Sportorno, Giudici und besonders der gelehrte Minister, Ritter Cibrario zu Turin, sich viel mit der Geschichte Genuas beschäftigt; doch fehlte es noch an einer vollständigen Geschichte dieses Freistaates. Canale hatte schon 1844 eine solche Arbeit angefangen; allein der aristocratische Geist mehrerer Familien in Genua legte ihm viele Schwierigkeiten in den Weg, so dass er seine damalige Arbeit unterbrach, unterdess die Geschichte der Krimm, nach genuesischen Quellen schrieb, und jetzt nach gemachten weiteren Forschungen in Venedig, Florenz, Wien und Paris diese Arbeit aufs neue angefangen hat. Eigentlich ist es die Zeit der Kreuzzüge, mit welcher der Verfasser seine Geschichte beginnt, und nur kurz schickt er die frühere Zeit Genua's voraus, obwohl diese Aufschlüsse giebt über die näheren Verbindungen mit dem alten Rom, während die Carthager mit den ebenfalls semitischen Hetruriern gegen die Römer sich verbanden. Genua soll, wie Marseille, Nizza und And. von Griechen gegründet worden sein. Während die Ligurier es mit den Carthagern hielten, leistete das griechische Massilia den Römern solche Hülfe, dass Cicero sagt, wie ohne dieselbe Rom nie die Transalpiner würde besiegt haben; so erhielt sich auch die Rivalität Genuas gegen das hetrurische Pisa lange Zeit, nach dem man schon alle Stammes-Verschiedenheit hätte verwischt glauben müssen. Genua von den feindlich gesinnten Liguriern umgeben, kam erst im Mittelalter zur Bedeutung; doch bald verdunkelten die Streitigkeiten der Aristocratie im Innern die Grossthaten der Genuesen auf dem Meere; während Venedig sich stets unabhängig erhielt, ward Genua vielfach die Beute fremder Gewalthaber. Auch war in Venedig die Erziehung eine mehr praktische. Wenn der reiche Venetianer bis zum 17. Jahr Unterricht in der Wissenschaft erhalten hatte, musste er auf einem Kauffahrtei-Schiffe seines Vaters in die Welt, wo mit dem Handel stets der Krieg verbunden war; Alle waren bewaffnet. Hatte der junge Mensch auf diese Weise einige Jahre die Handels-Geschäfte geführt und sich tapfer geschlagen, so übernahm er sein eigenes Geschäft und ging dann mit eigenen Schiffen wieder zur See, Handel und Krieg führend, wie es die Zeit mit sich brachte. Verlangte es die Republik, so musste der reiche Handelsherr mit seinen Schiffen sich dem ernannten Admiral unterordnen und sie führen. Hier ward er bekannt, später zu den Geschäften des Staats verwendet, und oft starb ein solcher Handelsherr als Doge, z. B. der berühmte Dandolo. Auch der berühmte Gritti hatte dieselbe Laufbahn der venetianischen reichen und gebildeten Handelsherrn durchgemacht, als er von dem Senat als Gesandter an den Hof von Franz I. geschickt wurde; dieser, der darinnen ein Urtheil hatte, sagte von ihm: Gritti ist ein wahrer Edelmann. Die Nobili di Venezia waren sonach meist sehr thätige Handelsherrn, und waren sie auch in dem goldenen Buche eingetragen, so hinderte sie dieses nicht, die Wissenschaften und den Handel zu lernen und mit Ernst zu betreiben. Daher das grosse Vermögen und der Kunstsinn der Venetianer, in deren Palästen man an 50 Gemälde - Gallerien zählte. Aber auch Genua verstand es, sich selbst zu vertheidigen, wozu um das Jahr 900 die ersten Gemeinschaften geschlossen wurden, welche feste Thürme bauten und Schiffe ausrüsteten. Dabei blieb die Stadt anfangs dem Kaiser treu, und um das Jahr 1100 liess sie, wie von jeher gewöhnlich, ihre Satzungen vom Kaiser bestätigen. Dennoch wurden mitunter die Bischöfe als Herrn der Stadt angesehen, die mit dem seit 1190 gewählten Podesta oder Ober-Bürgermeister um die Herrschaft stritten. Jedenfalls wird die Fortsetzung dieses Werkes begierig erwartet.

Dem geistreichen Verfasser des Ettore Fieramosca, dem Markgrafen Massimo d'Azeglio verdanken wir die Bekanntmachung eines Tagebuches während der Belagerung von Navarin durch Ibrahim Pascha im Jahr 1825, geführt von dem Philhellenen Collegno:

Diario dell' Assedio di Navarino, memorie di Giacinto Collegno, Torino 1857. Tip. economica

mit einer Lebens-Beschreibung des Verfassers dieses Tagebuches, und einem Nachwort von dem ebenfalls tüchtigen Schriftsteller Achill Mauri. Hiacynth. v. Collegno gehört der alten Familie der Provana im Piemontesischen an; geboren 1794, trat er in die Militairschule zu St. Cyr ein, und machte im Jahr 1812 den Feldzug unter Napoleon nach Russland als Artillerieoffizier mit, obwohl er erst 18 Jahre alt war. Nach dem Brande von Moskau machte er den Feldzug in Deutschland mit und kam als Hauptmann mit dem Orden der Ehren-Legion in sein Vaterland zurück, wo die grosse Reaction, die Frucht des Wiener Congresses eintrat. Gegen diese Reaction trat 1821 bekanntlich der nachmalige König Carlo Alberto auf, mit ihm sein Vertrauter Provana di Collegno, Graf Santa Rosa und Markgraf S. Marzano. Zum Tode verurtheilt ging Collegno nach der Schweiz, focht dann in Spanien und Portugal im J. 1822 unter Fabrier und eilte nach Griechenland, als 1825 die dortigen Befreiungsversuche auf dem Congress zu Verona verdammt und die Griechen beinahe ohne Hoffnung waren. Er leitete die Vertheidigungsarbeiten von Navarin; sein Tagebuch giebt ein treues Bild der damaligen Unordnung und der Schwierigkeiten, mit denen er als Fremder zu kämpfen hatte. Viele bekannte Persönlichkeiten erscheinen hier in ihrem wahren Lichte und ist es erfreulich, dass die hier genannten deutschen Landsleute am besten wegkommen. Unser Collegno durfte nicht in sein Vaterland zurückkehren; er liess sich in Frankreich nieder, wurde Doctor der Philosophie und Professor der Geologie in Bordeaux seit 1838, wo er die Markgräfin Trotti aus Mailand heirathete. Sein Lehrbuch der Geologie ist geachtet. Seit 1848 ins Vaterland zurückgekehrt, starb er als Generallieutenant 1856.

Die Stadt Bologna besitzt wahrscheinlich das schönste Bibliotheks-Gebäude, das in dem schönsten Stiel der Blüthe der Kunst im 16. Jahrhundert erbaute Archigymnasium; aber auch die Bibliothek ist sehr reich, besonders durch Geschenke seiner gelehrten Mitbürger. Der gegenwärtige Bibliothekar ist ein ausgezeichneter Mann, Herr Doctor Frati, welcher ausser mehreren andern gelehrten Werken vor Kurzem seine Forschungen über die Geschichte des Münzwesens dieser Stadt bekannt gemacht hat:

Della zeccha di Bologna, 1858. Tip. della Volpe. 8.

Hiernach hatte diese Stadt unter den Kaisern aus dem Schwaebischen Hause das Münzrecht erhalten. Heinrich VI. ertheilte am 12. Februar 1191 bei seinem Römerzuge durch Bologna dieser Stadt das Münz-Recht, nach welchem die ersten bolognesischen Denare mit der Inschrift ENRICVS. IPRT. auf der einen, und BONONIA auf der andern Seite geprägt wurden. Im Jahre 1205 folgte Ferrara, 1209 Parma und 1233 Reggio im Modenesischen. Bologna prägte bis 1236 nur die obigen Münzen; worauf zum Unterschiede des Bologneso grosso, der Bologneso piccolo geprägt wurde und zwar mit Beibehaltung desselben Gepräges, bis 1327 manche Umtriebe die Unterwerfung unter den Stadthalter Gottes auf Erden herbeiführten. Dieses benutzte Taddeus Pepoli 1337, um sich selbst zum Herrn der Stadt zu machen. Nunmehr wurden Münzen mit dem Namen Todero de Pepolis auf der einen Seite geprägt, während auf der andern Seite Petrus als der Besitzer von Bologna dargestellt wurde; so sehr war die Macht der deutschen Kaiser durch die kirchlichen Uebergriffe herabgewürdigt worden. Auch führte die Stadt damals in ihrem Siegel die Umschrift Petrus ubique pater, legum Bononia mater. Der Sohn von diesem Pepoli verkaufte seine Vaterstadt an den Bischof Visconti zu Mailand 1350, welcher Münzen mit der Inschrift IOHES. VICEC-OMES. prägen liess. Seit 1360 wurde Bologna durch die Umtriebe des Cardinal Albornoz wieder päbstlich; worauf die Stadt seit 1379 auch Gold-Münzen prägte. Bei dem jetzigen Bau der Eisenbahn-Brücke bei Bologna über den Reno wurden 100 Gold-Münzen gefunden, über welche der gelehrte Frati folgenden Bericht erstattet hat:

Delle monete d'Oro trovate in Reno nell 1857, illustratione del Dottor Luigi Frati. Bologna 1857. Tip. della Volpe. 4o.

Ausser byzantinischen Münzen und den von dem Herzogthume Benevent befanden sich darunter auch 13 kufische Münzen, vom Jahre 769 an, die hier abgebildet erscheinen und beschrieben werden.

Der bereits als Schriftsteller bestens bekannte Franz Trinchera giebt ein neues Wörterbuch der italienischen Sprache unter folgendem Titel heraus:

Vocabolario universale della lingua Italiana, da Francesco Trinchera. Turin
1859. Tip. Stefanone.

Dieses ganz italienische Wörterbuch, freilich nicht so umfangreich, wie
das deutsche unserer gelehrten Brüder Grimm, kommt in einzelnen Heften
heraus, und ist schon bis zum Buchstaben L fortgeschritten. Dasselbe ist in
grossem Lexicon-Format, so dass jede Seite über 13 Buchstaben enthält, und
doch nur 1 Centim kostet. Das Ganze wird einen Band von 700 Seiten bilden. Gleichzeitig wird in Turin an einem weit umfassenderen italienischen
Wörterbuche gearbeitet, womit sich der gelehrte Tomasso bereits seit mehreren Jahren beschäftigt hat. Zum Glück hat er an dem Buchhändler Pomba
zu Turin einen sehr unternehmenden Verleger gefunden, welcher in seinem
Hause ein Paar Zimmer für die Bearbeitung dieses Wörterbuches eingeräumt
hat, wo die Mitarbeiter Tomassos die von ihm gesammelten Materialien ver-
arbeiten. Dazu gehört der Graf Manzoni, ein gelehrter Philologe aus der Romagna, der sehr geachtete Literat Camerini und der beliebte humoristische
Schriftsteller Savino Savinini. Von dem Umfange dieses Wörterbuches kann
man sich einen Begriff machen, wenn man sieht, dass die Erläuterung manches
Wortes mehrere Quart-Seiten einnimmt, auf welcher sich über 10,000 Buchstaben befinden.

Von dem Werke des F. G. Fetis über die Theorie der Musik, welches
bereits in mehrern Sprachen übersetzt war, hat Herr Eribert Predari jetzt auch
eine in italienischer Sprache herausgegeben:

La Musica accomodata all' intelligenza di Tutti, traduzione di Eriberto Predari.
Torino 1858. Unione topograph.

Doch ist dieses keine blosse Uebersetzung, sondern der Herr Predari hat
diesem Werke einen zweiten Band hinzugefügt, welcher eine Geschichte der
Musik enthält, worin er von den musikalischen Anfängen der Wilden zu der
Musik der Egypter, Assyrier, Phönizier, Indier und Chinesen übergeht; dann zu
den Persern, Hebräern, Griechen und Römern zurückkehrt; worauf er das Mittelalter zum Uebergange zur Musik der Neuzeit behandelt, wobei er die Schriften von Förkel, Marx u. a. m. treulich benutzt hat. Dasselbe hat er auch
bei der darauf folgenden Abhandlung über die Schriftsteller gethan, welche
über Musik geschrieben haben; so dass man hier ein ziemlich reiches Schrift-
stellerverzeichniss findet. Der wichtigste Theil der Arbeit des Herrn Predari
ist aber das musikalisch-technische Wörterbuch für Musik, welches die bisher
bekannten französischen Wörterbücher in diesem Fache und das von Lichten-
thal bedeutend bereichert. Der junge Schriftsteller gehört einer sehr litera-
rarisch-thätigen Familie an. Der Vater desselben ist der fleissige Literat in
Turin, welchem wir ausser mehreren geschichtlichen Werken und literarischen
Zeitschriften die grosse Encyclopädie verdanken, welche er seit dem Jahre
1841 bei Pomba herausgab, die in 10,000 Exemplaren in 13 starken Quart-
Bänden abgesetzt, jetzt wieder vermehrt bis zum 7. Bande fortgeschritten ist.

Ein Reisender, dem man lange so wenig wie dem jetzt zu Ehren gekommenen Marco Polo geglaubt hat, ist jetzt durch folgende Schrift vertheidigt
worden:

Il Gemelli, del Ignazio Ciampi. Roma 1858. Tip. Aureli e C.

Der aus Calabrien gebürtige Franz Gemelli war im 17. Jahrhundert einer der Forscher in fernen Ländern, wie sie die Italiener so häufig lieferten, wo die reichsten gebildetsten jungen Leute der vornehmsten Häuser auf Handels-Unternehmungen ausgeschickt wurden, und zugleich tapfere Soldaten waren. Auch Gemelli zeichnete sich Anfangs in dem Türken-Kriege aus, war auch Advocat, aber wendete 5 Jahr daran, die Reise um die Welt zu machen, wobei er besonders China und Mexico studierte. Man hat lange seine Reisebeschreibung für eine Reise im Zimmer gehalten, Herr Ciampi hat hier seine Ehre gerettet.

Das bedeutende Geschichtswerk von Vannucci ist bis zum 4. Bande fortgeschritten:

Storia d'Italia da tempi piu antichi fino alla invasione dei Longobardi, da Otto Vannucci. Firenze 1858. Poligrafia Italiana. 664 p.

Dieser Band enthält die Geschichte des römischen Reiches in einer solchen Vollständigkeit, als es der ihm von dem Verleger angewiesene Raum verstattete. Im Vergleiche mit den früheren Bänden hätte man von dem geistreichen Verfasser lieber gesehen, wenn er sich noch weiter hätte verbreiten können.

Umständlicher dagegen ist folgende Lebensgeschichte:

La vita di Francesco Giuseppe Borro, scritta dal Dott. Ercole Ferrario. Milano 1858. Tip. Chiusi.

Borro war ein berühmter Arzt und Chemiker aus Mailand, und dabei einer der sonderbarsten Männer des 17. Jahrhunderts. In Rom machte er zuerst als Arzt Glück, gab sich aber mit religiöser Sektenstiftung ab, so dass er sich nach Mailand zurückzog, doch da sich hier seine Anhänger vermehrten, und die Inquisition ihn für einen Reformator ansah, musste er nach der Schweiz und nach Holland fliehen, wurde in Hamburg von der Königin Christine von Schweden bei seinem alchimistischen Treiben unterstützt, arbeitete dann mit König Friedrich III. von Dänemark am Stein der Weisen. Auf seiner Reise durch Mähren fiel er in die Hände eines Patrimonialgerichtsherrn, welcher ihn der Inquisition überlieferte, die ihn, da er schon vorher in Mailand in Contumaciam verurtheilt worden war, im Bilde verbrannt zu werden, in lebenslänglichem Gefängnisse behielt, obwohl er seine Ketzereien hatte abschwören müssen.

Bianca Capello, Nuove ricerche di Federico Odorici. Milano 1858.

Der gründliche Geschichtsforscher Odorici in Brescia hat hier versucht, die bekannte schöne Grossherzogin von Toscana, Bianca Capello aus Venedig, von den meisten der ihr Schuld gegebenen Verbrechen zu reinigen; er hat zu dieser Arbeit genaue archivalische Studien gemacht und gezeigt, dass das Meiste, was ihr vorgeworfen wird, die Schuld des damaligen verdorbenen Hoflebens war.

Vita di Bartolomeo di Alviano, per Lorenzo Leonis. Lodi. presso Natoli 1858.

Dieser Alviano war einer der italienischen Parteigänger oder Capitani di Ventura, über welche wir dem gelehrten Professor der Geschichte zu Turin, Ritter Ricotti, ein höchst schätzbares Werk verdanken. Herr Leonis, welcher eben mit dem Druck der Geschichte seiner Vaterstadt Lodi beschäftigt ist, giebt hier das Leben dieses seines Landsmannes, welcher einer der bedeutendsten Condottieri des 15. Jahrhunderts war. Der Verfasser zeigt, wie Alviano schon mit 18 Jahren an den Kriegen Theil nahm, welche Italien seit der Zeit heimsuchten, wo die römisch-deutschen Kaiser in Italien alles Ansehen verloren hatten, und die Spanier mit den Franzosen um das Uebergewicht in Italien kämpften. Alviano trug mit zu dem Siege Gonsalves über die Franzosen am Garigliano bei; in dem Kriege der Florentiner gegen die Pisaner wurde er schwer verwundet, siegte aber später als venetianischer Feldherr über die Oesterreicher in Tyrol und bei Triest. Endlich benutzte er die Waffenruhe, um in Pondenone den Wissenschaften zu leben. Durch die Ligue von Cambray ward er wieder auf das Schlachtfeld gerufen, und gefangen, wo er mehrere militärische Werke schrieb. Zuletzt kämpfte er als Oberfeldherr der Venetianer in der Schlacht von Marignano, nach seinem Tode errichtete ihm Venedig ein Denkmal in der Kirche S. Stefan.

Sulla vita e degli scritti di Antonio da Schio. Padova 1858. Tip. di Seminario.

Schio war einer von den Beförderern des klassischen Studiums, als desselbe zu Ende des 14. Jahrhunderts in Italien wieder aufzuleben anfing; man nannte ihn den Nachfolger von Petrarcha, wozu ihn auch Bonifacius IX. für Padua bestimmt hatte; er lebte an dem Hofe der Visconti zu Mailand. Das Studium des Homer begeisterte ihn zur Bearbeitung eines lateinischen Trauerspiels: Achilles im Jahr 1390, eines der ersten dramatischen Werke der neueren Zeit. Schio war bei 7 Päbsten und bei Galeazzo Visconti angestellt; als dieser sich mit Frankreich gegen Florenz verband, nannte er das handeltreibende Florenz das neue Carthago in einem Gedichte über die damaligen Zeitereignisse.

An neuen Dichtern fehlt es in Italien nie, von einem solchen erwähnen wir:

Poemetti del Cav. profess. Ercole L. Scalari. Torino 1858. presso Fory.

Er hält die Mittelstrasse zwischen dem classischen und romantischen Style; man sagt von ihm, dass diese ruhige 'Mittelstrasse mehr das Verdienst des Temperaments ist; im Ganzen ist er mehr ohne Fehler, als reich an Verdiensten.

Für das Studium der hetrurischen Sprache, um das sich unser gelehrter Professor Stickel in Jena so verdient gemacht hat, ist ein bedeutendes Werk erschienen:

Iscrizioni Etrusche, Etrusco latine, che si conservano alla Galleria di Firenze, dal conte G. A. Conestabile. Firenze 1859. presso Vieusseux.

Der in Perugia lebende gelehrte Graf Conestabile hat die Beschreibung der in der Sammlung degli Uffizii zu Florenz befindlichen Inschriften hetrurischer Denkmäler nicht nur in Abbildungen durch Steindruck und Kupferstich herausgegeben, sondern denselben auch eine Beschreibung beigefügt.

Ein gelehrtes Werk über die Münzen von Monferrat ist folgendes:

Le monete dei Paleologhi, Marchese di Monferrato pubblicate da Domenico Promis. Torino 1858. Stamperia Reale.

Der Verfasser ist Vorsteher des reichen Münz-Cabinets in der Bibliothek

des Königs von Sardinien, welche sich im königlichen Schlosse zu Turin befindet. Das Herzogthum Monferrat, welches einen grossen Theil des heutigen
Piemont ausmacht, war durch das Aussterben der männlichen Linie dieses
von dem römisch-deutschen Kaiser und Kirche abhängenden Herzogthums durch
Heirath an einen Paleologischen Prinzen aus Constantinopel gefallen, die Münzen, welche die Herzoge dieses Hauses in diesem reichen Lande schlagen
liessen, machen einen bedeutenden Theil der trefflichen Münz-Sammlung aus,
welcher der gelehrte Promis mit Ehren vorsteht.

*Sommario di Storia della cultura Italiana da Gabriele Rosa. Venezia 1859. Tip.
del Commercio.*

Diese zweite Auflage der Geschichte der Civilisation in Italien ist von
dem gelehrten Verfasser, Gabriel Rosa in Bergamo bedeutend vermehrt worden. Ueberhaupt ist der Verfasser einer der fleissigsten Forscher der italienischen Geschichte und geben seine Aufsätze der besten in Italien herauskommenden Zeitschrift Creposcolo bedeutenden Werth.

*Della industria agricola, manifatturiera, commerciale nel Ducato di Modena, del
Conte Luigi Sormani Moretti. Milano 1858. Tip. Guglielmini.*

Die Verhältnisse des Ackerbaues in dem Herzogthum Modena werden hier
hauptsächlich mit Bezug auf eine Credit-Anstalt vorgelegt, welche diesem
noch mehr aufhelfen soll. Modena ist schon von früher Zeit an durch seinen Ackerbau ein reiches Land geworden. Schon im Jahre 1090 liess der
Abt von dem für uns Deutsche sehr schmerzhafte Erinnerungen erweckenden
Canossa, die Wälder von Taro und Gorgo ausrotten, Sümpfe austrocknen,
und Bewässerungskanäle graben, die noch heute benützt werden. Im Jahr
1179 legten die Bürger von Reggio einen Schifffahrts-Kanal an, der sie mit
dem Po in unmittelbare Verbindung setzte, und von 1200 bis 1436 waren sie
mit den Bürgern von Modena in fortwährendem Kampfe wegen der Wasser-
benutzung, welcher hauptsächlich die Fruchtbarkeit jenes Landes verdankt
wird. Schon seit dem Jahr 1300 konnten die Gemeinden dieser Gegend sich
so frei bewegen, dass sie landwirthschaftliche Statuten und Verordnungen er-
liessen, auf die man sich grösstentheils noch jetzt beruft. Schon im 15. Jahrhundert war der Seidenbau hier so bedeutend, dass vor 1420 bis 1570 in
Reggio allein über 5000 Seidenweber beschäftigt wurden. Jetzt beläuft sich
der jährliche Ertrag der Seiden-Ernte auf 200,000 Pfund Cocons, von denen
vier Fünftheile im Lande abgesponnen werden, wogegen es an Fabriken fehlt.
Die Modenesischen Apenninen haben überall Marmor, aber nur der von Carrara wird ausgebeutet, und bringt jährlich 2,000,000 Franken ein. Der Verf.
hält eine Verbesserung des Hypothekenwesens für durchaus nothwendig, um
zum Vortheile des Ackerbaues eine Bank für Darlehen zu gründen. Dass das
in Italien beinah überall geltende Hypothekenwesen nach der französischen
Gesetzgebung durchaus für den Real-Credit nicht hinreichend ist, wird überall
gefühlt, wie man aus folgender Schrift entnehmen kann „Cenno critico del
progetto di riforma del sistema ipotecario Francese progetto dal Cavalier
Neigebauer, dal professore Sciascia, Palermo 1846." wovon eine zweite Auflage zu Turin mit einer Vorrede des Professor Mancini aus Neapel im Jahr
1852 erschienen ist.

Introduzione alla storia naturale di Leonardo Doneri. Firenze 1859. presso Le Monnier.

Dieser Leitfaden zur Naturgeschichte hat den Professor Doneri am Militär-Gymnasium zu Florenz zum Verfasser, und wird für ein sehr nützliches Buch gehalten, ebenso wie das

Annuario del Museo di fisica etc. per l' anno 1857. Firenze. presso Le Monnier.

welches schätzbare meteorologische, physische, nautische, astronomische, botanische und statistische Nachrichten enthält.

Ein sehr bedeutendes grösseres Werk aber ist folgendes:

Della economia publica e delle sue attinense colla morale e col diretto, di Marco Minghetti. Firenze 1859. presso Le Monnier.

Der Verfasser, welcher sich zugleich durch eine treffliche Sprache auszeichnet, behandelt im ersten Buche die Geschichte der Staatswirthschaft von Adam Smith an bis auf die gegenwärtige Zeit; die drei folgenden Bücher enthalten das Wesen dieser Wissenschaft nach allen Seiten betrachtet, das fünfte und letzte Buch zeigt den Zusammenhang der Staatswirthschaft mit der Moral und mit dem Rechte, sowohl mit dem Privat- als Familien- und mit dem Staats- und Völker-Rechte.

Opere dramatiche di Paolo Ferrari. Vol. e I e II. Milano 1858. presso Sanvito.

Dieser neue Goldoni hat eine Sammlung von Lustspielen herausgegeben, welche ziemlich gefallen, von denen La Satira e Perini am besten gefällt.

Il Contado, comedia di Sabbatini. Torino 1858. Tip. Botta.

Dieses Lustspiel, im Tone unserer Dorfgeschichten gehalten, ist in Italien eine Neuerung, und ob wohl nicht übel angelegt, so kommt dasselbe doch dem italienischen Publikum zu trivial vor.

Saggi Dramatici di Carlo Weten. Venezia 1858. Tip. del Commercio.

Diese theatralischen Versuche werden für nicht mehr, als für Versuche gehalten.

Della pedagogia, del professore G. A. Rayneri. Torino 1859. presso Franco.

Dieses, die ganze Erziehungs-Wissenschaft umfassende Werk bewährt sich als die Arbeit eines erfahrenen Pädagogen.

Lettere di Lucrezia Borgia a Messer. P. Bembo. Milano 1859. Tip. dell' Ambrosiana.

Zu den Seltenheiten, welche in der Ambrosianischen Bibliothek zu Mailand am meisten die Fremden anziehen, gehören die Briefe der berüchtigten Lucretia Borgia an den Cardinal Bembo; wie sie hierher gekommen, weiss man nicht, sie befinden sich aber hier schon seit der Stiftung dieser Bibliothek (S. die Beschreibung dieser Bibliothek von dem Geheimerath Neigebaur im Serapeum 1858.). Zuerst machte Mazzuchelli auf diese Briefe aufmerksam, welcher das Leben von Bembo schrieb; worauf Oltrocchi eine Dissertation darüber herausgab, die aber in Vergessenheit gerathen war, bis Byron diese geschichtliche Reliquie wieder aufs Neue in Anregung brachte. Jetzt hat endlich der Praefect der Ambrosianischen Bibliothek, Herr Bernardo Gatti, diese Briefe herausgegeben; es sind deren 9 mit 2 spanischen Gedichten, in welcher Sprache auch 2 dieser Briefe verfasst sind. Diese Briefe sind mitunter mit dem Tage des Empfanges durch ihren Freund Bembo bezeichnet, doch sind dies nicht alle, welche während dieses genauen Verhältnisses geschrieben wurden, das lange gedauert hat, so dass diese hier aufbewahrten Briefe nur ein freundschaftliches Vernehmen andeuten. Der Herr Herausgeber sucht den schlechten Ruf, in dem diese Herzogin steht, zu verdecken, allein Guicciardini ist zu sehr als wahrheitsliebender Schriftsteller bekannt, als das Hr. Gatti im Stande gewesen wäre, alle die Flecken zu vertilgen, welche alle Zeitgenossen in dieser Person gefunden haben. Nach in einer neulich in dem Archivio storico bekannt gemachten Chronik von Matarazzo über Alexander VI. werden die Jugendsünden dieser Lucretia mit lebendigen Farben geschildert; dass sie mit ihrem Vater und ihren Brüdern in sehr nahem Verhältnisse gestanden, und dennoch von ihrem ersten Manne geschieden worden, weil sie unberührt gefunden sein sollte. Nach dem Tode ihres Vaters, als sie mit ihrem vierten Gemahl, dem Herzoge Alfons I. von Este, in der gebildeten Stadt Ferrara lebte, mag sie allerdings vorsichtiger gewesen sein. Der Herausgeber würde gewiss gern zur Vertheidigung 2 Briefe angeführt haben, die dem Einsender vor Kurzem in dem Archivo zu Modena vor die Augen kamen, wenn er sie gekannt hätte. Der eine ist ein Schreiben des Herzogs Alfons an den Herzog Gonzaga von Modena am Todestage seiner Gemahlin Lucretia, worin er ihren Verlust als einer innig geliebten Gattin beklagt. In dem andern Briefe meldet ein Verwandter des Herzogs nach Modena das Begräbniss dieser Herzogin mit dem Bemerken, dass sie einen sehr frommen Lebenswandel geführt habe, seit 10 Jahren fortwährend einen Büsse-Gürtel getragen, alle Tage gebeichtet, und wöchentlich 2 bis 3 mal das Abendmahl genommen habe; solche Uebertreibungen wiegen natürlich ebensowenig die geschichtlichen anderweitigen Berichte auf, wie die dichterischen Ausrufungen Ariosts über ihre Schönheit, Tugend und ihren guten Ruf. Zwischen den Zeilen kann man ganz etwas anderes herauslesen. Graf Pompeo Litta in seinen Famille illustre, ein gewissenhaftes Werk, führt alle ihre Verbrechen an, und nach ihm starb sie an einem Abort.

Eine Lebensgeschichte eines in Deutschland sehr geachteten italienischen Gelehrten ist folgende:

Brevi notitie della vita e delle opere di Carlo Troja, per Gaetano Trevisoni. Napoli 1858.

Wer kennt nicht Troja's Geschichte Italiens im Mittelalter? besonders sind es die Gothen, welche an ihm einen wahren Verehrer gefunden hatten, deren Fasten er von den Uranfängen der Geschichte an von Dacien bis nach Spanien und nach Dania, und nach Gothland in Schweden, deren Nachkommen er von Norwegen nach der Normandie bis Sicilien und in das Neapolitanische verfolgt. Dabei war dieser gründliche Gelehrte der liebenswürdigste Mensch. Als der König von Neapel im Jahr 1848 in Verlegenheit war, ernannte er ihn zum Minister.

Elogio funebre dell' abbate Ferrante Aporti del professore Giovanni Scavia. Torino 1859. Tip. Franco.

Aporti war ein Geistlicher, wie man sich einen solchen als Ideal vorstellt; er hat Klein-Kinder-Bewahr-Anstalten in Italien eingeführt; zuerst in seinem Geburts-Orte San Martino, dann in Cremona und Mailand, zuletzt in Turin.

Nelle solenni esequie di Monsignore G. B. Partori Canova, vescovo di Mindo; orazione dall' abb. Guis. Jacopo Ferrussi. Bassano 1859. presso Roberti.

Diese Lebensgeschichte ist dadurch merkwürdig, dass dieser Bischof Bruder des berühmten Canova war.

Della vita di Luigi Naccari pittore, memorie di A. C. Padova 1858. Tip. Prosperini.

Dieser Maler ward in Chioggia geboren und war Schüler des Maler Gazoto in Padua.

Poesie edite e inedite di Giuseppina Poggiolini. Milano 1858. Tip. Ubicini.

Die Dichtungen dieser bereits durch andere Werke rühmlichst bekannten Dichterin erfreuen sich eines sehr weit verbreiteten Beifalls.

La Chiesa di S. Onofrio e le sue tradizioni artistiche e letterarie de Guiseppe Coterbi. Roma 1858. Tip. Forense.

Diese Kirche, bekannt durch das Grabmahl von Tasso, wird hier in künstlerischer Beziehung beschrieben.

Del Riordinamento d'Italia, da Ferdinando Ranalli. Firenze 1859. pr. Barbera

Herr Ranalli, ein geachteter Geschichtschreiber, wie er durch seine Storia degli ultimi tempi in Italia dargethan hat, zeigt hier den Italienern die Nothwendigkeit, einen verbesserten Zustand durch gemässigten Fortschritt zu erstreben. Er warnt vor gewaltsamen Massregeln, da Italien allein zu schwach ist. Eben so zeigt er die Gefahr vor einer Verbindung mit Frankreich. Er dringt auf die Verbesserung des Unterrichts, der Literatur, und der verschiedenen Institutionen, um nach und nach die Regierungen zu Reformen zu bewegen, um einen blutigen Krieg zu vermeiden. Dies Buch ist dem bekannten Grafen Mammiani delle Rovea gewidmet, welcher aber auf diese zu milden Vorschläge nicht eingegangen ist und sich dagegen erklärte, da er als ehemaliger römischer Minister für mehr energische Massregeln ist.

Druckfehler.

Heidelberger Jahrbücher No. 15. 1859.

S. 236 Z. 10 v. O. statt darauf liess dennoch.

„ 237 „ 3 v. U. statt hernach liess dennoch.

Neigebaur.

JAHRBÜCHER DER LITERATUR.

*Ministerverantwortlichkeit und Staatsgerichtshof in Deutschland. Be-
leuchtung des Ultraconstitutionalismus in dessen letzter Garantie am Wendepunkt deutscher Verfassungspolitik von Dr. Hermann Bischof. Giessen, 1859 (Ferber'sche Universitätsbuchhandlung). 7 Bogen 101 Seiten.*

Es ist bekannt, dass bald nach der Einführung des Constitutionalismus in Deutschland sich eine Richtung bemerklich machte,
welche alles Heil von der möglichsten Einengung des monarchischen
Princips und von der Verlegung des Schwerpunktes der Regierung
in die Kammern erwartete. Es wurde daher auf ein System des
Parlamentarismus losgesteuert, wonach der Staat zu einer Republik
mit einer schwachen monarchischen Spitze umgestaltet werden sollte.
Wie überhaupt die ersten constitutionellen Verfassungen in Deutschland Nachbildungen der französischen Charte von 1814 gewesen
waren, so äusserten die Phasen, welche der Constitutionalismus in
Frankreich durchlief, jederzeit einen Einfluss auf die Verfassungsbil-
dung in Deutschland, und so kam es, dass das parlamentarische
Königthum, wie es die französische Charte von 1830 einrichtete,
auch alsbald in Verfassungen deutscher Staaten Nachbildung fand.
Seinen Höhepunkt erreichte das Streben nach möglichster Beschränkung der Krone und möglichster Vermehrung der Macht der Kammern in den J. 1848 u. 1849, wo Frankreich sich wieder einmal vollkommen zur Republik umgestaltet hatte, und es daneben in Deutschland sogar Anstrengungen kostete, um das monarchische Princip überhaupt aufrecht zu erhalten. Die traurigen Erfahrungen, welche man
in Deutschland alsbald in Folge der eingeschlagenen Richtung machen musste, haben glücklicherweise zur Besonnenheit zurückgeführt,
und allgemein hat die Ueberzeugung wieder Platz gegriffen, dass
das monarchische Princip wieder einer Kräftigung bedürfe, und die
übermässigen Auswüchse des sog. Parlamentarismus zu beseitigen
seien, wie dies auch seit dem J. 1851 allenthalben geschehen ist.
Dass denjenigen, welche auf die Republik mit oder ohne monarchische Spitze lossteuerten, ein solcher Rückschlag in der öffentlichen
Meinung und in den Ständeversammlungen, als den verfassungsmäs-
sigen Organen derselben, unwillkommen sein musste, und so unvermeidlich und nothwendig er war, sofort von ihnen durch die beliebte
Bezeichnung als Reaction gebrandmarkt werden wollte, liegt in der
Natur der Verhältnisse, so wie auch, dass diese Parthei den Grund
dieses unvermeidlichen Rückschlags in allem eher, als in ihren eigenen vorhergegangenen Uebertreibungen und Ausschreitungen fin-

den zu müssen glaubt. Uebrigens erkennen auch wir an, dass in
der an sich gerechtfertigten Abschneidung parlamentarischer Auswüchse zu weit gegangen werden kann, und warnen ernstlichst davor, hier das Maass des Nothwendigen zu überschreiten, da hieraus
dem monarchischen Princip kein Vortheil, sondern nur Schaden erwachsen kann. Ueber dasjenige, was zur Sicherung und Kräftigung
des monarchischen Princips nöthig ist, werden die Ansichten im Einzelnen noch lange Zeit aus einander gehen. Es kann dies aber nicht
befremden, wenn man bedenkt, dass der Constitutionalismus erst seit
40 Jahren in Deutschland und zwar nach ausländischem Vorbild eingeführt worden ist, und in vielen deutschen Staaten kaum sein erstes Decennium hinter sich hat. Im Gegentheile muss man sich
freuen, dass nunmehr verschiedene Meinungen und Ansichten über
den Werth oder Unwerth der einzelnen constitutionellen Einrichtungen laut werden; denn dies beweist, einerseits, dass man bereits anfängt, Erfahrungen zu sammeln, die unbefangen gewürdigt, schöne
Früchte tragen können, andererseits, dass man über die einseitige
Richtung und den ersten Enthusiasmus hinaus ist, der von der neuen
Staatsform alles Heil allein erwartete und dass an die Stelle nebel-
hafter Erwartungen die Kritik zu treten anfängt, die mit der Klarheit des Bewusstseins das Unbrauchbare ausscheidet und dem wirklich Brauchbaren und einer deutsch-nationalen Entwicklung Fähigen
den Boden zu weiterer Entfaltung bereitet. Von diesem Standpunkte
aus muss auch die vorliegende kleine aber beachtungswerthe Schrift
gewürdigt werden. Der Herr Verf. hat darin mit grosser Vollständigkeit die Gesetzgebungen der einzelnen deutschen Staaten über die
Ministerverantwortlichkeit gegenüber von den Landständen und das
damit zusammenhängende Institut der Staatsgerichtshöfe zusammengestellt, und die bisher in dieser Materie entstandenen Controversen
besprochen. Es wird hier mit grosser Schärfe ins Einzelne gehend,
gezeigt, was wir auch schon früher bei mehreren Gelegenheiten als
unsere Ueberzeugung ausgesprochen haben, dass man dem Institute
der Ministerverantwortlichkeit vielfach eine viel zu grosse Bedeutung
beigelegt hat, weit mehr, als es in der Praxis, namentlich der deutschen Staaten, je haben kann, und mit Recht wird gerügt, dass man
häufig die Fälle, wo das Anklagerecht der Landstände eintreten soll,
in einer ganz unzweckmässigen Weise vermehrt, und eben so dem
Urtheil, welches auf solche Anklagen erfolgen soll, häufig einen Umfang und Wirkungen beigelegt hat, welche sich nach den Grundsätzen einer gesunden Politik nimmermehr rechtfertigen lassen. Wenn
aber der Herr Verf. zu dem Resultate gelangt, dass die Minister-
antwortlichkeit gegenüber von den Landständen dem Wesen des monarchischen Princips geradezu widerspreche, und desshalb aus der
Reihe der eigenthümlichen Einrichtungen der constitutionellen Monarchie gänzlich zu streichen sei, so können wir ihm hierin durchaus nicht beistimmen. Wir halten im Gegentheile den Grundsatz
der Ministerverantwortlichkeit gegenüber von den Landständen, und

ein Anklagerecht derselben wegen Verfassungsverletzungen, die durch
Minister begangen werden, so wie die Zulassung des Urtheils eines
Staatsgerichtshofes, welches das Dasein einer solchen Verfassungsverletzung und die Nothwendigkeit der Entfernung eines schuldig be-
fundenen Ministers von seinem Posten ausspricht, für durchaus gerechtfertigt im Interesse des monarchischen Princips selbst und namentlich für unentbehrlich in der constitutionellen Monarchie, wenn,
was uns wesentlich erscheint, die Discussionen in den Ständeversammlungen in der Schranke sollen erhalten werden, dass nie die
Person des Monarchen bei der Kritik der Regierungshandlungen ein-
gemischt werden darf, und die Unverantwortlichkeit des Souveräns nicht
bloss auf dem Papier, sondern in praktischer Wahrheit aufrecht erhalten werden soll. Wir wollen eine gekräftigte Stellung des monarchischen Princips, und sind dafür zu jeder Zeit eingestanden;
aber wir wollen keinen maskirten Despotismus, wie er dermalen in
Frankreich wieder einmal an die Stelle der Republik getreten ist,
der sich gleisnerisch mit einigen repräsentativen Formen umgibt,
und nur eine Verantwortlichkeit der Minister gegen das Staatsoberhaupt anerkennt, um sie zu unbedingten Dienern der kaiserlichen
Willkür zu machen, und wobei dann nothwendig und offen eingestanden, die Verantwortlichkeit nicht blos gegen Gott, sondern auch
gegen die Nation auf dem Staatsoberhaupt lastet, dem Volke aber
kein anderes Mittel zur Verwirklichung dieser Verantwortlichkeit seines Oberhauptes übrig bleibt als die Revolution, die sofort nieder-
zuwerfen, sich die Despotie im Voraus durch die Anlage eines Gür-
tels von Forts um die Hauptstadt in Bereitschaft setzt. Wir könnten es daher auch für kein Meisterstück der Politik anerkennen,
wenn in Preussen das Herrenhaus das zur Ausführung der Ministeranklage vorgelegte Gesetz aus dem principiellen Grunde abgelehnt
hat, welchen der H. Verf. p. 32 anführt, dass man hiermit den Art.
61 der Verfassung habe paralysiren wollen. Zwar wissen wir recht
wohl, dass auch nach der alten deutschen landständischen Verfassung eine Ministerverantwortlichkeit den Landständen gegenüber nicht
bestand.   Allein es bestehen zwischen den alten landständischen Verfassungen und der constitutionellen Monarchie so wesentliche und
vielfache Unterschiede, und sind die Grundlagen beider Verfassungen
so wesentlich andere, dass wir daraus, dass eine gewisse politische
Einrichtung bei jener Verfassung nicht stattfand, keinen Schluss darauf für zulässig anerkennen können, dass dieselbe bei der anderen
Verfassung also auch entbehrt werden möge.   Wir wollen hier nur
an das Eine erinnern, dass nach der alten landständischen Verfassung von den Landständen gegen den Fürsten selbst wegen Verletzung ihrer urkundlichen Freiheiten, wegen schlechter Wirthschaft
u. s. w. bei den höchsten Reichsgerichten Klage geführt, und der
Landesherr nach Gestalt der Sache von der Landesregierung durch
einen Reichsschluss nach Instruirung des Prozesses durch eines der
beiden höchsten Reichsgerichte suspendirt oder ganz abgesetzt, und'

eine Administration des Landes angeordnet werden konnte, so dass
also eine bedeutende Garantie, welche die alte Reichsverfassung den
landständischen Rechten gewährte, heut zu Tage, wo die Fürsten
souverain sind, hinweggefallen und daher wohl ein Ersatz durch
eine andere Einrichtung nothwendig geworden ist. Ueberdies sind
wir der Ansicht, dass ein tüchtiger Minister gar nicht wünschen kann,
den Grundsatz der Ministerverantwortlichkeit gegen die Landstände
aus der Verf.-Urk. entfernt zu sehen. Gerade dann, wenn ein Minister sich in der Lage findet, einen tief in das Verfassungsleben eingreifenden Akt vorzunehmen, der möglicherweise einer verschiedenen
Beurtheilung fähig ist und also etwa von einer anderen Seite als eine
Verfassungsverletzung aufgefasst und angegriffen werden wollte, kann
es seine moralische Kraft, sein Ansehen und seinen Einfluss nur verstärken, und seinen Anspruch auf das Vertrauen der Ständemitglie-
der und des Volkes nur erhöhen, wenn die Ueberzeugung nach allen Seiten hin feststehet, dass er für seinen Schritt den Landständen
verantwortlich ist, und er dieser Verantwortlichkeit sich geradezu
unterstellt: wogegen es dem Minister allen moralischen Halt entzieht,
wenn in solchen kritischen Momenten die allgemeine Ueberzeugung
nur die sein könnte, dass der Minister, wie verfassungswidrig er auch
als blindes Werkzeug fürstlicher Willkühr handeln möge, doch von
keiner Verantwortlichkeit den Landständen gegenüber getroffen werden könne. Durch die Zerstörung der moralischen Stützen des ministeriellen Ansehens wird aber das monarchische Princip wahrlich
nicht gekräftigt.

Vollkommen stimmen wir mit dem Herrn Verf. darin überein,
dass die neueren Verfassungsgesetze häufig die Fälle, in welchen
den Landständen das Recht der Ministeranklage eingeräumt wird,
allzusehr und principlos vermehrt, Politisches und Criminalistisches
durcheinandergeworfen und die Competenz des Staatsgerichtshofs,
eigentliche Strafurtheile im Gegensatz des Erkenntnisses auf blosse
Entfernung vom Amte zu fällen, in ungeeigneter Weise ausgedehnt
haben. Dagegen müssen wir uns mit aller Entschiedenheit gegen
das Princip erklären, welches der Herr Verf. S. 30 aufgestellt hat.
Hiernach büsst der Minister in Folge der ständischen Anklage und
Verurtheilung durch den Staatsgerichtshof kein selbst began-
genes Verbrechen, sondern er sühnt nur jenes, dessen Ahn-
dung auf dem Souverain zu lasten hätte. Der Hr. Verf.
glaubt durch diese Auffassung das Princip der Selbstregierung des
Souverains zur gebührenden Anerkennung zu bringen und sieht dagegen in der Theorie, welche davon ausgeht, dass die Ministerverantwortlichkeit gegen die Landstände in der constitutionellen Monarchie darum eingeführt ist, weil diese als Princip aufstellt, dass der
Souverain nie Unrecht thun will und nie als Unrecht thuend gedacht
werden darf, eine Anerkennung einer sog. Ministerregierung und eine
Nullifizirung des Souverains. Wir dagegen halten die Theorie, welche der Herr Verf. aufgestellt hat, für durchaus unrichtig und über-

dies für höchst gefährlich für das monarchische Princip. Es ist von vorn herein unrichtig, dass ein Minister nur allein wegen der Contrasignatur landesherrlicher Erlasse einer Verantwortlichkeit gegen die Landstände unterliegen oder Verfassungsverletzungen begehen kann. Es ist dies eben sowohl durch rein ministerielle Verordnungen möglich, die ohne alle Mitwirkung des Souverains ergangen sind, und wahrlich wäre es traurig im Staate bestellt, wenn in einem solchen Falle die ständische Ministeranklage nicht stattfinden dürfte. Hiermit wäre einem Ministerium ein sehr einfacher Weg eröffnet, jede ständische Anklage überhaupt zu umgehen: es dürfte nämlich seine Verfassungswidrigkeiten nur in die Form einer ministeriellen Verordnung, statt in die eines landesherrlichen Erlasses einkleiden. Sodann ist es auch nicht richtig, dass ein Minister, der wegen Contrasignatur einer verfassungswidrigen landesherrlichen Verordnung der ständischen Anklage unterliegt, nicht sein eigenes Verbrechen büsst, sondern das des Souverains sühnt. Das eigene Verbrechen des Ministers liegt hier eben in der Mitwirkung und beziehungsweise Veranlassung und Contrasignatur eines verfassungswidrigen landesherrlichen Erlasses. Es ist um so auffallender, wie der Herr Verf. dies ignoriren kann, indem er doch auf der anderen Seite, wovon nachher zu sprechen ist, in der Contrasignatur allein den Grund der Haftung des Ministers sehen will. Gefährlich aber ist die Theorie des Herrn Verf. für das monarchische Princip, das er vertheidigen will, weil nach ihr die Verurtheilung eines Ministers auf die ständische Anklage von dem Publikum als eine maskirte Verurtheilung des Souverains selbst begriffen werden muss, und der Minister hierdurch offenbar in die Stellung des beklagenswerthen Prügelknaben versetzt ist, d. h. jenes Pagen, der im alten Regime mit jedem königlichen Prinzen von Frankreich erzogen zu werden pflegte, und die Züchtigungen der Lehrer erdulden musste, welche der Prinz verdient hatte. Die bisherige gemeine Lehre über die Stellung des Souverains in der constitutionellen Monarchie, der auch wir huldigen, fasst hier das Sachverhältniss doch ungleich würdiger auf. Hiernach erscheint der Souverain überhaupt nie als ein Verbrecher, also auch nicht als ein Verbrecher, dessen Verbrechen eine andere Person zu sühnen hat, sondern der Souverain erscheint hiernach im äussersten Falle als getäuscht und übel berichtet durch seine Rathgeber, und der Souverain sühnt, und zwar er selbst, nur seinen an sich als menschlich verzeihlichen, oft unvermeidlichen Irrthum, indem er die Veranlasser desselben der ständischen Anklage und dem Urtheil des Staatsgerichtshofs unterstellt. Der Herr Verf. scheint nicht bemerkt zu haben, zu welchen Widersprüchen die praktische Ausführung seines Principes mit seinen eigenen, zum Theil sehr richtigen Behauptungen bezüglich anderer hier einschlägigen Fragen führen müsste. So z. B. erklärt sich der Herr Verf. mit Recht gegen eine Beschränkung des fürstlichen Begnadigungsrechtes bezüglich eines auf ständische Anklage verurtheilten Ministers. Ge-

rade diese Beschränkung beruht aber auf dem Gedanken, den der
Herr Verf. an die Spitze stellt, und ist nur eine consequente Entwicklung desselben. Es ist nämlich sehr natürlich, dass der Fürst,
wenn er von der Idee ausgehen müsste, der Minister sühne sein,
des Fürsten, Verbrechen, sich in allen Fällen für moralisch verpflichtet halten würde, den verurtheilten Minister sofort zu begnadigen,
und dann wird die Beschränkung des fürstlichen Begnadigungsrechtes durch die Verfassung eine politische Nothwendigkeit: sie ist dies
aber nicht, wo der Minister nicht als fürstlicher Sündenbock, sondern wegen seiner eigenen ministeriellen Thätigkeit als verurtheilt
betrachtet wird und somit dem Ermessen des Souverains, ob eine
Begnadigung eintreten könne oder nicht, allerdings noch ein würdiger Spielraum bleibt. Dass es auch nicht leicht ist, eine richtige
Auswahl unter den Fällen zu treffen, welche der ständischen Anklage
unterstellt werden sollen, zeigen die Bemühungen des Herrn Verf.,
die Frage zu beantworten, welche Rechtsnormen den Begriff der
Verletzung der Verfassung constituiren. Der Herr Verf. findet sich
veranlasst, diesen Begriff nicht auf den Buchstaben der Verfassung
einzuschränken, und erklärt es für unbestreitbar, dass Normen, welche
gegen die Sittlichkeit und Vernunft ankämpfen, als in Widerspruch
mit einem absoluten Gebote, der Verletzung des constitutionellen Gesetzes mindestens an die Seite gesetzt werden müssen. Wir gestehen, dass eine solche Ausdehnung des Begriffes des constitutionellen
Gesetzes uns grosse Bedenklichkeiten zu haben scheint, da der Begriff von dem, „was gegen die Vernunft ist" je nach den verschiedenen politischen Parteistandpunkten sehr verschieden aufgefasst werden wird. Wenn aber der Herr Verf. als Beispiele solcher Ver-
nunftwidrigkeiten anführt: „eine Norm, welche von einer Mutter die
Tödung ihres dritten Kindes verlangen, oder die Einführung des
Götzendienstes befehlen würde", so möchte man wohl fragen dürfen,
ob denn irgend ein Zeichen der Zeit darauf hinweist, dass wir in
das Zeitalter der Pharaonen und des Knaben Moses im Binsenkörb-
lein oder der Königin Athalia zurückzufallen im Begriffe stehen?
Man sollte doch bei der Behandlung von praktischen Zeitfragen auch
darauf Rücksicht nehmen, dass gewisse Dinge heut zu Tag an sich
Unmöglichkeiten geworden sind, und eben so wenig einer wissenschaftlichen Untersuchung als einer legislativen Bestimmung bedürfen, ja letztere geradezu als eine Abgeschmacktheit erscheinen müsste.
Was soll denn wohl ein späteres Jahrhundert von der politischen
Culturstufe unserer Zeit urtheilen, wenn man lesen wird, dass in ihr
noch solche Fragen ernstlich als Gegenstand einer wissenschaftlichen
Untersuchung behandelt werden konnten! Der Herr Verf., der unstreitig die Fähigkeit besitzt, recht Tüchtiges zu leisten, wird uns
diese kleine Rüge wohl verzeihen, und es wird sicher kein Nachtheil für seine ferneren Schriften sein, wenn er sorgfältig dergleichen
Ungehörigkeiten daraus entfernt hält.

Der Raum dieser Blätter gestattet nicht, dem Verfasser durch alle Einzelnheiten seiner zum Theil sehr scharfsinnigen Ausführungen zu folgen. Ich beschränke mich daher auf einige Bemerkungen zu einer Aeusserung des Herrn Verf. die zunächst gegen eine in meinem Lehrbuch des Staatsrechts aufgestellte Behauptung gerichtet ist. Ich betrachte nämlich die Contrasignatur der landesherrlichen Erlasse durch einen Minister als eine Einrichtung, die selbstverständlich da nicht fehlen darf, wo eine Ministerverantwortlichkeit den Ständen gegenüber von einer Verfassung einmal anerkannt worden ist. Mir ist die Contrasignatur eine Form, wodurch die Beweisführung der eigenen Mitwirkung bezüglich des contrasignirenden Ministers überflüssig gemacht wird. Ich bin aber durchaus nicht der Ansicht, dass die übrigen Minister, welche zu einem beschwerenden landesherrlichen Erlasse mitgewirkt, denselben mitberathen und mitbeschlossen haben, von der Verantwortlichkeit völlig frei seien, wenn nicht etwa die Verfassungsurkunde dies ausdrücklich besagt. Ich kann es daher auch durchaus nicht für gerechtfertigt anerkennen, dass nur der contrasignirende Minister allein soll von den Landständen in Anklage versetzt werden können, wo der verfassungswidrige Erlass aus einer Gesammtberathung und einem Gesammtbeschlusse mehrerer oder sämmtlicher Minister hervorgegangen ist. Der Grund, welchen der Herr Verf., mit Berufung auf Held, anführt, dass die Contrasignatur gerade desswegen nöthig sei, um die verantwortliche Person zu erkennen, d. h. weil sie eine absolut nothwendige Form sei, beweist gar nichts; schwerlich würde der Herr Verf. einer solchen Ansicht — welcher, wie er selbst anführt, auch die ausdrücklichen Verfassungsbestimmungen in Baden, Braunschweig, Waldeck und Coburg-Gotha geradezu entgegen stehen — Beifall geschenkt haben, wenn er sich die hier in Betracht kommenden Verhältnisse klar gemacht hätte. Die Contrasignatur ist ihrem Wesen nach eben nichts als ein Beweismittel, dass eine bestimmte Person die ministerielle Verantwortlichkeit als auf ihr ruhend anerkannt hat: sie ist aber keine Expromission und Indemnitätsbill, welche der Contrasignirende seinen Collegen durch seine Unterschrift des Gesammtbeschlusses ertheilt oder auch nur zu ertheilen befugt sein kann, wenn der Gesammtbeschluss und die Mitwirkung zu demselben an sich eine Verfassungsverletzung ist. Wollte man das Gegentheil annehmen, so könnte ein Ministerium leicht jede Verantwortlichkeit seiner Mitglieder für die Gesammtbeschlüsse dadurch illusorisch machen, dass es durch die Zusicherung und Gewährung gewisser Vortheile ein Mitglied in sich aufnimmt, welches alles contrasignirt, was den übrigen Mitgliedern zu contrasigniren bedenklich erscheint. Wie wenig aber der Einwand, dass die Contrasignatur eine absolut nothwendige Form sei, Bedeutung hat, ergibt sich klar, wenn man sich daran erinnert, dass diese angeblich „absolut nothwendige" Form landesherrlicher Erlasse sogar absichtlich unterlassen werden kann: was auch schon mitunter vorgekommen ist. In diesem Falle würde es nach der Theorie des Herrn Verf. an jedem Subjekte einer ministeriellen Verantwortlichkeit gegenüber von den Landständen fehlen, und wenn nun der nicht contrasignirte landesherrliche Erlass wirklich eine Verfassungsverletzung enthielte, so wäre das Ministerium, welches dazu gerathen oder dazu den Fürsten gedrungen hat, den Ständen geradezu unerreichbar. Der Conflict würde sich sonach direct gegen die Person des Fürsten richten, was zu vermeiden und unmöglich zu machen gerade eine der Hauptaufgaben der constitutionellen Monarchie ist. Dazu kommt noch, dass theils nach der Natur der Sache, theils nach dem positiven Wortlaut mehrerer Verfassungsurkunden nicht zu jeder Art von landesherrlichen Erlassen eine Contrasignatur eines Ministers nothwendig ist; dass aber sehr wohl im einzelnen Falle eine grosse Meinungsverschiedenheit zwischen der Regierung und den Landständen darüber entstehen kann, ja auch schon mitunter entstanden ist, ob der landesherrliche Erlass in die eine oder die andere Kategorie gehöre. Hier würde das Ministerium nach der Theorie des Herrn Verf. gar nicht nöthig haben, sich auf einen Streit mit den Landständen einzulassen, oder wie es in solchen Fällen bisher üblich und Praxis war, nachträglich zu erklären, dass es eventuell die Verantwortlichkeit übernehme, sondern das Ministerium würde sich einfach dadurch aus der Sache ziehen, dass es darauf hinwiese, wie es ja doch in keinem Falle von einer Verantwortlichkeit getroffen werden könne, weil die „absolut nothwendige" Form der Contrasignatur fehle! Wollte man hiergegen einwenden, dass ein ohne ministerielle Contrasignatur, wofern dieselbe nöthig, ergangener landesherrlicher Erlass nichtig sei, so ist abgesehen davon, dass dies nicht unbedingt richtig ist, doch derselbe hiermit praktisch nicht aufgehoben und ausser Wirkung gesetzt, wenn es dem Fürsten gelungen ist, ihn zur Ausführung zu bringen: in jedem Falle wäre eine Verfassungsverletzung begangen, ohne dass das Ministerium, auf dem die Urheberschaft lastet, zur Verantwortung gezogen werden könnte. Die constitutionelle Monarchie würde sich sonach in diesem Punkte nicht von einer rein autokratischen unterscheiden, und in dem Unterlassen der Contrasignatur dem Ministerium das Mittel geboten sein, die Verfassung beliebig und ungestraft zu verletzen, oder auch ganz über den Haufen zu werfen. Können wir demnach in diesem Punkte, wie in manchem anderen, mit dem Herrn Verf. nicht einer Meinung sein, so erkennen wir doch gerne an, dass seine Schrift viel Beachtungswerthes enthält, und von Niemand ungelesen bleiben sollte, dessen Beruf es ist, sich mit den einschlägigen Fragen zu beschäftigen.

Zoepfl.

*Die deutschen Mundarten. Vierteljahrsschrift für Dichtung, For-
schung und Kritik, herausgegeben von Dr. G. Karl Frommann, Vorstand des Archivs und der Bibliothek beim germanischen Museum in Nürnberg. Nördlingen bei C. H. Beck, 1859.*

Von dieser verdienstvollen, im Jahre 1854 von Jos. Ant. Pang-
kofer begründeten Zeitschrift habe ich schon 1855 in diesen Jahrbüchern N. 20, S. 318 kurz berichtet. Nunmehr liegen uns davon
5 Jahrgänge vollendet, vom 6. 2 Hefte vor und es ist wohl gerechtfertigt, darauf mit einigen Worten zurückzukommen, wäre es
auch nur um die aufopfernde Hingebung anzuerkennen, womit der
jetzige Herausgeber der Zeitschrift seit 5 Jahren dem Unternehmen
seine beste Kraft widmet, und um die huldvolle Unterstützung zu
rühmen, welche Seine Majestät der König Maximilian II. von Bayern
seinen Bemühungen angedeihen zu lassen geruht hat.

Die Zeitschrift umspannt in ihren Untersuchungen und Beleuch-
tungen das ganze Gebiet der deutschen Dialektforschung. Die verschiedensten Provinzen des deutschen Sprachreichs sind durch tüchtige Bearbeiter, zum Theil mehrfach, vertreten. So um im Norden
zu beginnen, dass Plattdeutsche im allgemeinen durch Latendorf,
Woeste, Jordan; das Ostfriesische durch Tannen; Oldenburg durch
Strackerjan und Lübben; Pommern durch Odebrecht. Für die Rhein-
lande gibt Franz Pfeiffer einen wichtigen Beitrag zur Kenntniss des
älteren kölnischen Dialekts durch eine Anzahl von Sagen aus dem
15. Jahrhundert, worunter manche auch stoffliches Interesse bieten,
wie die Pilatussage Band 2, S. 1. Für Achen haben wir J. Müller, für Rheinfranken Wilh. von Waldbrühl; für Westfalen A. v. Eyn
und Friedr. Woeste, für Koburg Frommann, den Herausgeber selbst
und Hofmann; für Schlesien finden wir werthvolle Ergänzungen der
trefflichen Arbeiten von Weinhold und Peters; für Meiningen sorgt
Brückner und Sterzing, für Nürnberg C. Weiss und W. Weikert.
Aus Oesterreich erhalten wir Beiträge von Kaltenbrunner, Klun,
Castelli; insbesondere über Ungarn von Schröer, über Kärnten von
Lexer, über Tirol von Schöpf und Gredler, über Voralberg von Von-
bun, über Siebenbürgen von Schuler, Haltrich und dem nun viel zu
früh verstorbenen Victor Kästner. Bayern ist durch F. v. Kobell,
Schwaben durch M. Rapp, Barack und Birlinger vertreten; die Schweiz
durch Titus Tobler, Rocholz und Schmidt, das Elsass durch August
Stöber und Friedrich Otte. In ähnlicher Weise wären noch andere
Landschaften und Mitarbeiter zu nennen und leicht zu zeigen, dass
die umsichtige Thätigkeit des Herausgebers und die theilnehmende
Unterstützung der mannichfaltigsten zum Theil der bedeutendsten Kräfte
in allen Gauen des weiten Vaterlandes zusammenwirken, um die
Zeitschrift zu einer reichen Schatzkammer dialektischer Kenntnisse
zu machen. Welch ein lexikalischer Reichthum in diesen Heften
enthalten ist, zeigt ein Blick in die sorgfältigen Register über die
erläuterten Wörter am Schluss jedes Bandes.

Wollen wir die Beiträge im Ganzen nach ihrem Inhalt in Gruppen stellen, so fallen uns vor allem 1) die grammatischen Untersuchungen ins Auge. Darunter ist die Abhandlung von Weinhold über oberdeutsche Geschlechtsnamen, eine andere über verstärkende Zusammensetzungen, sodann die Erörterungen von Stertzing über den hennebergischen Dialekt hervorzuheben. 2) Von den lexikalischen Beiträgen, welche billigerweise grossen Raum füllen, ist schon vorhin die Rede gewesen. 3) Besonderes Augenmerk ist gerichtet auf die Vervollständigung der Literatur und Bibliographie der Mundarten, wobei sehr zweckmässig, um die nöthige Einheit hervorzubringen, an die Schrift Trömmels angeknüpft wird. 4) Auch die deutsche Literaturgeschichte erhält manche schätzbare Bereicherung, wie durch die biographischen Schilderungen über Weikert und über Victor Kästner. 5) Literarische Denkmäler, namentlich Gedichte aus älterer und neuerer Zeit sind in grosser Zahl mitgetheilt und überall mit fleissigen und gründlichen Erläuterungen einzelner Wörter und Stellen versehen. Unter den ersteren ist besonders ein interessantes Denkmal des schwäbischen Dialekts aus dem 17. Jahrhundert hervorzuheben, das in einem Originaldrucke sich in der Frankfurter Stadtbibliothek befindet. Die neueren Dichtungen können vielfach zu anmuthiger, erheiternder Lesung dienen. Reich und anziehend ist besonders der Vorrath an Volksliedern, Schnaderhüpfeln, Sprüchwörtern und Räthseln. 6) Endlich dürfen die mannichfachen Beziehungen nicht unerwähnt bleiben, welche diese Mittheilungen theils unmittelbar, theils mittelbar für die Geschichte des inneren Volkslebens und der Volkssitte darbieten und die reiche Quelle der Belehrung, welche der Geschichtsforscher aus der Betrachtung der Gebräuche, Spiele, Feste, Sagen, Anekdoten, der Bezeichnungen von Thieren und Pflanzen u. s. w. für die Erkenntniss des stilleren Lebens der Nation in ihren verschiedenen Schichten zu gewinnen vermag. Aber freilich gehört dazu ein feines Auge, ein geübter Sinn und vor allem ein Herz für die Sache.

Mögen diese Zeilen dazu beitragen, dem mit so aufopferndem Eifer und von so meisterhafter Hand geführten Unternehmen allgemeinere Theilnahme zuzuwenden und dadurch den Fortbestand der Zeitschrift zu sichern!

                                                    A. v. Keller.

Zeitschrift des historischen Vereins für das wirtembergische Franken. Vierter Band. Drittes Heft. Mit einer Abbildung. Jahrgang 1858. Herausgegeben von Ottmar F. H. Schönhuth, Pfarrer zu Edelfingen, d. Z. Vorstand des Vereins. Mergentheim. In Commission; Stuttgart bei Fr. Köhler. Heilbronn; bei A. Scheurlen.

Der historische Verein für das wirtembergische Franken wurde im Jahr 1847 gestiftet, und hat sich bis jetzt frisch und kräftig erhalten, auch mit vielen bedeutenden Gesellschaften von gleicher Richtung sich in Verbindung gesetzt, und vor Kurzem das zwölfte Heft, oder des vierten Bandes drittes Heft seiner Zeitschrift veröffentlicht.

Der Herausgeber desselben, Herr Ottmar Schönhuth, gibt S. 325—346 eine historische Abhandlung über Wolfram von Nellenburg, Meister Deutschordens in deutschen (und welschen) Landen, Gründer des Spitals (Hospitals zum heiligen Geist) in Mergentheim, wozu er ausser den einschlägigen gedruckten Schriften das (Copeij) Lagerbuch des Spitals vom Jahr 1701 und die in dessen Räumlichkeiten vorhandenen Inschriften benützt hat. Wolfram von Nellenburg tritt zuerst im Jahr 1316 als Commenthur im Ordenshaus zu Meinau auf, welche Stelle er bis zum Jahr 1319 bekleidete. Nach dieser Zeit wurde er zum Land-Commenthur der Ballei Elsass und Burgund gewählt, die zu Altshausen ihren Hauptsitz hatte, und im J. 1329 oder 1330 mit der Würde eines Meisters des Deutschordens in deutschen und welschen Landen betraut. Sowohl bei Kaiser Ludwig dem Baiern als bei Kaiser Karl IV. stand er in hohen Gnaden, da er beiden treue Dienste leistete. Im J. 1340 stiftete er den Spital zu Mergentheim. Zu Ende des Jahrs 1360 oder zu Anfang des Jahrs 1361 legte er sein Amt nieder. Angereiht ist dieser Lebensskizze eine kurze Geschichte des für die Stadt Mergentheim und Umgegend sehr wohlthätigen, reich dotirten Spitals nebst mehreren darauf bezüglichen Urkunden. Ein besonderer Abdruck der erwähnten Abhandlung ist zur Errichtung eines Denkmals für Wolfram von Nellenburg in der Nähe des Spitals bestimmt.

Der Grund, warum Herr Ottmar Schönhuth S. 373—442 die von ihm voriges Jahr veröffentlichte Schrift, Leben und Fehden Herrn Götzen von Berlichingen mit der eisernen Hand nach der alten Handschrift, wieder hat abdrucken lassen, ist nicht angegeben. Nur die Beilage ist geändert. In der Separatausgabe besteht sie aus 7 noch ungedruckten Briefen des Ritters, deren Originalien im Fürstlich Löwenstein-Wertheim'schen Archiv aufbewahrt werden; in vorstehender Abhandlung enthält sie einen Brief des Philipp Ernst von Berlichingen an Herzog Ludwig von Würtemberg vom 6. August 1577, welcher sich am Schlusse der ältesten Handschrift der Biographie Götzens befindet und beweist, dass diese Handschrift vor dem Jahre 1577 gefertigt wurde, weil sie ältere Schriftzüge als der Brief hat.

In der Rubrik Alterthümer und Denkmale theilt Herr Ottmar
Schönhuth die erfreuliche Nachricht mit, dass Freiherr Friedrich
von Berlichingen, österreichischer Rittmeister und Kammerherr zu
Mannheim, unter Mitwirkung sämmtlicher Glieder seiner Familie eine
sehr gelungene Renovation der im Kreuzgange des Klosters Schönthal befindlichen Grabdenkmale der Herren von Berlichingen habe
vornehmen lassen, und giebt unter Beziehung auf eine Beschreibung
dieser Monumente in seiner Schönthaler Chronik vom Jahr 1850
eine berichtigte Anzeige der betreffenden Inschriften.

Das Grabmal des Bischofs Gottfried von Hohenlohe in der
Domkirche zu Würzburg erklärt er S. 453 ff. für das älteste Denkmal des Hohenlohe'schen Hauses und beruft sich hiefür auf die
grosse Einfachheit desselben, sowie auf die rohen Eckfiguren daran,
die gegenwärtige Umschrift aber nebst der arabischen Zahl 1198,
behauptet er, sei später eingehauen, da die Buchstaben derselben
neuerer Zeit angehören. Nach unsern Beobachtungen fällt der Anfang des Gebrauchs der arabischen Zahlen in die Mitte des 15. Jahrhunderts. Ueber die fragliche Künstlerschrift aber können wir nicht
urtheilen, da sie nicht näher beschrieben ist.

Für die in seiner erwähnten Schönthaler Chronik aufgestellte
von einem Mitglied des Vereins als blos auf Chroniknachrichten be-
ruhend angefochtene Behauptung, dass die Mutter des Wolfram von
Bebenburg, Stifter's dieses Klosters, eine von Berlichingen gewesen
sei, bringt Herr Ottmar Schönbuth S. 465 ff. ein Aktenstück
bei, woraus erhellt, dass solche durch- eine Tradition in der Familie
von Berlichingen unterstützt werde.

Herr Oberrentamtmann Mauch von Gaildorf führt S.
443 ff. mit Rücksicht auf einen Aufsatz im dritten Heft S. 103 f.
aus, dass die Abbildung des Grabsteins von Schenk Friedrich V. in
der Schenkenkapelle zu Comburg, wie ihn der alte Genealogist Frö-
schel gegeben hat, und die Beschreibung der Ahnen des Verstorbenen auf keinem Missverständnisse beruhen dürften. Ferner theilt er
S. 446 ff. nebst einigen andern Inschriften von Glocken auch die
einer solchen in der Kirche zu Bühlerthan, O.-A. Ellwangen mit,
welche zu den ältesten datirten gehört, indem sie die Jahreszahl
1276 trägt.

Zu wünschen wäre, dass im nächsten Hefte der Fehler S. 449
Praemonstratenser statt Cistercienser und die Inhaltsanzeige gegenwärtigen Heftes S. V berichtigt würde.

Karl Klunzinger.

Die Alterthümer unserer heidnischen Vorzeit. Nach den in öffentlichen und Privatsammlungen befindlichen Originalen zusammengestellt und herausgegeben von dem römisch-germanischen Centralmuseum in Mainz durch dessen Conservator L. Lindenschmit. I. Heft, 26 Seiten und 8 Tafeln (mit 143 Abbildungen); II. Heft, 16 Seiten und 8 Tafeln (mit 97 Abbildungen); III. Heft, 16 Seiten in 8 Tafeln (mit 61 Abbildungen). Mainz, 1856—59; klein Folio.

Als bei der Versammlung der historischen Vereine zu Dresden und Mainz im J. 1852 das germanische National-Museum in Vorschlag gebracht und seine Ausführung genehmigt wurde: hat man, wohl einsehend, dass die Untersuchung der gesammten deutschen Vorzeit und die Sammlung der Ueberreste und Alterthümer aller früheren Jahrhunderte für ein Museum allzu gross und fast erdrückend sei, die christliche von der heidnischen Zeit getrennt, und während jene speziell dem National-Museum in Nürnberg überlassen bleibt, für die heidnische Vorzeit der deutschen ein römisch-germanisches Nationalmuseum ins Leben gerufen, welches in Mainz seinen Sitz hat, weil in jener alten Zeit Mainz einer der ersten Orte in Germania war, und seine Sammlungen aus jener Periode jetzt noch die ansehnlichsten sind. Dieses Centralmuseum, im Nov. 1852 sofort durch den dortigen historischen Verein errichtet, befasst sich eigentlich nicht mit der Aufsammlung von Alterthümern und Ueberresten aus der heidnischen Zeit — indem dies mehr Sache der einzelnen Vereine und Museen verbleibt — sondern hat sich die Aufgabe gestellt, „eine übersichtliche Sammlung der heidnischen Alterthümer aus alten deutschen Ländern herzustellen" und sucht diese Aufgabe, da die Originale zu erlangen meist unmöglich ist, dadurch zu lösen, dass sie getreue plastische, die Originale in jeder Hinsicht ersetzende Facsimiles in Gyps, ganz ähnlich kolorirt sammelt nicht nur für das Mainzer Museum, sondern auch zum Verkauf vervielfältigt, wodurch auch anderwärts ähnliche Sammlungen angelegt werden können. Nachdem nun diese Abbildungen in Gyps, namentlich auf den verschiedenen Versammlungen der historischen Vereine vielen Beifall gefunden, auch manche Museen veranlasst haben, ihre eigenen Sammlungen durch dieselben zu bereichern: hat der Vorstand es voriges Jahr unternommen, durch gegenwärtiges Werk, von dem bereits 3 Hefte vorliegen, eine genaue und wissenschaftliche Uebersicht der heidnischen Alterthümer anzubahnen. Während nun das Heidenthum und Deutschland allerdings das Hauptaugenmerk verbleibt, wird doch diese Grenze, wie die Vorrede bemerkt, nach zwei Richtungen überschritten werden müssen, indem einmal die Uebergangsperiode in das Christenthum — d. h. die Zeit vom 5. bis ins 8. Jahrhundert — mit in den Kreis gezogen werden muss, weil namentlich die Todtenbestattung noch Vieles lange aus dem Heidenthum behalten hat und die Schmuckgeräthe dieser späteren Zeit viel-

fach an die frühere Sitte erinnern; und indem zweitens zur Vergleichung der Fundstücke im eigenen Lande die Nachbarn nicht
ausser Acht gelassen werden können, also namentlich die römischen,
griechischen und etruskischen Erzgeräthe, Waffen u. s. w. herangezogen werden müssen. — Wir vermissen hierbei die Berücksichtigung der keltischen Alterthümer, so wie im Osten Deutschlands die
slavischen auch nicht ganz zu übersehen sind — der Herausgeber
hat die Gegenstände in 4 Perioden geschieden: Stein-, Erz-, Ei-
sen- und fränkisch-alemannische Periode, und die einzelnen Abtheilungen in die Gruppen gesondert: Waffen, Geräthe, Schmucksachen,
Gefässe, Sculpturen, Grabsteine u. s. w. zugleich überall bemerkt,
wo jeder Gegenstand gefunden, wo jeder noch vorhanden ist. Die
Abbildungen sind genau und schön, nur oft zu klein, indem die meisten nur $^1/_5$ der eigentlichen Grösse zeigen. Wir können nun hier
nicht aufzählen, welche vielen und schönen Gegenstände auf diesen
24 Tafeln, welche in Allem über 300 Abbildungen geben, enthalten
sind, noch auch auf die einzelnen Perioden oder Geräthe besonders
aufmerksam machen: nur Einzelnes wollen wir uns zu bemerken erlauben. Im ersten Heft auf der letzten Tafel N. 1 findet sich eine
„barbarische Darstellung der Roma mit der Inschrift: INVICTA
ROMAVTEREFELIX." Wenn dies dünne Erzblech — gefunden bei
Wiesbaden (der jetzige Aufbewahrungsort ist zufällig nicht angegeben) — wirklich ächt ist, woran wir wegen einiger Buchstaben fast
zweifeln möchten, wissen wir doch kaum, warum dies schlechte römische (?) Machwerk unter unsern Alterthümern steht; oder soll die
Bezeichnung „barbarisch" hindeuten, dass man es für eine germanische Arbeit hält? Schwerlich wird ein Germane jene Inschrift gesetzt haben. — Ueberhaupt meinen wir, dass aus der Fremde zu
viel herbeigezogen sei: indem z. B. III. Heft, Taf. 1 bemerkt wird
„Schutzwaffen aus Erz gehören unter den Grabfunden Deutschlands
zu den grössten Seltenheiten": halten wir es fast für überflüssig,
eine ganze Tafel altitalischer Waffen dieser Art zu geben, ehe noch
die wenigen neulich in Süddeutschland gefundenen Panzerstücke mitgetheilt werden, was hoffentlich in einem späteren Hefte geschieht.
— Es ist freilich namentlich am Rheine schwer, römische und germanische Alterthümer zu sondern, und so begrüssen wir gerne im
III. Hefte, Tafel 2 Grabsteine spanischer Reiter in Worms, weil
auch ihnen nach römischer Sitte ein Barbar d. h. Germane zu Füssen liegt, dessen grosser Schild wenigstens in diese Sammlung mit
vollem Recht gehört. — Die letzte Tafel gibt christliche Grabsteine,
die durchaus nichts heidnisches enthalten, wenn auch bei einigen
derselben Grabalterthümer wie aus früherer Zeit mitentdeckt wurden;
bei andern aber nicht; diese also sind vielleicht nur der alt-deut-
schen Namen wegen aufgeführt; wobei wir den Wunsch aussprechen
wollen, der Herausgeber möge auch aus den ächt römischen Inschriften in Mainz und anderwärts die ältesten deutschen Worte wie
FREIOVERVS, VOBERG u. s. w. in dies sein Werk aufnehmen. —

Ob auf Inschrift 8 v. 8 das Wort ALD — heisst, ist zweifelhaft, da v. 4 und 6 das L eine andere Figur hat; wir erkannten früher darin ein Z. Noch bemerken wir endlich, dass die christliche Grabschrift aus Wiesbaden nicht genau abgebildet ist, indem auf ihr auch die zweite Taube noch grossentheils erhalten ist. — Schliesslich wünschen wir, dass das Werk seinen ungestörten Fortgang nehme, indem es einer wesentlichen Lücke abhilft, und auf gelehrte und angenehme Weise zugleich einen Einblick in die heidnische Zeit unseres Volks gewährt, wie dies bisher noch nirgends wo sonst geschehen ist.

Klein.

--- --- ---

Ausflug nach Schweden im Sommer 1858 von Dr. G. K. Brandes, Professor und Rector des Gymnasiums zu Lemgo. Mit einer Uebersichtskarte von Stockholm. Lemgo und Detmold, Mejer'sche Hofbuchhandlung 1859. 136 S. in 8.

Wir haben der früheren ähnlichen Schriften des Verfassers in diesen Blättern stets mit der Anerkennung gedacht, die sie als ein angenehm unterhaltende, anregende Lectüre verdienen (siehe zuletzt Jahrgang 1858, Seite 943 ff.): wir wollen darum auch dieses Ausfluges, des sechsten der Art, den der Verfasser beschrieben hat, gedenken und können unsere Leser versichern, dass sie dieselbe lebendige Darstellung, mit Treue und Wahrheit aller Schilderungen verbunden, auch in dieser Reiseschilderung wieder finden werden, die, während die zunächst vorhergegangene nach dem Süden (nach Rom) sich gewendet hatte, dem ganz entgegengesetzten Norden sich zuwendete. Von Stettin aus eilte der Verfasser mit dem Dampfbot nach Stockholm: an die Schilderung der schwedischen Hauptstadt knüpft sich die Erzählung der weiteren Reise nach der alten Universitätsstadt Upsala und von da weiter nordwärts nach Dalekarlien, nach der Bergstadt Fahlun, dem Siljansee u. s. w. Die Rückreise berührte Stockholm und ging von da auf dem neuen Canal und dem Wenersee, dem grössten Landsee Schwedens, nach Gothenburg, von da über Kopenhagen, Kiel u. s. w. in die Heimath zurück. Wenn eine Reise in diese nordischen Gegenden auch nicht mit allem dem Comfort ausgestattet ist, mit dem man jetzt eine Schweizerreise oder eine Rheinreise macht, so bietet sie doch des Interessanten so Vieles, abgesehen von einer herrlichen und grossartigen Natur, dass man sich reichlich belohnt finden wird. Und so möchten wir wünschen, dass die frische und treue Darstellung von Land und Volk, die uns hier gegeben wird, auch Andere veranlassen möge, die gleiche Wanderung zu unternehmen. Die Be-

merkungen, die der Verf. gelegentlich (S. 68 ff.) über die schwedische
Sprache macht, wird man mit Interesse lesen; das Gleiche gilt von
dem, was über den Cultus der schwedischen Kirche (S. 109), über
Gesang und über das schwedische Gesangbuch bemerkt wird: eines
der darin enthaltenen Lieder: „Gustav Adolph's Kriegsgesang", mag
nach der Uebertragung unseres Verfassers auch hier eine Stelle
finden:

1. Erzittre nicht, du kleine Schaar,
   Wenn Kriegsgeschrei der Feind furchtbar
   Rings um dich lässt erschallen.
   Erfreut ihn auch dein Untergang,
   Doch seine Freude währt nicht lang,
   Drum lass den Muth nicht fallen.

2. Gott führet dich, thu deine Pflicht,
   Auf ihn setz deine Zuversicht
   Er schützt dich in Gefahren.
   Sein Gideon wacht immerfort
   Der wird des Herren Volk und Wort
   Mit Schwert und Schild bewahren.

3. Auf Jesu Namen hofft und wisst,
   Dass des Gottlosen Macht und List
   Nicht uns, nur sich zerstöret.
   Sie stürzen hin zu Hohn und Spott,
   Mit uns ist Gott, und wir mit Gott,
   Und uns der Sieg gehöret.

JAHRBÜCHER DER LITERATUR.

Lehrbuch der Arithmetik und Algebra, von Dr. Joseph Salomon,
Professor am pol. Inst. in Wien u. s. w. Sechste Aufl. Wien.
Gerold, 1859 (492 S. in 8.)

Bei der Ausführlichkeit und Gründlichkeit des uns vorliegenden
Werkes, für dessen Verbreitung die sechste Auflage zeugt, werden die Leser dieser Blätter uns entschuldigen, wenn wir etwas ausführlicher auf den Inhalt desselben eingehen, als dies bei gewöhnlichen Lehrbüchern der Arithmetik und Algebra, wie sie von grossen und kleinen Mathematikern dutzendweise geschrieben werden,
der Fall sein würde. Vorerst aber bemerken wir, dass die vorliegende Auflage nicht mehr von Salomon, der leider gestorben ist,
besorgt wurde, sondern von seinem frühern Assistenten Hessler,
Professor an der Oberrealschule in Wien, der denn auch die Aenderungen, die u. a. wegen Einführung der neuen Münzordnung in
Oesterreich nothwendig wurden, besorgte.

Das Werk beginnt mit einer „Einleitung", wie sie so herkömmlich ist, und welche vom hohen philosophischen Standpunkte herab
die Begriffe, die der Wissenschaft zum Ausgangspunkte dienen, erörtert, und die daraus sich ergebende Ein- und Abtheilung herleitet.
Was für jüngere Leute damit anzufangen ist, vermag Referent nicht
zu sagen, insbesondere bei der vorliegenden Einleitung, die in haar-
sträubender Weise die Fremdwörter häuft. „Die Arithmetik berücksichtigt also bloss das quantitative Verhältniss der Quanta" ist z. B.
ein solcher Ausspruch, aus dem wohl wenige Anfänger etwas lernen
werden. Es scheint, man könnte solche „Einleitungen" ohne irgend
welchen Schaden aus den Büchern vollständig entfernen. Wenn
dann der Verfasser (S. 3) den Jünglingen, die mit Lust und Liebe
der mathematischen Wissenschaft sich weihen, die Versicherung giebt,
dass sie sich dadurch die grössten Vortheile in Bezug auf formale
Geistesbildung sowohl, als in politischer Rücksicht verschaffen können, so scheint uns, abgesehen von Richtigkeit oder Unrichtigkeit der Behauptung in ihrem zweiten Theile etwas zu viel gesagt zu sein. Doch hievon genug. Wir lassen das Buch erst mit
S. 10 beginnen, denn von da an haben wir es mit der Wissenschaft
allein zu thun, frei von allen „politischen Rücksichten".

Der Verfasser beginnt mit der gewöhnlichen Rechenkunst, also
mit dem dekadischen Zahlensysteme und den Rechnungsoperationen
mit ganzen Zahlen. Begegnen wir hiebei auch manchem interessanten Winke für die Proben der verschiedenen Rechnungsarten,
so halten wir doch dafür, dass dieser Theil nur übersichtlich zu be-

merkungen,
Sprache m
dem, was
Gesang r
der dari-
nach d
finden

Solomon: *Lehrbuch der Arithmetik* ...gende Buch zur Hand nimmt,
...... sein muss. Die abgekürzten
.... an ihrem Platze.
.... das Buch sich zu den Rechnungsarten
.... (*Buchstaben-*) Grössen. Dass hier vor Allem der
.... negativen Zahlen erörtert werden musste,
...... mit der Entwicklung des Begriffs der
..... hier geführt wird, im Allgemeinen einver-
.... doch gewünscht, dass man stärker betont
.... — δ eine noch zu vollziehende Wegnahme (Sub-
..... Es würde dadurch die den Anfänger irreführende An-
...... vermieden, es seien + und — hier ganz andere Dinge
.... (wozu ja aber auch andere Zeichen gehören müssten).
.... es doch wohl nicht genügen, zu sagen — (— a) be-
.... das Entgegengesetzte von — a, also + a, und damit die
.... als erwiesen anzusehen. Man kommt da in ein Spiel mit
Worten hinein, die verschiedene Bedeutung haben, bei welchem dann
unvermerkt die eine der andern sich unterschiebt. Gegen die Durchführung der Rechnung selbst können wir keinen Einwand erheben,
da die gefundenen Regeln genau und richtig erwiesen sind. Dabei
sind hiebei vielerlei Resultate mit aufgefunden worden, die von
Nutzen für das Spätere waren, so die Division eines Polynoms durch
einen Faktor des ersten Grades u. s. w. — Wenn in S. 58 gesagt
wird, aus $a = b$, $c > d$ folge $ac > bd$, so sollte zugefügt sein,
dass die einzelnen Grössen positiv sein müssen; der Nachweis dass
$\frac{a}{0} = \infty$ aus der Gleichung $\frac{a}{1-1} = a + a + a + \ldots$ folgt, ist
falsch, da eben einfach die Division von a durch 1 — 1 unzulässig
ist; endlich wäre die Ableitung der bekannten Regel für die Bildung des Quotienten und des Restes bei der Division eines Polynoms durch einen Faktor der Form x — a auf S. 69 wohl am Platze
gewesen.

Die Lehre von der Theilbarkeit der Zahlen, so wie der Eigenschaften gerader oder ungerader Zahlen enthält u. a. auch die Regeln, nach denen sich erkennen lässt, ob eine ganze Zahl durch 2,
3, 4 u. s. w. theilbar ist, abgeleitet aus einem allgemeinen Satze,
der etwa in folgender Weise ausgesprochen werden kann: Sind a,
b, c, . . . die Ziffern der ganzen Zahl N, von rechts nach links gelesen; sind ferner α, β, γ . . . die Reste der Division von 10, 100,
1000, . . . durch die ganze Zahl A, so ist N durch A theilbar,
wenn $a + b\alpha + c\beta + \ldots$ durch A aufgeht. Eben so ist das Aufsuchen des grössten gemeinschaftlichen Theilers, sowohl von Zahlen
als allgemeinern Ausdrücken, abgehandelt.

Hieran schliesst sich die Lehre von den Brüchen, sowohl gemeinen und Dezimalbrüchen, als auch Kettenbrüchen. Die Behandlung ist eine sehr ausführliche und vollständige, namentlich sind auch
die Methoden abgekürzter Berechnungen auseinander gesetzt. Der

interessante Satz (S. 113), der aussagt, dass wenn $\frac{a}{n}$, $\frac{b}{m}$ zwei auf ihre kleinste Benennung gebrachte Brüche sind, deren Summe oder Differenz eine ganze Zahl ist, nothwendig $n = m$ sein müsse, lässt sich wohl am einfachsten so erweisen. Sei $\frac{a}{n} + \frac{b}{m} = r$, wo r eine ganze Zahl ist, so ist $\frac{am}{n} + b = rm$, $a + \frac{bn}{m} = rn$, woraus folgt dass $\frac{am}{n}$, $\frac{bn}{m}$ ganze Zahlen sein müssen, also da n nicht in a, m nicht in b enthalten ist und auch je keinen Faktor gemeinschaftlich hat, so müssen $\frac{m}{n}$, $\frac{n}{m}$ ganze Zahlen sein, was nur möglich ist, wenn $n = m$, da sonst einer dieser zwei Brüche < 1 wäre. Dass bei der Verwandlung des gemeinen Bruchs $\frac{Z}{N}$ in einen Dezimalbruch für den Fall, dass 10 und N theilerfremd sind, die Periode gleich mit der ersten Stelle anfange, scheint uns (S. 123) nicht ganz deutlich erwiesen zu sein, da die Schlussfolgerung sicher viel zu schnell gezogen ist, und noch eine Anzahl Mittelglieder hätten eingeschoben werden sollen. Es will Referenten bedünken, man könne die ganze Sache in umgekehrter Weise besser behandeln. Es lässt sich nämlich leicht zeigen, dass alle periodischen Dezimalbrüche, welche ihre erste Stelle wiederholen, gleich sind einem gewöhnlichen Bruche, dessen Zähler die Periode, und dessen Nenner aus eben so viel 9 besteht, als die Periode Ziffern hat, so dass also $0 \cdot 357357 \ldots$ $= \frac{357}{999}$; ebenso, dass der Werth eines periodischen Dezimalbruchs, der die erste Ziffer nicht wiederholt, einem Bruche gleich ist, dessen Zähler gleich dem Unterschiede zweier Zahlen ist, die man erhält, wenn man mit der ersten Periode, und dann mit den sich nicht wiederholenden Ziffern aufhört, und dessen Nenner aus so viel 9 als die Periode Ziffern hat, und so viel 0, als nicht periodische Ziffern vorkommen, besteht, so dass $0 \cdot 52357357 \ldots = \frac{52357 - 52}{99900}$. Lässt sich dieser Bruch auch abkürzen, so kann es doch niemals durch 10 geschehen, da sonst die letzte Ziffer der Periode (7) und die letzte der nicht periodischen Ziffern (2) gleich sein müssten, was dann darauf hinauskäme, dass die Periode schon mit dieser Ziffer anfinge. Demnach bleiben im Nenner immerhin Faktoren 2 und 5 (von 10) und zwar von der einen oder andern Sorte so viele als ursprünglich Nullen vorhanden waren. Daraus kann man denn leicht den Schluss ziehen, dass wenn in dem gemeinen Bruche $\frac{Z}{N}$ der Nenner weder 2 noch 5 als Faktoren enthält, man einen periodischen

Dezimalbruch erhalten müsse, der seine erste Stelle wiederholt, und zwar werde die Periode so viele Stellen erhalten, als man 9 schreiben müsse, bis N aufgeht (also weil 7 erst in 999999 aufgeht, erhält $\frac{3}{7}$ sechs Stellen in der Periode u. s. w.); dass wenn N die Faktor 2 und 5 enthält, und ausser diesen noch andere, man unrein periodische Dezimalbrüche erhalte, bei denen sich so viele Stellen nicht wiederholen, als die grössere Zahl der Faktoren 2 oder 5 angiebt, während die Zahl der sich wiederholenden Stellen aus den übrigen Faktoren nach der vorhergehenden Regel sich ableitet. So also wird $\frac{3}{140} = \frac{3}{2.2.5.7}$ einen Dezimalbruch liefern, der die ersten zwei Stellen nicht widerholt (zwei Faktoren 2), dann 6 Stellen wiederholt (7 geht in 999999 auf).

Die „Grundoperationen der Combinationslehre" sind in wohl mehr als geradezu nothwendiger Ausführlichkeit behandelt, und sind dabei namentlich auch mehrere Eigenschaften der Binomialkooffixienten nachgewiesen worden.

Die Lehre von den Potenzen und Wurzelgrössen ist sehr vollständig und gründlich behandelt, wie sich dies bei einem solchen Fundamentalkapitel überall von selbst verstehen sollte. Nur wäre es vielleicht doch besser gewesen, die Lehre von der Ausziehung der Quadrat- und Kubikwurzeln voran zu stellen, da dies, wenn auch nicht gerade wissenschaftlich, doch sicher pädagogisch zu rechtfertigen ist, und immerhin das Verständniss der allgemeinern Sätze erleichtert. In unserm Buche ist dies nur mehr gelegentlich eingefügt.

Gegen die Ausdehnung des binomischen Satzes (der hier mit erwiesen ist und zwar aus der Combinationslehre) auf negative und gebrochene Exponenten müssen wir Einsprache erheben, da der geführte Beweis, und wenn er auch von Euler herrührt, ein trügerischer ist, und man den Schüler dadurch vom rechten Wege ablenkt. Interessante Anwendungen auf näherungsweise Ermittlung von Quadrat- oder Kubikwurzeln sind übrigens aus den vorhergehenden Ergebnissen gezogen, die nun freilich einer schärfern Begründung bedürfen. Eben so ist die Anwendung der Kettenbrüche zu diesem Endzwecke gezeigt.

Der weitere Abschnitt: „Von den Rechnungsarten mit benannten Zahlen" hätte wohl besser den elementaren Rechenbüchern überlassen werden können, und eben so der sechste, der von „Verhältnissen und Proportionen, mit ihrer Anwendung auf die Auflösung verschiedener Aufgaben" handelt; da ohnehin dies ja das eigentliche Feld jener Schriften ist.

Die Auflösung der Gleichungen ersten und zweiten Grades ist mit gebührender Ausführlichkeit behandelt und namentlich ist die quadratische Gleichung in jeder Beziehung untersucht, so dass dadurch eine Ueberleitung zur allgemeinern Untersuchung höherer Gleichungen gegeben wäre. Auch die unbestimmte Analytik ist in ihren ersten Elementen dargestellt, so weit dies für einen Kursus der niederen Mathematik wünschenswerth erscheint.

Den Schluss des Werkes bildet die Theorie der arithmetischen und geometrischen Progressionen, so wie der Logarithmen nebst Anderer Logarithm.. Wenn es uns auch zweckmässiger scheint, die Theorie zelgrössen) folgen zu lassen, die Lehre von den Potenzen (und Wurhaben, dass dieselbe erst hier abgehandelt doch Nichts dagegen richtiger Weise geschieht, wie das hier der Fall ist. Nur die reihenentwicklung wäre wohl besser weggeblieben. Eben so hätten wir gewünscht, die höhern arithmetischen Reihen behandelt zu sehen, so wie die Theorie der Lebensversicherungen ebenfalls an ihrem Platze hier gewesen wäre.

Im Ganzen ist hiernach das vorliegende Buch eines der vollständigsten und gründlichsten über niedere Analysis, das wir kennen, und es kann daher, namentlich zur Vervollständigung des etwa kürzern Unterrichts, so wie zur ausführlichern Wiederholung denjenigen mit bester Ueberzeugung anempfohlen werden, die sich gründliche Kenntnisse in der niedern Analysis erwerben wollen.

Sammlung von Aufgaben aus der endlichen Differenzen- und Summenrechnung. Von J. J. W. Herschel. Deutsch herausgegeben von Dr. C. H. Schnuse. Braunschweig, Verlag der Hofbuchhandlung von E. Leibrock. 1859. (172 S. in 8).

Eine Sammlung von Aufgaben und Lehrsätzen aus der Differenzenrechnung ist in der deutschen mathematischen Literatur nicht vorhanden, und insofern ist eine Uebertragung vorliegender Sammlung aus dem Englischen zu rechtfertigen. Dieselbe ist in dreizehn Abschnitte getheilt und enthält in denselben:

1) Beispiele zur directen Differenzenrechnung, also unmittelbare Bildung von Differenzen, wobei der Unterschied, um den die unabhängig Veränderliche wächst, je gleich 1 gesetzt ist.

Ausser manchen andern Formeln ist die allgemeine Formel für

$\Delta^n x^m$ darin angegeben, die lautet $\Delta^n x^m = \Delta^n 0^m + \frac{m\,x}{1} \Delta^n 0^{m-1} + \frac{m(m-1)x^2}{1.2} \Delta^n 0^{m-2} + \dots$, wo $\Delta^n 0^r$ den Werth von $\Delta^n x^r$ für $x = 0$ bedeutet. Die Ableitung der Formel ist nicht angegeben, ist jedoch wohl am Bequemsten aus dem Taylor'schen Satz zu führen, der in diesem Falle (m positiv und ganz) eine endliche Reihe liefert.

Man hat mittelst desselben sofort $\Delta^n f(x+h) = \Delta^n f(x) + \frac{h}{1}$

$\varDelta^n f'(x) + \dfrac{h^2}{1.2} \varDelta^n f''(x) + \ldots$ Setzt man hier $x = o$, und x

statt h, so ist $\varDelta^n f(x) = \varDelta^n f(o) + \dfrac{x}{1} \varDelta^n f'(o) + \ldots$, da leicht zu

sehen, dass $\varDelta^n f(x + h)$ durch das Umschreiben $(x = o, x$ für $h)$
in $\varDelta^n f(x)$ übergeht. Der Werth von $\varDelta^n O^m$ ergibt sich aus der be-

kannten Formel $\varDelta^n f(x) = f(x + n) - \dfrac{n}{1} f(x+n-1) + \dfrac{n(n-1)}{1.2}$
$f(x + n-2) - \ldots,$ wenn $\ldots$

Wir_n, Beispiele für die Zerlegung der Funktionen in zur (endlichen)
Integration geeignete Factoriellen. Es ist dabei das Augenmerk vorzugsweise auf die Zerlegung von Potenzen x^m in Summen von Factoriellen gerichtet und dann auch gezeigt, wie a, b, .. zu bestimmen sind, so dass $f(x) = a + b(x-\alpha) + c(x-\alpha)(x-\beta) + \ldots$.
Eine ziemliche Zahl anderer, der Form nach höchst allgemeiner Ausdrücke schliesst sich diesen Untersuchungen hier an.

3) Beispiele zur Reduction gebrochener Ausdrücke auf inte-
grable Formen, ein Abschnitt, der in nur wenigen Beispielen zeigt,
wie man Brüche, deren Zähler und Nenner veränderlich sind, in
Summen von Brüchen zerfällt, deren Zähler konstant, der Nenner
eine Factorielle ist.

4) Beispiele zur Integration von Differenzengleichungen. An
21 mehr oder minder schwierigen Differenzengleichungen wird die
Integration vollzogen und in mehrere Fällen auch gezeigt, in welcher
Weise das Resultat sich erlangen lässt.

5) Beispiele zur Integration gemischter Differenzengleichungen
mit mehreren unabhängigen Veränderlichen, d. h. also von Gleichungen, in denen Differenzen und Differentialquotienten mit veränder-
lichem Exponenten.

6) Beispiele für die Summirung von Reihen durch Integration
ihres allgemeinen Gliedes. Da dies eine der Hauptanwendungen der
Differenzenrechnung ist, so war zu erwarten, dass dieser Abschnitt
reichhaltig sein werde und der Leser findet darin wirklich eine Menge
Resultate angegeben, von denen wir nur eines anführen wollen.

Setzt man $2^n = \nu$, so ist die Summe $\dfrac{a-1}{a+1} + 2 \dfrac{a^2-1}{a^2+1} + 4 \dfrac{a^4-1}{a^4+1}$

$+ \ldots,$ wenn sie mit dem n^{ten} Gliede schliesst, gleich $2^n \dfrac{a^\nu+1}{a^\nu-1}$

$- \dfrac{a+1}{a-1}.$

7—9 Abschnitte enthalten eine Reihe Aufgaben und Lehrsätze
zur Entwicklung von Funktionen in Reihen, zur Summirung von
Reihen und zur Interpolation derselben. Bei dem grossen Vergnügen, das der Verfasser zu empfinden scheint, wenn er sich in einem
Meere von Formeln und wunderlich gestalteter Reihen bewegt, wird

es den Leser nicht in Erstaunen setzen, in diesen Abschnitten einer wahren Fluth solcher Dinge zu begegnen, von denen Referent nur bedauert, dass nicht übermässig viel mit ihnen anzufangen ist. Die Interpolationsformeln sind etwas zu kurz ausgefallen, was um so mehr zu erinnern ist, da gerade dieses Problem weit wichtiger ist, als die schönen Reihensummirungen, die freilich bei der unbegränzten Dehnbarkeit des Gegenstandes ein angenehmes mathematisches Spielzeug sind.

10) Geometrische Anwendungen der Differenzenrechnung. Für diesen Abschnitt werden wohl die meisten Leser sich sehr interessiren, denn die geometrischen Anwendungen der Differenzenrechnung sind nicht in übermässig grosser Zahl bekannt. Der Verfasser hat vierzehn Beispiele, die alle mit den Worten anfangen: Man soll eine Kurve finden, in der u. s. w., d. h. die alle darauf hinauslaufen, aus gewissen chrakteristischen Eigenschaften einer Kurve die Natur derselben zu ermitteln. Dabei liefen aber auch mehrere Aufgaben mit unter, die im Grunde nicht hieher gehören, da sie auf Differentialgleichungen führen. Sonst führen die meisten auf Differenzengleichungen, bezüglich auf Ermittlung von willkürlichen Funktionen. So lautet gleich die erste Aufgabe: „Die Kurven zu ermitteln, in denen der Durchmesser (Gerade durch den Koordinatenanfang, beiderseitig an der Kurve endend) immer dieselbe Länge hat". Ist $r = f(\omega)$ die Polargleichung, so führt die Aufgabe offenbar auf die Gleichung: $f(\omega) + f(\omega + \pi) = 2a$, wo $2a$ die (konstante) Länge des Durchmessers ist. Diese Gleichung gehört zu den Differenzengleichungen und der Verfasser giebt als Resultat der Integration $f(\omega) = a + \cos \omega \, F(\cos 2\omega)$, wo F eine ganz willkürliche Funktion bedeutet. Doch ist dies sicher nicht die einzige Lösung, da $f(\omega) = a + \sin \omega \, F(\sin 2\omega)$ eben so genügt u. s. w.

Der elfte Abschnitt enthält Sätze über periodische Funktionen, also etwa als erste Aufgabe die, eine Funktion von x zu finden, welche so beschaffen ist, dass für alle ganzzahligen Werthe von 0 bis ∞ (für x) dieselbe in regelmässiger Periode die n Werthe a, b, c, . . . annimmt u. s. w.; während der zwölfte sich mit einigen Aufgaben über Kettenbrüche beschäftigt und der letzte zum Schlusse noch „vermischte Aufgaben" liefert, unter denen auch die Ermittlung von $\int \frac{x^{2} \, dx}{\sqrt{1-x^2}}$ vorkömmt.

Wie aus der vorstehenden Uebersicht erhellt, ist diese Sammlung sehr reichhaltig und wird in so weit manchem wissbegierigen Freunde der Wissenschaft willkommen sein. Dabei müssen wir jedoch ein oder den andern Missstand bemerklich machen. Zuerst haben wir zu rügen, dass das Buch von (Schreib- oder) Druckfehlern, die nicht nachträglich angegeben sind, wahrhaft wimmelt, so dass gar viele Formeln geradezu unsinnig oder doch nur zur Hälfte wahr werden. So stehen gleich auf der ersten Seite falsche For-

meln für Δ^{2n} sin $(h + a x)$, Δ^{2n} cos $(h + a x)$, während auf der zweiten Seite ein Ausdruck für $\Delta tg \dfrac{a}{2x}$ gegeben ist, der dem darüber
stehenden geradezu widerspricht; auf Seite 10 sind die Reihen für
$(\sin x)^n$ cos n x und $(\sin x)^n$ sin n x nur unter Beschränkungen für
n richtig u. s. w. — Daneben laufen Resultate mit, die doch wohl
offener Unsinn sind. So stehen S. 92 folgende Gleichungen:
$1 - 1 + 1 - 1 + \ldots = \frac{1}{2}$, $1 - 8 + 5 - 7 + \ldots = 0$, $1^2 - 3^2$
$+ 5^2 - 7^2 + \ldots = \frac{1}{2}$ u. s. w. Es ist eben bei allen vorkommenden unendlichen Reihen niemals auf das Ergänzungsglied
geachtet worden, wodurch die meisten der abgeleiteten Reihen geradezu unzulässig d. h. doch wohl unbrauchbar werden. Diese Miss-
stände, deren Vermeidung allerdings eine vollständige Umschmelzung
der Schrift nothwendig machen würde, verringern den Werth derselben in bedeutendem Maasse. Wer aber Freude an dieser Art von
Formelnbildung, die namentlich von einigen Engländern stark betrieben wird, hat, mag immerhin bei gehöriger Vorsicht wegen der übrigen Mängel Nutzen aus der vorliegenden Schrift ziehen.

----

*Théorie des Fonctions doublement périodiques et, en particulier, des
fonctions elliptiques; par M. Briot, Professeur de mathém.
etc. et M. Bouquet, Prof. de math., Paris, Mallet-Bachelier.
1859 (366 S. in 8.)*

Als charakteristische Eigenschaft der elliptischen Funktionen erklärt das vorliegende, sehr interessante Werk die doppelte Periodi-
zität derselben und sucht nun aus dem Begriffe einer solchen die
elliptischen Funktionen und deren Eigenschaften selbst zu entwickeln,
wobei die Verfasser, wie sie im Vorworte angeben, als Ausgangspunkt die Vorlesungen nehmen, welche Liouville vor einigen Jahren am Collége de France über diese Funktionen gehalten. Dabei
gehen sie auf eine Reihe allgemeiner Sätze über Funktionen zurück,
welche Cauchy früher aufgestellt, und leiten aus denselben dann
den eigentlichen Gegenstand des Werkes ab. Dasselbe ist in sechs
Bücher abgetheilt und in Bezug auf Reichhaltigkeit des Stoffs sowohl als wissenschaftliche Behandlung desselben gleich ausgezeichnet.
Das erste Buch enthält die Grundsätze einer neuen
Theorie der Funktionen, wobei, wie schon gesagt, wesentlich
die Arbeiten Cauchy's benützt und weiter erläutert wurden. —
Ist $z = x + i y$ $(i = \sqrt{-1})$ eine imaginäre Veränderliche, so also, dass x und y reell sind, so kann man, sagt das Werk, die Grösse
$X + i Y$, in der X und Y beliebige (reelle) Funktionen von x und
y sind, als eine Funktion von z ansehen. Referent glaubt, dass dies
unrichtig sei, es jedenfalls dem gewöhnlichen Sprachgebrauch zu-

wider laufe, wenn man setzen wollte $X + iY = f(x + iy)$, da dazu gehört, dass $\frac{dX}{dx} = \frac{dY}{dy}$, $\frac{dX}{dy} = -\frac{dY}{dx}$, welche Bedingungsgleichungen allerdings im Buche etwas später aufgestellt werden. $X + iY$ ist in der angegebenen Weise eine Funktion der z w e i Veränderlichen x und y, nicht aber der einen (ungetrennten) z. Doch kommt es hierauf nicht so genau an, da im Buche selbst doch nur Funktionen von z betrachtet werden, für welche der gewöhnliche Sprachgebrauch maassgebend ist.

Stellen x und y die rechtwinklichen Koordinaten eines Punktes in einer Ebene vor, so kann man sagen, dass jedem Punkte ein bestimmter Werth von z ($= x + iy$) zugehört, und dass wenn man in der Ebene eine bestimmte Kurve durchlaufe, z fortwährend seinen Werth ändere (wie eben die beiden Koordinaten ihn ändern). Setzt man $u = X + iY$, wo $u = f(z)$, so können eben so X und Y als rechtwinkliche Koordinaten eines Punktes angesehen werden, und wenn der Punkt z (d. h. der Punkt, dessen Koordinaten den Werth von z liefern) eine bestimmte Kurve durchläuft, so wird der Punkt u ebenfalls eine krumme Linie beschreiben. Geht man nun von einem bestimmten Punkte A der Ebene zu einem andern B über, und es erlangt die Funktion u in B denselben Werth, welchen Weg man auch eingeschlagen habe, um von A nach B zu gelangen, so heisst sie m o n o d r o m. So ist $z^3 = (x + iy)^3$ sicherlich eine monodrome Funktion von z, denn wenn $x + iy = r (\cos \varphi + i \sin \varphi)$, so ist $z^3 = r^3 (\cos 3 \varphi + i \sin 3 \varphi)$ und wie immer man auch zu den Endwerthen r und φ gelangen möge, man hat doch nur e i n e n Werth von z^3. Betrachten wir aber die Funktion $\sqrt{z} = r^{\frac{1}{2}} e^{\frac{1}{2} \varphi i}$ wenn wir von der Formel $e^{\varphi i} = \cos \varphi + i \sin \varphi$ Gebrauch machen. Gehen wir von einem bestimmten Anfangspunkte A, etwa $x = 1$, $y = 0$ aus, so ist dort $r = 1$, $\varphi = 0$, also $\sqrt{z} = 1$; bewegen wir uns nun auf einer Kurve bis zu einem Endpunkte B, für den r und φ bestimmte Endwerthe haben, so können wir zu demselben Punkte auch gelangen, indem wir r eine ganze Umdrehung um den Koordinatenanfang weiter machen lassen als vorhin, wodurch der Winkel zu $\varphi + 2\pi$, also $r^{\frac{1}{2}} e^{\frac{1}{2} \varphi i}$ zu $r^{\frac{1}{2}} e^{\frac{1}{2} \varphi i} e^{\pi i} = -r^{\frac{1}{2}} e^{\frac{1}{2} \varphi i}$ wird, und mithin den entgegengesetzten Werth von vorhin hat. Dies ist z. B. der Fall, wenn der Endpunkt B im ersten Quadranten liegt für $r = 2$, $\varphi = \frac{\pi}{4}$; dieser Punkt B wird aber auch erreicht, wenn man von A aus durch die 4 Quadranten geht und im fünften (ersten) bei $r = 2$, $\varphi = 2\pi + \frac{1}{4}\pi$ aufhört. Hiernach ist die Funktion $\sqrt{z}$ monodrom für diejenigen Wege, welche eine Drehung um den Koordinatenanfang entweder nicht oder beide verlangen, sie ist es aber nicht für zwei Wege, die so beschaffen sind, dass zwischen ihnen der Koordinatenanfang liegt.

Eine Funktion kann also für einen Theil einer Ebene monodrom sein, für andere nicht; sie liefert dann für einen Punkt jenes Theils immer denselben Werth, wie man auch von einem andern Punkte aus, der in dem nämlichen Theil liegt, zu ihm gelangt sei.

Eine zweite Besonderheit bezeichnet Cauchy durch das Wort monogène. Er erhält dafür die oben schon berührten Bedingungsgleichungen, die wohl als anfänglich nothwendig müssen vorausgesetzt werden. Für ihn ist eine Funktion $X + iY$ von z monogen, wenn sie einen einzigen bestimmten Differentialquotienten für einen bestimmten Werth von z zulässt. In dieser Lage ist jede $f(z)$, da $f'(z)$, nach den gewöhnlichen Regeln gebildet, eben diese Grösse ist. Wir werden also von dieser Bedingung absehen können.

Ist $X + iY = f(x + iy)$, so stellen die Gleichungen $x = X$, $z = Y$ zwei krumme Oberflächen dar, die den Grundbedingungen der Abbildung krummer Oberflächen auf einander entsprechen und überdies noch andere Eigenschaften haben, die berührt werden, für das Folgende aber unwesentlich sind.

Eine Funktion von z, welche endlich stetig, monodrom und monogen in der ganzen Ausdehnung der Ebene (für alle x und y) ist, heisst synektisch (fonction synectique). Ist sie dies bloss für einen Theil der Ebene, so heisst sie synektisch für diesen Theil.

Diese Art Funktionen wird nun ausschliesslich betrachtet und von derselben eine Reihe wichtiger Sätze aufgestellt. Die Ableitung derselben ruht wesentlich auf der Möglichkeit der Entwicklung von $f(z)$ in eine Reihe, die nach steigenden ganzen Potenzen von z fortschreitet. Es müssten daher zuerst diese Reihen näher betrachtet werden. Ist $a + bz + cz^2 + ..$ eine solche Reihe, in der a, b, c, .. ebenfalls imaginär sein können, und ist dieselbe so beschaffen, dass für einen Werth von z, dessen Modulus R ist (also $z = Re^{\varphi i}$) die Moduln der einzelnen Glieder nicht ins Unendliche wachsen, so ist die Reihe konvergent für jeden Werth von z, dessen Modulus kleiner als R ist. Beschreibt man also um den Koordinatenanfang einen Kreis vom Halbmesser R (den Konvergenzkreis), so ist die Reihe für alle Punkte, die innerhalb desselben liegen, konvergent. Innerhalb dieses Kreises, wird nun gezeigt, ist die genannte Reihe eine synektische Funktion von z, also endlich, stetig, monodrom und monogen.

Es wird weiter nachgewiesen, dass eine jede Funktion $f(z)$, die synektisch ist in einem Kreise vom Halbmesser R, sich in eine Reihe entwickeln lässt, die nach ganzen positiven Potenzen von z fortschreitet und konvergent ist innerhalb desselben Kreises. Der Beweis dieses wichtigen Satzes wird durch die Betrachtung bestimmter Integrale der Form $\int_a^b f(z)\,dz$ geführt, die längs gewisser Kurven hin genommen werden.

Von diesem Satze ausgehend werden nun eine Reihe allgemeiwer Eigenschaften der Funktionen nachgewiesen. Zunächst ergiebt sich nämlich aus dieser Entwicklung sofort, dass wenn f (z) synektisch ist in einem gewissen Theile einer Ebene, auch die Grössen f' (z), f''(z) u. s. w. in derselben Lage sein müssen. Hieraus folgt, dass f (z) nicht konstant sein kann in einem, wenn auch noch so kleinen Theile der Ebene, ohne überall konstant zu sein, es also auch unmöglich ist, dass für einen bestimmten Werth von z, alle Differentialquotienten Null seien. — Hat die Funktion f (z) (synektisch für einen gewissen Theil der Ebene) die Eigenschaft, Null zu sein, wenn z = a (in demselben Theile), so muss sie unter der Form $(z - a)^n \varphi (z)$ dargestellt werden können, wo n positiv und ganz, $\varphi (a)$ nicht Null ist; ist aber f (z) unendlich für z = a, so hat die

die Form $\dfrac{\varphi (z)}{(z-a)^n}$ oder wenn $\varphi (z)$ in eine Reihe entwickelt wird:

$$\frac{A}{(z-a)^n} + \frac{B}{(z-a)^{n-1}} + \cdots + \frac{K}{z-a} + \psi (z), \text{ wo A}, \ldots, \text{ K Kon-}$$

stanten sind, $\psi (a)$ nicht unendlich und $\psi (z)$ synektisch ist.

Ist eine Funktion f (z) monodrom in der ganzen Ausdehnung einer Ebene, so muss sie nothwendig unendlich werden für einen endlichen oder unendlichen Werth von z, woraus dann sofort folgt, dass sie auch Null werden muss, überhaupt alle möglichen Werthe muss annehmen können. Haben aber zwei solcher Funktionen die nämlichen Nullwerthe und Unendlichen, so ist ihr Quotient eine Konstante, vorausgesetzt, dass die Null- und unendlichen Werthe von demselben Grade sind. Tritt das Unendlichwerden nur für z = ∞ ein, so ist die Funktion f(z) eine ganze Funktion; sie ist ein rationaler Bruch, wenn sie nur eine bestimmte Anzahl unendlich grosser Werthe zulässt. Eine solche Funktion hat übrigens eben so viele Nullwerthe, als unendlich grosse, und sie hat die Eigenschaft, denselben Werth für n verschiedene Punkte der Ebene anzunehmen, wenn n die Zahl der unendlich grossen Werthe ist. Es ergibt sich hieraus wieder, dass eine f (z), welche m Werthe für jeden Werth von z hat, nothwendig auch unendlich muss werden können, und wenn die Zahl dieser letztern Werthe eine endliche ist, dass sie als Wurzel einer algebraischen, irreductibeln Gleichung anzusehen ist, wie umgekehrt eine durch eine solche Gleichung des m^{ten} Grades definirte Funktion nothwendig m Werthe für jeden Werth von z hat.

Diese allgemeinen Eigenschaften der Funktionen, die wir hier natürlich ohne Andeutung des immer streng geführten Beweises angegeben, bilden den Schluss des ersten Buchs.

Das zweite Buch geht nun auf die allgemeine Theorie der doppelt periodischen Funktionen ein. Zuerst wird gezeigt, dass aus der Gleichung $\dfrac{d u}{d z} = f (u, z)$, in der f (u, z) eine synektische Funktion von u und z in der Nähe zweier (Anfangs-) Werthe u_0, v_0 ist, man u mittelst des Taylor'schen Satzes in eine (für einen gewissen Konvergenakreis) konvergente Reihe entwickeln könne, wodurch denn auch der Nachweis thatsächlich geführt ist, dass es eine (unter gewissen Einschränkungen) synektische Funktion u gebe, welche durch jene Differentialgleichung definirt ist. Dasselbe wird für ein System gleichzeitiger Differentialgleichungen (erster Ordnung) nachgewiesen, und gezeigt, dass es auch nur eine Funktion giebt, welche durch ... Gleichung bestimmt ist.

Das hiedurch angebahnte Studium der mittelst Differentialgleichungen definirten Funktionen wird zum bessern Verständniss des Folgenden zunächst auf einfach periodische Funktionen angewendet. Hat man etwa die Differentialgleichung $\dfrac{d\,u}{d\,z} = u$, so ist, da die zweite Seite eine synektische Funktion ist, nothwendig die mittelst dieser Gleichung definirte Funktion monodrom. Da aus $z = \displaystyle\int_{1c}^{u} \dfrac{d\,u}{u}$ (wo man $z = 0$, $u = 1$ als Anfangswerthe wählte) folgt, dass mit unendlichen u auch z unendlich wird, so gehört zu jedem endlichen Werthe von z auch ein endlicher Werth von u, so dass diese Funktion synektisch ist in der ganzen Ebene. Diese Funktion ist aber periodisch. Denn zu demselben Werth von u gehören alle diejenigen Werthe von z, welche man aus dem bestimmten Integrale $\displaystyle\int_{1}^{u} \dfrac{d\,u}{u}$ erhält, wenn man u von 1 bis u auf allen möglichen Wegen gehen lässt. Da nur für $u = 0$ ein Zeichenwechsel, also Aenderung im Werthe eintreten kann, so reduziren sich alle diese Wege auf den geraden (von $u = 1$ bis $u = u$) und auf ein oder mehrere Male den Umfang eines um $u = 0$ (den Anfangspunkt) beschriebenen unendlich kleinen Kreises, wie dieses aus den im ersten Buche (S. 20 ff.) erwiesenen Sätzen folgt. Der Werth des Integrals $\displaystyle\int \dfrac{d\,u}{u}$ für einen solchen Umfang ist, wenn $u = r\,e^{z\,i}$ gesetzt wird, gleich $\displaystyle\int_{0}^{2\pi} \dfrac{i\,r\,e^{z\,i}\,d\,z}{r\,e^{z\,i}} = 2\,\pi\,i$, so dass also demselben Werth von u die Werthe z, $z + 2\,\pi\,i$, $z + 4\,\pi\,i$, . , . zugehören. Demnach ist u eine einfach periodische Funktion von z, mit der Periode $2\,\pi\,i$. Sie wird durch e^{z} bezeichnet.

In ähnlicher Weise werden $tg\,z$, $sin\,z$, $cos\,z$ betrachtet und dann einige allgemeine Eigenschaften der einfach periodischen Funktionen angegeben. Ist $\varphi(z)$ eine einfach periodische, monodrome Funktion, die in jeder Periode nur einen einzigen unendlich grossen Werth zulässt, so ist die Funktion $A\,\dfrac{\varphi(z) - \varphi(a)}{\varphi(z) - \varphi(\alpha)}\cdot\dfrac{\varphi(z) - \varphi(b)}{\varphi(z) - \varphi(\beta)}\,.\,.\,.$ ebenfalls monodrom und einfach periodisch, die aber in der Periode für $z = a$, b, . . . Nullwerthe, für $z = \alpha$, β, . . unendliche Werthe liefert, beide in derselben Zahl. Die Funktion $e^{\frac{2\,\pi\,z\,i}{\omega}}$ ist einfach periodisch von der Periode ω und wird nur für $z = \infty$ auch unendlich; man kann also in obiger Formel $\varphi(z) = e^{\frac{2\pi z i}{\omega}}$ nehmen (wenn auch ω die Periode sein soll), und erhält eine Funktion, die n unendliche und eben so viele Nullwerthe hat. In Verbindung mit dem frühern Satze, dass wenn zwei monodrome Funktionen dieselben unendlichen und Nullwerthe haben, der Quotient beider konstant sei, folgt dann, dass jede einfach periodische Funktion $f(z)$, die innerhalb der Periode n unendliche und (nothwendig) eben so viele Nullwerthe hat, durch einen rationalen Bruch obiger Form wo $\varphi(z) = e^{\frac{2\pi z i}{\omega}}$, vom Grade n ausgedrückt werden kann.

Betrachten wir die durch die Differentialgleichung $\dfrac{du}{dz} = \sqrt{G(u-a)(u-b)(u-c)}$ definirte Funktion u, und deren umgekehrte $z = \displaystyle\int_0^u \dfrac{du}{\sqrt{G(u-a)(u-b)(u-c)}}$, so ergiebt sich, dass zu demselben Werthe von u zwei Reihen von Werthen des Integrals (der Grösse z) gehören, die von der Form $z + m\omega + n\omega'$, $A - z + m\omega + n\omega'$, d. h. also doppelt periodisch mit den Perioden ω und ω' sind.

Nachdem hiemit gezeigt worden, dass es doppelt periodische Funktionen gebe, wird näher auf die allgemeinen Eigenschaften derselben eingegangen. Sind ω, ω' die beiden Perioden, so muss der Bruch $\dfrac{\omega'}{\omega}$ nothwendig imaginär sein, da für einen reellen Werth desselben beide Perioden sich durch eine dritte ausdrücken liessen. Ist nun A ein Punkt der Ebene, für den die betreffende Funktion u einen bestimmten Werth μ hat, so giebt es eine Reihe anderer, gleich weit von einander entfernter und auf derselben Graden liegende Punkte, für welche u ebenfalls den Werth μ hat; die Entfernung je zweier sei ω. Lässt man die Gerade parallel mit sich selbst bewegen, bis A in einen Punkt B gelangt, für den μ abermals denselben Werth hat, so sei $AB = \omega'$, und wenn man dann die Gerade AB beliebig verlängert, auf ihr die Längen ω' abträgt und hierauf durch die Theilpunkte der ersten und zweiten Geraden Parallelen zieht mit jeder andern, so erhält man eine Reihe Parallelogramme, in denen u dieselben Werthe erlangt (ω und ω' nach der Weise imaginärer Grössen aufgetragen). Weiter wird erwiesen, dass jede doppelt periodische Funktion, welche monodrom ist, wenigstens zwei unendliche Werthe in einem solchen Parallelogramm hat, und dass jedes eben so viele Nullwerthe als unendliche enthält. Ist n die Anzahl der unendlichen Werthe (indem man etwaiger Vielheit desselben unendlichen Werthes Rechnung trägt) einer solchen Funktion $f(z)$ in dem elementaren Parallelogramm, so hat auch $f(z) - a$ sicher n unendliche und n Nullwerthe, so dass $f(z)$ den (beliebigen) Werth a nothwendig n mal annimmt. Eine solche doppelt periodische Funktion heisst des n^{ten} Grades; für die aus der obigen Formel

(Wurzeln aus Polynomen des dritten und vierten Grades) hervorgehenden Funktionen ist n = 2. Die Summe der n Werthe von z,
die denselben Werth von f (z) liefern, ist immer dieselbe, d. h. konstant. Es lässt sich nun eine doppelt periodische Funktion zweiter
Ordnung bilden, die die zwei Perioden ω, ω' und zwei unendliche,
also auch zwei Nullwerthe hat und wenn α, β die beiden ersten, a
b die andern sind, so ist, nach dem vorigen Satze $a + b = \alpha + \beta$.
Bezeichnet man die unendliche Reihe, deren allgemeines Glied den

Zähler 1 und den Nenner $\cos \dfrac{2\,\pi}{\omega} \left(z - \dfrac{\alpha + \beta}{2} + m\,\omega' \right) - \cos \pi \dfrac{\alpha - \beta}{\omega}$

hat, und wo m von $- \infty$ bis $+ \infty$ geht, in ihrer Summe durch f(z),
so ist $A\,[f(z) - f(a)]$ die betreffende Funktion.

Aus solchen Funktionen zweiter Ordnung lassen sich leicht andere bilden mit denselben Perioden, aber andern unendlichen Werthen, oder mit n beliebigen unendlichen Werthen und also auch n
Nullwerthen (deren Summen gleich sind). Man zieht dann daraus
den wichtigen Satz, dass jede doppelt periodische Funktion von der
n^{ten} Ordnung sich in rationaler Weise durch eine der zweiten Ordnung mit den nämlichen Perioden und durch deren Differentialquotienten ausdrücken lässt. — Endlich lässt sich der Satz von der
gleichen Zahl von unendlichen und Nullwerthen, deren Summen dieselben sind, umkehren.

Hiemit schliesst das zweite Buch und die allgemeinen Sätze über
die periodischen Funktionen. Die folgenden Bücher behandeln nun
die Anwendung dieser Sätze auf die elliptischen Funktionen, selbstverständlich in der vollsten Allgemeinheit.

Das dritte Buch betrachtet zuerst die aus der Gleichung $z =$
$\int_0^z \dfrac{d\,u}{g\,\varDelta\,u}$ folgende Funktion $u = \lambda\,(z)$, wo $\varDelta u = \sqrt{(1 - u^2)(1 - k^2 u^2)}$,
ferner g, k, u beliebige Grössen sind. Bei genauerer Untersuchung
wird die Funktion durch $\lambda\,(z, g, k)$ bezeichnet, oder, wie unmittelbar ersichtlich, durch $\lambda\,(gz, k)$, wo man auch g = 1 setzen kann.
Die Grösse $\sqrt{1 - \lambda^2(z)}$ wird durch $\mu\,(z)$ bezeichnet, die andere
$\sqrt{1 - k^2 \lambda^2(z)}$ durch $\nu\,(z)$ und deren Theorie durchgeführt. Wir hätten also hier wieder neue Bezeichnungen neben denen von J a c o b i
(Fundamenta), G u d e r m a n n (Theorie der Modularfunktionen), Ver-
h u l s t (Traité éllémentaire des Fonctions elliptiques), L a m é (Leçons sur les fonctions inverses des transcendantes) und L e g e n d r e,
der (wie auch Verhulst) die Sache freilich anders gefasst hat. Ob
dies zweckmässig sei oder nicht, müssen wir im Augenblick dahin
gestellt sein lassen. Die Verfasser sprechen sich darüber S. 119
aus, und sagen, dass im Falle k reell und < 1, wo dann $\lambda\,(z) =$
sin am (z), $\mu\,(z) = \cos$ am (z), $\nu\,(z) = \varDelta$ am (z), sie immerhin
ihre Bezeichnungen vorziehen, „qui sont beaucoup plus simples et
plus commodes dans le calcul".

Das vierte Buch handelt von der Entwicklung der elliptischen

Funktionen in Reihen und zwar 1) in eine Reihe von Brüchen, 2) in Produkte von unendlich vielen Faktoren, und 3) in Reihen, die nach Art der Fourier'schen Reihen fortschreiten (séries circulaires). Dabei ist die Funktion Θ, welche Jacobi eingeführt, einer eingehenden Betrachtung unterzogen. Die Entwicklungen sind immer auf allgemeine, im Wesentlichen von Cauchy herrührenden Sätze gegründet. Endlich betrachtet das Buch die „elliptischen Quadraturen", d. h. die eigentlichen elliptischen Integrale Legendre's.

Das fünfte Buch behandelt die Umformungen der elliptischen Funktionen, und zwar zunächst die Additionsformeln für die elliptischen Funktionen und Integrale; sodann die Formeln für die Multiplikation, wie $\lambda(n x)$ u. s. w., und die Division. Hierauf folgen die eigentlichen Umformungen, wie sie aus den oben angeführten Werken bekannt sind.

Das letzte Buch endlich enthält allgemeine Sätze und besondre Beispiele über die Integration von Differentialgleichungen mittelst der elliptischen Funktionen.

Wir haben uns mit dieser kurzen Uebersicht der weitaus grösseren Hälfte des Werkes begnügen müssen, da ein näheres Eingehen einerseits die Anführung grösserer mathematischer Formeln nothwendig gemacht hätte, die doch wohl hier nicht recht zulässig ist, und aber anderseits die Resultate doch die früher schon bekannten sind, wenn sie auch aus andern Grundsätzen und auf andern Wegen gefunden wurden. Ohnehin mag die etwas ausführlichere Darstellung des Inhalts der beiden ersten Bücher, welche den wesentlichsten Theil der allgemeinen Grundsätze enthalten, genügen, um die Leser dieser Blätter auf das Werk selbst aufmerksam zu machen, in welchem sie reichen Stoff zur Anregung und wissenschaftlichen Forschung finden werden. Eine andere Frage ist nun freilich die, ob die hier gewählte und durchgeführte Behandlung die seitherige verdrängen werde. Es will uns bedünken, dass dies nicht der Fall sein werde, ja dass eine solche Verdrängung keineswegs wünschenswerth sei. Vieles, ja das Meiste, was in diesem Werke erörtert ist,

ruht auf der Betrachtung bestimmter Integrale der Form $\int_{\alpha}^{\beta} f(z)\, dz$, worin α und β, sowie z imaginär sind, welche Integrale längs gewisser Kurven hin zu nehmen sind. Was, genau genommen, unter diesem Ausdruck zu verstehen sei, ist in dem vorliegenden Werke nirgends angegeben, also wohl vorausgesetzt; der Fundamentalsatz aber, dass $\int_{\alpha}^{\beta} f(z)\, dz$ denselben Werth erlange, wenn man von dem Punkte α (in dem oben schon angegebenen Sinne) zu dem andern β auf verschiedenen Wegen gehe, nur dabei vorausgesetzt, dass $f(z)$ synektisch sei in dem Theile der Ebene, der zwischen beiden Wegen liegt, scheint uns lange nicht scharf genug erwiesen, da die doppelte Anwendung von d und ∂ und sofortige Uebertragung der Operationsformen, wenn auch zu rechtfertigen, doch hier nicht gehörig gerechtfertigt scheint. Auf diesem Satze ruht aber das ganze aufge-

führte Gebäude.   Ueberhaupt wäre sehr zu wünschen gewesen, dass
die hier gemeinte Form der bestimmten Integrale näher und eingehender betrachtet worden wäre.

Referent hält also immerhin noch für ganz gut, die alte Weise,
bestimmte Integrale mit nur reellen Veränderlichen einzig zuzulassen, auch gelten zu lassen und von diesem Boden aus dann das
Gebäude aufzuführen, wie dies namentlich Gudermann gethan.
Mag sein, dass das Buch dann einige Blätter mehr erhält; die völlige Durchsichtigkeit der angewandten Mittel und Methoden, sowie
das angenehme Zusammengehen mit alten Bekannten wird diese paar
Blätter mehr wohl werth sein,

Dass wir damit dem vorliegenden Werke keinen Vorwurf machen wollen, brauchen wir wohl kaum zu bemerken.

Dr. J. Dienger.

----

*Aufzeichnungen eines Amsterdamer Bürgers über Swedenborg. Nebst
    Nachrichten über den Verfasser (Joh. Christ. Cuno) von Dr.
    Aug. Scheler, königl. belgischem Cabinetsbibliothekar. Hannover, Carl Rümpler 1858.   172 S. in 8.*

Die hier veröffentlichten Aufzeichnungen bilden einen interessanten Beitrag zu der ganzen, die Persönlichkeit wie die Lehre
Swedenborg's betreffenden Literatur: sie sind entnommen einer
durch Zufall in die Hände des Herausgebers gekommenen, jetzt im
Besitze der Brüsseler Staatsbibliothek befindlichen Handschrift, die
in vier dicken Foliobänden die eigenhändig vom Verfasser, Johann
Christian Cuno, niedergeschriebene Lebensgeschichte, also eine
Autobiographie enthalten, welche von dessen Geburt (1708) bis zu
dem Jahre 1770 reicht.   Dieser Cuno, ein geborner Berliner, der
nach manchen Lebensschicksalen in Amsterdam lebte, war selbst ein
wissenschaftlich gebildeter Mann, der sogar eine Reihe von Schriften
hinterlassen hat, über welche der Herausgeber uns nähere Mittheilungen gemacht hat: im J. 1769 war er mit Swedenborg in nähere
Berührung gekommen, der damals bereits in seinem ein und achtzigsten Lebensjahre stand, und da dem Verf. wie er versichert, nichts
in der Welt näher am Herzen lag, als der Gottesdienst und er in
Swedenborgs jüngster Schrift fremde und wunderliche Dinge untereinander vermengt fand, so empfand er einen, wie er sagt, unüberwindlichen Vorwitz, diesen Mann, „einen der wunderlichsten Heiligen,
die je gelebt haben", näher kennen zu lernen.   Er trat mit ihm in
näheren Verkehr, und daraus sind diese ausführlichen Aufzeichnungen hervorgegangen, die er in seine Lebensgeschichte aufnahm; und
da diese Aufzeichnungen sich eben so über die Persönlichkeit des
merkwürdigen Mannes, wie seine Lehre verbreiten, so verdienen sie
gewiss zur näheren Kenntniss der noch immer fortwirkenden und
unter uns verbreiteten Ansichten desselben, alle Beachtung und vervollständigen unsere über diesen Gegenstand hervorgegangene Literatur, da sie Manches Neue, Merkwürdige und Interessante enthalten,

JAHRBÜCHER DER LITERATUR.

Neueste Sammlung ausgewählter griechischer und römischer Classiker, verdeutscht von den berufensten Uebersetzern. Stuttgart, Hoffmann'sche Verlagsbuchhandlung 1858 und 1859. 8.

Lieferung 74 und 75. Ovids Metamorphosen übersetzt von Reinhart Suchier. Zweiter und dritter Theil. 174 und 179 S.

„ *76. Titus Livius. Römische Geschichte. Deutsch von Franz Dorotheus Gerlach, Prof. an d. Universität zu Basel. Viertes Bändchen. 6—8tes Buch. 216 S.*

„ *77 u. 78. Strabo's Erdbeschreibung, übersetzt und durch Anmerkungen erläutert von Dr. A. Forbiger, Conrector am Gymnasium z. St. Nicolai in Leipzig. Viertes Bändchen, Buch 9 und 10. Fünftes Bändchen, 11. u. 12. Buch, 166 u. 141 S.*

„ *79 u. 80. Die Dramen des Euripides. Verdeutscht v. Johannes Minckwitz. Drittes Bändchen. Das Bakchenfest. Viertes Bändchen: Iphigenie auf Tauris. 105 u. 144 S.*

„ *81. Demosthenes' ausgewählte Reden, verdeutscht von Dr. A. Westermann, Professor a. d. Univ. zu Leipzig. Zweites Bändchen. Aeschines und Demosthenes Reden gegen und für Ktesiphon vom Kranze. XII u. 158 S.*

„ *Die Geschichtschreibung der Griechen, dargestellt von Ad. Wahrmund, Amanuensis der k. k. Hofbibliothek zu Wien. 126 S.*

„ *83. Plutarch's ausgewählte Biographien. Deutsch von Ed. Eyth, Professor am Seminar in Schönthal. Siebentes Bändchen. Coriolan und Timoleon. 95 S.*

„ *84. Pausanias Beschreibung von Griechenland. Aus dem Griechischen übersetzt von Dr. Joh. Heinrich Chr. Schubart, Bibliothekar in Cassel. Drittes Bändchen. S. 345 bis 483.*

„ *85. Titus Livius. Römische Geschichte. Deutsch von Fr. Dor. Gerlach u. s. w. Fünftes Bändchen. 9. u. 10. S. 218—381.*

„ *86. Thukydides Geschichte des peloponnesischen Krieges von Adolf Wahrmund. Erstes Bändchen. IV und 100 S.*

„ *M. Tullius Cicero's sämmtliche Briefe, übersetzt von K. L. F. Mezger, Prof. am Seminar zu Schönthal. Er-*

*ster Band. Erste und zweite Sammlung von Briefen aus
den Jahren 686 bis 695 n. E. R. VIII u. 221 S.*
*Lieferung 88. Die Dramen des Euripides. Verdeutscht von Jo-
hannes Minckwitz. Fünftes Bändchen. Medeia.
119 S.*

Die hier aufgeführte Reihe von Uebersetzungen enthält zu einem grossen Theil Fortsetzungen von einigen, früher begonnenen
Schriftstellern, und können wir in dieser Beziehung füglich auf das
verweisen, was in früheren Anzeigen darüber bemerkt worden ist;
s. noch zuletzt diese Jahrbb. 1858, S. 385 ff., 801 ff. Wir rechnen,
um mit den griechischen Schriftstellern den Anfang zu machen,
dahin die Fortsetzung der ausgewählten Biographien Plutarch's
von Eyth, des Pausanias von Schubart, welcher in diesem
dritten Bändchen die Beschreibung von Elis, oder das fünfte und
sechste Buch in ähnlicher Weise, wie die früheren Bücher, behandelt, gegeben hat, ferner des Strabo von Forbiger, welcher auch
den in diesen beiden Bändchen übersetzten Büchern (9—12 incl.)
vielfache theils erklärende, theils auch kritische Bemerkungen beigefügt hat, durch welche der verdorbene oder lückenhafte Text vielfach verbessert und lesbar gemacht wird, so dass diese Uebersetzung
die sich, wie schon früher bemerkt ward, durch grosse Genauigkeit
und Sorgfalt empfiehlt, auch von dieser Seite einem Herausgeber
oder Erklärer des Strabo wesentliche Dienste leisten wird. Dass
bei den Ortsbezeichnungen auch die Namen der neueren Zeit, welche an die Stelle der alten getreten sind, überall sich angegeben finden, ist schon früher bemerkt worden. Mit Freuden begrüssen wir
auch die von einem der ersten Kenner der altgriechischen Redner
gelieferte Fortsetzung der Reden des Demosthenes (s. d. Jahrb.
1856, p. 311), oder vielmehr die Verbindung der beiden über denselben Gegenstand abgehaltenen Reden des Aeschines und Demosthenes: die vorzügliche Uebersetzung ist eingeleitet durch ein Vorwort, welches in gedrängten Umrissen dem Leser klar die Verhältnisse auseinandersetzt und die Beziehungen entwickelt, durch welche
diese Reden hervorgerufen und unter denen beide Reden entstanden
sind. Die Fortsetzung des Euripides bringt drei Dramen desselben, in ähnlicher Weise bearbeitet, wie die schon früher gelieferten;
wir erhalten hier die Bakchen oder, wie es hier lautet, das Bakchenfest, Iphigenia auf Tauris und Medea: jedem dieser
Stücke ist eine ausführliche Einleitung vorausgeschickt, welche besonders die ästhetische Würdigung sich zur Aufgabe gestellt hat,
und in diese näher eingeht, bei der Iphigenia auf Tauris daher auch,
wie diess aus manchen Gründen nahe lag, die Betrachtung der den
gleichen Stoff behandelten Tragödie Göthe's und die Vergleichung
derselben mit dem alten Stücke des Euripides hervorgerufen hat.
Wir bedauern nur bei dieser umfassenden Einleitung die Art und
Weise der Polemik, welche hier, um nur Verstorbene zu nennen,

gegen Männer geübt wird, wie Friedrich Jacobs (der hier als „mittelmässiger Aesthetiker" bezeichnet wird), wie Gottfried Hermann, von dem unter Andern bezweifelt wird, „ob er in seinem drei und fünfzigsten Lebensjahre wirklich so viel Griechisch verstanden, um den eigenen Styl des Euripides zu durchschauen". Wer die grossen Verdienste, die beide Männer, wenn auch auf verschiedenen Wegen, um die Förderung der classischen Studien in Deutschland sich errungen haben, unbefangen zu würdigen weiss und überhaupt mit den Leistungen derselben sich näher bekannt gemacht hat, wird sich wohl bedenken, in einer solchen Weise von solchen Männern zu reden.   Von der Uebersetzung selbst sind früher schon Proben gegeben worden.

Die Uebersetzung des Thucydides, die hier mit einem ersten, das erste Buch enthaltenden Bändchen begonnen wird, ist in einer sehr fliessenden deutschen Sprache gehalten, die uns die grossen Schwierigkeiten, welche die gedrängte Schreibweise dieses Schriftstellers mit sich führt, in der Uebertragung kaum erkennen lässt. Es mag erlaubt sein, eine kleine Probe davon hier mitzutheilen, zu der wir aus dem Prooemium cap. 22 wählen, wo der Schriftsteller sich über sein eigenes Werk, namentlich die darin aufgenommenen Reden der handelnden Personen, in folgender Weise ausspricht:

„Was die Reden angeht, welche die Betreffenden theils noch vor dem Kriege gehalten haben, theils auch während der Führung desselben, so wäre es mir unmöglich gewesen, die wirklich gesprochenen Worte mit Genauigkeit wiederzugeben, und zwar ebensowohl die, welche ich selbst mit angehört habe, als auch die mir von anderer Seite mitgetheilt worden sind.   Es wird aber in meinem Buche so geredet, wie mir die Einzelnen den Umständen gemäss am passendsten zu sprechen schienen, indem ich mich dabei so eng als möglich an die Hauptgedanken der wirklich gehaltenen Reden anschloss.   Was aber die im Kriege vorgefallenen Thatsachen betrifft, so hielt ich nicht für erlaubt, sie so aufzuzeichnen, wie ich sie vom Ersten Besten erzählen hörte, und auch nicht nach meinem eigenen Gutdünken, sondern wie ich theils durch eigene Anschauung, theils durch möglichst genaue Erkundigung bei Andern über jedes Einzelne mich unterrichtet habe.   Doch war es schwierig, die Wahrheit auszufinden, weil diejenigen, welche den einzelnen Begebenheiten als Augenzeugen beigewohnt hatten, sie doch nicht auf dieselbe Weise erzählten, sondern wie grade einen Jeden seine Gesinnung oder sein Gedächtniss anleitete.   Dem Ohre nun wird diese Geschichte, weil sie nichts Sagenhaftes erzählt, zwar weniger vergnüglich erscheinen, wenn aber diejenigen diess Werk nützlich finden, welche die geschehenen Dinge kennen lernen wollen, wie sie wirklich waren und wie auch die Zukunft sie immer auf dieselbe oder auf ähnliche Weise wiederholen wird, weil es die menschliche Natur so mit sich bringt, so wird das genug sein.   Es ist geschrieben, um ein Besitzthum für

die Ewigkeit zu sein, und bestrebt sich weniger, dem Augenblick zu
gefallen."

In derselben fliessenden Sprache ist auch das Bändchen geschrieben, welches die „Geschichtschreibung der Griechen"
darstellen soll, und wird sich auch dasselbe durch diese Eigenschaft
eines gewandten und fliessenden Styls einem grösseren Publikum
empfehlen, dem es mehr um eine allgemeine Kenntniss, als eine
klare Einsicht in den Gang und die Entwicklung der hellenischen
Geschichtschreibung zu thun ist, da wir diese bei dem Verfasser selbst
mehrfach vermissen.   Nach einer kurzen (schwerlich befriedigenden)
Einleitung über Kykliker und Logographen, deren Versuche als „rohe,
platte und geistlose Produkte" S. 19 bezeichnet werden, lässt der
Verfasser die classische Zeit mit Herodotus und seinem Werke folgen, als dessen Gegenstand der Kampf der Perser mit den Hellenen
bezeichnet wird.   An die in dem Proömium des Herodot enthaltenen
Angaben über den Raub der Jo und der Helena wird die Bemerkung geknüpft: „So hängt bei Herodot der Mythus mit der Gegenwart zusammen(?).   Die Perserkriege hatte er zum Theil selbst erlebt [nach der gewöhnlichen Annahme fällt die Geburt des Herodotus in das Jahr 484 vor Chr., die Schlacht bei Salamis 480, die
Schlacht bei Platää 479].   Die Gegensätze in den Geistesrichtungen
und Neigungen der beiden Parteien sah und hörte er täglich sich
aussprechen und Halbmythe und Mythe erklärten ihm das Entstehen
dieser Gegensätze vollkommen [? Ist uns nicht recht klar].   So füllte
das Bild des hinüber und herüberwogenden Kampfes beider feindseligen Elemente von Jugend auf seine Seele und machte ihn zum
Geschichtschreiber eben dieses Kampfes geschickt".   Wenn der Verf.
es anerkennt, dass Herodotus die Thatsachen im Lichte einer Idee
(S. 12) zusammenfasse, so vermissen wir doch die nähere Erörterung eben dieser Idee, die in der That keine andere, als die der
göttlichen Gerechtigkeit ist, die sich in den Begebnissen der Menschen bis in das Einzelste kund giebt, die insbesondere in dem grossen Ereigniss, dass den Gegenstand des Werkes ausmacht, dem
Kampfe der asiatischen und hellenischen Macht, so glänzend sich
kundgegeben hat: hier ist der eigentliche Mittelpunkt des Werkes,
der alles Einzelne bedingt, zu suchen, hier die Hauptverschiedenheit,
die das Werk des Herodotus von den früheren Versuchen der Logographen unterscheidet, welchen Herodotus in andern Theilen seines
Werkes sich vielfach annähert, wie dies in der Natur der Sache
selbst lag.   Da Ref. an einem andern Orte diess näher ausgeführt
hat, so wird man nicht erwarten, dass er dasselbe hier wiederhole.
Wenn wir weiter S. 12 bei dem Verfasser lesen: „Herodot hatte
schon zu seinen Lebzeiten viele Feinde, Neider und Verkleinerer.
Man warf ihm Leichtgläubigkeit, Wundersucht, widerrechtliche Benutzung vorhandener Schriftsteller und sogar absichtliche Täuschung
vor", so wüssten wir dazu auch nicht einen einzigen Beleg, wenn
es sich anders um Zeitgenossen des Herodotus handelt, da man den

jedenfalls jüngeren Ctesias, in dessen Kindheit Herodot's Greisenalter
fällt, wohl kaum hierher zählen kann. Wenn aber unter späteren
Schriftstellern, die über Herodotus sich tadelnd ausgesprochen, auch
Cicero genannt wird, so ist zu bemerken, dass die einzige Stelle De
Legg. I, 5, an die vielleicht hier gedacht ist, eigentlich gar keinen
solchen Tadel ausspricht, während andere Stellen desselben Schriftstellers, wie De orat. II, 13. Orat. 12 u. a. mit voller Anerkennung
sich über Herodotus auslassen. Auf die Abhandlung des Pseudo-
plutarch wird aber wahrhaftig Niemand auch nur einigen Werth legen können, da sie doch gar zu schwach ist und sich als das Machwerk eines armseligen Sophisten herausstellt. Was der Verf. da,
wo von den politischen Anschauungen des Herodotus die Rede ist,
von diesem S. 15 schreibt: „im Ganzen scheint er sich dem aristokratischen Regiment im weiteren und edleren Sinne zuzuneigen",
wird demjenigen, der in diesem Schriftsteller sich selbst umgesehen
und Stellen, wie V. 66. 78. 92, § 2. VI, 43, 108. VII, 156, vgl.
III, 82 nachgelesen hat, als ganz irrthümlich erscheinen, indem Herodotus hiernach vielmehr als ein Anhänger der Demokratie, wie sie
sich namentlich in Athen unmittelbar vor den Zeiten des peloponnesischen Kriegs ausgebildet hatte, erscheint.

Nicht minder ist uns auch bei der Charakteristik des Thucydides Manches aufgefallen, wovon wir nur einige wenige Proben anführen wollen. Dahin gehört es z. B. wenn S. 22 von diesem Geschichtschreiber gesagt wird: „er konnte nur aristokratisch gesinnt
sein, sah aber auch, dass die Demokratie zu Athen dem Gipfelpunkt
ihrer Macht zustrebe, und dass ihr die Zukunft gehören werde. So
sah er sich von vornherein von derjenigen politischen Thätigkeit ausgeschlossen, welche seiner Gesinnung anpassend gewesen wäre und
diese Art gezwungener Resignation war es wohl vorzüglich, was ihn
zur Geschichtschreibung geschickt und geneigt machte u. s. w."
Man wird, wenn man Thucydides und sein Werk kennt, solche Behauptungen nicht unterschreiben können? Oder, wenn der Verf. da, wo
die verschiedene Art und Weise, in der Herodotus und Thucydides
die Geschichte dargestellt haben, bespricht, und jede dieser beiden
Arten geschichtlicher Darstellung für berechtigt erklärt, ausruft:
„jede der beiden Darstellungsweisen kann aber die andere nicht ausschliessen, und die schönste Vereinigung beider wäre auch die vol-
lendetste Geschichtschreibung" (S. 25). Beide schliessen sich vielmehr gegenseitig so sehr aus, dass eine Vereinigung beider eine reine
Unmöglichkeit ist, und nur von einem Aufgeben der einen oder der
andern die Rede sein kann; wer das Wesen und die Grundlagen der
beiderseitigen Geschichtsschreibung, die Principien, von denen beide
Geschichtschreiber ausgehend, den geschichtlichen Stoff behandelt und
und dargestellt haben, so wie die Zwecke, die beide damit verfolgen und erreichen wollten, kennt, der wird sich auch dieses vollsten
Gegensatzes bewusst werden und diese Gegensätze ebenso wenig vereinbar finden, als eine rein supernaturalistische Anschauung mit einer

rein rationalistisch. Diese Grundverschiedenheit in der Anschauungsweise beider Schriftsteller und die daraus hervorgegangene eben so
grosse Verschiedenheit in der Behandlung des geschichtlichen Stoffes
muss aber vor allem richtig erkannt sein, ehe man beide Geschichtschreiber zu würdigen unternimmt. Wir begreifen es daher nicht,
wie der Verf. unter Anderm behaupten kann, dass bei Thucydides
in Folge der fortgeschrittenen praktischen Richtung seiner Zeit die
persönlichen Götter noch mehr zurücktreten als bei Herodot, man
aber nicht behaupten könne, dass seine Darstellung einen starken
Gegensatz gegen die Herodoteische bilde (?), vielmehr verhalte sich
die des Thucydides genau ebenso zu den Richtungen seiner Zeit,
wie die des Herodot zu der seinigen (?): als wenn beide der Zeit
nach, in so verschiedene Richtungen der Zeit fielen, in der sie vielmehr sich ganz nahe stehen, indem der eine nur um ein paar Jahre
länger gelebt hat, wie der andere! bis um 409 vor Chr. lässt sich
mit völliger Sicherheit des Herodotus Leben fortsetzen, vielleicht, ja
wahrscheinlich, hat er sogar noch einige Jahre weiter gelebt, Thucydides ist jedenfalls um das Jahr 400 herum gestorben. Es wird
daher ebenso wenig aus dem grossen Abstand der Zeit, in welcher
beide mit ihren Werken auftreten, da diese vielmehr der Zeit nach
sich ganz nahe liegen, die Verschiedenheit in der Behandlung und
Darstellung des Stoffs zu erklären sein, am wenigsten daraus das
Herbe, Bittere des Tones, in dem Thucydides spricht, abzuleiten
sein, dessen Schriften (so meint der Verfasser), wenn der Zeitpunkt
der Geistesreife in die Jahre gefallen wäre, da Herodot die Idee
seines Geschichtwerkes empfing, dieselbe göttergleiche Ruhe, denselben Frieden athmen würden, wie das Buch Herodots! Aber, so
heisst es dann weiter, in seinen Tagen war es anders geworden, und
die Herbe seines Tons konnte auf den Leser nur sittlich kräftigend
wirken, indem sie demselben Verachtung gegen die Götzen des Tages einflösste und ihn genau auf denselben sittlichen Standpunkt
stellte, welcher aus Herodot's Werk spricht (?)". Wir unterlassen es,
noch Anderes der Art, das uns auffiel, anzuführen und bemerken
nur noch, dass in den Worten des Quintilian (Inst. Orat. X, 1, 73):
„Densus et brevis et semper instans sibi Thucydides", welche hier
übersetzt werden: „gediegen, und kurz und stets vordrängend sei
Thucydides", Densus nimmermehr gediegen, sondern gedrängt,
zusammengedrängt heisst und auf eine Schreibweise sich be-
ziehet, die in möglichst wenigen Worten Vieles zu sagen, zusammenzudrängen sich bemüht; ebenso wenig wird semper instans
sibi heissen können stets vordrängend, ebenso wenig auch,
wie ein anderer übersetzt hat: immer sich selbst anregend;
es wird vielmehr auch hier das Wort, zumal im Anschluss an die
unmittelbar vorausgehenden und damit verbundenen Ausdrücke, in
keinem andern Sinne zu nehmen sein, als in dem, in welchem es
Quintilian mehrfach in der Verbindung mit acer gebracht (s. B.
XI, 3, 164 „argumentatio agilior et acrior et instantior" XI,

8, 92 „acer atque instans gestus" oder IX, 8, 76: „aeriora et instantiora"), um mit dem Eindringlichen auch das Schnelle und Rasche eines nicht in aller Breite sich ergehenden, nicht weitschweifigen Vortrags und einer, weil zusammengedrängten, dadurch um so eindringlicheren und lebendigeren Darstellungsweise zu bezeichnen: oder wie eine frühere Erklärung lautet, die wir desshalb beifügen wollen: „qui sibi instat, celer est ejusque currit sententia, ne se impediat verbis lassas, onerantibus aures", Worte des Horatius (Sat. I, 10, 10), die er auf das unmittelbar vorausgehende „est brevitate opus" folgen lässt.

Von römischen Schriftstellern erscheint die Uebersetzung der Metamorphosen Ovid's mit den beiden hier angezeigten Bändchen vollendet: es ist von derselben bereits früher die Rede in diesen Blättern gewesen, ebenso von der Uebersetzung des Livius, welche in zwei Bändchen fortgesetzt, vier weitere Bücher, und damit die erste Decade zum Abschluss bringt. Neben der wohlgelungenen Uebersetzung selbst haben wir auch hier wieder auf die jedem Buch folgenden Anmerkungen aufmerksam zu machen, welche nicht bloss Inhalt, Tendenz und Charakter eines jeden Buches oder vielmehr der darin enthaltenen Erzählung betreffen, sondern auch in einer Reihe von einzelnen Bemerkungen die Angaben des Schriftstellers in ihrer historischen Glaubwürdigkeit nachweisen und wider die negative Kritik unserer Zeit zu schützen suchen, damit aber auch den Beweis liefern, wie Livius des richtigen und gesunden Urtheils nicht entbehrt und keineswegs ohne diejenige Kritik verfahren ist, mit der ein Geschichtschreiber die Angaben über Ereignisse der ihm vorhergehenden Zeit prüfen und würdigen soll; eben so wird man auch in diesen Anmerkungen nicht Weniges finden, was zur richtigen Würdigung des Livius, seiner ganzen Darstellungs- und Auffassungsweise, von nicht geringem Belang ist. Wir haben um so mehr Ursache, uns dessen zu freuen, wenn der alte Geschichtschreiber, der in der Sammlung des Stoffes und der Behandlung der Quellen nicht mit dem Leichtsinn verfahren ist, mit dem man heutigen Tags die Geschichte, selbst die römische, behandelt, sondern mit einer Gewissenhaftigkeit, die unsern modernen Phrasenmachern völlig abgeht, wieder zu seinem verdienten Rechte und der ihm gebührenden Anerkennung gelangt, die diejenige ihm zu entziehen suchen, welche besser wie der alte Römer die römische Geschichte zu kennen vorgeben, und indem sie über die alten Quellen sich wegsetzen, nur die Gebilde ihrer eigenen Phantasie an deren Stelle setzen, was allerdings leichter und bequemer ist, und dabei noch für geistreich gilt. Bei einer solchen Behandlungsweise der alten Geschichte hört eigentlich alle Geschichte auf, da ihr das nothwendige Fundament entzogen wird, das doch nur die alten Quellen selbst bilden können.

Zu ähnlichen Betrachtungen kann auch der römische Schriftsteller Veranlassung geben, dessen Briefe hier in einer neuen

Uebersetzung (s. oben Lieferung 87) erscheinen. „Es ist bekannt,
— so lesen wir S. V des Vorworts dieser Uebersetzung — wie Cicero, nachdem ihn frühere Jahrhunderte oft überschätzt hatten, gerade in unseren Tagen von Seiten seines Charakters viele Anfechtung erlitten hat, so dass sein Bild mehr als je schwankend in der
Geschichte dasteht. Da muss jedem Freund des Alterthums und
Jedem, der die Geschichte aus den Quellen zu schöpfen und sein
Urtheil über die hervorragendsten Männer derselben sich selbständig
zu bilden bemüht ist, in hohem Grade daran gelegen sein, einem
Manne, der nicht nur als Schriftsteller eine der ersten Stellen im gelehrten Alterthum einnimmt, sondern auch durch politische Thätigkeit eine so wichtige Rolle in jener bedeutenden Zeit gespielt hat,
sein Recht widerfahren zu lassen und sein Urtheil über ihn unpartheiisch nach eigener Ansicht der Akten festzustellen. Nirgends liegen aber diese Akten vollständiger und unverfälschter vor, als in
dem Briefwechsel. Legt ja doch der Briefsteller darin eben so arglos seine Schwächen dar, als er in reichem Maasse Züge der edelsten Menschlichkeit, innigsten Liebe zum Vaterland, sittliches Zart-
gefühl und Rechtlichkeit, aufopfernde, dankbare Hingabe an Freunde
und Wohlthäter erkennen lässt".

In diesen Worten hat der Uebersetzer auf die Bedeutung und
den Werth dieser Briefe, welche für die Geschichte der letzten Zeiten der römischen Republik so wichtige Quellen bilden und zugleich
den ganzen Charakter des Mannes, der sie geschrieben und in diesen Zeiten eine so wichtige Rolle gespielt hat, offen uns darlegen,
hingewiesen: sein ganzes Unternehmen, wie insbesondere die Art
und Weise der Ausführung ist auch geeignet, unbefangene Leser zu
einem richtigen Urtheil zu befähigen über den Mann, der, nachdem
er an der Spitze des römischen Freistaates gestanden und dessen
Untergang mit seinem Tode besiegelt, dann aber durch seinen geistigen Einfluss die Bildung von Jahrhunderten ja Jahrtausenden geleitet, nun bald um seiner politischen Handlungsweise willen, bald
wegen seiner schriftstellerischen Thätigkeit sich schmähen und schul-
meistern lassen muss von Solchen, die selbst nie in den Stürmen
des öffentlichen politischen Lebens sich herumgetrieben, und am wenigsten bereit sind, die höchsten Güter dieses Lebens für ihre Grundsätze und für ihre Handlungsweise hinzugeben.

Vorausgeschickt dieser Uebersetzung der Briefe Cicero's ist eine
„chronologische Uebersicht über Cicero's Leben und Zeit": hier sind
unter Angabe der Jahre ab urbe condita und ante Christum natum,
wie der Lebensjahre des Cicero's, die einzelnen Begebnisse seines
Lebens in streng chronologischer Folge zusammengestellt, wobei denn
natürlich auch die Abfassung seiner einzelnen Schriften, seiner Reden,
Briefe u. s. w. an gehörigem Orte erwähnt ist: in einer besonderen
Rubrik: Gleichzeitiges ist auch das Wesentlichste aus der innern und äussern Geschichte Rom's aufgeführt; hier werden auch
über die bedeutenderen Männer jener Zeit, die mit Cicero in eine

nähere, es sei politische oder wissenschaftliche und gelehrte Berührung kamen, die nötbigen Angaben beigefügt, so dass derjenige,
der den ganzen Lebenslauf des Cicero und seine ganze rednerische
und wissenschaftliche Thätigkeit näher kennen lernen will, hier eine
vollständige Uebersicht gewinnen kann, die zugleich bei der Lectüre der
Briefe Cicero's für Alles das, was auf die Zeitverhältnisse sich bezieht, nützlich und bequem sein wird. An diesen streng chronologisch geordneten Lebensabriss des Cicero schliesst sich noch eine
Erörterung (S. 35 ff.), in welcher das Literärhistorische dieser Briefe
besprochen wird. In der Anordnung derselben folgt der Verfasser
bei seiner Uebersetzung ebenfalls der streng chronologischen Folge,
wie man dieselbe seit Wieland festzustellen versucht hat; er folgt
also nicht der gewöhnlichen Abtheilung, welche diese Briefe nach
den Personen, an die sie gerichtet sind, zusammenstellt (ad Atticum,
ad Familiares u. s. w.), sondern er lässt die sämmtlichen Briefe der
vier Sammlungen so auf einander folgen, wie sie nach der ermittelten Zeit, in der sie geschrieben sind, sich an einander reihen: es
ist bei jedem Briefe das Datum des Jahres und, wo es ängeht, auch
des Monats und des Tages, an dem er geschrieben, beigesetzt, eben
so aber auch die Verweisung auf die Stelle, welche der Brief in jenen vier Sammlungen selbst einnimmt: jedem Briefe folgen in klei-
nerem Drucke diejenigen Erörterungen sachlicher Art, zu welchen
einzelne im Briefe vorkommende historische Punkte oder Persönlichkeiten die nothwendige Veranlassung geben. Die Uebersetzung selbst
liest sich gut, sie ist in einer würdigen und doch fliessenden Sprache
gehalten, ohne irgend wie auf Treue und Genauigkeit zu verzichten, kurz das Ganze macht den Eindruck einer durchaus gediegenen Arbeit, die man in dieser Weise gern auch weiter fortgesetzt
zu sehen wünscht.

Chr. Bähr.

---

*Quintus von Smyrna. Uebersetzt von C. F. Platz, Hofrath
und Professor am Lyceum in Karlsruhe. Drittes Bändchen.
Buch XI—XIV und Anmerkungen. Stuttgart, Verlag der J. B.
Metzler'schen Buchhandlung. 1858. 366 S. in 12.*

Mit diesem dritten Bändchen ist die erste deutsche Bearbeitung
eines Dichters vollendet, der, wenn auch der spätern, ja spätesten
Periode der griechischen Epik angehörig, doch durch manche Eigenschaften die Beachtung und Berücksichtigung der Nachwelt in hö-
herm Grade verdient, als die meisten ähnlichen Erzeugnisse der spätern hellenischen Poesie, wie dies auch bei der Anzeige der beiden
vorausgehenden Bändchen (s. diese Jahrbb. 1858, S. 464 ff.) bemerkt worden ist. Auf diese Anzeige haben wir uns auch jetzt zu
beziehen: was dort über die so wohl gelungene deutsche Nachbil-

dung gesagt ist, wird auch durch dieses Schlussbändchen seine Bestätigung finden, welches die letzten Gesänge enthält, in denen die
Fortsetzung des Kampfes um Troja, die endliche Eroberung und
Plünderung der Stadt, die Versöhnung der Helena und des Mene-
laus, die Abfahrt der Achäer und die Stürme, von denen sie betroffen worden, dargestellt sind.   Am Schlusse folgen die Anmerkungen,
welche über einzelne sachliche Punkte sich verbreiten, die in dem
Gedichte vorkommen, und die nöthigen historisch-antiquarischen, insbesondere mythologischen Erläuterungen bringen, auch die nöthigen
Verweisungen auf die Homerischen Gedichte u. dgl. enthalten. Wenn
zu VII, 88, wo es heisst:

>   Gehet doch unter den Menschen die Sag' auch, dass zu dem
>   ew'gen
>   Himmel dereinst aufsteigen die Tugendhaften, die Bösen
>   Aber hinab in das Grauen der Nacht

bemerkt wird, wie es nicht unmöglich wäre, dass der Dichter
durch christliche Vorstellungen von Himmel und Hölle influirt wäre,
so wagen wir noch nicht darauf die Vermuthung zu bauen, dass der
Dichter ein Christ gewesen, dem sich hier die christliche Vorstellung
von dem Leben nach dem Tode unwillkürlich aufgedrängt, in dem
gerade die Art und Weise, in der er diesen Gedanken einleitet,
(„Gehet doch unter den Menschen die Sag' auch" καὶ γάρ ῥά πέλει
φάτις ἀνθρώποισιν), uns gegen diese Vermuthung zu sprechen
scheint, wohl aber eine Bekanntschaft mit christlichen Lehrern gestattet, wie diess bei einem gebildeten Dichter jener Zeit kaum befremden kann.

Als Probe auch aus den in diesem Bändchen enthaltenen vier
letzten Büchern setzen wir die Stelle aus dem dreizehnten Gesang
Vs. 78 ff. bei, wo das Eindringen der Achäer in die Stadt Troja
geschildert wird:

>   Aber als nun vor den Mauern vereint war sämmtliche Heeresmacht,
>   Da in des Priamos Stadt unaufhaltsam stürzten sich Alle,
>   Stürmenden Drangs, ausschnaubend der Kampflust wilde Begierde.
>   Allwärts schlugen die Flammen hervor aus jammererfüllten
>   Häusern, ein Anblick, der ihr Gemüth mit Freuden erfüllte;
>   Selbst auch stürzten sie nun in den Kampf, Weh sinnend den Troern,
>   Ares stürmte durch sie und die seufzerumtönte Enyo;
>   Allwärts rieselte dunkel das Blut, das Troer und fremde
>   Bundesgenossen im Tode, das Erdreich röthend vergossen.
>   Jene, von schrecklichem Tode gebändiget, lagen in ihrem
>   Blut in der Stadt umher; dort stürzten, den Geist aufgebend,
>   Andere über die Todten dahin; dort irrten, o Jammer,
>   Andere, ihr vorquellend Gedärm festhaltend, um ihre
>   Wohnungen, Andere, denen man ab die Füsse gehauen,
>   Krochen umher die Todten mit laut wehklagender Stimme;
>   Vielen, die selbst in dem Staube den Kampf fortsetzen noch wollten,

Warden vom Leibe die Hände zugleich und Häupter gehauen;
Dort ward Andern im Fliehen der Speer in den Rücken gestossen
Bis in die Brust; dem ward er hinein in die Weichen getrieben
Ueber der Schaam, wo die Lanze des unbezwinglichen Ares
Schlägt in dem Kampfesgetümmel die allerschmerzlichsten Wunden.
Allwärts scholl in den Strassen der Stadt der geängsteten Hunde
Winselnd Geheul; aus dem Mund der Verwundeten tönte der Jammer
Aechsender Klagen; unendlich Getös umhallte die Häuser
Alle; verzweifelt Geschrei wehklagender Frauen ertönte.

Oder Vs. 430 ff. wo die Zerstörung geschildert wird:

Allwärts sanken indessen in Schutt und Trümmer die Häuser
Krachend zusammen, vermischt stieg Rauch und Staub in die Lüfte;
Furchtbar war das Getöse　*　　*
　*　　　　　*　　　und gänzlich in Flammen
Stand Antimachos' Haus; auf Pergamos' freundlicher Höhe
Tobte der Brand um den Tempel Apollons und um das hehre
Heiligthum der Tritonis und Zeus' Altar, des Beschützers;
Flammen verzehrten die schönen Gemächer von Priamos' Enkeln,
Und bald war ganz Troja in Schutt und Asche gesunken.
Und von den Troern erlagen der Danaer Waffen die Einen,
Andere verderblichem Feuer und auf sie stürzenden Häusern,
Wo mit verderblichem Loos sie zugleich auch fanden ein Grabmal;
Andere stiessen das Schwert mit der eigenen Hand in die Kehle,
Wann sie das Feuer zugleich mit dem Feind sahn nahen den Häusern;
Andere stürzten, nachdem sie das Weib und die Kinder getödtet,
Selbst sich ins Schwert, in der Noth unmenschliche Thaten verübend:
Mancher, im Wahne, der Feind sei fern ihm, hob in der Ecke
Weg von dem Feuer ein Wassergefäss, wo Wasser er wärmte
Sich zum Bedarf; da sieht überrascht ihn der Danaer Einer,
Stösst ihm den Speer in den Leib und tödtet ihn, welchem der Geist
　　　　　　　　　　　　　　　　noch
War von dem Weine betäubt; und er stürzt in dem Hause danieder,
Während das Wassergefäss entleert entgleitet den Händen.
Manchem auch, der durch das Haus hin flüchtete, stürzte von oben
Brennend Gebälk aufs Haupt und bracht' ihm jähes Verderben;
Vielen der Frauen, die der Schrecken zu eiligem Fliehen getrieben,
Kam der Gedank' an die Kinder, die theueren, die sie im Bette
Liessen zurück in dem Haus; da kehrten zurück sie in diese,
Die einstürzend mit jenen zugleich sie selber erschlugen.
Angstvoll rannten die Hunde und Pferde umher in den Strassen,
Fliehend des schrecklichen Feuers Gewalt; auf Haufen Erschlagner
Traten sie da und dort, Unheil auch Lebenden bringend
Rannten sie blind vorwärts, und Geschrei durchhallte die Stadt rings.

Chr. Bähr.

Die Rechtsfiktion in ihrer geschichtlichen und dogmatischen Bedeutung. Eine juristische Untersuchung von Dr. Gustav Demelius, Prof. des röm. Rechts an der k. k. Universität zu Krakau. Weimar, Hermann Böhlau 1858. VIII und 96 S. 8.

Der Verf. sucht das Wesen und die Tragweite der sog. juristischen Fiktion endgültig festzustellen. Er erklärt die Entstehung des Satzes: in sacris simulata pro veris accipiuntur, indem er zeigt, wie mit dem Sinken der Opfer bei den Römern wie bei andern alten Völkern vielfach die Opferfiktion in Uebung kam, dass man z. B. statt wirklicher Thiere unter Umständen nur in Wachs und Teig geformte Abbilder den Göttern opfern und so das Wort des Rituals erfüllen konnte (§ 1. 2. S. 1—18.) Die Ansicht von Danz (der sakrale Schutz im röm. Rechtsverkehr, Jena 1857, S. 237 ff.) wornach das Bild für das Thier gegolten habe, weil man es mit dem Namen desselben bezeichnet habe, widerlegt Demelius eingehend (S. 12—17). Darauf betrachtet derselbe die Fiktion in den anderen Gebieten des römischen Sakralwesens, wie auch hier der obige Satz wiederkehrt, z. B. indem der Fetialis die hasta ferrata in einen bloss fingirten ager hostilis wirft (§ 3, S. 18—24). Die priesterliche Doktrin übertrug nun die Fiktion aus dem Rituale in's Recht, zunächst in denjenigen Gebieten, welche an die Disciplinen der Priestercollegien grenzen und ihrem Einflusse offen liegen (§ 4, S. 25—37). Für das Privatrecht kommt hier insbesondere die Arrogation in Betracht, die der Verfasser in ihrer alten sakralrechtlichen Bedeutung, das Aussterben der Familie und den Verfall des Gottesdienstes des Hauses zu verhindern, ausführlich erörtert (S. 28 bis 37). „Man wollte jedenfalls darin die alte heilige Ordnung aufrecht erhalten, dass nach dem Tode des Hausvaters ein Nachfolger vorhanden war, einer der jure legeque filius familias war und als solcher ihr Priester wurde. Und da der wirkliche fehlte, so wurde einer geschaffen durch das Recht, durch die Kunst der Kundigen und den Willen der gesammten Häupter der Opfergemeinschaften, welche den patriotischen Geschlechterstaat bildeten" (S. 34). So erklärt der Verf., anders wie Mommsen und wie Becker, die Nothwendigkeit der lex curiata zur Arrogation, ein Resultat, welches durch die ganze Gestaltung des alten civilen römischen Familien- und Erbrechts unzweifelhaft herbeigeführt werden musste, wie dies Referent bereits in seinem: Römischen Erbrecht, Heidelberg 1859 (man sehe besonders das. S. 121 ff.) nachgewiesen zu haben glaubt.

Die weitere, viele guten Bemerkungen im Einzelnen enthaltende Erörterung von Demelius zeigt in einer gedrängten sorgfältigen Zusammenstellung, wie vielseitig in der Sprache der Gesetze, im Curialstil, die Gedankenfigur der Fiktion zur Bezeichnung neuen Rechts und zur begriffsmässigen Anknüpfung an das alte verwendet worden ist (§ 5, S. 37—49). Der Verf. bemerkt (vgl. S. 49), „aus dem pontificischen: simulata pro veris accipiuntur sei eine Redeform geworden, wie sie gar nicht zweckmässiger und dem römischen Sinne

angemessener hätte erfunden werden können." Aber bei keinem
der zahlreichen aufgeführten Fälle findet sich eine Spur einer solchen Erinnerung an jenen Satz des in diesen Zeilen schon mehr und
mehr in seiner Bedeutung gesunkenen Sacralrechts und des zugleich
damit gesunkenen Einflusses der Pontifices. Auch findet der Verf.
schon selbst, wie die Rechtsfiktion doch eigentlich eine von der alten Opfersimulation verschiedene Anwendung erhielt. „Es galt in
beiden Fällen das G e s e t z aufrecht zu erhalten, die R e c h t s p f l i c h t
zu erfüllen. Bei der Arrogation wurde aber, das ist der zweite Gesichtspunkt, zugleich der juristische B e g r i f f erhalten, zugleich das
Nachgebildete dem Originale als juristisch gleich b e z e i c h n e t.
Gemeinsam ist beiden Gesichtspunkten, dass das J u r i s t i s c h e
b l e i b t, das T h a t s ä c h l i c h e sich ä n d e r t. Der erste trat frühe
zurück mit dem Sinken und Verschwinden sowohl des religiösen
Pflichtgefühls, als der Aengstlichkeit, mit der ihm genügt wurde.
Vom zweiten aus aber gelangte die Fiktion zur ausgiebigsten Verwendung auf unbeschränktem Gebiete, als längst schon der alte Satz
der Pontifices zur Kuriosität geworden war" (S. 38 f.). Die Entwickelung der Rechtsfiktion lag an sich schon und besonders dem
juristischen Scharfsinn ber Römer so nahe, dass sie auch schon ohne
die alte Opferfiktion darauf gekommen sein würden. Uebrigens zeigt
sich sowohl bei den Fiktionen in den Gesetzen, wie bei den Fiktionen im römischen Prozesse, die Verf. ebenso sorgfältig auseinandersetzt, bei beiden Arten von Prozessfiktionen, von welchen uns Gajus berichtet, bei den actiones quae ad legis actionem exprimuntur
einer Art Uebergangsform von Legisactionen - zum Formularverfahren (§ 6, S. 49—59), und in unzähligen Formelintentionen im aus-
gebildeten Formularverfahren, bei den actiones fictitiae (§ 7, S. 59
bis 75), überall tritt eine juristische Identificirung verschieden gestalteter Verhältnisse hervor. Und „weit bezeichnender für unsere
Erscheinung im römischen Curialstil ist es gewiss von Gleichstellung,
juristischer Identificirung zu reden, als von Fiktion" (S. 49). Unter
den einschlägigen eingehenden Untersuchungen heben wir noch
hervor die über das Wesen der actiones in jus und der in factum
conceptae, zu welchen letzteren auch die actiones fictitiae gezählt
werden (S. 62 ff.). Als Resultat der dessfallsigen Untersuchung findet
der Verfasser (S. 67 f.), „dass die actiones fictitiae gar nichts anderes waren, als actiones in factum conceptae, bei denen nur der den
Inhalt einer intentio in jus concepta bildende Rechtsbegriff als kurze
und zugleich ganz treffende Bezeichnung eines Complexes entscheidender Thatsachen (nicht aller entscheidenden) gewählt war. Was
das Specifische der actio in factum concepta ausmacht, dass der
Condemnationsbefehl n i c h t abhängig gemacht ist von einem
meum esse, dare oportere, damnum decidere oportere, das trifft auch
bei den actiones ficticiae vollkommen zu. Auch bei ihnen übernimmt
es der Magistrat, kraft eigener Machtvollkommenheit den Complex
von Thatsachen abzugränzen, den er dann im Causalverhältnisse zu

einem Condemnationsbefehle dem durch den Rechtsbegriff des jus
civile abgegränzten gleichsetzt, unter Umständen überhaupt erst dadurch mit rechtlicher Bedeutung versieht, jedenfalls aber doch erst
mit gerade dieser, zu diesem Condemnationsbefehle zu führen. Die
actiones fictitiae unterscheiden sich in dieser Beziehung scharf von
den sogenannten formulae mit subjectiver Umstellung. Letztere sind
wirkliche Formeln in jus conceptae. Zwar nimmt auch hier, wie
überhaupt bei jeder Klagformel, der Praetor das Folgen gerade dieser Leistung aus gerade diesem si paret auf sich, allein er braucht
hier nicht erst jene Begränzung des relevanten faktischen Substrats
des Rechtsverhältnisses vorzunehmen".

Sowohl die Fiktionen in den Gesetzen, wie in den Klagformeln
„welche ja für den Judex nichts anders waren, als lex condemnatio-
nis", lassen sich also „nicht besser charakterisiren, denn als Rechtsnormen, durch welche ein faktisches Verhältniss durch Gleichsetzung
mit einem andern rechtlich normirten zum Rechtsverhältnisse erhoben
und in seiner rechtlichen Natur und Wirkung dem Vorbilde gleichgestellt und als gleich bezeichnet wird" (vgl. S. 76). Dass nun in
den „Rechtsquellen und in der Dogmatik (§ 8, S. 75—96), d. h.
sowohl in den Kaiserconstitutionen des Codex und der Novellen, wie
in den Schriften der Juristen, deren Fragmente für uns Gesetze sind,
ganz gleicherweise derartige Gleichsetzungen, juristische Identifici-
rungen vorkommen können und werden, lässt sich nicht bezweifeln.
Ebensowenig aber wird man verkennen, dass mit dem Wegfallen
des alten Curialstils, an dessen Stelle nur zu bald in der kaiserlichen Legislation wässerigster Breite des Ausdrucks trat und andererseits mit dem Aufhören der absolutesten Präcision der juristischen Sprache erheischenden Formelconception nothwendigerweise
verschwommener, schwieriger festzustellende Umrisse annehmen müsste.
Schon das äusserliche Kriterium für das Vorhandensein einer Fiktion
lässt uns für unsere Rechtsquellen ganz im Stiche. Während in den
Gesetzen das „siremps" u. s. w., das „perinde, ac si" —, in den
Formeln das „si — esset, tum si — oporteret" mit vollkommener
Sicherheit eine Fiktion im Gefolge hatte, so wäre nichts unrichtiger,
als etwa gewisse Ausdrücke aufzählen zu wollen, deren Vorkommen
in den Quellen das Vorhandensein einer Fiktion bewiese oder auch
nur wahrscheinlich machte (wie das in den zahlreichen Dissertationen und Abhandlungen der früheren Zeit regelmässig zu geschehen
pflegte)" (S. 76). Um die Verwechslung von Präsumtionen mit Fiktionen und umgekehrt zu vermeiden, muss man sich daran erinnern,
„dass die Pandektenjuristen nicht Gesetze schreiben wollten, sondern
Auseinandersetzungen machen und casuistische Zergliederungen liefern." „Ferner wird aber auch meistens die Gleichsetzung von den
Juristen selbst gar nicht ausdrücklich ausgesprochen, oder doch wenigstens in einer Weise, die uns bei der bekannten Schwäche derselben im Abstrahiren von Regeln und Aufstellen von Definitionen,
der eingehendsten Prüfung und Constatirung der einzelnen Conse-

quenzen nicht überhebt, so dass in den meisten Fällen das Vorhandensein oder Nichtvorhandensein der Fiktion das Resultat der Detailforschung ist. . . . Wo in unserer Dogmatik eine Fiktion auftaucht, da geschieht es unter Streit um ihre Existenz oder Nichtexistenz" (S. 77 f.). Dass man nun in manchen Fällen einen durch Constatirung der einzelnen Consequenzen gewonnenen Rechtssatz in der That am kürzesten und bezeichnendsten in Fiktionsform aussprechen kann, läugnet der Verf. nicht. Aber entschieden will er jener jetzt allgemein herrschenden und nur in neuester Zeit angegriffenen Auffassung des Fiktionsbegriffes entgegentreten, welche „die Fiktion aus dem, was sie wirklich sei, einer Bezeichnungsform, einem Werkzeuge juristischer Terminologie zu einer Art von ultimum remedium in der Dogmatik gemacht habe, das immer zu Hülfe kommen müsse, wenn es sich darum handelt, eine oder mehrere einzelne Rechtsbestimmungen, deren Zusammenhang mit allgemeinen Sätzen in Frage stehe, auf dieselbe zurückzuführen, oder auch wohl Bestimmungen, die angeblich bestehenden Rechtsprincipien geradezu in's Gesicht schlügen, doch gerade als Consequenzen derselben erscheinen zu lassen, — kurz mit der Fiktion juristische Construktion übe" (S. 79). Schon in den römischen Gesetzen und Klagformeln sei die sich allerdings mittelbar an den alten Satz der Pontifices anschliessende Fiktionsform reines Mittel der Terminologie geworden. Ob wir nun wieder das Verfahren der Pontifices und Augurn nachahmen sollten, unsere juristischen Dogmen zu retten, wie diese ihre Riten und ihr immer weiter werdendes Gewissen? Wenn man auf die Frage: „Warum können Gemeinden Eigenthum erwerben, Gläubiger und Schuldner sein u. s. w., während ja doch nur willensfähige, d. h. natürliche Personen Rechte erwerben und haben können?" erwiedern: weil sie in der Möglichkeit in vermögensrechtlichen Verhältnissen zu stehen natürlichen Personen gleichgesetzt, d. h. juristische fingirte Personen sind, — so wäre das in der That ganz das alte: simulata pro veris accipiuntur, nur dass es nicht hiesse: in sacris, sondern: in jure. Ja man gehe sogar noch weiter als die Pontifices; denn diese bildeten sich wenigstens nicht ein, dass irgend Jemand ihren Teig für einen Stier halten sollte; heut zu Tage aber werde gelehrt: Nur Personen können Gläubiger sein; milde Stiftungen können Gläubiger sein; — also sind sie Personen! — Es wäre gewiss richtiger, zu schliessen: Milde Stiftungen können Forderungen haben; sie sind keine Personen; also können nicht Personen allein Forderungen haben. — Ganz dieselbe Umkehrung lasse sich aber mit allen Fiktionen vornehmen, welche als Palladium angeblicher Rechtssätze dienen müssten. So der Verf. (S. 80 ff.). Der Grundfehler und die Quelle der weiteren Missverständnisse bei dieser Polemik beruht nun aber, wie dies bereits Arndts in der kritischen Vierteljahrsschrift für Gesetzgebung und Rechtswissenschaft Bd. I, Heft 1, S. 94—99. 103 f. in einer sehr anregenden scharfsinnigen Weise näher dargelegt hat, darin, dass von Demelius wie von Brinz Mensch

und Person als gleichbedeutend genommen wird. Man muss die von
dem Verf. gestellten Fragen umkehren, und fragen: warum sind Gemeinden juristische oder fingirte Personen? Antwort: weil sie Eigenthum erwerben, Gläubiger und Schuldner sein können u. s. w. Einzig und allein in der Fähigkeit Rechte haben und erwerben zu können, besteht nämlich im juristischen Sinne das Wesen einer Person.
Wenn daher im Rechte ein Wesen, welches nicht ein einzelner
Mensch ist, als Subjekt und Träger von Rechtsverhältnissen gilt,
gleich den einzelnen Menschen, so gibt es also im Gebiete des
Rechtes auch Personen, welche keine Menschen sind. Betrachten
wir den einzelnen Menschen als Persönlichkeit, so sehen wir hier
freilich einen unmittelbar durch die Natur gegebenen Repräsentanten
der Persönlichkeit, eine natürliche Person. Betrachten wir dagegen
eine Gemeinde, oder die „abgehetzte" hereditas jacens oder ein pium
corpus als juristische Persönlichkeit, so finden wir ein Rechtssubjekt,
einen Träger von obligatorischen Verhältnissen, einen Gläubiger, einen Eigenthümer, ganz verschieden von den einzelnen leibhaftig her-
umwandelnden Bürgern, den Niemand mit seinen leiblichen Augen
sehen kann, der aber doch ein dem juristischen Verstande erkenn-
bares Dasein besitzt, ein unkörperliches nur im Begriffe zu erfas-
sendes Wesen (vgl. auch Theophil. ad pr. Inst. 3. 17). Es gibt
unter den natürlichen Personen erhebliche Verschiedenheiten, ebenso auch zwischen jenen und den juristischen Personen, und auch
unter den letzteren selbst. Eine Rechtsfähigkeit, sei es in einem
grösseren oder geringeren Umfange, je nach den Zwecken, die die
betreffende Person erhalten soll oder kann, ist und bleibt aber überall als das Kennzeichen und Wesen einer Person vorhanden. Auch
trugen die Römer selbst kein Bedenken, die vermöge der juristischen
Vorstellung als Personen erkannten unkörperlichen Wesen wirklich
als Personen zu bezeichnen. (So „personam coloniae" bei Fronti-
nus in Lachmann's Schriften der römisch. Feldmesser. vgl. Arndts
a. a. O., S. 97), oder, indem sie von der natürlichen Vorstellung
des einzelnen Menschen als Rechtssubjekt ausgehen, von der juristischen Person an unzähligen Stellen zu sagen: „vice personae fungitur". Allerdings wenn man die juristische Person vermöge einer
Fiktion darin der natürlichen Person gleichstellen wollte, dass sie
überhaupt als ein Mensch gelten sollte, dann würde man nicht bloss
ein naturgeschichtliches, sondern auch ein juristisches Monstrum, und
etwas baar Unmögliches erzeugen wollen.

(Schluss folgt.)

JAHRBÜCHER DER LITERATUR.

Demelius: Die Rechtsfiktion.

(Schluss.)

Bei einer juristischen Person wird nichts in Wirklichkeit nicht Vorhandenes als vorhanden fingirt, sondern es wird nur etwas thatsächlich Vorhandenes, mit einer Art von Nothwendigkeit so im Rechtsleben Vorhandenes, unter seinen juristischen Begriff gebracht, in seiner eigentlichen juristischen Natur aufgefasst und bezeichnet. Und wenn der Ausdruck „fingirte Person" Manchen zu einer missverständlichen anderen Annahme einer wirklichen Fiktion Anlass gibt, so ist es besser, (mit Arndts Pandekten, 3. Aufl. § 41, Anmerkung 4) den Ausdruck „fingirte Person" ganz zu vermeiden, und statt derselben nur von „juristischen Personen" zu reden. Was nun noch speziell die angefochtene Rechtspersönlichkeit der ruhenden Erbschaft betrifft, sowie die angefochtene Existenz juristischer Personen überhaupt, so hat sich Referent in einer eingehenden Besprechung der Schrift von Köppen über die Erbschaft in diesen Jahrbüchern 1857, Nr. 44 f., S. 643 ff. darüber schon des Näheren ausgesprochen, und glaubt er auch das zur richtigen Erkenntniss des Wesens der civilen römischen hereditas nothwendige Material und den wahren Charakter derselben vollständiger als es bisher sonst geschehen ist, in seinem röm. Erbrecht, Kap. III, S. 65 ff. nachgewiesen zu haben, und die Erörterungen von Demelius würden in dieser Beziehung zu keinen weiteren neuen Bemerkungen Anlass geben.

Stimmen wir nun aber auch mit jener verfehlten und ohne Zweifel erfolglosen Schlusspolemik von Damelius nicht überein, so können wir doch im Uebrigen dem Fleisse und der Gewandtheit des Verf.'s unsere volle Anerkennung nicht versagen. Da die sonstigen im Ganzen auf weitem verwickeltem schwierigen Wege aufzufindenden scharfsinnigen Resultate des Buches jedoch nur einen so beschränkten althistorischen Umfang haben, so ist es fast zu bedauern, dass der Verf. sein wiedurch seine „Untersuchungen aus dem römischen Civilrechte", Weimar 1856, und durch seine Anordnung der „Legum fragmenta", Vimariae 1857 (vgl. Jahrb. 1857, Nr. 54, S. 862 ff.), so auch hier neu bewährtes Talent nicht auch dieses Mal einem ergiebigeren Thema zugewandt hat.

Friedr. Vering.

System der Logik und Geschichte der logischen Lehren von Fried-
rich Ueberweg, Dr. und Privatdocenten der Philosophie an
der Universität zu Bonn. Bonn, bei Adolph Marcus, 1857.
XV S. und 423 S. gr. 8.

Die Einleitung des vorliegenden Buches enthält Begriff, Eintheilung und allgemeine Geschichte der Logik. Der gelehrte Herr
Verf. spricht sich in seiner Bestimmung des Standpunktes dieser
Wissenschaft mit demselben Nachdrucke gegen die Kant-Herbart'-
sche Logik, welche er die subjectivistisch-formale nennt, wie gegen die Hegel'sche Anschauung aus, welche die Logik mit der
Metaphysik identificirt. Seine Untersuchungen, die von Sachkenntniss,
eigenthümlicher gelehrter Forschung und Urtheil zeugen, haben die
meisten Berührungspunkte mit dem von Seite seiner logischen Forschungen von Andern meist fast ganz übersehenen Schleiermacher (Dialektik, herausgegeben von Jonas, Berlin 1839), mit Ritter, Vorländer, Trendelenburg und Benecke, ohne dass
ihnen desshalb die Selbständigkeit der eigenen philosophischen Entwicklung fehlt. Diese letztere ist auch in der Geschichte der logischen Lehren unverkennbar, wenn auch der Herr Verf. in vielen
Anschauungen, wie dieses wohl nicht anders sein kann, mit dem
schätzbaren Werke von Prantl „Geschichte der Logik im Abendlande" übereinstimmt. Von den Alten bieten dem Herrn Verf. des
grossen Logikers Aristoteles Ansichten die nächsten Uebereis-
stimmungspunkte. Sehr richtig sagt er von ihm, der in dieser Hinsicht gewiss höher, als Hegel, steht, welcher in der Selbstbewegung
des Gedankens zugleich die Selbsterzeugung des Seins erkannt haben
will, um beide zu einem und demselben zu machen: „Aristoteles, gleich fern von beiden Extremen (dem subjectivistisch-idealen
und dem Metaphysik und Logik identificirenden) sieht in dem Denken das Abbild des Seins, ein Abblid, welches von seinem realen
Correlate verschieden ist, ohne doch zu ihm ausser Beziehung zu
stehen, und demselben entspricht, ohne mit ihm identisch zu sein".
Die Logik ist, wie der Herr Verf. S. 2 auseinandersetzt, „die
Lehre von den Gesetzen der Erkenntnissformen". Das Erkennen ist
ihm die Thätigkeit des Geistes, vermöge deren er ein bewusstes Abbild der Wirklichkeit in sich erzeugt. Es ist als solches doppelt bedingt, 1) psychologisch durch das Wesen und die Naturgesetze
der menschlichen Seele, insbesondere der menschlichen Erkenntniss-
kräfte, 2) metaphysisch durch die Natur dessen, was erkannt
werden soll. Die Beschaffenheiten und Verhältnisse des zu Erkennenden, sofern dieselben verschiedene Weisen der Nachbildung im
Erkennen bedingen, werden von ihm die Existenzformen und
die Begriffe von den Existenzformen die metaphysischen Kategorieen genannt. Die den Existenzformen entsprechenden Weisen, also die Weisen, wie das Seiende im Erkennen aufgefasst und
nachgebildet wird, sind ihm die Erkenntnissformen und die

Begriffe von denselben die logischen Kategorieen. Sehr richtig sagt darum der Hr. Verf.: „Die Logik ist eine formale Wissenschaft; aber die in ihr behandelten Formen sind, indem sie den Existenzformen entsprechen, keineswegs ohne reale Bedeutung" (S. 2).

Das Erkennen begreift das unmittelbare Erkennen oder die äussere und innere Wahrnehmung und das mittelbare Erkennen oder das Denken unter sich. Die Formen und Gesetze des Erkennens können theils in ihrem allgemeinen Charakter, theils in den besonderen Modifikationen, welche sie je nach der Verschiedenheit des Erkenntnissinhaltes annehmen, betrachtet werden. Die Formen und Gesetze der Erkenntnisse in ihrem allgemeinen Charakter behandelt die reine oder allgemeine Logik, die besonderen Modificationen der Formen und Gesetze der Erkenntniss nach der Verschiedenheit des Erkenntnissinhaltes die angewandte oder besondere Logik.

Man sieht, dass durch diese Begriffsbestimmung die Logik viel weiter greift, als dies gewöhnlich geschieht. Sie hat es als Denkwissenschaft nur mit dem Denken, also der Thätigkeit des Verstandes und der Vernunft zu thun. Der Hr. Verf., der sie zur Wissenschaft von den den Existenzformen analogen Erkenntnissformen macht, nimmt auch das unmittelbare Erkennen oder die Wahrnehmung in ihren Kreis auf. Die reine Logik stellt also die normativen Gesetze für das unmittelbare Erkennen oder die Wahrnehmung und für das mittelbare Erkennen oder das Denken auf. Die Erkenntniss spiegelt das Ansichsein des Wirklichen in seinen verschiedenen Existenzformen ab. Die Erkenntnissformen entsprechen so den Existenzformen, und die Logik als die Wissenschaft von den ersteren, welche die letzteren abspiegeln, erhält dadurch, das einseitig Subjectivirende und blos Objectivirende vermeidend, die Stellung der rechten Mitte zwischen den Extremen, eine Beziehung zum Erkennen des Subjects und eine Beziehung zum Sein des Dinges. Die Form des unmittelbaren Erkennens ist die Wahrnehmung. Die dieser Erkenntnissform entsprechende Existenzform die Räumlichkeit und Zeitlichkeit oder die äussere Ordnung der Dinge, wie dieselbe unmittelbar in die Erscheinung tritt. Der Erkenntnissform des Denkens oder des mittelbaren Erkennens entspricht als Existenzform die innere Ordnung der Dinge, welche der äussern Ordnung oder der Räumlichkeit und Zeitlichkeit zu Grunde liegt. Die Formen des Denkens gliedern sich in Anschauung, Begriff, Urtheil, Schluss und System. Die Existenzformen der innern Ordnung sind die Einzelexistenz, das Wesen und die Gattung, die synthetischen Grundverhältnisse oder die Relationen, die reale Gesetzmässigkeit, die Gliederung der Dinge. So entspricht in gleicher Weise der Erkenntnissform der Anschauung oder Einzelvorstellung die Form der Einzelexistenz, der Erkenntnissform des Begriffes nach Inhalt und Umfang die Existenzform des Wesens (essentia) und der

Gattung, der Erkenntnissform des Urtheils die Existenzform der Relationen, der Erkenntnissform des Schlusses die Existenzform der
realen Gesetzmässigkeit, der Erkenntnissform des Systems die Existenzform der Gliederung der Dinge.

Die Eintheilung der besondern oder angewandten Logik wird durch die Wissenschaften bedingt, auf welche man die
logischen Lehren anwendet. Nach diesen Wissenschaften werden S.
13 die Methoden 1) der Mathematik oder der Wissenschaft von
den Verhältnissen der Grösse und Lage, 2) der erklärenden und beschreibenden Wissenschaften der Natur, 3) der erklärenden
und beschreibenden Wissenschaften des Geistes und 4) der
Philosophie oder der Wissenschaft der Principien unterschieden. Auf diese Art ist die angewandte oder besondere Logik nicht
mehr die sog. praktische Logik oder Dialektik, Wissenschaft von der
Auffindung und Darstellung des Wahren in Erklärung, Eintheilung
und Beweisführung, sondern logische Methodologie für die einzelnen
Wissenschaften. Nach den verschiedenen Erkenntniss- und den diesen entsprechenden Existenzformen der Dinge zerfällt die reine oder
allgemeine Logik, d. i. die Wissenschaft von den normativen
Gesetzen des Erkennens nach dem Herrn Verf. in 6 Theile: 1) von
der Erkenntnissform der Wahrnehmung unter der Existenzform der Räumlichkeit und Zeitlichkeit (S. 66—87), 2) von der Erkenntnissform der Einzelvorstellung oder Anschauung
unter der Existenzform der Einzelexistenz (S. 87—99), 3) von der
Erkenntnissform des Begriffs nach Inhalt und Umfang unter der Existenzform des Wesens und der Gattung (S. 99—143),
4) von der Erkenntnissform des Urtheils unter der Existenzform der synthetischen Grundverhältnisse oder Relationen (S. 143—
171), 5) von der Erkenntnissform des Schlusses unter der
Existenzform der realen Gesetzmässigkeit (S. 171—412), 6) von der
Erkenntnissform des Systems unter der Existenzform der
inneren Gliederung der Dinge (S. 412—423). Die Logik bleibt also in gewisser Beziehung immer formal, nur dass sie in einer
Beziehung zu den Objekten und ihren mit den logischen Formen in
Analogie stehenden Existenzformen steht.

In diesen 6 Theilen wird die allgemeine oder reine Logik dargestellt, welche der Gegenstand des vorliegenden Buches ist,
da die Auffassung der angewandten oder besondern Logik im Sinne
des Herrn Verf. die logischen Grundsätze auf die einzelnen Wissenschaften nach ihren Hauptunterscheidungsmomenten hinüberträgt.

Die Wahrnehmung (perceptio) ist die Form der unmittelbaren Erkenntniss des neben- und nacheinander Existirenden. Die
äussere oder sinnliche Wahrnehmung ist auf die Aussenwelt, die innere oder psychologische Wahrnehmung auf das physische Leben
gerichtet. Zweckmässiger würde hier (S. 66) die innere Wahrnehmung als die Wahrnehmung von Seelenzuständen eine psychische
genannt, da der Ausdruck „psychologisch" auf die Wissenschaft von

der Seele, nicht aber auf die Seele selbst und ihre Zustände geht. Die innere Wahrnehmung oder die unmittelbare Erkenntniss der psychischen Acte und Gebilde wird von dem Hrn. Verf. wahrscheinlich zum Unterschiede von der äussern Wahrnehmung eine psychologische genannt; allein auch die äussere Wahrnehmung ist ein Gegenstand der Psychologie, wie die innere, weil sie eine Wahrnehmung der Seele ist; jedoch bezieht sich die äussere Wahrnehmung nur auf die äusseren Gegenstände, Zustände und Verhältnisse, nicht aber auf die Zustände der Seele und ist insofern nicht psychisch, wie die innere. Auf der Verbindung der äusseren Wahrnehmung mit der innern beruht die Erkenntniss der Aussenwelt. Die Wahrheit der Erkenntnisselemente wird nach zwei Verhältnissen bestimmt, in objectiver Beziehung nach dem Maasse des Abstandes der Erkenntnissgegenstände von unserem eigenen Sein, in subjectiver nach dem Grade der Unterscheidung zwischen näherer und entfernterer Analogie und der entsprechenden Anwendung dieser Unterscheidung auf die Erscheinungen. Aus dem objectiven Verhältnisse geht der Unterschied des Wissens, Glaubens und Ahnens, aus dem subjectiven der des Wissens. der Meinung, der Unwissenheit und des Irrthums, des Glaubens, Aberglaubens, Unglaubens, Irrglaubens, der Schwärmerei, Ahnungslosigkeit und des Wahns hervor.

Die Untersuchung dieser Erkenntnisselemente führt unsern Hrn. Verf. S. 76 auf die Erwähnung einer ausgezeichneten Schrift des um die theologische und philosophische Literatur hochverdienten ehemaligen Schleswig-Holsteinischen Oberhofpredigers Dr. H. Germar: „Die alte Streitfrage, Glauben oder Wissen", 1856. Bei aller Anerkennung dieser trefflichen Forschung wird in der Zurückführung aller Elemente unseres Erkennens und Handelns auf den Tact die namentliche Erwähnung Beneke's bei Germar vermisst, da die Germar'sche Ansicht mit der Beneke'schen so übereinstimme, dass die letztere „nur die Art der Combination genauer bezeichne". In Betreff dieses Vorwurfes hat sich Germar in einem geistvollen Aufsatze in der Berliner protestantischen Kirchenzeitung Nr. 31 des Jahrgangs 1858 gewiss vollkommen gerechtfertigt, indem er nachwies, dass er den Tact als unser theoretisches und praktisches Grundvermögen schon vor Beneke s Forschungen annahm, auch dass letzterer in seiner Psychologie den Tact in einem andern Sinne nimmt. Die an die Philosophen und Theologen der Gegenwart in jenem Aufsatze gestellten Fragen werden von demjenigen leicht beantwortet, der die Germar'sche Schrift über den Tact mit Aufmerksamkeit, Sachkenntniss und Scharfsinn liest. Manches Räthsel der Philosophie und Theologie wird durch seine Schrift gelöst, nicht aber, wie ein Recensent geglaubt hat, im mystischen, sondern nur im rationalistischen Sinne.

Die Einzelvorstellung oder die Anschauung (repraesentatio singularis, auch notio singularis) ist das „psychische Bild der Einzel-

existenz". Einzelvorstellung und Anschauung sind dem Hrn. Verf.
also gleich bedeutend, während Anschauung eigentlich der Erkennt-
nissact ist, in welchem Ding (das Aeussere) und Vorstellung (das
Innere) nicht von einander geschieden werden. Die verschiedenen
Arten der Einzelvorstellung werden nach den verschiedenen Arten
oder Formen der Einzelexistenz unterschieden (S. 90). So werden
substantivische concrete, substantivische abstrakte, verbale, attributive
und Relationsvorstellungen S. 91 angeführt und entwickelt. Aus den
Einzelvorstellungen entsteht durch Reflexion auf die gleichartigen
und Abstraction von den ungleichen Merkmalen die allgemeine Vorstellung (Gesammtvorstellung, Gemeinbild S. 99).
Der Begriff ist diejenige Vorstellung, in welcher die Gesammtheit
der wesentlichen Elemente oder das Wesen der betreffenden
Objecte vorgestellt wird (S. 108 u. 109). Wesentlich sind aber
jene Elemente, welche den gemeinsamen und bleibenden Grund einer
Mannigfaltigkeit anderer Elemente bilden, und durch welche die Bedeutung bedingt ist, die dem betreffenden Objekte als Mittel für ein
Anderes und an und für sich oder als Selbstzweck in der Stufen-
reihe der Objekte zugeschrieben wird (S. 109). In dem Abschnitte
von der Erkenntnissform des Begriffes wird auch die Lehre
von der Definition und Eintheilung gegeben, die sonst in dem Theile
der Logik enthalten sind, welchen man die praktische Logik oder
Dialektik genannt hat. Das Urtheil ist „das Bewusstsein über die
objective Gültigkeit einer subjectiven Verbindung von Vorstellungen,
d. h. das Bewusstsein, ob zwischen den entsprechenden objectiven
Elementen die analoge Verbindung bestehe" (S. 143). Der Schluss
wird als die Ableitung eines Urtheils aus einem oder mehreren anderen bestimmt. Wird das Urtheil aus einem einzelnen Urtheile abgeleitet, so haben wir den unmittelbaren Schluss, wird die
Ableitung aus mehreren Urtheilen vorgenommen, den mittelbaren
Schluss oder Schluss im engeren Sinne (S. 171).

Was die S. 351 ff. behandelten Dilemmen, Trilemmen,
Tetralemmen und Polylemmen und S. 358 den Polysyllogismus, das Epicherem und den Kettenschluss betrifft,
so werden diese Schlüsse am füglichsten nach des Ref. Dafürhalten
erstere als vermischte Schlüsse, letztere als zusammengesetzte den reinen und einfachen Schlüssen entgegengesetzt. Der
vermischte Schluss ist ein solcher, welcher aus hypothetischen, dis-
junctiven und kategorischen Elementen besteht. Er zerfällt nach der
Zahl der Trennungsglieder im Obersatz in Dilemma, Trilemma, Te-
tralemma, und, wenn mehr als 4 Trennungsglieder vorhanden sind,
Polylemma. Der zusammengesetzte Schluss dagegen ist die Verbindung mehrerer Schlüsse im Zusammenhange von Grund und Folge.
Die Zusammensetzung ist entweder eine offenbare oder eine versteckte. Offenbar ist sie, wenn alle Schlüsse, die, wie Grund und
Folge, zusammenhängen, in allen ihren Theilen vollständig, also mit
Ober-, Unter- und Schlusssatz ausgedrückt werden. Ein solcher of-

fenbar zusammengesetzter Schluss ist der Vielschluss oder Polysyllogismus), nach der epi- und prosyllogistischen Form. Wenn die Schlüsse, aus denen der zusammengesetzte Schluss besteht, abgekürzt werden, entsteht die versteckte Zusammensetzung. Besteht die Abkürzung im beweisenden Nebensatze, entsteht das Epicherem, besteht sie in den Hauptsätzen selbst, der Kettenschluss.

Das Enthymem wird S. 360 „als ein im Ausdruck verkürzter einfacher Schluss" definirt. Die Prämissen sind aber die Vermittlungen des Schlussurtheils, weil sie seinen Grund enthalten. Wenn nun eine der beiden Prämissen hinweggelassen wird, entsteht das Enthymem, das somit nicht alle Vermittlungen hat, kein mittelbarer, sondern ein unmittelbarer Schluss ist. Besser würde also das Enthymem als unmittbarer Schluss oder als ein solcher Schluss definirt, welchem eine der beiden Prämissen im Ausdrucke fehlt, während sie in Gedanken dazu kommt. Der Unterschied zwischen dem einfachen Schlusse und dem Enthymem ist also nur formell. Die beiden verschiedenen Arten des Enthymems mit Hinweglassung 1) des Obersatzes, 2) des Untersatzes sind nicht entwickelt. Das Epicherem wird S. 360 also bestimmt: „Es ist ein einfacher Schluss, dessen Prämissen durch Hinzufügung ihrer Gründe erweitert sind, und der somit auch als ein abgekürzter zusammengesetzter Schluss angesehen werden kann". Refer. würde die Definition vorziehen: Epicherem ist ein versteckt zusammengesetzter Schluss, der seine Abkürzung im Nebensatze einer Prämisse als Grund derselben hat. Das Epicherem kann also nicht ein einfacher Schluss genannt werden, da es nur einfach scheint, aber nicht ist. Die verschiedenen Arten der Epichereme werden nicht erwähnt, 1) mit beweisendem Nebensatze im Obersatze, 2) im Untersatze, 3) in beiden zugleich. Auch die S. 360 enthaltene Begriffsbestimmung des Kettenschlusses lässt Manches zu wünschen übrig. Sie lautet also: „Eine episyllogistische Schlusskette, welche durch Weglassung der mittleren Schlusssätze im Ausdruck vereinfacht ist, heisst Kettenschluss". Denn offenbar kann die Schlusskette auch prosyllogistisch sein, wie dieses beim umgekehrten, absteigenden, regressiven oder Goklenianischen Kettenschluss der Fall ist. Dann werden nicht nur die mittleren Schlusssätze hinweggelassen, sondern alle Schlusssätze mit Ausnahme des letzten, und, da in allen Untersätzen immer derselbe Gegenstand subsumirt wird, auch die Untersätze mit Ausnahme des ersten in der episyllogistischen Reihe, so dass man nach der Zahl der Obersätze, welche in Worten ausgedrückt werden, die Zahl derjenigen einfachen Schlüsse bestimmen kann, aus denen der Sorites zusammengesetzt ist, also durch Hinzufügung der Unter- und Schlusssätze den Sorites in einen Polysyllogismus umzuwandeln im Stande ist. Besser wird daher der Kettenschluss als ein versteckt zusammengesetzter Schluss, in welchem der Zusammenhang der Schlüsse, wie Grund und Folge, in Hauptsätzen stattfindet, oder als ein aus mehreren, wie Grund und Folge, enthymematisch verbundenen Schlüs-

sen bestehender Schluss bestimmt. Auch die Lehren von der Induktion, Analogie, dem Wahrscheinlichkeitsgrade, der materialen
Wahrheit der Prämissen und des Schlusssatzes, der Hypothese und
dem Beweise sind in der Lehre vom Schlusse begriffen (S. 364
bis 412). Die Lehre von der Erkenntnissform des Systems
unter der Existenzform der Gliederung der Dinge enthält die Definition des Systems, das Princip, die Analysis und Synthesis, die
analytische und synthetische Methode (S. 412—423). Ueberall sind
die Thätigkeitsäusserungen des erkennenden Geistes behandelt, nicht
aber die Vermögen des erkennenden Geistes, Sinn, Verstand und
Vernunft, welche die Grundlage dieser das Erkennen ausmachenden
Thätigkeiten bilden.

In kennzeichnenden, durchaus begründeten Umrissen gibt der
Herr Verf. in der Einleitung eine Geschichte der logischen Lehren;
besonders lesens- und beherzigenswerth sind die Ausstellungen, welche gegen die Hegel'sche Logik (S. 50—53) erhoben werden.
In den unter den einzelnen Paragraphen enthaltenen, weiteren Ausführungen werden überall die Anschauungen der Vergangenheit und
Gegenwart mit eingeflochtenen, anziehenden Lesefrüchten gegeben
und an diese viele eigene, zu weiterem Nachdenken anregende
Forschungen geknüpft. Ganz richtig ist der Gedanke des H. Verf.,
der Logik nicht nur eine Stellung zum subjectiven Geiste, sondern
auch zur objectiven Natur zu wahren, die Erkenntnissformen als den
Existenzformen entsprechend zu betrachten, ohne desshalb das Denken und Sein zu identificiren. Freilich gehört im weitesten Sinne
des Wortes auch der Geist zur Natur und das Denken unter die
Kategorie des Seins. In dieser Hinsicht ist die Logik eine innere
Naturwissenschaft und stützt sich auf innere Beobachtung, wie die
äussere Naturwissenschaft ein Resultat der äusseren Beobachtung ist,
während beide zuletzt, ohne einerlei zu sein, eines d. h. zu einem Ganzen vereinigt sind, und die Formen des Einen nothwendig
mit den Formen des Andern in analogen Beziehungen stehen.

v. Reichlin Meldegg.

---

*Geschichte der ehemaligen freien Reichsritterschaft in Schwaben,
Franken und am Rheinstrome, nach Quellen bearbeitet von
Dr. Karl Heinrich Freiherrn Roth von Schreckenstein, Ritt-
meister a. D., Grundherrn zu Billafingen. Erster Band. Die
Entstehung der freien Reichsritterschaft bis zum Jahre 1437.
Tübingen, 1859. Verlag der H. Laupp'schen Buchhandlung.
Laupp u. Siebock. VIII u. 671 S. 8.*

Als wir in diesen Blättern das Erstlingswerk des Herrn Verf.:
„Das Patriciat in den deutschen Reichsstädten" zur
Anzeige brachten, konnten wir, bei allen schönen Hoffnungen, wozu

uns dieses Werk berechtigte, doch nicht erwarten, dass wir sobald wieder mit einer Gabe ernstester Forschung und bedeutender Umfänglichkeit, wie das oben aufgeführte Werk nachweist, würden beschenkt werden.

Schon nach dem „Sag' mir, mit wem du gehst und ich sage dir, wer du bist" wären wir berechtigt eine gute vorgefasste Meinung von dem neuen Buche zu haben; es ist dem vortrefflichen Joh. Friedrich Böhmer gewidmet, dem Manne, welchem die Geschichte des deutschen Mittelalters mehr, als irgend einem Andern verdankt.

Aber auch der zur Behandlung gewählte Stoff ist vollkommen geeignet, die zum Voraus gefasste Gunst zu bestärken.

Er entbehrt weder des geschichtlichen, noch auch eines gewissen praktischen Interesse's und ist, wenigstens in seinem vollen Umfange noch unbekannter Boden.

„Was war denn eigentlich die freie Reichsritterschaft? So kann man jetzt schon fragen, obgleich seit der Auflösung des heiligen römischen Reiches deutscher Nation erst ein halbes Jahrhundert verflossen ist".

Mit diesen ersten Worten der Einleitung, deren volle Wahrheit man selbst von den zunächst Betheiligten, den Bewohnern der Edelhöfe im Hegau und Breisgau, sich bezeugen lassen kann, hat der Verfasser das historische Interesse seines Werkes auf das Schärfste ausgedrückt.

Denn wenn eine Körperschaft von mehr als 350 Familien mit mehr als 100 Quadratmeilen Landes und einer Zahl von 200,000 Unterthanen auch „ohne grosses Geräusch verschwunden, — so verschwunden ist, dass bei vielen nicht eben unwissenden Leuten selbst die Kenntniss ihres Daseins und vollends gar diejenige ihres Ursprungs ihrer Existenzberechtigung und politischen Bedeutung fehlt" so kann es doch nur und muss es gerade eben desswegen ein dankenswerthes Unternehmen sein, die letzten Fragen einer genauen Betrachtung und Erwägung zu unterziehen.

Dass aber eine solche Untersuchung auch ein gewisses „praktisches Interesse", um uns der heute üblichen Redeweise zu bedienen, durchaus nicht ausschliesse, darüber hat der Herr Verf. in der Einleitung sich ganz offen ausgesprochen.

„Man muss nothwendig die geschichtliche Entwicklung eines jeden einzelnen Standes genau und gründlich erkannt haben, wenn man die ständischen Wechselwirkungen, auf welchen ein grosser Theil unseres politischen Lebens beruht, richtig beurtheilen will".

Schon dieser Satz könnte für unsere staatskünstlerischen Tage in seiner Allgemeinheit genügen.

Es liegt aber ein noch näher liegendes Bedürfniss solcher Untersuchungen vor, in den Schritten, welche in jüngster Zeit und gegenwärtig ehemals reichsritterschaftliche Familien unter Berufung an den Bundestag gethan haben und noch thun, um hergebrachte, oder entzogene, aufgegebene Gerechtsame wieder an sich zu ziehen.

Nicht nur das Schwanken der Regierungen und Stände bei solchen Fragen, nicht nur der Widerspruch des bürgerlichen Elementes der Ständeversammlungen, sondern das Interesse des bevorzugten Standes selbst, wie der Staatsordnungen, in die er jetzt eingereiht ist, erfordern eine Reorganisation des Adelswesens, die wir nicht bloss, wie der Verf. S. 3 sich ausdrückt als Zielpunkt der Wünsche der gesammten conservativen Partei ansehen, sondern als Etwas, das mit dem Staatswohle aufs Innigste zusammenhängt, also im Interesse aller Parteien im Staate liegen muss.

.   Bei einer solchen Reorganisation aber „mitzurathen und mitzuthaten", dazu ist auch unseres Erachtens nur derjenige berufen, welcher die geschichtliche Grundlage der ganzen Körperschaft kennt, nicht etwa blos die Phrasen, welche für oder wider dieselbe — ins Blaue geschleudert worden sind und noch werden.

Was nun die Neuheit der Bearbeitung betrifft, so fehlt es allerdings nicht an Schriften, welche sich über die Angelegenheiten der ehemaligen Reichsritterschaft verbreiteten.

Sie reichen schon in grosser Anzahl ins 18. und 17. Jahrhundert hinauf.

Allein ihr Zweck ist ein beschränkterer. Sie sind meistens Parteischriften und beschäftigen sich mit der Wahrung der an die verschiedenen Rittercantone ertheilten Kaiserlichen Privilegien gegen die Angriffe, welche das moderne Staatsrecht für die Landeshoheit der Fürsten durch deren Regierungen und Räthe auf dieselben machten.

„Eine pragmatische Geschichte der Reichsritterschaft aber dürfte — wie der Verf. S. 15 bemerkt — erstmals durch die hier vorliegende Schrift versucht worden sein".

Hat Refer. in dem bisher Gesagten angedeutet, was von dem Buche des Verf. zu erwarten sei, so bleibt ihm nur noch übrig, von der Oeconomie des Ganzen und der Art seiner Ausführung Einiges zu sagen.

Das ganze Werk zerfällt in zwei Theile, von denen nur der erste uns vorliegt.

Dieser sucht (S. 7) die Vorbedingnisse zur Gründung einer eigentlichen Reichsritterschaft zu erörtern. „Er schliesst mit dem Tode Kaiser Sigismund's 1437, ein Abschnitt, der ganz zweckgemäss ist, da unter ihm die Frucht der Appenzellerkriege zur Reife kam, jene Bundesbriefe von 1407—1409, 1413 ff., in welchen der oberschwäbische Adel sich organisirte und zwar in einer Art, die bis zu einem gewissen Grade das Vorbild für alle Ritterkreise geworden ist.

Ueber die Behandlungsweise macht der Verf. (S. 15—16) das bescheidene Geständniss:

„Wer immer auf einem bisher unbekannten Felde die ersten Furchen zieht, · der liefert auch, wie dieses ganz in der Natur der Sache liegt, eine auf wissenschaftliche Abrundung und auf Fülle des Stoffes keine Ansprüche machende Arbeit". Im Geiste schwebt ihm etwas Besseres und Gediegeneres vor, als er zu geben im Stande ist.

Ref. glaubt nach gewissenhafter Prüfung dieses ersten Theils seine Ueberzeugung aussprechen zu dürfen, dass er nicht an den Trost Berufung einzulegen genöthigt sein werde: „dass man weit weniger einer tiefen Gelehrsamkeit, als vielmehr einer lebendigen auf ehrlichem Wege gewonnenen Ueberzeugung bedürfe, um landläufig gewordene grobe Irrthümer zu widerlegen und auf nichtigen Voraussetzungen beruhende, aber vom Partheigeiste gehätschelte Lieblingssätze zu bekämpfen".

Nein, wir dürfen ihm das Zeugniss nicht nur gewissenhafter Benützung der vorhandenen Quellen und Hilfsmittel geben, sondern auch einer Klarheit und Abrundung der Darstellung, welche das Buch auch in grössern Leserkreisen empfehlenswerth macht, als diejenigen sind, welche zur eingängigen Beurtheilung desselben Kenntniss und Beruf haben.

Denn gerade das, wozu der Verfasser durch die Betrachtung, die Reichsritterschaft sei ein Kind der Zeitumstände, genöthigt war, muss dem Buche in jenen grössern Kreisen zur besondern Empfehlung dienen, dass er nemlich auch allgemeine reichsgeschichtliche Thatsachen in den Kreis seiner Darstellung gezogen hat.

So unterscheidet dasselbe sich vortheilhaft von der grossen Zahl seiner Vorgänger, welche an die Einzelnheiten der Standes-Rechte und Standeslage sich anklammernd, weder vom Einzelstande überhaupt, noch seiner Stellung im gesammten Reichsorganismus eine Uebersicht gaben, ein klares Bild entwarfen.

Wir schliessen unsere Anzeige mit der Uebersicht der einzelnen Abschnitte, in welche der ganze erste Band zerfällt.

Es sind zunächst 3 Bücher: 1) Uebersichtliche Darstellung der Entstehung und Entwicklung der Geburtstände von den Urzeiten bis zum Verfalle der karolingischen Universalmonarchie 114 v. Chr. — 888 n. Chr.

2) Die Entstehung und Entwicklung des Ritter- und Bürgerstandes unter Anknüpfung an die wichtigsten reichsgeschichtlichen Ereignisse vom Verfalle der karolingischen Universalmonarchie bis zum Schlusse des s. g. Interregnums 888—1273.

3) Der Kampf der Fürsten und Städte gegen das von den Habsburgern notbdürftig wiederhergestellte Kaiserthum, von der Thronbesteigung König Rudolph I. bis zum Erlöschen des Luxemburgischen Hauses.

Das erste Buch beginnt mit einer beiläufigen Begriffsbestimmung:

„Die freie Reichsritterschaft war eine vom Kaiser und den Reichsständen zuerst stillschweigend anerkannte, in der Folge aber ausdrücklich sanctionirte, aus reichsfreien Edelleuten bestehende Korporation. Sie war der keiner Landeshoheit unterworfene Theil des niedern Adels und bestand ... nur in Schwaben, Franken und am Rheinstrome. Das wesentlichste Recht derselben bestand in der Reichsunmittelbarkeit, welche sich in persönlicher und dinglicher Weise äusserte. Dagegen war weder die gesammte Ritterschaft, noch waren einzelne Glieder derselben mit Sitz und Stimme auf dem Reichstage vertreten.

Hieran knüpft sich (S. 19) das offene Geständniss, dass die Reichsritterschaft von ihrer Geburt an zu einer höchst unerquicklichen, alle Keime der Auflösung in sich tragenden Halbheit verurtheilt gewesen.

War sie ja doch — wenn gleich bei ihrer Beurtheilung die Gründung eines römisch deutschen Reichs durch Karl den Grossen in Rückblick genommen werden muss (S. 20), ganz entschiedenermassen eine Geburt der absteigenden Hälfte jenes Reiches.

In die ältesten historischen Zeiten der germanischen Nationen hinaufsteigend findet der Verf. den Adel mit dem Stande der Gemeinfreien als Hauptbestandtheil der Nation, nicht jenen als eine Auszeichnung, die etwa aus Königlicher Gewalt hervorgegangen wäre (S. 32), sondern aus geschlechtsmässiger Tüchtigkeit und Erblichkeit (S. 34). Ein Vorrecht des Adels war in den ältesten Zeiten durch die öffentliche Meinung so zu sagen in der Schwebe gehalten; — den Typus des nachmaligen Ritterthums bildeten die Gefolgschaften, deren Bildung wohl nicht nur den Fürsten allein, sondern jedem Edeln zustand. Das Königthum war bei einigen deutschen Stämmen die bevorzugte Regierungsweise, während gewählte Gaufürsten bei andern beliebt wurden. In diesen Sätzen werden bis S. 62 die germanischen Zustände vor der Begründung der fränkischen Monarchie zusammengefasst; jeder der Sätze belegt durch Stellen aus Tacitus oder Urtheile bewährter Rechts- und Geschichts-Lehrer.

Der fränkischen Monarchie ist das 2. Kapitel gewidmet. Mit ihr tritt eine bedeutende Modification der Standes-Unterschiede ein. Dass das Christenthum, nach dessen Einführung durch Chlodwig, mildernd auf dieselben eingewirkt habe, spricht der Verf. S. 65—66 aus. Wir können auf diesen Abschnitt hier nicht näher eingehen, da uns der Raum gebricht, unsere Bedenken gegen einige Sätze zu begründen, die in demselben von dem Verfasser ausgesprochen sind.

Hieher gehören z. B. S. 67: „dass (Chlodwig) sich bei seiner Taufe zum Glauben der Kirche bekannte, ist ungemein wichtig geworden. Es trug dieses Ereigniss nicht wenig dazu bei, die Niederlage des Arianismus zu vollenden". Bekanntlich blieb der letztere in Spanien, Südgallien, Italien und Afrika unbeirrt von den Franken das herrschende Bekenntniss der erobernden Völker, bis kluge Berechnung von Kronprätendenten zu Carthago und Burges oder gemischte Ehen, wie zu Pavia oder der Untergang eines ganzen Volkes, wie der Ostgothen, ihn der römischen Kirche unterwarf, nicht ohne dass er vorher das religiöse Bekenntniss orthodoxer Völker, wie der Burgundionen mit der Makel der Haeresie befleckte, wenigstens nach dem Urtheile der Päpste, wie aus der Vita S. Fridolini ersichtlich ist.

Was für den behandelten Stoff als Fundamentalsatz gilt, die Vermuthung, dass schon vor Eroberung Galliens die Königsmacht die alten Standesrechte zerbröckelt und aufgelöst habe, das scheint auch uns aus der Lex Salica klar.

Eine natürliche Folge war, dass königliche Gunst den Leuten ihrer Gefolgschaft (antrustiones), ja Knechten adelige Geltung verschaffte (S. 70—71).

In diese Gestaltung der neuen Standesverhältnisse griff der Clerus nur so fern ein, dass er das Loos der Hörigen zu mildern beflissen war (S. 76).

An die Stelle der Principes traten als königliche Beamte die comites (graphiones, Schreiber, Grafen) S. 80 die Sacebarones (wol Dingmänner), Huni und Sculdahi (Vögte und Schuldhaissen) S. 81—83, zugleich ist, wenigstens unter den Pipiningen, eine Abnahme der Freien bemerklich.

Neben dieser Aemtergliederung aber wird auch das Beneficialwesen bemerklich, welchem in dem 3. Kap. (S. 85—110) eine eingehende Behandlung geworden ist. Wie aus ihm sich ein neuer Adel, die Seniores entwickelte, ist S. 101—102 nachgewiesen; die Vortheile der Beneficiarii einerseits, die Lasten des freien Mannes (S. 106) andererseits, wozu auch die Verminderung der Freiheit durch das Antrustionenverhältniss (S. 108) gehörte, erklärten die Zunahme ebensowol, als das höhere Ansehen solcher gewissermassen Unfreier, ja der Königsdiener (Ministeriales S. 109).

Der Betrachtung des Kaiserreiches ist das vierte Kapitel (S. 110—125) gewidmet. Unter demselben entwickelte sich der Keim von zwei Thatsachen, welche später höchst bedeutsam in das Staatsleben eingriffen, die Versuche der Beneficiarii, Kronbeneficien zu Eigenthum zu verwandeln, theilweise als freies Gut zu verkaufen, um es so später wieder an sich zu ziehen, und die Freien so lange mit Häufung von Heerbannleistungen zu quälen, bis sie ihr kleines Gut den Grafen oder Senioren aufgaben, um Ruhe zu haben. (S. 118 | 119). Konnte eine starke Hand diese Missbräuche auch noch einschränken, so mussten sie unaufhaltsam sich unter den schwachen Nachfolgern des grossen Karls sich ausbreiten.

Diesem nun ist (S. 126—299) das zweite Buch gewidmet, wel-

ches die Entstehung und erste Entwicklung des Rit-
ter- und Bürgerstandes enthält.

Und gerade diese geschichtliche Entwicklung ist, was wir als
einen Hauptvorzug des Werkes oben bezeichnet haben, als ein na-
turgemässes Ergebniss der reichsgeschichtlichen Entfaltung, aufs Innigste mit der Darstellung dieser Reichsgeschichte verwoben.

Es zerfällt sohin dieses Buch in die Kapitel:

1) Zeit der sächsischen Kaiser, in welche durch die von
der Reichsnoth geforderte Einführung des Reiterdienstes die
erste bestimmte Entfaltung der Ritterschaft fällt. Es ist aber
auch diese Zeit eine Zeit der Annäherung deutscher Zustände
an die urzeitliche Basis der durch Gesetz und ständische Son-
derrechte normirten Freiheit im Gegensatz zur Willkürherrschaft
und absoluten Monarchie (S. 131 ff.).

2) Die Zeit der fränkischen Kaiser (S. 157—180) mit
der charakteristischen Begünstigung der emporstrebenden Mit-
telstände (Ritter, Bürger, kleinen Vasallen). Der Beurtheilung
der Milites (Reisige, Mannen) ist S. 161 ff. gewidmet. Eine
durch kirchliche Ceremonien ertheilte Ritterwürde ist nach der
Vermuthung des Verf. unter der Regierung des mit der Kirche
in beständigem Kampfe liegenden Kaisers, dessen Charakter übrigens mit entschieden Welfischen Farben geschildert ist, noch
nicht üblich gewesen.

Obgleich nicht aus letzterer Ursache, da die Bischöfe der kaiserlichen Parthei sich ja immer als die orthodoxen gerirten,
stimmt Ref. mit dieser Ansicht überein. Vielleicht findet sich
ein Zusammenhang mit den Kreuzzügen, oder den Versuchen
eine Treuga Dei zu begründen, später mit Bestimmtheit heraus.

Unter Heinrich V., dessen Zielpunkt indessen nicht die Unterdrückung der Kirche war, wie Verf. S. 180 aufstellt, obwohl
seine Mittel, die kaiserlichen Rechte ungeschmälert zu erhalten,
wie sein Grossvater, wie das sächsische Kaiserhaus sie beses-
sen hatte, die des Tyrannen waren, Verstellung und brutale
Gewalt — unter ihm, dem letzten der fränkischen Könige, entwickelt sich der freie Bürgerstand durch Aufhebung der hof-
rechtlichen Lasten (S. 180).

3) Die Zeit der Staufer (S. 181—257) war besonders günstig
einer so vortheilhaft gestellten Ministerialität, dass selbst
freie Herren sich in solches Verhältniss begaben und Vortheile ihrer Geburt oder Abstammung von Freien beibehielten.
Dass aber sehr viele von den Ministerialen des XII. Jahrhunderts eben doch ihrer ursprünglichen Abstammung nach un-
frei waren, oder wie der Verf. im Kampfe gegen diese Meinung sich etwas scharf ausdrückt, Jägerbursche und Stallknechte
gewesen, möchte u. A. aus dem Rotulus S. Petrinus unschwer
zu beweisen sein, während z. B. der Donations-Codex von St.

Georgen solchen „homines ducis" zu gleicher Zeit als nobiles domini aufführt.

Die weitere Entwicklung des Ritterstandes fällt in diese Periode, sie ist klar und bestimmt S. 196 ff. behandelt. Besonders bemerkenswerth ist die Analyse der Lagerordnung Friedrich I. S. 214 ff. Das grosse Mainzerfest 1187 ist dem Verf. der Wendepunkt des ritterlichen Wesens, welches sich jetzt mehr vom Volke abgelös't, dem Hofe zugewandt habe (S. 224—227.)

Ein bedeutsames Ereigniss aus der Zeit der letzten Staufer ist die sich entwickelnde Landesherrlichkeit (S. 242 ff.) Sie bereitet indessen, und nicht mit durchweg glücklichem Erfolge vor, was durch die goldene Bulle Carl IV. als vollendete Thatsache sich zeigt und die Stellung des niedern Adels durch eine neue Gruppe verschiebt.

Mit dem Interregnum (S. 257—298) verlieren die Geburtsstände theilweise ihre Beziehungen auf Kaiser und Reich; die sieben Heerschilde entwickeln sich. In den Städten erringen die Zünfte Erfolge, die Hansa wird kriegsgewaltig. Dass das Fehdewesen und der Grundsatz, den Krieg an jedem Angehörigen der Befehdeten zu führen, bei eem besitzlosen Adel zu gemeinem Raub führen musste, ist klar, und Ref. kann es nicht als eine „Abwehr ungerechter dem Adel gemachter Vorwürfe" halten, wenn S. 271 dargethan ist, dass auch der Städter, ja selbst der Bauer geraubt habe.

Das dritte Buch endlich (S. 399—652) enthält in fünf Kapiteln (Rudolph von Habsburg und sein Sohn, der erste Luxemburger bis Ludwig den Baier, Kaiser Karl IV, die Könige Wenzel und Ruprecht und Kaiser Sigismund) die Darstellung des Kampfes der Fürsten und der Städte gegen das von den Habsburgern nothdürftig wiederhergestellte Kaiserthum und in vernünftiger Abwehr gegen beide Reichsfactoren die Entwicklung der noch schwachen Keime der freien Reichsritterschaft.

Wir bedauern nicht mehr näher auf diesen ebenso gründlich als anziehend dargestellten Zeitabschnitt eingehen zu können.

Doch hoffen wir, das bisher Gesagte werde hinreichen, die Aufmerksamkeit des Lesers auf das angezeigte Werk zu lenken und solche Uebereinstimmung mit unserer Ansicht durch dessen Lesung zu erwirken, dass unser Wunsch, recht bald mit dem zweiten Theile durch den wackern Verfasser beschenkt zu werden, ein allgemeiner sei.

Noch das glauben wir zum Lobe des Buches beifügen zu sollen, dass ein vollständiges Namens- und Sachregister die Benützung desselben wesentlich erleichtere.

Mannheim.   Fickler.

Alexandri Magni Iter ad Paradisum. Ex codd. mss. Latinis primus edidit Julius Zacher, ph. Dr. in Acad. Regimont. ling. et lit. theotisc. P. P. O. Regimonti Pr. apud Th. Theile (Ferd. Beyer). MDCCCLIX. 32 S. in gr. 8.

Wenn in dem durch C. Müller erstmals zu Paris im Jahre 1846 in griechischer Sprache veröffentlichten Pseudocallisthenes, dessen Fassung in das Ende des dritten oder in den Anfang des vierten christlichen Jahrhunderts fällt, allerdings eine Grundlage gefunden worden ist, auf welche die verschiedentlich im Mittelalter in Umlauf gesetzten Erzählungen über Alexander den Grossen, in Prosa wie in Poesie, zurückzuführen sind, so wird es eben die Aufgabe der literärgeschichtlichen Forschung sein, die weitere Ausbreitung der Alexandersage in ihren verschiedenen Stadien, Erörterungen wie Abkürzungen, nachzuweisen, und dadurch zu einer richtigen Würdigung des Ganzen, wie einer richtigen Erkenntniss der Bedeutung desselben zu gelangen. Und so wird man auch den anliegenden Beitrag, der hier zum erstenmal an das Tageslicht tritt, mit allem Danke anzunehmen und nur den Wunsch beizufügen haben, dass der Herausgeber auch ferner diesem Gegenstand seine Sorge zuwenden möge. Unter den verschiedenen lateinischen Bearbeitungen jenes Pseudo-callisthenes in den folgenden Jahrhunderten macht der Verf. besonders auf eine um die Mitte des zehnten Jahrhunderts durch einen Presbyter Leo zu Neapel, der in Constantinopel das griechische Original aufgefunden hatte, gemachte aufmerksam, als die Quelle, welche von allen denen benützt ward, die nach dieser Zeit in dem westlichen Europa über Alexander den Grossen geschrieben haben: in dieser Uebersetzung hatte freilich der ursprüngliche Text eine ganz andere Gestalt angenommen: er war im Geiste der Zeit des Ueber-setzers umgestaltet worden, Manches war ganz weggelassen, ebenso auch Manches hinzugefügt worden. Und in diesem Sinne und Geist verfuhren auch die spätern Bearbeiter der Sage, so unter Andern ein gewisser Albericus, der an die Stelle der letzten Lebensschick-sale Alexanders eine angebliche Reise desselben ins Paradies einfügte. Und diese in lateinischer Sprache abgefasste Erzählung einer Reise Alexanders des Grossen in das Paradies wird uns hier in der Gestalt, wie sie in einer Pariser und in einer Wolfenbüttler Handschrift des dreizehnten Jahrhunderts vorliegt, in einem Abdruck mitgetheilt, in welchem nicht wenige Fehler der Schreiber berichtigt sind, so dass das Ganze eine lesbare Gestalt erhalten hat. Merkwürdig genug ist die Erzählung allerdings, die in ihrem ganzen Ton und Färbung einen jüdischen Ursprung kaum verläugnen kann. So wenigstens nimmt der Herausgeber an, und wird man bei näherer Prüfung des Inhalts nicht leicht dieser Behauptung entgegentreten können. Der Abdruck des Gan-zen ist mit aller der Genauigkeit veranstaltet, die man den Ineditis der älteren classischen Zeit zuzuwenden pflegt, und wird man nach der hier gegebenen Probe nur wünschen können, von der Hand des gelehrten Verfassers noch weitere Aufschlüsse über die Verbreitung dieser fabel-haften Geschichte Alexanders des Grossen während des Mittelalters zu erhalten. Er macht dazu am Schlusse seiner Einleitung Hoffnung:

JAHRBÜCHER DER LITERATUR.

Literaturberichte aus Italien.

(Fortsetzung von Nr. 40.)

Porta orientale, strenna per l'anno 1859. Trieste, presso Colombo Coen.

Diess ist einer der in Italien gewöhnlichen localen Almanache. Dieser ist für die Provinz Istrien bestimmt, und enthält ausser statistischen Nachrichten Manches interessante, woraus man zugleich abnehmen kann, dass Triest sich eigentlich für eine italienische Stadt hält.

Le prime storie, canto di Alardo Aleandri. Verona 1858. Tip. alla Minerva.

Dieser zu Verona lebende Dichter wird neben Prati für den besten der jetzt lebenden Dichter Italiens gehalten. Die ungereimten Verse Aleandris sind voll Harmonie und schmuckvoll, seine Gedanken tief und philosophisch, sein Gefühl voll Vaterlandsliebe. Doch ist er im Ganzen nicht sehr beliebt, weil er etwas Gesuchtes und Aristokratisches zur Schau trägt.

Almanaco Valtellinese, della società agraria della Valletellina. l'anno 2do 1859.

Das Veltlin ist die ärmste und gebirgigste Provinz der Lombardei und wird desshalb auch das lombardische Island genannt; dennoch fehlt ihm nicht ein solcher populärer Almanach voll von nützlichen Nachrichten, da sich eine patriotische Gesellschaft dafür eifrig bemüht.

La scuola di Minerva, strenna genealogico storico, per 1859. Milano, presso Pirotta.

Dieser mailändische Almanach ist für ein reicheres Publikum bestimmt.

La scienza delle Finanse, dal Professore Placido da Luca. Napoli 1858. Tip. dei Classici Italiani.

Dies Lehrbuch der Finanz-Wissenschaft hat zum Verfasser den berühmtesten Schriftsteller Neapels in diesem Fache. Er gehört der liberalen Richtung der Staatswirthschaft an, vertheidigt die Grundsätze des Freihandels und nimmt die Industrie gegen solche Angriffe in Schutz, welche darin nur ein materialistisches Streben sehen, das gewöhnlich nur auf Neid hinausläuft.

Due novelle in versi Milanesi dal Antonio Picozzi, sesto opuscolo. Milano 1858. presso Paolo Ubicini.

Diese in der Mailänder Mundart gedichteten Erzählungen lassen in diesem jungen Dichter einen heitern und dabei scharfen Satiriker erkennen, wozu sich diese Mundart vorzüglich eignet; auch ist es eigentlich die einzige in Italien, welche jetzt Leistungen von einigem Werthe liefert. Picozzi wird vielleicht den mailändischen Dichter Giovanni Ventura erreichen, welcher nach dem Tode von Porta in Mailand für den besten Dichter gehalten wird. Porta war in der populären Poesie das, was Manzoni in der höheren italienischen Dichtung ist. Wenn aber Picozzi mehr munter und beissend war, so findet sich bei Ventura mehr ein Gemisch von christlicher Melancholie und anakreontischer Freiheit, verbunden mit dem burlesken Tone des mailänder Volksdialekts.

Manuale storico degli Ordinamenti economici vigenti in Toscana, dall' Antonio
    Zobi. Italia 1858.

Der Verfasser ist ein bekannter tüchtiger Historiker und Publicist, gehört
der liberalen Schule an, und geisselt hier als Verehrer der Leopoldinischen
Gesetzgebung die Missbräuche der Geistlichkeit.

Evelina ovvero l'eccidio di Gedda, poemetto di Guiseppe del Re. Pinerolo 1858.
    presso Labetti.

Dieser fleissige neapolitanische Gelehrte hat hier die Christenverfolgung
durch die Araber in Dschedda am rothen Meere zum Gegenstande einer lieblichen Dichtung gemacht. Herr del Re erzählt sehr gut, aber die drei besten
Novellisten Italiens sind jetzt Giulio Carcano, Vittorio Barsegio und die Catharina Percalto aus dem Friaul, eine Dame von tiefem Gefühl und voll feu-
riger Vaterlandsliebe für ihr Italien.

Annuario dell' istruzione publica, per l'anno scolastico 1858 e 59. Torino, stam-
    peria reale.

Dies ist die amtliche Sammlung der für das Schulwesen im Königreiche
erlassenen Verordnungen.

Annuario agrario per il 1859, dai signori P. Cuppari, Conte C. dei Cambrey-
    Digny, G. Dalgas, L. dei Marchesi Ridolfi. Firense 1858.

Diese sehr geschätzte Zeitschrift der Academie dei Gorgofili beschäftigt
sich nur mit den Ackerbau-Verhältnissen Toscanas. Umfassender sind freilich
die Annalen des Museums der Physik zu Florenz, welche mit den Annales
du Bureau des Longitudes zu Paris wetteifern, worin sich besonders Donati
durch seine Forschungen über die Cometen ausgezeichnet hat. Dass aber im
Toscanischen von der Ackerbau-Gesellschaft nicht blos geschrieben wird, sondern dass auch viel geleistet wird, zeigt folgende Schrift:

Ricordi e studii sulla esposizione agraria Toscana del 1857. Firenze 1858. Tp.
    Bercini

welche über die von ihr veranstaltete Ausstellung Nachricht giebt.

Die jetzigen politischen Verhältnisse haben Veranlassung gegeben, eine
dritte Auflage von folgendem Werk zu veranstalten:

L'Austria e la Lombardia. Torino 1859.

Dasselbe kam 1847 zum erstenmale heraus und enthält eine Beurtheilung
der österreichischen Verwaltung in der Lombardei. Man hielt zuerst den
Grafen Carlo Cattaneo für den Verfasser, später den Markgrafen Jeremias Gonzaga, allein jetzt weiss man, dass Cesare Correnti der Verfasser ist, welcher
bei der provisorischen Regierung zu Mailand im Jahr 1848 Generalsecretär
war, jetzt lebt er als einer der bedeutendsten Publicisten in Turin und ist
Abgeordneter zum Parlament und Anhänger der Regierung.

Condizione economica dei municipii di Lombardia. Lodi 1858. presso Wilmant.

Diese Arbeit über den Zustand des Gemeinde-Vermögens in der Lombardei kann man nicht verstehen, wenn man nicht mit der durchaus autonomischen Gemeinde-Verfassung in Italien bekannt ist. In Italien verwalten die

Vornehmsten die Gemeinde unentgeltlich, weil sie unter keiner andern Controlle stehen, als der der öffentlichen Meinung, und sie nicht mit Berichterstattungen an vorgesetzte Behörden behelligt werden. Auch findet ein administrativer Unterschied zwischen Stadt und Land nicht statt, sondern die Dörfer bilden eben solche unabhängige Gemeinden wie die Städte. Sehr wichtig ist die italienische Literatur über das Gemeinde-Wesen, in welcher Beziehung auch folgendes Werk von Wichtigkeit ist:

Statuti Italiani, saggio bibliografico da Francesco Berlan. Venezia, 1858. Tip. dell' Commercio.

Auch der Advocat Ballati in Turin beschäftigt sich viel mit der Literatur über das Gemeinde-Wesen im Piemontesischen.

I Communi della Lombardia e del Veneto, illustrati sotto il rapporto geografico storico e statistico, dal M. Fabi. Milano 1858.

Dies Werk wurde aber nicht fortgesetzt, so dass jetzt an dessen Stelle

Le illustrazione del Regno Lombardo Veneto von C. Cantu, Milano 1859

getreten ist, von dem bekannten fleissigen Historiker.

L' Imposta sulla Rendito, studio di Massimo Turina. Torino 1858. presso de Augustini.

Diese Arbeit über die Vermögens-Steuer hat einen heftigen Widersacher des Minister-Präsidenten Grafen Cavour zum Verfasser, dessen staatswirthschaftliche Ansichten ganz nach den Ansichten der Gegenpartei gemodelt sind.

Imposta prediale e sua perequazione nelle provincie Italiane e Tedesche. Milano 1858. Tip, dei Classici Italiani.

Diese Schrift eines guten Kenners der Staatswirthschaft, des Advocaten Valentino Pasini zu Venedig, räth der österreichischen Regierung, die Grundsteuer in den italienischen Staaten der in den deutschen Provinzen gleichzustellen. Von demselben Verfasser wurde auch noch folgende Schrift veröffentlicht:

Sulla necessita nazionale e legislativa di accordare al regno Lombardo-Veneto la perequazione della sua imposta prediale con quella delle provincie Tedesche del Imperio. Venezia 1858. Tip. del Commercio.

Cenno di topografia medico-igenica sulla citta di Mantova dall dottore G. B. Sorresina. Mantova 1857. presso Negretti.

Diese Schrift giebt Nachricht über den Gesundheitszustand von Mantua mit statistischen Nachweisungen.

Relazione sui progetti a deviare del fiume Ledra aqua etc. dal Ingegnere G. Bucchia. Udine 1858. presso Mareno.

Dieser Vorschlag beabsichtigt einen sehr bedeutenden Landstrich im Friaul mittelst eines Kanals nutzbar zu machen.

Relazione sulle miniere di Rame dell Apennino Ligure, dell Ingegnere O. Colletti. Torino 1858. Tip. Favalli.

Die Kupfer-Erze finden sich sehr reichlich in den Apenninen ohnfern Genua.

*Orazione funebre sul deputato Domenico Buffa, dal professore Garelli. Genova
    1858. presso Ferrando.*

Diese Lebensbeschreibung betrifft einen bedeutenden Verwaltungs-Beamten und Schriftsteller, Herrn Buffa, Deputirten zum sardinischen Parlament.

*Movimento commerciale dal 1857, della direzione generale delle gabelle. Torino
    1859. Imprimeria Reale. 4o.*

Alle Jahr lässt die sardinische Regierung in einem grossen Bande die Bewegungen des Handels zusammenstellen. Diese statistischen Nachrichten sind die besten in Europa durch die übersichtliche Art der Zusammenstellung und den Reichthum des Materials so wie durch die Genauigkeit der Angaben. Eben so war die Statistik über die Rechtspflege sowohl in bürgerlicher als peinlicher Beziehung, die vor ein Paar Jahren erschien, ein wahres Meisterstück statistischer Arbeit.

Silvio Pellico hat sehr viel dazu beigetragen, dass in Europa eine Theilnahme für das gegenwärtige Italien geweckt worden ist, welche man früher nur mehr für die Vergangenheit dieses Landes hatte. Darum war man auf die Herausgabe seiner nachgelassenen Briefe sehr gespannt; diese sind jetzt erschienen:

*Epistolario di Silvio Pellico, raccolto e publicato per cura di Guielmo Stefani.
    Firenze, Le Monnier. 1858.*

Sie sind allen seinen Verehrern als eine theure Reliquie eines verehrten Verstorbenen sehr willkommen; doch findet man darin weniger, als man erwartete. Mit den Leiden, die Pellico ausgestanden, hatte er sich auf sich selbst beschränkt und die Welt gänzlich verlassen; die Bibel und Erbauungsbücher waren seine Beschäftigung in dem Hause der reichen Markgräfin Barole, welche ihr ganzes Leben nicht blos einer ascetischen Frömmigkeit, sondern wahrer Menschenliebe opferte. Am wichtigsten sind die Briefe Pellicos an den bekannten Patrioten Fascolo, dessen glühende Vaterlandsliebe nicht genug gewürdigt werden kann.

Der letzte orientalische Krieg hat auch in Italien Veranlassung zu literarischen Erscheinungen gegeben, von denen wir hier nur die Bekanntmachung einer alten Karte des schwarzen Meeres erwähnen, wie denn sich mehrere solcher Karten unter dem Namen Portulano, in den berühmten Bibliotheken zu Florenz, besonders der Laurenziana befinden.

*Illustrazioni di una carta del mare nero del 1351, e ricordi sul Caucaso, sul Ma-
    rocco etc. del Generale Conte Luigi Serristori. Firenze, societa editrice
    1856.*

Es ist bekannt, wie bedeutend mit den am schwarzen Meere wohnenden Völkern der Handel der Genuesen war, welche bis zum asowschen Meere den friedlichsten Verkehr unterhielten, und dort so wie in der Krimm bedeutende Niederlassungen hatten, während die Kreuzzüge allen Verkehr mit Asien an den Küsten Syriens hemmten. Es ist bewundernswürdig, mit welcher Genauigkeit die Portulane aus jener Zeit alle Vorgebirge und Buchten jener Meere darstellen. In den von dem gelehrten Herrn Verfasser hier gegebenen Erklärungen finden sich sehr beachtenswerthe Nachrichten über die Caucasus-

Länder, besonders über Armenien und Erzerum. Auch über Marocco werden hier sehr wichtige Nachrichten mitgetheilt, welches Land uns durch die Rif-Piraten-Geschichte näher gerückt worden. Den Schluss dieses Werkes macht eine Sammlung der Verträge zwischen Russland und der Türkei, soweit sie das schwarze Meer betreffen.

Von gelehrten italienischen Philologen ist freilich nicht so viel zu berichten, als von unsern gelehrten deutschen Professoren; allein darum fehlt es nicht an Männern der klassischen Literatur in Italien. Ein solcher ist Herr Heinrich Ottino, welcher früher schon eine Uebersetzung der Hymnen des Orpheus herausgab; er hat jetzt die des Proclus übersetzt:

Gli inni di Proclo, tradotti da Enrico Ottino. Torino. Stamperia Reale 1859.

Der Herr Uebersetzer hat seine Arbeit mit vielen archäologischen und philologischen Anmerkungen und Erläuterungen bereichert.

Seit in Italien das Studium der alten Gesetze und Verfassungen durch Balbo, Troja, Manzoni, Sclopis, Bandi di Vesme, Capi und La Farina die Aufmerksamkeit mehr auf diesen Gegenstand der Geschichte gelenkt hat, hat man um so mehr das Werk unsers gelehrten Savigny über die Geschichte des römischen Rechts im Mittelalter, zu würdigen verstanden, dessen europäischer Ruf schon durch die englische Uebersetzung von Cathcart und die französische von Guenoux begründet worden war. Herr Bollati hat jetzt eine italienische Uebersetzung herausgegeben:

Storia del diritto Romano nel Medio evo per J. Carlo de Savigny; prima versione dal tedesco dell' avvocato Emmanuele Bollati. Torino. Gianni e Fiore editori 1859.

Der Herr Bollati ist Bibliothekar bei dem Staatsrathe des Königreichs Sardinien, welcher an dem ehemaligen Minister, dem Ritter des Ambrois, einen sehr gelehrten Präsidenten hat. Hr. Bollati ist nicht nur der deutschen Sprache mächtig, sondern selbst ein fleissiger Bearbeiter der Rechtsquellen seines Vaterlandes. Er giebt nemlich eine Sammlung der Statuten der Städte des Königreichs Sardinien heraus, und hat mit der Stadt Aglie angefangen; und ist eben mit einem Anhange zu diesem Werke von Savigny beschäftigt, welcher eine Uebersicht der Statuten in ganz Italien enthalten wird, so weit sie bekannt sind. Es wird hier nicht allein angegeben, welche Städte solche Statuten und zu welcher Zeit sie dieselben erhalten haben, sondern auch deren Ausgaben und wenn sie noch nicht edirt sind, wo sich die betreffenden Handschriften derselben befinden, und wenigstens in welchem Werke darüber Nachricht zu finden ist.

Die Erdbeschreibung und Geschichte des sehr gelehrten Marmocchi hat bereits die dritte Auflage erlebt:

Curso di Geografia storica, antica, del Medio evo e moderno. Torino 1859. Tip Giegoni

und Herr Mini hat die Anfangs-Gründe einer Erdbeschreibung unter folgendem Titel herausgegeben:

Lezioni di geografia elementare di Costantino Mini. Genova, Tip. Cecchi 1859.

Von der Literatur-Geschichte Italiens von Cornichi hat jetzt Herr Predari
als Fortsetzung den 8. Band herausgegeben.

*Storia del popolo Tedesco per Edoardo Duller dall origine sino all 1846. voltata
in Italiano da Giuseppe Sandrini. Torino 1857. presso Pomba. II. Vol.
S. 378 und 381.*

Obwohl dieses Buch nicht ganz neu ist, glauben wir doch darauf aufmerksam machen zu müssen, da man aus dieser Uebersetzung entnehmen kann,
welche Theilnahme die deutsche Geschichte in Italien findet, und dass unser
Duller es verstanden hat, die Italiener für unsere Schicksale einzunehmen.
Der Uebersetzer, Herr Sandrini, ist des Deutschen vollkommen mächtig, da er
früher österreichischer Beamter in Mailand war.

G. Fiorelli ricerca sulla nomenclatura dei Vasi Romani. Napoli 1858.
ist eine den deutschen Alterthumsforschern willkommene Schrift.

Ein berühmter italienischer theologischer Schriftsteller Italiens ist der
Theatiner Ordens-General Ventura aus Palermo, der als Kanzel-Redner
in Paris grosses Aufsehen macht; daher er seine letzten Predigten dort französisch drucken lässt. Da er aber auch darin ganz Italiener ist, glauben wir
hier die Fasten-Predigten des Pater Ventura erwähnen zu dürfen.

Die Predigten, welche in der Fastenzeit des Jahres 1857 in den Tuillerien
vor dem Kaiser Napoleon III. und seinem Hofe gehalten wurden, gaben damals zu vielen Zeitungs-Berichten Veranlassung, indem sie von diesem revo-
lutionären Italiener mit einem solchen Freimuth gehalten worden seien, dass
der Kaiser selbst sich veranlasst gesehen habe, dem Redner das Wort zu nehmen. Jetzt liegen diese Predigten gedruckt vor, unter dem Titel:

*Le pouvoir politique chrétien, discours prononcés à la chapelle impériale des
Tuilleries pendant le Carême de l'an 1857, par le T. R. P. Ventura de
Raulica. Paris 1858. 8. S. 590.*

Die Sicilianer, die Nachkommen der griechischen Colonisten und der Römer, deren grösster Reichthum diese Insel war, der Araber, unter denen sie
in der grössten Blüthe stand, der Normannen und des gebildeten Hofes des
grossen Hohenstaufen haben seit der Herrschaft der spanischen Dynastie zwar
wenig Schulen, und keinen Schulzwang, allein der Geist ihrer Vorfahren hat
sie noch nicht verlassen, wie der Geschichtschreiber Amari, der Philosoph
d'Ondes-Reggio, der Antiquar Serradifalco und der Theologe Ventura zeigen,
die sämmtlich mit so vielen andern bedeutenden Landsleuten in der Verbannung leben. Ventura war noch ein junger Geistlicher, in dem Orden der
Chierici regulari Teatini, als er zum Ordens-General gewählt wurde; Pius IX.
ernannte ihn zum Rath der Congregation der heiligen Gebräuche, und zum
Examinator der Bischöfe. Die Revolution in seiner Vaterstadt Palermo am 12.
Februar 1848 wurde, neben 4 andern Häuptern, von einem Geistlichen Ugda-
lena geleitet, und der Bruder unsers Ventura, demselben geistlichen Orden
angehörig, wurde zum Mitglied des Herrn-Hauses berufen, welches die Ab-
setzung des Königs aussprach. In Rom war unser General der Theatiner von
Pius IX. aufgefordert worden, auf O'Connel, den Agitator von Irland, eine
Gedächtnissrede zu halten. Der Einfluss eines solchen Namens auf die Revo-

lution in Rom musste daher bedeutend sein; sie ging aber weiter, als er und
die Besonnenen gewollt hatten, und so wurde er bei den äussersten Partheien
unliebsam. Er liess sich in Frankreich nieder, wo er seine früheren schriftstellerischen Arbeiten jetzt in französischer Sprache fortsetzt, von denen wir
nur „die Frauen des Evangeliums" und die „christlichen Frauen" erwähnen wollen. Seine Predigten, besonders in der Kirche del' Assomtion zu
Paris wurden bald Gegenstand der Mode, denn bei den Franzosen wird Alles zur Mode erhoben oder erniedrigt. So wurde der Pater Ventura berufen,
wie Bossuet, Bourdaloue, Ravignan und andere berühmte Kanzelredner, vor
dem französischen Hofe zu predigen. Diese seine Reden haben zum Gegenstande: „Die christliche Regierungs-Gewalt". Die erste Predigt
handelt von dem Verhältniss zwischen Gott und der Macht der Menschen nach
dem Worte der heiligen Schrift: Du sollst Gott dem Herrn anbeten und ihm
allein dienen! Nach dieser Rede giebt es zwei verschiedene Systeme über
den Ursprung der Regierungsgewalt: das göttliche Recht und die Souverai-
tät des Volkes. Er erklärt beide für falsch und für schädlich, obwohl das
Wesen der Macht, wie die menschliche Gesellschaft selbst ein Ausfluss der
Gottheit ist; wer dies nicht annimmt (wie Prudhon) muss annehmen, dass die
Anarchie, die Abwesenheit jeder Autorität, die Grundlage der Gesellschaft ist.
Aber diese Autorität ist das Recht über vernünftige Wesen zu befehlen; darum
gab Gott dem Menschen seinen Vater, um ihm das Leben zu geben, seinen
König, um das Menschengeschlecht zu erhalten, und seinen Priester, dem er
sich offenbarte, und ihn durch seine Gnade heiligte; auf diese Weise erschafft
Gott fortwährend, erhält und heiligt das Menschengeschlecht. Daraus folgt aber
nicht, fährt diese Predigt fort, dass diese drei Gewalten nur Gott allein verantwortlich sind, und dass sie — mag ihre Aufführung sein, welche sie wolle,
nicht abgesetzt werden dürfen. Der Hirte der Kirche darf abgesetzt werden,
wenn er zum Wolfe der Heerde wird, die öffentliche Gewalt kann aufgehoben
werden, wenn sie zur Zerstörung der Familie führt; wenn daher die Verfechter des Absolutism behaupten, dass die Regierungsgewalt allein darüber er-
haben ist, so erhebt sich das öffentliche Gewissen gegen solche Lehren, die
gesunde Vernunft verdammt sie, und die Religion selbst erschrickt davor.
Aber eben so unrecht haben auch diejenigen, welche behaupten, dass die
weltliche Regierungsform blosses Menschenwerk ist; daraus würde folgen,
dass jeder Einzelne, weil er Theil an dem Gesammteigenthum der Nationalität
oder der bürgerlichen Gesellschaft hat, sich gegen die bestehende Ordnung
auflehnen dürfe; so dass der Aufstand gegen dieselbe das höchste Recht des
Bürgers sei, dies würde zur Auflösung der bürgerlichen Gesellschaft führen,
von der Tyrannei eines Einzelnen zur schlimmsten aller Tyranneien, zu der
Aller! zur Apotheose der Anarchie. Es ist dagegen die Gesellschaft in ihrer
Vollständigkeit und Vollkommenheit, welche für die Inhaber der christlichen
Regierungsgewalt angesehen werden kann. Der Prediger beruft sich auf den
heiligen Chrysostomus und Thomas, sowie auf die Gottesgelehrten Bellarmin,
Suarez bis auf Ligouri; selbst Gott verbot dem Rehabeam Gewalt gegen die
10 Stämme von Israel zu brauchen. Selbst die Geschichte der alten christ-
lichen Könige von Frankreich wird seit den letzten 100 Jahren angeführt.
Der Absolutismus hatte die alten Constitutionen beseitigt und ein unschuldiger

König müsste für den Uebermuth seiner Vorfahren büssen, und die Herrschaft
des Schreckens trat unter dem Namen der Freiheit auf, bis ein Mann von ko-
lossaler Macht die Ordnung wieder herstellte; doch war es nicht zu verwundern, dass er von dem grossen Glanze verblendet, endlich mit der grossen
Geistern angemessenen Freimüthigkeit anerkennen musste: non salvatur rex
per multam virtutem (Psalm 32). Doch war dieses weniger die
Strafe des Richters, als väterliche Zucht. Denn Gott legte in sein Grab den
Keim des Lebens, um ihn wieder zu erwecken; wir sehen den Beweis vor
unsern Augen. Die Gewalt, die auf ihn folgte, glaubte der Furcht Gottes
nicht zu bedürfen, da sie ihre Legitimität von Gottes Gnaden für hinreichend
hielt. Aber Gott war mit dieser Rolle nicht zufrieden, in drei Tagen stürzte er
diese Macht. Die fünfte Gewalt, welche hierauf auf dem politischen Theater
Frankreichs erschien, glaubte sich dadurch befestigt, dass sie dem Volke einen
in Wollust getauchten Bissen hinwarf, indem es denselben mit Bastillen um-
gab, und die Kosten derselben ausschrieb. Endlich stellten sich die ersten
Geister an die Spitze und erhoben sich zur Obermacht. Diese (les capacités)
führten nur die Verwirrung Babylons herbei; auch sie hatten sich der göttlichen und menschlichen Controlle entzogen. So haben wir gesehen, dass diejenigen, welche Gewalt übten statt des Rechts, der Gewalt unterlagen, welche
das Bedürfniss der Ordnung reichen musste; derjenige, welcher sich zu sehr
auf seine siegreichen Bajonette verliess, fiel unter den verbündeten Bajonetten
des ganzen Europa; die, welche auf ihr königliches angebornes Recht sich
stüsten, unterlagen dem sogenannten Volksrechte. Derjenige, welcher sich
auf die Volksleidenschaft stützen wollte, fiel unter der Volksleidenschaft. Freilich erlitt die Gewalt der Weisen und Umsichtigen eine Niederlage durch eine
Umsicht, die sie verkannt hatten, von der sie nicht einmal eine Ahnung hatten, und endete in Lächerlichkeiten.   In Gegenwart so vieler umgestürzter
Throne und mit Füssen getretener Kronen, muss nicht jeder Fürst ausrufen:
Quis non timebit te, Rex seculorum! (Apocal. 15). Darum schliesst der Prediger mit den Worten des Apostel Paulus, welcher die oberste Gewalt als
den Diener Gottes zum Guten dargestellt, und macht auf solche aufmerksam, welche die Religion zu ihren eigenen Leidenschaften missbrauchen, servire me fecistis in iniquitatibus vestris (Jesaias 43). Die folgenden Predigten
verbreiten sich sich über die nothwendigen Reformen des Unterrichts im Interesse der Religion und selbst der Wissenschaften. Die 4te handelt von der
Wichtigkeit des Katholicismus für die bürgerliche Gesellschaft; wobei der Redner anerkennt, dass die Religion in ihrem Wesen der Ausdruck des Verhältnisses des Menschen zum höchsten Wesen ist, und des Menschen zu seines
Gleichen, und dass es nur Eine Religion geben kann, da es nur Einen Gott
giebt, der stets derselbe ist, und nur Eine Menschheit, die stets dieselbe ist.
Selbst der heilige Thomas sagt, dass im Ganzen die Menschen stets dieselbe
Religion gehabt haben, die sich nur nach dem Fortschritt derselben anders
gestaltet hat, während das höchste Wesen stets dasselbe geblieben ist. Das
Bedürfniss des Glaubens hat stets stattgefunden. Es ist natürlich, dass der
Verfasser bei allen diesen Gegenständen die Autorität der Kirche aufrecht erhält. Ohnerachtet dieses natürlich bei den Predigten vorauszusetzenden Stand-
punktes ist er doch so tolerant, dass er sagt: die Kirche hat sich nicht um

das Innere des Menschen zu kümmern; er unterscheidet daher sehr wohl die
Religion von der Kirche, und erinnert daran, dass der nur den ersten
Stein zu werfen hat, der ohne Sünde ist.

Aber vor Allem verdienen seine Predigten über die Sitten der Grossen,
und das von ihnen gegebene Beispiel alle Beachtung. Hier zeigt sich der
Redner in seiner wahren Grösse durch seinen Freimuth. Der Kaiser Napoleon
III. aufmerksam gemacht von seinen Umgebungen auf die Schärfe des Vorge-
tragenen, entgegnete: Wenn ich es anhören kann, dürftet ihr es wohl eben
so ruhig anhören! Die letzte Predigt behandelt die Kirche und den Staat,
die Theocratie und den Caesarismus. Hier hat Pater Ventura die Gränzlinie
auf die vorsichtigste Weise gezogen, indem er sagt: die Kirche hat nicht mehr
Herrschaft über die Seelen, als der Papst über den Leib des Menschen. Selbst
die Bischöfe müssten die Gesetze des Staats anerkennen; allein dieser muss
sich den göttlichen Geboten der Wahrheit und der Gnade Gottes unterwerfen.

*La Civilta e i suoi martiri, da Pietro Giuria. Voghera 1859. Tip. Gatti 1858.
8. pag. 310.*

Eine Reihe Erzählungen recht gut geschrieben, die den Zweck haben, zu
zeigen, dass die Kunst gewöhnlich der Dürftigkeit verfällt, und der Unwürdige
dagegen den Herrn spielt. In Italien sprechen dergleichen Contraste weniger
an, da hier in der Gesellschaft die Contraste nicht so hervortreten, wie anderwärts.

Neigebaur.

---

*Isokrates ausgewählte Reden. Für den Schulgebrauch erklärt von Dr. Otto
Schneider, Professor am Gymnasium illustre zu Gotha. Erstes Bändchen. Demonicus, Euagoras, Areopagiticus. Leipzig. Druck und Verlag
von B. G. Teubner. 1859. VIII und 120 S. in 8.*

Diese Bearbeitung einiger Reden des Isokrates reiht sich den Ausgaben
an, welche in den letzten Jahren mehrfach, mit deutschen erklärenden Anmerkungen ausgestattet, für den Gebrauch der Schule, von Schulmännern zunächst, ausgegangen und, wie diess von der vorliegenden ausdrücklich von
dem Verfasser versichert wird, auch unmittelbar aus der Schule, d. h. aus
der Lecture dieser isokrateischen Reden mit Schülern, hervorgegangen sind.
Wo nemlich bei dieser Lectüre der Lehrer selbst vortreten musste, um die
Schüler zu einem vollen Verständniss der Stellen zu führen, und was er „bei
dieser Gelegenheit seinen Schülern mittheilte, sei es über schwierigere Punkte
der griechischen Syntax überhaupt, wie des Isokrates im Besonderen, oder
über die Bedeutung einzelner Wörter, vornemlich solcher, die bei Isokrates
ein eigenthümliches Gepräge haben, oder über historische und antiquarische
Dinge, oder endlich über den Gedankengang, die Absichten und die ganze
Anschauungsweise des Isokrates, das bietet der Verfasser hier einem grösseren Kreise Lernbegieriger, — wenn auch nicht überall in der ursprünglichen
Form“. Auf diese Weise hat sich der Verfasser über den Zweck und Inhalt
seiner Bearbeitung ausgesprochen. Wir haben hier nicht die Frage zu be-

sprechen, ob und in wie weit solche mit umfassenden deutschen, erklärenden
Anmerkungen ausgestattete Ausgaben für den Gebrauch der Schule selbst dienlich und zweckmässig sind, wie dies von manchen Schulmännern neuester
Zeit behauptet, von andern verneint wird: wir haben hier nur anzugeben, was
der Verfasser wirklich geleistet, und in wie fern das Geleistete dem oben
mit seinen eigenen Worten angegebenen Standpunkt entspricht.

Zuvörderst was den Text selbst betrifft, so ist er im Ganzen mit nur wenigen Abweichungen, die zum Theil auch die bei Isokrates einflussreiche
Vermeidung des Hiatus betreffen, derselbe, den Baiter und Sauppe gegeben:
da die eigentliche Kritik durch den Zweck der Ausgabe ausgeschlossen war,
so ist darauf auch nicht weiter von dem Verfasser eingegangen worden; nur
in dem Vorwort hat er sich eingelassen auf den Nachweis der Aechtheit der
von ihm an erster Stelle aufgenommenen Rede an Demonicus, in so fern dieselbe in neuester Zeit angefochten und bezweifelt wird. Wir haben die für
die angebliche Unächtheit der Rede angeführten Gründe nie für stichhaltig angesehen und können daher der von dem Verfasser vertretenen Ansicht nur
beistimmen, auch die Aufnahme dieser Rede in die anliegende Auswahl durch
den schönen, für jugendliche Gemüther passenden Inhalt der Rede selbst nur
gerechtfertigt finden. Nicht minder empfiehlt sich für diesen Zweck die andere
Rede, oder die Lobrede auf Euagoras, den König von Salamis, sowie der
Areopagiticus, welcher die Nothwendigkeit der Herstellung der alten Solonisch-
Clisthenischen Verfassung, und mit ihr auch der alten guten Sitte, der alten
Zucht und Ordnung darthun soll. Es wird sonach gegen die von dem Ver-
fasser getroffene Auwahl kein Bedenken Platz greifen können.

Was nun die dem Text dieser Reden beigegebenen deutschen Einleitungen
und Anmerkungen betrifft, welche das Wesentliche dieser Schulausgabe ausmachen, so wird zuerst zu jeder Rede eine die historischen Verhältnisse,
unter denen die Rede entstanden ist, auseinandersetzende Einleitung gegeben,
und ebenso eine Uebersicht des Inhalts und Ganges der Rede nach ihren einzelnen Theilen; dann aber wird Alles, was in dem Texte selbst vorkommt
und in sachlicher oder sprachlicher oder grammatischer Hinsicht einer Erklärung bedürftig erscheint, erörtert und wird das Gesagte, namentlich wo es
den Sprachgebrauch oder grammatische Punkte betrifft, mit den nöthigen Beweisen und Belegstellen, die zunächst aus Isokrates selbst, dann aber auch
aus andern ihm nahe stehenden Schriftstellern (Xenophon, Plato, Herodotus u.
A.) entnommen sind, bekräftigt: dass es insbesondere der Sprachgebrauch und
die Redeweise des Isokrates in ihren Eigenthümlichkeiten ist, die den Gegenstand dieser Anmerkungen ausmacht, wird hiernach kaum zu bemerken sein:
es ist aber eben so auch im Allgemeinen Alles dasjenige berücksichtigt, was
überhaupt dem Sprachgebrauche der klassischen Schriftsteller Griechenlands
angehört, und in dieser Beziehung wird auch ein angehender Philolog, der
diese Reden privatim durchliesst, Vieles daraus lernen können, selbst abgesehen davon, dass er sich dadurch am leichtesten in die Lectüre des Isokrates
hineinarbeitet und so in den Stand gesetzt wird, auch ohne einen solchen
Führer die übrigen Reden des Isokrates zu durchgehen. Die scharf präcisirte
Fassung der grammatischen wie der sprachlichen Bemerkungen wird diese Anleitung nicht wenig fördern. So wird z. B. ad Demonic. §. 3 die Verbindung

des Accusativs mit ἐπιχειρεῖν (καλὸν μὲν ἔργον ἐπιχειροῦσιν) gut erklärt theils aus der Vermeidung des Hiatus (in einem ἔργῳ ἐπιχειροῦσιν), theils aus der nicht befremdlichen Verbindung des Verbum's mit einem Accusativ eines Substantiv's von so allgemeinem Begriff, wie ἔργον oder πρᾶγμα, das in andern Stellen ebenso vorkommt. Auch die Stelle in Plato's Epinom. p. 980. C. würden wir hieher ziehen, aber nicht (die hier angeführte) De Legg. v. p. 730 E. wo bei den Worten: ἦν δὲ νῦν ἡμεῖς ἐπικεχειρήκαμεν, nicht sowohl das einfache πολιτείαν, sondern πολιτείαν ζητεῖν aus dem unmittelbar Vorhergehenden herzunehmen ist. Wenn aber die Verbindung τυραννίδα ἐπεχείρησε bei Herodotus V. 46 als eine „auffälligere" (auffallendere) bezeichnet wird, so ist zu bemerken, dass eben desshalb in den neuesten Ausgaben der Dativ τυραννίδι aufgenommen ward, da hier der Accusativ sich nicht wie bei ἔργον und ähnlichen Wörtern rechfertigen lässt, zu denen auch das bei Aelian Var. Hist. VII., 13 vorkommende: ὡς νεανικώτερα τῆς ἡλικίας ἐπιχειροῦντα gehört, wo schon Perizonius auf diese Verbindung aufmerksam gemacht hat. Von der Erklärung, welche in derselben Rede §. 23 über ὅρκον ἐπακτὸν (προσδέχου διὰ δύο προφάσεις κ. τ. λ.) gegeben wird, haben wir uns noch nicht ganz überzeugen können: es wird nemlich eben so wohl die von Harpokration gegebene Erklärung eines „freiwilligen Eides," als die von Suidas dagegen aufgestellte eines vom Gegner zugeschobenen Eides (ὁ ἀλλαχόθεν ἐπιφερόμενος ἀλλ' οὐκ ἀυθαίρετος) bezweifelt und an die Stelle beider die Erklärung eines feierlichen Eides an geweiheter Stelle gesetzt, der eben so gut ein freiwilliger, als ein von einem Andern auferlegter sein könne. Wir glauben aber, dass schon wegen des beigesetzten προσδέχου (verstärkt statt des einfachen δέχου) nur an einen von Andern zugeschobenen Eid zu denken ist, zu dessen Annahme (Zulassung) unter zwei Voraussetzungen Isokrates auffordert: auch bezweifeln wir, dass ὅρκος oder ὅρκιον die Bedeutung eines Opferthieres oder eines Bildes der Gottheit, die man bei dem Schwur berührt, annehmen könne, und glauben daher auch den Verbindungen ὅρκον ἐπελαύνειν, ἐπάγειν, προσάγειν keinen andern Sinn als den gewöhnlichen einer Zuwendung eines zu leistenden Eidschwures beilegen zu können. Dagegen scheint uns §. 31 derselben Rede φιλόνικος, wie der Urbinas hat, gerechtfertigt durch die vom Verfasser angeführten Stellen statt φιλόνεικος. Zu einer längern Erörterung könnte allerdings die durch die Stelle des Areopagiticus §. 22, 23 veranlasste Bemerkung Veranlassung geben, wonach die Verloosung der Aemter zu Athen nicht durch Clisthenes, sondern erst später, durch Aristides et wa, eingeführt worden, wie der Verfasser, freilich im Widerspruch mit Herodotus und Plutach, zu Gunsten des Isokrates anzunehmen geneigt ist, dessen allgemeine Fassung aber schwerlich zu einer solchen Annahme genügenden Grund bietet, zumal wenn wir Charakter und Haltung der Rede, sowie die mit ihr beabsichtigten Zwecke in Betracht ziehen. Wir unterlassen es, noch weitere Proben vorzulegen, wir können nur unsere oben schon gemachte Bemerkung wiederholen, mit welcher Sorgfalt und Genauigkeit Alles Einzelne, namentlich was Sprachgebrauch und Grammatik betrifft, hier erörtert und mit Beispielen belegt ist, und können Denjenigen, welche diese Reden für sich lesen und durch sie in das Studium des Isokrates eingeführt werden wollen, diese Bearbeitung bestens empfehlen.

In Druck und Papier ist sie ähnlichen Ausgaben, welche in demselben Verlag erschienen sind, gleichmässig gehalten.

Wir benutzen diese Gelegenheit, um noch auf eine andere, unlängst in Holland erschienene Schrift über Isokrates aufmerksam zu machen:

Disputatio philologica inauguralis, continens quaestiones Isocrateas duas, quam — pro gradu doctoratus — eruditorum examini submittit Henricus Petrus Schroeder. Trajecti ad Rhenum typis mandarunt Kemink et filias. MDCCCLIX. 101 S. in gr. 8.

Von den beiden hier behandelten Quaestiones hat die eine zum Gegenstand die Frage: „Socrates sitne in Isocratis praeceptoribus numerandus" (S. 1—41) und sucht der Verfasser allerdings diese Frage zu bejahen, ohne jedoch damit behaupten zu wollen, dass Isokrates in Allem dem Socrates sich angeschlossen und nicht auch Manches aus andern Quellen genommen: nur besteht er auf der Annahme: „eum (Isocratem) gravissima sua decreta a Socrate duxisse, reliquorum autem eam esse rationem, ut e Socratica disciplina hauriri saltem optime potuerint. Praeterea non negligendum est, me eum id praecipue egisse, ut Isocratem Socratis discipulum fuisse, sed ut alterum alterius osorem non fuisse probarem." (S. 41.) Die andere Quaestio bringt in drei Abschnitten eine ausführliche Erörterung: „De Isocratis vita, ingenio, moribus." Der Verfasser ist hiebei auf die Schriften des Isocrates selbst zurückgegangen, aus ihnen zunächst sucht er das geistige Bild zu entwerfen, welches hier geliefert werden soll, um zu einer richtigen Würdigung des Mannes und seiner Leistungen, namentlich also seiner Reden, und insbesondere seiner politischen Reden zu veranlassen: wobei dann auch das Verhältniss zu Plato den Gegenstand einer ausführlicheren Besprechung ausmacht, die zugleich nachzuweisen sucht, dass Plato in dem Gorgias sowohl wie in dem Euthydemus den Isocrates vor Augen gehabt und in einer solchen Weise gezeichnet, die eine ausdrückliche Nennung des Namens kaum nöthig gemacht habe. Die Abhandlung liest sich gut und ist in einer im Ganzen fliessenden und wohl verständlichen Sprache geschrieben, wie man diess bei den holländischen Gelegenheitsschriften der Art meistens findet.

Platons Gorgias. Für den Schulgebrauch erklärt von Dr. *Julius Deuschle*, Professor am *Friedrich-Wilhelms-Gymnasium in Berlin.* (*Platons ausgewählte Schriften.* Für den Schulgebrauch erklärt von Dr. *Christian Cron.* Zw eiter Theil. Gorgias, erklärt von Dr. *Julius Deuschle*). *Leipzig,* Druck und Verlag von B. G. Teubner 1859. XII und 240 S. in 8.

Auch diese Bearbeitung des platonischen Gorgias stellt sich als eine Schulausgabe dar, bearbeitet nach denselben Grundsätzen, nach welchen in dem ersten Bändchen die Apologie und der Krito von Cron bearbeitet worden sind: s. diese Jahrbb. 1857, S. 876 ff. Ob nun überhaupt der platonische Gorgias sich zur Lectüre auf Schulen, jedenfalls mit Schülern der obersten Classe, eigne, ist eine Frage, welche der Herausgeber insofern bejahend beantwortet, als er von dem Satze ausgeht, dass man die philosophische Propädeutik als einen selbständigen Zweck des Unterrichts aus dem Lehrplan der Gymnasien gestrichen (was, so zweckmässig es auch allerdings ist, darum doch noch nicht an allen Orten geschehen ist), damit aber den Gymnasien weder die Pflicht noch das Recht entzogen werden sollte, für eine angemessene philosophische Vorbildung ihrer Zöglinge zu sorgen; diese aber, meint der Verfasser, werde nicht erzielt, durch Einführung der philosophischen Propädeutik als eines besondern Lehrobjekts mit einer streng systematischen Behandlung, wohl aber durch die Einsicht in die logische Form classischer Schriftwerke, wie eben der Platonischen, unter welchen sich zu diesem Zweck der Gorgias am meisten empfehle, da in ihm fast alle logischen Funktionen geübt werden, und so es dem Lehrer möglich werde, „den Schüler allmälig an klaren, einfachen und schönen Beispielen mit dem Hauptstoffe der Logik bekannt zu machen". Wer, wie Ref. in der Lage war, Erfahrungen zu machen über die Erfolge des Unterrrichts in der sogenannten philosophischen Propädeutik, da wo sie als ein besonderer Zweig des Gymnasialunterrichts behandelt wird, der kann wahrhaftig nicht sehnlichst genug die Entfernung und Beseitigung dieses Unterrichtsgegenstandes wünschen, ohne darum sich für die Lectüre des Platonischen Gorgias, gleichsam als eines Surrogates dafür, zu entscheiden, insofern es uns nicht an andern, für die Schule und insbesondere für die Stufe, auf welcher die Schüler in der Regel stehen, geeigneten und selbst verständlicheren Schriftwerken des Alterthums fehlt, deren Lectüre Mittel genug bietet, mit dem logischen Stoff in der unmittelbaren Anwendung den Schüler bekannt zu machen. Indessen haben wir diese Frage hier nicht näher zu beantworten, sondern uns vielmehr an die hier gelieferte Bearbeitung des Gorgias und das in ihr Geleistete zu halten: und hier hat man nur Ursache zur Zufriedenheit und Anerkennung, sowohl was die einleitenden und die am Schluss angehängten, wie die unter dem Text befindlichen Erörterungen des Einzelnen betrifft. Der griechische Text schliesst sich im Ganzen an den von C. Hermann gegebenen an: die einzelnen Abweichungen davon sind auf nicht ganz drei Seiten am Schlusse verzeichnet. Vorangestellt ist eine Einleitung (S. 1—20), welche uns über Leben und Wirken des Gorgias, über den Zweck und Grundgedanken des platonischen Dialogs, und einige wesentliche, das Verständniss des Ganzen bedingende Einzelheiten, über die in dem Dialog auftretenden Personen, und über die Zeit, in welche das Gespräch verlegt wird (eher 405 ante Ch. n., als 420), sich verbreitet. Als Anhang (hinter dem Texte) folgt S. 195—220 eine äusserst genaue und sorgfältige „Logische Analyse des Dialogs", im Hinblick auf den oben bemerkten Zweck, den der Verfasser bei der Lectüre dieses Dialogs überhaupt erreicht zu sehen wünscht. Was die unter dem Text stehenden erklärenden Anmerkungen betrifft, so beziehen sich dieselben auf Erklärung einzelner schwieriger Ausdrücke oder sachlicher Gegenstände, dann aber insbesondere sollen sie den Sinn des Ganzen, den inneren Gang des Dialogs und den Zusammenhang der Gedanken nachweisen, und damit die richtige philosophische Auffassung und das wahre Verständniss des Dialogs eben so sehr erleichtern als fördern; wobei allerdings einzelne, nothwendige Verweisungen auf andere, zumeist platonische Stellen vorkommen, jede Häufung von Citaten u. dgl. aber sorgfältig gemieden ist, wie diess Anlage und Zweck erheischte. Grammatische Erörterungen

oder Nachweisungen sind gänzlich ausgefallen, dagegen ist am Schluss ein
besonderer Anhang (S. 221—237) beigefügt, in welchem alle die einzelnen, in grammatischer Hinsicht irgendwie beachtenswerthen Ausdrücke,
Wörter, Redensarten, wie sie der Reihe nach in diesem Dialog vorkommen,
in tabellarischer Form aufgeführt sind, mit Angabe der entsprechenden Paragraphen der griechischen Sprachlehre von Krüger, welche darüber Auskunft
ertheilen: eine besondere Columne ist freigelassen, damit an den Schulen,
wo eine andere Grammatik eingeführt ist, der Schüler die betreffenden Paragraphen entweder selbst eintragen könne oder sie von dem Lehrer dictirt erhalte zum Eintragen. Ueber die Zweckmässigkeit einer solchen Zusammenstellung des grammatischen Materials wird erst der Erfolg, wie er sich beim
Gebrauche des Buches selbst herausstellt, entscheidend und massgebend sein
können: es soll damit die Selbstthätigkeit des Schülers angeregt, nicht aber
seine Bequemlichkeit gefördert werden.

In Druck und Papier schliesst sich diese Ausgabe ganz dem ersten Bändchen an: wir empfehlen auch dieses Bändchen gern den angehenden Philologen,
welche sich mit Plato's Schriften näher bekannt machen wollen, und zweifeln
nicht, dass sie bei ihrer Lectüre diese Ausgabe mit Vortheil und Nutzen gebrauchen werden.

---

*Untersuchungen über die Längen-, Feld- und Wegemaasse der Völker des
Alterthums, insbesondere der Griechen und Juden von Dr. Ludwig Fen-
ner von Fenneberg. Berlin. Ferd. Dümmlers Verlagsbuchhandlung
1859. VI. und 136 S. in 8.*

Die Schwierigkeiten in der Bestimmung der Maasse des Alterthums, namentlich der griechischen, sind in der That bekannt genug, um „eine neue
kritische Untersuchung über die Einheit oder Vielheit und über die wahre
Länge der griechischen Fussmaasse und Stadien, und somit der damit zusammenhängenden übrigen Längen-, Wege- und Feldmaasse der Griechen, wie
auch über die verschiedenen hebräischen Ellen und die zugehörigen Maasse"
gerne anzunehmen, insofern wir durch das Ergebniss derselben eine richtigere und darum sichere Anschauung der Längenmaassangaben der Alten
gewinnen. Erschwert wird freilich diese ganze Untersuchung über die griechischen Längenmaasse, namentlich über Fuss und Elle, wie über Stadium,
schon dadurch, dass solche Denkmäler, aus denen die Berechnung mit Sicherheit geführt werden könnte, kaum bis jetzt entdeckt worden sind, und die
bisher allgemein angenommene Behauptung, wornach es in Griechenland nur
ein gebräuchliches Fussmaass, das olympische, gegeben, eines sichern Grundes durchaus entbehrt. Nur die uns allerdings sicher aus manchen noch erhaltenen Denkmalen bekannte Länge des römischen Fusses wie der römischen
Meile, und die darauf zurückgeführten Bestimmungen griechischer Maasse bieten einen Anhaltspunkt, von welchem auch die Untersuchung des Verfassers ausgegangen ist, welcher nach S. 19 den Grund, der die Römer bewog, das Stadium zu 625 Fuss anzusetzen, nicht darin suchen will, dass sie
ein griechisches Stadium, wie man annimmt, das olympische, wovon gerade

24 Fuss = 24 römischen gewesen wären, adoptirt und demselben ihren Fuss, wovon 625 auf diess Stadium giengen, zu Grunde gelegt hätten, sondern vielmehr annimmt, dass, während die Griechen den Raum zwischen der Meta und dem Fond, der wohl bei allen Stadien 25 Fuss oder $1/_{25}$ des Stadiums betrug, hinzurechneten, wahrscheinlich damit das Stadium gerade den achten Theil der Meile bilden solle. Der Verfasser wendet sich darauf den Behauptungen französischer Gelehrten zu, welche eine Mehrzahl von Stadien und zwar verschiedener angenommen, sowie der deutschen Gelehrten, die auf der Einheit des Stadiums bestanden, das bald zu 600, bald nach dem bei Römern und Italienern herrschenden Gebrauch zu 625 Fuss angenommen ward (S. 23 seqq.), prüft dann die verschiedentlich bei griechischen Schriftstellern vorkommenden Reductionen der (römischen) Meile auf (griechische) $8^1/_2$ Stadien (S. 30 ff.), und ebenso die römische Reduction der Meile auf 8 Stadien (S. 37 ff.); er zeigt, wie auf diese Weise die Ansicht unter uns immer mehr zur Geltung gelangte, dass das Stadium, dessen die Römer sich bedient, das olympische und dieses das Normalstadium, nach welchem Griechen und Römer ausschliesslich gerechnet, gewesen, um so mehr, als die Römer das Stadium, sowohl das ihrige wie das griechische, zu 625 Fuss, die Griechen ebenso ihr Stadium wie das römische zu 600 Fuss gerechnet, mithin 625 römische Fuss als = 600 olympische oder 25 römische Fuss = 24 olympischen Füssen annehmen seien (S. 41). Da jedoch mit diesen Annahmen die genaueren Angaben der späteren griechischen Metrologen, also der Schriftsteller des Faches, welche eine ganz andere Reduction kennen, nemlich von $7^1/_2$ und 7 Stadien auf die (römische) Meile, im Widerspruch stehen, so ist eben diesen Angaben eine genaue Untersuchung gewidmet; es giebt der Verfasser (S. 42 ff.) zuerst den griechischen Text der uns noch über diesen Gegenstand erhaltenen Fragmente des Heron, mit deutscher Uebersetzung und knüpft daran die entsprechenden Erklärungen der griechischen Längen-, Feld- und Wegemaasse, sowie eine nähere Besprechung der von französischen wie deutschen Gelehrten darüber aufgestellten Ansichten, durchweg mit Heranziehung und Vergleichung der römischen Längenmaasse: wir bitten besonders S. 76 ff. die Zusammenstellung nachzusehen.

In dem nun folgenden achten Capitel (S. 87—113) beschäftigt sich der Verfasser mit der Bestimmung der hebräischen Längen-, Feld- und Wegemaasse, auf Grundlage der sogenannten hebräischen Tabelle, welche in dem Handbuch der Gesetze des Constantinus Harmenopulus, das noch heut zu Tage in Griechenland in praktischem Gebrauche steht, sich findet. Das Capitel IX. (S. 113—120) verbreitet sich über jüngere griechische Reductionen der Meile auf $7^1/_2$ und 7 Stadien, wie sie bei spätern Schriftstellern vorkommen. Der Anhang enthält Angaben über einige monumentale Messungen neuester Zeit, die jedoch das von dem Verfasser gewonnene Ergebniss nicht beeinträchtigen, und verbreitet sich dann über die neueste Bearbeitung der Heronischen Fragmente von Martin, die dem Verfasser erst nach Vollendung seiner Schrift zukam.

Wir haben nur in Umrissen den Inhalt und Gegenstand dieser Schrift angegeben, die auf einer durchweg gründlichen Forschung beruht, die in ihrem weitern Fortgang zu einer vollständigen Metrologie des Alterthums, wozu der Verfasser Aussicht giebt, sich erweitern dürfte: jedenfalls wird die allgemeine Anerkennung diesen verdienstlichen Bemühungen nicht ausbleiben.

'Αριστάρχου Σαμίου βιβλίον περὶ μεγθίων καὶ ἀποστημάτων ἡλίου καὶ σελήνης. Mit kritischen Berichtigungen von E. Nizze. Mit zwei FigurenTafeln. Stalsund 1856. 20 S. in 4to.

Nachdem bereits im Jahre 1854 die Aufmerksamkeit auf die Schrift des hellenischen Astronomen, die einzige, die wir noch von ihm besitzen, durch eine deutsche Bearbeitung von Nokk, der auch in diesen Blättern die verdiente Anerkennung zu Theil geworden ist (s. diese Jahrbücher 1854 S. 940), gelenkt worden war, die von demselben Gelehrten damals in Aussicht gestellte Herausgabe des griechischen Textes aber nicht erfolgt ist, haben wir um so mehr die Verpflichtung, dieser von einem andern, auf diesem Felde bereits bekannten Gelehrten unternommenen Herausgabe des griechischen Textes, wenn auch noch nachträglich zu gedenken, als diess doch eigentlich die erste Ausgabe dieser Schrift in Deutschland zu nennen ist, die auf diese Weise leicht jedem zugänglich gemacht ist, dem nicht die seltenen Oxforder Ausgaben von Wallis, oder die Pariser Ausgaben von dem Grafen Fortia d'Urban zu Gebote stehen. Dass diese Schrift aber die volle Beachtung aller Derjenigen verdient, welche, mit astronomischen Untersuchungen überhaupt beschäftigt, erfahren wollen, bis zu welchem Punkte in Bezug auf die Dimensionen der beiden Himmelskörper (Sonne und Mond) die Kenntniss des Alterthums vorgeschritten, und der Lehre des Copernicus gewissermassen vorausgeeilt ist, wird Niemand bezweifeln können, der ihren Inhalt kennt. Der Herausgeber war nun vor Allem bemüht, einen richtigen und lesbaren Text dieser Schrift herzustellen: er benutzte dazu die beiden Ausgaben von Wallis, namentlich die letztere (in den Operibus Wallisii zu Oxford 1699 Vol. III), weil in dieser manche Druckfehler der ältern Ausgabe sich berichtigt finden, sowie die beiden oben genannten französischen Ausgaben, zu denen zwar mehrere Pariser Handschriften benutzt worden waren, ohne dass damit jedoch Alles das geleistet worden wäre, was wir in Deutschland jetzt von einer neuen Textesausgabe zu erwarten und auch zu verlangen gewohnt sind. Endlich hat er aber auch von Allem dem dankbaren Gebrauch gemacht, was für die Herstellung des Textes in der deutschen, oben bezeichneten Uebersetzung, die auch mit guten sachlichen Bemerkungen ausgestattet ist, bemerkt worden war; Einzelnes aber blieb auch so ihm selbst noch zu berichtigen übrig, namentlich da, wo die Gesetze der griechischen Sprache eine solche Berichtigung (z. B. Einschaltung des Artikels) nothwendig zu machen schienen: in den Noten unter dem Text sind die diessfallsigen Abweichungen und Aenderungen sorgfältig bemerkt, hier und da ist auch eine weitere Ausführung daran geknüpft. Auf die sachliche Erklärung hat sich der Herausgeber nicht weiter eingelassen, da es ihm vor Allem darum zu thun war, einen correcten Text der Schrift vorzulegen und dadurch diese selbst unter uns zugänglicher zu machen: und diesen Zweck hat er erreicht; wie er denn auch weiter die zum Verständniss des Textes unentbehrlichen Figuren auf zwei besondern Tafeln beigefügt hat.

JAHRBÜCHER DER LITERATUR.

Bibliotheca Scriptorum Graecorum et Romanorum Teubneriana.

1. *Athenaei Deipnosophistae. E recognitione Augusti Meineke.
   Vol. III. continens lib. XII. — XV, Summaria et Indices. Lipsiae, in aedibus B. G. Teubneri. MDCCCLIX. 499 S. in 8 Nr.*
2. *Erotici Scriptores Graeci. Recognovit Rudolphus
   Hercher. Tomus alter. Charitonem Aphrodisiensem, Eusta-
   thium Macrembolitam, Theodorum Prodromum, Nicetam Eu-
   genianum, Constantinum Manassen, Addenda continens. Lipsiae
   etc. LXVIII. und 612 S. in 8.*
3. *Plutarchi Vitae Parallelae. Iterum recognovit Carolus
   Sintenis. Lipsiae etc. Vol. III. XVII. und 432 S. Vol. IV.
   XVI. und 428 S. in 8.*
4. *Plini Secundi Naturalis Historiae libri XXXVII. Recognovit
   atque indicibus instruxit Ludovicus Janus. Vol. IV. lib.
   XXIII. — XXXII. Lipsiae etc. LXVIII. und 312 S. in 8.*
5. *Justinus. Trogi Pompei Historiarum Philippicarum Epitoma.
   Recensuit Justus Jeep. Lipsiae etc. Pars. I. XX. und 188 S.
   Pars II. 273 S. in 8.*
6. *Justinus. Trogi Pompei etc. Editio minor. Lipsiae etc.
   273 S. in 8.*
7. *A. Cornelii Celsi De Medicina Libri octo. Ad fidem opti-
   morum librorum denuo recensuit, annotatione critica indicibus-
   que instruxit C. Daremberg, bibliothecae Mazarineae Procurator. Lipsiae etc. XLVIII. und 405 S. in 8.*

Die hier aufgeführten, seit dem letzten in diesen Blättern gegebenen Berichte (S. 293 ff. dieses Jahrgangs) neu erschienenen
Bände der Bibliotheca classica werden wohl auf dieselbe Theilnahme
rechnen dürfen, wie sie den frühern Bänden zu Theil geworden ist, da
in ihnen das gleiche Bestreben und die gleiche Art der Ausführung
sich kund giebt. Ein kurzer Bericht über das auch in diesen Bänden
geleistete mag diess darthun.
　　Die Ausgabe des Athenäus ist mit diesem dritten Theil vollendet, und damit der Text dieses für jede wissenschaftliche, in das
Alterthum einschlagende Forschung so wichtigen und unentbehrlichen
Schriftstellers einem Jeden zugänglich gemacht, überdem, wie früher schon bemerkt worden, an nicht wenigen Stellen berichtigt und
verbessert, mithin lesbarer und somit auch verständlicher geworden.
Passende Zugaben des Textes bilden die am Schluss abgedruck-

ten griechischen Summarien oder Inhaltsverzeichnisse der einzelnen
Capitel und Bücher des ganzen Werkes, sowie der ausführliche lateinische Index Rerum, der den ganzen Inhalt des Werkes in sich
aufgenommen hat und nach den Seitenzahlen der Casaubon'schen
Ausgabe, die, wie ebenfalls früher erwähnt worden, an dem Rande
dieser Ausgabe sich beigefügt finden, eingerichtet ist.

Der zweite Band der Sammlung der erotischen Schriftsteller Griechenlands bringt eine Reihe von Schriftstellern, die, wenn
auch nicht in dem Grade, wie Athenäus bedeutsam für die Studien
des Alterthums, doch in andern Beziehungen einen gewissen Werth
ansprechen und dabei nur Wenigen im Ganzen zugänglich waren.
Die Reihe eröffnet Chariton, der, wenn man von der Didotschen,
durch Hirschig besorgten Ausgabe absieht, seit einem Jahrhundert,
in Deutschland wenigstens, nicht mehr abgedruckt worden ist, dem
aber in neuern Zeiten sich die Aufmerksamkeit der Gelehrten (Cobet
u. A.) wieder zugewandet hat. Der Herausgeber hat den Text
nicht nur in einzelnen Formen u. dgl. zu berichtigen gesucht, sondern auch mehrfach an verdorbenen Stellen eine dem Sinn entspre-
chendere Lesung zurückgeführt, und so dem Ganzen eine wesentlich
verbesserte Gestalt gegeben: in der vorangehenden Adnotatio critica ist die übersichtliche Zusammenstellung dieser Aenderungen und
Verbesserungen geliefert: wie denn auch das gleiche bei den weiter
folgenden Schriftstellern geschehen ist, von welchen der nächste,
Eustathius eben so, namentlich in Bezug auf einzelne Formen,
wie z. B. die Vermeidung des Hiatus und in Bezug auf seine Gräcität vielfache Verbesserungen gewonnen hat, unter Benützung der
beiden Münchner und einer Moskauer Handschrift. Dann folgen die
acht versificirten Bücher des Theodorus Prodromus von der
Liebe der Rodoanthe und des Dosikles, die hier auf Grundlage der
von Lebas nach zwei Handschriften gelieferten Recension in einer
vielfach berichtigten und selbst vollständigeren Gestalt erscheinen:
manche grammatische und sprachliche, insbesondere die einzelnen
Formen betreffende Bemerkungen, so wie nicht Weniges für die
Metrik dieses und der spätern Dichter überhaupt beachtenswerthe
ist in die Adnotatio critica aufgenommen. Zuletzt kommen Nicetas
Eugenianus und Manasse, auf der Grundlage des von Bois-
sonade gelieferten Textes mit einzelnen mehrfachen Verbesserungen.
Ein über die beiden Bände der Scriptores Erotici Graeci sich erstre-
ckendes, alle Eigennamen und alle sachlichen Puncte berücksich-
tigendes Register (Index nominum et rerum) macht auch hier den
Beschluss.

Ueber die neue Ausgabe der Biographien Plutarch's ist schon
früher das Nöthige bemerkt worden: die beiden hier vorliegenden
Bände, die sich in Allem gleichförmig den frühern anschliessen, enthalten das Leben des Nicias, Crassus, Sertorius, Eumenes, Agesilaus,
Pompejus, Alexander, Cäsar, Phocion, Cato, Agis, Cleomenes, der
beiden Gracchen, Demosthenes, Cicero und Antonius. Die im Texte

vorgenommenen Aenderungen sind in der jedem Bande vorgesetzten
Adnotatio critica verzeichnet.

Von Lateinischen Autoren haben wir zuvörderst die Fortsetzung der Ausgabe des älteren Plinius zu bemerken, deren
Schluss wohl der nächste Band bringen wird, dem dann auch die
bei diesem Schriftsteller unentbehrlichen Indices beigegeben werden
dürften. Was wir oben bei Athenäus bemerkt haben, mag auch
von diesem Schriftsteller gelten, der durch diese Ausgabe ebenfalls nun allgemein zugänglich gemacht worden ist und zwar in
einem mehrfach revidirten Texte. Das Verfahren des Herausgeber's ist sich auch in diesem Bande gleich geblieben, ebenso
die äussere Einrichtung völlig gleich den vorausgegangenen Bänden. Dass die inzwischen erschienenen Hilfsmittel, die eine Beachtung verdienten, wie z. B. die Chrestomathia Pliniana von Urlichs,
hier dieselbe auch gefunden haben, so weit diess auf die Herstellung
des Textes sich bezieht, wird kaum einer Erwähnung bedürfen;
eben so ist auch das beachtet, was in Strack's deutscher Uebersetzung des Plinius vorkommt: ob die 1857 zu London in sechs
Bänden erschienene, mit umfassenden Noten und Erläuterungen
(„with copious notes and illustrations") ausgestattete, englische Uebersetzung von J. Bostock und Riley Etwas für die Bessergestaltung
des Textes Brauchbares enthält, kann Ref. nicht angeben, da er
diese Uebersetzung nur aus Anzeigen kennt; er möchte es aber fast
bezweifeln. Bei einem Schriftsteller, wie Plinius, der ungeachtet der
in neuester Zeit ermittelten handschriftlichen Quellen, doch noch
immer so manche kritischschwierige und verdorbene Stelle enthält, wird
man gern sich überallhin umsehen, von wo eine Verbesserung oder
Abhülfe im Einzelnen zu erwarten steht.

In der Ausgabe des Justinus tritt uns wieder eine von denjenigen Ausgaben entgegen, die einen gewissen Abschluss in der
Kritik des Textes eines Schriftstellers, so weit diess die vorhandenen Hülfsmittel gestatten, bezeichnen. Wenn ein solcher Abschluss
vor allem bedingt ist durch eine sorgfältige Untersuchung und Würdigung der gesammten handschriftlichen Ueberlieferung, um hiernach
die eigentliche Grundlage des Textes zu bestimmen, so hat sich der
Herausgeber dieser Aufgabe keineswegs entzogen, sondern vielmehr
damit begonnen, durch eine genaue Vergleichung der handschriftlichen
Quellen das richtige Verhältniss, in dem dieselben zu einander stehen,
zu ermitteln und auf diesem Wege auch eine sichere Grundlage für
den Text seines Schriftstellers in denjenigen Handschriften zu gewinnen, welche als die erweislich ältesten und verlässigsten Quellen
der Ueberlieferung sich darstellen. Wir können hier nicht in alle
die Einzelnheiten dieser mit aller Genauigkeit geführten Untersuchung
eingehen, die für die richtige Würdigung dieser Handschriften, ihres
Werthes und Einflusses auf die Gestaltung des Textes von so grossem Belang ist: wir beschränken uns, nur das Gesammtergebniss
dieser in der Praefatio enthaltenen Untersuchung hier anzugeben,

wonach unter den hier benutzten neuen Handschriften [einer Pariser,
drei zu Wolfenbüttel, die der Herausgeber selbst verglich, drei von
Kreissig verglichene (zwei Dresdner und eine Leipziger), einer Giessner
und Marburger, die von Otto verglichen wurden] dem schon früher
als die älteste und wichtigste Quelle betrachteten Puteanus, d. h.
der jetzigen Pariser, früher schon von Bongarsius in seiner Ausgabe (Paris 1581), später von Dübner (in seiner Ausgabe zu Leipzig 1831) benutzten Handschrift des neunten Jahrhunderts, und der
ihm zunächst stehenden jüngeren Giessner Handschrift, die eine merkwürdige Uebereinstimmung in den Lesarten zeigt, derselben Orthographie folgt, aber auch nicht selten dieselben Schreibfehler erkennen lässt, und wenn auch nicht unmittelbar aus dem Puteanus, so
doch aus einem diesem ganz ähnlichen Codex abgeschrieben erscheint,
die erste Stelle zukommt: in beiden Handschriften, die freilich auch
manches fremdartige Einschiebsel enthalten, erkennt der Herausgeber
die ältesten Zeugen der handschriftlichen Ueberlieferung, und sie
bilden daher die Grundlage seiner Textes - Recension: ihnen zunächst
steht die Marburger Handschrift und zwei Wolfenbüttler, die sämmtlich dem fünfzehnten Jahrhundert angehören: sie konnten allerdings
eben so sehr zur Bestätigung mancher in jenen beiden ältesten
Quellen enthaltenen Lesart dienen, als zur Ergänzung oder Berichtigung fehlerhafter Schreibweisen. Wo aber alle diese Handschriften
nicht ausreichten, war der Herausgeber genöthigt, in den jüngeren
und schlechteren Handschriften sich umzusehen, um die hier und
dort aus dem Codex Archetypus etwa erhaltene richtige Lesart zu
ermitteln: wo freilich das Verderbniss in der gesammten handschriftlichen Ueberlieferung vorlag, konnte die Conjecturalkritik nicht umgangen werden: dass von diesem Mittel aber nur mit grosser Vorsicht Gebrauch gemacht worden, wird kaum zu bemerken nöthig
sein.   Das ganze kritische Verfahren des Herausgebers liegt
übrigens offen vor in dem auf das Vorwort folgenden Commentarius criticus, der zugleich Pars I. des Ganzen auf 188 Seiten
bildet. Dieser enthält nicht blos die vollständige Rechnungsablage
über die hier auf der bemerkten Grundlage gelieferte Recension des
Textes, sondern es ist darin auch gar Manches aufgenommen, woza
eben in einzelnen Fällen die entweder verlassene oder die aufgenommene Lesart Veranlassung gab: es wird an manchen Stellen
der schwierige Sinn angegeben: bei andern werden sprachliche oder
grammatische, auf die Eigenthümlichkeiten der Redeweise des Justinus bezügliche Bemerkungen angeknüpft, es werden selbst
sachlicher Beziehung, namentlich in Bezug auf einzelne Eigen
und deren richtige Schreibung, weitere Nachweise gegeben: so
dieser Commentarius criticus zu einer Fundgrube geworden ist,
der Jeder sich gern wenden wird, der mit Justinus überhaupt
näher beschäftigt. Wir unterlassen es, was nicht schwer wäre,
zelne Belege unseres Urtheils anzuführen und an einzelnen Stellen
nachzuweisen, in welcher Weise der Herausgeber verfahren, da wir

uns auf eine einfache Berichterstattung hier beschränken, überdem
ein Blick in diesen Commentar leicht Belege jeder Art zu dem Gesagten finden wird. Den Text des Justinus selbst bringt Pars II.;
ein Register über die Eigennamen (Jo. Chr. Fr. Wetzelii Index Nominum propriorum emendatus) fehlt auch hier nicht, und ist auch in
die kleinere oben unter Nr. 6 aufgeführte Editio minor übergegangen, welche einen Abdruck des Textes, mit Weglassung der
Praefatio und des Commentarius criticus, (also Pars II. der grössern
Ausgabe) zunächst zum Gebrauche für die Schüler veranstaltet,
enthält.

Was endlich die neue Ausgabe des Celsus betrifft, so ist es
gewiss erfreulich, in diese grosse Sammlung der classischen Schriftsteller des Alterthums auch einen Schriftsteller aufgenommen zu sehen,
der freilich nicht auf Schulen gelesen wird, noch je gelesen werden
kann, der aber eben so sehr durch seine dem classischen Zeitalter
entsprechende Form, wie durch den gewichtigen Inhalt des hinterlassenen Werkes von den Fachgenossen nicht minder, wie von allen
Freunden der römischen Literatur gelesen zu werden verdient: so
wenig diess auch im Ganzen heutigen Tags der Fall ist, wo der
überwiegende Einfluss der Naturwissenschaften und die immer grössere Ausdehnung derselben das Studium der alten classischen Schriftsteller über Medicin in den Hintergrund gestellt hat und nur zu sehr
übersehen lässt, wie in diesen alten Schriftstellern, einem Hippokrates wie einem Celsus (der sich so sehr an den Griechen anschliesst),
trotz alles des unläugbaren Zuwachses, den die Medicin neuerer
Zeit durch die naturwissenschaftliche Forschung erhalten hat, doch
die wahren Grundsätze der Heilkunde in einer Weise vorliegen, die
in dem Werke des Celsus gewissermassen noch heutigentags ein
Compendium der Medicin uns anerkennen lässt — parum abest, quin
hodie pro compendio rei medicae adhiberi possit — sagt der Herausgeber in der Praefatio von dem Werke des Celsus nicht ohne Grund:
gern wird man es ihm glauben, wenn er versichert, wie bei der
wiederholten Lectüre des Celsus ihn immer mehr gefesselt „cum
dicendi nitor ac brevitas tum perspicacitas judicii sensusque verax
et ad agendum accomodatus, quibus omnibus genuinam nobis re-
praesentat civis Romani imaginem. Nec facile dixerim magisne
tanquam medicum an tanquam literarum studiosum me delectarit."
Wünschen wir, dass durch diese neue Ausgabe die Lectüre dieses
Schriftstellers, den die Zeitgenossen unter die celeberrimi auctores rechneten (vgl. Columella III., 17, 4, vgl. IX., 2, 1. II., 2, 15),
eine erneuerte Anregung und Verbreitung gewinne, zumal der neue
Herausgeber, der die beiden, bei der Herausgabe eines solchen
Schriftstellers nöthigen Bedingungen, die eines Fachmannes wie
eines gelehrten Kenners des Alterthums, in sich vereinigt, nicht blos
den Text dieses seines Autor's in einer berichtigten und dadurch lesbaren Gestalt hier vorgelegt, sondern auch in seine Adnotatio critica manchen Beitrag für die Erklärung und das richtige Verständniss

aufgenommen hat. Seit ungefähr einem halben Jahrhundert, d. h.
seit dem Auftreten Targa's mit seiner Ausgabe des Celsus im Jahre
1810, deren Text in seiner späteren Ausgabe von 1851, wie in den
kleineren Ausgaben zu Münster und Cöln und in der Pariser Uebersetzung von Des Etangs (im Jahr 1848) im Ganzen wiederholt
ward, ruht so zu sagen die Kritik dieses Schriftstellers, von dem
der gelehrte Kühn eine neue Ausgabe zu liefern gedachte, die aber
nicht zur Ausführung gekommen ist; so lag das Bedürfniss einer
neuen Ausgabe dieses Schriftstellers vor, die allerdings auf der Grundlage der Ausgabe Targa's einen der urkundlichen Ueberlieferung
möglichst sich annähernden und von Fehlern, wie sie sich in die
handschriftliche und in die gedruckte Ueberlieferung eingeschlichen,
gereinigten Text dem Leser biete: diesem Bedürfniss zu genügen,
war die nächste Aufgabe des Herausgebers, der desshalb die beiden
anerkannt ältesten Handschriften, den Vaticanus VIII. aus dem zehnten und den Mediceus I. aus dem zwölften Jahrhundert, nach der
von Targa bereits gelieferten Vergleichung (eine neue, ganz genaue
Collation wäre allerdings erwünscht gewesen) seiner Ausgabe zu
Grunde gelegt, und dabei noch eine bisher nicht verglichene Pariser
Handschrift (Nr. 7028) des eilften Jahrhunderts, welche derselben
Familie angehört, aber nur einzelne, aus Celsus ausgewählte Stellen
enthält, benützt hat. Ueber das von ihm dabei eingeschlagene Verfahren lesen wir S. VII: „nunquam a codicibus Med. I. et Vat. VIII.
discessi nisi ubi insanabili laborabant ulcere; quantum potui, sedulo
abstinui a conjecturis; ubivis suspectas habui emendationes Lindenii,
quotiescunque saltem earum necessitatem non probabat vel rerum
vel verborum vel syntaxeos ratio." Bedenkt man, dass die übrigen
Handschriften, so weit sie bekannt sind, in die späteren Zeiten des
fünfzehnten und sechzehnten Jahrhunderts fallen und für die
Bildung des Textes kaum einen Gewinn bieten, eben so wenig
wie die aus solchen Quellen geflossenen, fehlervollen Editiones
principes, so wird man diesen Grundsätzen seine Billigung nicht
versagen wollen: bleibt doch auch so noch gar Manches übrig, was
sich aus jenen ältesten Quellen herstellen lässt, die weder in
Bezug auf Orthographie und dergleichen Dinge eine völlige Gleichheit bieten, noch in Bezug auf den Text selbst sich von Interpolationen jeder Art frei darstellen, und dadurch der kritischen Behandlung manche Schwierigkeit bringen. So finden sich z. B. die griechischen Worte bald mit griechischen, bald mit lateinischen Buchstaben,
und oft nicht einmal ganz richtig geschrieben, und muss daher mit
aller Sorgfalt ermittelt werden, wo Celsus den griechischen Ausdruck
aufnahm, und wo er ihm eine lateinische Form gab, in welchem
Fall dann auch lateinische Buchstaben anzuwenden sind. Bedenkt man, dass die Medicin als Wissenschaft damals in Rom noch
keine Selbständigkeit erlangt hatte, dass es vielmehr die griechische
Wissenschaft war, die daselbst Eingang gefunden, während Celsus
gerade darauf ausging, die aus griechischen Quellen stammende

Wissenschaft auf römischen Boden einzuführen und festzustellen, so erscheint auch dieser Punkt nicht so bedeutungslos, um so mehr, als er auch zu manchen dem ursprünglichen Texte fremdartigen Einschiebseln späterhin Veranlassung gegeben hat. Dass übrigens in Bezug auf diese Glossemen oder Interpolationen mit der nöthigen Vorsicht zu verfahren ist, wird man gewiss anerkennen müssen. Um nun das ganze Verfahren des Herausgebers in der Gestaltung des Textes, namentlich die Abweichungen von Targa's Ausgabe, kennen zu lernen, verweisen wir auf die Adnotatio critica, welche auf die Vorrede unmittelbar folgt, also dem Textesabdruck selbst vorausgeht: in derselben sind die Stellen, in welchen von Targa's Ausgabe abgewichen, nicht blos genau angeführt, sondern oftmals noch mit einer kurzen Angabe des Grundes begleitet; es ist also eine Art von Rechtfertigung gegeben, die zugleich Manches für das richtige Verständniss und die Auffassung einzelner Stellen Beachtenswerthe enthält, überdem Nachweisungen, Verbesserungsvorschläge hier und dort bringt. In dem Text selbst ist in Parenthesen die Nachweisung der Stellen des Hippokrates, oder auch anderer Schriftsteller, auf welche Celsus sich bezieht, oder aus denen seine Worte stammen, eingeschalten; am Schlusse des Ganzen aber sind mehrere Indices beigefügt, zuerst ein Index librorum et capitum (das lateinische Inhaltsverzeichniss der einzelnen Bücher und Kapitel), dann ein Index nominum propriorum, ein Index verborum notatu dignorum, wo bei den Pflanzennamen der entsprechende der neuern Botanik beigefügt ist, ein Index vocabulorum Graecorum (d. h. der wirklich mit griechischer Schrift in dieser Ausgabe gedruckten Wörter), ein Index locorum Hippocratis et Celsi inter se comparatorum und ein Index auctorum antiquorum a me in textu allatorum.

Latium oder das alte Rom in seinen Sprüchwörtern. Eine Sammlung der beliebtesten lateinischen Sprüchwörter in alphabetischer Folge, mit Angabe der Quellen, wo sie zu finden sind, sowie mit Anführung der gleich lautenden oder ähnlichen deutschen Sprüchwörter. Herausgegeben von August Faselius. Weimar 1859. Bernhard Friedrich Voigt. XVI und 276 S. in 8.

Der Verfasser dieser Spruchsammlung erklärt ausdrücklich, dass er kein Philolog sei, dass seine Arbeit keineswegs durch das geschärfte Augenglas der Philologie und daher auch nicht als eine rund-abgeschlossene, vollendete, und ganze, sondern nur als eine solche zu betrachten sei, die (ein Ergebniss seiner Nebenstunden von Berufsgeschäften anderer Art) die Aufmerksamkeit Geschickterer auf einen Gegenstand hinlenken soll, dem — wenigstens in der Schulzeit des Verfassers — beim Unterricht der lateinischen Sprache nicht diejenige Berücksichtigung gezollt worden, die er in der That verdiene". (S. XV. XVI).

Die Wichtigkeit des Gegenstandes, der hier behandelt wird, kann nicht in Zweifel gezogen werden: ebensowenig wird derjenige, der mit der Literatur näher bekannt ist, bestreiten wollen, dass in den Erläuterungsschriften und Commentaren römischer Schriftsteller — soweit dieselben vorhanden sind — diesem Gegenstand die gebührende Aufmerksamkeit geschenkt werde — man denke z. B. nur an die Erklärer des Horatius; man wird auch weiter zugestehen, dass eine erneuerte Sammlung römischer Sprüchwörter (um von den griechischen nicht zu reden) mit den gehörigen Erläuterungen eben so wünschenswerth wie nothwendig ist, wenn sie anders von dem rein wissenschaftlichen Standpunkt aus unternommen auch die Anforderungen der Kritik berücksichtigt, die hier so wenig, wie in andern Theilen der Alterthumswissenschaft abzuweisen ist.   Wir sind allerdings, was die Sprüchwörter des Alterthums betrifft, noch immer an das Werk des Erasmus gewiesen: an dieses hat sich auch der Verfasser dieses Werkes vorzugsweise, wie er S. XV versichert, gehalten, und daraus die dem römischen Volk eigenthümlichen Sprüchwörter ausgezogen, dann aber auch eine von ihm seit längerer Zeit angelegte Sammlung von Auszügen aus römischen und andern Schriftstellern benützt, und so die aus Erasmus entnommenen Sprüchwörter um ein Drittheil vermehrt; andere Hülfsmittel scheint der Verf. nicht benutzt zu haben, da nach seiner Versicherung (S. XIV) „ein Werk, welches die Sprüchwörter der Römer allein behandelt und den jetzigen Zeitverhältnissen entsprechend, in deutscher Sprache abgefasst ist, zur Zeit nicht existirt und daher der Gedanke nahe lag, ein solches auszuarbeiten".   Das noch immer brauchbare „Handbuch der griechischen und lateinischen Sprichwörter von Georg Thomas Serz, Nürnberg 1792" scheint der Verfasser nicht zu kennen, eben so scheinen ihm auch die zahlreichen Schriften über diesen Gegenstand aus dem vorigen Jahrhundert, wie sie bei Morhof und Nolten im Lexic. Antibarb. P. II in dem conspectus generalis bibliothecae Latinitatis restitutae S. 168 ff. verzeichnet sind, unbekannt geblieben zu sein: wir zweifeln nicht, dass er daraus doch manche schätzbare Notiz hätte entnehmen können.

Sehen wir aber davon ab, sehen wir auch weiter ab von dem streng philologischen Standpunkt, wiewohl wir glauben, dass darum doch immerhin das Griechische, das die Quellen so vieler lateinischer Sprüchwörter bildet, wenigstens mit Accenten zu bezeichnen war (was nicht geschehen ist, in einer heut zu Tage allerdings befremdlichen Weise), dass ferner, da die Angabe der Quellen auf dem Titel ausdrücklich als Zweck und Gegenstand der Schrift bezeichnet wird, diese Quellen mit der erforderlichen Genauigkeit und nicht blos im Allgemeinen anzuführen waren, wie diess hier ebenfalls geschehen ist, wo es z. B. heisst: Horatius in dieser oder jener Epistel, Cicero, Seneca in diesem oder jenem Buche, während die genauere Nachweisung des Capitels, des Verses u. s. f. fehlt und selbst in dieser allgemeinen Citirungsweise sich hier und dort Fehler ein-

geschlichen haben: sehen wir also von Allem diesem und Anderm
ab, und fragen vielmehr, wie denn eigentlich der Verfasser den Begriff des Sprüchwortes aufgefasst, und wir er demgemäss im Einzelnen verfahren, da er seine Arbeit, in welcher den römischen Sprüchwörtern gegenüber die entsprechenden deutschen sich finden und von
den ersten die nöthige Erklärung gegeben werden soll, besonders
Lehrern und Schülern bestimmt hat, den erstern sogar „als eine
Sammlung mancherlei Themata's zu Aufgaben freier lateinischer Aus-
arbeitungen" — was wir jedoch in Bezug auf die Zweckmässigkeit
aus mehr als einem Grunde bezweifeln, da wir überhaupt den Werth
einer solchen Sprüchwörtersammlung in die Förderung der Kenntniss römischer Sprache und Ausdruckweise wie des römischen Charakters, der Sinn- und Denkweise des Volks, die sich hier so be-
deutungsvoll kundgiebt, setzen und somit darin eine Förderung der
Erkenntniss des gesammten römischen Alterthums, wie selbst ein
Hülfsmittel zur Erklärung lateinischer Texte erkennen. Wir können
übrigens nicht zweifeln, dass ausser Lehrern und Schülern auch gebildete Freunde des Alterthums und der Sprachforschung gern nach
einem Werke greifen werden, das ihnen eine Sammlung der den
Sinn und Geist eines Volkes so charakterisirenden Sprüchwörter bietet und damit zugleich zu einer Vergleichung mit unserer Muttersprache, und der Art und Weise, in welcher hier oft derselbe Gedanke sich ausgedrückt findet, Veranlassung geben kann. Solche
Leser scheint der Verfasser auch mit vor Augen gehabt zu
haben.

Den Begriff des Sprüchwortes hat der Verfasser S. X also definirt: „Sprüchwörter sind kurzgefasste, kernigte, in den Mund des
Volkes übergegangene Aussprüche der Erfahrung und Weisheit, die
eine Klugheits- oder Sittenregel für's praktische Leben oder auch
nur ein scharfes, in Bild oder Beispiel ausgesprochenes Urtheil über
Lebensverhältnisse enthalten". In Bezug auf ihre Entstehung be-
trachtet der Verfasser die Sprüchwörter als „Erzeugnisse des Nach-
denkens und Beobachtungsgeistes und als Axiomen der gesunden
Vernunft und der geprüften Erfahrung, die ihr Dasein lediglich dem
Kerne der Nation verdanken" u. s. w.; „sie repräsentiren den ge-
sunden Menschenverstand und umfassen die Philosophie und den
Witz des gemeinen Mannes, welcher bei ihrer Anwendung auf die
Verhältnisse des Lebens und auf die Vorfälle des Tages meist den
Nagel auf den Kopf trifft".

Wir haben diese Stellen wörtlich mitgetheilt, weil wir glauben,
dass, wenn an der hier gegebenen Definition festgehalten werden soll,
Manches aus dieser Sprüchwörtersammlung ausfallen muss, was gar
nicht in diese Kategorie gehört, sondern vielmehr den Charakter des
Apophthegmatischen und Gnomologischen an sich trägt, also in eine
ganz andere Sphäre fällt, insofern es nicht aus dem Munde und
Sinne des Volkes hervorgegangen, sondern dem Kreise einzelner
wissenschaftlich gebildeten und erleuchteten Geistern der Nation an-

gehört. Wer wird z. B. in der Vorschrift des Quintilian: „caput est artis decere quod facias" ein Sprüchwort finden wollen, wie es hier S. 41, freilich nach dem Vorgang von Erasmus, angeführt ist? Wenn Horatius in der ersten Epistel den sein Handeln bestimmenden Grundsatz ausspricht: „Et mihi res, non me rebus subjungere conor", so wissen wir nicht, mit welchem Grunde diese Worte für eine sprüchwörtliche Redensart gelten sollen, die hier S. 77 eine Stelle erhalten hat, und halten daher auch den Zusatz für überflüssig, der in folgenden Worten gegeben ist: „ein entsprechendes Sprüchwort im Deutschen findet sich nicht; im Gegentheil heisst es bei uns: „Seinem Schicksal mag Niemand entrinnen" und Schiller singt:
„Denn mit des Geschickes Mächten
Ist kein ew'ger Bund zu flechten".
Wir glauben, dass hier ganz Verschiedenartiges, was durchaus nicht in die Sphäre des Sprüchwortes, zumal nach der oben gegebenen Definition, gehört, zusammengestellt ist. Ebensowenig können wir einsehen, mit welchem Recht der in Justinian's Pandekten enthaltene Satz: „in pretio emtionis et venditionis naturaliter licere contrahentibus se circumvenire" hier S. 116 eine Stelle erhalten hat, mit der Bemerkung, dass dieser Satz auch bei uns Anerkennung finde in dem Sprüchworte: „Kaufmannschaft leidet keine Freundschaft"! Hier vermissen wir überhaupt die Aehnlichkeit. Noch weniger aber können wir begreifen, wie der in einer Schilderung Juvenals (Satir. V, 66) vorkommende Vers: „maxima quaeque domus servis est plena superbis" hier unter den Sprüchwörtern S. 143 erscheinen konnte: dasselbe mag von dem Horazischen (Ars Poet. 471): „minxit in patrios cineres gelten, das ebenfalls hier S. 146 als Sprichwort erscheint; eben so kann, was S. 161 aufgeführt ist: „Nemo plus juris in alterum transferre potest, quam ipse habet" nicht als Sprüchwort, sondern nur als ein Rechtsgrundsatz gelten, desgleichen wird man den Satz: „omnium rerum vicissitudo est" eben so wenig für ein Sprüchwort ansehen wollen, als den Ausdruck: „operam ludere" (S. 188 u. 189), desgleichen den bekannten Vers des Horatius (Epist. I, 14, 43): „optat ephippia bos piger, optat arare caballus" der hier ebenfalls als Sprüchwort aufgeführt ist; so soll Plato's Ausspruch: „tales simul, quales videri et haberi velimus" von den Römern als Sprüchwort aufgenommen worden sein und hat hiernach hier S. 251 eine Stelle gefunden: wir zweifeln, ob mit Grund. — S. 257 bei dem Sprüchwort: „tot capita, tot sensus", würde wohl des Terentius Spruch: „quot homines, tot sententiae", der auch in des Erasmus Sammlung vorkommt, zu erwähnen gewesen sein; aber S. 258 würden wir die Formel: „Trahit sua quemque voluptas" kaum als Sprüchwort aufzufassen wagen — wenn wir anders an dem, was das Wesen eines Sprüchwortes ausmacht, festhalten, und noch weniger werden wir diesem angeblichen Sprüchwort das Deutsche: „Jeder reitet sein Steckenpferd" an die Seite stellen wollen. Ganz wegzulassen war nach unserer Meinung S. 160

das der alten Römerwelt nicht angehörige Sprüchwort neuerer Erfindung: „Nemo cum diabolo jocatur impune".

Wir wollen diese Bemerkungen nicht weiter fortsetzen: sie sollen nur beweisen, dass vor Allem hier noch eine strenge Sichtung
nothwendig ist, um das, was dem eigentlichen Kreise des Sprüchwortes als angehörig zu betrachten ist, auszuscheiden von anderen
Elementen, die einen andern, namentlich gnomologischen Charakter
an sich tragen, wenn auch gleich manchmal die beiderseitigen Gränzen sich nahe berühren. Die Alten haben bereits in dieser Weise
hier unterschieden; auch von derartigen Einfällen, Gnomen u. dgl. eigene Sammlungen veranstaltet, wie z B. die ἀποφθέγματα des
Cicero, des Cato u. A. zeigen können: der Inhalt derselben wird aber
von dem, was dem auf dem Boden des Volks selbst erwachsenen
Sprüchwort angehört, wohl zu trennen sein. Und eine solche Trennung dürften wir auch dem Verfasser der vorliegenden Sprüchwörtersammlung empfehlen, die manche treffende Vergleichung in dieser Zusammenstellung römischer und deutscher Sprüchwörter enthält, welche auf den Charakter der Sprache wie den Sinn und
Denkungsweise beider Völker ein Licht wirft.

Chr. Bähr.

René Descartes und seine Reform der Philosophie. Aus den Quellen
dargestellt und kritisch beleuchtet von X. Schmid aus Schwar-
zenberg, Doctor und Docent der Philosophie an der königl.
Universität Erlangen. Nördlingen, Druck und Verlag der C.
H. Beck'schen Buchhandlung, 1859. VI S. und 178 S. 8.

Es liegt im Plane der vorstehenden Schrift, die „Reformbestre-
bungen des Descartes in ihren ersten Anfängen aufzuzeigen, und,
so viel es mit den vorhandenen Mitteln möglich ist, psychologisch
und historisch abzuleiten". Zu diesem Zwecke theilt der Hr. Verf.
seine Untersuchung in zwei Bücher. Das erste Buch enthält
die Hauptmomente aus dem Leben des Descartes und sein Verhältniss zu dem allgemeinen philosophischen Geiste in Frankreich,
das zweite die Philosophie des Descartes selbst, da diese aus
dem im ersten Buche entwickelten Leben des Cartesius und
dem allgemeinen philosophischen Geiste Frankreichs in seinem Verhältnisse zu seiner und kurz vor seiner Zeit abgeleitet werden soll.
Das erste Buch zerfällt darum in zwei Abtheilungen. Die
erste begreift die Hauptmomente aus dem Leben des Descartes, die zweite stellt diesen Philosophen „aus seinen Vorgängern
begriffen" dar. So enthält die erste die besondern, die zweite
die allgemeinen Einflüsse auf das Entstehen dieser Philosophie.

Wenn es auch gewiss richtig ist, dass das Leben eines Denkers

und die geistige Beschaffenheit der Zeit, in welcher er lebt, einen
eigenthümlichen Einfluss auf die Entwicklung seiner philosophischen
Weltanschauung äussern, so darf man doch über dem Einflusse des
äussern Lebens und des allgemeinen Volks- und Menschheitsgeistes
den Werth des eigenen Einzelgeistes nicht unterschätzen. Gerade
in der Philosophie gaben einzelne, durch und durch ursprüngliche
Geister, welche sich am allerwenigsten als Kinder ihrer Zeit oder
durch äussere Lebensverhältnisse beeinflusst darstellen, dem allgemeinen Laufe der Geistesentwicklung eine andere Richtung, und hier
ist es nicht das Allgemeine, das auf das Einzelne, sondern umgekehrt das Einzelne, welches auf das Allgemeine wirkt. So war
es gewiss bei Spinoza, Leibnitz, Kant und eben so auch bei
Cartesius, in weit geringerem Maasse bei Locke, Hume, J.
G. Fichte, Schelling und Hegel, in welchen sich unverkennbar der Einfluss der allgemeinen herrschenden Geistesentwicklung auf
den Einzelnen offenbarte. Es verhält sich in dieser Hinsicht die
Philosophie, wie die Dichtkunst, zum allgemeinen Geiste. Die Ursprünglichkeit herrscht in beiden vor, da in ihnen das Selbstschaffen
von Innen heraus vorherrscht, und ihr Gegenstand verwandt ist, und
beide werden daher auch weit mehr, als andere Zweige des Wissens,
durch die Ursprünglichkeit des Einzelgeistes bedingt.

Sicher hätte der Herr Verf. in der Darstellung dieser allgemeinen und besonderen Einflüsse auf das Entstehen der Cartesia-
schen Philosophie besser gethan, die zweite Abtheilung
der ersten vorauszuschicken, da naturgemäss das Allgemeine dem
Besondern vorausgehen muss.

Die Hauptmomente aus dem Leben des Descartes umfassen
„Abstammung, Lehrjahre, Wanderjahre, Meisterjahre" (S. 2 — 18),
die Schriften desselben, (S. 18 u. 19), seine Beziehungen (S. 19
bis 25) und Schlussbemerkungen (S. 25 — 27).

Die Lehrjahre des Descartes dauern bis zum siebzehnten Jahre,
in welchem er 1613, auf sich selbst gestellt, nach Entlassung aus
der Jesuitenschule, nur von Dienern begleitet, sich nach Paris begibt. Nun beginnen seine Wanderjahre während seines Aufenthaltes
in Paris, seiner freiwilligen Kriegsdienste in Holland, Baiern und
unter den Kaiserlichen, seines Abschiedes und seiner wissenschaftlichen Bildungsreise, bis er sich endlich März 1629, 33 Jahre alt,
in Holland niederlässt, „um hier in ungestörter Einsamkeit die Principien einer neuen Philosophie aufzustellen."

Jetzt beginnen mit seinem Aufenthalte in Amsterdam die
Meisterjahre des Philosophen. Er lebte hier ganz der Meditation.
Die geschäftige Menge Amsterdams betrachtete er ungefähr mit
der Theilnahme, mit welcher man einen „Wald" oder eine „weidende Kuhheerde" ansieht." Auf einem kleinen Schlosse bei Fran-
ecker begann er seine meditationes de prima philosophia, die erst
zehn Jahre später erschienen. Er lebte nach Ovid's Spruch: Bene
qui latuit, bene vixit und nach dem des Seneca: Illi mors gravis

incubat, qui notus nimis omnibus ignotus moritur sibi. Es ist gewiss kennzeichnend genug für den Adel jener Zeit, dass die Verwandten des Descartes, eines Sprösslings aus altadeligem Hause, die Philosophie für einen „Cavalier" als „unanständig" betrachteten, und daher den Philosophen von Adel gering schätzten.

Wenn Hegel (Geschichte der Philosophie Bd. III, S. 331) behauptet: „Cartesius ist so ein Heros, der die Sache wieder einmal ganz von Vorne angefangen hat," hat er die ganze und vollkommene Wahrheit gesprochen, und wird mit Unrecht von dem Herrn Verf. berichtigt. Franz Baco von Verulam ist in der Methode, Cartesius im Inhalte seines Systems der Vater der neuen Philosophie. Der Charakter der Cartesius'schen Philosophie ist der Charakter der neuern Philosophie, gänzliche Voraussetzungslosigkeit, Freiheit von allem und jedem Auctoritätsglauben, wodurch sie sich wesentlich von jeder frühern Philosophie seit dem Erlöschen der alten klassischen Schulen unterscheidet. Ihr Ausgangspunkt ist der wahre und ganze Zweifel, nicht des Zweifelns, sondern der Wahrheit wegen. Der Punkt, der allein feststeht, und auf den sie Gott und das All baut, ist das. Ich. Sie prägt der Philosophie ein ganz neues, dem Geiste der frühern Philosophie durchaus verschiedenes Kennzeichen ein. Alle andern vor Cartesius oder um ihn herum hatten nicht mit der Vergangenheit gebrochen. Er allein wollte neue Principien oder eine neue Philosophie, und er fand sie in sich und durch sich selbst, und darin liegt seine unermessliche Grösse. Seine Philosophie wurde der Boden für Geulincx, Spinoza, Malebranche, Leibnitz, Berkeley und für die ganze weitere Entwicklung der Philosophie.

Vollkommen richtig ist darum, was Hegel u. a. O. über Cartesius sagt: „Er ist in der That der wahrhafte Anfänger der modernen Philosophie, in so fern sie das Denken zum Princip macht. Das Denken für sich ist hier von der philosophirenden Theologie verschieden, die es auf die andere Seite stellt; es ist ein neuer Boden. Die Wirkung dieses Menschen auf seine Zeit und sein Zeitalter kann nicht ausgebreitet genug vorgestellt werden". . . . „Er hat den Boden der Philosophie erst von Neuem constituirt, auf den sie nun erst nach dem Verlaufe von tausend Jahren zurückgekehrt ist."

Sehr problematisch ist die von dem Herrn Verf. angenommene Verwandtschaft Descartes' mit Luther und Augustin, es müsste denn nur bei jenem diese Verwandtschaft darin bestehen, dass er in einer von ganz entgegengesetztem Standpunkte ausgehenden Weise die Scholastik als Theolog bekämpfte, während es Cartesius als Philosoph that, oder dass Augustin an aller Philosophie zweifelte, um auf ihre Zerstörung die Theologie zu bauen, oder die Philosophie nur dann zuliess, wenn sie als Baustück für die positive Theologie diente. Aber gewiss ist eine solche Verwandtschaft keine philosophische, so wenig, als man mit dem Herrn Verf. die peripatetische Philosophie, den Jesuitenorden und die Hegel'sche Philosophie in eine Geistesverwandtschaft bringen kann,

Denn, was der Herr Verf. diesen drei Geistesrichtungen vorwirft (S. 23), dass sie „auf Kosten des Christenthums dieses, wie
die Persönlichkeit, zum Moment und Mittel herabsetzen," kann man
gewiss auch mit demselben Rechte von einzelnen Leistungen des
Protestantismus sagen, und wird ihm darum auch nicht beipflichten,
wenn er es „absurd" nennt „von einem protestantischen Jesuiten" oder
„jesuitischen Protestanten" zu sprechen, während doch die Kirchengeschichte recht gut die einen, wie die andern, kennt. Er findet einen
Beweis für seine Behauptung darin, dass Descartes „von den
Peripatetikern aller Confessionen verfolgt wurde" (S. 24). Wurde
aber nicht Cartesius in gleicher Weise von den Protestanten,
wie von den Katholiken, verfolgt, und waren etwa seine protestantischen Verfolger weniger „jesuitisch", als seine katholischen? Haben
ihn die holländischen Zeloten etwa weniger angefeindet, als die
französischen?

Die zweite Abtheilung des ersten Buches, welche
Descartes, aus seinen Vorgängern begriffen, darstellt, umfasst einleitende Worte (S. 27—29), Montaigne (S. 29—32), Charron
(S. 32—36) Campanella (S. 36—39), Sanchez (S. 39—48),
und ein Schlusswort (S. 48—65).

Der Hr. Verf. bezeichnet als den „generalen" (sic. allgemeinen)
Geist des siebenzehnten Jahrhunderts in Frankreich den Skepticismus, welcher sodann auf den Einzelgeist des Cartesius wirkte,
und ihm den skeptischen Standpunkt gab. Nicht leicht wird sich
der wissenschaftliche Geist in Frankreich aus Montaigne, Charron und Sanchez allein erklären lassen. Zudem ist der Skepticismus des Montaigne, der endlich „zur Erfahrung und zu Gott
flüchtet, welcher in der Natur oder Religion sich geoffenbart hat," „ein
Scepticismus auf christlich-dogmatischem Hintergrunde," nicht der
voraussetzungslose, zum reinen philosophischen Forschen führende
Skepticismus des Cartesius, der nicht aus „Verwirrung", sondern
um ein neues Princip der Philosophie zu finden, den Muth hat, an
Allem zu zweifeln. Charrons Mahnung an das sokratische Nosce
te ipsum kann uns so wenig, als das Sokratische Mahnwort selbst,
die Cartesius'sche Philosophie als eine nicht ursprüngliche, als
eine abgeleitete erscheinen lassen, da es wenige Denker gab, die
nicht auf die Aufschrift des delphischen Orakels hinwiesen.

Denn Cartesius fand seinen neuen Standpunkt in ganz anderer Weise, als Sokrates und Charron, wenn er gleich mit
ersterem noch eher zusammengestellt werden kann, als mit dem
letzteren. Campanellas' Philosophie verdient hier weniger Erwähnung, da sie italienisch war, und, wenn sie auch nach Holland
zur Kenntniss des Cartesius gelangte, doch von diesem selbst als
„zu phantastisch" bezeichnet wurde, als dass die Denkweise dieses
Philosophen einen Einfluss auf Descartes hätte äussern können.
Offenbar ist diess kein Grund zur Auffindung einer Aehnlichkeit
zwischen beiden Denkern, dass Campanella gegen die schola-

stische Philosophie kämpfte, auf die Vernunft zurückging, sich von
der Schulautorität losreissend, und dass er eine Reformation der Philosophie anstrebte. Wenn diese Gründe zu einer Zusammenstellung
mit Cartesius berechtigten, müsste auch Franz Baco von Verulam erwähnt werden, dessen Streben ganz ein gleiches in allen erwähnten Punkten war, und ebenso nachhaltig, ja vielleicht noch
mehr auf Frankreich wirkte, als das mehr excentrische Campanella's. Schon der Anfang ist in Campanella ganz Cartesius entgegengesetzt, da nach ihm die Philosophie mit dem Sinne
anfängt, und dieser das untrüglichste Erkenntnissmittel ist. Cartesius hat nicht, wie Campanella, die Zweifelsgründe der alten
Skepsis gesammelt, und etwa die Historie angegriffen, indem er
bezweifelte, ob je Carl der Grosse in der Welt war. Sein Zweifel
ist nicht historisch, sondern philosophisch. Auf Franz Sanchez
(geboren 1562, Professor der Medicin zu Montpellier und
später der Medicin und Philosophie zu Toulouse, gestorben
1632) wird von dem Herrn Verf. hinsichtlich des Einflusses
auf Cartesius das meiste Gewicht gelegt. Er sagt von ihm
S. 39: „In ihm steht der generale (sic.) Geist auf der Grän-
scheide zweier Zeiten, rechnet ernst und bündig mit der Vergangenheit ab, von welcher er sodann Abschied nimmt, um durch Descartes eine neue Ordnung geistiger Dinge heraufzuführen, welche
er in Sanchez ankündigt." Dass Sanchez' Geist den generalen
Geist in Frankreich vertrat, möchte Ref. stark bezweifeln, und hat
der Hr. Verf. nirgends bewiesen. Denn durch die anziehenden und
belehrenden Auszüge aus seinen Schriften, welche S. 40 ff. gegeben
werden, kann dieses gewiss nicht geschehen. Die Zusammenstel-
lungsmomente mit Cartesius hinsichtlich des geistigen Entwick-
lungsganges beider enthalten viel Beherzigungswerthes, können aber
unmöglich, in wiefern sie die Ansichten des Sanchez aussprechen,
als Vertreter des generalen Geistes in Frankreich bezeichnet werden,
und stellen eben so wenig eine wirkliche Uebereinstimmung zwischen
der Philosophie des Sanchez und der des Descartes heraus.
Berührungspunkte zeigen sich wohl in der negativen, gewiss aber
nicht in der positiven Philosophie beider Denker, und die letztere ist
unzweifelhaft bei Cartesius die Hauptsache, da, wenn er einmal
durch den Zweifel zur Wirklichkeit des Ichs als dem neuen Princip
seiner Philosophie (des Intellectualismus) gekommen war, der ganze
Aufbau seiner Philosophie sich als ein durchaus positiver darstellt. Am Schlusse des ersten Buches sind als Beilage des
Cartesius inquisitio veritatis per lumen naturale (S. 50—64),
am Schlusse des zweiten seine rationes dei existentiam et animae
a corpore distinctionem probantes, more geometrico dispositae angefügt.

Das zweite Buch enthält die Cartesius'sche Philosophie. Die
erste Abtheilung desselben gibt den Ausgangspunkt (S. 65—79),
das Erkenntnissprincip (S. 79—87), die Methode (S. 87—111) und
den metaphysischen Dualismus (S. 111—175). Das Erkenntniss-

princip des Cartesius hätte unter den Ausgangspunkt seiner Philosophie gestellt und die Methode nicht zwischen das Erkenntnisprincip und den metaphysischen Dualismus aufgenommen werden sollen.   Auch hätte man das Verhältniss der Descartes'schen Philosophie zur Philosophie Anderer am besten unter einer besonderen Aufschrift gegeben.

Als Ausgangspunkt der Descartes'schen Philosophie bezeichnet der Herr Verf. nicht den absoluten Zweifel. Das Descartessche — de omnibus dubitandum est — erhält durch ihn eine Beschränkung. Richtig ist, was der Hr. Verf. sagt, dass Descartes nicht im Skepticismus verbarrte, dass der Zweifel vielmehr für ihn das Treibende wurde, das ihn nicht ruhen liess, bis er einen sichern Punkt gefunden hatte. Aber daraus folgt nicht, dass der Ausgangspunkt selbst kein absolut skeptischer war. Er hatte, fügt der Hr. Verf. bei, „noch auf dem Standpunkte des Skepticismus stehend, bereits die Objecte des Glaubens und die für das praktische Leben nothwendigen Sätze ausgenommen“ (S. 65), und: „Wenn er also doch noch vom Zweifel ausging, so musste sich dieser auf das dem Intellectus Entgegengesetzte, Fremde, auf die Sinne und die Imaginatio beziehen.“ (S. 67.) Er hatte nemlich seinen „eigentlichen Ausgangspunkt wesentlich dadurch modificirt,“ dass er, vom Zweifel ausgehend, „das Princip und Kriterium aller Wahrheit im alleinigen intellectus gefunden hatte.“ Geht aber nicht gerade diesem positiven Princip des Intellectus bei Descartes das erste negative Princip des Zweifels voraus, das Alles zum Gegenstande des Zweifelns macht, und eben dadurch (durch das Zweifeln) zu dem Satze kommt, dass, wenn an Allem gezweifelt werde, daran nicht gezweifelt werden könne, dass ein Zweifelndes, also ein Denkendes sei, mithin mit der Realität des intellectus oder Denkvermögens begonnen werden müsse?

Der Satz: „Man muss an Allem zweifeln,“ nimmt im Augenblick des Zweifelns keinen Gegenstand aus. Es bezieht sich dieses Zweifeln auf alle Gegenstände, auch die des Glaubens und des praktischen Lebens, und nicht etwa nur auf die Erkenntniss der Sinne, auf das sogenannte sinnliche Erkenntnissvermögen oder die imaginatio im Gegensatze gegen das Denkvermögen oder den intellectus, wie der Hr. Verf. den Descartes'schen Standpunkt des Zweifels beschränken will. Descartes erklärt den Zweifel an Allem dahin, an Gott und am Himmel, an den eigenen Händen und Füssen, also selbst an der wirklichen Existenz des Körpers zu zweifeln.

(Fortsetzung folgt.)

JAHRBÜCHER DER LITERATUR.

Schmid: René Descartes.

(Schluss.)

Er sagt princip. philos. pars I, c. 7: „Indem wir so jenes Alles
verwerfen, an dem wir auf irgend eine Art zweifeln können, und
den Fall setzen, dass es falsch sei, nehmen wir zwar leicht an, dass
kein Gott, kein Himmel, keine Körper seien, dass wir selbst weder
Hände, noch Füsse, noch endlich irgend einen Körper haben, nicht
aber, dass wir, die wir solches denken, nicht seien; denn es ist
ein Widerspruch, zu glauben, dass das, was denkt, zu derselben
Zeit, in der es denkt, nicht sei. Und desshalb ist diese Erkenntniss: Ich denke, also bin ich, von allen die erste und gewisseste, die jedem, der in der Ordnung philosophirt, vorkommt."
Ist diess nicht der absolute Zweifel, der erst nach dem Ausgehen
vom Zweifeln an Allem durch das Zweifeln, welches als ein Denken, dass Alles nichts ist, betrachtet werden muss, zur Gewissheit
des eigenen Denkens, des intellectus kommt? Der intellectus wird
nicht vorausgesetzt, sondern durch den Ausgangspunkt des Zweifels
als Realität in uns aufgefunden. Die Gegenstände des praktischen
Lebens werden nicht in so fern ausgenommen, als wenn sie nicht
auch Gegenstand des Zweifels wären, sondern nur in so ferne, als
wir uns, wo uns das Handeln keine Zeit zum Zweifeln lässt, mit
der Wahrscheinlichkeit begnügen müssen, wenn wir auch die Wahrheit nicht haben. Er sagt princ. philos. pars I. c. 3, „Was die
Uebung des Lebens betrifft, werden wir, weil sehr oft die Gelegenheit, Dinge zu thun, vorüber gehen würde, bevor wir frei von
unsern Zweifeln sein könnten, genöthigt, nicht selten das anzunehmen, was nur wahrscheinlich ist, oder auch bisweilen, ungeachtet
von zwei Dingen das eine nicht wahrscheinlicher, als das andere,
erscheint, doch das eine von beiden herauszuwählen." Dies ist
aber keine Beschränkung des Zweifels an der Wahrheit der Gegenstände. Denn nach Cartesius wird an der Wahrheit sinnlicher
und übersinnlicher, theoretischer und praktischer Gegenstände gezweifelt. Der Hr. Verf. wirft dem Cartesius'schen Zweifelsprin-
cip „Unklarheit" und „Verworrenheit" vor, weil der Zweifel zwar
gegen die äussern Objecte, aber nicht gegen den eigenen Geist gekehrt werde. Wendet sich nicht der Cartesius'sche Satz: Man
muss an Allem zweifeln, auch gegen unsere Existenz, da er am
eigenen Körper, an den eigenen Händen und Füssen zweifelt? Und

liegt nicht gerade hier das wahrhaft Philosophische, dass die Negation erst beim eigenen Geiste in der Anwendung stille zu stehen gezwungen wird, weil sie nicht negiren könnte, wenn nicht ein Negirendes wäre, weil das Negiren = Zweifeln ein Denken und das Negirende = dem Zweifelnden ein Denkendes ist? Was soll übrig bleiben, wenn auch der Geist negirt wird? Nichts, das absolute, reine Nichts? Diess ist aber kein Gedanke mehr und der Zweifel vernichtet sich selbst. Die Verneinung der Verneinung ist Bejahung, und diese Bejahung ist eben die Wirklichkeit des eigenen sich zum Objecte (Denkgegenstande) machenden Denkobjects oder Ich's. Diese Wahrheit liegt in dem Cartesius'schen Ausgangspunkte eingehüllt, wenn sie gleich mehr populär, als in wissenschaftlicher Form durchgeführt ist.

In Augstinus können wir nicht, wie der Hr. Verf. S. 75 will, den „Wendepunkt der Philosophie," wohl aber den Wendepunkt der Theologie erkennen, und Ausgangspunkt und Durchführung sind in Augustin und Descartes trotz angedeuteter scheinbarer Uebereinstimmung durchaus verschieden. Dass der ontologische Beweis fürs Dasein Gottes von Cartesius schon von Anselm von Canterbury versucht worden ist (S. 81)), beweist gewiss eben so wenig „die Verwandtschaft des Descartes mit Augustin, dem eigentlichen Gründer der abendländischen Philosophie." Gewiss hat dieser Beweis keinen Zusammenhang mit Augustin, und ist von Anselm und von Thomas von Aquino in einer ganz andern Weise, in Form eines Syllogismus durch Vergleichung des als das Vollkommenste Gedachten und Seienden entstanden, während Cartesius in den Begriff Gottes die Existenz als ein zum Wesen Gottes nothwendig Gehöriges, von ihm nicht zu Trennendes hineinlegt, und gegen eine Zusammenstellung mit Thomas ausdrücklich protestirt. Schwerlich wird man Augustin, den Vater der abendländischen Offenbarungstheologie des Christenthums, den eigentlichen Gründer der abendländischen Philosophie nennen können, da diese von Cartesius bis zur Gegenwart dem Glaubensprincip der Mystik und der positiven Auctorität mit geringen Ausnahmen, welche letztere jedoch auch nur, wie Jacobi und Schelling, den Glauben immer allein vom Standpunkte der Menschenvernunft auffassen und auszulegen suchen, geradezu entgegengesetzt ist. Wenn Cartesius auch die Offenbarung stehen lässt, ohne sie zu bekämpfen, so zeigt doch sein ganzes System den reinsten Rationalismus oder die Vernunfterkenntniss sinnlicher und übersinnlicher Dinge ohne die mindeste Annahme irgend eines Offenbarungssatzes; er sucht zu zeigen, dass bei der herrschenden Annahme von zwei Lichtern der Erkenntniss, der Vernunft und Offenbarung, die Philosophie durch das eigene Licht, das sie im eigenen Geiste findet, zu Gott aufsteigen muss. Er nennt in dieser Hinsicht das Licht der Natur das uns von Gott gegebene Erkenntnissvermögen (princ. philos. pars I, c. 30). Dass in Descartes Plato und Aristoteles recapitulirt seien, ist gewiss stark zu bezweifeln. Die Uebereinstimmungspunkte sind nur zufällig und ausserwesentlich. Wenn der Hr. Verf. S. 84 sagt, die Cartesius'sche Philosophie sei „idealistischer Rationalismus auf christlichem Hintergrunde," und beifügt: „Der Hintergrund ist geblieben; erst Kant hat ihn zerstört, aber dadurch den deutschen Geist nicht befriedigt, weil er sich reicher weiss, als ihm Kant gesagt hat," so möchte Ref. fragen: Wo blieb denn dieser Hintergrund in Spinoza? Ist Spinoza kein Philosoph? Hängt seine Philosophie nicht wesentlich mit dem Entwicklungsgange der abendländischen Philosophie zusammen? Ist nicht Spinoza aus Cartesius hervorgegangen? Wo blieb dieser Hintergrund in Hume, den Sensualisten und Materialisten? Gehören nicht auch diese zur abendländischen Philosophie? Hat denn Kant „den christlichen Hintergrund," wenn man nicht etwa unter letzterem nur das Augustinische System versteht, ganz zerstört? Wo ist denn dieser Hintergrund in Johann Gottlieb Fichtes Wissenschaftslehre und im Schelling-Hegelschen Identitäts-System? Gehört überhaupt der Augustinische Hintergrund zum Wesen der abendländischen und jeder andern Philosophie? Dass Kant einen religiöseren Sinn in seiner Philosophie hatte, als viele seiner von dem Hrn. Verf. gepriesenen Nachfolger, geht schon aus seiner Kritik der praktischen Vernunft, welche nicht, wie jüngst Noack meinte, nur zum Scherze, sondern in allem Ernste und mit wahrer Begeisterung Gott, Freiheit und Unsterblichkeit als Forderungen des Gewissens aufstellt, sowie aus seiner Religion innerhalb der Gränzen der blossen Vernunft hervor. Offenbar unrichtig ist, was S. 100 gesagt wird: „Kant ist in so ferne wieder hinter Descartes, ja hinter Aristoteles zurückgegangen, dass er das Principdenken negirt, und all unser Erkennen auf die Erscheinung anweist, womit schon der Stagirite sich nicht zufrieden stellen wollte." Kant hat weder das Principdenken negirt, da er die positiven Principien unseres Denkens im menschlichen Geiste nachwies, noch all unser Erkennen auf die Erscheinungswelt angewiesen, da er ausdrücklich das Ding an sich und das Ding in der Erscheinung unterschied, und gegen die Johann Gottlieb Fichte'sche Auslegung, dass sein Ding an sich das Ich sei, ausdrücklich protestirte. Die Auslegung des Hrn. Verf., dass das Kant'sche Ding an sich ein „unbekanntes Ich" (S. 101) sei, liegt nicht in der Kant'schen Philosophie, welche ausdrücklich zwischen dem, was von Aussen auf uns wirkt, und uns den Stoff der aposteriorischen Erkenntniss bietet und zwischen dem, was wir von Innen heraus dazu thun, den uns angebornen Erkenntnissformen, unterscheidet, und bestimmt und klar die Folgerung bekämpft, dass das Ding an sich das Ich sei.

Wenn der Hr. Verf. sich auf den Schluss des ersten Theiles der princip. philos. von Cartesius c. 86 (nicht c. 76) beruft, dass „als die höchste philosophische Regel aufzustellen sei, man müsse dem Geiste mehr, als den Sinnen, aber Gott mehr, als dem Geiste glauben und diesem nur in den Fällen, in welchen uns die Offen-

barung im Dunkeln lässt" (S. 172), so heisst die angeführte Stelle
im Zusammenhange: „Ausser dem Uebrigen müssen wir als höchste
Regel uns ins Gedächtniss prägen, dass das, was uns von Gott
geoffenbart ist, als das Gewisseste von Allem zu glauben sei, und
wenn auch das Licht der Vernunft uns etwas Anderes als besonders
klar und gewiss vorzustellen schiene, müsse man allein dem göttlichen Ansehen mehr Glauben schenken, als unserem eigenen Urtheile; aber in dem, worüber der göttliche Glaube uns nichts lehrt,
dürfe ein Philosoph keineswegs etwas für wahr annehmen, was er,
nie als wahr eingesehen hat, und dürfe auch nicht mehr den Sinnen, d. h. den unüberlegten Urtheilen seiner Kindheit, als seiner
reifen Vernunft vertrauen." Nirgend hat Cartesius in seiner Philosophie irgend einen Satz des Christenthums aufgestellt, der als
Satz einer übernatürlichen Offenbarung bezeichnet werden kann. Er
braucht hier das Wort Philosoph (homo philosophus) nur, wo er von
Dingen redet, von welchen uns der göttliche Glaube nichts lehrt. Er stellt
also die übernatürliche Offenbarung dem Glauben anheim, den er, um
sich gegen den Vorwurf der ihm damals so häufig zu Theil gewordenen Verketzerung zu schützen, als die gewisseste Erkenntnissart bezeichnet, die keiner Untersuchung und keines Beweises bedarf. Darum
spricht er hier nicht vom Wissen, sondern vom Glauben (credenda
esse). Es ist ihm dieses nicht die höchste Regel der Philosophie,
wie der Hr. Verf. S. 175 sagt, sondern überhaupt nur die höchste
Regel (pro summa Regula memoriae est infigendum). Es war
dies um so nöthiger, als sein ganzes vorausgegangenes Gottes- und
Welterkenntnisssystem aus der Vernunft ohne Offenbarung ihm den
Vorwurf der Gottlosigkeit zuziehen konnte, und wirklich zugezogen
hat. Wenn man die Offenbarung als eine Quelle seiner Philosophie,
die ohne alle Offenbarung entstanden ist, aus dieser Stelle darstellen
wollte, könnte man sogar noch weiter gehen, durch eine ähnliche
Anwendung einer andern Stelle. Nachdem Cartesius das Entstehen der Welt aus mechanischen Ursachen erklärt hat, fügt er
princ. philos. pars IV. c. 107 bei: „Und nichts desto weniger behaupte
ich nichts, eingedenk meiner Schwäche, sondern unterwerfe dieses
Alles sowohl dem Ansehen der katholischen Kirche, als den Urtheilen solcher, die klüger sind, als ich, und ich wünschte, dass
nichts von irgend einem geglaubt werde, ausser, wovon ihn ein evi-
denter und unumgestossener Grund überzeugen wird." Nach obiger
Auslegungsweise des Hrn. Verf. müsste man Cartesius, nicht,
wie derselbe will, zu einem Protestanten, sondern zu einem Katholiken machen; und doch ist er als Philosoph keines von beiden.
Er verwahrt sich gegen Missdeutungen und Verfolgungen, indem er
in der ersten Stelle die Offenbarung, in der zweiten die katholische
Kirche als eine Quelle unseres Fürwahrhaltens, nemlich des Glaubens andeutet, dessen Inhalt von ihm als das Gewisseste bezeichnet
wird, ohne dass er ihn damit in das Gebiet der Philosophie ziehen will.

*Grundzüge und Materialien zur analytischen Philosophie für den-
kende Leser. Eine metaphysiche Analysis mit praktischen Anwendungen von Carl Friedrich Christian Pfnor. Zweite
revidirte und vermehrte Auflage. Frankfurt am Main, Meidinger Sohn und Comp. 1859. XXVI, S. u. 484 S. gr. 8.*

Referent hat in Nr. 17 dieser Blätter die im Jahre 1858 herausgegebene erste Auflage dieses verdienstvollen Werkes angezeigt.
Es ist gewiss erfreulich, dass schon jetzt eine zweite Auflage desselben erscheint, die, wie die Seitenzahl und der Inhalt zeigen, um
ein Bedeutendes vermehrt und durch viele erklärende Zusätze be-
gründeter und klarer geworden ist. Auch hat die Form selbst in
vielfacher Hinsicht gewonnen. Der denkende Hr. Verf. ist ferne davon, eine eigentliche Philosophie der Zukunft zu geben. Er will
nur in Grundzügen den Weg andeuten, Materialien für vorurtheils-
freie Denker zusammentragen, und hat dieses in einer eben so an-
spruchslosen, des wahren Forschers würdigen, als in der Hauptsache
befriedigenden Weise gethan. Die Arbeit ist in allen ihren Theilen
im Sinne eines besonnenen, die Erscheinung auf ihr Wesen zurückführenden Fortschrittes gehalten, und wird daher gewiss auch von
allen Freunden desselben mit Anerkennung aufgenommen werden. Der
Hr. Verf. wollte in seinen Grundzügen und Materialien einer Philosophie
der Zukunft „das gegenseitige Verhältniss der sich diametral entgegenstehenden philosophischen Richtungen, gleichwie die Möglichkeit ihrer Vermittlung, nachweisen.“ Er klagt, wie Ref. glaubt, mit
Recht „über die heutige, eben nicht sehr lebhafte Theilnahme an tiefer
eingehenden philosophischen, besonders metaphysischen Untersuchungen“ und über „eine andere bekannte Richtung unserer Zeit, wo
der freien Forschung der so nothwendige Lebensathem sehr beengt
erscheint.“ Er will in dieser zweiten Auflage diesen seinen Grundzügen „die möglichst vollständige Begründung und weitere Ausführung geben, ohne dass jedoch eine wesentliche Aenderung der ersten
Ausgabe nach Anlage und Form stattfinden soll.“ Das allgemeine
Verständniss ist durch die vorliegende Ausgabe erleichtert, die wichtigsten Theile sind ausführlicher entwickelt. Zugleich war der Hr.
Verf. bemüht „zur systematischen Umfassung die Grundzüge der
Metaphysik,“ welche er ganz richtig die „allgemeine Grundlage
aller Wissenschaften“ nennt, „übersichtlich darzustellen.“ Es ist dieses ausführlicher im zweiten Kapitel (S. 187—262) und übersichtlich
im letzten Kapitel des zweiten Abschnittes (S. 441—484) geschehen.
Sehr wahr sagt der Hr. Verf. in der Einleitung zur zweiten Auflage
seines Buches (S. XII.): „Es kann nur eine allgemeine Wissenschaft
als eigentliche Grundwissenschaft möglich sein, und dies ist, wenigstens
dem Bestreben nach, zu allen Zeiten die Philosophie gewesen. Aber seit
den frühesten Zeiten der Kindheit (in der Geschichte) gab es auch eine
Doxa d. h. Meinung, Wahn unter den Menschen, und diese Doxa,
gleichbedeutend mit Dogma (wenn nemlich das letztere beim blossen

Meinen und Wähnen stehen bleibt, und der wissenschaftlichen Begründung entbehrt) wurde dann als Lehre betrachtet, und oft gleich den Moden gedankenlos verbreitet und eingeimpft, und endlich durch Machtsprüche als Orthodoxie zur Herrschaft erhoben. Eine Doxa oder Dogma ist aber darum nicht an sich verwerflich; denn auch sie ist gleich jedem Gedanken ein geistiges Produkt; aber sie ist nur der erste, meistens rohe Stoff, der in dem lebendigen Geiste erst geläutert und lebensfähig werden soll. Nur durch das Starrwerden einer Doxa zur Orthodoxie wird sie verwerflich, indem sie sich von dem Geiste zu emancipiren und der Vernunft feindlich entgegenzustellen wagt. Denn selbst die Philosophie — trotz vieler trauriger und vergeblicher Kämpfe — man denke nur an Sokrates — musste oft der Orthodoxie unterliegen. Später war es vor Allem Christus, der ihr zum Opfer fiel und dann eine unzählbare Menge seiner Nachfolger, um selbst wieder — und hierin liegt die grausamste Ironie des Wahnes — zu einer neuen Orthodoxie missbraucht zu werden.“ Der Hr. Verf. versteht hier unter Orthodoxie das Starrwerden einer Meinung oder eines Wahnes, der auf allein richtiges Meinen Anspruch macht, und alle Andersmeinenden vom Ziele der Wahrheit ausschliessen will. Ein solcher Orthodoxismus zeigt sich leider nicht nur in der religiösen, sondern auch in der politischen, wissenschaftlichen, sittlichen und künstlerischen Entwicklung des Menschengeschlechtes. Er verhindert die freie Entwicklung der Geister neben einander, und nur durch die Entwicklung aller geistigen Kräfte wird die Idee der Menschheit sich ganz entfalten, wie sie es soll. Darum ist freier Spielraum für die Entwicklung verschiedener Richtungen, so lange sie nicht Recht und Sittlichkeit gefährden, unumgänglich nothwendig. Eine Meinung, eine Ansicht, kann, wenn sie irrthümlich ist, nur dann berichtigt werden, wenn auch andere Meinungen zur Entwicklung und Geltung kommen können. Die Wissenschaft prüft den Kampf der Meinungen, sie sucht das subjective Fürwahrhalten des Einzelnen da, wo es stichhaltig ist, zu einem objectiven Fürwahrhalten zu erheben. Daher steht eine staatliche Verbindung um so höher, je freier der Spielraum ist, den sie im Meinungskampfe der Zeit der Prüfung der Meinungen durch die Wissenschaft gewährt, und die Wissenschaft ist eben, wie diess auch der Hr. Verf. an verschiedenen Stellen andeutet, Philosophie, da die Philosophie alle Wissenschaften umfasst. Sie bemächtigt sich als Religionsphilosophie des theologischen, als Naturrecht oder Rechtsphilosophie des juristischen, als Naturphilosophie des naturwissenschaftlichen und medicinischen, als Philosophie des Staatshaushaltes des kameralistischen, als Philosophie der Mathematik, der Sprache, der Geschichte des mathematischen, philosophischen, historischen Denkstoffes, ja des Lebens selbst und aller seiner praktischen Elemente als Lebensphilosophie.

Sehr richtig wird S. XIV. als „der Metaphysik höchstes und letztes Ziel“ die Aufgabe bezeichnet, „ihre Blicke in das Trans-

cendentale zu richten." Eben so wahr nennt der Hr. Verf. das Gebiet
der Metaphysik das Gebiet, aus welchem die „Symbole aller Religionen einzig und allein geschöpft werden können, und von jeher,
wenn auch mit Wahnbildern vermischt, geschöpft worden sind."
Vollkommen begründet ist, was der Hr. Verf. in der Darlegung seiner „idealistischen Anschauung," welche sehr klar und anschaulich
durchgeführt wird, S. XVI. sagt: „Unser höchstes Erkennen und
Wissen kann nie als identisch mit dem Sein an sich oder dem Absoluten, sondern immer nur als annähernd d. h. symbolisch zu betrachten sein." Auch hierin tritt Ref. demselben bei, wenn er von
der Metaphysik, ehe sie ein Leitstern für die Naturwissenschaften werden kann, die sie jetzt nur zu sehr als unpraktisch auf die Seite
setzen, und durch einen materialistischen Empirismus ganz verdrängen
wollen, verlangt, dass sie vor Allem „erst in sich selbst sich lebens-
kräftig gestalte," dass sie im Stande sein müsse, „sich von den
Banden eines oft kleinlichen, logischen Formalismus zu befreien,"
und stimmt auch damit ganz überein, wenn er erst dann die Hoffnung ausspricht, dass sie „mit Erfolg und zu wahren Resultaten
in das Gebiet der angewandten Wissenschaften eingehen könne"
(S. XVIII).

Ref. suchte in der Beurtheilung der ersten und auch dieser
zweiten Auflage der interessanten Arbeit des Hrn. Verf. durchaus
den auch von letzterem S. XIX. anerkannten Standpunkt der Unabhängigkeit von vorgefassten Meinungen zu wahren. Nirgends haben ihn andere, als die der eigenen wissenschaftlichen Ueberzeugung
gebührenden Rücksichten geleitet. Vieles von dem, was in der ersten Ausgabe nicht klar war, erscheint nun gelichtet. Bei Kant
und Hegel darf übrigens nicht übersehen werden, dass das Wesen
ihrer ganzen philosophischen Begründung auf ihrer von dem Hrn.
Verf. bei Seite gesetzten Kategorieenlehre beruhe. Allerdings kann
man sich an gewisse Resultate philosophischer Untersuchungen dem
Kerne nach halten, oder diese Resultate zu Ausgangspunkten weiterer philosophischer Anregungen machen, ohne deshalb der Art und
Weise zu huldigen, wie diese Resultate begründet worden sind. So
und nicht anders will der Hr. Verf. den Tadel verstanden wissen,
den er gegen den Formalismus Hegel's und Kant's ausgesprochen
hat. Darauf bezieht es sich, wenn derselbe S. XX. sagt, dass
er „die formale Begründung eines Systems zwar für nothwendig,
aber nicht als das Wichtigste betrachte, weil sie nicht das Wesentliche sei." Hierin hat der Hr. Verf. ganz recht; aber in Hegel's
und Kant's, noch viel mehr in des ersteren System ist eben dieser Formalismus die Hauptsache. Hegel und die Hegelianer
betrachten gerade denselben als „das Wichtigste," als das „allein
Wesentliche." Ref. will mit dem Hrn. Verf. nicht darüber rechten,
dass dieser das, was ihm als Schale erscheint, wegwirft und den
Kern behält. Wenn der Hr. Verf. von dem Indifferenzpunkte als
Ausgangspunkt spricht, wie derselbe auch schon von Schelling

als Ausgangspunkt bezeichnet worden ist, so lässt sich dagegen nur
das erinnern, dass wir eben auf unserem subjectiven Standpunkte
trotz aller Abstraction zu bleiben genöthigt sind, dass wir, um den
Indifferenzpunkt zu gewinnen, den Unterschied von Subject und
Object, also unser Bewusstsein, das immer subjectiv ist, und die
Gegenstände, die objectiv gedacht werden, aufheben müssen, und
so zum Nichts gelangen, welches eben die Aufhebung nicht nur
des Seins, sondern auch alles Denkens ist.   Der Indifferenzpunkt
darf nicht Subject und nicht Object sein, und doch ist Alles und
Jedes subjectiv und objectiv, je nachdem es betrachtet wird. Allerdings hat die Mathematik Voraussetzungen, wie z. B. den mathematischen Punkt, und baut darauf weiter fort.   Diess geschieht aber
nur in der formellen, nicht in der materiellen Erkenntniss.   Wer
das Lebendige erklären will, kann es nur durch das Leben und nicht
durch die Fiction (Erdichtung, willkürliche Annahme) erklären.
Indifferenz bleibt ein rein negativer Begriff; erst dadurch, dass man
ihn als die Einheit des Subjectiven und Objectiven denkt, wird er
positiv, und diese Einheit als das an sich, das Unendliche, Absolute
zu denken, ist gewiss richtig.   In diesem Sinne aber nimmt der
Herr Verf. seinen Indifferenzpunkt.   Nur möchte Ref. diess weder
eine metaphysische Fiction nennen, noch das rein Negative allein
zum Ausgangspunkte machen. Doch berichtigt der Herr Verf. diese
scheinbar rein negative Auffassung seines Ausgangspunktes dadurch,
dass er den Dualismus in die Einheit zurückverlegt und aus ihr entwickelt.   So hört das Absolute auf, die blosse Indifferenz zu sein,
es ist die Einheit des Subjectes und Objectes.   Ref. stimmt dem
geistvollen Herrn Verf. vollkommen bei, wenn er die Philosophie
als keine fertige, ausschliessend in ein einseitiges System zu bannende
Wissenschaft betrachtet. „Die Philosophie wird stets gezeugt vom
Geiste, sie zeugt dann wieder Geist nach allen Richtungen, aber
sie wird für sich selbst niemals eine fertige, abgeschlossene Wissenschaft sein; sie ist eine ewige Wissenschaft, ewig, wie der Geist
selbst. Es werden daher Vater und Sohn auf Erden nicht fertig
und jedes Zeitalter, in dem sich Symptome des Fertigwerdens d. h.
der Erstarrung zeigen, sollte Grundzüge und Materialien zur Philosophie der Zukunft entwerfen?" Wo Starrheit eintritt, hüllt man sich
entweder in „verwaschene Gewänder" oder „in Lumpen." Es kann
den Freund der Wissenschaft nur erfreuen, wenn vorurtheilslose Denker mit dem ernsten Willen der Wahrheitserforschung Bausteine zur
Philosophie der Zukunft sammeln, und wahrlich an anregenden Gedanken, an neuen Anschauungsweisen, an Widerlegung schiefer Ansichten, an Grundlagen und Anhaltspunkten zu weiteren Forschungen fehlt es in dem vorliegenden Buche nicht, das seine Hoffnung
nicht auf die Philosophie als einzelnes verknöchertes System, sondern
auf die Philosophie als das ewige Streben und Weiterentwickeln der
Vernunft in dem grossen Ganzen der immer neu sich gestaltenden
Menschheit setzt.   v. Reichlin Meldegg.

Dei consorzi d'acque del Regno Lombardo Veneto, della loro istitu-
zione, organisazione ed administrazione, della Competenza delle
autorità e della procedura di Casimir de Bosio. Verona 1855.

Noch immer sind in Deutschland vielfach die Ansichten verbreitet, dass Italien insbesondere im Fache der Rechtswissenschaft
nur weniger Leistungen sich rühmen kann, die der Aufmerksamkeit
des Auslandes würdig wären. Wir müssen diese Ansicht in der Allgemeinheit, wie sie aufgestellt ist, als eine irrthümliche erklären.
Zwar sprechen wir wiederholt aus, was wir offen den Italienern in
Italien gesagt haben, dass auf dem Gebiete der Gesetzgebung und
Rechtswissenschaft der vorwaltende Einfluss der französischen Literatur vielfach nachtheilig für Italien gewesen ist. Schon in der Zeit,
als die französische Herrschaft in Italien neue Reiche in jenem Lande
gründete, wurde der nachtheilige Einfluss der französischen Gesetze
und Rechtsliteratur in Italien bemerkbar. Während in Italien auf
dem Gebiete der Rechtswissenschaft vor der französischen Herrschaft
die Arbeiten von Vico, Filangieri, Beccaria, Lampredi u. A. eine
nationale Rechtsliteratur gründeten, die durch Aufstellung von Grundsätzen, durch geistreiche philosophische und historische Forschungen
und die Richtung sich auszeichneten, das Recht in Einklang mit den
Fortschritten der Menschheit, mit den politischen und socialen grossen Fragen zu bringen, während Italien sich rühmen konnte, umfassend gebildete geistreiche Juristen an Romagnosi, Gioja, Nani,
Cremani, Renazzi, Poggi und Simoni zu besitzen, trat seit der fran-
französ. Herrschaft die französische Jurisprudenz an die Stelle der
bisherigen Auffassung des Rechts. Welche Fortschritte würde die
italienische Gesetzgebung und Rechtswissenschaft gemacht haben,
wenn sie selbständig im Geiste der Arbeiten der oben zuvor genannten Männer von den Italienern national fortgebildet worden
wäre? Bald aber wurde diese Fortbildung unterbrochen; die Gesetze in den einzelnen ital. Staaten waren häufig wörtlich den französischen nachgebildet, das Studium der Werke der italienischen Juristen wurde vernachlässigt und aus Uebersetzungen der französisch.
Schriftsteller schöpfte nun der ital. Jurist seine Weisheit. Wie bedeutend ragen die italien. legislativen Arbeiten über das für das
Königreich Italien entworfene Strafgesetzbuch die in selbständigem
Geiste, und nicht blos als Nachbildungen der französ. Gesetze geliefert wurden, vor dem französ. Strafgesetzbuche hervor, wie dies auch
Cambareres anerkannte! Als die Herrschaft der Franzosen aufhörte,
hätte wieder das italienische Recht selbständig und national sich
entwickeln können, allein die Juristen waren zu sehr an ihre französischen Lehrmeister gewöhnt, als dass sie zu einer selbständigen
Aufstellung hätten kommen können; auch waren die italien. Universitäten zu mangelhaft als dass sich ein rechtswissenschaftliches Leben
hätte entwickeln können. Zwar wurden in mehreren Staaten Italiens
neue Gesetzbücher eingeführt, so in Neapel, in Parma, später in

Piemont; die Angewöhnung aber, französische Gesetzbücher als Vorbild bei den legislativen Arbeiten zu nehmen, war zu sehr eingewurzelt, als dass man mit freiem Geiste hätte arbeiten und das nationale Recht ausbilden können, obwohl es an einzelnen Verbesserungen in diesen italienisch. Gesetzbüchern nicht fehlt, und einzelne grosse Männer hervorragten, z. B. Niccolini in Neapel, die auf die Gesetzgebung und Jurisprudenz einen wohlthätigen Einfluss übten. Was wir den italienischen Juristen zum Vorwurf machen müssen, ist vorzüglich, dass sie ausser dem bewunderten französ. Recht sich um die Gesetzgebung und das Recht des Auslandes gar nicht kümmerten, und von dem, was in Deutschland und England für Gesetzgebung u. Rechtswissenschaft geleistet wurde, keine Kenntniss nahmen. Zwar fing man in Italien an, schon auf die Leistungen von Savigny aufmerksam zu werden; es gab z. B. in Toskana einzelne Gelehrte, welche die Bedeutung Savigny's hervorhoben und selbst einzelne Arbeiten von ihm übersetzten; aber in der italienischen Rechtswissenschaft spürte man wenig von dem Einfluss derselben. Erst von dem J. 1840 an trat die eigenthümliche Erscheinung hervor, dass ein freilich anfangs nur kleiner Kreis von Juristen in Italien lebhafteres Interesse für deutsche Rechtsliteratur gewann. Meri in Pisa übersetzte in seinen 4 Bänden der scritti germanici aus dem Criminalarchiv eine Reihe von Abhandlungen und selbst den damals eben erschienenen Entwurf des badischen Strafgesetzbuchs. Der Verfasser dieser Anzeige hat sich auf seinen Reisen durch Italien überzeugt, wie sehr diese scritti germanici wirkten und die Aufmerksamkeit auf die deutsche juristische Literatur lenkten. Am meisten war die Kenntniss dieser Literatur in dem lombardisch-venetianischen Königreiche verbreitet. Das Verhältniss zu Oesterreich bewirkte, dass die lombardischen Juristen sich mit den Gesetzen Oesterreichs und den in Wien erscheinenden juristischen Zeitschriften bekannt machen mussten; den Professoren auf den Universitäten von Padua, Pavia war die deutsche Sprache nicht fremd, was das Studium deutscher juristischer Werke ihnen erleichterte. Die jungen Juristen waren vielfach veranlasst, sich mit deutscher Jurisprudenz zu beschäftigen; so finden wir in der Mailänder jurist. Zeitschrift: Gazetta dei tribunali und in der in Venedig erschienenen Zeitschrift: Eco dei tribunali nicht blos Mittheilungen aus österreichischen und anderen deutschen jurist. Zeitschriften, sondern auch oft recht gute Aufsätze, in welchen die Verfasser bewähren, dass sie mit der deutschen jurist. Literatur wohl vertraut sind. Zugleich bildeten sich in Mailand zwei Unternehmungen, die ital. Uebersetzungen von deutschen juristischen Werken zu Tage zu fördern; aber auch ausser der Lombardei wurde in mehreren Staaten Italiens der Sinn für die deutsche jurist. Literatur immer mehr verbreitet. In der in Florenz erscheinenden von Panattoni herausgegebenen Zeitschrift: La Temi finden sich viele Aufsätze, in welchen deutsche Gesetzgebungen und juristische Werke angezeigt und in ihrer Bedeutung hervorgehoben werden. Auch die in Genua erscheinende Zeitschrift: Gazetta dei tribunali enthält viele Uebersetzungen von -Aufsätzen, die in deutschen jurist. Zeitschriften enthalten sind. Eine sehr erfreuliche Erscheinung ist die, dass in Bologna ein Kreis tüchtiger Juristen (darunter auch Praktiker) sich bildete, die vorzüglich das Studium deutscher juristischer Werke sich angelegen sein lassen. Aus ihren Bestrebungen ging die seit vier Jahren in Bologna unter Leitung des eifrigen und kenntnissreichen Calgarini herausgegebene jurist. Zeitschrift: l'Irnerio hervor, deren Aufsätze einen wahren wissenschaftlichen Geist und eine Anerkennung der Bedeutung der deutschen jurist. Arbeiten bewähren. Wir besorgen, dass die neuesten politischen Umgestaltungen in Italien die erfreulichen Anfänge eines Strebens ital. Juristen mit deutschen jurist. Arbeiten zerstören und der französ. Gesetzgebung und Rechtswissenschaft einen überwiegenden Einfluss sichern werden. Wenn wir die dadurch entstehende Einseitigkeit beklagen und den Schmerz aussprechen, der uns in Italien oft ergriff, wenn wir in einzelnen Staaten bei der Bearbeitung neuer Gesetzeswerke bemerkten, dass ausschliessend nur die französ. Gesetzgebung zum Vorbilde nahm und man z. B. bei dem in Turin den Kammern vorgelegten Entwurfe eines Gesetzes über Assisen und Einführung der Schwurgerichte sich nicht kümmerte, welche Erfahrungen in England und Deutschland darüber gemacht wurden, so dürfen wir doch nicht ungerecht werden und verkennen, dass in Ialien fortdauernd juristische Arbeiten erscheinen, deren Studium den Juristen des Auslandes wohl empfohlen werden darf. So hat z. B. der hochgestellte neapolitanische Jurist Ulloa in der gazetta dei tribunali di Napoli eine Reihe von Abhandlungen über Geschichte des Strafrechts, namentlich seine Entwicklung iu Italien geliefert, Arbeiten, die ebenso die gründliche Forschung als die geistreiche Auffassung des Verf. bewähren; in der neuesten Zeit hat Ulloa in der erwähnten gazetta 1859, Nro. 1328 und folg. eine treffliche Arbeit über die Geschichte der röm. Criminalrechts geliefert. Am bedeutendsten sind die Arbeiten der italien. Juristen in Bezug auf Einrichtungen, die Italien eigenthümlich sind. An der Spitze derselben ist die Einrichtung der ital. Wassergenossenschaften (consorzi d'acque) zu nennen. Was neuerlich in Frankreich und Deutschland durch neue Gesetze (eine gute Schrift ist darüber die von Pözl in München: die bayerischen Wassergesetze vom 28. Mai 1852, erläutert von Pözl, Erlangen 1859), [der Verf. hat noch die Gesetze anderer deutschen Staaten verglichen] geliefert wurde, ist nur Nachahmung der italien. Einrichtungen: es ist dabei nur zu beklagen, dass die französ. und deutschen Gesetzgeber sich nicht genug mit der ital. Einrichtung und ihrer Durchführung bekannt machten und so zu manchen Halbheiten kamen. Die italien. Einrichtung ist eine sehr alte und hat die Erfahrung von vielen Jahrhunderten für sich. Hier verdanken wir nun dem Eifer des Hrn. v. Bosio in Verona die schöne Arbeit, deren Titel wir oben anführten. Hr. Bosio ist auch Verf. anderer Schriften z. B.: Dei

conflitti di competenza, Verona 1850; ferner dell espropriazione, e
degli altri danni, che si recano per causa di publica utilità di C.
de Bosio, Venezia 1851, 2 vol. Wir werden darüber später Mittheilungen machen. Die bedeutendste Erscheinung bilden die in
Italien im Mittelalter in Bezug auf Wasserbenützung entstandenen
Genossenschaften (consorzi). Dass darauf die Klöster, welchen der
Ackerbau Vieles verdankt, einen grossen Einfluss hatten, ist geschichtlich nachgewiesen; es ist interessant zu bemerken, dass von den
italienischen Klöstern die wohlthätigen auf Wässerung sich beziehenden Einrichtungen Italiens auch nach Deutschland gebracht wurden;
von Freiburg in Baden lässt es sich nachweisen, dass vor Jahrhunderten schon (zuerst in den benachbarten Klöstern) solche Einrichtungen bestanden und die in der Gegend von Freiburg vorzüglich
gut eingerichteten Wässerungsverhältnisse schon in früh vorkommenden Anordnungen wurzeln. Bekanntlich war in Italien schon durch
die Etrusker das Wasserrecht geregelt (ein in Perugia aufbewahrter
Denkstein mit etruskischer Inschrift enthält nach den Erklärungen
von Vermiglioli darüber merkwürdige Bestimmungen), dass die Römer darauf Rücksicht nahmen, ergiebt sich aus einzelnen Stellen der
Classiker; über das frühe Vorkommen der Wassergenossenschaften
in Italien im Mittelalter giebt ein Statut von Ottoville in der Provinz Padua von 1100 einen interessanten Aufschluss. Auf diese
Art kann es nicht befremden, wenn man frühe Statuten über Wässerungsverhältnisse in Italien antrifft und die Regierungen bald die
Wichtigkeit erkannten, durch Verfügungen die bestehenden Wäs-
serungsgenossenschaften zu schützen und zu regeln. Ein Reichthum
alter Rechtsquellen Italiens liegt in dieser Beziehung vor: Hr. Bosio
hat die Wichtigkeit der Benützung derselben zur Erklärung der bestehenden Einrichtungen richtig gefühlt, und so verdankt man ihm
eine interessante Sammlung alter darauf sich beziehender Statuten,
die im Anhang mitgetheilt sind; so erscheint im Statut von Cremona
von 1433 schon die wichtige servitus legalis in der Art, dass Jeder,
der Wasserleitungen anlegen will, befugt ist, über die Grundstücke
Anderer die Wasserleitung anzulegen; so enthalten die Statuten von
Mailand von 1216, 1396, 1541 ausführliche Bestimmungen über
Wasserbenützung, ebenso wie die Statuten von Lodi von 1390, Pavia v. 1395, Verona von 1455, Brescia, Bergamo, Crema, Mantua.
Höchst merkwürdig ist die Gesetzgebung von Venedig, wo man früh
die Bedeutung einer geordneten Wasserbenützung erkannte, 1556
war ein eigener Magistrat deswegen ernannte und von 1556 durch
eine Reihe zweckmässiger Verordnungen die Wässerungsverhältnisse
regelte. Hr. Bosio hat auf eine verdienstliche Weise alle diese Verfügungen mitgetheilt (Anhang pag. 34 bis 73), aus welchem sich
ergiebt, dass die Wassergenossenschaften allgemein bestanden. Als
Italien unter französische Herrschaft kam, erkannte die neue Regierung bald die Wichtigkeit des Verhältnisses und 1804 wurde deswegen ein ausführliches Decret vom 20. April, dem bald noch an-

dere folgten, die sich an das bisherige Recht anschlossen, erlassen
(abgedruckt im Anhang p. 77 ff.). Die österreichische Regierung
war nicht weniger sorgfältig und unter ihr ergingen von 1814 an
(Anhang p. 115) vollständige Verfügungen, insbesondere auch über
die Wassergenossenschaften. Wir bedauern, dass weder in Frankreich
noch in Deutschland bei Bearbeitung der neuen Wassergesetze diese
lombardischen Statuten genügend benützt wurden, um die Erfahrungen und die verschiedenen möglicher Weise eintretenden Verhältnisse
kennen zu lernen; insbesondere ist in dieser Beziehung das (bei dem
Verf. p. 156 u. 180 abgedruckte regolamento del compressorio generale dell università del naviglio grande Bresciano v. 9. März 1846
[aus § 141 bestehend] merkwürdig. Auch die von p. 193 an abgedruckten Verordnungen und Reglements aus der venetianischen
Provinz über Wassergenossenschaften enthalten viel Belehrendes. Die
dem Werke beigefügten Abbildungen über den Lauf der Gewässer
und der darauf sich beziehenden Anlagen sind geeignet, zur Verdeutlichung der Rechtsverhältnisse beizutragen. Die Abhandlung des
Verf. über die Wassergenossenschaften verdient Empfehlung; sie zerfällt in 3 Abtheilungen: I. Allgemeine Begriffe; II. von der Errichtung, Organisation, Verwaltung und Auflösung der Wassergenossenschaften; III. von der Competenz der Behörden und von dem Verfahren in den vorkommenden Fällen. — Der Verf. betrachtet die
Wassergenossenschaft (consorzio) als eine Gesellschaft (man bedauert,
dass der Verf. die in Deutschland in den letzten Jahren vorkommenden Erörterungen über die deutschrechtlichen Genossenschaften in
ihren Verhältnissen zur societas und zur universitas nicht gekannt
hat; manche Streitfrage dürfte sich durch die Anwendung der Grundsätze über Genossenschaften richtiger entscheiden lassen. — Richtig
zeigt der Verf. p. 41, dass die Genossenschaften einen zweifachen
Charakter haben und zwar 1) den einer Privatvereinigung zur wechselseitigen Unterstützung, 2) den einer Genossenschaft des öffentlichen Nutzens; sehr gut zeigt der Verf., wie dieser letzte Charakter
hervortritt, wie er ferner durch diese Genossenschaften den Reichthum der Nation vermehrt, grosse gemeinsame Gefahren, z. B. wegen Ueberschwemmung abgewendet, die Schifffahrt erleichtert, vorzüglich die Wasserbenützung zum Besten der Landwirthschaft, und
die Cultur befördert und erhöht werden. Solche Genossenschaften
sind entweder 1) Schutzvereine, um von den Ländereien die Gefahren der Ueberschwemmung abzuwenden, 2) oder Verbesserungsver-
eine (durch Entsumpfung, Anlegung von Kanälen), oder 3) Wässe-
rungsvereine. Der Verf. handelt p. 85 von den vorhandenen Rechtsquellen und ihrer Benützung und pag. 26 an von den Rechten und
Verbindlichkeiten der Genossenschaften. Eine der interessantesten
Streitfragen ist die: ob den Genossenschaften das Recht der Expropriation in der Art zustehe, dass sie für ihre Unternehmungen die
Abtretung von Ländereien fordern können. Der Verf. p. 29 bejaht
die Frage. Von Bedeutung wird besonders die Frage; unter welchen

Bedingungen zwangsweise die Interessenten einer Genossenschaft beizutreten genöthigt werden können. — Sehr gut ist das von dem Verf. p. 39 entwickelte Verhältniss und zwar mit Unterscheidung, ob es auf eine Schutzgenossenschaft (wo vielfach nur ein provisorisches Verhältniss nöthig werden kann) oder eine Verbesserungsgesellschaft, oder eine Wässerungsgenossenschaft ankömmt (pag. 42—50). Die schwierige Frage: in welchem Umfang eine Genossenschaft zu gründen ist, welche Ländereien sie begreifen soll, so dass Zwang gegen die Besitzer zum Beitritt zulässig ist, wird p. 54 auch entwickelt mit Beziehung auf Erfahrungen und technischen Rücksichten, welche entscheiden müssen. Da gerechterweise ein Zwang zu den Beiträgen für die gemeinschaftlichen Arbeiten nur durch die Grösse der Interesse, welches einzelne Genossen in Bezug auf ihre Ländereien haben, so hat sich in Italien die Sitte gebildet, dass Klassen unter den Genossen gemacht werden, um das Verhältniss des Beitrags der Einzelnen nach der Grösse des Interesses mit Rücksicht auf die drohenden Gefahren und die Grösse der Vortheile, die der Einzelne bezieht, zu regeln. Die im vorliegenden Buche p. 63—76 enthaltenen Erörterungen verdienen besondere Beachtung. In Bezug auf die Organisation der Genossenschaften unterscheidet der Verf. p. 77 1) das Verhältniss der einzelnen Genossen, 2) das Verhältniss der Genossen in freier Vereinigung, 8) die Verhältnisse der Ausschüsse und der Vorstände. Wir erfahren, dass den einzelnen Genossen in ihren Versammlungen nur das Recht zusteht, die Ausschussmitglieder zu wählen, dass sie aber nicht die Befugniss haben, auch in die Verwaltungsangelegenheiten sich zu mischen und deswegen Beschlüsse zu fassen. Es ergiebt sich, dass diese beschränkte Stellung allmählig erst durch Statute bewirkt wurde und darauf beruht, dass man nur in den Händen Weniger die Leitung concentriren wollte, weil man befürchtete, dass sonst durch die Abstimmungen der Einzelnen gute Maassregeln gehindert und unzweckmässige Einrichtungen beschlossen werden könnten. Der Verf. sucht p. 81 die Zweckmässigkeit dieser Ansicht zu rechtfertigen. — Wir können damit nicht einverstanden sein, weil diese Beschränkung nur die Folge des freilich immer mehr verbreiteten Misstrauens gegen den Volksgeist ist und der Willkür, Laune, oder selbst Eigennutz einiger Wenigen zuviel Raum giebt, und im Widerspruch mit der Idee und der ursprünglichen Bedeutung der Genossenschaft steht, und durch Ausschliessung der einzelnen Genossen von den Berathungen die Mittel geraubt werden, eingeschlichene Missbräuche oder oft selbst grossen Unregelmässigkeiten der Verwaltung entgegenzuwirken. Die Befugnisse der einzelnen Genossenschaftsbeamten sind p. 91 gut geschildert; bei der Darstellung der Rechte der Verwaltungsbehörden p. 112 bemerkt man, dass ihnen viele weitgehende Rechte eingeräumt sind; p. 113 zählt der Verf. auf, in welchen Fällen die gerichtlichen Behörden für Streitigkeiten (der Verf. bringt sie in 7 Rubriken) zuständig sind. Wir empfehlen das Studium des bisher

angezeigten mit Sorgfalt und Umsicht bearbeiteten Werkes Allen,
die mit den Angelegenheiten der Wasserbenützung beschäftigt sind.
Mittermaier.

———————

*Ueber artesische Brunnen in Russland. Vom Akademiker G. von
Helmersen. 10 S. in 8. St. Petersburg, 1858.*

„Zur Bildung grosser, unterirdischer, unter starkem Drucke be-
„findlicher Wasser-Sammlungen, die, wenn sie mit Bohrlöchern von
„oben angestochen werden, permanente Springbrunnen, oder auch
„Ziehbrunnen liefern, sind folgende Dinge erforderlich: Wasser, das
„in die Erde dringt durch lockere Schichten, wie z. B. Sand, Sand-
„steine, zerklüftete Kalksteine — und über und unter diesen per-
„meabeln Schichten solche, die kein Wasser durchlassen, wie z. B.
„Thon, Lehm, feste, nicht zerklüftete Kalksteine u. s. w."

„Haben nun solche, mit einander wechselnde Schichten die Ge-
„stalt grosser Mulden, das heisst, sind ihre Ränder höher als die
„Mitte — also wie mehrere tiefe Teller oder Schalen, die man auf
„einander gelegt hat — oder sind sie nach einer Seite geneigt, und
„ihre untere Enden gegen ein wasserdichtes Gestein gestemmt, wie
„z. B. Granit, Porphyr u. s. w., so werden sich unterirdische Was-
„ser-Ansammlungen in den permeabeln Schichten bilden, und das
„Wasser wird in ihnen einem Druck ausgesetzt sein, der es in die
„Höhe treibt, wenn man von oben ein Bohrloch bis in die wasser-
„haltige Schicht treibt. Man hat sodann einen artesischen Brunnen".

Nach diesen einleitenden Bemerkungen — welche für manche
Leser der Jahrbücher keineswegs ohne Interesse sein dürften — wirft
der Verf., als sehr bewährter, allgemein geachteter Fachmann, zunächst einen belehrenden Blick auf die geologische Beschaffenheit
des russischen Reiches. Mit Ausnahme Finnlands, eines Theiles des
Olonezschen und Archangelschen Gouvernements, so wie der Granit-
Höhen von Schitomir bis Mariupoli am asowschen Meere, besteht
das ganze europäische Russland aus einem Wechsel von Kalkstein,
Mergel, Thon, Sand und Sandstein, die sehr verschiedenen Formalitäten angehören. Meist liegen die Schichten dieser Gebilde wag-
recht, oder sie haben eine höchst unbedeutende, kaum bemerkbare,
nur aus gewissen Verhältnissen hervorgehende Neigung. So erhebt
sich z. B. die, aus lockeren Sandsteinen, aus Kalksteinen und Thon
bestehende Devonische Formation in den Waldaischen Bergen bis
zu 1000 Fuss über das Meer. Moskau liegt zwischen jenen Höhen
und denen im Orelschen Gouvernement, 479 Fuss über dem Meere,
inmitten einer grossen, nach Osten geöffneten Mulde, deren erhabene
Ränder aus Devonischen Schichten bestehen. Sowohl an den Rändern dieses Beckens, als in dessen Mitte sind sie von Kalk, Thon
und Sandstein der Kohlen-Periode bedeckt. Bei Moskau hat man

mit einem 490 Fuss tiefen Bohrloch nach Steinkohlen gesucht, ohne
die Devonische Formation zu erreichen, da solche aber ohne Zweifel unter Moskau sich befindet, so liegt dieselbe hier tiefer, als das
Niveau des Meeres, und daraus geht auf's Bestimmteste hervor, dass
ihre Schichten sich vom Saume des Beckens allmählig nach dem
Mittelpunkt senken, d. h. nach der Gegend von Moskau.   Hier wären
folglich alle Bedingungen zum Erbohren von Springwasser vorhanden, dennoch wurde kein Versuch gemacht, man versorgt die Stadt
durch eine grosse, bedeutende Kosten verursachende WasseraLeitung.
Dass sehr tief niedergegangen werden müsse, darf nicht abschrecken;
der Verfasser erinnert an die bekannten so günstigen Resultate, welche
das Bohrloch beim Schlachthause von Grenelle zu Paris geliefert.

Der Süden des russischen Reiches ist ein unermessliches Step-
penland, arm an Quellen, in vielen Gegenden überhaupt arm an
Wasser.   Da wären artesische Brunnen eine grosse Wohlthat, auch
versuchte man hier und da sie herzustellen, im Ganzen aber mit geringem Erfolg.

Eine eigenthümliche Erscheinung bietet der Osten Russlands,
welcher grösstentheils mit Schichten der „permischen" oder Zech-
stein-Periode bedeckt ist: Sandsteine, Thon, Mergel, Kalkstein, Conglomerate, Gyps, hie und wieder auch Steinsalz, wovon mehre Lager in 616 Fuss unter Tag erbohrt wurden.   Im Gebiete dieser
Formation springen an vielen Orten sowohl natürliche, als erbohrte
Salzquellen (Soolquellen) hervor, deren Wasser zu Kochsalz versot-
ten wird.   In den bis jetzt angelegten Bohrlöchern zur Erschlies-
sung süssen Wassers erhielt man statt dessen salziges.

Was den Norden Russlands betrifft, so weiss man, dass in Staraja Russa, südlich vom Ilmensee, bis vor ein Paar Jahren aus Soo-
len Salz gekocht wurde; allein weniger bekannt dürfte es sein, dass
dort die Soole aus Bohrlöchern mit grosser Kraft 3 Fuss hoch über
die Erd-Oberfläche emporgetrieben wird.   Die aus einem 826 Fuss
tiefen Bohrloch aufsteigende Soole hat eine Temperatur von + 9°
Reaumur.   Die Bohrlöcher stehen in Devonischen Schichten, ihre unteren Enden vielleicht schon in Silurischen.   Die Devonische Formation erstreckt sich in Staraja Russa ununterbrochen bis Riga, und
hier liefert sie, in der Stadt selbst, aus mehreren Bohrlöchern gutes
Trinkwasser.   Die Thatsache ist wichtig; sie beweist, dass die Gestein-Schichten dieses Theils von Russland, sogar an ihrer nördlichen
Grenze, artesische Brunnen geben, obgleich sie eine allgemeine, wiewohl unbedeutende Neigung nach Süden haben.

(Schluss folgt.)

v. Helmersen: Ueber artesische Brunnen in Russland.

(Schluss.)

Unter der Devonischen Formation liegt die Silurische. Sie nimmt Nordliefland ein, ganz Esthland und den nördlichen Theil des St. Petersburger Gouvernements. Die untere Abtheilung dieser Formation bildet das steile nördliche Ufer Esthlands von Narva bis Pawlowsk und Tosna; wo man dieselbe trifft, besteht sie genau aus den nämlichen Gestein-Schichten und diese liegen immer unabänderlich in der nämlichen Reihenfolge über einander: Kalkstein, grüner thoniger Sandstein, dunkelgrauer, brennbarer Thonschiefer, feinkörniger Sandstein, bläulichgrüner, plastischer Thon. Letztere Felsart erscheint an der Küste Esthlands entweder gar nicht, oder erhebt sich nur einige Fuss über dem Meeresspiegel; ohne Zweifel erstreckt sich dieselbe bis unter St. Petersburg hin. Aehnliche Verhältnisse sind auch bei Reval. In einem, 300 Fuss durch Thon mit quarzigen Zwischen-Schichten getriebenen, Bohrloche stieg aus einer Lage groben Quarz-Sandes, in die man eingedrungen war, klares, wohlschmeckendes Wasser von $+ 6^0$ Reaum. Die unzweifelhafte Identität und der continuirliche Zusammenhang der Revaler und der St. Petersburger Schichten führen zur Ueberzeugung, dass auch in Russlands Hauptstadt, etwa in 300 Fuss Tiefe von der Oberfläche der Thon-Schichte die Fortsetzung jener Sand-Lage sich finden werde, welche den artesischen Brunnen zu Reval mit Wasser speist; denn vielfache Erfahrung lehrte, dass Schichten, die artesisches Wasser an die Oberfläche schieben, immer eine sehr weite Verbreitung haben, wäre dies nicht der Fall, wie könnten sie Jahrhunderte lang die Brunnen versorgen, ohne sich auch nur im mindesten zu erschöpfen?

Unser Verfasser schliesst mit Bemerkungen über das so sehr wünschenswerthe der Herstellung wenigstens eines artesischen Brunnens in St. Petersburg, da in mehren Stadttheilen gutes Wasser gänzlich mangelt. Zwar gerieth ein, vor beinahe drei Jahrzehnten gemachter, Bohr-Versuch durch unerwartete Hindernisse in Stockung und unterblieb, als man nicht tief genug niedergegangen war; Erfahrungen und Vervollkommnungen neuerer Zeit lassen jedoch am Gelingen eines solchen Unternehmens nicht zweifeln.

Leonhard.

Zur deutschen Literaturgeschichte.

1. *G. A. Bürger. Sein Leben und seine Dichtungen. Von Dr. H. Pröhle. Leipzig, Verlag von Gustav Maier. 1856. 8. XIV. und 184 S.*

2. *Zusätze und Berichtigungen zu meiner Schrift: Gottfried August Bürger. Sein Leben und seine Dichtungen. Herrichs Archiv, 1857, XXI. Band, S. 169—178.*

3. *Kleim auf der Schule. Von Dr. Heinrich Pröhle. Berlin, Gebauersche Buchhandlung, 1857. 4. 24 S.*

Die gelehrte Forschung hat sich seit einiger Zeit mit besonderer Vorliebe der Biographie zugewendet, und so zeigt sich namentlich auf dem Gebiete der Literarhistorie, seit der Quell der deutschen Dichtung aufgehört hat zu rinnen und in den letzten Ausläufern der Romantik gleichsam versandet ist, ein bemerkenswerther Eifer, zu einem immer tieferen und innigeren Verständniss unserer grossen nationalen Dichter durch eine eingehende Betrachtung und Erforschung ihrer Lebensverhältnisse zu gelangen.

Als einen sehr schätzenswerthen Beitrag begrüssen wir in dieser Beziehung die Eingangs aufgeführten Arbeiten des rühmlichst bekannten Harzforschers Heinrich Pröhle, den zur Beschäftigung mit Bürgers Leben ausser sehr nahe liegenden landsmannschaftlichen Beziehungen, wie wir aus der Dr. Julian Schmidt in Leipzig gewidmeten Vorrede pag. XIII. erfahren, schon der innige Connex der meisten Bürgerschen Gedichte mit der Sage und speciell mit der Harzsage nothwendig führen musste. Wir wenden uns zunächst zu der ad 1 aufgeführten Schrift. Dieselbe begnügt sich nicht damit, die äussern Lebensumstände des Dichters zu erforschen und alles dahin gehörige Material sorgfältig zu sammeln, sondern knüpft daran auch von S. 68—153 eine sehr eingehende Besprechung der Bürger'schen Geisteswerke und gibt uns die Entstehungsgeschichte wenigstens der erzählenden Gedichte mit einer Genauigkeit und Vollständigkeit, wie sie bis jetzt nur für die Lenore vorhanden war. Bürgers Leben hatte bis dahin bekanntlich nur zwei umfassende Darstellungen erfahren. Die erste erschien im vierten Jahre nach des Dichters Tode von seinem langjährigen Göttinger Freunde, dem Dr. med. Ludwig Christoph Althof, im 5. Bande der sämmtlichen Werke unter dem Titel: Einige Nachrichten von den vornehmsten Lebensumständen G. A. Bürgers, nebst einem Beitrag zur Charakteristik desselben. Göttingen 1798. Althof hatte, wie er selbst gesteht, nur von denjenigen Ereignissen in Bürgers Leben genaue Kunde, welche in die letzten zehn Jahre desselben fallen. Zur Aufsuchung originaler Quellen für Bürgers frühere und frühbeste Lebensperioden fehlte es ihm an Zeit und Lust, und er musste sich daher mit dem begnügen, was er aus gelegentlichen Aeusserungen seines verstorbenen Freundes oder aus den Erzählungen Anderer wusste. Es konnte daher nicht ausbleiben, dass erhebliche und zahlreiche Irrthümer bei seiner Darstellung mit unterliefen. Diese zu berichtigen hatte sich auch H. Döring in seinem Leben Bürger's, welches zum ersten Male 1826 als Supplementband der Reinhardschen Ausgabe von Bürger's Werken erschien, nicht die Mühe gegeben. In der Auflage von 1847 Göttingen, Verlag der Diet. Buchh., ist einiges verbessert, aber sonst auf das inzwischen gelegentlich über Bürger Erschienene so wenig Rücksicht genommen, dass selbst die wichtige Daniel'sche Arbeit: Bürger auf der Schule, Programm des Königl. Pädagogiums zu Halle 1846, von Döring unbeachtet blieb. Bei einer solchen Unzulänglichkeit der früheren Arbeiten über Bürger's Leben ist das Erscheinen der in Rede stehenden Schrift von H. Pröhle gewiss mehr als gerechtfertigt. Der Zuwachs an Material, wodurch der Verf. die Arbeiten seiner Vorgänger berichtigt und ergänzt hat, ist sehr gross. Versuchen wir eine gedrängte Uebersicht davon zu geben. Berichtigt ist zunächst gegen die von Althof angeführte eigene Aeusserung des Dichters das Datum seiner Geburt, indem aus dem Kirchenbuche zu Molmerswerde, (diess ist, wie schon Daniel bemerkt, die einzig richtige Schreibart von Bürger's Geburtsort), den Receptionslisten des Königl. Pädagogiums und den Hallischen Universitäts-Untersuchungsakten nachgewiesen ist, dass Bürger nicht am 1. Januar 1748, sondern am 31. December 1747 geboren ist. Interessant ist auch die Notiz, dass der Pastor Kutzbach zu Pansfelde, nicht Pomsfelde, wie es in Folge eines Druckfehlers bei Althof und sonst überall heisst, (Döring in der Ausg. von 1847 schreibt Pansfeld), der Vater von „des Pfarrers Tochter zu Taubenhain," einer seiner Taufpathen war, und dass hier in Pansfelde Bürger mit den Kutzbachschen Kindern zusammen seinen ersten Unterricht genoss. Die Nachrichten über Bürger's Mutter Gertrud Elisabeth geb. Bauer sind von dem Verf. bedeutend vervollständigt. Er lässt uns einen tiefen Blick thun in das traurige und völlig zerrissene Familienleben in Bürgers älterlichem Hause, welches auf seine Charakterbildung gewiss einen sehr nachtheiligen Einfluss geäussert hat. Auch über den Vater des Dichters, den Pastor Johann Gottfried Bürger, geboren den 15. December 1706 zu Pansfelde (Döring in den Ausg. von 1847 gibt das Jahr 1700, was vielleicht nur ein Druckfehler ist. Aber auch das Todesjahr von Bürgers Vater gibt Döring nach Althofs Vorgang unrichtig), seit 1741 Pastor zu Molmerswerde, gestorben 1764 als Pastor zu Westorf, erhalten wir zum ersten Male die genauesten und vollständigsten Nachrichten. Er scheint ein geistig wenig bedeutender, gutmüthiger und phlegmatischer Mann gewesen zu sein.

In dem Abschnitte „Bürger auf der Schule" S. 26—38 kam dem Verfasser eine tüchtige Vorarbeit zu Statten, das schon erwähnte Programm des Königl. Pädagogiums zu Halle vom Jahre

1845, doch bietet auch dieser Abschnitt viele neue und interessante
Einzelnheiten. Zunächst erhalten wir neue Aufschlüsse über die
Lebensverhältnisse und den Charakter von Bürgers Grossvater, Johann
Philipp Bauer, welcher die Stelle eines Hofesherrn am Sct. Elisa-
reth-Hospital zu Aschersleben (in den Akten des kgl. Pädagogiums
wird er meist Hospitalprovisor genannt) bekleidete und vom 1759
an, in welchem Jahre Bürger auf die lateinische Stadtschule zu
Aschersleben kam (die genaue Feststellung des Zeitpunktes ist gleichfalls ein Verdienst des Verf., die frühern Biographen geben das
Jahr 1760 an), die weitere Erziehung des Knaben leitete, auch
die zu seiner Ausbildung nöthigen Geldmittel hergab.   Denn Bürgers Vater lebte beständig in gedrückten Verhältnissen, da die Pfarre
zu Molmerswerde in Geld berechnet nur 160 Thaler eintrug, die
einträglichere Stelle zu Westorf aber, wo er dem alten Pastor Abel
bereits 1748 adjungirt worden war, von ihm erst 1764 nach des
Emeritus Tode angetreten werden konnte. Bezüglich dieses Pastor
Abel, der als Historiograph sich besonders um die halberstädtische
Geschichtsforschung verdient gemacht hat, findet sich beiläufig bemerkt bei unserm Verf. ein Widerspruch: S. 19 Anm. hat der Vater
Bürgers am 15. Januar 1764 nach seines Antecessors Tode seine
Anzugspredigt in Westorf gehalten, S. 22 wird dagegen der 9. Juli
1764 als Abels Todestag angegeben. Der alte Hospitalprovisor
Bauer wird als ein eigensinniger und händelsüchtiger Mann geschildert. Erstere Eigenschaft erhellt schon aus dem Umstande, dass er
wegen einer dem jungen Bürger von dem damaligen Rector der
Ascherslebener Stadtschule, G. W. Aurbach (nicht Auerbach, wie
er bei Bürgers Biographen, auch bei Daniel pag. 18 heisst) ertheilten derben Züchtigung den Enkel von der Schule fortnahm und auf
das k. Pädagogium zu Halle schickte. Schon Daniel hat die früheren Biographen Bürgers, welche ihn 1762 nach Halle gehen liessen,
dahin berichtigt, dass seine Reception bereits am 18. September
1760 stattfand; diese Angabe wird durch das von Pröhle eingese-
hene Album in schola Ascaniensi discentium vollkommen bestätigt.
In der Darstellung des dreijährigen Aufenthalts G. A. Bürgers auf
dem k. Pädagogium, wo er grosse Talente entwickelte und sich bis
in die Prima hinaufarbeitete, und der dort von ihm empfangenen
Eindrücke folgt nun der Verf. ganz dem angeführten Danielschen
Schulprogramme. Neu ist nur der Nachweis, dass Bürger den Winter von 1763 auf 64 wieder im grossväterlichen Hause zu Aschersleben zugebracht hat, ohne jedoch die Stadtschule von Neuem zu
besuchen.

Der nun folgende Abschnitt: „Bürger auf Universitäten" von
S. 38—46 bietet wiederum sehr viel Neues und Charakteristisches.
Wir erhalten hier die erste tiefer eingehende Mittheilung über Bürgers Aufenthalt und seine jedenfalls lockere sittliche Führung auf
der Universität Halle, welche erst durch Einsicht der dem Verf. mit
grosser Liberalität zur Verfügung gestellten Universitätsakten möglich

wurde. Zuverlässig ist, dass Bürger Ostern 1764 die Universität bezog und als Theologe inscribirt wurde, wahrscheinlich, dass er im Herbst 1767 durch den Zorn des Grossvaters über seine Aufführung von dort abberufen wurde und nun wiederum ein halbes Jahr privatisirend in A. zubrachte, bis er Ostern 1768 und zwar mit des Grossvaters Einwilligung als Jurist die Georgia Augusta bezog. Wir entnehmen aus dieser Darstellung, dass Bürger schon im Sommer 1767 juristische Collegien hörte, ohne freilich seine Streichung aus der theologischen Facultät bewirkt zu haben. Gelegentlich sei noch ein Druckfehler bemerkt, der sich pag. 41 eingeschlichen hat, wo es heisst: „Auch Bürger wurde am 27. Juli 1757 verhört"; offenbar muss es heissen 1767. Ueber Bürgers Aufenthalt in Göttingen, der bis zum J. 1772 währte, erfahren wir nichts, was nicht schon aus Althofs und Dörings Arbeiten bekannt wäre.

S. 46—61 folgt der Abschnitt „Bürger als Justizamtmann". Auch hier ist es dem Verf. gelungen, ein helleres Licht auf Bürgers Leben und Treiben zu werfen, durch die Veröffentlichung einer Anzahl bisher ungedruckten Briefe, darunter von ganz besonderem Interesse das von dem Verf. in Berlin wieder aufgefundene Bittschreiben an Friedrich den Zweiten, worin Bürger um eine seinen Fähigkeiten angemessene Anstellung im preussischen Staatsdienste bittet (datirt vom 29. Juli 1782). Dieses Schreiben, in welchem Bürger sich „zu jedem Amte, das mit Jurisprudenz, bon sens und allgemeiner Adresse verwaltet werden kann", tüchtig erklärt, hatte bekanntlich keinen Erfolg, obwohl der damalige Justizminister, Grosskanzler v. Carmer sich lebhaft für den Dichter interessirte, und sich bei Hrn. v. Zedlitz, welcher das Universitäts-Obercuratorium verwaltete, warm für ihn verwandte, um ihm eine akademische Anstellung zu verschaffen. Allein Hr. v. Zedlitz schien über poetisirende Schöngeister von Bürgers Art sehr geringschätzig zu urtheilen und erklärt in dem gleichfalls hier zum ersten Male gedruckten sehr pikanten Antwortschreiben an Hrn. v. Carmer rund heraus, dass Bürger als Erzieher und Jugendlehrer nicht zu gebrauchen sei. Es blieb daher Herrn v. Carmer nichts übrig, als Bürger in einem sehr verbindlichen Schreiben (zum ersten Male hier mitgetheilt pag. 61) aufs Ungewisse zu vertrösten. Auch ein bisher ungedrucktes Gelegenheitsgedicht aus dem J. 1782, worin Bürger ein Mitglied der v. Uslar'schen Familie, in deren Dienste er bekanntlich stand, die Frau Louise Wilhelmine v. Uslar, geborne v. Westernhagen, in seinem und seiner unglücklichen ersten Gattin Namen beglückwünscht, darf als eine erfreuliche Vermehrung des vorhandenen Materials begrüsst werden, weil aus demselben, so unbedeutend sein poetischer Werth ist, sehr deutlich hindurch schimmert, wie unbehaglich sich Bürger in seiner dienstlichen Stellung fühlte.

In dem nun folgenden Abschnitt „Spätere Lebenszeit" berichtet der Verf. über Bürgers zweiten Aufenthalt in Göttingen bis zu seinem 1794 erfolgten Tode (S. 61—68), seine endliche Vereini-

gung mit der heissgeliebten Molly und ihren jähen Verlust, sowie
über die unglücklichste Episode seines Lebens, die dritte Ehe mit
dem berüchtigten Schwabenmädchen. Seine in diese Zeit fallende
persönliche Bekanntschaft mit Schiller wird kurz berührt, die Einwirkung des Lichtenberg - Kästner'schen Kreises („in welchem man
seine Frau Schnips bewunderte und Spielereien anregte") auf die
weitere Entfaltung seines Dichtergenius als ungünstig geschildert.
In der That bleibt es unbegreiflich, wie ein so plattes um nicht zu
sagen rohes Machwerk als die Frau Schnips einem Lichtenberg ernstlichen Beifall abzunöthigen vermochte.

Hieran schliesst sich endlich S. 68—77 unter der Ueberschrift
„Bürger und unsere Zeit" eine dankenswerthe Uebersicht über die
gesammte Bürger - Literatur bis auf die neueste Zeit. Müller's bekannter Roman, sowie das gänzlich verfehlte Werk von Leonhard:
G. A. Bürger, ein deutscher Poet, Breslau 1851, werden darin, letzteres mit wörtlicher Wiederanführung einer vom Verf. bereits 1851
in Prutz' deutschem Museum, 20. Heft, niedergelegten Beurtheilung
nach Gebühr gewürdigt. Den Schluss bildet ein Bericht über die
von verschiedenen Seiten gemachten und meist unglücklich abgelaufe-
nen Versuche, dem Dichter nach seinem Tode eine Art Ehrendenk-
mal zu setzen.

Wir sind dem Verf. in seiner mühevollen Arbeit bis hierher
Schritt für Schritt gefolgt. Sollen wir, ehe wir uns der zweiten Abtheilung seiner Schrift zuwenden, unser Urtheil über die erste noch
einmal im Ganzen zusammenfassen, so dünkt uns, dass das Material
für G. A. Bürgers Leben hier mit einer Vollständigkeit gesammelt
vorliegt, wie sie bisher nicht im entferntesten erreicht worden war,
und dass das Pröhle'sche Werk dem Literarhistoriker in Zukunft die
bequemste und zuverlässigste Quelle für einen der Lieblingsdichter
unserer Nation sein wird. Ob aber diese philologische Genauigkeit
die gelehrte, von Noten starrende Form des Werkes so nothwendig
bedingte, als der Verf. Vorrede pag. VII zu meinen scheint, darüber möchten wir mit ihm streiten. Nicht dass wir in das allgemeine Geschrei unserer Zeit nach sogenannten populären Schriften
einstimmten, allein wir meinen, gerade Bürger, der als Volksdichter
im eigentlichsten Sinne unsterbliche Bürger, hätte eine wärmere,
vom Herzen zum Herzen sprechende Darstellung verdient. Es fehlt
dem Verf. das nach unserer Ansicht für einen Biographen unerlässliche Maass der Begeisterung für seinen Gegenstand, der allein harmonisch durchgebildete und lebenswarm dahinströmende Darstellungen zu entquillen vermögen.

Wir gehen zum 2. Theile der Schrift über. Derselbe bespricht
zunächst die sämmtlichen erzählenden Gedichte Bürgers, S. 77—145,
mit grosser Ausführlichkeit, nachdem der Verf. sein Urtheil über den
Werth der Bürger'schen Dichtungen im Ganzen bereits in der Einleitung S. 1—17 (wo der Leser auch eine trefflich durchgeführte
Vergleichung zwischen B. u. J. Chr. Günther findet) niedergelegt hatte.

Diesem Urtheile dürfte in den Hauptpunkten wohl kaum etwas entgegengestellt werden können, namentlich finden wir die Vergleichung Bürgers als Balladendichter mit Göthe und Schiller vorzüglich. Nur dem Urtheile des Verf. über Bürgers erotische Poesien vermögen wir nicht ganz beizustimmen. Dass in diesen „dieselbe dunkle verzehrende Flamme, wie in seinem Leben, lodert", ist leider nur zu wahr, dennoch aber finden wir es zu hart, wenn der Verf. von der herrlichen und bis jetzt in der Form noch nicht erreichten Bearbeitung des übrigens trotz der entgegenstehenden Behauptung Dörings sicher nicht von Catull herrührenden Pervigilium Veneris sagt, dass die Schwüle brünstiger Genusssucht, nicht die Heiterkeit lieblicher Sinne darüber schwebe. Wollten wir überall einen so strengen Maasstab anlegen, welchen erotischen Dichter des Alterthums dürften wir dann wohl ohne das tiefste Schamerröthen zur Hand nehmen? Wir glauben dagegen nicht zu viel zu behaupten, wenn wir sagen, dass die Durchdringung von antikem Stoff und moderner Form noch in keinem Kunstwerke so vollendet zur Darstellung gelangt ist, als gerade in der Nachtfeier, und dass Bürgers Name unsterblich sein würde, auch wenn er nichts weiter geschrieben hätte. Doch wenden wir uns wieder zu der Erörterung der Bürger'schen Balladen zurück. Der Verf. beginnt wie billig mit der Lenore, welcher allein 88 Seiten gewidmet werden. Durch seine vielfache Beschäftigung mit der deutschen Sage und dem deutschen Volksliede wurde es dem Verf. möglich, selbst nach W. Wackernagels gediegener Arbeit über die Lenore die deutsche Literaturgeschichte noch um einen so schätzenswerthen Beitrag zu bereichern, als er hier vorliegt. Die Beziehungen der Lenore zur deutschen Sage werden bis in das graueste Alterthum verfolgt; der dem Gedichte zu Grunde liegende Volksglaube, dass durch die Thränen der Hinterbliebenen die Todten in ihrer Grabesruhe gestört werden, z. B. schon aus der Edda nachgewiesen, die Echtheit des im Wunderhorn als angebliche Quelle von Bürgers Lenore mitgetheilten Liedes wird mit starken Gründen angezweifelt. Nach dieser umfangreichen Darlegung des ganzen auf die Lenore bezüglichen Sagencomplexes geht der Verf. zu einer Vergleichung mit den schottischen Volksballaden über, die hier zum ersten Male mit systematischer Vollständigkeit angestellt wird. Dass englische und schottische Originale auf die Gestaltung der Lenore bestimmend eingewirkt haben, wird nicht in Abrede gestellt, namentlich der in den Reliques of ancient english poetry von Percy enthaltenen Ballade Sweet Williams ghost der bestimmteste Einfluss zugeschrieben. Es folgt die Erläuterung zu „der Kaiser und der Abt". Die dem Gedichte zu Grunde liegende Fabel, deren mannigfache Verzweigungen schon Valentin Schmidt 1827 nachgewiesen hatte, wird in ihrem ganzen auch das Morgenland nicht ausschliessenden Umfange hier zum ersten Male dargelegt. Nach ganz kurzer Berührung der beiden Gedichte: „das Lied vom braven Mann" und die „Kuh", deren Stoffe einfach und bekannt sind, wendet sich der Verf. zu der Ballade: „Der wilde Jäger“. Die besonders in Niedersachsen verbreitete Sage vom Hackelberg, welche diesem Gedichte zu Grunde liegt, wird in ihren mancherlei Gestaltungen nachgewiesen. Interessant ist auch die Notiz, dass der wilde Jäger in Bürgers Geburtsort Molmerswerde begraben sein soll. Bürger scheint mit dieser Sage somit schon in frühester Jugend bekannt gewesen zu sein. Zu den „Weibern von Weinsberg“, deren niedriger Ton, man darf wohl sagen, Bänkelsängerton, gegen die vorher besprochenen Gedichte mit Recht gerügt wird, bringt der Verf. ausser der bekannten Geschichte von Kaiser Konrad III. auch verwandte Sagen aus andern Gegenden Deutschlands, namentlich aus der Grafschaft Grubenhagen nach Schambach und Müller und aus der Grafschaft Hohenstein. „Des Pfarrers Tochter zu Taubenhain“ hatte für den Verf. ein ganz besonderes lokales Interesse, weil dem Gedichte eine in dem zur Grafschaft Falkenstein gehörenden Dorfe Pansfelde, woher auch Bürgers Vater stammte, wirklich passierte Geschichte zu Grunde liegt, nur hat Bürger, um einen tragischen Ausgang zu gewinnen, den Kindesmord hinzugedichtet. Ueber den Hergang findet der sich dafür interessirende Leser S. 135—136 die genaueste Auskunft, wonach Dörings irrige Angaben (S. 3) zu berichtigen sind. Dem strengen Urtheil, welches der Verf. über das Gedicht als Ganzes fällt und seinem Bedauern, dass Bürger sein Talent an einem so unwürdigen Stoff vergeudet habe, kann man trotz aller Anerkenntniss der Schönheit einzelner Stellen gewiss nur beistimmen. „Der Raubgraf“ wird von den Verf. mit Recht als geschmacklos bezeichnet, die Quelle hier zum ersten Male vollständig mitgetheilt. „Die Entführung“ und „Bruder Graurock und die Pilgerin“ lehnen sich wieder an englische Originale an. Die erstere schon von Dönniges aus Percy's Reliques übersetzte Ballade übergehend, theilt der Verf. das Original für „Bruder Graurock“: The friar of orders Gray nach Percy vollständig mit, unter Gegenüberstellung der betreffenden Stellen aus Shakspeare's Hamlet, welche Percy zur Reconstruction dieser alten Ballade benützte. Nachdem noch „das Lied von Treue“ und „Lenardo und Blondine“ eine kurze Besprechung gefunden, gibt der Verfasser zum Schluss eine Geschichte des Göttinger Musenalmanachs mit besonderer Rücksicht auf Bürger's Theilnahme an der Herausgabe desselben.

Als eine sehr dankenswerthe Zugabe findet der Leser endlich S. 153—175 eine Anzahl Bürger'scher Gedichte aus dem Göttingischen Musenalmanach wieder abgedruckt, die entweder von Bürger in veränderter Form seinen gesammelten Gedichten einverleibt wurden oder überhaupt gar nicht in die Ausgaben seiner Werke übergegangen sind. Die Reihenfolge ist ganz dieselbe, wie sie in den verschiedenen Jahrgängen des Musenalmanachs vorkommen, auch sind die zum Theil originellen Ueberschriften und Unterschriften (Bürger schrieb Vieles pseudonym unter dem Namen Krittelhold, Schofel-

schreck, Menschenschreck u. s. w.) durchaus beibehalten. Auch die
mit „Dietrich Menschenschreck" unterzeichneten Epigramme hat der
Verf. aus Gründen, welche er S. 151 Anm. darlegt, kein Bedenken
getragen aufzunehmen, obwohl die Vermuthung nahe lag, dass dieselben von Bürgers Verleger, dem Buchhändler Johann Christ. Dieterich herrühren könnten.

Mit dem besprochenen Werke Pröhle's steht in der innigsten
Beziehung der sub 2 angeführte Aufsatz im 21. Bande von Herrigs
Archiv. Derselbe wurde dem Verf. in Folge einer am Schlusse seines Werkes von ihm erlassenen Aufforderung und Bitte als ein in
sich abgeschlossenes Manuscript zugesendet und demnächst an der
bezeichneten Stelle veröffentlicht. Er enthält in der That einige sehr
interessante und dankenswerthe Notizen. Die erstere, Dr. Carl von
Reinhard betreffende, übergehen wir, weil sie schwerlich ein allgemeines Interesse beanspruchen dürfte. Sehr interessant dagegen ist
die zweite Notiz aus Claproths Nachtrag zu der Sammlung gerichtlicher Acten, 2te Auflage, Göttingen 1790, woraus wir sehen, dass
Bürger kurz vor dem Erscheinen seines Gedichtes: „Des Pfarrers
Tochter von Taubenhain" eine peinliche Untersuchungssache wider
Catharina Elisabeth Erdmann aus Bennichausen wegen Kindsmor-
des geführt hat. Dankenswerth ist auch die Mittheilung über die
Lage des aus Bürgers Gedichten bekannten Negenborns. S. 172 folgt
eine sehr bemerkenswerthe Mittheilung, durch welche auch einige
lyrische Gedichte Bürgers als Nachahmungen englischer und französischer Originale nachgewiesen werden, so „das harte Mädchen" als
theilweise Uebersetzung eines Gedichtes von Th. Paraell in Johnson
Works of the Engl. Poets XXVII, pag. 15, ferner „An den Traum-
gott" als fast gänzliche Nachahmung von Walker's: Say, lovely
dream etc., ferner das Lied: „Mein frommes Mädchen ängstigt sich"
etc. als Nachahmung von Congreve's: „Pious Selinda goes to prayers"
etc., „der wohlgesinnte Liebhaber" als Bearbeitung eines englischen
Gedichtes, welches sich im 1. Bande der Ancient and modern Songs,
Edinburgh 1776 findet und anhebt: The silent night her sables wore.
In dem Gedichte: „Das vergnügte Leben" ist nur die 2te Strophe
von Bürger, die übrigen sind eine freie Bearbeitung eines französischen Gedichtes, welches hier aus den Memoirs de Diderot, Th. I,
p. 202 mitgetheilt wird, und im Original viel zarter und anständiger
gehalten ist, als die Bürger'sche Nachdichtung. Einige minder wichtige Bemerkungen übergehend, machen wir schliesslich noch darauf
aufmerksam, dass der Verf. der Zusätze und Berichtigungen die S.
157 abgedruckte Dusch-Cantate als höchst wahrscheinlich von Lichtenberg herrührend bezeichnet, einen Theil der Epigramme aber,
auch dem mit Dieterich Menschenschreck unterzeichneten, J. L.
Meyer zuschreibt.

Das sub 3 angeführte Schriftchen ist ein Separatabdruck eines
in demselben Jahre erschienenen Schulprogramms der Louisenstädt-
tischen Realschule in Berlin. Auch zu Gleim hat ihn wohl zunächst

wie zu Bürger landsmannschaftliche Vorliebe geführt. Da der Verf., wie wir aus der Anm. S. 8 mit Vergnügen ersehen haben, Gleims Leben später vollständig herauszugeben beabsichtigt, in der Erwägung ohne Zweifel, dass die Arbeit von Körte für Gleim's Leben ebensowenig einen Abschluss bieten kann, wie die Arbeiten Althofs und Dörings für das Leben Bürgers, so begrüssen wir die vorliegende kleine Schrift mit Dank als einen Vorläufer des demnächst zu erwartenden grösseren Werkes. Ueber Gleim's Schulleben die genauesten und ausführlichsten Nachrichten zu sammeln, bot dem Verfasser ein längerer Aufenthalt zu Wernigerode, dessen Oberpfarrschule (Lyceum, jetzt Progymnasium) der Dichter von 1734—1738 besuchte, willkommenen Anlass. Interessant ist es zu sehen, mit welchem Eifer die deutsche Verskunst in damaliger Zeit auf den höheren Schulen getrieben wurde, ein Umstand, der den raschen Aufschwung der deutschen Literatur in der Mitte des vorigen Jahrhunderts nicht wenig befördert haben mag. Von Gleim's dichterischen und oratorischen Versuchen während seiner Schulzeit werden mehrere Proben mitgetheilt. Ueber die ganze Organisation des Lyceums und besonders über die beiden verdienten Rectoren Eustasius Friedrich und Carl Schütze findet sich das Nothwendige beigebracht in einem Aufsatze von Pröhle über Gleim's Jugendleben, in Westermann's illustr. Monatsheften No. 14, 1857, wesshalb sich der Verf. hier über diesen Punkt kürzer fassen durfte.

Wir schliessen unsern Bericht mit dem Wunsch, dass die neue Bearbeitung von Gleim's Leben nicht zu lange auf sich warten lassen möge.

Essen.   Seemann.

Georg Curtius. Grundzüge der griechischen Etymologie. Erster Theil. Leipzig, Teubner 1858. XIV und 371 S. 8.

Die klassische Philologie hat lange Zeit hindurch in unlöblichem Particularismus die Errungenschaften der Sprachvergleichung förmlich von sich ausgeschieden. So wenig sie im Allgemeinen Ursache hatte, auf ihre eigenen Etymologen stolz zu sein, und so sehr gerade bei Bopp's Auftreten die Erfindungen der Holländer ins Wilde geschossen und Allen verleidet waren, — liegt doch der Grund dieser Absperrung gegen eine neue, schwesterliche Wissenschaft ziemlich nahe. Männer, welche in der Erforschung der beiden klassischen Sprachen ergraut waren, und sich wohl auch über den berühmten latinischen Mischdialekt mit seinen Lehnwörtern und verloren gegangenen Silben eigene Ansichten gebildet hatten, sollten sich nun plötzlich nach anderer Seite kehren; der Gewinn langjährigen Bemühens sollte aufgegeben, das Meiste umgelernt, statt des engen Kreises, auf dem man sich sicher fühlte, ein neues unüber-

sehbares Gebiet an die Stelle gesetzt werden, aus dem die Einge-
weihtesten kaum die ersten reifen Halme nach Hause brachten. Man
muss gerecht sein. Die grosse Mehrzahl unserer Philologen that
wohl, sich mit dem festen Besitze zu begnügen, zudem die Anfänge
der comparativen Grammatik statt des alten Leichtsinns nur neue
Willkür einzuführen drohten, und Mancher auf Grund halbjähriger
Sanscritstudien mit seiner tieferen Einsicht schon unzähmbar alles
überwucherte. Es ist erwiesen, dass man es damals im Sanscrit und
gar im Slavischen nicht selten nur bis zum Nachschlagen des Lexi-
cons brachte und dann, verlockt von der „Sirene des Gleichklangs“
(Pott I, 12), den allerverdriesslichsten Etymologieen das Wort
sprach. Auch die kleine Zahl der Kundigen vergass oft, dass Worte
nicht aus geschriebenen Wurzeln entstehen, sondern aus gesprochenen; und fast noch viel mehr wurde dadurch gefehlt,
dass man das feste Gesetz der Lautverschiebung, statt seiner Bestätigung weiter nachzugehen, gleich von vorn herein durch unermessliche Anomalien überdecken und ersticken liess. In wiefern sich
diese Ausstellungen noch an den heutigen Sprachvergleichern bewähren, soll hier unbesprochen bleiben; denn auch der Spott, der noch
täglich an allen Bestrebungen dieser Schule seine stumpfen Zähne
übt, hat sich nachgerade überlebt. Aber soviel drängt sich gegen
allen Einwand auf, dass die mit Sanscrit, Zend, dem Litauischen
und meist sogar der älteren deutschen Sprache nicht vertraute Philologie bis zur Stunde des sichern Pfades entbehrt, auf welchem sie
den von der comparativen Grammatik gewonnenen Reichthum in me-
thodischer Weise für sich fruchtbar machen könnte. Die neuere
Zeit hat der vergleichenden Sprachforschung bedeutende Kräfte zugewandt, und die eigenthümliche Regsamkeit auf diesem Gebiete
lässt voraussetzen, dass der früheren Ueberstürzung Einhalt geschah.
Ein Werk, das mit Ausschluss alles Zweifelhaften und Gewagten
(soweit dies möglich ist) den bis jetzt errungenen Gewinn auch für
Andersgläubige fertig hinstellt, scheint angemessener, als alles weitere Vordringen in Detailuntersuchungen, die lieber einmal zehn
Jahre brach liegen möchten. Nach grossen Fortschritten sollte man
nie versäumen, sich selber hin und wieder von dem Geleisteten Rechenschaft zu geben, Zerstreutes zu verbinden, Lückenhaftes auszufüllen, das Verfehlte zu bessern, des Gelungenen froh zu werden.
Ein solches Buch ist nun das vorliegende, das „den sichern Gewinn der vergleichenden Sprachwissenschaft für griechische Wortfor-
schung, von luftigen Vermuthungen oder geradezu verfehlten Versuchen gesondert“, verzeichnen wollte. In den Prolegomenis bespricht
der H. Verf. zuerst die Geschichte der Etymologie, indem
er in vortrefflicher Darstellung, deren Stil nicht selten an J. Grimm
erinnert, von den Anfängen der Sprachphilosophie durch Platon
und Aristoteles anhebt und dann das Missgeschick, welches die
Alten selbst durch ihre mehr spielende und phantasiereiche, als wissenschaftliche Art zu etymologisiren über diese Disciplin gebracht

hatten, durch alle Zeitläufte verfolgt. An Julius Caesar Scaliger (de causis linguae latinae) wird das „kecke, an die höchsten
Aufgaben ohne Ahnung der Schwierigkeit sich wagende Selbstver-
trauen" getadelt, bei Gerhard Vossius z. B. über den vorge-
druckten tractatus de litterarum permutatione mit Recht gerade das
Gegentheil von dem geurtheilt, was vergangenes Jahr L. Ross (Ita-
liker und Gräken p. XXV) gefunden hatte. Es folgte mit Hem-
sterhuys und Lennep die holländische Schule, die das Verdienst
hat, sich mit Ausschluss des Hebräischen zuerst streng innerhalb der
Gränzscheide beider Sprachen gehalten zu haben, aber hier freilich
mit ihren Bemühungen, der Ursprache auf den Grund zu kommen,
in durch und durch verunglückte Theorien versank. Dass unmittelbar vor Homer die Anfänge des Menschengeschlechtes zu
denken seien, gibt jetzt der Leichtgläubigste kaum mehr zu; aber
wer sollte vermuthen, dass das holländische Dogma von der „Einfachheit" der Ursprache das besonnenere Wesen der deutschen Philologen noch heute verunziert? Gottfried Hermann läugnete
z. B. für jene früheste Periode den Unterschied des Geschlechtes,
während die Sprache der gräco-italischen Pelasger sich ohne allen
Zweifel auch der sexualen Verhältnisse bewusst war. In Lobecks
grammatischen Werken, denen alles Lob gebührt, spielen die einsil-
bigen Wörter eine nicht weniger bedenkliche Rolle und lassen sich
auch für den mildesten Beurtheiler ihrem Princip nach von Lenneps
verbis bilitteris und trilitteris kaum recht scharf auseinander halten.
Im Lateinischen ist ein verbreiteter und gar nicht auszurottender
Irrthum, dass Formen wie gnaeus cors ceus die älteren seien,
aus denen man sich gnaevus cohors ciuis erst durch Zerdeh-
nung entstanden denken müsse! Aus allem diesem aber springt nur
soviel in die Augen, dass man den lebendigen Strom der Sprache
nicht nach abstracten Principien hofmeistern, nicht in das enge Bette
der subjectiven Meinung zwängen dürfe. Kein Vergehen rächt sich
schwerer, als die Sünde gegen die Natur. So hat man auch bis
jetzt auf dem Wege der historischen Sprachforschung das gerade
Gegentheil jener verrufenen Simplicitätstheorie gefunden; überall erscheint dem Vergleicher die vollere Form als die ältere, alle
Reste der älteren Sprache als die grammatisch vollkommeneren, die
sich im Laufe der Zeit und je mehr der Gedanke überwog, zu
den heutigen klanglosen und verwelkten Formen abgeschwächt haben.
Es war dies ja in unserer Erkenntniss der erste grosse Fortschritt,
den wir der comparativen Grammatik verdankten.

Pag. 16—19 werden in einem eigenen Kapitel die Verdienste
Philipp Buttmanns geschildert, „der den ächten Sinn eines besonnenen, scharf eindringenden Sprachforschers in einem Grade besass, dass wir im höchsten Maasse beklagen müssen, wenn er von
den reichen, noch bei seinen Lebzeiten von Grimm und Bopp entdeckten Schätzen keinen Gebrauch machte". Der verdienstvolle Verf.
des Lexilogus ist in dieser Beziehung freilich ein Beispiel, wie sehr

die an sich löbliche Beschränkung, bei aller Vortrefflichkeit und
Gründlichkeit ihrer Leistungen, dem eigentlichen Ziele der Etymologie, dem ἔτυμον noch ferne steht. Welchen Platz Buttmann unter
den Grammatikern von künftiger philologischer Bildung einnimmt,
ist längst entschieden und bedarf hier der Erörterung nicht; in Bezug auf seine Stellung zur Sprachvergleichung muss jedoch bemerkt
werden, dass die gänzliche Unbekanntschaft mit der damals neuge-
fundenen Lautverschiebung ihn zu unzähligen Missgriffen verleitete.
Trotz zwei Auflagen der Grimm'schen Grammatik enthält der Lexilogus noch eine Masse Vergleichungen mit dem Neuhochdeutschen,
alle nach dem Muster, κούρη und H u r e, κουρίδιος und H e u r a t h
seien dasselbe Wort; die gothischen und althochdeutschen Mittelglieder, die zu ganz andern Resultaten geführt hätten, existirten für
Buttmann nicht. — Erst F r a n z B o p p wurde der Stifter der neuen
etymologischen Schule, doch haben sich seine Schriften mit der Wort-
deutung immer nur sehr im Vorübergehen beschäftigt. Als die bedeutendsten Namen auf unserm Felde sind vielmehr A u g. F r i e d-
r i c h P o t t und T h e o d o r B e n f e y zu nennen, jener als Verfasser der „etymologischen Forschungen" (1833), dieser des „griechischen Wurzellexicons" (1839). Die schöne Combinationskraft beider
Männer wird auch von Herrn C. bereitwillig, und jetzt bereitwilliger
als früher, anerkannt (p. 20. 21). Wer jemals in den Fall kam,
sich ihrer aufgehäuften Wortschätze bedienen zu müssen, der wird,
war auch Vorsicht nöthig, den Werth derartiger Studien gewiss nicht
antasten oder gering achten. Manches Kapitel ist vom Standpunkte
des heutigen sprachlichen Apparats als verfrüht, viele Sätze als gewagt und unhaltbar zurückzuweisen, so dass es „für die Anerkennung
der neuen Wissenschaft vielleicht kein Glück war, dass, ehe noch
Bopp die ausführliche Darstellung des Sprachbaues vollendet hatte,
ein Forscher von der springenden, häufig baroken und paradoxen
Art, welche Pott liebt, mit seinen Truppen ins Feld rückte". Aber
man muss Alles in Allem nehmen, und so wird ein nicht geringer
Theil des Vorwurfs, der jene Gelehrten trifft, auf die Neuheit des
Unternehmens, die Unzulänglichkeit der Hilfsmittel (für das Litaui-
sche kannten die etymologischen Forschungen nur den Mielcke), die
Masse und Schwierigkeit des Stoffes an sich und endlich auf den
ersten jugendlichen Eifer kommen, der jede neue Entdeckung zu ihrem Heil und Schaden einmal begleitet.

Die folgenden Seiten der Prolegomena verwandte Herr C. dazu,
seine etymologischen Grundsätze, wozu das Buch freilich tausend
Beispiele reicht, zu entwickeln und gegen Einwände sicher zu stellen.
Zuerst werden die Gefahren im Gebrauche des Sanscrit erörtert,
das man nicht selten fälschlich für die Mutter der übrigen Sprachen ausgab, während es höchstens als eine ältere Schwester zu
betrachten ist, die, im Laufe der Zeit selber nicht unbedeutend ent-
stellt, jetzt ihrerseits von den jüngern Verwandten Licht und Regel erhalten muss. Auch der Unterschied zwischen dem Gewichte

der lebendigen und einer todten Sprache wird (nach Pott's Vergang) mit Recht betont und p. 33 erklärt, dass das Sanskrit in Bezug auf die Bedeutungen, ihre Entwicklung und Verzweigung fortwährend hinter den jüngern Idiomen zurückstehe. Doch war es keineswegs die Absicht des Herrn Verf., das Gesetz, wie man demnach Sprachen unter sich vergleichen dürfe, in vollständigem grammatischem Systeme auseinander zu legen; er behandelt nur eine Reihe der principiell wichtigsten Fragen, und vor allem solche, die einen tieferen Einblick in die mit dem Gebrauche des Sanskrit verbundenen Gefahren zulassen. So wird §. 6 der berüchtigte Missbrauch der Präfixe besprochen und durch anschauliche Beispiele versinnlicht; §. 7 ff. kehrt sich die scharfe Feder des Gelehrten gegen die Sucht unserer Sanskritphilologen, von allen Wörtern die letzte mögliche, wenn auch unaussprechbare Wurzel zu erfinden; §. 9 gegen vorschnelles Identificieren wortbildender Suffixe, §. 10 Ueberschätzung der Gleichbedeutung, Alles in der belehrendsten, aber selbst gegen seine Freunde offenen und schonungslosen Weise, die jetzt ganz besonders erfrischend wirkt, wo das Lobhudeln der Coterie wieder so voll ins Kraut zu schiessen droht. Eine Prüfung der indogermanischen Laute und die Hauptfragen der Bedeutungslehre (p. 74—93), die der Natur der Sache nach einen Auszug verbieten und von Jedem im Zusammenhang gelesen werden müssen, schliessen diese Grundzüge.

Um nun die innere Anordnung des Buches selbst, das auf zwei Theile berechnet ist, kennen zu lernen, ist der p. 70 sehr richtig festgestellte Unterschied zwischen durchgreifender und sporadischer Lautveränderung vorzüglich zu beachten. Die Wahrnehmung nämlich, dass nicht alle (und eigentlich nur die wenigsten) Veränderungen, welche mit den einzelnen Lauten vorgehen, die ganze Sprache durchdringen, sondern oft nur an einzelnen Fällen haften blieben, musste für den Etymologen zum wissenschaftlichen Ausgangspunkt werden, von dem allein Licht und sichere Führung zu erwarten war. Der erste Band befasst sich mit der Regel, also der constanten Lautverschiebung, zu welcher 619 Wortgruppen in der griechischen, indischen, italischen (d. h. Latein mit den Dialecten), litauischen, kirchenslavischen und älteren deutschen Sprache gesammelt sind. Ein weises Maasshalten ist hier besonders zu rühmen, da nicht blos alle Lehnwörter ausgeschieden worden (wenn man sie gleich ungern vermisst), sondern der Herr Verf. überhaupt verschmähte, die einzelnen Worte durch alle Ableitungen und Dialecte bis zur Erschöpfung zu verfolgen. Unter jeder Gruppe findet sich zunächst die Literatur angegeben, dann das weniger Sichere, mit manchen kostbaren Vermuthungen und in jedem Falle geistreichen Anregungen, die uns, unerschöpflich wie sie sind, in vielem wirklich weiter führen. Soll ich die Ordnung herschreiben, in welcher die Laute selber auftreten, so ist sie die, dass auf Gutturale Linguale Labiale die liquiden Consonanten folgen, dann Σ Ϝ Digamma, spiritus asper (für anlautendes H und J) und endlich die reinen Vocale behandelt werden. Die Zusammenstellungen selbst sind musterhaft und lassen nur höchst selten Zweifel an ihrer durchgreifenden Richtigkeit aufkommen. Ein einziges Mal ist, so viel ich bemerkte, dasselbe Wort unter zwei Stämme gestellt, nämlich ruma und rumen, die 143 dem Stamme ἐρυγ, 517 (eben so unwahrscheinlich) der Wurzel ὀυ zugetheilt werden. Die Fälle, in denen ich theils Ergänzungen gewünscht hätte, theils anderer Ansicht bin, sind gegenüber dem ungemeinen Vorrath des Buches eigentlich unbedeutend und können nur die Achtung beweisen, die ich vor diesem selbst hegte und hege.

So hätte gleich Nr. 1, wo ancus uncus ὄγκος besprochen werden, das oskische ungulus (Ring) nicht fehlen dürfen. — 4 kann âla (für ac-la) axilla mit mâla maxilla etc. verglichen werden; das ausgefallene c erhielt sich übrigens in der Form acia der Isidorischen Glossen, die durch portug. aza geschützt wird und in welcher L (siehe die Beispiele bei Diez Gramm. I. 240) sich wahrscheinlich zu I erweichte. — 7. Zu arceo arx arca gehört carcer mit anlautendem Guttural, der sich auch bei arceo in der Zusammensetzung (coherceo) erhielt. — 10 erscheint von der Form dacrima nicht blos bei Paulus p. 68 eine Spur, sondern es ist auch in dem Verse des Ennius p. 162 Vahl. mit Berücksichtigung der Allitteration „Nemo me dacrimis decoret neque funera fletu" zu schreiben (Bergk, Philol. 14, 187). — 11 Das ältere degetos erhielt sich noch in der Volkssprache, span. dedo. — 54 heisst capillus vielleicht nur „Kopfschmuck" (wie ital. cappello Hut); vergl. armilla Armschmuck, πέδιλον Sandale u. s. w. — 79. Warum ward zu cumulus und caelum nicht auch ahd. himil gezogen? — 82 ist nach meiner Ansicht curia Quirites Quirinus ganz richtig von cura (Sorge) getrennt und mit κῦρος κύριος κοίρανος zusammengestellt. Diese Deutung Lange's erhält Bestätigung, wenn man auch die sella curulis hierherzieht, die mit currus nichts zu schaffen hat, mit curia nur verwandt ist. Ich erkenne darin die ältere Form für ein nach der Analogie von Quirites und Quirinus gebildetes quirilis (uirilis), wie auch die Juno Quritis (curitis) des Servius (Bergk Cassell. I. p. 23. 28) und Marcianus Capella (p. 201 Kopp) offenbar nur als ältere Form für Juno Quiritis bei Festus und Ἥρα κυριτία bei Dionysius 2, 50 zu gelten hat. — 108 war neben scamnum auch scabellum zu erwähnen; 128 auch genius. — 137 bei genu war die Form des Volksdialects genuculum instructiver (italien. ginocchio, franz. genou), die durch Nonius p. 89 cengenuclat für die ältere Latinität bezeugt wird. — 161 ist flâmen nicht mit Mommsen und Lange zu flamma zu stellen (der „Zünder"), sondern zu flare (der „Bläser"), von dem bei heiligen Handlungen seit Alters unentbehrlichen Flötenspiel. Vergl. flator = tibicen bei Paulus p. 89. — Warum fehlen 169 die Formen vea (Varro res rust. I., 2, 14)

und veha? veheis (= uiis) hat die unter Nero's Regierung fallende
Inschrift des Glitius Gallus (archäolog. Anzeiger 1854 p. 518).
— 214 war bei accipiter die vulgäre Form acceptor in Betracht zu ziehen (Putsche 2247. 2778). — 236. Von tollo (genus machinae, quo trahitur aqua) Festus p. 356 ist der Name der
römischen Brunnenstube Tullianum (Ziehbrunnen) abzuleiten. Die
Wörter tollus (aquarum proiectus quales sunt in Aniene flumine)
beim Anonymus Gronov. p. 382 und tullius (silanus, rivus . . .)
bei Festus p. 352 gehören zum gleichen Stamme. — 243 der Schmei-
chelname τέττα (Väterchen) wird für das Lateinische durch die gens
Tettia bezeugt. — 292 durfte die Form pedico (statt des seither fälschlich so geschriebenen paedico) nicht ausgelassen werden.—
Zu 314 würde ich auch forum gestellt haben, das eigentlich der
„leere Platz" heisst und ältere Form von ferum ist (ferus ager,
incultus. Paulus p. 86). — 330 fehlt altlateinisch af. — 334 war
zum Beweise, dass ob in der älteren Sprache häufig die Stelle von
ad vertrat, die gens Obultronia (von adulter) ein schönes Beispiel. — 375 ist statt der Unform pleores im Liede der Arvalbrüder wohl einfach ploeres zu lesen (vergl. ploirume). — 407
ist das Wort fax (ältere Form faces) berührt, wovon offenbar das
Institut der Feciales abgeleitet werden muss. Bei Paulus p. 91
ist statt a feriendo wohl a faciendo herzustellen, worauf auch
die Interpretation apud hos enim belli pacisque faciendae ius est
hindeutet. Die auf Inschriften fast constante Schreibung fetiales
(Marini arval. 708) beweist für die Etymologie nichts. Dagegen
verdient Beachtung, dass bei ausseritalischen Völkern der πυρφόρος
vor Beginn des Krieges die Fackel ins feindliche Land warf, ein
Ritus, den erst neulich Welcker für die Erklärung der Dariusvase
so schön benützt hat; auch die Fetialen hatten ihre blutige Lanze
an der Spitze versengt, so dass der Name recht passend von faces
hergezogen werden kann. — 411 war die Vergleichung von φορβή
mit herba durch verbena zu schützen; auch forbea (Paulus
p. 84 forbeam antiqui omne genus cibi appellabant) verdiente Berücksichtigung.

Meine Bemerkungen treffen nur die italischen Dialecte; im Ganzen ist jedoch durch die vorliegenden „etymologischen Grundzüge,"
denen der zweite Band (und auch die Indices!) recht schnell folgen
möge, ein bedeutender wissenschaftlicher Fortschritt geschehen.
Referent muss offen bekennen, dass er seit Jacob Grimm's Geschichte der deutschen Sprache kein Buch gelesen, das so auf jedem
Blatt und fast in jeder Zeile für ihn des Neuen und Anregenden
gehabt hätte. Es hätte wohl auch dieser zustimmenden Zeilen nicht
bedurft, um seinen Weg zu machen; dafür bürgte, statt alles Lobes
schon der einzige Name des Verfassers, Georg Curtius.

Karlsruhe.   **W. Fröhner.**

JAHRBÜCHER DER LITERATUR.

Die Deportation als Strafmittel alter und neuer Zeit, und die Ver-
brechercolonnieen der Engländer und Franzosen in ihrer ge-
schichtlichen Entwicklung und criminalistischen Bedeutung; dar-
gestellt von Franz von Holtzendorf, Doctor der Rechte und
Privatdozenten an der Universität Berlin, Leipzig 1859.

Eine der empfindlichsten Lücken in der Bearbeitung des Strafrechts ist der überall von demjenigen, der mit legislativen Arbeiten
sich beschäftigt, bemerkbare Mangel genügender Untersuchungen
über die Natur der einzelnen Strafmittel. Wer den ungeheuern Fortschritt kennt, welcher die Medicin neueren Forschungen verdankt,
weiss wie diese Fortschritte grösstentheils die Folge der sorgfältigen
Zergliederungen der einzelnen Arzneimittel sind, indem erst seit der
Zeit als man gründlich erkannte, worin eigentlich der wirksame Stoff
eines Arzneimittels liegt, welche Wirkungen dasselbe hervorbringt,
in welchem Maase und unter welchen Bedingungen es angewendet
werden muss, wenn es wirksam sein soll, dem verständigen Arzt es
möglich wurde, zu prüfen, an welchen Krankheiten, in welcher Dosis, unter welchen Vorsichtsmassregeln ein gewisses Arzneimittel anzuwenden ist. Auf ähnliche Art sollte auch die Natur jedes einzelnen Strafmittels erforscht werden, um zu erkennen, worin der Grund
seiner Wirksamkeit liegt, welche Erfahrungen über die Anwendung
und die Wirkungen desselben gemacht wurden, unter welchen Voraussetzungen und Bedingungen es angewendet werden kann. Würden auf diese Weise die Erfahrungen über Todesstrafe, über die
Gefängnisstrafe gesammelt sein, so würden unsere Strafgesetzgebungen
eine bessere Grundlage haben, weil dann der Gesetzgeber wüsste,
wie weit er von einem Strafmittel Gebrauch machen, welche Fehler
er nach der Lehre, welche die Erfahrungen über die bisherige Anwendung des Mittels gewähren, vermeiden sollte, unter welchen Voraussetzungen auf die Wirksamkeit des Mittels gerechnet werden kann
und woran nach der Erfahrung der gute Erfolg häufig scheitert. In
dem vor uns liegenden Werke haben wir nun eine Arbeit erhalten,
welche die Deportation nach allen zuvor angedeuteten Forderungen,
ebenso gründlich und umfassend, als praktisch und geistreich behandelt, so dass die Arbeit als ein Vorbild für alle Aehnlichen aufgestellt werden kann. Hr. v. Holtzendorf ist Verfasser mehrerer kleiner sehr interessanter Schriften, z. B.: Französische Rechtszustände,
insbesondere die Resultate der Strafgerichtspflege und die Zwangs-
colonisation von Cayenne. Leipzig, 1859; ferner die Schrift: das
staatsrechtliche Abhängigkeitsverhältniss zwischen England und seinen Colonien. Leipzig, 1859. Vorzüglich verdient seine neueste

Schrift: das irische Gefängnisssystem, insbesondere die Zwischenan-
stalten vor der Entlassung der Sträflinge, von S. v. Holtzendorf.
Leipzig, 1859, eine besondere Beachtung. — Das Hauptwerk des
Verf. ist das vorliegende, dessen Titel wir oben angegeben haben:
er hat dadurch der Gesetzgebungskunst einen um so grösseren Dienst
geleistet, je mehr in neuester Zeit das von ihm behandelte Strafmittel der Deportation ein Gegenstand vielfacher legislativer Berathungen und Vorschläge geworden ist. Während in England die
Transportation die verschiedenartigsten Ansichten erzeugte, die Gesetzgebung selbst seit einer Reihe von Jahren einen Verbesserungs-
versuch der Einrichtung nach dem Andern folgen liess, und zuletzt
zur Aufhebung der Transportation kam, freilich im Widerspruche mit
einer grossen Zahl von Männern, welche die neue Maassregel der
Regierung beklagen, während in Frankreich seit 1849 die Deportation eine neue Bedeutung erhielt und seit dem Staatsstreiche vom
2. December eine Ausdehnung gewann, welche mit Schauder zu erfüllen geeignet ist, hört man in Deutschland neuerlich die Einführung dieses Strafmittels empfehlen, theils um dadurch die Aufhebung
der Todesstrafe vorzubereiten, oder doch die Beschränkung ihres Gebrauchs zu bewirken, theils um dadurch die Anwendung der Gefängnissstrafe zu vereinfachen, indem das Land von den gefährlichsten
Verbrechern gereinigt werden kann; daher auch in den Ministerien
mancher deutscher Staaten der Vorschlag zur Sprache kam, mit anderen Staaten, welche Colonieen über der See haben, Verträge zu
schliessen, um schwere Verbrecher in Strafcolonieen transportiren zu
lassen. — Unter solchen Umständen muss ein Werk willkommen
sein, welches umsichtig mit Benützung der Erfahrungen aller Länder, welche das Strafmittel bereits seit längerer Zeit anwenden, die
Bedeutung der Deportation prüft, und unpartheiisch alle Licht- und
Schattenseiten der Einrichtung darstellt. Ein solches Werk ist das
von Herrn v. Holtzendorf gelieferte. Eine Bearbeitung der Lehre
von der Deportation hat mit grossen Schwierigkeiten zu kämpfen.
Auf einer Seite vermischen sich mehr oder minder bei dieser Maas-
regel zwei Rücksichten mit einander, die der Auffassung der Deportation als politische Anstalt und die der Benützung als Strafmittel.
Beide Gesichtspunkte müssen aber strenge von einander gesondert
werden. Auf der anderen Seite kömmt in den bisherigen Gesetzgebungen das Mittel gefährliche Menschen oder Verbrecher aus dem
Mutterlande zu entfernen in höchst verschiedenen Formen vor; man
kann daher ebenso die Verbannung, wie die zwangsweise Verbringung der Verbrecher an einen Strafort und verschiedene davon die
Verbringung mit Arbeitszwang rechnen. Es treten aber auch wieder zwei widerstreitende mögliche Gesichtspunkte ein, indem man entweder Verbannung oder Deportation mit dem Charakter einer Wohlthat für den Verbrecher hervorhebt, in so fern entweder durch die
Maassregel die Anwendung einer anderen schweren Strafe (selbst
der Todesstrafe) von dem Verbrecher angewendet wird, selbst (wie

in neuerer Zeit vielfach geschehen ist) die Begnadigung daran geknüpft wird, dass der Verbrecher auswandert, oder in sofern die Deportation in der Reihe der Strafmittel als eine der härtesten Strafen für schwere Verbrecher aufgefasst wird. Der Verf. der vorliegenden Schrift hat überall sehr gut die verschiedenen Gesichtspunkte auseinander gehalten und dadurch eine grosse Klarheit in die Behandlung der Lehre gebracht. — Soll nun ein Werk über Deportation den Bedürfnissen ganz entsprechen, so muss der Verf. suchen, durch die Betrachtung wie bisher in den verschiedenen Gesetzgebungen in mannigfaltigen Formen das Mittel angewendet wurde, welche Erfahrungen darüber gemacht worden, eine feste Grundlage für die Schlussfolgerungen zu gewinnen, welche er in Bezug auf den Werth der Deportation ableiten will. Aus der Mittheilung der Inhaltsanzeige des vorliegenden Werkes wird sich ergeben, dass der Verfasser eine solche Grundlage trefflich zu gewinnen wusste.

Das erste Buch handelt von der Deportation im röm. Alterthum (S. 1—160). Das zweite giebt die Geschichte der Transportationsstrafe und der Verbrechercolonieen Englands (S. 161—384). Das dritte die Geschichte der Deportationsstrafe und der Verbrechercolonieen Frankreichs (S. 397—372). Das vierte Buch liefert die Gesammtdarstellung der Deportation in ihrem Verhältnisse zu den Strafzwecken und zur Colonisation (S. 372—717). Ein Anhang enthält gesetzliche Bestimmungen und Tabellen. — Nach dem Zwecke der Anzeige des Werkes muss es genügen, den Entwicklungsgang des Verf., die wichtigsten Punkte bei denen das Werk verweilt, und die Hauptansichten des Verf. hervorzuheben. Bei der Darstellung der römischen Institute hatte der Verf. manche Schwierigkeit, da darüber wenig von den Schriftstellern über römisches Recht geleistet ist und die in den Schriften vorkommende Unklarheit der Auffassung sich daraus erklärt, dass die Gefahr nahe liegt, das römische Exil mit aquae et ignis interdictio, die relegatio und die deportatio mit einander zu vermischen. Eine gute Abhandlung von Vriese de poena exili, Amsterdam, 1849 scheint der Verf. nicht gekannt zu haben. Ganz richtig zeigt unser Verf., dass zur richtigen Auffassung der hierher gehörigen Einrichtungen eine genaue Sonderung der Perioden und eine richtige Würdigung des Charakters des römischen Strafrechts in den verschiedenen Zeiträumen nöthig ist. Dass unter der Herrschaft des Sakralrechts im Strafrecht (dessen Bedeutung neuerlich Ulloa in Neapel gut in der gazetta dei tribunali di Napoli 1859 No. 1329 geschildert hat) kein Bedürfniss zur Anwendung des Exils vorkam, ist begreiflich (S. 9—13). Der Verf. führt als erstes Beispiel das von Coriolan an; nicht unerwähnt hätte bleiben sollen, dass die freiwillige Verbannung, um der Strafe zu entgehen, schon früh vorkam (z. B. bei Tarquinius Collatinus Consul (s. darüber Vriese diss. p. 6) dann später vielfach gestattet wurde (Cicero pro Caecina cap. 34 nennt das Exilium Berfugiam portusque supplicii). Darauf kömmt die Zeit, wo im Strafrecht mehr das politische In-

teressé des Staats hervorgehoben wurde (S. 18), wo nun die aquae
et ignis interdictio als die nichtigste Strafart (indem sie mittelbar
zur Verbannung führte), erschien (S. 25, vgl. auch Vriese p. 13).
Daran reihen sich unter Sulla die gehäuft vorkommenden Proscrip-
tionen (S. 27) im Zusammenhang mit Gütereinziehung und mit der
im Interesse des Staats nothwendigen Anordnung, dass dem Proscri-
birten nicht ein gewisser wegen Nähe an Rom gefährlicher Aufenthalt
gestattet wurde, woran sich bald unter August schon die relegatio mit
Anweisung eines bestimmten Orts zum Aufenthalt anschloss (S. 3—
31). Es bedurfte nur wenig, um zur Deportation zu kommen mit
dem Merkmal, dass der Relegirte zwangsweise fortgeschafft wurde
(S. 37). Mit grösserer oder minderer Härte wurde nun das Institut allmählig fortgebildet (S. 44), immer mehr und mehr im Zusammenhang mit dem Abschreckungszweck angewendet und häufig als
rein politisches Mittel (S. 49) benützt. Es bedarf der Vorsicht bei
Benützung römischer Stellen, weil der Ausdruck: Deportation in sehr
verschiedenem Sinne gebraucht ist (S. 58—69) am richtigsten fasst
man die römische Bedeutung auf (S. 71), wenn man deportatio als
die mit Verlust des römischen Bürgerrechts verbundene zwangsweise
ausgeführte Entfernung eines rechtskräftig verurtheilten Verbrechers
an eine entlegene Insel zum lebenslänglichen Aufenthaltsort betrachtet. Die einzelnen Streitfragen z. B. über Wirkungen, Dauer etc.
sind S. 72—132 gut behandelt. In der Reihe der römischen Strafmittel kann man sie als in der Mitte stehend zwischen Todesstrafe
und relegatio betrachten. Unter den späteren Kaisern zeigt sich die
Umgestaltung der deportatio in der Art, dass sie wegen häufigerer
Anwendung der Todesstrafe nicht so oft mehr vorkömmt, dass der
Unterschied zwischen deportatio und relegatio verschwindet, dass die
Erstere mit mancherlei Verschärfungen vorkömmt, aber auch oft mit
verschiedenen Erleichterungen erkannt wird, daher sie bald als eine
sehr schwere Strafe, bald als verhältnissmässig geringeres Leiden betrachtet wurde. — Die eigentliche beste Grundlage für jede Forschung über Deportation (eigentlich Fortschaffung des Verbrechers)
und Transportation (Hinüberschaffung) findet sich in der englischen
Einrichtung, die eine der lehrreichsten ist, weil hier die längsten Erfahrungen mit den grossartigsten Leistungen und den verschiedenartigsten Verbesserungsversuchen vorliegen. Der Verf. hebt mit Recht hervor (S. 162), dass der Grund, durch welchen das Alterthum zur Deportation kam, ein ganz anderer war, als derjenige, welcher in England
wirkte, wo früh die Colonisationsrücksicht Einfluss hatte, obwohl die
erste Spur, die unter der Königin Elisabeth dazu führte, dass die Richter gefährliche Landstreicher aus dem Reiche verbannen durften, auf
die strafrechtl. Seite hinweist. — Unter Jacob I. kommen schon Transportationen nach Amerika vor; hier aber lehrt die Geschichte Merkwürdiges, insbesondere unter Jakob I., die Versuche der Regierung,
weil es in den Colonieen an Frauen fehlte, heirathslustige Mädchen
in die Colonieen (anfangs durch Anwerbung, später auch zwangs-

weise) zu schaffen. Die erste Spur, dass Transportationen als Strafmittel angewendet wurden (S. 167), kömmt unter Karl II. vor, der
die Richter ermächtigte, einzelne schwere Verbrecher (allmälig ausgedehnter) nach Amerika transportiren zu lassen (anfangs auf Lebenszeit, später auf 7 Jahre). Unverkennbar wirkte die Idee, dadurch
in vielen Fällen die Todesstrafe, die bisher ausgesprochen war, ent-
behrlich zu machen. Nach der Geschichte aber wurde die Transportation auch mit vorwaltenden politischen Gesichtspunkten angewendet (S. 171). Eigenthümlich ist, dass diese Transportation in England
bald als eine schwere Strafe bald als Milderung im Strafsystem betrachtet wurde (S. 173) im Zusammenhang mit dem bekannten be-
neficium clericale, das offenbar darauf berechnet war, den Ausspruch
der Todesstrafe zu hindern. Organisationen d. Transportation durch den
Staat finden sich anfangs nicht; allmälig aber tritt der gesetzlich anerkannte Arbeitszwang (S. 177) hervor, wobei Colonisationszweck mit
dem Zweck, dass die Transportation ein Strafmittel sein soll, verbunden und der Transportirte an Privatpersonen überlassen wurde,
die ihn beliebig zu Arbeiten benutzen konnten. Als die amerikani-
Colonieen ihre Unabhängigkeit erlangten, musste von selbst die bisherige Transportation nach Amerika eingestellt werden (S. 181).
Das Bedürfniss, da man nicht mehr dahin transportiren konnte, führte
nun zur Erkenntniss, dass für Gefängnisse gesorgt werden müsse.
In jene Zeit fielen auch Howard's edle Bemühungen für Verbesserung der Gefängnisse. Howard selbst war Gegner der Transportation (S. 183). Die Erkenntniss, dass man bei Behandlung der Gefangenen auch auf die Besserung derselben sehen sollte, gewann
Anhänger, während die Entdeckungen neuer Länder durch die See-
fahrer die Aufmerksamkeit der Regierung darauf lenkte, diese Orte
zur Colonisation und als Transportationsorte zu benützen; 1786 wurde
die Gründung einer Colonie in Botany Bay beschlossen. Nun waren
die Blicke auf Australien (trefflich schildert der Verf. S. 187 ff. die
Verhältnisse dieses Landes) gerichtet; 1787 fand die erste Einschif-
fung der Sträflinge nach Botany Bay statt. Die Regierung hatte
zur Leitung der neuen Colonie einen ausgezeichneten Gouverneur
in der Person von Philipp bestellt (S. 212). Die Colonie hatte aber
mit manchen Schwierigkeiten zu kämpfen; die Fluchtversuche der
Sträflinge mehrten sich; der Gouverneur erhielt ein sehr ausgedehntes Begnadigungsrecht (S. 233); am meisten setzten die Sträflinge,
deren Strafzeit zu Ende war, in Verlegenheit; die Neigung, in das
Mutterland zurückzukehren, war für das letzte bedrohlich (S. 240);
man suchte die Entlassenen für das Zurückbleiben in der Colonie
zu gewinnen. Der allmälig günstigere Zustand der Colonie war den
Bemühungen des energischen, aber auch zur rechten Zeit wieder
milden Gouverneurs Philipp, der 1792 nach England zurückkehrte,
zu verdanken. Nach seiner Abreise machten schlimme Einflüsse
durch die oft merkwürdigen Spekulationen der Offiziere sich bemerkbar (S. 245). Der neue Gouverneur Hunter ordnete vieles gut,

aber die damaligen Staatsmänner handelten ebenso planlos als willkürlich (S. 254), selbst in Bezug auf die Auswahl derjenigen, die
man transportiren liess.   Man bemerkt leicht, dass die Schicksale
der Colonieen von der Individualität der aufeinander folgenden Gou-
verneure abhingen, von denen Jeder wieder seine besondere Vorliebe befolgte, z. B. Begünstigung der Emancipirten war unter Mar-
quarie vorherrschend.   Trefflich schildert der Verf. S. 266 den Cha-
akter der einzelnen Gouverneurs.   Das einflussreichste Ereigniss
wurde der Umschwung, der in der Colonie dadurch eintrat, dass die
wachsende Zahl und Bedeutung freier Ansiedler es nöthig machte,
nicht mehr ausschliessend am Charakter der Verbrecher-Colonie festzuhalten und mehr das Colonisationsinteresse zu begünstigen (seit 1822).
Wichtig wurde, dass der Macht der Gouverneurs eine Schranke durch
Niedersetzung eines Vollziehungsraths und eines gesetzgebenden Körpers in der Colonie gesetzt wurde (S. 272).   Zwei neue Colonieen
wurden errichtet (S. 281). Die Gründung einer australischen Acker-
baugesellschaft (1824) förderte die Colonisationsinteressen, während
auf der anderen Seite die Regierung immer mehr dazu gedrängt
wurde, auch das Strafsystem zu fördern und das Verhältniss der
Transportation auf eine Weise zu ordnen, welche das Interesse der
Strafe sichert, so dass jetzt sehr verschiedene Arten von Sträflingen
in der Colonie waren und insbesondere eine neue Klasse, die die
Sträflinge mit Tiket of Leave mit dem Charakter eines Mittelzu-
standes zwischen der Strafe mit Arbeitszwang und der Freiheit gegründet wurde (S. 297).   Der Verf. liefert S. 305 einen sehr guten
Auszug aus der merkwürdigen Schilderung von Neu-Südwales durch
Lang von 1837.   Der Kampf der Meinungen über den Werth und
die zweckmässigste Einrichtung der Transportation vermehrte sich
allmälig; — je mehr Neusüdwales als Colonie blühend wurde —
desto mehr wurden Stimmen gegen die Transportation laut, weil man
fühlte, dass das Colonisationsinteresse durch die Verbrechercolonie
gefährdet würde und weil häufiger Klagen der freien Ansiedler
in den Colonieen gegen das System laut wurden.   Die Ernennung
einer Parlamentscommission v. 1837 hatte die merkwürdigen Aussagen
der vernommenen Zeugen über die gesammelten Erfahrungen und
1838 den einflussreich gewordenen Parlamentsbericht zur Folge, in
welchem die Aufhebung der Transportation nach Neusüdwales be-
antragt wurde, weil dies Strafmittel weder abschreckend noch bessernd wirke, und ungeheure Kosten verursache; dass auf jeden Fall
neue Einrichtungen, da wo man die Transportation beibehalten wollte,
nöthig würden (S. 313).   Auf der andern Seite hatte 1839 der ge-
setzgebende Rath von Südwales ausgesprochen, dass wenn die Transportation nicht die gehofften guten Wirkungen gewährt hätte, dies
in den fehlerhaften Einrichtungen gelegen wäre, durch gut einge-
richtete Assignation mit religiösem Unterricht verbunden die Transportation aber ein wirksames selbst zur Besserung beitragendes Strafmittel werden könne (S. 317).   Von nun an folgten rasch die ver-

schiedenartigsten Verbesserungsversuche auf einander; die massenhaften Anhäufungen von Transportirten (durchschnittlich wurden jährlich 1658 Personen nach Vandiemensland transportirt) vermehrten die Klagen in den Colonieen. Die damaligen Staatsmänner Englands hatten Vorliebe für das Probesystem. Allmälig kam man zur Einsicht, dass das ganze Strafensystem umgestaltet werden müsste; die Folge war, dass man die Verurtheilten zuerst für eine bestimmte Zeit (zuerst 18, dann 12, später 9 Monate) der Einzelnhaft unterwarf, auf deren bessernde Kraft man rechnete, dass dann die aus der Einzelnhaft Entlassenen mit öffentlichen Zwangsarbeiten beschäftigt werden sollten, worauf erst Exil oder Verbannung für den Rest der richterlich erkannten Strafzeit eintreten sollte; man bemerkt, dass dadurch die Transportation einen neuen Charakter erhielt (S. 323). Um den Besserungszweck zu fördern, sollten die Sträflinge, die sich gut betrugen, vor ihrer Wegsendung eine bedingte Begnadigung erhalten. Bei der Ausführung des Plans zeigte sich bald die Verlegenheit darüber, was man mit den Sträflingen anfangen sollte, die unverbesserlich waren; bei dem steigenden Widerwillen der freien Colonisten gegen die Sträflinge hielt man die Vernehmung des gesetzgebenden Raths in Neusüdwales für nöthig, dessen Bericht von 1846 sich für Wiederaufnahme der Transportation, aber unter einer grossen Zahl von Bedingungen erklärte (S. 326). Die Entdeckung der Goldlager in Neusüdwales gab der Frage eine neue Richtung; die Verlockung auszuwandern, steigerte sich, die abschreckende Kraft der Transportation wurde dadurch gemindert (S. 325). Der Kampf der Meinungen wurde lebhafter, die Einsicht, dass das ganze engl. Strafsystem fehlerhaft sei (schon weil keine Mittelstufe in den Strafen zwischen kurzer Gefängnissstrafe und der Transportation auf wenigstens 7 Jahre bestand), siegte; so entstand das Gesetz v. 20. Aug. 1853 (S. 339), nach welchem Transportation als die schwerste criminelle Freiheitsstrafe bleiben, aber nur auf Lebenszeit oder wenigstens auf 7 Jahre erkannt werden sollte; dagegen an die Stelle der Transportation für kürzere Zeit die penal servitude (Strafknechtschaft) zu treten hätte, die entweder in England oder über der See zu vollstrecken wäre; der Regierung wurde übrigens ein grosser Spielraum gelassen. Das neue Gesetz wirkte nicht so gut, als man erwartete; die Stellung der Richter war unangenehm, da sie nicht wussten, wie die von ihnen erkannten Strafen vollstreckt werden würden; aus den Colonieen kamen Klagen, dass man jetzt nur die allerschwersten Verbrecher transportirte (S. 345). Eine neue Parlamentscommission um die Wirkungen des Gesetzes von 1853 zu untersuchen, wurde niedergesetzt; die Aussagen der vernommenen Zeugen (gute Auszüge giebt der Verf. S. 345—49) verdienen die allgemeine Aufmerksamkeit. Die Gesetzgebung kam nun zu einem neuen Ausweg (S. 351), durch welchen die Transportation zu einer Sache der Auswahl in jedem einzelnen Falle, zu einem willkürlichen Bestandtheil der Strafe gemacht und eigentlich als selbstständige Strafart aufge-

geben wird. Nach dem am 26. Juni 1857 ergangenen Gesetze ist
nun die Transportation als richterlich zu erkennende Strafe aufgehoben; statt derselben tritt penal servitude von gleicher Dauer mit
der Transportation ein (statt Transportation auf 7 Jahre kann Strafknechtschaft auf mindestens 3 Jahre erkannt werden). Jeder zur
Strafknechtschaft Verurtheilte kann an überseeische Plätze gesendet
werden. — Eine treffliche Schilderung des Zustandes der einzelnen
Colonieen (insbesondere auch der weniger bekannten Bermudais-
seln) liefert nach den besten Quellen der Verf. S. 357—93. Eine
grosse bessernde durch Transportation hervorgebrachte Wirkung der
Sträflinge ist nicht nachzuweisen; das Gesetz von 1857 wird nur
gehörig gewürdigt, wenn man es durch das Circular von Lord Grey
vom 27. Juni 1857 ergänzt; der Verf. hat in seiner Schrift: das
irische Gefängnisssystem S. 10 darüber Nachricht gegeben. — Nach
der neuesten Criminalstatistik von 1858 kömmt die Transportation
als Strafart nicht mehr vor. Dagegen ist mit penal servitude 1858
erkannt auf Lebenszeit an 17 auf mehr als 15 Jahre, an 18 über
10 bis 15, an 31 über 6 bis 10, an 330 über 4 bis 6, an 372
auf 4 Jahre, an 867 auf 3 Jahre und darunter in 495 Fällen.
     Eine ganz andere Richtung und Charakter hat die Deportation
in Frankreich. Entstanden erst in der französischen Revolution,
musste die Einrichtung vorzugsweise einen politischen Charakter erhalten; die Deportation kömmt zwar im Code von 1791 als Strafmittel gegen rückfällige Verbrecher vor, aber bald auch gegen un-
verbesserliche Bettler (S. 401). Ausserdem war sie aber auch ein
politisches Sicherungsmittel, das von der Administration verfügt werden konnte. Die im Code penal angeführte Deportation ist ein politisches Strafmittel; an eine gesetzliche Organisation des Instituts wurde nicht gedacht. Dass diese Strafe nicht zur Anwendung
kam, hat schon Helic Theorie du Code penal No. 197 nachgewiesen;
1817—19 wurden in den Kammern Anträge auf Aufhebung der Deportation gestellt; 1832; 1835 modificirte die Gesetzgebung den Art.
17 des Code; durch die Erschütterungen des Jahres 1848 erhielt
unter dem Einfluss der jetzt mächtig gewordenen politischen Leidenschaften die Deportation eine neue Bedeutung (gut Nypels in seiner trefflichen Revision des Werkes von Helio, 2te Aufl., vol. 1, p.
71 u. Ortolan elémens du droit pènal no. 1869—83). Während das
Gesetz vom 6. Mars 1848 diese Strafe abschafft, führte die gesetzliche Aufhebung der Todesstrafe für politische Verbrecher dazu, statt
dieser Strafe die Deportation anzuwenden; die Ereignisse des Juni
vermehrten das Bedürfniss. Das Gesetz vom 5. April, 16. Juni
1850 führte wieder zur Deportation (vorliegende Schrift S. 408 bis
S. 412 über die Wirkungen). Durch die vom Staatsstreiche rach-
süchtige mehr als administrative Massregel wegen angeblicher sureté
generale angewendeter massenhafter Fortschaffung von Personen, die
man als gefährlich erklärte, erhielt die Deportation eine neue
traurige Bedeutung. — Der Verf. schaltet hier eine sehr interessante

Darstellung des franzöz. Gefängnisswesens ein (von einem System kann keine Rede sein) von S. 430—54 mit einer wohl begründeten Kritik des franzöz. Strafsystems S. 497. Man bedauert, dass der Verf. nicht von den in mancher Hinsicht merkwürdigen Verhandlungen über die Vor- und Nachtheile der Deportation in der Academie des sciences morales (enthalten in den séances et travaux de l'academie 1853, 2. semestre pag. 59—152 Gebrauch gemacht; in jenen Berathungen zeigt sich, wie wenig selbst ausgezeichnete Männer die (von dem Verf. p. 424 gut hervorgehobene Verschiedenheit der franzöz. Deportation und der englischen Transportation) sich klar gemacht hatten. Von da 1854 an kam die schon früh oft angeregte Umgestaltung (eigentlich Aufhebung) der Bagnos zur Sprache (S. 467), wo das Gesetz vom 30. Mai 1854 verordnete, dass die Strafe der travaux forcés in überseeischen Anstalten vollstreckt werden sollte (S. 477 vgl. mit Nypels p. 137). Die Deportation wurde nun auf das Neue bedeutend; überall aber zeigt sich in den damaligen Maassregeln ein unklares Gemisch von den Rücksichten der Deportation als Strafmittel (Abschreckung, Sicherung, wobei man auch oft von der angeblich bessernden Kraft sprach) mit den Rücksichten der Colonisation (S. 478—490). Von der politischen Deportation wurde (mit schwerer Verletzung der Forderungen der Gerechtigkeit) oft Gebrauch gemacht; die Colonie mortuaire von Cayenne (über das Land S. 528) spielte dabei eine traurige Rolle. Ueber die schaudererregenden Zustände gibt die (wenn auch Manches übertrieben sein mag, doch im Wesentlichen wie es scheint treue) Schrift von Attibert, quatre ans à Cayenne, Brüxelles 1859, Nachrichten. Siehe darüber auch die Bemerkungen in der vorliegenden Schrift S. 559. — Eine gute Darstellung der franzöz. Colonieen für jugendliche Verbrecher, wo eine beachtungswürdige Idee zum Grunde lag, während freilich die Erfahrung nicht günstig für die Durchführung spricht, liefert die Schrift S. 501—13.

Nach diesem reichlich aufgehäuften und trefflich dargestellten Material wendet sich nun der Verf. zur Gesammtdarstellung der Deportation und ihrer Würdigung. Mit Recht beginnt er S. 516 mit der Prüfung der in der Transportation liegenden strafrechtlichen Bestandtheile (Entfernung von der Heimath, zwangsweise Durchführung [der Entfernung, Arbeitszwang, Beschränkung der persönlichen Rechtsfähigkeit). Die Transportation soll ihrer Idee nach mit der Colonisation vermittelt werden. Der Verf. meint S. 584, dass die beiden Zwecke nicht mit einander im Widerspruche sind. Die Transportation gehört zu den schwersten Freiheitsstrafen (S. 585). Bei ihrem Gebrauche tritt für die Gesetzgebung die Schwierigkeit ein, was bei erneuten Verbrechen des Transportirten geschehen soll. Die zur Ausgleichung versuchten Mittel (Androhen der Todesstrafe, Einführung einer criminellen Concurrenzstrafe neben der Deportation sind theils unzweckmässig, theils unzulänglich (S. 591). Der Ausweg, die Deportation mit Aufhebung des Umstandes, dass die

Deportation ein einmaliger, beständiger, gesetzlich nothwendiger Theil des auf Zwangsarbeit lautenden Erkenntnisses ist, der Entfernung als ein willkürlicher, von der Verwaltung je nach den Zwecken der Sicherung und Besserung anzuwenden der Strafbestandtheil ist (welcher der einheimischen Verbüssung völlig gleich steht), ist ebenso bedenklich (S. 592). Ein zur Ungerechtigkeit führender Irrthum ist es, wenn man die Deportation bei allen Freiheitsstrafen anwendbar betrachtet, während sie nur als eine schwere, also auch nur bei schweren Verbrechen anwendbare Strafe angesehen werden kann (S. 593). Die häufig (neuerlich in England) vielbesprochene Ansicht: dass die Transportation keine abschreckende Wirkung habe, erklärt der Verf. (S. 896) für Irrthum, wenn man davon ausgeht, dass das Strafmittel an sich geeignet ist, die Vorstellung des Zwangs in der Behandlung des Verbrechers deutlich auszudrücken, die sittliche Vorstellung von der stattgehabten Verletzung des Rechts als Ursache und Rechtfertigungsgrund des Strafzwangs aufrecht zu erhalten und wenn man den Arbeitszwang und die Entfernung als abschreckende Elemente richtig auffasst (S. 598—602). Auch der Sicherungszweck kann erreicht werden, wobei freilich leicht zu viel, wie in England der criminalpolizeiliche Gesichtspunkt mit Rücksicht auf Unverbesserlichkeit des Verbrechers einwirkt (S. 602). Eine besondere Bedeutung erhält die Transportation bei den politischen Verbrechern (S. 615). Auch der Besserungszweck kann nach einer schönen Ausführung des Verf. (S. 618) durch Transportation erreicht werden, in so ferne sie geeignet ist, durch Verstärkung der moralischen und intellectuellen Kräfte des Sträflings und durch Unterdrückung oder doch Schwächung der Ursachen, die verderblich auf den entlassenen Sträfling und zur Wiederholung von Verbrechen bestimmen können, bessernd zu wirken; der Verfasser prüft nun die einzelnen möglichen Besserungsmittel in der Verbindung mit Transportation, wobei man freilich erkennt, dass von vielfachen günstigen Voraussetzungen die gute Wirksamkeit abhängig gemacht ist. Praktische Bemerkungen liefert der Verf. (S. 620) über den Werth der ländlichen Arbeiten durch die Sträflinge. Eine wichtige Erörterung ist die (S. 621) über das Verhältniss der strafrechtlichen Zwecke der Transportation zum Colonisationszweck; — dass der Abscreckungszweck mit der Colonisation wohl absolut unvereinbar ist, aber doch Beide im gegensätzlichen Verhältniss stehen, muss anerkannt werden; wie Colonisation mit Besserungszweck in einander greifen, hängt von den verschiedenen Formen ab, in denen das Gesetz der Transportation durchführt: (gute Schilderung der Modifikationen S. 629—36). — Der Verf. kömmt zu nachstehenden Schlusssätzen (S. 639): die Deportation vermag den einzelnen Strafzwecken ebenso zu genügen, wie jede andere Freiheitsstrafe, sie wirkt wie jede andere Strafe im Grossen und Ganzen ebenso gleichmässig oder ungleichmässig, sie ist aber vorzugsweise und mehr als eine 'andere Strafe für den Besserungszweck nutzbar zu machen, ist aber in ihrer Ausführung künstlicher

und schwieriger als die andern einheimischen Strafen. Der Verf.
zeigt, dass hier freilich so viel von verschiedenen Voraussetzungen,
selbst von Zufälligkeiten abhängt, und dass vielfache Hindernisse
der Deportation entgegenstehen (S. 643). Die Colonisationsfrage
selbst ist in S. 645 erörtert; ein wichtige Ausführung ist nun das
verschiedene Verhältniss, welches entsteht, je nach dem die Ver-
brechercolonisation in schon bestehenden Colonieen vorkömmt (S. 648)
oder ob sie in neu zu gründenden Colonieen geschehen soll (S. 674).
Der Verf. geht hier überall mit Benützung der reichen Erfahrungen,
welche England besitzt, in die Einzelnheiten ein, so dass das Werk
als ein durchaus praktisches erscheint, das dem Gesetzgeber, der
mit der Frage: ob Deportation eingefürt werden soll, ebenso den
besten Anhaltspunkt für seine Beurtheilung liefert, aber auch für Förderung der Strafrechtswisrenschaft höchst wichtig ist, da das vorliegende Werk wie kein anderes das Wesen der Deportation entwickelt
und dadurch zugleich zur Lehre von den Strafen den besten Beitrag
liefert. — Es sei dem Verfasser der gegenwärtigen Anzeige erlaubt,
als Ergebniss seiner langjährigen Studien und der sorgfältigen Benützung des vorliegenden höchst dankenswerthen Werkes seine Ueberzeugung über den Werth der Deportation als Strafmittel auszusprechen. Uns scheint, dass die Deportation allerdings Elemente in
sich trägt, welche sie zu einem wirksamen Strafmittel machen können, dass aber ihr Gebrauch von vielen ausserordentlichen Voraussetzungen abhängt, auf deren Dasein und günstigen Einfluss der Gesetzgeber mit Sicherheit nicht rechnen kann, und dass ihre Wirksamkeit
regelmässig an mehr oder minder wirkenden Zuständen und Verhältnissen scheitert, dass ihre Benützung mit anderen wichtigen Zwecken
des Staats in Widerspruch tritt. 1) Die Wirksamkeit der Deportation
scheitert schon an der beabsichtigten Verbindung derselben als Strafmittel mit der Colonisation. Unverkennbar muss hier ein zweifach
mögliches Verhältniss in Anschlag gebracht werden. Entweder ist die
Gegend, in welche Sträflinge transportirt werden sollen, eine gesunde,
fruchtbare, einer erfolgreichen Kultur fähige, oder das Gegentheil
ist der Fall. Im ersten Falle wird der Zweck der Colonisation nicht
leicht erreicht werden können, weil hiezu eine grosse Zahl tüchtiger
Ansiedler nothwendig ist, darauf aber nicht gerechnet werden kann,
da die Gegenwart von schweren Verbrechern schon der Colonie einen üblen Ruf giebt, welcher den ehrlichen Menschen abhalten wird,
sich an einem solchen Orte anzusiedeln, weil Gefahr nahe liegt,
dass Person und Eigenthum durch solche Colonisten, die durch ver-
übte Verbrechen gebrandmarkt sind und doch nicht gehörig über-
wacht werden können, nicht sicher sind. Im zweiten Falle dagegen
kann die Regierung ohne Grausamkeit die Colonie nicht durchsetzen.
Für den Sträfling selbst ist die Colonie eine mortuaire und das verständige Volk im Mutterlande wird die Regierung tadeln, während
der einem baldigen Tode, oder doch beständigen Krankheiten aus-
gesetzte Colonist in eine erbitterte Stimmung versetzt ist, die weder

zur Arbeitsamkeit auffordert, noch bessernden Entschlüssen Raum
giebt. Im Jahre 1821 äusserte bei den Berathungen über Deportation der französische Justizminister, dass die Regierung nicht in
neue französische Besitzungen deportiren lassen könne, welche entweder ungesund oder so heiss sind, dass man auf Cultur nicht rechnen kann, weil, wie der Minister sagte: on aurait envoyé les de-
portés, sinon à une mort certaine du moins à un état de misère
affreux. Es scheint, dass die französische Regierung, als sie nach
Cayenne deportiren liess, keine so menschlichen Gesinnungen hatte,
als sie der Minister 1821 ausspsach. 2) Die Wirksamkeit der Deportation, um als gerechtes und zweckmässiges Strafmittel zu dienen,
scheitert an den Schwierigkeiten der Durchführung, zur Erreichung
der Strafzwecke der Abschreckung, Sicherung und Besserung. Wir
geben zwar gerne zu, dass aus den oben angeführten Gründen des
Verf. die Deportation möglicherweise die drei Zwecke erreichen kann; wir billigen auch nicht die von Berenger, der die abschreckende Kraft läugnet, angeführten Gründe (eine Widerlegung
derselben liefert von Holtzendorf S. 638), allein wir bestreiten, dass
regelmässig der Gesetzgeber darauf rechnen kann, dass die Strafe,
die abschreckende, sichernde und bessernde Wirkung haben werde.
In Bezug auf Abschreckung ist es gewiss, dass, je mehr der Ort,
an welchen deportirt wird, günstig der Anlegung einer Colonie, gesund, fruchtbar ist, desto weniger auf abschreckende Kraft zu rechnen ist, weil arbeitsame Sträflinge dann bald reichere Erwerbsquellen
als im Mutterlande finden, schlauen, geistig begabten Sträflingen
es nicht an Gelegenheit fehlen wird, ihre Geschicklichkeit nutzbar zu
machen (häufig aber zum Nachtheil der Sicherheit und Moralität der
faulderen der Ansiedler. Die Erfahrungen in den englischen Colonien
bewiesen diess hinlänglich, und lehrt, wie gefährlich schlaue Sträflinge, die als Lehrer, als Schreiber, Handlungsdiener u. A. in die
Familien der Ansiedler kamen, ihr Talent zu verwerthen, aber auch
die Gelegenheit zu neuen Uebertretungen schlau zu benützen wussten. Je mehr der Gesetzgeber den Colonisationszweck vor Augen
hat, desto mehr muss er Vortheile der Arbeitsamkeit den Sträflingen in Aussicht stellen, wodurch von selbst der Strafzweck in den
Hintergrund treten wird. Wählt der Gesetzgeber zur Strafcolonie
einen Ort, der ungesund, unfruchtbar ist, wo es noch an freien
Ansiedlern fehlt, wird freilich der schreckliche Zustand, der den
Deportirten erwartet, etwas Abschreckendes haben, aber das wahre
Gefühl, mit welchem Strafe, die wirksam sein soll, allgemein aufgenommen werden muss, wird wesentlich beeinträchtigt werden durch
die allgemeine Empörung gegen die Grausamkeit und Ungerechtigkeit der Regierung. Der Zweck der Sicherung scheitert leicht an
der Aussicht und den beständigen Versuchen der Sträflinge zur
Flucht. Die Erfahrungen von England und die Schilderungen
von Attibert in Bezug auf Cayenne sind hier belehrend. In Ansehung des Besserungszweckes ist nicht in Abrede zu stellen, dass

auf manche Sträflinge die Deportation bessernd wirken kann, in so
fern sie entfernt von den bisherigen Genossen der Verbrechen und
von Versuchungen im Mutterlande, ein neues besseres Leben beginnen können und selbst die Aussicht auf ehrlichen Erwerb wohlthätig wirkt; allein die Mehrzahl der Sträflinge besitzt zu wenig
Bildung und Vorbereitung zur Wirksamkeit der bessernden Elemente.
Diese Wirksamkeit würde Anstalten für einen guten Unterricht und
zweckmässige religiöse Entwicklung erfordern; allein je mehr in der
Colonie für kräftige Arbeiten der Sträflinge gesorgt werden muss,
desto weniger ist auf die kräftige und nachhaltige Wirksamkeit der
bezeichneten Anstalten zu rechnen.　Das Zusammenleben der Sträflinge aber wird wegen der verpestenden Einwirkung der verdorbenen auf schwache, minder schlechte Sträflinge dem Besserungszwecke
entgegenwirken. 3) Nicht unbeachtet darf noch bleiben, dass die erfolgreiche Durchführung der Deportation als Strafmittel daran scheitert, dass der Gesetzgeber keinen rechten Maasstab für die Drohung
und Anwendung der Deportation hat und zwar a) in Bezug auf die
Frage: für welche Verbrecher diese Strafe zu drohen ist: soll sie
nur den schwersten Verbrechern gedroht werden, oder auch minder
schweren, die aber von Personen verübt sind, deren Gefährlichkeit
hervortritt, wo insbesondere Rückfälle zu besorgen sind? Man wird
dann leicht dazu kommen, insbesondere auch rückfällige Diebe, Betrüger,
Landstreicher zu deportiren; dass aber ein solches Verfahren ungerecht sein würde, hat der Verfasser der vorliegenden Schrift selbst
(S. 593) gut nachgewiesen; b) eine Schwierigkeit ergibt sich auch
in Ansehung der Frage: ob unbedingt gegen Alle, die ein schweres
Verbrechen begangen haben, die Deportation vollstreckt werden soll;
diess lässt sich aber nicht durchführen wegen der grossen Verschiedenheit der Gesundheitsverhältnisse der Sträflinge.　Man wird wohl
nicht einen sehr schwächlichen, einen an Brust leidenden Sträfling,
überhaupt einen solchen, von dem der Arzt erklärt, dass der Verurtheilte die lange Seereise nicht ertragen, oder dem in der Colonie vorhandenen Klima erliegen würde, deportiren wollen.　Auf
diese Art wird die wirkliche Anwendung dieses Strafmittels von der
Verwaltungsbehörde auf eine bedenkliche Weise abhängig gemacht.
4) So bald man Deportation in der Gesetzgebung als Strafmittel
aufnimmt, wird mehr oder minder die Politik dieser Einrichtung
sich bemächtigen; wie diess Frankreichs Erfahrung lehrt, und zwar
wird man in aufgeregten Zeiten bald dazu kommen, die Deportation
neben der durch Urtheil gegen schwere Verbrecher ausgesprochenen
Strafe von der Deportation auch als Verwaltungsmassregel aus Gründen der sogenannten gefährdeten öffentlichen Sicherheit Gebrauch
zu machen.　Hier aber lehrt wieder die Erfahrung, dass unwillkürlich die herrschende Parthei durch Rachegefühl und Furcht geleitet,
um die Deportation recht wirksam in Bezug auf sogenannte politische Verbrecher zu machen, ihr den Charakter der Härte und Grausamkeit aufdrückt, 5) Entscheidend gegen die Deportation als Straf-

mittel spricht noch die Rücksicht, dass der ganze Charakter der Deportation von der Eigenthümlichkeit des Gouverneurs abhängt, der an die Spitze der Colonie gestellt ist. Die Erfahrung lehrt, dass in den englischen Colonieen die Transportation immer einen andern Charakter an sich trug, je nachdem ein oder der andere Gouverneur die Geschäfte leitete. Der unmittelbaren Einwirkung der Regierung ist die Sache um so mehr entzogen, je entfernter die Colonie von dem Mutterland ist, und je mehr die Regierung dem Gouverneur, wenn er kräftig wirken soll, eine grosse Macht einräumen muss. Auf diese Art hängt der Charakter der Deportation als Strafe von Zufälligkeiten und verschiedenen Einflüssen ab. — Alles deutet darauf, dass eine gerechte Strafgesetzgebung von einem solchen Strafmittel nur mit grosser Gefahr Gebrauch machen kann.

Mittermaier.

Levolds von Northof Chronik der Grafen von der Mark und der Erzbischöfe von Cöln, aus den Handschriften verbessert und vervollständigt von Dr. C. L. P. Tross. Hamm. im Selbstverlage. 1859. 8. S. XVIII. u. 349.

Diese 1358 beendete Chronik eines für die Culturgeschichte Deutschlands so wichtigen Landes, das zwischen der Colonia Agrippina am Rhein und dem Teutoburger Walde liegt, war zwar schon früher bekannt; allein der gründliche Forscher in den früher weniger bekannten Archiven Westphalens, Herr Doctor Tross hat mehrere alte Handschriften aufgefunden, nach welchen er mit sorgfältiger Kritik im Stande gewesen ist, den bisher unvollständigen Text zu verbessern und zu vervollständigen, dem er für die grössere Lesewelt eine deutsche Uebersetzung beigefügt hat. Der Verfasser dieser Chronik ward 1278 in dem Dorfe Northof in Westphalen geboren, studierte in Erfurt und Avignon, wurde durch den Grafen Adolph v. d. Mark Canonicus zu Lüttich, wo jener Bischof und dadurch ein weit mächtigerer Reichsfürst geworden war, als seine väterliche Grafschaft bedeutete. Unser Levold wohnte als Procurator seines Bischofs der Einweihung des Chores der Domkirche zu Cöln bei, als 1323 die heiligen drei Könige dort zur Anbetung aufgestellt wurden. Nachdem er dort auch einem Concil beigewohnt hatte, begleitete er den regierenden Grafen Engelbert II. von der Mark nach Avignon zum Papste, erzog darauf dessen Enkel, und widmete diese Chronik dem Grafen Engelbert III. von der Mark. In der Vorrede gibt er demselben gute Lehren für die Verwaltung seines kleinen Landes, das ursprünglich seinen Vorfahren nur zur Verwaltung für Kaiser und Reich übergeben worden war, dessen erblicher Herr er aber neben den zahlreichen weltlichen und geistlichen Beamten der Kaiser in den für die Einheit Deutschlands so

unglücklichen Zeiten geworden war. Die hier gegebenen Regierungs-
Massregeln könnten auch jetzt Anwendung finden, wobei unser Levold
bei Gelegenheit der gegen das Volk zu beweisenden Freundlichkeit
sagt: audivi aliquando, quod raro istud facere consuevistis. Hierauf geht der Verfasser zu der Geschichte der Grafschaft Mark über;
er leitet den Ursprung der ersten Grafen von der Mark von zwei
Römern aus der alten noch jetzt vorhandenen Familie der Orsini
aus Rom her, welche als Lieblinge des Kaisers Otto III. mit ihm
nach Deutschland zogen, und sich hier ankauften. Der Graf von
Arnsberg im Sauerlande fand diese neue Niederlassung zu sehr in
der Nähe seiner Besitzungen und wollte sie vertreiben; allein der
Angriff wurde abgeschlagen, und die neue Burg Altena, nimis prope
genannt; noch erhebt sich über der jetzigen Stadt Altena an der
Ruhr eine alte Burg. Der andere Bruder baute die Veste Alten-
berg und wurde der Stifter der Grafen von Berg.

Der Chronist erzählt, wie der Erzbischof von Cöln, der heilige
Heribert, sich geweigert habe, den deutschen Kaiser Heinrich, den
Nachfolger Ottos III. wegen eines früheren Streites zu salben, dass
ihn aber der Kaiser durch Demüthigung beschwichtigt habe, homilt
satisfactione placat. Dagegen erzählt er, dass Kaiser Heinrich IV.
als Feind des Papstes Hildebrand von seinem eigenen Sohne ex-
pulsus regno, als Verbanter in Lüttich starb, er auf Befehl des
päpstlichen Legaten ausgegraben und in ungeweihter Erde einge-
scharrt worden, bis durch seinen Nachfolger die Aussöhnung mit
dem Papste erfolgte, so dass er endlich in der Kaisergruft zu Speier
eine Ruhestätte finden konnte. Unter diesen Umständen wurde ein
Graf Eberhardt von Altena so fromm, dass er nach einer Pilgerschaft
nach Rom, in ein Kloster trat, wo er endlich erkannt, dort Abt
wurde. Viele Söhne der Grafen von Altena und Berg widmeten sich
dem geistlichen Stande, aber nicht zum Vortheile der deutschen
Einheit, da sie es mit dem Papste hielten. Innocenz III. begünstigte den Sohn des Herzog Heinrich von Sachsen, wo sich stets
ein Widerstreben gegen die Kaiser erhalten hatte, der Erzbischof
Adolph von Cöln aus der Familie von der Mark setzte diese Wahl
durch und krönte ihn zu Aachen 1208, während die andern Fürsten
den Herzog Philipp von Schwaben zum Gegenkaiser wählten. Später trat dieser Erzbischof — wie man sagte, — durch 1000 Mark
bestochen, auf die Seite Philipps und so wurde 1222 Heinrich, Sohn
von Friedrich II., von einem andern Erzbischof von Cöln, aber auch
einem Engelbert von Berg, zu Aachen gekrönt, der aber 1225 von
seinem Vetter, dem Friedrich von Isenburg ermordet wurde. Durch
ein Reichsgericht wurde dieser Mörder aus dem Hause v. d. Mark
verurtheilt und seine Burgen zerstört; landflüchtig wurde er von dem
Ritter Balduin v. Gennep bei Lüttich, verrätherisch eingeladen, gefangen und für 2000 Mark an den Grafen von Geldern verkauft,
welcher Schirmvogt des Erzstiftes Cöln war, wo er auf das Rad ge-
flochten, endete. Sein Vetter Adolph von Altena sammelte die
Bewohner der zerstörten Orte des Grafen von Isenberg und so ent-

stand Hamm, die nachherige Hauptstadt der Grafschaft Mark, im
Jahre 1226. Der Sohn des Mörders erhielt einen Theil seiner Güter
zurück, und so entstand Limburg an der Lenne, nach seiner Mutter,
die eine Gräfin Limburg war, so genannt. Unser Chronist findet
es natürlich, dass Kaiser Friedrich II., der grosse Hohenstaufe, von
Innocenz IV. 1245 abgesetzt wurde, und dass der Papst einen andern Kaiser wählen liess; doch blieb die freie Reichsstadt Aachen
dem Kaiser treu, obwohl der Papst einen Kreuzzug für den durch
die ungetreuen Vasallen gewählten Wilhelm von Holland predigen
liess. Der Bischof von Lüttich war ebenfalls seinem Kaiser untreu
geworden, und so wurde das treue Aachen erobert. Nach dem Tode
Friedrichs II. wurde dessen Sohn Conrad 1252 vergiftet, während
die Grafen von der Mark mit dem Erzbischof von Cöln blutige
Kriege führten. Die Unordnung des Faustrechts war schon so weit
gegangen, dass der Graf v. d. Mark auch ein Engelbert 1277 von
einem der jetzt so gerühmten ritterlichen Streiter, Hermann
von Loe verwundet auf seiner Burg Brendervort als Gefangener ein-
gesperrt, starb. In demselben Jahre fiel der Graf von Jülich in
Aachen ein; allein er erlag der Tapferkeit der dortigen Bürger. Der
Erzbischof von Cöln feierte diess. Bald aber kam es zu einem
Kriege zwischen demselben Erzbischof und den Bürgern von Cöln,
denen der Graf von Berg Beistand leistete, und den Erzbischof zum
Gefangenen machte, während der Graf von der Mark die dem Erzbischofe gehörige Burg Volmarstein eroberte und Werl dem Boden
gleich machte. Der Erzbischof, durch Lösegeld befreit, setzte nach
dem Tode Rudolphs von Habsburg 1292 die Wahl Adolphs von
Nassau durch, um sich an seinen Feinden zu rächen; doch nachdem
er gegen Albrecht von Oestreich gefallen war, hörten die Kriege
gegen die Bischöfe von Osnabrück, Münster und den Erzbischof
von Cöln keineswegs auf. Auf diese Weise giebt die Geschichte
der Grafen von der Mark ein treues Bild der verflossenen Zeit, bis
Kaiser Karl IV. 1357 diesen fortwährenden Kriegen dadurch einige
Ordnung zu geben versuchte, dass er verordnete, wie Jeder, der
einen andern per incendia, spolia vel rapinas anfallen wolle, diess 3
Tage vorher anzukündigen hätte. Herr Dr. Tross hat sich, abgesehen von seinen kritischen Bemühungen für dieses Werk ein wahres
Verdienst damit erworben, dass er diese für die frühere Zeit so
wichtige Chronik in einer so vollständigen und correcten Weise veröffentlicht hat. Ausser dieser Chronik hat der Verfasser derselben
noch ein Verzeichniss der Cölnischen Bischöfe von dem fabelhaften
heiligen Maternus an, (94 unter Domitian), bis zu dem 56ten, Wilhelm von Gennep, der 1349 gewählt wurde, d. i. bis auf seine Zeit
mitgetheilt, das merkwürdige Thatsachen enthält. Auch verdanken
wir dem ebenso gelehrten als gründlichen Herausgeber das im Jahre
1857, ebenfalls im Selbstverlag zu Hamm zum erstenmale bekannt
gemachte Chronicon Sancti Michaelis Monasterii in pago Verdunensi.*)

*) S. diese Jahrbücher 1859 S. 153.   **Neigebaur.**

JAHRBÜCHER DER LITERATUR.

Literaturberichte aus Italien.

(Fortsetzung von Nr. 45.)

Ein für das Wohl seiner Mitbürger thätiger Mann ist der Markgraf Ludewig Tanaro in Bologna, der vor Kurzem folgende Vorschläge zur Verbesserung des Ackerbaues in diesem Lande veröffentlichte (Der Verfasser war
bei der Bewegung von 1859 einer der Häupter der provisorischen Verwaltung):

Di quanto si possa e si debbe migliorare la nostra agricoltura, Bologna. Tip. All
Ancora. 8.

Dieser sehr verständige Landwirth und hochgebildete Mann bemerkt, dass
da, wo der Ackersmann arm ist, auch der Ackerbau ärmlich ausfällt. Er
führt daher das Beispiel Englands an, wo die reichen Gutsbesitzer für die
Erziehung und den Wohlstand ihrer Pächter und Arbeiter sorgen. Er widerlegt die Behauptung Sismondi's, dass der englische Industrialism die Menschen
zu Maschinen herabwürdige. Von demselben Verfasser erschien schon früher
eine sehr beachtenswerthe Schrift über den Real Credit:

Intorno alla materia del Credito negli interessi agrari, del Marchese Luigi Tanaro.
Bologna 1855. Tip. all Ancora.

Der mit den Verhältnissen auch anderer Länder wohlbekannte Verfasser
schlägt vor, ein solches Pfandbriefs-System einzuführen, wie in Schlesien
und im Posenschen; was aber nur durch ein verbessertes Hypotheken-Wesen
möglich ist. (S. Cenno critico dell. Prof. Sciascia di Palermo sul un progetto di
riforma del Sistema ipotecario francese proposto dal Cav. Neigebaur. Torino
1853.) In den Staaten des Papstes werden die Vorschläge des Marq. Tanaro
wohl nur Wünsche bleiben, obwohl über diesen Gegenstand bereits folgendes Werk erschienen ist: Sulle Condizione economice e sociale dello stato
Pontificio, di Gabr. Rossi II. Vol. Bologna 1848. In jenem Jahre konnten
solche wohlmeinende Vorschläge hier gedruckt werden. Der Verfasser, ein
sehr gründlicher Gelehrter, wird sich aber damit eben nicht sehr empfohlen
haben. Auch anderwärts gilt der für einen Revolutionär, der von Missbräuchen
redet, an die Viele sich gewöhnten oder von denen sie Vortheile haben.

Die oft mit vieler Genauigkeit verfassten Lebensbeschreibungen von Heiligen enthalten oft auch manche für die Kirchengeschichte wichtige Thatsachen.
Auf diese Weise ist folgende Lebensgeschichte des heiligen Maximus nicht
ohne Werth:

S. Massimo, vescovo di Torino; dal sacerodote Prof. D. Carlo Ferreri. Torino.
1858. presso Zoppi.

Der Verfasser fängt mit der Einführung des Christenthums im Piemontesi-

schen an, welches damals Gallia Subalpina hiess. Schon Tertullian sagt, dass
hier Spuren des Christenthums vorkommen. Von 138 bis 187 war der heilige
Calimeros, Bischof von Mailand, ein eifriger Prediger des Christenthums nicht
nur in der Lombardei, sondern auch in der Nachbarschaft bis Ligurien. Die
Legenden mehrerer Heiligen aus dieser Gegend gehen bis in jene Zeit zurück,
z. B. der heilige Georg, der besonders zu Susa, ein anderer, der in Saluzzo
angebetet wird, u. a. m.; der heilige Dalmazzo, aus Mainz gebürtig, wurde
254 hier Opfer seines heiligen Eifers, und die Thebaische Legion soll viele
Turiner in ihren Reihen gezählt haben. Constantin der Grosse kam 313 durch
Turin, und erklärte bald darauf zu Mailand die christliche Religion für die
Staatsreligion; so dass Turin, welches sonst unter dem dortigen Bischof stand,
an dem heiligen Maximus einen eigenen Bischof erhielt, der 415 bis 470 hier
wirkte, und in seinen Predigten besonders gegen die Arianer eiferte. Damals
fiel Attila in Italien verwüstend ein, das schon durch die Gothen viel gelitten hatte, wo ein Söldner von Theodosius dem Grossen sich selbst zum
Herrn gemacht hatte. In dieser Unordnung des Reichs erhielten die Bischöfe
bedeutenden weltlichen Einfluss, so dass der von Turin dazu mitwirken konnte,
dass Attila die Stadt Turin verschonte; doch bald folgte neue Gefahr unter
dem Vandalen Genserich, so dass der Bischof Maximus wohlthätigen Einfluss
haben konnte.

    An Dichtern fehlt es natürlich nirgends in Italien, die

Rime di Carlo Bacudes. Como. Tip. Geongelti. 1859.

haben einen Bewohner des Veltlin zum Verfasser, dem man aber nicht grosse
Dichtergaben zutraut.

Il buon gusto dal Andrea Modulo. Vicenza. 1858. Tip. Baroni.

    Diese satyrischen Dichtungen geiseln die vornehme Welt in ihrem Nichts-
thun und machen dem verständigen Sinn des Verfassers alle Ehre.

Canti d'amore di Filippo Conte Linati. Parma 1858.

    Diese Liebes-Lieder eines parmesanischen Dichters athmen tiefes Gefühl.

    Bei der vieljährigen Verbindung, welche zwischen Venedig und Griechen-
land bestand, und bei der Toleranz, welche dieser Staat gegen alle Nicht-
katholiken beobachtete, haben sich in Venedig stets viele Griechen niederge-
lassen. von denen wir bereits früher Gelegenheit gehabt haben, den gelehrten
Ritter Tipaldo zu erwähnen.

    Ein anderer solcher gelehrter Grieche ist der Vicebibliothekar Herr Velu-
do an der Marciana, welcher diese Bekanntschaft mit seinen Landsleuten zur
Sammlung von Nachrichten über die neue griechische Literatur benutzt hat.
Er hat dem Einsender seine diessfalligen Bemerkungen in italienischer Sprache
mitgetheilt, welche erst später gedruckt werden sollen, wir theilen daher nach
Herrn Veludo einige Bemerkungen betreffend

*Die Ueberreste griechischer Literatur, nach dem Untergange des Byzantinischen
    Reichs*

in einem Auszuge mit.

    Bis zum Aufstande der Griechen im Jahre 1821 kannte man in Europa
das alte Griechenland viel weniger, als das ferne Amerika. Man glaubte, alle

gebildeten Griechen wären nach Italien entflohen, und im Lande nur Klepten und Palikaren zurückgeblieben, oder Phanarioten, welche von der Pforte nur durch ihre Kriecherei geduldet würden. So unzugänglich waren jene Länder geworden, dass man es für einen grossen Gewinn für die Kunst und Wissenschaft achtete, als Lord Elgin vom Parthenon in Athen die Bildwerke vor der allgemein gefürchteten Zerstörungswuth der Türken, welche es für Sünde halten, ein lebendiges Wesen abzubilden wie es Gott geschaffen hat, rettete. Erst seit der Consul Poppudopolo Vieto in seinem in Athen in griechischer Sprache 1832 herausgegebenen Catalog der seit dem Falle von Costantinopel erschienenen griechischen Werke, uns mit dem Reichthum der Literatur dieses Volkes bekannt gemacht hat, sieht man, dass bei den Griechen die wissenschaftliche Bildung nie ganz verloren gegangen ist, lange nicht so wie im Abendlande seit dem Einfall der nordischen Barbaren im römischen Reiche und seit der Einführung des germanischen Lehenswesens, welches die Leibeigenschaft und Gutsunterthänigkeit einführte, die auf die Bildung viel nachtheiliger wirkte, als die Sklaverei des Alterthums, welche ebenfalls beibehalten wurde, denn die Geistlichen sogar hatten im Mittelalter noch Sklaven (S. Martini storia ecclesiastica dell Isola di Sardegna) und die Unterthanen des Königs von Spanien waren die thätigsten Sklavenhändler, bis auf die jetzige Zeit herab.

Die Sprache ist der beste Maasstab der Bildung eines Volkes; die Sprache der jetzigen Griechen ist viel weniger unterschieden von der des Thukydides, als die Sprache der jetzigen Italiener von der des Cicero. Der Druck der fremden Eroberer hat daher auf die ersten weniger Einfluss gehabt, als auf die römischen Völker.

Die verschiedenen altgriechischen Dialecte verschmolzen durch die Oberherrschaft Alexanders immer mehr und der Attische Dialect war zur Zeit der Ptolemäer gewissermassen schon Gemeingut der Griechen, und auch jetzt noch reden die Griechen in dem Königreich Griechenland, in dem Freistaate der Jonischen Inseln, in der Türkei, in Kleinasien und die, welche in Russland und Venedig wohnen, beinahe eine und dieselbe allgemeine Sprache. In diesen verschiedenen Ländern wenigstens weicht die Sprache der Griechen bei weitem nicht so sehr von einander ab, wie in den verschiedenen Theilen Italiens. Bemerkbar ist es, wie durch den Verkehr mit andern, weniger berührten Inseln sich die altgriechische Sprachweise mehr erhalten hat, als da wo die Berührung mit Fremden die Veränderung, besonders in der Grammatik herbeigeführt hat.

Den meisten Einfluss auf die Veränderung der altgriechischen Sprache scheint Italien gehabt zu haben. Das Ost-Römische Reich war ein christlicher Polizeistaat geworden. Wer stationair am Alten hängt, und wer nicht fortgeht, schreitet zurück; so war es nach Justinian der Fall, dessen Nachfolger sich kaum vor den aus Asien vordrängenden Völkern erwehren konnten.

Freilich waren unterdess die germanischen Barbaren in Zerstörung des abendländischen Reichs glücklich gewesen; allein das mitgebrachte Lehnwesen konnte seinen demokratischen Ursprung nicht verläugnen, und so zerfielen bald

alle neu gestifteten Monarchien. Die Städte Italiens führten ein gebildetes
Bürgerthum herbei und die Kaufleute von Amalfi stellten die Verbindung mit
dem Morgenlande zu Wasser wieder her, die in der Zeit der Barbaren-Herr-
schaft beinahe ganz untergegangen war. Die Genueser erweiterten diesen
Verkehr, den erst der Fanatismus des Abendlandes in den Kreuzzügen unterbrach.

In jener Zeit, als sich die italienische Sprache von der lateinischen eman-
cipirte, fanden sich auch die Veränderungen in der griechischen Grammatik
nach und nach ein, die Accentuation ward mitunter eine andere, die Aspira-
tion war in der geschriebenen Sprache nicht mehr wie in der gesprochenen;
mehrere Diphthongen, die sonst in der Aussprache verschieden waren, hörten
auf, es zu sein; Silben, die sonst lang waren, wurden kurz, manche Consonanten oder auch Vokale wurden geändert, oder verloren ihre Stellung, und
manche Worte erhielten einen andern Sinn, als den sie früher gehabt hatten.
Der Dual verschwand in dem Neugriechischen; dagegen wurden Hilfs-Zeit-
Wörter angenommen, und neue Sitten und Gebräuche führten neue Worte mit
neuen Begriffen und Gegenständen ein.

Während aber in Italien die Städte sich frei entwickeln konnten, ging
der christliche Polizeistaat mit Constantinopel unter, die Ritter des Abendlandes richteten mit aller ihrer Ritterlichkeit nichts gegen die Anhänger Muhameds
aus; und nun blieb das Volk der Griechen ohne Hauptstadt, ohne einen Mittelpunkt der Bildung.

Nur die Religion blieb das einzige Band, und der in der altgriechischen
Sprache gehaltene Gottesdienst erhielt bei ihnen die Sprache ihrer classischen
Vorfahren in frischem Andenken.

Die Völker des Abendlandes hatten es leicht, bei sich die Bildung zu
verbreiten, seit die Buchdruckerkunst von den Deutschen erfunden worden
war. Nur die Griechen hatten lange keine Buchdruckerei, selbst ihre Gebet-
und Kirchenbücher mussten im Abendlande gedruckt werden, und waren diese
grösstentheils Werke in altgriechischer Sprache.

Das erste Werk von einiger Bedeutung, das in der neugriechischen Sprache,
mit Ausnahme einiger der bedeutenden Ueberreste, die aus der Zeit der letzten Byzantiner bekannt sind, war ein Heldengedicht aus dem 16. Jahrhundert,
Erotokrit von Vinzenz Cornaro von der Insel Creta, der nach seinem Namen
von venetianischer Abstammung zu sein scheint. Der Gegenstand betrifft eine
Begebenheit aus der ersten Zeit des Christenthums, deren Schauplatz Athen
ist. Der Verfasser hat die Antike nachahmen wollen; aber die Nachahmung
ist bei seinem weitschweifigen Styl nicht glücklich. Dennoch ist viele Einbildungskraft und eine lebendige Darstellung der Leidenschaft nicht zu verkennen; daher dieses Werk bei dem Mangel an Ausgaben der klassischen
Werke des Alterthums sich grossen Beifalls erfreute, besonders auf den weniger von dem Verkehr berührten Inseln. Damals war schon die italienische
Literatur so verbreitet, dass der Reim der italienischen Dichtungen ebenfalls
von den Griechen nachgeahmt wurde.

Bald trat auch in Creta Georg Chortozi mit einem Trauerspiele Hersilia
auf, welches ebenfalls der Antike nachgebildet ist. Ritter Tibaldo von Corfu,
dem wir die meisten Dichter-Nachrichten verdanken, glaubte, dass dies⁵

wahrscheinlich das erste Drama ist, das seit dem Leiden von Christus von Gregor von Nazianz im 4. Jahrhundert, gedichtet worden ist. Man findet hier Anklänge aus dem befreiten Jerusalem von Tasso.

Nach jener Zeit verfasste Nicolo Dimitriko von Apokarona eine Idylle, welche 1627 in Venedig gedruckt wurde und die Liebe eines Hirten besingt, der versprochen hatte, binnen einem Monat zurückzukehren, um seine Braut abzuholen; durch Krankheit verhindert, kam er erst nach 2 Monaten; er fand die Braut vor Sehnsucht todt.

Ein Drama, das Opfer Abrahams, ist ein anderes Gedicht, das vor dem 18 Jahrhundert aus der neugriechischen Literatur bekannt ist. Seit dem kommen Dichtungen häufiger vor; sie waren entweder erotisch, oder heroisch; diese letzten wurden gewöhnlich Klephtische Gesänge genannt, die aber nicht gerade Räuber zum Gegenstande hatten, sondern die Heldenthaten besangen, welche gegen die Unterdrücker, die Türken, ausgeübt wurden.

Diese Dichtungen hatten sämmtlich das Gepräge der Klagelieder, welche der Sklave im Schmerze über seine Unterdrücker ausstösst.

Erst seit die Unabhängigkeits-Bewegungen in Griechenland lebendiger wurden, erst seit dem kam eine neue Art der Dichtung auf, die Kriegslieder voller Begeisterung, wie die von Rigas.

Auch die Satyre hat in neuer Zeit Liebhaberei gefunden, wie das Gedicht Ross-Anglo-Gallos zeigt, in welchem ein Russe, ein Engländer und ein Franzose, die in Griechenland reisen, über den traurigen Zustand des Landes bei einem griechischen Bürger, einem Erzbischofe, einem walachischen Bojaren und bei einem Kaufmanne Erkundigungen einziehen.

In der neuesten Zeit hat man Siegeshymnen angestimmt, in welcher Dichtungsart Calvoa und Solamos von Zante sich einen Namen gemacht haben, sowie Saccalario und Predicari. Die gefälligen Dichtungen von Calvoa sind in Paris bei Renouard gedruckt erschienen, eine Hymne von Solamos kann sich mit den besten lyrischen Dichtern des Alterthums messen.

Auch einen neuen Anacreon kann man den Dichter Anastasios Christopulos nennen, von dem aber sonst nichts bekannt ist.

So viel über die neuen Dichter; was aber die Prosa betrifft, so haben die meisten Neugriechen sich früher nur mit der Gottesgelahrheit beschäftigt, jetzt beschäftigen sich die Prossiker sehr viel mit Uebersetzungen aus andern europäischen Sprachen. So erschien Telemach, Rollins römische Geschichte, und andere zu Leipzig von Niceforus Theotorki und Eugenius Bulgari, beide Geistliche aus Korfu; andere geistliche und naturwissenschaftliche Werke wurden aus dem Englischen und meist aus dem Französischen, weniger aus dem Deutschen übersetzt. Aber auch Original-Werke erschienen über Geographie. Der Archimandrit Antimo Gaza gab zu Venedig ein griechisches Wörterbuch heraus, das er dem berühmten Schneiderschen nachbildete.

Vor der Errichtung des Königreichs Griechenland gab es bei den Griechen, die im Phanar ausgenommen, nur wenig Gelegenheit, sich zu bilden. Doch traten reiche Vaterlandsfreunde auf und unterstützten junge Leute, um ihre Erziehung im Auslande zu erhalten; eine Buchdruckerei wurde endlich auf der Insel Scios angelegt, doch wurde noch viel in Leipzig gedruckt.

Die Phanarioten, welche seit dem Anfange des vorigen Jahrhunderts in der Moldau und Wallachei eine so bedeutende Rolle spielten, brachten allerdings die klassische griechische Kultur dahin, allein obwohl sie die neugriechische Sprache redeten, so waren sie doch zu aristokratisch, um in dieser Sprache zu schreiben; so dass es selten gelehrt ward. Dagegen ward selbst für Frauen das erste Buch, in dem sie lesen lernten, der Herodot, bis sie durch die Verbindung mit den Russen die klassische Wissenschaft, Sprache und Literatur gegen das Französische aufgaben: so dass die jetzige Generation in der Gesellschaft eigentlich nur französisch spricht, und dem gemeinen Volke die romanische Sprache überliess, bis in neuester Zeit die jungen Romanen ihre Muttersprache zu Ehren brachten. Nur bei der Geistlichkeit erhielt sich die griechische Sprache, da ihre Religionsbücher, z. B. das Pedalion in dieser Sprache verfasst sind.

Seitdem das Königreich Griechenland besteht, ist für dieses Volk ein neuer Zeitabschnitt eingetreten, so dass die Sprache noch ausgebildet werden kann, die sich immer mehr der altklassischen nähert, wie man unter anderm aus der Uebersetzung des Pariser Friedensschlusses vom 30. Mai 1855 in den griechischen Zeitungen sehen kann.

Die seitdem aufgetretenen Schriftsteller sind bekannt. Doch wollen wir des neuesten Dichters hier erwähnen, der jetzt grosses Aufsehen macht. Das ist der auf europäischen Universitäten erzogene Aristoteles Valauritis aus Santa Maria (Leucadia), dessen Sammlung von Gedichten Mnemosyne zu Corfu gedruckt, sich grossen Beifalls erfreut. Unter andern hat die gelehrte Rumaenia, Dora d'Istria, in der Revue de deux mondes diesem Dichter volle Gerechtigkeit wiederfahren lassen. Diese geachtete Schriftstellerin ist die Tochter von Michael Ghika, Bruder des Hospodar Alexander Ghika in der Wallachei, an einen russischen Fürsten verheirathet, die eben jetzt in der Schweiz lebt, welche neben den lebenden Sprachen Europas des Alt- und Neugriechischen gleich mächtig ist.

Il Gallicismo in Italia, di Vicenzo Nicotra, Catanea. 1858. 8. pag. 112.

Mehrere Nationen haben in der neuesten Zeit angefangen, ihre Sprache von fremder Einmischung zu befreien. In Ungarn ist man damit in wenigen Jahren fertig geworden; die Romanen haben sich ebenfalls Mühe gegeben, und hier tritt ein Italiener auf, um seine schöne Sprache von fremden Wörtern zu reinigen. Aber wie wenige dergleichen haben die Italiener gegen uns, ohnerachtet des gepriesenen Reichthums unserer Sprache. Wir hörten an unsern kleinern und grössern Höfen in Deutschland seit dem Westphälischen Frieden, wo nach Schloezer der deutsche Sklavensinn wie ein Krebs um sich frass, so viele französische Worte, es ward für vornehm gehalten eine solche sogenannte Salon-Sprache zu imitiren, um nicht im bon-ton zurückzubleiben, und so verlernten wir leider unsere deutsche Sprache dergestalt, dass wir weder Allee noch Balkon deutsch ausdrücken können. Bei Kopenhagen liegt ein Lustschloss mit Namen: Sorgenfrey, bei Berlin: Sanssouci, bei Wien: Belvedere u. s. w.

Adriani: Indice analitico e cronologico di alcuni Documenti, per servire alla Storia della città di Cherasco, dal secolo X. al XVII. Torino, Unione tipografica. 8. 1859.

Der Professor Adriani ist Mitglied der Gesellschaft zur Herausgabe der Geschichts-Quellen des Königreichs Sardinien und hat schon vor ein Paar Jah-

ren die Ergebnisse seiner Durchforschung der Archive im südlichen Frankreich
herausgegeben, jetzt aber die in einer Prachtausgabe erschienene Lebensbeschreibung des Monsignore Ponziglione, womit er, da nur 200 Abdrücke gemacht worden, mehreren deutschen Bibliotheken ein Geschenk gemacht hat;
ein Werk von gründlicher Gelehrsamkeit in den geschichtlichen Anmerkungen,
denen eine Menge ungedruckter Urkunden beigefügt ist. In den vorliegenden Regesten der auf die Geschichte der Stadt Cherasco Bezug habenden
Urkunden, vom 10. Jahrhundert an, finden sich sehr beachtenswerthe Nachrichten über die Gründung der Städte in Oberitalien, in der Zeit, wo die
tapfern Bürger die Burgen des Feudalwesens brachen, und auf diese Weise
die Wiederherstellung der klassischen Wissenschaft möglich machten.

Liriche di Giuseppe Macherione. Catanea. 1858. 8. pag. 262.

Ein junger Dichter giebt hier eine Sammlung von Romanzen, Balladen,
Liedern und Sonetten, die vielen Beifall finden. Sicilien ist überhaupt reich
an Dichtern, und ist nur zu bedauern, dass so schwer die jenseits der Meer-
Enge von Messina gedruckten Bücher in dem übrigen Italien bekannt werden.
Leider hat Sicilien die treffliche Dichterin Turisi-Colonna verloren, deren
Wittwer, der Fürst Spucches durch seine Uebersetzungen griechischer Tra-
giker bekannt ist. Man sieht, dass es auf jener Insel an Vornehmen nicht
fehlt, die sich ihrer nobeln Passionen nicht schämen dürfen. Die Schwester
dieser Dichterin, die Fürstin Ventimiglio war eine bedeutende Malerin. Der
Herzog von Lanza widmete sich der Leitung eines Conservatoriums der Musik.

L'Archivio del Castello di Thun, Cenni di Tomaso Gar. Trento. Tip. Mannoni. 1858.

Dieser gründliche Forscher der Geschichte, jetzt Bibliothekar der Stadt
Trident, auch in Deutschland rühmlichst bekannt, hat hier die archivalischen
Schätze des Schlosses von Thun im Non-Thale in Welsch-Tyrol zugänglich
gemacht. Die von dort stammende Familie der Grafen Thun ist stets der alten Tradition, sich durch Geistesbildung auszuzeichnen, treu geblieben; und
der gegenwärtige hochgebildete Besitzer hat sein Archiv der Wissenschaft geöffnet, das besonders für die Zeit des Concils von Trient sehr wichtig ist,
wo ein Thun Abgesandter des Kaisers war. Für uns sind am Wichtigsten
gegen 800 Briefe aus der Zeit des 30jährigen Krieges und besonders über
Wallensteins Ende.

*Della transscrizione nei registri ipotecarii e della rinnovagione delle iscrizione, dal
G. Maroni. Venezia 1858. Tip. Cechini. 8. 136. P.*

Diese sehr gediegene Schrift über die nothwendigen Verbesserungen im
Hypothekenwesen hat einen geachteten Advokaten zu Padua zum Verfasser.
Er erklärt sich entschieden für die Nothwendigkeit der öffentlichen Uebertragung des Grundvermögens, d. h. dass nur der für den Eigenthümer eines
Grundstücks angesehen werden darf, der in ein dafür von der Behörde ge-
führtes Register eingetragen ist. Die französischen Rechtsgelehrten wollen
sich davon nicht überzeugen; daher auch dort eigentlich nur der Persönlichkeit
des Besitzers, nicht dem Grund und Boden Credit gegeben wird. Man bleibt
bei den Bestimmungen des römischen Rechts, dass der blosse Vertrag hinreicht,
um das Eigenthum zu übertragen; darum hat auch eine der ersten Verwal-

tungsmassregeln des Kaisers Napoleon III. keinen Fortgang gehabt. Er wollte
dem Landbau durch die Einrichtung der Banque foncière aufhelfen, um demselben mit geringen Zinsen Geld zu Meliorationen zu verschaffen, und die Zurück-
zahlung durch Amortisation bewirken. Allein dies war bei der Mangelhaftigkeit des französischen Hypothekenwesens unmöglich. Am besten hat dies
Professor Sciascia in Palermo dargethan in der oben genannten Schrift
(wieder aufgelegt mit einer Vorrede von Mancini aus Neapel, Turin
1853). Auch der sehr erfahrene französische Rechtsgelehrte, Wolowski
hat anerkannt, dass solche Einrichtungen getroffen werden müssen, um nicht
der Person sondern der Sache Credit geben zu können. Besonders aber hat
der mit den deutschen hypothekarischen Einrichtungen wohl bekannte Pariser
Rechtsgelehrte, Bergson in der Revue critique de legisl. et de jurisp. die
Nothwendigkeit der öffentlichen Uebertragung des Grund-Eigenthums bean-
tragt. Alle Versuche einer gründlichen Reform bleiben aber vergeblich, so
lange zuerst von der Person des Besitzers die Rede ist. Es ist erst die Identität des Grund und Bodens festzustellen, die Lage und der Werth des Ganzen,
ferner Alles, was die Benutzung desselben hindert, endlich die darauf haften-
den Lasten. Von dem Besitzer darf dann erst die Rede sein, wenn eine Be-
sitzveränderung vorfällt. Die seit 1849 bestehende Commission in Paris, um
das Hypothekenwesen zu reformiren, ist noch nicht so weit gekommen, den
Grund und Boden von der Person zu trennen. Daher die stillschweigenden
Hypotheken und die Privilegien, die einer Verpfändung nie entgegenstehen
dürfen; so wenig wie von einer Verjährung die Rede sein kann. Darum hat
sich auch der sonst so gründliche Verfasser nicht von den Erneuerungen der
Hypotheken emancipiren können, da er die Verjährung verstattet. Das Gesetz
muss der öffentlichen Eintragung dieselbe Dauer gewähren, die das Grundstück
selbst hat.

Neigebaur.

---

*Zaleukos. Charondas. Pythagoras. Zur Kulturgeschichte von Grossgriechen-
land von Frans Dorotheus Gerlach. Basel. Bahnmaiers Buchhandlung (C. Detloff) 1858. 160 S. in gr. 8.*

Die Schrift, die wir hier anzeigen, wird passend eingeleitet durch eine
allgemeine Erörterung, welche „die griechische Einwanderung in Italien" zu
ihrem Gegenstande hat. In einer blühenden und anziehenden Darstellung werden uns nacheinander die verschiedenen Einwanderungen vorgeführt, wie sie,
nach den Berichten der Alten, von den frühesten Zeiten an aus Griechenland
in die italische Halbinsel stattgefunden und damit den Einfluss begründet haben, welcher die ganze Entwicklung des italischen, zumal römischen Elements
bestimmt und durchdrungen hat. An diese streng quellenmässige Darstellung
knüpft sich dann die Schilderung der drei auf dem Titel genannten Männer,
ihrer geistigen, ethischen und politischen Thätigkeit und damit auch des Einflusses, den sie dadurch auf die gesammte Cultur des südlichen, hellenischen
Italiens, des sogenannten Grossgriechenlands, ausgeübt haben.

Der erste Aufsatz verbreitet sich über Za leukos, den Gesetzgeber von
Lokri, und schildert im Einzelnen, nach Anleitung der Quellen, die merkwürdige Gesetzgebung, die an den Namen dieses Mannes sich knüpft; es wird
aber auch der innere Zusammenhang und die Verwandtschaft dieser ganzen
Gesetzgebung mit Pythagoras und Pythagoreischer Lehre nachgewiesen und
gezeigt, wie der streng sittliche Geist, der beides durchdringt, vorzugsweise
in Italien zur Entwicklung gelangt ist. Wir können hier nicht in alle Einzelheiten dieser schönen Darstellung eingehen, erlauben uns aber zur Charakterisirung des Ganzen eine längere Stelle der Abhandlung selbst einzuschalten,
in welcher der Verfasser die Endergebnisse seiner Forschung und das Ziel
derselben bestimmt und klar ausgesprochen hat.

„Wenn nun wirklich im siebenten Jahrhundert eine Gesetzgebung in Lokri
durch Zaleukos entworfen worden ist, die in wesentlichen Stücken mit den
kurze Zeit später bekannt gemachten Gesetzen des Charondas von Catana übereinstimmt und denselben als Vorbild gedient zu haben scheint;
wenn die nur wenige Jahre früher aufgestellten Satzungen Numas unverkennbar ein orientalisches Gepräge tragen; wie man auch in den Gesetzen der
Lokrer eine Nachahmung der cretischen erblickte; wenn alle diese Gesetze
mit der pythagoreischen Ethik so zusammentreffen, dass sie sämmtlich auf diesen berühmten Namen bezogen worden sind; wenn dieselben wiederum für
die Zwölftafelgesetzgebung eine grosse Bedeutung hatten, wie schon früher
der Grundgedanke der Solonischen Verfassung in der Servianischen wiederkehrt; wenn in der Sage vom Erscheinen der Cumäischen Sybille in Rom eine
frühzeitige Verbindung dieser Stadt mit der ältesten griechischen Kolonie in
Italien mythisch angedeutet und durch das Erscheinen des Aristodemos in
Aricia und Tarquinius Aufenthalt in Cumae historisch erwiesen ist; wenn ferner schon in den Zeiten des ältern Tarquin die Phocäer ein Bündniss mit
den Römern geschlossen haben; wenn unter den ersten Konsuln ein 'Handels-
vertrag mit Karthago zu Stande kam; wenn überdiess der Verkehr der Griechen mit dem Westen durch Aristoteles auf das Zeitalter des Minos zurückgeführt worden ist, welcher nach dem gewichtvollen Zeugniss desselben Philosophen die Sitte der Sissitien, d. h. der gemeinsamen Gastmähler, als eines
ursprünglich Italischen Gebrauchs, von den Oeonotrern nach Kreta verpflanzt
hatte; wenn Marcus Porcius, Cato und Cajus Sempronimus Tuditanus, sowie
die einsichtsvollsten ältesten römischen Geschichtschreiber angenommen hatten,
dass die Aboriginer, d. h. die ältesten Bewohner Italiens, viele Menschenalter
vor dem Trojanischen Kriege aus Griechenland eingewandert seien, welches
Dionysius in Beziehung auf Oeonotrer und Peuketier bestätigt hat; wenn ferner die Einwanderung der Pelasger aus Thessalien nach Italien so fest steht,
als irgend ein Ereigniss der alten Geschichte ; wenn die Festsetzung der Le-
leger, Karer und Cureten im südöstlichen Italien keinem Zweifel unterworfen
ist, wenn endlich nach den Zeiten des Trojanischen Kriegs die Ansiedlung
zerstreuter Griechen in Italien durch Thukydides und Aristoteles geradezu bestätigt wird, welche, im elften, zehnten und neunten Jahrhundert fortgesetzt,
endlich im achten die völlige Besitznahme von Unteritalien durch die Griechen
zur Folge hatte, — so wird man endlich das Verhältniss von Griechenland zu
Italien sich etwas anders denken müssen, als bisher Sitte war, namentlich

aber die Gründung Roms nicht als ein isolirtes Factum und ausser aller Verbindung mit dem gesammten alten Volksleben denken dürfen. Natürlich wird
dann auch das fabelhafte Dunkel schwinden müssen, mit welchem den Ursprung der ewigen Stadt zu umhüllen nicht nur die Sage geschäftig gewesen
ist, sondern worin sie selbst bei der historischen Kritik, wie sie heutzutage
theilweise geübt wird, — freilich in dieser Hinsicht völlig im Widerspruch
mit ihrem sonstigen Bemühen — vielfache Unterstützung findet."

Nun folgt Charondas von Catana, dessen Gesetzgebung uns ebenso
in klaren Umrissen vorgelegt wird, und dann S. 93 ff.: der Pythagoreische
Bund, ein anziehender Vortrag, der die geschichtliche, wie die philosophische, insbesondere ethische Bedeutung des Pythagoras und seiner
Schule in einigen allgemeinen Zügen, auf Grundlage der aus dem Alterthum
darüber uns noch erhaltenen Nachrichten, darstellt und so geeignet ist, ein
bestimmtes Bild von dem Leben und Wirken des Mannes, von der Bedeutung und dem Einfluss seiner Lehre vor unsere Seele zu führen. Wenn
der Verfasser den Verkehr des Pythagoras mit phönicischen und hebräischen
Priestern, mit Chaldäern und Magiern zu Babylon, sowie einen Aufenthalt in
Aegypten nicht bezweifelt wissen will, so wird man ihm darin eben so sehr
beistimmen können, wie in seinem Unglauben an diejenige, welche die Weisheit des Pythagoras nur aus unmittelbarer Berührung mit den Braminen, Gym-
nosophisten und Druiden erklären zu können glauben (S. 102). Die auf Mathematik (als Wissenschaft) begründete Naturanschauung des Pythagoras, die
Strenge seiner ethischen und politischen Grundsätze, kurz der ganze Inbegriff
seiner Lehre, so weit wir sie aus sicheren Quellen kennen, und nicht nach
dem bestimmen, was der verjüngte Pythagoreismus der schon christlichen
Jahrhunderte aus orientalischer Anschauungsweise und Synkretismus in sich
aufgenommen hat, trägt ein durchaus hellenisches und in mancher Hinsicht
dorisches Gepräge, so dass wir uns wohl hüten müssen, auf die Priesterweisheit des Orients das zurückführen zu wollen, was mit orientalischer Sinn- und
Denkweise selbst in Widerspruch steht. War Pythagoras, woran wir gar nicht
zweifeln, in Aegypten, hat er, woran wir ebenso wenig zweifeln, auch andere
Länder des Orients durchzogen, wie später Herodot und Plato, um nur diese
zu nennen, den Kreis seiner Kenntnisse und Anschauungen erweiternd auf
alle mögliche Weise, so wird man darum noch nicht berechtigt sein, aus
ägyptischer oder chaldäischer oder magischer Priesterweisheit den Grund seiner Lehre, seines philosophischen Systems, um diesen Ausdruck zu gebrauchen,
abzuleiten, selbst wenn er bei der Bildung seines (sogenannten) Bundes priesterliche Einrichtungen des Orients sich zum Vorbild genommen, und so äusserlich Manches hiernach gestaltet hat.

Wir empfehlen den anziehenden Vortrag unseren Lesern, die in einer gedrängten, die Hauptmomente hervorhebenden, Darstellung, die sich sehr gut
liest, ein Bild dessen gewinnen wollen, was im Allgemeinen von Pythagoras
und seinem Wirken zu halten ist. Um aber auch zu zeigen, dass dieses Bild
kein aus der Luft gegriffenes, sondern ein den verlässigen Nachrichten der Alten
selbst entnommenes ist, hat der Verfasser noch eine weitere Untersuchung
über die Quellen der Erzählungen von Pythagoras und seiner Schule S. 122 ff.
folgen lassen, in welcher diese Quellen, auch mit Bezug auf die neuesten

Darstellungen der Lehre in der Person des Pythagoras, näher besprochen werden.

Ueber das Leben des M. Terentius Varro. Ein biographischer Versuch von Prof. Dr. L. Ludwig Roth, ord. Lehrer am Gymnasium zu Basel. Basel, Schweighausersche Buchdruckerei 1857. 32 S. in 8.

Die schriftstellerische Thätigkeit des M. Terentius Varro und die Bedeutung, die er durch seine zahlreichen Schriften auf dem Gebiete der römischen Literatur anspricht, ist erst in der neuesten Zeit gehörig erkannt und gewürdigt worden: eine Reihe von Einzelforschungen, den einzelnen verloren gegangenen Schriften desselben gewidmet, geben davon Zeugniss und erregen den natürlichen Wunsch, das, was durch die vereinzelten Forschungen gewonnen worden, in einem Gesammtbild vereinigt zu sehen, welches diese ganze gelehrte Thätigkeit überblicken und richtig würdigen lässt. Bei dem verhältnissmässig frühen Untergang der Varronischen Schriften, von denen schon das Mittelalter wahrscheinlich nicht mehr im Ganzen besass, als das, was auch wir jetzt noch besitzen, ist es allerdings keine Kleinigkeit, ein solches Unternehmen auszuführen, das auf Schwierigkeiten jeder Art stösst und eigentlich erst eine Reihe von Vorarbeiten verlangt, bevor man Hand an ein solches Werk legen kann. Als eine solche Vorarbeit dürfen wir wohl die vorliegende kleine Schrift begrüssen, die, obwohl eine Gelegenheitsschrift, doch, eben ihres Inhaltes wegen, auch in weitere Kreise zu treten verdient und als der Vorläufer einer grösseren Arbeit gelten kann, wie wir sie eben gewünscht haben, zumal der Verfasser durch seine Studien auf dem Gebiete der römischen Literatur, namentlich auch der älteren, und speciell der Varronischen, vor Andern dazu berufen sein dürfte. Der Verfasser hat auch in dieser Schrift sich durchweg an die Quellen gehalten, seine Angaben ruhen stets auf einer positiven Grundlage, die auch da nicht verlassen ward, wo die Versuchung nahe lag, den Mangel der Quellen durch irgend eine phantasiereiche, aber darum noch nicht wahre, Combination zu ersetzen.

Die Darstellung beginnt mit einer Erörterung dessen, was über Geburt, Erziehung u. s. w. sich mit Sicherheit ermitteln lässt, und geht dann alsbald auf das Verhältniss des Varro zu Cicero über, wobei nachgewiesen wird, dass die ersten Spuren eines freundschaftlichen Verkehrs zwischen beiden Männern sich bis zum Jahre 695 u. c. verfolgen lassen, dann aber auch wird die Verschiedenheit des Temperaments beider Männer hervorgehoben und der Einfluss, den diese Verschiedenheit auf den freundschaftlichen Verkehr ausübte. „Cicero's übersprudelnde Lebendigkeit und gründliche Weisheit (so schreibt der Verf. S. 8) mochten in dem streng praktischen, nüchternen, etwas herben Charakter Varro's nicht den gewünschten Wiederhall finden. Ebenso konnte Varro's unkünstlerische, dem Classicismus schnurstracks entgegenarbeitende Composition unmöglich Cicero's Beifall erwerben. Es bedurfte daher neben ihrer politischen Uebereinstimmung und gegenseitigen literarischen Achtung allerdings noch der uneigennützigen Freundschaft eines gewissen Vertrauten, des Atticus, der seine biedere Vermittlung jeder Zeit eintreten liess, so oft die Beziehungen zwischen beiden zu erkalten drohten." Mit Atticus nämlich war Varro schon länger und näher bekannt. Was die philosophische Bildung des Varro betrifft, so schloss sich Varro an Antiochus von Ascalon an, der die Lehre der alten Akademiker mit dem Stoicismus zu verschmelzen suchte, und huldigte so einem Synkretismus, wie er damals in Rom verbreitet war; machte Varro so wenig wie Cicero, Anspruch auf den Namen eines Philosophen, so ist ihm doch in keiner Weise Kenntniss der verschiedenen Lehren und Systeme griechischer Philosophie abzusprechen; seine Schriften geben davon reichlich Zeugniss.

Von dem eigentlichen Verlauf des Lebens innerhalb der ersten vierzig Jahre ist uns kaum Etwas Näheres bekannt. Nach dieser Zeit, mit dem Jahre 678 u. c. finden wir ihn im Dienste des Pompejus als Proquaestor in Spanien, was die Führung der Quästur im Jahre 677 voraussetzen lässt; zwischen 683—687 fällt wohl das Volkstribunat und die curulische Aedilität: in dem Jahre 687 erscheint er als einer der Legaten des Pompejus in dem Seeräuberkrieg; nach Beendigung desselben und nach erfolgter Rückkehr nach Rom, nach 691 mag er wahrscheinlich zur Prätur gelangt sein; wie sich Varro zu dem von Caesar, Pompejus und Crassus 694 eingegangenen Triumvirat verhalten, würden wir näher wissen, wenn die Satire T r i c a r a n u s sich erhalten, die doch wohl gegen das Triumvirat gerichtet war: der Verfasser glaubt, dass aus dem blossen Titel, den er als ganz unschuldig ansieht, auf keine feindselige Stellung gegen das Triumvirat geschlossen werden dürfe, er ist geneigt, in dem Tricaranus einen dreifach potenzirten Caranus oder Geryones sich zu denken, in dem sich mancher gute und unschuldige Witz habe anbringen lassen: wir bezweifeln diess und glauben eben so sehr an die politische Tendenz dieser Satire wie an eine feindselige Stellung, die Varro schon nach seiner ganzen Sinn- und Denkweise gegen diese Coalition einnehmen musste. Diess deutet auch die einzige Stelle, die sich über diesen Τριχάρανος erhalten hat, bei Appian Bell. Civ. II, 9 hinreichend an; darauf führt doch auch unwillkürlich die Aufschrift, bei der wir nicht etwa an den dreiköpfigen Wächter der Unterwelt, sondern an die dreiköpfige Herrschaft, die der römischen Welt nun gebieten wollte, denken; χάρανος aber ist, wie schon Xenophon Hellen. I, 4, §. 4 bemerkt, soviel als κύριος. Kannte doch auch schon die griechische Welt einen Τριχάρανος, unter welchem Titel Anaximenes von Lampsacus, ein persönlicher Feind des Theophrastus, eine Schmähschrift wider die drei Hauptstädte der hellenischen Welt seiner Zeit (Athen, Sparta, Theben) abgefasst hatte, die er unter dem Namen des Theophrastus, dessen Schreibweise darin absichtlich nachgebildet war, zu verbreiten suchte (S. bei Creuzer: histor. Kunst d. Griechen S. 338 zweit. Ausg.). Sollte Varro diese Schrift gekannt und hiernach auch seine Schrift gegen die dreiköpfige Herrschaft Roms mit demselben Titel bezeichnet haben? Es ist diess eine ziemlich nahe liegende Vermuthung, die freilich, da beide Schriften kaum mehr als dem Titel nach uns bekannt sind, eine weitere Begründung kaum wird gewinnen können. Wohl mag sich inzwischen Varro von dem politischen Schauplatz zurückgezogen und seiner gelehrten und wissenschaftlichen Thätigkeit hingegeben haben, bis nach einer wohl zehnjährigen Ruhe der Ausbruch

des Kampfs zwischen Caesar und Pompejus im Jahre 705 auch ihn wieder
herausriss und, wie zu erwarten, auf Seiten des Pompejus stellte. Um das
Jahr 707 scheint Varro, gleich Cicero, wieder nach Rom zu seinen Studien
zurückgekehrt zu sein, von Caesar amnestirt, der in ihm den Mann der Wissenschaft erkannt und ihm die Vorsteherschaft der neu zu gründenden öffentlichen Bibliothek bestimmt hatte. In diese Zeit fällt aber nicht die Plünderung
der eigenen Bibliothek, wie der Verfasser zeigt, sie fällt später, als bei dem
zweiten Triumvirat im Jahre 710 Varro auf die Proscriptionsliste gesetzt ward.
Er selbst entging zwar dem Tode, aber er erlitt an seinem Vermögen grosse
Einbusse. Für die nun folgende Lebenszeit entbehren wir fast aller Nachrichten: die literarische Thätigkeit ward fortgesetzt ununterbrochen bis an sein
Lebensende im hohen Greisenalter im Jahre 727 u. c. Jedenfalls gehören
die bedeutensten Werke Varro's in die spätere Lebensperiode: die Antiquitates
werden, wie S. 23 gezeigt wird, um 707 jedenfalls vollendet gewesen
sein, die Bücher De lingua latina um 709—710, die Imagines um 716, das
Werk über die Landwirthschaft um 718, die IX. Libri Disciplinarum um 721,
wo Varro in seinem drei und achtzigsten Lebensjahre stand, ein Werk, das
die gesammte wissenschaftliche Bildung jener Zeit in sich schloss und die
Grundlage Alles Dessen enthält, was Marcianus Capella u. A. uns jetzt noch
bieten.

Wir haben nur die Hauptpunkte der Schrift hier angeführt und können
nur den oben ausgesprochenen Wunsch wiederholen, bald eine Fortsetzung
dieser Varronischen Studien von dem Verfasser zu erhalten.

---

*Incerti auctoris Carmen Panegyricum in Calpurnium Pisonem cum prolegomenis
et adnotatione critica. Edidit Carolus Fridericus Weber, professor
Marburgensis. Marburgi impensis N. G. Elwerti, Bibliopolae Academici.
MDCCCLIX. 42 S. in gr 4.*

Das in dem Jahre 1527 erstmals durch den Druck bekannt gewordene,
seitdem öfters wieder abgedruckte Lobgedicht eines nicht genannten Verfassers
auf einen eben so wenig näher bezeichneten Vornehmen Rom's, den Piso,
bildet den Gegenstand der Schrift, welche nicht blos den lateinischen Text
selbst in einer revidirten Gestalt, nebst der vollständigen, hier sorgfältig zu-
sammengestellten Varia lectio, enthält, sondern auch diesen Text durch eine
Untersuchung einleitet, welche alle die auf die Abfassung des Gedichtes, wie
auf den Verfasser desselben bezüglichen Fragen, sowie die dabei zur Sprache
kommenden literarischen Verhältnisse (Handschriften, gedruckte Ausgaben
u. s. w.) in erschöpfender Weise behandelt.

Die nächste Frage bei diesem Gedichte wird immerhin die nach dem ungenannten Verfasser desselben sein, zumal als damit auch die Frage nach der
Zeit der Abfassung zusammenhängt, und die Beantwortung dieser Frage für
viele Einzelnheiten, die in dem Gedichte selbst vorkommen, von Belang ist.
Es hängt aber diese Frage und ihre Lösung unwillkürlich zusammen mit der
andern Frage nach dem in diesem Gedichte angeredeten und verherrlichten

Piso, dessen Persönlichkeit eben so wenig bekannt ist und daher schwer zu ermitteln steht. Dass dabei an den oder die Pisonen der Horazischen Ars Poetica nicht gedacht werden kann, wie früher wohl geglaubt worden, wird kaum zu beweisen nöthig sein: eben so wenig wird auch von den in die Jahre 780 und 810 u. c. fallenden Consuln des Namens L. Calpurnius Piso die Rede sein können, und von dem durch Galba im Jahre 822 adoptirten L. Piso Frugi Licinianus: selbst der C. Calpurnius Piso, der unter Trajan 864 das Consulat bekleidete, kann nicht in Betracht kommen, da jeder sichere Anhaltspunkt dazu fehlt. Aus diesen Gründen glaubt der Verfasser richtiger zu sehen, wenn er bei dem in diesem Gedicht besungenen Piso an denjenigen Piso denkt, welcher in die Verschwörung gegen Nero verwickelt, sein Leben verlor: die rühmlichen Eigenschaften, die Tacitus diesem Manne beilegt, passen zu dem, was in diesem Gedicht von ihm gerühmt wird. Auch nach des Referenten Ansicht möchte diese Annahme der Wahrheit am nächsten kommen, sie erscheint jedenfalls als die wahrscheinlichste, mit der sich auch die Zeit der Abfassung des Gedichtes in so weit in Einklang bringen lässt, als dasselbe doch wohl schwerlich in eine spätere Zeit sich wird verlegen lassen, sondern dem Zeitalter Nero's im Allgemeinen angehören dürfte. War aber dieser C. Calpurnius Piso in dem Jahre 810 (nicht 801, wie hier gezeigt wird) Consul suffectus und damals etwa drei und vierzig Jahre alt, so konnte er auch in diesem Gedicht noch als juvenis angeredet, und das von ihm bekleidete Consulat erwähnt werden. Jedenfalls würde hiernach die Abfassung des Gedichtes bald nach dem Jahre 810 zu verlegen sein, mithin weder von Virgil, noch von Ovid, als Verfasser dieses Gedichtes, die Rede sein können: selbst Lucanus, den man nach einer in dem (verlornen) Codex Atrebatensis befindlichen Ueberschrift zum Verfasser hat machen wollen, wird nicht in Betracht kommen können, da er als ein ganz junger Mann von 19—20 Jahren dieses Gedicht geschrieben haben müsste: sollte man aber auch an diesem Alter keinen Anstoss nehmen wollen, so widerspricht, wie wir es wenigstens ansehen, die Sprache und Ausdrucksweise, der ganze Ton und die Färbung des Gedichts der Annahme, dass der Dichter der Pharsalia auch dieses Gedicht abgefasst habe, auf das Entschiedenste: tritt doch sogar in metrischer Hinsicht eine, wie hier nachgewiesen wird, beachtenswerthe Verschiedenheit an den Tag, während in dem Inhalt dieses Lobgedichtes Manches vorkommt, was auf Lucanus gar nicht passen kann.

In neueren Zeiten ist man nicht sparsam gewesen mit Vermuthungen über den Verfasser des Gedichtes, in dem man bald den Salejus Bassus, bald den Statius, bald den Bukoliker Calpurnius erkennen wollte: wie aber alle diese Vermuthungen eines sicheren Grundes entbehren, ist von dem Verfasser in unzweifelhafter Weise nachgewiesen. Es bleibt sonach nur die Ansicht übrig, welche den aus dem Alterthum uns nicht überlieferten Verfasser auch jetzt noch für eine unbekannte und nicht zu ermittelnde Persönlichkeit erklärt, die am wenigsten für dieselbe erklärt werden kann, der man den unter Tibull's Gedichten befindlichen Panegyricus auf Messala beilegt: denn beide Lobgedichte haben nicht die geringste Beziehung zu einander. Unser Verfasser aber geht nun noch einen Schritt weiter: er nimmt mit Recht Anstoss an einigen allerdings auffälligen Ausdrucksweisen, die, wie er glaubt,

einer späteren Latinität angehören und begründet darauf hin die weitere
Vermuthung, die in diesem Gedicht kein Produkt des Alterthums erkennen,
sondern ihm eine Abfassung in neuerer Zeit durch einen Dichter beilegen will,
der hauptsächlich den Tacitus in dem, was er über Piso bringt, vor Augen
gehabt: es wird weiter zur Unterstützung dieser Ansicht der Umstand angeführt, dass bei keinem spätern Schriftsteller, insbesondere Grammatikern, irgend
eine Erwähnung oder Spur dieses Gedichtes vorkommt, das sich handschrift-
lich den sogenannten Catalecten des Ovidius beigefügt findet, die anerkannt
neueren Ursprungs sind: wie denn überhaupt das Unsichere der handschriftlichen Ueberlieferung, dieser Vermuthung ein gewisses Gewicht zu
verleihen scheint. Und doch haben wir uns noch nicht überzeugen können, ein Produkt der neu lateinischen Poesie, wie sie bald nach dem Wiederaufblühen der classischen Studien in Italien zunächst erstand, in diesem Gedicht zu finden, das wir allerdings für antik halten, aber in Bezug auf
Sprache und Fassung den besseren Erzeugnissen des silbernen Zeitalters kaum
zuweisen können, namentlich was den ersten Theil des Gedichtes betrifft, der
von Schwulst und Schwerfälligkeit des Ausdrucks weniger frei ist, als der
andere Theil, etwa von Vers 210 an, welcher sich leichter und ungezwun-
gener bewegt, und in der Art und Weise, wie er den Virgilius (Vers 230)
hinstellt, von der hohen Verehrung nicht abweicht, welche die späteren Dichter Rom's diesem ihrem Vorbilde stets erwiesen haben. Wir glauben kaum,
dass ein neulateinischer Dichter der oben bemerkten Zeit, die auf Einfachheit,
Klarheit und Eleganz des Ausdruckes einen so hohen Werth legte und nach
den besten Mustern des älteren goldenen Zeitalters der Sprache und Literatur
sich richtete, ein Gedicht wie das vorliegende, in dem kaum eine Spur derartiger Nachbildung sich wahrnehmen lässt, hätte abfassen können; aber eben
die schwerfällige Ausdrucksweise, die gesuchten und gekünstelten Redensarten,
der verwickelte Periodenbau lässt uns in dem Verfasser keinen bedeutenden
Dichter erkennen, wohl aber irgend einen armen Literaten oder Rhetor, der
die Gunst irgend eines reichen Gönners und Beschützers der Literatur gewinnen wollte und durch eine solche gesuchte Behandlungsweise, die selbst über-
triebenes Lob und ungehörige Schmeichelei nicht ausschloss, seinen Zweck
zu erreichen hoffte. Unser Verfasser hat nach Unger eine Reihe von seltsamen
und gewiss auffälligen Ausdrücken S. 16 zusammengestellt, wie focilat (Vers
126), succiso poplite (Vers 76), pacata laude (27), classicus horror (141) und
ähnliche: wir möchten denselben noch manche andere, auch uns auffällige anreihen, wie z. B, Vers 56 ff., wo von der Beredsamkeit des Piso vor Gericht
die Rede ist:

> quis regit ipse suam nisi per tua pondera mentem?
> nam tu, sive libet pariter cum grandine nimbos
> densaque vibrata jaculari fulmina lingua;
> seu juvat adstrictas in nodum cogere voces
> et dare subtili vivacia verba catenae etc.

Auch der „animus mala ferrugine purus ipsaque possesso mens est opulentior
auro" (Vers 107. 108), oder die Stelle Vers 236 ff. wo es von Maecenas heisst:

> qui tamen haud uni patefecit limina vati
> nec sua Vergilio permisit numina soli

dürfte dahin zu zählen sein. Wir wollen diese noch leicht zu vermehrenden
Anführungen nicht fortsetzen, glauben aber, dass aus denselben, so auffallend
sie auch erscheinen mögen, doch noch nicht auf eine Abfassung in neuerer
Zeit geschlossen werden könne, da Aehnliches sich selbst bei Seneca und
seinen Zeitgenossen findet, wie insbesondere bei Späteren vorkommt.

Was nun endlich noch die schon oben berührte Dürftigkeit der handschriftlichen Ueberlieferung betrifft, so ersehen wir aus der sorgfältigen Betrachtung, welche der Verfasser diesem Gegenstand gewidmet hat, dass über
die Handschrift, aus welcher Sichard dieses Gedicht nebst einigen angeblich
Ovidischen Gedichten herausgab, jeder nähere Nachweis und selbst jede weitere Spur ihres Vorhandenseins fehlt, dass ferner die Handschrift von Arras
(Codex Atrebatensis), nach welcher Junius seine Ausgabe veranstaltete, ebenfalls verschwunden ist, und die von Jos. Scaliger benutzte Handschrift nur
eine Abschrift dieses Codex Atrebatensis war, der selbst als eine schlechte
Copie sich darstellt. Einen Codex Eburonensis (von Jülich?) erwähnt Barth;
auch darüber fehlt jede weitere Nachricht: eine Warschauer, von Martyni-
Laguna verglichene Handschrift erscheint nach den daraus bekannt gewordenen Lesarten von keinem besondern Werth. Wo sie jetzt sich befindet, ist
unbekannt. Hiernach sieht [es allerdings mit der handschriftlichen Ueberlieferung sehr dürftig aus: allein es wird daraus allein doch schwerlich ein
genügender Schluss auf die Abfassung des Gedichtes in neuerer Zeit gemacht werden dürfen: auch dürfen wir die Hoffnung nicht aufgeben, dass
dereinst noch irgendwie handschriftliche Hilfsmittel aufgefunden werden, durch
welche der Ueberlieferung eine sichere Basis und damit auch die Möglichkeit
einer sicheren Herstellung des Textes verliehen werde.

Mit derselben Genauigkeit, mit welcher die Handschriften besprochen sind,
werden auch die zahlreichen Ausgaben verzeichnet, welche von diesem Gedicht seit dem erstmaligen oben erwähnten Abdruck veranstaltet worden sind,
und Charakter und Bedeutung derselben angegeben.

Was den Text des Gedichtes betrifft, so hat der Verfasser geleistet, was
bei einer solchen Sachlage und bei der Unsicherheit der handschriftlichen Ueberlieferung überhaupt zu leisten möglich war, er hat fehlerhafte Lesarten
aus dem Text gewiesen, unnöthige Correcturen abgewiesen und das Richtige
überhaupt wieder herzustellen gesucht, was hier oft nichts Leichtes war. Der
grossen Sorgfalt und Genauigkeit, welche auf vollständige Zusammenstellung
und bequeme Uebersichtlichkeit des kritischen Apparats verwendet ward, haben wir bereits oben gedacht.

Chr. Bähr.

Druckfehler.
Heidelberger Jahrbücher No. 25. 1859. V. Heft. 25. Bogen.

Seite 385, Zeile 6 von unten statt Popen   lies Pagen.
  „   386,   „   12 „ oben   „   Spucher „ Spuches.
  „   386,   „   13 „   „   „   nun   „ eine.
  „   398,   „   2 „   „   „   Victor   „ Ritter.

JAHRBÜCHER DER LITERATUR.

Verhandlungen des naturhistorisch-medizinischen Vereins zu
Heidelberg.

VII.

**78. Vortrag des Herrn Dr. von Holle „über die Torf-
moose der Gegend von Hannover,“ am 9. Mai 1859.**

Die Zahl der deutschen Torfmoose (Arten der Gattung Sphagnum L.) beläuft sich, den Angaben Schimpers*) zufolge, gegenwärtig auf neun, von denen sieben in der baierischen Pfalz, sechs in
Ost- und Westpreussen nachgewiesen wurden. Im Gebiete der Flora
von Hannover gelang es mir, jene Arten sämmtlich aufzufinden. Es
sind: S. rigidum Nees. Schimp., Muelleri Schimp., cuspidatum Dill.
Ehrb., molluscum Bruch., acutifolium Ebrh., cymbifolium Ehrb., subsecundum Nees et Hornsch., squarrosum Pers., fimbriatum Schimp.
Davon bewohnen die 7 zuerst genannten die Moore, so wie z.
Th. die feuchten Nadelwaldungen der Ebene, soweit sie sandig ist.
S. rigidum, Muelleri, molluscum gedeihen an den höchsten trocken-
sten Stellen der Moore; S. subsecundum findet sich am Rand der
Gräben und in feuchten Vertiefungen der die Moore begränzenden
Haidestriche; S. cuspidatum erfüllt, im Wasser schwimmend, oder
an nassen Stellen der Ufer, die Torfgruben, aus denen unlängst der
Torf gestochen wurde; S. acutifolium und cymbifolium zeigen sich
am Rand der Moore, in mässig feuchter Lage, ferner in mässig
feuchten Vertiefungen der Haiden, sowie der Nadelwälder. Die 5
letzten Arten finden sich am Deister, einem 2 geographische Meilen
langen, 1200' hohen, von grossen Buchen-, Eichen- und Fichten-
waldungen bedeckten Höhenzuge, dessen Nordgehänge, auf sandig-
lehmigem Grunde, die erwähnten Torfmoose**) bewohnen, während
auf dem kalkigen Boden der Südseite bis jetzt noch keine Sphag-
numarten gefunden wurden. Auf reinem Kalk- sowie auf Lehm-
boden sind mir überhaupt in der Gegend von Hannover noch keine
Torfmoose vorgekommen.
Sie finden sich, auch im sandigen Boden, nur in oder an Gewässern (an Quellen oder Bächen, in oder an Gräben, Torfgruben

---

*) Vergl. dessen Monographie der Gattung Sphagnum.
**) S. squarrosum und fimbriatum nur an Bächen oder Quellen, die 3 an-
deren auch an feuchten Abhängen.

oder flachen Tümpeln), deren Wasser klar ist, oder von den Produkten
der Zersetzung der Sphagna gebräunt wurde. In Gewässern, deren
Boden mit Schlamm bedeckt ist, erscheinen die Torfmoose, welche,
wie es scheint, mit faulenden Substanzen geschwängertes Wasser
nicht vertragen, in keinem Falle.

Die gemeinsten Arten sind: S. acutifolium, cymbifolium u. cuspidatum. Die letztere bewohnt die Torfgruben in grösster Menge;
trägt zur Bildung des neuen Torfes, der in den Mooren der Gegend*)
vorzugsweise den Torfmoosen seine Entstehung verdankt, das Meiste
bei. — Alle von mir bezüglich der Artcharaktere untersuchten Expl.
von S. cuspidatum entsprechen allerdings der von Schimper a. a. O.
gegebenen Beschreibung; jedoch nur insofern, als sie mit einer der
Varietäten, nicht mit der Hauptart, übereinstimmen. Jene Varietät
wird von Karl Müller (Synops. I, p. 96) als besondere Art angesehen und S. laxifolium K. M. genannt. Sie unterscheidet sich nach
ihm von S. cuspidatum durch das Auftreten von Spiralfasern in den
Spitzen der Kelchblätter; während S. cuspidatum faserlose Perichae-
tialblätter besitzen soll. Dieser Unterschied wurde, wie es scheint,
von Schimper (a. a. O.) übersehen; wenigstens erwähnt er nichts
davon. Alle meine Expl. besitzen Spiralfasern in den Spitzen der
Kelchblätter (bald in wenigen, bald in vielen Zellen), wesshalb sie
also dem S. laxifolium K. M. entsprechen. Wenn Schimper die
Müller'sche Art nur als Varietät des S. cuspidatum betrachtet, so
muss er wenigstens den Beweis führen, dass jener Unterschied nicht
beständig ist. Mir gelang es nicht, zur Aufklärung dieses Punktes
Etwas beizutragen, da mir die Hauptart Schimpers (S. cuspidatum
in Karl Müllers Synopsis) weder bei Hannover noch anderwärts begegnete. Sie soll, den Angaben Schimpers und Müllers zufolge,
zu den gemeinen Arten gehören; dürfte also auch bei Hannover
wohl noch gefunden werden.

Die seltenste Art ist S. Muelleri, welches, ausser bei Hannover,
in den Mooren Oldenburgs gesammelt wurde. Ziemlich selten finden sich: S. compactum und S. molluscum, letzteres im Cananoher
Moore.

Die Angaben der Schriftsteller über die Vertheilung der Ge-
schlechtsorgane bei der Gattung Sphagnum differiren. Nach Karl
Müller sind alle Arten dioecisch; nach Schimper z. Th. monoecisch,
z. Th. dioecisch. So soll u. A. S. acutifolium monoecisch sein.
Was diese Art betrifft, so bemerkte ich auf einer Tour im Schwarz-
walde, welche ich im vorigen März gemacht habe, dass die meisten
Expl., welche mir begegneten, dioecisch, aber auch nicht wenige
monoecisch waren. Das letztere Vorkommen erschien normal, wie
das erstere.

---

*) Warmbüchener Moor: 2 Stunden lang, 3/4 St. breit; Cananoher Moor:
Ziemlich eben so gross; Ricklinger Moor: 3/4 St. lang, 1/2 St. breit.

Betreffend die rothe Färbung einiger Arten (besonders S. acuti-folium und cymbifolium), welche diese bald besitzen, bald entbehren[*]), so bemerke ich darüber nur, dass die Farbe ihren Sitz in den Zellenwänden, nicht im Zellensafte hat. Ganz junge Blätter zeigen farblose Zellenwände, während schon etwas ältere, wo die Färbung auftritt, rothe Wandungen haben. Weder Säuren noch Alkalien verändern die Farbe; Aether zieht dieselbe nicht aus. Es scheint mir, dass diese Farbe sich von dem rothen Farbstoff in den Zellwandungen mancher Bryumspecies nicht unterscheidet.

II.

79. Mittheilungen des Herrn Dr. von Holle über Pro-teinkrystalle" am 23. Mai 1859.

Nachdem ich bei den Compositen, Umbelliferen, Leguminosen, Labiaten, Borragineen etc. vergeblich bemüht war, diese Krystalle zu finden, bemerkte ich dieselben im Samen der Violarieen, Fumaria-ceen, Papaveraceen, Caprifoliaceen, so wie bei Menispermum cana-dense L., Urtica dioica L., Buxus sempervirens L.

Alle Arten und Gattungen, welche ich aus den drei zuerst genannten Familien untersuchte, besitzen eiförmige oder längliche Pro-teinkörner, die aus einer Hüllhaut, einem (biswellen 2 od. 3), gewöhnlich endständigen, Weisskerne und einem die Reactionen der Pro-teinstoffe zeigenden Krystall bestehen (vgl. darüber meine Mitthei-lungen in dem Juniheft von diesem Jahre des neuen Jahrb. für Pharm.). Ob ein amorpher, zwischen der Membran und dem Kry-stall befindlicher Proteinstoff bestehe, oder ob er fehle, weiss ich noch nicht.

In der Familie der Caprifoliaceen besitzen die meisten der von mir untersuchten Arten (Sambucus nigra, racemosa, Ebulus, Lonicera xylosteum., Symphoricarpos racemosa etc.) Krystalle.

Anlangend die Formen der Krystalle, so glaubte ich, bei Ma-cleya cordata R. Br. und Buxus sempervirens ächte, dem Hexagonal-system angehörige Rhomboeder nachgewiesen zu haben[**]). Später zeigte sich aber, dass die vermeintlichen Rhomboeder unter dem Po-larisationsmicroscope das Licht so wenig doppelt brechen, als die gewöhnlichen, dem Tesseralsystem angehörigen Krystalle (Tetraeder, Octaeder und Verzerrungen oder durch Abstumpfung der Ecken be-wirkte Modificationen dieser Formen); wesshalb sie denn wohl als tesserale Verzerrungen zu deuten sind.

---

[*]) Es ist entschieden unrichtig, wenn von Dr. Klinggräff (vgl. dessen höhere Kryptog. Preussens, S. 213) dem S. acutifolium in allen Fällen die rothe oder doch röthliche Farbe zugeschrieben wird. Sehr häufig finden sich von dieser Art rein grüne Expl.

[**]) Mitgetheilt a. a. O. Ich verfiel in diesen Irrthum, da mir die Krystall-systeme zu wenig bekannt waren.

Der s. g. Weisskern (vgl. darüber a. a. O.) zeigte sich bisher nur in gerundeten oder knollenförmigen Gestalten. Ich fand ihn im Samen dreier Cruciferenarten (Capsella bursa pastoris Moench, Vesicaria microcarpa Vis., Sisymbrium Alliaria Scop. — am grössten und schönsten bei dem letzteren) in krystallinischer Form. Diese Krystalle scheinen dem Tesseralsysteme anzugehören. Ich glaubte, in ihnen Pentagonaldodecaeder zu erkennen, welche in den meisten Fällen, wenigstens bei Sisymbrium Alliaria, zu mehreren unter sich verwachsen sind. Das Nähere theilte ich a. a. O. mit.

80. Vortrag des Herrn Dr. Erlenmeyer am 23. Mai 1859: Vorläufige Notiz „über einen Abkömmling des Oenanthols," dargestellt von ihm und Herrn A. Schöffer.

Wir stellten diesen Körper, den man nach Cahours Amidocapronsäure nennen kann, dar, indem wir das aus dem oenanthol-schwefligsauren Natron abgeschiedene Oenanthol nach der Angabe von Strecker mit Ammoniak sättigten, dann mit Blausäure und Salzsäure versetzten und erwärmten.

Der grössere Theil des Oenanthols blieb bei dieser Reaction unangegriffen. Er wurde von der wässrigen Flüssigkeit getrennt und diese zur Verjagung der Salzsäure zur Trockne verdunstet. Der Rückstand wurde in Wasser gelöst; es blieben dabei einige gelblich gefärbte Flocken zurück, die wir anfangs nicht berücksichtigten; die Lösung wurde mit Bleioxydhydrat gekocht, bis kein Ammoniak mehr entwich und das Filtrat abgedampft. Es blieb kein Rückstand. Eine zweite Portion der von dem unverbundenen Oenanthol geschiedenen Flüssigkeit wurde wieder zur Trockne verdunstet; eine Probe des Rückstandes schwärzte sich beim Erhitzen beträchtlich. Es sollte nun versucht werden, ob sich durch Weingeist eine Scheidung bewerkstelligen lasse. Die Masse hatte längere Zeit trocken auf dem Wasserbad gestanden und zeigte nun auf dem weissen Grund des Salmiaks gelbliche Flecken, von einer undurchsichtigen Substanz berührend. Wir behandelten wieder mit Wasser und erhielten eine grössere Menge der vorerwähnten gelblich gefärbten Flocken. Es wurde von Neuem abgedampft und so lange erhitzt, bis gar keine Salzsäuredämpfe mehr bemerkbar waren; der Rückstand wieder mit Wasser behandelt und so noch neue Mengen der gelblichen Substanz erhalten; diese wurde mit heissem Wasser abgewaschen, was sehr schwer von Statten ging. Der Filterrückstand, welcher sich bei 300facher Vergrösserung unter dem Microscop amorph zeigte, löste sich in concentrirter Salzsäure vollständig auf und lieferte beim Verdunsten über Schwefelsäure $\frac{1}{2}$ bis 1 Centimeter lange glänzende Nadeln, die aber, nachdem die Flüssigkeit entfernt war, alsbald matt wurden und verwitterten. Nachdem die Substanz so etwa 14 Tagen gestanden und an Gewicht nicht mehr abnahm, wurde zur Analyse geschritten:

0.3456 Subst. gab 0.6012 CO_2 $=$ 0.16396 C $=$ 47.47% C.
0.3456   —   — 0.2904 HO $=$ 0.03227 H $=$ 9.33% H.
0.1348   —   — 0.102 Ag Cl $=$ 0.02523 Cl $=$ 18.71 Cl.
0.1518   —   — 0.202 PtNH_4 Cl_3 $=$ 0.012667 N $=$ 8.34% N

Diese Zahlen entsprechen wenigstens annähernd der Formel C_{16} H_{17} NO_4 Cl H.

$$
\begin{array}{rcccc}
 & & \text{berechnet} & \text{gefunden} & \\
C_{16} & = 96 & - & 49.10 & - & 47.47 \\
H_{18} & = 18 & - & 9.21 & - & 9.33 \\
N & = 14 & - & 7.16 & - & 8.34 \\
Cl & = 33_5 & - & 18.16 & - & 18.71 \\
O_4 & = 32 & - & 16.37 & - & 16.15 \\
\hline
 & 195.5 & - & 100.00 & & 100.00
\end{array}
$$

Es unterliegt wohl keinem Zweifel, dass die Substanz noch eine kleine Menge Salmiak zurückgehalten hatte, wodurch der Kohlenstoff heruntergedrückt und der Stickstoff und das Chlor entsprechend erhöht worden sind.

Um vollständig sicher zu sein, soll die Darstellung und Analyse wiederholt werden.

81. u. 82. Beiträge des Herrn Dr. Schiel „zur Wärmelehre" und Mittheilungen desselben „über die Einwirkung der chlorigen Säure auf organische Substanzen," am 6. Juni 1859.

An einen früheren Vortrag über Wärmeverhältnisse organischer Verbindungen anknüpfend, bemerkt der Vortragende, dass wenn man die Ausdehnung des Wassers von 4^0 bis 100^0, welche der Bestimmung von Kopp nach 0,04299 ist durch die Formel

$$\frac{1 \times 0{,}00367\, t}{L + 1}$$

ausdrückt, wo 1 die Schmelzwärme, L die latente Dampfwärme und $t = 96^0$ ist, dieselbe Formel die Ausdehnung des Aethals, dessen Schmelzwärme und Ausdehnung er bestimmt hat, auszudrücken scheint. Indem der Vortragende eine ausführliche Behandlung des Gegenstandes bis zur Beendigung einer Reihe von experimentellen Bestimmungen verschiebt, theilt er die Resultate seiner Untersuchung über die Einwirkung der chlorigen Säure auf organische Substanzen mit.

Die Einwirkung der chlorigen Säure im Sonnenlicht auf die Alkohole war bei Anwendung des chlorigsauren Bleioxyds und successivem Zusetzen von Schwefelsäure, auf Aethylalkohol

$$2 \left({}^{C_4 H_5}_{H} \right\} O_2 \right) + Cl\, O_3 = {}^{C_4 H_3 O_2}_{C_2 H_5} \right\} O_2 + 3\,HO + Cl\,H$$

auf Amylalkohol analog

$$2 \left(\left. \begin{matrix} C_{10}\,H_{11} \\ H \end{matrix} \right| O_2 \right) + Cl\,O_3 = \left. \begin{matrix} C_{10}\,H_9\,O_2 \\ C_{10}\,H_{11} \end{matrix} \right| O_2 + 3\,HO + Cl\,H$$

Wie die letzte Gleichung lehrt, besitzt man in der chlorigen Säure ein Mittel, den **valeriansauren Amyläther** auf eine sehr einfache und bequeme Weise darzustellen.

Durch Einwirkung der wässrigen Lösung von chloriger Säure auf Harnstoff erhält man einen Körper, den man seiner Zusammensetzung nach betrachten kann als eine Verbindung von Harnstoff und Salmiak, sein chemisches Verhalten entspricht jedoch nicht dieser Betrachtungsweise, indem seine alkoholische Lösung mit Salpetersäure einen in Alkohol unlöslichen kryst. Niederschlag giebt, in dem alles Chlor des Körpers enthalten zu sein scheint. Die Einwirkung wird ausgedrückt durch die Gleichung

$$2 \left(\left. \begin{matrix} C_2\,O_2 \\ H_2 \end{matrix} \right| N_2 \right) + Cl\,O_3 = \left. \begin{matrix} C_2\,O_2 \\ H_8 \end{matrix} \right| \begin{matrix} N_3 \\ Cl \end{matrix} + C_2\,O_4 + NO$$

Aus Harnsäure wurde eine chlorhaltige Säure erhalten, die vorläufig den Namen **Chloralursäure** erhielt. Ihre Zusammensetzung entspricht der empirischen Formel $C_{44}\,H_{11}\,N_6\,Cl\,O_{11}$; nähere Mittheilung über diese Säure und ihre Salze und über zwei andere chlorhaltigen Körper, welche gleichzeitig mit ihr entstehen, sollen später folgen.

83. Vortrag des Herrn Dr. Carius „über die Aether der schwefligen Säure" am 6. Juni 1859.

In einer früheren Mittheilung beschrieb ich einige neue an die schweflige Säure sich anschliessende Verbindungen, und stützte auf das chemische Verhalten dieser eine theoretische Betrachtung, nach welcher die sog. Aethylunterschwefelsäure und ihre Homologen die sauren Aether der schwefligen Säure sind. Von einer dieser Säuren, der methylschwefligen Säure, existiren eine Reihe von Substitutionsprodukten, die von Kolbe zuerst dargestellt, von Gerhardt aber erst als solche erkannt wurden. Die trichlormethylschweflige Säure und ihr Chlorid sind nach meiner Ansicht:

$$O_2 \left\{ \begin{matrix} S\,O'' \\ C\,Cl_2\,H \end{matrix} \right. \quad u. \quad \left. \begin{matrix} O \\ Cl \end{matrix} \right\} \begin{matrix} S\,O'' \\ C\,Cl_3 \end{matrix}$$

Letzteres Chlorid giebt, wie es die Theorie verlangt, zur Bildung von Doppeläthern der schwefligen Säure Veranlassung. Dasselbe löst sich beim Erwärmen sehr reichlich in wasserfreiem Alkohol, erleidet dabei aber eine geringe Zersetzung unter Entwicklung von Chlorwasserstoff, so dass nach einem mehrere Tage fortgesetztem Erwärmen die Lösung beim Erkalten kein festes Chlorid mehr abscheidet. Die Flüssigkeit enthält dann neben dem überschüssigen

Alkohol und Chlorwasserstoff eine bei 77⁰ siedende Flüssigkeit, die sich durch ihre Zusammensetzung und alle Eigenschaften als zweifach Chlorkohlenstoff zu erkennen gab, und eine zweite über 100⁰ siedende Flüssigkeit von reizendem nicht unangenehmen Geruch, die mit Kalihydrat trichlormethylschwefligsaures Kali aber kein Chlorkalium gab, und daher wohl ohne Zweifel der Doppeläther

$$O_2 \begin{cases} S O \\ C\, Cl_3, C_2\, H_5 \end{cases}$$ ist; sie wurde leider in zu geringer Menge erhalten, um diess durch Versuche zu beweisen.

Die Bildung des Doppeläthers findet nur in untergeordnetem Maasse statt, indem das Chlorid hauptsächlich in schweflige Säure und zweifach Chlorkohlenstoff zerlegt wird, während die Elemente des Alcohols gar keinen Antheil an dieser Reaction nehmen, und Alcohol also in ganz ähnlicher Weise wirkt, wie das Ferment bei den sog. Gährungserscheinungen. Für die Beurtheilung der Ursache der Gährung sind ohne Zweifel derartige Reactionen von grossem Interesse; hier z. B. ist durch die Entstehung des Doppeläthers nach der Gleichung;

$$1 \begin{array}{c} O \\ Cl \end{array} \begin{cases} S O \\ C\, Cl_3 \end{cases} + O \begin{array}{c} C_2\, H_5 \\ H \end{array} = O_2 \begin{cases} S O \\ C\, Cl_3, C_2\, H_5 \end{cases} + Cl\, H$$

nachgewiesen, dass die Theilchen des Alcohols eine Anziehung auf jene des Chlorürs ausüben, sie ist aber unter gewissen Umständen (hier besonders bei raschem Erhitzen im zugeschmolzenen Rohre) nicht der Art, dass die Elemente des Alcohols an der Zersetzung Theil nehmen könnten, und daher zerfallen die Elemente des Chlorüres nach der Gleichung:

$$2 \begin{array}{c} O \\ Cl \end{array} \begin{cases} S O \\ C\, Cl_3 \end{cases} = \frac{Cl\; C\; Cl_3}{O\; S\; O}$$

Lässt man das Chlorür in derselben Weise auf Amylalcohol einwirken, so findet hier nur die eine Reaction, Bildung von schwefelsaurem Trichlormethylamyl und Chlorwasserstoff statt. Nach beendigter Reaction erhält man eine dunkelbraune Flüssigkeit, die nach dem Waschen mit Wasser und Trocknen im raschen Kohlensäurestrom destillirt wird. Das Destillat löst man in Alcohol und fällt den Aether mit dem gleichen Volum des angewandten Alcohols Wasser; die abgehobene Flüssigkeit enthält fast nur Amylalcohol gelöst. Man wiederholt dieselbe Operation 2- bis 3mal und erhält so den Aether mit einem Rückhalte von einigen Proc. Amylalcohol verunreinigt, den man nur durch neues Erwärmen im Kohlensäurestromm entfernen kann, wobei aber wieder Bräunung eintritt.

Das schwefligsaure Trichlormethylamyl ist eine farblose Flüssigkeit, die nur zum kleinen Theil unzersetzt destillirbar ist, einen schwachen Amylgeruch besitzt, in Wasser unlöslich ist, und darin untersinkt. Es zeichnet sich vor den übrigen Aethern der schweflichen Säure durch seine grosse Beständigkeit aus; es wird nur durch längeres Kochen mit concentrirter alcoholischer Kalilösung zerlegt, und zwar dann nach der Gleichung:

$$O_2 \begin{matrix} S\,O \\ C\,Cl_3 \end{matrix}, C_5\,H_{11} + O\,\dfrac{K}{H} = O_2 \begin{matrix} S\,O \\ C\,Cl_3 \end{matrix} K + O\,\dfrac{C_5\,H_{11}}{H}$$

Durch Phosphorsuperchlorid wird es nach der folgenden Gleichung zerlegt:

$$O_2 \begin{matrix} S\,O \\ C\,Cl_3 \end{matrix} C_5\,H_{11} + P\,Cl_5 = \begin{matrix} O \\ Cl \end{matrix} \Big\{ \begin{matrix} S\,O \\ C\,Cl_3 \end{matrix} + Cl\,C_5\,H_{11} + Cl_3\,P\,O.$$

84. Vortrag des Herrn Dr. Meidinger über „Abhängigkeit des Leitungswiderstandes unbegränzter Flüssigkeiten von der Polgrösse," am 20. Juni 1859.

Nach einigen einleitenden Worten über die Leistungen der französischen Gelehrten in neuerer Zeit auf dem Gebiet der Elektricität im Allgemeinen, beleuchtet der Redner eine vor 1½ Jahren in den Comptes rendues [*]) erschienene Abhandlung von Palagi, über „Ströme, die durch Kohle und Zink in Wasser entstehen." Der Verfasser glaubt hierin ein neues Princip zur Erzeugung von Elektricität ohne Kosten ausfindig gemacht zu haben und sah sich dadurch veranlasst, Versuche im Grossen anzustellen, um seine Entdeckung der Praxis nutzbar zu machen.

Die neue Beobachtung, welche Palagi zum Ausgangspunkt seiner Versuche diente, bestand dem wesentlichen nach in folgendem:

Wenn man Zink und Kohks in einem und demselben oder in verschiedenen Brunnen zu einer Kette vereinigt, so erhält man einen seiner Richtung und Intensität nach Wochen und Monate lang bei jeder Witterung und Tageszeit unveränderlichen Strom. Derselbe bleibt in derselben Stärke, wenn man statt des gegebenen Zink- oder Kohksstückes ein etwas grösseres oder kleineres Stück zur Anwendung bringt. Theilt man jedoch einen der Pohle und verbindet seine Hälften durch einen Kupferdraht (je länger derselbe, um so vortheilhafter) so entsteht ein verstärkter Strom. Vereinigt man auf diese Weise eine grössere Anzahl von gleichartigen Kohks- oder Zinkstücken durch Kupferdrähte zu einer zusammenhängenden Kette, so wächst der Strom fortwährend proportional mit den einzelnen Kettengliedern.

Palagi versucht keine Erklärung dieser Erscheinung, ist aber der Ansicht, dass diese Elektricität, tellurischen Ursprungs, keine Kosten verursache, d. h. kein Zink auflöse.

Der Redner überzeugte sich durch eigene Versuche von der Richtigkeit jener Angaben; er fand jedoch auch noch ferner, dass,

----

*) Compt. rend. XLV, 775; Dingl. pol. J. 147. S. 56.

bei Anwendung einer in obiger Weise gebildeten Kette von Kohlen-
oder Zinkstücken, der Strom überhaupt nie grösser wurde, wie in
dem Falle, wo die ganze Kette durch ein einziges homogenes Stück
von Kohle oder von Zink, von der Länge und Breite der Kette
ersetzt wurde. So erklärt sich denn die Erscheinung auf eine einfache Weise. An eine Zunahme der elektromotorischen Kraft ist
nach der volta'schen Theorie nicht zu denken unter Umständen, wo
eine Reihe gleichartiger Metallstücke durch einen andern einfachen
Leiter in directer Verbindung miteinander stehend. Nach dem Ohm-
schen Gesetz ist aber die Stromstärke ein Quotient der elektromotorischen Kraft dividirt durch den gesammten Leitungswiderstand; sie
kann ebensowohl wachsen durch Zunahme des Zählers wie Abnahme
des Nenners. Im gegenwärtigen Falle findet nur letzteres statt.

In einer nach allen Seiten unbegränzten oder so breiten Flüssigkeit, dass ihr Querschnitt sehr gross gegen die Entfernung und Grösse
der Pole ist, verbreitet sich die Elektricität nicht bloss in der geraden Verbindungslinie zwischen den Polen, sondern auch in grösseren Bögen um dieselbe herum. Der gesammte Leitungswiderstand
der Flüssigkeit ist dann im selben Verhältniss geringer, als der
mittlere Querschnitt der von den einzelnen Stromelementen durchlaufenen Flüssigkeit grösser wie die Pole ist. Dieser mittlere Querschnitt ändert sich dadurch nicht wesentlich, dass man einen etwas
grösseren oder kleineren Pol wie den ursprünglich vorhandenen anwendet, wohl aber wird dadurch beinahe ein ganz neuer Querschnitt
gebildet, dass man einen zweiten Pol in einer möglichst grossen
Entfernung von dem früheren anbringt. Im selben Verhältniss als
die Summe beider mittlerer Querschnitte grösser ist als ein einziger,
kann dann die Stromstärke zunehmen. Es bedarf kaum der Erwähnung, dass in einem entsprechenden Verhältniss der Zinkconsum
steigen muss. — Der Kupferdraht, der je zwei Zink- oder Kohlen-
stücke verbindet, dient blos als einfacher Leiter der Elektricität;
es könnte ebensogut von jedem einzelnen Stück ein irgend beliebiger isolirter metallischer Leiter der Elektricität nach aussen gehen
und sich an den oberirdischen Leitungsdraht besonders anschliessen.

Uebrigens verschwindet der Vortheil von Palagi's Konstruction
zum grossen Theil, wenn die Kette zum Telegraphiren auf sehr
grosse Entfernungen hin benutzt werden soll. In diesem Fall wird
nämlich der Leitungswiderstand des Telegraphendrahts so gross, dass
der Leitungswiderstand der Erde dagegen ganz verschwindend klein
ist. Ob man letzteren durch Anwendung einer Kette von Zink und
Kohlenstücken, oder sehr grosser Poloberflächen absolut genommen
selbst auf Null reducirt, kann desshalb auf die Stromstärke doch
keinen Einfluss hervorbringen. Wirklich hat auch einer der Versuche
von Palagi gezeigt, dass auf eine Entfernung von 120 Kilomêtres
der Wheatstone'sche Nadeltelegraph mit einer einzigen Kohle sich
ebensogut bewegen liess, wie mit einer ganzen Kette von 40 Kohlenstücken.

Was Palagi sonst noch als Eigenthümlichkeiten seiner Kette in den Resultaten 4, 6, 7, 8, 10 seiner Untersuchung angibt, kann nur durch eine höchst oberflächliche Beobachtung aufgefunden sein. —

85. Vortrag des Herrn Dr. Oppenheimer „Ueber einen Fall von chronischer Arsenvergiftung durch grünen Zimmeranstrich,“ am 20. Juni 1850. *)

Bei der Häufigkeit, welche die Fälle von chronischer Arsenvergiftung zu haben scheinen, und bei dem Streite, den die praktischen Arzte mit den Chemikern über die Möglichkeit einer Arsenvergiftung durch Tapeten und Anstriche führen, möchte wohl die Erzählung folgender Krankengeschichte meinen Herren Kollegen nicht unwillkommen sein. Ich glaube die Möglichkeit in diesem speziellen Falle nachgewiesen zu haben, wenn auch der Aufenthalt des Arsens im Organismus nicht ermittelt werden konnte. Zugleich möchte ich aber auch darauf aufmerksam machen, welche Schwierigkeit der Diagnose und der Therapie eine solche chronische Arsenvergiftung dem Arzte bereitet, und wie nur ein Analyse des ganzen Komplexes von Erscheinungen die Diagnose erleichtern und die Therapie leiten kann.

Eine Frau vom Lande, 44 Jahre alt, klagte im Sommer 1857, der bekanntlich sehr heiss und trocken war, über eine Blepharadenitis ciliaris, welche ihr viele subjektive Beschwerden machte und welche sich zuweilen über die Konjunktiva des obern wie des untern Augenliedes ausbreitete. Nach vielen vergeblichen Versuchen, die Entzündung und die kleinen Ulcerationen mit den bekannten Mitteln zu beseitigen, verlor die Kranke die Geduld, beschränkte sich darauf, den Lidrand häufig mit kaltem Wasser zu waschen und sah zu ihrer grossen Freude nach 5 bis 6 Wochen die Entzündung heilen. Obgleich es sich hie und da ereignet, dass Kranke mit dem Aussetzen der Arzneimittel heilen, so ist in diesem Fall ein Umstand von Gewicht, den ich jedoch erst nach 1 ½ Jahren in Erfahrung brachte; die Kranke hatte nämlich mit hereinbrechendem Winter ihr Wohnzimmer geändert, sie hatte das Zimmer mit einem grünen Anstrich verlassen und war in ein blau angestrichenes übergezogen.

Im nächstfolgenden Sommer 1858, nachdem die Kranke im Frühjahr wieder das grüne Zimmer bezogen hatte, kam die Entzündung des Lidrandes wieder, wurde jedoch von der Kranken nicht weiter beachtet. Zu gleicher Zeit stellten sich aber Störungen der Verdauung ein, welche ein deutliches Bild eines chronischen Magenkatarrhs gaben und welche allen Mitteln zu trotzen schienen. Ich hatte den Verdacht, dass fortwährend neue Indigestionen den Katarrh unterhielten, liess Wochen lang Milchdiät einhalten; aber auch dieses half nichts. Während des Gebrauchs von Argent. nitricum

*) Auch gedruckt in den „Aerztlichen Mittheilungen aus Baden“ Nr. 16. 1858.

hielte der Katarrh und der Appetit kehrte wieder. Ich sage absichtlich „während des Gebrauchs," denn ich kann nicht behaupten,
dass Argent. nitricum den Katarrh der Magenschleimhaut beseitigte,
wenn es auch einigen Antheil an der Heilung gehabt haben mag.
Jetzt scheint mir das hervorragenste Moment zur Heilung der Umstand zu sein, dass die Kranke wieder das grüne Zimmer verliess.

Im November 1858 sah ich die Kranke zum erstenmal in ihrer
Wohnung — bis jetzt kam sie zu mir, um mich zu konsultiren.
Nach fünf- bis sechsmaligen Nachtwachen, während einer Pleuritis
des Kindes, war bei ihr Appetitlosigkeit, Uebelkeit und Kopfschmerz
eingetreten. Ein Emeticum brachte Erleichterung, so dass die Kranke
am nächsten Tage wieder ihren Geschäften nachgehen konnte. Am
nächstfolgenden Tage stellte sich jedoch heftiges Fieber ein mit heftigem Kopfschmerz, Schwindel, dick belegter Zunge und häufigen
diarrhöischen Ausleerungen; die Milz war mässig vergrössert, Roseola
nicht vorhanden. Nachdem dieser Zustand einige Tage bestanden
hatte, traten eigenthümliche Erscheinungen auf, welche die Kranke
und Umgebungen sehr ängstigten und wegen deren ich mehrere Male
aus der Stadt gerufen wurde. Da es immer zwei Stunden dauerte,
bis ich ins Krankenzimmer kommen konnte und die ängstigenden
Erscheinungen in einer halben Stunde aufhörten, so konnte ich mich
persönlich nie von der Heftigkeit der Erscheinungen überzeugen.
Nach Beschreibung der Kranken und der Umgebung scheint eine
Behinderung der Respiration durch Krampf der Glottis oder der
Bronchien stattgefunden zu haben. Klar wurde jedoch der Zustand
nicht beschrieben, so dass nur so viel sicher ist, dass eine Affektion
des Vagus den Verlauf der fieberhaften Krankheit komplizirte, welche
man selbst für einen akuten Intestinalkatarrh, oder da die Fieber-
erscheinungen bis nach Ablauf der dritten Woche anhielten, für
einen gelinden Typhus halten konnte. Bis hieher hatte man ein
Krankheitsbild, für welches man eine Ursache aufstellen konnte.
Von nun an aber traten Symptome auf, welche nicht so leicht zu
deuten waren. Das Fieber, die Darmsymptome mässigten sich;
allein der Appetit kam nicht und die Zunge war fortwährend belegt.
Auch war eine Blepharitis hinzugetreten. In der fünften Woche
stellten sich allabendlich Fröste ein, welche in Hitze übergingen.
Am darauffolgenden Morgen war der Puls normal, so dass man an
eine unvollständige Intermittens denken musste, wenn auch kein
Grund dafür aufzufinden war. Energische Dosen von Chinin besei-
tigten die Fieberanfälle. Einige Tage später trat eine neue Erscheinung in Szene. Die Kranke klagte über globus hystericus, welcher
vom Magen aufstieg, im Halse sitzen blieb, das Gefühl von Kon-
striktion verursachte und die Patientin äusserst quälte. Eine Untersuchung der Genitalien ergab nichts Anomales, kein Schmerzgefühl,
keine Deviation des Uterus. Die Menses waren in den sechs Wochen der Krankheit zweimal regelmässig eingetreten. Bei der Untersuchung des Halses finden sich die Tonsillen geschwollen, mit

mehreren weisslichgrauen erbsengrossen Flecken besetzt. Auch auf
der hintern Rachenwand lag ein ähnliches Exsudat. Die Flecken
liessen sich mit dem Spatel nicht abstreifen und wurden bei Berühren mit dem Höllensteinstift nur wenig in ihrem Aussehen verändert. Sehr langsam, erst nach acht Tagen stiessen sich die Exsudate ab und hinterliessen eine gesund aussehende Schleimhaut. Zugleich mit der Beseitigung des Exsudates nahm auch das Konstrik-
tionsgefühl ab und es schien, als ob jetzt vollständige Heilung eintreten würde. Allein nach zwei bis drei Tagen wurde die Kranke von
Anfällen betroffen, welche man als eine Neurose des Vagus erklären
konnte. Die Bewegung des Herzens und die Respiration zeigte eine
auffallende Unregelmässigkeit. Während sie $1/4$ bis 1 Minute lang mit
erschreckender Schnelligkeit ausgeführt wurden, kehrte die Zahl der
Pulsschläge und der Inspirationen für die Dauer der nächsten 3, 5 bis 15
Minuten zur Norm zurück, um dann wieder für kurze Zeit sich zu
heben. Die Kranke hatte dabei ein grosses Angstgefühl. Der Magen war seit Anfang der Krankheit in Unordnung, nur Milch wurde
ertragen; alles Andere verursachte Uebelkeit, Aufstossen und Ma-
gendruck. Bei dieser Eigenthümlichkeit der Erscheinungen und des
Verlaufs derselben war die Frage nach der Ursache immer mehr
wichtig. Eine Gehirnaffektion musste wegen Mangels aller andern
Gehirnerscheinungen ausgeschlossen werden. Die Annahme, dass
die Neurose des Vagus in einem Leiden der Genitalien ihren Grund
habe, hatte einige Wahrscheinlichkeit für sich, weil eine nochmals
vorgenommene Untersuchung der Genitalien eine geringfügige Lage-
veränderung des Uterus mit unbedeutender Schwellung der Vaginalportion erkennen liess. Obgleich keine subjektiven Erscheinungen
für die Veränderung des Uterus sprachen, glaubte man doch hierin
einen Anhaltspunkt für die Therapie zu finden und verordnete einige
Blutegel an die Vaginalportion und Sitzbäder, die ganz ohne Erfolg
blieben. Einen dritten Grund konnte man in der Annahme eines
dyskrasischen Momentes finden. Welcher Art war aber die Dyskrasie?
Früher, als die Genesung nach dem überstandenen Intestinalkatarrh
nicht zu Stande kommen wollte, hatte ich die Vermuthung, dass
der grüne Anstrich des Zimmers, in welchem die Kranke lag, die
Ursache der Verzögerung sein möchte, und hatte die Farbe chemisch untersucht, welche sich als arsenhaltig erwies. Ich hatte auf
diesen Befund hin jedoch keine Schritte gethan, weil die Bildung
von Arsendämpfen oder von Arsenwasserstoff unter den gegebenen
Verhältnissen mir unmöglich schien. Dazu bedarf es einer sehr hohen Temparatur, welche niemals vorhanden war, und Arsenwasserstoff würde sich durch seinen Geruch ganz deutlich zu erkennen
gegeben haben. Die Beobachtung, dass grüne Zimmer einen spe-
zifischen Geruch haben, ist gewiss mehr durch die Feuchtigkeit solcher Zimmer bedingt, als durch die Bildung von Arsenwasserstoff.
Jetzt suchte ich nach einer andern Möglichkeit einer chronischen
Arsenvergiftung, für welche allein die Erscheinungen sprachen: die

katarrhalische Affektion der Bindehaut des Auges, die Exsudation
auf den Tonsillen und der Rachenwand, das Auftreten von Neu-
rosen, besonders des Vagus, waren Erscheinungen, wie sie bei den
Vergiftungen der Arsenarbeiter beobachtet werden, und wie sie der
Tabes solcher Arbeiter vorausgehen. Die Annahme, dass Arsen-
partikelchen, der atmosphärischen Luft als Staub beigemischt seien,
lag daher nahe und eine Untersuchung war jedenfalls nötig. Ich
konnte die Luft selbst keiner Untersuchung unterwerfen; aber wenn
Arsentheilchen der Luft beigemischt sind, müssen sich dieselben auch
in dem Staub, der sich im Zimmer allenthalben niedersetzt, nachweisen lassen. In dem Staube nun, welcher nur von solchen Stellen gesammelt wurde, die mit der Wand in keiner unmittelbaren
Berührung standen, liess sich durch die Marsh'sche Probe auf leichte
Weise Arsen konstatiren. Es war nun kein Zweifel mehr, dass die
Möglichkeit einer Arsenvergiftung gegeben war. Dass aber eine
Arsenvergiftung in der That bestand, wäre nur durch den Nachweis
des Arsens in den Exkreten festzustellen. Leider war mir nicht
möglich, diesen Nachweis zu führen, weil mich die Pflichten des
Arztes und die Humanität bestimmten, die Kranke rasch aus dem
grünen Zimmer in ein anderes zu transferiren. Von jetzt an bes-
serten sich die pathologischen Veränderungen ohne weitere Medi-
kation und nach 4 bis 5 Wochen konnte die Kranke als gesund
betrachtet werden.

Ein Punkt, der für die Möglichkeit der Arsenvergiftung durch
Staub spräche, wäre, dass der Mann und das 11jährige Kind der
Frau verschont blieben. Wollte man die Bildung von Arsenwasserstoff gelten lassen, dann wäre nicht recht einzusehen, warum diese
Beiden, welce in demselben Zimmer schliefen, nicht ebenfalls betroffen wurden. Nimmt man hingegen die Beimischung von Arsen-
partikelchen zur Luft an, dann ist leicht erklärlich, warum der Mann,
der den grössten Theil des Tages ausserhalb des Hauses war, und
das Kind, das theils in der Schule und auf der Strasse sich auf-
hielt, verschont blieben. Jedenfalls müssen am Tage mehr Gelegenheiten zur Losreissung von grüner Farbe vorhanden sein als bei
Nacht. Das Oeffnen und schliessen der Thüren und Fenster, die
Erschütterungen des Hauses durch vorbeigehende Fuhrwerke sind
vollständig ausreichend, um solche kleine Staubpartikelchen loszu-
reissen und sie der atmosphärischen Luft beizumengen. Bei Nacht
fehlen diese Momente und eine Imprägnation der Luft ist jedenfalls
schwieriger. Mir scheint es desshalb, dass nicht die grünen Schlaf-
zimmer die gefährlichen sind, sondern die grünen Wohnzimmer.

86. Vortrag des Herrn Dr. von Holle: „Ueber einige Pflanzenformen der Alpen," am 8. Juli 1859.

Auf einem Ausfluge, den ich am Pfingsten d. J. über den Bodensee, Züricher und Vierwaldstädter See nach dem Urserenthale, der Furka und der Grimsel unternahm, bemerkte ich einige, bis dahin mir unbekannte Pflanzenformen, welche ich hier beschreiben will.

Aquilegia atrata (Koch) blühete zwischen dem 12. und 19. Juni in dem unteren Theile des Reussthales, wie in den Grasgärten bei Grindelwald und weiter abwärts nach Interlaken zu. Ich fand beinahe überall die bekannte violett-schwärzliche Form; mit Ausnahme einer Stelle bei Grindelwald, wo blaue, blauviolette und schwärzlich-violette Blumen neben einander an verschiedenen Pflanzen sich entwickelt hatten. Dass die blau blühenden Exemplare nicht zur A. vulgaris gehörten, davon überzeugte ich mich. Sie bildeten auch keinen Uebergang zu dieser Art: da, abgesehen von der Farbe, kein Unterschied von der A. atrata zu bemerken war.

Im ganzen Reussthale, bis oberhalb Wasen, um Meiringen (Haslithal), sowie von Grindelwald abwärts nach Zweilütschenen zu begegnete mir überall die Viola tricolor, var. saxatilis K. S. Deutlich war zu sehen, wie die Blüthen dieser Pflanze in höherer Lage sich vergrösserten. Eigenthümlich erschien es mir, dass zwischen Flüelen und Wasen (wie um Meiringen) nur gelblich-weisse Blüthen zu bemerken waren, wogegen zwischen Grindelwald und Zweilütschenen ausser solchen auch die zum Theil violetten, zum Theil gelblich-weissen Blüthen sich zeigten.

Taraxum officinale var. lividum K. S. (T. palustre DC.) bemerkte ich am Rhonegletscher in Gesellschaft der Hauptart. Uebergänge waren überall zu sehen. Da solche Mittelformen, bei der grossen Verschiedenheit der Hauptart von der Var. lividum, von Einigen als Bastarde betrachtet werden, in der Voraussetzung, T. palustre und officinale seien zwei verschiedene Arten: so war es für mich nicht ohne Interesse, zwischen der Grimsel und den Handeckfällen den sicheren Beweis dafür zu finden, dass jene beiden Formen in der That nur einer Species angehören. Ich sah nämlich, auf einer Strecke von etwa $1\frac{1}{2}$ Stunden, am Wege entlang der Aare überall nur T. palustre DC. und Uebergangsformen zu T. officinale Wigg.; während die letztere Pflanze erst in der Nähe der Handeckfälle zu finden war. Dieses Vorkommen erklärte sich aus dem Umstande, dass die Abhänge, an denen der Weg auf der bezeichneten Strecke sich hinzieht, zu feucht für die Hauptart, dagegen sehr geeignet für T. palustre DC. und noch geeigneter für die erwähnten Uebergangsformen erscheinen. Erst weiter unterhalb wird das Terrain trocken genug, um die Hauptart zu erzeugen.

87. Vortrag des Herrn Dr. Carius: „Ueber äquivalente Ersetzung von Sauerstoff und Schwefel,“ am 8. Juli 1859.

Als wichtigste Grundlagen der herrschend gewordenen chemischen Theorieen sind ohne Zweifel zu betrachten: Die Erkenntniss, dass wir nicht im Stande sind, aus dem chemischen Verhalten der Körper auf die Lagerung der in ihnen vorhandenen einfachen Atome zu schliessen; ferner die Feststellung des chemischen Moleculs der Verbindungen und des chemischen Atomes einfacher Körper. Da Sauerstoff und Schwefel einander chemisch analog sind, so muss es gelingen, an die Stelle von je 1 At. $O = 16$ in Oxyverbindungen 1 At. $S = 32$ einzuführen, und die so entstandenen Sulfoverbindungen müssen den erstern noch analog sein.

Solche Beziehungen zeigen z. B. die Essigsäure und die Thiacetsäure von Kekulé; denkt man sich den Sauerstoff des Radicals der chemischen Reaction dieser Säuren, $C_2 H_3 O'$, ebenfalls durch Schwefel ersetzt, so erhält man als wahrscheinlich existirend noch die folgenden Verbindungen:

$$S \begin{matrix} C_2 H_3 S' \\ H \end{matrix} \qquad Cl\ C_2 H_3 S \qquad N \begin{matrix} C_2 H_3 S \\ H \\ H \end{matrix}$$

$Cl\ C_2 H_3 O$ bildet mit Alcohol: $Cl\ H + O \begin{matrix} C_2 H_3 O' \\ C_2 H_5' \end{matrix}$ mit Mercaptan (oder besser Kalium-Mercaptid) wird ohne Zweifel: $Cl\ H + S \begin{matrix} C_2 H_3 O' \\ C_2 H_5 \end{matrix}$ entstehen; daher entspricht wahrscheinlich dem hypethetischen Chloride $Cl\ C_2 H_3 S$ noch eine weitere Reihe von Verbindungen, die dieselbe Zusammensetzung wie die der Thiacetsäure-Reihe haben, mit diesen aber nur isomer sein würden. Einer jeden 1basischen Oxysäure entsprechen so 3 Sulfosäuren.

Ganz ähnliche Beziehungen müssen auch für die Gruppen 2 atomiger Radicale gelten, und für die an die Kohlensäure sich anschliessenden Sulfoverbindungen ist auch schon eine ähnliche Betrachtungsweise von Gerhardt gebraucht worden. Man gelangt für diese zunächst auf folgende Reihe:

1.	2.	3.	4.
$O \begin{matrix} C\,O'' \\ H\,H \end{matrix}$	$O \begin{matrix} C\,O'' \\ H\,H \end{matrix}$	$S \begin{matrix} C\,S'' \\ H\,H \end{matrix}$	$S \begin{matrix} C\,S'' \\ H\,H \end{matrix}$
	S	O	S

$$O \begin{matrix} C\,O \\ H \end{matrix} \qquad\qquad S \begin{matrix} C\,S \\ H \end{matrix}$$
$$Cl \qquad\qquad\qquad Cl$$

$$Cl_2\,C\,O \qquad\qquad Cl_2\,C\,S$$

Dabei entsprechen wahrscheinlich zwei Chloride derselben Reihe zwei verschiedenen Säuren gleichzeitig, so z. B. der Kohlensäure (1) und der Säure 2 die in der Zusammenstellung angedeuteten Chloride. Möglich sind in der Säure-Reihe ferner noch: 5. $\left.\begin{matrix}O\\O\end{matrix}\right|\begin{matrix}C\,S''\\H\,H\end{matrix}$ und

6. $\left.\begin{matrix}S\\S\end{matrix}\right|\begin{matrix}C\,O''\\H\,H\end{matrix}$ und ihnen correspondirende Chloride und Amide. Es bedarf kaum noch der Erwähnung, dass sich an diese Verbindungen eine lange Reihe von sauren und neutralen Aethern und andern Verbindungen anschliessen, von denen schon viele, z. B. die sog. Xanthinsäure, bekannt sind.

Zur Prüfung dieser Ansichten habe ich gemeinschaftlich mit zweien meiner Schüler, Herrn Dr. Friess und Herrn Senkenberg eine Untersuchung unternommen, von deren Resultaten ich aber nur anführen kann, dass wir auf zwei verschiedenen Wegen ein Chlorid von der Zusammensetzung $Cl\,C_3\,H_5\,S\,O$ erhalten haben. Das Chlorid $Cl_2\,C\,S$, den sog. Chlorschwefelkohlenstoff von Kolbe, haben wir durch Einwirkung von Phosphorsuperchlorid auf Schwefelkohlenstoff bei 200° im zugeschmolzenen Rohr erhalten nach der Gleichung:

$$S\,C\,S + P\,Cl_5 = Cl_2\,C\,S + Cl_3\,P\,S.$$

Dehnt man dieselben Betrachtungen auf solche an 3 atomige Radicale sich anschliessende Verbindungen aus, so wird hier die Zahl der möglichen Verbindungen noch grösser sein. In der Phosphorsäure z. B. sind O_4 durch S_4 ersetzbar; folgende Zusammenstellung mag dies erläutern:

$$
\begin{array}{ccccc}
1. & 2. & 3. & 4. & 5.\\
\left.\begin{matrix}O\\O\\O\end{matrix}\right|\begin{matrix}P\,O'''\\ \\(C_2H_5)_3\end{matrix} &
\left.\begin{matrix}O\\O\\O\end{matrix}\right|\begin{matrix}P\,S'''\\ \\(C_2H_5)_3\end{matrix} &
\left.\begin{matrix}O\\O\\S\end{matrix}\right|\begin{matrix}P\,S'''\\ \\(C_2H_5)_3\end{matrix} &
\left.\begin{matrix}O\\S\\S\end{matrix}\right|\begin{matrix}P\,S'''\\ \\(C_2H_5)_3\end{matrix} &
\left.\begin{matrix}S\\S\\S\end{matrix}\right|\begin{matrix}P\,S'''\\ \\(C_2H_5)_3\end{matrix}
\end{array}
$$

$$
\begin{array}{cccc}
\left.\begin{matrix}O\\O\\Cl\end{matrix}\right|\begin{matrix}P\,O\\ \\(C_2H_5)_2\end{matrix} &
\left.\begin{matrix}O\\O\\Cl\end{matrix}\right|\begin{matrix}P\,S\\ \\(C_2H_5)_2\end{matrix} &
\left.\begin{matrix}O\\S\\Cl\end{matrix}\right|\begin{matrix}P\,S\\ \\(C_2H_5)_2\end{matrix} &
\left.\begin{matrix}S\\S\\Cl\end{matrix}\right|\begin{matrix}P\,S\\ \\(C_2H_5)_2\end{matrix}
\end{array}
$$

Auch hier können möglicherweise noch andere Verbindungen existiren, indem drei verschiedene neutrale Aether möglich sind, die sich von den Aethern 2, 3 und 4 dadurch unterscheiden, dass sie nicht das Radical P S, sondern das P O, ausserhalb des Radicales aber 1, 2 oder 3 At. Schwefel neben 3, 2 oder 1 At. Sauerstoff enthalten.

Die zuletzt betrachtete, an Verbindungen überaus reiche Gruppe habe ich besonders zum Gegenstand einer Untersuchung gemacht, von der ich hier einige der wichtigsten Resultate mittheile.

Kekulé erwähnt gelegentlich der Beschreibung der Thiacetsäure, durch Einwirkung von Phosphorsupersulfid auf Alcohol entstehe Mercaptan und Phosphorsäure nach folgender Gleichung:

$$\left(O\,\begin{matrix}\dot{C}_2H_5\\H\end{matrix}\right)_5 + P_2\,S_5 = \left(S\,\begin{matrix}C_2H_5\\H\end{matrix}\right)_5 + P_2\,O_5.$$

JAHRBÜCHER DER LITERATUR.

Verhandlungen des naturhistorisch-medizinischen Vereins zu Heidelberg.

————

Vortrag des Herrn Dr. Carius: „Ueber äquivalente Ersetzung von Sauerstoff und Schwefel," am 8. Juli 1859.

(Schluss.)

Der Versuch, diese Reaction zur Darstellung von Mercaptan zu benutzen, misslang; es entwickelte sich Anfangs Schwefelwasserstoff, beim Erwärmen im Wasserbade destillirte kein Mercaptan, und erst beim Erhitzen auf eine weit höhere Temperatur destillirte unter heftigem Aufschäumen der Masse eine Flüssigkeit, die nach einer gemeinschaftlich mit Herrn Kellner angestellten Prüfung neben kleinen Mengen von Mercaptan aus Schwefeläthyl und 2fach Schwefeläthyl bestand. Ich vermuthete hiernach, dass die Reaction eine ganz andere sei, als von Kekulé angegeben wurde, dass sie vielmehr zu vergleichen sei mit der Einwirkung von Phosphorsäureanhydrid auf Alcohole, und fand diese Vermuthung vollkommen bestätigt. Die folgenden Gleichungen veranschaulichen die beiden Reactionen:

$$\left(O\begin{matrix}C_2H_5\\H\end{matrix}\right)_3 + P_2O_5 = O_3\left\{\begin{matrix}P\,O'''\\(C_2H_5)H_2\end{matrix}\right. + O_3\left\{\begin{matrix}P\,O'''\\(C_2H_5)_2H\end{matrix}\right.,$$

$$\left(O\begin{matrix}C_2H_5\\H\end{matrix}\right)_5 + P_2S_5 = O_3\left\{\begin{matrix}P\,S'''\\(C_2H_5)_2H\end{matrix}\right. + \begin{matrix}O_2\\S\end{matrix}\left\{\begin{matrix}P\,S'''\\(C_2H_5)_3\end{matrix}\right. + (SH_2)_2$$

Die beiden neuen Verbindungen, Diäthylsulfophosphorsäure und disulfophosphorsaures Aethyl erhält man leicht in erheblichen Mengen; ihre Untersuchung habe ich gemeinschaftlich mit Herrn Senkenberg ausgeführt. Die Säure ist eine zähe ölartige Flüssigkeit, die stark sauer und bitter schmeckt, sich in verdünnter wässeriger Lösung ohne Zersetzung kochen lässt, bei stärkerem Erhitzen aber unter Bildung von Mercaptan und Phosphorsäure zerlegt wird. Sie bildet eine Reihe sehr beständiger Salze, von denen das Kalium-, Natrium-, Barium-, Calcium-, Zink- und Bleisalz sehr leicht in Wasser, zugleich aber auch in absolutem Alcohol und sogar in Aether löslich sind; das Silbersalz ist fast unlöslich in Wasser, aber sehr leicht löslich in Alcohol und Aether. Die 3 letztgenannten Salze scheiden sich aus warmen Lösungen in öligen Tropfen ab, und bleiben dann lange zähflüssig.

Disulfophosphorsaures Aethyl ist farblos, ölig flüssig, von gewürzhaftem, schwach knoblauchartigem Geruch, mit Wasserdämpfen unzersetzt destillirbar. Mit alcoholischer Lösung von Kaliumsulfhydrat giebt dieser Aether das Kaliumsalz einer neuen Säure, der Diäthyldisulfophosphorsäure, welche in ihren physikalischen Eigenschaften, sowie Löslichkeit ihrer Salze der Diäthylsulfophosphorsäure sehr gleicht. Ihre Bildung findet statt nach der Gleichung:

$$O_2 \left. \begin{matrix} P\,S \\ (C_2\,H_5)_3 \end{matrix} \right\} + S\, \frac{K}{H} = O_2 \left. \begin{matrix} P\,S \\ (C_2\,H_5)_2 K \end{matrix} \right\} + S\, \frac{C_2\,H_5}{H}$$

Die freie Säure erhält man aus dem disulfophosphorsaurem Aethyl durch Einwirkung von Mercaptan bei höherer Temperatur; diese Reaction ist sehr interessant, da hier die Bildung von einfachen oder gemischten Sulfiden der Alcoholradicale genau analog stattfindet, wie die Bildung von einfachen oder gemischten Oxyden derselben 1atomigen Radicale aus sauerstoffhaltigen Aethern zwei oder mehrbasischer Säuren und Alcoholen:

Bildung von Aethylmethyläther:

$$O_2 \begin{matrix} S\,O_2'' \\ C_2\,H_5\,H \end{matrix} + O\, \begin{matrix} C\,H_3 \\ H \end{matrix} = O_2\, \begin{matrix} S\,O_2'' \\ H_2 \end{matrix} + O\, \begin{matrix} C\,H_3 \\ C_2\,H_5 \end{matrix} .$$

Bildung von Aethylmethylsulfoäther:

$$O_2 \left. \begin{matrix} P\,S''' \\ (C_2\,H_5)_3 \end{matrix} \right\} + S\, \begin{matrix} C\,H_3 \\ H \end{matrix} = O_2 \left. \begin{matrix} P\,S''' \\ (C_2\,H_5)_2 H \end{matrix} \right. + S\, \begin{matrix} C\,H_3 \\ C_2\,H_5 \end{matrix} .$$

Eine andere nicht minder interessante Reaction gibt das Disulfophosphorsaure Aethyl mit Alcoholen; hier findet derselbe Austausch des Wasserstoffs im Alcohol gegen das Alcoholradical im Aether, gleichzeitig aber der Austausch des Schwefels der Säure gegen den Sauerstoff des Alcohols statt, so z. B.:

$$O_2 \left. \begin{matrix} P\,S''' \\ (C_2\,H_5)_3 \end{matrix} \right\} + O\, \begin{matrix} C_5\,H_{11} \\ H \end{matrix} = O_3 \left. \begin{matrix} P\,S''' \\ (C_2\,H_5)_2 H \end{matrix} \right. + S\, \begin{matrix} C_5\,H_{11} \\ C_2\,H_5 \end{matrix}$$

Die so von mir dargestellten gemischten Sulfoäther werde ich bald näher beschreiben. — Da die oben erwähnte Reaction ohne Nebenproducte vor sich geht, so hielt ich für wahrscheinlich, dass sie für alle schwefelhaltigen Glieder der Gruppe gültig sein würde, in welchem Fall sie zur Darstellung der zwischenliegenden saures und neutralen Aether dienen könnte, sobald das nur noch Schwefel enthaltende Endglied leicht darzustellen wäre.

Dieses, das tetrasulfophosphorsaure Aethyl entsteht in erheblicher Menge durch Einwirkung von Phosphorpentasulfid auf Mercaptan oder Quecksilbermercaptid. Die Reaction ist, ganz analog der des Sulfides auf Alcohol, folgende:

$$\left(S\, \begin{matrix} C_2\,H_5 \\ Hg \end{matrix} \right)_5 + P_2\,S_5 = (S\,Hg_2)_2 + S_3 \begin{matrix} P\,S''' \\ (C_2\,H_5)_2 Hg \end{matrix} + S_3 \begin{matrix} P\,S''' \\ (C_2\,H_5)_3 \end{matrix}$$

Man erhält eine ölige, gelbe Flüssigkeit, die das überschüssige Mercaptan und das tetrasulfophosphorsaure Aethyl enthält, und einen gelbbraunen bis schwarzen Absatz von Schwefelquecksilber, der mit schönen, glänzenden, kurzen Säulchen eines Quecksilbersalzes gemengt ist. Letztere sind ohne Zweifel das Diäthyltetrasulfophosphorsaure Quecksilber, welches ich aber nicht unzersetzt isoliren konnte, indem es beim Ausziehen mit Alcohol Mercaptan bildet, und aus der Lösung ein neues sehr schönes Quecksilbersalz krystallisirt, das sich als diäthyldisulfophosphorsaures Quecksilber erwiess. — Die Salze der Diäthyltetrasulfophosphorsäure bilden sich auch aus dem tetrasulfophosphorsauren Aethyl bei Behandlung mit Ammonium- oder Kalium-Sulfhydrat, während durch Kalihydrat das Kaliumsalz einer neuen Säure erzeugt wird, die ohne Zweifel Diäthyltrisulfophosphorsäure ist; die Untersuchung ist jedoch hier noch nicht weit genug vorgeschritten.

Ausser den im Vorigen erwähnten neuen Körpern sind schon noch zwei andere, in dieselbe grosse Gruppe von Verbindungen gehörende bekannt: nämlich die sog. Schwefelphosphorsäure von Wurtz und die sog. Schwefeläthyl-Schwefelphosphorsäure von Cloez; diese Säuren sind nach meiner Theorie:

$$O_3 \left\{ \begin{matrix} P\ S''' \\ H_3 \end{matrix} \right. \quad \text{und} \quad O_3 \left\{ \begin{matrix} P\ S''' \\ C_2\ H_5\ H_2 \end{matrix} \right.$$

88. Vortrag des Herrn Professor Helmholtz: „Ueber die Klangfarbe der Vokale," am 22. Juli 1859.
(Zuerst mitgetheilt der k. bayr. Akademie am 2. April 1859.)

Ein musikalischer Ton wird hervorgebracht durch eine in gleichen und hinreichend kleinen Zeitabschnitten sich in gleicher Weise wiederholende periodische Bewegung der Luft. Innerhalb jeder einzelnen Schwingungsperiode bleibt die Bewegung dabei ganz willkürlich, wenn nur dieselbe Bewegung, welche innerhalb der ersten Periode stattgefunden hat, in allen folgenden Perioden ebenso wiederkehrt.

Wenn die Lufttheilchen während einer jeden Schwingungsperiode sich genau in derselben Weise einmal hin und her bewegen, wie der Schwerpunkt eines Pendels bei einer sehr kleinen Schwingung thut, so hören wir nur einen einfachen und einzigen Ton, dessen musikalische Höhe durch die Anzahl der gleichen Perioden bestimmt ist, die in einer Secunde enthalten sind. In diesem Falle ist sowohl die Geschwindigkeit wie der Druck der Luft in jedem einzelnen Punkte der schwingenden Luftmasse einfach mathematisch auszudrücken durch einen Ausdruck von der Form A sin (2 πnt + c). Ich selbst habe in einer früheren Arbeit über die Combinationstöne eine Methode nachgewiesen, vermittels deren man dergleichen einfache pendelartige Schwingungen der Lufttheilchen oder, wie ich

sie zu nennen vorschlug, einfache Luftwellen hervorbringen
kann. Ich benutzte dazu Stimmgabeln, die angeschlagen und frei
in die Luft gehalten, ihre Schwingungen nicht in merklicher Weise
der Luftmasse mittheilen. Wenn man sie aber vor die Oeffnung
von Resonanzröhren hält, deren tiefster Ton mit dem der Stimmgabel
im Einklang ist, so wird dieser tiefste Ton der Luft kräftig mitgetheilt. Wenn auch die Stimmgabel beim Anschlagen noch höhere Töne
geben kann, so lässt es sich doch leicht so einrichten, dass die
höheren Töne der Stimmgabel nicht im Einklang mit höheren Tönen
der Resonanzröhre sind, und desshalb, durch die Resonanzröhre nicht
verstärkt, unhörbar bleiben.

Wenn aber die Luftbewegung während einer Schwingungsperiode nicht dem einfachen Gesetze der Pendelbewegung folgt, sondern einem beliebigen anderen Gesetze, so hört man bei gehörig
gerichteter Aufmerksamkeit der Regel nach mehrere Töne, selbst
wenn die Luftbewegung nur von einem einzigen tönenden Körper
hervorgebracht wird. Nun kann nach dem bekannten Theorem von
Fourier eine jede periodische Bewegung der Luft mathematisch
ausgedrückt werden durch eine Summe von Gliedern, deren jedes
von der Form $A \sin (2 \pi mt + c)$ ist, und also einer einfachen
pendelartigen Schwingung der Lufttheilchen entspricht. In diesem
Ausdrucke sind A und c abhängig vom Werthe von m, und m
durchläuft die Werthe n, $2n$, $3n$, $4n$ u. s. w., wo n wieder wie
früher die Zahl der einfachen Perioden in der Secunde bedeutet.

In allen solchen Fällen nun, wo die Form der Bewegung des
tönenden Körpers theoretisch vollständig gefunden werden kann, und
wo man sich diese Bewegung mathematisch als eine Summe von
solchen Sinusgliedern dargestellt hat, hört das Ohr bei gehöriger
Aufmerksamkeit in der That die Töne von n, $2n$, $3n$ u. s. w.
Schwingungen, obgleich es in allen den Fällen, wo eine solche Luftbewegung nicht wirklich von verschiedenen Tonquellen her hervorgerufen ist, eben nur eine mathematische Fiction ist, dass eine
Anzahl von einfachen pendelartigen Schwingungen der Lufttheilchen
neben einander existiren.

Die Allgemeinheit dieser Wahrnehmung veranlasste G. S. Ohm
es als Definition des einfachen Tones aufzustellen, dass ein solcher
nur hervorgebracht werde durch eine einfache pendelartige Luftbewegung von der Form $A \sin (2 \pi mt + c)$. Diese Definition des
Tons von Ohm wurde von Seebeck heftig angegriffen, welcher
behauptete, dass die Definition zu eng sei, und dass die Empfindung eines einzigen Tons auch durch Luftbewegungen hervorgerufen
werden könnte, welche beträchtlich von der Form der einfachen
pendelartigen Schwingung abwichen. Ich kann hier nicht auf eine
vollständige Widerlegung der Einwürfe von Seebeck eingehen,
und behalte mir vor bei einer andern Gelegenheit darauf zurückzukommen. Ich bemerke nur, dass seine Einwürfe wesentlich auf der
Schwierigkeit beruhen, die man in vielen Fällen findet, die höheren

Töne wahrzunehmen. In der That muss man hier wie bei allen Sinneswahrnehmungen zweierlei von einander trennen, nämlich die unmittelbare körperliche Empfindung des Hörnerven, und die Vorstellung, welche in Folge davon durch psychische Processe entsteht, und in welcher auf das Vorhandensein eines bestimmten tönenden Körpers geschlossen wird. In der unmittelbaren Empfindung werden allerdings die einzelnen vorhandenen einfachen Töne bei gehörig angespannter Aufmerksamkeit immer von einander getrennt, während sie in der Vorstellung zusammenfliessen in den sinnlichen Eindruck, den der Ton eines bestimmten tönenden Körpers auf unser Ohr macht, und es gehört meist eine künstliche Unterstützung der Aufmerksamkeit dazu, um die einzelnen Elemente der zusammengesetzten Empfindung von einander zu scheiden, ebenso wie es z. B. besondere Beobachtungsmethoden erfordert, um sich zu überzeugen, dass die Anschauung der Körperlichkeit eines betrachteten Gegenstandes auf der Verschmelzung zweier verschiedener Bilder desselben in beiden Augen beruhe.

Ich habe desshalb auch früher schon vorgeschlagen, die ganze zusammengesetzte Empfindung, wie sie die von einem einzelnen tönenden Körper ausgehende Luftbewegung erregt, mit dem Namen K l a n g zu bezeichnen, den Namen des T o n s aber zu beschränken auf die einfache Empfindung, wie sie durch eine einfache pendelartige Luftbewegung hervorgebracht wird. Die Empfindung eines Klanges ist demnach in der Regel aus der Empfindung mehrerer einfacher Töne zusammengesetzt. Lässt man Alles, was S e e b e c k in dem Streite mit O h m behauptet hat, vom Klange gelten, und was O h m behauptet hat, vom Tone, so sind beide ausgezeichnete Akustiker mit ihren Behauptungen im Rechte, und beider Behauptungen können ungestört neben einander bestehen.

Diese Bezeichnung wollen wir im Folgenden beibehalten, und dabei festsetzen, dass unter Tonhöhe eines Klanges die Höhe des tiefsten darin enthaltenen einfachen Tones von n Schwingungen, seines G r u n d t o n s oder e r s t e n T o n s verstanden werde, während wir die übrigen als Obertöne bezeichnen. Den Ton von 2 n Schwingungen, die höhere Octave des vorigen, bezeichne ich als z w e i t e n T o n, den von 8 n Schwingungen als d r i t t e n T o n u. s. w.

Ich bin nun daran gegangen die Consequenzen des O h m'schen Satzes für die Lehre von der Klangfarbe zu untersuchen. In physikalischer Beziehung war man längst zu der Erkenntniss gelangt, dass dem, was unser Ohr als verschiedene Klangfarbe unterscheidet, die verschiedene Form der Luftwellen innerhalb jeder einzelnen Schwingungsperiode entspräche; aber freilich beruhte dieser Satz nur darauf, dass keine andere Möglichkeit übrig blieb, die Verschiedenheiten der Klangfarbe zu erklären, und bedurfte noch der experimentellen Bestätigung, die durch meine Versuche nun gegeben werden kann. In physiologischer Beziehung liess sich aus Ohm's Satze noch eine weitere Consequenz ziehen.

Da nämlich alle Schwingungen, die nicht der einfachen pendelartigen Bewegung entsprechen, in der Empfindung des Ohres zerlegt werden in eine gewisse Zahl einfacher Töne, so müssen Klänge von verschiedener Klangfarbe und gleicher Höhe des Grundtons für das Ohr durch verschiedene Stärke der harmonischen Obertöne verschieden sein. Wenn wir nun absehen von der verschiedenen Weise, wie die Klänge verschiedener Instrumente und Stimmen anheben oder ausklingen, ferner von den mancherlei sausenden, kratzenden, knarrenden, unregelmässigen Geräuschen, welche viele davon begleiten, und die nicht eigentlich zu dem musikalischen Theile des Tones zu rechnen sind, und den Theil der Klangfarbe, der eben nicht von den genannten Nebenumständen abhängt, die musikalische Klangfarbe des Tons, nennen, so war die aufzustellende Frage: unterscheidet sich die musikalische Klangfarbe nur durch die verschiedene Stärke der darin enthaltenen Nebentöne?

Denkt man eine Wellenform aus den in ihr enthaltenen einfachen Wellen zusammengesetzt, so kommt es nicht nur darauf an, dass die letzteren die richtige Schwingungsweite haben, sondern auch darauf, dass die Phasenunterschiede zwischen ihnen und dem Grundtone richtig gewählt werden. Wir bekommen ganz verschiedene Wellenformen, wenn wir die Welle eines Grundtones und seiner ersten höheren Octave zusammensetzen, je nachdem wir das Verdichtungsmaximum des Grundtons mit dem der Octave zusammenfallen lassen, oder etwa mit dem Verdichtungsminimum der Octave oder mit irgend einer dazwischen liegenden Phase der Octave, und es concentrirte sich nun jene Frage in folgende speciellere Form: Beruht die Unterscheidung der musikalischen Klangfarbe nur in der Empfindung von Obertönen verschiedener Stärke, oder unterscheidet das Ohr auch die Phasenunterschiede?

Die Entscheidung dieser Frage wurde am directesten gewonnen, wenn man geradezu versuchte Töne verschiedener Klangfarbe durch directe Zusammensetzung einfacher Töne, wie man sie durch Stimmgabeln erzeugen kann, herzustellen. Als eines der passendsten Objecte der Nachahmung boten sich die verschiedenen Vokale der menschlichen Sprache dar, weil diese als gleichmässig anhaltende musikalische Töne hervorgebracht und ziemlich, wenn auch nicht ganz frei von unmusikalischen Geräuschen gehalten werden können.

Mein Apparat besteht aus einer Reihe von 8 Stimmgabeln, die dem B (in der tiefsten Octave der Männerstimmen), und seinen harmonischen Obertönen bis zum b_2 (in den höchsten Soprantönen) entsprechen, nämlich den Tönen B, b, f_1, b_1, d_2, f_2, as_2 und b_2. Jede Stimmgabel ist zwischen den Schenkeln eines kleinen hufeisenförmig gebogenen Electromagneten befestigt, und mit einer abgestimmten Resonanzröhre verbunden. Die Oeffnungen der Resonanzröhren sind mit beweglichen Deckeln versehen, welche durch Fäden, deren

Enden an einer kleinen Claviatur befestigt sind, fortgezogen werden
können. Die Stimmgabeln werden in Bewegung gesetzt durch in-
termittirende electrische Ströme, die nach dem Princip des Neef-
schen Hammers erzeugt werden, und deren Zahl in der Secunde
gleich ist der Schwingungszahl der tiefsten Gabel, nämlich 112.
Die Einrichtungen sind so getroffen, — ich hatte dabei mit ziemlich
bedeutenden Schwierigkeiten zu kämpfen — dass man, nachdem
der Apparat in Gang gesetzt ist, kaum ein leises Summen von den
Gabeln hört, so lange die Resonanzröhren alle geschlossen sind;
sobald man aber mittels der Claviatur eine oder einige der Resonanzröhren öffnet, treten die betreffenden Töne kräftig hervor. Die
Stärke der Töne, welche man angeben will, kann man leicht reguliren, indem man die betreffenden Röhren mehr oder weniger vollständig öffnet.

Ich verfuhr nun so, dass ich erst die 2 tiefsten Töne allein
combinirte, dann den dritten und allmählig immer mehrere hinzu-
nahm, und die entstandenen Klänge mit der Stimme nachzuahmen
suchte. So lernte ich allmählig die verschiedenen Vocalklänge mehr
oder weniger vollständig nachbilden, und zwar ziemlich gut und
deutlich U, O, Oe, E, etwas weniger gut I, Ue, bei welchen das
Sausen der Luft in der Mundhöhle, auf dessen verschiedenen Charakter bei den Vocalen Donders aufmerksam gemacht hat, verhältnissmässig am lautesten ist, und weniger gut auch A, und Ae,
weil bei diesen eine sehr grosse Anzahl von Tönen zusammenwirken
muss, die sich nicht alle einzeln so vollständig in ihrer Stärke beherrschen lassen, ja beim A sogar noch eine Reihe höherer Töne
hinzutreten musste, für welche ich keine Gabeln mehr hatte.

Ueberhaupt ist zu bemerken, dass die mittels Stimmgabeln zusammengesetzten Vocaltöne den gesungenen Tönen der menschlichen
Stimme ähnlicher waren als den gesprochenen. Bei dem trockenen
Klange der gewöhnlichen Sprache wählt man eine andere Art der
Intonation, wobei der Grundton viel schwächer zum Vorschein
kommt, als die höheren Nebentöne und die Geräusche; dadurch
eben aber werden die Unterschiede der Klangfarbe viel deutlicher
als beim Singen, wo der Grundton stärker hervortritt, und die Nebentöne mehr bedeckt. Am ähnlichsten sind die künstlich zusammengesetzten Vocale denen, welche auf einem Claviere nachklingen,
wenn man einen der Vocale stark hineinsingt.

Im Einzelnen waren meine Resultate nun folgende:
Der einfache Grundton hat verglichen mit den zusammengesetzten Klängen die Klangfarbe des U. Noch etwas deutlicher wird
der Vocal, wenn der Grundton ganz schwach vom dritten Tone begleitet wird.

Das O entsteht, wenn der Grundton kräftig von der höheren
Octave begleitet wird. Eine ganz schwache Begleitung durch den
dritten und vierten Ton ist vortheilhaft, aber nicht nothwendig.

Das E wird namentlich durch den dritten Ton charakterisirt,

bei mässiger Stärke des zweiten. Schwach kann man auch den vierten und fünften mitklingen lassen.

Der Uebergang von O zu E geschieht also dadurch, dass man den zweiten Ton abnehmen, den dritten anschwellen lässt, gibt man beide genannte Nebentöne stark an, so entsteht Oe.

Ue entsteht durch den Grundton, der in mässiger Stärke von dem dritten Tone begleitet ist.

Bei I muss man den Grundton schwächen, den zweiten verhältnissmässig zum Grundton stark, den dritten ganz schwach, aber den vierten, der für diesen Vocal charakteristisch ist, stark angeben, den fünften dazu in mässiger Stärke gesellen. Man kann ohne wesentliche Aenderung des Charakters übrigens die schwachen Töne, den dritten und fünften, auch weglassen.

Bei A und Ae dagegen sind es die höheren Obertöne, welche charakteristisch werden. Man kann den zweiten Ton ganz weglassen, den dritten schwach angeben, · dann aber die höheren Töne hervortreten lassen, soweit es die Stärke der Gabeltöne erlaubt, die aber für diese höchsten Töne überhaupt bei der angegebenen Erregungsweise gering ist. Bei Ae kommt es namentlich auf den vierten und fünften Ton an, beim A auf den fünften bis siebenten. Wenn man bei A den dritten Ton ganz weglässt, bekommt es einen nasalen Klang.

Uebrigens muss ich bemerken, dass die angegebenen Verhältnisse zwischen Grundton und Obertönen zunächst nur zu beziehen sind auf die Tonhöhe meiner Gabeln. Der Grundton B entspricht etwa der Tonhöhe, in welcher mässig tiefe Männerstimmen zu sprechen pflegen. Ich habe meine Untersuchungen über die Vocale in höheren Tonlagen noch nicht abzuschliessen Zeit gehabt; mit den Gabeln liess sich die Untersuchung darüber nicht viel weiter führen, weil mir die höheren Töne fehlten. Wählte ich das b, welches bisher zweiter Ton war, als Grundton, so hatte ich nur drei dazu passende Obertöne. Mit diesen liessen sich U, O, Oe, E, Ue und I nach der gegebenen Regel herstellen, nur unvollkommen wegen Mangels der höheren Töne A und Ae, so dass auch hier dasselbe Verhältniss der Nebentöne zum Grundtone entscheidend für den Vocalcharakter zu sein schien, wie in der tieferen Lage. Es entspricht diese höhere Lage ungefähr der, in welcher Altstimmen zu sprechen pflegen.

Dagegen habe ich die Untersuchung weiter geführt durch directe Beobachtung der menschlichen Stimme mittels eines besonderen Hilfsmittels, welches auch den ganz Ungeübten in den Stand setzt, die Obertöne jedes musikalischen Tons herauszuhören, was bisher eine Aufgabe war, die nur durch andauernde Uebung und mit grosser Anstrengung der Aufmerksamkeit gelöst werden konnte. Ich benutze dazu nämlich eigenthümliche Resonatoren, die an das Ohr selbst angesetzt werden. Die beste Form dieser Resonatoren sind Glaskugeln mit zwei Oeffnungen, von denen die eine in einen ganz

kurzen trichterförmigen Hals ausläuft, dessen Ende in den Gehör-
gang einpasst. Bewaffnet man ein Ohr mit einem solchen Resona-
tor, während man das andere schliesst, so hört man die meisten
äusseren Töne nur sehr gedämpft, denjenigen aber, der dem eigenen Tone der Glaskugel (diese in Verbindung mit dem Gehörgange
genommen) entspricht, in ausserordentlicher Stärke; in derselben
Stärke treten nun auch diejenigen Obertöne äusserer Töne auf, welche
dem Tone der Glaskugel entsprechen. Setzt man z. B. eine Kugel
an das Ohr, deren Ton f_1 ist, und singt auf B, dessen dritter Ton
jenes f_1 ist, die Vocale, so hört man bei u, i, ü, a, ä nur schwach
den Ton der Kugel, während er bei o und ö sich stark hervorhebt,
und bei e gewaltig in das Ohr hineinschmettert. Mit Hilfe solcher
Resonatoren werden eine Menge akustischer Phänomene, die objectiven Combinationstöne, die Obertöne und ihre Schwebungen, die
sonst schwer zu untersuchen waren, ausserordentlich leicht zugänglich. Die damit ausgeführte Untersuchung der menschlichen Stimm-
töne bestätigte nun durchaus, wenn auf B gesungen wurde, die Resultate, die ich mit den Stimmgabeln erhalten hatte, für höhere
Stimmlagen traten aber einige Abweichungen ein. Es stellte sich
nämlich heraus, dass für die Nebentöne einzelner Vocale gewisse
Gegenden der musikalischen Scala besonders günstig sind, so dass
die in diese Theile der Scala fallenden Nebentöne stärker werden
als in anderen Höhelagen. So ist für das O die obere Hälfte der
eingestrichenen Octave eine solche begünstigte Stelle. Der dritte
und vierte Oberton, welche in der tiefen Lage des Vocals deutlich
zu hören sind, liegen in dieser Gegend, und treten nicht so deutlich heraus, wenn O höher gesungen wird. Für das A ist die obere
Hälfte der zweigestrichenen Octave begünstigt. Der 2., 3., 4. Ton,
die in der tiefen Lage schwach waren, treten sehr mächtig heraus,
wenn das A zwischen b und b_1 gesungen wird. Uebrigens fand
ich mittels der beschriebenen Resonatoren, dass namentlich beim
Vocal A gesungen auf F, noch eine Kugel merklich mittönte, welche
auf es_3 abgestimmt war, welcher Ton 14mal so viel Schwingungen
macht als jenes F.

Was nun die Einwirkung der Phasenunterschiede betrifft, so
hat sich eine solche bei meinen Versuchen nicht gezeigt. Die
Schwingungsphasen der Stimmgabeln habe ich nach der optischen
Methode von Lissajou controlliren können. Man kann erstens
durch Umkehrung der Richtung der electrischen Ströme in dem Electromagneten einer jeden einzelnen Gabel deren Schwingung um eine
halbe Undulation verändern, so dass Maximum und Minimum ihrer
Abweichung mit einander vertauscht werden, und man kann ferner
durch etwas aufgeklebtes Wachs die Gabeln ein wenig verstimmen,
dann wird ihre Schwingung schwächer, und die Phasen verschieben
sich desto mehr, je grösser die Verstimmung ist, bis zur Gränze
einer Viertel Undulation. Noch leichter auszuführen ist die Veränderung der Phasen der schwächeren Töne, wenn man sie bald durch

grössere Entfernung der Resonanzröhren schwächt, wobei die Phase der Luftschwingung nicht verändert wird, bald durch unvollständige Oeffnung der Resonanzröhren, wobei eine Veränderung der Phasen der Luftwellen eintritt, wie aus den Resultaten einer theoretischen Arbeit über die Schallschwingungen hervorgeht. *) Alle die Phasenveränderungen, welche auf solche Weise hervorgebracht werden können, verändern nicht die Klangfarbe, wenn die Stärke der Töne dieselbe bleibt, so dass also die früher gestellte Frage im Allgemeinen dahin beantwortet wird, dass die musikalische Klangfarbe nur abhängt von der Anwesenheit und Stärke der Nebentöne, die in dem Klange enthalten sind, nicht von ihren Phasenunterschieden.

Indessen muss ich gleich bemerken, dass scheinbare Ausnahmen vorkommen. Es können sich bei hinreichend starken Tönen Combinationstöne einmischen, die je nach den Phasenunterschieden die primären Töne theils schwächen, theils verstärken, so dass dadurch auch Unterschiede der Klangfarbe eintreten. Hier glaube ich aber neben den übrigen Erfahrungen die Erklärung festhalten zu dürfen, dass der Klangunterschied eben nur von dem Unterschiede der Tonstärke bedingt ist, welcher letztere aber unter solchen Verhältnissen vom Phasenunterschiede abhängt.

Ferner möchte ich den ausgesprochenen Satz vorläufig wenigstens noch einschränken auf die unteren, in der Scala weit auseinanderliegenden Nebentöne bis etwa zum 6. oder 8. Die höheren Nebentöne geben Dissonanzen mit einander und Schwebungen; und wenn eine Menge solcher schwebender Tonpaare zusammenwirken, wird es für die Empfindung wahrscheinlich nicht gleichgültig sein, ob die Pausen aller dieser Schwebungen zusammenfallen oder nicht.

Das hängt aber von den Phasenunterschieden ab. Uebrigens halte ich es auch für wahrscheinlich, dass eine Masse hoher dissonanter Obertöne das bildet, was das Ohr als begleitendes Geräusch hört, und was wir schon von anderer Seite ausgeschlossen haben von unsrer Betrachtung der musikalischen Klangfarbe.

Ich habe schon an einem andern Orte die Hypothese ausgesprochen, dass jede Nervenfaser des Hörnerven für die Wahrnehmung einer besonderen Tonhöhe bestimmt ist, und in Erregung kommt, wenn der Ton das Ohr trifft, welcher der Tonhöhe des mit ihr verbundenen elastischen Gebildes (Cortischen Organs oder Borste in den Ampullen) entspricht. Danach würde sich die Empfindung verschiedener Klangfarbe darauf reduciren, dass gleichzeitig mit der Faser, welche den Grundton empfindet, gewisse andere in Erregung gesetzt werden, welche den Nebentönen entsprechen. Diese einfache Erklärung würde nicht gegeben werden können, wenn die Phasenunterschiede der tieferen Nebentöne in Betracht kämen.

---

*) Journal für Mathematik Bd. LVII. 1.

89. Vortrag des Herrn Dr. von Hollé: „Ueber Proteinkörner im Samen der Cyperaceen," am 22. Juli 1859.

Die Samenhaut verschiedener Arten der Gattungen Carex, Scir-
pus, Rhynchospora, Cladium etc. enthält in den Zellen ihres Umfanges zahlreiche, sehr kleine Proteinkörner, welche die Reactionen
der Weisskerne von Ricinus geben.

In den Zellen des Eiweisses der erwähnten Cyperaceen bemerkt
man, ausser Amylum, amorphes Protein, welches die Wandungen
der Zellen bekleidet; so wie ausserdem einen bestimmt geformten,
wie es scheint, in allen Fällen krystallisirten Proteinkörper. Letzterer giebt die Reactionen der Proteinkrystalle von Ricinus.

Sowohl über den ersten, wie über die zwei letzten der erwähnten Stoffe gab ich bereits ausführliche Mittheilungen in dem Augustheft des neuen Jahrbuchs für Pharmacie von 1859.

90. Vortrag über die Erklärung der Farbenzerstreuung und des Verhaltens des Lichtes in Krystallen
von Hrn. Dr. Eisenlohr am 5. August 1859.

Dieser Vortrag soll die Resultate einer mathematischen Untersuchung mittheilen, welche zur theoretischen Begründung der genannten Erscheinungen angestellt wurde. Da nun für beide Erscheinungen schon Erklärungen vorhanden sind, so werde ich zuvor
anzugeben haben, warum ich diese Erklärungen für ungenügend
halte. Was zuerst die Farbenzerstreuung, oder die Verschiedenheit
der Fortpflanzungsgeschwindigkeit von Strahlen verschiedener Wellenlänge betrifft, welche so lange ein Hauptanstoss für die Undulations-
theorie war, so hat Cauchy allerdings aus einer theoretischen Untersuchung über die Bewegung des Aethers eine Formel für die
Fortpflanzungsgeschwindigkeit abgeleitet, welche davon Rechenschaft
gibt, nämlich $a + \dfrac{b}{l^2}$, wo a und b Konstanten und l die Wellenlänge ist; ja es steht dieselbe mit den Messungen der Brechungs-
exponenten und Wellenlängen von Frauenhofer in vollem Einklange.
Nun hängt aber die Konstante b von der kleinsten Entfernung zweier
Aethertheilchen und $\dfrac{b}{l^2}$ von dem Verhältnisse dieser Entfernung zur
Wellenlänge ab; man müsste also, um das Fehlen der Farbenzerstreuung im leeren Raum zu erklären, diese Entfernung, welche in
den Körpern einen merklichen Werth haben müsste, dort als verschwindend annehmen. Broch hat schon auf das Unzulässige dieser
Annahme aufmerksam gemacht, und die Ursache der Farbenzerstreuung in der störenden Wirkung gesucht, welche die Körpermoleküle auf die Bewegung des Aethers ausübe. Doch erhält man
unter dieser Voraussetzung für die Fortpflanzungsgeschwindigkeit

eine Gleichung von der Form a $+$ b l^2, welche den Messungen Frauenhofers widerspricht, indem nur die Cauchy'sche Formel als der Ausdruck der Erscheinung angesehen werden kann. Ebenso ist die theoretische Begründung, welche Fresnel für die von ihm entdeckten Gesetze der Fortpflanzung der beiden Strahlen gegeben hat, in welche ein Lichtstrahl durch einen Krystall zerlegt wird, von Neumann als ungenügend erwiesen und von ihm und Cauchy durch eine strengere Ableitung ersetzt worden. Nun macht aber Fresnel, um die Polarisation jener beiden Strahlen, oder die Thatsache zu erklären, dass sie in der Richtung einer Ebene, der Polarisationsebene, andere Eigenschaften zeigen, als in der dazu senkrechten Richtung, die Annahme, dass die Schwingungen des Aethers in denselben senkrecht zum Strahle und senkrecht zur Polarisationsebene erfolgen. Neumann und Cauchy mussten aber, um ihre Theorie in Einklang mit der Erfahrung zu bringen, von der Annahme ausgehen, dass die Aetherschwingungen auch senkrecht zum Strahle, aber in der Polarisationsebene erfolgen. Die Frage steht nun aber so, dass während nur aus der zweiten Ansicht die Doppelbrechung abgeleitet ist, nur die Fresnel'sche Ansicht im Stande ist, hinlängliche Rechenschaft von den bei der Spiegelung, Brechung und Beugung des Lichtes auftretenden Erscheinungen zu geben.

Die Hypothese, welche ich der mathematischen Untersuchung zu Grunde gelegt habe, wurde zuerst von Cauchy aufgestellt, der auch die Methode für die mathematische Behandlung derselben angegeben hat, ohne diese jedoch selbst vorzunehmen. Sie besteht darin, dass in den Krystallen die Körpermoleküle sich in den Ecken kleiner kongruenter rechtwinklicher Parallelopipede befinden, in welche man sich den Krystall zerlegt denken kann; der Aether, indem er sich um diese Körpermoleküle dichter zusammendrängt, hat also eine wechselnde Dichtigkeit, welche aber in jedem solchen Parallelopipedon periodisch wiederkehrt. Ich suche also die Ursache der Farbenzerstreuung statt wie Broch in der unmittelbaren Einwirkung der Körpermoleküle, in einem mittelbaren Einflusse, welchen sie auf die Bewegung des Aethers haben, indem sie dessen Anordnung bedingen. Um wenigstens einen Begriff von der Art zu geben, wie diese Hypothese von der Farbenzerstreuung Rechenschaft zu geben vermag, will ich annehmen, die Ausbeugung der Aethertheilchen ξ werde durch die Differenzialgleichung:

$$1) \quad \frac{d^2\xi}{dt^2} = a \frac{d^2\xi}{dy^2}$$

bestimmt, wo a eine von der Dichtigkeit des Aethers abhängige Grösse ist. Ist sie konstant, so ist bekanntlich ein Integral dieser Gleichung:

$$2) \quad \xi = A e^{(vy - st)} \sqrt{-1}$$

wodurch eine Bewegung in Wellen von der Länge $\frac{2\pi}{v}$, deren Fortpflanzungsgeschwindigkeit $\frac{s}{v}$ ist, dargestellt wird; wenn wir setzen:

$$3) \quad s^2 A = a \cdot v^2 A.$$

Ist dagegen die Dichtigkeit, also auch a, eine periodische Funktion von y, welche für eine Zunahme von y um den Abstand zweier Körpermoleküle oder um $\frac{2\pi}{\beta}$ wieder dieselben Werthe erhält, so kann man nach Cauchy die Gleichungen 2) und 3) noch immer als Integral von 1) betrachten, wenn man für A ebenfalls eine periodische Funktion von y setzt. Man hat sodann beide Funktionen in periodische Reihen zu entwickeln, z. B.

$$a = \overset{l=\infty}{\underset{l=-\infty}{\Sigma}} a_l \; e^{l\beta y \sqrt{-1}}$$

und in 3) die Koeffizienten der Potenzen von $e^{\beta \sqrt{-1}}$ einzeln der Null gleich zu setzen. Diess giebt Gleichungen wie:

$$4_0) \quad s^2 A_0 = a_0 v^2 A_0 + \Sigma \; a_l \; (v + l\beta)^2 \; A_l.$$

$$4^l) \quad s^2 A_l = a_0 \; (v + l\beta)^2 A_l + \Sigma a_{l-l'} \; (v + l'\beta)^2 A_{l'} + a_l \; v^2 A_0.$$

Man kann mit Hülfe dieser Gleichungen, deren Anzahl unendlich gross ist, $s^2 A_0$ durch eine konvergente mit A_0 multiplizirte Reihe darstellen, indem man immer den Werth von A_l in eine der Gleichungen aus der Gleichung 4_l) einführt. Ist aber $\frac{v}{\beta}$ oder das Verhältniss des Abstandes zweier Körpermoleküle zur Wellenlänge eine kleine Grösse, so kann man nach Potenzen von $\frac{v}{\beta}$ entwickeln. Hier ist $l^2 \beta^2 A_l$ von der Ordnung von $v^2 A_0$, ebenso auch $s^2 A_0$, also $s^2 A_l$ in Vergleich mit $l^2 \beta^2 A_l$ eine kleine Grösse zweiter Ordnung; ausserdem lässt sich leicht zeigen, dass in der Entwicklung von $s^2 A_0$ nur gerade Potenzen von $\frac{v}{\beta}$ vorkommen können, so dass also wirklich für das Quadrat der Fortpflanzungsgeschwindigkeit $\frac{s^2}{v^2}$ eine nach geraden Potenzen von $\frac{v}{\beta}$ oder nach umgekehrten Potenzen der Wellenlänge fortschreitende Reihe erhalten wird, wie es den Frauenhofer'schen Messungen entspricht.

Um die Fortpflanzung des Lichtes in optisch zweiachsigen Krystallen zu erklären, muss man annehmen, dass die Kanten der kleinen Parallelodipede, aus denen der Krystall bestehend gedacht wird, oder die Abstände der Körpermoleküle nach verschiedenen Richtungen ungleich sind. Wollte man statt der periodisch wechselnden Dichtigkeit eine mittlere Dichtigkeit setzen, so wäre dieselbe nach allen Richtungen dieselbe, es könnte also die Verschiedenheit der Fortpflanzung in verschiedenen Richtungen nicht erklärt werden; es muss desshalb auch auf die Aenderung der Dichtigkeit Rücksicht

genommen werden. Man ist wohl zu der Annahme berechtigt, und
diese Annahme liegt allen theoretischen optischen Untersuchungen zu
Grunde, dass die Wirkung des Aethers mit der Entfernung rasch ab-
nehme, ja dass sie bei einer Entfernung so gross als der Abstand
zweier Körpermoleküle fast aufhöre. Dürfte man nun annehmen,
dass auf die Bewegung irgend eines Aethertheilchens nur die aller-
nächsten Theilchen von Einfluss seien, deren Entfernung gegen den
Abstand zweier Körpermoleküle vollkommen verschwindet, so würde
offenbar auf jene Bewegung die Aenderung der Dichtigkeit in der
Nähe der Körpermoleküle im Allgemeinen ohne Einfluss bleiben,
und auch in diesem Falle wäre die Fortpflanzungsgeschwindigkeit
nach allen Richtungen dieselbe.   Vernachlässigt man dagegen nicht
mehr die Entfernung der wirkenden Aethertheilchen gegen den Abstand der Körpermoleküle, und berücksichtigt auch noch die höhern
Potenzen derselben bis zur dritten, so ergibt die Rechnung eine verschiedene Fortpflanzungsgeschwindigkeit in verschiedenen Richtungen;
die Gesetze, welche man dafür erhält, sind jedoch nicht die Fresnel'schen. Macht man aber die weitere Annahme, dass die periodische Reihe, durch welche man die Dichtigkeit darstellen kann, nur
langsam konvergirt, was damit zusammenfällt, dass die Dichtigkeit
in der Nähe der Körpermoleküle ziemlich rasch zunimmt, so werden
die Resultate sowohl hinsichtlich der Fortpflanzungsgeschwindigkeit
als der Schwingungsrichtung der beiden Strahlen, welche durch Doppelbrechung entstehen, vollkommen identisch mit den von Fresnel
aus der Erfahrung abgeleiteten, vorausgesetzt, dass wie bei Fresnel
die Schwingungen senkrecht zur Polarisationsebene angenommen werden. Die Farbenzerstreuung führt keine wesentlichen Aenderungen
herbei, es werden nämlich allerdings die sogenannten optischen Konstanten der Farbenzerstreuung dem oben erwähnten Gesetze unterworfen sein, eine Verschiedenheit der Lage der drei optischen Hauptachsen für verschiedene Farben lässt sich jedoch aus der hier besprochenen Hypothese nicht ableiten. Man wird desshalb in Uebereinstimmung mit vielen Mineralogen die Kanten der Parallelopipede, in
welche wir uns den Krystall zerlegt haben, oder die drei Systeme
von Reihen, in welche die Körpermoleküle geordnet sind, bei den
Krystallen, in welchen eine Zerstreuung der Hauptachsen vorkömmt,
sich nicht mehr rechtwinklich auf einander denken dürfen, so dass
die gegebene Theorie für solche Krystalle einer Erweiterung bedürfte.

Auch von den Erscheinungen der Circularpolarisation vermögen
wir nach unsrer Hypothese Rechenschaft zu geben, und wir erhalten
aus derselben eben jene besonderen Gesetze der Farbenzerstreuung,
welche sich hiebei in so merkwürdiger Weise zeigen, wenn wir annehmen, dass in den Medien, welche diese Erscheinung zeigen, der
Aether, etwa wegen der unsymmetrischen Beschaffenheit der Körpermoleküle unsymmetrisch um dieselben gelagert seie.

91. Vortrag des Herrn Dr. Wundt: „Ueber die Bewegungen des Auges,“ am 5. August 1859.

Man kann das Auge mit einer für die meisten dieser Untersuchungen ausreichenden Genauigkeit als eine um ihren festen Mittelpunkt drehbare Kugel betrachten. Die Bewegung einer derartigen Kugel lässt sich zerlegen in die Bewegung eines beliebig gewählten Durchmessers und in eine Drehung um diesen Durchmesser als Axe. Wählt man zu dem besagten Durchmesser die Sehaxe, so ist das Problem der Augenbewegungen auf folgende zwei Aufgaben zurückgeführt: 1) die Bestimmung der Bewegungen der Sehaxe, und 2) die Bestimmung der Drehung des Auges um die Sehaxe für jede einzelne Stellung derselben.

1. **Die Drehung um die Sehaxe.** Die Ermittlung der Augenstellungen führte ich aus, indem ich die Neigungen eines in der Anfangsstellung vertikalen Nachbildes bei verschiedenen sekundären Stellungen bestimmte; bei der gewählten Methode war es möglich, diese Messungen bis zu $1/4$ Winkelgrad genau auszuführen. Die so gewonnenen Resultate genügen vollständig zur Lösung aller statischen Aufgaben: es lässt sich nämlich vermittelst derselben bestimmen, welches Drehungsmoment jeder der sechs Augenmuskeln bei einer beliebigen Stellung des Auges ausüben muss, damit alle in dieser Stellung auf den Augapfel wirkenden Kräfte mit einander im Gleichgewicht stehen. Bezeichnen wir durch h (Höhenwinkel), b (Breitenwinkel) und r (Raddrehungswinkel) diejenigen drei Winkel, um welche successiv gedreht das Auge aus seiner Ruhestellung bei gerade nach vorn gerichteter Sehaxe in seine neue Lage gebracht werden kann, so hat man die Lage des Ursprungs- und Ansatzpunktes jedes Muskels in der Ruhestellung durch Messungen zu ermitteln, und dann aus den durch die Lage der Sehaxe gegebenen Werthen von h und b und dem experimentell gefundenen zugehörigen Werthe von r die Verrückung zu berechnen, die der Ansatzpunkt während der Bewegung erfahren hat. Hierdurch erhält man schliesslich die Verkürzung oder Verlängerung, welche jeder der sechs Augenmuskeln nach dem Uebergang des Auges aus der Ruhelage in eine zweite Stellung erfuhr. Bezeichnen wir nämlich durch φ denjenigen Winkel, welchen die Verbindungslinie des Ursprungspunktes und Mittelpunktes mit der Verbindungslinie des Ansatzpunktes und Mittelpunktes während der Ruhelage bildet, durch φ' den gleichen Winkel bei der zweiten Stellung, und durch R den Halbmesser des Augapfels, so ist offenbar, je nachdem eine Verkürzung oder Verlängerung des betrachteten Muskels stattfand, diese $=$

$$\mathrm{R} \cdot \mathrm{arc.} \; (\varphi - \varphi') \text{ oder } \mathrm{R} \cdot \mathrm{arc.} \; (\varphi' - \varphi),$$

und hierin bestimmen sich die Werthe von φ und φ' aus folgenden Gleichungen:

$$\cos \varphi = \frac{x_a \cdot x_u + y_a \cdot y_u + z_a \cdot z_u}{\mathrm{R} \cdot s},$$

$$\cos. \varphi' = \frac{x'_s . x_u + y'_s . y_u + z'_s . z_u}{R . s},$$

in welchen Gleichungen x_u, y_u, z_u die Cardinaten des Muskelursprungs, x_s, y_s, z_s die Cardinaten des Muskelansatzes in der ersten Stellung, x'_s, y'_s, z'_s dieselben in der zweiten Stellung bedeuten, und worin endlich $\sqrt{x_u^2 + y_u^2 + z_u^2} = s$ gesetzt wurde. — Um das Verhältniss sämmtlicher aktiver Zugkräfte zu erhalten, die auf den Augapfel einwirken müssen, damit derselbe in seiner neuen Gleichgewichtslage verbleibe, hat man jetzt die Drehungsmomente der verlängerten und unverändert gebliebenen Muskeln gleich Null zu setzen, die Drehungsmomente der übrigen Muskeln aber (mit Vernachlässigung der geringen Unterschiede der Querschnitte) ihren Verkürzungen proportional anzunehmen.

Als Beispiel führe ich die Resultate der Rechnung für eine Stellung des l i n k e n Auges nach Oben und Aussen an, die durch h $= 16^032'$, b $= 25^013'$ und r $= 12^036'$ (nach Aussen) bestimmt war.

Verkürzte Muskeln.		Verlängerte Muskeln.	
Rectus sup.	5,284 Mm.	Rectus inf.	3,214 Mm.
Rectus ext.	4,291 „	Rectus int.	1,274 „
Obliquus inf.	3,979 „	Obliquus sup.	3,389 „
	13,554		7,877

Die Resultate dieser und anderer Rechnungen stimmen annähernd mit einem Prinzip überein, das sich folgendermassen ausdrücken lässt: das Auge nimmt beim Uebergang der Sehaxe aus einer ersten in eine zweite Lage diejenige Stellung ein, bei der die Verlängerung der gedehnten Muskeln ein Minimum ist; die Correktion, durch welche dies ermöglicht wird, ist die durch die schiefen Muskeln bewirkte Drehung des Augapfels um eine von der Sehaxe wenig abweichende Drehungsaxe.

Besondere Berücksichtigung verdienen noch die Bewegungen der Sehaxe horizontal nach Aussen und Innen und vertikal nach Oben und Unten, bei denen keine auf die Sehaxe projectirten Drehungen des Augapfels stattfinden. Die Rechnung ergiebt hier, dass die horizontalen Bewegungen nur durch je e i n e n Muskel zu Stande kommen, Rectus externus oder internus, während bei den vertikalen Bewegungen immer z w e i Muskeln betheiligt sind, Rectus sup. und Obliquus inf. oder Rectus inf. und Obliquus sup. Es bewege sich z. B. die Sehaxe von ihrer Ruhelage aus jedesmal um 20 ⁰ nach Aussen, nach Innen, nach Oben und nach Unten, so findet man für jede dieser vier Bewegungen folgende Muskelverkürzungen:

1. Drehung nach Aussen.		2. Drehung nach Innen.	
Rectus ext.	4,125 Mm.	Rectus int.	4,139 Mm.
3. Drehung nach Oben.		4. Drehung nach Unten.	
Rectus sup.	3,944 Mm.	Rectus inf.	3,829 Mm.
Obliquus inf.	1,109 „	Obliquus sup.	1,523 „
	5,053 Mm.		5,352 Mm.

JAHRBÜCHER DER LITERATUR.

Verhandlungen des naturhistorisch–medizinischen Vereins zu
Heidelberg.

Vortrag des Herrn Dr. Wundt: „Ueber die Bewegungen
des Auges," am 5. August 1859.

(Schluss.)

Woraus sich ergiebt, dass die bei den symmetrischen Bewegungen nach Aussen und Innen, sowie nach Oben und Unten aufgewandten Muskelkräfte sehr nahe einander gleich sind, während die
bei der vertikalen und horizontalen Bewegung aufgewandten Muskelkräfte bei der gleichen Drehungsanglitude einen merklichen Unterschied zeigen, so dass das vertikale zum horizontalen Drehungsmoment annähernd wie 5 : 4 sich verhält. Dieses Resultat ist desshalb von Wichtigkeit, weil es in unmittelbarer Beziehung steht zu
einer Eigenthümlichkeit unserer Wahrnehmung: jede vertikale Entfernung erscheint uns nämlich grösser als die gleiche horizontale
Entfernung, und zwar ebenfalls in dem Verhältnisse von 5 : 4.

2. Die Bewegung der Sehaxe. Die Bewegung der Seh-
axe ist entweder eine willkührlich bestimmte, bei der fixirenden
Verfolgung von Linien, oder sie findet nach einer uns unbewussten
Gesetzmässigkeit statt, bei der freien Bewegung von einem Fixationspunkt zu einem andern davon entfernten. Wir betrachten hier
nur die letztere Bewegung, da die erstere an und für sich keine
Schwierigkeit hat. Auf den Weg der Sehaxe wird geschlossen aus
dem Wege, welchen der Endpunkt derselben im Gesichtsfelde beschreibt. Man findet, dass dieser nur in zwei Bewegungsrichtungen
geradlinig ist: nämlich in der durch den Endpunkt der Sehaxe gelegten horizontalen und in der auf ihr senkrechten vertikalen Richtung. Nach allen übrigen Richtungen bewegt sich der Endpunkt der
Sehaxe in Bogenlinien, die nach einem bestimmten Gesetz angeordnet sind. Nehmen wir den Fixationspunkt, auf den das Auge bei
gerade nach vorn gerichteter Sehaxe eingestellt ist, zum Ausgangspunkt aller Bewegungen, und denken wir uns das Sehfeld durch die
Geraden, die von hier aus die Sehaxe in horizontaler und vertikaler
Richtung beschreibt, in vier Quadranten getheilt, so verhalten sich in
diesen die Ganglinien der Sehaxe symmetrisch: die Bewegung nach
Aussen geschieht in Bogen, die nach Aussen konvex sind, die Bewegung nach Innen in Bogen, die nach Innen konvex sind. Dabei

nimmt in jedem Quadranten der Krümmungshalbmesser der Bogen ab mit der Abweichung von der horizontalen und nimmt mit der Annäherung an die Vertikale wiederum zu.

Erst nachdem die Wege der Sehaxe ermittelt sind, lässt sich der dynamische Theil der Untersuchung in Angriff nehmen, der sich mit der Frage beschäftigt: wie verhalten sich in jedem Moment der Bewegung die bewegenden Kräfte? Wir denken uns die Bewegung des Auges in jedem Zeitelement zerlegt in eine unendlich kleine Bewegung der Sehaxe und in eine unendlich kleine Drehung um die Sehaxe. Hiernach trennt sich unsere Aufgabe: 1) in die Bestimmung der relativen Drehungsmomente der einzelnen Augenmuskeln für die Bewegung der Sehaxe, und 2) in die Bestimmung ihrer relativen Momente für die Drehung um die Sehaxe während jeder kleinsten Bewegungsperiode.

Die Sehaxe beschreibt im Raume im Allgemeinen die Fläche eines Kegels, dessen Spitze der Drehpunkt ist, und als dessen Basis oder Leitlinie wir statt der Polkurve diejenige Curve betrachten wollen, welche die verlängert gedachte Sehaxe in einer Ebene beschreibt, die tangirend an die Augenkugel gelegt ist und auf der Ruhestellung der Sehaxe senkrecht steht. Diese den Augapfel berührende Ebene nehmen wir zur x z Ebene eines rechtwinklichen Coordinatensystems. An die von der Sehaxe beschriebene Fläche lege man in der dem Punkte xz entsprechenden Lage derselben eine tangirende Ebene, und errichte dann auf die letztere eine durch den Drehpunkt gehende Senkrechte: diese Senkrechte ist die augenblickliche Drehungsaxe, deren Winkel ξ, η, ζ mit den drei Coordinatenaxen aus folgenden Gleichungen bestimmt werden:

$$\left.\begin{array}{l} \cos.\ \xi = \dfrac{A}{\sqrt{A^2 + B^2 + C^2}}, \\[2mm] \cos.\ \eta = \dfrac{B}{\sqrt{A^2 + B^2 + C^2}}, \\[2mm] \cos.\ \zeta = \dfrac{C}{\sqrt{A^2 + B^3 + C^2}}, \end{array}\right\} 1.$$

worin die Constanten A, B und C aus der Gleichung der tangirenden Ebene leicht zu entwickeln sind. Bezeichnet man ferner durch ξ', η', ζ' die Winkel der Sehaxe mit den drei Coordinatenaxen, so findet man dieselben aus den dem Punkte xz entsprechenden Mittelpunktscoordinaten x', y', z' mittelst der Gleichungen:

$$\left.\begin{array}{l} \cos.\ \xi' = \dfrac{x'}{\sqrt{x'^2 + y'^2 + z'^2}}, \\[2mm] \cos.\ \eta' = \dfrac{y'}{\sqrt{x'^3 + y'^2 + z'^2}}, \\[2mm] \cos.\ \zeta' = \dfrac{z'}{\sqrt{x'^2 + y'^2 + z'^2}}. \end{array}\right\} 2.$$

Durch die Gleichungen 1 und 2 sind die Drehungsaxen bestimmt, um welche man die Bewegung in dem betrachteten Moment zu Stande kommend denken kann. Um die relativen Drehungsmomente in Bezug auf beide augenblickliche Drehungsaxen zu finden, muss man die Lage der Drehungsaxe kennen, um die jeder einzelne Muskel das Auge bewegen würde, wenn er für sich allein wirksam wäre. Diese bestimmt sich ganz auf dieselbe Weise, wie die Drehungsaxe für die Bewegung der Sehaxe. Man hat zu diesem Zweck nur die Gleichung der Muskelebene bei der vorhandenen Stellung des Auges zu ermitteln, die auf diese Ebene im Drehpunkt errichtete Senkrechte ist die augenblickliche Drehungsaxe des Muskels. Welches und wie gross die in einem gegebenen Moment der Bewegung stattfindenden Drehungsmomente gewesen seien, lässt sich nun bestimmen, indem man nach dem Prinzip des Parallelogramms der Drehungen die resultirende Drehung aus ihren Componenten zusammensetzt. Bezeichnet man der Reihe nach die Winkel, welche die Drehungsaxen der sechs Augenmuskeln in der gegebenen Stellung mit den Coordinatenaxen einschliessen, durch ξ_1, η_1, ζ_1, ξ_2, η_2, ζ_2 ...... ξ_6, η_6, ζ_6, setzt man ferner die relativen Drehungsmomente der Augenmuskeln für die Bewegung der Sehaxe in derselben Reihenfolge gleich m_1, m_2 .... m_6, ihre relativen Momente für die Drehung um die Sehaxe aber gleich n_1, n_2 .... n_6, so erhält man folgende zwei von einander unabhängige Reihen von Gleichungen, in denen die Lösung der ganzen Aufgabe enthalten ist:

$$\left.\begin{array}{l}
\cos.\xi = m_1 . \cos. \xi_1 + m_2 . \cos. \xi_2 + m_3 . \cos. \xi_3 ...... + m_6 . \cos. \xi_6 \\
\cos.\eta = m_1 . \cos. \eta_1 + m_2 . \cos. \eta_2 + m_3 . \cos. \eta_3 ...... + m_6 . \cos. \eta_6 \\
\cos.\zeta = m_1 . \cos. \zeta_1 + m_2 . \cos. \zeta_2 + m_3 . \cos. \zeta_3 ...... + m_6 . \cos. \zeta_6
\end{array}\right\} 3.$$

$$\left.\begin{array}{l}
\cos.\xi' = n_1 . \cos. \xi_1 + n_2 . \cos. \xi_2 + n_3 . \cos. \xi_3 ...... + n_6 . \cos. \xi_6 \\
\cos.\eta' = n_1 . \cos. \eta_1 + n_2 . \cos. \eta_2 + n_3 . \cos. \eta_3 ...... + n_6 . \cos. \eta_6 \\
\cos.\zeta' = n_1 . \cos. \zeta_1 + n_2 . \cos. \zeta_2 + n_3 . \cos. \zeta_3 ...... + n_6 . \cos. \zeta_9
\end{array}\right\} 4.$$

In jeder dieser Gleichungsgruppen sind sechs Unbekannte enthalten, während immer nur drei Gleichungen gegeben sind. Die Unbestimmtheit, die sich hieraus ergiebt, fällt aber zum Theil hinweg durch die Ermittlung der Stellung des Augapfels in seinen successiven Lagen während der Bewegung, aus der hervorgeht, welche von den in Frage kommenden Muskeln im gegebenen Momente verkürzt waren; wo noch eine Unbestimmtheit bleiben sollte, ist diese in der Sache selber gelegen, da dieselbe ausdrückt, dass Drehung um eine gegebene Axe durch verschiedene Combination von Momenten zu Stand kommen kann, und die physiologische Wahrscheinlichkeit hat dann zu entscheiden, welche Combination die wirklich stattfindende ist,

92. Mittheilungen von Herrn Dr. Schelske „Ueber die chemischen Muskelreize," am 5. August 1859.

In Bezug auf eine Arbeit des Dr. Kühne „über directe und indirecte Muskelreize mittelst chemischer Agentien" in Reicherts und Du Bois-R. Archiv Jahrgang 1859 unternahm Dr. Schelske gemeinsam mit Dr. Wundt eine Prüfung der Angabe Kühne's. Die Resultate dieser Untersuchung sind kurz folgende:

1. Säuren: Salzsäure, Salpetersäure und Chromsäure bewirken noch in grosser Verdünnung vom Muskelquerschnitt aus Zuckung; Salpetersäure ebenso vom Nerven aus, Salzsäure und Chromsäure dagegen nur concentrirt, in grosser Verdünnung aber wirken beide noch nach vorangegangenem Digeriren mit Muskelsubstanz. — Essigsäure bewirkt weder vom Nerv noch Muskel aus Zuckung, der Dampf der concentrirten Säure eine nachhaltige Runzelung des Muskels bei direkter Einwirkung auf diesen. — Oxalsäure, Weinsäure und Milchsäure geben vom Nerven und Muskel aus Zuckung, Gerbsäure lässt beide unerregt.

2. Alkalien: Kali bewirkt vom Muskel und Nerven aus Zuckung. Ammoniakdämpfe wirken bei kurzer Annäherung auf den Muskel weder, noch auf den Nerven. Sobald der Nerv jedoch auszutrocknen beginnt, erregen die Dämpfe vom Nerv aus Zuckungen, welche beim Befeuchten desselben wieder verschwinden, mit jedem neuen Austrocknen wiederholt sich die Erscheinung. Liquor. amm. caust. bewirkt nicht Zuckungen, dagegen runzeln sich die damit befeuchteten Gewebe, Muskel und Nerv sowohl, wie Haut und Bindegewebe. — Die Dämpfe bringen bei längerer Einwirkung dieselben Formveränderungen hervor.

3. Alkalisalze geben vom Nerv und Muskel aus noch in ziemlich verdünnten Lösungen Zuckung.

4. Salze der schweren Metalle (Eisenchlorid, Chlorzink, Zinkvitriol, Kupfervitriol, Sublimat, salpetersaures Silberoxyd, neutrales essigsaures Bleioxyd) bewirken hinlänglich concentrirt, sämmtlich vom Nerven aus Tetanus, die meisten aber erst nach einer Einwirkung von 3 bis 5 Minuten; auf den Muskelquerschnitt angewandt, bewirken alle baldige Zuckung mit Ausnahme des Sublimat.

5. Einige organische Stoffe. Glycerin giebt weder vom Nerven noch Muskel aus Zuckung, Alcohol dagegen von beiden. Die Dämpfe des Kreosot zerstören den Muskel sehr rasch, ohne ihn zur Zuckung zu bringen, vom Nerven aus erhält man durch dieselben bisweilen Zuckungen.

Zur Prüfung der chemischen Reize vom Nerven aus wurde der stromführende Froschschenkel, vom Muskel aus die mm. gastrocnemius, tibialis ant. und post. des Frosches verwandt. Gastrocnemius und tibialis geben stets nur vom obern Ende aus Zuckung, sartorius von beiden Enden; dabei wuchs meistens die Stärke seiner Zuckung mit der Annäherung des Querschnittes an die Mitte des Muskels.

Aus diesen Untersuchungen geht hervor, dass die Behauptung Kühne's, dass einige chemische Reize nur vom Muskel, andere nur vom Nerven aus wirksam (woraus er einen Beweis für die Muskel-irritabilität zu ziehen sucht), nicht richtig ist; die chemischen Reize wirken, mit Ausnahme des Sublimat und Kreosot, (wo andere Erklärungsweise nahe liegt) entweder vom Muskel und Nerven oder von keinem von beiden erregend.

Gegen Kühne's Ansicht für die selbstständige Erregbarkeit des Muskels spricht sogar die zuletzt angeführte Thatsache: dass die Zuckung des Muskels vom Muskel aus gegen den Eintritt des Nerven in denselben hin vergrössert wird. —

93. Vortrag des Herrn Dr. Meidinger: „zur Theorie der elektromagnetischen Kraftmaschinen,“ am 28. Oktober 1859.

Für das Maximum der Leistung, welches bei gegebener Batterie von einer elektromagnetischen Maschine in der Zeiteinheit hervorgebracht werden kann, stellte Jacobi schon vor 15 Jahren folgende Formeln auf und begründete dieselben 1852 ausführlicher:

$$T = \frac{n^2\,K^2}{4\,.\,\varrho\,.\,x}\;\text{(I)},$$ wo K die elektromotorische Kraft der zur Anwendung gebrachten Batterie, n die Anzahl einzelner Elemente, ϱ den gesammten Leitungswiderstand und x eine von der Coercitivkraft des Eisens abhängige Constante bedeutet. Die Formel kann, wenn man berücksichtigt, dass $\dfrac{n\,K}{\varrho} = q$, die Stromstärke ist, auch übergehen in $T = \dfrac{q\,.\,n\,.\,K}{4\,x}$ (II).

Den ökonomischen Effekt, oder das Verhältniss von Arbeit der Maschine zu Auslagen in dem Batterieconsum findet Jacobi; $$E = \frac{K}{2\,.\,x}\;\text{(III)}.$$

Für den Grenzfall, dass die Coercitivkraft des Eisens $x = 1$ ist, gehen die Formeln (II) und (III) über in $T = \dfrac{q\,.\,n\,.\,K}{4}$ und $E = \dfrac{K}{2}$.

Diese Formeln, welche noch immer nicht allgemein bekannt oder für richtig gehalten zu sein scheinen, lassen sich noch auf eine andere, von Jacobi's Betrachtung abweichende Weise, nämlich ausgehend von dem Princip der Erhaltung der lebendigen Kräfte während der Thätigkeit der Batterie ableiten. Schon Joule*) schlug

---

*) Phil. Mag. XXVIII. 484.

diesen Weg im Jahre 1846 ein und gewann den folgenden Ausdruck: $158 \frac{a-b}{a}$, als absolute mechanische Arbeit in Fusspfunden, welche durch ein Gran in der Daniell'schen Batterie aufgelöstes Zink bei dem Verhältniss der Stromstärke a im Ruhezustand zu b während der Bewegung der Maschine hervorgebracht werden kann. — In ein deutsches wissenschaftliches Journal scheint die betreffende Untersuchung nicht übertragen zu sein; nur J. Müller erwähnt in seinem Bericht über die Fortschritte der Physik vom Jahre 1850 derselben; er stimmt zwar dem dort eingeschlagenen Wege bei, glaubt jedoch, dass die Entwicklung der Theorie noch viel zu wünschen übrig lasse — wohl, weil die Versuche, die Joule zur Prüfung derselben anstellte, im Einzelnen nicht gute Resultate gaben.

Bezeichnet man die irgend einem Aquivalent chemischer Vorgänge in der Batterie entsprechende lebendige Kraft mit K, so bedeutet dieser Ausdruck zugleich, nach den Weber'schen Einheiten, die elektromotorische Kraft der Batterie, wie dies neuerdings ganz allgemein experimentell nachgewiesen wurde. Ist die Anzahl der Elemente gleich n, so ist die Summe der lebendigen Kräfte $= n\,K$; und $\frac{n\,K}{t}$ drückt die pro Zeiteinheit ins Spiel gesetzte lebendige Kraft aus, wenn t die Zeit ist, in welcher die Grösse n K frei wird. Da die Zeit, in der ein bestimmter chemischer Vorgang in der Batterie stattfindet, der Stromstärke umgekehrt proportional ist, so lässt sich statt $\frac{n\,K}{t}$ auch n K . q setzen. — Diese ganze lebendige Kraft erscheint als freie Wärme, so lange sich die Maschine in Ruhe befindet. Kommt dieselbe in Bewegung, so geht die Stromstärke q in Folge der Induktionsströme, in $q' = \frac{1}{m} q$ über und demgemäss auch die vorhandene lebendige Kraft in $\frac{n\,K\,q}{m}$.

Da sich die im gesammten Stromleiter entbundene freie Wärme wie das Quadrat der Stromstärke verhält, so wird bei dem $\frac{1}{m}$ so grossen Strome nur noch $\frac{n\,K\,q}{m^2}$ lebendige Kraft als freie Wärme erscheinen. In der Differenz $n\,K . q \left(\frac{1}{m} - \frac{1}{m^2} \right) = T$ **(IV)** erhält man somit die auf die Maschine übertragene lebendige Kraft, die daselbst als mechanische Arbeit zur Verwendung kommt.

Dieser Ausdruck ist auch $= n\,K\,q\,\frac{1}{m}\left(1 - \frac{1}{m}\right)$ und findet seinen Maximalwerth für $\frac{1}{m} = \frac{1}{2}$, wofür $T = \frac{n\,K\,q}{4}$, die Jacobische Formel.

Das Maximum der Arbeit der Maschine entspricht also dem vierten Theil der lebendigen Kraft, welche, so lange die Maschine noch in Ruhe sich befindet, von der Batterie erzeugt wird. Die Maschine arbeitet dann bei der halben Stromstärke und der ökonomische Effekt ergiebt sich somit, indem man die Gleichung durch $n \frac{q}{2}$ dividirt und ist $E = \dfrac{\dfrac{n\,K\,q}{4}}{\dfrac{q}{2}\,n} = \dfrac{K}{2}$.

Dies besagt also ganz einfach, dass bei der Maximalleistung der Maschine die Hälfte der durch die chemischen Vorgänge in der Batterie erzeugten lebendigen Kräfte als mechanische Arbeit nutzbar gewonnen wird; die andere Hälfte geht als freie Wärme der praktischen Verwendung verloren.

Durch Multiplikation von Zähler und Nenner mit ϱ geht die Gleichung $T = \dfrac{n\,q\,K}{4}$ in $\dfrac{n\,K}{\varrho} \cdot \dfrac{q\,\varrho}{4} = \dfrac{q^2\,\varrho}{4}$ (V) über. Bei derselben Stromstärke ist die Arbeit der Maschine dem gesammten Leitungswiderstand proportional. Es erklärt sich dies dadurch, dass bei Vergrösserung des Leitungswiderstandes auch zugleich die Anzahl der Elemente gleichmässig vergrössert werden muss, um dieselbe Stromstärke q beizubehalten; es wächst somit proportional mit ϱ die ganze in der Kette erzeugte lebendige Kraft.

Die von Hipp zuerst gemachte Beobachtung, dass sich bei Anwendung einer grösseren Anzahl Elemente mit dem Morse'schen Telegraphen schneller telegraphiren lasse, wie bei Anwendung einer kleineren Zahl, obwohl die Stromstärke dieselbe blieb, erklärt sich sonach schon a priori. Die unter solchen Umständen, wie Beets gezeigt hat,[*] veränderte Intensität des Nebenstromes, kann nur einen und den wahrscheinlich geringern Theil der Beschleunigung oder Verzögerung der Ankerbewegung verursachen.

Die von J. Müller in der neuesten Ausgabe seines Lehrbuchs der Physik vom vorigen Jahre gegebene Entwicklung der Jacobischen Formeln, wobei jenes ϱ im Zähler der Formel (V) wegfällt, beruht auf einer falschen Hypothese. Müller nimmt nämlich die Intensität des Induktionsstroms $= m\,\beta\,v$ an (m Magnetismus des Eisen, β Anzahl der Umwindungen, v Geschwindigkeit der Maschine) während ihn Jakobi $= \dfrac{m\,\beta\,v}{\varrho}$, also dem Leitungswiderstand umgekehrt proportional setzt. Müller betrachtet also den Induktionsstrom blos als elektromotorische Kraft, zieht denselben aber gleich darauf, um den noch vorhandenen Strom zu erhalten, von einer wirklichen Stromstärke ab, was durchaus unzulässig ist. — Der

---

[*] Pog. Ann. CII. S. 557. Elektromagnetische Wirkung volta'scher Ströme verschiedener Quellen.

ökonomische Effekt würde nach Müller $E = \dfrac{K}{2\,\rho}$ sein, ein höchst
unwahrscheinlicher Ausdruck. —

Dividirt man die Gleichung IV durch den Batterieconsum bei
dem $\dfrac{1}{m}$ Strom, so erhält man ganz im Allgemeinen den ökonomischen Effekt

$$E = \frac{n\,K\,q\,.\,\left(\dfrac{1}{m} = \dfrac{1}{m^2}\right)}{n\,q\,.\,\dfrac{1}{m}} \;-\; K\,.\,\left(1 - \dfrac{1}{m}\right)$$

Es ist dies aber die Joule'sche Formel; denn setzt man in derselben $b = \dfrac{1}{m}\,a$, so wird sie $= 158\left(1 - \dfrac{1}{m}\right)$.

Daraus ergiebt sich, dass die Maschine, vom ökonomischen
Standpunkt aus, nicht am günstigsten bei halber Stromstärke, wo
sie die Maximalleistung hervorbringt, arbeitet. Der grösste ökonomische Effekt fände theoretisch dann statt, wenn $\dfrac{1}{m} = 0$. Dann
müsste sich jedoch die Maschine mit unendlich grosser Geschwindigkeit bewegen. Lange vorher würden aber die Reibungshindernisse
alle nutzbare Arbeit schon aufgezehrt haben. Nennt man die Arbeit, welche zur Ueberwindung der Reibung erforderlich ist, wenn die
Maschine bei halber Stromstärke arbeitet, gleich β ausgedrückt, wie K,
in Wärmeeinheiten, so ist dieselbe für irgend eine andere Geschwindigkeit der Maschine $= (m - 1)\,\beta$; (da die Geschwindigkeit
den Induktionsströmen $(m - 1)$ proportional ist). Es bleibt somit
an nutzbarer Arbeit:

$$T = n\,K\,q\,\left(\frac{1}{m} - \frac{1}{m^2}\right) - (m-1)\beta$$

wofür der Maximalwerth durch die Gleichung $m^3\,\dfrac{\beta}{n\,q\,K} + m = 2$
gegeben ist und sich ganz nahe bei $m = 2$ befindet. Ebenso ist
alsdann der ökonomische Effekt:

$$E = \frac{n\,K\,q\,\left(\dfrac{1}{m} - \dfrac{1}{m^2}\right)(m-1)\,\beta}{\dfrac{n\,q}{m}} = K\,\frac{m-1}{m}\,.\,\frac{K\,n\,q - m^2\beta}{K\,n\,q},$$

dessen grösster Werth sich durch Auflösung der Gleichung

$$m^3 - \frac{1}{2}\,m^2 = \frac{n\,q\,K}{\beta}$$

findet. —

Berücksichtigt man endlich noch die Auslagen für Lokalwirkung in der Batterie, für die Zinsen des Anschaffungskapitals derselben, für ihre Bedienung, und nennt diese ganze Summe für ein Element $= \alpha . q$, so beträgt dieselbe für n Elemente $= n \alpha q$ und der wahre Ausdruck für den ökonomischen Effekt der Praxis ist

$$E = K \frac{m - 1}{m} \cdot \frac{K n q - m^2 \beta}{K n q (1 + m \alpha)}$$

94. Vortrag des Herrn Prof. Kirchhoff: „Ueber das Sonnenspektrum," am 28. Oct. 1859.

Ein Lichtstrahl erleidet bekanntlich eine plötzliche Richtungs-änderung, eine „Brechung", wenn er aus einem durchsichtigen Mittel in ein anderes gelangt. Die Folge davon ist, dass ein Licht-strahl, der auf ein Glasprisma fällt, aus diesem in einer Richtung austritt, die ganz verschieden von derjenigen ist, in der er das Prisma traf. Ebenso bekannt ist es, dass das Licht der Sonne und fast aller irdischen Lichtquellen aus verschiedenartigen Theilen besteht, die sich von einander durch ihre Brechbarkeit in durch ihre Farbe unterscheiden. Die Bestandtheile eines Sonnenstrahls werden von einander getrennt, wenn man diesen durch ein Prisma gehen lässt; sie treten dann in verschiedenen Richtungen aus. Sieht man durch ein Prisma nach einer punktartigen Oeffnung und einem undurch-sichtigen Schirm, durch welche Sonnenlicht eindringt, so sieht man eine lange Lichtlinie statt des Lichtpunktes, die horizontal ist, wenn das Prisma vertikal gestellt ist, die an dem einen Ende roth, an dem andern violett gefärbt ist und alle Farbenübergänge von roth durch gelb, grün, blau bis violett zeigt. Die Erscheinung wird schö-ner, wenn man durch das vertikal gestellte Prisma nach einem verti-kalen Spalt sieht, durch welchen Sonnenlicht fällt; man erblickt dann einen horizontalen Streifen, der so breit, als der Spalt lang ist, und in den verschiedenen Theilen seiner Länge die verschiedenen ge-nannten Farben zeigt. Man nennt diesen Streifen ein Sonnenspek-trum. Ist das Prisma gut und der Spalt enge, so bemerkt man in dem Spektrum mehrere dunkle Linien, die vertikal, im Sinne der Breite des Spektrum, verlaufen. Bringt man zwischen das Auge und das Prisma ein Fernrohr und vergrössert so das Spektrum, so sieht man eine unzählbare Menge solcher dunkler Linien, die theils einzeln, theils gruppenweise auftreten und alle Grade der Feinheit zeigen. Die Theile des Spektrums bekommen dadurch, abgesehen von ihren glänzenden Farben, eine solche Mannigfaltigkeit, dass ein rein dargestelltes Sonnenspektrum eine Erscheinung ist, die, wie die Erscheinung des gestirnten Himmels, immer ihren Reiz behält, wie oft man dieselbe auch wahrgenommen hat. Mit derselben Regelmässigkeit, mit der die Sterne an der Himmelskugel sich zeigen, treten dabei auch diese dunkeln Linien im Sonnenspektrum auf. Diese merkwürdige Thatsache, das Dasein und die Constanz dieser dunkeln Linien, ist von dem berühmten Münchner Optiker Fraunhofer entdeckt, und die Linien werden daher die F r a u n h o f e r'schen Linien genannt. Was ihre Erklärung anbelangt, so ist so viel ohne Weiteres klar, dass sie ihren Grund darin haben müssen, dass in dem Lichte, welches wir von der Sonne erhalten, Bestandtheile von gewisser Brechbarkeit und Farbe fehlen oder wenigstens viel schwächer als die benachbarten sind.   Die diesen Bestandtheilen entsprechenden Stellen des Spektrums erscheinen dunkel.   Entweder sendet die Sonne von diesen Bestandtheilen verhältnissmässig wenig aus, oder dieselben sind in unserer Atmosphäre durch Absorption stärker als die übrigen geschwächt.   Es lässt sich nachweisen, dass sowohl der eine als der andere Fall stattfindet.   Gewisse von den Fraunhofer'schen Linien treten nämlich um so deutlicher hervor, je näher die Sonne ihrem Aufgange oder ihrem Untergange ist, je weiter also der Weg ist, den die Sonnenstrahlen in unserer Atmosphäre zurückzulegen haben.   Diese Linien werden von unserer Atmosphäre herrühren. Andere zeigen sich immer in gleicher Stärke, welches auch der Stand der Sonne am Himmel ist; an diesen Linien kann unsere Atmosphäre keinen Theil haben; sie haben ihren Grund in der Sonne. Zu den letzteren gehören die deutlichsten von den Fraunhofer'schen Linien, unter andern auch diejenigen, die Fr. durch die Buchstaben A, B,.. bezeichnet hat, und die für die praktische Optik eine höchst wichtige Bedeutung haben.   Ohne die dunkeln Linien des Sonnenspektrums würde man nicht Fernröhre und Mikroskope von der Güte verfertigen können, wie wir sie heut zu Tage besitzen; die Fraunhofer'schen Linien A, B, C,.. benutzt man, um die gewissen Stellen des Spektrums entsprechenden Brechungsverhältnisse der Gläser zu messen, aus welchen die Linsen für ein optisches Instrument geschliffen werden sollen, und nach diesen Messungen berechnet man die Krümmungen, die den Linsenflächen gegeben werden müssen, damit man deutliche und farbenfreie Bilder erhalte.   Ausser der praktischen Wichtigkeit, die die Fr. Linien besitzen, ist ihnen wohl noch eine höhere wissenschaftliche zuzusprechen.   Sie sind zum grossen Theile, wie erwähnt, durch die Sonne und zwar durch die stoffliche Beschaffenheit derselben bedingt; sie bieten daher eine Möglichkeit dar, und aller Wahrscheinlichkeit nach die einzige, Schlüsse über die stoffliche Beschaffenheit der Sonne zu ziehen. Auf solche Schlüsse bezieht sich eine Beobachtung die ich gemacht habe und die mich zu diesen Auseinandersetzungen veranlasst hat. Bevor ich dieselbe beschreiben kann, muss ich noch Einiges über die Spektren künstlicher Lichtquellen vorausschicken.   Das Spektrum einer Kerzenflamme zeigt keine Spur von dunkeln Linien; in ihm ändert sich die Helligkeit nur ganz allmälig, nimmt vom rothen Ende bis zum Gelb zu und von hier bis zum violetten oder blauen ab, ohne dass Sprünge in der Helligkeit vorkommen. Gewisse Salze, die man in die Flamme bringt, namentlich Chlormetalle lassen hier oder dort auf dem hellen Grunde noch hellere Linien, die bald mehr bald weniger scharf begrenzt erscheinen, hervortreten. In dieser Hinsicht ist das Kochsalz ganz besonders ausgezeichnet. Die kleinste Menge desselben, die in die Flamme gebracht wird, bewirkt, dass 2 vollkommen scharf begränzte helle Linien sehr nahe bei einander sich zeigen, die genau an den Orten des Spektrums liegen, an denen im Sonnenspektrum 2 dunkle Linien vorhanden sind, die von Fr. mit dem Buchstaben D bezeichnet sind. Die geringe Menge Kochsalz, die gewöhnlich in einer Kerze sich befindet, reicht oft schon hin, diese hellen Linien zu zeigen; Fr. hat dieselben schon im Spektrum einer Kerzenflamme gefunden und ihre genaue Coincidenz mit der dunkeln Doppellinie D des Sonnenspektrums nachgewiesen. Viel deutlicher treten sie aber hervor, wenn man absichtlich etwas Kochsalz in die Flamme der Kerze oder besser noch in die heissere Flamme der Bunsenschen Lampe bringt. Das Natrium ist es übrigens, was die Streifen hervorruft, denn andere Natriumsalze bringen, so bald sie nur in der Flamme flüchtig sind, dieselbe Wirkung hervor. Die genaue Uebereinstimmung dieser Natriumstreifen, wie ich sie nennen will, mit den dunkeln Linien D des Sonnenspektrums ist gewiss eine höchst auffallende Thatsache; sie wird noch auffallender dadurch, dass sie nicht ohne Analogie dasteht; es hat nämlich Brewster gefunden, dass das Spektrum der Flamme, welche man erhält, wenn man Salpeter auf Kohlen verbrennt, helle scharf begränzte Linien enthält, welche mit andern dunkeln Linien des Sonnenspektrum genau zusammenfallen, nämlich mit den von Fr. durch A, a, B bezeichneten.

Eine solche Uebereinstimmung von dunkeln Linien des Sonnenspektrum mit hellen der Spektren farbiger Flammen kann keine zufällige sein; doch konnte man bisher einen Grund für dieselbe nicht finden und mithin Schlüsse aus ihr auch nicht ziehen. Diese Lücke ist durch meine Beobachtung ausgefüllt.

Ich untersuchte in Gemeinschaft mit Bunsen die Spektren farbiger Flammen, deren genaue Kenntniss erheblichen Nutzen für die qualitative chemische Analyse verspricht. Wir wollten diese Spektren direkt mit dem Sonnenspektrum vergleichen, und trafen daher die Einrichtung, dass durch den Spalt auf das Prisma zugleich Sonnenlicht und das Licht einer Flamme fiel. Dabei mussten die Sonnenstrahlen, bevor sie an den Spalt gelangten, durch die Flamme gehn. Wir benutzten zuerst eine Kochsalzflamme. Das Sonnenlicht hatten wir gedämpft, damit trotz desselben das schwächere Licht der Kochsalzflamme wahrnehmbar wäre. Am Orte der dunkeln Linien D zeigten sich die beiden hellen Natriumstreifen. Wir verstärkten nun das Sonnenlicht, um die Gränze zu finden, bis zu welcher dasselbe die Natriumstreifen noch wahrzunehmen erlaube. Als die Intensität des Sonnenlichtes einen gewissen Werth überstie-

gen hatte, nahm ich zu meinem Erstaunen die dunkle Doppellinie
D in ganz ungewönlicher Stärke wahr. Es wurde die Flamme abwechselnd entfernt und wieder in den Weg der Sonnenstrahlen gebracht; dieser Versuch zeigte unzweifelhaft, dass die Linien D dunkler wurden, wenn man das Sonnenlicht durch die Kochsalzflamme
gehen liess. Es musste diese Erscheinung im ersten Augenblicke
sehr befremden. Sie lässt sich nur verstehen, wenn man annimmt:

1) dass die Kochsalzflamme von den Strahlen, die durch sie
hindurchgehen, gerade die Strahlen von der Farbe derer, die sie
aussendet, vorzugsweise schwächt, und

2) dass im Sonnenspektrum auch in den dunkeln Linien Licht
ist, nur viel schwächeres, als in deren Nachbarschaft.

Dieses vorausgesetzt, ist es klar, dass, wenn das Sonnenlicht
intensiv genug ist, das den dunkeln Linien D entsprechende Licht
durch die Kochsalzflamme um mehr geschwächt werden kann als
die Kochsalzflamme selbst hinzubringt, d. h. dass bei Anwesenheit
der letzteren die Linien D dunkler, also deutlicher erscheinen können, als ohne dieselbe.

Es war hiernach zu erwarten, dass man bei einer künstlichen
Lichtquelle von hinreichender Intensität, in deren Spektrum die
dunkle Doppellinie D nicht vorkommt, diese würde hervorrufen können, indem man das Licht durch eine Kochsalzflamme gehen lässt.
Ein Versuch, der mit Drummond'schem Lichte angestellt wurde, hat
dem vollständig entsprochen. Durch eine Alkoholflamme, in die
Kochsalz gebracht war, gelang es in dem Spektrum des Drummond-
schen Lichtes die dunkle Doppellinie D in der Feinheit und Schärfe,
wie sie im Sonnenspektrum vorkommt, zu erzeugen.

Es ist fast sicher, dass eine so scharf bestimmte Erscheinung,
wie das Auftreten von zwei dunkeln Linien an ganz bestimmten
Orten des Spektrums sich immer auf dieselbe Ursache muss zurückführen lassen; es ist desshalb fast sicher, dass die dunkle Doppellinie D beim Sonnenspektrum, wie bei dem eben beschriebenen Versuche durch Natrium hervorgerufen sein muss. Wir haben dieses
Natrium in der Sonnenatmosphäre zu suchen, denn von der Atmosphäre der Erde kann die Linie D nicht herrühren, weil sie im Sonnenspektrum immer in gleicher Stärke sich zeigt, welches auch der
Stand der Sonne ist, und weil sie in den Spektren einiger Fixsterne
fehlt, während sie in denen anderer bemerkt ist. Wir werden daher mit Nothwendigkeit zu dem Schlusse geführt, dass in der glü-
henden Sonnenathmosphäre Natrium sich befindet.

Die Eigenthümlichkeit der Natriumflamme von den Lichtstrahlen, die durch sie hindurchgehn, diejenigen vorzugsweise zu schwächen, die in der Brechbarkeit mit denjenigen übereinstimmen, die
sie selbst aussendet, muss einen allgemeineren Grund haben. Es
liegt nahe anzunehmen, dass allen Flammen diese Eigenschaft zukommt. Ich bin so glücklich gewesen, durch eine andere Beobachtung diese Annahme bestätigen zu können. Ich hatte in Gemein-

schaft mit Bunsen die an sich interessante Thatsache entdeckt, dass in dem Spektrum der Lithiumflamme eine sehr holle, vollkommen scharf begränzte rothe Linie vorkommt, die in der Mitte zwischen den Fr. Linien B und C liegt. Ich liess Sonnenlicht durch eine kräftige Lithiumflamme gehen und sah bei gesteigerter Intensität jenes die helle Lithiumlinie in eine dunkle sich verwandeln, die ganz den Charakter der Fr. Linien hatte.

Man kann hiernach mit vieler Wahrscheinlichkeit aussprechen, dass jede von den Fr. Linien, die nicht von unserer Atmosphäre herrühren, ihren Grund in der Anwesenheit eines gewissen chemischen Bestandtheiles in der Sonnenatmosphäre hat, und zwar desjenigen, der in eine Flamme gebracht, in dem Spektrum dieser an dem entsprechenden Orte eine helle Linie hervorbringt.

Es ist hierdurch der Weg zur qualitativen chemischen Analyse der Sonnenatmosphäre vorgezeichnet. Man hat die Spektren der verschiedenen Flammen zu studiren, und nach hellen Linien in diesen zu suchen, die mit dunklen im Sonnenspektrum übereinstimmen. Hat man eine solche gefunden, so hat man zu schliessen, dass der Stoff, der im Spektrum der Flamme die helle Linie erzeugte, in der Sonnenatmosphäre vorkommt. Ich erwähnte schon, dass Brewster in dem Spektrum der Salpeterflamme helle Linien fand, die mit A, a, B übereinstimmen; diese hellen Linien rühren unzweifelhaft von Kalium her. Also auch Kalium befindet sich in der Sonnenatmosphäre. Nach einer Untersuchung, der ich das Spektrum der Eisenflamme unterworfen habe, glaube ich auch die Behauptung aussprechen zu dürfen, dass Eisen in derselben vorkommt.

Geschäftliche Mittheilungen.

Neu eingetreten sind in den Verein Herr Dr. Zehfuss und Herr Dr. Schelske, von hier weggezogen Herr Prof. Kussmaul, welcher einem Rufe als klinischer Lehrer nach Erlangen folgte, Herr Dr. Junge und Herr Dr. Pietrowsky, welche in ihre Heimath zurückkehrten. Die Zahl der ordentlichen Mitglieder des Vereins beträgt nunmehr 59.

Bei der Wahl des Vorstandsmitglieder am 28. Oktober 1859 wurden

Herr Professor Helmholtz als erster Vorsitzender,
   „ Hofrath Prof. Bunsen als zweiter Vorsitzender,
   „ Dr. med. H. A. Pagenstecher als erster Schriftführer,
   „ Prof. Nuhn als Rechner

wieder ernannt, und an die Stelle des Herrn Dr. Herth, welche dieser nicht wieder annehmen konnte

Herr Dr. Eisenlohr als zweiter Schriftführer erwählt.

Correspondenzen und andere Sendungen bitten wir an den ersten Schriftführer zu richten.

Verzeichniss

der vom 1. Mai 1859 bis 15. November 1859 eingegangenen Druckschriften.

Correspondenz - Blatt des zool. miner. Vereins zu Regensburg XII. Jahrgang.

Neues Jahrbuch für Pharmacie von Herrn Prof. W a l z, XI. 5 u. 6 XII. 1 — 3.

Archiv der deutschen Gesellschaft für Psychiatrie I. 3 u. 4 von Herrn Dr. E r l e n m e y e r in Bendorf.

Sitzungsberichte der physik. med. Gesellschaft zu Würzburg für 1858.

Der Ferdinandsbrunnen zu Marienbad und

Der Gesundbrunnen zu Marienbad von H. Dr. K r a t z m a n n 1858.

Von der Königl. Academie der Wissenschaften zu München:

Almanach für das Jahr 1859.

Erinnerung an Mitglieder der math. phys. Classe, Rede des Herrn v. M a r t i u s.

Monumenta saecularia.

Atti dell. I. R. Istituto Lombardo vol. I. fasc. XV.

Von der Smithsonian society in Washington durch den Secretair Herrn J. H e n r y:

Annual reports 1853 — 1857. V. volumes.

Bulletins de la société Imp. des naturalistes de Moscou 1858. 2. 3. 4. 1859. 1. durch H. Staatsrath R e n a r d.

Berichte über die Verb. d. königl. sächs. Gesellsch. d. Wiss. zu Leipzig: math. phys. Classe 1858. II. III. durch Herrn Prof. E. H. W e b e r.

Fünf und zwanzigster Jahresber. d. Mannheimer Vereins f. Naturkunde von Herrn Dr. E. W e b e r.

Ueber Nauheimer Sooltbermen von Herrn Geh. Medizinalrath B e n e k e in Marburg.

Von der académie Royale de Belgique:

Bulletins des séances de la classe des sciences 1858.

Annuaire de l'académie 1858.

Der Zoologische Garten Nr. 1 von der zoologischen Gesellschaft in Frankfurt a/M.

Für alle erhaltenen Zusendungen wird hiermit der verbindlichste Dank des Vereins ausgesprochen; wir versandten unsere Verhandlungen an 68 Adressen des In- und Auslandes.

Das kirchliche Bücherverbot. Mit zwei kleinen einleitenden Aufsätzen: über die kirchliche Freiheit und über das Studium des Kirchenrechtes. Von Dr. Joseph Fessler; k. k. Hofkaplan und Professor des Dekretalenrechts an der Universität in Wien. Mit fürsterzbischöflicher Gutheissung. Wien. Carl Gerold's Sohn. 1858. VIII. und 96 S. 8.

Wir erhalten hier einen neuen durch ein paar kleine Zusätze vermehrten Abdruck der früher in v. Moy's Archiv für katholisches Kirchenrecht. Bd. I. S. 869 ff. Bd. III. S. 25 ff. erschienenen Aufsätze über die wahre, auf der Kenntniss und Achtung der Kirchen-Gesetze beruhende, kirchliche Freiheit (S. 1—6), und über das Studium des Kirchenrechtes (S. 7—25) nach der Art und Weise, wie dasselbe auf der neuerrichteten Lehrkanzel des Dekretalen-Rechtes in Wien behandelt wird, welcher der Hr. Verf. vorsteht. Neu ist die ausgezeichnete, sehr zeitgemässe schwierige, grössere Abhandlung über das kirchliche Bücherverbot (S. 26 bis 96). Unter verschiedenen bereits ausführlich behandelten wichtigen Lehren, deren fernere Darstellung im Archiv gewiss sehr erfreulich sein würde, hat der Verf. hier einen „Gegenstand herausgehoben, der an und für sich grosse Schwierigkeiten, aber auch grosses Interesse bietet, weil daran ersichtlich ist, wie die unwandelbaren Grundsätze der Kirche im Laufe von achtzehn Jahrhunderten je nach Massgabe der Umstände ihren verschiedenen Ausdruck fanden" (S. VI.). Mit staunenswerther Gelehrsamkeit und Gründlichkeit, warmer entschieden katholischer Gesinnung, aber auch mit ruhiger besonnener Mässigung finden wir klar und gewandt an der Hand der Geschichte entwickelt, was dermal in jenem Punkte auf kirchlichem Gebiete praktisches Recht sei. Wir glauben, dass es dem Verf. vollkommen gelungen ist, die richtige Mitte zu treffen, welche die Grundsätze der katholischen Kirche mit den Umständen der gegenwärtigen Zeit in das wahre angemessene Verhältniss setzt. Auch die mancherlei Gegner der kirchlichen Censur muss es interessiren, einmal näher zu erfahren, wie dieselbe vom katholischen Standpunkte aus und von der kirchlichen Gesetzgebung eigentlich aufgefasst wird.

Es „hat Christus in seiner Kirche Vorgesetzte bestellt, welche unter einem sichtbaren Oberhaupte für die Reinbewahrung der geoffenbarten göttlichen Wahrheit, für die Befolgung des auf ihr beruhenden Sittengesetzes und hierdurch für die Erlangung des ewigen Heiles aller Menschen unter dem besonderen Beistande des heiligen Geistes Sorge tragen sollten. Diese Aufgabe fasst zweierlei in sich, nämlich einerseits, dass die himmlische Lehre stets recht verkündigt werde, und andererseits, dass die dagegen sich erhebenden Irrthümer abgewehrt werden" (S. 27). Zur Erfüllung dieser ihrer wichtigen Aufgabe hat die Kirche von ihrem göttlichen Meister nebst der Lehrgewalt auch die Bindegewalt empfangen. Sie wird

und muss von diesen Gewalten Gebrauch machen, wie der Zweck es
gebietet und die Umstände erheischen (S. 28 f.).

Als Paulus in Ephesus predigte, brachten viele Gläubigen, die
sich mit Zauberkünsten und Wahrsagerei abgegeben hatten, ihre
Bücher herbei und verbrannten sie öffentlich (Apostel-Gesch.
19, 18—19), so wie in der späteren römischen Kaiserzeit überhaupt
unzählige auf die Magie bezügliche Bücher verbrannt wurden
(Ammian. Marcellin. lib. 29. c. 1. §. 41. Chrysostomus Homil. 38
in Acta Apost. n. 5. L. 12. Theod. Cod. de malefic. et mathemat.
9. 16. Paulus Sentent. Recept. V. 23. §. (S. 29 f.). Aus jener Erzählung des heiligen Lucas lässt sich entnehmen, dass der Apostel
Paulus die Sache, wenn nicht auch anrieth, doch gewiss billigte.
Und nach dem Vorbilde der Apostelgeschichte verdammte die erste
allgemeine Synode zu Nicäa im J. 325 die Schrift Thalia des
Irrlehrers Arius und verbot selbe zu lesen (Socrat. Hist. Eccles.
I. 6. Sozomen. Hist. Eccl. I. 20), worauf denn Kaiser Constantin
durch ein allgemeines Edict befahl, dass alle von Arius und seinen
Anhängern geschriebenen Bücher verbrannt werden sollten.   Ebenso
liess Kaiser Arcadius im J. 398 mit grösster Sorgfalt die Bücher der
Enonnaner und Montanisten aufsuchen und vor den Augen der Richter verbrennen (l. 34. Theod. Cod. de haeret. 16. 3. in edit. Ritter
tom. 6. p. 168). Ebenso verboten die Bischöfe (S. 32) die Schriften des trotz seiner frommen Gesinnung in mancherlei Irrthümer ver-
fallenen aber schon verstorbenen Origenes, und auf ihr Ansuchen
setzte die Staatsgewalt dieses Verbot gewaltsam durch (Sulpicii Se-
veri Dialog. I. n. 6 — 7. bei Galland. Biblioth. Patrum. Tom. VIII.
p. 404. q. cf. S. Hieronymi ep. 92. n. l. ed. Vallars). Die erste
allgemeine Synode von Ephesus v. J. 431 (Mansi. IV. 1239. sq. V.
4139. qq.) wandte sich an den Kaiser Theodosius, damit dieser die
Schriften des Irrlehrers Nestorius verbrennen lasse (S. 33 f.) Der
Kaiser erliess dann auch die entsprechenden Gesetze, wovon eines auch
in die allgemeinen Reichsgesetzbücher aufgenommen wurde (l. 66
Theod. Cod. de haeret. [edit. Ritter VI. 210.] l. 6 Justinian. Cod.
de haeret. 1. 5.).   Ebenso verbot die Synode von Ephesus den As-
ketikon, das häretische Buch der Messalianer (Mansi IV. 7477). In
ähnlicher Weise wie die Nestorianischen Schriften wurden die der
nächsten grossen Irrlehre, der Eutychianer im J. 457 vom Kaiser
Marcian verboten (l. 8. Just. Cod. de haeret. 1. 5). Papst Leo
d. Grosse liess 443 in Rom die Schriften der Manichäer verbrennen,
und in einem Briefe an den spanischen Bischof Turibius verbietet
er ebenfalls das Lesen der Schriften von Manichäern und einigen
ähnlichen Sekten (S. Prosperi Aquit. Chronicon integrum sub Maximo II. et Paterio Coss. ed. Paris. 1711 p. 749 S. Leo M. ep. 15
ad Turib. c. 15. 16.)

(S. 36). Papst Gelasius I. publicirte auf dem römischen Concil
von 496 das erste Verzeichniss der kirchlich verbotenen Bücher;
Decretum Gelasii P. de libris recipiendis et non recipiendis.

(Schluss folgt.)

JAHRBÜCHER DER LITERATUR.

Fessler: Das kirchliche Bücherverbot.

(Schluss.)

Im sechsten Jahrhundert wurden in dem sog. Dreikapitelstreit die Schriften des Theodoretus von Mopveste, die Schriften des gelehrten Bischofs Theodoretus gegen die Synode von Ephesus und gegen Cyrillus von Alexandria und ein Brief des Bischofs Ibas von Edessa zuerst vom Kaiser Justinian, dann von der eigens desshalb versammelten fünften allgemeinen Synode und vom römischen Papste verdammt. (Katerkamp. Kirchengeschichte. Bd. 3. S. 354 ff.) Ebenfalls im sechsten Jahrhundert verbot Papst Gregor d. Gr. dem Mönche Athanasius von Mile in Kleinasien, je wieder das Buch zu lesen, welches vom Patriarchen Johannes von Constantinopel für häretisch befunden war, und welches der Papst dann auf die Appellation des Athanasius hin selbst gelesen hatte. (S. Gregorii M. lib. 6. ep. 66.) Bei der geringen Anzahl solcher Bücher konnten damals die Päpste dieselben noch selbst lesen, wie früher z. B. auch Innocenz I. (ep. 31. n. 5.) selbst ein ihm übersendetes Buch des Irrlehrers·Pelagius gelesen hatte, bevor er es verurtheilte. Aber je mehr der Geschäftskreis des päpstlichen Amtes sich erweiterte und die Zahl der Bücher sich vermehrte, desto häufiger mussten die Päpste für (S. 38) diesen Zweig ihrer oberhirtlichen Amtsthätigkeit einsichtsvolle Männer zu Gehülfen annehmen.

Im siebenten Jahrh. verbot Papst Martin I. auf dem Concil. Lateran. anno 649 (can. 18 bei Mansi X. 1157 sq.) und die sechste allgemeine Synode, Conc. Constantinopol. III. a. 680. (Act. XIII. ap. Mansi XI. 553. 557—74. 581) die monotheletische Irrlehre. Und um dieselbe Zeit und später wurden verschiedene falsche Märtirerakten verurtheilt. (Synod. Trullan. c. 63 ap. Mansi XI. 972. S. Nicephori Confessoris, Patriarchae Constantinop. Can. 3 et 4. ap. Mansi XIV. 121.) (S. 39.) Das zweite Nicänische, oder siebente allgemeine Concil v. J. 787 gebot, dass die Schriften gegen die Bilderverehrung bei Strafe der Absetzung oder des Anathems in die Patriarchal-Bibliothek zu Constantinopel eingeliefert und dort mit den Büchern der andern Häretiker aufbewahrt werden sollen. (Concil. Nicaen. II. c. 9. bei Mansi XIII. 430.)

(S. 41.) Die folgende Zeit des christlichen Mittelalters befolgte hinsichtlich der schlechten Bücher wesentlich dieselben Grundsätze, welche sie von der alten Kirche überkommen hatte. Da wurden zuvörderst wie in der älteren Zeit viele Schriften verdammt und

meist auch verbrannt, welche irgendwie gegen die wahre Lehre ver-
stiessen, so z. B. die Schriften des Johannes Erigena Skotus, des
Gottschalk über die Prädestination, des Berengar von Tours, des
des berühmten Abälard, des Gilbert von Poiret, Bischof zu Poitiers.
des Arnold von Brescia, des David von Dinanto und Amalrich von
Bene, welche den schon ziemlich entwickelten Pantheismus in ein
christliches Gewand hüllten, des Abtes Joachim, welcher den vielen
Schwärmern seiner Zeit gefährliche Waffen gegen die Autorität der
Kirche lieh u. s. w.   Die Schriften der beiden Letztgenannten wurden auch im kirchlichen Gesetzbuch verdammt und verboten (c. 2
de summa Trinitate et fide catholica), wie wenn die Kirche geahnt
oder im Geiste vorausgesehen hätte, dass von diesen beiden falschen
Richtungen so grosses Unheil in den nachfolgenden Jahrhunderten
über die Kirche hereinbrechen würde.

     Der h. Bonifacius gab dem Papste Zacharias Nachricht von
allerlei Aberglauben bei den Deutschen, wo ein vom Himmel ge-
fallener Brief Jesu Christi und ein Gebet an die sieben Engel Uriel,
Raguel, Tubuel u. s. w. in höchsten Ehren gehalten wurden. Der
Papst liess diese Schriften im J. 745 auf einer Synode zu Rom
vorlesen.   Die Synode wollte sie verbrennen lassen; hielt es jedoch
für besser, sie im Archiv aufbewahren zu lassen, um nöthigenfalls
gegen die Urheber davon (S. 42) Gebrauch machen zu können und
die Beweismittel zu ihrer Ueberführung und Beschämung nicht aus
der Hand zu geben (Synod. Rom. a. 745 bei Mansi XII. 377—80;
Caroli M. Capitulare Aquisgran. a. 789 c. 76 bei Baluz. T. I. 239,
und Capitular. lib. I. c. 73 (ibid. 715). Cf. Abytonis Basil. Episc.
Capitul. (a. 821) c. 19 bei Mansi XIV. 397.

     Wieder gab es um jene Zeit im Abendlande eine Menge fal-
scher, anonymer Bussbücher (libelli poenitentiales), in denen für
schwere Sünden leichte und ganz absonderliche Bussen verordnet
waren, so dass hierdurch manche Priester irre geführt wurden und
ein gefährlicher Laxismus einriss; daher auf der grossen Reichssy-
node in Paris den Bischöfen befohlen wurde, diese Bussbücher in
ihren Diözesen aufzusuchen und zu verbrennen. Concil. Cabillon
II. a. 813 c. 39. (Mansi XIV. 101.) Synod. Paris VI. (a. 829) lib.
I. c. 32. (Mansi XIV. 559).

     Papst Nicolaus I. erwiderte den Bulgaren, welche ihn um die
römischen Gesetzbücher angegangen hatten, er habe seinen Gesandten einige dieser Gesetzbücher mitgegeben, aber diese dürften sie
bei ihrer Rückkehr nicht bei ihnen (den Bulgaren) zurücklassen
damit nicht etwa Jemand sie denselben falsch auslege oder gar den
Text verfälsche (P. Nicolai I. Responsa ad Consulta Bulgarorum c.
13 bei Mansi XV. 407 sq.) In demselben (S. 43) Antwortschreiben hiess der Papst den Bulgaren auf ihre Anfrage, was sie mit
den den Sarazenen abgenommenen irreligiösen Büchern machen sollten; sie sollten dieselben als schädlich und gotteslästerlich verbrennen. (Ibid. c. 103 bei Mansi XV. 432.)

(S. 44.) Schon im J. 1199 hatte der Bischof von Metz dem Papste Innocenz III. die Anzeige gemacht, dass in der Stadt und der Diözese Metz Viele, Männer und Weiber, wie es den Anschein habe, aus Liebe zur h. Schrift, sich die Evangelien, die Paulinischen Briefe, die Psalmen und mehrere andere Bücher in das Französische übersetzen liessen, und diese Uebersetzung mit ungleich mehr Vorliebe als Einsicht gebrauchten, so dass sie in gemeinen Conventikeln sich einander dieselbe auslegten und selbst einander predigten; und wenn ihnen die Bischöfe solches verwiesen, so widersetzten sie sich offen, indem sie allerlei Gründe aus der h. Schrift vorbrachten, wornach ihnen solches nicht verboten werden dürfe. (Der Inhalt dieses Briefes ist angegeben in der Antwort des Papstes. S. Innocentii III. Epistolae ed. Baluz. Paris 1682 lib. 2 ep. 141.) Es war so die grösste Gefahr vorhanden, dass die h. Schrift von dem lebendigen kirchlichen Lehramte losgerissen würde, und in dieser Abgerissenheit auf das Aergste missbraucht werden könnte und ein verderbliches Sektenwesen entstehen (S. 45). Es lag obendrein gar keine Bürgschaft für die Richtigkeit der französischen Uebersetzung und des dabei zu Grunde gelegten ursprünglichen Textes und überhaupt die kirchlich-gläubige Gesinnung der Uebersetzer vor. Aus solchen Gründen erklärt sich die Vorschrift der Synode von Toulouse v. J. 1229, dass die Laien keine Bücher des alten und neuen Bundes, ausser den Psalmen oder dem Brevier, welche ihnen zu ihrer Erbauung gestattet sind, haben dürfen, und auch diese nicht in der Volkssprache (Concil. Tolos. a. 1229 can. 14. bei Mansi T. XXIII. p. 197).

(S. 47.) In derselben Zeit finden wir auch von Papst Gregor IX., dem grossen kirchlichen Gesetzgeber ein Mittel ausgesprochen, um ein Buch das viel Gutes und Nützliches enthält, daneben aber einiges Falsche und Gefährliche, nicht durch ein gänzliches Verbot dem Gebrauche entziehen zu müssen; es soll von competenter Seite geprüft und das Irrthümliche aus demselben entfernt werden, dann könne man es ohne Anstand gebrauchen. (P. Gregorii IX. Constitutio ad Universit. Paris in Raynaldi Annal. ad a. 1231 n. 6, Cf. Rigord. de Gestis Philippi Augusti Francorum Regis ad a. 1209 Historiae Francorum Scriptores ed. Duchesne. Tom. V. Paris 1649 p. 49.) Eine Provinzialsynode zu Paris hatte nämlich eine lateinische Uebersetzung des Aristoteles, welche der Ketzerei des Amalricus Vorschub leistete, zu verbrennen geboten. Gregor IX. milderte dieses Gebot also: „Ad haec jubemus, ut magistri artium unam lectionem de Prisciano.... ordinarie semper legant et libris illis naturalibus, qui in Concilio Provinciali ex certa causa prohibiti fuere, Parisiis non utantur, quousque examinati fuerint et omni errorum suspicione purgati." Raynald. l. c. n. 48. — Die wechselnden Schicksale der Schriften des Aristoteles im Abendlande vom 13. bis zum 17. Jahrh. findet man zusammengestellt bei Argentré Collectio judiciorum de novis erroribus. Paris. 1724. T. I. p. 132—135.)

(S. 48.) Sonst werden in dieser und der nächstfolgenden Zeit noch verboten: Schmähschriften gegen religiöse Orden, Bücher von der Magie und anderem Aberglauben in Frankreich, Auslegungen der Offenbarung des Apostels Johannes, später im 15. Jahrhundert auch bereits ein sehr unsittliches Gedicht.

Die Erfindung der Buchdruckerkunst in der Mitte des 15. Jahrhunderts musste die Art und Weise wie die Kirche gegen schlechte Bücher einschritt, sehr bedeutend modificiren. Jetzt genügte nicht mehr das frühere einfache Verbot, diese oder jene Bücher, deren Zahl bei der langsamen Mühe des Abschreibens nur gering war, zu haben, zu lesen und abzuschreiben, und dass die vorhandenen Bücher verbrannt wurden, womit in den meisten Fällen der älteren Zeit das Buch selbst vernichtet war.

(S. 49.) An den Hauptsitzen der neuen Kunst trat auch ihr Missbrauch zuerst hervor und rief die Kirche zum pflichtgemässen Widerstande auf. In Venedig erliess der von Innocenz VIII. zum päpstlichen Legaten ernannte Bischof von Treviso, Nicolaus Franco, unter anderen auf eine kirchliche Reform bezüglichen Decreten (bei Mansi Supplementum S. S. Conciliorum etc. T. VI. Lucae 1752. p. 671. sqq.) eines gegen nonnullos libros haeresim sapientes (ibid. p. 681 sq.), indem er verordnete, „dass in Zukunft Niemand Bücher, welche vom katholischen Glauben oder von kirchlichen Dingen handeln, ausser den gewönlichen, ohne Erlaubniss des Bischofs oder Generalvikars der betreffenden Orte drucke oder drucken lasse. Wer dagegen zu handeln sich erkühnt, soll ohne Weiteres der Exkommunication verfallen sein. „Insbesondere sollte noch das Buch: Monarchia von Anton Roselli und die Thesen und Abhandlungen des Pico von Mirandola binnen 14 Tagen nach der Verkündigung gegenwärtigen Decretes in der Domkirche jener Stadt oder Diözese, in der sie wohnen, verbrannt und in Zukunft nicht mehr gedruckt oder von Jemanden im Besitz behalten werden. (S. 50.) Die hier erwähnten Thesen des Grafen Pico von Mirandola, eines der grössten Gelehrten des 15. Jahrhunders, waren einige Jahre früher von ihm nach der scholastischen Weise jener Zeit öffentlich aufgestellt worden als solche Sätze, die er gegen Jedermann zu vertheidigen bereit sei. Nun wurde aber der Papst Innocenz VIII. aufmerksam gemacht, dass unter diesen Thesen einige dem wahren Glauben zuwider, irrig, anstössig und verdächtig seien. Es wurden in Folge einer angestellten Untersuchung 13 Thesen als doppelsinnig, mit dem katholischen Glauben in zweifelhaftem Einklang stehend befunden. Pico schrieb hierauf eine Apologie derselben, worin er sie alle in katholischem Sinne erklärte. Dennoch verbot Papst Innocenz VIII. den Gläubigen deren Lesung, damit nicht etwa Jemand irgendwie dadurch in Irrthum geführt werde, erklärte aber zugleich, dass hiermit der Ehre des Autors keinerlei Nachtheil erwachsen solle. So berichtet das in derselben Angelegenheit später im J. 1498 von Papst Alexander VI. ergangene Breve ad Joannem Picum, Mirandulae Comitem, welches der Ausgabe seiner sämmtlichen Werke (Basileae 1557) vorgedruckt ist. Diese älteste Norm blieb fortan der Maasstab in Beurtheilung der gedruckten Bücher, ob nämlich der einfache und natürliche Sinn der Worte („ex vi verborum") mit dem katholischen Glauben im Einklange stehe oder nicht, und ob dieser Wortlaut so beschaffen sei, dass er leicht irrige Vorstellungen über einzelne Glaubenswahrheiten bei den Gläubigen veranlassen dürfte. In solchen Fällen gebietet die pflichtmässige Sorge für die Reinhaltung des Glaubens, sowie die Sorge für das Seelenheil der Gläubigen, dass ein kirchliches Verbot gegen solche Bücher ergehe. Das Urtheil wird blos objektiv über das vorliegende Buch gefällt, nicht subjektiv über die Rechtgläubigkeit des Verfassers, wenn dieser es gut und ehrlich gemeint hat. (S. 51.)

Mit dem Anfang des 16. Jahrhunderts wurde es auch in Deutschland nothwendig dem Missbrauch der neuen Kunst vorzukehren. Papst Alexander VI. (const. „Inter multiplices" d. d. 1. Junii 1501, in Raynaldi Annal. ad a. 1501 n. 36) schritt gegen die in den Provinzen Cöln, Mainz, Trier und Magdeburg gegen den wahren Glauben erscheinenden Bücher und Flugschriften ein, indem er allen Buchdruckern in diesen Ländern verbot, irgend ein Buch aufzulegen, ohne vorläufige Anfrage bei dem betreffenden Erzbischof oder seinem Generalvikar und ohne deren ausdrückliche Erlaubniss, welche nach genauer und gewissenhafter Durchsicht der betreffenden Schrift umsonst zu ertheilen sei. Die Strafe gegen die Ungehorsamen war doppelte Excommunication nach altem kirchlichen Brauch, und Geldstrafe nach dem kirchlichen Grundsatze: worin Jemand fehlt, darin soll er auch büssen. Die schon gedruckten und schon verbreiteten schlechten Bücher sollten nach demselben Decret bei denselben Strafen eingeliefert und verbrannt, auch nöthigenfalls die Staatsgewalt zur Mitwirkung aufgefordert werden (S. 51—53).

In gleicher Weise verordnete Papst Leo X. auf dem fünften allgemeinen lateranens. Concil (sess. V. bei Hardonin. Concil. T. IX. p. 1179—81, auch in Bullar. Rom. ed. Mainardi. T. III. P. III. p. 409 sq. als Leonis X. constitutio: Inter solicitudines d. d. 4. Maji 1515, und im Liber septimus Decret. c. 3. de libr. prohib. 5. 4.), „dass fortan Niemand ein Buch oder eine Schrift in Rom oder anderwärts drucke oder drucken lasse, wenn es nicht zuvor in Rom durch unseren Vicar oder den Magister sacri palatii, in andern Orten aber durch den Bischof ader einem andern von ihm bestellten einsichtsvollen Manne sorgfältig geprüft und durch ihre eigenhändige Unterschrift, die bei Strafe der Excommunication umsonst und ungesäumt zu ertheilen ist, approbirt wurde." Die Strafe wurde im Sinne des oben (bei Alexander VI,) erwähnten Grundsatzes noch mehrfach verschärft, durch Gefängniss und Erhöhung der Geldstrafe bis auf 100 Dukaten (S. 53 f.).

Wenige Jahre später brach die Glaubenstrennung aus, die der Verf. kurz und treffend skizzirt (S. 54 f.) Nachdem Papst Leo X.

In der berühmten Bulle: Exurge domine Hardouin. Acta concilier.
Paris 1714 Tom. IX. p. 1891 sqq. und Ballar. Rom. ed. Mainardi
III, p. 487 sqq.) schon im J. 1520 nebst den irrigen Lehrsätzen
Luthers auch dessen Schriften verdammt und Kaiser Karl V. ein
Edikt in diesem Sinne erlassen hatte, fand sich Papst Hadrian VI.
in einem Schreiben an die Bamberger im J. 1523 (Hadrianus VI.
sive histor. Annalecta de Hadriano VI. Traject. ad Rhenum 1727
p. 484. Es verdient bemerkt zu werden, dass Luther selbst dieses
Schreiben zuerst veröffentlicht hat) genöthigt, indem er Luthers
Schriften näher charakterisirte, dieses Verbot wieder einzuschärfen.
Nicht minder mehrten sich in den zunächst bedrohten Ländern die
dort gehaltenen Synoden, so die von Bourges und von Paris, beide
im J. 1528 (Hardouin. T. IX. p. 1919 sq. 1936 sq.), und die von
Cöln (Hartzheim Concil. Germaniae. Colon. 1759 T. VI. p. 235 sqq.)
Es häufte sich aber die Menge kirchenfeindlicher Schriften von genann-
ten und ungenannten Verfassern. Es wurde nothwendig, die gefährlichsten derselben in ein eigenes Verzeichniss zu bringen. Diess that
Karl V. schon 1540 für Flandern (das Dekret ist zu lesen bei Joannes
Cochlaeus de Actis et scriptis Marthini Lutheri Coloniae 1568 p. 317
sq.), und seit 1542 auch die Sorbonne in Paris (S. 55 f.), dann 1546
die Universität Löwen, und in Italien der päpstliche Nuntius G. della
Casa in Venedig 1548. Ebenso befahl in Spanien der König Ferdinand im J. 1558 einen Catalogus librorum, qui prohibentur etc.
anzufertigen, der 1559 erschien. Ein Kölner Concil von 1549 (bei
Hartzheim. VI. p. 537 sq.) gebietet bei Strafe des Anathems sich
zu hüten vor allen Büchern Luther's, Bucer's, Calvin's, Melanch-
thons etc., bis es in einem vollständigern Verzeichnisse (pleniori
catalogo) die in dieser Zeit erschienenen verderblichen Bücher bezeichne (S. 57 f.).
    Endlich liess Papst Paul IV. das erste allgemeine Verzeichniss
der verbotenen Bücher von den gelehrtesten Theologen anfertigen;
dasselbe erschien zuerst in Rom 1557 (in 4.) und enthielt 3 Klassen von Büchern, jede in alphabetischer Ordnung; die erste Klasse
begriff die nomina sive vulgatiora cognomina der eigentlichen Haupt-
Urheber und Verbreiter der neuen Irrlehren mit allen ihren Schriften;
die andere umfasste die Bücher bekannter Auctoren gegen den wahren Glauben oder die guten Sitten, deren Gemeinschädlichkeit unzweifelhaft anerkannt war; die dritte Klasse enthielt alle anonymen
schlechten Bücher, nach ihren Titeln alphabetisch geordnet. Es
wurde jedoch diese erste Auflage nicht in Umlauf gesetzt, sondern
eine zweite vermehrte vom J. 1559 (S. 58).
    Das Concil von Trient sprach in seiner 4. Sitzung (im J. 1546)
aus, wie aus dem lebendigen Wort Gottes, also aus Einer
Quelle die unter dem besonderen Beistande des h. Geistes geschriebenen Bücher und die ungeschriebenen mündliche Ueberlieferung hervorgingen, in welchen beiden zusammen die gesammte
göttliche Offenbarung enthalten sei. Dann wurde festgestellt, welche

einzelne Bücher die h. Schrift ausmachen, um so der subjectiven Willkühr ein Ziel zu setzen. Weiter wurde unter den mancherlei im Umlaufe befindlichen lateinischen Uebersetzungen der h. Schrift die sogenannte Vulgata, welche schon seit mehr als tausend Jahren in Gebrauch war, als authentisch erklärt, so dass in dem, was die Glaubens- und Sittenlehre betrifft, kein Irrthum in ihr vorkomme. Dazu wurde alles Verdrehen der h. Schrift zu einer von der der Kirche abweichenden Auslegung verboten. Die h. Schrift soll in Zukunft, und insbesondere die Vulgata möglichst correkt gedruckt werden; Niemand was immer für Bücher über religiöse Gegenstände anonym drucken lassen oder behalten dürfen, wenn sie nicht zuvor vom Bischof geprüft und approbirt worden, unter Erneuerung der im lateranensischen Concil festgestellten Strafe. Ordensgeistliche sollen auch noch die Erlaubniss ihrer Ordensobern dazu erwirken. Die Approbation solcher Bücher ist schriftlich, aber unentgeltlich zu ertheilen und am Anfange des Buches in authentischer Form beizugeben. Vgl. Pallavicini Historia Concilii Trid. lib. 6. c. 15. (S. 59 f.)

Sodann wurde im J. 1562 in der 18. Sitzung der Synode von Trient noch beschlossen, dass eine eigens hierzu aus ihrer Mitte eingesetzte Commission sorgfältig in Erwägung ziehen solle, was in Betreff des Bücherverbotes zu thun sei (über den Ausdruck: Censura vgl. man auch S. 61 die Anmerkungen), und hierüber seiner Zeit an die Synode Bericht erstatten. Die Commission von 18 Mitgliedern fast aller Nationen empfahl nach langer Berathung als das Beste, das unter Paul IV. in Rom 1559 erschienene Verzeichniss verbotener Bücher (Romanus ille prohibitorum librorum · Index) mit einigen Weglassungen und Zusätzen beizubehalten (Vgl. die dem Tridentinischen Index vorgedruckte praefatio des portugies. Professors Fr. Foreiro, des Secretärs der Commission). Da aber die Commission wusste, dass dieser römische Index aus dem Grunde nicht überall Eingang gefunden hatte, weil darin einige Bücher verboten worden, deren Gebrauch die Gelehrten schwer entbehren, und sie einiges Ungenaue darin bemerkte, beschloss dieselbe unter Beiziehung der gelehrtesten Theologen aller Nationen gewisse Regeln aufzustellen, um dadurch der Wissenschaft ohne Gefahr für die Wahrheit und für die Religion die möglichste Erleichterung im Gebrauche der Bücher zu gewähren. Dieser Absicht verdanken die sog. Regeln des Index ihren Ursprung. Uebrigens wurde im Index selbst die alphabetische Ordnung, wie sie unter Paul IV. zuerst in Anwendung kam, sammt den drei Klassen der verbotenen Bücher beibehalten. Unter jedem Buchstaben sind drei Abtheilungen oder Klassen: 1) Auctores primae classis, deren Schriften überhaupt verboten werden, 2) Certorum Auctorum libri prohibiti, wo einzelne Bücher bekannter Autoren verdammt werden, 3) Incertorum Auctorum libri prohibiti, die anonymen glaubens- und sittenfeindlichen Schriften. Die Bischöfe sollen das Verzeichniss, wenn es da und dort die Umstände mit sich bringen, ergänzen, und gegen anonyme schlechte Bücher einschreiten (S. 62 ff.)

Das Concil verfügte (4. December 1563), die Arbeit der Commission solle dem Papste vorgelegt werden, um durch sein Urtheil und seine Auctorität genehmigt und veröffentlicht zu werden (Conc. Trid. sess. 25. Decretum de Indice librorum.) Das geschah denn auch sofort, und zwar schon am 24, März 1564 erschien die betreffende Bulle: Dominici gregis custodiae von Pius IV. (Bullar. Rom ed Mainardi T. IV. P. III. p, 174 sq. Auch im liber septimus Decretal. c. 5 de libr. prohibitis, und in manchen Ausgaben des Conc. Trident. im Anhange). Darin befiehlt der Papst allen Gläubigen aller Orten, diesen Index mit den dazu gehörigen Regeln anzunehmen und die Regeln zu befolgen mit dem beigefügten Verbot, dass Niemand, sei er geistlichen oder weltlichen Standes gegen die Vorschrift dieser Regeln oder gegen das Verbot des Index ein Buch lesen oder behalten dürfe. Wenn Jemand dagegen handle, so verfalle er, falls es sich um Bücher von Häretikern oder doch häretischen Inhalts handle, in die Excommunication; wenn es sich aber um andere verbotene Bücher handle, so begehe er eine schwere Sünde und sei vom Bischof angemessen zu bestrafen (S. 64—66). Die sog. Regulae Indicis enthalten die allgemeinen Grundsätze, nach denen die Auswahl der guten und schlechten Bücher zu treffen ist, und daher auch für Bücher, die nicht im Index stehen, zur Richtschnur dienen können. Die Hauptgrundsätze derselben sind:

Von der h. Schrift ist der Urtext und die griechische Uebersetzung Niemandem verboten; unter den vielen lateinischen die alte Vulgata ganz authentisch, andere lateinische Uebersetzungen wurden mit einer gewissen Vorsicht gestattet (viris tantum doctis et piis etc.) Die Anmerkungen zu erlaubten Uebersetzungen oder zur Vulgata wurden in gleicher Weise gestattet, nach Ausmerzung der verdächtigen Stellen durch eine theologische Fakultät einer katholischen Universität. Der Bischof kann auf den Rath des Pfarrers oder Beichtvaters die Lesung einer katholischen Bibelübersetzung in der Volkssprache Allen denen gestatten, bei denen sich mit Grund erwarten lässt, dass sie von einer solchen Lesung keinen Schaden, sondern Kräftigung des wahren Glaubens und frommen Sinnes haben werden. Wer dieselbe ohne solche Erlaubniss liest, dem soll die Absolution aufgeschoben werden, bis er seine Bibel dem Bischofe abgegeben hat. (Reg. III. et IV.)

Die Uebersetzungen älterer kirchlicher Schriftsteller, Vorreden, Inhaltsübersichten und Anmerkungen zu einem sonst guten Buche, welche Auctoren der ersten Klasse machten, sind gestattet, wenn sie nichts Anstössiges enthalten. (Reg. III. et VIII.) Ebenso Controversschriften in der Volkssprache. (Reg. VI.) Ebenso von häretischen Autoren verfasste blosse Sammlungen der Stellen Anderer, Lexika, Concordanzen etc. (Reg. V.)

Alle vor dem J. 1515 durch die Päpste oder Concilien geschebenen Bücherverbote, wenn sie auch nicht im neuen Index wiederholt werden, sollen in ihrer alten Kraft verbleiben. (Reg. VI.)

Was die eigentlichen Häupter der neuen Irrlehre geschrieben, wie Luther, Zwingli (Huldricus), Calvin, Schwenkfeld u. A. wird sämmtlich ohne Ausnahme verboten, und die Bücher anderer Häretiker, qui de religione ex professo fractant; wenn sie aber nicht religiöse Gegenstände behandeln, so sind dieselben erlaubt, nachdem sie von katholischen Theologen im Auftrage des Bischofs geprüft und approbirt worden sind. (Reg. II.)

Unsittliche Bücher sind unbedingt verboten. Die Bücher der alten Klassiker jedoch werden gestattet, wegen der Originalität der schönen Sprache: nur dürfen sie nicht zu Vorlesungen für die unreife Jugend gebraucht werden. (Reg. VII.)

Alle abergläubischen Bücher sind unbedingt verboten. (Reg. XX.)

In der Hauptsache gute Bücher, die aber nebenbei etwas von Irrlehre, Unglaube oder Aberglaube enthalten, sollen durch eine Commission von Theologen purificirt werden. (Reg. VIII.)

Bei Uebergabe von Büchern zum Druck sollen die Bestimmun-Leo's X. auf dem 5. lateran. Concil genau eingehalten, und ein authentisches, vom Auctor eigenhändig unterzeichnetes Exemplar des zum Druck beförderten Buches soll bei dem, welcher es geprüft hat, hinterlegt werden (s. Instruct. Clementis VIII. auctoritate regulis Indicis adjecta subtil. De impressione librorum §. 4). Die Buchdruckereien (d. h. die katholischen) sollen öfters vom Bischof visitirt werden, und ihm Anzeige von der ·Einführung von Büchern machen u. s. w. Reg. X. (S. 69.)

Vom Verbrennen der Bücher ist jetzt keine Rede mehr, weil die gedruckten Bücher zahlreicher vorhanden, als die blos geschriebenen (Philipp II. folgte zwar noch dem alten Herkommen, indem er im J. 1569 die verbotenen Bücher zu verbrennen befahl. Ebenso die Reformirten, indem sie das Werk des unglücklichen Michael Servede über die Dreieinigkeit öffentlich verbrannten). Unter Andern der h. Karl Barromäus führte zu Mailand jene Anordnungen ihrem Umfange nach durch. (Hardouin. X. p. 70 sq.) An andern Orten musste die Kirche, wie sie von jeher gethan, das nach Zeit und Umständen Unmögliche stillschweigend fallen lassen, das Mögliche und Zweckmässige festhalten. So z. B. erschienen an manchen Orten so zahlreiche Schriften, dass es dem Bischof unmöglich wäre, alle Manuscripte vor. dem Drucke zu prüfen.

Der h. Papst Pius V. (seit 1566) hat die Index-Commission des Concils von Trient in die sog. Congregatio Indicis verwandelt, welche nachmals bei der definitiven Organisation der zur Beihilfe in der Kirchenregierung bestimmten Congregationen durch Sixtus V. (const. Immensa dd. 22. Jan. 1587, im Bullar. Rom. ed. Mainardi. T. IV. P. IV. p. 396) ihre bleibende Stelle erhielt. Sie sollte alle Indices, welche bereits in den verschiedenen Ländern herausgegeben worden, oder noch erscheinen würden, sammt den beigege-

benen Regeln revidiren und prüfen; sodann die verbotenen Bücher
der zweiten Klasse einer genauen Durchsicht unterziehen, und wenn
sie kein Bedenken hätten, dieselben erlauben; weiter die seit dem
tridentinischen Index erschienenen Bücher gegen die katholische Glau-
bens- und Sittenlehre durchgehen, und nach vorläufiger Berichterstattung an den Papst, kraft seiner Auktorität sie verwerfen; ferner solche Bücher, die in der Hauptsache gut wären, von
den wenigen eingeschlichenen Irrthümern zu reinigen bedacht sein
(Indices expurgatorios conficiant), und endlich die Art und Weise
vorzeichnen, wie neue Bücher zu approbiren und aufzulegen seien
(S. 71 f.) In Folge der Regeln des Index wurde nun auch vielfach
ein Index expurgatorius, worin die verwerflichen Stellen sonst guter
Bücher genau bezeichnet waren, um bei einer neuen Ausgabe darauf Rücksicht zu nehmen, herausgegeben. So 1751 auf königlichen
Befehl in Belgien, in Spanien 1583 einer im Auftrage des Cardinal-
Erzbischofs Quixoga; und 1607 zu Rom Indicis librorum expurgan-
dorum in studiosorum gratiam confecti Tomus I., in quo quinquaginta Auctorum libri prae ceteris desiderati emendantur, Per Fr. To.
Brasichellen (den damaligen Magister Palatii: P. Brisighella) Romae
ex typographia Rev. Camerae Apostolicae 1607. Superiorum per-
missu (in 8.). Die Herausgabe des zweiten Bandes unterblieb aus
gewichtigen Gründen, und die Ausführung einer solchen Massregel
wurde im Laufe der Zeit durch die immer mehr anschwellende
Masse der Bücher ganz unmöglich (S. 72).

Papst Clemens VIII. liess eine neue Ausgabe des Index besorgen, die 1596 zu Rom und dann häufig als Nachdruck zu Mailand,
Florenz, Venedig, Turin, Köln, Paris u. a. erschien. Die alphabetische Ordnung mit den drei Klassen des Tridentinischen Concils
wurde unverändert beibehalten, aber jede Klasse eines jeden Buchstabens erhielt einen Appendix der später erschienenen verbotenen
Bücher, daher diese nach dem Tridentinum bis 1596 verbotenen
Bücher gewöhnlich als solche bezeichnet werden, die in dem Appendix Tridentini (Indicis) vorkommen. Sodann wurden die Regeln des
Index an mehreren Stellen durch angehängte Observationes erläutert
oder auch etwas modificirt. Endlich wurde eine (in allen neueren
Ausgaben des Index abgedruckte) Instruktion beigegeben für
jene, welche sich mit dem Verbot der Bücher, oder mit der Verbesserung, oder mit dem Druck derselben zu befassen hätten. Die
Erlaubniss, gewisse verbotene Bücher zu haben und zu lesen, soll
schriftlich ertheilt werden, jedoch nur würdigen, durch Frömmigkeit
und Wissenschaft hervorragenden Männern. Ein in seiner Ursprache
verbotenes Buch soll auch in der Uebersetzung verboten sein.
(S. 72 ff.)

Papst Alexander VII. liess wiederum einen neuen verbesserten
Index zu Rom 1664 erscheinen, welcher nicht blos durch den Zuwachs der seit 1596 nach und nach verbotenen Bücher bemerkenswerth, sondern auch die drei Klassen aufgab und bloss allein
die alphabetischer Ordnung sämmtlicher bis dahin verbotener

Werke befolgte. (S. 75 f.) Auch wurden alle seit 1601 bis 1664, und in der zweiten Ausgabe von 1667 die bis dahin von der Congregatio S. Officii oder von der Congregatio Indicis erlassenen Bücherverbote wortgetreu und vollständig in chronologischer Folge abgedruckt. Später liess man jedoch diese Decrete wieder weg, weil der Index dadurch zu dick wurde. Unter den folgenden Päpsten erschien der Inhalt nun jedesmal mit dem Namen des regierenden Papstes und mit Einrückung der seither verbotenen Bücher, jedoch ohne sonstige Aenderungen seit dem Tode Papst Alexander's VII. († 1667). Dieser hatte u. A. auch ausdrücklich verboten, dass man Bücher, welche bis zu ihrer Verbesserung verboten worden, behalte, bis diese Verbesserung erfolgt sei. (Denzinger Enchiridion Symbol. Wirceburgi 1854 p. 257). S. 75 ff.

Benedikt XIV. (const. Sollicita ac provida 9. Julii 1753 im Bullar. Bened. XIV. ed. Romae 1746 sqq. T. IV. p. 115 sqq.) erliess nun im J, 1753 eine sehr genaue und umsichtige Amtsinstruktion für die congr. Indicis. Es sollen durchaus geistig und wissenschaftlich in jeder Beziehung gebildete unparteiische besonnene Männer gewählt werden, welche das Buch aufmerksam und ruhig lesen, und der Wahrheit gemäss an die Congregation verlässlichen Bericht zu erstatten haben. Sollte einmal aus Versehen einer ein Buch zugewiesen bekommen, zu dessen Beurtheilung ihm die nöthige Einsicht fehlt, so wird er bei schwerer Verantwortung vor Gott und den Menschen aufgefordert, dasselbe zurückzugeben mit der Bitte, es einem Andern zuzuweisen. Bei dem Urtheile selbst sollen sie blos die allgemein anerkannte katholische Lehre vor Augen haben, ohne Rücksicht auf das, was eine Nation, ein bestimmter Orden oder eine Schule an besondern Meinungen und Ansichten habe; sie sollen das Buch ganz lesen, die Stellen nicht aus dem Zusammenhange reissen und die verwandten Stellen wohl vergleichen; endlich bei einem sonst katholischen und unverdächtigen Autor einzelne Aeusserungen, welche guten und schlimmen Sinn zulassen, so viel möglich im bessern Sinne fassen. Mit einer eigenen Verkündigungsbulle (Quae ad catholicae dd. 23. Decembr. 1757 erschien dann 1758 zu Rom der auf Benedikt's XIV. Befehl angefrtigte neue Index, wodurch die früheren Ausgaben mehrfach verbessert wurden. Die Titel und Namen wurden vollständiger und genauer gegeben (S. 79). Bei den Werken die schon im Tridentinischen Index vorkommen oder im Nachtrag Clemens VIII. wird entweder hinzugesetzt: 1. Cl. Ind. Trid., oder bei den Werken 2. und 3. Klasse blos Ind. Trid., und bei den im Nachtrage Clemens VIII. enthaltenen: Append. Ind. Trid. Endlich wurde bei allen seit 1596 verbotenen Werken das Datum beigefügt, unter welchem das Verbot erfolgte. Gewisse Klassen von Büchern, die unmöglich alle namentlich verboten werden können, sollen überhaupt unter die verbotenen gehören; nämlich bestimmte Arten der von Häretikern herausgegebenen Bücher, dann jansenistische Bücher, weiter solche, welche das Duell in Schutz nehmen, dann alle Pasquille; ausserdem gewisse

Bilder und Ablässe, endlich gewisse auf den kirchlichen Ritus bezügliche Bücher, z. B. alle kirchlichen Benediktionen ohne Bewilligung der congr. Rituum.

Durch den 'grossen Papst Benedikt XIV. ist in diesem wie in vielen andern Punkten die kirchliche Gesetzgebung im Allgemeinen abgeschlossen mit den noch für unsere Zeit geltenden Bestimmungen. Es hätte noch beigefügt werden können, dass durch Benedikt auch die S. Congregatio R. E. Cardinalium super correctione librorum Ecclesiae orientalis, wenn nicht geschaffen, so doch neu organisirt wurde. (Vgl. Citt. encycl. Bened. XIV. 1. Martii 1756). Berücksichtigung hätten wohl auch noch die Bestimmungen der Bulla coenae in Betreff des Lesens, Behaltens, des Druckes und der Vertheidigung häretischer Bücher verdient, welches strenge Strafgesetzbuch mit seiner Excommunicatio Papae reservata zwar durch die von Rom ertheilten Fakultäten gemildert, aber eben damit auch als noch zur vigens ecclesiae disciplina gehörend bezeichnet wird. Ferner hätten noch verzeichnet werden können, die wichtigen kirchlichen Gesetze über den Druck und Gebrauch der liturgischen Bücher. (Pius V. const. Quod a nobis VII. Idus Julii 1568; Clemens VIII. const. Cum in ecclesia 10. Mai 1602 etc. Man vgl. Bouix tractat. de jure liturgico P. IV. c. 2. §. 5.) Endlich hätten noch verzeichnet werden können, die von Pius V. und Gregor XIII. erlassenen im lib. sept. Decrett. c. 1. 2. (5, 5) enthaltenen Strafbestimmungen gegen den Missbrauch der Zeitungen.

Unter den seither erschienenen vielen neuen stets vermehrten Ausgaben des Index, hebt der Verf. besonders hervor die von Rom 1819, 1835, 1841 (mit einer beachtenswerthen Vorrede von Thomas Anton Degola, damaligen Secretär der congr. Ind.), wovon 1850 ein Abdruck zu Monza erschien. Die neueste, bereits wieder vergriffene Auflage erschien zu Rom 1855 (S. 80). Es frägt sich nun, was denn heutzutage von Censur und Index zu halten sei?

Wer in religiösen Dingen keine Auktorität auf Erden anerkennt, sondern jedem Einzelnen die unabhängige Freiheit wahrt, zu glauben und zu thun, was er will, der muss natürlich jede Beschränkung in der beliebig freien Auswahl seiner Lektüre zurückweisen. Anders aber ist der katholische Standpunkt. Der Katholik muss als solcher wissen, dass die kath. Kirche die durch den Beistand des h. Geistes unfehlbare Trägerin und Hüterin der ganzen von Gott geoffenbarten Wahrheit ist, und dass von der gläubigen Annahme und Befolgung dieser geoffenbarten Wahrheit das ewige Heil des Menschen abhängt. Und so bindet auch den Katholiken die Erklärung der Kirche über die Bücher, welche sie nach der sorgfältigsten und gewissenhaftesten Prüfung als dem wahren Glauben und den guten Sitten widerstreitend erkennt; um so mehr als die Kirche kraft ihrer vom Herrn empfangenen kirchlichen Regierungsgewalt ein strenges Verbot dieser Bücher erlässt, und dazu eine eigene Strafsanktion hinzufügt (S. 81 f.)

Aber können wohl jene Kirchengesetze noch in unserer aufge-

klärten Zeit als in Kraft bestehend und zeitgemäss angesehen werden? Man würde diese Frage verneinen müssen, wenn die Presse
unserer vorgeschrittenen Zeit keine schlechten Zeugnisse mehr zu
Tage förderte, wenn die Erzeugnisse der Presse keine Gefahr mehr
für den wahren Glauben und die guten Sitten mit sich brächten?
(S. 83 f.) Wer glaubt die nöthige Kraft und Einsicht zu besitzen,
und zugleich in solcher äusserer Lage sich befindet, um aus der
Lesung verbotener Bücher nicht nur nicht keinen Schaden besorgen
zu müssen, sondern vielmehr für sich und Andere Nutzen daraus
zu ziehen, der mag um die Erlaubniss hierzu ansuchen, und
wird dieselbe, falls sein Ansuchen begründet ist, ohne Schwierigkeit
erhalten. Ja weil diese Erlaubniss mitunter gar zu leicht ertheilt
wurde und die Erfahrung bald die nachtheiligen Folgen davon zeigte,
fanden sich die Päpste wiederholt genöthigt, alle solche Bewilligun-
gen, die in einer gewissen Zeit ertheilt waren, zu widerrufen. So
z. B. Gregor XV. const. 92 dd. 30. Decemcr. 1622 und Urban VIII.
const. 364 dd. 2. Apr. 1634 im Bullar. Rom. ed. Mainardi T. V.
P. V. p. 86 et T. VI. P. I. p. 273. (S. 84 f.)

Es gilt also: 1) das kirchliche Verbot solcher Bücher, die bereits gedruckt vorliegen und im Umlaufe sich befinden (in der kirchlichen Sprache: censura). Ein päpstliches oder bischöfliches Verbot
gedruckter Bücher hat für die Untergebenen verbindende Gesetzes-
kraft, sobald es in gehöriger Weise bekannt gemacht ist. Die im
Index, dem amtlichen Verzeichniss der verbotenen Bücher stehenden
Bücher, darf der Katholik nicht lesen, ohne die hierzu nöthige Erlaubniss vom Papste oder von seinem Bischofe, dem jetzt gewöhnlich durch die Quinquennalfacultäten diese Vollmacht eingeräumt ist,
eingeholt zu haben. Das Verbot jener Bücher, welche durch die
Regeln des Index und die dazu gemachten Zusätze von Clemens VIII.,
Alexander VII. und Benedikt XIV. im Allgemeinen verboten sind,
ist in neuerer Zeit durch Papst Leo XII. im J. 1825 allen Bischöfen wieder eingeschärft worden (Mandatum s. m. Leonis XII. addi-
tum Decreto S. Congregat die 26. Mart. 1825). Diese Regeln sind
zunächst für die Bischöfe als Norm bestimmt, um hiernach, wo
es nöthig ist, gegen schlechte Bücher, die nicht im Index stehen,
einzuschreiten, was sie meistens auf den Provinzialconcilien thaten.
Durch Zusätze oder auch Modificationen nach Bedürfniss von Ort
und Zeit (S. 86 f.). Wenn endlich Bücher in unserer Zeit neu
verboten werden, so ist Jeder, der auf verlässliche Weise Kenntniss dieses Verbotes erhält, im Gewissen verbunden, die ihm nun
bekannte Gefahr zu vermeiden und sich nicht leichtsinnig darüber
hinwegzusetzen. In dem gegenwärtigen Index sind nur die Bücher
der I. Klasse eigens hervorgehoben und im Betreff ihrer gilt durchaus die Strenge der Kirchengesetze. In Betreff aller andern Bücher
im Index kann eine gewisse Milderung zugegeben werden (s. unten
4), obgleich auch sie für den Katholiken verboten sind. (S. 87 f.)
Die Bischöfe haben auf die beste und zweckmässigste Art, um nicht
mehr zu schaden als zu nützen, vor schlechten Büchern, seien es

ganze Klassen oder bestimmte Arten oder einzelne Bücher, zu warnen und dagegen einzuschreiten (S. 88 f.).

2) Ein eigenes Bibelverbot existirt für die Katholiken in Wahrheit nicht, indem die Uebersetzungen in die Volkssprache, welche
vom Apostolischen Stuhle approbirt, oder mit Anmerkungen aus den
h. Vätern oder andern kath. Gelehrten versehen sind (während dagegen die
von den sog. Bibelgesellschaften verbreiteten keine Echtheit garantiren),
keinem Verbote unterliegen und somit deren Gebrauch als erlaubt
anzusehen ist. Decretum S. Congr. Indicis d. 13. Junii 1757. So
auch P. Gregor XVI. in seiner Encyclica dd. 8. Maji 1844 (S. 89).

3) Die grösste Schwierigkeit liegt in der Frage nach der vorläufigen Censur der zum Druck bestimmten Manuskripte. Allerdings
enthält gerade hier die kirchliche Gesetzgebung des 16. Jahrhunderts
und insbesondere die 10. Regel des Index mit ihren späteren Zusätzen gar manche Einzelbestimmungen, die vielleicht nicht überall
gerade so ausführbar sind. Gewiss ist, dass die unbeschränkte
Pressfreiheit, namentlich in einer Zeit wie die unsere ist, grosse
Gefahren mit sich bringe. (Man vgl. die Werke des Papstes Pius
VI. an den Bischof von Troyes über den Entwurf der französ. Constitution. Pii VI. Breve dd. 29. April 1814 in Oeuvres posthumes
de M. de Boulogne Eveque de Troyes. Paris 1826 T. I. p. (XVI)
Andererseits ist es bei der enormen Masse der gedruckten Bücher
in unserer Zeit an den meisten Orten den Bischöfen nicht möglich,
sich eine genügende Anzahl Männer zu verschaffen zu einer genügenden Prüfung des Manuskripts (S. 90). Pius IX. hat am 2. Juni
1848 (s. Correspondance de Rome Nr. 1, oder Acta Pii IX. Tom.
I. p. 99—101) mit Rücksich auf die Zeitumstände eine Milderung
des Lateran. Concils und der 10. Regel des Index dahin vorgenommen, dass die kirchliche Censur im Kirchenstaat sich nur noch auf
die h. Schrift und was dazu gehört, dann auf die Theologie, Kirchengeschichte und Kirchenrecht, natürliche Theologie und Moral
und andere Schriften religiösen und moralischen Inhalts oder von
besonderer Wichtigkeit für die Religion und guten Sitten sich er-
strecke. Die übrigen Bestimmungen der früheren Kirchengesetze
über die verbotenen Bücher werden dabei ausdrücklich aufrecht erhalten (S. 91 f.). Man kann diese Anordnung des weisen und milden Oberhauptes der Kirche auch anderwärts zum Muster nehmen.
Jedoch liegen in Rom Kirchen- und Staatsgewalt in Einer Hand,
es ist dort die Masse der Druckschriften weit geringer als in andern
Ländern, die Zahl der Gelehrten, die man zur Censurarbeit verwen-
den kann aber ungleich grösser, als in jeder andern Stadt der Welt.
Desshalb dürften anderwärts noch weiter gehende Beschränkungen
der 10. Regel des Index nöthig sein (S. 92 f.). Bei religiösen und
kirchlichen Zeitschriften muss in der Person des Herausgebers die
die nöthige Garantie gegeben, und desshalb von diesem die vorhe-
rige Erlaubniss des Bischofs und bei Ordensleuten auch des Ordensobern eingeholt werden. Sodann muss der Bischof die kirchlichen
Blätter jedoch besonders überwachen, den Herausgeber ermahnen

und eventuell durch Überwachung der Gläubigen, oder auch direkte Kirchenstrafen gegen den hartnäckigen in einer schlechten Richtung verharrenden Herausgeber und Anrufen der Staatsgewalt einschreiten. Katechismus, Gebet- und Erbauungsbücher bedürfen stets einer vorläufigen Censur. Die Provincialconcilien können füglich nach Ort und Verhältnissen, am besten bestimmen, und dann der höchsten kirchlichen Behörde zur Genehmigung vorlegen, wie man es nach Möglichkeit und Nothwendigkeit mit einer etwaigen vorläufigen Censur der übrigen in der päpstlichen Anordnung enthaltenen Arten von Schriften halten will (S. 93 f.).

4) Was die auf dies Nichtbefolgen der kirchlichen Anordnungen über die Censur und das Bücherverbot gesetzten Strafen betrifft, so sind dieselben in der abenerwähnten Verordnung Papst Pius IX. für den Kirchenstaat sämmtlich erneuert worden. In den übrigen Ländern der Christenheit sind aber zwei Umstände immer wohl zu beachten, einmal dass sie um zu verbinden promulgirt und den Einzelnen bekannt sein müssen, und dann ob vielleicht die rechtmässige Gewohnheit hierin etwas geändert habe. Denn obwohl eine Gewohnheit gegen die verbindende Kraft des Bücherverbots nicht zulässig ist, so scheint doch eine solche nicht gerade unzulässig, wo es sich blos um die positiven, auf die Uebertretung dieses kirchlichen Verbotes gesetzten Strafen handelt. Man vgl. hierüber Reiffenstuel. Jus. Canon. Romae 1833 lib. 5. tit. 7. §. 3 besonders n. 51—56. 64. 98 n. 103—5 et n. 118—120. Schmalzgrueber Jus Eccl. Univers. Romae 1845 Tom. 5 P. 1 tit 7. §. 2. n. 36 sqq. bes. nr. 59—60. Engel. Jus Canon, Venetiis 1728 lib. 5 tit. 7 n. 9—10. Pichler. Jus Canonicum Venetiis 1730 fol. lib. 5 tit. 7. n. 7—10. (S. 95.) Man s. auch die zwar nicht durchweg stichhaltigen Bemerkungen über die Verbindlichkeit des Index librorum prohibitorum im „Katholik" Mainz 1859. Jan. S. 93—95, Moy's Archiv f. kath. Kirchr. Bd. IV. S. 305 ff. Acta. Conc. prov. Vienn. 1859. tit. I. c. 15. 16.

Die Mitwirkung der Staatsgewalt bei dem kirchlichen Bücherverbot hängt von dem Ermessen der Staatsgewalt ab. In Oestreich ist sie durch Artikel IX. des Concordats grundsätzlich zugestanden. Aber die Staatsgewalt ist dadurch keineswegs verpflichtet, sich des eigenen Urtheils, ob ein Buch der Religion und Sittlichkeit verderblich sei, und über die Mittel, welche sie dagegen zu ergreifen habe, zu begeben. Wenn daher die Staatsgewalt die Verderblichkeit nicht findet, so kann und muss der Bischof nur die kirchlichen Zuchtmittel anwenden. Der Staatsgewalt kann der Bischof nur seine Wünsche in dieser Beziehung vortragen, über deren Begründung die Staatsgewalt selbst zu entscheiden hat.

Auch wer den Standpunkt und die Gründe nicht theilt, welche der Verf. in dieser Schrift so aufrichtig und entschieden wie mässig und milde vertritt, wird doch darnach zugestehen müssen, dass die kirchliche Censur, wie sie kirchengesetzlich besteht, ein ganz anderes Institut ist, als wofür es häufig ohne nähere Kenntniss und ohne Verstand angesehen und ausgegeben wird. **Friedr. Vering.**

*Verbreitung und Wachsthum der Pflanzen in ihrem Verhältnisse
zum Boden auf Grundlage einer Betrachtung der Vegetation
zwischen Rhein, Main und Neckar, für Botaniker, Landwirthe
und Forstleute, bearbeitet von Heinrich Hanstein.*
Darmstadt 1859.

Der Verfasser giebt ein Bild der Vegetation, durch welche die
Gegend zwischen Rhein, Main und Neckar ausgezeichnet ist, mit besonderer Berücksichtigung der landwirthschaftlichen Verhältnisse. Es
ist nicht beabsichtigt die Flora des Landes darzustellen, indem diess
bekanntlich schon durch Schnittspahn in seiner „Flora von Hessen"
geschehen ist.   Der erste Abschnitt (S. 1—32) behandelt das Gebiet
nach seiner Begränzung, seiner Erhebung und seinen climatischen
Verhältnissen, die Pflanzen desselben nach ihrem Vorkommen und
ihrer Verbreitung.   Es wird in kurzen Grundzügen ein anschauliches
Bild der Vegetation gegeben, das allmählige Verschwinden ehemals
häufig vorkommender Pflanzen durch einige interessante Beispiele
hervorgehoben, jedoch die für den Botaniker besonders wichtige
Flora der Sandflächen nur kurz behandelt, wesshalb der Verf. bei
Aufzählung der dort vorkommenden Pflanzen mehrere durch ihr ge-
selliges Auftreten sehr bemerkenswerthe Pflanzen, z. B.: Centaurea
maculosa Lam, Stipa capillata L. etc. übersehen hat.
   Der zweite Abschnitt (S. 33—164) behandelt die Vegetations-
formen und enthält zunächst eine lehrreiche Betrachtung über den
Begriff der „Wiese" und über die auf Wiesen vorkommenden Pflanzen, wobei besonders die Gräser genauer berücksichtigt sind.   Die
Wiesen des Gebietes enthalten nach der Angabe des Verf. 45 Arten
Gräser, zu welchen jedoch u. A. auch noch das allgemein verbreitete nicht erwähnte gute Wiesengras Cynosurus cristatus gezählt
werden müsste! Bei der später folgenden Schilderung der Vegetation
der Wälder und der sog. Oeden wird mitgetheilt, dass gegenwärtig
ein grosser Theil des angeblich von Carex brizoides L. herstammen-
den Waldhaares aus Aira caespitosa L. bereitet werde! Die ausführliche Abhandlung über das bebaute Land des Gebietes enthält meist
specielle landwirthschaftliche Betrachtungen, grösstentheils nach den
eigenen Erfahrungen des Verf., und auch mancherlei bemerkenswerthe
Angaben über die Ernährung der Pflanzen.   Bei Aufzählung der
Culturpflanzen hat der Verf. Linum usitatissimum L. mit L. perenne
L. verwechselt!
   Im dritten Abschnitt (S. 165—173) wiederholt der Verf. noch
kurz die erhaltenen Resultate.   Die in ähnlichen Schriften häufig
vorkommenden Fehler in der Rechtschreibung der botanischen Namen sind hier fast durchgehends glücklich vermieden, wie denn auch
die äussere Ausstattung der kleinen Schrift mit Sorgfalt behandelt ist.

Schmidt.

JAHRBÜCHER DER LITERATUR.

Literaturberichte aus Italien.

(Fortsetzung von Nr. 50.)

Die Geschichte Italiens von dem Doktor Farini wird für eine der besten gehalten, von denen, welche in der letzten Zeit erschienen sind:

Storia d'Italia, dal Dottore Farini, Vol. II. Torino 1859. presso Franco.

Der jetzt erschienene zweite Band geht bis zum Tode Pius VII.; enthält also die Zeit der Reaktion in Italien, gegen welche der Aufstand in Turin und Neapel im Jahr 1821 stattfand; während Griechenland seine Freiheit erkämpfte, und Spanien die Früchte seiner heldenmüthigen Anstrengung gegen Napoleon I. zu behaupten strebte.

Dieses Werk ist unter den jetzigen Umständen von grosser Wichtigkeit, da es die Thatsachen enthält, welche die jetzige Bewegung in Italien hervorgerufen haben.

Der Professor Zandedeschi in Padua beschäftigt sich viel mit der Erforschung der Natur des Schalles, worüber wir folgende Schrift anführen:

Delle dottrine del terzo suono; ossia della coincidenza delle vibrazini sonore, del profess. Zandedeschi. Wien 1857. Presso Gerold.

ferner:

Della legge archepita dei suoni armonici delle corde, ib. 1858.

Besonders im Verhältniss zur menschlichen Stimme. Ueber dergleichen Gegenstände hat der Verfasser bis dahin 8 Hefte herausgegeben.

La incoronazione di Carlo V. a Bologna, da Carlo Rosconi, Torino 1859. presso Favale.

Dieser geschichtliche Roman, die Zeit der Krönung des Kaisers Karl V. zu Bologna zum Hintergrunde habend, kam bereits im Jahre 1841 zu Florenz bei Le Monnier heraus, wurde aber von dem Papste allen Christen zu lesen verboten. Der Verfasser hat daher denselben jetzt ganz abgeändert.

Die Neapolitaner beweisen sich noch immer als Erben ihrer philosophischen Vorfahren, Pythogoras, Thomas von Aquino, Vico, Campanella u. s. w. Dies kann man aus folgender Schrift entnehmen:

Una utopia fra tante utopie, o del Lavoro, per Francesco Macolda Petilli, Napoli 1858.

Die Arbeit, ein Gegenstand, welcher die Staatswirthschaft und die Socialisten in der neuesten Zeit so vielfach beschäftigt hat, wird hier von einer ganz neuen Seite betrachtet. Der Verfasser beweist, dass der Mensch ein Recht hat, nichts zu thun. Der Mensch ist nach der Bibel als Ebenbild

Gottes geschaffen; daher dieser sein Beruf herabgewürdigt würde durch Hände-
Arbeit. Nachdem der Verfasser auf diese Weise das bisherige Gebäude der
Staatswirthschaft umgeworfen, kommt er wieder auf die Bibel zurück, wo es
heisst, du sollst mit dem Schweisse deiner Stirne dein Brod essen, und fol-
gert daraus, dass der Geist thätig sein muss, um durch Erfindung von Maschinen die Handarbeit zu ersparen.

Encyclopedia Italiana, Torino. 1859. Vol. III. presso Pomba.

Der aus Como gebürtige Gelehrte Predari, hatte gute Studien gemacht,
als er eine Anstellung bei der Bibliothek der Brera zu Mailand erhielt, wo er
Gelegenheit hatte, sich seine ausserordentliche Bücherkenntniss zu erwerben.
Er gab diese Stellung durch folgende Veranlassung auf. Um das Jahr 1840
fing der unternehmende Buchhändler Pomba zu Turin seine grosse Encyclopädie an, über deren erste Hefte Predari in einer damals in Mailand erscheinenden wissenschaftlichen Zeitschrift Bericht erstattete, und die Seichtigkeit
dieser Arbeit nachwies. Pomba zog die bedeutendsten Männer Turins zu
Rathe und die Folge davon war, dass er nach Mailand eilte und Herrn Predari veranlasste, nach Turin überzusiedeln, um sich ganz der Leitung dieser
Encyclopädie zu widmen, wobei Herr Pomba das Opfer brachte, die ersten
Lieferungen, die in 10,000 Exemplaren gedruckt worden, für aufgegeben zu
erklären, und den Abonnenten die von Predari neu bearbeiteten Artikel zu
übersenden; auf diese Weise erschien der erste Band im Jahre 1841 und der
zwölfte im Jahre 1848. So wenig die darauf folgenden Jahre diesem Unternehmen günstig scheinen dürften, so war der Erfolg der Gediegenheit der
Arbeit Predari's doch von der Art, dass der Verleger bereits nach sieben Jahren eine zweite vermehrte Auflage dieses Werkes durch denselben Predari
unternehmen liess, so dass jetzt schon wieder 6 Bände dieser Encyclopädie
vorhanden sind.

Mit welchem richtigen Takt dieser Gelehrte verfährt, kann man daraus
abnehmen, dass ohnerachtet der bekannten politischen Verhältnisse der verschiedenen italienischen Staaten, dieses Werk nirgends Anstoss erregt hat,
obwohl der Verfasser und der Verleger durchaus von allen retrograden Richtungen entfernt sind. Neben diesem grossen encyclopädischen Wörterbuche
gibt jetzt Predari ein Conversationslexicon in 2 grossen Bänden in Lexicon-
Format heraus, welches 40,000 Artikel enthält.

Herr Predari hat seine reiche schriftstellerische Laufbahn (im Jahre 1811
geboren) im Jahre 1833 mit der Herausgabe der ersten vollständigen Sammlung der Schriften Vico's angefangen, nachdem er alle Bibliotheken Italiens besucht hatte. Von den lateinischen Werken Vico's sind Uebersetzungen beigefügt und das Ganze mit kritischen Anmerkungen versehen. Diesem folgte
bald ein anderes Werk über die Art, wie Vico im 18. Jahrhundert verstanden
und gewürdigt worden. Ein mit vielem Fleisse aus den klassischen Nachrichten zusammengetragenes Werk ist seine geschichtliche Untersuchung über
die Amazonen, deren Auftreten und Verschwinden in der Geschichte. Nach
einer alten Chronik eines Kammerdieners von Galeazzo Sforza gab Predari
1840 einen Roman Laminec - Cicoa Berlicca heraus, welcher für jene Zeit
merkwürdige Schilderungen und selbst ungedruckte Urkunden enthält. Eine

Erzählung unter dem Titel: Guarda la vecchia, enthält eine komische Darstellung einer Verschwörung zu Mailand im Jahr 1754, worin zugleich Urkunden mitgetheilt werden, welche auf die Regierung der Kaiserin Maria Theresia, die gewöhnlich als das goldene Zeitalter der Lombardei geschildert wird, manchen Schatten werfen. Sein Werk über den Ursprung und die Schicksale der Zigeuner ist mit einer Grammatik ihrer Sprache und einem Wörterbuche versehen. Sein Nachtrag zu allen Lebensbeschreibungen Napoleons hat zwei Auflagen erlebt. Bei Gelegenheit des wissenschaftlichen Congresses zu Mailand im Jahr 1843 gab Predari eine Lebensbeschreibung des berühmten Mathematikers Cavalieri heraus; ferner eine Abhandlung über den Ursprung und den Fortgang des Studiums der morgenländischen Sprachen in Italien.

Seine Geschichte der Cultur des Menschengeschlechts bildete zugleich die Einleitung zu der von ihm bearbeiteten oben erwähnten grossen Encyclopädie. Wenn früher der österreichische Einfluss in dem Königreiche Sardinien vorherrschend gewesen war, so sank doch dieser Einfluss schon vor 1848, und Predari gab zu Lausanne 1846 eine Sammlung aller amtlichen und anderen Schriften heraus, welche in Italien, Deutschland, Frankreich und England über diese Verhältnisse bis dahin bekannt geworden waren. Nachdem es zum Bruch gekommen war, gab Predari einen Bericht über die Geheimnisse der Catastrophe von Novara heraus; ferner das Leben von Carlo Alberto. Nachdem das constitutionelle Leben im Königreiche Sardinien befestigt worden war, gab Predari einen Moniteur für die italienischen Gemeinden heraus, womit alle Wochen ein Band klassischer Schriften aus allen Fächern ausgegeben wurde, so dass jeder Abonnent für die Bezahlung seiner Zeitung nach 2 Jahren eine Bibliothek erhielt, und auf diese Weise 480,000 Bände verbreitet wurden. Ferner gab er eine Geschichte der Astronomie heraus; ferner die Uebersetzung des Thucydides von Boni, mit kritischen Anmerkungen von Predari. Auch gab er die Geschichte der italienischen Literatur von Corniani heraus, welche er bis auf die Gegenwart in 8 Bänden fortsetzt. Besonders reichhaltig ist sein Werk über die Mailändische Bibliographie, worin alle gedruckte und ungedruckte Werke aufgeführt werden, welche Mailand verherrlichen. Ausserdem hat sich aber Predari auch noch durch Herausgabe wissenschaftlicher Zeitschriften verdient gemacht. Wir erwähnen die Antologia Italiana. Torino 1846—48. Die Revista encyclopädica Italiana, Torino 1855—56. Das Bulletino di scienze lettere ect. Torino 1853—54. Ausser diesen Leistungen für die Literatur hat Predari sich als fleissiger Mitarbeiter an vielen gelehrten Zeitschriften Italiens ausgezeichnet. Auch die Gattin dieses fruchtbaren Schriftstellers hat über Erziehung geschrieben und sein Sohn ein Werk über die Geschichte der Musik, mit einem technisch-musikalischen Wörterbuche.

Italien ist das Land der Inschriften; man darf nur an die Menge der marmornen Tafeln erinnern, welche verewigen, dass irgend ein angesehener Mann oder Geist diess oder jenes gethan. Daher es auch an bedeutenden Inschriften für verdiente Männer und deren Thaten in den italienischen Gemeinden nicht fehlt, und an Sammlungen solcher Inschriften. Eine solche Sammlung hat vor kurzem Graf Leoni für seine Vaterstadt Padua herausgegeben: *Iscrizioni storici Lapidarie in Padova, di C. Leoni. Padova 1858. presso Prosperini.*

Mehrere dieser Inschriften sind von dem reichen und gebildeten Grafen

Leoni selbst entworfen und auf seine Kosten in Marmortafeln an den betreffenden Orten aufgestellt worden. Eine solche ist die an der Brücke Altinate angebrachte Inschrift zur Erinnerung an die tapfern Bürger von Padua, welche hier am 20. Juni 1256 den Tyrannen Ezzelino besiegten; ferner an der Brücke Bovetta, wo Novella di Carrara mit den Bürgern Padua's am 19. Juni 1390 die Visconti besiegte. Eine von demselben Bürgerfreunde aufgestellte Tafel bezeichnet das Haus, wo Dante 1306 als ausgewiesener Florentiner wohnte; und eine andere, wo 1808 M. Cesovolti starb. An den Thürmen, auf denen Galiläi seine astronomischen Beobachtungen anstellte, ist diess durch eine Marmortafel ebenfalls verewigt; ebenso dass ein anderer Thurm von Ezzelino 1250 erbaut worden. An einer Brücke liest man, dass der Ingenieur Galster die erste Kettenbrücke in Italien 1828 baute; an einem Kloster, dass dort 1566 Tasso wohnte.

Ueber Russland sind in der letzten Zeit viele bedeutende Werke erschienen, jetzt aber können wir auch eine Geschichte dieses Landes anzeigen, welche von einem Italiener, der aber 30 Jahre in Russland war, in Italien herausgegeben wird:

Storia di Russia dai principali primitivi suoi popoli fino al anno 1725. Scritta da Giuseppe Rubini. Torino 1858. Tip. Botta.

Unsere deutschen Systematiker, welche nicht müde werden, zu wiederholen, dass die frische naturwüchsige Nationalität der Slaven einer grossen Zukunft entgegengeht, während die Romanischen Nationen verkommen, und in Alterschwäche untergehen müssten, werden in dieser Schrift des Moskauischen Professors der italienischen Literatur ihre Rechnung finden. Mit der Heirath der Prinzessin Olga von Constantinopel führte Wladimir der I. zwar das Christenthum in Russland ein. Durch die religiösen Verhältnisse war einige Bildung von Constantinopel aus nach Russland gekommen, allein dies hinderte nicht, dass Iwan der Schreckliche seine Gewalt nur mit Hilfe seiner Prätorianer, seiner Jäger (Strelzi) erhalten konnte. Dennoch verfiel unter seinem Sohne Fedor die Monarchie dergestalt, dass, als mit ihm der Stamm der Ruriks ausstarb, die allmächtige Oligarchie der Bojaren den Sohn des Patriarchen Philarelli, Michael Romanow wählte. Der Verfasser bestreitet zwar, dass diese Wahlherren sich vortheilhafte Bedingungen gestellt hätten; doch dürften sich die von dem Fürsten Dolgorucki angeführten Behauptungen nicht ganz abläugnen lassen, da sie zu sehr in der Natur der Sache liegen. Der Verfasser zeigt Peter den Grossen als den allmächtigen Herrscher, welcher befahl: Russland werde ein gebildetes Land, und so ward es. Er verschweigt aber nicht, dass dabei sich ein unüberwindlicher Hass gegen alle Fremden entwickelte, der sich hauptsächlich gegen die nächsten Nachbarn, die Deutschen, ausspricht.

Statuti della città di Roveredo dall Tomaso Gar. Trento 1859. presso Monauni.

Der Bibliothekar, Herr Gar zu Trento, der die dortigen Statuten herausgegeben hat, gibt jetzt auch die der Stadt Roveredo von 1425 bis 1640 mit einer geschichtlichen Einleitung heraus. Herr Gar ist als sorgfältiger Forscher des altitalienischen Gemeindewesens bestens bekannt, und ist auch die vorliegende Arbeit wieder sehr verdienstlich, um so mehr, da Roveredo, obwohl

jenseits der Alpen gelegen, und von Italienern bewohnt, dem deutschen Reiche
angehört. Früher waren Landesherrn die Fürstbischöfe von Trient; diese belehnten, die Geschichte verschweigt für welche Verdienste, die Familie von
Castelborco mit dem Lehns-Schlosse Lizzana, zu welchem im 12. Jahrhundert
die Stadt Roveredo gehörte; so dass ein Richter oder Vicarius des Lehnsherrn
in Roveredo als Obrigkeit, aber nach den Rechten der Stadt Trient schaltete.
Azzo von Castelborco hatte 1410 auf den Fall des Todes seines Sohnes Hector
die Republik Venedig zum Erben dieses seines Landes eingesetzt, welche sich
auch ohnerachtet des Widerspruches des Grafen von Tyrol und des Bischofs
von Trient in Besitz setzte und einen Proveditore dorthin schickte. Damals
liess man gewöhnlich den Gemeinden ihre eigene Verfassung, und so wurden
auch die bisherigen Trentiner Statuten 1423 von Venedig aus für Roveredo
bestätigt. Die Ligue von Cambray brachte es dahin, dass Roveredo von Venedig nicht mehr beschützt werden konnte; daher sich diese Stadt dem Kaiser
Maximilian 1509 unterwarf. Kaiser Ferdinand setzte aber die Nachgiebigkeit
von Heinrich IV. zu Canossa noch 1532 dergestalt fort, dass er diese Stadt
für ein Lehen der Kirche, des Bischofs von Trient, erklärte, wobei aber ein
österreichischer Commandant in Roveredo bestellt wurde. Im Jahr 1610 wurden diese Statuten der Zeit gemäss von der Gemeinde reformirt und dies von
dem Statthalter von Trient, damals dem Erzherzog Maximilian, genehmigt. So
blieb im Ganzen diese Verfassung, bis Tyrol an Bayern kam und zuletzt
wieder an Oesterreich.

Welche Aufmerksamkeit die Italiener der deutschen Literatur widmen,
kann man aus den vielen Uebersetzungen entnehmen, die in Italien von deutschen Werken erscheinen, eine solche ist folgende:

*Le guerre nel Mar nero; schissi storici di Teodoro Mundt, tradizione di P. Pe-
verelli, Torino 1859.*

Die geistreiche Schilderung des Hofes Catharina's II. hat dem Verfasser
viele Freunde in Italien gewonnen.

*Recherches historiques et critiques, sur l'esprit des Loix de Montesquieu, par
Frederic Sclopis. Turin 1858. Imprimerie royale. in 4o S. 167.*

Wie Montesquieu damals darauf kam, sein bekanntes Werk über den Geist
der Gesetze zu schreiben, über den Werth des Werkes selbst, und wie dasselbe damals aufgenommen wurde, hat den Verfasser zu dieser geschichtlich
kritischen Untersuchung veranlasst. Obwohl Italiener, schreibt er das Französische ebenso wie seine Muttersprache und sein lateinischer Styl ist ebenfalls
klassisch. Graf Fr. Sclopis gehört den vornehmen Familien Piemonts an,
welche sich vor andern Italienern durch hohe Geistesbildung auszeichnen, von
denen wir nur den Historiker Graf Balbo, den Geographen Graf della Marmora,
die Antiquare Graf Vesme und Sanquintino erwähnen. Er war der erste constitutionelle Justizminister des Königreichs Sardinien, jetzt ist er Vicepräsident
des Senats und Vorstand der Gesellschaft zur Herausgabe der Sardinischen Geschichtsquellen. Ausser mehreren andern sehr geschätzten schriftstellerischen
Arbeiten verdanken wir ihm eine Geschichte der Gesetzgebung in Italien in
3 Bänden. Das vorliegende Werk zeigt uns einen ebenso liberalen, als mit

dem Organismus der Gesellschaft vertrauten Staatsmann. Dies dürfte schon
aus folgender Stelle hervorgehen: „Montesquieu kannte damals noch nicht die
instinktartige Neigung der Völker, die sie dazu treibt, die Verbesserungen zu
erstreben, deren Möglichkeit sie einsehen, um ihre Gesetzgebung in das Gleichgewicht zu bringen, welches die Gerechtigkeit für den Fortschritt ihrer Kenntnisse erfordert." Danach beweist der Verfasser, dass Montesquieu überall grossen Einfluss gehabt hat; besonders wurden seine Ansichten schon früh in
Italien gewürdigt, wo in der Mitte des vorigen Jahrhunderts Fortschritte gemacht wurden, zu deren Würdigung der Verfasser mit Kraft auffordert. Besonders wichtig ist der Vergleich zwischen Macchiavelli und Montesquieu; der
Verfasser nimmt den letztern gegen Macaulay in Schutz, da der erstere
hauptsächlich als Mann der Erfahrung nur die praktische Seite erwähnte. Der
Verfasser kommt auch auf die neueste deutsche Literatur über diesen Gegenstand und beurtheilt sehr gründlich die im Jahre 1850 von unserm Venedey herausgegebene Schrift, worin er Macchiavelli den Apostel des Despotism nennt,
von Montesquieu aber nur als von einem Nachbeter der Engländer spricht; er
zeigt, wie der auch in Deutschland rühmlichst bekannte Neapolitanische Rechtsgelehrte Mancini in seinem Macchiavelli e la sua dottrina politica (Turin 1853)
gezeigt hat, dass Macchiavelli der erste war, welcher die Politik von der
Kirche trennte. Der Verfasser aber tadelt, dass Macchiavelli das Recht und
die Moral ganz aus dem Gesicht verloren, und die Politik abgesondert behandelt, indem sein Grundsatz war: den Menschen zu schmeicheln oder sie zu
vernichten, wie er aus der Erfahrung des Caesar Borgia und Ludwig XI.
nachgewiesen hat. Ebenso geistreich ist der Vergleich, den der Verfasser
zwischen Montesquieu und d'Aquesseau, zwischen Montesquieu und Rousseau anstellt, sowie mit Thomasius Vico und andern. Der gelehrte Verfasser schliesst
mit den Ausdrücken der hohen Verehrung für diesen grossen Mann, indem er
sich auf das Urtheil von Cousin und von unserm Stahl beruft, welcher in seiner
Geschichte der Philosophie des Rechts ebenfalls den Werth Montesquieu's hoch
angeschlagen hat. Bei dieser Gelegenheit bemerken wir noch, dass Graf Sclopis
ganz vor Kurzem in der von bedeutenden französischen Rechtsgelehrten
in Paris herausgegebenen Zeitschrift über französische und fremde Rechtswissenschaft, eine sehr beachtenswerthe Abhandlung über die Gesetze der
Longobarden veröffentlicht hat.

Die schon bis zum 22. Bande fortgeschrittenen statistischen Jahrbücher
von Mailand haben durch den Krieg keine Unterbrechung erlitten. Das letzte
Heft vom Juni 1859 liegt bereits vor:

Annali universali di statistica, da Giuseppe Sacchi. Milano 1859.

Ausser Abhandlungen über Staatswirthschaft, Gesetzgebung, Geschichte,
Reisen und Handel werden hier Nachrichten über die bedeutendsten, auf
diese Gegenstände Bezug habenden Werke gegeben, die in Italien und im
Auslande erscheinen; zu den ersteren gehört auch: „opere politico-economiche
del conte Camillo Cavour, von dem bekannten Sardinischen Minister.
Unter den hier mitgetheilten Nachrichten ist besonders zu beachten, dass ob-
wohl die Nothwendigkeit der kriegerischen Massregeln mehrere Brücken und
Eisenbahnen zerstört hatte, dennoch während des Kriegs die Eisenbahn von

Trecate nach Magenta über die wiederhergestellte Brücke zu Buffalora neu erbaut worden, sowie auch um die Stadt Mailand herum eine Verbindungs-bahn für Genua und Brescia, auf welcher die französischen Kriegsschiffe be-fördert wurden, wo denen das eine zum Auseinandernehmen jetzt nach sei-ner Rückkehr nach Toulon mit Erfolg daselbst manövrirt hat.

L'economista, periodico mensile di agricoltura, economia ect. Anno VII. Milano. 1859. presso Rossi 8.

Diese Monatschrift für Ackerbau, Landwirthschaft, praktische Physik und Chemie, für Technologie, Eisenbahnen und Handel besteht ebenfalls in Mai-land schon seit 7 Jahren. Das letzte Heft enthält ausser mehreren die Gegen-wart betreffenden Abhandlungen und Nachrichten eine sehr gelehrte Abhand-lung über die Geschichte und Statistik des alten Egyptens von dem Ritter Acerbi.

Auch für den Gartenbau kommt in Mailand eine Zeitschrift heraus:

Il Giardiniere, annali d'orticoltura dal Dott. Francesco Peluso. Milano 1859. 8.

Hierin befindet sich unter andern eine Abhandlung über die Krankheiten der Vasen.

Die Ackerbau-Gesellschaft in Florenz setzt ihre Abhandlungen fort unter dem Titel:

Atti della academia economico-agraria dei Georgofili. Vol. I. Firenze 1859. presso Vieusseux.

In dem letzten Hefte befinden sich Arbeiten von Parlatone, Tabarrini, Poggi, Carega u. a. m. Dass man sich überhaupt mit dem rationellen Acker-bau in Italien mehr beschäftigt, als man gewöhnlich glaubt, kann man aus den zahlreichen Zeitschriften entnehmen, welche diesem Gegenstand gewidmet sind. Eine solche ist unter andern in mehr praktischer Richtung folgende:

Il mutuo soccorso, giornale d'agricoltura pratica, dal Dott. Bissoreno. Milano 1859. 4.

Diess Wochenblatt, welches von einer Gesellschaft von Landwirthen her-ausgegeben wird, unter denen sich auch der Markgraf Balsamo Crivelli be-findet, der einen Papst zu seinen Vorfahren zählt, enthält ausser Abhandlun-gen über den Landbau, z. B. über das Beschneiden der Weinstöcke, über fliessenden Dünger u. s. w. auch gewerbliche Nachrichten, z. B. die Getreide-Preise, u. s. w.

Ueber diesen Gegenstand ist in diesen Tagen folgende wohldurchdachte Schrift erschienen:

Sul presso del Grano per L. B. Torino. 1859. presso Fallelti. 8.

worin von dem Grundsatze der grössten Handelsfreiheit ausgegangen wird.

Neigebaur.

Die Anwendung der Algebra auf praktische Arithmetik, enthaltend die Rechnungen des Geschäftslebens mit vielen vollständigen Beispielen und beigefügter algebraischer Begründung sämmtlicher Rechnungsregeln. Ein Uebungsbuch für die obern Klassen in Gymnasien, Real- und Gewerbeschulen, sowie auch zum Selbstunterrichte von W. Berkhan, Oberlehrer am Herzogl. Gymn. zu Blankenburg. Halle. Druck und Verlag von H. W. Schmidt. 1859. (292 S. in 8.)

Bieten auch die bekannten und viel verbreiteten Aufgabenbücher von Meier Hirsch und Heis Stoff genug zu Uebung im algebraischen Rechnen und im Ansetzen und Auflösen von Gleichungen und enthält das letztere namentlich ebenfalls die Andeutungen zu den Auflösungen, so ist eine Sammlung von Aufgaben, welche die Anwendung der Algebra nothwendig machen, die alle im Geschäftsleben vorkommenden Fälle behandelt und der zugleich die vollständige Auflösung jeweils beigefügt ist, sicher Vielen willkommen. Eine solche bietet der Verfasser, dessen wir in diesen Blättern schon mehrfach gedacht, in dem vorliegenden Werke dar. Allerdings sind sehr viele Aufgaben der Art, dass sie ohne die in der Algebra gebräuchlichen Formen anzuwenden, aufgelöst werden können, wie dies in dem Buche selbst vielfach geschieht. Solche Aufgaben aber, eben weil ihre in algebraischer Form durchzuführende Auflösung jeweils leichter ist, bieten eine vortreffliche Uebung für Anfänger im algebraischen Rechnen dar, so dass für die spätern und schwierigern Aufgaben vorgesehen ist. Durch zahlreiche Beispiele sind die einzelnen allgemeinen Sätze ohnehin jeweils genügend erläutert.

Zuerst behandelt das Buch die einfache Proportionsrechnung oder sogenannte Regel detri, welche in ihren beiden Arten — als gerade und umgekehrte — in der algebraischen Form betrachtet wird. Vortheile bei der Anwendung derselben werden nach dem alten Rechenmeister Schmid (1774) angegeben. Die zusammengesetzte Proportionsrechnung schliesst sich unmittelbar an, wobei wir jedoch die Begründung der gegebenen Regel vermissen, die freilich in dem nächsten Abschnitte, der von der Kettenregel handelt, gegeben wird. Wie wir oben schon angedeutet, löst der Verfasser die Aufgaben der zusammengesetzten (wie der einfachen) Proportionsrechnung jeweils auch ohne die algebraische Form zu Hilfe zu nehmen, nach der nun wohl allgemein gebräuchlichen Zurückführung auf die Einheit.

Gesellschafts - und Theilungsrechnungen, Vermischungsrechnungen (hiebei auch Aufgaben über Temperaturen), und Vereinigungsrechnungen werden mit gebührender Ausführlichkeit behandelt, und an einer auf alle möglichen Fälle sich erstreckenden grossen Anzahl von Aufgaben geübt.

Die Zinsrechnung mit all ihren verschiedenartigen Abtheilungen schliesst das Buch. Wir begegnen hiebei zuerst der einfachen Zinsrechnung, der Discont- und Rabattrechnung (bei einfachen Zinsen), der Berechnung des mittlern Zahlungstermins und endlich der Berechnung der Termine bei gleichmässiger Abtragung eines Kapitals. Diese Abtheilung könnte bekanntlich eben so wohl auch unter der zusammengesetzten Zinsrechnung vorkommen, von der das Folgende handelt. Dabei sind die Bevölkerungszunahme, die Berechnung des Zuwachses der Forsten und die Waldwerthberechnung mit beachtet. Die

Rentenrechnung mit ihren verschiedenen Zweigen schliesst diese Abtheilung. — Wir vermissen hier bei der bekannten Aufgabe der Erschöpfung eines Kapitals (S. 199) die genaue Berechnung, wie viel im letzten Jahre zu erheben ist. Sagt man, wenn 100,000 fl. zu 5 proc. ausgestellt sind, so kann man 6000 fl. jährlich davon wegnehmen, damit das Kapital in 36—37 Jahren erschöpft sei, so ist dies nicht genügend. 36 Male kann man freilich 6000 fl. erheben, wie viel aber noch am Schlusse des 37. Jahres?

Ein erster Anhang enthält verschiedene kaufmännische Rechnungen; ein zweiter behandelt die Regula falsi; ein dritter betrachtet eine Eigenschaft der Zahl 9 als Divisor; ein vierter endlich die Erklärung einiger Kunstgriffe im praktischen Rechnen. Drei kleine Tabellen sind dem Buche angefügt.

Aus der gegebenen kurzen Uebersicht des reichen Inhalts des vorliegenden Buches wird dessen Zweckmässigkeit und Brauchbarkeit wohl von selbst hervorgehen, so dass Referent dasselbe zur Selbstübung, so wie auch zur häufigen Benützung beim Unterrichte in der Algebra nur empfehlen kann.

Joannis Kepleri astronomi opera omnia. Edidit Ch. Frisch. Frankofurti a. M. et Erlangae. Heyder et Zimmer. MDCCCLVIII.

Fast ein halbes Menschenleben hindurch hat Professor Frisch in Stuttgart unermüdlich gesammelt und gearbeitet, um die Werke seines berühmten Landsmannes vollständig dem wissenschaftlichen Publikum vorlegen zu können. Namentlich hat er durch die Vermittlung Struves in Pulkowa die meist von Keppler selbst geschriebenen Manuscripte, welche die Bibliothek der dortigen Sternwarte besitzt (24 Foliobände) zur beliebigen Benützung erhalten, so dass er im Stande war, die sämmtlichen Schriften Keplers einzusehen. Nach so langer Arbeit und vielen Kosten hat er im verflossenen Jahre die Veröffentlichung der Werke Keplers begonnen und zwar liegen davon der erste Band vollständig und ein Theil des zweiten dem Referenten vor. Die ganze Sammlung ist auf acht Bände berechnet, welche folgenden Inhalt haben: Vol. I.: Mysterium Cosmographicum, Apologiam Tychonis contra R. Ursum, Calendaria et Opera Astrologica. Vol. II.: Opticam, Dioptricam, scripta de Jovis Satellitibus, Mercurium in Sole visum, librum de Nova Stella in Serpentario. Vol. III.: Comment. de Motibus Martis, Hypparchum etc. Vol. IV.: Opera Chronologica, Stereometriam Doliorum, Praefationem ad librum de Logarithmis. Vol. V.: Epitomen Astronomiae Capernicanae; de Cometis libros. Vol. VI.: Harmoniam Mundi. Vol. VII.: Hyperaspisten Tychonis, Epistolam ad Terentium, Somnium, Praefationes ad Ephemerides et Tab. Rudolphinas. Vol. VIII: Vitam Kepleri, Supplementa, Indices.

In Deutschland, berichtete der Herausgeber in der Sitzung vom 20. September 1858 der mathematischen Sektion der Naturforscherversammlung (in Karlsruhe), habe er grosse Theilnahme für das Unternehmen gefunden; eben so in Russland, von wo, wie das dem ersten Bande vorgedruckte Subskribenten-Verzeichniss ausweist, 40 Exemplare bestellt wurden; dagegen sei in Frankreich und England fast gar keine Theilnahme ersichtlich. Auf Arge-

landers Antrag beschloss die Sektion, in das Protokoll den Wunsch niederzulegen, es möge, namentlich durch persönliche Empfehlung, die Theilnahme
an dem Unternehmen Frisch's gesteigert und dadurch das Erscheinen der
weitern Bände ermöglicht werden. Bei der verhältnissmässig geringen Zahl
der Abnehmer machte der Verleger, wie der Herausgeber ebenfalls berichtete,
Schwierigkeiten wegen der Fortsetzung des Werkes.

Mag auch vom rein wissenschaftlichen Standpunkte aus gar Manches in
Keplers Schriften von keinerlei Belang mehr sein, so ist dies vom literar-
geschichtlichen Gesichtspunkte aus ganz anders, und die Herausgabe der sämmtlichen Schriften eines Mannes, der eine Zierde unseres Volkes ist, eine höchst
verdienstliche Unternehmung. Es ist dies um so mehr der Fall, als ein bedeutender Theil der hier zu veröffentlichenden Arbeiten Keplers bisher noch
nicht gedruckt war, und namentlich auch sein Briefwechsel dem Leser vorgelegt wird. In Bezug auf diesen letztern Punkt hat der Herausgeber die
Einrichung getroffen, dass er die einzelnen Briefe derjenigen Abtheilung der
Werke vordrucken lässt, auf welche sie sich beziehen.

Referent kann nicht gesonnen sein, weiter auf den Inhalt des vorliegenden, bereits veröffentlichten Theils einzugehen; er wollte nur auf das Erscheinen der Werke Keplers aufmerksam machen, und so vielleicht auch zu
weiterer Antheilnahme an diesem für die Geschichte der Wissenschaft sowohl,
als auch einer für unser Vaterland verhängnissvollen Zeit überhaupt, wichtigen
Unternehmen beitragen.

---

*A Treatise on differential Equations. By George Boole, Prof. of Math. in the
Queen's University etc. Cambridge, Macmillan and Co. 1859. (500 S.
in kl. 8.)*

Ueber den Zweck und die Aufgabe des uns vorliegenden Werkes spricht
sich der Verfasser im Vorwort in folgender Weise aus: „I have endeavoured,
in the following treatise, to convey as complet an account of the present
state of knowledge on the subject of Differential Equations, as was consistent
with the idea of a work intended, primarily, for elementary instruction. It
was my object, first of all, to meet the wants of those who had no previous
acquaintance with the subject, but I also desired not quite to dissapoint others
who might seek for more advanced information.“ Ist also nach des Verfassers Meinung und Absicht das Buch zwar zunächst für diejenigen geschrieben, welche sich ihre ersten Kenntnisse über die Integration der Differentialgleichungen aus demselben erwerben wollen, so soll es doch denen, welche
weitere Belehrung darin suchen, Dienste leisten. Deshalb hat der Verfasser
die Aufgabe so vollständig als möglich gefasst, und alle bisher bekannten
Methoden; die zur Auflösung der einen oder andern der besondern Aufgaben
in welche die allgemeine sich trennt, dienen, zusammengestellt. Ausser den
gewöhnlichen Differentialgleichungen (zwischen zwei Veränderlichen) sind
auch die mit partiellen Differentialpuotienten behandelt, und so Alles, was
man nur hier wünschen kann, vereinigt. — Es mag dem Unterzeichneten ge-

stattet sein, hier zu bemerken, dass kein einziger wichtiger Satz, der in dem vorliegenden Werke des englischen Mathematikers vorkommt, in seiner Darstellung desselben Gegenstandes (drittes Buch seiner Differential- und Integralrechnung, S. 269—428) fehlt; dass dagegen mehrfach die einzelnen Parthien weiter entwickelt und durchgeführt sind, als dies die als vollständig bezeichnete Schrift des bekannten englischen Verfassers thut.

Wie natürlich beginnt das vorliegende Werk mit der Frage, was unter einer Differentialgleichung zu verstehen sei, und erklärt deren Ordnung, Grad u. s. w. Allgemeine Auflösung und vollständige primitive Gleichung (general solution, complete primitive) sind allerdings thatsächlich dasselbe, — die Integralgleichung, wie wir in Deutschland sie gewöhnlich nennen —, dem Gedankengang nach aber seien sie, meint das Buch, verschieden. Bei der ersten ist die Differentialgleichung gegeben und ihre Integralgleichung als gesucht angesehen, während bei der zweiten die Sache sich umgekehrt verhält.

Diese Entstehung der Differentialgleichungen aus ihren vollständigen Urgleichungen mittelst der Elimination willkürlicher Konsonanten wird nun ausführlich betrachtet und darauf aufmerksam gemacht, dass es bei der Bildung von Differentialgleichungen höherer Ordnung ganz gleichgültig ist, welchen Weg man dazu einschlage. Dieser Satz, der allerdings als eine Art Axiom sich empfiehlt, wird hier im Grunde auch als solcher behandelt und desshalb bloss besprochen, während Duhamel, in dem auch schon in diesen Blättern besprochenen Werke über Differential- und Integralrechnung denselben in folgender Weise zu beweisen sucht. Sei $y_n = f(x, y, y_1, \ldots, y_{n-1})$ eine Differentialgleichung n^{ter} Ordnung (wo $y_r = \dfrac{d^r y}{dx^r}$), entstanden durch Elimination von willkürlichen Konstanten aus einer Urgleichung (und deren Differentialgleichungen); $y_n = F(x, \ldots, y_{n-1})$ eine andere Differentialgleichung derselben Ordnung, entstanden aus der nämlichen Urgleichung wie vorhin, aber auf anderem Wege. Da y_n in allen Fällen denselben Werth haben muss, so werden also f und F dieselben Werthe liefern, was auch x sei. Bezeichnet man nun mit $\mu, \mu_1, \ldots, \mu_{n-1}$ die Werthe von $y, \ldots y_{n-1}$ für den bestimmten Werth $x = \varrho$, so bleiben die Grössen μ bekanntlich ganz willkürlich (indem sie im Grunde durch die n willkürlichen Konstanten ausgedrückt sind) und da f, F für alle x denselben Werth geben, so ist $f(\varrho, \mu, \ldots, \mu_{n-1}) = F(\varrho, \mu, \ldots, \mu_{n-1})$. Da aber die μ ganz willkürlich sind, so ist diese Gleichung nur möglich, wenn in beiden Seiten die genannten Grössen identisch eintreten, also die beiden Funktionen f, F selbst identisch sind. Die Schlüsse des Verfassers, die er für den Fall zweier Konstanten anwendet, kommen auf das Folgende hinaus: Ist $f(x, y, a, b) = 0$ eine solche Gleichung, so bestimmt sie eine Kurve, in der also $\dfrac{dy}{dx}$, $\dfrac{d^2y}{dx^2}$ ebenfalls bestimmt sind; der Zusammenhang zwischen y, $\dfrac{dy}{dx}$, $\dfrac{d^2y}{dx^2}$ und x, a, b fordert drei Gleichungen, aus denen nun zwei Grössen (a und b) eliminirt werden können, wodurch eine einzige, die Differentialgleichung, hervorgeht. Wie man aber jene drei Gleichungen gebildet, ist gleichgiltig.

Dass nun zu einer gegebenen Differentialgleichung erster Ordnung nothwendig eine Integralgleichung mit einer willkürlichen Konstanten gehöre,
wird in der gebräuchlichen Weise (durch Vergleichung mit den Differenzen)
gezeigt, wobei doch immerhin die Lagrange'sche Beweisform mittelst der
Taylor'schen Reihe hätte angeführt werden dürfen. Die Integration bei getrennten Veränderlichen bildet mit Recht den ersten Fall, da sie zunächst an
die gewöhnliche Integralrechnung sich anschliesst. An sie reihen sich
dann die andern Formen an, in ähnlicher Weise, wie Referent in seinem eigenen Buche verfahren ist.

Die Frage, ob eine vorgelegte Differentialgleichung erster Ordnung geradezu
durch einfache Differentiation entstanden sei, gibt unmittelbaren Anlass zu der
über Aufsuchung des integrirenden Faktors, welche in dem vorliegenden Werke
sehr ausführlich behandelt wird. Hiebei kommt nun zuerst ein Satz zur
Sprache, der auch sonst von Interesse ist, und der so lautet: Sind V, v
Funktionen von x und y derart, dass $\dfrac{d\,V}{d\,y}\dfrac{d\,v}{d\,x} = \dfrac{d\,V}{d\,x}\dfrac{d\,v}{d\,y}$, so erscheint V
als Funktion von v. Der Verfasser erweist denselben durch folgende Dar-
stellung: Sei $V = \varphi\,(x,\,y)$, $v = \psi\,(x,\,y)$ und man ziehe aus letzterer Gleichung y, welcher Werth in die erste eingesetzt, dieselbe in $V = f\,(x,\,v)$
verwandle; alsdann ist $\dfrac{d\,V}{d\,x} = \dfrac{d\,f}{d\,x} + \dfrac{d\,f}{d\,v}\dfrac{d\,v}{d\,x}$, $\dfrac{d\,V}{d\,y} = \dfrac{d\,f}{d\,v}\dfrac{d\,v}{d\,y}$, so dass
wenn man diese Werke in obige Bedingungsgleichung einsetzt, erhalten wird
$\dfrac{d\,f}{d\,x}\dfrac{d\,v}{d\,y} = 0$. Nun kann $\dfrac{d\,v}{d\,y}$ nicht Null sein, da v auch y enthält, also ist
$\dfrac{d\,f}{d\,x} = 0$, d. h. man hat blos $V = f\,(v)$, was den Satz erweist. Die An-
wendung, die das vorliegende Werk von diesem Theoreme macht, ist nicht
so, dass man dasselbe als unerlässlich ansehen muss. Es lässt sich aber mittelst desselben ganz unmittelbar erweisen, dass zu einer Differentialgleichung
erster Ordnung nicht zweierlei Integralgleichungen gehören können. Denn ist
$f\,(x,\,y) = c$ eine solche (welche erwiesenermassen besteht), und $F\,(x,\,y)$
$= c'$ eine andere; so müssen doch beide denselben Werth von $\dfrac{d\,y}{d\,x}$ liefern
(wie auch die Differentialgleichung ihn gibt); dazu gehört nothwendig, dass
$\dfrac{d\,F}{d\,x}\dfrac{d\,f}{d\,y} = \dfrac{d\,F}{d\,y}\dfrac{d\,f}{d\,x}$, d. h. nach dem vorhergehenden Satze, dass F eine
Funktion von f sei. Die Gleichung $\varphi\,[f\,(x,\,y)] = c'$ hat aber die $f\,(x,\,y)$
$= c$ zur nothwendigen Folge und umgekehrt, so dass dieselbe mit letzterer
gleichbedeutend ist. Damit ist die Behauptung erwiesen und, was wesentlicher
ist, gezeigt, dass man nur eine Integralgleichung suchen kann.

Wie bereits gesagt, betrachtet das vorliegende Buch die Frage wegen
etwaiger Bestimmung des integrirenden Faktors sehr ausführlich; die Euler-
sche Art, eine Differentialgleichung zu bilden, welche einen bestimmten integrirenden Faktor zulässt, hätte bei dieser Ausführlichkeit doch wohl auch berührt werden dürfen. Ist allerdings eine derartige Form wegen ihrer gleich
zum Voraus sich aufdrängenden Unbegränztheit etwas zurückschreckend, so
darf sie doch nicht kurzweg verschmäht werden, besonders da wir von einer

allgemeinen Auflösung der Aufgabe, eine gegebene Differentialgleichung zu integriren, noch weit entfernt sind.

Besondere Formen, unter ihnen die Riccatische Gleichung, werden zum Schlusse dessen, was über die Differentialgleichungen erster Ordnung gesagt ist, noch betrachtet. Die Integration der Riccatischen Gleichung durch Aufsteigen zur zweiten Ordnung wird berührt, konnte aber begreiflicher Weise noch nicht durchgeführt werden. Dagegen erscheint die Integralgleichung unter der Form eines Kettenbruchs.

Die Integration von Differentialgleichungen erster Ordnung, aber höheren Grades, wird in herkömmlicher Weise vollzogen, wobei uns der Beweis, dass wenn die vorgelegte Gleichung in $\frac{dy}{dx} = f_1, .., \frac{dy}{dx} = f_n$ zerfällt, deren Integralgleichungen $V_1 = c_1, .., V_n = c_n$ sind, dann $(V_1 - c) .. (V_n - c) = 0$ wirklich das allgemeine Integral vorstelle, ziemlich überflüssig erscheint. Hiebei ist auch der von Lagrange (Leçons sur le Calcul des Fonctions, XVI. pag. 239) schon aufgestellte Satz benützt, den der Verfasser in etwas anderer Form aufstellt: „Ist $F(\varphi, \psi) = 0$ eine Differentialgleichung erster Ordnung, worin φ, ψ die Grösse $\frac{dy}{dx}$ enthalten, und stammen die Gleichungen $\varphi = a$, $\psi = b$ aus derselben Integralgleichung mit den zwei willkürlichen Konstanten a und b, so erhält man die Integralgleichung der vorgelegten Differentialgleichung, wenn man aus der so eben berührten Urgleichung mit den Konstanten a und b die eine dieser Konstanten mittelst der Gleichung $F(a, b) = 0$ eliminirt.“ Ist nämlich $f(x, y, a, b) = 0$ eine Gleichung, aus der mittelst einmaliger Differentiation und Elimination von a oder b die Gleichungen $\varphi = a$, $\psi = b$ hervorgehen, so verwandelt diese Gleichung die vorgelegte in $F(a, b) = 0$, und umgekehrt, wenn a und b durch letztere Gleichung mit einander zusammenhängen, so folgt aus $f(x, y, a, b) = 0$ nothwendig $F(\varphi, \psi) = 0$.

Mit grosser Ausführlichkeit und Gründlichkeit werden die besonderen Auflösungen der Differentialgleichungen erster Ordnung behandelt. Hiebei wird nun vor Allem gezeigt, dass einer solchen Differentialgleichung nicht zwei verschiedene Integralgleichungen mit je einer willkürlichen Konstanten zugehören können, wie wir dies bereits oben angedeutet; es ist daher eine weitere Auflösung nur dadurch denkbar, dass die in die Integralgleichung eintretende willkürliche Konstante ihren Charakter der Unveränderlichkeit verliert, d. h. als Funktion der Veränderlichen angesehen wird. Dies widerspricht aber unmittelbar dem, was anfänglich gefunden wurde, so dass eine in dieser Weise gefundene Lösung immerhin nicht als eine wirkliche Auflösung der vorgelegten Differentialgleichung angesehen werden kann. D. h. die besondere Auflösung liefert wohl denselben Werth von $\frac{dy}{dx}$, ersetzt aber die Differentialgleichung nicht, so dass Folgerungen, aus der besondern Auflösung gezogen, ganz wohl im Widerspruch stehen können mit solchen, die aus der Differentialgleichung gezogen sind, was beim allgemeinen Integral niemals der Fall sein kann. Wir vermissen in der vorliegenden Schrift die scharfe Betonung dieses wichtigen Punktes, der freilich das Interesse an den besondern

Auflösungen wesentlich vermindert, die wegen desselben in den Anwendungen der Differentialgleichungen auf andere als rein geometrische Probleme nicht am Platze sind. Es gibt diese Eigenschaft der besondern Auflösung auch das beste Kriterium ab, ob eine gefundene Auflösung eine besondere sei oder nicht, wie u. A. in meinem oben angeführten Werke gezeigt wurde. — Der Umstand, dass eine Differentialgleichung, welche unmittelbar integrabel ist, keine besondere Auflösung zulässt, der hier direkt erwiesen ist, ergibt sich auch daraus, dass eine solche Auflösung den integrirenden Faktor unendlich macht. Letztere Eigenschaft schliesst unser Buch aus der vorhergehenden.

Der Verfasser weicht in seiner Darstellung der Theorie der besonderen Auflösungen von dem seither betrachteten Wege in soferne in Etwas ab, als er die Integralgleichung der vorgelegten Differentialgleichung unter der Form

$$y = f(x, c) \text{ oder } x = f(y, c)$$ dargestellt und findet, dass $\frac{dy}{dc} = 0$ oder

$\frac{dx}{dc} = 0$ die besondern Auflösungen liefern müssen. Es ist jedoch leicht die herkömmliche Form mit dieser in Einklang zu bringen. So gibt man, wenn

$F(x, y, c) = 0$ die Integralgleichung ist, die Vorschrift $\frac{dF}{dc} = 0$, oder

auch $\frac{dF}{dy} = \infty$, und eben so $\frac{dF}{dx} = \infty$. Letztere Fälle verlangen in Wahr-

heit allerdings, dass wenn $\frac{dF}{dy} = \frac{P}{Q}$, wo $Q = 0$ werden kann, auch Q

$\frac{dF}{dc}$ Null sei (oder wenn $\frac{dF}{dx} = \frac{P'}{Q'}$ auch Q', $\frac{dF}{dc} = 0$) (vergleiche mein

Werk S. 385). Da aus $F(x, y, c) = 0$ folgt $\frac{dF}{dc} + \frac{dF}{dx}\frac{dx}{dc} = 0$, $\frac{dF}{dc}$

$+ \frac{dF}{dy}\frac{dy}{dc} = 0$, also $\frac{dx}{dc} = -\frac{dF}{dc} : \frac{dF}{dx}$, $\frac{dy}{dc} = -\frac{dF}{dc} : \frac{dF}{dy}$, so

drücken die Bedingungen $\frac{dx}{dc} = 0$, $\frac{dy}{dc} = 0$ allerdings Alles aus, und sind in sofern den gewöhnlichen vorzuziehen.

Von den Differentialgleichungen höherer Ordnung, die nunmehr zur Untersuchung gebracht werden, wird nun in ähnlicher Weise, wie für die der ersten Ordnung die Existenz der Integralgleichung beweisen, oder ,vielmehr der Beweis angedeutet, wobei denn auch auf den Beweis mittelst der Entwicklung nach Taylors Theorem Rücksicht genommen wird. Wir haben dies bei der Differentialgleichung erster Ordnung vermisst, halten aber diese Art des Nachweises immerhin für eine Art Bestätigung dessen, was man mittelst der andern Methode gefunden, und desshalb für sehr empfehlenswerth. Die Anwendung für den Fall von Integrationen in endlicher Form fehlt in dem vorliegenden Buche ganz. Wie begreiflich bilden die linearen Differentialgleichungen höherer Ordnung einen wichtigen Abschnitt. Doch sind es vorzugsweise die mit konstanten Koeffizienten, die der Betrachtung unterzogen werden. Der Verfasser findet die gewöhnliche Ableitung des allgemeinen Integrals für den Fall, dass [die bekannte Hilfsgleichung gleiche Wurzeln hat, nicht ganz überzeugend. Er hilft sich durch Betrachtung eines einzelnen Beispiels, wobei er aber mehr über den Gegenstand spricht, als ihn erschöpft. Einen Beweis, der kurz und keiner Beanstandung unterworfen ist, habe ich in meinem Buche S. 330 (nach einem Aufsatze in Liouvilles Journal) mitgetheilt; unmittelbar aber lässt sich beweisen, dass wenn die Gleichung $m^n + a\,m^{n-1} + \ldots + h\,m + k = 0$ die Wurzel μ im Ganzen r mal enthält, alsdann $x^\sigma\,e^{\mu x}$ der Gleichung $\frac{d^n y}{dx^n} + a\frac{d^{n-1} y}{dx^{n-1}} + \ldots h\frac{dy}{dx} + k\,y = 0$ genügt, vorausgesetzt, dass σ einer der Zahlen $0, 1, 2, \ldots, r-1$ gleich sei. Daraus folgt dann sofort, dass auch $(C_1 + C_2 x + \ldots + C_r x^{r-1})\,e^{\mu x}$ derselben Difftrentialgleichung genügt.

Von den nicht linearen Differentialgleichungen höherer Ordnung werden ferner die in den Lehrbüchern herkömmlichen betrachtet. Der Fall, da eine vorgelegte Differentialrechnung unmittelbar integrabel ist, wird ebenfalls, wenn auch nur kurz, berührt, und eine Methode der Integration nach Sarrus mitgetheilt, die allerdings zum Ziele führt, aber nicht von vorne herein die Bedingung liefert, nach der man die Möglichkeit beurtheilen kann. Für thatsächliche Rechnung genügt sie allerdings. Eine mehr angedeutete Untersuchung über die besondern Auflösungen höherer Differentialgleichungen beschliesst die Theorie der Integration dieser Gleichungen.

Geometrische Anwendungen werden als Beispiele zur Uebung in ziemlich bedeutender Zahl und Auswahl beigegeben. Wir begegnen dabei den Trajectorien, den Evoluten, den Reflexionskurven u. s. w.

Nunmehr betrachtet das Buch die Diderentialgleichungen der Form $P\,dx + Q\,dy + R\,dz = 0$, d. h. der Differentialgleichungen zwischen drei (und später mehr) Veränderlichen. Da der Verfasser, nach seiner sonstigen gründlichen Weise, von Differentialen Nichts wissen will, so kommt er in einige Verlegenheit, wie er eine derartige Gleichung auslegen soll, ohne die Form derselben zu brechen. Da dies, nach der Ueberzeugung des Unterzeichneten, einmal nicht angeht, so dürfen wir uns auch nicht wundern, dass unser Verfasser hierüber nur Unverständliches sagt. Warum sagt er denn nicht lieber gleich zu Anfang, was er ja später doch thut, es handle sich darum, z als Funktion von x und y so zu bestimmen, dass $\frac{dz}{dx} = -\frac{P}{R}$, $\frac{dz}{dy} = -\frac{Q}{R}$? Diese Aufgabe ist eine durchaus verständliche und die Spiegelfechterei mit den Differentialen fällt ganz weg. Ist sie nicht lösbar, so helfen zwei Gleichungen, die als eine Art Beschwichtigung gelten sollen, zu gar Nichts. Die Aufgabe ist eben alsdann einfach eine unmögliche, insoferne zwei der drei Grössen unabhängig bleiben sollen.

Die gleichzeitigen Differentialgleichungen, deren Integration hierauf folgt, werden durch interessante Beispiele erläutert; doch fehlt jede Andeutung des so wichtigen Prinzips des letzten Multiplikators. Der bereits früher nach Liouville erwiesene Satz Jacobi's, dass wenn $\frac{dy}{dx} = \varphi(x, y, c)$ ein erstes Integral der Gleichung $\frac{d^2 y}{dx^2} = f(x, y)$ sei, alsdann $\frac{d\varphi}{dc}$ der integrirende

Faktor von $\frac{d\,y}{d\,x} = \varphi$ (x, y, c) werde, gehört freilich zu den Anwendungen jenes Prinzips (vgl. mein Werk, S. 596 für X = o), er ist aber, wie gesagt, unmittelbar bewiesen.

Die Integration der partiellen Differentialgleichungen erster Ordnung ist im Wesentlichen nach der Methode Lagrange's durchgeführt und unterliegt also auch all den Schwierigkeiten, die dieser Methode anhaften. Die Ausdehnung auf beliebig viele Veränderliche ist allerdings angedeutet, aber es spielen allerlei Vor- und Nebenbetrachtungen hinein, so dass dieser Theil des Buches keineswegs zu den besten gehört, wenigstens die sonstige Klarheit und Durchsichtigkeit vermissen lässt. Die partiellen Differentialgleichungen zweiter Ordnung zwischen drei Veränderlichen werden, so ziemlich in herkömmlicher Weise, ebenfalls untersucht, im Wesentlichen aber nichts Neues gezeigt. Doch ist in dem vorliegenden Buche mehr gethan, als in den meisten Lehrbüchern, was freilich nicht gar viel sagen will.

Zwei grosse Kapitel (S. 371—450) werden symbolischen Methoden zur Auflösung der Differentialgleichungen gewidmet. Referent is nun kein übergrosser Freund solcher Dinge und behilft sich lieber, wenn vielleicht auch in etwas schwerfälligerer Weise, mit klaren und vollkommen verständlichen Formen, als dass er Seiltänzer-Kunststücke aufzuführen unternimmt. Denn damit lassen sich doch solche symbolische Methoden ganz wohl vergleichen, und man weiss am Ende vor lauter Vereinfachung und Zusammenfassung nicht mehr so recht, was man thut. Mittelst dieser, hier ziemlich ausführlich behandelten Methoden ist übrigens kein Beispiel gelöst, das sich nicht nach den Vorschriften, die Referent in seinem eigenen Werke gegeben, ebenso leicht lösen liesse.

Das letzte Kapitel ist der Integration der (vollständigen und partiellen) Differentialgleichungen mittelst der bestimmten Integrale gewidmet. Dieser höchst wichtige Gegenstand ist jedoch nicht mit der gebührenden Ausführlichkeit behandelt, wie denn auch seine Stellung am Ende des Werkes, gewissermassen als Anhang, darauf deutet, dass der Verfasser diesen Punkt mehr als Zugabe, denn als wirklichen lebendigen Theil seines Werkes ansieht.

Da überall zahlreiche Beispiele nicht nur eingestreut, sondern auch je zu Ende eines Kapitels (deren das Buch achtzehn zählt) zur Uebung beigegeben sind, so ist das vorliegende Werk bei seiner Ausführlichkeit und Gründlichkeit zum Studium des in ihm behandelten Gegenstandes vortrefflich geeignet und es ist die mathematische Literatur durch dasselbe um ein werthvolles Buch vermehrt worden. Seiner Verbreitung in Deutschland wird freilich die Sprache und der hohe Preis der englischen Werke im Wege stehen. Dagegen würden allerdings unsere Uebersetzungs-Fabrikanten helfen können, wenn nicht auf dem Titelblatt die fatale Formel stände: The right of Translation is reserved.

Dr. J. Dienger.

Zum Unterricht in der Physik, der Chemie und Mathematik.

ie Physik, für den Schulunterricht bearbeitet von Professor A. Trap
Zweite, wesentlich verbesserte und bereicherte Aufl. Mit 205 Abbild. 25 Sgr., cart. 27½

entar-Mathematik. Von Professor L. Kambly. Für den Schulunte
bearbeitet. In vier Theilen. Mit zahlreichen lithogr. Abbildungen. Preis des vollstän
Werkes 1 Thlr. 20 Sgr. — Einzeln: Erster Theil. Arithmetik und Algebra. 4. Au
12½ Sgr. Zweiter Theil. Planimetrie. 6. Aufl., 12½ Sgr. Dritter Theil. Ebene und s
Trigonometrie. 3. Aufl., 12½ Sgr. Hieraus in besonderem Abdruck: Sphär. Trigonom
7½ Sgr. Vierter Theil: Stereometrie. 2. Auflage, 12½ Sgr.

Dr. Friedrich Wimmer's botanische Schriften.

Pflanzenreich, nach dem Linné'schen System dargestellt, mit Hinweis
das natürliche System. Mit 465 Abbild. Oder: Zweiter Theil von Schilling's N
geschichte, in der 7ten, vermehrten und verbesserten Auflage. 17½ Sgr., cart. 20 S

s Pflanzenreich, nach dem natürlichen System dar
das Linné'sche System. Mit 560 Abbildungen. Oder: E
Naturgeschichte, in neuer Bearbeitung. 27½ Sgr., gebund

as des Pflanzenreichs. In nahe an tausend Abbil
und Bäumen, wie von — nach den Zonen geordneten — Baum
Zauber geheftet 1 Thlr. 20 Sgr., elegant cartonnirt 1 Thlr.

ra von Schlesien, preußischen und österreichischen An
lichen Familien. Mit Hinweis auf das Linné'sche System. Dritte, n

äge zur Flora von Schlesien, zur Geschichte und Geographie derse
verbunden mit einer Anleitung zu botanischen Excursionen in Schlesien, zum Sam
Bestimmen, Trocknen und Aufbewahren der Pflanzen, einem alphabetischen Nachweis
Standorte, einem Verzeichnisse der wichtigsten Höhenpunkte der Sudeten, wie des Tesch
Gebirges und einer Profilkarte. Nebst einer Uebersicht der fossilen Flora Schles
von H. R. Göppert. Auf unbestimmte Zeit ermäßigter Preis 15 Sgr.

Zur Literatur der Mineralogie.

as Mineralreich. Oryktognosie und Geognosie. Mit 460 Abbildung
Oder: Siebente, vermehrte u. verbesserte Auflage des dritten Theils von J. Schillin
Naturgeschichte. 17½ Sgr., cartonnirt 20 Sgr.

Atlas des Mineralreichs. In mehr als 800 Abbildungen d
der Krystallographie, Petrographie, Paläontologie, Geotektonik, Formatis
Geheftet 1 Thlr. 10 Sgr., cartonnirt 1 Thlr. 15 Sgr.

Schul-Atlas des (Pflanzen- und) Mineralreichs. Cartonni

Zum geographisch-geschichtlichen Unterricht.

Schul-Geographie. Achte Bearbeitung des Leitfadens für den geographis
Unterricht von E. von Seydlitz. Mit 19 in den Text gedruckten Abbildungen. 17½
cartonnirt 20 Sgr.

Geographie und Geschichte sämmtlicher Provinzen des
Von E. Pock und G. Schurig. Geh. 12 Sgr.

Das deutsche Land. Seine N
Einfluß auf Geschichte und Sei
und vaterländischer Gesinnung.

Atlas des Mineralreichs. (Dritter Theil vom Atlas der Naturgeschich
In mehr als achthundert Abbildungen aus dem Gebiete der Krystallographie, Pe
graphie, Paläontologie, Geotektonik, Formationslehre und Geologie. Zauber gehe[
1 Thlr. 10 Sgr. Elegant cartonnirt 1 Thlr. 15 Sgr.

Schul-Atlas der Naturgeschichte.

Schul-Atlas der Naturgeschichte des Thier-, Pflanzen- und Mineralr
Zur Förderung der vergleichenden Anschauung in den Gebieten der d
Reiche der Natur. Ein Ergänzungsband zu jedem Lehrbuche der Nat
geschichte. In nahe an zwölfhundert naturgetreuen Abbildungen nach Zeich
zen von Koska, von Kornatzki, Haberstrohm, Georgy, Baumgarten und
deren Künstlern, in Holzschnitt ausgeführt von Eduard Krebschmar. Vollständig
ei'nem Bande in handlichem Format. Elegant cartonnirt 1 Thlr 15 Sgr.

Schul-Atlas des Thierreichs.
vergleichenden Anschauung.
22½ Sgr.

Schul-Atlas des Pflanzen- und
bildungen aus der Pflanzenwel
nirt 22½ Sgr.

Naturgeschichtliche Lehrbücher.

Größere Schul-Naturgeschichte, oder: Schilling's Grundriß der Naturgeschi
des Thier-, Pflanzen- und Mineralreichs. Sechste Bearbeitung. Drei Theile in ei
Bande (worin das Pflanzenreich nach dem Linné'schen Systeme). Mit 1114 Abbildun
Geheftet 1 Thlr. 15 Sgr.

Kleine Schul-Naturgeschichte, oder: Schilling's Grundriß der
der drei Reiche in einer kleineren, neu bearbeiteten Ausgabe. Vollständig
Mit 543 Abbildungen. Geheftet 17½ Sgr. Gel in den 20 Sgr.

Vorräthig in jeder namhaften Buchhandlung des In- und Auslandes.

Jm Ferdinand Hirt's Unternehmungen
im Gebiete der Literatur des Unterrichts.

Zum Unterricht in der lateinischen Sprache.

Themen zu lateinischen Aufsätzen für die oberen Klassen höherer Lehr
meistentheils aus altklassischen Schriften zusammengestellt. Vom Direktor Dr. G.
1858. 1 Thlr. 5 Sgr.

Aufgaben zum Ueber
Mit Hinweis auf)
Hundert Aufgaben 1

Zum Unterricht in der deutschen Sprache.

Deutsches Lesebuch. Herausgegeben von den Real-Lehrern Auras u. G
Mit Vorwort vom Direktor Dr. C. A. Klethe. Vollständig in zwei Theilen.
12½ Sgr. Erster Theil in 5ter verb. Aufl. 20 Sgr. Zweiter Theil in 3ter ver
22½ Sgr.

Deutsches Lesebuch für das mittlere Kindesalter. Her(
Brüdern A. und F. Seltsam. 3te neu bearbeitete Auflage. Mi
naturgeschichtlichen Abbildungen. 12½ Sgr.

Zum Unterricht in der polnischen Sprache.

Elementarwerk der polnischen Sprache. Von Professor Dr. Kampm
Erster Theil: Kurzgefaßte Grammatik. Nebst etymologischem Wörterbuch von A.
bach. 17½ Sgr. Zweiter Theil: Seichte Lesestücke. Nebst Wörterbuch. 7½ Sgr.

Ein dritter Theil: „Schwerere Lesestücke" und ein vierter Theil: „Aufgaben
Uebersetzen aus dem Deutschen in's Polnische" umfassend, werden ehestens
Ganze zum Abschluß bringen.

Zum evangelischen Religions-Unterricht.

Christliche Religionslehre der evangelischen Kirche in einer schri
Erklärung des Katechismus Dr. Luther's Vom Superintendenten C. Ned
Bearbeitung. 10 Sgr.

Der Heidelberger Katechismus. Zum Gebrauch für Sch
Unterricht und Selbst-Unterricht zergliedert und aus der heiligen S
J. F. A. Gillet. 10 Sgr. Im Auszuge bearbeitet: 3 Sgr.

Das evangelische Kirchenjahr in sämmtlichen Perikopen des neuen Test
dargestellt von Dr. U. Jobertag. Als ein Handbuch für Religionslehrer. Dur
terung, Berichtigung und Belebung des Schriftgebrauchs im Religionsunterricht. S
Ausgabe. Geheftet 3 Thlr.

Zum evangelischen Volksschul-Unterricht.

Illustrirtes Volksschul-Lesebuch, sowohl in einer allgemeinen, aller
zur Einführung geeigneten Ausgabe, wie in besonderen Ausgaben für jede ein
Provinz des Preußischen Staats, herausgegeben vom evangelischen Sem
zu Münsterberg. Für das Bedürfniß einfacher Schulverhältnisse umfaßt das L
zwei Theile (I.: 3½ Sgr., II.: 10 Sgr.), für jenes mehrklassiger Schulen drei
(I.: 3½ Sgr., II.: 6½ Sgr., III.: 10 Sgr.); daran reihen sich Lesetafeln (20
Uebungen im Zeichnen (einzeln: 1 Sgr.), eine Sammlung von Melodien zu den
baren Liedern (I.: 1½ Sgr., II.: 2½ Sgr., III.: 3½ Sgr., compl. 6½ Sgr.), un
Einführung des obigen als Provinzial-Lesebuch je nach Begehren ein geograph
geschichtlicher Gratis-Anhang für jede Provinz Preußens. (Einzeln à 1½
Spezielle Anleitung zum Gebrauche des Lesebuches und seiner Beilagen bietet: „D
Wegweiser für evangelische Volksschullehrer" (1½ Thlr.)

Vorräthig in jeder namhaften Buchhandlung des In- und Auslandes.

Druck von Graß, Barth und Comp. (W. Friedrich) i Breslau.

Aesthetik. Erster, historisch-kritischer Theil: Geschichte der Aesthetik als philosophischer Wissenschaft von Dr. Robert Zimmermann, o. ö. Professor der Philosophie an der k. k. Universität zu Prag. Wien 1858. W. Braumüller. (XXIV. u. 804 Seiten, gr. 8.)

Seit der Ausbildung der grossen Systeme der Philosophie neuer Zeit hat sich immer mehr die Nothwendigkeit gezeigt, das Ganze der philosophischen Wissenschaft in einzelne unter einander zusammenhängende Zweigwissenschaften abzutheilen. Diese Gliederung, wodurch einzelne Ideen zu besonderen Disciplinen ausgeführt werden, ist selbst eine Bedingung der klaren und systematischen Entfaltung der Wissenschaft, vorausgesetzt, dass sie nicht in eine blosse Nebeneinanderstellung der verschiedenen Lehrstücke ausarte. Mit dem wachsenden Umfang der Philosophie und ihrer Anwendung sind immer neue Disciplinen in ihr hervorgetreten, wie in den neueren Zeiten die Rechts- und Staatsphilosophie, die Sprachphilosophie, die Philosophie der Geschichte; auch die Aesthetik, als Philosophie des Schönen und der schönen Kunst, ist eine der jüngsten philosophischen Wissenschaften. Zwar sind ästhetische Principien hervorgetreten, sobald die Philosophie sich zu dem Umfang eines in den Haupttheilen vollständigen Systems der Forschung erweiterte, und frühzeitig schieden sich die obersten Gegensätze ihrer Auffassung ab; aber ihre spezielle Geschichte gewinnt erst von da ab einen fortlaufenden Zusammenhang, als sie vor nun etwas mehr als hundert Jahren, als ein besonderer Theil in demjenigen philosophischen System, das damals bei uns das herrschende war, in dem Leibnitz - Wolffischen, herausgestellt wurde. Manche der wichtigsten Lehren über das Schöne und die Kunst, über die Wirkung des Schönen auf Sinn und Gefühl, sind allerdings ohne methodische Eingliederung in ein philosophisches System entwickelt worden; allein der verbindende Faden der geschichtlichen Entwicklung der Aesthetik wird dennoch von jener Zeit an vorzüglich durch die Systeme der Philosophie fortgeleitet.

Wenn man die Frage stellt, ob es gegenwärtig an der Zeit sei, eine Geschichte der Aesthetik abzufassen, so wird darüber vor Allem die Lage dieser Wissenschaft zu entscheiden haben. In der Philosophie haben sich nun die angesehensten Lehrgebäude, welche auf die Bearbeitung der Aesthetik bestimmenden Einfluss ausgeübt haben, bereits insoweit abgewickelt, dass sie der geschichtlichen Würdigung zu überlassen sind, wenngleich ihre Einwirkung auf

weitere Kreise geistiger Bildung, sowie auf die praktischen Verhältnisse sich noch mehr ausbreitet. Die augenblickliche Lage der Philosophie zeigt freilich keinen Abbruch gegen die nächste Vergangenheit, denn gewisse allgemeine Richtungen ziehen sich seit dem Anfang dieses Jahrhunderts durch die philosophische Literatur hin;
allein, da die Produktion mehr in die Breite der philosophischen
Untersuchungen und auf die vielfachen mit der Erkenntniss verknüpften Lebensinteressen geht, während die Systemschöpfung im
Grossen zum Stillstand gekommen ist, so scheint damit eine Epoche
eingetreten zu sein, wo wir sammelnd, urtheilend, berichtigend zu-
rückblicken können, um aus den bisherigen Arbeiten eine Summe
zu ziehen und zu sehen, wie sie nutzbar zu machen seien. Es
kommt dazu noch dies. Mit grossem Erfolg ist seit längerer Zeit die
Geschichte der schönen Künste und der schönen Literatur bearbeitet
worden; es würde daher eine geschichtliche Darstellung der Aesthetik
auch desswegen an der Zeit sein, damit die Geschichte der ästhetischen Theorie mit der Geschichte der künstlerischen Produktion zu-
sammengehe. Zudem ist in unsern Tagen der Geschmack über
Sachen der schönen Künste in solchem Grade unsicher, zerfahren
und haltlos, das Kunstinteresse wird mit so vielerlei ungehörigen
Rücksichten und Absichten vermengt, dass wir eine historische Zusammenfassung der Kunstwissenschaft für sehr nützlich halten, um
höhere und reinere Gesichtspunkte wieder aufzuthun, um grossarti-
gere Kunstanschauungen weiter zu verbreiten, was möglicher Weise
ein Heilmittel werden dürfte gegen die Verflachung, Hohlheit, Ver-
zettelung, Eitelkeit, Anmassung und Unwahrheit, die auf mehreren
Gebieten der schönen Literatur und Künste, am meisten in verschiedenen Gattungen der Poesie und Musik, nicht eben selten sind. Gegenwärtig sind geschichtliche Anschauungen und Entwicklungen durchschnittlich beliebter, als rein speculative Forschungen. Der Geschichtschreiber der Aesthetik hat an dieser Stimmung der Lesewelt einen
günstigen Anhalt, um den in seiner Wissenschaft zur Bearbeitung
gekommenen Ideengehalt mitzutheilen und auf's Neue fruchtbar zu
machen. Denn die grossen oft erhebenden Gedanken über das
Schöne und die Kunst, welche in alten und neuen Tagen das Urtheil
geleitet haben, behalten in allen Folgezeiten eine Kraft in sich, um
zu edler und freier Geistesbildung mitzuwirken. Der wahre Geschichtschreiber, der es versteht, seinen Gegenstand in seiner ganzen Lebenswahrheit und Bedeutung anschaulich zu reproduciren, ist
auch ein Träger und Fortleiter der Wahrheit und Cultur.

    Jeder Geschichtsforscher legt in seine historische Darstellung
gewisse Ansichten nieder, nach denen er seinen Gegenstand theoretisch aufgefasst hat; er giebt derselben um so mehr eine bestimmte
Farbe, je mehr er zugleich Kritik übt. Was nun den Geschichtschreiber der Aesthetik anbetrifft, so wird es für ihn, wenn er
seiner Aufgabe mächtig sein will, eine Bedingung sein, dass er in
den Umfang seiner ästhetischen Ansicht diejenigen Richtungen auf-

nehme, welche in der geschichtlichen Ausbildung seiner Wissenschaft sich herausgestellt haben; nach der Weite oder Enge seines eigenen Standpunktes wird sein grösserer oder geringerer Beruf zur Geschichtschreibung zu bemessen sein. In der Aesthetik haben sich aber geschichtlich folgende drei unterschiedene Hauptrichtungen geltend gemacht: die eine ist diejenige, welche im Schönen einen wesentlichen Gehalt findet, dem die schöne Form Ausdruck giebt, die andere diejenige, welche die Schönheit lediglich in die Form setzt, die dritte, welche das Schöne in der Wirkung auf den betrachtenden und empfindenden Geist sucht. Bei den Denkern der ersten Richtung wird die Gehaltschönheit theils als solche, als eine besondere Idee, innerhalb ihres specifischen Gebietes betrachtet, theils werden transcendentale Untersuchungen über den Grund der Schönheit unternommen, indem man die ästhetische Idee auf eine höhere Einheit bezieht und darin aufnimmt. Die Formalisten in der Aesthetik sehen theils die Schönheit als eine inhärirende Form der Dinge selbst an, sie achten dann auf die Gestalt derselben, nach den verschiedenen Arten der sinnlichen Erscheinungsweise des Schönen, theils stellen sie die schöne Form als einen Verhältnissbegriff vor, so dass die Dinge, an sich ästhetisch gleichgültig, erst durch ihr Verhalten unter einander ein ästhetisches Gefallen oder Missfallen bewirken sollen. Nach der dritten Auffassung erzeugt sich die Schönheit, der die eigentliche Objektivität abgesprochen wird, einzig und allein im beschauenden und urtheilenden Subjekt und durch dasselbe, sie ist eins mit der Vorstellung und Empfindung, worin sie uns erscheint und zusagt. Die bezeichneten Hauptgegensätze in der Aesthetik sind mannichfach combinirt, insbesondere sind die objectiven Ansichten des Schönen mit den subjectiven verschiedentlich, auch in neuester Zeit wieder, verbunden worden. So hat die Aesthetik, gleich allen übrigen philosophischen Wissenschaften, ihren Gegenstand von verschiedenen Seiten, mehr oder minder vollständig, ergriffen und zugleich denselben zu seinen theoretischen Gründen in Beziehung zu bringen gesucht. Die geschichtliche Betrachtung findet danach ihr Gebiet umzogen, es kommt ihr zu, den verschiedenen wesentlichen Standpunkten nach ihrer wissenschaftlichen Bedeutung gerecht zu sein, um die Gesammtentwicklung des ästhetischen Ideenkreises wiederzugeben; enger, als die geschichtliche Bahn sollte das Gesichtsfeld der positiven Reproduction, des anerkennenden Verständnisses bei dem Historiker nicht sein; widrigenfalls wird die treue genetische Verfolgung des Bildungsganges der ästhetischen Lehren ihm nicht gelingen.

Von diesem Punkt aus haben wir gleich im Allgemeinen das Unternehmen unseres Verfassers zu würdigen. Er ist, als Herbartianer, Anhänger einer ausschliesslich formalistischen Aesthetik, wonach die Schönheit, abgesehen von qualitativen Gehaltbestimmungen, bloss in gewissen unmittelbar gefallenden Verhältnissen der Dinge zu suchen sein soll; zugleich sondert er, nach Art der Schule, zu

der er zählt, die Untersuchung über das Schöne in der Weise ab,
dass die Frage nach höheren Principien der Schönheit, nach dem
Grunde und der Einheit derselben, abgewiesen wird. So findet er
sich von Anfang an in Widerspruch gegen alle Aesthetiker, welche
die Schönheit als eine qualitative Idee betrachten, er nennt sie stoffliche oder materiale, sowie gegen solche, welche im Schönen das
Göttliche, das Absolute, als dessen innersten Gehalt, anschauen;
demnach im Allgemeinen gegen Plato, Plotin, Augustinus, Shaftesbury, Baumgarten, Hemsterhuis, Winckelmann, Herder, Schelling,
Solger, Krause, Hegel, Vischer. Auch diejenige Auffassung der
Kunst, welche die productive Thätigkeit und die Bestimmung
der Kunst in's Auge fasst, und desshalb die Schönheit im Zusammenhange der menschlichen Geistescultur anschaut, wie Schiller,
W. v. Humboldt, Fichte u. a. thun, ist der seinigen nicht zusagend.
Seine ganze Schrift, welche bemüht ist, die formalistische Ansicht
vom Schönen in's Licht zu stellen und sie so viel nur möglich aus
verschiedenen Systemen herauszudeuten, wird von der kritischen
Verfolgung einiger Elementarsätze der Aesthetik, den erwähnten Gegensatz der ästhetischen Grundannahmen betreffend, durchzogen, und
bietet uns ausführliche Studien des Verfassers zur Erörterung und
Rechtfertigung seiner eigenen Principien. Diese überwiegende Tendenz seiner Kritik behindert aber das tiefere historische Eindringen
auf die Entfaltung der ästhetischen Idee in die verschiedenen Gattungen, Arten und Formen des Schönen und der Kunst. Immer
werden wir an die allgemeinsten Definitionen des Schönen gehalten,
so dass der volle Gedankenreichthum und Werth dieser Wissenschaft,
was doch ein ausgeführtes Geschichtsbild leisten sollte, nicht zur
Anschauung kommt. Nach dem Plane seiner Arbeit geht der Verfasser nicht über die Umrisse der ästhetischen Begriffe hinaus, so
dass selbst Schriftsteller, wie Aristoteles und Lessing, deren Grösse
vorzüglich aus ihren besondern Lehren einleuchtend wird, nicht hinlänglich erwogen werden. Aber gerade an den speciellen Fragen
der Aesthetik würde er vielfach ein Kriterium seiner formalistischen
Voraussetzungen gefunden haben. Ohne dem theoretischen Zusammenhang der Lehren Eintrag zu thun, soll die Geschichte der Aesthetik eine gründliche Entwicklung des ganzen Gebäudes der ästhetischen Grundbegriffe vorlegen, nicht obschon, sondern weil die
Aesthetik als „philosophische Wissenschaft" zu betrachten ist. Denn
eine Philosophie, die den gegenwärtigen Anforderungen entsprechen
will, hat sich nicht mit der Zeichnung der äussersten Lineamente
ihres Gegenstandes zu begnügen, sondern sie soll ihre Principien in
organischer Durchbestimmung und Deduction ausführen und daran
bewähren. Ausser den Grundlehren über die Arten des Schönen
und der Kunst, deren historische Ausbildung im Zusammenhange
anzugeben war, hätte der Verf. selbst die Fundamentalidee der
Aesthetik, die des Schönen, weiter in ihre Elemente verfolgen sollen, als er gethan hat; allein in seiner formalistischen Eingenom-

menheit hat er mehrere der wichtigsten (z. B. die Begriffe der ästhetischen Autarkie und Autonomie) sich entgehen lassen. Dem Titel
seiner Schrift nach verlangen wir keineswegs eine Geschichte der
Theorie der einzelnen Künste; allein es kann der philosophischen
Aesthetik ihrem obersten Theile nach, also als Metaphysik des Schönen, nicht erlassen werden, die Principien der speciellen Theile aufzustellen; diese gehören demnach auch in die Geschichte der Aesthetik. Des Verf. Schrift erscheint der Anlage nach ebenso eng und
unzureichend, wie es eine Geschichte der Logik sein würde, die sich
darauf beschränken wollte, dem Begriff des Denkens und Erkennens
in seiner geschichtlichen Entwicklung nachzugehen.

In den angezeigten Grenzen seiner Auffassung des Gegenstandes hat nun Herr Zimmermann eine in vielem Betracht verdienstliche Arbeit geliefert, womit er eine neue Bearbeitung der Aesthetik
eröffnen will. Er hat es zuerst unternommen, eine bis auf die Gegenwart fortlaufende Geschichtsdarstellung der Aesthetik in grösserer
Ausführlichkeit abzufassen. Indess kamen ihm, bei der Zusammenstellung derselben, ansehnliche Vorarbeiten, sowohl über grössere
Abschnitte, als über einzelne Theile, zu Statten, von denen er, wie
für das Alterthum von E. Müller's Geschichte der Theorie der
Kunst bei den Alten, und von den Hilfsmitteln, welche die neuesten
Uebersetzer und Commentatoren bieten, reichlichen Nutzen gezogen
hat. Wenn der Verf. behauptet: „von den Alten an könne die
Geschichte der Philosophie des Schönen und der Kunst als unbe-
bautes Feld gelten" (S. VII.), so ist das nur von dem zusammenhängenden Vortrage zu sagen, denn an trefflichen Monographien
über die neuzeitige Aesthetik fehlt es nicht; ohnehin hat der Verf.
für die neuere Zeit von H. Ritter's und insonderheit auch von
Danzel's Schriften ausgedehnten Gebrauch gemacht.

Ueber die Form der vorliegenden Bearbeitung der Geschichte
der Aesthetik haben wir im Allgemeinen zu bemerken, dass zwar
die Abtheilungen des Ganzen bestimmt und deutlich gezeichnet, die
Hauptgruppen wohl unterschieden und auf einander bezogen, das
Einzelne aber oftmals nicht gehörig abgemessen und untergeordnet
erscheint, so dass ganz unverhältnissmässige Weitläufigkeiten sehr
häufig vorkommen und es dem Verf. mehrfach begegnet ist, in ein
ungezügeltes Ausschreiben der ihm als Quellen dienenden Schriften
sich zu verlieren. Vorzüglich fällt es in dieser Hinsicht störend auf,
dass der Verf. die Gewohnheit hat, anstatt in einer fortlaufenden
Linie die historischen und kritischen Ideen genetisch fortzuleiten,
wieder und wieder auf dieselben Sachen und Ausdrücke zurückzukommen, einzelne Gedanken drei und viermal, manchmal kurz nacheinander, vorzubringen; so rollt er den Ideenstoff in ganzer Breite
in mehrfachen Kreisläufen umher, so dass, bei dem Mangel bündiger
Zeichnung und schlagender Urtheile, unter seiner Behandlung der
an sich so schöne, reichhaltige und fesselnde Gegenstand nicht selten peinlich ermüdend und eintönig wird. Dem Verfasser ist aus

seiner ersten Anlage, wobei er, wie er sagt, eine „wenige Bogen
starke historisch-kritische Einleitung zu einer neuen Darstellung der
Aesthetik vom Standpunkte reiner Formwissenschaft" beabsichtigte,
ein Buch von starkem Volumen angewachsen, worin Inhalt und Umfang kein Verhältniss mehr haben; hätte er die schleppende Weit-
läufigkeit und Wiederholungssucht überwunden, so würde er, sicher
zu seinem und des Lesers Gewinn, den Inhalt seines Buchs in den
dritten Theil seines jetzigen Umfangs haben bringen können.

Gleich allen besonderen philosophischen Wissenschaften ist die
Aesthetik in ihrem geschichtlichen Bildungsgange der Bewegung der
Philosophie im Ganzen nachgefolgt, wesshalb sie, in ihrem engeren
Rahmen, ein Abbild der verschiedenen Gestalten darbietet, welche
das philosophische Bewustsein im Lauf seiner Geschichte angenommen hat. Auch solche ästhetische Theorien, welche nicht aus einem
systematischen Ganzen philosophischer Lehre hervorgegangen sind,
lassen doch die herrschende geistige Richtung, die wissenschaftlichen
Grundgedanken der Epoche, der sie angehören, erkennen. Man sieht
auch an dieser Wissenschaft, wie das menschliche Denken und Wissen im inneren lebendigen Verbande sich erzeugt, wie die verschiedenen Wissenschaften, die aus dem mehr geschlossenen Ideencom-
plex älterer Zeit sich ausgeschieden und entfaltet haben, nichts anders als Zweige Eines Baumes sind, von dessen Wachsen und Gedeihen sie sämmtlich abhängen. Der Verf., nach Massgabe seines
philosophischen Standpunktes, hat durch seine ganze Schrift jenes
Gesetz des geschichtlichen Zusammenhangs im Auge behalten und
sich mit Umsicht bemüht, die Wandlungen der Aesthetik in ihrer
Beziehung mit den Lehrgebäuden, woraus sie entsprossen sind, vorzulegen.

Es liegt uns nun ob, den Inhalt des Buchs übersichtlich anzuzeigen, woran wir einige Bemerkungen und Andeutungen zur Beurtheilung knüpfen werden. Herr Zimmermann handelt die Geschichte
der Aesthetik in vier Büchern ab.

Das erste Buch enthält, als Vorgeschichte der Aesthetik, die „Entwicklung der philosophischen Begriffe
vom Schönen und von der Kunst der Griechen bis zur
Einführung der Aesthetik als besonderer philosophischer Wissenschaft (1750)"; es behandelt in drei Kapiteln die
ästhetischen Lehren des Platon, des Aristoteles und des Plotinus und giebt schliesslich kurze Bemerkungen über Philostra-
tus, Longinus, Augustinus, sowie über die Erneuerer der
älteren Lehren bei den Franzosen, des Aristoteles durch Corneille,
des Horatius durch Boileau, des Augustinus durch André; so
führt es bis zu der Zeit, als in der Leibnitz-Wolffischen Schule sich
der Sammelplatz philosophischer Lehren und Schriften in Deutschland
bildete.

Mit Platon, sagt der Verf., nimmt „die zusammenhängende
denkende Bearbeitung der Begriffe vom Schönen und von der Kunst"

ihren Anfang. Wenn auch Sokrates, wie überliefert wird, den
Begriff des Schönen gleich so vielen andern, zum Gegenstande des
Nachdenkens genommen hat, so gab er darüber doch nur einzelne
Anregungen. Indess hätte die Lehre des Pythagoras nicht mit Still-
schweigen übergangen werden sollen, in der, wenn sie auch keine
ästhetischen Ausführungen gegeben hat, doch bedeutende ästhetische
Principien durch die ganze Anschauungsweise hin sich erkennen
lassen. — Von Platon wird gesagt: „der hervorstechende Charak-
terzug seiner Lehre vom Schönen und der Kunst sei die beinahe
ausschliessliche Würdigung des Schönen aus dem ethisch-politischen
Gesichtspunkte; nicht unabhängig für sich ziehen beide, sondern das
Schöne nur sofern, als es das Wahre und Gute, die Künste nur sofern sie den Staat berühren, seine Aufmerksamkeit auf sich, und
beide erscheinen demnach im Ganzen seiner Philosophie als nur von
untergeordneter Bedeutung." Der Verf. geht die Hauptstellen über
ästhetische Gegenstände bei Platon durch; zuerst aus dem Philebus,
wo Platon in der Classification der Gefühle die gemischten von den
reinen Lustgefühlen unterscheidet, diese aber in sinnliche und intellectuelle theilt, zu welchen letzteren die aus der Erkenntniss des Ver-
hältnissmässigen und Schönen, des Vollkommenen und Genügenden
entspringenden Lustgefühle gehören, so dass die aus der Erkenntniss
des Schönen erzeugten Gefühle denen, welche aus der Erkenntniss
des Guten entspringen, zunächst stehen; sodann im Phädrus und im
Gastmahl, wo er zeigt, wie aus diesen Lustgefühlen das Verlangen
und die Liebe zum Schönen hervorgehen, die in Erinnerung an die
himmlischen Urbilder entflammte begeisterte Liebe zum Schönen aber
die Seele zum seligen Leben in der Ideenwelt emporzieht; im zehnten Buch der Schrift vom Staate endlich, wo die Stellung der Kunst
und der Künstler im platonischen Idealstaate nach ethisch-pädagogi-
schen Rücksichten erörtert wird. Die verhältnissmässig niedere Stellung, welche Platon in diesem Betracht der Kunst anweist, hat ihren
Grund theils in dem ungenauen Begriff der Nachahmung des Wirklichen, welche er, als eine täuschende, vom Urbilde weit entfernt
bleibende Scheinbildung, fälschlich der Kunstthätigkeit unterlegt, theils
in der idealistischen Lebensauffassung überhaupt, die seine Staatsphilosophie beherrscht, wonach den Ansprüchen des Gemüths und der
Individualität ihr Recht nicht zuerkannt wird. In Platons Lehre wird
das künstlerische Leben durch die philosophische Abstraction nieder-
gehalten, und die Schönheit selbst nur, als rein ideale, übersinnliche, in ihrer Beziehung zu den Ideen des Wahren und Guten anerkannt. Die einseitige Auffassung des Schönen bei Platon und seine
Misskennung der Würde der Kunst kann uns überraschen, wenn
wir bedenken, dass Platon selbst eine nicht geringe Dichtergabe besass; allein dieselbe erscheint bei ihm gänzlich im Dienst des Begriffs, als schematisirende Dichtung, nicht als freie schöne Kunst.
Die Hauptaufgabe Platons für die Weiterbildung der Philosophie bestand darin, dass er die reinen, ewigen Begriffe von der Empfindung

und Meinung bestimmt unterschied und zu einer höchsten Einheit,
der Idee des Göttlichen, emporführte, womit der Forschung in einem universalen Grundgedanken ihr Princip und Ziel gegeben wurde;
darin liegt seine Stärke, seine weltgeschichtliche Bedeutung für die
Philosophie. In dem Gedanken des Guten, des Göttlichen, haben
die Begriffe ihren Halt; das Gute stellt sich in ihnen dar und verleiht den Dingen das Sein und die Erkennbarkeit, es ist der Quell
der Wirklichkeit und der Wahrheit. Daher wird die Idee der Schönheit bei Platon nicht als ein abgesonderter Begriff erörtert, sondern
sie muss in Einheit mit jener obersten Idee erscheinen. Die Bestimmungen, welche Platon, über den Schönheitsbegriff angiebt, wie
Maass, Verhältnissmässigkeit, Symmetrie, deuten alle darauf, dass
er in der Schönheit die Gestalt des Guten, in dem Schönen das
gestaltete Gute selbst sich vorstellte. In einer sehr wichtigen
Stelle des Philebus (pag. 66. a. — c.) erscheint in der Reihe der Güter, welche Platon dort in fünf Stufen classificirt, an zweiter Stelle
unter den idealen objectiven Gütern das Schöne nebst dem Wohlge-
messenen, Vollkommenen, an sich Genügenden, worunter die vollendete Wirklichkeit zu verstehen ist, untergeordnet allein dem
höchsten Maass, der ewigen Idee des Guten selbst. Der Begriff
des Maasses ist der Schönheit und der Tugend gemeinschaftlich,
darin hat Platon die Kategorie erfasst, welche der Kunst und Sitte
bei den Griechen zu Grunde lag. Ist nun, wie bemerkt, bei Platon die Einheit beider Begriffe, des Guten und des Schönen, das
Charakteristische, so schreitet die Ablösung des Schönheitsbegriffs
nach seinen blossen Formbestimmungen, soviel sie bei Platon sich
finden, welche der Verf. so weit führt, dass er (S. 47) als das vorzüglichste Resultat der platonischen Untersuchung die Bedeutsamkeit
der Form für die Aesthetik erklärt, schon aus den Grenzen des reinen Platonismus hinaus; auch leitet sie den Verf. dahin, die plato-
nisirenden Philosophen späterer Zeit von ihrer Quelle, wo Gehalt
und Form in eins gedacht werden, abzutrennen.

Die Ausbildung, welche Aristoteles der Aesthetik gegeben
hat, ist durch den Charakter seiner das Individuelle anerkennenden
und das Empirische zum Boden der Wissenschaft annehmenden Philosophie bezeichnet. Seine ästhetischen Lehren sind bestimmter entwickelt und mehr im Einzelnen auf die verschiedenen Arten der
Kunst, vornehmlich der Poesie, angewandt. Das Princip des Maasses, welches seine Moral beherrscht, wo es sich in der Vorschrift:
zwischen den falschen Extremen die richtige Mitte einzuhalten,
ausspricht, steht nebst dem der Einheit und der Anordnung
der Theile eines Kunstwerkes an der Spitze seiner Kunstlehre. Dass
das Schöne ein Ganzes, eine einheitliche Grösse sein soll, hat er in
seiner Lehre von der Tragödie, wie vom Epos auf das schlagendste
dargelegt; er ist der erste Philosoph, welcher auf die Untersuchung
der inneren Gesetze des Kunstwerkes, nach der Beschaffenheit seiner Aufgabe, seines Zweckes und seiner Mittel eingeht; obschon

beständig mit speciellen Erörterungen beschäftigt, giebt er doch über
das Allgemeine der Kunstschönheit, über die kunstmässige Construction eines Werkes die bedeutendsten Aufschlüsse. Ist er schon dadurch, dass er die ästhetischen Ideen in ihrem specifischen Gebiete
auffasst und würdigt, ungleich weiter als Platon vorgeschritten, so
hat er gegen diesen noch das namhafte Verdienst, dass er den Begriff der μίμησις d. i. der künstlerischen Thätigkeit, reiner
und gehaltvoller ergriffen hat, als sein Lehrer. Aristoteles liebt es
überhaupt, das Leben nach Analogie der kunstbildenden Thätigkeit
vorzustellen, welch letztere er nicht, wie Platon, als täuschende
Nachahmung des Scheines denkt; die Kunstthätigkeit ist einestheils
real bedingt, und insofern nachahmend, aber anderntheils ist sie auch
eine freie Thätigkeit, der eine eigenthümliche Auffassung ihres Gegenstandes zukommt. Aristoteles hat richtig erkannt, dass im künstlerischen Schaffen die ideale Freiheit der Phantasie und die ideale
Wahrheit des Gedankens fortwährend in eins gehen mit der Beobachtung wahrer Natur und Lebenswirklichkeit; das Werk soll anschaulich sein, es soll etwas Fassliches in den Grenzen der Möglichkeit
darstellen und zugleich eine reinere Wahrheit bieten, als die Abbilder der Erscheinungen in der Sinnenwelt darstellen.

Wenn wir die Bedeutung festhalten, welche bei Aristoteles der
Begriff der Form unter seinen Wesensprincipien hat, so werden
wir ohne Zweifel sagen müssen, dass er das Schöne als eine Form
denke; nur müssen wir uns hüten, an dem aristotelischen Form-
begriff nach modernen Vorstellungen zu deuten, um ihn zum „Vater der reinen Formalisten in der Aesthetik" zu machen, in dem
Sinne, als bestehe bei ihm die Schönheit bloss in der äusseren Grenze
und Maassbestimmtheit und als sei das Schöne vom Guten nach
Aristoteles in der Art unterschieden, dass jenes ohne Inhalt sei, letzteres aber den Inhalt habe, (S. 61) wie dies der Verf. nach der
durchgängigen Tendenz seiner Schrift gethan hat. Nach Aristoteles
fällt das Maasshalten, als Einhalten der richtigen Mitte, offenbar auch
unter die ethische Idee. Der wesentliche Unterscheidungspunkt zwischen dem Sittlichen und dem Künstlerischen, wie ihn Aristoteles
in der vom Verf. (S. 60) angezogenen Stelle ausführt, betrifft den
Unterschied des eignen, der handelnden Person selbst anhaftenden
Thuns und der frei dargestellten Werke; in jenem ist der Handelnde,
als wollender, in den Motiven seines Thuns selbst gegenwärtig
und eins mit seinem Thun, in diesem setzt er, vermöge der objec-
tivirenden Imagination, eine von seiner Person geschiedene Darstellung, denn es heisst: „der Künstler gehe in seinem Werke auf,
so dass dieses wohl schön oder hässlich, er aber dadurch weder
das eine noch das andere werde, während der tugendhaft Handelnde
durch seine Handlung selbst tugendhaft, der lasterhaft Handelnde
dagegen durch dieses selbst böse werde." Es ist klar genug, dass
die Begriffe, wonach hier der Unterschied zwischen der moralischen
und der künstlerischen Thätigkeit bezeichnet wird, ganz andere sind,

als die von Inhalt und Form, welche der Verf. herbeizieht, vielmehr
sind auf beiden Seiten, in der moralischen, wie in der künstlerischen
Thätigkeit, sowohl Inhalt, wie Form zu berücksichtigen, aber die
Beziehung zu dem persönlichen Eigenleben ist darin eine andere.

Wie bei Aristoteles formale Elemente in den Tugendbegriff eingehen, so sind bei ihm anderntheils auch gehaltliche Elemente in
dem Begriff des Kunstschönen nicht zu verkennen. So wird das
Princip der Einheit, ein allgemeines Erforderniss der Kunsterzeug-
nisse, von ihm als wesentliche und qualitative, nicht bloss als Form-
einheit bestimmt, als Einheit der Handlung für das Drama, wie für
das Epos, welche den Inhalt befasst und begrenzt, wonach von einem Werk das Fremdartige auszuschliessen ist, wie Homer in die
Odyssee nicht Alles aufnahm, was von seinem Helden erzählt
werden konnte, auch in die Ilias nicht den ganzen trojanischen Krieg,
der doch auch Anfang und Ende (formale Einheit) hat, sondern nur
was zur Sache, zum Inhalt des Gedichtes, wesentlich gehörte und
passte. Die Einheit der Handlung ist überhaupt nicht äusserlich,
zufällig, sondern sachlich abgeschlossen, durch den Zweck, worauf
die Begebenheiten hinzielen, bestimmt; das Gleichzeitige, wie die
Schlacht bei Salamis und die Schlacht der Karthager in Sicilien, hat
formale Einheit der Zeit, nicht die qualitative der Handlung, welche
in einem Kunstwerk gefordert wird. Auch in dem Punkt überschrei-
tet die aristotelische Lehre die Grenze der gemeinen formalistischen
Ansicht, wenn er von der Kunstthätigkeit, statt blosser Wiederholungen der Natur, eine reinere und vollkommenere Darstellung des
Wesens verlangt, als die Natur giebt, damit die Kunst vollende,
„was die Natur nicht zu vollbringen vermag," wenn er von dem
Dichter fordert, dass das „Musterbild" in seiner Produktion den Vorzug habe, wenn nach ihm die Poesie „philosophischer und bedeutender" ist, als die Geschichte, indem sie das „Allgemeine" darstellen soll, während die Geschichte das „Besondere" vorträgt. In
allen diesen Sätzen, wie in der Vorschrift, dass der Dichter nicht
das Faktische als solches, sondern „das Mögliche nach der Wahrscheinlichkeit und Nothwendigkeit" darzustellen habe, ist es offenbar ausgesagt, dass die Kunstschönheit nach Aristoteles in einer eigenthümlichen Auffassung des Wesens, seines individuellen Begriffs,
seines Zweckes, in einer edleren und freieren Darstellung
der Wahrheit bestehe, und dass diess der Hauptpunkt ist, worauf die aristotelische Kunstansicht beruhet. Der Dichter muss zuerst
fragen: was will, was sollte die Natur thun, um diesen Wesens-
begriff schön, d. i. rein, ganz, wahr und vollendet erscheinen zu
lassen? Er muss reiner und freier den Wesensgehalt erfassen, um
seiner Aufgabe als schaffender Künstler zu genügen. Auch die berühmte Lehre des Aristoteles von der Wirkung der Tragödie lässt
denselben nicht als einen Formalisten von reinem Wasser erscheinen.
Die Wirkung der Tragödie, die er fordert, schliesst eine sittliche
Bewegung ein, da die Tragödie „durch Mitleid und Furcht die Läu-

berung der Leidenschaften dieser Art bewirken" soll; diese Läuterung geschieht aber durch die Handlung selbst, durch das Verhalten des tragischen Helden und die Wendung seines Schicksals, in gerechter Ausgleichung und Lösung des tragischen Conflictes; die Wirkung also geht von dem Gehalt der Tragödie aus und vollendet sich durch dessen richtige Behandlung; an der Darstellung der Lebensmächte, im Thun und Leiden, Ueberwinden und Erkennen, an der Darstellung der menschlichen Persönlichkeit, des Schicksals, aller höheren sie bedingenden Mächte, wird das Gefühl geläutert, erhoben und endlich beruhigt; es handelt sich dabei nicht bloss um Entmischung der gemischten Lust- und Schmerzgefühle, wie der Verf. meint, sondern um Umwandlung, Mässigung, Einigung des Gefühls, dessen leidenschaftliche Bewegungen beschwichtigt werden, dessen Verlauf zu einem vernünftigen Ziel kommen muss, ein Entwicklungsgang höchst bedeutender Art, den uns die antiken Tragödienreihen, welche den Oedipus und den Orest vorstellen, recht anschaulich machen.

Bei Gelegenheit der antiken Kunstlehren lässt sich der Verf. auf Erörterungen über Materialismus und Formalismus, über Monismus und Individualismus in der Aesthetik ein, und ist der Meinung, der ästhetische Materialismus finde sich mit dem Monismus, der Formalismus mit dem Individualismus gepaart. Beide Gegensätze sucht er aus den zwei Hauptsystemen des Alterthums nachzuweisen, wobei freilich was er unter Stoff oder Materie versteht, mit dem, was bei Platon und Aristoteles darunter gedacht wird, nicht viel gemein hat. Des Verf.'s Auffassung des Monismus und Individualismus nach der Schilderung auf S. 64 f. ist durchaus einseitig, auch hat er übersehen, dass die Geschichte der Philosophie mehr als einmal Versuche zur Vermittlung jener Gegensätze, deren jedem, abgesehen von ihren Uebertreibungen, ein wahres Princip zu Grunde liegt, unternommen hat. Die systematische Durchbildung der Philosophie ist nur möglich, wenn unter dem Princip der höheren und begründenden Einheit und innerhalb desselben dem Princip der Besonderheit, der individuellen Einzelexistenz, Rechnung getragen wird; die wahre Bestimmung des Individualitätsbegriffs ist erst vermöge dieses höheren Standpunktes zu leisten; der Individualismus der zerstreuten Einzeldinge der monadischen Realen, welchen der Verf. meint, das Extrem einer beschränkten Anschauungsweise, ist, wissenschaftlich angesehen, nicht mehr werth, als das andere Extrem, der starre spinozistische Monismus.

Der Neigung des Verf.'s, sich über Gelegenheitsfragen des Breiteren auszulassen, schreiben wir es zu, dass er eine Unzuträglichkeit in seiner Darstellung der aristotelischen Lehre nicht bemerkt hat. Wie sollen wir es reimen, wenn er S. 59 sagt: „das „Nicht zu gross und nicht zu klein" scheint nichts weniger, als des Aristoteles Definition des Schönen, es scheint vielmehr nur der Imperativ zu sein, welcher sich aus dieser Erklärung für den Künstler ergiebt...

Das „Nicht zu gross und nicht zu klein" drückt nicht das Wesen des Schönen, sondern die künstlerische Regel aus, ohne deren Beachtung die Wahrnehmung des Schönen für den menschlichen Betrachter unmöglich wird;" — und wenn er dagegen S. 117 sich so äussert: „Plato setzte die mathematische Form, Gestalt, Grösse als Verbindungsglied zwischen der übersinnlichen und sinnlichen Welt fest, Aristoteles bestimmte das Wesen der Schönheit als das quantitative Nicht zu viel nicht zu wenig" —? Derselben Neigung, den Faden des Vortrags nach Gefallen stellenweise abrollen zu lassen, ist es wohl zuzurechnen, dass der Verf. ein ansehnliches Stück der platonischen Lehre S. 73—79 in den über Aristoteles handelnden Abschnitt eingeschaltet hat. Die Vergleichung des Aristoteles mit Platon in einigen Lehrpunkten erforderte eine solche Abschweifung, wobei wir den Aristoteles wieder für lange aus den Augen verlieren, durchaus nicht. Von völliger Verwirrung zeugt es, wenn der Verf. in einem Athem von dem Doryphoros des Polyklet sagt, dieser Kanon des griechischen Meisters sei der Theorie des Platon und Aristoteles „vorausgegangen" (S. 118) und dann die Frage als nicht zu entscheiden hinstellt: „ob diese Ausführung des Künstlers durch den Gedanken eines jener Philosophen angeregt, oder umgekehrt der marmorne Schönheitskanon auf die Definition des Denkers Einfluss genommen" (S. 119); was wiederum den Verf. nicht zu sagen hindert, „man könnte versucht werden, ihn als eine künstlerische Widerlegung der platonischen Herabsetzung der Kunst vom platonischen Gesichtspunkt zu betrachten" (S. 119).

Gegen die Gleichsetzung des platonischen Kunstideals mit abstracten Gattungsbildern, wie sie der Verf. in der Vergleichung des individualistischen Kunstbegriffs bei Aristoteles mit dem typisch-idealen bei Platon ausführt, ist zu erinnern, dass dieselbe durch genauere Einsicht in die platonische Ideenlehre zu beschränken ist. Der Verf. lässt unbeachtet, dass Platon auch im Individuum etwas Wesenhaftes und Bleibendes anerkennt, indem er Ideen der einzelnen Personen, eine Idee des Sokrates, des Simmias, annimmt, also ein individuelles Ideal, das in seiner Reinheit herauszustellen ohne Zweifel Aufgabe der Kunst ist. Zwar wird von Plato das Sinnliche, oder das zeitlich Veränderliche der Erscheinung nicht in seiner eigentlichen Wahrheit gewürdigt, aber sein Idealismus ist doch nicht so vag und farblos, dass er die Individualität gänzlich auslöschte; hat doch alle Individualität in den Wesen einen charakteristischen Kern, der von den flüchtigen Gestalten des Augenblicks, denen er zu Grunde liegt, unterschieden werden muss. Ueberhaupt, wie in der Würdigung der gesammten Philosophie des Platon und des Aristoteles, so ist es auch in ihren ästhetischen Lehrsätzen von Wichtigkeit, die Punkte, worin beide Denker convergiren, in's Klare zu setzen, wodurch das Verständniss der Kunst nur gewinnen würde.

Im dritten Kapitel wird Plotinus behandelt. Für seine Aesthetik sind die Hauptzüge angegeben: in der die ganze neuplatonische

Philosophie beherrschenden spiritualistisch - entsinnlichenden Weltansicht und in der Beziehung des Schönen zum Göttlichen; in beiden Hinsichten zeigen die Neuplatoniker eine Reproduktion von Vorstellungsweisen des Orients, vermischt mit platonischen Lehren. Es wird die Frage gestellt: was in dem Schönen sich offenbare, was es sei, das wir darin, sei es sinnlich oder innerlich, anschauen? Diese Lehre steigt somit zu den übersinnlichen Urgründen der Schönheit auf, deren Anschauung der Geist vermöge seiner Verwandtschaft mit dem Göttlichen fähig sein soll. „Wer schauen soll, muss zuvor dem zu Schauenden verwandt und ihm ähnlich gemacht werden, bevor er zum Schauen selbst tauglich ist. Denn niemals würde dein Auge die Sonne sehen, wenn es nicht vorher selbst sonnenartig, niemals würde der Geist die Schönheit gewahren, wenn er vorher nicht selbst wäre schön gemacht worden. So wird Jeder denn göttlich und gottgestaltet und schön, wenn er Gott und die Schönheit selber anschauen will. Zum Geiste wird er aufsteigen und sich versenken in das Anschauen der schönen Urbilder und dann gestehen, jene Schönheit seien die Urbilder selbst, durch die Alles schön ist. Was aber noch höher ist, nennen wir die Natur des Guten selbst, die das Schöne um sich ausströmt, so dass unter dessen Namen und Bezeichnung es zuerst sich darbietet und bekannt wird. Wenn du aber im Intelligiblen selbst zu Hause bist, wirst du die Schönheit zwar die intelligible Wohnung der Urbilder benennen, aber das Gute selbst, welches das Höhere ist, den Quell und den Urheber des Schönen, oder an denselben Ort das Gute und das Schöne versetzen, doch so, dass das Gute zuerst, und hierauf erst das Schöne zu stehen komme." (S. 140 f.)

Mit Recht macht der Verf. auf die Vergleichungspunkte zwischen der neuplatonischen und mehreren modernen Lehren aufmerksam. Den wissenschaftlichen Werth derselben mag man, nach der philosophischen Ueberzeugung, die man hegt, verschiedentlich anschlagen, ihre historische Bedeutung aber ist sehr erheblich. Sie versammelte in sich gewisse Grundideen der morgenländischen und der griechischen Schulen und übertrug dieselbe auf ein neues Weltalter der Geschichte des menschlichen Geistes. Auch in der Aesthetik hat der neuplatonische Standpunkt seine Berechtigung, und es war eine Aufgabe der neueren Philosophie, ihn von der Ueberspannung und der idealistischen Abgezogenheit zu befreien, die ihn im Alterthum entstellten.

In dem Abschnitt über die neuplatonische Aesthetik hätte der Verf. weit kürzer und bündiger sein sollen, einer so weitläufigen Inhaltsangabe aus Plotin, wie er giebt, bedurfte es nicht.*) Dage-

---

*) Für Wen schreibt Herr Zimmermann, wenn er es für passlich hält, (S. 135) neben dem Ausdruck „aus erster Hand" das griechische πρῶτος zu schreiben, und daneben noch primus; wenn es ihm nöthig scheint, die gewöhnlichsten Ausdrücke, die dem Uebersetzer unmöglich Skrupel machen können,

gen hätte der Zusammenhang der plotinischen Theorie des Schönen
mit der ekstatischen Entsinnlichungsdoctrin des Neuplatonismus mehr
hervorgehoben werden können; es ist das der Grundgedanke, von
wo aus sowohl der Begriff des Schönen, wie die Auffassung der
Kunst im plotinischen System bestimmt wird. Als eine Ungenauigkeit des Ausdruckes mindestens müssen wir es bezeichnen, wenn der
Verf. den Platonismus einen „Versuch orientalische Mystik in wissenschaftliche Forschung zu übersetzen“ (S. 123) nennt, was wir,
so in Bausch und Bogen gesagt, nicht können gelten lassen. Nicht
anders sehen wir es an, wenn der Verf. behauptet, dass Platon in
den der orientalischen Vorstellungsweise entnommenen Ausdrücken
abstracte metaphysische Gedanken zu „verbergen“ gesucht habe
(S. 124); bemerkte er doch selbst, dergleichen habe für Platon als
„Bild reiner Gedankenerkenntniss“ gegolten, und sollten bildliche
Bezeichnungen wohl den Gedanken „verbergen“? —

Das zweite Buch behandelt die Geschichte der Aesthetik
von der Einführung der Aesthetik als besonderer philosophischer Wissenschaft durch Baumgarten bis zu
ihrer Reform durch Kant (1750—1790).

Das erste Kapitel führt von Baumgarten bis Lessing. Die Aufstellung der Aesthetik als einer besonderen philosophischen Wissenschaft fiel in Deutschland in die Zeit, wo durch Wolff die verschiedenen Theile des philosophischen Lehrgebäudes ihre bestimmte
Abgrenzung schon erhalten hatten. Die durch Baumgarten neu
hinzukommende Wissenschaft der Aesthetik schliesst sich, nach dem
eigentlichen Sinne des Namens, an die Logik an. Wenn der Zweck
der Wissenschaft „Vollkommenheit der Erkenntniss“ ist, diese aber
in sinnliche und vernünftige zerfällt, so kommt auf die Logik die
Lehre von der Vollkommenheit der vernünftigen Erkenntniss, auf
die Aesthetik aber, als eine Logik der Sinne, die von der Vollkommenheit der sinnlichen Erkenntniss. Damit ist der beschränkte in-
tellectualistische Standpunkt der aus dem Wolffischen Lehrkreise
hervorgegangenen Baumgartenschen Aesthetik bezeichnet; sowie die
niedere Stellung, die ihr nach der rationalistischen Leibnitz- Wolff-
schen Ansicht, dass die sinnliche Erkenntniss eine verworrene sei,
angewiesen wird. Die Schönheit wird nun als „sinnlich erkannte
Vollkommenheit“ erklärt; das ästhetische Urtheil aber, auf
sinnliche Vorstellungen gegründet, ist nur ein „dunkles“, denn
alle sinnlichen Vorstellungen bleiben „unter der Deutlichkeit“; das
Urtheil des Geschmacks ist ein Gefühl, worüber wir nicht Rechenschaft geben können, indess leitet uns dabei ein Instinct des Richtigen, denn die niedere, dunkle Erkenntniss ist ein Analogon der
Vernunft. Das Wahre in diesen Sätzen ist, dass das Schöne in's

---

wie ἀσώματος, μορφοῦσθαι, σκοτεινοῦ, κοινωνία u. s. den deutschen Wörtern beizusetzen, was soll die doppelte Uebersetzung von ἀναφέρει πρὸς ἑαυ-
τήν durch: „besieht es auf sich selbst“ und: „refert in se ipsam“ —?

Reich des Anschaulichen, der sinnlichen Bestimmtheit, gehört; diese aber hat ihre eigene Evidenz und Klarheit, sowohl der Vorstellung wie der Empfindung, und ist durchaus nicht, wie jener im Begrifflichen befangene Rationalismus will, durch das Merkmal der Verworrenheit gegenüber der rationalen Erkenntniss charakterisirt. Nur ist mit dem Begriff der sinnlichen Bestimmtheit nicht Alles gesagt, die Anschaulichkeit allein macht die Schönheit noch nicht fertig. Jene vage Definition, welche Baumgarten gab, verleitete ihn ferner, die vollkommenste Schönheit da zu suchen, wo der höchste Grad sinnlicher Durchgestaltung sich zeigt, nämlich in der Natur, in der Wirklichkeit, woraus die bedenkliche Vorschrift: naturam imitari, für die Kunst, der jede Fiktion, jede freie Dichtung, jede „heterokosmische" Wahrheit verübelt wird, sich ergeben soll, ein Satz, der hier, weil er auf dem Theorem von der „besten Welt" ruhte, noch strenger genommen wurde, als es damals in England durch Home und in Frankreich durch Batteux geschah. Es wird aber durch jenes naturalistische Princip die Forderung: dass die Kunst wahr sein soll, in das Gegentheil verkehrt; eine Kunst, die nichts anderes zu thun hat, als die Natur wiederzuspiegeln, wird niemals zu ihrer eigenen, zu künstlerischer Wahrheit sich erheben, sie muss in ängstliche Sclaverei, in Unnatur ausarten.

An die Darstellung der Baumgartenschen Aesthetik reiht der Verf. eine kurze Erwähnung von Eschenburg und Eberhard, welche beide freilich, chronologisch angesehen, etwas früh angeführt werden, worauf er, die einzelnen Richtungen in der Aesthetik der nächsten Zeit weiter beschreibend, auf Sulzer (Vermischung ästhetischer und ethischer Elemente), Mendelssohn (Ueberordnung der Zweckmässigkeit über die Schönheit), Moritz (Unabhängigkeit des Schönen vom Nützlichen, Zweckmässigen oder Vergnügenden) zu sprechen kommt. Der zuletzt Genannte würde wohl, von der Zeit abgesehen, schon wegen des Inhalts seiner Lehren seinen Platz passender nach Lessing erhalten haben.

Wenn der Verf. in diesem Abschnitt, wie überall sonst, das, was er „Einmischung des Ethischen in's Aesthetische" nennt, mit Eifer verwirft, so liegt das, wie wir wissen, in seiner Ansicht vom Schönen, aber so weit hätte er sich doch nicht von seinem Eifer fortreissen lassen sollen, dass er in einem Kunstwerke das stoffliche Darstellungsmittel, z. B. ein edles Metall, mit dem ästhetischen Gehalt verwechselt, und denen, welche auf den inneren Werth des Schönen achtend, die „höhere Schönheit" in die Vereinigung des Vollkommenen, Schönen und Guten setzen, welche geeignet sei, dem Verstande die Begriffe von Wahrheit, Weisheit und Vollkommenheit zu geben, das Herz mit Empfindungen des Guten zu erwärmen, das Gefühl der Glückseligkeit und inniger Liebe zum Schönen zu erwecken, desshalb den Vorwurf macht, es müsse nach dieser Ansicht „eine erzene, mit Gold angefüllte Statue schöner sein, als eine erzene hohle." Dergleichen Consequenzenzieherei

liegt in der That ausserhalb der Grenzen wissenschaftlich ernster
Betrachtung. Der Verf. sieht die Vermischung ethischer und ästhetischer Elemente als ein Kennzeichen der Popularphilosophie an.
Aber ebenso unwissenschaftlich, wie die unklare, nicht sondernde
Vermengung verschiedener Erkenntnissgebiete, ist jene Abstraction,
die immer nur zerlegt und ablöst, indem sie sich allgemeiner und
höherer, einigender und begründender Principien entschlägt, die durch
das Aufgeben der Grundprincipien die Untersuchungen vereinzelt
und herabzieht; diess ist recht eigentlich die niedere Vorstellungsweise. Die Popularphilosophie hat das Verhältniss der Wissenschaft
zu den Interessen der Cultur im Auge, daher bezieht sie die verschiedenen Lebensideen nach den praktischen Forderungen zu einander, das Gute, Schöne, Wahre, Nützliche, Gerechte, Angenehme.
Solche Behandlung hat selbst ihre wissenschaftliche Begründung, und
die Geschichte zeigt, nach dem Abschluss streng systematischer
Entwicklungszeiten pflegt eine praktisch-populäre Behandlung der
in's Zeitbewusstsein eintretenden Gedanken zu folgen. Das Nütz-
lichkeitsprincip der Popularschriftsteller aber ist von verschiedener
Stufe; es steht um so höher, je gehaltvoller und vielseitiger die
Lebensinteressen sind, welche es aufnimmt; es wird um so geringer
und flacher, je enger und unverbundner dieselben ergriffen werden;
am seichtesten, wenn bloss formale Beziehungen, abgelöst von den
inneren Fundamenten des Lebens, behandelt werden, was in der
Aesthetik die gemeine Schöngeisterei thut, der es, statt der Würde
der Kunst, um ein gedankenloses Vergnügen zu thun ist; denn der
Geschmack muss entarten, wenn er nicht am innersten Kern und
Zweck der Sache sich hebt und ernährt.

Zum Schluss des ersten Kapitels werden Lessing's ästhetische
Lehren vorgetragen. Dieser grosse Reformator auf dem Gebiete der
Kunst und Wissenschaft hätte entschiedener und klarer herausgehoben
und in nähere Beziehung zu den neueren Zeiten gestellt werden
müssen; nach der Anordnung der Zimmermannschen Schrift steht
er aber zu weit zurück, um seinen Zusammenhang mit der ästhetischen Entwicklung in Deutschland zu finden. Durch die Baum-
gartensche Aesthetik war in Deutschland der Naturalismus der Nachahmung zum Princip erhoben worden, eine Richtung, der gleichfalls französische und englische Kunsttheoretiker vielfach zugethan
waren. Damals hatte die deutsche Aesthetik das eigenthümliche und
freie Lebensprincip der schönen Kunst noch nicht ergriffen; doch
war es die Zeit, wo die deutsche Literatur sich eben zu neuen
Schöpfungen angeschickt hatte; waren doch wenige Jahre vor Baum-
gartens Aesthetik von Klopstock die ersten grossartigen Zeugnisse
seines Dichtergenius gegeben worden.

(Schluss folgt.)

JAHRBÜCHER DER LITERATUR.

Zimmermann: Geschichte der Aesthetik.

(Fortsetzung.)

Erst seitdem in Deutschland das dichterische Leben sich mit ursprünglicher Kraft wieder entzündet hatte, konnte auch die Theorie der Kunst bei uns ihren rechten Weg und ihre Wirkung finden; ein tieferes Verständniss des Schönen und der Kunst musste sich Bahn machen, sobald die Poesie ihre Herrlichkeit in ihren Schöpfungen kundgegeben hatte; im Bewusstsein und Gefühl der schaffenden Thätigkeit, an der die Mitwelt den lebhaftesten Antheil nahm, konnte die alte Aesthetik der Naturnachahmung so wenig wie die moralisirende Kunstschätzung damaliger Zeit sich länger behaupten.

Durch zwei Männer von grösstem Verdienst wurde die deutsche Kunstlehre von den Gebrechen der naturalistischen und moralisirenden Doctrinen befreit, und das Ziel der Kunst, worin ihre Macht und Würde liegt, anerkannt, durch Winckelmann und Lessing. Beide wiesen auf das Ideale hin, das über die wirkliche Natur hinausgeht, sie deuteten auf ein höheres reines, eigenes Ziel der Kunst, das den Dichter und Künstler begeistert und das Urtheil des Kritikers leiten soll. Winckelmann machte seine Ideen im Gebiet der bildenden Kunst geltend, deren vollendete, nie mehr erreichte Blüthe er im griechischen Alterthum fand; Lessing wirkte am meisten für das Verständniss der Poesie und bahnte eine richtigere Einsicht in die aristotelischen Principien der Poetik an; jener, vor Allem Archäolog, war erfüllt von Bewunderung der Meisterwerke der antiken Plastik; dieser, Kritiker und Dichter, umfasste die alte und neue Literatur; jener wandte sein Augenmerk vorzugsweise auf die einfache Grösse, die „unbezeichnende“ Schönheit der plastischen Ideale der Griechen, dieser, mehr Realist und mit scharfem Verstand sondernd, zeigte den Werth charakteristischer Bestimmtheit und individualisirender Besonderung in den Gebilden der Kunst, je nach ihrer Art und ihren Mitteln; beide, ganz verschieden angelegte Geister ergänzen sich einander auf dem Felde der ästhetischen Beurtheilung und der Anregung zur Production, und Lessing, der lebhaftere und vielseitigere Kopf, verstand es wohl, (s. Laocoon XXVI ff.) das grosse einzige Verdienst seines älteren Zeitgenossen zu würdigen. Die Richtung, welche von diesen beiden Männern vorgezeichnet wurde, war die wahre, sie war im Fortschritt der Wissenschaft und Kunst jener Zeit gefordert. Das Kunstwerk, ein

Erzeugniss des Geistes, soll wahr sein, es soll das Wesen, das
individuelle Begriffsbild darstellen, nicht gemeine, nur den Schein
gebende Nachahmung der Dinge, wie sie vor unseren Sinnen liegen,
sondern die ewige Natur, das Wesentliche in seiner Reinheit und
Bedeutung, nach der Idee der Schönheit, welche der einzige Zweck
der Kunst ist. Der Künstler soll ursprünglich neubilden; nach dem
Urbild, das der denkende Geist schaut, soll er frei und gänzlich
vollenden; mit dem Richtmass des Ideals in der Seele, soll er leben-
volle, kunstmässig reale Gestalten anschauen und vorstellen. Mit
Recht sagt Solger (Aesthet. S. 28): „von Winckelmann ging aller
höhere Sinn in der Kunstbetrachtung aus, er hat den Neueren das
echte Gefühl des Schönen eröffnet." Aber Lessing, gleich begeistert,
wie er, war ihm gesellt; er befreite die Kunst von falschen Tendenzen und conventionellen Formen, er entdeckte den rechten Lebens-
puls im poetischen Schaffen und gab in seinen eigenen Dichtungen
sehr achtbare Beweise seines geläuterten Geschmacks. Winckelmann
und Lessing müssen daher in der Geschichte der Aesthetik beisam-
men an den Anfang einer neuen Epoche der deutschen Kunstlehre
gestellt werden. Statt dessen hat der Verf. zuerst Lessing am
Ende des mit Baumgarten anfangenden Abschnitts eingereiht; er
lässt darnach ein Kapitel folgen, das uns nach ganz anderen Seiten
hin führt, er handelt über die französischen Aesthetiker (Dubos,
Batteux, Diderot, u. a.), alsdann über die brittischen (Home,
Hogarth, Burke, Shaftesbury, Hutcheson, Reid), worauf der Holländer Hemsterhuis folgt, um endlich im dritten
Kapitel („Künstler und Kunstfreunde") auf Winckelmann zu
kommen, dem mit Recht Mengs angeschlossen wird, wonach Goe-
the's Kunstansichten erörtert werden und gelegentlich auf Hirt
die Rede kommt.
        Eine geschichtliche Entwicklung soll allerdings vor Allem den
wissenschaftlichen Gedankenzusammenhang, die verschiedenen Bil-
dungskreise nach ihrem Inhalt und die Abkunft und Umbildung der
Lehren in's Auge fassen, wobei chronologische Folge nicht überall
über die Anordnung entscheiden kann. Es ist aber offenbar, dass
die chronologische Anordnung, die der Verf. in der vorerwähnten
Aufeinanderfolge sich erlaubt hat, auch gegen den Entwicklungsgang
der ästhetischen Wissenschaft verstösst. Mit welchem Recht werden
die meisten der genannten französischen und brittischen Aesthetiker
zwischen Lessing und Winckelmann eingeschoben? Die historische
Genauigkeit hätte erfordert, dass der Abschnitt über die nichtdeut-
schen Aesthetiker, sofern nicht spätere sporadische Lehren vorkommen,
vor die mit Baumgarten beginnende deutsche Reihe gestellt worden
wäre, so dass alsdann die deutsche Aesthetik aus dem vorigen Jahrhundert in ihren drei Bildungskreisen: dem Leibnitz-Baum-
gartenschen (die ästhetische Würdigung der Leibnitzischen Weltanschauung, die von der Idee harmonischer Schönheit verklärt wird,
in der die Ideen der Individualität und der Totalität so tiefsinnig

vereint werden, hätte nicht fehlen sollen), dem Winckelmann-Lessingschen und endlich dem Kant-Schillerschen, in zusammenhängender Entwicklung vor Augen gelegt sein würde. — Das dritte Buch umfasst das letzte Jahrzehend des vorigen Jahrhunderts: von der Reform der Aesthetik durch Kant's Kritik der ästhetischen Urtheilskraft bis zum Auftreten der Aesthetik des Idealismus, ein Zeitraum, der in wenigen Namen: Kant, Herder, Schiller, die merkwürdigsten Fortschritte der ästhetischen Wissenschaft bezeichnet.

Den Abschnitt über Kant leitet der Verf. mit der Bemerkung ein (S. 379): „Indem Kant von der objectiven Erkenntniss zurück auf das Denkenmüssen sich wendet, wird im wirklichen Sinn die ganze Erkenntniss zur Aesthetik. Nicht wie die Dinge sind, sondern wie sie empfunden werden, ist von nun an Gegenstand der Philosophie." Das ist obenhin geurtheilt. Vergisst denn der Verf., dass die Gesetze unseres Vorstellungsvermögens, die Formen und Bedingungen der Erkenntniss, doch vor allen Dingen Gegenstand der philosophischen Untersuchung bei Kant sind? Und wären auch diese wiederum subjective Erscheinungen, etwas bloss Empfundenes, sind es nicht apriorische Bestimmungen, deren Erkenntnissweise folglich keine ästhetische sein kann und soll? Der Verf. weiss wohl, dass Kants Philosophie eine kritische ist; was soll es nun, die Kritik wie Aesthetik vorzustellen, während Kants Aesthetik, wie der Verf. selbst im Besonderen durchführt, eine Kritik der ästhetischen Urtheilskraft ist? — Der Gesichtspunkt derselben wird von dem Verf. weiter so charakterisirt (S. 382): „Wenn die Dinge nicht in uns, sondern wir in die Dinge scheinen, so kann auch das Schöne nicht ein in uns Scheinendes sein, müssen wir es vielmehr in die Dinge hineinscheinen; wie die Gestalt des Dinges überhaupt, so lebt auch dessen schöne Gestalt in uns. Wie es überhaupt keinen Sinn hat für die kritische Philosophie, vom Object und dessen Gestalt, Dauer u. s. w. zu sprechen, weil diess Alles nur in Bezug auf das erkennende Subject gilt, so hat es noch weniger, von Schönheit der Dinge, statt von der des Subjects zu sprechen. Die nothwendige Folgerung, dass das Schöne, weil bloss durch das Subject, dadurch subjectiv d. i. individuell werde, vermeidet Kant auf ähnliche Weise, wie die analoge bei der theoretischen Erkenntniss. Wie diese, obgleich subjective, doch nicht sich zersplittert, weil die Natur des Subjects innerhalb der Menschengattung bei jedem einzelnen Subject auf gleiche Weise sich findet, so schliesst die subjective Natur des Schönen seine Allgemeingiltigkeit nicht aus, vorausgesetzt, dass dessen subjectiver Grund in allen Subjecten derselbe ist." — (S. 391 f.) „Was ohne Begriff die Thätigkeit der reflectirenden Urtheilskraft in eine solche Bewegung setzt, dass sie sich der Harmonie ihrer Seelenkräfte, der Einbildungskraft und des Verstandes, bewusst wird, das nennen wir schön, es sei sonst wie immer beschaffen. — Schön oder hässlich ist nichts an sich, es ist immer nur das Urtheil,

welches die Urtheilskraft darüber fällt. — Jedes Urtheil des Geschmacks, als des Vermögens der Beurtheilung des Schönen, ist
ästhetisch, denn um zu unterscheiden, ob etwas schön sei oder
nicht, beziehen wir die Vorstellung nicht durch den Verstand auf
das Object zum Erkenntnisse, sondern durch die Einbildungskraft
auf das Subject und das Gefühl der Lust und Unlust desselben.
Durch diese Beziehung wird aber gar nichts im Object bezeichnet,
sondern in ihr fühlt das Subject, wie es durch die Vorstellung affi-
cirt wird, sich selbst." —

Von diesem Gesichtspunkt aus hat Kant die eine Hälfte der
Aufgabe der allgemeinen Aesthetik untersucht: das empfindende und
urtheilende S u b j e c t, eine Untersuchung die auch dann ihren Werth
behält, wenn man auf die sachliche Erörterung des Schönheitsbegriffs ausgeht, und mit der es selbst passend ist, die Aufsuchung
des Begriffs des Schönen zu eröffnen. Denn in seinen Wirkungen
auf das Gemüth spiegelt sich die Natur des Schönen ab; wofern die
allgemeinen Geschmacksurtheile wahr, ihrem Gegenstande entsprechend sind, so werden wir aus den subjectiven Thatsachen des
Schönheitsgefühls die Natur des Schönen an sich bemessen, wir werden davon auf dieselbe zurückschliessen können. Im Anschluss an
die Kantische Kritik der ästhetischen Urtheilskraft wird sich in gesetzmässiger Erweiterung und Fortbildung der speculativen Aesthetik
der objective Inhalt des Schönheitsbegriffs erforschen lassen, jene
Kritik des subjectiven Moments, gehörig begrenzt und verarbeitet,
muss den Durchbruch des ästhetischen Realismus vorbereiten und
dazu Anlass geben; denn befriedigt wird die Forschung nicht, bevor
man nicht eine Realdefinition des Schönen gewonnen hat, eine Definition, die Das enthält, was als das An-sich der Schönheit, das
allgemein sich ankündigende Wahre in der Empfindung des Schönen
ausmacht.

Wenn man, wie öfters geschehen, sagt: dass die Schönheit
selbst aus einem doppelten Factor, einem in der Sache und einem
in dem empfindenden Geiste, hervorgehe, wie Licht- und Schall-
empfindung, wie die Empfindung des Weichen, Warmen, Süssen,
so hüte man sich nur, jene erwähnte Unterscheidung, welche die
Wissenschaft längst gemacht, deren zwei Seiten gründlich bearbeitet
und auf einander bezogen worden sind, wiederum zu verwischen.
Die Schönheit ist etwas an den Dingen, sie entsteht nicht erst im
Subject, sondern ist vor ihm; vielmehr Anschauung, Vorstellung
und Empfindung jener sachlichen Bestimmtheit, und weiter nichts,
entstehen im Subject. Wir unterscheiden auf's schärfste die Schönheit der Dinge in Natur und Kunst von ihrer Wirkung auf uns,
von dem Wohlgefallen daran. Dieser Gedanke, dass die Schönheit
etwas Wesentliches ist, muss rein gefasst werden. Weil sie etwas
Wesentliches ist, ist ihr Eindruck auf unser Gemüth ansprechend
und einstimmend, er ist Lustempfindung, denn die Natur unseres
Anschauungs-, Gefühls- und Willensvermögens, die Einrichtung

unseres vernünftigen Geistes zeigt dieselben Grundgesetze, wie die, welche das Wesen des Schönen bestimmen. Kant, dessen ästhetische Betrachtungsweise mit der jener brittischen Aesthetiker ververwandt ist, welche den Sinn für das Schöne, das empfindende und geniessende Subject, die gemüthlichen Bezüge, ähnlich wie in der Moralphilosophie, erörtert haben, gab in seinen vier obersten Sätzen zur Bestimmung des Schönen höchst bedeutende Gesichtspunkte an; er bestimmte das Schöne als das Gefallende, als das rein, allgemein und nothwendig, durch die blosse Form der Zweckmässigkeit Gefallende, und er nahm in diese Erklärung die wichtigsten Punkte, welche vor ihm in der ästhetischen Literatur herausgehoben worden waren, auf. Das Schöne gefällt um seiner selbst willen, ohne selbstisch interessirte und ohne moralische Nebenbeziehung, unterschieden vom Angenehmen, dem Gegenstand individueller Begierde, vom Nützlichen, Rührenden, Moralischguten; es muss allgemein gefallen, nicht nach individuellen Stimmungen, denn im Geschmacksurtheil thun wir einen Ausspruch als vernünftige Geister; es gefällt durch seine innere zweckmässige Organisation, die eine dienstlose, freie, ist, es ist also unbezüglicher, absoluter Weise Zweck, es ist Selbstzweck und offenbart sich so unmittelbar durch seine Erscheinung in der Anschauung und dem Gefühl, ohne begriffliche Beziehungen des Verstandes. Bis zu dieser Grenze der kritischen Aesthetik geführt, giebt der angegebene Gedankenkreis von selbst den Anstoss auf diejenigen ästhetischen Bestimmungen hin, welche in der nachfolgenden speculativen Philosophie zur Sprache gekommen sind.

In der Beurtheilung der Kantischen Theorie hebt der Verf. trefflich heraus, wie es eigentlich das Verhältniss der Harmonie ist, was bei Kant in der Beziehung der Seelenthätigkeiten als das Gefallende angesehen wird. „Weil die Vorstellungen einiger Objecte die Thätigkeit des Verstandes und der Einbildungskraft im harmonischen, d. i. im zuträglichen Verhältniss zeigen, andere nicht, und daher die Wahrnehmung jener ein Wohlgefallen, dieser ein Missfallen erzeugt, so fragen wir wieder, worauf dieses Wohlgefallen und Missfallen sich eigentlich beziehe, ob es die Harmonie der Seelenkräfte, oder nicht vielmehr nur ihre Harmonie überhaupt sei, die als Grund des Gefallens auftritt. — Das Wohlgefallen an der Harmonie des Verstandes und der Einbildungskraft, welches die kritische Philosophie dem Urtheil der Schönheit gleichsetzt, ist vielmehr nur ein einzelner Fall des nothwendigen Wohlgefallens, welches jeder Harmonie zwischen was immer für Verhältnissgliedern (die Natur der letzteren ist dafür ganz gleichgültig) auf dem Fusse folgt, und statt dieses zu erklären, ist es vielmehr selbst erst aus letzterem darzuthun." (S. 412.) — Ohne Zweifel, im Begriff des Einklangs liegt ein Hauptmerkmal des Schönen, und zwar ein solches, welches offenbar in der Sache begründet ist; denn nicht bloss Harmonie des Gegenstandes mit uns, oder die durch das Schöne hervorgerufene

Einstimmung der Verstandesthätigkeit mit dem Spiel der Einbildungskraft, sondern in der Sache selbst: Harmonie der Formen, der
Kräfte, der Charaktere, der Gesinnungen, des Thuns und Leidens
u. a., überhaupt Verhältnissmässigkeit und Zusammenstimmung bedeutender, charaktervoller und entwickelter Gegensätze an den Bildungen der Kunst und Natur werden uns ein ästhetisches Wohlgefallen bereiten. Die Kategorie der Harmonie ist denn auch seit den
ältesten Zeiten, seit Pythagoras, als eine grundbestimmende in aller
vollendeten Gestaltung anerkannt, ihre ästhetische Geltung zeigt sich
allüberall in der Natur und den schönen Künsten jeder Art. Das
andere in den Kantischen Sätzen herausgestellte Moment dagegen,
das der Freiheit, des Selbstwerthes des Schönen, hat der Verf. zu
beleuchten unterlassen; indess bezeichnet es offenbar einen Hauptpunkt in dem Verständniss des Schönen. Nach unserem Ermessen
würde der Verf. auch gutgethan haben, der allgemeinen ästhetischen
Lehre Kants noch dessen Eintheilung der Künste anzuschliessen,
obwohl Kant dieselbe nur als einen Versuch gab (s. Krit. d. Urtheilskraft. I. § 51); denn bei einem so hervorragenden Denker,
wie Kant, konnte dem Leser dieser nähere Einblick wohl gegeben
werden.

Dass den gegen Kant gerichteten Lehren Herder's, die als
„Kritik der Kritik" bezeichnet werden, eine eingehende Darstellung
gewidmet wird, ist um so mehr zu billigen, als insgemein die Herdersche Kaligone, worin die Kantische Kritik der Urtheilskraft bekämpft wird, nicht nach Verhältniss ihres Inhalts beachtet wird.
Leider ist der Verfasser über Gebühr weitläufig (57 Seiten lang),
und hat es sich recht gemächlich gemacht, das Herdersche Buch
auszuschreiben, obwohl das zur Anlage seiner Schrift nicht recht
passen will. Wenn man die leidenschaftliche Art, womit Herder
die Kantische Philosophie angriff, und den Mangel an wissenschaftlicher Bündigkeit, Folge und Durcharbeitung der Ideen, die System-
scheu, die er zur Schau trägt, bedenkt, so wird der ungünstige Eindruck, den Herders Schrift machte, und ihre Zurücksetzung vollkommen begreiflich. Herder wirkte ebenso sehr auf einer Seite auf-
regend, störend und verwirrend, wie auf der andern erweckend und
mahnend; die Probe der Reife können aber seine Aufstellungen nicht
bestehen. Indess ist es ein mächtiger, von dem Ernst der Sache
innerlichst ergriffener Eifer, der ihn anfeuert und mancherlei treffliche
Gedanken ihm eingegeben hat. Er behauptete einen Standpunkt,
der, nach der kritischen Auseinanderlegung der ästhetischen und
ethischen Begriffe, seine relative Berechtigung hatte, die unmittelbar
im Gemüth geforderte Einheit und Verbindung des Wahren,
Guten, Schönen, Zweckmässign fühlbar zu machen. Als
Bewunderer der Natur, bestrebt, die zweckvolle, ordnende und for-
mende Weisheit in ihren Bildungen auszudeuten, mit einem tiefen
Blick in das Leben und die Eigenthümlichkeiten ihrer Organisationen
begabt, überall die Fülle, die sinnliche Vollkraft und Harmonie, die

schöne Virtualität in der Natur in's Auge fassend, lehnte er sich
gegen alle abstracte Auffassung, gegen die Leere einer inhaltlosen
und zwecklosen Schönheit auf. Ohne den Geist ist die Form ihm
eine todte Scherbe; der Geist vielmehr, der die Form erschafft und
erfüllt, wird darin gegenwärtig gefühlt. Der Kantische Schein der
Zweckmässigkeit ist ihm ein Gräuel, etwas gänzlich Nichtiges. Nach
Herder erscheint die Schönheit als Maximum der Vollkommenheit
auf dem Hochpunkt des Daseins und des Wohlseins. Da ist freilich keine Absonderung, keine Theilung der Thätigkeiten und Strebungen anzunehmen, denn die Blüthe des Daseins kann nur im
vollständigen Zusammenwirken aller Kräfte und Vermögen sich auf-
thun. Wie die menschliche Schönheit das wahre menschliche Wesen,
die rein ideale Menschengestalt, von allem Thierischen abgesondert,
zeigt, so muss auch die Wirkung des Schönen, als Zweck der Kunst,
dahin zielen, den Menschencharakter in uns auszubilden. Diess ist der
Einigungspunkt aller in der besonderen Art ihres Wirkens noch so
verschiedenartigen Künste. Die teleologische Zusammenfassung des
Schönen mit den übrigen Lebensideen, die Herdern auszeichnet, eröffnet augenscheinlich nach vielen Seiten bedeutende Ansichten.
Schönheit und Kunst sollen in der Mitte und Gemeinschaft von allen
Culturinteressen des Menschen betrachtet werden. Allein die Wissenschaft der Aesthetik hat zuerst ihre specifische Idee für sich zu setzen
und zu entfalten, ehe jene Beziehung und Einigung der verschiedenen Lebensideen deutlich werden kann. Herder, der über alle methodische Analyse, die doch allein dem Gedanken Gestalt, Sicherheit und Consequenz giebt, sich hinwegsetzt, um sich seiner enthusiastischen Beweglichkeit zu überlassen, giebt über die Elementar-
fragen der Aesthetik keinen Aufschluss; er lehrt uns nicht die Schönheit kennen, aber er deutet uns viel Schönes in der Natur heraus;
wie ungestalt auch das Ganze seiner Darlegungen, das nur Materialien enthält, geblieben ist, über Einzelnes der Naturschönheit hat
er viele geistreiche Aussprüche gethan. Der gemüthlichen Seite
seiner Schrift nach, mag er mit Shaftesbury verglichen werden, mit
dem Unterschiede jedoch, dass dieser am Anfang einer Entwicklungs-
reihe ästhetischer Theorien stand, Herder dagegen mitten in einer
grossartigen Ausbildung der Systeme, in einer Zeit, die berechtigt war, ernstere und gediegenere Anforderungen an die Kunstlehre
zu stellen.

Dass die Grundannahme und Behandlungsweise Herders bei
unserm Verf. keinen Beifall ernten kann, folgt aus des letztern
ästhetischem Formalismus; in seiner Beurtheilung der Herderschen
Sätze ist Treffendes und Unhaltbares gemischt; anzuerkennen ist besonders, dass darauf aufmerksam gemacht wird, wie Herder in seiner
Polemik gegen Kant den Unterschied, den Kant zwischen freier und
anhängender Schönheit setzt, gänzlich ausser Acht gelassen hat.
An dem Begriff des Zweckes, der dabei bestimmend ist, ging die
Herdersche Auffassung des Schönen in die Irre. —

Während Herder sich die Bekämpfung Kants zur Pflicht machte, erfuhr die Kantische Philosophie des Schönen eine erfolgreiche Fortbildung durch S c h i l l e r, der als philosophischer Denker weit über Herder reicht, wie auch der Vortrag seiner Ideen den tieferen, festeren, durchgebildeteren, classischeren Geist verräth. Schillers ästhetische Schriften haben in unseren Literaturgeschichten die verdiente Würdigung gefunden. Die edle sittlichschöne Gesinnung, die Schillern als Dichter auszeichnet, giebt auch seinen philosophischen Schriften ihren Vorzug, ihre Weihe. Ernst ist es unserem Nationaldichter mit den höchsten Aufgaben der Dichtnng, Ernst auch mit philosophischer Forschung und Erkenntniss. Ueber das Verhältniss Schillers zu Kant, seinem grossen Lehrer in der Philosophie, bemerkt Herr Zimmermann (S. 494): „Mit Bewunderung und Liebe ergriff er die Resultate der kritischen Philosophie, deren gewaltsame Abweisung des übersinnlichen Jenseits und nachdrückliche Betonung des ursprünglich erhabenen Kerns der Willensfreiheit im Menschen, seiner skeptischen Abneigung gegen orthodoxe Metaphysik, wie seiner Gluth und Verehrung für Menschenwürde und Menschenwerth, gleich sehr zusagte. Dennoch war es weder die Kritik der reinen, noch die der praktischen Vernunft, was er zunächst ergriff, sondern wie es sein künstlerisches Bedürfniss mit sich brachte, die Kritik der Urtheilskraft. Sein auf Eigenthümlichkeit gerichteter Geist war aber nicht geschaffen, in schülerhafter Hingabe auf das passive Studium des grossen Meisters sich zu beschränken. Nie zufrieden, solange er das Ueberkommene nicht durch selbsteigne Wiedergabe in sein eigenstes Eigenthum verwandelt hatte, fasste er unmittelbar nach, ja beinahe noch während des Studiums der Kritik der Urtheilskraft den Entschluss, die Resultate derselben, von der strengen Schulform entkleidet, dem grösseren Publikum zugänglich zu machen." — Schiller, als echte Dichternatur, die eine harmonische Anschauung des menschlichen Wesens fordert, was auch die rechte Wissenschaft thut, konnte sich mit Kants dualistischem moralischen Rigorismus, der im Menschen einen heteronomen Zwiespalt des Triebes und Herzens gegen das Sittengebot der Pflicht zog, nicht vertragen. Seine Ansicht vom Schönen und von der Bestimmung der Kunst greift in jenes klaffende Verhältniss vermittelnd ein. Herr Zimmermann zeichnet Schillers Stellung in dieser Hinsicht kurz folgendermassen (S. 486): „Dreierlei Verhältnisse lassen sich denken, sagt Schiller, in welchen der Mensch zu sich selbst, d. i. sein sinnlicher Theil zu seinem vernünftigen stehen kann, und unter denen dasjenige aufzusuchen ist, welches ihn in der Erscheinung am besten kleidet und dessen Darstellung Schönheit ist. Entweder nämlich unterdrückt der Mensch die Forderungen seiner sinnlichen Natur, um sich den höheren Forderungen gemäss zu verhalten; oder er kehrt es um und ordnet den vernünftigen Theil seines Wesens dem sinnlichen unter; oder die Triebe des letzteren setzen sich mit den Gesetzen des ersteren in Harmonie und er ist einig mit sich selbst. — —

Wie zwischen gesetzlichem Druck und der Anarchie die Freiheit,
so werden wir die Schönheit zwischen der Würde, als dem Ausdruck des herrschenden Geistes, und der Wollust, als dem Ausdruck
des herrschenden Triebes finden. Wenn nämlich weder die über
die Sinnlichkeit herrschende Vernunft, noch die über die Vernunft
herrschende Sinnlichkeit sich mit Schönheit des Ausdruckes vertragen;
so wird (denn es giebt keinen vierten Fall) derjenige Zustand des
Gemüths, wo Vernunft und Sinnlichkeit, Pflicht und
Neigung zusammenstimmen, die Bedingung sein, unter der
die Schönheit des Spiels erfolgt." —

Die Sätze, auf denen Schillers ästhetische Lehren beruhen, sind
gleicherweise wichtig für die Moral, wie für die Aesthetik. Das moralische Verhalten des Menschen gründet sich auf den Willen, als
die oberste, selbstbestimmende, leitende, zwecksetzende Macht des
Vernunftwesens; so lange, nach der Annahme des moralischen
Dualismus, in der Menschennatur feindlich getheilte Strebungen des
Gefühls und des Pflichtwillens auseinandergehen, eine widerstrebende
Ablehnung des Gefühls gegen die Pflicht, so lange ist der Wille
selbst nicht in seiner heilen, gänzlichen, durchwaltenden Freiheit
und Macht im Menschen anerkannt. Die Anerkennung der Einig-
keit in der wahren Natur und Bestimmung des Menschen ist eine
der Grundsäulen der Moral; die Neigung des Herzens soll die sittliche Pflicht mit innerer Glückseligkeit und Liebe erwählen; die
Moral fordert Tugend in Freiheit, aus Achtung des Sittengesetzes,
mit Neigung; der höhere Vernunftcharakter des Menschen, zuerst
in seinem ungekränkten und unangefochtenen Pflichtwillen bezeugt,
soll sich durch sein ganzes Wesen erstrecken, alle Kräfte durchdringen und auf die Vernunftzwecke beziehen. Ohne diese Harmonie
der moralischen, intellectuellen und empfindenden Kräfte im Menschen giebt es auch keine Schönheit der Seele, kein schönes Gemüth. Kants Lehrsatz von der Zwiespältigkeit zwischen Pflicht und
Trieb trifft den empirischen Menschen, Schillers Versöhnung von
Gesetz und Herz giebt ein Bild des Menschenideals. — „Nicht Tugenden, sondern Tugend ist des Menschen Vorschrift, und Tugend
ist nichts anderes, als eine Neigung zu der Pflicht. Der Mensch
darf nicht nur, sondern soll Lust und Pflicht in Verbindung bringen, er soll seiner Vernunft mit Freuden gehorchen. Erst alsdann,
wenn sie aus seiner gesammten Menschheit als die vereinigte Wirkung beider Principien hervorquillt, wenn sie ihm zur Natur geworden ist, ist seine sittliche Denkart geborgen. Der bloss nieder-
geworfene Feind kann wieder auferstehen, aber der versöhnte ist
wahrhaft überwunden." (S. 488.) — Die „Heranbildung des Triebes
für das Gesetz" ist das Ziel aller Cultur; die Kunst bildet die „Vermittlung zwischen Gesetz und Natur." Die Versöhnung von
Vernunft und Trieb, von Freiheit und Nothwendigkeit, von Geist
und Natur ist der Grundgedanke von Schillers epochemachender
Schrift „über die ästhetische Erziehung des Menschen." Schiller

sah die Ausbildung des Herzens als das dringendste Bedürfniss
der Zeit an; alle Verbesserungen im Politischen sollen von Ver-
edlung des Charakters ausgehen (ein wahrhaft sokratischer Satz), der
Weg zum Kopf muss durch das Herz geöffnet werden. Das Werkzeug, um diesen Zweck zu erreichen, das uns Quellen öffnet, die
sich bei aller politischen Verderbniss rein und lauter erhalten, ist
die schöne Kunst. „In der Stille des Gemüthes erziehe die siegende
Wahrheit, stelle sie aus dir heraus in der Schönheit, dass nicht
bloss der Gedanke ihr huldige, sondern auch der Sinn ihre Erscheinung liebend ergreife." Die Kunstthätigkeit ist von der Art,
dass der sinnliche Trieb (Stofftrieb), der auf Erhaltung des Lebens,
und der Trieb der vernünftigen Persönlichkeit (Formtrieb), der auf
Bewahrung der Würde geht, sich in ihr einigen. Die Kunst entspringt aus dem Spieltrieb des Menschen, durch welchen der Ernst
des Wirklichen und Nothwendigen im Leben gemildert wird, in
welchem der sinnliche und vernünftige Trieb sich einigen. Sein Gegenstand ist: lebende Gestalt, das Schöne, dessen höchstes Ideal in
dem möglichst vollkommnen Bunde und Gleichgewicht der
Realität und Form zu suchen ist." — Schiller hat den Beruf
der schönen Kunst im Ganzen der menschlichen Cultur als Dichter
auf's beredteste verherrlicht, in den „Künstlern" in dem „eleusischen
Fest" u. a. Indem er aber diesen höchst fruchtbaren Gedanken auch in wissenschaftlicher Strenge durchführte, gab er in sich
selbst ein Beispiel schöner, entschiedener und harmonischer Durchbildung zweier Gegenseiten des menschlichen Geistes, der dichterischen und philosophischen, und errang damit eine Stufe vollendeter
Bildung, die dem menschlichen Geist nur selten gelingt, die zu erreichen der glücklichen Begabung und männlichen Arbeit des Genius vorbehalten ist. In unserer Zeit hat das Gedächtnissfest des all-
geliebten Dichters die Aufmerksamkeit auf seine Grösse als Mensch,
Dichter, Denker, auf die einheimische und kosmopolitische Wirksamkeit seines Geistes gewandt; möchten nur in unserer Literatur
die herrlichen Gedanken, die er aussprach, einen einschlagenden
Eindruck ausüben. Mit unserer Tagespoesie ist es nicht glänzend
bestellt, der Geschmack in Musik, Theater, bildenden Künsten, zeugt
nur zu oft von dem Mangel an reiner und gehaltvoller Kunstan-
schauung. Und doch bleibt die menschliche Cultur unfertig, gestalt-
los und Bruchstück, so lange der Aufschwung der Künste und die
Einsetzung derselben in ihre Rechte inmitten aller menschlichen Bildung, der individuellen und öffentlichen, der moralischen, religiösen,
der politischen, nationalen und internationalen, nicht hinzukommt.
Ein geläutertes und ernsteres Urtheil mindestens über das Echte und
Tüchtige, über das Schöne, Würdige und Wirkungsfähige in der
Poesie, einige Besinnung aus der modischen Zerfahrenheit und einige
Beschwichtigung der anmassenden literarischen Zünfte, diese dürfte
als Frucht der lebhaften Erinnerung an einen der edelsten Männer
Deutschlands vielleicht sich hoffen lassen.

An Schüler lehnt sich W. v. Humboldt an, dessen Lehren übersichtlich vorgelegt werden. Wir hätten hier eine bestimmtere Hervorhebung der für die Aesthetik besonders werthvollen Hauptpunkte gewünscht. Humboldts Sätze über die künstlerische Einbildungskraft und deren Verhältniss zur Natur sind von grösstem Belang; indem er das Eigenthümliche des künstlerischen Schaffens in Idealität und Totalität setzt, hat er zwei der obersten, genau zusammenhängenden, Gesetze desselben ausgesprochen. —

Das vierte Buch begreift den Zeitraum vom Auftreten des Idealismus in der Aesthetik (1798) bis auf die Gegenwart, und behandelt in drei Kapiteln die Aesthetik des Idealismus, die der Theosophie und des Historismus und die des Realismus.

Den Gegensatz des Idealismus und Realismus in der neueren Philosophie, wodurch wiederum die entsprechenden Richtungen in der philosophischen Aesthetik bestimmt werden, leitet der Verf. mit Recht aus der kritischen Philosophie Kants her, welche nach beiden Seiten der Entwicklung Anknüpfungspunkte geboten hat. Er übersieht aber die Forderung und Bedingung der Einigung und Vermittlung beider. Nachdem zuerst in den grossen nachkantischen spekulativen Systemen der Idealismus geherrscht, und sich nachmals bald ein discursiver Realismus aufgeworfen hat, der von der Setzung der einzelnen Realen seinen Ausgang nimmt, und nachdem in jüngster Zeit Empirismus und Sensualismus in die Philosophie selbst eingedrungen sind, ist durch solche Gegensetzung sicherlich kein genügender Abschluss und keine Aussicht zu heilbringender Vertragung in der Philosophie erlangt worden. Eine tiefere Begründung und umfassendere Ausbildung der Philosophie ist nur von einem höhern Realismus zu erwarten, welcher das Absolute, die höchste und ganze Einheit, als real seiendes Wesen, und die übersinnlichen Ideen als wesenhafte Bestimmungen im Reich des ewigen Seins, an und in dem göttlichen Wesen anerkennt, von welchem Realismus, der die Wahrheit des Idealismus in sich aufzunehmen fähig wäre, der Herbartische sogenannte Realismus weit abliegt. Die Grundvesten eines solchen absoluten Realismus sind es eben, was Herbart eifrigst und bei allen Gelegenheiten als mythologische Fabelei und Erschleichung herabzuziehen gesucht hat. Indess hat die Geschichte der Philosophie nicht für ihn entschieden, denn die Auflösung seiner Schule, welche sichtlich fortschreitet, ist, wegen des Mangels universaler Grundlagen ihrer Anschauungsweise, nicht mehr aufzuhalten und wird auch, wie natürlich, die ästhetischen Aufstellungen derselben in ihre unausbleibliche Krisis mit hineinreissen.

In der Entwicklung des Idealismus in der Aesthetik nimmt der Verf. folgende Unterschiede an: zuerst zeige sich der subjective, welcher „die Einheit des Geistes mit der Natur suche" bei Fichte; sodann der transscendentale, der jene Einheit besitze, bei Schelling; endlich der absolute, der sie als einen Durchgangspunkt betrachté, welcher dem philosophirenden Subject angehöre, als dessen Folgen die „Theosophie" in der Aesthetik bei Solger und der ästhetische „Historismus" bei Hegel anzusehen seien. Diese drei Entwicklungsstufen des ästhetischen Idealismus werden kurz so charakterisirt (S. 552): „Für den ersten geht die Kunst in der Sittlichkeit auf, da das Setzen doch nichts anderes als die Verwirklichung der thatfordernden Vernunft ist; für den zweiten wird die Kunst zur Philosophie, deren Ziel das Einswissen von Geist und Natur in ursprünglicher Identität ist; für den dritten ist sie nur dazu da, sich von der Philosophie, wie das Fühlen vom Wissen, aufheben zu lassen. Das Schöne aber ist folgerichtig von allen dreien als Erscheinung der Vernunft in der Sinnlichkeit, sei es in der inneren Welt des Geistes als bewusstlose Sittlichkeit, oder in der äusseren Welt der Objecte, als Geist in der Natur, oder hier wie dort als Idee in der sinnlichen Form, mit einem Worte als Erscheinung des an sich werthvollen Gehalts in der nur durch ihn wertherhaltenden sinnlichen Form aufgefasst worden."

Auf die Auseinandersetzung von Schellings Lehren lässt der Verf. mehr oder minder ausführliche Erörterungen über Fr. v. Schlegel (dessen Schilderung wohl gelungen ist), A. Müller, Schleiermacher (bei welchem eine präcisere Besprechung zu wünschen gewesen wäre), Krause (dessen Darstellung nicht klar und wohlbegrenzt ist), Schopenhauer (bei dem mancherlei Ungehöriges unterläuft) folgen. Nach Hegel wird noch die aus seiner Schule entsprossene Aesthetik von Vischer besprochen, wegen einzelner Lehren werden Weisse und Ruge angezogen.

Der letzte Abschnitt ist der Aesthetik des Realismus von Herbart gewidmet; er ist dürftig, da Herbart nach Feststellung allgemeiner Gesichtspunkte, die grossentheils aus Kant stammen, wie öfters in seinen Erörterungen, mehr auf die Reinhaltung dieser Disciplin von nach seiner Annahme fremdartigen Bestandtheilen, als um die entwickelte Ausfüllung derselben, sich bemüht hat. Am Schluss geschieht noch kurze Erwähnung von Griepenkerl, Bolzano, Lotze, Trendelenburg.

Der oft erwähnte Standpunkt des abstracten Formalismus unseres Verfassers ist Schuld, dass ihm in der Würdigung von Fichte, Schelling, Solger, Krause, Hegel der Kern ihrer Lehren nicht in das richtige Licht fällt. Die wenigen, aber gehaltvollen Sätze bei Fichte, einem Denker, der, wie seine ganze Philosophie beweist, ein lebhaftes Gefühl des schöpferischen, selbstbestimmenden Geistesvermögens in sich trug, haben den Verf. nicht aufmerksam darauf gemacht, dass der Kunstthätigkeit eine eigenthümliche Bestimmung des Lebensinhaltes zukommt. Fichte ragt durch seine sittliche Strenge und Begeisterung in unserer Philosophie hervor, er ist in diesem Betracht Kants würdiger Nachfolger gewesen. Die nämliche Denkungsart bezeugt seine Betrachtung der „Pflichten des ästhetischen Künstlers." Das Treff-

lichste, was Fichte zur Aesthetik geliefert hat, sind seine Ideen
über den Künstler, über den Genius in der Kunst. Er lebte in
einer Zeit, wo Deutschland den dichterischen Geist in den herrlichsten Schöpfungen sich bethätigen sah. In seinen Kunstlehren
leuchtet der Einfluss Schillers vielfach durch, wie man wohl auch
den Philosophen Fichte, seinem Streben nach, mit dem Dichter
Schiller vergleichen darf. Den Künstler, lehrte er, beseelt in der
Stunde der Begeisterung der Universalsinn der Menschheit, ein Genius; er schafft, aus eigner Tiefe schöpfend, voll Divinationsgabe,
ursprünglicher Weise, neue Vereinigungspunkte für die ganze Menschheit. Der Geist erweitert die an sich in die Grenzen der Natur
eingeschlossene Sphäre des Geschmackes, während er in seiner eigenthümlichen Sphäre keine Grenzen kennt; sein Trieb geht in's Unendliche, auf die Idee; im sinnlichen Bilde sie darstellend schafft er
Ideale; er ist ein „Vermögen der Ideale." Die Stimmung des Gemüths, welche der Künstler ausdrückt, soll durch sein Werk auch
in uns hervorgerufen werden; jenes ist der Geist seines Werkes, die
zufälligen Gestalten, worin er sie ausdrückt, sind dessen Körper, der
Buchstab." Die schöne Kunst wendet sich an das ganze Gemüth
in Vereinigung seiner Vermögen, sie „macht den transscendentalen
Standpunkt zu dem gemeinen, den der Vernunft zum unmittelbaren;
der schöne Geist sieht Alles von der schönen Seite, er sieht Alles
frei und lebendig." (S. 564.) Die Bemerkung des Verf.'s, dass bei
Fichte, sowie bei Kant und Schiller, in der Erklärung des Schönen
insofern eine petitio principii sich finde, als sie das ästhetische Wohlgefallen aus der Harmonie der Seelenkräfte ableiten, ohne darauf
zu achten, dass dadurch die Schönheit, deren Begriff zu erklären
ist, aus einem als schön bereits Vorausgesetzten abgeleitet werden
soll (S. 566), ist begründet. Die Aesthetik soll vor Allem die allgemeinen Grundbestimmungen des Schönen angeben, zu denen die
Harmonie gehört. Diese selbst aber wurzelt wiederum in dem Begriff der Einheit. Die Fichtesche Aesthetik wird desswegen nicht,
wie der Verf. ihr vorwirft, „misslicher," weil sie die verschiedenen
Wirkungsweisen der Seele (Erkenntniss und Begehren) nicht eigentlich als verschiedene Kräfte, sondern als Aeusserungen einer und
derselben Grundkraft ansieht, in letzterem Punkte hat Fichte Recht,
der lebendige Geist ist Einer und ein ganzer; weil er so beschaffen ist, kann innere, einstimmende und gleichgewichtige Beziehung
seiner nach verschiedenen Richtungen ausstrahlenden Thätigkeiten
in ihm stattfinden. Die Einheit freilich wird nach der Herbartschen
Vorstellung des Verf.'s wiederum als abstract-identische, als leere
Einfachheit verstanden, desshalb soll sie ästhetisch gleichgültig sein;
von solcher missgebornen Vorstellung fader Einerleiheit muss abgesehen werden, um die ästhetische Geltung der wahren, bestimmenden, erfüllten, begrenzenden Einheit eines schönen Gegenstandes,
die das Gegensätzliche und Harmonische in sich fasst, zu verstehen.

Wir gehn zu Schelling über. Dieser Philosoph war gleich ausgezeichnet durch seine sinnvolle Auffassung der Kunst, wie der Natur; in seiner Kunstansicht reiht er sich würdig an Winckelmann an. Die bildende Kunst ist ihm eine „stumme Dichtkunst,“ sie drückt Gedanken der Seele durch Gestalten aus, wie die schweigende Natur, so knüpft sie selbst ein Band zwischen der Seele und der Natur. Um die Schönheit zu verstehen, müssen wir auf das Wesen in den Dingen blicken; das schaffende Leben, seine Kraft dazusein, ist die Vollendung jedes Dings, wer die Natur sich als etwas Todtes vorstellt, der wird die Schönheit in ihr nicht entdecken. Die Schönheit ist das „volle mangellose Sein, die unbedingte Vollkommenheit“ eines Dings; zeitliche und endliche Dinge können an sie nur erinnern; die Urbegriffe der Dinge sind allein, ewig und nothwendig schön. Der Begriff ist das eigentlich Lebendige in den Dingen, alles Andere wesenlos. „Die Formen der Kunst sind die Formen der Dinge an sich, wie sie in den Urbildern sind; das Schöne ist das Unendliche endlich dargestellt.“ — So erneuern sich in Schelling Platonische und Neuplatonische Traditionen, wie überhaupt in seiner Philosophie soviele ältere Reminiscenzen im Zusammenhang moderner Wissenschaft neuaufgebaut sind. Die Hinweisung auf die Schönheit der Ideale, der ewigen Urbilder, und auf die Integrität und Tiefe der künstlerischen Thätigkeit zeichnet Schellings Theorie aus; doch gab er nur Elemente einer Kunstwissenschaft, die der genauern Ausführung entbehren und daher Manches im Dunkel lassen. Das Schöne erscheint noch als Vorstufe des Wahren, das ist eine Folge der Bevorzugung des Begriffs bei Schelling; der Weg wird bei ihm schon geöffnet, in welchen Hegel die Aesthetik leitete, wo das Schöne die Anfangsstufe der Entwicklung zu der Selbsterfassung des absoluten Geistes bilden soll.

Solger bildet die Ueberleitung von Schelling, dessen Standpunkt er wie den platonischen für den richtigen erklärte, zu Hegel. Letzterer verdankt ihm viel. Er ist aber freier, als beide, in der Auffassung der Kunst, indem er ihren Selbstzweck entschieden herausstellt. Solger geht aus von dem Gegensatz zwischen Idee und Wirklichkeit, Begriff und Form. Sein ästhetischer Augenpunkt wird dadurch charakterisirt, dass die Welt der Wirklichkeit als Offenbarung des göttlichen Lebens angeschaut wird; die Dinge sind schön als „Hervorbringungen Gottes.“ Wie Gott in den wirklichen Dingen das seine, so schauen wir in den Werken der Kunst unser eigenes Schaffen an; die Phantasie ist es, was in uns der göttlichen Schöpferkraft entspricht. Alle Kunst ist symbolisch, das Symbol ist die wahre Offenbarung der Idee, des Gedankens Gottes selbst. Begriff und Erscheinung sind im Schönen eins und dasselbe, die Schönheit ist unmittelbare Gegenwart des Begriffs. Das Schöne muss zugleich durch Sinn, Verstand und Vernunft aufgefasst werden (ein wahrer Satz, sehr ergiebig in seinen Folgen). Durch Gottes allgegenwärtiges Dasein erscheint in einem einzelnen Ding die ganze allumfassende Gottheit; die Welt des Schönen ist eine Theophanie.

Die Solgersche Betrachtung geht, wie die neuplatonische, auf den höchsten Grund des Schönen zurück, und sie muss, weil sie von diesem Einen Hochpunkt allein aus das Schöne anschauen will, ihm nothwendig symbolischen Charakter beilegen. Die individuelle schöne Gestaltung, als solche, lässt sich von da aus in ihrer abgeschlossenen Einzelheit nicht gehörig schätzen, sie hat bei ihm nur in jener einzigen Beziehung ihre Bedeutung. Darin liegt der Grund zu Solgers eigenthümlicher Lehre von der Ironie, welche die Nichtigkeit jeder besondern Erscheinung gegenüber der Unendlichkeit und Freiheit der Idee ausdrückt. Solgers Anschauung ist eine erhabene, für alle besondern Künste wird eine transscendentale Einheit, die Religion, angenommen, welche den harmonisirenden Mittelpunkt für alle Theile der Kunst bilden soll. Allein insofern ist seine Betrachtungsweise zugleich einseitig und führt zu einer gewissen Leere, wenn man darauf sieht, wie er den unendlichen Werth und Bestand der einzelnen schönen Erscheinung als solcher nicht anerkennt, sondern durch die auflösende und sich immer wieder von jeder Darstellungsweise der Idee lossagende Ironie der Kunstthätigkeit die Ziele, worin sie beruhen und ihr Genügen finden sollte, entzieht, so dass alle Bildungen in dem unruhigen Flusse der schaffenden Thätigkeit selbst schmelzen, welche allein in dem Processe übrig bleibt und sich anschaut. Diese Vorstellungsweise hat ihren Ursprung in einer dialectischen Abstraction, einem idealistischen Radicalismus, wovon eine andere Gestalt, in weiterer Anwendung, die Hegelsche Philosophie darbietet. Jene von Solger so sehr erhobene ästhetische Ironie, ein Erweis der nie befriedigten Freiheit des Kunstvermögens, ist eine Voraussetzung in der voranstrebenden künstlerischen Fortbildung, in ihr aber den „wahren Sitz der Kunst" zu suchen, wäre ebenso irrig, als wenn man im Sittlichen das blosse, über allen Entschlüssen schwebende und darüber hinausfliegende Können und Belieben des reinen, unentschiedenen liberum arbitrium über den sich weihenden, entschlossen eingehenden, zweckerfüllten, praktischen Willen, über die werkthätige Freiheit, stellen wollte. Nicht jene von Solger geforderte ironische Auflösung der Gestalten, jene stets unbefriedigt forteilende Beflügelung der Kunstthätigkeit erreicht die schönste Frucht ästhetischer Cultur, sondern die beharrende, gedenkende, mit Liebe in dem Gegenstande weilende Betrachtung, welche den Antrieb zu weiterem Schaffen, den Schwung neugestaltender Begeisterung keineswegs ausschliesst. Die Herrlichkeit der göttlichen Idee soll nicht in blendendem Glanz die Erscheinungen nach einander tilgen, sondern eine jede in sich aufnehmen, halten und bewahren; nicht im schwebenden Flug der Bewegung, sondern im Beharren der concreten Fülle, in der Allheit der unendlich vielen Momente, worin sie verschiedentlichst verkörpert ist, zeigt die Idee sich in vollkommenster Weise lebendig gegenwärtig.

Alle positiven Lehren Solgers sind indess für die Kunstwissenschaft von Belang. In unseren Tagen, wo Kunst und Poesie so
vielfach der oberflächlichen Kritik und Behandlung ausgesetzt sind,
erscheint es rathsam, an die gedankenreichen Schriften jenes Denkers,
dessen philosophische Ideen auch ausserhalb des ästhetischen Gebietes mehr benutzt zu sein scheinen, als bekannt worden ist, zu
erinnern. Mit den edelsten Bestrebungen der späteren deutschen
Dichtung seiner Zeit, der Romantik, stand Solger in näherer Beziehung, worüber sein Briefwechsel mit L. Tieck und Fr. v. Raumer viel interessante Zeugnisse giebt; verwandte Züge, in Vorzug
und Nachtheil, lassen sich bei beiden Theilen, bei den Dichtern
jener Gruppe, wie bei diesem Philosophen, erkennen; aber eine
höhere Ansicht der Poesie zeichnet sie aus, eine innige Begeisterung
für die Kunst, wovon man in der belletristischen Literatur der Gegenwart nur schwache, vereinzelte Spuren gewahrt. Dass unserm
Verf. die Solgersche Aesthetik, weil sie im Schönen, als worin das
Göttliche gegenwärtig sein soll, Gehalt und Form in eines fasst, im
Princip verfehlt vorkommt, ist bei ihm nicht anders vorauszusetzen.
Wir enthalten uns daher der Angabe seiner kritischen Auseinandersetzungen und bemerken nur, dass es uns störend erscheint,
dass er die Abhandlung der Solgerschen Aesthetik zerlegt hat; denn
ausser der Ausführung der Grundlehren Solgers, S. 668—689, die
sich eng an Danzel anschliesst, erhalten wir nachher, als Einschiebsel
in dem Abschnitt über Hegel, noch ein Stück über Solger, S. 698
bis 708, wobei der Verf. schliesslich eigne Ansichten des Weiteren
mittheilt.

In seiner Besprechung der Lehren Hegel's giebt der Verf.
manche scharfsinnige Bemerkungen. Die Herbartischen Grundsätze,
denen er dabei folgt, sind nicht ungeeignet, um manche der Schwächen, Einseitigkeiten und Uebertreibungen des Hegelschen Idealismus aufzudecken. Herbart's und Hegel's Denkweisen mögen sich
gegenseits als Prüfstein an einander reiben; die Wissenschaft wird
dabei gewinnen können, wofern man nicht übersieht, dass beide,
als in entgegengesetzter Richtung einseitig, eine völlige Gerechtigkeit nicht wohl gegen einander auszuüben hinreichen. Herr Zimmermann sagt (S. 690) im Allgemeinen über Hegels System, es sei
dasselbe die reinste Form, die der Idealismus erreichen könne, weil
darin von allem Subject, endlichem wie unendlichem, das subjectlose
Denken allein übrig geblieben sei, das in seiner inneren Gesetzlichkeit zugleich die unabänderliche Form alles Seins darstelle."

(Schluss folgt.)

JAHRBÜCHER DER LITERATUR.

Zimmermann: Geschichte der Aesthetik.

(Schluss.)

Was die ästhetischen Lehren der Hegelschen Philosophie angeht, so bemerkt Herr Zimmermann mit Recht, dass in einem solchen System das Schöne nur „als Erscheinung des ewigen Denkinhalts" auftreten könné. Allerdings das Schöne, nach Hegel, ist das unmittelbar geschaute Wahre, das „sinnliche Scheinen der Idee." Der Verstand vermag das Schöne nie zu ergreifen; dagegen ist das Wesen der Anschauung gerade das, dass durch sie der Begriff „nicht als Begriff, sondern als eins mit dem Sinnlichen ergriffen wird." Die Anschauung bietet demnach den Begriff, das Wahre, nicht in seiner reinsten Form. Für diese Art des Idealismus ist „die Kunst, wie die Offenbarung, ein für die Philosophie zu überwindender und in der absoluten Wissenschaft überwundener Standpunkt des Geistes." — Dies charakterisirt in der Hauptsache den Hegelschen Standpunkt. Der dialectische Fluss, der durch das ganze Hegelsche System sich hinzieht, jener Process, der einzig und allein im reinen Begriff seinen Zielpunkt finden soll, so dass die Vollendung der ganzen geistigen Entwicklung auf eine einzelne Seite des Vernunftlebens, in den philosophischen Gedanken, gelegt wird, ist ein Hauptgebrechen der Hegelschen Philosophie, eine Folge ihres unvollständigen, gewaltsam sich überstürzenden, methodischen Princips, welches die Momente der Thesis, Antithesis und Synthesis ungenau fasst und bezieht, indem es weder die gegensätzliche Entfaltung, noch den harmonischen Abschluss der Bewegung gehörig erkannt, somit die ganze organische Ordnung und ebenmässige Erfüllung gesetzmässiger Entwicklung nicht richtig eingesehen hat. Die Folgen dieses in der neueren Philosophie mehrfach beleuchteten Grundmangels des Hegelianismus sind, im Theoretischen wie im Praktischen, unermesslich; auch die Stellung der Kunst im Ganzen des menschlichen Vernunftlebens wird dadurch beeinträchtigt. Denn die Kunst ist nicht bloss, wie jenes System will, eine zu durchschreitende Aus- und Durchgangsstation zur absoluten Wissenschaft, sondern sie ist neben und gleich der Wissenschaft berechtigt, als eigenthümlicher Theil der menschlichen Bestimmung, von unendlichem Werth. Die verschiedenen Lebenszwecke und Gebiete (Kunst, Wissenschaft, Sittlichkeit, Religion, Recht,) sollen einander so wenig absorbiren, als der Staat die besonderen persönlichen und gesellschaftlichen Lebenskreise der menschlichen Cultur in sich aufheben

Alle
schaft v
vielfach
ei sche'
desse'
biet?
erir
D?
z'
'

214

soll. In dem vollen und gliedlichen Aufbau des menschlichen Da-
behält die Kunst allerall ihren Platz, nicht bloss als eine un-
vom Spruch zur Wissenschaft, sondern als an sich würdig, um der
Schönheit willen, die sie, und so, wie sie, keine andere Macht,
darzustellen hat. Kunst und Wissenschaft dienen und fördern ein-
oder wechselweise. Besässen wir die absolute Philosophie, so würden
weder Kunst noch Religion, noch praktische Thätigkeit, gleich Formen, denen der Geist entwachsen wäre, zurückzustellen sein, sondern
dann würde, unter der Leuchte der Erkenntniss, ein frisches, regeres
Leben in allen diesen Kreisen der Vernunftbestimmung des Menschen
erwachsen.

Die Neigung der Hegelschen Philosophie, das Historische in
die philosophische Gedankenentwicklung aufzunehmen, zeigt sich in
sehr sprechender Weise in der Behandlung der Aesthetik. Auf diese
Methode, die er „Historismus" nennt, ist der Verf. besonders schlimm
zu reden. Wir glauben indessen, die rechte Speculation werde aus
der Aufnahme des empirischen Materials nur Nutzen ziehen. Dass
bei Hegel, wie bei andern Versuchen, das Geschichtliche in den
philosophischen Begriff zu erheben, die Deutung des Geschichtlichen
oft nicht stichhaltig ausfällt, ist bekannt genug. Aber der Grundgedanke Hegels ist für die Philosophie ein ergiebiger. Die Wirklichkeit zu begreifen, ist seit Aristoteles eine anerkannte Aufgabe
der Wissenschaft. Die reinen Begriffe, welche speculativ gewonnen
sind, werden durch die Geschichtsbegriffe verdeutlicht, bestimmt,
belebt. Die speculativen Erörterungen Hegels, nur zu oft überaus
abstrus, gewinnen überall Gestalt, wo sie mit geschichtlichen Anschauungen verwachsen sind; und auch das geschichtliche Leben
legt sich klarer vor den Blick, wenn wir einen gesetzmässigen
idealen Bildungsverlauf darin wahrnehmen.

In seiner Darstellung über die Aesthetik der Hegelschen Schule
streift der Verf. schon mehr in das Theoretische hinüber. Wir wollen
hier den verschiedenen Streitpunkten, die er berührt, namentlich
mit Vischer, nicht nachgehen; wir müssten zu sehr in's Besondere
eintreten, als gegenwärtige Anzeige einer geschichtlichen Schrift uns
verstattet.

In Hinsicht auf des Verf.'s Grundannahme, als deren Vorkämpfer er durch alle Theile seines Buches auftritt, nämlich hinsichtlich
seiner abstract-formalen Auffassung des Schönen, begnügen wir uns
mit folgenden andeutenden Bemerkungen: 1) Es ist vor Allem der
Begriff von Form und Gehalt und deren Verhältniss festzustellen, ehe sich über die Frage: ob die Schönheit etwas lediglich
Formales sei, oder ob sie auch Gehalt in sich trage, etwas sagen
lässt. Man kann alle Bestimmungen der Wesenheit Formen nennen,
und dann ist sicherlich die Schönheit eine Form, nicht weniger das
Gute, Wahre, Gerechte, Nützliche, Vollkommene; nicht bloss die
Mathematik, sondern auch die Aesthetik, die Ethik, Logik u. a.
sind dann formale Wissenschaften, von denen wir als s. g. materiale

Wissenschaften, diejenigen unterscheiden, welche substantielle Wesen
zum Gegenstand haben, wie die Philosophie des Geistes, der Natur,
des Menschen. Anders aber, wenn man unter Form nur die Weise
verstehen will, wie Etwas gesetzt, gegen Anderes begrenzt und in
Beziehung gestellt ist, wie die Begriffe der Position, Affirmation,
der Grenze, Grösse, Zahl, des Masses und deren mannichfaltige
Bestimmungen; anders, wenn unter Form bloss eine äussere Beziehung von Dingen gemeint wird, so dass deren Verhältnisse von
ihrer inneren und eigenthümlichen Qualität, abgezogen gedacht
werden. Wer unter der Form nur die äussere und bezügliche versteht, der wolle doch nicht in dem nämlichen Sinn die aristotelische
μορφή und das aristotelische εἶδος, noch die Kantischen Formen
jeder Art, die Begriffe des Allgemeinen und Apriorischen, ansehen;
nur oberflächliche Unwissenschaftlichkeit würde sich das erlauben,
nur eine seltene Selbstgefälligkeit würde es sich nachsehen. Es ergiebt sich von selbst, wie danach auch die Ausdrücke: Qualität,
Gehalt, Materie, Stoff die verschiedenste Deutung erleiden. Wer
den Stoff, den ein Dichter wählt (vgl. S. 511 ff.), die rohe Materie
die er behandeln will, die er mit geistigem Gehalt erst belebt und
durchdringt, mit dem Gehalt des Gedichts, des fertigen Werkes,
verwechselt, mit dem hört eigentlich die wissenschaftliche Discussion
auf. 2) Die Aufstellung der ästhetisch-gefallenden Grundverhältnisse,
zum Behuf der Ausbildung der formalen Aesthetik, was ein höchst
wichtiger Theil der ästhetischen Forschung ist, würde als solche
den wahren Realismus in der Aesthetik noch nicht begründen,
so lange als man, wenn schon jene Verhältnisse als sachlich reelle
gelten, das Hauptmoment, das was all diesen Formen und Verhältnissen gemeinsam sein soll: dass sie schön sind, nicht, von
der Verschiedenheit jener Verhältnisse absehend, auf allgemeine
sachliche Grundbestimmungen zurückgeführt, d. h. das sachliche
Einheitsprincip der Schönheit bestimmt hat. So lange es nur heisst:
dass alle dergleichen Verhältnisse Gegenstand eines unmittelbaren
Wohlgefallens sind, ist die Spitze der ganzen Analyse in einem
lediglich subjectiv - gemüthlichen Bezug (dem Gefallen) gelegen, und
wir stecken dann mit dem Princip nach noch im Subjectivismus, sind
in diesem obersten, allgemein entscheidenden Punkte über Kant
noch nicht hinausgekommen. 3) Die formale Betrachtung des Schönen, welche von dem inneren qualitativen Wesen absieht, darf nicht
dem Ganzen der ästhetischen Wissenschaft gleichgesetzt werden,
sondern ist ein Theil derselben. Die Betrachtung des Wie ohne
das Was, die Ansicht der Beziehungen ohne das innere Wesen,
diess Alles giebt nur die abstractesten Sätze. Eine gründliche Auffassung der ästhetischen Formenlehre muss vielmehr auf die materialen
und qualitativen Ideen der Aesthetik gebaut werden, und ihre Entfaltung kann nur daran erfolgen. Eine Kunstlehre, welche in jener
trennenden Abgezogenheit verharrt, muss unfruchtbar bleiben und
wird der Entartung der Künste in das äusserliche Virtuosenthum

und in academische geist- und leblose Schulgerechtigkeit Vorschub
leisten. 4) Da die Form von dem Wesen, die Verhältnisse von
dem Innern der Dinge abhängig sind, so würde die Aesthetik, wenn
sie als abstracte Formwissenschaft ihren Gehalt ausser sich hätte,
eine durchaus abhängige Theorie werden, abhängig nämlich von
den gehaltlichen (etwa ethischen) Wissenschaften, welche die Gegenstände, woran die Schönheit als Form erscheinen soll, zu erklären
haben. Die abstracte formalistische Ansicht der Aesthetik würde
demnach dieselbe als selbständige Disciplin aufheben und sie zur
Dienerin der gehaltlichen, die Form bestimmenden, Erkenntnissgebiete machen. Eine wirklich selbständige Wissenschaft ist die
Aesthetik nur dann, wenn die Schönheit wesentlich qualitativ zu
bestimmen ist, so dass die schönen Künste eine eigenthümliche
Auffassung des Lebensinhaltes zu geben vermögen und
bestimmt sind, so dass die künstlerische Cultur neben der religiösen,
sittlichen, rechtlichen, nützlichen ihre eigene freie Sphäre einnimmt.
Durch die ästhetische Auffassung des Lebens, durch den Geist und
inneren Werth der Schönheit wird dann auch die eigenthümliche
ästhetische Form und deren Ausdrucksamkeit bestimmt und danach
allein wird sie gewürdigt werden müssen.

Schliephake.

---

*Stallaert K. F.: Geschiedenis van Hertog Jan den Eersten van
Braband. Brussel 1859. 8o. und vom Nämlichen De l'Instruction publique au moyen age. Bruxelles 1854. 8o.*

Obgleich der ungemein rege Eifer der belgischen Geschichts-
freunde in Deutschland bekannt ist, so kommen doch ihre zahlreichen Productionen weniger als die englischen und französischen
bei uns in Umlauf, und in gleichem Verhältnisse werden weniger
in die deutsche Sprache übertragen. Darum glauben wir nicht bloss
auf das überschriftlich genannte, eben erschienene Werk des Hrn.
Stallaert, sondern unter einem auch auf dessen ältere Schrift über
den öffentlichen Unterricht im Mittelalter aufmerksam machen zu
sollen.

Der Verfasser, Professor im Athenäum zu Brüssel, ausschliesslich dem Studium des Mittelalters zugewendet, hat, wie aus der
Vorrede zu ersehen ist, für die in zehn Heften erscheinende Geschichte des Herzogs Johann I. von Brabant die besten gedruckten
und viele handschriftliche auch in Deuschland aufgesuchte Quellen
benützt. Der deutschen Sprache vollkommen mächtig, schöpfte er
auch häufig aus unseren Literaturwerken, wobei er mit Fug staatsrechtliche Fragen wie z. B. die über die Vormundschaft des jungen
Herzogs nach den Grundsätzen des deutschen Staatsrechtes be-
urtheilte und sich darauf berief. An die Verwandtschaft des bur-

gundischen Hauses mit dem thüringischen, knüpfen sich auch für die deutsche Geschichte Beziehungen, welche die Benützung von Stallaerts Arbeit nahe legen. Der vorliegende erste Theil beginnt mit dem Tode des Herzogs Heinrich III. i. J. 1261 und den blutigen Streitigkeiten, welche die Minderjährigkeit Heinrichs seines Erstgebornen in Brabant hervorriefen, und geht bis zu der vom Herzoge Johann seinem Bruder unternommenen Belagerung von Lontzen i. J. 1286. Wünschenswerth wäre es gewesen, wenn der Verfasser den verschiedenen Abtheilungen zur Erleichterung des Aufsuchens einzelner Thatsachen ein Summarium beigefügt hätte, und noch wünschenswerther wird ein den Gebrauch seines Werkes bedeutend erleichterndes alphabetisches Register sein.

Seine über den öffentlichen Unterricht im Mittelalter in zweiter Auflage erschienene gekrönte Preisschrift, bietet für die allgemeine Culturgeschichte sehr interessante Aufschlüsse. Aus einer umfassenden Quellenbenützung stellt sich zwar zunächst die Gemeinsamkeit der Zustände des öffentlichen Unterrichts in Belgien mit denen des karolingischen Zeitalters heraus, der spätere Gang aber wird ein völlig selbstständiger, und in Bezug auf die frühe dem Klerus von den Städten entwundene Pflege des öffentlichen Unterrichts, worüber bei Antwerpen ein interessanter Fall vorgeführt wird, dann hinsichtlich des Nachweises, dass der Volksunterricht ein Reservatrecht der Landesherren bildete und an ihre Privilegien gebunden war, ergeben sich Eigenthümlichkeiten, die zu beachten sein dürften. Der Verf. theilte seine Darstellung in einen historischen und einen didactischen Theil (Lehrmethode, Unterrichtsgegenstände etc.) ein, und hielt sich bei jenem an eine Eintheilung nach den ursprünglich bestandenen drei Bisthümern und den verschiedenen zu ihnen gehörigen Klöstern, die wie überall die Pflanzstätten des gelehrten Unterrichts waren. Einige dieser Klöster leisteten nicht bloss sehr viel für die Verbreitung des Unterrichts, sondern brachten auch für jenes Zeitalter grosse Gelehrte hervor, deren mehrere nach Deutschland und Frankreich versetzt wurden. Die von den hervorragendsten derselben gegebenen biographischen Notizen und Angabe ihrer Werke (die wir aber vollständiger gewünscht hätten) führte uns zur Endeckung, dass der in der Handschriftensammlung der Petersabtei zu Salzburg i. J. 1846 von uns aufgefundene, seitdem aber spurlos verschwundene Tractat de ratione inveniendi crassitudinem spherae von Adalbod, Mönch des Klosters Lobbes herrühret, und der von Stallaert nicht angegebene in St. Peter sich befindliche Tractatus de sphaera worin der Satz: Sphaera igitur globosum et rotundum corpus est, cujus omnes extremitates a centro aequaliter distant (zehntee Jahrhundert) wahrscheinlich auch von ihm ist.

Es scheint, dass der Handel ebenfalls einen wohlthätigen Einfluss auf den Volksunterricht gehabt habe, denn bei Dierexens ist von Antwerpen zum Jahre 1805 gesagt, dass um diese Zeit „das Lesen und Schreiben (ars legendi et scribendi) im Volke (inter

„populares) vernachlässigt. war. Da nun diese Kenntnisse in der
„Gemeinde sehr geschätzt waren, so haben der Magistrat und das
`,Kapitel zusammen, 1. J. 1805 eine Pfarrschule gegründet, in wel-
„cher dieser Unterricht unentgeltlich ertheilt wurde." Ob irgendwo
in Deutschland um dieselbe Zeit auch nur eine derartige Elementar-
schule bestand, dürfte kaum bejahend beantwortet werden können.
In Belgien wurden nach dem Muster der Antwerpener-Schule deren
auch in anderen Pfarren errichtet, aber es bedurfte in dieser Zeit
noch immer der Bewilligung der Geistlichkeit, die auf den Unterricht ein ausschliessliches Recht zu haben glaubte, und es zum Theil
auch wirklich besass. In Gent entwanden es ihr aber schon im
12. Jahrhunderte Private, welche einen häuslichen Unterricht gaben,
und im 15. Jahrhundert scheint sie es ziemlich überall eingebüsst
zu haben. Das erste vlämisch-lateinische Wörterbuch, gedruckt
von Johann von Westphalen, setzt der Verf. in das Jahr 1477,
zweifelnd, dass ein älteres bestehe. Für den Unterricht in der Muttersprache bediente man sich einer vlämischen Uebersetzung der Distichen des Cato, die gegen Ende des 15. Jahrhunderts in Antwerpen
erschien, doch entstammt die Uebersetzung schon dem 13. Jahrhunderte, auch der Donat oder eine Ueberarbeitung desselben, ward
frühzeitig in der „thioasen oder flamandischen Sprache" abgefasst.
Bei dem gelehrten Unterrichte sind keine Abweichungen von der in
Deutschland üblichen Methode, den Lehrgegenständen und den Hilfs-
büchern bemerkbar, und scheint von der Wissenschaftlichkeit weniger
von Deutschland nach den Niederlanden als vielmehr umgekehrt von
dort hierher gedrungen zu sein, wobei selbst Fulda keine Ausnahme
machen dürfte.

M. Koch.

---

*Aschbach Joseph. Ueber Trajan's steinerne Donaubrücke; mit
2 Tafeln und 3 Holzschnitten. Wien 1858. (besonders abgedruckt aus dem III. Jahrgange der „Mittheilungen der K. K.
Central-Commission zur Erforschung und Erhaltung der
Baudenkmale") S. 24. 4.*

In den gelehrten Mittheilungen der K. K. Kommission für Erforschung und Erhaltung der österreichischen Baudenkmale nimmt
vorliegende Abhandlung eine vorzügliche Stelle ein und ist mehr als
andere von allgemeinem Interesse, daher wir sie kurz dahier besprechen wollen. Zu den grössten Bauwerken, welche die Römer
je errichteten, zählten sie selbst die Donaubrücke Trajans; sie ist
jetzt so ziemlich spurlos verschwunden. Wiewohl aber die Alten den
Ort genau angeben und es auch an späteren Anhaltspunkten nicht
fehlte: war man bis jetzt doch durchaus nicht einig noch gewiss,
wo dieselbe gestanden; ist doch z. B. der neueste Geschichtschreiber

Trajans Francke·gans auf Abwege gerathen, wenn er die Brücke
zwischen Gieli und Dagien stellt, indem dort „ungeheure Pfeiler im
Sommer bei niedrigem Wasserstande hervorträten", welche Nachricht
aber, wo sie immer Francke her hatte, ungegründet ist, indem „die
Ingenieure der Donau-Dampfschiffahrts-Gesellschaft nichts von steinernen Pfeilern in jener Gegend entdeckten"; wäre sie aber begründet, müsste man hier eine Brücke Constantin's etwa nicht Trajan's
annehmen.   Auch die neueste Geschichte von Oesterreich von Büdinger (Leipsig 1858) gibt eine unrichtige Lage an (oberhalb Alt-
Orsova) und somit hat der gelehrte Herausgeber vorliegender Abhandlung Ursache genug gehabt, die Sache aufs neue gründlich zu
untersuchen, so dass wir inskünftige über die Brücke Trajans nicht
mehr in Ungewissheit sein können.   Der Gang der Untersuchung ist
folgender.   Nachdem der Verf. vorerst nur Weniges über Trajan im
Allgemeinen und über seine ersten Unternehmungen gesprochen: wendet
er sich zum dacischen Kriege, der bekanntlich entstand, weil Trajan
es für schimpflich hielt, den jährlichen Tribut weiterhin zu bezahlen,
welchen Domitian dem dacischen König Decebalus lange zu
geben sich bequemt hatte.   Ausser einer grossen Heeresmacht,
mit der er von Singedunum (bei Belgrad) bis an das schwarze Meer
in das dacische Land einzudringen beabsichtigte, wurden zwei Schiff-
brücken geschlagen: bei Viminacium (bei Kostolatz der Insel Ostrova
gegenüber), die andere 12 Meilen unterhalb bei Tallatis (bei Ko-
lumbina einige Stunden oberhalb Orsova).   Die Dacier, auf ihrer
ganzen Südseite angegriffen, verloren Schlachten und Festen und
Pässe und bald war die Hauptstadt Sarmizegethusa (bei Varhely)
in Trajans Gewalt.   Da fügte sich der stolze König, bequemte sich
vor Trajan niederzufallen, behielt jedoch als amicus populi Romani
die Herrschaft, wiewohl römische Besatzungen in Dacien zurück-
blieben, Kastelle angelegt wurden u. s. w. (i. J. 103). Doch wollte
Trajan Dacien in eine römische Provinz verwandeln; dazu hielt er
vor Allem eine steinerne Brücke für nothwendig, damit der Uebergang über die Donau niemals unterbrochen wäre.   Er begann sie
sogleich und noch ehe ein Jahr verflossen, war das Riesenwerk
vollendet.   Sie stand nach den Nachrichten der Alten, die der Verf.
sorgfältig sammelt und beifügt, einige Meilen unterhalb Orsova nahe
dem eisernen Thore, wo zwischen dem wallachischen Orte Turn
Severin unweit Czernetz und dem serbischen Dorfe Fettislan, das von
den Türken in den Ruinen der alten Stadt Cladova erbaut ist, im
Donaustrom sich eine Sandinsel und ansehnliche Pfeilertrümmer von
einer steinernen Brücke vorfinden.   Dort suchten und fanden diese
Brücke auch die byzantinischen, kurz fast alle Geschichtschreiber bis
in das XIX. Jahrhundert; seitdem aber haben einige auch der neuesten
Forscher, wie wir oben sahen, sie etwa in die Gegend verlegt, wo
des Trajan's zweite hölzerne Brücke aufgeschlagen war.   Im Jahre
1858 erlaubte der ganz ungewöhnlich niedrige Wasserstand der Donau
eine Untersuchung der Pfeilerfundamente, und es ergab sich, dass

vom wallachischen Ufer bis zur Insel fünf, jenseits dieser bis zum serbischen Ufer 11 Pfeiler noch in dem Flusse liegen, so dass, da auf der Insel noch 4 sein mussten, die ganze Brücke also auf 20 Pfeilern ohne die Brückenköpfe an beiden Ufern ruhte, wie auch Cassius Dio angiebt; nach diesem betrug die Höhe ohne die Fundamente 150 Fuss, die Tiefe 60', die Pfeiler standen 170' von einander, hierbei sind aber die Pfeiler von 50' Breite selbst mitgerechnet, so dass die Weite der Pfeiler nur 120' betrug (Andere nehmen 110' Fuss an). Die Kasten für die Pfeiler in dem Fluss waren, wie Andere beifügen, 120' lang 80' breit. Noch jetzt sind die bei niedrigem Wasserstand hervorstehenden Pfeilertrümmer 69 bis 72' lang, und 45—47' breit. Während diese Maasse alle nicht unpassend erscheinen, und mit den Ueberresten übereinstimmen, schien doch Manchen die Höhe der Pfeiler zu 150' zu stark und Einige wollten daher hier Palme statt Fuss setzen, so dass nur der 4te Theil sich ergebe. Indem der Verf. dieses zurückweist, weil dann das Wundervolle des Baues verschwinde, bemerkt er wohl richtig, dass bei der Höhe nicht nur die Pfeilerschäfte sondern auch die Bogen, kurz die ganze Brücke mitbegriffen sei; wir setzen bei, dass jene Höhe ohne Zweifel nur die mittlern Pfeiler hatten, indem nach beiden Ufern die Brücke immer minder hohe Pfeiler haben musste, jene Höhe aber nicht übertrieben ist, da ja ähnliche Angaben bei andern Brücken Trajan's wie in Spanien vorkommen. Da die Pfeiler selbst gleich dick waren und gleich weit auseinander standen: so betrug die ganze Länge der Brücke 21 $\times$ 170 = 3570 Fuss; und wunderbar! gegenwärtig ist die Breite des Stromes daselbst = 3576 Wiener Fuss, so dass sich also der römische Fuss vom Wiener gar nicht unterscheidet. Die Verbindungen der Pfeiler scheinen nicht überall steinerne Wölbungen gewesen zu sein, sondern wie die Abbildung auf der Trajanssäule vermuthen lässt, in Holzkonstructionen bestanden zu haben; letzteres war wegen der Weite der Pfeiler von 120 oder 110' ohnstreitig schwieriger, und da sie zugleich weniger dauerhaft erscheint, so möchte der Verf. nur die Gallerie und anderes Beiwerk an der obern Brückenbedeckung für Holzwerk erklären, worin er wohl das Richtige ermittelt haben mag, wiewohl wir immerhin noch zusetzen möchten, dass wahrscheinlich die Pfeiler an den Ufern eine etwas andere, etwa hölzerne Ueberwölbung hatten. Jedenfalls ist die Weite der Pfeiler eine solche, dass kaum die neuere Zeit eine gleich grossartige Brücke aufweisen kann. Und dies Riesenwerk wurde in nicht viel längerer Zeit als ein Jahr vollendet — so kann Grosses schnell gethan werden, wenn Soldaten bauen müssen. — Karl der Grosse baute an der hölzernen Brücke bei Mainz mit steinernen Pfeilern 10 Jahre. — Wohl mögen alle Soldaten, besonders die Hilfstruppen an Trajan's Brücke beschäftigt gewesen sein, jedoch hat man bis jetzt erst Stempel mit den Inschriften COH II HISP und coHICRE d. i. cohors secunda Hispanorum und cohors prima civium Romanorum equitata aufgefunden, welche zwei Cohorten zur leg. XIII. gemina gehörten, die besonders im dacischen Kriege verwendet wurde. Dieser aber ward schnell beendigt: da die römischen Heersäulen über die Brücke sich nach allen Theilen des Landes ergossen, sah Decebalus sich genöthigt, noch ehe ein Jahr verging, sich durch den Tod der Gefangenschaft zu entziehen, und so wurde Dacien römische Provinz. Zur Erinnerung an diesen Sieg wurde unter Anderem auch die Trajanssäule errichtet. Die Brücke sollte eigentlich nach den grossen Plänen des Kaisers den Anfang zu weiteren Eroberungen in Europa und Asien machen; als er aber 10 Jahre nachher in Asien dem Tode erlag, gab sein Nachfolger Hadrian theilweise die neuen Eroberungen auf; da er aber das durch Italer und Griechen stark bevölkerte Dacien nicht blosstellen konnte: so liess er doch unter dem Scheine den Barbaren den Uebergang zu erschweren, in der That aber aus Neid gegen seinen Vorgänger, die obern Theile der steinernen Brücke abtragen und die Bogen sprengen, so dass nur die hohen Brückenpfeiler wie traurige Denkmäler des Wunderbaues emporragten. Da Castelle auf beiden Seiten die Brückenköpfe schützten, so errichtete man neben den Pfeilern eine Schiffbrücke, und am rechten Ufer erhob sich eine blühende Stadt Ageta oder Egeta genannt — deren Namen der Verf. scharfsinnig von Εἰς Γέτας herleitet — was das jetzige Cladova ist. Von Severus Alexander — nicht Alexander Severus, wie immer noch der Verf. schreibt — wird zwar berichtet, dass er die Trajanischen Brücken wiederherstellte; dies scheint sich aber nicht auf die Donaubrücke erstreckt zu haben. Doch führt jetzt noch am linken Ufer daselbst die Stadt Turnu-Severinului ihren Namen nach einem Thurm, den Severus daselbst erbaute. Als im dritten Jahrhundert Dacien von den Römern aufgegeben wurde: blieb Egeta ein militärisch wichtiger Posten, obgleich auch die Schiffbrücke abgeführt war. Constantin scheint sogar die steinerne Brücke auf kurze Zeit erneuert zu haben; aber bald fielen durch die Völkerwanderung alle Kastelle dort in Trümmer, und die Brückenpfeiler dienten später zum Aufbaue neuer Orte; so erbaute Justinian an der Stelle von Egeta den Ort Pons. Die Brückenpfeiler sind längst ausserhalb dem Wasser nicht mehr sichtbar, indem auch jetzt noch die Einwohner die Quadersteine aushauen und verbrauchen; aber Aschbach's Abhandlung hat, wenn auch die letzten Reste in der Donau verschwänden, den Ort, wo sie gestanden, für immer ermittelt und festgesetzt. Noch sei erwähnt, dass der Erbauer der Brücke der berühmte Architect Apollodorus aus Damascus war, den Trajan bei seinen grossen Bauten vielfach benützte, und welchen nachmals Hadrian ebenfalls aus Neid tödtete; er hatte auch eine Schrift über die Brücke verfasst, die aber sich nicht erhalten hat, wie doch die Πολιορκητικὰ desselben. Sein Bild entdeckte bekanntlich Niebuhr in dem Constantinischen Triumphbogen, der aus trajanischen Bautrümmern errichtet ist. Den Werth der Abhandlung erhöhen noch die beigefügten Umrisse der Brücke und

eine Karte.   Schliesslich hat uns diese schöne Arbeit wiederholt
bestärkt, dass die Römer am Rheine keine steinerne Brücke hatten.
Wir schliessen an eine Abhandlung der nämlichen Commission:

*Ackner M. J.   Die Colonien und militärischen Standlager der
Römer in Dacien im heutigen Siebenbürgen.   Wien 1857.
S. 38. 4.*

Als wir Neigebauer's Dacien in diesen Jahrbüchern 1854
S. 641 ff. besprachen, bemerkten wir S. 655, „dass für die wenigsten alten Ortsnamen die Lage bis jetzt ermittelt sei." Hiezu liefert
nun einen erfreulichen Beitrag vorliegende Abhandlung, indem sie
wenn auch nicht alle Orte, doch wenigstens die römischen Colonien
zu bestimmen sucht; die wenigsten Orte aber waren Colonien, und
auch über die Zahl dieser ist man noch nicht einig.   Der Verf.
untersucht nun vorerst nicht, welche Orte römische Colonien geworden sind, sondern hält sich grösstentheils an Mannert, der nur
jene Orte (in allem 5) für römische Colonien erklärt, welche auf
der tab. Peuting. mit zwei Thürmchen bezeichnet sind, während doch
andere wie z. B. Ulpian noch von andern Colonien in Dacien reden.
Ohne nun dies zur Entscheidung zu bringen, was zwar eine höchst
verdienstliche aber schier unmögliche Sache gewesen wäre, bespricht
der Verf. folgende Orte: 1) Colonia Ulpia Trajana Sarmizegethusa
Augusta Dacica beschränkte sich durchaus nicht auf den elenden
walachischen Flecken Gredisbtie, ungarisch Varhély (denn die siebenbürgischen Städte führen meistens drei Namen, einen ungarischen,
walachischen und deutschen), sondern die Ueberreste erstrecken sich
noch weit in die umliegenden Orte wie Obaba, Klopotiva, Breasova
u. s. w. — 2) Colonia Apulum, zur tribus Crustumina gehörig, begriff die Stadt Karlsburg (Alba Julia erst in neuester Zeit genannt
wahrscheinlich nach dem siebenbürgischen Fürsten Gyulai) und das
Dorf Marosporto.   Hierbei bemerkt der Verf. S. 14: „Nach der
neuerlichen Untersuchung und Angabe des Ritters Neigebaur ist die
Zahl der Inschriften bereits auf 273 gestiegen und jene der mannigfachen andern antiken Gegenstände auf 170." Wenn hierbei Neigebaur,s Dacien gemeint ist und dieses Werk citirt oft der Verf., so
ist die Rechnung nicht richtig: dort werden zwar für Karlsburg
S. 162 sogar im Ganzen 281 nicht 273 Inschriften aufgeführt:
wenn man aber die doppelt und dreifach citirten und die zweifelhaften weil auch anderwärts erwähnten Inschriften abzieht, bleiben
kaum 260 übrig: und kleinere Alterthümer führt der Verf. nur 70
auf nicht 170. — 3) Patavissa colonia nach Ulpian, ist das jetzige
Szekely-Földvár im Klausenburger Kreis, während Mannert es eine
Stunde nördlich davon nach Maros-Ujvár setzt, weil er jenen Flecken am unrechten Ufer des Maros annahm. Neigebaur in Alterthums-
zeitschr. 1848. 88 suchte Patavissa in Klausenburg, was der Verf.
nicht bemerkte.   Auf der tab. Peuting. fehlen bei diesem Orte die

Thürmchen als Coloniezeichen, weil erst Septimius Severus, wie Ulpian sagt, dem Pataviconsium vicus das Recht der Colonie gab, was also der Verf. der tab. Peuting., da er doch etwas jünger ist, zu notiren versäumte. — 4) Napoca colonia umfasste die beiden Orte Nyárádtö und Malomfalva, zwischen denen der Maros fliesst; Mannert hielt blos den ersteren Ort dafür, Andere andere, namentlich wieder Klausenburg, weil hier allein auf einer Inschrift dieses Ortes gedacht wird; wobei man sich hätte erinnern sollen, dass es bei den Alten durchaus nicht Sitte war, auf Steinen in loco den Namen des Ortes beizufügen, vgl. Zeitsch. des Mainz. Vereines I. S. 214. — 5) Paralisum colonia ist der unansehnliche Flecken Véts nicht Mikbáza, wohin es Mannert verlegen möchte; auch dieser Ort findet sich auf einer Inschrift zu Petresan (Neigebaur S. 172), wohin aber doch Niemand bis jetzt den alten Ort hinzusetzen versuchte. — Nur diese fünf Orte führt der Verf. unter dem Namen coloniae auf; ob die noch folgenden Orte ebenfalls solche gewesen sind, lässt er ziemlich unentschieden, indem er sie römische Pflanzorte, municipia oder blos von den Römern besuchte und bewohnte Orte nennt. So heisst gleich 6) Aquae, ad Aquas weder eine Colonie noch ein Municipium, wenn schon wegen seiner warmen Quellen berühmt. Mannert suchte den Ort schon richtig zwischen Hatzeg und Vajda Hunyad, kannte aber in der dortigen Gegend keine warmen Bäder; der Verf. weist nun nach, dass im Vajda-Hunyader Kreis solche Bäder bei Kis-Kalan aus alter Zeit gewesen seien. Da aber Ptolemäus die Ὕδατα 13 römische Meilen weiter rückt, so meint er, dass die Bewohner des 14 römische Meilen entfernten Sarmizegethusa Anfangs das nahe Bad, und dann bei vermehrtem Zudrange das entferntere Bad benutzt hätten, so dass die Ὕδατα des Ptol. bei Gyogy zu suchen seien; wodurch wir also zwei Bäder in der Nähe der Hauptstadt hätten, die wohl durch irgend ein Beiwort unterschieden waren. Da bei Broos und Karlsburg die siebenbürgischen Thermen hervorquellen, so möchte der Verf. die daselbst gefundenen Inschriften, die den Heilgöttern gewidmet sind, auf jene Bäder beziehen, und führt 4 Inschriften von dorther an — er hätte die Sammlung vermehren und dabei Rücksicht nehmen können, was Baehr in Klotz's Jahrbüchern LXVI S. 332 über diese siebenbürgischen Heilgötter bemerkt hatte. Die eine der vom Verf. nach Broos verlegten Inschriften führt Neigebaur S. 12 bei Mehadia an (vgl. auch Neigeb. S. 284). Der Verf. hat weder hier noch anderwärts auf die Unbestimmtheiten und Widersprüche bei Neigebaur geachtet noch viel weniger sie ins Reine gebracht. — Die auf der tab. Peuting. zwischen Aquae und Apulum gesetzten drei Orte Petrae, Germibera und Blandiana findet der Verf. in Csikmó, Pad und Alvinz, den mittleren nicht mit voller Bestimmtheit; anders Mannert und Andere. — 7) Aurariae mehrere Goldorte, zwar nicht auf der tab. Peut. noch von Ptolem. erwähnt, aber durch Inschriften gesichert, werden wie auch Neigebaur annimmt in Abrudbanya und Zalathna gefunden; letzteres wird wahrscheinlich richtiger Ampeium geheissen haben, wovon noch der Fluss Ampoj, wie Mommsen in den Berliner Monatsberichten der K. Akademie 1857 Nov. 2 annimmt, was dem ehrenwerthen Verf., dem auch Mommsen dort das besste Zeugniss giebt, noch nicht bekannt sein konnte. — 8) Bruela zwischen Krako und Tibor; in jenem Dorfe erblickt man noch vor mancher armen Hütte einen schönen gehauenen Stein von dem feinsten Marmor; das sanctuarium der reformirten Kirche ist mit römischen Ziegeln gepflastert; auf den meisten ist noch L. XIII. G. mit erhobenen Buchstaben ganz deutlich zu lesen. — 9) Marcodava (der Verf. hat unrichtig Marcoclava) wird in Varfalva gefunden, wo sich sehr häufig Ziegeln finden mit L. V. M (legio V Macedonica), wie also einige Fragmente bei Neigebaur S. 197 zu deuten sein werden. Nach der Tradition ist die unitarische Kirche daselbst aus den behauenen Steinen der alten Stadt erbaut. — 10) Salinum das jetzige Thorda mit Inschriften, worauf des COLLEG. SALINARIorum gedacht und vielen andern auch sonst merkwürdigen, im Ganzen 53 nach Neigebaur, über die hier Ackner sehr schonend sagt: „er hätte sich mehr Auskunft über Fundort, Zeit, Umstände etc. verschaffen können," denn seine ganze Sammlung ist „mit bekannter Unkritik zusammengeschrieben" wie Mommsen a. a. O. S. 4 bemerkt. — Noch bestimmt der Verf. ganz kurz folgende sechs Orte: Ulpianum = Klausenburg (oben bemerkten wir schon, wie wenig man über Klausenburg einig ist, um so mehr hätten wir ein näheres Eingehen gewünscht); Ruconium = Szamosujvar; Doricum = Dees; Optatiana = Birk; Largiana = Görgeny Sz. Jmré; Cersie = Remete oder Mihasa, indem der Verf. die Wahl hiefür weiteren Forschungen anheimstellen zu müssen erklärt.

Hiermit enden die vom Verf. bestimmten alten Orte; er fügt die militärischen Standlager (castra stativa) der Römer an und weist deren 23 nach, was einen wesentlichen Beitrag zur alten Geographie Siebenbürgens bildet; er unterlässt jedoch zu bemerken, welche Truppentheile in einzelnen Lagern gelegen haben, was zwar bisher meist ungewiss war, aber doch hie und da ermittelt werden konnte: so hat der Verf. aus Ausgrabungen gefunden, dass bei Schässburg, dem alten Sandava des Ptolem. das castrum der XIII. leg. gemina (was er sonderbarer Weise mit Zwillings-Legion übersetzt) gewesen ist. Noch wollen wir eine Inschrift erwähnen, die erst 1856 bei Kleinschelken ausgegraben und in der dortigen Kirche aufbewahrt ist.

D. M.
COTV. SVCCESSI. F
CIVES. NORICA.VIX.
AN. LV. CL. L. LATINVS
POSVIT. CONIVGI. BEN
EMERENTI. H. S.E

Da der Verf. sagt: „zwei oder drei Siglen sind unkenntlich,

welche sich indessen leicht ergänzen lassen" aber nicht angibt, wo
sie sind, bleibt uns für V. 2 und 4 bei seiner Erklärung einiger
Zweifel, ob dort Cotulia und hier Claudius Lucius Latinus zu lesen
sei. Ist nicht vielleicht COTV Nominativ barbarischer (keltischer?)
Sprache? ein neugeschaffenes nomen gentile passt nicht. In V. 4
ist vielleicht Caius Larelius zu lesen? Der Stein hat mehrere Bildwerke, welche eine Abbildung verdienen. Auch diese Inschrift erregt in uns wiederholt denn a. a. O. S. 655 ausgesprochenen Wunsch
„Herr Ackner möge die Inschriften Daciens gesondert und einer genauen und kritischen Revision unterwerfen und bald in erneuerter
Gestalt vorlegen;" denn die bisherigen Sammlungen befriedigen nicht;
vorliegendes Heft erregt bessere Erwartungen und sowie H. Ackner
manches Neue über Dacien vorgebracht hat, so verdienen auch die
Inschriften eine neue Beachtung; mögen sie bald erscheinen.

Klein.

*Recherches sur le blocus d'Alesia. Mémoire en faveur d'Alise par
F. Prevost, Capitaine du génie, Membre de la société ar-
chéologique à Montpellier. Paris, Leleux, libraire-editeur, rue
des Poitevins, 11. Montpellier, au bureau du Messager du midi.
1858. 8. 119 S. mit einer lithographischen Tafel.*

Ueber die Lage der Stadt und Festung *Alesia*, deren für den
gallischen Krieg entscheidende Belagerung und Einnahme uns Cäsar
in seinen Commentarien (Lib. VII.) ausführlich erzählt, hat sich bekanntlich eine Contreverse erhoben. Man hielt, neben einigen andern
einzelnen Vermuthungen, früher allgemein *Alesia* für das heutige
Alise in Burgund (Departement Côte d'or). In der neuesten Zeit
hat sich dagegen die Ansicht gemacht, *Alesia* sei vielmehr
das heutige *Alaise* in der Freigrafschaft (Dep. du Doubs). Diese
letztere Ansicht ist besonders von den Gelehrten *Quicherat* und
Desjardins vertheidigt, von *Rossignol* und *Coynart* bestritten worden.
Die vorliegende Schrift eines gelehrten französischen Genieoffiziers
scheint diese mit grosser Lebhaftigkeit geführte Controverse zum
Abschluss zu bringen; nach sichern Entscheidungsgründen fällt sie
das Urtheil zu Gunsten von *Alise* in Burgund. Dieses Resultat wird
gewonnen durch eine kritische Revision der bisherigen literarischen
Arbeiten über diesen Gegenstand, durch eine sorgfältige und genaue
Benützung der Quellenschriften, durch eigene Anschauung und Untersuchung der Lokalitäten und durch militärisch-technische Beleuchtung der hier in Betracht zu ziehenden Punkte. Alle diese
verschiedenen Seiten des Gegenstandes werden mit einer solchen
Unparteilichkeit und Schärfe des Urtheils, mit einer so sorgfältigen
und genauen Benützung aller Hilfsmittel und und mit einer solchen
Klarheit und Präcision der Darstellung behandelt, dass diese Schrift

als ein Muster für die Behandlung ähnlicher Fragen wird gelten
können.

Nachdem der Verfasser in einem Vorworte den neuesten Stand
der Frage angegeben und einige sehr treffende Bemerkungen über
die Art und Weise der Behandlung solcher Fragen ausgesprochen
hat, beginnt er die Untersuchung selbst mit einer Prüfung der Berichte der andern Schriftsteller über diese berühmte Belagerung ausser
Caesars Commentarien, (Diodor, Florus, Plutarch und Dio Cassius).
Er weist nach, dass sie in allen denjenigen Punkten, in welchen
sie mit Cäsars Bericht in Widerspruch stehen, sich im Irrthum befinden und der Glaubwürdigkeit des letztern keinen Eintrag thun
können. Er zeigt dann, dass auch diejenigen Angaben Cäsars über
diese Belagerung, welche man der Uebertreibung und der Falschheit von Seiten neuerer Schriftsteller beschuldigt hat, nichts Unmögliches oder Unglaubliches enthalten, namentlich was die Truppenzahl
der Gallier betrifft (80,000 in dem festen Platze Alesia und 248,000
für die zum Entsatze Alesias bestimmte Armee), welche auch Napoleon I. als zu hoch angesetzt fand, und ferner die in Verhältniss
zu der Kürze der Zeit ausgeführten Belagerungsarbeiten. Was die
letztern betrifft, so beruft sich der Verfasser auf seine Erfahrungen
auf diesem Gebiete (p. 25 Six ans d'exercice dans un polygone du
génie, ou j'ai vu travailler constamment un millier de sappeurs, ou
j'ai dirigé et vu faire des travaux analogues à ceux qu'a mentionnés
César, me permettent de bien asseoir mon opinion sur les entre-
prises devant Alesia) und weist im Einzelnen nach, wie man sich
die Art der Verwendung der dem römischen Feldherrn zu Gebot
stehenden Arbeitskräfte vorzustellen habe, um das Zustandebringen
dieser Arbeiten zu erklären.

Das folgende (II.) Capitel enthält strategische Bemerkungen
über die Operationen Caesars nach der Aufhebung seiner Belagerung
Gergovias bis zur Belagerung Alesias, zu dem Zwecke, um zu zeigen,
dass alle darüber in den Commentarien vorkommenden Notizen sich
mit dem Marsche Cäsars gegen Alise in Burgund besser vereinigen
lassen als mit dem Marsche gegen Alaise in der Franche-Comté.
Die Stelle Bell. gall. VII, 66 Cum Caesar in Sequanos per extremos
Lingonum fines iter faceret versteht dabei der Verfasser nicht von
einem Ueberschreiten der Grenze der Lingonen gegen die Sequaner
und also des Saoneflusses (so dass per in der Bedeutung von trans
genommen würde), in welchem Falle Caesar allerdings den Weg
nach Alais und nicht nach Alise genommen hätte; sondern er versteht per extremos Lingonum fines in der Bedeutung: „längs des
Grenzgebietes der Lingonen (l'armée romaine longeait la frontière des
Lingons). In sprachlicher Beziehung ist diese Erklärung gewiss zulässig. Aber selbst wenn man per fines in der Bedeutung von trans
nähme, stünde auch diese letztere Erklärung dem Verfasser nicht
im Wege und man hätte auch dann nicht die wirkliche Ausführung
einer Ueberschreitung des Grenzflusses Saone von Seiten Cäsars

als nothwendig ansunehmen. Es bliebe dann immer noch übrig die Worte *Cum Caesar in Sequanos*... *iter faceret*, von dem blosen Conatus und Anfange des Marsches zu verstehen, von dessen Ausführung Cäsar durch das jetzt dazwischen tretende Zusammentreffen mit dem Heere Vercingetorix abgehalten wurde. Letzterer hatte Alesia (Alise) schon vor diesem Zusammentreffen mit den Römern zu einem befestigten Waffenplatze mit verschanztem Lager gemacht. Bei dieser Veranlassung fügt der Verfasser die kurz angedeutete allgemeine Bemerkung bei (pag. 40): es sei dieses nach der allgemeinen militärischen Uebung der Gallier geschehen." Wenn nämlich eine Stadt einen feindlichen Angriff fürchtete, so wurde gewöhnlich um die Stadt selbst (oppidum) herum ein verschanztes Lager (muri) errichtet. Die Frauen, Kinder, Greise, die besten Besitzthümer wurden in die oppida gebracht; das verschanzte Lager oder die verschanzten Aussenwerke, wurden von der bewaffneten Mannschaft besetzt. Es zeigt diese Uebung gerade das Gegentheil von der Art des Mittelalters, wo die eigentliche Festung von der bewaffneten Macht besetzt zu werden pflegte, während die dort zusammenströmende und Schutz suchende ländliche Bevölkerung sich in den Aussenwerken behelfen musste. *Alesia* hatte zwar nicht die Bestimmung einen Pass zu schliessen, sondern sollte als Waffenplatz und Zufluchtsort dienen. *Alise* mit dem Berge *Auxois* liegt aber doch auf dem Wege, den damals Cäsar nehmen musste, um zur Saone zu gelangen, wobei er die kleine Bergkette zwischen Langres und Autun zu übersteigen hatte. Es folgt darauf eine genaue Analyse der ganzen Erzählung Cäsars über die Belagerung von *Alesia*, indem bei jedem Hauptsitze derselben und mit Hinweisung auf die beigefügten Planzeichnungen zusammengestellt wird, was davon für *Alise* und was für *Alaise* spricht (p. 47—100). Dabei wird unter anderm besonders genau und nach technisch-militärischen Gründen die Haupteinwendung der Gegner von Alise erörtert und widerlegt, nach welcher die Localität von *Alise*, der Berg *Auxois* mit seinen Flächeninhalte von sieben und neunzig Hektaren nicht im Stande gewesen sein soll, das achtzig tausend Mann starke Heer des Vercingetorix, nebst der Mandubischen dorthin geflüchteten Bevölkerung, den Herden und Vorräthen zu fassen (p. 62—65). Das Resultat der ganzen Darstellung zeigt, dass mit der Localität von *Alise* sich die Angaben Cäsars alle sehr gut vereinigen lassen, dass dagegen bei der Localität von *Alaise* eine Reihe unauflösbarer Widersprüche und Schwierigkeiten entgegenstehen.

In dem III. und letzten Capitel (*Documents fournis par l'archéologie*) werden die an beiden Orten, Alise und Alaise, noch übrigen Reste und gefundenen Gegenstände aus dem Alterthum durchgenommen. Dass auch bei dem heutigen *Alaise* eine bedeutende Stadt in der gallo-römischen Zeit war, geht aus diesen Resten und aufgefundenen Gegenständen unzweifelhaft hervor; aber Nichts davon beweist, dass diese Stadt *Alesia* war. Dagegen spricht für *Alise*

als das alte *Alesia* eine dort gefundene Inschrift mit dem Namen
Alisiia. Ferner fand man dort eiserne Spitzen von der Art, wie
sie von Cäsar (Bell. gall. VII., 73 am Ende) beschrieben werden,
sogenannte *stimuli*, welche vor den römischen Befestigungen, um
dem Feinde das Anrücken an dieselben zu erschweren, da und dort
in den Boden gelegt wurden. Solche *stimuli* sind sonst noch nirgends gefunden, noch auch genauer beschrieben worden. Der Verfasser beschreibt nun genau, wie diese Spitzen an die Holzpflöcke
mit Kloben befestigt gewesen sein müssen, und gibt Zeichnungen
davon. Es sind diese Angaben wenn auch über einen untergeordneten Gegenstand sehr interessant und dankenswerth, und der Verfasser hätte kaum nöthig gehabt sich darüber zu entschuldigen,
obgleich auch diese Entschuldigung eine sehr einleuchtende Bemerkung enthält, indem er sagt (p. 109): *Toutes ces minuties seront*
tres-appreciées de ceux, qui ont eu l'occasion de faire executer ra-
pioement de petits objets en nombre immense par les premiers in-
dididus venus.

Der Verfasser dieser interessanten Monographie ist derselbe
französische Genieoffizier, welcher schon vor mehreren Jahren während er in dem algerischen Heere diente, die Beschreibung einer
von ihm bei Orleansville in ihren Resten aufgefundenen altchristlichen
Kirche aus dem vierten oder fünften Jahrhunderte zu Ehren eines
Martyrers, des heiligen *Reparatus*, bekannt machte. Wie wir aus
dieser seiner neuesten Schrift erfahren (p. XII.), ist er seit Jahren
mit einer grösseren Arbeit über die römische Befestigungs- und Be-
lagerungskunst, wie sie in den Commentarien Julius Cäsars sich zeigt,
beschäftigt. Nach der hier gegebenen Probe zu schliessen, wird
diese Arbeit, wenn sie erscheint, gewiss nicht minder die Aufmerksamkeit der Militärpersonen vom Fache als der Philologen ansprechen
und verdienen.

                                                    Zell.

JAHRBÜCHER DER LITERATUR.

Chalef elahmar's Casside. Berichtigter arabischer Text, Uebersetzung und Commentar, mit Benutzung vieler handschriftlicher Quellen. Nebst Würdigung Josef von Hammers als Arabisten, von W. Ahlwart, Privatdocent an der Universität Greifswald. Greifswald 1859. C. H. Koch's Verlagsbuchhandlung. 456 S. in 8.

Es gibt viele Bücher deren Titel weit mehr versprechen, als ihr Inhalt bietet, einen solchen Vorwurf kann man dem Verfasser dieses Werkes in Wahrheit nicht machen. Ein Buch von 456 Seiten als Erklärung eines Gedichtes von siebzig Distichen übertrifft gewiss jede noch so hoch gespannte Erwartung. Freilich werden gelegentlich im Commentare, als Belege für die Richtigkeit der Interpetation des Verfassers, manche andere Dichter angeführt und commentirt und dann fällt ja auch ein Theil der Arbeit auf „die Würdigung Josef von Hammers als Arabisten." H. Ahlwardt begnügt sich nicht damit, seinen verbesserten Text und seine Uebersetzung denen v. Hammers gegenüber zu stellen, sondern hält es auch für nöthig, nahezu jedes einzelne Wort der v. Hammer'schen Uebersetzung gründlich zu widerlegen, bei jedem Verse oder Satze die Auffassung v Hammers zu charakterisiren und sich zuweilen sogar in Vermuthungen zu ergehen, wie eigentlich v. Hammer dazu gekommen sein mag, diesen oder jenen Irrthum zu begehen. Die Einleitung zur Interpretation der einzelnen Verse lautet gewöhnlich: „diesen Vers hat v. Hammer gar nicht verstanden" oder: „v. Hammer hat diesen Vers nicht im Mindesten verstanden, auch ist das Metrum bei ihm nicht ganz richtig." Zur Abwechslung dann: „Alles in diesem Verse ist von v. Hammer falsch verstanden" oder: "auch diesen einfachen Vers hat v. Hammer verbruddelt." Ausnahmsweise mild ist der Eingang: „dieser Vers bedarf bei v. Hammer vieler Verbesserungen." Dafür aber auch wieder stärker: „In diesem Verse übertrifft v. Hammer sich selbst, solche Virtuosität des Unsinns hat ihres Gleichen nicht" oder: „Etwas Unsinnigeres als die Uebersetzung dieses Verses bei v. Hammer habe ich kaum je gesehen." Einmal auch: „Bei der Uebersetzung dieses Verses bei v. Hammer steht Einem fast der Verstand still." Haben wir gegen den Titel etwas einzuwenden, so wäre es gegen die in demselben befolgte Ordnung, da uns die Würdigung des J. v. Hammer als Haupt- und das Gedicht Chalefs als Nebensache erscheint und der Verf. auch sogleich ein Werk mit „Josef v. Hammer und seinen Bestrebungen" beginnt und selbst gesteht, dass er dieses Gedicht, welches von v. Hammer *in* den Denkschriften der Wiener Akademie *in Text und Uebersetzung mitgetheilt worden ist,* als Probe seiner Leistungen gewählt hat. *Der Verf. sieht wohl ein,* dass es schwer ist Autoritäten anzugreifen, *an die man sich lange* gewöhnt hat und bedenklich das Ansehen *eines Mannes zu bestreiten,* der schon aus dem Leben geschieden. *Er behauptet aber,* dass ein Mann, der in der Wissenschaft gear- *beitet hat und in* ihr fortleben will, nicht der Gegenwart allein ge- *genüber steht,* sondern auch der Zukunft gestatten muss, ein Urtheil *über seine* Werke zu fällen. Dagegen lässt sich in der That nichts *einwenden.* Wir würden H. Ahlwardt gar nicht tadeln, wenn er ein Gedicht Chalef Alahmars, das von v. Hammer schlecht edirt und übersetzt worden ist, aufs Neue herausgegeben und übersetzt und etwa in der Vorrede gesagt hätte, dass kein Sachverständiger diese Arbeit überflüssig finden wird, obgleich sie schon von H. v. Hammer unternommen worden, da dieser bekanntlich beim Ueber- setzen arabischer Dichter sehr leichtfertig zu Werke gegangen ist und man aus der Vergleichung der beiden Uebersetzungen sich über- zeugen kann, dass er den, von ihm auch an vielen Stellen verun- stalteten, Text nur selten verstanden hat. Andere haben sich zwar auch nicht damit begnügt, Fleischer und Weil haben gleichzeitig Samachscharis goldene Halsbänder nicht nur nach v. Ham- mer aufs Neue übersetzt und ausgelegt, sondern auch die v. Ham- mer'sche Arbeit, wo sie unrichtig war, der Ihrigen gegenüber gestellt. Hat aber Weil selbst jenes Unternehmen, wenig- stens in dieser Form, häufig bereut, um wie viel ungeeigneter muss ein solches jetzt erscheinen. Fleischer und Weil können sich wenig- stens damit entschuldigen, dass vor dreiundzwanzig Jahren, als sie ihre Arbeit zu Tage förderten, H. v. Hammer nicht nur am Leben war, sondern auf dem Gipfel seines Ruhmes stand und fast allge- mein als unfehlbarer Meister galt. Damals war es vielleicht noth- wendig mit aller Kraft gegen einen Mann aufzutreten, der, bei aller Thätigkeit und bei allen Verdiensten um die Wissenschaft, doch auf einzelnen Gebieten der Orientalistik äusserst mittelmässige Produkte bieten konnte und die Zeit hat gelehrt, dass, so hart auch die An- griffe und so verschieden auch die Verdächtigungen waren, denen sie sich durch ihre Polemik ausgesetzt hatten, einerseits wie noth- wendig und anderseits wie gerechtfertigt sie war. Seit jener Zeit, als nach und nach noch andere Orientalisten sich um sie gruppirten, wusste Jedermann, dem es darum zu thun war, sich über v. Ham- mer und seine Leistungen ein richtiges Urtheil zu bilden, was er von der Genauigkeit seiner Uebersetzungen zu halten hatte. Dem Verf. scheint diess auch nicht verborgen geblieben zu sein, denn nachdem er in dem Abschnitt „J. v. Hammer und seine Bestre- bungen" von der Begeisterung v. Hammers für die Wissenschaft, von dessen Fleiss und Talent, von der von ihm ausgegangenen An- regung, von seiner rastlosen Thätigkeit und vielseitigen Gelehrsam- keit und von der Anerkennung geredet, deren er sich erfreute, schreibt er: „Und es kam eine Zeit, in der er dieselbe nicht mehr

fand, wenigstens nicht in dem Maasse, wie er sie gewohnt war, eine
Zeit, in der sein Ruhm freilich schon wohl befestigt war bei der
grossen Menge des Publikums, aber in welcher derselbe wankend
gemacht wurde bei dem kleinen Häuflein seiner Fachgenossen. Denn
die gab es allmählig, und diese hatten eine andere Schule durchgemacht als er und hatten prüfen und zweifeln gelernt. Da fiel
denn von dieser Seite manch bedenkliches Wort über seine Leistungen, da wurde an Einzelnheiten ihm bewiesen, dass er den Text
falsch gelesen und falsch verstanden habe u. s. w." Im letzten
Abschnitte „Folgerungen" überschrieben, in welchen aus dem Gedichte Chalefs bewiesen wird, dass J. v. H. „nicht nur hie und da
aus Flüchtigkeit oder Unkenntniss irrt, sondern dass ihm alle Grund-
erfordernisse zum Verständniss des Textes mangeln und dass er immer
ins Blinde und Blaue hinein übersetzt", auch sogar behauptet wird,
„er habe gar keine Ahnung von dem poetischen Redebrauche, weder
geschichtlichen noch poetischen Sinn" sucht der Verf. dem Einwande,
dass die Oberflächlichkeit der v. Hammer'schen Arbeiten längst bekannt und daher sein Bemühen diese darzuthun überflüssig sei, in
folgenden Worten zu begegnen: „Allerdings war v. Hammer, wie
ich auch oben gesagt, früher eine Zeitlang mehrfach angegriffen,
dann aber in Ruhe gelassen worden. Es hatte sich bei einer Anzahl Fachkenner das Urtheil festgesetzt, er sei ein ungründlicher
Mann. Nun verging aber eine ziemliche Reihe von Jahren bis er
mit seinen grössern Werken über arabische Literatur auftrat, eine
Zeit, in der er Manches hätte nachholen können. Der grossartige
Gedanke einer arabischen Literaturgeschichte imponirte: man empfing
dieselbe erwartungsvoll, sich einer Besserung v. Hammers in diesem Werke versehend." Als Beleg zu dieser Ansicht wird dann
eine Stelle aus der Zeitschrift der deutschen morgenländischen Gesellschaft Bd. VI. citirt, in welcher H. Dr. Zenker, der, irren wir
nicht, dazumal in Wien lebte, das Erscheinen einer arabischen Literaturgeschichte willkommen hiess und hinzusetzte: „der Name des
Verfassers, seine umfassende Gelehrsamkeit, die reichen Hilfsmittel,
die ihm zu Gebote stehen, die Zeit, welche er der Erforschung der
orientalischen Literatur und der arabischen insbesondere gewidmet,
und endlich der Umfang des Werkes bürgen für dessen Vollständigkeit." Wie es möglich war, dass die gelehrten Männer auf dem
Gebiete der arabischen Philologie nicht sofort die Werthlosigkeit der
von Hammer'schen Arbeiten auf diesem Felde nachgewiesen haben,
erklärt der Verf. dadurch, dass dieselben grötstentheils auf Handschriften beruhen, deren Benutzung schwer ist, so dass nicht leicht
eine Controlle möglich war, dann aber auch dadurch, dass das
Studium der arabischen Poesie in unserer Zeit sich einer sehr geringen Betheiligung erfreut.

Also die Zenker'sche Anzeige, in welcher übrigens nur von
zu erwartender Vollständigkeit der v. Hammer'schen Arbeit
die Rede ist und das Schweigen der übrigen Fachgenossen, aus der
Schwierigkeit H. v. Hammer zu controlliren hervorgegangen, haben

den Verf. in die Nothwendigkeit versetzt, die gelehrte und unge-
lehrte Welt zu überzeugen, dass auch die Literaturgeschichte der
Araber nicht besser als die übrigen früheren Produkte v. Hammer's.
Uns scheint der H. Verf. so vertieft in seine Studien arabischer
Poeten, dass er das, was seine deutschen Fachgenossen schreiben,
nicht zu lesen Zeit findet, sonst würde er unmöglich sagen können,
man habe später v. Hammer in Ruhe gelassen und habe alles, was
er in seiner Literaturgeschichte bietet, für reines Gold angesehen.
    Im Leipziger Repertorium (1854, 2. 69) finden wir Folgendes
in der Anzeige der vier ersten Bände der Literaturgeschichte:
    „Die Lebensbeschreibungen der einzelnen Dichter und Schrift-
steller sind häufig äusserst dürftig und enthalten oft nur einige, zum
Theil höchst unwichtige Lebensumstände. Bei der Auswahl der in
poetischer Uebersetzung mitgetheilten Bruchstücke scheint der Verf.
keinen bestimmten Plan verfolgt zu haben und die Uebersetzung
selbst darf nicht als Maasstab für den ästhetischen Werth der Originale und die Logik der Dichter gelten..... Zu bedauern ist, dass
das grossartige Bauwerk, welches der Verf. aufführt, durch eine
Menge alter und neuer Irrthümer verunziert wird, welche die Blicke
des Kenners beleidigen, in den Augen des grossen Publikums hingegen, welches den berühmten Baumeister für unfehlbar hält, als
nothwendige Bestandtheile und ächter Schmuck gelten, dem Auslande aber, welches den Standpunkt deutscher Wissenschaft nur nach
den Sternen erster Grösse am Himmel der Gelehrtenwelt beurtheilt,
eine sehr unrichtige Vorstellung von den Fortschritten beibringen
müssen, welche sowohl die historischen als die sprachlichen Wissenschaften seit einem halben Jahrhunderte in unserm Vaterlande gemacht haben."
    Ist hier etwas von einer blinden Bewunderung zu lesen? oder
meint H. Ahlwardt der Schreiber dieses Artikels (wenn wir nicht
irren H. Fleischer) hätte ein solches Urtheil gefällt, ohne die Arbeit
einer Controlle zu unterwerfen? Freilich schliesst der Aufsatz mit
folgenden Worten: „Dennoch aber können wir, wenn wir die ungeheuern Massen betrachten, welche sich vor uns aufthürmen, der
Kühnheit des Baues und dem Riesenfleisse des Meisters unsere Bewunderung nicht versagen." Während das facit des H. Ahlwardt
lautet: dass „solche Werke fortan eben so wenig zu beachten seien,
wie Makulatur" und dass „hätte er seine Kräfte gewissenhaft abgewogen gegen die Schwere des zu Leistenden — er würde nicht ein
Werk unternommen haben, in dem er sich für alle Ewigkeit einen
Schandpfahl gesetzt hat."
    Ist etwa das Urtheil das im Leipziger Repertorium über die v.
Hammer'sche Literaturgeschichte gefällt wird, ein Vereinzeltes, das
H. Ahlwardt leicht übersehen konnte? Keineswegs. Schon im Jahrgang 1852 dieser Blätter wurde dem H. v. Hammer nachgewiesen,
dass er mehrere Gedichte, welche Weil in andern Handschriften
wiederfand, ganz verkehrt übersetzt hat. Im Jahrg. 1853, bei Besprechung des dritten Bandes heisst es (p. 115): „Diese Arbeit darf

nicht als eine selbständige, gründlich durchdachte, aus langen Studien über jeden einzelnen Zweig der Literatur und jeden hervorragenden Träger desselben hervorgegangene betrachtet werden, da
wären solche Versehen kaum möglich. Wir haben hier mehr oder
minder gelungene Uebersetzungen aus verschiedenen arabischen Li-
terarhistorikern vor uns, die ohne weitere Forschung und kritische
Sichtung grösstentheils nur nach Materien in chronologischer Ordnung zusammengestellt worden sind.‟ Es werden nun verschiedene
historische, geographische und biographische Fehler gerügt, so wie
manche verkehrte Uebersetzungen angeführt und der Schluss lautet:
„Wenn wir diessmal bei den Schwächen des vorliegenden Werkes
länger verweilt sind, so geschah es einmal, weil H. v. H.'s Strenge
gegen Andere uns dazu nöthigt, dann aber auch weil andere Federn
nur dessen Sonnenseite hervorzuheben sich bemühen und vor Staunen und Bewunderung einer so grossartigen Productivität, nicht den
kleinsten Schatten daran wahrnehmen können oder wollen. Es wird
aber, nach unserer Recension, überflüssig sein zu wiederholen, dass
auch wir die grossen Verdienste des Verf.'s anerkennen und ihm
für die Vermehrung unserer Kenntnisse der arabischen Literaturgeschichte dankbar sind, wenn wir auch glauben, dass dieses Werk
erst dann zum allgemeinen Gebrauch empfohlen werden kann, wenn eine gute Hälfte ausgeschieden und
das Uebrige einer nochmaligen Revision unterworfen
wird.‟
Sogar im literarischen Centralblatt (1852. p. 172) lesen wir
am Sclusse der kurzen Anzeige über die ersten zwei Bände der
Literaturgeschichte der Araber:
„Allerdings fehlt es in dem Werke nicht an unnützen Wiederholungen, unerwiesenen Behauptungen, falschen etymologischen Ableitungen, unrichtigen Uebersetzungen u. s. w., allein bei allen diesen Mängeln wird das Werk, die Frucht eines langen, unermüdlich
dem Studium der orientalischen Sprachen gewidmeten Lebens, für
immer einen Ehrenplatz in der deutschen Literatur behaupten.‟
In demselben Blatt (1857. p. 57) lesen wir, bei Besprechung
der Geschichte Wassafs, welche v. Hammer edirt und übersetzt hat:
„Die Uebersetzung hat der Verf. ohne Abänderung so gegeben, wie
er sie seit 20 Jahren fertig liegen hatte; kein Wunder also, dass
dieselbe dem Texte nicht an allen Stellen entspricht, was ohnehin
bei des Verstorbenen bekannter Art zu übersetzen
nicht gut möglich ist.‟
Ebendaselbst (p. 58) findet sich über das v. Hammer'sche Werk:
„das Pferd bei den Arabern‟ folgendes: „Die Abhandlung ist, wie
andere Arbeiten des Verf.'s, ein Zeugniss seiner unermesslichen Belesenheit in orientalischen Werken. Wenn auch viele der angeführten
Stellen aus arabischen Schriftstellern und Dichtern weder im Texte
correct abgedruckt, noch richtig übersetzt sind, so ist
die Abhandlung dennoch ein höchst schätzenswerther Beitrag zur
Kenntniss arabischen Lebens und arabischer Sitte u. s. w.‟

In den Göttinger gelehrten Anzeigen (Jahrg. 1854. p. 1879) findet sich ein Artikel über „Ibn Farid's Taijet," welche von Hammer edirt und übersetzt hat, in dem es unter Anderm heisst:

„Herr v. Hammer hat dieses Gedicht nur nach einer Handschrift herausgegeben, wiewohl ihm vier verschiedene Handschriften desselben zu Gebote standen und es durch deren Beihilfe wohl leicht von manchen Fehlern gereinigt werden konnte, welche es jetzt entstellen. Seine Uebersetzung, welche sich in jambischen Trimetern und Reimen fortbewegt, drückt den Sinn des Dichters nur unvollkommen und unter so vielen Irrthümern aus, dass wir solchen, die das Arabische nicht verstehen, aus Liebe zu diesem, nur so viel rathen möchten, nicht nach ihr den arabischen Dichter zu schätzen."

Ebendaselbst (Jahrg. 1857. p. 855 u. ff.) wird v. Hammer's „Geschichte der Chane der Krim" von Ewald angezeigt und unter Anderm gesagt: „Ist sprachliche Wissenschaft der tiefste und festeste Grund auf welchem ein Gelehrter wie Hammer immer und wie von vorne an stehen sollte, so muss man sagen, dass er doch eigentlich nie einen festen Grund in ihr gewann... Insbesondere eignete er sich nie eine tiefere Kenntniss des Arabischen an, obgleich dieses unter jenen dreien (arabisch, persisch und türkisch) durch die türkische Bildung stets wie untrennbar verbundenen Sprachen wiederum die wichtigste ist."

Ferner: „Bei ihm findet sich nicht dieses vor allem Andern auf Sicherheit der Grundlagen und auf genaues Verständniss der Quellenschriften sich gründende Arbeiten, dieses ruhige und erschöpfende Zusammenfassen aller der endlosen Einzelnheiten unter den rechten Hauptstücken, dieses sich ganz Hineinleben des Forschers in die geschichtlichen Dinge, die er beschreiben will, ohne welches alles höhere Beginnen hier ziemlich unfruchtbar bleiben muss."

Ueber dasselbe Werk äussert sich Fleischer in der Zeitschrift der deutschen morgenländischen Gesellschaft (VIII, 614) folgendermassen: „Wir sehen in dieser annotirten Uebersetzung allerdings nur eine erste Morgenröthe, eben hinreichend die allgemeinen Umrisse und grössern Massenbau des räthselvollen Domes zu unterscheiden, während gar vieles Einzelne in schwankender Dämmerung oder völligem Dunkel bleibt, doch wem der Himmel noch im neunten Jahrzehend eines ruhmgekrönten Lebens die Kraft verleiht, wie ein jugendlicher Alexander in das „Land der Finsterniss" nach der „Lebensquelle" vorzudringen, dem gebührt für sein bahnbrechendes Wagniss, unbeschadet der Rechte der Wissenschaft, achtungsvolle Anerkennung, wenn ihn auch Chidr nicht zum Ziele geleitet haben sollte."

Würden diese verschiedenen Recensionen, denen sich noch Andere beifügen liessen, in achtungswerthen Zeitschriften und von Orientalisten verfasst, deren Namen einige Geltung haben, nicht genügen, um die Lorbeeren, welche das Grab v. Hammer's schmücken, nicht zu hoch gen Himmel wachsen zu lassen? Kann H. Ahlwardt

in Wahrheit behaupten, „H. v. H. sei früher eine Zeitlang angegriffen, dann aber in Ruhe gelassen worden?" Hätte man
etwa Tag für Tag dem achtzigjährigen Gelehrten, der sein ganzes
Leben der Wissenschaft gewidmet hat, wiederholen sollen, er möge
lieber weniger aber gründliche Werke zu Tage fördern? Genug
wenn man bei jedem seiner Werke das grössere Publikum, das sie
nicht zu prüfen im Stande ist, aufs Neue vor allzublindem Glauben
an diese Autorität warnte und das hat auch Weil noch zuletzt bei
dem Erscheinen „Wassafs" gethan, freilich ebenso wenig als Fleischer,
wie zur Zeit der Samachscharifehde, aber darum doch deutlich genug, um den Zweck zu erreichen. Sollte aber auch der Verf. keine
der angeführten Recensionen gelesen haben, oder sie noch immer
nicht für hinreichend halten, um den geringen Werth der v. Hammer-
schen Uebersetzungen arabischer Dichter darzuthun, so kann ihm
doch unmöglich die Schrift Schlottmann's „Joseph v. Hammer Purg-
stall" die in diesen und anderen Blättern, sogar in der Augsburger
allgemeinen Zeitung, besprochen wurde, entgangen sein, in welcher
das Urtheil über den eben Verstorbenen gewiss eher zu streng als
zu mild lautet. H. Schlottmann's Schrift lässt sich aber noch damit
rechtfertigen, dass sie unmittelbar nach dem Tode v. Hammers geschrieben und durch das übertriebene Lob, das ihm namentlich
Fallmerayer gespendet hat, gewissermassen hervorgerufen worden
ist. H. v. Hammer aber drei Jahre nach seinem Hinscheiden, ohne
alle Veranlassung, aufs Neue tief in den Staub ziehen, erscheint uns
als keine rühmliche That. Das Mangelhafte an der arabischen Literaturgeschichte des H. v. H. ist oft genug gerügt worden, ihr aber
allen Werth abzusprechen ist ebenso lächerlich, als die Behauptung, derjenige „habe keinen poetischen Sinn" dessen poetische
Uebersetzungen persischer Dichter Göthe in so hohem Grade ent-
zückt und zur Schöpfung des westöstlichen Divans angeregt haben.
Hätte H. Ahlwardt etwa Hafis aufs neue übersetzt und die v.
Hammer'sche Uebersetzung der Seinigen gegenübergestellt, so mochte
er erwarten, dass sein Buch eine grössere Verbreitung finden würde
als alle erwähnten Recensionen, sammt Samachscharis goldenen
Halsbändern von Weil und Fleischer und Schlottmanns „J. v. Hammer"; wie er diess aber von dem Gedichte Chalefs hoffen kann,
wenn er nicht etwa glaubt, dass der Name des Uebersetzers allein
genügen wird, um dem Werke Leser aus allen Kreisen zu verschaffen, ist uns nicht begreiflich. Da Ref. sich entschieden für
eine weit prosaischere Natur als H. v. Hammer hält, so wird er
sich wohl hüten über den poetischen Werth dieses Gedichts ein Votum abzugeben, die Leser dieser Blätter mögen selbst darüber
urtheilen, ob es wohl geeignet ist, in der deutschen Literatur neben
den Uebersetzungen des Sadi, Hafis und Motenebbi oder gar der
Hamasah und der Makamen Hariris Platz zu nehmen. Der Gang
des Gedichtes ist folgender: Der Dichter härmt sich ab, weil er
von seiner Geliebten, die nun in Bagdad sich aufhält, getrennt ist
(V. 1—5) durch öde Wüsten (V. 6—9) voll giftiger Schlangen

(V. 10—17) er wird auch traurig gestimmt durch das Klagen einer
Turteltaube, die ihr Junges verloren (V. 18—24), durch einen
Raubvogel, (V. 25—81) der namentlich auf Katavögel Jagd
machte (V. 82—43). Indessen hat der Dichter schon oft (zu seiner
Zerstreuung) ein edles Ross bestiegen (V. 44—60) Wildesel erjagt
(V. 61—65) und Abends die Beute verschmaust (V. 66—70).

Aus diesem Inhaltsverzeichnisse ersieht man, dass das Gedicht
eigentlich nur für Araber der Wüste verständlich und von Werth
sein kann, welche die hier geschilderten Wüsten, Schlangen, Raub-
vögel und Wildesel näher kennen. Gelehrte Araber aus Kahirah
oder Damask werden am Texte eben so wenig Wohlgefallen finden
als Männer und Frauen aller Klassen unsrer deutschen Städte an
der Uebersetzung. Wir wollen aus diesen Schilderungen das Pferd
wählen, mit dem doch unsere Ritter und Amazonen am vertraute-
sten sind und sie fragen, ob sie sich wohl von folgenden Versen
angezogen fühlen?

> „So geschah's. Doch in der Frühe
> hab ich oft ein Ross bestiegen
> kurzen Haares, wolfesartig,
> mit den kernig festen Beinen;
> dessen Vorarm langgestreckt war,
> und die Knöchel durstestrocken,
> mit der Zwillingsmuskel Vorsprung
> und der blossgelegnen Vene;
> Mit dem Hintern stark gedrungen,
> hochgebaut in der Kruppe;
> mit der Hufen festen Stützen,
> über Schmerz daran nie stöhnend;
> und dess Ohr dünn und behende
> zugespitzt und feinen Schnittes
> und Mundwinkel weit geräumig
> und ein Bauch wie eine Kluft fast,
> sammt Kinnladen lang gezogen
> reichend zu den weitgedehnten
> Nüstern und mit Hinterbeinen
> langen Schritts, in breitem Abstand.
> Zählst du seines Baues Theile, findest
> neun du welche lang sind
> neun dagegen kurzen Wuchses
> an den Enden seines Körpers.
> Neun auch, welche kahl und bloss sind,
> neun hinwieder die bekleidet;
> fünf die immer durstestrocken
> andere fünf die immer feucht sind,
> neun die dick und voller Muskeln
> aber neun die fein und dünn sind;
> sammt des wilden Esels Rücken
> so wie Lenden voll und fleischig. u. s. w."

So ist das Gedicht beschaffen, das H. v. Hammer allerdings
nicht verstanden hat und das wir darum nach der bessern Uebersetzung des H. Ahlwardt citirt haben und das ist der Zweig der
arabischen Literatur, der nach dem Fetwa des Verf.'s vor allem
Andern besonders gepflegt zu werden verdient. Wir sagen „bessern
Uebersetzung" weil sie jedenfalls einen bessern Sinn gibt, als die

v. Hammer'sche, ob sie aber richtig ist, können nicht nur wir nicht beurtheilen, sondern kann selbst der Verf. nicht mit Sicherheit behaupten, wir können höchstens sagen, dass er seinen Text treu wiedergegeben, ob aber den des arabischen Dichters, bleibt vielfach dahingestellt. H. Ahlwardt hat nämlich den von v. Hammer edirten Text zu Grund gelegt, obgleich kaum ein Vers so lauten kann, wie ihn v. H. hat abdrucken lassen. Statt aber um Mittheilung der Leidener Handschrift, aus welcher v. H. seinen Text abgeschrieben hat, zu bitten, um zunächst zu sehen, welche Fehler vom Codex selbst und welche von v. Hammer herrühren, oder einen Leydener Arabisten zu ersuchen, den v. Hammer'schen Text mit dem Codex zu vergleichen, was wahrlich bei einem einzigen Gedichte von siebzig Distichen, das nur vier Octavseiten einnimmt, Arabisten wie Dozy und Juynboll weder viel Mühe noch Zeitverlust verursacht hätte und daher gewiss keine „beschwerliche" Arbeit gewesen wäre, hat er, weil nach der Angabe Dozy's dieser Codex doch nicht ganz fehlerfrei ist, vorgezogen, auf seine Kenntniss der arabischen Dichter gestützt, selbst die Besserung der zahllosen Irrthümer zu unternehmen, d. h. mit andern Worten, ihn so umzugestalten, dass nach und nach alle Schwierigkeiten sich ebneten. Der Verf. hat allerdings auf diesem Wege Gelegenheit gefunden, Beweise seines Scharfsinnes, seiner Sprachkenntnisse und seiner Belesenheit zu geben, dass man aber trotzdem oder vielleicht gerade dadurch zuweilen verleitet wird, ohne Noth den Text zu ändern, auch in der Aenderung nicht immer das Richtige trifft, hat er selbst bei seinen Emendationen der S. 289 angeführten Verse, nach Einsicht des Pariser Codex, eingesehen und zum Theil auch eingestanden. Hoffen wir, dass der gelehrte Verf. seine reichen Kenntnisse und Fähigkeiten bald einem würdigern und gemeinnützigern Gegenstande zuwenden wird.

Geschichte der Chalifen. Nach handschriftlichen, grösstentheils noch unbenützten Quellen bearbeitet von Dr. Gustav Weil. Vierter Band. Das Chalifat unter den Bahritischen Mamluken-Sultanen von Egypten. 656—792 d. h. = 1258 bis 1390 n. Chr. A. u. d. T. Das Abbasidenchalifat in Egypten. Bd. 1. Stuttgart. Metzler 1860. XXIV. u. 576 S. in 8.

Wie schon aus dem doppelten Titel des Buches ersichtlich, bildet es einerseits die Fortsetzung der Geschichte der Chalifen, andrerseits den Anfang eines selbständigen Werkes, welches, in zwei Bänden, die Geschichte der Mamlukensultane von Egypten, von ihrem Ursprung bis zu ihrem Ende enthalten soll und von welcher vorliegender Band sich bis zum Untergang der bahritischen Mamluken erstreckt. Das Chalifat der Abbasiden hat bekanntlich, auch nach der Einnahme von Bagdad durch die Mongolen, noch nicht ganz aufgehört. Nach wenigen Jahren wurde 'ein Sprössling aus dem

Chalifenhause von Sultan Beibars in Egypten wieder zum Chalifen erhoben und Beibars begnügte sich damit als dessen Stellvertreter zu regieren. Er wollte ihm ursprünglich auch die Mittel verschaffen die Residenz der Chalifen den Mongolen wieder zu entreissen, als aber die Zeit zum Handeln kam, entzog er ihm wieder einen Theil der Truppen, so dass er nothwendig unterliegen musste. Ein anderer Abkömmling aus dem Chalifengeschlechte wurde zwar von Beibars an des Erschlagenen Stelle zum Chalifen eingesetzt, aber ohne alle weltliche Macht, nur als Werkzeug des Sultans, was dann er sowohl als seine Nachfolger, mit geringer Ausnahme, blieben, bis Egypten von Sultan Selim erobert und der letzte Chalife nach Constantinopel entführt und zu Gunsten des Siegers abzudanken genöthigt ward. Hauptgegenstand dieses ersten Bandes bilden, neben der Schilderung der innern Zustände Egyptens, Syriens und der angrenzenden Provinzen, die letzten Kriege der Sultane von Egypten gegen die Kreuzfahrer, sowie ihr langer Kampf gegen die Ilchane, oder die Mongolen in Persien. An Material zur Bearbeitung dieser Epoche hat der Verf. keinen Mangel gehabt. Mit Ausnahme der k. k. Bibliothek zu Wien, die ihm die Benutzung einiger Bände der Chronik des Ibn Alfurat verweigert hat, ist man ihm von allen Seiten durch Mittheilung der kostbarsten Handschriften bereitwilligst entgegengekommen. So benutzte er die Geschichte Nuweiri's aus der Universitätsbibliothek zu Leyden, die Werke Abulmahasin's und Makrisi's aus der kaiserl. Bibliothek zu Paris, Ibn Hadjr, Ibn Dokmak und Berzali aus der herzogl. Bibliothek zu Gotha, eine Biographie des Sultan Mohammed Alnassir aus der königl. Bibliothek zu Berlin und eine sehr kostbare Chronik, welche zu den Quatremer'schen Handschriften gehörte, aus der königl. Hof- und Staats-Bibliothek zu München. Diese und andere Handschriften, welche der Verf. in seiner Vorrede näher aufzählt und beschreibt, haben ihn in den Stand gesetzt, nicht nur bisher Bekanntes zu ergänzen und zu berichtigen, sondern so viele neue Thatsachen herbeizuschaffen, dass er hofft, durch seine Arbeit, dieser Partie der Weltgeschichte endlich auch die Aufmerksamkeit der Universal-Historiker zuzuwenden, die bisher, aus Mangel an umfassenden Vorarbeiten, sie mehr oder weniger zu ignoriren genöthigt waren.   **Weil.**

Deutschlands Eisenbahnen. Eisenbahnrecht. Versuch einer systematischen Darstellung der Rechtsverhältnisse aus der Anlage und dem Betrieb derselben, von Dr. W. Koch. 1. Abtheilung. Marburg 1858. II. Theil 1858.

Wir haben bereits bei der Anzeige des Werkes von Beschorner's deutschen Eisenbahnrecht in diesen Jahrbüchern 1858 Nr. 43 auf die Wichtigkeit des vorliegenden Werkes von Koch aufmerksam gemacht; und in dem Archiv für civillistische Praxis Band XLI. S. 410 bei Gelegenheit der Erörterung der Frage über die Haftungspflicht der Eisenbahnverwaltungen hervorgehoben, dass das Werk von Koch das vollständigste und durch das gründliche Ein-

gehen in alle einzelnen auf dem Gebiete des Eisenbahnwesens vorkommenden Rechtsfragen einer vorzüglichen Beachtung würdig ist.
Wir haben aber auch das Bedauern ausgesprochen, dass die deutschen Schriftsteller über diesen Gegenstand ihre Aufmerksamkeit nicht
dem Studium der englischen und nordamerikanischen Werke über
Eisenbahnrecht zuwenden. Die Titel der Werke von Shelford, Red-
fold, Pierre, Smith sind in dem Aufsatze im Archive angegeben
und zugleich mehrere in diesem Werke enthaltenen Ausführungen und
Rechtssprüche über wichtige Fragen des Eisenbahnrechts, mitgetheilt.
Die Bearbeitung eines deutschen Eisenbahnrechts hat viele Schwierigkeiten; es würde sehr gefährlich sein, wenn ein Schriftsteller desswegen, weil in soviel Gesetzen oder Statuten deutscher Staaten über
Eisenbahnen ein bestimmter Ausspruch über eine Frage vorkömmt,
daraus den Schluss ableiten wollte, dass dieser Satz als eine Ansicht des deutschen Eisenbahnrechts aufzustellen ist. So wenig man
ein gemeines deutsches Privatrecht auf die Uebereinstimmung einer
gewissen Zahl von Gesetzen einzelner Rechtsgebiete Deutschlands
nach der Art wie es einst Selchow behauptet hat, bauen kann,
ebenso wenig kann ein, wenn auch in einem Dutzend deutscher
Gesetze über Eisenbahnen vorkommender Satz aufgestellt werden.
Wer in der Lage war über Eisenbahnstreitigkeiten Gutachten zu
geben oder an der Entscheidung in vorgekommenen Prozessen Theil zu
nehmen, weiss am besten, wie prinziplos manche dieser Gesetze
oder Statuten der Eisenbahngesellschaften abgefasst sind, darin oft
von Männern, die recht tüchtige Verwaltungsbeamte, aber keine Juristen sind, Ausdrücke gebraucht werden, deren juristische Bedeutung, an die sich der später entscheidende Richter halten muss, den
Redaktoren der Statuten unbekannt war. Die Benützung der Gesetze der einzelnen Staaten und der Statuten wird zwar demjenigen,
welcher ein deutsches Eisenbahnrecht bearbeiten will, wichtig sein,
weil er dadurch aufmerksam gemacht wird und Rechtsansichten,
unter deren Einfluss die Gesellschaft handeln und die deutschen Regierungen ihre Concessionen ertheilen, kennen lernt. Die Hauptsache ist aber die Aufsuchung von leitenden Rechtsgrundsätzen und
Analogien von Rechtssätzen, welche auf die im Eisenbahnrecht vorkommenden Verhältnisse angewendet werden können; nicht weniger
wichtig wird die Benützung von Rechtssprüchen verschiedener Gerichte in Bezug auf einzelne Fragen, wobei freilich eine grosse
Vorsicht nothwendig ist, da der nach dem preussischen Rechte ergangene Rechtsspruch nicht auf Prozesse angewendet werden kann,
die in Ländern zu entscheiden sind, in welchen das römische oder
das französische Recht gilt. Vergleicht man das vorliegende Werk
von Koch, so muss dem Verf. das Zeugniss gegeben werden, dass
er von den richtigen, eben zuvor angedeuteten Rücksichten geleitet
wurde und den Fehler des Generalisirens vermieden hat. Das im
zweiten Theil abgedruckte (S. 1—889) Anlageheft beweist ebenso
in dem zahlreich bei jeder Frage angeführtem Masse von darauf
bezüglichen Partikulargesetzen und Rechtssprüchen, wie sorgfältig

der Verf. bemüht war, sich das ganze Material zu verschaffen und
mit welchem richtigen Takt er dasselbe benützte.   Vorzüglich hält
Recens. die Vollständigkeit der Arbeit, das Eingehen in alle Einzelnheiten und die gute Anordnung des ganzen Werkes sowie die
Klarheit, mit welcher er ohne unnöthige Abschweife die Fragen behandelt, für anerkennenswerthe Vorzüge des vorliegenden Werkes. Um
den Reichthum und die Zweckmässigkeit der Anordnung des Materials
zu zeigen, mag die Angabe des Inhaltsverzeichnisses passend sein.
Im ersten Theile erörtert der Verf. die auf den Eisenbahnbau bezüglichen Rechtsverhältnisse und hier 1) die Lehre von der Expropriation zum Zwecke der Erwerbung des für die Eisenbahn nöthigen
Bodens, 2) die zwangsweise vorübergehende Benützung fremden
Eigenthums, 3) die Rechtsverhältnisse der Eisenbahnunternehmer zu
den Eigenthümern der liegenden Grundstücke, 4) die aussercontrakt-
liche Entschädigungspflicht der Eisenbahnunternehmer gegen sonstige
Personen, 5) die Rechtsverhältnisse der Eisenbahnen zu Staate und
zu den Gemeinden, in deren Territorium sie liegen. Der zweite Theil
beschäftigt sich mit der Darstellung der aus dem Betriebe der Eisenbahnen entstehenden Rechtsverhältnisse und zwar I. Theil: Rechtsverhältnisse der Eisenbahnverwaltungen zu den ihnen einen Transport anvertrauenden Personen.   II. Rechtsverhältnisse der Bahnver-
waltungen zu den Transportnehmern nach Vollendung des Transports
auf ihrer Bahn, insbesondere Erörterung der Frage: ob und in wie
ferne bei dem Transporte über mehrere Bahnen ein Speditions- oder
Mandatsverhältniss eintritt. III. Das Rechtsverhältniss der deutschen
Eisenbahnverwaltungen untereinander. IV. Rechtsverhältnisse aus den
durch den Eisenbahnbetrieb verursachten Verletzungen von nicht
zum Transport anvertrauten Personen oder Sachen. V. Der Eisenbahnbetrieb in seinem Verhältniss zur Staatsgewalt, insbesondere
die auf den Betrieb sich beziehenden Rechtsverhältnisse der Verwaltungen concessionirter Eisenbahnen zum Staat und zu dessen Anstalten.
    Bei der Erörterung der Expropriation liefert der Verf. zuerst
(I. Theil S. 9) eine Uebersicht der deutschen Expropriationsgesetze
und zergliedert dann die staats- und privatrechtliche Natur der Expropriation.   Er zeigt (S. 25) dass bei den Römern nur geringe
Anfänge dieses Rechtsinstituts sich finden und berührt nur das deutsche
Recht. Hier zeigt sich eine freilich bei allen Schriftstellern bemerkbare Lücke.   Schon in alten Weisthümern finden sich Spuren der
Anerkennung der Verpflichtung eines Eigenthümers zum Vortheile
der Gemeinde oder eines Gemeindeglieds eine Beschränkung zu dulden oder etwas abzutreten (wir erinnern an die nothwendige Ser-
vitut und an die im Bergrechte vorkommenden Beschränkungen);
noch ausgedehnter kömmt die Zwangsabtretung zum öffentlichen
Nutzen in den alten italienischen Statuten vor.   Ein gutes neu erschienenes ital. Werk von C. de Bosio: della espropriazione e degli
altri d'anni, che si re cano per causa di publica utilità. Venezia
1856. §. 7. 3 vol. macht p. L p. 9 etc. auf die Wichtigkeit dieser

alten Statuten aufmerksam und theilt ihren Text mit. Das Werk, welches die in Italien vorkommenden Gesetze über Expropriation gut benützt und in alle Einzelnheiten eingeht, verdient grosse Beachtung. Es ist zu bedauern, dass die deutschen Schriftsteller sich um die wissenschaftlichen Werke der Italiener so wenig kümmern. In den Arbeiten von Romagnosi, Mosca (in Neapel) Acame (Piemont) Cantaluppi (in Mailand) befinden sich viele gute Erörterungen über Zwangsabtretung. — Der Verf. des vorliegenden Werkes zergliedert (S. 32) vorerst die Natur des Expropriationsakts, widerlegt mit Recht die aufgestellte Ansicht, welche darin einen einseitigen Akt findet und findet richtiger darin ein Rechtsgeschäft, auf welches die Grundsätze von Kauf Anwendung finden (was auch S. 49) von den obersten Gerichten anerkannt ist. Der Verf. widerlegt (S. 50 s.) die Einwendungen gegen diese Ansicht, deren Richtigkeit dadurch nicht leidet, dass um den Kaufpreis festzusetzen, der in der Entschädigungssumme liegt, ein besonderes, allerdings bei Privatkäufen nicht vorkommendes Verfahren von Verwaltungsbehörden eintritt. Dass Modificationen der sonst gewöhnlichen Verhandlungen bei dem freiwilligen Kaufe vorkömmt. ist allerdings richtig (S. 58). Da nach den verschiedenen Gesetzgebungen die Frage über Eigenthumsübergang sehr verschieden geordnet ist, so hat der Verf. sehr zweckmässig (S. 65) bei der Frage: wenn die Perfektion des Zwangskaufs eintritt, die verschiedenen Gesetzgebungen zusammengestellt; davon hängt auch die Entscheidung der Frage über Uebergang des periculum ab (S. 70). Sehr richtig behandelt der Verf. (S. 78) den leider oft vorkommenden Fall, dass faktisbh das expropriirte Grundeigenthum zum Eisenbahnbau verwendet wird, ohne dass bereits alle Rechtsverhältnisse, auf die es in dem Falle ankommt, geordnet sind, z. B. wegen dinglicher Rechte. Die Verwaltungsbehörden greifen oft sehr willkürlich zu und achten nicht genau das Privatrecht des Einzelnen. Unfehlbar darf dem auf diese Art Verletzten die Klage bei Gericht nicht abgeschnitten werden (S. 81). Ein Hauptpunct ist, dass der sein Eigenthum verlierende Grundeigenthümer vollständig entschädigt werde; dieser Satz steht vortrefflich auf dem Papier. Wer aber das wirkliche Leben kennt, weiss auch, dass vielfache Klagen über Verluste vorkommen. Unsere Gesetzgeber kennen häufig nicht genug alle möglichen Fälle und bilden sich ein, die Bürger vollständig entschädigt zu haben; ohnehin wird die Entschädigungssumme durch die Verwaltungsbehörde festgesetzt; und darin liegt schon eine Art von Zwang, sich mit der Summe zu begnügen, wenn sie auch nicht zureicht, weil der Betheiligte zwar, wenn er nicht zufrieden ist, an die Gerichte sich wenden kann, aber regelmässig davon nicht Gebrauch macht, weil er sich vor dem kostspieligen, weitläufigen, in seinem Ausgange unsichern Prozesse scheut. Nach unserer Erfahrung wird häufig der Expropriirte nicht vollständig entschädigt; z. B. wenn ein Gewerbsmann sein Haus, das ganz vortheilhaft für sein Geschäft liegt, hergeben muss; er

kann sich zwar mit dem Gelde, das er als Entschädigung bekömmt,
ein anderes Haus kaufen; allein wie selten bekömmt er ein solches,
das gerade so günstig für sein Geschäft liegt wie das vorige, so
dass er empfindlichen Verlust um so mehr leiden kann, als nicht
selten die Ausübung des Gewerbes bis Alles geordnet ist, für lange
Zeit ihm unmöglich gemacht wird. Mit feinem juristischen Sinne
entwickelt nun der Verf. (S. 88—129) die Lehre von der Entschädigung und dem Verfahren überall mit Rücksicht auf die verschiedenen Gesetzgebungen. Zur Vergleichung ist das angeführten Werke
von Bosio vol. II. p. 199—323 zu empfehlen. Von Wichtigkeit
ist das Rechtsverhältniss der Eisenbahnunternehmer zu den anliegenden Eigenthümern; auch die ist von dem Verf. (S. 134 ff.) gut
erörtert, was um so wichtiger ist, als die neueren Gesetzgeber häufig
die möglichen Combinationen der Beschädigung nicht bedenken, z. B.
in einem neuerlich vorkommenden Falle, wo das Haus des A zur
Eisenbahn weggenommen wurde, hinter diesem Hause das des B
lag, der das Dienstbarkeitsrecht hatte, durch den Hofraum des A
zu gehen und dort Wasser aus dem Brunnen zu holen, Beide Rechte
aber verlor, weil jetzt der Bahndamm auf dem Boden des A angelegt wird. Auch das Publikum kann durch Eisenbahnanlagen vielfach beschädigt werden (darüber Koch S. 151). Das Verhältniss
der Eisenbahnen des Staats ist S. 157 erörtert. Im Anhang des
ersten Bandes finden sich S. 165 Gutachten von Sachverständigen
und S. 184 neue Gesetze einzelner Staaten. — Der zweite Theil
behandelt die aus dem Betriebe der Eisenbahn entstehenden Rechtsverhältnisse, 1) in Bezug auf die die Bahn zum Transport benutzen-
den Personen, 2) zu anderen Eisenbahnverwaltungen, 3) zu anderen
Personen in Hinsicht auf die bei dem Betrieb etwa vorkommenden
Verletzungen von Personen und Sachen, 4) zum Staate in Beziehung auf besondere Rechte desselben. — Nachdem der Verf. zu
Nro. 1. S. 5 die Uebersicht der rechtlichen Entscheidungsquellen,
geliefert hat, prüft er S. 20. die rechtliche Natur des Transportge-
schäftes, wobei der Verf. von dem richtigen Satze ausgeht, dass
auch da, wo die Eisenbahnverwaltung ein Zweig der Staatsverwaltung ist, das Rechtsverhältniss rein nach privatrechtlichen Grundsätzen beurtheilt werden muss. Der Verf. geht richtig S. 21 davon
aus, dass gemeinrechtlich die Grundsätze von der locatio entscheiden;
er verwirft S. 31 die Annahme der Analogie von receptum; bedeutend ist hier die Frage: wie weit die gesetzlichen Bestimmungen
durch Autonomie abgeändert werden dürfen. Der Verf. erörtert
S. 35—43 die Frage und nimmt an, dass die Abänderung zulässig
ist, wenn dadurch nur nicht auch die Haftung wegen dolus oder
culpa lata ausgeschlossen werden soll. Der Verf. kannte, als er sein
Werk schrieb, noch nicht die auf diese Frage bezüglichen Aufsätze
von Beschorner und Goldschmid im Archiv für Civilpraxis Band 41
Nr. XIII. XIV. und die von dem Recens. des vorliegenden Werkes
im Archiv l. c. S. 416 mitgetheilten amerikanischen und englischen

Rechtsansichten. Beigefügt hat der Verf. S. 43—80 eine Entwicklung
der Ansichten über das Eisenbahntransportgeschäft nach den verschiedenen Partikulargesetzgebungen. Man bedauert, dass der Verf.
nichts über die wichtige Frage enthält: unter welchen Voraussetzungen die in den Statuten enthaltene Abänderung der Haftungspflicht
den einzelnen Vertragschliessenden bindet. z. B. wenn nur ausser
dem Eisenbahnbureau die Abänderung angeschlagen oder auf der
Rückseite · des Eisenbahnbillets, z. B. wenn Waaren aufgegeben
werden, enthalten ist. s. darüber Civilst. Archiv S. 417.

Eine andere bedeutende Frage ist die: welche Verhältnisse in
Bezug auf Transport bei einer Beförderung der Waaren über mehrere Bahnen eintreten. Der Verf. (S. 81 unterscheidet hier richtig,
I. das Verhältniss, wenn der Transport im direkten Verkehr stattfindet oder a) über mehrere Bahnen hinaus, deren Verwaltungen in
einem Verbande stehen oder b) wenn zunächst im Verbande, sodann
aber über die Grenzen der Verbände hinaus. II. Wenn der Transport über mehrere Bahnen im lokalen Verkehre geschieht. In dem
ersten Falle bestreitet der Verf. S. 82 mit Recht die oft angenommene Ansicht, dass der erste Unternehmer, der den Transport übernimmt, in Ansehung der übrigen Unternehmer, denen er den Gegenstand zur Weiterbeförderung übergibt, Spediteur oder Mandatar
sei; richtiger, nimmt der Verf. unter allen zum Verbande gehörigen Unternehmungen eine Gesellschaft an. Die daraus abgeleiteten Folgerungen sind richtig. Schwerer scheint das Verhältniss
der Sendung die durch mehrere Bahnen läuft, die nicht im Verbande stehen. Das wichtigste ist, dass man mit dem Verf. S. 98
annimmt, dass die zunächst das Gut annehmende Bahnverwaltung
sich verpflichtet, die Waaren an die nächste Bahnverwaltung, als
Adressaten abzuliefern und die wieder mit dem Aufgeber in Rechtsverhältniss tritt. Uns scheint, dass dieser letzte Punkt nur mit
mehreren Unterscheidungen als richtig angenommen werden kann.
Interessant ist es, die im Archiv l. c. S. 417 mitgetheilten Ansichten der amerikanischen und englischen Gerichte zu vergleichen. Der
Verf. macht S. 97 Einwendungen gegen die von Beschorner aufgestellte Theorie, bei der man wohl den Mangel mancher nothwendiger
Unterscheidung rügen, aber auch anerkennen muss, dass H. Beschorner manche praktisch richtige Bemerkung machte. Die Erfahrung lehrt, dass gerade die Frage es ist, die in den Gerichten am
wenigsten klar aufgefasst ist, und wo die beklagten Verwaltungen es
an Einreden, um von sich die Verantwortlichkeit abzuwenden, nicht
fehlen lassen. — Eine ausführliche Erörterung von S. 101 an bezieht sich auf die Eingehung und Form der Eisenbahntransportver-
träge sowie auf die Verbindlichkeiten der Contrahenten im Allgemeinen. Eine gesonderte Darstellung nach den verschiedenen Gesetzgebungen wäre hier zweckmässig. Eine gute Prüfung der in
neuerer Zeit zuweilen gegen die gewiss richtige Ansicht, dass bei
dem Transportvertrage die Grundsätze von der Miethe entscheiden,

erhobenen Einwendungen, findet sich S. 126. Nachdem der Verf.
die aus dem Eisenbahntransportvertrage, nach Gesetzen und Gewohn-
heitsrechten entstehenden Verbindlichkeiten erörtert hat, liefert er
wohl mit Recht von S. 142 an die Darstellung der von den eben
erwähnten Gesetzen vielfach abweichenden nach den deutschen Ei-
senbahnreglements begründeten Verbindlichkeiten. Billigen muss man
den von dem Verf. S. 145 aufgestellten Grundsatz, dass die Bestimmungen dieser Reglements so ausgelegt werden müssen, wie sie
am wenigsten von dem gemeinen oder dem Landesrecht abweichen.
Einer der schwersten Punkte in dem Eisenbahnrecht ist unfehlbar
der Punkt der Verpflichtung zum Schadenersatze wegen den auf der
Eisenbahn eingetretenen Beschädigungen. Wir halten diesen Theil
der Arbeit des Verf.'s (S. 205—318 für einen sehr verdienstlichen.
Bekanntlich werden von manchen Eisenbahnverwaltungen namentlich
bei Beschädigungen von Personen Grundsätze aufgestellt, welche
zeigen, wie die Verwaltung auf eine nicht sehr würdige Weise sich
von der Pflicht der Haftung loszumachen sucht. In dem in der Anlage S. 186 mitgetheilte Urtheile über einen in Frankfurt verhandelten Prozess sind bemerkenswerthe Ansichten aufgestellt. Lobenswerth ist es, dass der Verf. sorgfältig die über einzelne wichtige
Fragen in den Statuten vorkommenden Bestimmungen angibt. Es
entging dem Verf. nicht, dass häufig in Prozessen die Frage bestritten ist, welches Gesetz oder welches Reglement zur Anwendung
in einem Fall zu bringen ist, z. B. wenn die Bahn mehrere Länder
durchschneidet, welche verschiedenen Regierungen gehören. Die Beantwortung der Frage hängt von den Grundsätzen über Collision
der Gesetze ab; mit Recht hat daher der Verf. dieser Grundsätze
in der Anwendung auf Eisenbahnfragen S. 378 etc. erörtert. Die
Sache kann oft recht schwierig werden, z. B. wenn es auf die Frage
ankommt, ob das Gesetz des Orts, wo der Vertrag zum Abschluss
gebracht wird, z. B. wenn in München die Waare aufgegeben wird
oder das Gesetz des Orts der Erfüllung, z. B. die Waare soll nach
Wien geliefert werden zur Anwendung zu bringen ist. Der Verf.
entscheidet aus guten Gründen S. 392 für das Erste. Eie Erörterung S. 401 bezieht sich auf das prozessualische Verhältniss. In
einem Nachtrag behandelt der Verf. S. 426 gut die Frage: ob und
in wie ferne bei dem Transporte über mehrere Bahnen ein Speditions-
oder Mandatsverhältniss zu Grunde zu legen ist. Der Prüfung des
Rechtsverhältnisses der deutschen Eisenbahnverwaltungen unter einander ist S. 448 der Titel III. und die Entwicklung des Eisenbahn-
betriebs in seinen Verhältnissen zur Staatsgewalt S. 482 Theil V.
gewidmet. Im Anlagheft das wichtige Gesetz und Reglement mitgetheilt findet sich noch eine klare Darstellung der Organisation der
Eisenbahnverwaltungen in Deutschland.

                                                    Mittermaier.

JAHRBÜCHER DER LITERATUR.

Literaturberichte aus Italien.

(Fortsetzung von Nr. 55.)

Aus Neapel kommt selten Kunde über die dortige Literatur, darum müssen wir besonders auf eine dort erscheinende Monatschrift aufmerksam machen, welche in ganz Italien in nicht unbedeutender Achtung steht:

Museo di scienze e letteratura. Napoli 1859. presso Androsio.

Das vorliegende Juniheft enthält eine Abhandlung über vergleichende Mythologie, wobei mit Vergleichung der Sprachen der Arischen Völker angefangen wird; ferner eine indische Erzählung Bhagavad-Gita von Stanislaus Gatti. Von Caesar Dalbaro ist eine Abhandlung über die beiden Frauen von schlechtem Rufe, die Pompadour und die du Barry, mit Bezug auf die neueste französische Literatur. Von einem Gedicht unter dem Titel: Abate Gioachino von Campagna werden hier die ersten sechs Gesänge mitgetheilt.

Eine sehr gut geschriebene Arbeit ist in der jetzt oft genannten Festung Casale im Piemontesischen erschienen:

Della Storia, maestro della vita umana da Oreste Raggi. Casale 1858. Tip. Nani.

Der geistreiche Verfasser hat treulich die Worte Ciceros commentirt: Historia magistra vita!

Da in Italien überall eine geschichtliche Grundlage geliebt wird, darf man sich nicht wundern, dass auch ein geschichtliches Lustspiel neben den vielen geschichtlichen Trauerspielen erschienen ist:

Goldoni e le sue sedici commune, nuova comedia storica di Paolo Ferrari. Milano 1859. 8. presso Sanvito. p. 236.

Der Verfasser, Advokat in Modena, bekannt durch mehrere andere Lustspiele, hat hier in 4 Akten den in Venedig im Jahr 1749 lebenden Lustspiel Dichter nebst mehreren Schauspielern im Streite mit seinen Gegnern, zu denen Carlo Gozzi gehörte, dargestellt.

Von allen Zeitschriften Italiens behält noch fortwährend den ersten Rang:

Archivio storico italiano, nuova Serie, Tom. IX. Firenze. presso Vieusseux.

In dem vorliegenden ersten Hefte findet sich ein sehr bemerkenswerther Aufsatz von Otto Vannucci über die Zeitungen bei den Römern, nach einer in Gröningen von Reussen herausgegebenen lateinischen Abhandlung. Von unserm gelehrten Baron von Reumont, Preussischen Gesandten in Florenz, befindet sich eine sehr gründliche Abhandlung über die Einführung des Christenthums in Preussen, und welchen Theil daran der Papst genommen. Der Versuch der deutschen Ritter, vorher in dem alten Dacien ein eigenes Reich zu grün-

den, war an der Aufmerksamkeit der Könige von Ungarn gescheitert; doch
steht auch ihre Veste, Niamtz, dem heiligen Germanus geweiht, an der Gränze
von Siebenbürgen in der Moldau. (S. die Beschreibung der Moldau und Wa-
lachei von dem Generalconsul Neigebaur. Breslau 1854. II. Auflage). Ferner
befindet sich in diesem Hefte eine Abhandlung über das Studium der Geschichte
im Königreiche Neapel von C. de Cesare, Briefe von Johann von Medici, dem
Führer der schwarzen Schaaren u. s. w.

Wie sehr man sich in Italien mit der Landwirthschaft beschäftigt, kann
man ausser dem bereits erwähnten, aus folgendem Werke entnehmen:

Istituzioni scientifiche e tecniche, ossia corso di Agricoltura, di Carlo Berti Pichat.
     Torino 1858.

Die vorliegende 79. Lieferung dieses die gesammte Landwirthschaft umfassenden Werkes enthält sehr umständliche Nachrichten über die verschiedenen Klassen der Landbewohner in Italien, woraus man entnehmen kann, wie
falsch manche Berichte diese Verhältnisse darstellen. Ueberall in Italien bestehen Gemeinden, die sich selbst verwalten. Mag in der Stadt- oder Land-
gemeinde ein noch so altes Schloss liegen, welches einem Grafen oder Markgrafen mit einem altberühmten Namen vor den Kreuzzügen gehört; so gehört
es dennoch zu der Gemeinde, mag sie aus 50 oder 1000 Häusern bestehen,
mögen ihm viele oder wenige derselben gehören. Ist er der reichste, der
gescheidteste, der geachtetste, oder ist dies ein Arzt, ein Advokat, ein Landwirth, ein Fabrikant, so entscheidet lediglich die Persönlichkeit; von einem
Herrn ist nie die Rede. In wie weit die Pächter von einem jeden Grundbesitzer abhängen, ist lediglich Sache des freien Vertrages.

Giornale Agrario Toscano. Tom. VI. Firense. 1859. presso Vieussieux.

Dies 132. Heft dieser Zeitschrift enthält ausser bibliographischen und biographischen Nachrichten sehr gediegene Abhandlungen über den Landbau und
was damit in Verbindung steht. z. B. über ein Mittel, die Stangen zur Auf-
rechterhaltung der Weinreben dauerhaft zu machen, u. s. w.

Eine, der bedeutendsten, wenn auch nicht umfangreichen Schriften, die
durch den letzten Frieden in Italien hervorgerufen worden, ist folgende:

La Pace e la confederazione Italiana, interrogazioni di N. Tommasio. Torino 1859.
     Presse Franco. 16.

Der Verfasser ist der berühmte Literat aus Dalmatien, welcher jetzt in
Turin lebt; er zeigt alle die Schwierigkeiten, welche die Gestaltung eines
italienischen Bundes haben dürften. Dies sieht man auch aus den von dem
Mailändischen Grafen Groppi in den letzten Zeiten bekannt gemachten, sehr
gründlichen diplomatischen Arbeiten, z. B.

Rettificationi istoriche dedicate alla Gazetta officiale di Milano. Torino 1857. presse
     Favale. 8.

noch mehr aber aus seinen ganz neuerlich erschienenen Extraits de la correspondence diplomatique de J. T. de Langoso, et de Claude Melopera, welche
von 1546 bis 1559 Sardinische Gesandte am Hofe Carl's V. waren, die in dem

Bulletin de la Commission royale d'Histoire abgedruckt sind. Das bedeutendste Werk des Grafen Greppi, der einer der ersten Familien in der Lombardei angehört, ist aber das eben erst erschienene, folgende: Revelations diplomatiques sur les relations de la Sardaigne avec l'Autriche et la Russie, pendant la première et la dernière coalition. Paris 1859. chez Amyot. Dieser gelehrte Diplomat hat seinen Aufenthalt in Turin, wohin er in der letzten Zeit der österreichischen Herrschaft in der Lombardei gezogen war, sehr fleissig benützt, um diese wichtigen Aufschlüsse in dem königlichen Archive zu benützen, wo er diese Auszüge aus den Berichten des Sardinischen Gesandten in Petersburg zu machen Gelegenheit hatte, welche mit dem Erscheinen Napoleons I. im Jahr 1796 in Italien anfangen und bis zum Jahr 1802 reichen. Die Geschichte jener Zeit wird durch diese gründliche Arbeit bedeutend bereichert.

In welcher hohen Achtung die von unserm gelehrten Gerhardt herausgegebene archäologische Zeitung, welche bereits 17 Jahre zählt, nicht blos im Inlande, sondern auch im Auslande steht, ist hinreichend bekannt; aber auch in Italien, das noch fortwährend die Fundgrube klassischer Alterthümer ist, fehlt es nicht an ähnlichen dieser Wissenschaft gewidmeten Zeitschriften. Als hinreichend bekannt können wir die in Rom herauskommenden archäologischen Zeitschriften annehmen, wir erwähnen daher nur das

Bulletino archeologico Neapolitano, per cura di Giulio Minervini. Napoli 1859.

Diese in Neapel seit 6 Jahren herauskommende Zeitschrift ist die neue Folge des früheren Bulletino archeologico. Ihr Herausgeber ist der bei dem Museo Borbonico angestellte Gelehrte Minervini, der zugleich der fleissigste Mitarbeiter ist. Ausser ihm macht sich besonders darum verdient der grosse Alterthumsforscher Graf Borghesi zu S. Marino und der Graf Gargallo-Grimaldi aus Neapel, beide in steter Verbindung mit den deutschen Alterthumsforschern; ferner der gelehrte Prälat und Oberbibliothekar zu Modena, Ritter Cavedoni, der Ritter v. Rossi in Calabrien, der gelehrte Münzkenner Graf Conestabile, Guidobaldi u. s. m.; auch unser gelehrter deutscher Herausgeber des Bulletino della corrispondenza archeologica, Dr. Henzen zu Rom liefert gediegene Beiträge, sowie der Franzose Rangabé, und der über den Mithras-Dienst als Autorität geltende, kürzlich verstorbene Lajard.

La divina comedia di Dante, nuovamente illustrata ed esposta e ridotta in facile prosa per G. Castrogiovanni. Palermo 1858. Tip. La Bianco.

Allerdings ist Dante schwer zu verstehen, und bereits sind zur Erleichterung des Verständnisses eine Menge Commentare erschienen; auch der genannte Verfasser hat mit Benützung seiner Vorgänger hier sehr zweckmässige Erläuterungen dem Text beigefügt; allein dass er denselben auch noch eine prosaische Uebersetzung in derselben Sprache beigefügt hat, will nicht recht gefallen; man meint, es werde dem Leser gar zu leicht gemacht, der mitunter abgehalten wird, die Schönheiten des Dichters in seinen eigenen Worten zu lesen.

Derselbe Bearbeiter des Dante hat noch ein anderes Werk über diesen Dichter herausgegeben, nehmlich eine

*Fraseologia poetica e disionario generale della divina comedia, per G. Castro-
        giovanni. Palermo 1858. Tip. La Bianco.*

Dies Lexikon von Redensarten dieses Dichters soll ein Leitfaden für die
Jugend in der Dichtkunst sein, so wie ein Reimbuch. Man findet, dass solche
mechanische Hilfsmittel eben nicht geeignet sind, einen grossen Dichter hervorzubringen. Auch erscheint diese Arbeit Nichts zu sein, als ein in Trümmer
geschlagenes Mosaikbild, dessen einzelne Stiften und Steinchen nach den Farben geordnet sind.

*La divina comedia di Dante Alleghieri, spiegata al popolo da Matteo Romani,
        arciprete. Reggio 1858. presso Davolio.*

Diese populäre Erläuterung dieses grossartigen Gedichtes durch einen Geistlichen erklärt sich dadurch, dass er dasselbe als ein Lehrbuch der Moral darstellt, wodurch er freilich die ghibellinischen Ansichten des Dichters hat
übergehen können.

*Conestabile, iscrizioni etrusche e etrusco-latine in monumenti che si trovano nella
        Galleria degli Ufficii in Firenze. 1858. CVIII. u. 300 S. mit 75 Tafeln.*

Dieses gelehrte Werk wird jetzt um so anziehender sein, seit Herr Hofrath Stickel neue Aufschlüsse über die Hetrurische Sprache gegeben hat, so
dass der hier bekanntgemachte Inschriftenschatz in Florenz Gelegenheit zur
Vergleichung geben kann.

Von den vielen akademischen Dissertationen in Italien erwähnen wir hier
einer nicht unbedeutenden, die zugleich Gelegenheit giebt, die Verschiedenheit der Universitätseinrichtungen zu besprechen:

*Il Dottore in leggi Cesare Oliva da Napoli, per consequire l'onore dell'aggre-
        gazione all Collegio della Facolta di leggi nella R. Università di Torino.
        Torino 1859. presso Paravia.*

Ausser den verschiedenen Facultäten haben manche Universitäten in Italien
dazu gehörige Collegien; aber man kann Professor ordinarius einer Facultät
sein, ohne dem Collegio anzugehören; ja gewissermassen stehen die Mitglieder
des Collegii höher, als die Professoren der Facultät; denn nur die Mitglieder des Collegii, sie mögen zugleich Professoren sein oder nicht, haben das
Recht, die Facultätsprüfungen zu besorgen, und die dafür zu zahlenden Gebühren zu beziehen; denn die Vorlesungen werden unentgeltlich gehalten.
Der Verfasser der vorliegenden Prüfungsarbeit ist der als practisirender Advokat zu Turin angestellte Doktor beider Rechte, Herr Oliva, welcher dieselbe mit der in Italien so oft vorkommenden Familien-Pietät dem rühmlichst
bekannten Professor, Ritter Mancini, widmet, der in Neapel sein Lehrer war,
und den er hier wegen seiner Liebe und Wohlthaten seinen zweiten Vater
nennt. Die Gemahlin des jetzt in Turin sehr geachteten Rechtsanwalts, Professors des Völkerrechts und Mitgliedes der juridischen Commission im Ministerio
der auswärtigen Angelegenheiten, Mancini, eines Opfers der von dem Könige
Ferdinand II. von Neapel selbst gegebenen Constitution, ist die Schwester des
Doctor Oliva, des Verfassers, die berühmte Dichterin Laura Beatrice Oliva-

Mancini, die unter ihren Zeitgenossinen jetzt in Italien eine der ersten Stellen einnimmt. Die erste Abhandlung in dem vorliegenden Werke aus der Staatswissenschaft betrifft die Theorie der Bevölkerung. Der Verf. beurtheilt hier die über diesen Gegenstand bisher aufgestellten Systeme, besonders die Ansichten von Malthus. Dabei zeigt er sich auch als einen tüchtigen Kenner der deutschen Literatur und ist kein blinder Anhänger von Malthus, obgleich dessen Name mit der Theorie der Bevölkerung oben so verbunden ist, wie der des Galilei mit der Bewegung der Erde. Eine andere Abhandlung aus dem Gebiete der Philosophie des Rechts behandelt das Recht zur Selbsthilfe, nicht nur zum eigenen, sondern auch zum Schutze der andern. Der Verfasser folgt dem Grundsatze Ciceros, nach welchem dies Recht nicht ein geschriebenes, sondern von der Natur eingepflanztes Gesetz ist: ad quam non docti sed imbuti sumus. Natürlich verlangt der Verfasser ebenfalls, dass die Vertheidigung nicht die in der Natur der Sache liegenden Grenzen überschreite, und dass zu einem Aeussersten nur bei der Gefahr, ein unersetzliches Gut zu verlieren, geschritten werden dürfe: virginitas corrupta restitui non potest. Wenn der Verfasser auch der Meinung ist: quod quisque ad tutelam corporis sui fecerit, jure fecisse existimetur, so hält er doch sehr streng an dem Grundsatze: Non sunt facienda mala, ut eveniant bona. Dagegen dehnt er die Nothwehr auch auf ein Volk aus, welches in seinen Rechten von einem Fremden gekränkt wird, so dass auch ein anderes ihm beistehen darf. Wenn es zweifelhaft sein dürfte, ob ein Volk gegen eine eigne tyrannische Regierung Selbsthilfe brauchen darf, so hält der Verfasser doch dieselbe für unerlaubt, wo eine Repräsentativ-Verfassung stattfindet, indem dann ein gesetzlicher Weg der Aushilfe vorhanden ist. Auf diese Weise werden noch andere Materien aus dem Staate, der Kirche, dem Bürgerleben und römischen Rechte behandelt.

Ein sehr bedeutendes wissenschaftliches Werk ist das von dem Minister der öffentlichen Arbeiten zu Turin herausgegebene unter dem Titel:

Memorie di idraulica pratica dell' ingegnere P. Paleocapa. Venezia 1859. presso Antonelli. 8. 266.

Bekanntlich ist Oberitalien wegen seiner Arbeiten der Wasserbaukunst berühmt; diese mit vielen Plänen versehene Arbeit ist von dem Haupt-Wasser-Baumeister dieses Landes, welcher auch die Eisenbahnbrücke über die Lagunen zu Venedig gebaut hat.

Dass die Wissenschaften in Mailand auch unter dem Kriegsgetümmel nicht müssig gewesen, zeigt folgendes:

Annali universali di Medicina dal Dottori A. Amadei e C. Ampello - Calderini Milano 1859. 8o.

von denen das Juniheft, zum 168. Bande gehörig, vorliegt.

Von der Grossartigkeit des Hospitales zu Mailand gibt folgender Jahresbericht einen anschaulichen Begriff:

Rendiconto della benefisenza dell' Ospitale maggiore in Milano per li anni 1856—1857. dal Dott. A. Verga. Milano 1858. presso Agnelli. 4o. p. 180.

Vorstand dieser grossartigen Heilanstalt ist der berühmte Arzt Verga, Verfasser dieses Werkes.

Das grosse Werk über die Geschichte Parmas hat ebenfalls seinen erfreulichen Fortgang gehabt:

Storia della città di Parma, da Angelo Pezzana. Tomo V. Parma. Tip. reale. 1859. 4o. S. 450 u. 139. S. 67 Urkunden enthaltend.

Wie umständlich diese Geschichte ist, kann man daraus entnehmen, dass in diesem starken Bande die Geschichte von nur 16 Jahren enthalten ist, nemlich von 1484—1500; Jahre von besonderer Bedeutung, wie die Namen der Farnese, Alexander VI., Cäsar und Lucretia Borgia ahnen lassen. Der Verfasser ist der berühmte Bibliothekar der Farnesischen Bibliothek zu Parma, Ritter Pezzana.

J Fenomeni ed i misteri piu curiosi della natura, da Giordano. Vol. I. II. III. Torino 1858. 8o.

Diese von einem bekannten Apotheker herausgegebene populäre Naturlehre ist ziemlich verbreitet.

Auch in Turin haben während des Krieges die wissenschaftlichen Leistungen keine Unterbrechung erlitten, dies zeigt das

Giornale delle scienze mediche dell' academia medica di Torino. Torino 1859. presso Favale. 8o.

von dieser Monatschrift liegt von dem 35. Bande das Juliheft vor.

Dass solche wissenschaftliche Zeitschriften sich so lange erhalten, spricht für deren Werth eben so sehr, wie für das Publikum, für welches sie bestimmt sind. Das ist auch der Fall mit

Il filiatro-Sebesio, da S. De Renzi. Napoli 1859. 8o.

Dies Augustheft gehört dem 56. Bande an, und besteht diese Zeitschrift schon 29 Jahre.

Die Geologie wird jetzt in Italien mit Vorliebe betrieben, wie schon daraus hervorgeht, dass die verdienstliche Geologische Gesellschaft in Jena unter dem Vorsitze des gelehrten Professors Schmidt mehrere italienische Gelehrte zu ihren Mitgliedern ernannt hat. Eine kurze Uebersicht der geologischen Verhältnisse Italiens gibt folgendes Werk:

Sullo stato geologico dell' Italia di G. Omboni. Milano 1858.

mit einer kleinen geologischen Karte von Italien und mehreren diese Studien sehr erleichternden Uebersichtstabellen.

Da man die italienischen Aerzte beschuldigt, dass sie gar zu gern Blut lassen, wird man auf folgendes Werk aufmerksam gemacht:

Guida alla Clinica ematologica di Achille Casanova. Milano 1858. presso Zamboni. 8o. S. 529.

Dieses Werk, mit Abbildungen erläutert, beschäftigt sich nicht nur mit der Heilung der Menschen, sondern auch der Thiere. Von demselben Verfasser ist auch:

Memoria sulla causa della coagulazione del Sangue. Milano 1859. presso Zamboni.

Ein sehr bedeutendes Werk für das gerichtliche Medizinal-Wesen ist folgendes:

Guida medico-legale, basata sulle vigenti leggi penali di A. Tassani. Secunda edilione. Como 1859. presso Franchi. gr. 8. S. 478.

Dies Werk ist für die Richter und Gerichtsärzte der Lombardei-Venedig bestimmt, wird aber jetzt nach der Trennung der Lombardei von Venedig ein kleineres Publikum haben, da die sardinischen Einrichtungen hier nächstens eingeführt werden dürften, so weit sie besser sind. Uebrigens wird nicht verkannt, dass manche Einrichtungen in der Lombardei besser waren als im Königreiche Sardinien, denn nach der Restauration mit dem Falle Napoleons I. führte der damalige König von Sardinien alles Alte wieder ein; wenn dies zwar auch im Ganzen in der Lombardei geschah, so waren doch vor der Franzosenzeit hier die Josephinischen Ideen dem Fortschritte günstiger gewesen, so dass die Rückschritte im Sardinischen bedeutender waren. Wollte doch der damalige König nicht über die Po-Brücke in Turin fahren, weil sie von den Franzosen erbaut worden war.

Statuti municipali e stemmi municipali e gentilisii degli Stati Sardi, di Francesco Berlan. Torino 1858. gr. 8. mit Illustrationen. Tip. Litteraria.

Diess sehr verdienstvolle Werk eines gelehrten Liebhabers der Geschichte seines Vaterlandes, des Königreichs Sardinien, hat mit dem ersten Hefte angefangen, eine Uebersicht der Statuten der Gemeinden dieses Landes zu geben; denn seit der Beseitigung des Lehnwesens ist das Gemeindewesen hier so ausgebildet, wie man es in solcher Allgemeinheit kaum anderwärts findet. Hier sind alle Gemeinden, welche Statuten besitzen, alphabetisch aufgeführt, mit Bemerkung ihrer Entstehung, der Ausgaben, wenn sie gedruckt sind, oder der Angabe, in welchem Archiv sie sich befinden u. s. w.; als Kunstbeilage werden die Wappen dieser Gemeinden gegeben, sowie auch von Privatpersonen, wobei zu bemerken ist, dass in Italien ein Wappen keineswegs ein Zeichen des Adels ist, da in der Zeit, wo die tapfern Bürger der nach der alten Tradition der römischen Municipien sich selbst verwaltenden Städte, die Burgen der unbändigen Feudalherren brachen, sich Jeder sein Schild nach Gefallen bemalte. Seit jenem Sturze des Lehnwesens bildeten nicht nur die Städte sich selbstverwaltende Gemeinden, sondern jedes Dorf, und wo ein solches zu klein war, um die erforderlichen Mittel aufzubringen, verband es sich mit einer benachbarten Gemeinde. Aus den frühern Gewohnheiten dieser Gemeinden wurden im Laufe der Zeit die schriftlich abgefassten Statuten, und finden wir hier eine Uebersicht der in dem Königreiche Sardinien bekannten Statuten. Herr Advokat Bollati hat angefangen, die bisher noch ungedruckten Statuten zu publiciren, welche Sardinien betrafen.

Ein in Deutschland nicht viel vorkommender Druckort ist Ravenna, von wo wir ein sehr bedeutendes Werk zu erwähnen haben.

Luca Longhi illustrato dal Conte Alessandro Cappi, Ravenna 1858. fol.

Dies Prachtwerk macht dieser Stadt alle Ehre, von welcher bekanntlich Strabo die erste Nachricht gibt. Nach ihm wurden die ersten griechischen Einwanderer von den Hetruriern vertrieben; später wurde diese Stadt eine der Gallischen Hauptstädte; bis diese 189 vor unserer Zeitrechnung; von den Römern besiegt wurden. Kaiser August legte hier die beiden Hauptwerke an, Cäsarea und Classis, mit dem Kriegshafen am Adriatischen Meere. Seitdem wurde Ravenna so bedeutend, dass mehrere Kaiser sich hier aufhielten, besonders Diocletian, bis Honorius, der Sohn von Theodosius, im Jahr 404 nach unserer Zeitrechnung seine Residenz hierher verlegte. Unterdess war die Regierung in die Hände der Prätorianer und fremden Söldner gefallen; so dass eigentlich die rohe Soldateska herrschte. Auf diese Weise konnte der Heruler Odoaker, den letzten römischen Kaiser Romulus Augustus absetzen und Ravenna zur Hauptstadt des von ihm 476 gestifteten Königreichs Italien machen. Gegen diesen aber benutzte Zeno, der Oströmische Kaiser, den Gothen Theodorich, welcher nach 3jähriger Belagerung sich Ravennas bemächtigte (493), es aber für sich und seine Nachfolger behielt, bis Kaiser Justinian 554 durch Narses der Gothenherrschaft ein Ende machte und Ravenna 566 Hauptstadt des italienischen Exarchats unter dem Vicekönige Longinus wurde. Doch 751 wurde durch die Eroberung Ravennas die Herrschaft der morgenländischen Kaiser in Italien, durch den Longobardenkönig Aistolph gebrochen, dessen Volk aber später den Franken unterlag. Die Nachfolger Karls des Grossen wurden aber durch ihre sogenannten Getreuen bald dergestalt um alle Macht gebracht, dass sie dem Papste die Verfügung über die Krone überliessen. Doch hatte Ravenna an den Ubertini, Mainardi und Dusdes noch dem Kaiser treu bleibende Mitbürger, während die Traversari es mit dem Papste hielten, dem sich Heinrich IV. unterworfen hatte; so dass Peter Traversari sich 1218 zum Herrn von Ravenna aufwerfen konnte, auch sein Sohn Paul die Anerkennung durch den Bischof von Ravenna erhielt. Kaiser Friedrich II. unterwarf sich wieder diese Stadt, allein der Cardinal Ubaldini nahm sie dem Kaiser 1248 wieder ab. Unterdess musste die Stadt für ihre eigene Verwaltung sorgen; 1297 wurden Konsuln und Weise gewählt, und das Oberhaupt der Stadt, aus der Familie der Polentani, nannte sich Vicarius des heiligen Stuhls, seit 1313. Doch in der Bürgerschaft hatte sich der monarchische Sinn immer noch erhalten, sie versuchte sich dieser Gewalthaber zu erledigen; dies benutzten aber die Venetianer so, dass 1441 Ravenna unter die Herrschaft dieses damals so mächtigen Staates kam. Allein seit Julius II. 1509, wurde Ravenna dem Kirchen-Staate einverleibt, nachdem Gaston de Foix mit einem Heere Ludwigs XII. versucht hatte, Ravenna zu nehmen, das aber von seinen Bürgern tapfer vertheidigt ward. Doch bald darauf wurde in der Nähe der Stadt das päpstliche und spanische Heer geschlagen, obwohl G. de Foix blieb, und Ravenna fiel in die Hände der Franzosen, die sich auch hier durch Plünderung auszeichneten. Seitdem ist unter der geistlichen Herrschaft der alte Glanz von Ravenna sehr gesunken; so dass diese alte Residenz der römischen Kaiser, des Gothen-Könige und der byzantinischen Exarchen, jetzt nur etwa 28,000 Einwohner zählt. Die durch 7 Flüsse bewässerte Umgegend ist äusserst reich, muss aber durch sehr hohe Dämme vor Ueberschwemmungen geschützt werden; ein für die Küsten-Schiffahrt brauchbarer Kanal verbindet die Stadt

mit dem Meere, so dass der Handel jetzt ziemlich lebhaft ist. Die Stadt hat
glücklicherweise so viel Autonomie behalten, dass alles Gute, das sich hier
findet, eigentlich den Bürgern der Stadt zu danken ist. Der jetzige päpstliche
Gouverneur oder Delegat ist ein eben so gescheidter als wohlwollender Mann;
aber dieser Legat sagte dem Einsender selbst, dass bei seinem Amtsantritte
es nicht ungewöhnlich war, dass 4 Morde an einem Tage vorfielen, und zwar
nicht politische Morde.

Nach solchen Schicksalen dieser Stadt, um deren Geschichte sich der gelehrte Herr Verfasser sehr verdient, gemacht hat, ist es natürlich, dass bei
dem Kunstsinne, der von Griechenland sich hierher verpflanzt hatte, und dem Sinne
dafür bei der Wiederherstellung der Wissenschaften und Künste in der glänzenden Zeit Leo's X. auch Ravenna bedeutende Meister hatte. Ein solcher war
Luca Longhi, dessen Leben der Verfasser hier mit der Geschichte der Stadt
und deren Kunst liefert, und mit vielen trefflichen Kupferstichen ausgestattet
hat. Der Verfasser ist einer der vornehmen Italiener, die ganz für die Wissenschaften leben, wobei er die Stelle eines Bibliothekars der Stadt Ravenna
bekleidet, die er auch beschrieben hat (La Bibliotheca Classense illustrata ne'
principali suoi codici. Rimini 1847.) Sowie diese Beschreibung sich durch Gelehrsamkeit auszeichnet, so reich ist das vorliegende Leben des Malers Longhi
ausgestattet, so dass der Verfasser darauf über 20,000 Franken verwendet hat.

Aus dem gelehrten Bologna (Bononia docet) müssen wir eine Zeitschrift
erwähnen, welche, obwohl sie einen lateinischen Titel hat, doch für Italien
geschrieben ist. Die rühmlichst bekannte Bibliothek der Universität zu Bologna besitzt auch anderweit wissenschaftliche Sammlungen. Vorzüglich reich
ausgestattet ist besonders das naturhistorische Museum in demselben Univer-
sitätsgebäude, das unter der Leitung des gelehrten Geologen Ritter Bianchoni
steht, welchen vor Kurzem die Geologische Gesellschaft in Jena zu ihrem Mitgliede ernannt hat. Derselbe gibt in lateinischer und italienischer Sprache
seit 1853 das Repertorium über die Literatur der Naturwissenschaften in Italien
heraus:

*Repertorium Italicum complectens zoologiam, mineralogiam, geologicam et pa-
leontologiam; cura J. J. Bianchoni. Bononia ex typographia Saxiana,*

worin von neuern, allein auf diese Wissenschaft Bezug habenden Erscheinungen, besonders mit Bezug auf das Ausland, Nachricht gegeben wird. Die
Universität von Bologna zählt gegenwärtig noch über 1000 Studenten, da hier
die vornehmsten und reichsten jungen Leute studiren müssen, um in der Gesellschaft Geltung zu haben, nicht um ein Amt zu suchen. Besonders wird
jetzt die medicinische Facultät gerühmt. Zu derselben gehört der Professor
Bertoloni, welcher durch seine italienische Flora berühmt geworden und Mitglied der Leopoldino - Carolinischen Akademie der Naturforscher ist, welche
jetzt unsern würdigen Kieser zum Präsidenten hat. Früher waren die Facultäten in Bologna dergestalt eingetheilt, dass es nur 3 Fakultäten gab, Theologie, Jurisprudenz und Medicin, zu welcher letzten Facultät auch das Colle-
gium Artium gehörte; so dass Philologie, Geschichte u. s. w. darin begriffen
war. Jetzt bestehen hier ausser den genannten 3 Fakultäten, die der Philologie

und Mathematik. Hier werden dieselben aber Collegia genannt, die je aus 12 Mitgliedern bestehen, die aber nicht nothwendig Professoren sein müssen. So befinden sich jetzt in dem Collegie der Philologie nur 4 Professoren, dagegen ist Präsident oder Senior dieses Collegii der Bibliothekar der Universität Vegetti; vor ihm war es der Markgraf Massimino Angelelli, Professor der griechischen Sprache an der Universität, ein reicher vornehmer Herr, der sich aber eine Ehre daraus machte, öffentlicher Lehrer zu sein. Mitglied dieses Collegii der Philologie ist ferner der Markgraf Carlo Tanari, ebenfalls ein gründlicher Gelehrter, ferner Graf Gozzodini, von dem mehrere geschichtliche und antiquarische Werke bekannt sind, unter anderen Memoria per la vita di Giovanni II. Bentivoglio, mit Kupfern. Dieser war der letzte der eigenen Fürsten von Bologna, der von dem Papste Julius II. vertrieben wurde. Mitglied dieses Collegii ist ferner M. de Via, welcher die alten Bildwerke der Kirche S. Petronius und andere Kunstwerke illustrirt hat. Mitglied des philologischen Collegii ist ferner der Bibliothekar der Stadt Herr Trati. Der Verfasser des vorliegenden Werkes, Herr Bianchoni, hat sich dadurch das Verdienst erworben, die Italiener besonders mit den deutschen Werken über diese Wissenschaft bekannt zu machen.

Von Bologna müssen wir noch eines für Liebhaber der hebräischen Alterthümer bedeutenden Werkes erwähnen.

Bisher hatte sich hier ein Naturforscher auch als Archäologe, Professor Bertolotti ausgezeichnet, und unter anderm in seiner Abhandlung „delle mure di Luni" nachgewiesen, dass die von Rutilius Numatianus beschriebenen Mauern der Hetrurischen Stadt Luni wirklich von Marmor waren, was der gelehrte Carl Promis zu Turin geleugnet hatte, da der Verfasser auch jetzt die Reste derselben erforscht hat. Jetzt hat der reiche und gelehrte Graf Gozzodini in Bologna neuerdings wichtige Hetrurische Alterthümer aufgefunden und beschrieben. Auf seinem Landgute, eine Meile von Bologna, an dem Flusse Idice, genannt il podere campo santo, ohnfern der alten zerstörten Stadt Claterna, liess er eine Hetrurische Necropole von 122 Gräbern eröffnen; so dass er sich jetzt im Besitz eines ganzen Museums Hetrurischer Aschengefässe und andern zierlichen Geschirres, von Schmuck und anderen Gegenständen von Bronze befindet. Dieser auch schon durch andere gelehrte Arbeiten rühmlichst bekannte Freund der Wissenschaft hat darüber folgende Schrift veröffentlicht:

Di un sepolcretto etrusco scoperto presso Bologna dal conte Giovanni Gozzodini.
Bologna 1855. fol. mit 8 Tafeln. u. intorno ad altre settantuna tombe del
sepolcretto etrusco, Cenni dal conte G Gozzodini. Bologna 1859.

und ganz neuerlich:

Di alcuni antichi sepolcri Felsinei,

über ähnliche Gräber, welche in Bologna selbst in den Grundmauern des Palastes des Grafen Malvasia gefunden wurden. Dieser für die Wissenschaft ganz lebende Graf Gozzodini hat sich auch schon vorher durch wissenschaftliche Werke ausgezeichnet. Die grösste Schwierigkeit für ihn war die Wiederzusammensetzung der meist zertrümmerten Gefässe von mitunter sehr künstlicher und unbekannter Form. Er wurde dabei durch seine so geistreiche als kennt-

missvolle Gemahlin aus der Familie Dante Allighieri unterstützt, so dass diese
Gefässe meist wieder zusammengesetzt worden sind und eine treffliche Sammlung bilden. Wenn manche sagen sollten, dafür hätten Strümpfe gestrickt
werden sollen, so müssen wir doch gestehen, bei dem Anblick dieser Sorgfalt für das Alterthum, sehr zufrieden gewesen zu sein, dass dies der Kam-
merjungfer überlassen worden ist.

Ueberhaupt fehlt es nicht an Vornehmen in Bologna, welche sich mit
Wissenschaften beschäftigen, und dürfen wir unter andern nur den Markgrafen
Luigi Tanari erwähnen, welcher in seiner Schrift:

Intorno alla materia del credito negli interessi agrari. Bologna 1855

gezeigt hat, wie mächtig im päpstlichen Staate die Unterstützung des Real-
Credito ist, was schon Professor Sciaccia in seinem Cenno critico di progetto
di riforma del sistema ipotecario Francese proposto dal Cav. Neigebaur, Palermo 1846 gezeigt hat. Wie schwer man aber auf Reformen in dieser Beziehung eingeht, kann man daraus entnehmen, dass im Februar 1859 in Bologna ein Zeitungsartikel verboten ward, weil er von einer Verbesserung des
Hypothekenwesens redete. Alle diese Schwierigkeiten halten aber Männer,
die ihr Vaterland lieben, wie Markgraf Tanari, nicht ab, zu wirken, was sie
können, wie er in folgender Schrift gethan:

*Di quanto si possa e si debba migliorare la nostra società agraria, e la nostra
Agricoltura, del Marchese Luigi Tanari. Bologna 1857.*

Ein anderer Schriftsteller in Bologna hat sich mit demselben Gegenstande
beschäftigt und darüber ein sehr bemerkenswerthes Werk in der Zeit herausgegeben, wo man im Kirchenstaate von Reformen sprechen durfte, d. i.

*Sulla condizione economica e sociale dello stato pontificio di Gabr. Rossi (Prof.
der Medicina forensis) Bologna 1848. II. Vol.*

Der gelehrte Verfasser, bekannt mit den Gesetzgebungen anderer Länder,
theilt im ersten Bande eine sehr vollständige Statistik des Kirchenstaates, besonders der Provinz Bologna mit, und zeigt im zweiten Bande die Nothwendigkeit den Real-Credit auf ein verbessertes Hypothekenwesen zu gründen,
und empfiehlt das deutsche System, besonders das preussische Hypothekenwesen,
um den Grundbesitz gewissermassen zu mobilisiren. Der Verfasser wird sich
freuen, dass Doctor Bergham in Paris in seinem Werke über die Uebertragung
des Grundeigenthums ¦ seiner Ansicht beitritt, und die Franzosen mit den
obigen Vorschlägen des Professors Sciaccia bekannt macht.

Neigebaur.

────── ─ ──────

*Ueber die Schwingungen gespannter Saiten. Von Prof. J. Petzval, wirkl. Mit-
gliede der kais. Akad. der Wissenschaften. Besonders abgedruckt aus dem
XVII. Bande der Denkschriften der math.-naturw. Klasse d. k. Akademie
d. W. Wien. Aus der k. k. Hof- und Staatsdruckerei. 1859. (48 S. in 4.)*

Die vorliegende Denkschrift des der wissenschaftlichen Welt sowohl, als
auch dem ausübenden Optiker und Photographen wohl bekannten und mit

Recht berühmten Verfassers behandelt das Problem schwingender, gewichts-
loser Saiten unter einer Voraussetzung, die bei den seitherigen Auflösungen
desselben nie gemacht wurde, der nämlich, dass zwei, sonst homogene ela-
stische Saiten, die aber unter sich verschieden sind, mit einander in einem
Punkte vereinigt sind, so dass also die ganze schwingende Saite wesentlich
aus zwei verschiedenen Stücken besteht.

　　Zuerst stellt der Verfasser die allgemeinen Gleichungen des Gleichgewichts
und der Bewegung schwingender Saiten auf. Ist μ die Masse der Längeneinheit, (wo μ nicht constant zu sein braucht) sind weiter X, Y, Z die Seitenkräfte der auf die Masseneinheit im Punkte x. y, z wirkenden bewegenden
Kräfte, und ist S die Spannung in demselben, so ergeben sich als Gleichungen
des Gleichgewichts der Saite: $\mu X \frac{d s}{d x} + \frac{d}{d x}\left(S \frac{d x}{d s}\right) = 0, \mu Y \frac{d s}{d x} + \frac{d}{d x}$

$\left[\left(S \frac{d y}{d s}\right) = 0, \mu Z \frac{d s}{d x} + \frac{d}{d x}\left(Z \frac{d z}{d s}\right) = 0,\right.$ wo $\frac{d s}{d x} = \sqrt{1 + \left(\frac{d y}{d x}\right)^2 +}$

$\left.\left(\frac{d z}{d x}\right)^2\right]$ ist. Diesen Gleichungen müssen, im Zustande der unter dem Einflusse der genannten Kräfte eingetretenen Ruhe, die Koordinaten der einzelnen
Punkte genügen, d. h. die Integration dieser Gleichungen liefert die (zwei)
Gleichungen der Gestalt der Saite und den Werth von S. — Tritt nun, bei
der Wirksamkeit derselben Kräfte, Bewegung ein, und sind in diesem Zustande x + ξ, y + η, z + ζ die Koordinaten desjenigen Punktes, für den
x, y, z in der Gleichgewichtslage galten, so lassen sich leicht die allgemeinen Gleichungen der Bewegung aus den obigen aufstellen. Wir wollen uns
hier begnügen, das Resultat für den einfachsten Fall, der auch allein hier
behandelt wird, anzugeben, den nämlich einer anfänglich geradlinigen Saite,
auf die keine bewegenden (fortdauernden) Kräfte wirken und die sich von
der Gleichgewichtslage überhaupt nur sehr wenig entfernt; alsdann ist $\mu \frac{d^2 \xi}{d t^2}$

$= a \left(\mu \frac{d^2 \xi}{d x^2} + \frac{d \mu}{d x} \frac{d \xi}{d x}\right), \mu \frac{d^2 \eta}{d t^2} = S \frac{d^2 \eta}{d x^2}, \mu \frac{d^2 \zeta}{d t^2} = S \frac{d^2 \zeta}{d x^2},$ wo S die
(konstante) Spannung im Zustande des Gleichgewichts und a eine Konstante ist,
welche von der Natur der Saite abhängt. Die wirkliche Spannung im Punkte
x + ξ, y + η, z + ζ (wo y = z = o) ist übrigens S + a $\mu \frac{d \sigma}{d s}$, wenn

$\frac{d (\sigma + s)}{d x} = \sqrt{\left(1 + \frac{d \xi}{d x}\right)^2 + \left(\frac{d \eta}{d x}\right)^2 + \left(\frac{d \zeta}{d x}\right)^2},$ also hier $\frac{d \sigma}{d x} = \frac{d \xi}{d x}$,

ist; indem s = x gesetzt wird und die Quadrate von $\frac{d \eta}{d x}, \frac{d \zeta}{d x}$ vernachlässigt werden. Der Verfasser betrachtet noch die beiden Fälle einer schweren,
vertikal hängenden Kette und eines Fadens, der ebenfalls schwer angenommen
wird, aber nicht vertikal hängt. Da diese Fälle nicht genauer untersucht
werden, so mögen sie hier auch nicht weiterer Betrachtung unterliegen.

　　Die oben gefundene Gleichung $\mu \frac{d^2 \eta}{d t^2} = S \frac{d^2 \eta}{d x^2}$ wird nun für den, Eingangs erwähnten Fall einer zweitheiligen Saite näher untersucht, bezüglich

integrirt. Die erste Frage war begreiflich, wie man μ, das nicht stetig veränderlich ist, auszudrücken habe. Legen wir den Koordinatenanfang in den Vereinigungspunkt beider Saitenstücke, und ist m die Masse der Längeneinheit des auf Seite der negativen x liegenden Saitenstücks, M dieselbe Grösse für die andere Seite; so muss $\mu = m$ bei negativen, aber M bei positiven x sein. Man wird also $\mu = m + k \, (M - m)$ setzen, wo k eine Funktion von x von der Beschaffenheit ist, dass sie o ist für negative, dagegen 1 für positive x. So ist etwa das Integral $\dfrac{1}{\pi}\displaystyle\int_0^\infty d\,u \int_0^\infty \cos\,u\,(z-x)\,d\,z$ beschaffen, wie man leicht findet. Es ist nämlich $\displaystyle\int_0^a \cos u(z-x)\,dz = \dfrac{\sin u\,(a-x)}{u}$

$-\dfrac{\sin u\,(o-x)}{u}$, und dann $\displaystyle\int_0^\infty \dfrac{\sin u\,(a-x)}{u}\,du = \dfrac{\pi}{2}$ wenn a—x $>$ 0, $\displaystyle\int_0^\infty \dfrac{\sin u\,(o-x)}{u}$

$d\,u = \dfrac{\pi}{2}$ wenn o — x $>$ 0, aber $-\dfrac{\pi}{2}$ wenn o — x $<$ o. Lässt man a $= \infty$ werden, so ist a—x immer $>$ o; dagegen ist o—x $>$ o, wenn x negativ, o—x $<$ o, wenn x positiv. Hieraus aber ergiebt sich die Behauptung. Für x = o ist freilich der Werth des Integrals $= \dfrac{1}{2}$. Der Verfasser wählt nun aber nicht diese Form einer sich sprungweise ändernden Funktion, sondern geht zu der Form o^{ox} über, die seither wohl noch nicht angewendet worden. Setzt man $\beta^x = z$, so sieht er die so eben berührte (unbestimmte Form an als Gränswerth von α^z, wenn α und β sich der Null (von positiver Seite) nähern. Es ist leicht zu ersehen, dass man dasselbe Resultat erhält, wenn man die Form $\varepsilon^{\gamma\tau}$ betrachtet, wo $\tau = \varepsilon^{\delta x}$ ist, und darin γ und δ gegen (positiv) unendlich gehen lässt. Ist alsdann x negativ, so erhält man $\tau = \infty$, also $\delta^{\gamma\tau} = o$; für positive x ist $\tau = o$, also $\varepsilon^{\gamma\tau} = 1$. Statt nun γ und δ unendlich zu denken, lässt der Verfasser sie nur grosse (positive Zahlwerthe bedeuten, so dass erst bei merklichen Werthen von x die Werthe o und 1 für $\varepsilon^{\gamma\tau}$ erscheinen, und also in der Nähe von x = o der (plötzliche) Uebergang von o zu 1 durch diese Funktion vermittelt, gewissermassen in einen stetigen verwandelt wird. Hiernach setzt der Verfasser die zweite der obigen Bewegungsgleichungen unter die Form: $[m + \varepsilon^{2\gamma\tau}\,(M - m)]\,\dfrac{d^2\eta}{d\,t^2} = S\,\dfrac{d^2\,\eta}{d\,x^2}$ worin also $\tau = \varepsilon^{\delta x}$ ist und γ und δ als sehr grosse positive Zahlen gedacht werden.

Stellen wir vor Allem die Integrale unter die Form $\eta = u \cos \alpha\,t$ oder $\eta = u \sin \alpha\,t$, so muss u der Gleichung $S\,\dfrac{d^2u}{d\,x^2} + \alpha^2\,[m + \varepsilon^{2\gamma\tau}\,(M - m)]$ u = o genügen, wenn u blos von x abhängen soll. Setzt man $\varepsilon^{\gamma\tau} = \chi$, so hat man $S\,\dfrac{d^2u}{d\,x^2} + X\alpha^2$ u = o, wo $X = m + \chi^2\,(M - m)$ ist. Auf einem Wege, den wir hier nicht weiter verfolgen können, erhält man für u den einen Werth A $[(k — h) \sin \alpha \varrho — (k + h) \sin \alpha \psi]$, wo $\varrho = \int [(k + k)$

$\chi — h] \, dx, \; \psi = \int [(k — h) \chi + h] \, dx, \; k^2 S = M, \; h^2 S = m$ ist. Bekanntlich ergiebt sich dann daraus das allgemeine Integral der Differentialgleichung zweiter Ordnung für u.

Hört die Saite auf in den Punkten $x = — l$, und $x = \lambda$, so erhält der
Verfasser als endgiltige Werthe: $\eta = Z$ ($A_n \cos \alpha_n t + B_n \sin \alpha_n t$) 2 k sin
$[\alpha_n h (x + l)]$ bei negativen x; dagegen bei positiven x: $\eta = \Sigma$ ($A_n \cos\alpha_n$
$t + B_n \sin \alpha_n t$) $[(k + h) \sin \alpha_n (k x + hl) — (k—h) \sin \alpha_n (k x — h l)]$,
wo das Summenzeichen sich auf alle positiven Wurzeln der Gleichung
$k \cot g \, \alpha k \lambda = — h \cot g \, \alpha h l$ bezieht, und A_n, B_n in beiden Formeln dieselben
Werthe haben. Für $k = h$ fallen beide Formeln zusammen und liefern die
gewöhnliche Auflösung. In Bezug auf die weitere Auslegung dieses Endre-
sultats müssen wir auf die interessante Schrift selbst verweisen, da eine blosse
Aufzählung der Resultate hier nicht am Platze sein kann. Die Absicht des
Referenten ging nur dahin, die Leser dieser Blätter auf die lehrreiche Abhandlung durch Andeutung der wichtigern Abweichungen vom seitherigen Wege
aufmerksam zu machen.

---

*Die Geometrie der Körper. Für Gewerbeschulen und zum Selbstunterrichte von
Dr. W. Zehme, Direktor der Provinzial-Gewerbeschule zu Hagen. Mit
12 Figurentafeln. Iserlohn. Julius Bädeker. 1859. 128 S. in 8.)*

Unter Voraussetzung der Sätze über gegenseitige Lage der Geraden und
Ebenen, wie sie etwa in der früher in diesen Blättern besprochenen Schrift
von Escher („neue Behandlung desjenigen Theils der Geometrie des Raums,
welcher die verschiedenen Lagen gerader Linien und Ebenen betrachtet) vorgetragen sind, hat sich das vorliegende Buch die Aufgabe gestellt, die Berechnung von Körper- und Flächenräumen, so weit dieselbe ohne Integralrechnung durchführbar ist, an möglichst vielen allgemeinen und besonderen
Fällen zu erläutern.

Zuerst behandelt der Verfasser die in der elementaren Stereometrie gewöhnlich betrachteten Körper, also Prismen, Pyramiden, Obelisken, Kugeln.
Dabei geht er bei der Aufstellung und dem Beweise der Sätze von den Anschauungen aus, wie sie die höhere Mathematik zu Grunde legt. Wir loben
dies ganz entschieden, obwohl wir für einen elementaren Kursus einen ausschliesslichen Gebrauch solcher Beweisformen nicht anrathen würden.
Wenn aber der Verfasser das Wort unendlich vermeidet, und z. B. statt „unendlich klein" sagt „möglich klein", so erscheint uns dies als eine Umgehung
einer allerdings vorhandenen Schwierigkeit, die aber damit nicht beseitigt ist.
Als besonderes Beispiel wollen wir etwa den Beweis des Satzes, dass normale prismatische Körper P und p von gleicher Höhe sich verhalten wie ihre
Grundflächen G und g betrachten. Zu dem Ende denkt sich der Verfasser

ein Quadrat (vom Inhalte) q und legt dasselbe in G und g ein; in erstere Fläche M, in die zweite m mal, wobei die Reste R und r bleiben mögen. Alsdann ist G = Mq + R, g = mq + r. Errichtet man über die eingelegten Quadraten Prismen, so sind dieselben kongruent, so dass sicher auch P = M v + R, p = m v + s, wo v der Inhalt des über q stehenden Parallelepipeds, S und s die über R und r stehenden Prismen sind (alle von derselben Höhe, wie die Prismen P und p). Daraus folgt $\frac{P}{p} = \frac{Mv+S}{mv+s}$ und da nun mit der Abnahme von q (das willkürlich bleibt), R und r, mithin auch S, s unbegränzt abnehmen, so schliesst das Buch, es sei $\frac{P}{p} = \frac{M}{m}$ wie auch $\frac{G}{g} = \frac{M}{m}$, so dass $\frac{P}{p} = \frac{G}{g}$. Dass der Schluss richtig ist, wollen wir natürlich nicht in Abrede stellen; die Form aber können wir nicht unbedingt als zulässig erachten, da wir fürchten, es möchte dem Leser immer noch der Zweifel bleiben, das Resultat wäre im Grunde doch näherungsweise wahr. Dass dasselbe für den Beweis des Satzes gilt, wornach Körper von gleicher Höhe; die auf derselben Ebene aufstehend gedacht werden und deren obere Flächen dieser Ebene parallel sind, die ferner die Eigenschaft besitzen dass Schnitte, die von derselben mit der Grundebene parallelen Ebene in beiden Körpern gemacht werden, denselben Flächeninhalt haben (der sich übrigens von Schnitt zu Schnitt in demselben Körper ändern kann), auch gleichen Kubikinhalt haben, ist ersichtlich. Dieser Beweis wird nämlich durch das Zerschneiden beider Körper in (unendlich) dünne Platten, zwischen deren Grundflächen senkrechte Prismen eingezeichnet werden, geführt. — Wir hätten bei diesem Falle, der in ähnlicher Weise sich mehrfach wiederholt, ein etwas schärferes Eingehen auf die Betrachtungsweise der Grenzenmethode gewünscht, wodurch die Schrift in noch stärkerem Masse, als sie es wirklich schon ist, zu einer Vorbereitung für weitere Studien nützlich geworden wäre. — Wenn wir aber auch nicht die höchste Genauigkeit in der Form gefunden haben, so müssen wir doch dem Geleisteten alle Anerkennung widerfahren lassen, da die gewählte Darstellungsweise immerhin ihrem Zwecke genügt.

Eine hübsche Anleitung zur Berechnung des Kugelinhalts giebt der Satz 27 des Buchs. Nachdem (wie bemerkt) gezeigt worden war, dass wenn zwei Körper so beschaffen sind, dass ein jeder Schnitt, parallel mit derselben Ebene geführt, in den zwei Körpern zwei Schnittflächen von gleichem Inhalte liefert, die Körperstücke zwischen denselben zwei dieser schneidenden Ebenen gleichen Inhalt haben, denkt sich der Verf. eine Halbkugel vom Halbmesser r auf eine Ebene gestellt; sodann auf dieselbe Ebene einen Zylinder vom Halbmesser und der Höhe r. Alsdann höhlt er den Zylinder durch einen Kegel aus, dessen Spitze im Mittelpunkt der Grundfläche und dessen Grundfläche in der obern Fläche des Zylinders liegt. Die Halbkugel ist nun gleich dem übrig bleibenden Theile des Zylinders. Denn schneidet man Halbkugel und ausgehöhlten Zylinder in der Höhe x über der Grundfläche, so ist der Inhalt des Schnitts in dem ersten Körper gleich $(r^2-x^2)\,\pi$, während derselbe Inhalt für den zweiten Körper gleich $r^2\pi - x^2\pi$; also dem frühern gleich ist. Daraus folgt aber sofort die Behauptung. Nun ist der Inhalt des Zylinders = $r^2\pi$,

des Kegels $= \frac{r^3 \pi}{3}$ also der Halbkugel $= \frac{2}{3}$ r³π. — Dass man bei Kugel-
zonen in ähnlicher Weise verfahren kann, ist leicht zu ersehen, wie denn
dies im Buche auch thatsächlich geschieht. (Archimedes Satz.) Nach diesen
der Elementargeometrie zugehörenden Untersuchungen werden die allgemeinern
Methoden zur Berechnung der Körper dargestellt. Als erste derselben erscheint
die barycentrische, also die Guldinsche Regel. Zu dem Ende wurde,
als „Resultate aus der Statik," die Lage des Schwerpunkts für eine Anzahl
von Liniengebilden und von solchen umschlossenen ebenen Flächen angegeben,
und sodann gezeigt, dass der Inhalt eines beliebigen schief abgeschnittenen
Prismas gleich ist dem Inhalte des Normalschnitts multiplizirt mit der durch
den Schwerpunkt dieses Schnitts gehenden Axe des Körpers (d. h. der mit
den Seitenkanten parallelen Geraden, die von den beiden Endflächen des
Körpers begränzt ist). Ein ähnlicher Satz besteht für den Mantel desselben Körpers.

　　Hierauf wird nun die Guldinsche Regel für Rotationskörper nachgewiesen und an einer grossen Anzahl sehr zweckmässig gewählter Beispiele geübt.

　　Um Körperberechnungen bei Rotionskörpern durchzuführen ohne auf die
besondere Lage des Schwerpunkts Rücksicht nehmen zu müssen, benützt das
Buch den folgenden, mittelst der Guldinschen Regel (oder auch unmittelbar)
leicht zu erweisenden Satz: Dreht sich eine geschlossene ebene Figur von der
Fläche F um eine Gerade A in ihrer Ebene, die ausserhalb derselben liegt
und ist I der Inhalt des entstandenen Körpers; dreht sich dieselbe Figur sodann um eine Gerade B, parallel mit der erstern, in derselben Ebene (mit
ihr und der Figur) und in der Entfernung m von A, so ist wenn A zwischen
B und der Figur liegt, der Inhalt des nunmehr entstehenden Rotationskörpers
gleich I + F 2mπ. Bei Körpern, die durch Rotation von Kreisen oder Kreis-
stücken entstehen, wird dieser Satz namentlich bequem angewendet werden können.

　　Bewegt sich eine ebene Figur im Raume so, dass sie einer festen Ebene
fortwährend parallel bleibt, dabei ihre Gestalt ändert, mit der Bedingung jedoch, dass wenn x ihr Abstand von der Ebene ist, ihr Flächeninhalt immer
durch die Formel a + bx + cx² + .. + kxⁿ ausgedrückt wird, so ist der
Inhalt des von ihr durchlaufenen Raumes zwischen den x = o und x = h

entsprechenden Ebenen gleich ab $+ \frac{b h^2}{2} + \frac{c h^3}{3} + \ldots + \frac{kx^{n+1}}{n+1}$. Diesen (im

Buche in elementarer Weise begründeten) Satz nennt der Verfasser die Sum-
menformel zur Berechnung des Inhalts, und leitet aus derselben als besondern Fall die Simpson'sche Regel ab, wornach, wenn n = 3 ist, und
man mit F, φ, f die untere, mittlere und obere Fläche des entstandenen

Körpers bezeichnet, der Inhalt $= \frac{h}{6}$ (F + 4 φ + f) gefunden wird. Hier-

nach werden nun ebenfalls eine Reihe einzelner Körper berechnet.

　　Die Berechnung des Inhalts und der Oberfläche der regulären Körper,
sowie der regelmässigen Gewölbeformen schliesst das Buch, dem
ein Anhang beigefügt ist zur Erläuterung mehrerer vorgekommener Sätze. Dahin
gehört die Summirung der Quadrate, dritten Potenzen u. s. w. der natürlichen
Zahlen, sowie geometrische Sätze über die Kegelschnitte und die Schwerpunkte.

　　Enthält, wie die vorstehende Uebersicht zeigt, die besprochene Schrift
eine reiche und zweckmässige Auswahl von Beispielen und allgemeinen Sätzen
über die Lehre von der Berechnung der Körper- und Oberflächeninhalte, und
ist also schon in dieser Beziehung zu empfehlen, so verdient sie diese Empfehlung noch überdiess durch die klare Darstellung der allgemeinen Lehrsätze, so
dass, da die äussere Ausstattung dem innern Werthe entsprechend ist, diese
neueste Schrift des thätigen Verfassers sich sicher viele Freunde erwerben wird.
Namentlich werden Techniker, welche sich mit Berechnungen des Kubikinhalts
von Maschinentheilen (behufs des Kostenüberschlags) beschäftigen müssen, an
dem vorliegenden Buche einen vortrefflichen Rathgeber finden, wie dasselbe
auch anderseits bei dem Unterrichte in der Stereometrie mit grossem Nutzen
verwendet werden kann. 　　　　　　　　　　　　　**Dr. J. Dienger.**

Chronik der Universität Heidelberg für das Jahr 1859.

Am 22. November beging die Universität in herkömmlicher Weise das Fest der Geburt ihres erlauchten Restaurators, des höchst seligen Grossherzogs Carl Friedrich. Die seitdem auch im Druck erschienene Festrede des zeitigen Prorectors, Hofrath Bronn, verbreitete sich

„über den Stufengang des organischen Lebens von den Insel-Felsen des Oceans bis auf die Festländer."

Der Redner hatte sich die Aufgabe gestellt, nachzuweisen, dass mit der zunehmenden Ausdehnung der Landflächen die Pflanzen- und Thierwelt derselben nicht nur reicher an Arten und mannichfaltiger an Formen wird, sondern insbesondere auch sich zu höheren Organisationsstufen erhebt; — dass sich dieses um so deutlicher ausspreche, je mehr man zu den obersten Klassen - Ordnungen und Familien des Thier - Systems hinaufsteigt, und zwar sogar bis zum Menschen selbst; — und dass endlich die Analogie Schlüsse auf einen ähnlichen successiven Entwicklungsgang in der geologischen Zeit zulasse, insoferne als die Bildung grosser Continental - Länder wahrscheinlich mit kleinen Land - Elementen begonnen habe.

An der Universität selbst fanden im Laufe des Jahres die folgenden Veränderungen statt:

In der theologischen Facultät wurde der Kirchenrath Hundeshagen zum geheimen Kirchenrath, und Professor Schenkel zum Kirchenrath ernannt; in der medicinischen Facultät Dr. Walz zum ausserordentlichen Professor ernannt; in der juristischen Facultät trat als Privatdocent ein Dr. Carl Wippermann, in der medicinischen Dr. Salomon Moos, in der philosophischen Dr. Georg Zehfuss, und Dr. Gustav Levinstein, sowie Dr. Ludwig Lebeau und Dr. Jakob Schiel, welche schon früher als Docenten aufgenommen worden waren. Dr. Diezel schied aus der philosophischen Fakultät aus, um nach Bonn zu übersiedeln. Aus der medicinischen Facultät schied der ausserordentliche Professor Dr. Kussmaul der einem ehrenvollen Rufe nach Erlangen zur Uebernahme der ordentlichen Professur der Pathologie, sowie der akademischen Klinik folgte. An die Stelle des nach Eppingen als Vorstand des dortigen Amtes berufenen Universitäts - Amtmannes Ludwig Stösser ward Referendar Otto Courtin zum Univer-

sitäts-Amtmann ernannt. Von der Jubelfeier des Geh. Rath und
Professor Mittermaier haben diese Blätter ausführlich schon früher
berichtet S. 465 ff.

Durch den Tod verlor die Universität am 26. Dezember den
ausserordentlichen Professor und Bibliothekar Dr. Robert Karl
Sachsse. Derselbe war zu Leipzig am 13. Januar 1804 geboren,
wo er in der Thomasschule seine Vorbildung erhielt und dann in
den Jahren 1823—1827 auf der Universität zu Leipzig Philosophie
und Jurisprudenz studierte; daran reihete sich, nach vollendetem
juristischem Examen in der Heimath, ein längerer Aufenthalt an hiesiger
Universität zu seiner weiteren Ausbildung; im Jahre 1834 erhielt
er die Doktorwürde und trat als Privatdocent der Rechte ein, sowie
am Beginn des Jahres 1835 als freiwilliger Gehilfe auf der Bibliothek, wo er im Januar 1838 zum Bibliothekssekretär und im Juli
1850 zum Bibliothekar befördert wurde, nachdem er bereits im Juni
1846 zum ausserordentlichen Professor ernannt worden war. Von
seiner gelehrten Thätigkeit geben mehrfache Beiträge in diesen Jahrbüchern und in der Zeitschrift für deutsches Recht von Beseler,
Reyscher und Stobbe Zeugniss, sowie die folgenden Werke:
Historische Grundlagen des deut. Staats- und Rechtslebens. Heidelb.
    1844.
Der Sachsenspiegel, zusammengestellt mit dem Schwäbischen
    mit Uebersetzung und Repertorium. Heidelb. 1849.
Das Beweisverfahren nach deutschem Rechte, mit Berücksichtigung
    verwandter Rechte des Mittelalters. Erlang. 1855. 8.

Mit einer Bearbeitung und Herausgabe eines Naturrechts
war derselbe beschäftigt, als ihn der Tod ereilte.

———————

Es fanden im Laufe des Jahres die folgenden Promotionen
an der Universität statt.

In der theologischen Facultät erhielt die Würde eines
Licentiaten der Theologie am 26. April der Pfarrer Eduard
Guder zu Bern.

Die Doctorwürde der Theologie wurde honoris causa
verliehen am 9. November dem Licentiaten und ausserordentlichen
Professor der Theologie an hiesiger Universität, zweiten Lehrer am
Prediger-Seminar, Universitätsprediger und Pfarrer zum heiligen
Geist dahier, Jakob Theodor Plitt; das Diplom bezeichnet ihn
als „virum pietate, ingenio, doctrina, eloquentia conspicuum, de
seminario pastorali et ecclesia evangelica patria egregie meritum,
collegam nunquam non conjunctissimum."

In der juristischen Facultät erhielten die Doktorwürde:

Am 15. Jan. Johann Hauser aus Heidelberg, am 22. Jan.
Wilhelm Blum aus Dorpat, am 9. Febr. Gerhard Hachmann
aus Hamburg, am 12. Febr. Raphael Jacobson aus Hamburg,
am 16. Febr. Conrad Gomperz aus Hamburg, am 5. März J,
A. Moschonnesios aus Tenos in Griechenland, am 8. März

Gustav Adolph Humser aus Frankfurt, am 9. März Joseph
Zemp aus Luzern in der Schweiz, am 12. März Simon Costis
aus Griechenland, am 30. April Eduard Lübbers aus Hamburg,
am 1. Juni Albert Zeerleder aus Bern, am 16. Juni Wilhelm Heilboth aus Hamburg, am 16. Juli Karl Grimm aus
Pforzheim, am 21. Juli Leo v. Mukulowski aus Polen, am
21. Juli Karl Mendelsohn-Bartholdy aus Leipzig, am 30. Juli
Emil Bruck aus Wiesbaden, am 4. Aug. Hugo v. Deines aus
Hanau, am 10. Aug. Karl Fahrländer aus Aarau, am 13. Aug.
Maximilian Fürst aus Heidelberg, am 17. Aug. Philipp
Bauer aus Hamburg, am 22. Oct. J. F. Früauff aus Pensylvanien in Amerika, 19. Novbr. Agam. Metaxas aus Athen, am
22. Dezbr. C. Jos. v. Kahlden aus Arbshagen.

Von der Erneuerung des Doktordiploms an Geh. Rath Mittermaier am 8. Mai, s. oben S. 467.

In der medicinischen Fakultät:

Am 24. Oct. Franz Knauff aus Karlsruhe, am 14. Novbr.
Julius Arnold aus Zürich.

Am 10. Dezember wurde dem Geheimerath Dr. Franz Joseph
Bils, Direktor der Sanitätscommission zu Carlsruhe das vor fünfzig
Jahren bei der medicinischen Facultät erlangte Doktordiplom in erneuerter Form durch eine aus dem Decan und Senior der Facultät
bestehende Deputation überreicht; das neue Diplom bezeichnet denselben als: „medicum celeberrimum ac meritissimum, doctrinae praestantia non minus quam summa experientia in arte medica factitanda
rebusque medicis in nostris terris egregie moderandis conspicuum,
animi probitate ac morum integritate insignem."

In der philosophischen Facultät:

Am 24. Jan. Theodor Tuchen aus Preussen, am 31. Jan.
Ferd. Karl Fridrich König aus Dürkheim in der bayerischen
Pfalz, am 5. Febr. Wilhelm Hofmann aus Burgsteinfurt in
Bayern, am 21. Febr. Hermann Habedanck aus Tilsit, am
28. Febr. Fridolin Schinzinger aus Freiburg, am 1. März
Adolph Brüning aus Ronsdorf in Preussen, am 5. März Heinrich Thorbecke aus Meiningen, am 7. März Ernst Fries aus
Heidelberg, am 10. März Karl Friedrich Ludwig Nohl aus
Iserlohn, am 14. Mai Karl Kinscherf aus Weinheim, am 16. Mai
Valentin Eckert aus Dielheim im Badischen, am 4. Juni August v. Bonstetten aus Bern, am 2. Juni Karl Diffené aus
Mannheim, am 30. Juli Christian Gänge aus Kiel, am 2. Aug.
Johannes Lucht aus Kuden in Holstein, am 4. Aug. Heinrich
Rosshirt aus Bamberg, am 8. Aug. Ludwig Mautner aus
Saurpitz in Böhmen, am 9. Aug. Alexander Macgregor aus
Schottland, am 12. Aug. Karl Kohn-Akin aus Pesth, am 31. Oct.
Simon Karl Martin Hillebrand aus Mainz.

Das Ehrendiplom eines Doctors der Philosophie wurde am 8. Mai
dem Geheimerath Mittermaier ertheilt; s. oben S. 467.

Die im verflossenen Jahre aufgestellten Preisfragen ergaben folgendes Resultat:

Die theologische Preisfrage: „de sensu et significatione sacrificii in Veteri testamento disseratur" hatte zwei Bewerber gefunden, über deren Leistungen die Facultät sich also ausspricht:

„Utraque commentatio laude digna. Uterque enim autor in explicanda quaestione satis impedita difficultatibus strenuam navavit operam; uterque uberem congessit materiam, eamque dilucide disposuit; uterque praecipuorum qui de sacrificiis veteris testamenti commentati sunt, scriptorum diligentem rationem habuit; uterque denique in dijudicandis variis circa argumentum, de quo res est, sententiis acumen haud vulgare comprobavit. Sed uterque itidem pariter vituperandus est, quod historiam notionis sacrificii in ipso veteri testamento et imprimis mutationes, quas per Prophetas subiit, enarrare neglexit.

Alter autor, qui libelli sui fronti locum epistolae ad Hebraeos (cap. 10., vers. 1.) inscripsit, finibus thematis propositi se non adstrinxit, dum non de sacrificii, sed de sacrificiorum in Vetere Testamento sensu et significatione disseruit et duplex praeterea commentationi suae πάρεργον, typicum scilicet et dogmaticum attexuit, et quidem invita Minerva, cum rerum dogmaticarum notitia ne mediocriter quidem imbutus esse videatur. Accedit quod, dum proprias opiniones, nonnunquam argumentis admodum debilibus superstructas, fidenter jactat, subinde gravissimorum virorum sententias acerbe perstringit, modestiae, quae virum juvenem decet, oblitus. Cultiori stylo, quamvis sermo ejus nequaquam ab omni mendo purus est, laudabilem operam dedit.

Commentationis alterius, quae verbis insignita est „in magnis voluisse sat est" autor cante intra fines quaestionis ab Ordine constitutos se continuit, et, si summam rei spectes, provinciae susceptae strenue satisfecit. In ritibus sacrificii describendis copiosus est, in symbolorum significatione indaganda acutus; interdum vel nova quaedam profert, eaque non improbabilia. In impugnandis aliorum placitis constanter verecundiae studet. At vero in eo graviter taxandus est, quod puriori stylo curam paene nullam impendit, genii linguae Romanae prorsus immemor.

Quae cum ita sint, Ordo non dubitavit, quin autori posterioris dissertationis, quae verba „in magnis voluisse sat est" prae se fert, palmam decerneret. Cum autem etiam priorem commentationem justa laude dignam judicaret, a summis viris, qui rebus Academiae nostrae praesunt, facultatem utrumque pugilem praemio proposito ornandi petiit, quorum benevolentia voti sui compos factus est".

Bei Entsiegelung des Zettels ergab sich als Verfasser der ersten Abhandlung Heinrich Röck, stud. theolog. aus Heidelberg, der zweiten Ernst Christian Achelis, stud. theolog. aus Bremen.

Auf die Frage der medicinischen Facultät: Quaeritur, num secundum genesin et structuram plures corporum luteorum species

In feminae ovario discerni queant atque, discerni si possint, quam-
nam rationem et dignitatem physiologicam et forensem illae habeant,
war eine mit dem Motto aus Haller bezeichnete (difficillimum ad-
gredior laborem et exitum vix promitto, qui lectori satisfaciat) Bearbeitung eingelaufen, welche von der Facultät durch folgendes
Urtheil des Preises würdig erkannt wurde:

Auctor commentationis structuram folliculorum ovarii exploravit,
in mutationes porro, quas, antequam folliculi dehiscant et postquam
hoc acciderit, singula parietum eorum strata subeunt, inquisivit;
corpora deinde lutea in ovariis mulierum tam gravidarum quam par-
tum paullo ante enixarum cum corporibus luteis feminarum, quae
fluentibus catameniis aut fluxu horum brevi abhinc finito defunctae
erant, uterum vero non gestabant, ratione formae ac structurae,
quas prae se ferunt, comparavit conclusionumque denique, ad quas
pervestigationibus suis perductus est, vim et dignitatem physiologicam atque forensem indicavit. Commentatio conspicua ingenii non
exigui, eximiae solertiae diligentiaeque magnae auctoris exhibet do-
cumenta, doctrinae de corporibus luteis ovarii haud spernendum ad-
fert augmentum, scientiamque nostram de discriminibus, quae inter
corpora lutea feminarum praegnantium et non praegnantium existunt,
insigniter locupletat. Quapropter Ordo unanimi consensu eam praemio dignam esse judicavit.

Bei Entsiegelung ergab sich als Verfasser: Johann Martin
Fehr, stud. med. aus Lahr.

Für das nächste Jahr sind folgende Aufgaben gestellt:

1) Von der theologischen Facultät:
„Exponatur doctrina apocalypseos de persona et opere Christi,
et cum notionibus christologicis in caeteris scriptis Novi
Testamenti obviis comparetur."

2) Von der juristischen Facultät:
„De origine et progressu juramenti suppletorii et purgatorii."

3) Von der medicinischen Facultät:
„Exploretur ratio et dignitas physiologica, pathologica atque
forensis secreti lochialis."

4) Von der philosophischen Facultät:
„De ratione, quae intercedit inter Aristotelis politiam et Platonis qui inscribuntur *de republica* et *de legibus* libros;"
und:
„Beleuchtung der neuerlichen Einwürfe gegen die herrschende
Lehre von der Grundrente, namentlich von Bastiat, Carey
und Wirth."

Inhalt

der

Heidelberger Jahrbücher der Literatur.

Zwei und Fünfzigster Jahrgang, 1859.

Lightning Source UK Ltd.
Milton Keynes UK
UKHW031820280119
336340UK00011B/1069/P